CRISTIANO RODRIGUES

20 24 QUARTA EDIÇÃO

MANUAL *de* DIREITO PENAL

LEI 14.344/22 • LEI HENRY BOREL

LEI 14.478/22 • ESTABELECE O CRIME DO ART. 171 A — CP

LEI 14.532/23 • CRIME DE RACISMO E INJURIA PRECONCEITUOSA

LEI 14.562/23 • ALTERA O ART. 311 CP — ADULTERAÇÃO DE SINAL IDENTIFICADOR

LEI 14.811/24 • CRIME DE INTIMIDAÇÃO SISTEMÁTICA (ART. 146 A — CP — BULLYING E CIBERBULLYING)

EDITORA FOCO

2024 © Editora FOCO

Autor: Cristiano Rodrigues
Editor: Roberta Densa
Equipe Editora Foco: Georgia Dias e Paula Morishita
Capa: Leonardo Hermano
Projeto Gráfico e Diagramação: Ladislau Lima
Impressão: FORMA CERTA

Dados Internacionais de Catalogação na Publicação (CIP) de acordo com ISBD

R696m
Rodrigues, Cristiano

    Manual de Direito Penal / Cristiano Rodrigues. - 4. ed. - Indaiatuba, SP : Editora Foco, 2024.

    912 p. : 17cm x 24cm.

    Inclui bibliografia e índice.

    ISBN: 978-65-6120-071-4

    1. Direito. 2. Direito penal. 3. Manual. I. Título.

2024-673   CDD 349   CDU 343

Elaborado por Vagner Rodolfo da Silva - CRB-8/9410

Índice para Catálogo Sistemático:

1. Direito penal 345
2. Direito penal 343

Atualizações e erratas: a presente obra é vendida como está, sem garantia de atualização futura. Porém, atualizações voluntárias e erratas são disponibilizadas no site www.editorafoco.com.br, na seção *Atualizações*. Esforçamo-nos ao máximo para entregar ao leitor uma obra com a melhor qualidade possível e sem erros técnicos ou de conteúdo. No entanto, nem sempre isso ocorre, seja por motivo de alteração de software, interpretação ou falhas de diagramação e revisão. Sendo assim, disponibilizamos em nosso site a seção mencionada (*Atualizações*), na qual relataremos, com a devida correção, os erros encontrados na obra. Solicitamos, outrossim, que o leitor faça a gentileza de colaborar com a perfeição da obra, comunicando eventual erro encontrado por meio de mensagem para contato@editorafoco.com.br.

Impresso no Brasil (3.2024)
Data de Fechamento (3.2024)

2024
Todos os direitos reservados à
Editora Foco Jurídico Ltda.
Avenida Itororó, 348 – Sala 05 – Cidade Nova
CEP 13334-050 – Indaiatuba – SP

E-mail: contato@editorafoco.com.br
www.editorafoco.com.br

AGRADECIMENTOS

Aos meus pais, Waldo e Nena, que me ensinaram os verdadeiros valores da vida, dando-me sempre amor, carinho, compreensão, amizade, e principalmente todo o apoio e o suporte para lutar por meus objetivos. Se obtive conquistas ou vitórias foi graças a eles. Minha gratidão, e amor eterno, por tudo que fizeram e ainda fazem por mim.

Ao meu irmão João, meu melhor amigo e companheiro inseparável de todos os momentos.

À Susan, minha esposa, parceira, companheira e amiga, minha metade, meu ponto de equilíbrio, meu refúgio, meu amor, e como se isso tudo não bastasse, a melhor mãe do mundo pro meu filho Lucas.

Ao meu filho Lucas, presente de Deus na minha vida, razão maior da minha existência, que me mostrou uma nova dimensão e um novo significado para a palavra AMOR, amor na sua forma mais pura, infinita, inexplicável e que transcende os limites da razão. Meu filho, desde o dia que você chegou, TUDO, TUDO passou a ser por você, para você, e assim será para sempre em minha vida e no meu coração.

Aos meus avós, Oswaldo e Mirtes (*in memoriam*), Jorge e Therezinha (*in memoriam*), que estiveram ao meu lado em todos os momentos importantes da vida e que sempre estarão presentes na memória e em meu coração a cada nova conquista.

À minha tia Márcia, a *Dinda*, minha segunda mãe, grande amiga e confidente, exemplo de força e perseverança que ilumina minha vida.

A todos os professores do mestrado da Universidade Cândido Mendes, que ao longo do curso abriram meus olhos para o verdadeiro Direito Penal; especialmente ao Prof. Dr. Nilo Batista, que me colocou no caminho do magistério e sempre me auxiliou a resolver minhas angústias acadêmicas, e a meu amigo (hoje compadre) Rodrigo Roca, que me estimulou e ajudou a começar a ministrar aulas como professor universitário.

A todos os meus alunos de pós-graduação, e ex-alunos de graduação, a, todos os alunos dos muitos cursos preparatórios para concurso em que ministro e já ministrei aulas, que por meio de sua sede de saber me estimulam a buscar cada vez mais o conhecimento e a me aperfeiçoar.

A todos os meus grandes e verdadeiros amigos, extensão da minha família, tão importantes nos momentos bons e não tão bons de minha vida, especialmente a Rodrigo Estrella e Fabio Santana (Fino), meus companheiros inseparáveis e irmãos por escolha.

E finalmente a *Deus*, por tudo.

Apresentação

É com grande satisfação que apresento a você, leitor, meu Direito Penal COMPLETO. Mais que um livro, trata-se de um projeto de vida acadêmica, um sonho realizado, e um objetivo profissional que sempre permeou, e acompanhou, minha carreira de quase 20 anos como professor de Direito Penal, por isso quero, nesta breve apresentação, compartilhar com você como este livro se confunde com a minha própria história de vida.

Tudo começou quando, após concluir minha *graduação* em Direito pela **PUC-RJ**, prestar exame da OAB e me tornar advogado, nos distantes anos de 1999/2000, resolvi me candidatar, fui aprovado, e comecei a cursar o *Mestrado em Ciências Penais na Universidade Cândido Mendes do Rio de Janeiro* (**UCAM-RJ**). Abriam-se para mim, naquele momento, as portas do mundo acadêmico, e era plantada a semente do sonho de, um dia, escrever este mesmo manual de direito penal, que hoje você tem nas mãos.

Durante o meu saudoso curso de mestrado, em que de fato comecei a conhecer, e compreender, o fascinante mundo do *verdadeiro* Direito Penal, ainda muito jovem (com apenas 23 anos), tive o privilégio de ser guiado e orientado por mestres, mais que professores, como *Dr. Nilo Batista, Dr. Juarez Cirino dos Santos, Dr. Juarez Tavares, Dr. Eugênio Raul Zaffaroni*, dentre outros, que despertaram em mim a paixão pelo mundo acadêmico e pela arte de ensinar. Ali nasceu a vontade e o sonho de um dia escrever meu próprio manual completo de Direito Penal.

Seguindo os conselhos do *Dr. Nilo Batista*, resolvi abraçar a carreira acadêmica e, graças ao apoio, estímulo e indicação do meu querido amigo (e hoje compadre), brilhante advogado criminalista, *Rodrigo Roca*, comecei a dar aulas na graduação da Universidade Estácio de Sá-RJ. Assim começava minha vida profissional, minha carreira de professor, minha paixão por ensinar e por querer sempre aprender, tornando-me definitivamente, de corpo e alma, professor de Direito Penal.

Não demorou muito para que eu viesse a publicar meu primeiro livro, o "**Teorias da Culpabilidade e Teoria do Erro**", fruto da minha dissertação de mestrado, aprovada com grau máximo na **UCAM-RJ**, livro este prefaciado pelo grande mestre *Dr. Juarez Cirino dos Santos*, e apresentado ao mundo acadêmico pelos brilhantes professores *Dr. Geraldo Prado* e *Dr. João Mestieri*, livro este que muito me orgulha e que já está na sua 4ª edição.

Já integralmente dedicado à carreira acadêmica, passei 6 anos ministrando aulas na graduação e pós graduação da **Universidade Estácio de Sá**, e nesse meio tempo comecei a dar aulas também em diversos cursos preparatórios para concurso pelo Brasil, além do privilégio de ter sido professor de diversas escolas oficiais no Rio de Janeiro, como a EMERJ (escola da Magistratura do RJ), AMPERJ (escola da associação do Ministério Público-RJ) e FESUDEPERJ (escola da Defensoria Pública do RJ).

Assim, a vontade de escrever um livro completo de Direito Penal só crescia, e o projeto ia amadurecendo aos poucos, junto com meu próprio amadurecimento como professor e penalista, porém, sabia que ainda não era a hora, sentia que eu ainda não estava pronto.

Em 2007 fui morar em Portugal, para cursar meu doutorado na fascinante **Universidade de Coimbra** e, durante meus estudos, escrevi mais dois livros, o *dogmático* e *ousado* **Temas Controvertidos de Direito Penal**, e o *didático* **Direito Penal por meio de questões**, ambos publicados pela editora *GEN*, e que já apontavam para algumas das características que eu pretendia aprimorar (dogmática, didática e ousadia) na minha preparação para realizar meu objetivo maior, escrever e publicar esta obra, meu manual completo de Direito Penal.

Na volta de Coimbra, a partir de 2009, passei a me dedicar exclusivamente às aulas em cursos de Pós-graduação, cursos preparatórios para concursos e para o exame de ordem. Foi então que, a partir de 2014 resolvi escrever livros mais voltados para esse público específico, meus alunos que buscam a aprovação em concursos públicos e no exame de ordem.

Assim surgiram mais dois livros de minha autoria, ambos voltados principalmente para a preparação do exame de ordem, o **Prática Penal**, livro específico para a *2ª fase do exame de ordem* e para a advocacia criminal (em coautoria com meu amigo e excelente professor Rogerio Cury), e o **Direito Penal – Parte geral e Especial**, uma espécie de "manual completo resumido", voltado para a *1ª fase do exame da OAB* e também para *alguns concursos públicos*.

Na verdade, este segundo livro foi um verdadeiro aperitivo para o "prato principal" que estava por vir, pois nesse momento eu já tinha completado 15 anos de docência, de vida profissional exclusivamente dedicada a ensinar (e aprender) Direito Penal e, após de ter publicado **5 livros de Direito Penal**, com os mais diferentes perfis de conteúdo e formatos, para diferentes públicos, comecei a formatar e escrever meu curso de Direito Penal Completo, livro este que você, leitor, tem em suas mãos.

Enfim, o SONHO construído durante toda minha vida profissional começava a se concretizar, e o grande projeto de escrever o meu curso de Direito Penal finalmente estava maduro, e se tornava realidade, ficando pronto no final do ano de 2018, coincidentemente (ou não) exatamente no mesmo momento em que também concretizei outro grande sonho, este o maior de todos, ser pai, pois em dezembro de 2018 nasceu meu filho *LUCAS*, minha maior realização, meu amor maior, presente de Deus e de minha esposa *Susan*.

Como disse a vocês, a idealização e produção deste livro, um curso completo de **Direito Penal – Parte Geral e Especial** – se confunde com a minha própria história de vida e minha trajetória profissional de quase 20 anos de docência. Nele busquei trazer todo o conteúdo de Direito Penal necessário para um estudo *completo, simples, objetivo*, para satisfazer as expectativas do aluno de graduação que inicia seus estudos nessa apaixonante disciplina, mas também com *aprofundamento teórico e seriedade dogmática*, além de *atualização jurisprudencial*, necessários para a preparação de candidatos à qualquer cargo público, seja magistratura, ministério público e procuradorias, defensorias, carreiras policiais, áreas fiscais etc.

O texto deste livro foi desenvolvido para ter uma linguagem *direta, de fácil e agradável leitura*, e muitas vezes o leitor vai se sentir como se estivesse dentro de uma das minhas salas de aula, vai literalmente me ouvir (ler) falando, já que evitei ao máximo colocar citações e notas de rodapé com textos de outros livros e autores, já trazendo os posicionamentos dominantes da doutrina, e diferentes correntes dogmáticas, compilados e inseridos no meu próprio texto, facilitando assim a leitura e a **compreensão direta** dos assuntos tratados.

Na **parte geral** do Direito Penal, demos um tratamento mais <u>dogmático e aprofundado</u> apresentando sempre os posicionamentos dominantes na doutrina e jurisprudência, visando a dar prioridade às correntes mais adotadas pelas principais bancas organizadoras dos principais concursos públicos, e do exame de ordem, trazendo correntes divergentes e minoritárias somente quando isso foi realmente necessário, e efetivamente útil, ao estudo e compreensão da matéria.

Já na nossa **parte especial completa**, buscamos um trabalho mais <u>direto e objetivo</u> dos *crimes em espécie*, abordando as principais características de cada crime e seus aspectos fundamentais, assim, evitamos nos alongar desnecessariamente em debates exclusivamente dogmáticos, naqueles crimes em espécie que tem menor incidência prática, e pouquíssima cobrança em provas de concurso, deixando para fazer debates mais <u>aprofundados e detalhados</u> nos crimes que são considerados os "mais importantes" pela nossa doutrina e jurisprudência, e que têm maior incidência em provas de concurso em geral, por estarem presentes na vida prática do advogado, e demais profissionais atuantes na área jurídico-penal.

Colocamos, ao final do livro, TODAS as **Súmulas de Direito Penal** COMENTADAS, uma a uma, para facilitar o entendimento e a interpretação da jurisprudência dominante tanto no **STJ** quanto no **STF** (súmulas e súmulas vinculantes), algo que simplificará demais o estudo e compreensão dos temas sumulados para os alunos de graduação, e será extremamente útil, tanto para os "concurseiros" na realização de provas de concurso, quanto para a atuação prática dos diferentes profissionais da nossa área.

Enfim, saiba que a concretização do meu maior *sonho profissional* se encontra agora em suas mãos, um **livro completo**, com a **PARTE GERAL** do Direito Penal bastante *aprofundada*, e com a **PARTE ESPECIAL** trazendo TODOS os crimes em espécie abordados de forma objetiva *inteligente* e *útil*.

Espero que você, *LEITOR*, tenha uma agradável leitura, uma fascinante viagem pelo apaixonante mundo do Direito Penal e, mais do que apenas ler, você possa *degustar* e *desfrutar* deste livro, assim como se faz com um bom vinho, que ganha complexidade e refinamento com o tempo, já que este trabalho é fruto do meu próprio amadurecimento como professor e autor de Direito Penal, pois, como acabei de revelar, ele foi cuidadosamente maturado durante meus quase 20 anos de aprendizados e ensinamentos no mundo jurídico-penal.

Rio de Janeiro, outono de 2019.

Nota à 4ª Edição

Caro *leitor*,

Como sabemos, desde o fechamento e publicação da *3ª Edição* do nosso **Manual de Direito Penal – Parte Geral e Especial** foram publicadas algumas importantes leis que promoveram inúmeras alterações no âmbito do Direito Penal, principalmente no que tange a parte especial, com a criação de novos tipos penais, com destaque para o **novo crime de Intimidação Sistemática (Art. 146 A – CP** *Bullying* e *Ciberbullying* **– Lei 14.811/2024),** além da inclusão de **novos** crimes no rol dos **Crimes Hediondos (Lei 8072/90).**

A **4ª Edição** do nosso **Manual de Direito Penal** foi totalmente atualizada de forma objetiva e organizada, com todas as novidades legislativas em matéria de **Direito Penal material** inseridas nos seus respectivos tópicos, de acordo com os diversos dispositivos do Código Penal alterados e novos tipos penais criados.

Dessa forma, esta **4ª edição** do nosso **Manual de Direito Penal** traz todas as importantes atualizações legislativas, oriundas de novas leis publicadas ao final do *ano de 2022 e durante o ano de 2023/2024 até a presente data*, dentre elas estão:

A **Lei 14.344/2022 (Lei Henry Borel)** que criou mecanismos para a prevenção e o enfrentamento da violência doméstica e familiar contra a criança e o adolescente, a **Lei 14.478/2022** que modificou o Código Penal para criar **modalidade específica de estelionato (Art. 171 A do CP),** e a **Lei 14.532/23** que alterou a **Lei do Racismo (Lei 7717/89)** e modificou o **crime de injuria preconceituosa do Art. 140 par. 3º CP.**

Além disso, fizemos uma análise detalhada do novo tipo penal, criado pela **Lei 14.811/2024,** crime de **Intimidação Sistemática** (*Bullying* e *Ciberbullying*) do **Art. 146 A do Código Penal.**

Por fim, incluímos ainda as alterações trazidas pela **Lei 14.562/2023,** que modificou o **Art. 311 do Código Penal,** crime de **Adulteração de sinal identificador.**

Assim sendo, diante de tantas mudanças importantes, é com enorme prazer e felicidade que lhes apresento a aguardada **4ª Edição** do nosso **Manual de Direito Penal – Parte geral e especial**, totalmente atualizada e ampliada, trazendo todas as mais recentes alterações legislativas produzidas em nosso país desde a publicação da sua **3ª edição**, em meados de 2022, até a presente data.

Bons estudos!!!

Rio de Janeiro, verão de 2024.

Caro leitor,

Como sabemos, desde o fechamento e publicação da *2ª Edição* do nosso **Manual de Direito Penal – Parte Geral e Especial** foram publicadas algumas importantes leis que promoveram inúmeras alterações no âmbito do Direito Penal, principalmente no que tange a parte especial, com a criação de novos tipos penais, com destaque para os **novos crimes contra a segurança nacional (Lei 14.197/2021)**, além da inclusão de novos dispositivos em crimes já existentes no Código Penal.

A **3ª Edição** do nosso **Manual de Direito Penal** foi totalmente atualizada de forma objetiva e organizada, com todas as novidades legislativas em matéria de **Direito Penal material** inseridas nos seus respectivos tópicos, de acordo com os diversos dispositivos do Código Penal alterados e novos tipos penais criados.

Dessa forma, esta **3ª edição** do nosso **Manual de Direito Penal** traz todas as importantes atualizações legislativas, oriundas de novas leis publicadas durante o *ano de 2021 até a presente data*, dentre elas estão:

A **Lei 14.155/2021** que tornou mais graves os crimes de **violação de dispositivo informático (Art. 154-A par. 2º do CP)**, acrescentou formas específicas e mais graves ao **crime de furto (Art. 155 par.4º B e C do CP)** quando praticado através de **forma eletrônica ou internet,** e ainda criou a modalidade de **Fraude eletrônica** no **crime de estelionato (Art. 171 par. 2º A do CP).**

As alterações apresentadas pela **Lei 14.188/2021** que modificou o Código Penal para criar a **modalidade qualificada de lesão corporal leve,** quando cometida contra a mulher por razões da condição do sexo feminino (**Art. 129 par. 13º CP**) e criou o tipo penal de **violência psicológica contra a mulher (Art. 147-B CP).**

A análise de todos os novos tipos penais, trazidos pela **Lei 14.197/2021,** que acrescentou o *Título XII na Parte Especial do Código Penal*, relativo aos novos **crimes contra o Estado Democrático de Direito,** e revogou a famosa **Lei nº 7.170/1983 (Lei de Segurança Nacional).**

Por fim, incluímos as alterações trazidas pela **Lei 14.245/2021 (Lei Mariana Ferrer)**, que estabeleceu uma **nova causa de aumento de pena** para o **crime de coação no curso do processo,** quando o processo envolver *crimes contra a dignidade sexual* (**Art. 344 par. único CP**).

Assim sendo, diante de tantas mudanças importantes, é com enorme prazer e felicidade que lhes apresento a aguardada **3ª Edição** do nosso **Manual de Direito Penal –**

Parte geral e especial, totalmente atualizada e ampliada, trazendo todas as mais recentes alterações legislativas produzidas em nosso país desde a publicação da sua **2ª edição,** em meados de 2021, até a presente data.

Bons estudos!!!

Rio de Janeiro, outono de 2022.

Nota à 2ª Edição

Caro leitor,

Como sabemos, no final do ano de 2019 foi publicada a **Lei 13.964/2019**, que promoveu inúmeras alterações no âmbito do Direito Penal, e principalmente do Direito Processual Penal, mais conhecia como *"pacote anticrime"*.

Muitas mudanças foram promovidas, sendo que, esta **2ª Edição** do nosso **Manual de Direito Penal** foi atualizada de forma objetiva e organizada, com todas as novidades trazidas pelo pacote anticrime em matéria de *Direito Penal material*, inseridas nos seus respectivos tópicos de acordo com os diversos dispositivos do Código Penal que foram alterados, além das alterações correlatas mais importantes promovidas nas *Leis Penais extravagantes* presentes no ordenamento jurídico.

Importante lembrar que, dentre as principais mudanças promovidas pela **Lei 13.964/2019,** o chamando "pacote anticrime", seguindo a tendência atual de endurecimento no combate ao crime através de novas leis penais, a maioria dessas alterações são **normas penais incriminadoras**, de cunho mais severo, que, por isso, estão sujeitas ao conhecido **princípio da irretroatividade (Art. 2º do CP)**, corolário do **princípio da legalidade** (Art. 1º do CP e Art. 5º Inc. XXXIX da CF).

Sendo assim, importante ressaltar que a maioria das alterações inseridas nesta **2ª edição**, por serem punitivas, e de caráter mais gravoso, somente serão aplicáveis a fatos praticados após a entrada em vigor da referida **Lei 13.964/2019**, ou seja, para condutas praticadas (Art. 4º CP) à partir do dia 23 de janeiro de 2020. Por isso, independentemente da data de consumação do crime, da sua denúncia ou da sentença condenatória, ser posterior à entrada em vigor do *pacote anticrime*, boa parte destas alterações não se aplicará a fatos que tenham sido praticados antes do seu início de vigência.

Além das mudanças promovidas pelo famoso *Pacote Anticrime*, nesta **2ª edição** do nosso **Manual de Direito Penal**, também incluímos importantes atualizações legislativas, oriundas de novas leis publicadas durante o *ano de 2020 e 2021*, dentre elas: a **Lei 14.133/2021** que instituiu a **nova lei de licitações**, alterando e inserindo inúmeros crimes na parte especial do código penal e revogando a tradicional Lei 8666/1993, a **Lei 14.110/2020** que alterou o código penal para dar nova redação ao **crime de denunciação caluniosa (Art. 339 CP)** e a **Lei 14.071/2020** que passou a proibir a conversão das penas privativas de liberdade em penas restritivas de direitos para crimes de **homicídio e lesão corporal culposos praticados na condução de veículo automotor**, quando qualificados pelo condutor estar em estado de embriaguez.

Inserimos ainda, nesta 2ª edição, as novas súmulas 636, 643 e 645 do STJ com seus respectivos comentários.

Enfim, é com enorme prazer e felicidade que lhes apresento esta tão aguardada **2ª Edição** do nosso **Manual de Direito Penal – Parte geral e especial**, agora totalmente ampliado, e atualizado, com todas as mais recentes alterações legislativas produzidas em nosso país, desde a publicação da sua primeira edição no final de 2019 até a presente data.

Bons estudos!!!

Rio de Janeiro, inverno de 2021.

SUMÁRIO

PARTE ESPECIAL

PARTE GERAL

PARTE GERAL

Conceitos e Aspectos Gerais de Direito Penal

1.1 CONCEITOS DE DIREITO PENAL

1.1.1 Conceito puro de Direito Penal

Podemos definir de forma ampla o Direito Penal como ramo do direito público, formado por um conjunto de leis e princípios fundamentais, que visa a delimitar crimes e contravenções para os quais se estabelecem sanções, garantindo a ordem pública e o respeito aos direitos fundamentais.

1.1.2 Conceito formal de Direito Penal

Considerando-se o Direito Penal sob um prisma formal, trata-se de um conjunto de normas jurídicas através do qual o Estado proíbe a lesão de bens jurídicos por determinadas condutas (ações ou omissões), estabelecendo com consequência a sanção penal (penas e medidas de segurança).

Além disso, o **aspecto formal** do Direito Penal inclui ainda normas que estabelecem princípios fundamentais penais, condições e pressupostos de aplicação das penas (amplo senso) que serão imputadas aos autores e partícipes de um fato previsto como crime.

Se analisarmos o Direito Penal sob um prisma **social**, trata-se de um dos meios de controle social utilizados pelo Estado para manter a ordem democrática e o Estado de Direito, sendo que, essa forma de controle pelo Direito Penal, em tese, deve ser feita minimamente (*intervenção mínima*) e *subsidiariamente*, ou seja, a atuação do Direito Penal só deverá ocorrer em face do fracasso de outras formas de controle dos demais ramos do Direito (Direito Civil e Direito Tributário, Direito Administrativo etc.).

1.1.3 Direito Penal objetivo e Direito Penal subjetivo

No *plano objetivo* o Direito Penal é formado pelas normas penais incriminadoras (definem as infrações penais e cominam penas) e as chamadas leis penais não incriminadoras (delimitam conceitos, princípios, excludentes de ilicitude etc.).

Já no plano **subjetivo** trata-se do direito de punir do Estado (*jus puniendi*), ou seja, o direito do Estado de aplicar as sanções em face de violações das normas penais, sendo que, mesmo nos crimes de ação penal privada o *jus puniendi* não passa para a vítima, mas apenas se possibilita que esta exerça o chamado *jus accusationis*.

As *normas penais incriminadoras* além de fundamentarem o direito de punir do Estado, também criam, de forma implícita, direitos para o próprio cidadão, uma vez que também limitam o próprio *jus puniendi*, garantindo, dentre outros direitos, a vinculação a legalidade para evitar a possibilidade de punição por fatos não definidos em lei e a arbitrariedade do Estado.

Podemos separar o direito de punir (jus puniendi) em três aspectos:

1°) Impondo a ameaça da pena (*função de intimidação*)

2°) Determinando aplicação da pena (*pretensão punitiva*)

3°) Delimitando a forma de execução da pena (*pretensão executória*).

1.1.4   Direito Penal do Fato e Direito Penal do Autor

O chamado *Direito Penal do fato* é aquele em que as leis penais somente devem punir **fatos** causados pelo homem e lesivos a bens jurídicos de terceiro, proibindo a intervenção penal no plano das ideias, do pensamento etc., e vinculando-se ao *princípio da lesividade ou ofensividade* (*princípio da Alteridade*) se ocupa apenas das manifestações exteriores do ser humano através de suas condutas voluntárias (ação ou omissão).

Já o nefasto *Direito Penal do autor* permite a punição de pessoas que sequer tenham praticado uma conduta, pune-se alguém pelo seu modo de ser, por suas características, condição pessoal, ideias etc., sendo, portanto, inadmissível, antidemocrático e muito afeto a regimes ditatoriais.

Sabemos que nosso ordenamento se fundamenta no conceito de *Direito Penal do fato*, mas há certa mitigação deste conceito, pois sabemos que também são levados em consideração aspectos inerentes ao autor, já que nossas leis penais tipificam fatos (conduta humana proibida) mas também levam em conta condições ou qualidades pessoais do autor, como sua personalidade e antecedentes criminais, para efeitos de aplicação da pena (**Art. 59 CP**).

1.1.5   O Direito Penal das Velocidades (Prof. Jesús-María Silva Sánchez)

Visando conter os problemas da expansão do Direito Penal moderno, violadora do *princípio da intervenção mínima*, o professor *Jesús-María Silva Sanchez* apresenta um modelo dualista de sistema penal, chamado de *Direito Penal de duas velocidades*, para o qual essas velocidades do Direito Penal variam de acordo com o nível de intensidade de sua intervenção na tutela de bens jurídicos e na sociedade.

O **Direito Penal de primeira velocidade** é aquele que assegura todos os critérios básicos de imputação, bem como os princípios penais e processuais penais tradicionais (**Ex.:** princípios da Legalidade, Lesividade, Intervenção mínima e Subsidiariedade), e com base nisso permite a aplicação e execução da **pena de prisão**.

Trata-se do Direito Penal clássico, também chamado de *Direito Penal Nuclear*, que protege fundamentalmente bens jurídicos individuais e, eventualmente, supraindividuais, apenas quando efetivamente houver lesão, ou perigo concreto de lesão, a determinado bem jurídico.

Já o chamado ***Direito Penal de segunda velocidade*** seria uma espécie de complemento do *Direito Penal clássico nuclear*, uma forma de expansão do Direito Penal, dirigida à proteção dos novos e atuais riscos da vida em sociedade.

Para isso propõe uma **flexibilização de garantias penais e processuais penais**, possibilita a **antecipação da tutela penal** (tipificação de condutas presumivelmente perigosas – crimes de perigo abstrato/presumido), estabelece expressamente a proteção de bens jurídicos supra individuais, dando origem a novas categorias de crime como os chamados **delitos de acumulação**, cuja a lesão relevante do bem jurídico tutelado pressupõe a soma, o acúmulo de várias condutas praticadas individualmente por vários agentes (Ex.: Crimes ambientais – **Lei 9605/98**).

O ponto positivo desta segunda velocidade está no fato, nem sempre respeitado, de que em face desta flexibilização **não se admite a aplicação da pena de prisão**, mas somente as penas restritivas de direitos e de natureza pecuniária devem ser atribuídas a essas novas categorias de intervenção penal.

Finalmente, o *Direito Penal de terceira velocidade*, reconhecido por *Silva Sanchez*, mas não adotado por ele, é caracterizado pela relativização de garantias político-criminais, flexibilização das regras de imputação penal e criação de novos critérios processuais penais, tendo no perigoso e controvertido **Direito Penal do inimigo** (*Günther Jakobs*) sua maior expressão teórica.

Modernamente fala-se ainda em um *Direito Penal de quarta velocidade* que seria o modelo de sistema penal utilizado pelos Tribunais Penais Internacionais, e que permitiria a restrição e supressão de garantias penais e processuais penais de réus que como chefes de estado, ditadores, terroristas e etc. praticaram violações de tratados e convenções internacionais, e que violaram a declaração universal dos Direitos Humanos fundamentais, criando-se assim uma discutível espécie de *Neopunitivismo Penal*.

1.1.6   Direito Penal do Inimigo (Günther Jakobs)

De acordo com a visão preconizada pelo contestado e brilhante autor alemão *Günther Jakobs*, o Estado, detentor do *jus puniendi*, deve proceder de duas formas diferentes ao punir a prática de crimes: ao criminoso eventual, comum, chamado '*delinquente-cidadão*' com garantias e direitos plenos, será aplicado o "*Direito Penal do cidadão*", e ao chamado '*delinquente inimigo*' será aplicado o "*Direito Penal do inimigo*", um Direito Penal de exceção, cujas garantias e direitos podem ser mitigados e até suprimidos.

O Direito Penal do inimigo se fundamenta na ideia de que pessoas que eventualmente cometem erros, realizam crimes e violam as normas devem estar sujeitas a um "*Direito Penal do cidadão*" destinado às pessoas em geral, e apesar de haver violação das normas vigentes, deve-se aplicar a pena para estabelecer o equilíbrio social, respeitando-se as garantias e direitos individuais.

Por outro lado, certos criminosos considerados "*inimigos*" não possuem a condição de cidadão, já que não cumprem sua função na sociedade, e por isso devem, a qualquer custo, ser impedidos de destruir o ordenamento jurídico e a ordem estabelecida pelo Estado, que poderá, utilizando o denominado Direito Penal do inimigo, agir de forma diferenciada e até arbitrária(?) em relação a essas pessoas.

Desta forma podemos apontar como principais características do *Direito Penal do inimigo*:

a) Implementação de um processo mais célere que visa à aplicação da pena

b) Perda do status e qualidade de cidadão por parte do denominado "inimigo"

c) Supressão ou relativização das garantias processuais penais

b) Estipulação de penas desproporcionalmente altas

e) Identificação do "inimigo" com base na sua periculosidade, com base naquilo que o Estado acha que ele representa potencialmente.

Por fim, a diferença fundamental entre o perigoso *Direito Penal do inimigo* (*Direito Penal de terceira velocidade*), e o *neopunitivismo* do *Direito Penal da quarta velocidade* é que o primeiro se destina a qualquer um que perca sua condição de cidadão por ter deixado de cumprir suas funções no meio social (não satisfez as mínimas expectativas do ordenamento), enquanto que o segundo se dirige a réus na esfera do *Direito Penal internacional*, quais sejam, aqueles que violaram direitos humanos fundamentais ao exercer algum poder estatal, governamental e de liderança.

1.1.7 Direito Penal máximo

Esta vertente dogmática defende a utilização do *Direito Penal* como a principal forma de combate da violência e a criminalidade, através de uma máxima efetividade do controle social pela ampla intervenção penal no ordenamento jurídico.

O Direito Penal máximo pode ser considerado um *modelo antigarantista* que acredita na eficácia e eficiência da intervenção penal constante e em larga escala nas relações sociais (eficientismo penal) como solução para os problemas da sociedade moderna e preservação da ordem, através da ampliação da tutela de bens jurídicos pelo Direito Penal, e da utilização do Estado como mecanismo repressor das condutas desviadas.

A aplicação do Direito Penal máximo legitima alguns polêmicos e nocivos discursos modernos de intolerância e intervenção do Estado, como os movimentos de Lei e ordem, o já mencionado Direito Penal do inimigo, a *política de tolerância zero* e a controvertida Teoria das "*Janelas quebradas*".

1.1.8 Direito Penal da Tolerância Zero e a Teoria das Janelas Quebradas

A *Teoria das Janelas Quebradas*, desenvolvida na escola de Chicago por James Q. Wilson e George Kelling, em curtas palavras afirma que "a desordem gera desordem" e, portanto, qualquer ato desordeiro, por mais que pareça insignificante, deve ser reprimido para evitar o incremento e instauração da criminalidade e da desordem social.

À primeira vista este pensamento parece interessante e bastante convincente, porém, não se sustenta porque tal construção visa atacar um conflito tendo como solução um problema maior ainda, qual seja, punir com a prisão aqueles que foram previamente penalizados e marginalizados pela falta de estrutura social e econômica, em face das omissões do próprio Estado.

As bases teóricas dessa constatação vieram através de uma experiência realizada pelos pesquisadores norte-americanos na qual se constatou que: se uma simples janela de um edifício for quebrada, e não for reparada rapidamente, a tendência é que vândalos passem a arremessar pedras nas outras janelas por perceber a falta de autoridade e ordem naquele local, e posteriormente passem a ocupar o edifício todo vindo até mesmo a destruí-lo.

A conclusão foi que *"a desordem não reprimida gera uma desordem cada vez maior"*, ou seja, um mero comportamento antissocial não reparado e não combatido pode dar origem a vários outros delitos sucessivamente, e assim ser difusor de inúmeros outros crimes mais graves.

A *Teoria das janelas quebradas* pode ser considerada como a precursora da badalada e perigosa política de *"tolerância zero"*, defendida por alguns setores da sociedade, e pela própria mídia, mas, em contrapartida, pode ter consequências extremamente graves no plano dos direitos fundamentais e de um desejado direito penal democrático.

1.1.9   Direito Penal Internacional

O *Direito Penal Internacional* é formado por um conjunto de normas que englobam princípios fundamentais de Direito Penal, normas de direito internacional, tratados e convenções internacionais que dispõem sobre as consequências jurídico-penais da prática de determinados crimes.

Sua fonte primária está na celebração de convenções e tratados multilaterais entre os Estados, e normas comuns de Direitos Internacionais, além dos costumes e princípios gerais de direito, e deve reger as relações entre países e seus cidadãos no âmbito criminal.

1.1.10   Direito Penal subterrâneo e Direito Penal Paralelo

Na visão do *Prof. Eugenio Raul Zaffaroni*, o sistema penal é formado por um conjunto de agências que operam a criminalização de duas formas: a primária, ou seja, a elaboração das leis penais pelo Estado (Poder Legislativo) e a criminalização secundária, ou seja, o cumprimento dessas normas pela Polícia, Ministério Público, Judiciário e agentes penitenciários.

Entretanto o sistema penal formal do Estado não exerce uma boa parcela do poder punitivo, que acaba nas mãos de outros entes que se apropriam desse espaço e passam a exercer o poder punitivo paralelamente ao Estado institucionalizado, são os chamados **sistemas penais paralelos** (**Ex.:** médico que interna doentes mentais; institucionalização de autoridades assistenciais nas comunidades, famílias que abandonam pessoas idosas ou crianças em estabelecimentos particulares, corporações e empresas que impõe políticas e sanções que implicam desemprego etc.).

Já o chamado **Direito Penal subterrâneo** decorre do exercício do poder punitivo à margem de qualquer legalidade, ou com parâmetros legais deturpados e questionáveis, o que evidentemente acarreta em arbitrariedades e abuso de poder, sendo uma verdadeira atuação ilícita paralela ao Poder Judiciário (**Ex.:** institucionalização de pena de morte por grupos paraestatais, desaparecimentos, torturas, extradições mediante sequestro, espionagem etc.).

1.1.11   Direito Penal de emergência, Direito Penal simbólico e Direito Penal promocional

O chamado **Direito Penal simbólico** é produto do *movimento punitivista*, instaurado em nosso país, produto não só da realidade social, mas também da potencialização da violência social por parte da mídia, que vem incentivando um estado de insegurança e medo na população e com isso acaba-se gerando a falsa impressão de que o Direito Penal seria o instrumento mais eficaz de combate à toda essa violência.

Não só o Brasil, mas também em diversos outros países, vêm crescendo a tendência de se utilizar o Direito Penal numa *função simbólica* (midiática/promocional), de combate a violência e solução da sensação de insegurança coletiva, contribuindo assim para uma indesejada expansão do âmbito de atuação do Direito Penal.

Pode-se perceber esse movimento na prática através da criação de novos tipos penais desnecessários, do aparecimento de muitos tipos de perigo abstrato, na ânsia pelo aumento das penas já existentes, sem qualquer preocupação com as suas funções e finalidades e, ainda, através das constantes propostas de flexibilização de garantias penais e processuais penais.

Infelizmente, como o próprio nome indica, o *direito penal simbólico* não passa de uma ilusão, já que a função simbólica do Direito Penal consiste apenas num falso sentimento de segurança e tranquilidade para a sociedade, que influenciada pela mídia acaba acreditando na eficácia da lei penal, embora haja na doutrina quem entenda que esta sensação (falsa) de segurança criada pela atuação simbólica do Direito penal possa ser vista de certa forma como positiva para o ordenamento jurídico e para a população.

Como corolário do citado movimento simbólico surge o **Direito Penal de emergência**, através do qual o Estado se utiliza da legislação extravagante para ampliar punições, criar novos crimes, ou ainda, limitar e afastar garantias penais e processuais penais, visando assim controlar e, pelo menos em tese, obter a redução da criminalidade. (**Ex**: Crimes hediondos – **Lei 8.072/90** – **Lei 12.850/13** – Associação e Organizações criminosas).

Já o **Direito Penal promocional** decorre da utilização pelo Estado das leis penais para alcançar objetivos e finalidades políticas, já que se considera que a norma penal pode ser usada como um instrumento de desenvolvimento e transformação social (função promocional), o que na verdade gera inúmeras críticas da doutrina pois, estaria se violando o princípio da *intervenção mínima* e da *subsidiariedade* (*ultima ratio*) do Direito Penal, e o legislador passaria a usá-lo amplamente como forma de controle social.

1.1.12 Direito Penal Garantista ou Garantismo Penal

O *Garantismo Penal* surge principalmente das ideias do Professor *Luigi Ferrajoli* que, através da sua famosa obra "Direito e Razão", delimita este movimento como uma forma de limitação do poder punitivo do Estado com o fim de garantir os direitos fundamentais do cidadão (aspecto jurídico), e ainda como um meio de se reduzir a violência e abusos da intervenção do Estado, que deve ser mínima, e ampliar as liberdades individuais dos cidadãos (aspecto político).

O Garantismo penal de *Ferrajoli* é formado com base em dez premissas fundamentais:

1) **Nullum crimen sine lege**: Trata-se do famoso *princípio da legalidade* previsto no Art. 5º Inc. XXXIX da CF e no Art. 1º do CP.

2) **Nulla poena sine crimine**: Alguns autores falam no *princípio da retributividade*, ou seja, as penas são somente consequência da prática de um delito.

3) **Nulla lex (poenalis) sine necessitate**: Traduz a ideia do *princípio da intervenção mínima* e do princípio da necessidade ou da economia do Direito Penal. A lei penal

é um meio necessário apenas para a proteção dos bens jurídicos considerados realmente relevantes.

4) *Nulla necessitas sine injuria*: Se refere ao *princípio da lesividade* ou da *ofensividade* (*princípio da alteridade*), pelo qual os tipos penais vinculam-se a condutas ofendam, atinjam, bens jurídicos de alheios, proibindo assim a incriminação de condutas que não excedam a esfera do próprio autor, sentimentos ou condições pessoais, ou ainda condutas que não coloquem sequer em perigo bens jurídicos de terceiros.

5) *Nulla injuria sine actione*: Para que se considere algo como proibido para o Direito Penal deverá haver uma conduta manifestada através de uma ação ou de uma omissão prevista em Lei (*princípio da materialidade* ou da *exterioridade da ação*).

6) *Nulla actio sine culpa*: Corolário do Direito Penal moderno, descreve o conhecido *princípio da culpabilidade* ou da *responsabilidade penal subjetiva*, através do qual não há crime sem culpa "lato senso" (dolo ou culpa).

7) *Nulla culpa sine judicio*: Determina a necessidade do devido processo legal através do *princípio da jurisdicionariedade*.

8) *Nullum judicium sine accusatione*: Ainda no plano processual e do devido processo legal, exige a separação entre juiz e acusação no processo penal (*principio acusatório*)

9) *Nulla accusatio sine probatione*: Trata-se da presunção de não culpabilidade por conta de se exigir a prova da materialidade e autoria para fundamentar qualquer condenação (*princípio do ônus da prova ou da verificação*.)

10) *Nulla probatio sine defensione*: Complementando os princípios anteriores, garante a ampla defesa e o direito ao contraditório no processo penal (*princípio do contraditório* e da *ampla defesa*).

No Brasil o *Garantismo penal* tem grande aceitação na doutrina, e boa aplicação jurisprudencial, sendo defendido e apoiado por inúmeros autores, dentre os quais nos incluímos, como: *Nilo Batista, Juarez Cirino dos Santos, Salo de Carvalho, Amilton Bueno de Carvalho, Cezar Roberto Bitencourt*, e também pelo professor *Eugenio Raul Zaffaroni*, dentre outros.

1.2 ABOLICIONISMO PENAL

De acordo com as propostas do professor holandês *Louk Hulsman* essa teoria defende a extinção de todo o sistema penal, já que seus efeitos para o ordenamento jurídico e para a sociedade como um todo seriam mais maléficos, negativos, do que benéficos, afirmando que a resolução dos conflitos sociais deve ser feita por meios alternativos, como a reparação e a conciliação, e não com a repressão e a prisão.

Evidentemente trata-se de uma proposta bastante radical e de improvável aplicação prática, porém, serve como base para correntes abolicionistas mais moderadas que defende apenas a extinção da pena de prisão e não do sistema penal como um todo, ou ainda a extinção de qualquer espécie de pena capaz de infringir dor ou sofrimento pessoal, ou violação de direitos fundamentais, algo muito próximo da proposta garantista de *Ferrajoli*.

É inquestionável que o Direito Penal possui uma função primordial de proteção de bens jurídicos relevantes, e deve fazê-lo de forma subsidiária, através de uma intervenção mínima, e por isso, não se deve admitir a extinção do Direito Penal, pois esta é uma forma de reação social legítima, sendo esta a proposta dos que se enquadram no chamado *abolicionismo moderado* (Direito Penal da intervenção mínima), como *Luigi Ferrajoli, E. R. Zaffaroni, Claus Roxin* e, na criminologia crítica, *Alessandro Baratta*.

No Direito Penal da *intervenção mínima* a pena é vista como um mal necessário, e por isso deve-se buscar reduzir sua aplicação ao mínimo necessário para a solução dos conflitos sociais, principalmente no que tange a pena de prisão, que deve ser reduzida ao máximo, ampliando-se assim a incidência e a aplicação de sanções alternativas, substitutivas à pena de prisão, tais como: penas restritivas de direitos, reparação de danos, e até mesmo medidas pré-processuais como suspensão condicional do processo (*sursis* processual), ou ainda a transação penal.

1.3   CRIMINOLOGIA E POLÍTICA CRIMINAL

A *Criminologia* é o conjunto de conhecimentos que estudam o fenômeno do crime e as causas da criminalidade, a personalidade do delinquente, e as causas de sua conduta delituosa, bem como avalia as formas de ressocializá-lo, sendo a ciência que estuda a criminalidade como um todo, através do delito, do delinquente e das penas.

Podemos dizer que a *criminologia* estuda acima de tudo as causas da criminalidade e da periculosidade dos criminosos, as manifestações e os efeitos da criminalidade no ordenamento e na sociedade, e ainda, propõe formas mais adequadas de combater e se opor ao fenômeno social do crime e suas manifestações, minimizando assim suas consequências.

A moderna criminologia deve orientar a política criminal na prevenção geral e especial dos crimes que afetem bens jurídicos relevantes, e no combate equilibrado das suas manifestações na sociedade minimizando assim seus efeitos.

Já o movimento chamado de *Criminologia Crítica*, que tem como seu principal representante o professor *Alessandro Baratta*, parte da ideia de que o Sistema Punitivo é construído e funciona com base em uma sociedade de classes sociais heterogêneas, e por isso seu principal objetivo não se resume à defesa social ou à preocupação com a criação ou manutenção de condições para um convívio harmônico entre os cidadãos, mas sim na constatação e crítica de que todo Sistema Penal está baseado nos interesses das classes dominantes.

O Direito Penal é visto como *elitista e seletivo*, recaindo pesadamente sobre os pobres e raramente atuando contra os integrantes das classes dominantes, que são na verdade exatamente os que redigem as leis e o direito penal como instrumento repressivo de controle social acaba sendo apenas um instrumento de atuação e opressão de uma classe sobre as outras.

Sob este prisma o Direito Penal não possui qualquer finalidade de transformação social, e não passa de um instrumento de manutenção e reforço do "status quo" injustiça social, pois estimula e preserva desigualdades através do poder e da força, já que se percebe o enorme rigor e intensidade na atuação do Direito Penal sobre certos setores da sociedade, enquanto é leniente e omisso perante a maioria das condutas (graves) oriundas das classes dominantes.

Com base nessa visão crítica surge famosa a *"Teoria do Labeling Approach"* ou *"Teoria da Reação Social"*, ou do *"etiquetamento"*, contrariando o pensamento criminológico até então dominante, indica que um fato só é transformado em criminoso após a adquirir esse "status" por meio de uma lei que seleciona certos comportamentos como irregulares, sendo que isto decorre fundamentalmente de interesses sociais dominantes.

A partir dessa visão crítica do ordenamento jurídico e da sociedade afasta-se o mito de que o crime seria uma "entidade natural pré-jurídica" e que o criminoso seria portador de anomalias físicas (positivismo) ou psíquicas, e começa a se perceber que a atribuição a alguém do rótulo de criminoso depende essencialmente de uma atuação seletiva e estigmatizante do próprio Estado.

A Criminologia passa a avaliar mecanismos sociais responsáveis pela definição dos comportamentos desviados e dos indivíduos desviantes, e suas relações com o contexto social, passando a entender que a atuação rotuladora do Sistema Penal é a grande causadora da permanência do indivíduo no papel social marginalizado, pois o sujeito estigmatizado pelo Estado cada vez mais se identifica com essa identidade desviante ao invés de se recuperar.

Por outro lado, a *dogmática penal* e a *política criminal* consistem na busca pela tutela de bens jurídicos, através da definição de estratégias de controle social, para efetivar essa proteção desses bens jurídicos considerados relevantes, além da delimitação das funções do direito penal, valendo-se para isso, o Estado, de meios penais e extrapenais. Logo, a *política criminal*, com base em outros ramos, tais como a criminologia, a filosofia e a sociologia, busca, através de uma análise crítica da legislação penal vigente e a partir de certos princípios e axiomas, promover as devidas alterações no sistema penal e no ordenamento jurídico como um todo.

1.4   FUNÇÕES DO DIREITO PENAL

O Direito penal possui diversas funções delimitadas pela doutrina com base em diferentes aspectos, sendo que, inegavelmente merece destaque a **função de proteção dos bens jurídicos,** através da criação de tipos penais que irão proteger determinados bens jurídicos considerados mais relevantes, fundamentais para a manutenção da ordem e para um convívio social harmônico.

Nas bases do funcionalismo de *Günther Jakobs*, o Direito Penal apresenta uma outra função, qual seja a de **garantir a vigência das normas,** já que não pode garantir a existência dos bens, mas tão somente que não sejam atacados pelos demais indivíduos, rechaçando a função de proteção de bens jurídicos.

Para esta visão o Direito Penal desempenha a função de garantir o harmônico relacionamento entre as pessoas, ou seja, visa assegurar que não se produzam novas ameaças e lesões aos bens jurídicos, logo, a primordial função do direito penal não é a proteção de um bem em si, mas sim, de instituir e garantir a vigência e efetividade das normas que regem nosso ordenamento jurídico.

Como vimos, sob o prisma garantista pode-se dizer que o Direito Penal possui uma *função garantista*, traduzida na proteção dos cidadãos contra possíveis abusos e excessos de poder do Estado, nesse contexto, exerce ainda a *função de prevenir a vingança privada* e por fim, como já estudamos, o Direito Penal também acaba exercendo outras funções consideradas ilegítimas, tais como a *função simbólica* (Direito Penal simbólico) e a *função promocional* (Direito Penal promocional).

1.5 QUESTÕES PARA TREINO

FUMARC/Câmara de Conceição do Mato Dentro / Advogado /2016

No que tange ao conceito de crime, nos termos do Código Penal brasileiro, é CORRETO afirmar:

A) A tentativa é punida mesmo quando, por ineficácia absoluta do meio ou por absoluta impropriedade do objeto, é impossível consumar-se o crime.

B) A omissão é penalmente relevante quando o omitente devia e podia agir para evitar o resultado.

C) Considera-se crime tentado quando nele se reúnem todos os elementos de sua definição legal.

D) O agente que, voluntariamente, desiste de prosseguir na execução ou impede que o resultado se produza, responde nas mesmas penas aplicáveis ao crime consumado.

Gabarito "B"

CESPE – Órgão: Câmara dos Deputados/Analista Legislativo/2014

No que diz respeito a noções gerais aplicadas no âmbito do direito penal, julgue o próximo item.

O direito de punir do Estado está vinculado ao direito penal substantivo, ou direito penal objetivo.

Resposta: ERRADO

CAIP-IMES – Órgão: Câmara Municipal de Atibaia – SP/ Advogado/2016

São características das normas penais:

A) imperatividade, generalidade, abstração e pessoalidade.

B) exclusividade, generalidade, abstração e impessoalidade.

C) exclusividade, imperatividade, generalidade, abstração e impessoalidade.

D) exclusividade, imperatividade, generalidade, e pessoalidade.

Gabarito "C"

VUNESP/Órgão: TJM-SP/Prova: Juiz de Direito Substituto/2016

A corrente/teoria penal que se funda na ideia de que as normas jurídicas devem ser protegidas por si mesmas, pouco importando o bem jurídico por trás delas, é

A) a teoria do garantismo penal, de Luigi Ferrajoli.

B) o funcionalismo teleológico-racional, de Claus Roxin.

C) o funcionalismo sistêmico, de Günther Jakobs.

D) a teoria da tipicidade conglobante, de Eugenio Zaffaroni.

E) a teoria constitucionalista do delito.

Gabarito "C"

FCC/ DPE-MA / Defensor Público/2015

As escolas penais são as diversas correntes filosófico-jurídicas sobre crimes e punições surgidas no período moderno. Na compreensão da filosofia e dos princípios que regem o direito penal contemporâneo é preciso que se tenha uma visão do processo histórico que os precedeu. Considere as assertivas abaixo:

I. A Escola Clássica propugna uma restauração da dignidade humana e o direito do cidadão perante o Estado, fundamentando-se no individualismo. Destaca-se pela aproximação do jusnaturalismo e contratualismo.

II. A Escola Positiva é uma reação à Escola Clássica e reorienta estudos criminológicos. Opondo-se ao individualismo da Escola Clássica, defende o corpo social contra a ação do agente criminoso, priorizando os interesses sociais em relação aos individuais.

III. A Escola Correlacionista harmoniza as teorias classicista e positivista. Propugna uma metodologia simplificada do estudo do fenômeno delito e introduz o conceito de humanização da pena.

IV. A Escola Alemã destaca-se pelo estudo do delito como um fenômeno humano-social e fato jurídico. A pena para esta teoria é finalística, coexistindo o caráter retributivo e preventivo.

Está correto o que se afirma APENAS em

A) III e IV.

B) I, II e III.

C) I, III e IV.

D) I, II e IV.

E) II.

Gabarito "D"

CESPE/ TJ-PB/ Juiz Substituto/2015

Acerca dos princípios e fontes do direito penal, assinale a opção correta.

A) Segundo a jurisprudência do STJ, o princípio da insignificância deve ser aplicado a casos de furto qualificado em que o prejuízo da vítima tenha sido mínimo.

B) Conforme entendimento do STJ, o princípio da adequação social justificaria o arquivamento de inquérito policial instaurado em razão da venda de CDs e DVDs.

C) Depreende-se do princípio da lesividade que a autolesão, via de regra, não é punível.

D) Depreende-se da aplicação do princípio da insignificância a determinado caso que a conduta em questão é formal e materialmente atípica.

E) As medidas provisórias podem regular matéria penal nas hipóteses de leis temporárias ou excepcionais

Gabarito "C"

CESPE/ TCE-PR/ Auditor/2016

A respeito dos princípios aplicáveis ao direito penal, assinale a opção correta.

A) Do princípio da individualização da pena decorre a exigência de que a dosimetria obedeça ao perfil do sentenciado, não havendo correlação do referido princípio com a atividade legislativa incriminadora, isto é, com a feitura de normas penais incriminadoras.

B) Conforme o entendimento doutrinário dominante relativamente ao princípio da intervenção mínima, o direito penal somente deve ser aplicado quando as demais esferas de controle não se revelarem eficazes para garantir a paz social. Decorrem de tal princípio a fragmentariedade e o caráter subsidiário do direito penal.

C) Ao se referir ao princípio da lesividade ou ofensividade, a doutrina majoritária aponta que somente haverá infração penal se houver efetiva lesão ao bem jurídico tutelado.

D) Em decorrência do princípio da confiança, há presunção de legitimidade e legalidade dos atos dos órgãos oficiais de persecução penal, razão pela qual a coletividade deve guardar confiança em relação a eles.

E) Dado o princípio da intranscendência da pena, o condenado não pode permanecer mais tempo preso do que aquele estipulado pela sentença transitada em julgado.

Gabarito "B"

VUNESP/ Câmara Municipal de Itatiba – SP/ Advogado/2015

De acordo com o Código Penal,

A) considera-se lugar do crime aquele em que o resultado se produziu.

B) no cômputo do prazo, não se inclui o dia do começo, mas sim o do vencimento.

C) aplica-se a lei brasileira aos crimes praticados a bordo de embarcações estrangeiras, de propriedade privada, que estejam em porto ou mar territorial do Brasil.

D) a sentença estrangeira não pode ser homologada no Brasil para obrigar o condenado à reparação do dano.

E) em se tratando de pena cumprida no estrangeiro pelo mesmo crime, caso sejam diferentes as penas impostas, aquela cumprida no estrangeiro não atenuará a imposta no Brasil.

Gabarito "C"

VUNESP/ TJM-SP/ Juiz de Direito Substituto/2016

A respeito dos princípios penais e constitucionais penais, assinale a alternativa correta.

A) O princípio da humanidade, previsto expressamente na Constituição Federal, proíbe a pena de morte (salvo caso de guerra declarada), mas não impede que dos presos se exijam serviços forçados.

B) A pessoalidade da pena e a individualização da sanção penal são princípios constitucionais implícitos, já que não são enumerados expressamente na Constituição Federal, mas deduzidos das normas constitucionais nela contidas.

C) O postulado da irretroatividade da lei penal, por expressa determinação constitucional, é excepcionado quando em causa lei penal benéfica ao réu. Isto importa que a lei penal retroage em favor do réu, desde que inexista sentença com trânsito em julgado.

D) O princípio da intervenção mínima do direito penal desdobra-se no caráter subsidiário e fragmentário do direito penal. O primeiro impõe que apenas lesões graves a bens jurídicos dignos de tutela penal sejam objeto do direito penal. Já o segundo impõe que só se recorra ao direito penal quando outros ramos do direito mostrarem-se insuficientes à proteção de determinado bem jurídico.

E) O princípio da legalidade desdobra-se nos postulados da reserva legal, da taxatividade e da irretroatividade. O primeiro impossibilita o uso de analogia como fonte do direito penal; o segundo exige que as leis sejam claras, certas e precisas, a fim de restringir a discricionariedade do aplicador da lei; o último exige a atualidade da lei, impondo que seja aplicada apenas a fatos ocorridos depois de sua vigência.

Gabarito "E"

As Escolas Penais

O pensamento jurídico-penal orienta-se por diversas vertentes de pensamento jurídico-filosóficos, chamadas de Escolas Penais, ou seja, movimentos que se propuseram encaminhar soluções aos problemas penais, tentando explicar o crime, a pena, o criminoso, bem como sua responsabilidade em face do comportamento delituoso perante a sociedade e o ordenamento jurídico como um todo.

Desde sempre as legislações sustentam o poder e a autoridade do Estado para orientar, controlar e punir os seres humanos, com a finalidade de regular a vida social e manter a estrutura do ordenamento jurídico, sendo assim buscando se adequar o direito penal aos projetos político-sociais de cada sociedade, podemos elencar como as principais escolas penais as seguintes: Escola Clássica, Escola Positiva, Escola Eclética ou intermediária, e a Escola da Nova Defesa Social.

Podemos resumir as principais ideias dessas **Escolas penais** da seguinte forma:

2.1 ESCOLA CLÁSSICA

Também chamada de escola idealista, ou filosófico-jurídica, tem suas bases filosóficas na defesa do livre-arbítrio, no modelo individualista e liberal e, portanto, considera o crime como sendo um mero fenômeno jurídico, enquanto a pena possuiria apenas a <u>função retributiva</u>, de castigo, em razão do mal causado pelo cometimento do delito.

Para a *Escola Clássica*, a pena é um mal necessário imposto ao criminoso que merece um castigo pela prática do delito, já que voluntariamente e conscientemente o cometeu, e devido ao seu <u>livre-arbítrio</u>, existe uma *responsabilidade moral* produto da errônea escolha do caminho do crime.

A *Escola Clássica* dividiu-se em dois grandes períodos:

– <u>Período Filosófico (teórico)</u>: Teve como principal representante Beccaria, que desenvolveu sua tese com base na ideias iluministas de Rousseau e de Montesquieu, e construiu um sistema baseado no princípio da legalidade pelo qual o Estado irá punir os delinquentes mas se submetendo às regras e limitações previstas em lei, com base no pacto social firmado entre o indivíduo e o Estado

– <u>Período Jurídico ou prático</u>: Teve como principal representante Franchesco Carrara, que se propôs a estudar o crime em si mesmo, sem se preocupar com a figura do criminoso e por isso acreditava que o crime era nada mais que uma infração da lei criada pelo Estado para proteger seus cidadãos. Para Carrara a realização do crime é composta por duas forças: a física, movimento corpóreo voluntário que produz certos resultados, e a força moral, ou seja, a vontade livre e consciente de realizar um crime.

Neste contexto a pena era considerada como um fator necessário ao Direito Penal, um mal necessário imposto pela a autoridade pública em face da realização do crime, não só por uma necessidade de justiça, mas, acima de tudo, por ser a sanção determinada pela lei para a manutenção da humanidade e a proteção de seus direitos. Por isso, a pena não pode ser arbitrária ou desproporcional, devendo ser aplicada na exata proporção do dano sofrido, e deve ser também retributiva, algo que não fica muito claro na visão de Carrara, já que para ele a figura do delinquente nunca foi importante.

2.2 ESCOLA POSITIVA

Diferentemente da escola clássica, os positivistas encaram o crime como um fenômeno social, e a pena como meio de defesa da sociedade, possuindo como principal função a prevenção e recuperação do indivíduo.

Para a *Escola Positiva*, deve prevalecer o determinismo sobre o livre-arbítrio e o crime é um fenômeno natural e social que surge devido a diversos fatores positivos e prederminantes de sua realização, combatido diretamente pela pena, que passa a ser vista como o principal meio de defesa social, já que todo homem é responsável por seus atos, simplesmente porque vive, e enquanto viver em sociedade (responsabilidade legal ou social).

O principal representante do positivismo foi o médico *Cesare Lombroso* através de sua famosa obra *L´uomo delinquente* na qual apresenta a ideia de que existe um criminoso nato, qual seja, aquele que já nasce com esta predisposição orgânica, um ser atávico e predestinado ao crime, quase que como uma espécie de regressão ao homem primitivo, caracterizado através de deformações e anomalias anatômicas físicas e psicológicas.

Os conceitos *lombrosianos* não se sustentaram cientificamente e são absolutamente inconsistentes, mas seu principal problema é que sua distorção pode ter consequências extremamente nocivas e preciosas, como por exemplo quando utilizado para apoiar os fundamentos da doutrina nazista que visava provar a superioridade da raça ariana e legitimar o genocídio.

Em suma, o positivismo nega o livre-arbítrio e rechaça as ideias da *Escola Clássica* quanto ao crime ser produto da vontade livre do homem, tendo em *Enrico Ferri (fase sociológica)*, discípulo de *Lombroso*, e em *Rafael Garafalo* (fase jurídica) outros importantes representantes, defensores desta concepção de que o crime era determinado por fatores antropológicos, físicos, morais e sociais.

2.3 ESCOLAS ECLÉTICAS OU INTERMEDIÁRIAS

Este pensamento aparece como ponto intermediário e de equilíbrio entre os extremos bens definidos das *Escolas Clássica e Positiva*, e embora aceite o *princípio da responsabilidade moral*, oriundo das escolas clássicas, não aceita que esta responsabilidade moral seja fundamentada no conceito de livre arbítrio, preferindo a visão positivista do determinismo ("determinismo psicológico"), como fator preponderante para a ocorrência de crimes.

Desta forma, para a visão da Escola Eclética a sociedade não tem o direito de punir, mas somente possui o direito e o dever de se defender da prática de crimes, dentro dos limites daquilo que se considera justo e razoável.

2.4   ESCOLA TÉCNICO-JURÍDICA

Trata-se principalmente de uma reação à corrente positivista, representada principalmente por *Arturo Rocco*, procurou restaurar o critério propriamente jurídico da ciência do Direito Penal, tendo como principal objetivo desenvolver a ideia de que a ciência penal é autônoma, com objeto e métodos próprios, e por isso não se mistura com outras ciências (antropologia, sociologia, filosofia etc.), criticando assim o posicionamento das demais escolas penais.

Esta escola propõe uma reorganização do estudo do Direito Penal pelo qual este deveria se restringir apenas a análise do direito positivo vigente, para o qual o delito é produto somente de uma relação jurídica, possuindo conteúdo individual e social, e a pena constitui apenas uma reação do ordenamento jurídico, sendo consequência do crime, com as funções de prevenção geral e especial.

2.5   ESCOLA DA NOVA DEFESA SOCIAL

Como forma de se contrapor ao sistema unicamente retributivo, defendido pela Escola Clássica, surge a Escola do *Neodefensivismo Social*, que rechaça a ideia de um direito penal repressivo e não visa punir a "culpa" do indivíduo que comete crimes, mas busca apenas proteger a sociedade das ações delituosas.

Para isso, se fundamenta esta escola em sistemas preventivos e não punitivos, e defende intervenções ressocializadoras e educativas, propondo não uma punição através de penas previstas de forma genérica, mas sim que, para cada delito haja uma medida específica destinada a recuperar e ressocializar cada agente.

Princípios Fundamentais do Direito Penal

Vamos desenvolver o tema princípios a partir de 7 (sete) princípios tidos como basilares ou fundamentais e, através das funções desempenhadas por estes, outros princípios, não menos fundamentais, irão surgir como princípios decorrentes daqueles, esta forma de trabalhar o tema foi proposta originariamente pelo Prof. Nilo Batista, em sua obra "Introdução Crítica ao Direito Penal Brasileiro" – Ed. Revan.

Note-se que não há hierarquia quanto aos princípios penais, mas essa separação em sete fundamentais e oito decorrentes dará ao tema um viés prático, simples e dinâmico, que irá simplificar demais o seu estudo e o entendimento das funções desempenhadas por eles em nosso ordenamento.

3.1 PRINCÍPIO DA LEGALIDADE

CP – "Art. 1º. Não há crime sem lei anterior que o defina. Não há pena sem prévia cominação legal (Redação dada pela Lei nº 7.209, de 11.7.1984)."

CF – "Art. 5º, inc. XXXIX – não há crime sem lei anterior que o defina, nem pena sem prévia cominação legal."

O princípio da legalidade, ou reserva legal, afirma que para a existência de um crime é preciso uma lei que formalmente delimite aquilo que se quer proibir, sendo essa lei necessariamente anterior ao fato. Sendo assim, podemos separar três grandes funções para o princípio da legalidade.

3.1.1 Funções e princípios decorrentes da legalidade ou reserva legal

Basicamente, o princípio da legalidade possui as seguintes funções, sendo que dessas funções se originam outros quatro princípios de Direito Penal:

a) Impedir a retroatividade da lei penal incriminadora

Analisando *contrario senso* o disposto no Código Penal, se uma lei for posterior ao fato, ela não poderá alcançar situações já ocorridas para incriminar, pois, se não há crime sem lei anterior que o defina, proíbe-se a retroatividade das leis penais incriminadoras.

Percebe-se, portanto, que o primeiro princípio decorrente do princípio da legalidade é o conhecido **princípio da irretroatividade da lei penal incriminadora**, pois essas leis jamais poderão alcançar fatos passados para incriminar, já que *não há crime sem que a lei seja anterior ao fato*.

Com base na mais básica das regras de hermenêutica, sabemos que "tudo aquilo que a lei não proíbe é considerado permitido", percebe-se que, se o legislador não vinculou a concessão de benefícios ao princípio da legalidade, não impôs a essa concessão que haja lei anterior para isso, logo, surge aqui mais um princípio decorrente, qual seja, o da retroatividade da lei penal mais benéfica.

Portanto, junto com a proibição da irretroatividade prevista expressamente no princípio da reserva legal, nasce *contrario senso* o **princípio da retroatividade da lei penal mais benéfica,** pelo qual, sempre que uma norma penal for benéfica, favorável ao agente ela terá aplicação plena, alcançando tanto fatos anteriores quanto posteriores a ela.

Além de decorrerem da própria legalidade em si, ambos os princípios se encontram também definidos no art. 2º do Código Penal, *in verbis*:

> *"Art. 2º. Ninguém pode ser punido por fato que lei posterior deixa de considerar crime, cessando em virtude dela a execução e os efeitos penais da sentença condenatória"* (Redação dada pela Lei nº 7.209, de 11.7.1984).

> *"Parágrafo único. A lei posterior, que de qualquer modo favorecer o agente, aplica-se aos fatos anteriores, ainda que decididos por sentença condenatória transitada em julgado."*

Acerca desses dois princípios, podemos analisar algumas questões polêmicas e que geram algumas divergências na doutrina e jurisprudência e que são objeto de questões de concurso:

1. Aplica-se o princípio da retroatividade da lei penal mais benéfica a uma lei penal em branco?[1] **Em outras palavras, a alteração benéfica apenas do complemento da lei penal em branco deve retroagir e atingir fatos pretéritos?**

Ex.: o condenado por tráfico de uma substância entorpecente, que depois veio a ser retirada da portaria do Ministério da Saúde que complementa o art. 33 da Lei de Drogas (Lei nº 11.343/2006) deve ser beneficiado?

Sobre o tema surgem três posicionamentos:

a) O primeiro posicionamento, que acaba sendo uma tendência na dogmática, e que é dominante na doutrina e na jurisprudência, defende a aplicação ampla do princípio da retroatividade da lei mais benéfica. Portanto, essa retroatividade alcança alterações que sejam benéficas nos complementos de leis penais em branco.

Essa corrente entende que o complemento de uma lei penal em branco faz parte da estrutura do próprio tipo penal incriminador e sem esse complemento não se materializa a própria tipicidade da conduta, compondo assim o preceito primário do fato típico.

Assim, ao ser alterado o complemento da lei penal em branco, estará sendo alterado também o próprio tipo incriminador, o que por isso enseja a aplicação da retroatividade da lei penal mais benéfica.

b) Em contrapartida, a segunda corrente defende que alterações circunstanciais no complemento de uma lei penal em branco não configuram alteração estrutural de uma lei penal. Dessa forma, não devem retroagir, prevalecendo o princípio do *tempus regit actum,* ou seja, deve vigorar a lei penal vigente ao tempo da prática do fato.

---

1. Rapidamente pode-se dizer que as normas penais em branco são aquelas que nascem incompletas, dependendo, portanto, de uma norma que a complemente, não necessariamente uma lei em sentido estrito, mas qualquer espécie de norma (Ex: portaria). Por exemplo o peculato – art. 312 pois, para saber quem é "funcionário público", sujeito ativo deste crime, é preciso considerar o art. 327 que traz essa definição para fins penais.

Por conseguinte, essa corrente entende que a alteração do complemento de uma lei penal em branco não altera a própria lei penal incriminadora, não altera o preceito primário do fato típico.

Assim sendo, de acordo com o exemplo citado, não houve alteração na conduta de vender substância entorpecente, mas apenas uma alteração na norma complementar de adequação da conduta típica, o que não caracteriza uma lei penal benéfica e, consequentemente, não deve gerar retroatividade.

c) Há ainda uma terceira corrente que mitiga e complementa a primeira posição, mas não chega, na verdade, a ser uma posição autônoma, sendo apenas um complemento da primeira que defende a retroatividade benéfica das alterações em complementos da lei penal em branco.

Para essa corrente há sim retroatividade quando houver mudança no complemento, **salvo** quando a lei penal em branco e o seu complemento possuírem natureza transitória, temporária ou excepcional, e a alteração do complemento for oriunda do seu caráter transitório, excepcional.

Assim como ocorre nessas espécies de lei (excepcional ou temporária), com a lei penal em branco que possua complementos de caráter transitório também haverá *ultratividade gravosa*, e a lei permanecerá produzindo efeitos para fatos praticados durante sua vigência, mesmo depois de não estar mais em vigor.

2) Outra questão relacionada à retroatividade benéfica se refere a chamada *abolitio criminis*[2] – também prevista no art. 2º do Código Penal – este instituto é a tradução mais clara do princípio da retroatividade, pois se a lei penal benéfica deve retroagir, nada é mais benéfico do que se dizer que determinado fato deixou de ser crime.

Esse instituto (*abolitio criminis*) afasta todos os efeitos penais decorrentes da condenação, se sobrepondo inclusive à coisa julgada, logo, se o inquérito estiver em andamento deverá ser arquivado, já o processo será extinto, e se o indivíduo estiver cumprindo pena deverá ser solto.

OBS.: importante lembrar que os efeitos cíveis oriundos da prática do fato permanecem intactos, não incidindo sobre eles os efeitos da *abolitio criminis*.

b) Impedir incriminações com base em analogia, costumes e princípios gerais de Direito

Quando a legalidade afirma que "não há crime sem lei", essa exigência refere-se à lei formal federal em sentido estrito, já que a Constituição Federal – art. 22, I – atribui à União competência privativa para legislar sobre direito penal.

Portanto, ao se exigir que os fatos incriminados estejam na "Lei", surge a proibição de qualquer espécie de incriminação oriunda da analogia[3] ou dos costumes e princípios gerais.

Quanto à analogia, a legalidade impõe que ou o fato está na lei, ou não poderá ser considerado crime, por mais que a norma preveja situação parecida, semelhante ao fato realizado, daí o motivo da sua proibição para incriminar.

---

2. Abolir o crime. Retirá-lo do ordenamento jurídico. Logo, o fato deixa de ser considerado crime. Somente outra lei pode revogar a lei incriminadora.
3. Aplicação da norma a uma situação semelhante àquela nela versada. Em virtude do princípio da legalidade é vedada a utilização de uma situação descrita em uma norma para a incriminação de um fato semelhante ao previsto.

Sendo assim, no direito penal, a reserva legal veda apenas a chamada analogia *in malam partem,* ou seja, aquela que visa prejudicar, incriminar alguém, já que a expressão legal é que **"não há crime"** sem prévia cominação legal sendo plenamente possível a aplicação da analogia *in bonam partem,* isto é, a sua utilização para a concessão de direitos ou benefícios em situações semelhantes àquelas previstas em lei.

Por fim, como vimos, a lista de situações incriminadas em um dispositivo legal é taxativa, pois não podem ser ampliadas pelo intérprete para a aplicação a situações semelhantes.

É justamente em face desse rol incriminador taxativo, produto da proibição da analogia, que nasce o conhecido **princípio da taxatividade**, afirmando que, aquilo que uma lei penal define como crime não poderá jamais ser ampliado para alcançar outras situações parecidas.

c) Proibir incriminações vagas e indeterminadas

Produto do termo "defina", utilizado no princípio da legalidade, afirma que a lei deve delimitar, definir de forma precisa o fato que deseja considerar crime. Dessa forma, é essa disposição que dá azo ao entendimento pelo qual a lei não pode ser vaga, ou melhor, ela deve estabelecer precisamente a conduta criminosa.

Dessa ideia surge o conhecido **Princípio da Determinação**, isto é, mais do que apenas dizer, mencionar, o legislador deve delimitar, definir, determinar de forma precisa o fato que será considerado como crime. Daí não ser possível incriminações vagas abertas e indeterminadas.

Ex.: o crime de *Furto* não poderia prever apenas "subtrair coisa". Para atender a determinação, deve especificar, determinar o que quer incriminar, por isso prevê *"subtrair coisa",* mas completa dizendo que a "coisa" deve ser "alheia", "móvel" e a subtração deve ser "para si ou para outrem".

OBS: Embora alguns autores não façam distinção entre os dois princípios, não se deve confundir o princípio da Taxatividade com o princípio da Determinação, já que, embora sejam complementares, são princípios autônomos e distintos, e cada um desempenha uma função independente, decorrente da Legalidade, em nosso ordenamento.

A **Taxatividade** se destina especificamente ao intérprete e aplicador da Lei penal, impedindo que este, ao interpretar e utilizar a norma penal, estenda sua aplicação a situações fáticas semelhantes, não previstas expressamente no texto da Lei.

Já a **Determinação** se dirige ao legislador, que ao criar a norma incriminadora deve fazê-lo da forma mais precisa e exata possível, determinando especificamente aquilo que a Lei pretende proibir e incriminar, não se confundindo, portanto, com caráter taxativo no momento desta norma ser aplicada. (Nesse sentido vide: Curso de Direito Penal brasileiro – Luiz Regis Prado – Ed. RT 8ª edição – pag. 132/133)

3.2 PRINCÍPIO DA INTERVENÇÃO MÍNIMA (*ULTIMA RATIO*)

De acordo com esse princípio, o Direito Penal deve intervir o mínimo possível nas relações sociais. Perceba-se que o Estado, através do Direito Penal, incriminando condutas, só deve atuar quando for estritamente necessário para garantir direitos e tutelar certos bens jurídicos.

Importante ressaltar que a Intervenção Mínima é um princípio originariamente vinculado e destinado à atuação do legislador, essa é a sua essência, contudo, modernamente, fundamentalmente em face da famosa Teoria da Tipicidade Congloblante, de Zaffaroni, e de acordo como o moderno conceito de Tipicidade Penal adotado pelo STF e STJ, a intervenção mínima já pode ser considerada como um princípio também utilizado no plano concreto pelo aplicador da norma, fundamentando a aplicação da insignificância, algo que desenvolveremos mais adiante.

3.2.1 Princípios decorrentes da intervenção mínima

3.2.1.1 Princípio da Fragmentariedade

Esse princípio tem sua origem bem no início da estruturação do direito penal, no momento em que a função de proteção aos bens jurídicos começa a ser reconhecida como basilar e fundamental para o ordenamento jurídico penal.

Através da ideia de intervenção mínima conclui-se que um bem jurídico só deve ser objeto de tutela do direito penal nas suas partes mais importantes e não de forma plena, daí a ideia de se fragmentar o bem jurídico para que somente sobre os fragmentos essenciais, ou seja, nas formas de lesão mais importantes deste bem, haja a atuação e intervenção do direito penal punindo o fato.

Portanto, um bem jurídico que necessite da tutela penal deve inicialmente ser fragmentado, ou seja, dividido para que, de acordo com a intervenção mínima, somente suas parcelas e formas de lesão mais importantes sejam objeto de uma lei incriminadora.

Assim, o bem jurídico deve ser tutelado, mas nem sempre na sua integralidade, embora haja exceções como no caso da vida, que é um bem jurídico tutelado de forma ampla e em todas as suas formas de violação. Entretanto, para outras espécies de bem jurídico, via de regra, isso não ocorre, devendo haver a referida fragmentação para a tutela penal mínima.

Por exemplo, na tutela do patrimônio somente o dano doloso (Art. 163 CP) é crime, enquanto o crime de dano culposo não requer tutela penal. É importante atentar que o causador do dano culposo não sairá isento de responsabilidade, pois responderá pelo prejuízo causado na esfera civil.

Em suma, por exemplo vimos que o bem jurídico patrimônio, assim como muitos outros, deve ser fragmentado de forma que apenas as suas parcelas mais importantes sejam tuteladas penalmente.

3.2.1.2 Princípio da subsidiariedade

O direito penal é subsidiário em relação aos demais ramos do direito. Por esse princípio, também oriundo da intervenção mínima, o direito penal é a última alternativa para a tutela de um bem jurídico e, por isso, só deve ser chamado a atuar, incriminando uma conduta, em último caso e quando isso for estritamente necessário.

Logo, sua atuação é subsidiária e complementar aos demais ramos do direito (civil, tributário, administrativo, etc.), sendo por isso que se afirma que o direito penal é a *ultima ratio,* a última solução, o último meio e a última razão para a tutela de bens jurídicos.

Podemos afirmar que a subsidiariedade também está intimamente ligada à função legislativa, pois é através desse poder que se decide qual bem jurídico será objeto de Lei para ser tutelado ou não pelo direito penal.

3.3 PRINCÍPIO DA HUMANIDADE OU DA DIGNIDADE DA PESSOA HUMANA

De acordo com a Constituição Federal, o direito penal deve respeitar, acima de tudo, os direitos humanos fundamentais, e jamais violar a dignidade da pessoa humana, estando, portanto, vinculado à conhecida Declaração Universal dos Direitos Humanos Fundamentais.

Os direitos humanos formam a base fundamental de todo ordenamento jurídico. Dessa forma, o direito penal não pode, em hipótese alguma, violá-los.

Em relação a essa regra, cumpre frisar que a principal função do princípio da dignidade da pessoa humana incide diretamente na aplicação e execução da pena, momento em que o direito penal precisa ter freios e parâmetros comprometidos com os direitos fundamentais, garantindo assim o respeito e a preservação da dignidade da pessoa humana.

Dessa forma, a função maior desse princípio, portanto, vincula-se à teoria da pena e à consequente proibição de sanções que atentem contra a dignidade da pessoa humana e seus direitos fundamentais, seja no momento de determinação, de aplicação ou mesmo na execução da pena.

A consequência prática deste princípio será impedir certas modalidades de sanção em nosso ordenamento como:

3.3.1 Pena de morte

A proibição e inadmissibilidade da pena de morte em nosso ordenamento decorrem diretamente do princípio da humanidade, pois, a vida, que é o primeiro direito humano fundamental, e ainda por cima indisponível, obviamente, jamais poderá ser violada e retirada de alguém pelo próprio direito penal.

Importante lembrar que uma excepcional admissibilidade dessa espécie de pena em nosso ordenamento aparece na Constituição Federal (art. 5º, inc. XLVII) somente para casos de guerra declarada (art. 84, inc. XIX), e isso, sem dúvida nenhuma, também é uma violação direta ao referido princípio fundamental da dignidade humana, embora esteja previsto em nossa Carta Magna.

3.3.2 Tortura, penas cruéis e castigos corporais

Numa sociedade regida pela democracia e fundada nas bases da Declaração Universal dos Direitos Humanos Fundamentais é evidente que nenhuma dessas penas poderão ser aplicadas. Logo, tortura, mutilações, castração, açoite, privação de alimentos etc. não serão admitidos de forma alguma.

Como visto, o princípio da dignidade da pessoa humana deve ser respeitado não só na aplicação, como também no momento da execução da pena. Por conseguinte, sabemos que no Brasil, ainda que implicitamente, há muitas violações do princípio em tela, uma vez que a situação do sistema carcerário pátrio e as condições de nossos estabelecimentos prisionais obviamente atentam constantemente, e de muitas formas, contra a dignidade da pessoa humana.

Por fim, indaga-se, como legitimar a pena privativa de liberdade perante o princípio da humanidade, sabendo que a liberdade é também um direito humano fundamental?

Duas respostas são possíveis para uma questão de concurso:

a) Numa visão mais radical, nas bases do respeito aos direitos humanos fundamentais, a pena privativa de liberdade não encontraria justificativa plausível e por isso violaria o princípio da humanidade, devendo ser banida de nosso ordenamento jurídico.

Essa visão, apesar de bela, é radical, utópica e inviável (minoritária).

b) Numa visão mais pragmática e realista, efetivamente não se pode suprimir nenhum direito humano fundamental e, é efetivamente por isso, que não se admite a prisão perpétua em nosso ordenamento, pois, a liberdade, como qualquer outro direito fundamental, não pode ser suprimida de forma definitiva e absoluta. Todavia, a pena privativa de liberdade não suprime, mas apenas restringe temporariamente a liberdade do indivíduo, que lhe será restituída de forma plena em certo prazo. E ainda, mesmo que o indivíduo se encontre preso, sabe-se que não há total supressão da sua liberdade, vez ou outra lhe são concedidos progressivamente vários direitos e liberdades.

3.4 PRINCÍPIO DA CULPABILIDADE (RESPONSABILIDADE PENAL SUBJETIVA)

Classicamente e de forma bastante simples, esse princípio afirma que "não há crime sem culpa" – *nullum crimen sine culpa.*

Trata-se da grande base de toda a estrutura finalista adotada modernamente, qual seja a responsabilidade penal ser exclusivamente subjetiva. Frise-se que ele não deve ser confundido com a Culpabilidade elemento do conceito de crime, sinônimo de reprovação pessoal do agente pela prática de um fato típico e ilícito. Basicamente, a título de elucidação, temos três aspectos para o conceito de Culpabilidade: como princípio, como elemento do crime, e como fundamento e limite da pena (art. 59 do CP).

Para que possamos entender a culpabilidade como princípio, precisamos saber que aqui ela é usada como sinônimo de responsabilidade pessoal, e então devemos dividir a palavra para melhor entender o que ela quer dizer.

Assim, "culpa" + "(h)abilidade" = Culpabilidade, ou seja, habilidade de ter culpa. Portanto, o princípio exige que para que haja crime o agente seja responsável (culpado) pelo prejuízo causado pela prática do fato.

Logo, o sentido que devemos emprestar ao princípio é que não há crime sem culpa; não há crime sem que haja um responsável, um culpado pela lesão produzida em um bem alheio. Essa "culpa" está em sentido amplo, ou seja, o de ser responsável por alguma coisa, e decorre de uma atuação, da prática de uma conduta através de:

3.4.1 Dolo

Aqui no seu sentido mais simples, qual seja, de finalidade, de intenção, ou seja, vontade de gerar a lesão ao bem jurídico. Quem atua com intenção é o responsável pelo prejuízo; é o culpado pelo que aconteceu. Dessa forma, ao agir com dolo o sujeito possui "culpa" (amplo senso) quanto ao resultado, e isso significa que o agente vai responder pelo crime na sua forma dolosa.

3.4.2 Culpa (sentido estrito)

"Culpa" em sentido estrito é sinônimo de "falta de cuidado", logo aquele que age com falta de cautela, age com essa culpa em sentido estrito, e tem responsabilidade pelo prejuízo causado, respondendo pelo crime na sua modalidade culposa se houver previsão dessa forma na lei.

Contrariu sensu, se o agente não agiu com dolo (intenção) ou culpa (falta de cuidado), mas a sua conduta gerou um resultado (lesão a um bem jurídico), não haverá por parte dele responsabilidade penal subjetiva (Culpa), isto é, ele não será o culpado, responsável, pelo prejuízo causado.

Logo, sem dolo e sem culpa não haverá crime e a conduta será considerada atípica, sendo essa atipicidade a consequência mais clara e evidente do princípio da culpabilidade.

Essa consequência se dá em face da estrutura adotada pelo finalismo, pois este considera que o dolo (e a culpa) compõe o tipo penal, caracterizando a conduta humana, e por isso, na ausência destes dois elementos o fato será atípico.

É importante lembrar que o dolo, para a estrutura finalista, **não** faz parte da **Culpabilidade** (elemento do crime), que é sinônimo de reprovabilidade. O dolo faz parte do tipo penal, e numa outra esfera compõe o conceito do **princípio da culpabilidade**, da responsabilidade subjetiva (ser hábil a responder pelo resultado).

Para separar os conceitos de culpabilidade como princípio e como elemento do crime, podemos usar o seguinte exemplo: Em uma coação moral irresistível, "A" ameaça de morte o filho de "B", obrigando "B" a efetuar um furto, fato que este acaba realizando.

Houve dolo na conduta de B, pois ele teve intenção de furtar, preenchendo, portanto, a tipicidade do furto e o **princípio da culpabilidade** (responsabilidade subjetiva).

Contudo, não houve a chamada **Culpabilidade** (elemento do crime), sinônimo de reprovabilidade, e quem agiu sob coação moral irresistível não pode ser reprovado por seu comportamento, afastando-se assim a sua culpabilidade e impedindo que responda pelo crime, que será imputado apenas ao autor da coação.

3.5 PRINCÍPIO DA PESSOALIDADE OU PRINCÍPIO DA INTRANSCENDÊNCIA DA PENA

Em palavras simples, esse princípio, previsto no Art. 5º Inc. XLV, da CF, afirma que a pena não deve ultrapassar a pessoa do autor, ou seja, ela é individual, intransferível e, portanto, somente será aplicada ao autor do fato, cabendo somente a ele cumpri-la.[4]

Dessa forma, a pena criminal não se transfere, não se transmite de forma alguma, e ninguém poderá cumprir a pena no lugar de outrem. A pena é personalíssima e jamais transcende a pessoa do autor.

---

4.   Esse princípio é um dos fundamentos da morte do agente ser considerada como causa extintiva da punibilidade (art. 107 do CP).

O principal problema relacionado à aplicação desse princípio se refere à pena de multa, pois de acordo com expressa previsão no Código Penal, a pena de multa não paga transforma-se em dívida de valor para com o Estado, sendo inscrita na dívida ativa da Fazenda Pública e cobrada normalmente como dívida comum (art. 51 do Código Penal).

Sendo assim, pergunta-se: poderá o Estado se habilitar perante o espólio como credor dessa dívida em caso de morte do condenado?

De acordo com o referido art. 51 do CP, alterado pela Lei 13.964/2019:

> *"Art. 51. Transitada em julgado a sentença condenatória, a multa será executada perante o juiz da execução penal e será considerada dívida de valor, aplicáveis as normas relativas à dívida ativa da Fazenda Pública, inclusive no que concerne às causas interruptivas e suspensivas da prescrição. (Redação dada pela Lei nº 13.964, de 2019)*

Embora ainda haja alguma divergência, atualmente a posição amplamente majoritária na jurisprudência e na doutrina considera que o Estado, em virtude do princípio da pessoalidade, não pode se habilitar como credor da multa, pois o art. 51 do CP não tem a capacidade de modificar a natureza jurídica da multa proveniente da prática de crime, qual seja, de sanção penal produto da prática de crime. Dessa forma, a pena de multa também está sujeita ao Princípio da Intranscendência, e com a morte do condenado extingue-se a sua punibilidade, não podendo esta dívida incidir sobre o valor da herança.

3.5.1 Princípio da individualização da pena

Por esse princípio, que está vinculado ao princípio da pessoalidade, a pena por ser pessoal, personalíssima, deve ser também individualizada no momento da aplicação, do seu cálculo e da sua execução.

Sendo assim, tanto no momento da dosimetria quanto no momento da execução, ou seja, do cumprimento da pena, deve-se levar em conta somente as características individuais de cada agente, e mesmo que dois ou mais agentes tenham praticado o mesmo fato, da mesma forma e nas mesmas circunstâncias, cada um deverá ter sua pena calculada e executada de forma individualizada.

Foi com base no princípio da individualização da pena, incidindo fundamentalmente na análise da etapa de execução das penas, que o STF passou a admitir a *possibilidade* (não significa obrigatoriedade) da progressão de regimes para os crimes hediondos, que pela Lei nº 8.072/90 possuíam regime integralmente fechado de cumprimento de pena.

Através do HC 82.959/06 foi declarada a inconstitucionalidade do regime integralmente fechado previsto na referida lei, sendo que, essa decisão produziu efeitos retroativos alcançando todos os crimes hediondos, mesmo aqueles praticados antes dessa decisão.

Em seguida, surge a Lei nº 11.464/2007 que estabeleceu regime inicialmente fechado para os crimes hediondos (embora atualmente o STF entenda ser cabível qualquer regime inicial de cumprimento de pena) e previu novos parâmetros de progressão de regime para esses crimes, mais severos que a regra geral prevista na LEP (1/6), quais sejam, 2/5 para primários e 3/5 para reincidentes em crimes dolosos que cometam crimes hediondos.

Como vimos, essa nova lei, no que tange aos novos parâmetros de progressão, é mais severa que a regra geral da LEP e por isso é irretroativa, só podendo ser aplicada a fatos posteriores a ela.

Dessa forma, de acordo com o posicionamento atual do STF, mesmo crimes hediondos praticados antes da Lei nº 11.464/2007 poderão ter progressão em função da declaração de inconstitucionalidade por via do HC 82.959, mas esta progressão deverá utilizar os parâmetros gerais e menos severos da LEP (1/6), conforme estabelece a **súmula vinculante 26 STF e a súmula 471 do STJ.**

Logo, somente os crimes hediondos praticados após a Lei nº 11.464/2007 irão progredir de acordo com a nova lei, seguindo os parâmetros mais severos estabelecidos por ela (2/5 e 3/5).

Atenção, com as alterações promovidas pelo Pacote Anticrime foram estabelecidos novos critérios para a progressão de regime, critérios estes que estudaremos mais adiante.

3.6 PRINCÍPIO DA LESIVIDADE OU DA OFENSIVIDADE

De acordo com esse princípio, para que haja crime deve haver lesão significante a um bem jurídico alheio. Logo, se a conduta não atingir, não afetar o bem jurídico de terceiro, não haverá crime.

Dizer que não há crime sem que haja lesão a bem jurídico alheio traduz uma função, qual seja, a de proibir incriminações de fatos internos (sentimentos, emoções, vontades, desejos) e também de condutas que não ultrapassem o âmbito, a esfera do próprio agente.

Pelo mesmo princípio é proibida a incriminação da autolesão, pois se o bem jurídico lesado não é alheio, mas sim o do próprio agente, não há crime.

Porém, se a conduta de autolesão afetar indiretamente bem jurídico alheio, pode haver crime, não obstante a conduta configurar uma autolesão, isto ocorre por exemplo na conduta do agente que se auto lesiona visando recebimento de seguro, pois com isso ele também estará afetando o patrimônio da seguradora, gerando assim o crime de estelionato, na modalidade **Fraude para recebimento de indenização ou valor de seguro (art. 171, § 2º, inc. V, CP).**

Outra decorrência importante do princípio da lesividade é a não punibilidade dos atos preparatórios,[5] pois estes embora sejam atos concretos realizados no mundo fático (por exemplo: instrumentos, local, arma etc.) não entram na esfera de terceiros, não ultrapassam o âmbito do próprio autor.

O princípio da lesividade traz uma série de limitações à atuação do Estado, contudo, o princípio da lesividade, além de impedir a incriminação de condutas que não afetem um bem jurídico alheio, exige também que a lesão produzida no bem de terceiro seja significante, relevante, razoável. Desta forma, do princípio da lesividade decorre outro princípio, qual seja, o famoso princípio da insignificância.

3.7 PRINCÍPIO DA INSIGNIFICÂNCIA

De acordo com esse princípio lesões ínfimas, pequenas e insignificantes a um bem jurídico alheio não devem ser consideradas como crime, e o fato será tratado como atípico, já que a intervenção penal não se justifica nesses casos.

---

5.   O *iter criminis* – caminho do crime – pode ser dividido em quatro passos: cogitação, preparação, execução e consumação. O direito penal só atua a partir do início da execução, com a punição da tentativa. O fundamento para isso é o próprio princípio da lesividade, pois a mera cogitação e preparação não entram na esfera do bem jurídico alheio.

A atipicidade decorrente do princípio da insignificância se dá em razão da ausência da chamada *Tipicidade Material* (lesão de bem jurídico), já que no plano da *Tipicidade Formal* a conduta realizada poderá estar perfeita, preenchendo todos os elementos previstos no artigo de Lei.

Quanto ao princípio da insignificância, algumas considerações importantes devem ser feitas:

a) ele não é de aplicação exclusiva aos crimes patrimoniais, podendo ser aplicado a "qualquer" espécie de crime, desde que se demonstre que a lesão produzida é pequena, irrelevante.

b) de acordo com o STF e o STJ este princípio não é aplicável em crimes com violência ou grave ameaça a pessoa e nem ao crime de tráfico de drogas (Art. 33 Lei 11.343/07).

c) de acordo com a Súmula 599 do STJ, não se aplica a insignificância aos crimes contra a administração pública. Embora, o próprio STJ e o STF tenham diversas decisões contrárias a esta súmula, aplicando o referido princípio a algumas hipóteses, em crimes desta espécie.

d) de acordo com a Súmula 606 do STJ: *Não se aplica o princípio da insignificância aos casos de transmissão clandestina de sinal de internet via radiofrequência que caracterizam o fato típico previsto no artigo 183 da lei 9.472/97.*

e) em <u>crimes tributários</u> (ex: Lei 8137/90 e Art. 334 CP) o STF vem estabelecendo valores objetivos para a aplicação do referido princípio, com base nas leis que regulam as execuções fiscais (Lei 6.830/1980 e Lei 10.522/2006), qual seja, lesões tributárias de até R\$ 20.000 (vinte mil reais) vem sendo consideradas insignificantes, seguindo assim, no que tange ao crime, o mesmo parâmetro previsto para se autorizar a cobrança e execução da dívida tributária pelo Estado.

Importante ressaltar que, com a ampliação do âmbito de aplicação desse princípio não se pode mais tratar **princípio da insignificância** e **princípio da bagatela** como sinônimos, sendo o primeiro gênero amplo e cabível para diversos crimes, e o segundo, uma espécie do princípio da insignificância vinculado somente a lesões patrimoniais.

A doutrina menciona ainda a chamada bagatela imprópria quando, embora o fato praticado preencha os três elementos essenciais do conceito do crime (fato típico, ilícito e culpável), no curso do processo penal o magistrado verificar que a aplicação de qualquer espécie de pena será desnecessária e inútil, por não atingir nenhuma das suas funções precípuas, quais sejam, retribuição, prevenção geral e prevenção especial, viabilizando assim a não aplicação da pena no caso concreto, e consequentemente a exclusão da punibilidade do fato.

Não há consenso na doutrina e jurisprudência quanto a aplicação dessa variação do princípio da bagatela, porém, em tese, esta avaliação deverá ser feita, de acordo com o caso concreto, pelo magistrado com base nas funções da pena e questões exclusivamente de política criminal.

3.7.1 Critérios determinantes do princípio da insignificância

Não existe regra objetiva formada para delimitação da insignificância, apenas orientações jurisprudenciais utilizadas pelo STJ e STF, sendo assim, alguns critérios vêm sendo utilizados nas decisões para se aplicar, ou não, o referido princípio, são eles:

a) mínima ofensividade da conduta do agente;

b) ausência de periculosidade social da ação;

c) reduzido grau de reprovabilidade do comportamento do agente;

d) inexpressividade da lesão ao bem juridicamente tutelado.

Além desses critérios, podemos considerar que a doutrina e a jurisprudência avaliam para aplicação da insignificância os seguintes aspectos:

a) valor "absoluto" do bem: considera-se apenas a lesão do bem em si mesmo, não sendo necessário avaliar quem é o autor e quem é a vítima e sua repercussão;

b) valor "relativo" do bem:

Este *valor relativo* divide-se em dois:

1. valor relativo para a vítima: avalia-se o que aquela lesão representa para quem a sofreu;

2. valor relativo para o Estado: nesse caso deve-se analisar se vale a pena mover a máquina estatal por conta da lesão produzida, e para essa análise existem dois principais fatores: o interesse de agir, e a economia processual.

Unindo esses dois valores relativos a um valor maior, absoluto, deve-se submetê-los a um denominador comum, qual seja, a reunião de dois princípios que não são exclusivamente de direito penal, a razoabilidade e a proporcionalidade, para se constatar a insignificância ou não da lesão.

Podemos então representar o princípio da insignificância através de uma fórmula para o raciocínio, que organizará os mencionados parâmetros e ajudará na definição da aplicação do referido princípio, vejamos:

$$Pi = \frac{Va + Vr\,(V+E)}{R}$$

Em que:

Pi = Princípio da insignificância.

Va = Valor absoluto do bem em uma análise razoável. Por exemplo, o furto de uma simples caneta.

Vr = Valor relativo do bem. O valor relativo do bem para a vítima e para o Estado de acordo com o que a lesão representa para quem a sofreu e diante das circunstâncias em que ocorreu.

(*V* + *E*) = Vítima e Estado. Para este último, devemos sempre lembrar que o valor relativo deve ser informado pelo interesse de agir e pela economia processual.

R = Princípio da razoabilidade. Que associado à proporcionalidade dá o equilíbrio para a análise e aplicação do princípio da insignificância.

Para concluirmos o princípio da insignificância cabe mais uma observação a respeito da "competência", legitimidade, para declarar uma lesão como insignificante, e a consequente atipicidade do fato.

Apesar da grande divergência jurisprudencial, tem prevalecido o entendimento de que apenas o promotor de justiça e o magistrado são "competentes" para aplicar e declarar a insignificância em face de uma situação concreta.

Como regra, o delegado de polícia não tem essa atribuição, a ele cabe apenas apurar a materialidade do fato e os indícios de autoria e fazer o juízo de **tipicidade formal** em sede de inquérito policial, algo que numa ótica moderna, em nossa opinião, não se justifica, pois, se um fato será declarado atípico pelo Ministério Público, e pelo Magistrado, não há porque ter que ser compulsoriamente considerado típico pelo delegado de polícia, restringindo-se sua análise ao plano da tipicidade formal.

3.8   PRINCÍPIO DA ADEQUAÇÃO SOCIAL DA CONDUTA

"O direito penal não deve criminalizar condutas socialmente adequadas, ou seja, que tenham aceitação pela própria sociedade em que o ordenamento jurídico se situa."

Esse conceito foi desenvolvido por Hans Welzel, o grande idealizador do finalismo, sendo que, de acordo com ele como o direito penal tem como valor primordial a tutela de bens jurídicos e a garantia de direitos da sociedade, não seria razoável e cabível incriminar uma conduta que seja socialmente aceita e adequada.

O Princípio da Adequação Social da conduta, necessita hoje de uma cautelosa análise que torne possível entender sua verdadeira função dentro do nosso ordenamento jurídico. Mais que isso, será preciso dar a este princípio uma nova roupagem, para que ele possa se adequar e coexistir com os demais princípios fundamentais, dentre eles, principalmente o da Reserva Legal, o da Intervenção Mínima, e o da Lesividade.

Não nos parece que este princípio deva ser colocado no mesmo grupo dos princípios fundamentais de Direito Penal pelo fato de se tratar de um princípio informador autônomo que atua essencialmente como uma orientação de política criminal, servindo como uma espécie de ponte entre o Direito Penal e a constante evolução da sociedade e seus conceitos.

Na verdade, a Adequação Social nunca teve uma estrutura bem delimitada, e sua definição bem como suas funções são bastante controvertidas e imprecisas, o que inevitavelmente tem gerado muitas interpretações errôneas a respeito deste princípio.

Entretanto, como primeiro passo para compreender o que significa adequação social e quais as reais aplicações deste princípio na dogmática penal moderna, devemos separar sua análise em três aspectos, propondo a seguinte classificação:

1) *Aspecto formal positivo*: neste prisma, o Princípio da Adequação Social destina-se ao legislador como *limitador na criação das Leis*, através do qual, condutas socialmente adequadas, ou seja, que façam parte dos riscos, costumes e situações cotidianas aceitas pela própria sociedade, não devem ser erigidas à modalidade de crime e portanto não devem ser objeto da tutela penal.

No que tange ao aspecto formal positivo, embora adequação social possa ser considerada e aplicada na esfera abstrata das normas este acaba por ser um simples desdobramento da ideia de Intervenção Mínima e do Princípio da Lesividade, por isso, ela não deve ser vista como um princípio autônomo já que pouco acrescenta à dogmática penal.

2) *Aspecto formal negativo*: Neste aspecto, também vinculado ao legislador, a adequação social funciona como um indicativo *da evolução da sociedade*, e da repercussão que esta evolução deve ter no ordenamento jurídico penal, portanto terá como principal função atuar como <u>fundamento para algumas hipóteses de</u> *abolitio criminis*, também apoiado no Princípio da Intervenção Mínima.

Aqui, a adequação social vai orientar o legislador sobre que condutas não devem mais permanecer tipificadas como crime, estimulando a revogação de determinadas leis penais incriminadoras devido à sua não adequação à realidade e aos costumes da sociedade moderna.

Dentro dessa ótica, o Princípio da Adequação Social só poderá ser levado em conta se for aplicado em consonância com as regras da própria legalidade, portanto, para que uma conduta possa deixar de ser considerada como crime em função de sua adequação social isto deverá ocorrer por via de uma Lei, que revogue o tipo penal incriminador em questão.

3) *Aspecto material:* De acordo com o aspecto material da Adequação Social, certas condutas, embora possam estar *abrangidas por uma previsão legal* <u>não devem ser considera-radas como típicas</u> se forem reconhecidas como adequadas pela sociedade, com base nos seus atuais conceitos, costumes, crenças e até valores morais.

Percebe-se que, sob esse aspecto, há uma tentativa para que o conceito de adequação social interfira na atividade do aplicador da norma, orientando concretamente a interpretação dos tipos penais para, em certos casos, afastar sua aplicação em face da evolução da sociedade e do próprio ordenamento jurídico, independentemente da expressa tipicidade do fato.

Obviamente, que no aspecto material é onde encontramos os maiores problemas para aplicar a adequação social devido à evidente imprecisão técnica do conceito, e principalmente por conta do inegável confronto com o Princípio da Legalidade.

Sendo assim, por evidentes contradições técnicas e teóricas, o princípio da adequação social <u>não deverá ser aplicado sob esta ótica</u>, pois se uma conduta se subsumi a um tipo penal não pode o aplicador da norma, em face apenas de uma valoração social da conduta, deixar de aplicar o dispositivo legal, sob pena de estar violando expressamente o Princípio da Reserva Legal e da própria Tipicidade Penal.

Sendo assim, o Princípio da Adequação Social não pode ser visto como um princípio através do qual seja possível deixar de se aplicar uma norma penal expressa, pois violaria diretamente o Princípio da Legalidade, e estaria desrespeitando a própria tipicidade penal (*aspecto material*), porém pode servir como fato gerador de uma *abolitio criminis*, onde por via de uma outra lei, um crime deixará de fazer parte do ordenamento jurídico (*aspecto formal negativo*).

Além disso, atrelado à ideia de Intervenção Mínima e de Lesividade, o Princípio da Adequação Social (*aspecto formal positivo*) pode e deve influenciar a escolha do legislador a respeito de quais condutas serão previstas como crime pela Lei penal, excluindo do processo de tipificação aquelas que sejam consideradas socialmente adequadas.

Na verdade, modernamente, entende-se que esse princípio não pode ser usado para tornar atípico um fato que a lei, através da legalidade, considerou formalmente típico.

Portanto, em face do princípio da legalidade, o princípio da adequação social não pode ser usado diretamente para impedir a aplicação de normas positivadas, pois estar-se-ia ferindo a própria reserva legal, base e fundamento de nosso ordenamento jurídico.

Contudo, uma ressalva deve ser feita: deve-se entender que esse princípio não se dirige aos aplicadores do direito, deve ser visto como um princípio informador da própria atividade do legislador, de forma a evitar que este criminalize condutas socialmente aceitas. Mais do que isso, a adequação social pode e deve também ser usada como motivador e fundamento para as diversas hipóteses de *abolitio criminis* (por exemplo: descriminalização do adultério – art. 240 do CP).

Em resumo, modernamente a Adequação Social possui aplicação concreta em nosso ordenamento jurídico de duas formas, como norte ao legislador na opção de realizar uma *abolitio criminis,* devendo dessa forma ser atrelada ao princípio da insignificância devido a pequena relevância da lesão do bem quando a conduta passar a ser socialmente aceita, bem como aplicada em conjunto com o princípio da intervenção mínima, para que o fato não seja criminalizado, ou mesmo deixe de ser considerado como crime, perante a evolução social e adaptação do Direito Penal à realidade.

3.9 O PROBLEMA DAS CONTRAVENÇÕES PENAIS SOB A ÓTICA DOS PRINCÍPIOS FUNDAMENTAIS

As contravenções penais estão previstas no Decreto-lei 3.688/41 e nada mais são do que condutas de menor gravidade que o legislador achou por bem não considerar como crime preferindo separá-las em uma norma específica, assim prevendo para elas sanções de menor gravidade, nas palavras de Nelson Hungria, trata-se de um legitimo *"crime anão"*.

Entretanto, no que tange à sua estrutura as contravenções penais em nada diferem de um crime, ou seja, possuem uma descrição típica formada de elementos objetivos e subjetivos, e vinculam-se aos conceitos de ilicitude e de culpabilidade da mesma forma que o conceito de crime, sendo que sua principal e grande diferença encontra-se nas espécies e quantidades de pena que lhes são atribuídas.

Porém, se fizermos uma análise das contravenções penais em face de alguns princípios fundamentais de Direito Penal vamos perceber muitas contradições e conflitos no que tange a esta espécie de infração penal, o que pode gerar até mesmo dúvidas a respeito da sua real necessidade, bem como da possibilidade de aplicação concreta de certas contravenções que parecem não ser compatíveis com determinados princípios de Direito Penal.

O *Princípio da Intervenção Mínima* talvez seja o pivô de todo o problema, porém será preciso que ele seja aplicado conjuntamente com os Princípios da Insignificância e da Adequação Social da conduta – esta essencialmente em seu aspecto formal negativo – para que possamos analisar as contravenções de forma a avaliar sua compatibilidade ou não com os referidos princípios.

A *Lei de Contravenções*, assim como a parte especial do Código Penal, data da década de 40, e, portanto, as condutas nela descritas muitas vezes apresentam grande defasagem com a realidade do ordenamento jurídico e da sociedade atual, devido à evidente evolução de conceitos e costumes ocorrida durante esses mais de 80 anos que nos separam da elaboração desta legislação.

Embora o problema esteja presente também em muitos crimes previstos na parte especial do Código Penal, bem como na legislação extravagante, carentes de reforma, é na Lei de contravenções que a situação se agrava e torna-se mais sensível, pois devido a menor gravidade e lesividade das condutas nela previstas, as contravenções mais que qualquer outra infração muitas vezes se chocam com preceitos dos referidos princípios fundamentais.

Desse apenas algumas condutas antes consideradas contravenções para transformá-las em crimes, inserindo-as no Código Penal e atendendo aos requisitos para que sejam vistas como infrações de pequeno potencial ofensivo (pena máxima de até 2 anos), bem como para que estejam sujeitas à suspensão condicional do processo (pena mínima de até 1 ano) de acordo com as regras da Lei dos Juizados Especiais (Lei 9.099/95).

Apenas a título de ilustração, vamos citar algumas contravenções que, em face dos mencionados princípios acreditamos que deveriam deixar expressamente de ser tratadas como infrações penais para, no máximo, serem objeto de tutela de outros ramos do direito, como o Direito Civil e o Direito Administrativo, são elas: Arts. 20/22/23/24/25/26; Arts. 35/37/38/40; Arts. 50 a 57; Art. 58 (Jogo do Bicho), Art. 59 (Vadiagem), dentre outros.

Teoria da Norma Penal

Nas bases do princípio da legalidade, a Lei penal é a fonte imediata do Direito Penal, já que é através dela que determinadas condutas humanas são descritas com infrações penais e consideradas proibidas, bem como são definidas regras e institutos penais.

Nosso ordenamento utilizou a fórmula desenvolvida por *Karl Binding* pela qual a lei penal não prevê mandamentos diretos de "não fazer", mas simplesmente descreve um determinado comportamento (caráter descritivo) e estabelece para sua prática a imposição de uma sanção.

4.1 ESPÉCIES DE NORMA PENAL

Para iniciarmos o estudo da teoria da norma, veremos que a norma penal se divide fundamentalmente em duas espécies:

4.1.1 Lei penal incriminadora e não incriminadora

a) lei penal incriminadora

Como o próprio nome diz, essa espécie de norma cria um crime e estabelece uma pena, estando por isso prevista na parte especial do Código Penal e em leis penais extravagantes.

A lei penal incriminadora é formada por preceitos, um primário, que formalmente descreve a conduta criminosa considerada proibida, e outro secundário que determina a espécie e os valores mínimos e máximos de pena para o fato.

b) lei penal não incriminadora

Como o próprio nome indica, essa espécie de norma penal não cria crime e nem estabelece penas, mas desempenha outras funções em nosso ordenamento, e divide-se em duas subespécies:

B1) Permissiva

Autoriza, permite que o indivíduo atue realizando condutas típicas sem que o fato seja considerado crime. O exemplo clássico é o das excludentes de ilicitude, excludentes de culpabilidade etc. Em regra, encontram-se na parte geral do Código Penal, contudo, podem ser encontradas também na parte especial, como é o caso do aborto autorizado quando a gravidez decorre de estupro – art. 128, II, CP.

B2) Explicativa

Essa espécie de norma dá um conceito (normas interpretativas), uma definição, delimita um instituto, um princípio (normas diretivas). Um exemplo é o art. 1º do Código

Penal que define a reserva legal, bem como o art. 327 do CP, que explica o conceito de funcionário público para efeito de aplicação da lei penal.

Essas são as classificações mais genéricas e todas as normas penais se enquadram em uma das espécies supracitadas, entretanto, existem outras classificações paralelas a essa que precisam ser lembradas.

4.1.2 Leis penais em branco

É a lei penal que está incompleta, portanto, exige um complemento para que possa ser aplicada, interpretada, ou a interpretação do Tipo penal necessariamente nos remete a outra norma complementar, por isso também são chamadas de normas primariamente remetidas.

Dividem-se em três espécies, variando conforme a origem do complemento que a lei receberá para ser aplicada.

Assim:

a) leis penais em branco próprias ou heterogêneas (em sentido estrito)

"São aquelas em que o complemento necessário para sua aplicação se encontra em uma norma que não seja uma lei em sentido estrito, ou seja, o complemento virá através de uma portaria, resolução, ato normativo em sentido estrito, isto é, de qualquer forma de legislar que não seja lei no sentido formal."

O exemplo mais famoso é a antiga Lei de Tóxicos (Lei n° 6.368/76) que exigia um complemento para listar as substâncias consideradas entorpecentes, sendo que a mesma coisa vale para a nova Lei de Tóxicos (Lei n° 11.343/2006) – por exemplo: art. 33 que descreve o tráfico de drogas, a única diferença é que hoje não se fala mais em substância entorpecente, mas sim em droga, sendo este o termo a ser complementado, e que será delimitado por uma portaria da ANVISA oriunda do Poder Executivo.

b) lei penal em branco imprópria ou homogênea (em sentido lato)

"É aquela em que o complemento necessário para a sua interpretação se encontra em uma lei em sentido estrito, ou seja, de mesma instância legislativa que a norma penal."

O complemento pode vir na própria lei penal ou em qualquer Lei mesmo que de outra natureza, como civil ou administrativa. O que interessa para essa classificação é que o complemento venha veiculado em Lei (sentido estrito). É o caso do crime de peculato (art. 312 do CP), que exige para ser interpretado que se faça a conceituação de funcionário público (sujeito ativo), sendo que esta definição está prevista em outro artigo do próprio Código Penal, qual seja, o art. 327.

c) lei penal em branco inversa ou ao avesso (normas penais incompletas ou secundariamente remetidas)

Nem toda a doutrina utiliza esta classificação, que é bastante rara, já que nela o tipo incriminador está completo em seu preceito primário, enquanto o que está incompleto e requer complemento é o preceito secundário, ou seja, o tipo penal carece de previsão de pena, que será definida em outra norma específica. (Ex: Art. 1° da Lei 2889/56 – Genocídio)

4.1.3 Leis temporárias

Trata-se de leis criadas para uma situação específica e, por isso, têm seu prazo de vigência previamente **determinado**. Assim, elas têm data para começar e para deixar de vigorar. Os exemplos mais conhecidos se encontram no *Código Eleitoral*, em que certos crimes vigoram durante períodos de tempo expressamente definidos e vinculados ao pleito eleitoral.

Essas leis têm uma característica um pouco diferente das demais, devendo ser tratadas de uma forma mais específica, pois são dotadas do que se chama de *ultratividade gravosa*, isto é, devem permanecer produzindo efeitos, mesmo após o seu término de vigência para os fatos praticados enquanto estavam em vigor. Isso se deve ao princípio do *tempus regit actum*, ou seja, os atos são regidos pela lei vigente em seu tempo e tem por finalidade manter a eficácia da lei.

Portanto, aquele que praticou um fato sob a égide da lei temporária será, com base nos termos dela, julgado e condenado, ainda que já tenha expirado o seu prazo de vigência, pois caso contrário, a eficácia e a coercitividade dessa espécie de lei estariam seriamente prejudicadas.

4.1.4 Leis excepcionais

São leis criadas para reger uma situação anormal, excepcional, vigorando enquanto perdurar essa situação, tendo como principal condicionado ao tempo que perdurar a situação que lhe deu causa, e por isso **indeterminado**. Veja que estamos falando de uma anormalidade social, como, por exemplo, a calamidade pública, um estado de sítio, um estado de emergência.

As leis excepcionais também possuem a característica específica da *ultratividade gravosa*, ou seja, permanecem produzindo efeitos, mesmo após seu término de vigência, para fatos praticados enquanto ainda estavam em vigor.

Essas leis excepcionais não ocorrem normalmente no direito penal, vez que a situação deveria abranger o país inteiro, pois via de regra cabe à União versar sobre matéria penal, entretanto, essa situação já ocorreu através dos famosos atos institucionais que vigoraram durante a ditadura, que são exemplos de "leis" criadas para reger um momento excepcional e com forte conteúdo penal.

Importante lembrar que a diferença entre a lei temporária e a lei excepcional reside no fato de que a primeira tem prazo certo de duração (**vigência determinada**), já a segunda perdurará enquanto se mantiver a situação (**vigência condicionada e indeterminada**). Em comum, ambas as leis possuem a *ultratividade gravosa* e se vinculam ao princípio do *tempus regit actum*.

Ambas as espécies legais estudadas estão previstas no Art. 3º do Código Penal, *in verbis*:

> *"Art. 3º. A lei excepcional ou temporária, embora decorrido o período de sua duração ou cessadas as circunstâncias que a determinaram, aplica-se ao fato praticado durante sua vigência" (Redação dada pela Lei nº 7.209, de 1984).*

4.1.5 Lei penal intermediária

Pode ocorrer da lei a ser aplicada não ser nem a que estava em vigor na data da prática do fato, nem aquela que veio depois e esteja em vigor na data em que o indivíduo for condenado.

Isso ocorre na hipótese chamada de *lei intermediária*, ou seja, se havia uma lei tratando de determinado assunto e ela foi sucedida por uma lei penal mais benéfica, pela retroatividade esta deverá valer para o fato anterior. Porém, se após esta segunda lei (intermediária) surgir uma terceira posterior, só que mais gravosa, a nova lei (terceira) não será aplicada ao fato praticado anteriormente (irretroatividade) sob a vigência da primeira lei, valendo para esse crime ainda a segunda lei, que foi a mais benéfica e retroagiu, sendo este o entendimento adotado no STF.

4.2 LEI PENAL NO TEMPO

Dois princípios já estudados referem-se diretamente à ideia da aplicação da lei penal no tempo – irretroatividade da lei incriminadora e a retroatividade da lei penal mais benéfica.

Em suma, podemos considerar como princípios informadores da aplicação da lei penal no tempo:

a) **irretroatividade de lei incriminadora;**

b) **retroatividade de lei penal mais benéfica;**

c) **princípio do** *tempus regit actum* – *os atos são regidos pela lei vigente ao seu tempo*. Regra geral que só será excepcionada pela **retroatividade benéfica**.

As *leis excepcionais e as temporárias*, devido a sua ultratividade gravosa, vinculam-se diretamente a esse terceiro princípio, pois mesmo após seu término de vigência permanecem produzindo efeitos de acordo com as regras em vigor na data da prática do fato.

4.2.1 Tempo do crime (Art. 4º do CP)

"Art. 4º. Considera-se praticado o crime no momento da ação ou omissão, ainda que outro seja o momento do resultado" (Redação dada pela Lei nº 7.209, de 1984).

Para delimitação do tempo do crime aplica-se a chamada **teoria da atividade ou da ação**, conforme previsão do Art. 4º do Código Penal. Em curtas palavras, ela diz que se considera praticado o crime no momento da prática da conduta (ação ou omissão) independentemente de outro ser o momento da ocorrência do resultado.

Quando se fala em tempo do crime a palavra-chave é *quando*. Quando o crime ocorreu? Podemos usar como exemplo de aplicação dessa teoria o fato do sujeito que pratica uma conduta quando menor de 18 anos, por exemplo, atirando em alguém dois dias antes de completar a maioridade, responderá como menor de idade, mesmo que a vítima venha a morrer dias depois quando já tiver completado os 18 anos de idade.

Existem outras duas teorias acerca do tempo do crime, mas que não foram adotadas pelo Código Penal:

a) teoria do resultado: o **momento do crime** é aquele no qual ocorre o *resultado*, e não o da prática da conduta

b) teoria mista: considera-se a **data do crime** tanto a data da *conduta quanto a do resultado*, não fazendo diferença qual das duas considerar.

> **OBS:** Importante lembrar que em matéria de contagem de <u>prazo prescricional</u> o nosso ordenamento adotou a <u>teoria do resultado</u>, e o início do prazo prescricional se dá a partir da data de ocorrência do resultado, ou do último ato executório na hipótese de tentativa. **(Art. 111 Inc. I CP)**

4.2.2 Combinação de Leis Penais (*Lex Tertia*)

A chamada combinação de Leis penais pode ocorrer quando há uma lei vigente e esta lei é revogada por uma lei posterior que possui partes mais severas e outras mais benéficas em relação a esta lei anterior.

A questão é se há ou não a possibilidade do magistrado, no momento da aplicação da nova lei vigente, utilizar preceitos favoráveis da lei anterior revogada e combiná-los com preceitos benéficos e retroativos da lei nova, combinando assim as duas leis e criando uma terceira lei formada pelas partes mais favoráveis das duas outras.

Há grande divergência na doutrina a respeito desta possibilidade, sendo que tradicionalmente o STF sempre se posicionou de forma contrária a esta combinação de leis penais, porém a própria corte suprema modificou seu entendimento e já se manifestou a favor desta combinação.

No caso concreto o STF considerou ser possível se aplicar a causa de diminuição de pena do Art. 33 par 4º da Lei 11343/06 (Lei de Drogas), para um crime de tráfico de drogas praticado na vigência da lei anterior (Lei 6368/76 – Art. 12), combinando assim a causa de diminuição prevista para o tráfico de menor importância da nova Lei, com a pena abstrata menos grave prevista para o tráfico de drogas (Art. 12) na Lei anterior, e em vigor quando o crime foi praticado, privilegiando assim o princípio da retroatividade benéfica plena.

4.3   LEI PENAL NO ESPAÇO

4.3.1 Lugar do crime (Art. 6º do CP)

> *"Art. 6º. Considera-se praticado o crime no lugar em que ocorreu a ação ou omissão, no todo ou em parte, bem como onde se produziu ou deveria produzir-se o resultado" (Redação dada pela Lei nº 7.209, de 1984).*

Em qual *lugar* deve se considerar que foi praticado o crime? *Onde* o crime ocorreu? No local da prática da conduta ou no local de ocorrência do resultado? Qual *lugar* deve ser considerado para efeitos de aplicação da Lei Penal?

Quanto ao lugar do crime aplica-se a chamada teoria da ubiquidade ou mista:

> *"O lugar do crime tanto pode ser aquele em que ocorreu a conduta quanto aquele em que se produziu o resultado ou deveria se produzir o resultado (tentativa)". (Art. 6º CP)*

Como as regras para estipulação de competência para julgar um fato são determinadas pelo processo penal, o direito material irá se ocupar apenas do âmbito de aplicação da lei penal no espaço, ou seja, quanto à aplicação da lei brasileira, ou não, para cada caso concreto, sendo que para isso é preciso definir se o crime ocorreu em território nacional ou não.

Dessa forma considera-se que, ocorrendo em território nacional tanto a conduta quanto o resultado, atribui-se ao Brasil a competência para julgar o crime e aplica-se a lei brasileira, pois o Brasil será o local da infração em face da referida teoria da ubiquidade.

Assim, se a conduta ocorreu na Argentina, mas o resultado no Brasil, ou se a conduta ocorreu no Brasil e o resultado se produziu na Argentina, pode-se considerar que o lugar do crime é o Brasil, sendo possível em ambos os casos aplicar a lei brasileira ao fato de acordo com a Teoria da Ubiquidade, e em função do *princípio da territorialidade* (art. 5º do CP).

Ex: Se o agente detona uma bomba na argentina e o resultado morte ocorre no Brasil, onde o explosivo foi colocado, pode se considerar o Brasil como lugar do crime, e o mesmo ocorre se a conduta ocorrer no Brasil e a explosão na Argentina.

Importante lembrar que a *teoria da ubiquidade* (art. 6º do CP) aplica-se inclusive para as hipóteses de tentativa, quando o resultado não se produzir, já que se considera como lugar do crime tanto o local da ação, quanto aquele onde o resultado teria se produzido.

Dentro desse tema existem também mais duas teorias não utilizadas no Brasil:

a) **Teoria da ação:** considera-se **local do crime** apenas aquele no qual foi praticada a **conduta;**

b) **Teoria do resultado:** considera ocorrido o crime apenas o **local** onde ocorreu o **resultado.**

OBS: Há algumas exceções a aplicação da teoria da ubiquidade, como por exemplo nos crimes dolosos contra vida, nas infrações de pequeno potencial ofensivo da Lei 9099/95(art. 63), nos atos infracionais realizados por menores de idade (Art. 147 par 1º ECA) em que considera-se como local do crime o da prática da conduta (**Teoria da ação**).

4.3.2 Princípios para a aplicação da lei penal no espaço

Como dissemos, definir o local do crime só tem importância para o direito penal material quando conjugado com as regras (princípios) de aplicação da lei penal no espaço, na verdade, para definir em quais situações poderá a lei penal nacional ser aplicada, já que as regras de competência interna (comarcas, etc.) ficam por conta de critérios definidos pelo processo penal.

4.3.2.1 Princípio da Territorialidade

"Aplica-se a lei brasileira a todos os fatos praticados em território nacional, independentemente da nacionalidade do autor, da vítima ou do bem jurídico afetado." (Art. 5º do CP)

Esse princípio é a regra geral para definir o âmbito de aplicação da Lei penal brasileira e resolve a grande maioria dos casos relacionados a prática de crimes no Brasil. Em suma, a Territorialidade afirma que a lei penal brasileira deve ser aplicada sempre que se constatar que o lugar do crime foi o Brasil, sempre que o crime ocorrer no que se considera território nacional.

Mas quando podemos considerar que um crime ocorreu no Brasil?

Como vimos, quando a ação, ou o resultado, acontecer no território nacional, isto em face da mencionada teoria da ubiquidade. (Art. 6º CP)

Dessa forma, podemos dizer que devido à teoria da ubiquidade – Art. 6º – a lei penal brasileira será aplicada *"sempre que o crime tocar o território nacional"*, ou seja, quando a ação ou o resultado aqui se produzirem.

O princípio da Territorialidade, por questões de direito internacional, pode ser excepcionado e flexibilizado, em virtude da existência de regras, tratados e convenções internacionais, permitindo que um crime praticado em território nacional não seja julgado pela lei brasileira.

É o que diz o art. 5º, *in verbis:*

> **"Territorialidade**
>
> *"Art. 5º. Aplica-se a lei brasileira, sem prejuízo de convenções, tratados e regras de direito internacional, ao crime cometido no território nacional. (Redação dada pela Lei nº 7.209, de 1984)*
>
> *§ 1º. Para os efeitos penais, consideram-se como extensão do território nacional as embarcações e aeronaves brasileiras, de natureza pública ou a serviço do governo brasileiro onde quer que se encontrem, bem como as aeronaves e as embarcações brasileiras, mercantes ou de propriedade privada, que se achem, respectivamente, no espaço aéreo correspondente ou em alto-mar. (Redação dada pela Lei nº 7.209, de 1984)*
>
> *§ 2º. É também aplicável a lei brasileira aos crimes praticados a bordo de aeronaves ou embarcações estrangeiras de propriedade privada, achando-se aquelas em pouso no território nacional ou em voo no espaço aéreo correspondente, e estas em porto ou mar territorial do Brasil." (Redação dada pela Lei nº 7.209, de 1984).*

Porém, o Art. 5º do CP também prevê as hipóteses chamadas de *"extensão do território nacional"*, para que se aplique a lei penal brasileira em crimes cometidos em aeronaves ou embarcações, de acordo com sua natureza pública ou privada e ainda com base no local onde estas se encontrem.

Conforme consta do Art. 5º, §1º CP, as aeronaves e embarcações públicas brasileiras são consideradas, por ficção, extensão do território nacional onde quer que se encontrem, valendo a regra da territorialidade e, portanto, aplicando-se a lei brasileira, ressalvando-se eventuais convenções e tratados internacionais. (Ex: tratado de extradição).

Lembrando-se que em direito internacional vigora o *princípio da reciprocidade*, o que faz com que a mesma regra se aplique a embarcações ou aeronaves estrangeiras, de natureza pública, que estejam em território nacional, e que por isso serão consideradas extensão do território estrangeiro a que pertençam.

Também serão consideradas como extensão do território nacional as embarcações e aeronaves brasileiras privadas que se encontrem em "zona neutra", ou seja, em águas internacionais ou espaço aéreo internacional, e crimes cometidos em seu interior serão julgados, via de regra, pela lei brasileira.

Já o § 2º do artigo em estudo afirma que se aplica também a lei brasileira de acordo com a territorialidade para crimes cometidos em espaço aéreo, mar territorial nacional, bem como em portos ou aeroportos nacionais, mesmo que ocorram em embarcação ou aeronave estrangeira de origem privada, já que nesses locais considera-se que o crime ocorreu em território nacional.

O mesmo pode ser dito a respeito de crimes ocorridos no interior de embarcações ou aeronaves privadas brasileiras que estejam nestes locais no exterior, que serão julgados, via de regra, pela *lei estrangeira.*

4.3.2.2 Extraterritorialidade e seus princípios informadores (art. 7° do CP)

Falar em extraterritorialidade é falar da possibilidade de aplicação da lei penal brasileira a hipóteses nas quais o crime é praticado fora do território nacional, ou seja, quando tanto a conduta quanto o resultado tenham acontecido no estrangeiro.

Três são as regras fundamentais relacionadas à extraterritorialidade previstas no art. 7° do CP, além de algumas condições, também expressamente previstas nesse dispositivo para a aplicação da lei brasileira a crimes cometidos no estrangeiro:

"Art. 7°. Ficam sujeitos à lei brasileira, embora cometidos no estrangeiro: (Redação dada pela Lei n° 7.209, de 1984)

I – os crimes: (Redação dada pela Lei n° 7.209, de 11.7.1984)

a) contra a vida ou a liberdade do Presidente da República; (Incluído pela Lei n° 7.209, de 1984)

b) contra o patrimônio ou a fé pública da União, do Distrito Federal, de Estado, de Território, de Município, de empresa pública, sociedade de economia mista, autarquia ou fundação instituída pelo Poder Público; (Incluído pela Lei n° 7.209, de 1984)

c) contra a administração pública, por quem está a seu serviço; (Incluído pela Lei n° 7.209, de 1984)

d) de genocídio, quando o agente for brasileiro ou domiciliado no Brasil; (Incluído pela Lei n° 7.209, de 1984)

II – os crimes: (Redação dada pela Lei n° 7.209, de 11.7.1984)

a) que, por tratado ou convenção, o Brasil se obrigou a reprimir; (Incluído pela Lei n° 7.209, de 1984)

b) praticados por brasileiro; (Incluído pela Lei n° 7.209, de 1984)

c) praticados em aeronaves ou embarcações brasileiras, mercantes ou de propriedade privada, quando em território estrangeiro e aí não sejam julgados. (Incluído pela Lei n° 7.209, de 1984)

§1° – Nos casos do inciso I, o agente é punido segundo a lei brasileira, ainda que absolvido ou condenado no estrangeiro. (Incluído pela Lei n° 7.209, de 1984)

§2° – Nos casos do inciso II, a aplicação da lei brasileira depende do concurso das seguintes condições: (Incluído pela Lei n° 7.209, de 1984)

a) entrar o agente no território nacional; (Incluído pela Lei n° 7.209, de 1984)

b) ser o fato punível também no país em que foi praticado; (Incluído pela Lei n° 7.209, de 1984)

c) estar o crime incluído entre aqueles pelos quais a lei brasileira autoriza a extradição; (Incluído pela Lei n° 7.209, de 1984)

d) não ter sido o agente absolvido no estrangeiro ou não ter aí cumprido a pena; (Incluído pela Lei n° 7.209, de 1984)

e) não ter sido o agente perdoado no estrangeiro ou, por outro motivo, não estar extinta a punibilidade, segundo a lei mais favorável. (Incluído pela Lei n° 7.209, de 1984)

§3° – A lei brasileira aplica-se também ao crime cometido por estrangeiro contra brasileiro fora do Brasil, se, reunidas as condições previstas no parágrafo anterior: (Incluído pela Lei n° 7.209, de 1984)

a) não foi pedida ou foi negada a extradição; (Incluído pela Lei n° 7.209, de 1984)

b) houve requisição do Ministro da Justiça" (Incluído pela Lei n° 7.209, de 1984).

Sendo assim, podemos dividir as hipóteses de aplicação da lei penal brasileira para crimes praticados no estrangeiro em três espécies, a extraterritorialidade incondicionada

(Art. 7º Inc. I do CP) e a extraterritorialidade condicionada (Art. 7º Inc. II e par. 2º do CP) e a extraterritorialidade hipercondicionada (Art.7º par. 3º do CP).

A *Extraterritorialidade incondicionada* será aplicada para as hipóteses previstas no Art. 7º Inc. I do CP e determina a aplicação da lei brasileira de forma absoluta e sem qualquer condição a esses crimes elencados, mesmo que o agente tenha sido absolvido ou condenado no estrangeiro.

Já a *Extraterritorialidade condicionada* exige que para ser possível a aplicação da lei penal brasileira às hipóteses previstas no Art. 7º Inc. II do CP, sejam satisfeitas de forma cumulativa as condições elencadas no Art. 7º par 2º do CP.

Por fim, a *extraterritorialidade hipercondicionada* exige que, para se aplicar a lei penal brasileira a um crime cometido por estrangeiro contra brasileiro, fora do território nacional, além das condições previstas no parágrafo 2º do Art. 7º do CP, sejam preenchidas as condições do parágrafo 3º deste mesmo artigo (não ter sido pedida, ou ter sido negada a extradição, ou ter havido requisição do ministro da justiça).

Sendo assim, de acordo com as hipóteses de *extraterritorialidade condicionada*, surgem alguns princípios subsidiários ao princípio da Territorialidade (Art. 5º CP) para possibilitar a aplicação da lei penal brasileira aos crimes cometidos no estrangeiro, preenchidas as referidas condições previstas no Art. 7º par 2º do CP, são eles:

a) Princípio da nacionalidade – Inc. II, *b*

Aplica-se a lei penal brasileira ao cidadão nacional que cometa um crime no exterior, desde que preencha os requisitos do art. 7º par 2º do CP, dentre eles, principalmente o que exige que o agente se encontre em território brasileiro.

A Constituição Federal proíbe a extradição de brasileiros natos, contudo, não é possível imaginar que um cidadão nosso cometa um crime no estrangeiro e não seja julgado. Assim, ao crime cometido no estrangeiro por esse cidadão, será aplicada a lei brasileira, entretanto, frise-se, que além de estar em território nacional, o fato deve ser considerado típico também pelo ordenamento pátrio, além das demais condições previstas.

b) Princípio da universalidade ou da justiça universal– Inc. II, *a*

Aplica-se a lei nacional de acordo com o critério da prevenção para certos crimes que o Brasil tenha se obrigado a combater, independentemente do local que tenham sido praticados e da nacionalidade do autor. São exemplos: terrorismo, tortura, genocídio, tráfico de drogas.

Fala-se em prevenção, pois se no caso concreto a autoridade brasileira for a primeira a capturar o criminoso, poderá julgá-lo ainda que ele não tenha cometido crime no Brasil, desde que os demais requisitos do Art. 7º par 2º do CP também sejam preenchidos.

c) Princípio da representação da bandeira – Inc. II, *c*

Aplica-se a lei brasileira para crimes cometidos em aeronaves ou embarcações nacionais de natureza privada que estejam em espaço aéreo ou águas internacionais, ou na hipótese de estarem em território estrangeiro se lá não forem julgados.

Quando não for possível a aplicação da territorialidade do país em que a embarcação ou aeronave se encontra, esse será o primeiro critério a ser aplicado.

Cumpre salientar que esse princípio só se aplica à embarcação ou aeronave privada que não é considerada extensão do território brasileiro. Para aplicação da representação da bandeira, também não interessa a nacionalidade do autor ou da vítima.

Por fim, como dissemos, para a hipótese de crime praticado por estrangeiro contra brasileiro fora do território nacional, será aplicada a lei brasileira quando todas as condições do Art. 7º Inc. II do CP forem preenchidas, mas somente se não tiver sido pedida a extradição do referido estrangeiro, ou ainda na hipótese de ter havido requisição do ministro da justiça para que o crime seja julgado no Brasil. (Art. 7º par. 3º CP).

4.4 SENTENÇA ESTRANGEIRA

Uma pena já cumprida no estrangeiro poderá ser computada e abatida de eventual condenação sofrida pelo agente em território nacional (detração) quando em face do mesmo fato, porém, se as penas forem de modalidades diversas (p. ex.: prestação de serviços e uma privação de liberdade) poderá atenuar a sanção diversa a ser imposta ao agente no Brasil. (art. 8º, CP).

A sentença proferida no estrangeiro poderá ser homologada pelo STJ (Art. 105 Inc. I "i" CF), quando a aplicação da lei brasileira produzir as mesmas consequências, com o fim de obrigar o condenado a reparar o dano produzido, restituir o bem, além dos demais efeitos cíveis ligados a prática do crime, de acordo com pedido da parte interessada, ou ainda para sujeitar o agente (inimputável) a uma medida de segurança, e neste caso e demais efeitos, desde que haja tratado de extradição com o país da sentença, ou via requisição do ministro da justiça (art. 9º, CP).

4.5 CONFLITO APARENTE DE NORMAS

O *conflito aparente de normas* corre quando várias leis são aparentemente aplicáveis a um mesmo fato, mas na verdade apenas uma tem incidência, ou seja, há um único fato e uma pluralidade de leis, que aparentemente se encaixam na situação.

Como não é possível se aplicar duas normas a um mesmo fato, surgiram algumas regras para se determinar qual lei deverá prevalecer diante da situação concreta e por isso se diz que o conflito é aparente, já que na verdade não há conflito, pois de acordo com estas regras, apenas uma é a que deve ser aplicada.

4.5.1 Regras para solução do conflito aparente de normas

4.5.1.1 *Regra da Especialidade*

De acordo com a análise do caso concreto, a *lei especial,* ou norma específica, sempre "derroga" lei *geral,* mais genérica, ou seja, a norma que tratar de forma mais específica o fato ocorrido prevalece e será aplicada.

São exemplos de aplicação da especialidade em nosso ordenamento: as formas qualificadoras e privilegiadas que são mais específicas em relação ao tipo básico, ou ainda, situações previstas em leis penais extravagantes como o *homicídio culposo no trânsito* (art. 302, CTB) em face do *homicídio culposo comum,* previsto no CP.

4.5.1.2   Regra da Subsidiariedade

Trata-se de regra complementar à *especialidade* operando de forma auxiliar e, de acordo com ela, aplica-se uma lei quando outra não puder ser aplicada por disposição explícita, ou mesmo por força de interpretação lógica dos fatos.

Há duas espécies de subsidiariedade admitidas em nosso ordenamento:

1) *Subsidiariedade formal:* vem *expressa no texto* de Lei através de expressões como: "se o fato não constitui crime mais grave" (Arts. 132, 238 e 249). Sendo assim, por exemplo, o crime de Subtração de Incapazes (Art. 249, CP) é subsidiário em relação ao sequestro (Art. 148, CP)

2) *Subsidiariedade material*: tipos penais de passagem *necessária, obrigatória* para a prática de outros serão absorvidos, sendo que esta regra muitas vezes se confunde com a própria regra da consunção, porém, na subsidiariedade material um determinado tipo é de passagem obrigatória para se chegar ao outro e na consunção esta passagem ocorre eventualmente devido a situação fática específica.

Podemos citar como exemplo de *subsidiariedade material* o crime consumado em relação ao crime tentado, e a lesão corporal em relação ao homicídio.

4.5.1.3   Regra da Consunção

Também é regra complementar a *especialidade* e ocorre quando determinado crime é *fase de realização* de outro, porém não necessária, e nestes casos o *tipo objetivado pelo agente (crime fim) absorve o crime usado como passagem (crime meio)* para isso.

Podemos usar como exemplo da regra da consunção a hipótese em que a violação de domicílio (art. 150, CP) fica absorvida pelo crime de furto qualificado (art. 155, § 4º, inc. I), ou mesmo a hipótese em que o crime de falso (p. ex.: art. 297, CP) fica absorvido pelo crime de estelionato (art. 171, CP). (Súmula 17, STJ)

Importante lembrar que não se pode confundir o conceito de crime progressivo, que se aproxima da ideia do princípio da consunção, com a chamada progressão criminosa.

O **crime progressivo** ocorre quando o agente possui um único dolo que é mantido até o final de sua conduta, porém ao realizá-la acaba passando por crimes menos graves, delitos de passagem, que ocorrem para que ele alcance deu objetivo final (Ex: lesão corporal para obter homicídio).

Já na **progressão criminosa** o agente atua com determinado dolo, e durante a realização da conduta modifica sua intenção, passando a agir com um dolo de realizar outro crime mais grave do que aquele pretendido inicialmente, o que em concurso de pessoas pode dar origem a um cooperação dolosamente distinta, artigo 29 par. 2º do CP. (Ex: inicia a realização de uma lesão corporal e durante sua prática resolve que vai matá-la)

4.5.1.4   Regra da Alternatividade

De acordo com esta regra pune-se o autor por um único fato quando várias condutas previstas em um mesmo tipo penal forem *realizadas sucessivamente*, não havendo assim, *concurso de crimes.*

A *alternatividade* é regra geral para todos os tipos penais, dando origem a classificação "tipos mistos alternativos", como por exemplo, o crime de *induzimento, instigação* e *auxílio ao suicídio* (art. 122, CP) em que a prática dessas três condutas sucessivamente em relação a mesma vítima configura um crime único.

Porém, há exceções a esta regra, o que dá origem aos chamados *tipos mistos cumulativos*, em que a prática sucessiva de atos em relação a mesma vítima pode gerar vários crimes que serão punidos em concurso. (p. ex.: *abandono material* – art. 244, CP)

4.6 CONCEPÇÃO DAS INFRAÇÕES PENAIS

4.6.1 Concepção Bipartida

É a concepção utilizada por nosso ordenamento, e afirma que as infrações penais se apresentam em duas espécies:

a) Crime e/ou delito: são conceitos sinônimos não havendo diferença de gravidade entre eles, sendo fatos previstos no Código Penal com penas de reclusão ou detenção. Logo, de acordo com essa concepção, é possível falar em crime de homicídio ou delito de homicídio, crime de furto ou delito de furto, não fazendo qualquer diferença.

b) Contravenções: representam infrações de menor gravidade, previstas em lei específica (Decreto-lei nº 3.688/41) e punidas com pena de prisão simples, que deverá ser cumprida em estabelecimento diferenciado – daquele utilizado para criminosos – e sempre em regime semiaberto ou aberto, e/ou multa.

Essa é a única diferença entre *crime* e *contravenção*, pois estruturalmente são iguais, e o que muda é apenas a gravidade das condutas e a sua forma de punição.

Importante lembrar que não se deve confundir o conceito de *infração de menor potencial ofensivo* com *contravenção*, pois essas são infrações que, de acordo com a Lei nº 9.099/95, possuam pena máxima abstrata de até 2 anos, além disso, pode-se dizer que toda Contravenção é uma infração de pequeno potencial ofensivo, porém, a recíproca não é verdadeira.

4.6.2 Concepção Tripartida

Esta concepção, já abandonada, determina que as infrações se dividem em três grupos: crimes, delitos e contravenções. Logo, para esta concepção o delito era modalidade menos grave que o crime, e a contravenção ainda menos grave que ambos.

É possível perceber que ainda há um ranço desse entendimento presente na doutrina, pois é comum se falar em crime de homicídio, mas não em delito de homicídio e, inversamente, delito de furto e não crime de furto, apesar de modernamente, com base na *concepção bipartida*, não haver diferença na estruturação básica das infrações (crimes e delitos), sendo que, apenas as contravenções é que correspondem a fatos menos graves sendo previstas no Dec. Lei 3688/41.

4.7 CONTAGEM DE PRAZO EM DIREITO PENAL

Os prazos em Direito Penal são contados de acordo com a regra definida no *Art. 10 do CP* e desta forma deve-se computar o dia início na contagem, e esta levará em conta os dias, meses e os anos de acordo com o calendário convencional.

Em suma, o dia do começo inclui-se no cômputo do prazo e contam-se os dias, meses e anos pelo calendário comum. (Art. 10, CP)

A contagem do *prazo penal* difere da contagem do *prazo processual*, pois neste se inicia o decurso do prazo a partir do primeiro dia útil, não se computando o dia de início, além disso, no prazo processual caso a contagem termine em um domingo ou feriado, seu termo final será no primeiro dia útil subsequente, enquanto um prazo penal pode terminar em um domingo ou mesmo um feriado, não havendo a necessidade de se concluir a contagem em um dia útil.

4.8 QUESTÕES PARA TREINO

CESPE/ TRE-MT/ Analista Judiciário – Judiciária/2015

A respeito das leis penais em branco e da teoria geral do delito, assinale a opção correta.

A) A concepção welzeliana de ação implicou a inclusão do dolo — sem a consciência de ilicitude — e da culpa nos tipos de injustos. Além disso, conforme essa concepção, ao desvalor da ação corresponderia um desvalor do resultado, consistente na lesão ou perigo de lesão ao bem jurídico tutelado.

B) Em se tratando de crimes omissivos próprios ou puros, não há uma causalidade fática, mas jurídica, uma vez que o omitente, devendo e podendo, não impede o resultado. Nesse caso, apesar de se tratar de crime material, o agente responde não por ter causado o resultado, mas por não ter evitado sua ocorrência.

C) Com relação ao dolo, o legislador penal brasileiro adotou a teoria da representação, conforme a qual, para a existência do dolo, é suficiente a representação subjetiva ou a previsão do resultado como certo ou provável.

D) Configura lei penal em branco em sentido estrito o artigo do Código Penal, que estabelece como criminosa a conduta de casar-se mesmo conhecendo existir impedimento que acarrete a nulidade absoluta do casamento.

E) Crimes pluriofensivos são aqueles dotados de iter criminis fracionável, de forma que sua execução se desdobra em vários atos.

Gabarito "A"

VUNESP/ MPE-SP/ Analista de Promotoria/2015

Sobre a aplicação da lei penal, é correto afirmar que

A) em relação ao tempo do crime, o Código Penal, no artigo 4°, adotou a teoria da ubiquidade.

B) para os crimes permanentes, aplica-se a lei nova, ainda que mais severa, pois é considerado tempo do crime todo o período em que se desenvolver a atividade criminosa.

C) em relação ao lugar do crime, o Código Penal, no artigo 6°, adotou a teoria da atividade.

D) a nova lei, que deixa de considerar criminoso determinado fato, cessa, em favor do agente, todos os efeitos penais e civis.

E) o princípio da retroatividade da lei penal mais benéfica é absoluto, previsto constitucionalmente, sobrepondo-se até mesmo à ultratividade das leis excepcionais ou temporárias.

Gabarito "B"

CESPE/ TRE-GO/ Analista Judiciário – Área Judiciária/2015

No que concerne à lei penal no tempo, tentativa, crimes omissivos, arrependimento posterior e crime impossível, julgue o item a seguir.

A revogação expressa de um tipo penal incriminador conduz à abolitio criminis, ainda que seus elementos passem a integrar outro tipo penal, criado pela norma revogadora.

Gabarito: Errado

MPE-SP/ MPE-SP/ Promotor de Justiça /2015

Os princípios que resolvem o conflito aparente de normas são:

A) especialidade, legalidade, intranscendência e alternatividade.

B) especialidade, legalidade, consunção e alternatividade.

C) especialidade, subsidiariedade, consunção e alternatividade.

D) legalidade, intranscendência, consunção e alternatividade.

E) legalidade, consunção, subsidiariedade e alternatividade.

Gabarito "C"

VUNESP / Câmara Municipal de Itatiba – SP/ Advogado/2015

Acerca da aplicação da lei penal, assinale a alternativa correta.

A) A lei excepcional ou temporária aplica-se ao fato praticado durante sua vigência, ainda que decorrido o período de sua duração ou cessadas as circunstâncias que a determinaram.

B) A lei posterior, que de alguma forma favorecer o agente, será aplicada aos fatos anteriores, desde que não decididos por sentença condenatória transitada em julgado.

C) Considera-se praticado o crime no momento do resultado.

D) Um crime praticado contra a vida ou a liberdade do Presidente da República, se cometido no estrangeiro, ficará sujeito à legislação do país em que tenha ocorrido.

E) Ao crime cometido no território nacional aplica-se a lei brasileira, sem possibilidade de aplicação de qualquer tratado ou regra de direito internacional.

Gabarito "A"

CESPE/ TRE-MT/ Analista Judiciário – Judiciária/2015

Com relação às fontes e aos princípios de direito penal, bem como à aplicação e interpretação da lei penal no tempo e no espaço, assinale a opção correta.

A) No Código Penal brasileiro, adota-se, com relação ao tempo do crime, a teoria da ubiquidade.

B) A lei penal brasileira aplica-se ao crime perpetrado no interior de navio de guerra de pavilhão pátrio, ainda que em mar territorial estrangeiro, dado o princípio da territorialidade.

C) Segundo a doutrina majoritária, os costumes e os princípios gerais do direito são fontes formais imediatas do direito penal.

D) Dado o princípio da legalidade estrita, é proibido o uso de analogia em direito penal.

E) Dada a ampla margem de escolha atribuída ao legislador no que se refere à tipificação dos crimes e cominações de pena, é-lhe permitido tipificar crimes de perigo abstrato e criminalizar atitudes internas das pessoas, como orientações sexuais.

Gabarito "B"

VUNESP/ Prefeitura de Caieiras – SP/ Assessor Jurídico/Procurador Geral /2015

De acordo com a teoria da aplicação da lei penal, pode-se afirmar:

A) A lei penal, em razão das suas consequências, não retroage

B) A analogia, uma das fontes do direito, é vetada, no direito penal, em razão do princípio da legalidade.

C) Considera-se o crime praticado no momento do resultado, e não da ação ou omissão (artigo 4º, CP).

D) Considera-se o crime praticado no lugar em que ocorreu a ação ou omissão, bem como onde se produziu ou deveria produzir-se o resultado.

E) No Brasil, os efeitos da lei penal não podem ultrapassar seus limites territoriais para regular fatos ocorridos além da sua soberania.

Gabarito "D"

CESPE/ TRE-GO/ Analista Judiciário – Área Judiciária/2015

No que concerne à lei penal no tempo, tentativa, crimes omissivos, arrependimento posterior e crime impossível, julgue o item a seguir.

Configura-se tentativa incruenta no caso de o agente não conseguir atingir a pessoa ou a coisa contra a qual deveria recair sua conduta.

Gabarito CERTA

FCC/Prefeitura de Campinas/Procurador/2016

O código penal brasileiro considera praticado o crime no lugar em que ocorreu a

A) ação ou omissão, no todo ou em parte, bem como onde se produziu ou deveria produzir-se o resultado.

B) omissão ou ação dolosa, no todo ou em parte, bem como onde se produziu ou deveria produzir-se o resultado.

C) ação ilícita, no todo ou em parte, bem como onde se produziu ou deveria produzir-se o resultado esperado.

D) ação ou omissão culposa do agente, no todo ou em parte, bem como onde se produziu o resultado.

E) omissão, no todo ou em parte, ainda que seja outro o momento do resultado.

Gabarito "A"

CESPE/ TCE-SC/ Auditor Fiscal de Controle Externo – Direito/2016

Em relação ao direito penal, julgue o item a seguir.

No Código Penal brasileiro, adota-se a teoria da ubiquidade, conforme a qual o lugar do crime é o da ação ou da omissão, bem como o lugar onde se produziu ou deveria produzir-se o resultado.

Gabarito Certo

FAPEC/ MPE-MS/ Promotor de Justiça Substituto/2015

Analise as proposições abaixo:

I – A responsabilidade penal objetiva é repudiada pelo sistema penal brasileiro, não havendo atualmente nenhum exemplo na legislação penal pátria desse tipo de responsabilidade.

II – O sistema penal brasileiro somente admite a responsabilidade pessoal.

III – O princípio da alternatividade é aplicável aos crimes plurinucleares.

IV – Segundo o Supremo Tribunal Federal, a aplicação do princípio da insignificância atinge a tipicidade material em razão de a lesão jurídica ser inexpressiva, sendo irrelevante a inexistência de reiteração.

Assinale a alternativa correta:

A) Somente as proposições I e II estão corretas.

B) Somente as proposições I, III e IV estão corretas.

C) Somente a proposição IV está correta.

D) Somente as proposições I, II e III estão corretas.

E) Somente as proposições II e III estão corretas

Gabarito "E"

CESPE/ AGU/ Advogado da União /2015

Acerca da aplicação da lei penal, do conceito analítico de crime, da exclusão de ilicitude e da imputabilidade penal, julgue o item que se segue.

O direito penal brasileiro não admite a punição de atos meramente preparatórios anteriores à fase executória de um crime, uma vez que a criminalização de atos anteriores à execução de delito é uma violação ao princípio da lesividade.

Gabarito ERRADO

CESPE/ TCE-RN/ Auditor/2015

Julgue o item a seguir, referentes à lei penal no tempo e no espaço e aos princípios aplicáveis ao direito penal.

A revogação de um tipo penal pela superveniência de lei descriminalizadora alcança também os efeitos extrapenais de sentença condenatória penal.

Gabarito Errado

ESTRUTURA DO CRIME

5.1 CONCEITO ANALÍTICO DE CRIME

De acordo com posicionamento majoritário na doutrina nacional, crime é todo fato típico, ilícito (ou antijurídico) e culpável, embora haja conhecida posição divergente, e hoje minoritária, afirmando que crime seria apenas um fato típico e ilícito, sendo a culpabilidade mero pressuposto de aplicação da pena.

Quanto ao conceito analítico de crime e seus elementos, podemos afirmar:

a) **essa definição passa por um critério essencialmente de ordem, ou seja, primeiro deve-se analisar a tipicidade,** em seguida a **ilicitude** e, por fim, a **culpabilidade,** para que se constate a existência de crime;

b) esses **três elementos são fundamentais,** *cumulativos* e *essenciais* para que haja crime, dessa forma, faltando qualquer um deles não haverá crime.

Como falamos é conhecida na doutrina a divergência a respeito do exposto, e existe posicionamento defendendo que o conceito analítico de crime não é tripartido, mas sim bipartido, isto é, o crime seria apenas fato típico e antijurídico, sendo a culpabilidade mero pressuposto para a aplicação da pena. Para este, portanto, o crime possuiria apenas dois elementos – tipicidade e ilicitude.

Essa posição, defendida principalmente por *Damásio de Jesus, Mirabete e Celso Delmanto,* minoritária na doutrina nacional e estrangeira, atualmente não é adotada pelo nosso ordenamento, prevalecendo a concepção tripartida do delito.

Tal concepção bipartida não deve ser trabalhada em concursos, salvo se a pergunta for específica a respeito das posições doutrinarias existentes.

De acordo com a definição mais moderna, e majoritária, elaborada por *Reinhardt Maurach,* renomado autor alemão, crime é todo injusto típico reprovável. Quer dizer, o instituto crime pressupõe reprovação, sendo, portanto, um contrassenso falar-se em crime sem reprovação.

Contudo, não se deve confundir reprovabilidade (culpabilidade), com punibilidade, que não é elemento do crime, mas apenas a possibilidade de se aplicar a pena. O agente pode ter praticado um fato típico, antijurídico e culpável e, portanto, um crime, mas não receber a pena, em face da ausência de punibilidade do fato (por exemplo: prescrição).

5.2 FATO TÍPICO

Podemos resumir que, para a doutrina finalista, a definição clássica de fato típico no seu aspecto formal é:

"A descrição na lei da conduta humana proibida, para a qual se estabelece uma sanção".

Dizer que tal fato é típico, conforme sua descrição na lei penal (*tipicidade formal*), é dizer que ele é característico e inerente ao direito penal, já que, de acordo com o princípio da legalidade o legislador resolveu prever uma conduta humana como proibida e estabelecer para ela uma sanção, em razão da violação de um determinado bem jurídico alheio.

Porém, na estrutura finalista da ação, o fato típico é formado por diversos elementos de natureza objetiva e de natureza subjetiva, que serão estudados separadamente mais adiante.

De acordo com uma visão mais moderna, adotada pelo STF, o fato típico também tem seu aspecto material (*tipicidade material*), que se traduz através da lesão relevante do bem jurídico alheio, fator necessário para que o fato seja penalmente típico, o que, como vimos, fundamenta a aplicação do princípio da insignificância como causa de exclusão da própria tipicidade penal.

5.3   FATO ILÍCITO OU ANTIJURÍDICO

Podemos dizer que, ilícito é todo fato típico contrário ao ordenamento jurídico e, em virtude da estrutura adotada no direito penal brasileiro, se um fato é previsto na lei como típico ele tende a ser também contrário à ordem jurídica.

Por isso, todo fato típico será ilícito, salvo se houver uma *causa de justificação*, ou seja, uma excludente de ilicitude que afaste a antijuridicidade do fato e consequentemente o próprio crime.

Porém, como tipicidade e ilicitude são conceitos autônomos, a exclusão da ilicitude não afeta em nada a tipicidade da conduta praticada, nos termos da chamada **Teoria indiciária da ilicitude** (*ratio cognoscendi*) adotada pelo finalismo e pelo nosso Código Penal.

Dessa forma, podemos dizer que a tipicidade é um indício da ilicitude, daí se falar em uma *teoria indiciária*, logo, embora tipicidade e ilicitude sejam elementos independentes, eles se vinculam numa relação indiciária e todo fato típico a princípio será também ilícito, salvo se houver uma causa de justificação, excludente da ilicitude, que ao afastar a ilicitude excluirá o próprio crime.

5.4   FATO CULPÁVEL

Um fato culpável é todo fato típico e ilícito que seja *reprovável*, sendo a culpabilidade um elemento integrante do crime (concepção tripartida), esta é a reprovabilidade pessoal da conduta típica e ilícita praticada, fundamento e limite da pena criminal.

A culpabilidade, a que estamos no referindo aqui, é a reprovação pessoal de uma conduta típica e ilícita, sendo um elemento que compõe a estrutura do crime, e não se confunde com a culpabilidade vista como princípio (*responsabilidade subjetiva*) – a "habilidade de ter culpa" – fundamento da responsabilidade penal exclusivamente subjetiva, oriunda da prática de uma conduta dolosa, ou culposa, por determinado agente.

A culpabilidade, nas bases da chamada *Teoria normativa pura*, inerente ao finalismo e adotada por nosso ordenamento, é composta por três elementos estruturais, cumulativos e necessários para que haja reprovação e crime, que serão estudados mais adiante, são eles: *imputabilidade, potencial conhecimento da ilicitude e a exigibilidade de conduta diversa.*

5.5 QUESTÕES PARA TREINO

MPE-GO/ MPE-GO/ Promotor de Justiça Substituto/2016

Em conformidade com a Lei do Terrorismo (Lei 13.260/2016), marque a alternativa incorreta:

A) É ato de terrorismo a conduta de apenas uma pessoa que, movida por preconceito religioso, ameaça usar gases tóxicos capazes de promover destruição em massa com a finalidade de provocar terror generalizado mediante a exposição da paz pública a perigo.

B) A prisão temporária daquele que pratica qualquer dos crimes previstos na Lei do Terrorismo terá o prazo de 30 (trinta) dias, prorrogável por igual período em caso de extrema e comprovada necessidade.

C) É penalmente típica a conduta de realizar atos preparatórios de terrorismo com o propósito inequívoco de consumar tal delito. Essa hipótese configura um crime obstáculo que não se compraz, segundo a Lei 13.260/2016, com a resipiscência.

D) A Lei do Terrorismo considerou que os crimes nela previstos são praticados contra o interesse da União, cabendo à Polícia Federal a investigação criminal, em sede de inquérito policial, e à Justiça Federal o seu processamento e julgamento, nos termos do inciso IV do art. 109 da Constituição da República.

Gabarito "C"

MPE-SP/ MPE-SP/ Promotor de Justiça/2015

São elementos do fato típico:

A) conduta, resultado, relação de causalidade e tipicidade.

B) conduta, resultado, relação de causalidade e culpabilidade.

C) conduta, resultado, antijuridicidade e culpabilidade.

D) conduta, resultado, nexo de causalidade e antijuridicidade.

E) conduta, relação de causalidade, antijuridicidade e tipicidade.

Gabarito "A"

CAIP-IMES/ Prefeitura de Rio Grande da Serra – SP/ Procurador/2015

No que concerne à imputabilidade, assim dispõe o Código Penal Brasileiro:

A) A embriaguez voluntária ou culposa, pelo álcool ou substância de efeitos análogos, exclui a imputabilidade penal.

B) O juiz pode deixar de aplicar qualquer medida, se o agente, em virtude de perturbação de saúde mental, não era inteiramente capaz de entender o caráter ilícito do fato.

C) O agente que comete o fato, sob o domínio de violenta emoção, logo após a injusta provocação da vítima, é isento de pena.

D) É isento de pena o agente que, por doença mental era, ao tempo da omissão, inteiramente incapaz de entender o caráter ilícito do fato.

Gabarito "D"

CESPE/ TRE-GO/ Analista Judiciário – Área Judiciária/2015

Julgue o item seguinte, a respeito de concurso de pessoas, tipicidade, ilicitude, culpabilidade e fixação da pena.

Aquele que for fisicamente coagido, de forma irresistível, a praticar uma infração penal cometerá fato típico e ilícito, porém não culpável.

Gabarito ERRADO

MPE-SP/ MPE-SP/ Promotor de Justiça/2015

Após a leitura dos enunciados abaixo, assinale a alternativa correta:

I- A teoria finalista, no conceito analítico de crime, o define como um fato típico e antijurídico, sendo a culpabilidade pressuposto da pena.

II- A teoria clássica, no conceito analítico de crime, o define como um fato típico, antijurídico e culpável.

III- A teoria clássica entende que a culpabilidade consiste em um vínculo subjetivo que liga a ação ao resultado, ou seja, no dolo ou na culpa em sentido estrito.

IV- A teoria finalista entende que, por ser o delito uma conduta humana e voluntária que tem sempre uma finalidade, o dolo e a culpa são abrangidos pela conduta.

V- A teoria finalista entende que pode existir crime sem que haja culpabilidade, isto é, censurabilidade ou reprovabilidade da conduta, inexistindo, portanto, a condição indispensável à imposição e pena.

A) Somente o II e o III são verdadeiros.

B) Somente o I e o IV são verdadeiros.

C) Somente o I, IV e V são verdadeiros.

D) Somente o I e II são verdadeiros.

E) Todos são verdadeiros.

Gabarito "E"

TEORIAS DA CONDUTA

A palavra conduta aqui está sendo utilizada em seu sentido mais amplo, e por isso se refere a prática, a realização de um crime, englobando tanto a ação (conduta positiva) quanto a omissão (conduta negativa).

Como se sabe, o crime sempre pressupõe uma conduta humana. Mas que conduta é essa? Como se define o conceito de conduta?

A doutrina estipulou uma série de critérios e teorias para que se possa dizer o que é conduta e qual sua forma de caracterização na estruturação da teoria do delito.

Para nosso estudo merecem destaques três teorias fundamentadoras do conceito de conduta em Direto Penal: o causalismo, e suas duas vertentes, e o finalismo, além da mais recente proposta apresentada pela dogmática alemã, qual seja, o funcionalismo.

6.1 CAUSALISMO PURO OU NATURAL

Primeira teoria que buscou desenvolver o conceito de conduta, dizendo que ação é todo movimento corporal voluntário que causa modificação no mundo exterior; no mundo das coisas; no mundo natural.

Esse conceito é bem simples, tendo sido desenvolvido no séc. XIX e, embora bastante primário, teve de mais importante a definição do conceito de "voluntariedade" como requisito da conduta humana, e com isso firmou-se o entendimento de que o movimento corporal para ser relevante para o direito penal, deve ser voluntário, isto é, consciente, desejado, e só assim será visto como conduta.

Isso nos remete à ideia de que conduta pressupõe escolha do movimento realizado pelo sujeito, portanto, foram excluídos do conceito de ação todos os movimentos involuntários, não desejados, não escolhidos pelo agente, pois mesmo que causem um resultado típico, este será irrelevante para o direito penal.

Para o causalismo, ação seria todo *movimento voluntário*, desejado, e que *cause* uma modificação no mundo natural, portanto, o crime será determinado através do resultado natural produzido, causado, ou seja, o tipo penal se define de acordo com o produto da conduta do agente.

Trata-se, portanto, de um conceito muito pobre, muito primário, pois não abrange na análise da conduta o objetivo, a intenção do movimento, ou seja, o querer do sujeito no momento de agir.

Na visão causalista existe somente o *movimento corporal voluntário* e o que este causa, sendo que os objetivos visados pela conduta do agente não são levados em consideração. De tal forma, o principal problema dessa teoria é não trabalhar a finalidade – a intenção – existente no momento da conduta, como aspecto caracterizador da ação.

Parece óbvio, mas essa ausência de finalidade na ponderação da conduta humana vincula-se ao período histórico no qual foi desenvolvida a teoria causalista. No século XIX as ciências que dominavam o mundo eram as ciências exatas, o que acabou por imprimir uma grande objetividade a todos os ramos do conhecimento, e no direito penal não foi diferente, toda a análise de conduta era necessariamente vinculada a algo causado.

Evidente, a consequência técnica da ausência de consideração da intenção na ação é que o causalismo, *a priori*, desconsidera o dolo na análise da conduta, contudo, o dolo na teoria causal era visto como fator de reprovação pessoal pelo resultado causado, ou seja, o dolo fazia parte do juízo de culpabilidade que nada mais era que o mero vínculo psicológico entre o resultado causado e o agente (teoria psicológica da culpabilidade).

Sendo assim, no causalismo, o *dolo e a culpa* estão atrelados apenas à análise do resultado para se reprovar mais ou menos o agente. Ora, se o dolo é visto junto do resultado como fator de reprovação deste, e sabendo que reprovação é sinônimo de culpabilidade, infere-se que o dolo, no causalismo, encontra-se dentro da culpabilidade.

Por isso, pode-se afirmar que na teoria causalista da ação o dolo é um elemento da culpabilidade, utilizado para reprovar o resultado típico causado.

O grande problema dessa estrutura teórica é deixar sem punição as condutas que não produzam um resultado lesivo, por consequência, nas bases de um causalismo puro não se pode punir a forma tentada de um crime. Esse sempre foi o grande problema prático da teoria causalista da ação que, ao não reconhecer intenção na conduta, não consegue trabalhar adequadamente com a *Tentativa*.

6.2 CAUSALISMO VALORATIVO OU NEOKANTIANO

Dentro do movimento evolutivo da teoria causalista, surge o causalismo valorativo, que nas bases da *filosofia neokantiana* passou a valorar a conduta humana em face dos resultados causados e a ponderar juízos de valoração quanto à intenção do agente, embora esta ainda fosse vista como elemento de reprovação, presente na culpabilidade.

Com ele, a culpabilidade passa a ser vista como psicológico-normativa, possuindo não só o *dolo*, como elemento de *reprovação, mas esse dolo passou a ser atrelado à análise do conhecimento* da ilicitude do agente (dolo normativo ou valorativo), além da *exigibilidade de conduta diversa* que passou a integrar a culpabilidade, como elemento normativo, com base nas ideias de *Reinhardt Frank*.

O causalismo valorativo corrigiu algumas falhas do causalismo natural, agregando elementos a culpabilidade como juízo de reprovação, mas não solucionou adequadamente os problemas da tentativa, pois ainda utilizava um conceito de conduta sem análise da intenção (dolo) e vinculada à causação de resultados, problema que só foi corrigido a partir do chamado finalismo, que estudaremos a seguir.

6.3 FINALISMO

Hans Welzel foi o grande idealizador da teoria finalista da ação, sendo que essa teoria manteve o entendimento do causalismo de que ação é movimento corporal voluntário, contudo, mudou o enfoque caracterizador da ação humana, passando-o do resultado causado (causalismo) para a finalidade do agente ao agir (finalismo).

Portanto, de acordo com o finalismo, *ação é todo movimento corporal voluntário que possui uma finalidade*, uma vontade, uma intenção, ou seja, a conduta humana se caracteriza por aquilo que o agente quer, pretende causar, e não mais por aquilo que efetivamente for causado no mundo real. Essa mudança representou uma das maiores revoluções da história do Direito Penal.

O finalismo se baseia na finalidade inerente à ação, ou seja, o resultado que o agente queria causar irá caracterizar sua conduta. Perceba que o fator determinante é que a finalidade passou a ser o foco da teoria, independentemente da obtenção de qualquer resultado no mundo concreto. Assim, por exemplo, se com o dolo de lesionar o agente atua e mata a vítima, ele responderá por lesão corporal seguida de morte e não homicídio. E se com dolo de matar, o agente atua, mas apenas causa lesão à vítima, comete homicídio (tentado), não crime de lesão corporal. Logo, o que passa a determinar o tipo penal realizado é a vontade do agente ao mover-se e não mais o resultado por ele causado.

É a partir dessa teoria que o dolo passa a ser considerado como elemento integrante da conduta. Com isso, podemos concluir que, se o dolo compõe a conduta e a conduta está descrita dentro do *tipo penal*, obviamente no finalismo o dolo passa a fazer parte do próprio tipo, deixando de fazer parte da culpabilidade como juízo de reprovação, como acontecia no causalismo.

Essa mudança estrutural revolucionou todo o ordenamento jurídico penal, pois, o dolo saiu de dentro da culpabilidade e passou a integrar o fato típico como seu elemento subjetivo geral, caracterizador da conduta humana, gerando assim repercussões em quase todas as áreas do Direito Penal.

Em suma, ao perceber que o dolo compõe a conduta e que a conduta está descrita dentro do tipo penal, o finalismo opera uma mudança estrutural, transferindo a análise do dolo, que era feita dentro da culpabilidade, para dentro do próprio tipo, passando a ser considerado como seu elemento subjetivo (inerente ao sujeito).

Com essa migração do dolo para dentro do tipo, caracterizando a conduta do agente, o finalismo obteve como principal consequência prática possibilitar um tratamento adequado das hipóteses de *tentativa*, algo que o causalismo não havia conseguido fazer a contento.

Por outro lado, o crime culposo permanece sendo verificado pela existência, causação de um resultado naturalístico, assim como ocorria no causalismo, sendo que, o finalismo de *Welzel*, no que tange ao tipo culposo, praticamente importou, com pequenas modificações, a estrutura anterior.

Assim, como na culpa o agente não tem a intenção de realizar determinado resultado, ele será punido pelo resultado típico efetivamente obtido, não pela sua intenção, haja vista a inexistência de vontade de realizar um tipo na conduta culposa.

6.4   TEORIA FUNCIONALISTA DA AÇÃO OU FUNCIONALISMO

Como o próprio nome diz, essa teoria busca dar mais funcionalidade ao direito penal, ou seja, dar a máxima proteção ao bem jurídico, vincula-se aos princípios fundamentais penais, buscando atender aos anseios da política criminal (visão de Caus Roxin), ou ainda, alcançar os objetivos do Estado através da delimitação de "papéis sociais" que mantenham os sistemas sociais organizados (visão de Günther Jakobs). "

Fundamental lembrar que a teoria funcionalista não se opõe e nem tem a pretensão de substituir os *paradigmas finalistas*. A ideia é melhorar, agregar valores e corrigir falhas na estrutura apresentada pela teoria finalista, dando-lhe mais racionalidade e visando alcançar as funções do Direito Penal.

Basicamente, o funcionalismo detectou três principais pontos fracos na estrutura elaborada por *Welzel*, e é exatamente nesses três pontos que efetivamente o funcionalismo apresenta suas mais interessantes propostas, a saber:

a) **Na teoria do crime culposo,** criando limites objetivos para a imputação da responsabilidade por imprudência (culpa) como, por exemplo, o conhecido **princípio da confiança;**

b) **Na relação de causalidade:** delimitação do **nexo de causalidade jurídico** entre conduta e resultado, para imputação ou não de resultados causados ao agente (no finalismo se adota a **causalidade natural** através da **teoria da *conditio sine qua non).* Surge a** *chamada* **teoria da imputação objetiva do resultado;**

c) **No tratamento das modalidades omissivas de conduta** pela atribuição de novos critérios para delimitar a responsabilidade penal nos crimes omissivos.

No plano da causalidade, *Welzel* trabalha com um conceito muito próximo ao adotado pelo causalismo, a chamada causalidade natural, que se limita a estabelecer se o agente deu ou não causa ao resultado, para que possa responder por ele.

Como essa análise de causalidade é muito simples, surgem alguns problemas e o funcionalismo tenta melhorar esse ponto da estrutura finalista através da chamada *teoria da imputação objetiva*, pela qual, em palavras simples, se busca limitar a causalidade natural, através do estabelecimento de requisitos negativos de imputação, para que o causador de um resultado no âmbito natural, em certos casos, possa vir a não responder por ele.

Dessa forma, para a teoria da imputação objetiva, não basta que o agente tenha dado causa ao resultado, exige-se também que ele preencha valores e requisitos objetivos, previamente elencados, para que aquele resultado causado lhe seja imputado. É nessa seara que se começa a trabalhar com uma causalidade jurídica, ou seja, uma causalidade que atenda a critérios determinados para se possibilitar a imputação (ou não) objetivamente de um resultado.

Enfim, a *teoria funcionalista*, desenvolvida principalmente por Claus Roxin e Günther Jakobs, teve como base a ideia de trazer a análise dos princípios do direito penal para o âmbito concreto, interferindo diretamente na teoria do crime, buscando, assim, dar funcionalidade ao direito penal para que este alcance as suas verdadeiras funções que são proteger bens jurídicos, garantir direitos e garantir a ordem do Estado.

O funcionalismo não pretende substituir a teoria finalista da ação de *Hans Welzel*, mas sim agregar valores e melhorar os pontos fracos dessa estrutura, principalmente no que diz respeito aos crimes culposos, à omissão e à relação de causalidade, temas aos quais a teoria de *Welzel* pouco acrescentou, e dentre outras propostas, surge a famosa *teoria da imputação objetiva* que, na verdade, é apenas uma forma de limitar por critérios objetivos a causalidade natural trabalhada pela teoria da *conditio sine qua non.*

Na verdade, por conta dessa característica para alguns autores trata-se de uma teoria da não imputação, pois o estabelecimento de critérios objetivos visa impedir em determinadas situações que o resultado seja imputado ao agente que lhe deu causa no plano naturalístico, limitando assim a causalidade natural através de critérios delimitadores de uma causalidade jurídica funcional.

6.5   QUESTÕES PARA TREINO

FCC/ DPE-MA/ Defensor Público/2015

A teoria finalista da ação, adotada pelo Código Penal em sua Parte Geral, concebe o crime como um fato típico e antijurídico. A culpabilidade diz respeito à reprovabilidade da conduta. O dolo, que integrava o juízo de culpabilidade, para esta teoria é elemento estruturante do fato típico. Essa adoção pretende corrigir contradições na teoria

A) da equivalência dos antecedentes causais.

B) da responsabilidade objetiva.

C) da causalidade normativa.

D) do domínio do fato.

E) da imputabilidade.

Gabarito "C"

FCC/ TJ-SE/ Juiz Substituto/2016

A relação de causalidade constitui um pressuposto da imputação do resultado. Contudo, não basta a relação de causalidade para imputar um resultado como criminoso em certos casos. Tomando-se esta premissa como correta, Roxin desenvolveu critérios para a imputação objetiva de um resultado, e, dentre eles, NÃO se pode incluir,

A) a criação de um risco proibido ao bem jurídico.

B) o âmbito de proteção da norma de cuidado.

C) a realização do risco no resultado.

D) a heterocolocação da vítima em risco.

E) o domínio do fato pelo domínio da vontade.

Gabarito "E"

MPE-SC /MPE-SC/ Promotor de Justiça – Matutina/2016

O Código Penal, ao tratar da relação de causalidade, consignou que a superveniência de causa relativamente independente somente afasta a imputação quando, por si só, produziu o resultado, excluindo outras considerações quanto aos fatos anteriores ocorridos.

Gabarito ERRADO

FCC/ TJ-RR/ Juiz Substituto/2015

No que toca à relação de causalidade, é correto afirmar que

A) é normativa nos crimes omissivos impróprios.

B) a superveniência de causa relativamente independente exclui a imputação quando, por si só, produziu o resultado, não se podendo imputar os fatos anteriores a quem os praticou.

C) a previsão legal de que a omissão é penalmente relevante quando o omitente devia e podia agir para evitar o resultado, se tinha por lei obrigação de cuidado, proteção ou vigilância, é aplicável aos crimes omissivos próprios.

D) se adota em nosso sistema a teoria da conditio *sine qua non*, distinguindo-se, porém, causa de condição ou concausa.

E) a teoria da imputação objetiva estabelece que somente pode ser objetivamente imputável um resultado causado por uma ação humana quando a mesma criou, para o seu objeto protegido, uma situação de perigo juridicamente relevante, ainda que permitido, e o perigo se materializou no resultado típico.

Gabarito "A"

CLASSIFICAÇÃO DOS CRIMES

Vamos trabalhar a classificação dos crimes separando cada uma em grupos, de acordo com o fundamento e a função das classificações reunidas em cada um desses grupos, sendo que, embora a doutrina apresente um grande número de classificações de crimes e utilize diversos critérios para separá-los, algumas merecem destaque e possuem grande aplicação, enquanto outras têm pequena relevância prática.

7.1 QUANTO AO SUJEITO ATIVO

7.1.1 Crime comum

Como o próprio nome diz, essa espécie de crime pode ser praticada por qualquer pessoa. Por conseguinte, o tipo penal não traz qualquer restrição a respeito das qualidades ou características do sujeito ativo, sendo que a maioria dos crimes previstos no CP são crimes comuns. Ex.: homicídio – art. 121 – furto – art. 155.

7.1.2 Crime próprio

Podemos reconhecer essa classificação considerando que o crime próprio é aquele inerente, característico, por isso "próprio" de determinada categoria de pessoas, só podendo ser praticado por quem possua as características exigidas pelo tipo.

Nesses crimes próprios, o tipo penal exige do sujeito ativo uma qualidade específica. São exemplos os crimes de funcionário público como o peculato (art. 312 do CP) e também o crime de infanticídio (art. 123 do CP) que só pode ser cometido pela mãe em estado puerperal.

Contudo, é importante lembrar que em face das modernas teorias para concurso de pessoas, fundamentalmente a teoria do domínio do fato, essa classificação deve ser vista de forma relativa e flexibilizada, mesmo por que nas bases do art. 30 do CP, hoje, nada impede que alguém que não possua a característica exigida pelo tipo possa responder por ele, por exemplo, como coautor ou partícipe, tema que desenvolveremos mais adiante.

7.1.3 Crime de mão própria

Essa classificação talvez seja hoje uma das mais problemáticas e limitadas da teoria do crime. Ela representa crimes nos quais se exige que o autor atue pessoalmente, individualmente "com as próprias mãos". Portanto, de acordo com parte da doutrina nacional, esses crimes não admitiriam a coautoria (realizar com alguém), nem a autoria mediata (alguém realizar por outrem).

Alguns exemplos clássicos são os crimes de falso testemunho (art. 342 do CP), pois só quem está prestando depoimento pode por si mesmo mentir em juízo, e também o crime de desobediência (art. 330 do CP), já que ninguém pode desobedecer a uma ordem de um funcionário público junto com outrem ou no lugar de alguém.

O STF tem posição divergente sobre o tema e já decidiu de forma a aceitar a coautoria no crime de falso testemunho (art. 342 do CP), que é reconhecido pela doutrina como um crime de mão própria incompatível com essa modalidade de concurso de pessoas.

Todo a celeuma se explica pelo fato de esta ser uma classificação que nasceu vinculada a uma estrutura teórica que considerava autor quem realizasse o verbo núcleo do tipo (critério restritivo), entretanto, atualmente tem prevalecido no direito penal o chamado **critério do domínio final dos fatos**, que ao desvincular a autoria da realização concreta do verbo núcleo do tipo, acaba por atingir diretamente essa classificação e suas consequências, colocando em cheque as limitações dogmáticas à coautoria, e à própria autoria mediata, nos crimes de mão própria.

7.2 QUANTO AO NÚMERO DE CONDUTAS CRIMINOSAS DESCRITAS NO TIPO

7.2.1 Crimes Simples

São aqueles em que o crime é composto por um único fato considerado como crime. O exemplo mais básico mais uma vez é o homicídio, no qual o único fato considerado como criminoso é o "matar alguém."

Não se deve confundir o tipo ser formado por um único fato considerado como crime com ser formado por um único verbo. Tais conceitos não se confundem, e não se pode afirmar que por um tipo possuir vários verbos, este não possa traduzir e ser simples, formado por um único fato considerado como crime. Por exemplo, no tipo de induzimento, auxílio ou instigação ao suicídio (art. 122 do CP) embora existam três verbos, há apenas um único fato considerado como crime, qual seja, levar alguém atentar contra sua própria vida.

7.2.2 Crimes complexos

São aqueles em que o tipo penal é formado através da reunião de dois ou mais tipos autônomos, ou seja, a reunião de dois ou mais fatos criminosos formando um único crime.

Nesses casos também não interessa se o tipo é formado por um ou mais verbos, mas sim saber o número de fatos criminosos que estão reunidos em um único tipo penal, ou seja, se há no tipo dois ou mais fatos que também são considerados como crimes autônomos. O exemplo mais famoso é a extorsão mediante sequestro (art. 159 do CP) que reúne o sequestro simples (art. 148 do CP) com a extorsão (art. 158 do CP). Outro bom exemplo é o crime de roubo simples do art. 157. Vejamos:

"Art. 157. Subtrair coisa móvel alheia, para si ou para outrem, mediante grave ameaça ou violência a pessoa, ou depois de havê-la, por qualquer meio, reduzido à impossibilidade de resistência:

Pena – reclusão, de quatro a dez anos, e multa. [...]"

Há no tipo um único verbo compondo a conduta, qual seja "subtrair", contudo esse tipo penal é complexo, vez que consagra a reunião do furto (art. 155 do CP) – subtrair coisa alheia móvel – com o constrangimento ilegal (art. 146 do CP) – constranger alguém mediante violência ou grave ameaça.

Essa é a ideia básica do crime complexo, isto é, um crime formado por, no mínimo, outros dois. Perceba-se, contudo, que há uma outra faceta do crime complexo. Ainda nessa definição, podemos dizer que também é considerado crime complexo aquele em que um crime deixa de ser considerado autonomamente para ser uma circunstância qualificadora de outro, dando origem assim a um só crime mais grave. É o caso da lesão corporal seguida de morte, que é um crime de lesão corpórea qualificado pelo resultado morte, resultado este que, se analisado autonomamente, também seria considerado como crime.

Outro exemplo famoso de crime complexo é o latrocínio, ou seja, o roubo seguido de morte (art. 157, § 3º, CP). Nesse caso, o legislador optou por, em vez de punir autonomamente o roubo e a morte, punir as duas condutas através de um só tipo.

É importante frisar que nem todo crime qualificado é complexo. Assim, por exemplo, o homicídio qualificado pelo uso de veneno é um crime qualificado, mas não pode ser classificado como crime complexo.

Só poderá ser considerado também como complexo o crime qualificado em que a qualificadora, que integra o tipo, seja considerada autonomamente como um delito independente (p. ex. homicídio qualificado por tortura).

7.3 QUANTO AO MOMENTO DE CONSUMAÇÃO

Quando se fala em consumação, que também será estudada no *iter criminis,* estamos falando de um crime que está completo. Porém, esse momento em que ele se torna completo, se consuma, apresenta aspectos diferentes. E é com base nesses diferentes aspectos e características de seu momento de consumação que os crimes serão classificados a seguir:

7.3.1 Crime instantâneo

É aquele em que o momento de consumação acontece em um único instante, ocorre de uma vez só, e uma vez consumado não há mais nada pra acontecer. É o caso do homicídio, que se consuma com a morte, e a lesão corporal, em que uma vez lesionada a vítima o crime estará completo.

7.3.2 Crime permanente

É aquele em que o momento de consumação se prolonga por determinado período de tempo, o crime se consuma e permanece em estado de consumação por certo tempo.

Exemplo clássico de *crime permanente* é o sequestro (art. 148 do CP), que se consuma no momento da simples privação da liberdade, porém, o estado de consumação se prolonga pelo tempo, e enquanto a pessoa estiver tendo a sua liberdade privada o crime estará em constante estado de consumação.

Importante lembrar que essa é a razão pela qual o crime permanente permite que a prisão em flagrante seja realizada a qualquer momento durante a permanência.

Diz-se então que para esses crimes o momento de consumação se protrai, se prolonga no tempo, e por isso o prazo prescricional, só começa a correr no término da permanência

(Art. 111 Inc. III CP), diferentemente da regra geral, em que a prescrição começa a correr no momento da consumação.

Interessante lembrar que há ainda outros exemplos conhecidos de crime permanente, como o crime de *associação criminosa* (art. 288 do CP) pois, vez formada a associação o crime se consuma e permanece em consumação até que a reunião seja desfeita. Outro exemplo conhecido de crime permanente é o *delito de porte ilegal de arma* (Lei nº 10.826/2003).

Detalhe importantíssimo no crime permanente é que permanência não é sinônimo de eternidade, mas se exige apenas que a consumação perdure por um certo período de tempo, a princípio indeterminado.

Por fim, de acordo com a súmula 711 do STF, surgindo uma lei nova, mas no curso da permanência, mesmo que mais severa e incriminadora, esta lei se aplica ao fato, não havendo ofensa ao princípio da irretroatividade nesta hipótese.

7.3.3 Crime instantâneo de efeitos permanentes

Nestes, o crime se consuma em um único instante, tal qual visto no *crime instantâneo*, porém, seus efeitos, suas consequências, permanecem, se prolongam, por um período de tempo indeterminado.

Mais uma vez o melhor exemplo é o homicídio, pois não há nada mais permanente do que a morte, sendo esta nada mais do que um efeito (permanente) do crime contra a vida, uma vez que este crime se consumou instantaneamente no momento em que vida cessou, e este efeito evidentemente irá permanecer.

Outro exemplo poderia ser uma cegueira, advinda de *lesão corporal gravíssima* (art. 129, §2º, CP), sendo que, mesmo revertida a cegueira depois de determinado período de tempo, o crime é considerado de efeitos permanentes, eis que a permanência dos efeitos, como dissemos, não se refere necessariamente à eternidade, mas sim a um período indeterminado de tempo.

Ressalte-se que o caráter permanente dos efeitos do crime será sempre analisado sob a égide do bem jurídico protegido pelo tipo, não englobando traumas psicológicos ou efeitos paralelos da prática do fato.

Tendo em vista essa observação, pergunta-se: o estupro (art. 213 do CP) seria um crime instantâneo de efeitos permanentes?

Não. A despeito de o estupro gravar na vítima efeitos indeléveis e não obstante a gravidade do ato, o bem jurídico tutelado pelo tipo é a liberdade sexual, sendo que esta só foi violada no momento da consumação do ato sexual.

Vencida a situação de estupro, a vítima pode imediatamente voltar exercer a sua liberdade sexual, mesmo que do crime de estupro ocorra uma gravidez, esta é uma consequência paralela e não um efeito do estupro em si que, mais uma vez frisamos, se limita a tutelar a privação temporária da liberdade sexual.

7.4 QUANTO AO RESULTADO

Essa classificação se refere a forma da consumação, ou seja, como o crime irá se consumar, e aborda paralelamente a produção ou não de resultados neste processo.

Para trabalharmos essa classificação é necessário primeiro sabermos o que significa resultado para o Direito Penal, já que sobre este conceito existem duas concepções:

7.4.1 Resultado naturalístico ou natural

É a modificação no mundo concreto, portanto, uma mudança no mundo das coisas. Entre outros, podemos citar a morte e as lesões corporais no crime de homicídio e lesão corporal respectivamente. Trata-se do aspecto mais óbvio de resultado, qual seja, provocar modificação no mundo real.

7.4.2 Resultado jurídico

Essa é a concepção mais importante de resultado e que realmente norteia o direito penal, representando este como a lesão ao bem jurídico tutelado.

Desta forma, e sob a ótica do princípio da lesividade, percebe-se que não há crime sem violação de bem jurídico (resultado jurídico), embora haja vários crimes sem qualquer resultado naturalístico (ex.: crimes de mera conduta).

Essas são as duas concepções de resultado que norteiam nosso ordenamento e, será a partir delas que vamos fazer a seguinte classificação de crimes:

a) Crime material

Tal espécie exige, para sua consumação, a produção, materialização de um resultado naturalístico (material), previsto e exigido pelo próprio tipo penal. Por exemplo, para o homicídio, o tipo exige a morte da vítima. Em suma, a lei descreve a conduta e o resultado concreto, exigindo-se a produção deste resultado no mundo fático para haver consumação (ex: Art. 121, Art. 129, Art. 155 CP).

b) Crime formal

É aquele em que o tipo penal prevê uma conduta e um resultado naturalístico, porém, não exige que esse resultado se produza para que o crime seja considerado consumado, bastando para isso que o agente realize – formalize – a prática da conduta formalmente proibida, vindo daí o nome da classificação "crime formal".

Embora exista a previsão de um resultado no tipo, a mera formalização da conduta prevista, através de sua completa realização, já consuma o crime.

É um exemplo típico o delito de sequestro – art. 159. Vejamos o texto:

"Art. 159. Sequestrar pessoa com o fim de obter, para si ou para outrem, qualquer vantagem, como condição ou preço do resgate: (Vide Lei nº 8.072, de 25.7.90)

Pena – reclusão, de oito a quinze anos (Redação dada pela Lei nº 8.072, de 25.7.1990)."

O *prejuízo material*, ou seja, a obtenção da vantagem, embora prevista na lei, não precisa ocorrer para que o crime se consume, logo, o resultado naturalístico é irrelevante para a consumação do crime, e este tipo formal exige somente o ato de sequestrar com o fim de obter a vantagem, não vinculando a sua consumação ao efetivo recebimento desta.

c) Crime de mera conduta

É aquele em que o tipo penal descreve apenas uma conduta proibida, descreve uma mera conduta, **não** havendo sequer a previsão de qualquer resultado material. Portanto, esse crime se consuma com a pura realização da conduta prevista na lei, já que não há que se falar em qualquer espécie de resultado natural sequer previsto na norma.

É exemplo de crime de mera conduta a violação de domicílio – art. 150 – entrar e permanecer em casa alheia sem autorização de quem de direito – bem como o crime de desobediência – art. 330 do CP – pois pune-se a mera conduta de desobedecer a ordem legal de um funcionário público.

Apesar das semelhanças entre o crime formal e o de mera conduta, a saber, o fato de que para ambos a consumação exige apenas que a conduta descrita seja plenamente realizada, deve-se tomar cuidado para não se confundir ambas as espécies.

O crime formal possui um resultado material previsto na norma, embora de obtenção dispensada para a sua consumação, já o crime de mera conduta não tem qualquer resultado material sequer previsto no tipo, sendo formado apenas por uma conduta proibida.

Com isso, algumas questões podem ser respondidas:

a) Existe crime sem resultado?

Depende da concepção que é dada a resultado. Analisando-se sob a ótica de *resultado naturalístico*, sim, existem crimes sem resultado, como os de mera conduta. Por outro lado, analisando sob a ótica do **resultado jurídico**, como proteção a um bem jurídico, não há crime sem resultado, pois um bem jurídico sempre será protegido pelos tipos e, se lesionado, haverá crime.

Ainda, com base no *princípio da lesividade* todo crime requer um resultado jurídico, qual seja, uma previsão de lesão possível a um bem jurídico tutelado, logo, não há crime sem resultado jurídico.

b) Dentro do contexto de resultado naturalístico, no crime formal em que apenas há o resultado previsto, o que ocorre quando esse resultado produz?

Nos *crimes formais* a ocorrência do resultado natural previsto no tipo traduz o chamado exaurimento,[1] ou seja, o esgotamento do fato.

Nos crimes materiais e nos crimes de mera conduta também existe o exaurimento, mas ele ocorre ao mesmo tempo que a consumação, com a produção do resultado previsto no tipo, ou com a mera prática da conduta típica, respectivamente, sendo, portanto, irrelevante.

Logo, o **crime formal** pode estar completo, mas não esgotado, vez que algo mais pode acontecer, já no crime material a obtenção do resultado naturalístico consuma e exaure o delito ao mesmo tempo. Isso também ocorre no crime de mera conduta, que se consuma e se exaure no mesmo momento, ou seja, com a mera realização do comportamento narrado.

Como vimos, no *crime formal* a realização da conduta consuma o crime, contudo, não o esgota, pois pode ainda haver a ocorrência do resultado natural descrito no tipo. É o que ocorre na extorsão mediante sequestro quando há o efetivo recebimento da vantagem.

Por isso que o exaurimento só é relevante para os crimes formais, pois nestes, a consumação e o exaurimento se distanciam, enquanto nos crimes materiais e de mera conduta os conceitos coincidem.

---

1. O exaurimento será estudado de maneira mais ampla em outro ponto.

Vamos agora a mais uma classificação que, ao contrário das anteriores, não se apresenta em um grupo, mas de forma isolada, e que é muito questionada nas provas em geral.

7.5 CRIME HABITUAL

Trata-se de uma classificação autônoma, solitária, na qual de acordo com a conduta prevista, o tipo penal exige uma prática reiterada, habitual de atos para que haja consumação.

Há certos verbos no português que pressupõem essa habitualidade. É o caso do exercício ilegal da medicina, arte dentária ou farmacêutica – art. 282 – no qual o verbo é exercer, que exige uma prática habitual, um ânimo reiterado e realização de mais de 2 atos no mínimo.

Acerca do crime habitual, há duas discussões interessantes:

a) quanto ao problema da tentativa nos crimes habituais, pergunta-se: ela é admitida?

Podemos adiantar que para a maioria da doutrina nacional não, já que se exige a habitualidade (prática reiterada) para o crime se consumar, logo a prática isolada ou de tentar realizar o ato são considerados atípicos, embora haja qualificada divergência doutrinaria a respeito. Esse ponto será melhor estudado posteriormente, quando do exame do *iter criminis* e da tentativa.

b) Existe confusão entre crime habitual, crime permanente, crime continuado?

Trata-se de três figuras absolutamente distintas.

Crime continuado não é classificação de crime, mas modalidade de concurso de crimes, logo qualquer delito poderá ser realizado de maneira continuada, trata-se apenas de uma forma de se praticar infrações penais de mesma espécie em circunstâncias semelhantes, se considerando os vários crimes como um só, para efeito de aplicação da pena (art. 71 do CP).

O **crime permanente** é a classificação de crimes em que o momento de consumação se prolonga pelo tempo.

Por fim, o **crime habitual**, que é aquele em que se exige uma prática reiterada de atos para que se caracterize a conduta prevista no tipo em abstrato.

7.6 QUANTO À NATUREZA DA CONDUTA

A simples denominação deste grupo de classificação já abre uma nova visão em relação a estas espécies de crimes, pois o referencial que utilizaremos para separá-los neste tópico será a espécie de conduta (ação ou omissão), prevista expressamente nos tipos penais.

Via de regra, os tipos penais preveem ações, porém, mais do que isso, sabemos que o crime requer na verdade a prática de uma conduta – que pode ser uma ação ou omissão.

Dessa forma, essa classificação permite uma diferenciação dos tipos penais de acordo com a espécie de conduta prevista no tipo, e exigida para que haja crime, seja ela uma ação positiva – fazer – ou uma omissão, conduta negativa – deixar de fazer.

Partindo desta forma de classificação (pela conduta prevista na norma) evitaremos muitos problemas e confusões oriundas do tratamento tradicionalmente dado pela dogmática, que em geral costuma se vincular a um outro paradigma analisando a natureza da conduta humana realizada, ação ou omissão, ao invés de trabalhar com a estrutura formal do tipo penal (conduta prevista), para delimitar a espécie de crime em questão.

Todos os crimes são produto de uma conduta humana voluntária considerada proibida, sendo assim, de forma simples, podemos separar o conceito de conduta em duas espécies:

– **Ação**: conduta positiva, ou seja, fazer algo, movimento corporal voluntário produto de uma "contração muscular", utilização de uma energia física em relação a um objeto.

– **Omissão**: conduta negativa, ou seja, deixar de agir, inércia de determinado agente em certa situação, produto de uma "distensão muscular" caracterizadora de um **não fazer** voluntário por parte do ser humano.

Desta forma, o legislador ao criar tipos penais incriminadores opta por prever concretamente condutas positivas (ações), ou condutas negativas (omissões), consideradas proibidas, estabelecendo penas que serão aplicadas àqueles que realizem estas condutas caracterizadoras de crimes.

Vamos classificar as infrações penais em dois grandes grupos, de acordo com a **natureza da conduta prevista concretamente pelo legislador nos tipos penais**, diferentemente do que faz parte da doutrina nacional que, como dissemos, costuma focar a análise da natureza dos crimes na *conduta realizada pelo agente* em cada caso concreto.

Sendo assim, quanto à forma de conduta formalmente prevista no tipo os crimes dividem-se em:

– **Crimes de ação**: são aqueles em que o tipo penal objetivo prevê formalmente uma ação, ou seja, uma conduta positiva, um agir, um fazer algo considerado proibido. Esta é a regra geral, e a grande maioria dos tipos penais descreve uma ou mais ações (p. ex.: Homicídio – Art. 121, CP; Lesão Corporal – Art. 129, CP; Furto – Art. 155, CP; etc.)

– **Crimes de omissão**: são aqueles em que o tipo penal objetivo prevê formalmente uma omissão, ou seja, uma conduta negativa, um não fazer algo por parte do autor, para o qual se estabelece uma pena (p. ex.: Omissão de socorro – Art. 135, CP; Abandono material – Art. 244, CP).

Entretanto, para compreendermos estas duas grandes espécies de crime e posteriormente classificá-las de acordo com sua forma de realização, será preciso fazer um breve estudo a respeito da conduta omissiva e dos fundamentos de sua punibilidade, pois, no que tange às ações (condutas positivas) não há maiores problemas quanto à sua reprovação e punição em face da violação de um bem jurídico tutelado pela norma.

O *fundamento de reprovabilidade da omissão* encontra-se no chamado **dever jurídico de agir**, ou seja, na obrigação imposta pelo ordenamento jurídico a indivíduos que devem atuar em certas situações para impedir a lesão de determinado bem jurídico. Desta forma, haverá crime sempre que ocorrer uma omissão de agir por parte de quem possua um dever de atuar imposto pela norma.

Há duas espécies de dever jurídico de agir, separadas de acordo com o âmbito de abrangência da obrigação de atuar, e que fundamentam a punição da conduta omissiva em Direito Penal, são elas:

a) **Dever jurídico geral**: a obrigação de atuar para evitar a lesão a um bem jurídico alheio é imposta em certos casos, a todos pela própria Lei. Este dever de agir deve estar presente de forma expressa no próprio tipo penal incriminador que, não fazendo restrições expressas quanto a quem se destina a obrigação, atinge a todas as pessoas de forma ampla e absoluta, com base na regra da generalidade da lei penal.

b) **Dever jurídico específico**: a obrigação de agir dirige-se especificamente a determinadas pessoas, chamadas de **garantidores**, que possuem o dever de agir para evitar a produção de resultados, em certas situações concretas. Este dever jurídico específico (dever de garantia) está previsto na parte geral do Código Penal (Art. 13, par. 2º) e aplica-se a certas pessoas que estão obrigadas a atuar para impedir a lesão de bens jurídicos tutelados pelas normas penais em geral.

Portanto, a conduta omissiva poderá ser reprovada em dois âmbitos distintos, um primeiro direcionado a todos os cidadãos, produto de um dever geral de agir previsto expressamente em um determinado tipo incriminador (p. ex.: Art. 135, CP), e outro destinado a certas pessoas específicas, os chamados garantidores, de acordo com certos requisitos previstos, de forma genérica, na parte geral do Código Penal (Art. 13, § 2º, CP)

A **função de garantidor** impõe ao indivíduo a obrigação de evitar a ocorrência de certos resultados lesivos quando houver uma situação de perigo para o bem jurídico de seu "garantido", desta forma é inerente ao dever de garantia a obrigação de agir para evitar o dano, mesmo que isso implique em riscos pessoais para quem desempenha esta função.

Porém, é de suma importância lembrar que para se falar em qualquer tipo de omissão é preciso que necessariamente haja a *possibilidade concreta de ação*, pois em certas hipóteses, em que não seja possível agir, nem mesmo o garantidor poderá ser imputado pelo resultado produzido.

Não é por acaso que o legislador previu no Código Penal expressamente que a omissão é penalmente relevante somente quando o agente **podia**, mas também **devia** agir para impedir o resultado (Art. 13, § 2º – *"A omissão é penalmente relevante quando o omitente devia e podia agir para evitar o resultado..."* – grifei).

Além de não ser possível se imputar um resultado por omissão quando no caso concreto for absolutamente impossível para o garantidor agir para evitá-lo, deve-se ressaltar que modernamente, em face da análise dos requisitos da culpabilidade também não se deve imputar ao garantidor um resultado, mesmo oriundo da omissão de uma ação possível, quando esta atuação necessariamente exigiria o sacrifício de sua própria vida, em prol da evitação do dano ao garantido.

Explico: o ordenamento jurídico não pode exigir de ninguém e em nenhuma hipótese, nem mesmo de um garantidor, o sacrifício da própria vida, sendo assim, embora a omissão nestes casos seja penalmente relevante ela não pode ser considerada culpável (reprovável), devido a uma total inexigibilidade de conduta diversa, o que obviamente afasta a existência do próprio crime.

Também se pode deduzir do texto legal do artigo 13 que os garantidores deverão responder pelo resultado oriundo de sua omissão, ou seja, responderão pelos resultados materiais que poderiam ter sido evitados com a prática de uma conduta no caso concreto, não se esquecendo de analisar se esta omissão foi dolosa ou culposa.

Desta forma pode-se afirmar que:

– *A punibilidade da lesão ao bem jurídico na omissão do garantidor é produto da <u>não evitação de um resultado evitável</u>, por quem tenha dever específico de agir no caso concreto.*

Por exemplo, se o **garantidor** percebe que um indivíduo está prestes a se afogar em uma piscina e não faz nada para impedir o resultado morte, deverá responder por este resultado, ou seja, pelo crime de HOMICÍDIO (Art. 121, CP), já que podia e devia ter agido para evitar sua ocorrência.

Entretanto não podemos deixar de lembrar que o **garantidor** responderá pelo **homicídio doloso** se a omissão foi intencional, e por **homicídio culposo** se a sua *"não ação"* foi produto de uma falta de cuidado no caso concreto.

Sendo assim, de acordo com o **parágrafo 2º do artigo 13** do Código Penal poderemos separar os garantidores em três grupos distintos, são eles:

– **Alínea "A"** – quem tenha *por lei obrigação de cuidado, proteção ou vigilância*; nesta hipótese incluem-se os ascendentes e descendentes reciprocamente, os irmãos, os cônjuges (casamento formal, embora haja entendimento minoritário a favor da união estável também gerar o dever de garantia), os tutores (responsáveis pelos menores inimputáveis) e os curadores (responsável pelos maiores inimputáveis), bem como os funcionários públicos que possuam a função de cuidado e vigilância inerente ao seu cargo (p. ex.: policial, bombeiro).

– **Alínea "B"** – quem de outra forma assumir a responsabilidade de impedir o resultado, ou seja, toda forma de acordo entre as partes pode dar origem ao dever de garantia.

Logo, esta hipótese engloba os **contratos formais** de natureza privada (p. ex.: segurança particular, a babá, a professora do colégio, o salva-vidas da piscina etc.), bem como os **acordos verbais** expressos, ou até mesmo tácitos, em que o indivíduo assume transitoriamente a função de garantia, cuidado e vigilância para impedir resultados (p. ex.: alguém que leva o filho de um amigo à praia).

– **Alínea "C"** – quando alguém, com seu comportamento anterior, criou o risco de ocorrência do resultado, ou seja, todo aquele que cria um risco, ou coloca alguém em situação de perigo, torna-se garantidor ficando obrigado a agir para evitar a ocorrência deste resultado.

Neste caso não importa a natureza da conduta que cria o risco de ocorrência do resultado, esta pode ser uma *conduta dolosa, culposa, lícita ou ilícita*, em todos os casos haverá o dever de garantia (p. ex.: quem convida um amigo para um passeio de barco e devido a uma manobra imprudente gera o naufrágio da embarcação, se torna garantidor e fica obrigado a agir).

Como já dissemos, em todas as hipóteses de dever de garantia, aquele que se omitir e não evitar a ocorrência do resultado deverá responder pela lesão ao bem jurídico afetado, sempre a título de dolo ou de culpa, de acordo com o elemento subjetivo da conduta omissiva.

Há algumas questões interessantes a respeito da **função de garantidor** que geram divergências doutrinárias principalmente em relação à interpretação da primeira hipótese do *dever de garantia*, qual seja o inerente a quem possua o dever de cuidado e vigilância oriundo da **lei**.

A questão é a seguinte:

– O dever de garantia vinculado à função pública de determinados profissionais é permanente, ou está vinculado apenas ao exercício da função?

Para responder a esta indagação surgem dois posicionamentos doutrinários distintos:

1)   Nestas hipóteses o dever de garantia decorre da função exercida pelo agente e da sua profissão, logo o garantidor só estará obrigado a atuar para evitar o resultado enquanto estiver no exercício profissional.

Fora destes momentos o indivíduo deverá ser tratado como uma pessoa comum, possuindo o dever geral de agir, não podendo ser imputado pelo resultado e respondendo, se for o caso, apenas pela omissão de socorro (Art. 135, CP);

2)   Pelo fato de estar atrelado à lei e vinculado à função pública do agente o dever de garantia é permanente e não se vincula apenas ao exercício da função. Desta forma, o funcionário público será garantidor 24 hs por dia, todos os dias, a partir do momento em que assumir o cargo público que lhe atribuir o dever específico de cuidado e vigilância.

Não nos parece fazer sentido o segundo posicionamento, pois o dever de garantia nestes casos, oriundo da função pública exercida pelo agente só deverá perdurar enquanto o agente estiver no cumprimento de suas funções, no exercício de sua profissão, sendo que fora destes momentos, o indivíduo deverá voltar a ser considerado como um cidadão comum que possui apenas o dever jurídico geral de agir de acordo com as situações previstas expressamente em lei (p. ex.: Omissão de socorro – Art. 135, CP).

Com a *devida vênia* dos defensores do segundo posicionamento, por exemplo, seria um absurdo imputar um policial, ou um bombeiro, por todos os resultados de lesão corporal ou morte que ocorressem ao seu redor se, por exemplo, em um sábado de folga, em que estivesse passeando com a família, por desatenção (culposamente) este não percebesse uma situação de perigo e deixasse de atuar para impedir a produção do resultado.

Outro aspecto interessante dentro da alínea "a" é que não é possível generalizar o dever de garantia oriundo de uma função pública, ou seja, o garantidor não pode ser assim considerado em qualquer situação. Por exemplo, um policial não está obrigado como garantidor a entrar no mar para salvar uma pessoa que esteja se afogando, pois seu dever de cuidado e vigilância não se refere a esta espécie de perigo, e ele deverá responder, se for o caso, apenas pela omissão de socorro (Art. 135, CP).

Desta forma podemos tirar a seguinte conclusão:

– Quando o dever de garantia nasce de uma função pública profissional ele estará limitado às obrigações e características desta profissão e ao efetivo exercício funcional, fora disso subsiste o dever geral inerente a qualquer pessoa comum.

Finalmente, tomando por base as duas espécies de infração penal supracitadas, classificadas de acordo com a espécie de conduta prevista no tipo (**crimes de ação e crimes de omissão**), vamos complementar esta análise através de uma segunda forma de classificação, agora feita de acordo com a modalidade de conduta utilizada pelo agente para realização destas infrações penais.

Sendo assim, cada uma das duas espécies de crime será subdividida, perfazendo assim um total de 5 subespécies de crimes, são elas:

7.6.1 Crimes de Ação

a) *Comissivos por ação*: são aqueles em que o tipo penal prevê uma ação (conduta positiva), ou seja, um fazer algo e o agente pratica este crime através da própria ação descrita na lei.

Trata-se da regra geral em que o agente simplesmente realiza a ação prevista na norma penal (p. ex.: Matar alguém através do disparo de uma arma de fogo – Art. 121, CP).

b) *Comissivos por omissão (omissivos impróprios)*: são aqueles em que embora o tipo penal preveja uma ação (conduta positiva) o agente realiza o tipo através de uma **omissão** do seu **dever específico** de agir (dever de garantia), respondendo pelo resultado oriundo de sua omissão.

Esta espécie de crime também é chamada de **crime omissivo impróprio**, pois na verdade trata-se de um crime de ação que, por ser praticado através da não realização de uma conduta pelo garantidor, estaria sendo *impropriamente* considerado e classificado como *crime omissivo*.

Na verdade, esta modalidade de crime nada mais é do que qualquer tipo penal de ação, cujo resultado se produz não por uma ação, mas como produto da omissão do dever específico de agir pelos chamados garantidores.

Sendo assim, podemos fazer a seguinte associação lógica:

- *Os crimes omissivos impróprios são crimes de ação <u>cometidos através de uma omissão</u>, por isso chamados de <u>comissivos por omissão</u>, e por serem em essência crimes cuja norma prevê uma ação configuram a chamada forma imprópria de omissão.*

Dizer que a omissão imprópria se trata de uma classificação dada a certos crimes é inadequado, pois, na sua essência, como se vê, a lei prevê um fazer algo e um resultado produto dessa ação em um tipo autônomo, porém, havendo um dever específico de agir (imposto a certas pessoas), esse resultado poderá ser imputado ao garantidor em face de sua omissão.

Por exemplo, no homicídio, a lei prevê uma ação e um resultado (morte) que poderá, em certos casos, ser imputado a essas pessoas com dever específico (garantidores) através de uma omissão, que poderá ser dolosa ou culposa.

É por isso que esses crimes são chamados de comissivos por omissão, isto é, crimes em que a lei prevê uma ação e um resultado, mas que são cometidos por uma omissão do garante, que possuía o dever jurídico específico de evitação desse resultado.

Sendo assim, na omissão impropria o resultado será imputado ao garantidor pela sua omissão, como se ele mesmo tivesse cometido aquele crime em que a lei prevê uma ação.

Mais um exemplo, a mãe que não tenta salvar o filho que se afoga, responde por homicídio, que pode ser doloso ou culposo, da mesma forma um bombeiro que vê alguém em perigo e não tenta salvar, responde pelo resultado ocorrido, a título de dolo ou culpa.

Nesses crimes, o garantidor responderá pelo resultado proveniente da sua omissão a título de dolo, ou mesmo por culpa (se o crime também for punido culposamente).

Por essa razão que, de forma majoritária, a doutrina admite a **tentativa de crime comissivo por omissão**, ou *omissivo impróprio*, por exemplo, se um salva-vidas (garantidor) não entrar no mar para salvar seu desafeto que está se afogando, querendo assim que ele morra, mas este acaba sendo salvo por um terceiro, responderá por **tentativa** de homicídio doloso **por omissão**.

7.6.2 Crimes de Omissão

a) **Crimes Omissivos próprios**: são os crimes omissivos em essência, aqueles em que o próprio texto da Lei prevê uma omissão, ou seja, a própria norma penal descreve um não fazer considerado proibido, sendo que o agente pratica esta infração através da pura e simples omissão de uma ação mandada.

A punibilidade destes crimes se fundamenta na violação de um **dever geral de agir** imposto expressamente pela norma incriminadora violada (p. ex.: Omissão de Socorro – Art. 135 CP).

Podemos então listar as três principais características desses crimes:

1. **a lei prevê expressamente uma conduta omissiva, de não fazer algo;**
2. **dão origem a um dever geral de agir, via de regra, imposto a todos;**
3. **o agente responde apenas pela omissão, pois não há sequer resultado natura-lístico previsto (crime de mera conduta).**

b) **Crimes Próprios Omissivos**: são na verdade uma espécie de crimes em que embora a lei preveja uma conduta negativa, uma omissão (crime omissivo próprio) ela também exige uma qualidade específica por parte do seu sujeito ativo (crime próprio).

Desta forma, esta é uma modalidade híbrida de infração penal, pois reúne uma característica dos **crimes omissivos próprios**, qual seja, a norma prevê expressamente um não fazer algo, considerado proibido, mas também possui a característica de só poder ser praticado por determinadas pessoas (via de regra garantidores), aspecto inerente à modalidade de **crime omissivo impróprio**, mas que neste caso aparecem expressamente definidas no próprio tipo. (**crime próprio**)

Sendo assim, propomos classificar esta gama de crimes não como crimes omissivos próprios, como faz a doutrina nacional de forma genérica, já que a proibição da omissão não se destina a todos, mas sim como *crimes próprios omissivos*, cuja lei prevê uma omissão, mas que só poderão ser realizados por certas pessoas que possuam a específica qualidade prevista na norma (p. ex.: Abandono Material – Art. 244, CP – que só pode ser praticado por certos garantidores; Abandono Intelectual – Art. 246, CP – que só pode ser praticado pelos pais).

c) *Omissivos por Comissão*: ocorrem quando alguém pratica um crime omissivo próprio (p. ex.: Omissão de Socorro – Art. 135, CP) através de uma conduta positiva, ou seja, através de uma ação.

Na maioria das vezes se configura pela conduta de um agente que atue retirando o meio de salvamento de outrem, e por isso cometendo o **crime de omissão** de socorro **por via de uma ação** (p. ex.: "A" ao perceber uma pessoa se afogando lhe atira uma boia, porém "C" resolve agir recolhendo a boia antes que a vítima conseguisse alcançá-la).

Esta classificação suscitada no Direito Penal alemão (cf. Jakobs) se divide em duas hipóteses de ocorrência, de acordo com o sujeito ativo que se omite através da sua conduta positiva, porém apenas uma delas irá gerar repercussões práticas, são elas:

1) **Quando quem atua é um garantidor**: neste caso não há maiores relevâncias para esta classificação pois o garantidor (Art. 13, § 2º CP), independente de agir positivamente sobre o meio de salvamento, ou de apenas se omitir, responderá pelo resultado oriundo de sua omissão (p. ex.: homicídio).

2) **Quando quem atua é uma pessoa comum**: nesta hipótese a classificação irá surtir efeitos concretos na imputação do crime, já que o agente que atuou positivamente sobre o meio de salvamento deixa de possuir apenas um dever jurídico geral de agir – que lhe imputaria somente uma omissão de socorro – e passa a ser visto como garantidor, por ter com sua conduta criado um risco de ocorrência do resultado (Art. 13, § 2º, "c").

Sendo assim, torna-se possível imputar ao agente o **resultado naturalístico** oriundo da sua omissão praticada por ação, *convolando-se um crime inicialmente omissivo próprio em omissivo impróprio*.

Na verdade, esta classificação possuirá pouca relevância prática ainda se entendermos que ao retirar o meio de salvamento através de uma ação o agente realmente **criou ou aumentou o risco de ocorrência do resultado**, pois neste caso ele automaticamente já se tornaria garantidor (Art. 13, § 2º, alínea "c"), tendo a obrigação de evitar este resultado, respondendo por aquilo que causar, e assim se enquadrando normalmente na modalidade de crime **comissivo por omissão** (**Omissivo Impróprio**).

Entretanto, se no caso concreto não pudermos considerar que a ação de retirada do meio de salvamento criou ou ampliou o risco de ocorrência do resultado, esta classificação possuirá grande importância, já que criaria realmente uma nova categoria de crime omissivo, pois aí o agente responderia efetivamente pelo **crime omissivo** (Omissão de socorro – Art. 135, CP) mas **por comissão**, ou seja, um **crime omissivo próprio praticado através de uma ação**, algo que não tem previsão em nosso ordenamento.

7.7 QUANTO À FORMA DE LESÃO

Todos os tipos penais, de acordo com o princípio da lesividade, são criados com o fim de proteção de um determinado bem jurídico, entretanto, dependendo da forma com que esta proteção se apresenta podemos classificar os crimes em três espécies:

7.7.1 Crimes de dano

São aqueles em que o tipo penal se fundamenta em uma lesão concreta do bem jurídico por ele tutelado, ou seja, a previsão legal do crime vincula-se a um dano material do bem jurídico objeto de proteção da norma.

A maioria dos crimes previstos no nosso Código Penal são crimes de dano, sendo que, esta classificação não apresenta maiores dificuldades ou problemas (p. ex.: homicídio (art. 121, CP); lesão corporal (art. 129, CP); furto (art. 155, CP); etc.).

7.7.2 Crimes de perigo concreto

São aqueles em que a descrição típica prevê apenas um perigo real, concreto, de lesão ao bem jurídico tutelado, ou seja, o tipo penal descreve uma conduta que oferece perigo para o bem jurídico protegido, não havendo previsão de danos ou efetivas lesões a esse bem (p. ex.: perigo de contágio de moléstia venérea e de moléstia grave – arts. 130 e 131, CP; incêndio – art. 250, CP).

Nos crimes de perigo concreto, para que o fato esteja consumado, o autor deverá praticar a conduta descrita no tipo de forma a materializar o perigo concretamente previsto na norma, por isso considera-se que esta modalidade de crime é também uma espécie de crime material, pois se exige a produção do resultado naturalístico previsto (exposição ao perigo) para que o crime esteja completo e consumado.

Esta classificação costuma gerar alguma confusão pelo fato de que algumas pessoas, quase instintivamente, associam os crimes de dano diretamente com os crimes materiais, o que consequentemente faz com que não consigam enxergar os crimes de perigo concreto também como espécie destes crimes materiais.

Na verdade entendemos que os **crimes de dano** podem ser **materiais, formais ou de mera conduta**, de acordo com a necessidade de que a lesão ao bem jurídico tutelado materialize ou não um resultado naturalístico (modificação do mundo exterior) para que haja a consumação, porém, independentemente disso, esses crimes serão de dano sempre que o tipo penal se vincular a uma lesão (dano concreto) de um bem jurídico.

Por outro lado, os crimes de **perigo concreto** são por excelência **crimes de natureza material**, pois para que ocorra sua consumação é preciso que a conduta materialize, produza o resultado previsto no tipo, qual seja a produção de um perigo concreto para o bem jurídico tutelado, sendo que a não ocorrência do resultado de dano será fruto do mero acaso, algo que pode ou não ocorrer, mas que caso se produza configurará mero exaurimento do fato.

Para esclarecer a diferença entre os conceitos e separar as referidas espécies de crime, podemos afirmar que a classificação de "dano e perigo" se refere às consequências previstas para o bem jurídico tutelado pelo tipo, enquanto a classificação "material, formal e de mera conduta" vincula-se à necessidade de produção do resultado naturalístico, ou seja, modificação no mundo exterior, para que haja consumação.

7.7.3 Crimes de perigo abstrato

Trata-se de uma segunda espécie de crime de perigo, nela o tipo penal prevê apenas uma conduta que oferece **perigo potencial** (abstrato) para o bem jurídico tutelado, desta forma para que esta modalidade de crime se consume não é preciso haver materialização, produção, de qualquer perigo real ou concreto para o bem jurídico protegido pela norma, bastando a *presunção de perigo inerente à conduta típica* prevista para se punir o fato (p. ex.: omissão de socorro – art. 135, CP; quadrilha ou bando – art. 288, CP; ocultação de material de salvamento – art. 257, CP).

Quanto aos crimes de perigo abstrato, que estruturalmente possuem natureza vinculada à classificação "crimes de mera conduta", muito tem se discutido a respeito da sua **(in) constitucionalidade** em face da nítida incongruência com o **Princípio da Lesividade**, e aos evidentes problemas existentes no conceito de presunção de perigo para os bens jurídicos tutelados.

Aceitar passivamente a proliferação desta modalidade de crime parece ser algo extremamente perigoso para a segurança jurídica e para um sistema jurídico democrático e garantista, pois, através desta modalidade de crime, o Direito Penal poderia vir a ser utilizado como instrumento odioso para satisfazer interesses particulares e escusos do Estado, já que este poderia deliberadamente incriminar qualquer espécie de conduta que considerasse apenas **potencialmente perigosa**.

Todavia, podemos considerar certas hipóteses de crimes de perigo abstrato como necessárias para a manutenção da ordem jurídica e da vida em sociedade (p. ex.: omissão de socorro (art. 135, CP); e alguns crimes contra o meio ambiente – Lei n. 9.605/98), e nestas hipóteses para que se possa admitir a manutenção destas infrações garantindo a segurança jurídica, propomos o seguinte:

Para aceitar a previsão de condutas de perigo abstrato, preservando a estrutura dos princípios penais fundamentais, só se deve possibilitar a existência destes crimes *se o perigo abstrato previsto no tipo vincular-se à violação de um dever jurídico de agir, ou a uma obrigação de não fazer,* que estejam fundados nos deveres constitucionais, e que sejam fomentados de forma genérica por questões de política criminal.

Sendo assim, via de regra, não seria possível se prever como crime condutas de perigo abstrato salvo determinadas hipóteses em que isto fosse estritamente necessário para manutenção da ordem e da segurança jurídica, e desde que o fundamento desta previsão fosse um dever de agir, ou de não fazer algo, baseado estritamente em obrigações de natureza constitucional. (p. ex.: omissão de socorro art. 135, cp – fundada no dever de solidariedade, art. 3º, inc. i, cf – e no princípio da dignidade da pessoa humana, art. 1º, inc. iii, cf; – crimes ambientais – Lei n. 9.605/98 – fundados no art. 225, CF).

7.8 QUANTO AO NÚMERO DE SUJEITOS ATIVOS

7.8.1 Crimes unissubjetivos ou monosubjetivos

São aqueles em que a conduta típica pode ser praticada normalmente por um só agente, ou eventualmente em concurso de pessoas (crimes de concurso eventual), sendo, portanto, a regra geral para os crimes no Código Penal. (Ex: homicídio, furto, roubo etc.)

7.8.2 Crimes plurissubjetivos ou de concurso necessário

São crimes em que o próprio tipo penal determina uma pluralidade de sujeitos ativos em concurso de pessoas (coautoria ou participação) ou não, ou seja, a forma como a conduta está prevista na Lei impõe que sua realização deve ser através de 2 ou mais agentes, podendo incluir também inimputáveis.

A doutrina ainda subdivide esta classificação em:

- Crimes bilaterais ou de encontro: quando as condutas dos agentes acabam convergindo entre si (ex: Bigamia – Art. 235 CP).

- Crimes de Convergência ou coletivos: quando a conduta prevista exige a participação de mais de 2 pessoas em condutas paralelas (Ex: Associação criminosa – Art. 288 CP), ou em condutas contrapostas (Ex: Rixa – Art. 137 CP).

7.9 QUANTO À (IN)DIVISIBILIDADE DA CONDUTA TÍPICA

7.9.1 Crimes unissubsistentes

São aqueles em que a **conduta típica é indivisível**, ou seja, infracionável, não podendo ser interrompida durante sua realização, já que ocorre de uma só vez, através de um único ato executório.

A grande consequência desta categoria de crimes é que via de regra não admitem a tentativa, já que uma vez iniciada a execução esta se completará e o crime estará consumado, porém isso só será verdade em sede de **crimes formais e de mera conduta**, já que nos *crimes materiais,* mesmo a conduta sendo unissubsistente e realizada, a tentativa será plenamente possível quando o resultado naturalístico não se produzir.

Podemos tomar como exemplo o crime de *Desobediência* (Art. 330 do CP), o crime de *Violação de domicílio* (Art. 150 do CP), a *Injúria Verbal* (Art. 140 do CP), dentre outros, em que ou o agente iniciou a realização da conduta e com isso a completou, consumando o crime, ou ainda se encontra nas etapas de cogitação ou preparação, e o fato será atípico.

Embora seja entendimento dominante na doutrina nacional que os referidos crimes unissubsistentes não admitem a forma tentada, nos parece que esta afirmação é um pouco radical, pois acreditamos que, sob a ótica moderna do **critério objetivo individual** para delimitação do início de execução (estudaremos adiante).

Deve-se analisar cada situação concreta para apurar se, mesmo se tratando de um crime que preveja conduta unissubsistente, o ato executório do agente já não estaria em curso nos momentos anteriores à concreta realização deste indivisível verbo núcleo do Tipo, o que excepcionalmente permitiria se falar em tentativa nesta categoria de crime.

Por isso mesmo, nas bases da **Teoria objetiva individual**, para delimitação do início de execução, acreditamos, na mesma linha adotada pelo *Prof. Eugenio Raúl Zaffaroni*, ser possível, excepcionalmente, e de acordo com a análise da situação concreta, que se fale em tentativa em certas hipóteses de crimes unissubsistentes (p.ex. na violação de domicílio – Art. 150 do CP – "Entrar em casa alheia..." – quando o agente é pego pulando o muro da casa, ou forçando a fechadura da porta).

7.9.2 Crimes Plurissubsistentes

Estes crimes, maioria em nosso ordenamento, possuem verbos que traduzem condutas que podem ser fracionadas, ou seja, que são realizadas em etapas, e por isso sua prática pode ser interrompida quando em curso, diz-se que são *condutas plurissubsistentes* pois são condutas integradas por uma pluralidade de atos.

A principal consequência desta divisibilidade da conduta típica é a perfeita possibilidade de ocorrer a tentativa, ou seja, esses crimes são compatíveis com a forma tentada, pois, uma vez iniciada a execução, esta poderá ser interrompida por motivos alheios a vontade do agente. (Ex: Furto, Homicídio, Roubo etc.)

7.10 QUANTO À FORMA DE EXECUÇÃO DA CONDUTA

7.10.1 Crimes de forma livre

São aqueles em que a conduta típica pode ser praticada de diversas formas, de forma livre, não havendo qualquer vínculo ou característica exigida para sua prática. (Ex: Homicídio, Injúria)

7.10.2 Crimes de forma vinculada

São crimes em que o próprio Tipo penal determina a forma como a conduta típica será realizada, ou seja, já existe uma forma expressamente definida para se praticar o fato. (Ex: Perigo de Contágio de contágio venéreo – Art. 130 CP – somente através de atos sexuais)

7.11 CRIME DE ATENTADO OU DE EMPREITADA

Esta espécie de crime é bastante rara, e nela o legislador prevê que se **pune a forma tentada do crime da mesma forma que a forma consumada**, para isso prevê expressamente no próprio tipo objetivo o ato de "tentar".

A principal característica desses crimes é que na hipótese de o agente não conseguir consumar o fato, e ficar no plano da tentativa, não haverá diminuição de pena pela forma tentada, já que está se equipara a consumada, respondendo integralmente pelas penas abstratas previstas na lei. (Ex: Art. 352 CP – Evasão de preso – "Evadir-se ou tentar evadir-se o preso…")

7.12 CRIME MULTITUDINÁRIO

Na verdade, não se trata exatamente de uma classificação que se possa dar a um ou outro crime abstratamente, mas sim uma forma de se realizar alguns crimes específicos, sendo assim uma circunstância atenuante de pena (Art. 65 III "e" CP)

Ocorre quando o crime é praticado sob influência de multidão, em situação de tumulto como, por exemplo, danos ao patrimônio realizados em uma manifestação pública ou por torcida de futebol.

7.13 CRIMES TRANSEUNTES E NÃO TRANSEUNTES

Crimes transeuntes são aqueles que **não deixam vestígios** concretos, ou seja, não deixam provas materiais, e por isso não necessitam de realização de exame de corpo de delito (Ex: Crimes contra Honra, Ameaça etc.).

Crimes não *transeuntes* são aqueles que **deixam vestígios** concretos, provas materiais, e que por isso permitem que as provas processuais sejam realizadas através do exame de corpo de delito (Ex: Homicídio, lesão corporal, dano etc.).

7.14 CRIME VAGO

São crimes em que o **sujeito passivo é difuso**, não possui personalidade própria definida, ou seja, que atinge a coletividade. São exemplos o crime de tráfico de droga (Art. 33 Lei 11343/06) que afeta a saúde pública e crimes contra o meio ambiente (Lei 9.605/98).

7.15   CRIME MUTILADO DE DOIS ATOS

São aqueles em que o **elemento subjetivo se divide em dois**, havendo duas intenções relacionadas a conduta realizada, uma primária de realizar o fato, e outra secundária, complementar, de realizar outro crime após o sucesso da primeira empreitada. (Ex: Associação criminosa – Art. 288 CP – Associação e o "fim específico de cometer crimes")

7.16   CRIMES DE INTENÇÃO E CRIMES DE TENDÊNCIA

Os crimes ou **delitos de intenção** são aqueles em que o tipo penal prevê uma intenção específica, o chamado **especial fim de agir** na conduta do agente, ou seja, além do dolo, para que se caracterize o tipo penal, será preciso que o sujeito ativo realize sua conduta com a finalidade especial prevista na norma. (Ex: Extorsão mediante sequestro – Art. 159 CP – "fim de obter, para si ou para outrem, qualquer vantagem..." – Furto – Art. 155 CP – "para si ou para outrem.")

Já nos crimes ou **delitos de tendência**, a conduta típica traz **implícita** uma tendência específica do agente necessária para que se caracterize o crime, como por exemplo, a tendência de satisfação de libido para que se caracterizem certas condutas nos em crimes sexuais, sendo que nem toda a doutrina nacional aceita a existência desta espécie de crime.

Há ainda, como já mencionamos, divergência e entendimento de que os **crimes habituais** (Ex: Exercício ilegal da medicina – Art. 282 CP) seriam **delitos de tendência**, já que a habitualidade faria parte do elemento subjetivo especial dessa categoria de crimes, ou seja, bastaria a tendência de realizar ao ato habitualmente para que o crime estivesse consumado. (neste sentido – Eugenio Raúl Zaffaroni),

Este posicionamento difere do que entende boa parte da doutrina nacional que, como dissemos, afirma que a habitualidade deve ser demonstrada objetivamente pela prática reiterada de atos, e pelo menos 3 atos devem ser realizados para se caracterizar a habitualidade e ocorrer a consumação.

7.17   CRIMES REMETIDOS

São aqueles em que o próprio Tipo penal **remete a outro Tipo** para que seja aplicada a pena, ou seja, a própria lei afirma que ao praticar determinada conduta o agente responderá de acordo com a sanção prevista em outro tipo. (Ex: Uso de documento falso – Art. 304 – remete a aplicação da pena aos tipos penais dos Arts. 297 a 302 CP)

7.18   CRIME OU DELITO PUTATIVO

Na verdade, não se trata de uma classificação que se dê a determinado crime em abstrato, mas tão somente a situação em que o agente pratica uma determinada conduta **pensando que esta configura crime**, quando na verdade o fato praticado é absolutamente atípico. (Ex: Sujeito realiza subtração de bem alheio para usar, e devolve, realizando assim um furto de uso, fato atípico, mas acredita que cometeu crime – Agente que vende comprimido de açúcar pensando ser droga sintética)

7.19 QUESTÕES PARA TREINO

VUNESP/ TJ-MS/ Juiz Substituto/2015

Assinale a alternativa correta a respeito do entendimento do crime.

A) O crime consunto é o delito que absorve o de menor gravidade.

B) O crime comissivo por omissão é aquele em que o sujeito, por omissão, permite a produção de um resultado posterior que lhe é condicionante.

C) É admissível a forma tentada no crime unisubsistente.

D) Crime de ação múltipla é aquele em que o sujeito necessita percorrer várias ações do preceito fundamental para que consiga chegar ao resultado, sem a qual não há como se subsumir a conduta ao delito.

E) Crime vago é aquele em que a ação do agente causa dúvida sobre a tipificação do fato ao delito realizado

Gabarito "B"

Prefeitura de Fortaleza – CE/ Prefeitura de Fortaleza – CE/ Advogado/2015

Quanto à teoria do crime, marque a alternativa correta.

A) A superveniência de causa relativamente independente não exclui a imputação quando, por si só, produziu o resultado.

B) O resultado de que depende a existência do crime somente é imputável a quem lhe deu causa.

C) A omissão não é penalmente relevante quando o omitente devia e podia agir para evitar o resultado.

D) Salvo disposição em contrário, não se pune a tentativa.

Gabarito "B"

UFMT /DPE-MT / Defensor Público/2016

É crime plurissubjetivo:

A) Homicídio.

B) Infanticídio.

C) Rixa.

D) Aborto.

E) Furto.

Gabarito "C"

CEFET-BA/ MPE-BA/ Promotor de Justiça Substituto/2015

Analise as seguintes assertivas acerca dos tipos penais, no tocante às suas classificações:

I – Não é possível a coexistência do dolo eventual e do crime preterdoloso.

II – Nos crimes de mão própria é possível a participação, no tocante ao concurso de agentes.

III – A extorsão, a ameaça e a injúria verbal são exemplos de crimes de consumação antecipada.

IV – Todos os crimes plurissubjetivos pressupõem concurso de agentes necessário. Como exemplo de crime plurissubjetivo, em sua modalidade paralela, temos a associação criminosa.

V – No crime instantâneo, a obtenção da vantagem pelo sujeito ativo tem momento certo e determinado.

Estão CORRETAS as assertivas:

A) I, II e IV.

B) I, III e V.

C) I, IV e V.

D) II, III e IV.

E) III, IV e V.

Gabarito "D"

RELAÇÃO DE CAUSALIDADE

"É a relação de causa e efeito entre a conduta de alguém e um resultado naturalístico, concreto, produzido no mundo fático."

De forma simplificada, a relação de causalidade é um pré-requisito necessário para que alguém responda por determinado resultado, pois este só poderá ser atribuído a quem lhe deu causa, portanto, só é possível se imputar um resultado lesivo a alguém se houver nexo de causalidade entre a conduta praticada e a lesão concreta produzida.

É importante observar que, embora haja divergências, a análise da relação de causalidade é pré-típica, ou seja, ela antecede o próprio juízo de tipicidade, de dolo ou culpa do sujeito ao agir, sendo que, no finalismo, fundamentalmente no que tange aos crimes dolosos, o nexo causal não é requisito para que haja crime, mas tão somente para que se possa imputar um resultado (lesão a um bem jurídico) consumado a alguém.

Ao afirmarmos que a análise da relação de causalidade é pré-típica, isso quer dizer que primeiro se avalia se a conduta do agente deu causa ao resultado, para que depois se pergunte se houve dolo ou culpa quanto a este resultado (responsabilidade subjetiva), e então, de acordo com o dolo do agente, seja possível se tipificar o crime.

Por exemplo, após se constatar que o sujeito deu causa ao resultado morte, deve-se concluir o seguinte: se houve dolo de matar, o crime é homicídio consumado, se houve dolo de lesionar houve lesão corporal seguida de morte, porém, a relação de causalidade será fundamental para que se possa, em ambos os casos, imputar este resultado morte ao autor.

De acordo com o art. 13 do Código Penal, o Brasil adotou a teoria da equivalência dos antecedentes para delimitação da relação de causalidade, sendo esta teoria que passaremos a analisar detalhadamente a seguir.

8.1 TEORIA DA EQUIVALÊNCIA DOS ANTECEDENTES OU EQUIVALÊNCIA DAS CONDIÇÕES, OU TEORIA DA *CONDITIO SINE QUA NON*

"Causa é toda condição essencial sem a qual o resultado não teria ocorrido, da forma como ocorreu, sendo que, todas as condições consideradas essenciais para o resultado possuirão o mesmo valor e, portanto, serão consideradas como causa."

Como afirmamos na definição acima, esta teoria considera **causa** como toda condição que seja essencial para a produção de um resultado, sendo que, para delimitar-se a essencialidade ou não de certa condição, no que tange à produção do resultado, deve-se utilizar o famoso **método da eliminação hipotética**, através do qual se elimina mentalmente determinado fato (a conduta do autor em questão) e avalia-se o seguinte quanto ao resultado:

a) se o resultado mudar, o que foi eliminado era essencial e, portanto, causa;

b) se o resultado permanecer idêntico, o que foi eliminado não era essencial e, portanto, não era causa.

É no art. 13, *caput do nosso Código Penal,* que o legislador traz a relação de causalidade.

Vejamos:

"Art. 13. O resultado, de que depende a existência do crime, somente é imputável a quem lhe deu causa. Considera-se causa a ação ou omissão sem a qual o resultado não teria ocorrido. (Redação dada pela Lei nº 7.209, de 11.7.1984)

Superveniência de causa independente (Incluído pela Lei nº 7.209, de 11.7.1984)

§1º – A superveniência de causa relativamente independente exclui a imputação quando, por si só, produziu o resultado; os fatos anteriores, entretanto, imputam-se a quem os praticou. [...]"

Observe-se que é a segunda parte do *caput* que prevê expressamente a teoria da equivalência dos antecedentes e, para compreender melhor o tema, vamos analisar o significado dos três nomes utilizados para esta teoria da causalidade por nós adotada:

a) Teoria da *conditio sine qua non*

Causa é toda a condição (*conditio*) *sem a qual não* (*sine qua non*) teria ocorrido o resultado, ou seja, toda condição essencial para o resultado. Logo, todo fator essencial, condição fundamental, para a produção de certo resultado poderá ser considerado como causa deste.

b) Teoria da *equivalência das condições ou equivalência dos antecedentes*

O nome nos remete à ideia de que todas as condições que são essenciais têm o mesmo valor, ou seja, se equivalem e serão consideradas como causa. Logo, tudo aquilo que antecede a produção do resultado e que seja condição essencial para sua ocorrência, será considerado como causa.

8.2 CONDIÇÕES PARA OCORRÊNCIA DE UM RESULTADO

As condições, fatores que possam ter colaborado para um resultado quando múltiplas podem ocorrer e se relacionar de formas diferentes. Vamos agora estudar uma classificação baseada na relação que pode haver entre as condições que concorrem para um resultado.

8.2.1 Condições Absolutamente Independentes

Essas condições são assim chamadas pois na verdade são fatos que ocorrem de maneira paralela, ou seja, uma condição não interfere na outra no que tange à produção do resultado.

Quando se trabalha com essas condições que não se misturam, que são paralelas, é óbvio que apenas uma delas pode ter sido essencial para o resultado se produzir, pois, se ambas fossem essenciais não seriam absolutamente independentes e uma dependeria e se relacionaria com a outra.

Imagine-se que um agente ministre veneno a seu desafeto, mas este não tenha surtido efeito, e este ao esperar o ônibus no ponto é vítima de um atropelamento morrendo na hora. Os eventos (veneno e atropelamento) são autônomos, absolutamente independentes, vez que o veneno não interferiu no curso causal para que a vítima morresse atropelada.

O que importa aqui é que quando as condições são totalmente independentes entre si não há, na verdade, dificuldade em se descobrir a causa do resultado, bastando para tanto a utilização do **método da eliminação hipotética**, que permitirá descobrir qual delas foi essencial e, portanto, causa.

As **condições absolutamente independentes** podem ser ainda classificadas como **supervenientes, concomitantes ou preexistentes**, sendo que, a dica para que ao se eliminar as causas seja possível classificá-las assim é estabelecer um referencial, tomando por base sempre a conduta do agente, que na situação concreta se quer apurar se poderá responder ou não pelo resultado, classificando-se as demais condições presentes em preexistentes, concomitantes ou supervenientes sempre em relação a esta conduta do sujeito.

Por exemplo, no caso do envenenamento com o atropelamento, se a questão quiser saber se o agente que envenenou responde pelo resultado morte, deve-se considerar que sua conduta não deu causa ao resultado, em face de uma condição absolutamente independente e superveniente, que foi a causa do resultado (atropelamento), imputando-se ao agente somente a tentativa de homicídio.

Portanto, diante de condições que não se entrelaçam não há qualquer dúvida, basta utilizar o **método da eliminação hipotética** para se descobrir qual foi a causa, qual foi a conduta essencial para o resultado.

8.2.2 Condições Relativamente Independentes

Pode-se considerar que condições são **relativamente independentes entre si,** quando **uma interfere na outra**, ou seja, ambas serão essenciais para que se alcance determinado resultado.

Esta classificação nos remete à ideia de que as causas têm relativa **independência** uma da outra, *contrario senso*, também se poderia falar que uma causa tem relativa **dependência** em relação à outra, e por isso ambas serão necessárias juntas para que se chegue ao resultado.

Essas causas (condições) relativamente independentes podem ser separadas em dois grandes grupos:

a) Condições preexistentes e condições concomitantes

São aquelas que já existiam antes do agente atuar ou que surgem ao mesmo tempo que a conduta realizada, e encontram-se juntas pois têm a mesma consequência. A imensa maioria das questões irá tratar apenas da preexistência, em virtude da extrema dificuldade de se provar e demonstrar a concomitância entre condições numa situação concreta.

Nessas hipóteses, também se aplica diretamente o método da eliminação hipotética e nesse caso se irá constatar que ambas foram causa do resultado, portanto, a conduta do autor que for dependente de outra condição, e vice-versa, fará com que necessariamente esta conduta seja causa, vez que, junto com o outro fator serão essenciais para o resultado.

Pode-se citar como exemplo o caso do indivíduo que com dolo de matar seu desafeto lhe desfere uma facada, entretanto, não ocorrem lesões que possam ser consideradas fatais, mas em virtude de a vítima ser hemofílica, ela falece, pois, mesmo socorrida, sangrou até morrer.

Analisando-se a situação, com o **foco na conduta do autor**, nota-se que a facada e a hemofilia possuem uma relação relativamente independente entre si. Agora em relação à facada – conduta do autor – pergunta-se: a hemofilia já existia ou surgiu depois da facada? Obviamente, a doença já existia quando da facada, motivo pelo qual é considerada **condição preexistente**.

Pelo **método da eliminação hipotética** resolve-se o problema, pois, eliminando-se qualquer uma das condições (facada e hemofilia) se verifica que o resultado não ocorreria, logo, ambas se mostram essenciais para o resultado, e ambas serão consideradas como causas deste.

b) Condições supervenientes

"Ocorrem quando uma condição relativamente independente, que por isso também é essencial para o resultado, aparece após a conduta do agente."

É a famosa **superveniência causal**, lembrando-se que o ponto de referência deve ser sempre a conduta do agente, é aquela condição que aparece depois da conduta do agente e contribui junto com ela para a ocorrência do resultado.

Essas condições se dividem em dois grandes grupos:

a) Quando a condição superveniente relativamente independente não possui relação de homogeneidade com a conduta do agente.

Nesse caso o fato posterior à conduta do sujeito é capaz sozinho, por si só, de gerar o resultado, não sendo um desdobramento natural daquela conduta realizada pelo agente. A consequência é que, nesse caso, **excepciona-se o método da eliminação hipotética,** sendo esta a única exceção a esse método, e à própria teoria da *conditio sine qua non* (art. 13, § 1º, CP), e embora a conduta do autor também seja essencial, pois sem ela o resultado não teria se produzido, o agente **não responderá** pelo resultado produto da condição superveniente.

Percebe-se que o fato posterior, sozinho, devido à sua natureza, foi capaz de produzir o resultado, não havendo um desdobramento natural e homogêneo daquilo que foi realizado pelo agente. É clássico o exemplo do indivíduo que atira para matar em seu desafeto, mas o projétil acerta o ombro, entretanto, uma vez socorrida a vítima, e já estando no ambulatório este pega fogo, sendo que, a vítima da facada acaba morrendo carbonizada.

Para organizar o raciocínio em relação a essa situação considerada exceção a *conditio sine qua non,* faremos agora uma análise dos fatos tomando por base a conduta do agente:

1º) O tiro tem relação com a morte da vítima?

Sim, pois se não fosse o tiro, a vítima não estaria no ambulatório, logo, as causas são relativamente independentes pois se inter-relacionam; e o tiro poderia ser visto também como **causa**.

2º) Em relação à conduta do agente, aquilo que aconteceu – incêndio – **é superveniente,** já que o incêndio surge depois da conduta do agente.

3º) E o mais importante: **morrer carbonizado é um desdobramento natural na vítima que toma um tiro?**

Não, não é um desdobramento natural, e por isso podemos afirmar que **por si só** foi capaz de gerar o resultado, fazendo com que o agente não responda pela morte. Percebe-se que, se o tiro não tivesse sido desferido a vítima não estaria no hospital para morrer queimada e, por isso, as causas (tiro e incêndio) são relativamente independentes entre si, e ambas poderiam ser vistas como causas do resultado.

Porém, como há expressa previsão legal dessa situação como **exceção ao método da eliminação hipotética** e da própria teoria da *conditio sine qua non* (art. 13, §1º, CP), o **resultado não será imputado ao agente** e este responderá apenas pelos seus atos, mas não quanto ao resultado gerado.

Dica: Fica mais fácil entender essa situação, que a princípio parece injusta se, em vez de um tiro, imaginarmos que o autor tivesse desferido um soco na vítima e esta, no hospital, morresse carbonizada. Neste caso, o autor do soco deveria ser responsabilizado por lesão corporal seguida de morte?

Obviamente **não**, já que, apesar de o soco ser também uma causa essencial sem a qual o resultado morte não teria ocorrido, o incêndio **por si só** foi capaz de gerar a morte, não sendo esta decorrente das lesões produzidas pela conduta do agente.

Como vimos, trata-se de uma exceção ao método da eliminação hipotética pois, se o seguíssemos, ao eliminar a conduta de soco a morte deixaria de ocorrer, pois a vítima não estaria no hospital e este (soco) seria também visto como causa do resultado morte, algo que só **não ocorre** pela expressa exceção estabelecida no **Art. 13, § 1º do CP**:

> *"Art. 13. O resultado, de que depende a existência do crime, somente é imputável a quem lhe deu causa. Considera-se causa a ação ou omissão sem a qual o resultado não teria ocorrido. (Redação dada pela Lei nº 7.209, de 11.7.1984)*
>
> *Superveniência de causa independente (Incluído pela Lei nº 7.209, de 11.7.1984)*
>
> *§ 1º. A superveniência de causa relativamente independente exclui a imputação quando, por si só, produziu o resultado; os fatos anteriores, entretanto, imputam-se a quem os praticou. [...]"*

A redação do dispositivo não permite atribuir ao autor o resultado quando este decorrer dessa espécie de causa superveniente que *por si só gera o resultado*, porém, não podemos deixar de lembrar que, se imputa ao sujeito os atos por ele cometidos, como, por exemplo, a tentativa de homicídio, ou as lesões corporais, de acordo com seu dolo ao agir.

b) Quando a condição superveniente relativamente independente for um desdobramento natural, ou seja, consequência e produto da conduta do autor.

Nessa hipótese aplica-se regularmente o **método da eliminação hipotética** e o autor responderá normalmente pelo resultado. Seria o caso de no mesmo exemplo anterior a vítima do tiro vir a morrer na mesa de operação ao lhe extraírem a bala, em virtude de uma parada cardíaca, pois isto seria um desdobramento homogêneo e consequência natural das lesões produzidas pela conduta do agente.

Questão recorrente em provas é se perguntar: E se a vítima morrer de **infecção hospitalar**?

A resposta para esta situação não pode ser absoluta, pois dependerá especificamente do que se entende por infecção hospitalar.

Sendo assim:

a) se a infecção hospitalar tiver origem em um problema estrutural do próprio serviço médico, por exemplo, o oferecimento ao doente de uma refeição estragada, ou um medicamento vencido, a morte por infecção **não** poderá ser imputada ao autor do tiro, vez que **não** é um desdobramento homogêneo natural do fato por ele praticado. (esta a situação se aproxima muito da mencionada hipótese do incêndio)

b) se for a própria gravidade da lesão que vier a gerar uma infecção inevitável que causou a morte, por exemplo, se a faca utilizada no crime estava enferrujada. Neste caso, o resultado deve ser imputado ao autor do crime, seguindo a regra da **eliminação hipotética**, pois há um **desdobramento homogêneo** do ato realizado pelo autor.

Em suma, quanto à hipótese da **infecção hospitalar** existem duas possibilidades:

1. considerando-se que a infecção é produto exclusivo da falta de cuidados no hospital, ou erro médico, **não haverá relação de homogeneidade** e o resultado **não** poderá ser atribuído ao autor;

2. se a infecção nasce ou é produto da gravidade das lesões perpetradas, ou da forma como estas ocorreram, **há relação de homogeneidade** e o resultado **será atribuído** ao autor.

Por fim, discute-se ainda na doutrina e na jurisprudência se, no caso de haver **condição preexistente relativamente independente**, é necessário que o autor conheça esta preexistência. Por exemplo: Se seria necessário conhecer a hemofilia, no caso da facada em que o sangramento acaba matando o hemofílico, para que lhe possa ser imputado o resultado morte.

Nessa hipótese, embora a maioria da doutrina afirme que de uma forma geral é necessário conhecer a preexistência para se imputar o resultado ao agente (p. ex. Rogerio Greco e Cezar Roberto Bitencourt), sob pena de uma **responsabilidade penal objetiva** – responsabilidade sem dolo ou culpa –, acreditamos que nem sempre isto ocorre, e se deve analisar cada situação concreta com mais cautela.

Partindo-se do pressuposto que a relação de causalidade é uma análise pré-típica, que não deve se misturar com a análise do dolo ou da culpa no tipo penal, nem sempre o simples desconhecimento **da condição preexistente** deve afastar a existência do dolo, já que este está vinculado à análise da própria conduta típica.

Exemplo: O agente dispara contra o peito de seu desafeto hemofílico, porém sem saber que este possuía a doença. Neste caso, o desconhecimento da condição preexistente (hemofilia) evidentemente não afeta em nada seu dolo de matar, e nada impede que ele responda pelo resultado morte.

Logo, somente em hipóteses nas quais para se demonstrar o dolo ou a culpa quanto ao resultado seja necessário conhecer a preexistência é que o conhecimento desta condição preexistente seria fundamental para evitar uma responsabilidade penal objetiva ao se imputar o resultado ao agente.

Exemplo: O agente, sem saber de um problema cardíaco, dá um susto na vítima e isto acaba lhe gerando a morte. Neste caso, somente com o conhecimento da condição preexistente é que se constataria a culpa ou o dolo (mesmo que eventual) de matar, e se possibilitaria a atribuição do resultado morte ao autor.

Ou ainda, se com dolo de lesão corporal o agente profere uma facada no braço da vítima e esta sangra até morrer **exclusivamente por ser hemofílica**. Neste caso, **não será possível** se atribuir o resultado morte culposamente ao agente (lesão corporal seguida de morte), caso ele desconhecesse a condição preexistente da hemofilia, sob pena de responsabilidade penal objetiva.

8.3 TEORIA DA IMPUTAÇÃO OBJETIVA DO RESULTADO

Dentre os diversos sistemas causais existentes, ultimamente tem-se dado grande importância e destaque ao critério da Imputação Objetiva do Resultado, elevado hoje, por parte da doutrina nacional, ao status de grande novidade e até mesmo de solução para os inúmeros problemas até então insolúveis da análise da relação de causalidade em determinadas situações.

Entretanto, por mais cômodo que possa ser para alguns, importar soluções do Direito Penal germânico sem uma análise mais cautelosa da sua real eficácia e necessidade de aplicação não nos parece ser algo tão simples assim, pelo menos se buscarmos um tratamento técnico e um mínimo de responsabilidade dogmática na abordagem de um tema, tão delicado e peculiar como é a relação de causalidade e seus critérios delimitadores.

Mais do que fazer uma simples crítica ao modelo funcionalista de Imputação Objetiva do Resultado e da sua real necessidade (ou não) de utilização em nosso ordenamento, vamos demonstrar que o próprio legislador pátrio, mesmo que talvez inconscientemente, já em 1940, no momento de elaboração da parte especial de nosso código, e mais uma vez quase 45 anos depois, na reforma da parte geral, deu sinais de que algo parecido com o critério funcionalista de imputação, se não a própria essência da Imputação Objetiva do Resultado, tomava forma no ordenamento jurídico nacional.

Na verdade, aquilo que hoje vem sendo erigido ao patamar de inovação e que tem gerado inúmeras discussões na doutrina a respeito de sua aplicabilidade ou não no ordenamento jurídico brasileiro já aparecia, mesmo que de forma oculta, na própria parte especial do nosso código, sendo a única forma técnica e precisa de fundamentar a relação de causalidade em alguns delitos, e isto, muito antes da própria doutrina alemã ter ensaiado a estruturação dos critérios de Imputação Objetiva do Resultado.

Independentemente da ótica que se queira adotar, não se desnatura a premissa básica, qual seja, de que o critério de Imputação Objetiva do Resultado não só tem aplicação dogmática em nosso ordenamento como também há muito possui previsão legal, sendo imprescindível para se fundamentar e justificar a relação de causalidade, bem como a imputação penal em determinados delitos.

Destarte, não podemos achar por isso que este critério seja necessário para apurar as relações causais em todos os delitos e nem, muito menos, que seja um substitutivo do critério de causalidade material transcrito na Teoria da *Conditio Sine Qua Non*, adotada pela dogmática e legislação nacional; considerá-lo assim seria, no mínimo, uma ingenuidade e também um grave equívoco.

Desta forma, passaremos agora para uma breve análise dos dois principais sistemas causais desenvolvidos e adotados na Alemanha e que deram forma a duas vertentes teóricas de Imputação Objetiva do Resultado, delimitando os critérios adotados por cada uma delas, para que possamos então perceber sua ligação com determinados pontos do Código Penal brasileiro.

Pretendemos demonstrar que a imputação objetiva não se trata de algo tão inovador e inédito, pois há traços evidentes da sua presença na nossa legislação. Sendo assim, alguns critérios de imputação objetiva são fundamentais para justificar a própria existência de certos crimes, bem como são essenciais para se atribuir responsabilidade penal, porém somente em hipóteses específicas, não devendo ser vulgarizado seu uso – sua aplicação deve ser restrita.

A teoria da Imputação Objetiva do Resultado se situa na chamada estrutura funcionalista, desenvolvida na Alemanha. Mais do que delimitar um sistema jurídico com base em codificações ou institutos, visa uma abordagem ampla envolvendo um contexto social no qual se situa o Direito Penal, adotando critérios de política criminal para fundamentar a aplicação da norma e buscando operacionalizar o Direito de acordo com determinadas funções essenciais – como por exemplo a de garantia –, que devem servir de norte para todo o sistema jurídico penal.

Atualmente, há dois modelos principais de funcionalismo em evidência na Alemanha, o primeiro elaborado por Claus Roxin, chamado de funcionalismo personalista, com fortes bases de política criminal e fundamentado na análise de qual significado se deve dar ao tipo penal para que sua aplicação fundamente-se nas funções do Direito Penal e em critérios valorativos-sociais ligados aos princípios constitucionais norteadores.

No modelo desenvolvido por Roxin, ação juridicamente relevante é aquela que traduz uma manifestação da personalidade do autor, ou seja, a exteriorização da personalidade humana. A conduta é analisada de acordo com a realidade da vida, em uma esfera pré-jurídica, não sendo simplesmente naturalista (causar modificação exterior) e nem simplesmente finalista (manifestação de uma vontade voltada para um fim). Numa análise do conteúdo deste conceito de ação, percebe-se na simplicidade da expressão "manifestação da personalidade" a maior qualidade e ao mesmo tempo o maior defeito desta estrutura teórica.

Embora este seja um conceito amplo e geral para delimitar a relação entre as emoções, pensamentos e reflexões íntimas do ser humano, algo que sem dúvida faz parte da realização de condutas, parece não se preocupar em determinar que tudo isso se expressa e se materializa na conduta quase sempre através dos desígnios, das intenções e dos objetivos pessoais específicos em cada caso concreto, paradigma há muito estabelecido e descrito pela teoria finalista.

Um dos maiores problemas do conceito personalista de ação é a própria determinação dos limites do conceito de personalidade, pois quando ele se refere a manifestações conscientes da personalidade após reflexão, mesmo que influenciadas por emoções, não acrescenta nada ao já transcrito modelo finalista (realização de atividade final). Quando ultrapassa este limite, torna-se ainda mais inadequado, pois através do estudo da Psicanálise, para definir as manifestações psíquicas do ser humano, percebe-se que a manifestação da personalidade pode ocorrer muito além daquilo que o agente deseja conscientemente fazer, considerando que "*a manifestação da personalidade parece transcender os limites do ego, como personalidade consciente, para incluir fenômenos do id e do superego, dimensões inconscientes da personalidade, cujas manifestações definem conflitos humanos incontroláveis".*[1]

No que tange à delimitação da omissão, só será possível trabalhar com o conceito de manifestação da personalidade quando for utilizado o critério da não realização da ação esperada, ou seja, a ação que a sociedade e o ordenamento jurídico determinam em certas hipóteses para garantir a segurança de bens jurídicos específicos[2] – o que talvez possa direcionar o foco dogmático para afastar a ideia de omissão como um aspecto puramente humano e natural, equívoco do conceito causalista e finalista, para uma esfera valorativa e pré-jurídica, na qual omissão seja mais que "não ação" e sim a não-realização de uma ação valorativamente desejada pela ordem jurídica e social.

De toda forma, não há grandes diferenças ou inovações no aspecto prático do tratamento da omissão pois ela continua a ser tratada como a consciente não atuação corporal vinculada a um dever jurídico de agir, logo, assim como na estrutura finalista, se a pessoa inconsciente ou através de atos involuntários não pratica ação, tão pouco poderá se omitir, permanece intacto algo que independe de adotar-se ou não o aspecto de manifestação da personalidade.

O segundo modelo é chamado de Funcionalismo da Evitabilidade Pessoal, desenvolvido por Günther Jakobs e que tem como fundamento uma análise vinculada aos aspectos sociais, ou melhor, o fato típico deve estar ligado à intolerabilidade social de uma conduta praticada. A ação se desvincula exclusivamente do ser humano e passa a ser descrita como parte da Teoria da Imputação.

Embora este critério adote o modelo de Mayer, em que a tipicidade é indício da ilicitude, é inegável a relação de proximidade que deve haver entre estes dois elementos para a compreensão do injusto típico, na visão de Jakobs. É obvio que um critério fundamentado na intolerância social da conduta impõe que esta conduta não esteja autorizada pelo ordenamento, ou seja, é necessário que esta conduta esteja atrelada ao juízo de antijuridicidade para ser penalmente relevante.

Desta forma, de acordo com o modelo de Günther Jakobs, *"o injusto não pode ser compreendido isoladamente como pensavam os causalistas, mas pelo confronto entre tipicidade e antijuridicidade",*[3] pois somente assim seria possível, como foi dito, atestar a mencionada "intolerabilidade social", fundamentadora da relevância da conduta no modelo em análise.

Mais uma vez parece inquestionável o fato de que, mesmo de uma forma velada, a dogmática jurídico penal volta a traçar paralelos com a tão debatida e instigante Teoria dos Elementos Negativos do Tipo. Embora os sistemas não se confundam e a proposta de Jakobs esteja situada no modelo de Mayer, percebe-se que, com o conceito de intolerabilidade social da conduta típica praticada, a ilicitude volta a ser vista muito mais interligada ao conceito de tipicidade, algo muito próximo do conceito de tipo total de injusto de Mezger e depois de Wessels e Jescheck, através da Teoria dos Elementos Negativos do Tipo.

---

1. CIRINO DOS SANTOS, Juarez. *A Moderna Teoria do Fato Punível.* 3ª ed. Rio de Janeiro: Ed. Fórum, 2004, p. 31.T
2. *Vide* TAVARES, Juarez. *Controvérsias em Torno dos Crimes Omissivos.* Rio de Janeiro: Instituto Latinoamericano de Cooperação Penal, 1996.
3. TAVARES, Juarez. *Teoria do Injusto Penal.* 2ª ed. revista e ampliada. Belo Horizonte: Editora Del Rey, 2002, p. 143.

Na verdade, a interligação entre os conceitos de tipicidade e ilicitude parece ser fundamental para entender a estrutura de Jakobs, já que intolerabilidade social da conduta e a sua antijuridicidade são conceitos indissociáveis. Entretanto, essa ligação intrínseca também já ocorreu na conhecida Teoria da Tipicidade Conglobante, de Zaffaroni, e assim como no modelo de Jakobs a interrelação direta entre o fato típico e ilícito é disfarçada, quase que oculta, a verdade é que tanto um modelo quanto outro possuem bases muito próximas da Teoria dos Elementos Negativos, única que nega expressamente a fórmula de Mayer e assume a unificação entre tipicidade e ilicitude em um conceito singular.

Críticas à parte, passemos a análise dos critérios de imputação objetiva de acordo com os modelos desenvolvidos por Claus Roxin e por Günther Jakobs, bem como de suas formas de aplicação para que, posteriormente, possamos reconhecer seus indícios em nosso ordenamento jurídico e legislação.

A Imputação Objetiva do Resultado, como uma teoria causal de atribuição de resultado, considera que a causalidade natural aferida pela Teoria da Equivalência das Condições deve ser apenas a condição mínima para se imputar um fato a alguém, devendo-se analisar também a relevância jurídica entre a conduta do sujeito e o resultado, para que se possa atribuir o resultado ao sujeito como *obra sua*, fundamentando assim sua responsabilização individual pela lesão de um bem jurídico tutelado.

Sendo assim, a imputação objetiva não deve ser considerada um critério de imputação de resultados, mas sim um critério para a não imputação de um resultado como fator limitador da causalidade natural, restringindo a atribuição do resultado através de critérios objetivos que consigam ir além da relação natural de causa e efeito. Logo, a preocupação deixa de ser somente se o sujeito agiu com dolo ou com culpa no caso concreto, dando causa a uma lesão jurídica, mas transfere-se esta análise para um momento anterior para se aferir se o resultado previsto objetivamente no tipo, e realizado, pode ou não ser imputado, atribuído ao autor como obra sua. Com isso, separa-se claramente a análise de uma imputação objetiva e subjetiva do fato típico praticado.

Em suma, a finalidade e a essência da imputação objetiva são limitar a Teoria da Equivalência dos Antecedentes, não mais restringindo a imputação penal somente a uma causalidade natural, mas também a uma causalidade normativa, exigindo assim que, além do resultado ter sido causado pelo agente, seja preciso avaliar a possibilidade jurídica e objetiva de que este resultado lhe seja juridicamente atribuído, para que só então haja responsabilização.

A estrutura desenvolvida por Claus Roxin para a imputação objetiva fundamenta-se no critério do risco,[4] impedindo a imputação do resultado em determinadas hipóteses nas quais a conduta não viola a esfera de proteção visada e tida como finalidade da norma jurídica e do próprio ordenamento, baseando-se para isto na análise do aumento ou diminuição do risco de lesão a bens jurídicos através de determinada conduta.

De uma forma geral, Roxin divide os critérios de imputação objetiva em dois grandes grupos: primeiro, na ausência de risco de ocorrência do resultado; e segundo no resultado não ser produto do risco criado pelo agente na sua conduta. Estes dois grupos se dividem em algumas hipóteses. Na maioria das vezes, muitas delas podem ser resolvidas dentro da

---

4. *Vide* ROXIN, Claus. *Derecho Penal – parte general*. Tomo I. Madri: Ed. Civitas, 1997.

estrutura finalista da ação e da própria Teoria da *Conditio Sine Qua Non*, como veremos, embora seja inegável sua utilidade em algumas situações específicas.

No primeiro grupo está o critério da não criação de um risco juridicamente relevante como no clássico exemplo do agente que, querendo a morte de seu desafeto, lhe compra uma passagem de avião para uma rota perigosa na esperança de que sofra um acidente – se o avião cair, o resultado não pode ser imputado ao agente embora haja dolo e uma relação de causalidade natural perfeita, pois o risco criado não foi juridicamente relevante.

Esta hipótese, embora pareça insolúvel para a Teoria das Condições, na estrutura finalista da ação poderia ser facilmente resolvida, sem a necessidade da imputação objetiva, com base nos critérios para delimitação de autoria, seja no critério objetivo formal, seja no critério do domínio final do fato; neste caso, o agente não será considerado autor e, portanto, não poderá responder pelo resultado.

Pelo critério objetivo formal, o agente, por não ter praticado a conduta típica, não é autor, não podendo também ser assim considerado pelo critério do domínio final do fato, pois nesta hipótese não possui as "*rédeas da situação*", conforme definiu Welzel, ou seja, por não deter controle do desdobramento causal dos fatos também não poderia ser considerado autor e consequentemente não poderia ser imputado do resultado alcançado.

Ainda no primeiro grupo encontra-se o critério da diminuição do risco pela conduta do autor, como no exemplo do indivíduo que, vendo uma viga de madeira na iminência de atingir letalmente alguém na cabeça, lhe empurra fazendo-o cair e quebrar o braço. Sendo assim, não poderá se imputar ao agente a lesão corporal causada, já que diminuiu o risco de vida preexistente para a vítima.

Embora pela causalidade natural e pelo dolo fosse inegável a responsabilização do agente pela lesão corporal, esta hipótese não carece da imputação objetiva para ser solucionada, pois se trata de uma clássica situação de exclusão de ilicitude pelo estado de necessidade, ou mesmo por um implícito consentimento do ofendido. Parece que o único mérito da imputação objetiva, nestas hipóteses de substituição de um perigo por outro menor, é antecipar a análise da situação para o âmbito da tipicidade, algo que chama a atenção mais uma vez para a tênue linha que separa alguns aspectos desta estrutura, da mencionada Teoria dos Elementos Negativos do Tipo.

Com base no segundo grupo, encontra-se a hipótese chamada de risco não realizado no resultado, que ocorre por um desvio causal cujo resultado é produzido de modo inesperado, anômalo – não pode ser imputado ao autor pois, se o risco criado não se realiza no resultado, este resultado não pode ser considerado como obra dele e, por isso, não deve lhe ser imputado (Ex.: "A" fere "B" com dolo de homicídio, que morre no hospital por incêndio ou em um acidente de ambulância a caminho do hospital).

Aqui se percebe que a própria Teoria da *Conditio Sine Qua Non* seria suficiente para solucionar o problema, pois esta é a hipótese chamada de causa superveniente, relativamente independente, sem relação de homogeneidade ou, como prefere a lei, que por si só produziu o resultado. Portanto, como a morte no incêndio ou no acidente de ambulância não é um desdobramento fático normal da conduta praticada, ou seja, não é um produto dos ferimentos ocasionados pelo autor, este somente poderá responder pela tentativa de homicídio, não lhe sendo imputado o resultado morte.

Ainda no segundo grupo enquadra-se a situação em que a conduta do autor não aumenta ou incrementa o risco do resultado, pois independentemente do que tenha feito o autor, o resultado se produziria de qualquer forma. Trata-se do exemplo do dono de uma fábrica que não fornece a seu operário o capacete de proteção e, durante um dia de trabalho, uma viga de metal cai na cabeça e mata o funcionário. Porém, considerando o peso da viga, mesmo que o operário estivesse de capacete teria morrido; neste caso não se pode imputar o dono da fábrica pela negligência pois esta não incrementou o risco do resultado.

O critério acima é, sem dúvida, voltado principalmente para os crimes omissivos e com aplicação destinada a condutas culposas, pois em uma hipótese de dolo seria fácil afastar a imputação por ausência do elemento subjetivo na conduta omissiva. Porém, ainda é possível resolver esta questão sem a imputação objetiva simplesmente com uma análise cuidadosa da relação de causalidade que, nos crimes culposos, deve ser vista de forma diferente.

A conduta culposa, de forma simplificada, deve conter pelo menos três elementos, quais sejam: falta do dever de cuidado, previsibilidade do resultado e nexo causal. Porém, não se pode esquecer que este nexo causal não se resume à conduta e ao resultado, mas engloba a própria causalidade inerente à falta de cuidado, sendo que neste ponto o problema se soluciona. Ou seja, se o resultado, embora materialmente tenha ligação de causa e efeito com a conduta omissiva do agente, por outro lado não possui ligação com sua falta de cuidado. Logo, falta o que escolhemos chamar de *nexo causal culposo*, não podendo o resultado ser imputado ao autor.

Em suma, o desleixo do dono da fábrica em relação ao material de segurança não possui nexo causal com o resultado, tendo havido somente uma aparente ligação entre o resultado e a conduta omissiva do empregador, pois não foi devido à falta deste material que ocorreu o resultado fatal. Portanto, esta morte não poderá ser atribuída ao autor, nem mesmo a título de culpa, por ausência total do *nexo causal culposo* entre a conduta negligente de não fornecer o material de segurança e o resultado ocasionado pela viga de metal, tornando assim despicienda a utilização da imputação objetiva nestas hipóteses para afastar a imputação do resultado ao agente.

O último critério delimitador da imputação objetiva do resultado trazido pela ótica de Claus Roxin aborda as hipóteses em que o resultado está fora da esfera, âmbito de proteção da norma, sendo irrelevante, portanto, se a conduta do agente com base em uma análise da causalidade natural tenha colaborado de certa forma para a ocorrência do resultado.

Conforme este critério se dá a situação em que a mãe da vítima de um atropelamento tem um colapso cardíaco ao saber da notícia da morte de seu filho e acaba morrendo, ou ainda quando a vítima de um crime de estupro, dias depois, se mata devido ao trauma sofrido pela conduta do agente. Por se tratar de dois resultados que estão fora do âmbito de proteção das normas de homicídio culposo no trânsito e do crime de estupro praticados, os autores destas condutas não poderão ser responsabilizados por estes resultados subjacentes.

Mais uma vez percebe-se que, embora a constatação feita pelo critério da imputação objetiva esteja perfeitamente correta, não seria necessário a utilização deste critério para que se resolvesse a situação da mesma forma, e isso sem a necessidade de utilizar artifícios e manobras teóricas para tanto. Fica evidente que na própria estrutura finalista da ação, através da utilização do princípio da culpabilidade,[5] pedra fundamental do Direito Penal finalista, o problema estaria facilmente resolvido em favor da não imputação destes outros resultados, verdadeiros efeitos colaterais da conduta inicial do autor.

Com uma breve análise dos fatos percebe-se que o infarto da mãe ou o suicídio da vítima do estupro não possuem vínculo com as condutas lesivas dos agentes do homicídio culposo ou do estupro, sendo possível constatar que em ambos os casos o problema se resolve através da ausência de dolo ou culpa em relação aos resultados secundários ocorridos. Em nenhum dos casos houve, por parte do autor, a intenção de produzir tais resultados, nem mesmo se pode dizer que houve culpa por parte deles por ser evidente a total falta de previsibilidade destes resultados no momento da conduta criminosa originária praticada.

Logo, com base no princípio da culpabilidade através do qual não há crime sem culpa, ou seja, só há crime se o agente tiver praticado sua conduta com dolo, intenção, ou com culpa, falta de cuidado, nestas hipóteses tratadas pela Imputação Objetiva como resultado fora da esfera de proteção da norma, não há crime pela simples constatação de não haver dolo ou culpa na conduta do autor em relação aos resultados em questão.

Obviamente, o que poderia ser dito em favor da utilização da imputação objetiva em alguns dos casos tratados acima é que, através dela, estaria se fazendo uma antecipação do momento de análise dos fatos, buscando solucionar as questões em uma etapa pré-típica, e, desta forma, diminuindo os riscos de uma abordagem fundamentada em elementos subjetivos como o dolo e a previsibilidade ou não do resultado (fator caracterizador da conduta culposa) que nos moldes da estrutura finalista pode gerar juízos de valor imprecisos, tendenciosos e, acima de tudo, por demais subjetivos, e que ocasionam uma defenestrada e temida insegurança jurídica.

Realmente, parece ser este o grande fator motivador da evolução e aplicação da imputação objetiva, qual seja, diminuir os riscos do subjetivismo exacerbado das análises finalistas de dolo e culpa, antecipando algumas constatações e vertendo sua análise para parâmetros e critérios mais objetivos e precisos, capazes de aumentar a segurança jurídica.

Limitando-se a causalidade natural objetivamente, como o próprio nome "imputação objetiva" sugere, reduz-se a função de constatação da tipicidade de uma conduta somente para hipóteses em que realmente haja alguma utilidade e funcionalidade para a atuação do Direito Penal, restringindo somente a estes casos mais específicos a incidência do juízo da subjetividade da conduta para se atribuir ou não o resultado causado – algo que, sem dúvida, atende de forma mais satisfatória as modernas tendências de política criminal.

Mesmo com todos estes argumentos, ainda causa espécie tanto alarde e mistério em torno da imputação objetiva, assim como causa estranheza sua função implícita, qual seja, esvaziar a abordagem da tipicidade, pois ao que parece a tendência atual tem sido, através do estudo e da valorização de algumas teorias já há bastante tempo desenvolvidas, cada vez mais dilatar o âmbito de atuação do fato típico e sua importância para a estrutura do delito, agregando elementos para dentro da sua estrutura como faz a Teoria dos Elementos Negativos do tipo de Wessels e Jescheck ou ainda a badalada Teoria da Tipicidade Conglo-

---

5. *Vide* RODRIGUES, Cristiano. *Teorias da Culpabilidade e Teoria do Erro.* 2ª ed. Rio de Janeiro: Lumen Juris, 2009.

bante de Zaffaroni,[6] algo que, ao menos em termos de fundamentos, parece se contrapor à "ideologia" intrínseca da imputação objetiva.

Como foi dito, passaremos agora a uma breve abordagem sobre a estrutura e os critérios de imputação objetiva delineados pelo professor Günther Jakobs, outro grande mestre do Direito Penal alemão, e que, diferentemente de Roxin, fundamenta sua estrutura teórica naquilo que chama de Teoria da Evitabilidade Pessoal para definir os chamados "papéis sociais" que cada indivíduo deve cumprir na sociedade, criando a ideia de subsistemas na sociedade, sendo que cada grupo possui funções previamente delimitadas, para então de acordo com essas funções criar critérios objetivos e limitadores da imputação de resultados e da própria causalidade natural.

De acordo com a estrutura de Jakobs,[7] deve-se dar ênfase à imputação do comportamento do autor de acordo com o papel que ele desenvolve na vida em sociedade, prevendo que a violação de seu papel ou sua administração de forma errada o levará a responder juridicamente. Na maioria dos fatos dolosos, a violação do papel por parte do agente muitas vezes fica evidente e não precisa de explicação, mas nos delitos culposos a situação é mais complicada e merece uma delimitação mais apurada.

Com tudo isso se conclui que, se foi a vítima quem violou seu próprio papel social, deverá assumir o prejuízo por si mesma não se imputando o resultado ao autor. Assim como se em determinada hipótese todos tiverem se comportado conforme seu papel, o resultado causado deve ser visto como fruto de uma fatalidade, não devendo ser atribuído a ninguém, mesmo que se constate ter havido causalidade natural entre a conduta do agente e o resultado ocorrido.

O primeiro critério delimitado por Jakobs é o do risco permitido, através do qual afirma-se que certos contatos e atividades sociais são perigosos, sendo necessários e admitidos para a perpetuação da vida em sociedade. E se o agente se mantiver dentro do seu papel social, mesmo que a conduta crie um risco e ocasione um resultado, este será atribuído ao acaso, pois trata-se de um risco permitido inerente às práticas comuns da vida cotidiana.

Desta forma quando alguém, dirigindo numa velocidade permitida, derrapa na chuva e disto decorre um acidente no qual morre uma pessoa, não se deve atribuir este resultado ao agente, pois se ele não violou seu papel e atuou dentro dos limites estabelecidos, não se pode negar a existência do risco de ocorrer um acidente em um dia de chuva. Isto é aceito pelo ordenamento jurídico, sendo que o resultado (morte) não deverá ser atribuído a ninguém.

Entretanto, não há necessidade de se trabalhar com a imputação objetiva para solucionar esta questão pois basta analisar a conduta do agente para se perceber que, se o autor estava atuando dentro dos limites estabelecidos pelo ordenamento, não houve falta de cuidado e, portanto, não há culpa, afastando-se assim também a existência do crime.

Fica claro que, mais uma vez, a única vantagem de usar o critério da Imputação Objetiva do Resultado é reduzir o subjetivismo no momento em que o julgador tiver que avaliar

---

6. *Vide* PIERANGELI, José Henrique & ZAFFARONI, Eugenio Raúl. *Manual de Direito Penal Brasileiro – Parte geral.* 2ª ed. São Paulo: Ed. Revista dos Tribunais, 1999.
7. *Vide* JAKOBS, Günther. *A Imputação Objetiva no Direito Penal.* Trad. André Luiz Callegari. São Paulo: Ed. Revista dos Tribunais, 2000.

se o sujeito agiu com culpa ou não, ou seja, no momento de delimitar se houve ou não falta de cuidado, e se desta forma o resultado era ou não previsível, algo que, em determinados casos, poderia levar a decisões perigosas e imprecisas, e que não ocorreria com base em um critério exclusivamente objetivo.

O segundo critério fundamenta-se no princípio da confiança, ou seja: pessoas que vivem em sociedade precisam confiar umas nas outras, acreditando que cada uma cumprirá seu papel dentro dos limites estabelecidos pelo ordenamento jurídico, evitando assim que ocorram danos – já que, com o avanço da tecnologia, as atividades estão ficando cada vez mais perigosas. Logo, não se imputará o resultado àquele que age confiando que o outro, cumprindo seu papel, se manterá dentro dos limites de risco permitido das condutas inerentes à vida em sociedade.

O princípio da confiança possui grande aplicação no que tange às condutas no trânsito, embora também possa ser aplicado nas mais diversas hipóteses, servindo como base para garantir a tranquilidade e segurança na vida moderna.

Como exemplo do princípio da confiança, podemos mencionar a hipótese do indivíduo que, vendo o sinal de trânsito verde, passa direto por um cruzamento perigoso, causando um acidente e matando uma pessoa, ou ainda do médico que confia em seu instrumentador e, durante uma cirurgia, por utilizar sem conferir um instrumento errado, causa lesão corporal em seu paciente.

Em ambas as situações não seria necessário utilizar a imputação objetiva para evitar que o agente responda pelo fato, pois aqui também fica nítido que não houve falta de cuidado por parte do autor ou previsibilidade do resultado. Portanto nem o motorista, nem o médico agem com culpa nas duas hipóteses apresentadas, e por isso não devem responder pelo fato.

A proibição de regresso é o terceiro critério listado por Jakobs para descrever a imputação objetiva e tem como propósito limitar, travar o processo de eliminação hipotética fundamentador da causalidade natural e base da Teoria da Equivalência dos Antecedentes (*conditio sine que non*) utilizada hoje no Brasil.

A diferença é que, no finalismo, o que limita o processo de eliminação hipotética evitando o regresso *ad infinitum* é a análise do dolo e da culpa vinculados à conduta do agente, e na estrutura de Jakobs fundamenta-se a proibição de regresso naquele que age dentro de seu papel social, independentemente de ter praticado a conduta com dolo ou não, pois trata-se, como já foi mencionado, de um critério de imputação objetiva em uma esfera pré-típica.

Este parece ser um dos poucos critérios que não encontra parâmetros na estrutura finalista e em que a imputação objetiva realmente se destaca como um complemento necessário à estrutura vigente. Trata-se da hipótese do taxista que, sabendo do propósito assassino de um agente, o conduz até o local do crime, ou ainda do padeiro que vende um pão para um cliente, sabendo da intenção deste último de envenenar alguém.

Afirma Jakobs que fatos cotidianos estão à disposição do autor e, se o agente se recusasse a agir, isso não impediria o resultado, pois outro poderia suprir normalmente sua demanda; além disso, o agente, atuando em seu papel, não pode ser imputado pelo resultado nem mesmo como partícipe, mesmo que saiba das intenções do autor, já que realizou estritamente sua tarefa, atuando de acordo com a função que lhe foi atribuída pelo próprio ordenamento jurídico.

Poder-se-ia alegar que nestas hipóteses o agente não tem dolo de colaborar para o fato de terceiro, pressuposto necessário para que haja participação, mas tão somente tem a intenção de cumprir seu papel, sua função, sua obrigação profissional. Isto seria caminhar para uma valoração do dolo – algo inconcebível, pois sabemos que desde a separação da consciência da ilicitude o dolo vem sendo tratado como valorativamente neutro, ou seja, um dolo natural, que configura a vontade de praticar a conduta descrita no tipo, sendo partícipe aquele que, sabendo o que faz, colabora de alguma forma para a prática de uma conduta.

Desta forma, a proibição de regresso, limitadora do processo de eliminação de Thyren, presente no finalismo e de bases exclusivamente subjetivas, em nada se parece com o critério utilizado por Jakobs para limitar a causalidade natural nas condutas daqueles que estão cumprindo seu papel junto à sociedade, merecendo assim tratamento especial. Sob a ótica do referido finalismo, estas hipóteses restariam tratadas insatisfatoriamente, o que aumenta a importância da imputação objetiva nestas hipóteses.

Finalmente, o último fator delimitador da imputação objetiva por Jakobs é o que se chama de competência ou capacidade exclusiva da vítima, sendo que este critério se divide em duas hipóteses: a primeira vinculada ao consentimento do ofendido que, como se sabe, pode afastar a ilicitude ou a tipicidade, dependendo do fato a ser praticado – e até aí não há nenhuma novidade em relação ao modelo antigo; e a segunda vinculada às chamadas ações do próprio risco ou arriscadas da própria vítima, ou seja, referentes à prática de atividades de alto risco em que a própria vítima se coloca em situação de *auto exposição* ao perigo.

Este último critério está diretamente vinculado às condutas omissivas, pois relaciona-se com a criação de uma situação de perigo e com o papel de garantidor que poderia surgir deste fato. Porém, como este perigo é criado pela própria vítima, que se expõe voluntariamente a ele, não se deve imputar o resultado ao suposto agente garantidor que não evita o resultado.

Trata-se da situação de quem pratica esportes radicais e sofre um acidente. Logo, o resultado não poderá ser atribuído ao instrutor que tenha agido no limite de suas capacidades, pois a própria vítima estaria se colocando em uma espécie de posição de "garantidora de si mesma", afastando-se a responsabilidade de qualquer outro. Também poderíamos imaginar a situação do carona que se nega a usar o cinto de segurança e vem a sofrer um acidente. Nesta hipótese, se o motorista não incrementou o risco de ocorrência do resultado com a sua conduta, não poderá ser imputado pelo resultado.

Aqui a delimitação do critério para a imputação objetiva se faz menos necessária ainda, pois com a simples análise da conduta omissiva, com base na primeira hipótese, percebe-se que não seria possível imputar o agente pelo resultado. Para que haja omissão é pressuposto básico o agente garantidor deixar de cumprir seu dever específico de agir e, neste caso, claramente o resultado decorrer somente de um perigo inerente à própria atividade em si, não havendo por parte do agente nenhuma omissão, já que se considera que sua ação esteja de acordo com suas próprias possibilidades. Além do mais, sabe-se que o limite da omissão é o limite do possível, ou seja, da possibilidade concreta de ação pelo garantidor na situação concreta.

Então, mesmo antes da análise do dolo e da culpa e mesmo fora dos critérios de imputação objetiva, é possível definir se o autor vai ou não responder pelo fato praticado. Logo, a função de evitar os subjetivismos aqui cai por terra e a Teoria da Imputação Objetiva fica mais uma vez, embora inegavelmente correta, absurdamente supérflua.

Finalmente, após esta breve explanação crítica dos diferentes critérios da imputação objetiva, nas vertentes de Claus Roxin e de Günther Jakobs, vamos investigar vestígios e indícios da imputação objetiva em nossa legislação, algo que, embora ocorra de forma velada, parece ser evidente pelo menos no que se refere aos fundamentos justificantes da relação de causalidade em alguns crimes específicos, previstos na parte especial, e também no que tange a alguns aspectos da causalidade, de forma ampla, presentes na parte geral do nosso Código Penal.

Como vimos, a relação de causalidade em nossa legislação vem definida nos termos do Art. 13 do Código Penal que transcreve em seu *caput* a mencionada Teoria da *Conditio Sine Qua Non* para delimitar que causa é toda condição sem a qual o resultado não teria ocorrido, e que para nós deixa implícito o termo "da mesma forma como ocorreu" para possibilitar uma análise mais sólida e precisa.[8]

Entretanto, no parágrafo segundo do referido artigo vêm definidos os critérios para delimitação da figura do garantidor, ou seja, aquele que possui o dever jurídico específico de agir e que poderá responder pelo resultado na hipótese de uma omissão, através do que se chama de crime omissivo impróprio, ou comissivo por omissão.

Na verdade, justamente no terceiro item (letra "C") do parágrafo segundo do Art. 13 é que aparece o trecho "criou o risco da ocorrência do resultado" para delimitar a caracterização da função de garantidor e determinar a relação de causalidade na omissão para estas hipóteses, sendo um primeiro indício da utilização dos critérios de imputação objetiva para justificar a imputação do resultado ao autor de uma omissão imprópria.

Sem querer adentrar na complexa discussão da relação de causalidade nos crimes omissivos, um esclarecimento se faz necessário sobre este tema, mesmo que de forma simplificada: é que na verdade não existe uma relação de causalidade direta nas condutas omissivas, pois o não fazer algo não pode dar causa direta a nada. Obviamente, seria um contrassenso crer que a inércia de um determinado agente seria capaz de gerar alguma modificação concreta no mundo fático.

Porém, nas bases da adotada Teoria da *Conditio Sine Qua Non*, a causalidade omissiva se explica quando determinado agente (garantidor) poderia ter agido para evitar o resultado e não o fez. Sua inércia também foi, assim como outros fatores, uma condição essencial para ocorrência do resultado, e como todas as condições necessárias se equivalem a uma causa (equivalência dos antecedentes), o seu não agir é tratado como causa do resultado que, portanto, deverá ser imputado a este agente.

A partir deste ponto percebemos que a escolha, feita pelo legislador, daqueles que devem agir para evitar o resultado, chamados de garantidor, no que se refere às letras "a" e "b"

---

8. Semelhante posicionamento na doutrina nacional possuem Rogério Greco, Juarez Cirino dos Santos, Cezar Roberto Bitencourt, Luiz Regis Prado, entre outros.

do parágrafo segundo do Art. 13 do CP, segue uma lógica tangível e positiva, pois fundamenta-se em uma relação pessoal entre o agente e a vítima, ou numa relação contratual, funcional ou ainda oriunda de um acordo de vontades para gerar uma obrigação legal de agir.

Por outro lado, o terceiro item do mencionado artigo afirma ser obrigado a agir aquele que com seu comportamento anterior criou o risco de ocorrência do resultado. Isto ocorre, saliente-se, independentemente de ter agido com dolo ou culpa na criação deste risco, pois não estamos na esfera da conduta penalmente relevante limitada pelo princípio da culpabilidade, mas sim em uma etapa pré-típica de adequação de responsabilidade, notadamente delimitada pelo legislador objetivamente para garantir a segurança jurídica, algo destarte muito semelhante à ideologia fundamentadora dos critérios de imputação objetiva na ótica moderna.

O ponto nevrálgico do problema reside no fato de que, somente com base em um critério fundamentado na criação de um risco não permitido, é que se torna possível, objetivamente, considerar garantidor e obrigado a agir alguém que com um comportamento prévio tenha gerado determinada situação de perigo, mesmo que esta conduta, anterior à omissão relevante, tenha sido estéril de dolo ou culpa, pois estes dois elementos estarão vinculados, de acordo com a lógica finalista, somente a posterior não atuação do autor para impedir o resultado, sob pena de uma responsabilização objetiva deveras afastada de nosso ordenamento.

Embora seja evidente a ligação entre a estrutura da causalidade omissiva prevista em nossa legislação (Art. 13, § 2º, letra "c") e os critérios de imputação objetiva, principalmente no que se refere aos critérios desenvolvidos com base no incremento do risco por Claus Roxin, algo que chama atenção é a inversão de sua utilidade em relação à correlação que estamos estabelecendo com a legislação pátria.

Modernamente, como já dissemos, a imputação objetiva vem sendo usada como um critério negativo, ou seja, de não imputação do resultado através de parâmetros objetivos limitadores da causalidade natural. Já na determinação da função de garantidor, o critério da criação do risco não permitido que se realiza no resultado está sendo utilizado para justificar e viabilizar a responsabilização do agente pelo resultado em uma conduta omissiva posterior.

Uma coisa é certa: se os modernos critérios delimitadores da relação de causalidade, hoje chamados de "imputação objetiva", estão com sua nomenclatura invertida em relação à sua utilidade, pois deveriam ter o nome de "não imputação objetiva do resultado", em nosso vetusto Código Penal o termo "imputação objetiva" parece ter perfeita adequação à sua função, qual seja, de imputar objetivamente a alguém a função de garantidor pela criação do risco de ocorrência do resultado, o que tornará possível sua posterior responsabilização em uma conduta omissiva.

No entanto, não é apenas na parte geral do nosso Código que se ocultam indícios da imputação objetiva, pois na parte especial, fundamentalmente nos crimes chamados pela doutrina de omissivos próprios, fica evidente a presença de critérios semelhantes aos que hoje são utilizados pela imputação objetiva para limitar a causalidade natural; porém, da mesma forma que na parte geral, com sua utilização invertida, ou seja, como fundamento justificador da atribuição de uma relação de causalidade na omissão, através de elementos objetivamente definidos.

No que se refere ao crime de omissão de socorro, definido no Art. 135 do Código Penal, parece complicado determinar uma relação de causalidade, principalmente por se tratar de um crime em que a consumação ocorre com a simples não realização da conduta exigida pelo tipo, não havendo resultado naturalístico necessário.

Não nos convence, como já dissemos, o argumento de que os crimes que não possuem resultado naturalístico necessário, chamados de crimes formais ou de mera conduta, também não devam por isso possuir relação de causalidade, pois, embora não provoquem modificação no mundo exterior, é evidente que geram um resultado jurídico, qual seja, a lesão de um bem jurídico tutelado. Isto porque, não se considerando a existência de um resultado jurídico, a tipificação destas condutas estaria ferindo o princípio da lesividade, ou ofensividade (como prefere parte da doutrina).

Desta forma, o crime de omissão de socorro – como todos os outros – possui uma relação de causalidade fundamentadora da atribuição da responsabilidade penal pela sua prática, e nos parece que, sendo um crime não vinculado a modificações no mundo exterior, a única forma de se estabelecer a relação de causalidade entre a conduta omissiva do autor e a produção do resultado jurídico é através de algo semelhante ao critério do incremento do risco, obviamente aqui utilizado de forma transversa pelo legislador pátrio e como medida de política criminal para garantir a segurança jurídica nas relações sociais.

Na prática, a única forma de se explicar o motivo pelo qual há incriminação da conduta de omissão de socorro é o fato de que o legislador, que por motivos óbvios de política criminal quis diminuir o risco de ocorrência de resultados danosos, provenientes da não intervenção dos cidadãos em determinadas hipóteses que acabaram por ser previstas objetivamente pela lei, contrário senso, imputa objetivamente a omissão de socorro àquele que pela sua omissão incrementou o risco de ocorrência de resultados lesivos futuros, mesmo que eles não venham a ocorrer.

Mais uma vez, não há violação do princípio da culpabilidade, pois estamos em uma esfera anterior à da prática da conduta típica, ou seja, estamos em um momento prévio de delimitação de causalidade e fundamentação da tipificação da conduta através de critérios objetivos que permitem, portanto, a diminuição dos riscos de ocorrência do resultado. Isto é algo que nitidamente se comprova com a previsão do aumento de pena, previsto no parágrafo único do mesmo artigo, para a concretização dos resultados danosos de lesão corporal ou morte que o legislador visou evitar.

Sendo assim, através da inversão do critério da diminuição do risco, utilizado hoje por Roxin para limitar a causalidade natural, o legislador pátrio fundamentou objetivamente a criação do crime de omissão de socorro (Art. 135, CP), visando, com exigência legal de uma ação pelo ordenamento jurídico, diminuir o risco de ocorrência de resultados, punindo desta forma, aquele que com sua omissão, contrário senso, incrementar o risco de ocorrência desses resultados.

O mesmo raciocínio aplica-se a outros crimes, também chamados pela doutrina de crimes omissivos próprios, como os crimes de abandono material (Art. 244, CP), intelectual (Art. 246, CP) e abandono moral (Art. 247, CP), nos quais não há resultado naturalístico necessário e pune-se somente a conduta omissiva de não prestar o auxílio material, intelectual ou moral, conforme a previsão legal.

Porém, em relação a esses crimes, o problema não reside somente em considerar a utilização, pelo legislador, do critério de diminuição do risco de ocorrência de resultados danosos, de forma invertida ao tratado modernamente como critério da imputação objetiva, para motivar a incriminação da conduta omissiva que aumente a probabilidade de a vítima sofrer algum prejuízo concreto. É necessária a reavaliação da própria classificação dada pela doutrina a respeito destes crimes.

Como foi visto, ao que parece quanto aos crimes omissivos a doutrina tende a separar dois grupos: os omissivos impróprios, que só podem ser praticados pelos garantidores, que responderão pelo resultado oriundo da omissão; e os omissivos próprios, que podem ser praticados por qualquer pessoa, sendo que o agente só responderá pela omissão prevista na lei.

Dentre os omissivos próprios, encontra-se a omissão de socorro e os referidos crimes de abandono moral, material e intelectual, além de alguns outros como a omissão de notificação de doença.

Com base na distinção entre crimes omissivos próprios e impróprios, adotada pela doutrina nacional de forma ampla, em que os crimes omissivos próprios *"são delitos nos quais existe o chamado dever genérico de proteção, ao contrário dos crimes omissivos impróprios, em que somente as pessoas referidas no § 2º do Art. 13 do Código Penal podem praticá-los, uma vez que para elas existe um dever especial de proteção"*,[9] podemos reafirmar nossa visão crítica e buscar uma nova classificação para os crimes omissivos.

Vejamos, os crimes de abandono (Arts. 244/246/247, CP), bem como o de omissão de notificação de doença (Art. 269, CP), chamados de omissivos próprios, somente poderão ser praticados respectivamente por quem seja responsável pelo menor, ou pelo médico que toma conhecimento da doença (que acabam sendo garantidores)

Portanto, como chamá-los de omissivos próprios se esses crimes não são oriundos de um dever jurídico geral imposto a todos?

Por outro lado, não seria possível classificá-los como crimes omissivos impróprios já que, embora também possam ser praticados somente por agentes garantidores, esses agentes não respondem por resultado algum, sendo atribuída a eles apenas a omissão prevista em lei. Como mencionamos, esta atribuição se vincula a um critério de "imputação objetiva" do dever de agir para não incrementar o risco de ocorrência de um resultado danoso futuro; ou, em outras palavras, fundamenta-se no critério de diminuição do risco deste resultado através da exigência genérica de uma ação.

Desta forma, com a exceção do crime de omissão de socorro (Art. 135, CP) que pode ser chamado estrito senso de crime omissivo próprio, os demais crimes omissivos, em regra, não devem possuir esta mesma classificação, pois neles o dever de agir não é imposto a todos, mas somente a determinadas pessoas que possuam relação específica com a vítima ou um dever funcional.

Portanto, seria mais apropriado classificar estes crimes não mais como "crimes omissivos próprios", mas sim como *"crimes próprios omissivos"* devido às suas características peculiares. Já que são crimes próprios, pois só podem ser praticados por determinada categoria de pessoas, como ocorre com os crimes de funcionário público ou o infanticídio,

---

9. GRECO, Rogério. *Curso de Direito Penal – Parte geral*. 3ª ed. Rio de Janeiro: Ed. Impetus, 2003, p. 164.

e são omissivos, pois o tipo penal define uma conduta omissiva, ou seja, delimita um não agir imposto a essas pessoas determinadas que deverão responder somente por esse não-fazer, independentemente de qualquer resultado naturalístico.

Após esta nova forma de classificar os crimes omissivos, permanece evidente a correlação feita entre critérios semelhantes aos da imputação objetiva, vinculados à diminuição e ao incremento do risco e a relação de causalidade nestas condutas.

Conclui-se que a análise dos crimes omissivos impróprios, no que se refere à terceira hipótese da função de garantidor (Art. 13, § 2º, "c", CP), bem como à análise do crime omissivo próprio (omissão de socorro, Art. 135, CP) e dos crimes "próprios omissivos" (Arts. 244/246/247/269, CP) em que a relação de causalidade se fundamenta na diminuição do risco de ocorrência de resultados futuros, comprova ser inegável a presença de indícios da imputação objetiva em nosso ordenamento jurídico, muito antes de sua elaboração, pela doutrina alemã, como critério delimitador da relação de causalidade.

8.4   QUESTÕES PARA TREINO

FMP/ DPE-PA/ Defensor Público Substituto/2015

A é esfaqueada por B, sofrendo lesões corporais leves. Socorrida e medicada, A é orientada quanto aos cuidados a tomar, mas não obedece à prescrição médica e em virtude dessa falta de cuidado, o ferimento infecciona, gangrena, e ela morre. Assinale a alternativa CORRETA.

A) B responde pelo resultado morte, visto se tratar de causa superveniente absolutamente independente.

B) B responde pelo ato de lesão praticado, visto se tratar de causa concomitante relativamente independente.

C) B responde pelo resultado morte, visto se tratar de causa concomitante absolutamente independente.

D) B responde pelo resultado morte, visto se tratar de causa preexistente relativamente independente.

E) B responde pelo ato de lesão anteriormente praticado, visto se tratar de causa superveniente relativamente independente, que por si só produziu o resultado.

Gabarito "E"

FUNDATEC/PGE-RS/ Procurador do Estado/2015

Analise as assertivas abaixo:

I. Considera-se praticado o crime no lugar em que ocorreu a ação ou omissão, no todo ou em parte, sendo irrelevante para esse fim onde se produziu ou deveria ser produzido o resultado.

II. A superveniência de causa relativamente independente exclui a imputação quando, por si só, produziu o resultado; os fatos anteriores, entretanto, imputam-se a quem os praticou.

III. Nos crimes previstos no Código Penal que tenham sido cometidos sem violência ou grave ameaça à pessoa, reparado o dano ou restituída a coisa, até o oferecimento da denúncia ou da queixa, por ato voluntário do agente, a pena poderá ser reduzida de um a dois terços, presente a hipótese do arrependimento posterior.

IV. O erro sobre o elemento constitutivo do tipo legal de crime exclui o dolo e também não permite a punição por crime culposo, mesmo que previsto em lei.

Após a análise, pode-se dizer que:

A) Está correta apenas a assertiva II.

B) Estão corretas apenas as assertivas I e II.

C) Está incorreta apenas a assertiva IV.

D) Estão incorretas apenas as assertivas I e III.

E) Todas as assertivas estão incorretas.

CESPE/ AGU/Advogado da União/2015

Acerca da aplicação da lei penal, do conceito analítico de crime, da exclusão de ilicitude e da imputabilidade penal, julgue o item que se segue.

Como a relação de causalidade constitui elemento do tipo penal no direito brasileiro, foi adotada como regra, no CP, a teoria da causalidade adequada, também conhecida como teoria da equivalência dos antecedentes causais.

Gabarito ERRADO

FCC/ TCM-RJ/ Auditor-Substituto de Conselheiro/2015

A respeito da relação de causalidade, é INCORRETO afirmar que

A) o resultado, de que depende a existência do crime, só é imputável a quem lhe deu causa.

B) não há fato típico decorrente de caso fortuito.

C) não há crime sem resultado.

D) a omissão também pode ser causa do resultado.

E) o Código Penal adotou a teoria da equivalência das condições.

Gabarito "C"

CESPE/ PC-PE/ Delegado de Polícia/2016

A relação de causalidade, estudada no conceito estratificado de crime, consiste no elo entre a conduta e o resultado típico. Acerca dessa relação, assinale a opção correta.

A) Para os crimes omissivos impróprios, o estudo do nexo causal é relevante, porquanto o CP adotou a teoria naturalística da omissão, ao equiparar a inação do agente garantidor a uma ação.

B) A existência de concausa superveniente relativamente independente, quando necessária à produção do resultado naturalístico, não tem o condão de retirar a responsabilização penal da conduta do agente, uma vez que não exclui a imputação pela produção do resultado posterior.

C) O CP adota, como regra, a teoria da causalidade adequada, dada a afirmação nele constante de que "o resultado, de que depende a existência do crime, somente é imputável a quem lhe deu causa; causa é a ação ou omissão sem a qual o resultado não teria ocorrido".

D) Segundo a teoria da imputação objetiva, cuja finalidade é limitar a responsabilidade penal, o resultado não pode ser atribuído à conduta do agente quando o seu agir decorre da prática de um risco permitido ou de uma conduta que diminua o risco proibido.

E) O estudo do nexo causal nos crimes de mera conduta é relevante, uma vez que se observa o elo entre a conduta humana propulsora do crime e o resultado naturalístico.

Gabarito "D"

ITER CRIMINIS

Todos os crimes dolosos passam por etapas de realização, sendo que, estas etapas configuram o chamado *Iter Criminis*, termo que traduzido significa "caminho do crime" ou "percurso do crime", portanto o estudo do Iter Criminis nada mais é do que a análise das etapas de realização de um crime doloso.

De acordo com ampla maioria da doutrina nacional, o *Iter Criminis* é composto por 4 (quatro) etapas,[1] quais sejam, a Cogitação, a Preparação, ou Atos Preparatórios, a Execução, ou Atos Executórios, e a Consumação, sendo que, algumas destas etapas serão obrigatórias, necessárias e sempre estarão presentes em qualquer crime doloso (Cogitação e Execução) e outras serão eventuais ou facultativas podendo aparecer ou não de acordo com a situação concreta (Preparação e Consumação).

Há em nossa doutrina posicionamento divergente defendido pelo Prof. Rogério Greco afirmando que o *Iter Criminis* seria formado por 5 etapas, incluindo assim também o chamado Exaurimento como última etapa do *Iter Criminis*, além das outras quatro etapas supramencionadas.

Data vênia, não concordamos com este posicionamento minoritário já que, como por definição a etapa de consumação se caracteriza pela completa realização do crime quando nele se reúnem todos os elementos de sua definição legal (Art. 14 Inc. I do CP), e o *Iter Criminis* é definido como "as etapas de realização do crime doloso", não seria lógico se considerar haver ainda uma etapa de realização posterior à consumação, pois com ela já se considera que o crime está completo e com todos seus elementos preenchidos.

Acreditamos assim, que o Exaurimento, ou esgotamento do crime, que estudaremos mais adiante, pode ocorrer (ou não) em qualquer crime, porém não compõe o *Iter Criminis* como fase de realização do crime doloso.

A doutrina nacional costuma separar o *Iter Criminis* em dois grandes grupos, o primeiro chamado de Fase Interna que engloba apenas a etapa de Cogitação, e o segundo chamado de Fase externa formado pelas etapas de Preparação, Execução e Consumação, entretanto, como esta separação não possui qualquer utilidade prática, preferimos separar as etapas do *Iter Criminis*, de acordo com a intervenção ou não do Direito Penal, em impuníveis, abrangendo a Cogitação e a Preparação, e puníveis, englobando a Execução (tentativa) e a Consumação.

Podemos definir em suma o *iter criminis como sendo as etapas de realização de um crime doloso e, como mencionamos, de acordo com a maioria da doutrina nacional, este se divide em quatro etapas, nem todas de presença obrigatória, já que algumas são facultativas ou eventuais, vamos a elas:*

---

1. Neste sentido: Cezar Roberto Bitencourt, Luiz Regis Prado, Fernando Capez, Juarez Cirino dos Santos, dentre outros.

9.1 COGITAÇÃO

A Cogitação é a etapa interna do *Iter Criminis*, o que significa que ocorre no plano mental, psicológico do agente e caracteriza-se por ser o pensar, imaginar, elucubrar, planejar mentalmente a prática do crime.

Percebe-se, portanto, que por ser uma etapa puramente psíquica, que não ultrapassa a esfera, o âmbito, do próprio agente, é absolutamente impunível e indiferente para o Direito Penal no que tange a tipificação de condutas, isso com base no conhecido princípio da Lesividade ou Ofensividade.

De acordo com o mencionado princípio, para que haja crime é preciso que o comportamento do agente afete, atinja bem jurídico alheio de forma significante, o que na etapa mental de cogitação evidentemente não ocorre. Além disso, sabemos que para que haja crime é preciso que o agente pratique uma conduta, traduzida no verbo núcleo do Tipo Penal, e ao cogitar a realização do fato o sujeito não chega sequer a realizar qualquer ato concreto.

Outro fator importante é que a Cogitação é etapa obrigatória, necessária e inerente a todos os crimes dolosos, já que para que se tenha Dolo, intenção, vontade de realizar algo é indispensável que mesmo por um instante o agente racionalize, cogite as consequências de seus atos e a razão e objetivo pelos quais está atuando.

Na verdade, o correto entendimento do que é cogitação é fundamental para desconstruir uma ideia que em face da influência da mídia, do cinema e da televisão tomou conta do imaginário de todos, qual seja, o conceito do crime premeditado.

A premeditação nada mais é do que o momento de cogitação pelo qual o sujeito ativo irá passar em todos os crimes dolosos e por isso não denota maior gravidade na conduta praticada como pensam alguns, pois para que se tenha a intenção de fazer algo, de produzir um resultado, será sempre necessário que o agente "premedite", ou seja, pense primeiro naquilo que irá realizar e no que vai produzir com sua conduta.

Esta "premeditação" que como dissemos deverá ocorrer em todas as hipóteses em que o agente atue com Dolo, poderá perdurar por horas, dias ou até semanas ou meses, caracterizando um complexo planejamento prévio ou simplesmente durar um segundo, quando o processo mental que caracteriza a intenção do movimento corporal ocorrer levando o sujeito a agir.

Sabe-se que o Dolo como elemento subjetivo da conduta humana é decomposto em dois momentos, e formado por dois elementos, o *elemento cognitivo*, intelectual, e o *elemento volitivo*; o primeiro caracterizando-se pelo conhecimento por parte do agente daquilo que irá realizar, das consequências e do resultado que será atingido pela conduta, e o segundo, como manifestação de sua vontade, interesse na realização do tipo e na produção do resultado por ele percebido e pretendido, daí se dizer comumente que o Dolo é composto pelo **saber e querer** a realização do tipo penal objetivo.[2]

Dessa forma, para que se possa falar em Dolo, o agente precisa conhecer as circunstâncias, consequências e ter a representação do fato típico a ser realizado (elemento cognitivo), algo que decorre, necessariamente, da etapa de "premeditação", ou seja, da cogitação

---

2. Vide: Cirino dos Santos, Juares. *Direito Penal – Parte geral.* Ed. Lumen Juris, p. 132.

por ele realizada em seu plano psicológico antes de atuar. Logo, mesmo que por um único instante, sempre haverá a etapa de cogitação na prática de um crime Doloso.

Questiona-se a interferência que as diferentes características de uma etapa de Cogitação podem ter no plano prático, ou seja, na pena a ser aplicada ao agente, e como vimos, por ser etapa obrigatória, presente em todos os crimes dolosos, a premeditação não será considerada como agravante ou causa de aumento de pena, independentemente de suas características.

Porém nos parece que, de acordo com o caso concreto e com base nas características e na duração desta etapa psicológica, isto poderá ser valorado pelo magistrado na primeira fase da dosimetria da pena, interferindo na análise de certas circunstâncias judiciais (Art. 59 do CP) como a Culpabilidade e as circunstâncias e consequências do crime.

Um planejamento prévio elaborado, longo e duradouro em etapa de cogitação, inegavelmente pode denotar maior culpabilidade do agente, e ainda gerar circunstâncias mais nocivas e de difícil percepção pela vítima, além de dificultar a apuração do fato pelas autoridades competentes, podendo motivar, assim, a fixação de uma pena-base acima do mínimo legal abstratamente previsto, na primeira fase da dosimetria da pena.

Conforme assinala o **Prof. José Antonio Paganella Boschi,** ao analisar a Culpabilidade como primeira circunstância judicial presente no Art. 59 para fixação da pena base: *"o Juiz estaria autorizado, destarte, a concluir pela maior reprovação do agente que executa um crime depois de um longo e frio planejamento (dolo direto) e pela menor censura daquele que o faz influenciado pelas circunstâncias do momento – por exemplo, depois de provocação (dolo de ímpeto)..."*[3]

Embora o ilustre penalista gaúcho ao desenvolver seu ponto de vista relacione a maior culpabilidade do agente em um planejamento longo e duradouro com certas espécies de dolo (dolo direto e indireto), e certas classificações como *dolo de ímpeto*, algo que, para nós, deve ser visto com ressalvas diante da estrutura normativa pura da culpabilidade e dos paradigmas finalistas de Dolo Natural (sem valorações), concordamos com a conclusão de que, através da pena base (Art. 59 do CP), se deve reprovar de forma mais rigorosa os crimes com um planejamento mais elaborado e prolongado.

Entretanto, chegando à mesma conclusão, mas por caminhos diversos, preferimos associar esta maior reprovação à análise das características da etapa de cogitação que podem denotar maior reprovação do agente, porém, sem entrar no plano do dolo e de suas espécies, pois acreditamos que não se pode valorar ou relacionar, de forma alguma, o dolo no juízo de Culpabilidade para reprovação do fato, já que este, dentro de uma realidade finalista, é exclusivamente natural, sendo tratado apenas como subjetivo do Tipo Penal caracterizador da conduta humana.

9.2   PREPARAÇÃO OU ATOS PREPARATÓRIOS

A Preparação, ou atos preparatórios, é o segundo passo na escala do *Iter Criminis* e já se configura como uma etapa externa, ou seja, são condutas concretas realizadas no mundo fático e real que visam propiciar, preparar e viabilizar a realização do crime.

---

3.   Paganella Boschi; Jose Antonio. *Das penas e seus critérios de aplicação*. Ed. Livraria do Advogado; 4. ed. p. 192.

Os Atos Preparatórios, embora já integrem o mundo fático, real, saindo da esfera meramente psíquica inerente à Cogitação, também se caracterizam por ser etapa impunível do *Iter Criminis*, pois neles o agente apenas se prepara para o cometimento do crime e por isso não chega a afetar a esfera do bem jurídico alheio.

Assim, como na Cogitação, a Preparação é reconhecida como etapa impunível do *Iter Criminis* em face do princípio da Lesividade, ou ofensividade, já que ao se organizar materialmente, se instrumentalizar para o cometimento da infração penal o agente não ultrapassa seu próprio âmbito de atuação, sequer colocando em perigo o bem jurídico de terceiros, razão pela qual não há sequer tipicidade nas condutas preparatórias.

Podemos utilizar como exemplos de atos preparatórios: adquirir os instrumentos de realização do crime como armas, ferramentas etc., analisar ou preparar o local do crime, se posicionar no local da prática do crime, dentre outras.

Esta etapa de preparação é facultativa, eventual, pois o agente não precisa passar por ela para realizar um crime doloso, sendo que, é plenamente possível que após a Cogitação o sujeito ativo passe diretamente para a Execução da conduta criminosa, sem realizar qualquer tipo de preparação material para isso (p. ex: o agente se depara com seu desafeto na rua, COGITA agredi-lo e, imediatamente após, EXECUTA a conduta de lesão corporal desferindo um soco em seu rosto).

Embora possamos dizer que os Atos Preparatórios são absolutamente impuníveis em face do princípio da Lesividade, a doutrina nacional comumente afirma que há exceções a esta regra, algo que em sentido amplo realmente pode ser afirmado, mas que, para nós, em sentido técnico e estrito é algo inadmissível, vejamos.

Afirma-se que há certas hipóteses em que o legislador optou por tipificar autonomamente condutas que seriam meros atos de preparação para determinados crimes, criando assim novos tipos penais, independentes e puníveis, que descrevem e punem meras condutas de preparação, consideradas então como crime. Isto é o que ocorre em crimes como a Associação criminosa (Art. 288 do CP) e no crime de Petrechos para falsificar moeda (Art. 291 do CP), entre outros, em que as condutas descritas no tipo penal incriminador nada mais são do que atos preparatórios para realizar outros crimes, mas puníveis autonomamente em face da expressa previsão legal.

Como dissemos, a doutrina nacional[4] considera, em sua maioria, que estas hipóteses configuram exceções puníveis à impunibilidade dos atos preparatórios, entretanto, não podemos concordar que tecnicamente se trata de exceção, isto por que, ao tipificar autonomamente determinado ato de preparação este passa a ser um ato de execução do novo crime autônomo criado, e por isso não se estará punindo atos preparatórios, mas sim os atos executórios deste novo crime.

Ora, mesmo que possamos falar que no plano fático estará sendo punido um ato de preparação, no plano técnico isto não ocorre já que a conduta de preparação, por escolha do legislador, passou a ser uma conduta típica prevista separadamente e punível de forma independente dos fatos que visa preparar, não havendo assim, em sentido estrito, exceção a impunibilidade dos atos preparatórios (p. ex. Caso haja a reunião de mais de três pessoas com o fim de cometer crimes, ninguém será denunciado por preparar-se para roubos, mas

---

4.   Neste sentido: Fernando Capez, Rogerio Greco, Cleber Masson, dentre outros.

sim por cometer o crime de **Associação criminosa** – Art. 288 do CP– através da prática de seus próprios atos executórios).

9.3   EXECUÇÃO OU ATOS EXECUTÓRIOS

A delimitação do início de execução é um dos temas mais controvertidos e ainda indefinidos da dogmática penal moderna, sendo que sua caracterização precisa é de vital importância, pois é a partir da execução do crime que se torna possível a intervenção do Direito Penal e consequente punição do fato praticado, ao menos na forma tentada.

De forma simples, podemos afirmar que os atos executórios ocorrem quando o agente dá início a realização do crime, interferindo com sua conduta na esfera do bem jurídico alheio, possibilitando, em face do princípio da Lesividade, se punir o fato ao menos através da tentativa, caso não ocorra a consumação do crime.

Com base no Art. 14 Inc. II do CP que prevê : *"Diz-se o crime: tentado, quando, **iniciada a execução**, não se consuma por circunstâncias alheias à vontade do agente"* (*grifo nosso*), podemos perceber a importância de se determinar de forma precisa o momento de início de execução, pois somente com base nisso poderemos trabalhar com a tentativa e punir a conduta do agente.

Para delimitação do início de Execução surgiram diversas propostas doutrinárias que se dividiram inicialmente em dois, Teoria subjetiva e Teoria objetiva, sendo que a Teoria objetiva, de maior aceitação, apresentou diversas vertentes, sendo assim, passaremos a analisar cada uma dessas propostas dogmáticas com suas características e problemas.

A) Teoria Subjetiva:

Fundamenta-se na análise da representação do autor a respeito do fato a ser praticado, tendo como base o plano interno, psíquico do agente quanto ao cometimento de uma infração penal, por isso não separa objetivamente a realização de atos preparatórios de atos executórios.

Para esta teoria a tentativa ocorreria quando ficasse demonstrado de forma evidente e inequívoca que com seus atos o agente estaria manifestando sua vontade, intenção, de praticar o crime, e consequentemente de atacar o bem jurídico alheio.

Para esta concepção subjetiva pouco importa a análise concreta dos atos objetivamente praticados como atos de preparação ou de execução, bastando, para se caracterizar a tentativa, que a conduta do autor demonstre sua hostilidade ao bem jurídico alheio e o sério propósito, intenção de cometer o crime (p. ex: Já haveria tentativa de roubo na conduta de quem se posiciona escondido, de tocaia, aguardando a vítima passar para roubá-la).

Obviamente, esse critério carece de precisão, tendo como maior problema o fato de estreitar em demasia a etapa de preparação, ampliando de forma duvidosa o alcance dos atos executórios e da punibilidade da tentativa, além de não ser possível se diferenciar o dolo de preparação e de execução, pois são idênticos, e por isso, essa teoria não tem adoção em nossa dogmática moderna.

B) Teorias Objetivas:

As chamadas Teorias Objetivas para delimitação do início de execução se fundamentam na análise da situação concreta, objetiva, buscando determinar quando o agente faticamente deu início a realização do crime, isso sem levar em conta aspectos subjetivos relativos ao dolo do agente.

Na verdade, o conceito objetivo de início de execução, que dispensa valorações sobre o elemento subjetivo do agente, se fundamenta em um preceito bastante simples, durante todas as etapas do *Iter Criminis* o dolo do agente é o mesmo, qual seja, de alcançar a consumação, não havendo como se utilizar aspectos subjetivos para delimitação do início de execução e da possibilidade de punição da Tentativa.

Logo, se desde a Cogitação, passando pela preparação, e quando há o início de execução o agente possui sempre o dolo de consumar o fato, o elemento subjetivo não poderia ser considerado como parâmetro para se diferenciar e separar os atos preparatórios do início de execução, como propunha a Teoria Subjetiva.

Nos dizeres do **Prof. Eugenio Raul Zaffaroni**: *"Um critério subjetivo puro de distinção não pode funcionar, porque qualquer ato de preparação acaba sendo um ato de tentativa, já que vontade criminosa há em todas as etapas"*.[5]

As Teorias Objetivas se dividiram em 2 grandes grupos, Teoria Objetiva-Formal e Teoria Objetiva Material, havendo ainda uma posição moderna conciliatória que visa solucionar as carências de ambas conjugando o aspecto objetivo com a análise do elemento subjetivo, chamada de Teoria objetiva individual ou objetivo-subjetiva, que vem ganhando força na doutrina nacional, vamos a elas:

A) Teoria Objetivo-formal

Para esta Teoria que tem raízes no causalismo natural e foi apresentada em sua versão pura por **Ernest Von Beling**, o início de execução se dá quando o agente dá início a realização do verbo núcleo do Tipo penal, ou seja, com a concreta realização da conduta típica prevista objetivamente na norma.

Afirma-se que essa teoria se vincula a um "Direito Penal de tipos", que de aspecto estritamente ligado a Legalidade, só pode punir condutas que se adéquem formalmente aos modelos típicos objetivamente previstos na Lei, ficando a tentativa adstrita à realização incompleta dessa conduta típica, ou mesmo com a sua realização integral sem que ocorra a consumação, em crimes onde isto é possível (p. ex. Crimes Materiais).

Nessa visão pura e originária da teoria Objetiva formal de **Beling,** percebe-se como maior problema um estreitamento do momento de início de execução com um consequente alargamento da etapa preparatória impunível, já que para se falar em tentativa através do ato executório iniciado, o agente deveria começar concretamente a praticar a conduta típica, o que principalmente em crimes materiais gera graves problemas práticos.

Exemplificando, de acordo com o referido critério formal, o agente teria que começar "a matar", "a subtrair", "a ofender" para ter dado início a execução dos crimes de homicídio, furto ou Lesão corporal, respectivamente. Portanto, teria que atingir a vítima concretamente para que tivesse começado a matá-la, teria que chegar a mover o bem para que houvesse início da subtração no furto, e por fim teria que chegar a encostar na vítima para que começasse realmente a ofender sua integridade física, o que praticamente inviabilizaria se

---

5. Zaffaroni, Eugenio Raul. *Tratado de Direito Penal – Parte Geral* – 2. ed. Editora RT. p. 703

falar em tentativa no crime de lesão corporal, além de atrasar muito a caracterização da tentativa nas demais hipóteses.

O **Prof. Alvaro Mayrink da Costa**, analisando a visão originaria de E. Beling para o início de execução no chamado critério objetivo-formal, cita exemplo que demonstra a fragilidade desse conceito, reconhecido posteriormente por seu próprio criador dizendo:

> *"...o tipo da tentativa só tem por objeto apreender as condutas que se realizam de forma incompleta em relação ao ato descrito no tipo consumado: se Caio envia uma caixa de bombons envenenados à vítima do homicídio, poderia parecer que só a conduta de ingeri-los realizaria objetivamente o conteúdo descrito do verbo reitor (matar). Se a caixa fosse extraviada, ou o destinatário desconfiasse do conteúdo e não comesse os bombons..., deveria concluir-se que Caio ficaria impune pois não se deu o princípio de execução da ação de matar."[6]*

Entretanto, a doutrina nacional, influenciada pelas alterações sofridas nesta teoria, propostas pelo próprio **Beling**, dá uma interpretação menos estrita ao conceito de início de realização da conduta típica, o que de certa forma reduz os danos provenientes da adoção desse critério formal, já que antecipa um pouco o conceito de início de execução para englobar os chamados "*complementos da ação*"(**Beling**).

Para ilustrar sua interpretação do critério objetivo-formal modificado, a doutrina nacional dá contornos mais racionais, porém menos precisos, para este critério, já que relativiza o conceito de realização da ação típica se afastando de sua essência, e considera sua aplicação prática da seguinte forma:

> *"A teoria objetiva formal define a tentativa pelo início de execução da ação do tipo: ações anteriores são preparatórias; ações posteriores são executivas. Assim, no homicídio com arma de fogo, a ação de matar começa com o acionamento do gatilho da arma carregada apontada para a vítima; no furto como destreza, a ação de furtar começa com a introdução da mão no bolso da vítima etc."[7]*

Não podemos concordar com essa interpretação, já que não nos parece razoável dizer que o agente começa "*a matar*" quando pressiona o gatilho da arma contra a vítima, pois enquanto a bala não a atingir, e esta não começar "*a morrer*", efetivamente o agente não começou "*a matar*". Da mesma forma, não há como falar que o agente começou "*a subtrair*" o bem quando colocou a mão no bolso da vítima, já que o objeto continua inerte, e o autor sequer encostou no bem, pois, estrito senso, a conduta típica de subtração depende do bem começar a ser movido, retirado (atente-se que o critério formal em sua visão pura não deve se ocupar da "*ação de furtar*" usada como exemplo, mas sim da conduta típica que no furto configura-se pela "*ação de subtrair*").

O **Prof. Luiz Regis Prado** põe em xeque a interpretação dada por parte da doutrina nacional coadunando com nosso posicionamento ao dizer: "*os limites do conteúdo do verbo que descreve a ação típica revestem-se de imprecisão – o verbo matar, por exemplo, compreenderia a ação de disparar ou de apertar o gatilho?*"[8]

Outro problema que salta aos olhos na teoria objetivo-formal é a ausência de qualquer análise de elementos subjetivos na conduta realizada pelo autor, excluindo completamente o Dolo da sua análise, algo bastante compreensível em razão das suas origens

---

6.   Mayrink da Costa, Alvaro. *Direito Penal – Parte Geral – vol. 2 – 8. ed.* Editora GEN/Forense. p.1537.
7.   Cirino dos Santos, Juarez. *Direito Penal – Parte geral*; Ed. Lumen Juris; p.379. No mesmo sentido: Rogério Greco.
8.   Regis Prado, Luiz. *Curso de Direito Penal – Parte Geral – vol.1*; 8. ed.; Ed. RT – p. 400.

causalistas, mas inadmissível, como critério delimitador do início de execução, diante do paradigma finalista adotado por nós, em que a conduta humana se caracteriza pela finalidade do agente ao atuar.

Podemos afirmar, com certeza, que nosso Código Penal adotou um critério objetivo para delimitação do início de execução, pois no Art. 14 Inc. II está previsto que, diz-se o crime: *"tentado, quando, **iniciada a execução**, não se consuma por circunstâncias alheias à vontade do agente."* (grifo nosso), entretanto, quanto a preferência por um modelo formal, material ou individual, da teoria objetiva, a ser adotado por nós há muita divergência em nossa doutrina, já que a legislação positiva não definiu de forma clara qual vertente deve ser utilizada em nosso ordenamento.

Independentemente de todas as críticas feitas, e aceitas, há em nossa doutrina alguns autores que afirmam ser partidários deste vetusto modelo objetivo-formal (*p. ex. **Fernando Capez***), ou apenas afirmam que, nosso Código Penal teria optado por esta fórmula de separação dos atos preparatórios e executórios (p. ex. ***Cezar Roberto Bitencourt***), algo que como dissemos, efetivamente não parece ter sido demonstrado no texto legal do artigo 14 do CP, que para nós expressa apenas seu caráter objetivo.

Contudo, estes autores ao tratar do tema não o adotam o critério objetivo-formal na sua visão estrita e originária de **Beling**, mas sim sob a ótica mitigada, supracitada, que permite uma dilatação do conceito de *"início da prática da conduta"* para enquadrar atos em essência anteriores à prática da "ação típica" como atos de execução (p. ex. disparo da arma), algo que não nos parece a melhor opção, por subverter as raízes conceituais deste critério.

B) Teoria Objetivo-material

Buscando corrigir as falhas do critério formal, surge principalmente através de ***Reinhart Frank*** o chamado critério Objetivo-material, que tem como principal característica incluir como ato executório condutas anteriores a concreta realização do verbo núcleo do tipo, caracterizador da conduta criminosa formalmente prevista na norma.

Com essa proposta busca-se corrigir as falhas de interpretação ligadas ao critério objetivo-formal puro, e ampliar o alcance do conceito de início de execução e a punibilidade da tentativa, passando assim a incluir como ato executório do crime atos que integrem a chamada *"ação típica"* que, embora seja anterior a realização estrita e formal do verbo núcleo do Tipo, é capaz de produzir perigo imediato e concreto para o bem jurídico tutelado.

Esse critério já é produto da evolução da teoria causalista da ação, que migrou da sua concepção puramente naturalística para o chamado causalismo valorativo, razão pela qual ***Frank*** propõe que se atribua aspecto valorativo ao conceito de "prática da ação típica", para que esta englobe, como início de execução, os momentos posteriores à preparação. Logo, o início de execução ocorre a partir do momento em que o agente realiza atos conexos e vinculados a "ação típica", isso através de uma concepção material (e não formal), traduzida na concreta exposição do bem jurídico a um perigo de lesão.

Percebe-se que esse critério antecipa demasiadamente o início de execução e a punibilidade da tentativa, encurtando a etapa de preparação e ampliando o conceito de execução.

Podemos dizer que para a teoria objetiva material, o primeiro ato após a preparação, quando o agente concretamente expõe a perigo o bem jurídico de terceiro, poderá ser considerado como ato executório. Assim, quando o agente, após ter municiado a arma de fogo (ato de preparação) a empunha, apontando para o agente, já haveria início de execução da conduta de matar, e consequentemente do crime de homicídio, que já poderia então ser punido na forma tentada.

Outro problema do critério material é que, por ter caráter puramente objetivo, este critério dificulta a análise e a caracterização do Dolo, pois o início de execução configura-se muito previamente, distante da concreta realização da conduta típica, incluindo ações exteriores à previsão legal e ainda sem real potencialidade lesiva, ferindo, assim, os princípios da Legalidade e Lesividade.

Assim, essa visão extensiva do início de execução, envolvendo os atos posteriores à etapa de preparação e anteriores à prática do verbo núcleo do Tipo, quando há uma concreta exposição do bem jurídico a perigo, é incerto e não é capaz de demonstrar de forma clara e segura o dolo do agente em relação à prática de determinada conduta típica, o que gera muitos problemas de aplicação diante da Teoria Finalista, adotada por nosso ordenamento.

Na doutrina nacional há alguns autores que defendem a aplicação do critério objetivo material de **Frank**, afirmando que este deve ser visto como um complemento do critério objetivo-formal, que teria sido, portanto, adotado pelo Código Penal no Art. 14 Inc. II, é o caso do **Prof. Cezar Roberto Bitencourt**, ao afirmar:

> *"alguém que é surpreendido dentro de um apartamento, mesmo antes de ter subtraído qualquer coisa: poderá ser-lhe imputada tentativa de subtração? Mas ele iniciou a subtração? Por isso, se tem aceito a complementação proposta por Frank, que inclui na tentativa as ações que, por sua vinculação necessária com a ação típica, aparecem, como parte integrante dela, segundo uma concepção natural, como é o caso do exemplo supra referido."* [9]

A adoção do critério objetivo material de **Frank** como complemento do critério objetivo formal de **Beling**, embora ofereça soluções práticas mais adequadas à realidade fática da realização de determinadas infrações penais, não resolve o principal problema dos critérios puramente objetivos, que é não compreender o dolo do agente na análise do início de execução da conduta típica, algo que nos parece imprescindível consoante os paradigmas finalistas informadores do nosso ordenamento moderno.

C) Teoria da Univocidade

Também de caráter objetivo, essa teoria, elaborada por **Francesco Carrara**, tem como fundamento para estabelecer a distinção entre atos preparatórios e atos executórios a análise da univocidade ou não do ato praticado, ou seja, atos executórios são aqueles que inequivocamente (unívocos) irão conduzir ao delito, enquanto atos preparatórios são equívocos, ou seja, não deixam clara sua direção para determinado crime, ou se apenas se dirigirão à prática de um ato lícito.

O principal problema da visão de **Carrara** é que a análise da univocidade, ou não, dos atos realizados, para classificá-los como preparatórios ou executórios, era feita de forma absoluta, no plano abstrato e com base na análise ontológica (estrutural) da ação hu-

---

9.   Bitencourt, Cezar Roberto. *Direito Penal – Parte Geral – vol. 1 – 8. ed. – Ed. Saraiva. p. 364.

mana, não considerando a situação concreta de cada caso, algo inegavelmente necessário para se chegar a um conceito de preparação.

A univocidade de certo ato depende da análise prévia do Dolo do agente, para se apurar o perigo imposto a determinado bem jurídico, pois fora de uma conjuntura fática concreta, atos de preparação que não rumem para uma execução são indemonstráveis, e no plano abstrato, como idealizou *Carrara*, é impossível a análise da equivocidade de certos atos para classificá-los como preparatórios, já que estes sequer existem como ente autônomo.[10]

D) Teoria do começo do perigo concreto para o bem jurídico; ou Teoria da hostilidade ao bem jurídico

Essa teoria tem como característica delimitar o início da execução a partir da análise do perigo, ou mesmo efetivo ataque, a um bem jurídico alheio, sendo que atos preparatórios apenas possibilitam, propiciam a realização do crime sem inicializar um processo causal lesivo, enquanto os atos executórios atacam, colocam em risco, e atingem o bem jurídico alheio tutelado pelo Tipo, iniciando um curso de desdobramento causal.

Percebe-se a relação direta dessa tese com a estrutura causalista da ação, bem como sua inter-relação com a análise da causalidade dentro da teoria do crime, já que a teoria do começo do perigo, preconizada por Ernest Mayer, se aproxima da ideia de que o início de execução ocorre quando se dá início a um desdobramento causal ativo e os atos de preparação são vinculados a uma ausência de causalidade concreta.

Talvez o principal problema dessa concepção teórica seja o de identificar a tentativa nos delitos formais, já que, nestes, ao se perceber o começo de perigo para o bem jurídico de forma concreta, através da realização da conduta, muitas vezes o resultado jurídico já se configura ocorrendo sua consumação.

Essa teoria de cunho material se desdobra em algumas vertentes para delimitação do início de execução de acordo com a concepção que se dê para o conceito de ataque, ou começo de perigo para o bem jurídico, passando pela ideia de colocação concreta do bem em perigo, pela fórmula da lesão concreta do objeto jurídico, e até mesmo a idoneidade ou não do ato executado, o que prova a imprecisão dessa teoria para caracterizar a tentativa.[11]

E) Teoria Objetiva Individual ou Teoria objetivo-subjetiva

Trata-se de uma teoria conciliadora que surge em razão do fracasso das posições radicais de caráter puramente objetivo ou exclusivamente subjetivo, assim, o início da execução deve ser composto por duas partes, uma de cunho objetivo, caracterizada pela realização da conduta típica, e outra de aspecto subjetivo, que identifica essa realização do Tipo através da análise do aspecto subjetivo chamado de "plano criminoso do autor", que na verdade é a representação do fato intrínseco ao Dolo e ao elemento cognitivo do agente.

Embora a caracterização do aspecto subjetivo (plano criminoso) seja bastante simples e incontroversa, coincidindo basicamente com o conceito de Dolo e elemento estrutural subjetivo da conduta típica, é no aspecto objetivo dessa teoria que surgem algumas divergências.

---

10. Neste sentido: Alvaro Mayrink da Costa. *Direito Penal* – Parte Geral – vol. 2. Ed. GEN/Forense.
11. Vide: Alvaro Mayrink da Costa. *Direito Penal* – Parte Geral – vol. 2. Ed. GEN/Forense.

Para delimitar o aspecto objetivo da Teoria objetivo-subjetiva do início de execução, e depois conjugá-lo com a análise do "plano criminoso do autor", há duas vertentes doutrinárias:[12]

1) Nas bases do **critério objetivo material**, a execução se inicia com a realização do tipo penal, antecipando, assim, a punibilidade da tentativa, para englobar *fatos anteriores à concreta realização do verbo núcleo do tipo penal*, ampliando o espectro dos atos executórios e diminuindo a margem dos atos preparatórios impuníveis. Com isso, os atos executórios englobariam *o primeiro ato após a preparação* para determinado crime (p. ex. o ato de sacar a arma poderia caracterizar tentativa de homicídio).

2) Nas bases do **critério objetivo formal**, os atos executórios seriam iniciados a partir da realização da conduta típica formalmente prevista, ampliando, assim, os limites dos atos preparatórios, e estreitando o momento de início de execução, ligado à conduta prevista na lei. Porém, diferentemente da visão objetivo-formal pura, não se pretende vincular este início de execução à efetiva prática do *verbo* (p. ex. começar a matar exigiria lesão material à vítima, ou seja, que o projétil atingisse a pessoa), mas sim, ao início de execução do *Tipo* como um todo, à realização do *fato,* caracterizado pela *ação típica* como um todo. Sendo assim, os atos executórios ocorreriam a partir do *último momento antes da efetiva e formal realização do verbo* núcleo do tipo penal, quando o agente dá início à prática do *fato típico* (p.ex. apertar o gatilho da arma, independentemente da acertar a vítima ou não, poderá caracterizar a tentativa de homicídio).

A Teoria objetivo-individual foi adotada pelo Código Penal Alemão (§22) ao prever que "*Tenta um fato punível quem, segundo sua representação do fato, se posiciona imediatamente para realização do tipo*" e possuindo caráter objetivo-subjetivo, além de vincular o início de execução ao plano criminoso do autor ("representação do fato") parece ter adotado as bases do critério objetivo material para caracterizar o aspecto objetivo de sua concepção.

Entretanto, numa ótica estrita, a visão oferecida pela legislação alemã não se adéqua ao modelo contido em nosso código penal, que prevê a caracterização dos atos executórios e a delimitação da tentativa através da fórmula "*iniciada a execução*", prevista no Art. 14 Inc. II CP, e que por isso dá indícios de ter abraçado a vertente minoritária do critério objetivo individual, que se fundamenta nas bases da teoria objetivo-formal para abordar o aspecto objetivo do início de execução.[13]

Porém, não nos parece, como foi dito, que possamos atribuir a adoção do critério *objetivo-formal*, na visão originária de **Beling**, ao nosso Código Penal em face do termo "iniciada a execução" previsto no Art. 14 Inc. II, isto porque o formalismo da visão originária do que significa realizar o verbo núcleo do Tipo penal não se adéqua à realidade Finalista de nossa legislação e prolonga demais a caracterização do início de execução, problema ainda mais evidente nos crimes materiais (p. ex. começar "a matar" exigiria lesão concreta na vítima).

Também não nos parece que o modelo dogmático ideal, mesmo que ligado à teoria objetiva subjetiva, deva adotar o conceito de "*plano criminoso do autor*" fundado na tese

---

12. Vide: Juarez Cirino dos Santos. *Direito Penal* – parte geral; Ed. Lumen Juris. p.382/383
13. Idem. p. 382, nr.13.

objetiva-material em sua concepção pura, originária de **Frank,** pela qual a tentativa deve abranger os atos anteriores a execução da conduta típica, que exponham o bem jurídico a perigo, por estarem de certa forma vinculados à conduta típica prevista (uma concepção natural de realizar o tipo).

Essa visão, mesmo buscando apoio no aspecto subjetivo (dolo) da realização do crime, acaba por ampliar a caracterização dos atos de execução e da punibilidade da tentativa, pois situa no plano abstrato de um terceiro observador a análise dos atos considerados como anteriores à prática do verbo núcleo do tipo.

Acreditamos, como faz parte da doutrina nacional,[14] em uma solução mitigada e conciliatória para delimitação do início de execução, nas bases do chamado critério *objetivo--individual*, porém sem negar o modelo previsto em nossa legislação,

Para que se possa adotar o referido critério objetivo subjetivo sem negar o modelo legal, previsto no Art. 14 Inc. II do CP, deve-se caracterizar o aspecto objetivo desse critério fazendo uma interpretação mais racional e abrangente que a visão *objetiva-formal pura*, de **Beling**; no entanto, é preciso adotar uma ótica mais restritiva que a tese objetivo-material originária (**Frank**), e tudo isso depende da efetiva conciliação do conceito de "plano criminoso do autor" com o aspecto objetivo de realização do crime.

Para adotar o critério **Objetivo-individual** há que se ter, na verdade, uma conciliação dos critérios **formais** (início de execução do verbo núcleo do tipo), **materiais** (atos anteriores à prática da conduta típica) e **subjetivos** (plano criminoso do autor), havendo, assim, uma verdadeira mitigação da posição adotada por cada um deles, que isolados, e na sua visão pura e absoluta, se mostraram imprecisos e ineficazes para caracterizar do início de execução e da tentativa.

Sendo assim, em nosso ordenamento deve ser utilizado o critério **Objetivo-individual**, através do qual, o início de execução se dá no momento imediatamente anterior a efetiva e formal realização da **conduta típica** (prática do verbo), quando, com base na análise da situação concreta, perceba-se, neste ato imediatamente anterior, de forma clara e evidente, que o agente deu início a seu plano criminoso (Dolo) e começou a realizar o **fato** típico previsto na norma.

Anote-se que limitando a visão pura do critério *objetivo-material* está o conceito de "ato **imediatamente** anterior" a realização do verbo, e isso ocorrerá quando entre ele e a conduta típica formal não houver qualquer outro ato possível (último ato antes da prática concreta do verbo). Limitando a visão pura do critério *objetivo-formal* está a ideia de incluir na execução "atos **anteriores**" a essa prática, desvinculando o início de execução da efetiva realização da ação prevista no Tipo, sendo que, tudo isso será abordado diante da situação concreta e com base no *elemento subjetivo* do agente (Dolo), dando o caráter individual do critério adotado.

Para melhor elucidar o entendimento sob a ótica do caso prático, dominante na doutrina e jurisprudência, deve se desvincular a análise dos casos concretos da efetiva realização do verbo núcleo do tipo penal, pois não importa quando o agente começa "a matar" (Art. 121 do CP), "a subtrair" (Art. 155 do CP), "a ofender" (Art. 129), "a privar" (Art. 148 do CP) etc. para se caracterizar o início de execução e a tentativa.

---

14.   Neste sentido: Luiz Regis Prado, Eugenio Raul Zaffaroni, Damasio de Jesus.

Na verdade, em face do critério objetivo individual, deve-se atentar para quando o agente dá início a realização do fato em si, ou seja, do crime, e não do verbo que lhe caracteriza, algo que, diante do elemento subjetivo, só será possível se apurar a partir do ato realizado no último momento antes da prática da conduta típica prevista.

Logo, como o foco da análise não deve ser a prática da ação, mas sim a realização do fato deve-se indagar para caracterizar a tentativa se o agente iniciou "o matar", "o subtrair", "o ofender", "o privar", de acordo com a situação concreta e a análise do plano criminoso por ele intentado neste último momento antes da prática da conduta, mas quando o fato típico já foi iniciado.

Assim propomos um método para se analisar a situação concreta sob a ótica do critério objetivo-individual: deve-se substituir a *preposição* "**a**", de antes dos verbos núcleos dos Tipos penais, pelo *artigo* "**o**", transformando assim o _verbo em substantivo_, e portanto, a _conduta típica_ em um _fato concreto_, e se a sua realização foi iniciada pelo agente, mesmo antes da prática do verbo, caracteriza-se a tentativa punível.

Podemos dizer que se trata do **"Método da substantivação da conduta típica"** para delimitação do início de execução, fundamental nas bases da *Teoria objetivo-individual* por romper o paradigma formal de realização da conduta típica, e para caracterização da forma tentada dos crimes.

Exemplificando: quando um agente aperta o gatilho de sua arma contra alguém, não se pode dizer que formalmente ele tenha começado "*a matar*" alguém, pois não iniciou a prática do _verbo "matar"_, mas diante do seu plano criminoso, analisado na situação concreta, pode-se afirmar que, se tinha dolo de matar, deu início ao _fato matar_, ou seja, começou "*o matar*", caracterizando, assim, o início de execução e a tentativa punível de homicídio.

9.4   CONSUMAÇÃO

Para conceituar essa última etapa do *Iter criminis*, devemos utilizar uma definição restrita e objetiva, já que qualquer tentativa de delimitar a consumação de forma muito elaborada acabará incidindo em falhas, isto pois, não há uma fórmula geral aplicável a todos os crimes, e cada modalidade de infração penal tem seu momento de consumação específico e característico.

Na verdade, podemos afirmar que a consumação ocorre quando o crime está completo, perfeito, ou seja, quando são realizados integralmente os elementos objetivamente previstos no Tipo penal, com a efetiva lesão do bem jurídico tutelado na norma. Logo, o crime consumado é aquele em que o autor realiza de forma completa a conduta típica prevista, alcançando o objetivo por ele pretendido, qual seja, a lesão de certo bem jurídico.

Nas bases do Art. 14 Inc. II do Código Penal, "*Diz-se o crime: consumado, quando nele se reúnem todos os elementos de sua definição legal*", e portanto, consumar um crime significa completá-lo, realizá-lo por inteiro, alcançando o objetivo visado pelo autor com a prática da conduta, e caso isso não ocorra por circunstâncias alheias a vontade do agente haverá a tentativa.

Entretanto, como dissemos, cada crime tem sua forma e momento de consumação particulares, e por isso se completam, consumam de diferentes formas, e de acordo com a separação a consumação ocorre:

I – Com a produção do resultado naturalístico, concreto, previsto na norma, ou seja, com a materialização no mundo dos fatos do resultado expresso no Tipo, e pretendido pelo agente no momento da prática da conduta. Essa forma de consumação se refere aos chamados **crimes materiais** (p. ex. Art. 121, Art. 129, Art. 155, Art. 157 do CP), ou de resultado naturalístico necessário. Essa também é, via de regra, a forma de consumação presente nos **crimes culposos**, em que, como não há intenção para caracterizar a conduta do agente, é preciso que se produza um resultado concreto, produto de falta de cuidado, para que haja crime, assim como nos **crimes preterdolosos** (p. ex. Art. 129 par. 3º do CP) em que a consumação depende da concreta produção do resultado culposo, qualificador, previsto como consequência da conduta dolosa praticada.

II – Com a completa realização da conduta típica *formalmente* prevista na norma, independentemente da produção do resultado naturalístico, que também está previsto no Tipo. Ou seja, embora o Tipo penal preveja conduta e resultado naturalístico, basta que o agente tenha realizado integralmente a conduta proibida para o crime se consumar, e a produção, ou não, desse resultado concreto, que se encontra no Tipo, é irrelevante para a consumação. São os famosos **crimes formais** (p. ex. Art. 140, Art. 158, Art. 159, Art. 288 do CP), ou de resultado naturalístico previsto.

III – Com a completa realização da mera conduta prevista na norma como proibida, já que não há sequer a previsão de qualquer resultado naturalístico, concreto, no Tipo. São os conhecidos crimes de mera conduta, ou de mera atividade (p.ex. Art. 150, Art. 233, Art. 330), ou ainda, crimes sem resultado naturalístico previsto, em que a Lei prevê apenas uma conduta considerada proibida, mas não vincula esta conduta a produção de qualquer resultado fático. Esta, via de regra, é também a forma de consumação dos **crimes omissivos próprios** (p.ex. Art. 135 do CP), que, pelo fato de preverem apenas uma conduta omissiva proibida, são também crimes de mera conduta. Como a pura omissão não produz qualquer resultado naturalístico, nos crimes omissivos puros não há sequer previsão de resultados materiais, punindo-se apenas o descumprimento de um dever de agir.

IV – Com a prática reiterada e habitual de atos que caracterizem a conduta descrita na Lei como proibida, já que a prática isolada desses atos não constitui crime. São os conhecidos crimes habituais (p.ex. Art. 229, Art. 282, Art. 284 do CP), que irão se consumar, de acordo com a maioria da doutrina nacional,[15] quando o agente realizar o ato que caracterize a habitualidade, após certa reiteração. Há posicionamento divergente na doutrina estrangeira,[16] afirmando que, a consumação dos crimes habituais ocorre com a prática completa do primeiro ato pelo agente que possua uma tendência, especial fim de agir habitualmente, já que, essa corrente doutrinária considera que a habitualidade é elemento subjetivo especial dos tipos habituais (delitos de tendência), e não elemento objetivo, e por isso não precisaria ser demonstrada pela prática concreta e reiterada de atos.

9.5 EXAURIMENTO

Para a maioria da doutrina nacional o exaurimento não constitui etapa do *iter criminis*, que como vimos é formado por quatro etapas (cogitação, preparação, execução e con-

---

15. Neste sentido: Cleber Masson, Fernando Capez, Cezar Roberto Bitencourt, e outros.
16. Neste sentido: E. Raul Zaffaroni, Claus Roxin. No Brasil aceitando a possibilidade de tentativa no crime habitual: Rogerio Greco e J. F. Mirabete

sumação), embora haja posicionamento minoritário defendido pelo Prof. Rogerio Greco que considera o exaurimento como a última etapa do *iter criminis* quando afirma: " *Como última fase do* iter criminis, *e somente em determinadas infrações penais, temos o exaurimento. É a fase que se situa após a consumação do delito, esgotando-o plenamente.*"[17]

Podemos dizer que o exaurimento é realmente o esgotamento do crime, ou seja, quando todos os elementos presentes na descrição típica foram alcançados, e por isso, não há mais nada que possa acontecer ou decorrer da prática criminosa tipificada pela Lei.

Diferentemente do que pensa parte da doutrina nacional, o exaurimento não se vincula exclusivamente a uma ou outra categoria de crime, mas pode ocorrer em qualquer espécie de infração penal, obviamente pelo fato de que independentemente de sua classificação qualquer crime poderá em determinado momento se esgotar.

Entretanto, embora possa ocorrer em qualquer espécie de crime, o exaurimento só será relevante nos chamados crimes formais, onde poderá se destacar do momento de consumação, ocorrendo (ou não) posteriormente a ela de acordo com a situação concreta.

Nos crimes materiais e nos crimes de mera conduta, inegavelmente poderá ocorrer o exaurimento através do esgotamento do fato narrado no tipo penal, nos primeiros isto ocorrerá com a concreta produção do resultado naturalístico previsto na Lei, e nos de mera conduta ocorrerá com a completa realização da conduta prevista como proibida, já que não há sequer a previsão de resultados naturalísticos na norma.

Percebe-se que nos crimes materiais e nos de mera conduta embora ocorra um exaurimento, este coincide e ocorre da mesma forma que a consumação, e por isso pode ser considerado irrelevante, não produzindo qualquer efeito prático específico.

Já nos crimes formais, em que a consumação ocorre com a completa prática da conduta prevista na norma, independentemente da produção do resultado naturalístico, material, também previsto no Tipo, o exaurimento ocorrerá apenas se este resultado previsto não é essencial para o crime se completar, vier a se produzir, se destacando assim do momento de consumação, e passando a ter relevância prática para o Direito Penal.

Nos crimes formais como a consumação, depende exclusivamente da total realização da conduta formalmente prevista na Lei, o resultado naturalístico previsto no tipo poderá ou não ser alcançado, sendo que isso será absolutamente irrelevante para a tipificação do fato praticado. Porém, enquanto o resultado naturalístico previsto não for produzido o crime não estará esgotado, exaurido, pois ainda haverá alguma coisa passível de ocorrer.

Por exemplo, no crime de extorsão mediante sequestro (Art. 159 do CP) a consumação se dá com a completa realização da conduta de sequestrar alguém, ou seja privar alguém da sua liberdade, mas com o fim, apenas o fim, de obter vantagem como condição ou preço do resgate, logo, o crime estará completo (consumado) com a privação da liberdade da vítima, independentemente de se obter a vantagem pretendida.

Entretanto, o exaurimento no crime do Art. 159 do CP só ocorrerá caso o resultado naturalístico (recebimento do resgate) previsto, e pretendido pelo agente, vier a ser alcançado, quando então, por não haver mais nada pendente para ocorrer, o crime estará esgotado, exaurido.

---

17. Greco, Rogerio. *Curso de Direito Penal – Parte geral – vol. 1. Ed. Impetus 11. ed. p. 250.*

Como dissemos, o exaurimento não interfere na tipificação da conduta e não faz parte do *iter criminis*, independentemente do espécie de crime praticado, porém, no plano dos crime formais, em que se destaca da consumação, caso venha a ocorrer, poderá interferir na dosimetria concreta da pena, já na primeira fase, na estipulação da pena base, de acordo com o Art. 59 do CP, que prevê as consequências do crime como uma das circunstâncias judiciais consideradas pelo juiz nesta etapa do cálculo da pena privativa de liberdade.

Excepcionalmente o exaurimento poderá ser previsto pelo legislador como causa de aumento de pena, ou mesmo como circunstância qualificadora, para determinados crimes, como ocorre no crime de corrupção passiva (Art. 317 par. 1° do CP) e no crime de resistência (Art. 329 par. 1° do CP), respectivamente.

Embora, haja divergência na doutrina, o exaurimento nos crimes formais poderá ter repercussões no plano do concurso de pessoas, pois há entendimento que determinado agente poderá integrar a realização de um crime como coautor (coautoria sucessiva), mesmo após a consumação do crime, mas antes que tenha ocorrido seu exaurimento (p. ex. recebendo o resgate no crime de extorsão mediante sequestro – Art. 159 do CP).[18]

Por fim, devemos ficar atentos para o fato de que os *crimes materiais* possuem um exaurimento material (com a produção do resultado material previsto), nos *crimes de mera conduta* o exaurimento será formal (com a completa prática da conduta formalmente proibida), embora nestas duas espécies o exaurimento coincida com a consumação e seja irrelevante. Porém, os *crimes formais* possuirão **exaurimento material** (com a produção do resultado material previsto), que se destaca da consumação e, caso ocorra, terá consequências práticas no plano da aplicação da pena.

9.6 *ITER CRIMINIS* NOS CRIMES CULPOSOS

A doutrina nacional costuma se referir ao *iter criminis* como algo exclusivamente vinculado aos crimes dolosos, afirmando que somente esta modalidade de crimes é que possuirá como etapas de realização a cogitação, a preparação, a execução e a consumação, e que nos crimes culposos estas etapas não ocorreriam.

Porém, não nos parece que essa afirmação esteja correta, já que a culpa como elemento caracterizador do Tipo penal culposo possui duas espécies distintas, a culpa comum ou inconsciente e a culpa consciente ou com previsão, sendo que de acordo sua espécie, o crime culposo também passará por certas etapas no seu processo de realização.

Neste sentido, afirma o Prof. Juarez Tavares: *"Também nos delitos culposos é possível compreender-se um* iter criminis, *desde a produção da conduta até seu resultado final. Entretanto, diversamente do que ocorre com o delito doloso, o início da execução da ação típica por meio da violação da norma de cuidado não implica, desde logo, a incidência da norma penal."*[19]

Concordamos com o posicionamento do ilustre penalista, porém acreditamos que podemos analisar e separar o *Iter Criminis* Culposo de forma mais específica, de acordo com a espécie de conduta culposa em questão.

---

18. Neste sentido: Nilo Batista, *Concurso de Agentes*. Ed. Lumem Juris.2. ed. p. 117.
19. Tavares, Juarez. *Direito Penal da Negligência*. 2. ed. Ed. Lumem Juris. p. 356.

Na Culpa Inconsciente, ou Culpa Comum, o agente atua faltando com o devido cuidado em face da previsibilidade da produção do resultado típico, que embora pudesse, não foi por ele previsto ao atuar.

Dessa forma, diante do conceito de previsibilidade (possibilidade de prever), seja ela objetiva ou subjetiva, não será possível se falar em cogitação ou mesmo em preparação consciente para realização da conduta típica por parte do agente.

Entretanto, o agente, para chegar a produzir o resultado típico culposo, necessariamente dá início a realização de um movimento corporal voluntário, o que caracteriza o início de execução (ato executório) do crime culposo, que na esteira do que afirma o Prof. Juarez Tavares é algo ainda irrelevante para o Direito Penal, em razão da ausência de vontade de produzir o resultado, e da impunibilidade da tentativa nestes crimes, até que ocorra a produção de um resultado naturalístico produto da culpa.

Após a realização do ato executório no crime culposo poderá ocorrer a consumação, que dependerá, via de regra, da produção do resultado naturalístico previsto no Tipo, e que deverá ser produto da culpa (falta de cuidado) do agente ao atuar, dando, assim, aos crimes culposos sua característica material.

Contudo, na chamada Culpa Consciente, ou com previsão, podemos identificar um *iter criminis* bem mais elaborado, e o agente poderá passar por todas as quatro etapas (cogitação, preparação, execução e consumação) normalmente, assim como ocorre nos crimes dolosos.

Vejamos, a culpa consciente se caracteriza pelo fato do agente possuir a previsão concreta da possibilidade de ocorrer o resultado lesivo a partir da sua conduta, embora este resultado não seja por ele desejado, e mais que isso, esta produção não é sequer aceita pelo agente, que repudia sua ocorrência.

Ao se falar em previsão concreta do resultado, e da reflexão e repudio do agente a respeito da possibilidade da lesão ao bem jurídico ocorrer, estamos diante da etapa de cogitação (etapa psicológica) em sede de crime culposo, mais especificamente na culpa consciente.

Após essa cogitação, que envolveu a previsão concreta e a não aceitação do resultado, o agente poderá partir para a preparação da prática da conduta, visando, assim, obter meios que permitam sua realização sem que o resultado lesivo previsto se produza, já que este não é aceito pelo agente.

Os atos preparatórios no crime culposo (culpa consciente) ocorrem igualmente ao que acontece nos crimes dolosos, porém com uma diferença, aqui o agente se prepara para realizar uma conduta visando <u>a não produção de um resultado</u> cogitado, enquanto no crime doloso a preparação traduz o elemento volitivo (vontade) do Dolo, produto da cogitação do agente, que se prepara para agir em busca de alcançar o resultado pretendido.

Em seguida, assim como ocorre nos crimes dolosos, na culpa consciente, depois de cogitar e se preparar o agente dá início ao ato executório, realizando a conduta voluntária, porém apenas com a previsão concreta, e não com vontade de produzir o resultado típico, razão pela qual no *iter criminis* <u>doloso</u> à intervenção penal se dá a partir do início de execução, através da punição da tentativa, e no *iter criminis* <u>culposo,</u> a intervenção penal dependerá que se chegue à consumação.

Nos crimes culposos, seja por culpa consciente ou inconsciente, a consumação se dá, via de regra, através da produção concreta, material do resultado, e por isso a intervenção do Direito Penal, para punir o crime, depende que se chegue a esta última etapa do *iter criminis*, mas isso não afasta a existência das demais.

A importância de se identificar as etapas do *iter criminis* nos crimes culposos, especialmente na culpa consciente, está no fato de que o reconhecimento dessa espécie de culpa e sua diferenciação para o Dolo Eventual e para a própria culpa comum (inconsciente), se dá exatamente dentro da etapa de cogitação, em que se identifica como o agente reage em relação ao resultado previsto (dolo eventual x culpa consciente), ou mesmo pela ausência de elemento psicológico quanto ao resultado típico (culpa comum).

Essa análise do *iter criminis* culposo também é determinante para se reafirmar a total impossibilidade de tentativa em todas as espécies de culpa, devido à ausência do elemento vontade, apurado no plano psicológico do agente quando este cogita as consequências dos seus atos.

9.7 TENTATIVA

Para o estudo da Tentativa será preciso fazer uma análise integrada com tudo que já foi dito a respeito do *Iter criminis*, pois a tentativa não é um instituto autônomo e isolado construído pela dogmática, mas apenas uma consequência do próprio *iter criminis* que, em determinadas situações concretas, não chega a se completar.

Nos termos do Art. 14 Inc. II do Código Penal, diz-se o crime: *"tentado, quando, iniciada a execução, não se consuma por circunstâncias alheias à vontade do agente."*

E ainda de acordo com o parágrafo único do mesmo artigo: *"Salvo disposição em contrário, pune-se a tentativa com a pena correspondente ao crime consumado, diminuída de 1 (um) a 2/3 (dois terços)."*

Sabemos que em face do princípio da Lesividade, ou Ofensividade, as etapas de Cogitação e de Preparação são, via de regra, impuníveis e irrelevantes para o Direito Penal, já que nelas o agente não chega a interferir na esfera do bem jurídico alheio, permanecendo estritamente em sua própria esfera, âmbito de atuação, e por isso, ao se falar em tentativa, necessariamente o agente deverá ter dado início à realização dos atos executórios do crime.

Sendo assim, para que se fale em um "crime tentado", punível na esfera penal, será preciso que o agente tenha dado início a execução do crime, algo que será delimitado de acordo com as diversas teorias (supramencionadas) para delimitação do início de execução, modernamente sendo preferível se falar no critério objetivo-individual.

Entretanto, se estamos falando de crime tentado é exatamente porque o agente não terá alcançado a consumação por ele pretendida ao atuar, mesmo porque, ao agir o sujeito sempre irá pretender obter um resultado, completar seu objetivo, e por isso, consumar o fato, pois não há que se falar em ação com intenção de tentar, mas somente com a finalidade (dolo) de consumar o crime.

Assim, já podemos dizer, para construir o conceito dogmático de tentativa, que nela o agente deverá ter dado início a execução, mas não ter alcançado a consumação por motivos alheios a sua finalidade, sua vontade, seu Dolo, que será sempre o mesmo, tanto no crime consumado quanto no crime tentado, qual seja, dolo de consumar o fato.

Além disso, se o crime consumado é o crime que se encontra completo, podemos dizer que o crime tentado é o que está incompleto, e embora no crime tentado o dolo seja o mesmo, e no plano abstrato as penas sejam idênticas as do crime consumado, sua pena concreta deverá ser aplicada também de forma "incompleta", por isso na tentativa aplica-se a pena do crime consumado reduzida de 1/3 a 2/3, de acordo com a expressa previsão legal.

Em resumo, podemos conceituar a tentativa dizendo que se trata de *um crime incompleto em que iniciada a execução não se chega à consumação, por motivos alheios à vontade do agente, aplicando-se a mesma pena do crime consumado, porém reduzida de 1/3 a 2/3.*

Como dissemos, a tentativa não é um instituto criado isoladamente pela doutrina, mas apenas consequência de uma realização incompleta do crime, em que o agente inicia e se encontra na etapa de execução, porém não chega a atingir a consumação, isso independentemente de sua vontade que é de completar o crime, impondo-se, em razão da menor lesividade do crime tentado, uma pena diminuída, em relação à pena que seria aplicada na hipótese de consumação.

No crime tentado o elemento subjetivo (Dolo) está intacto, sendo idêntico ao do crime consumado, e os problemas estão exclusivamente no plano objetivo da realização da conduta típica e da produção (ou não) do resultado previsto na norma, por isso podemos afirmar que não há um "dolo de tentar", razão pela qual não há um tipo penal autônomo de tentativa, mas tão somente um único tipo penal abstrato (consumado) cuja pena será diminuída diante da modalidade tentada.

9.7.1 Natureza jurídica da tentativa

Como vimos, não há um tipo penal tentado autônomo previsto abstratamente em Lei, já que o legislador previu os crimes apenas em sua forma consumada, estabelecendo penas mínimas e máximas abstratamente para estas condutas.

Dessa forma, ao se falar em um crime tentado, na verdade estamos falando de uma realização incompleta de uma conduta típica prevista em Lei, que por motivos alheios à vontade (Dolo) do agente não chegou a se completar e atingir a consumação. Por isso mesmo, a pena dos crimes tentados será no plano abstrato idêntica a do crime consumado, devendo ser diminuída de 1/3 a 2/3 em face da tentativa.

Assim, podemos começar a delimitar a natureza jurídica do instituto da tentativa com base nas suas características ligadas à Teoria da Pena, afirmando que: a Tentativa é uma *causa de diminuição de pena, aplicada pelo juiz na terceira fase da dosimetria da pena privativa de liberdade, em face da incompleta realização do Tipo penal.*

Entretanto, não só no plano da Teoria da Pena a tentativa possui características e funções e por isso devemos analisar sua natureza jurídica também no âmbito da teoria da norma e do crime.

Como sabemos, os tipos penais preveem condutas consumadas, e não tentadas, para as quais estabelecem penas em abstrato, e quando o agente pratica uma conduta, mas não alcança a consumação, esta prática não se adéqua ao modelo previsto pela Lei no tipo penal abstrato.

Por isso, se não houvesse a previsão da tentativa na parte geral do Código Penal (Art. 14 Inc. II e par. único) determinando que, ao crime tentado aplicam-se as penas do crime consumado reduzidas de 1/3 a 2/3, não haveria como se imputar o Tipo formalmente previsto ao agente que apenas tentou cometer o crime, mas não chegou à consumação, pois não haveria adequação da sua conduta de "tentar algo" ao modelo típico consumado previsto em Lei.

Por exemplo, como o Art. 121 do CP prevê a conduta de "*Matar alguém*" como crime de homicídio, se um indivíduo querendo matar seu desafeto dispara sua arma de fogo contra a vítima, errando o disparo e não produzindo a morte, esta conduta não se adéqua ao modelo típico formalmente previsto, já que o sujeito ativo não "matou alguém", mas apenas "tentou matar alguém", e não conseguiu, e *a priori* não poderia responder pelo crime de Homicídio, pois não praticou a conduta descrita no Art. 121 do CP.

Portanto, a Tentativa ganha assim outra natureza jurídica, agora vinculada à estrutura das normas penais e à própria Teoria do Crime, por isso afirma-se que a Tentativa pode ser vista como: ***norma de extensão, norma de adequação típica indireta ou por subordinação mediata***.

Não devemos nos assustar com esse conceito que assim fechado e apresentado pronto pode parecer algo complexo, pois não é, e muito menos devemos tentar decorar essa definição sem buscar entender o que está sendo dito através dela, e por isso, vamos decompor e abrir a afirmação para percebermos o quão simples é o que ela pretende como natureza jurídica da tentativa.

a) ***Norma de extensão***: tomando por base o exemplo do homicídio, percebemos que quando o agente atuou querendo matar alguém, mas não conseguiu, sua conduta foi de "*tentar matar*" e não de efetivamente "*matar alguém*", como previsto no tipo formal do Art. 121 do CP, e é exatamente para permitir que este agente seja imputado pelo crime de Homicídio, que o Art. 14 par. único do CP determina que se estenda a aplicação da pena do crime consumado ao tentado. Logo, o Art. 14 Inc. II e par. único caracterizam uma <u>norma de extensão</u> permitindo que se estenda a aplicação das penas abstratamente cominadas para os tipos consumados a conduta de quem só tentou.

b) ***Norma de adequação típica indireta***: a conduta de *tentar* não se adéqua ao modelo previsto nos tipos formais, e para se adequar a conduta praticada pelo agente (p. ex. tentar matar) ao modelo típico consumado previsto (p. ex. matar alguém) é preciso se passar pela definição de tentativa do Art. 14 Inc. II, e por sua consequência prevista no par. único do mesmo artigo. Por isso, estes dispositivos são normas de adequação da conduta praticada ao modelo típico previsto em Lei, e isso se dá de forma indireta, pois é preciso passar pelos referidos dispositivos para ser possível imputar ao agente as penas previstas no Tipo.

c) ***Norma de adequação típica por subordinação mediata***: significa dizer que a adequação da conduta praticada (tentar) ao Tipo está subordinada ao conceito de tentativa previsto no Art. 14 Inc. II e par. único do CP, sendo por ele mediada, levada, para se encaixar a norma, configurando, assim, uma adequação típica por subordinação mediata ou indireta.

Na verdade, o que o instituto da tentativa faz é ampliar o alcance dos tipos penais, para que estes sejam imputados também a aqueles que só tentaram realizar o tipo penal objetivo através de seu dolo, mas por motivos alheios a sua vontade não conseguiram completá-lo, respeitando, assim, o princípio da Legalidade estrita que informa o ordenamento jurídico penal.

Alguns autores da doutrina nacional[20] falam em *"norma de extensão temporal da figura típica"* (**grifo nosso**), pois entendem que com a utilização do Art. 14 Inc. II CP se estende o alcance do tipo penal a momentos anteriores ao da consumação do fato, ou seja, como a partir do início de execução já será possível se imputar o fato típico ao agente com base na tentativa, a norma de extensão teria caráter temporal.

Sendo assim, podemos definir a natureza jurídica da tentativa de forma completa, abrangendo seu papel na Teoria da Norma, do Crime e da Pena como: *Norma de extensão, de adequação típica indireta, ou por subordinação mediata, sendo uma causa de diminuição da pena.*

9.7.2 Espécies de tentativa

Há algumas espécies de Tentativa adotadas pela doutrina nacional, sendo que podemos inicialmente separá-las em dois grandes grupos, sendo o primeiro em relação ao percurso do agente no *iter criminis* até ser interrompido e não chegar a consumação, e o segundo quanto ao resultado produto do ato executório realizado quanto ao bem jurídico tutelado pela norma.

Vejamos, para trabalhar com o primeiro grupo de classificação precisamos entender que se a intervenção do Direito Penal só ocorre a partir dos atos executórios, sendo a cogitação e a preparação etapas impuníveis do *iter criminis*, e mais que a tentativa se caracteriza pela realização incompleta do crime em que não se chega a consumação, então ao falarmos em tentativa obrigatoriamente estaremos dentro a etapa e execução.

Dessa forma, partindo da ideia que falar em tentativa, seja qual for a sua espécie, significa que o agente se encontra dentro dos atos executórios, tendo passado da cogitação e preparação, mas evidentemente sem ter alcançado a consumação, podemos classificar a tentativa em:

a) **Tentativa Inacabada ou Imperfeita**: é aquela em que o agente dá início a execução e, enquanto está realizando os atos executórios, é interrompido, não conseguindo concluí--los, por motivos alheios a sua vontade. Essa espécie de tentativa se caracteriza por ainda haver atos a realizar, o agente não ter conseguido completar a execução da conduta típica, e com isso não ter chegado a consumação.

Ora, se a tentativa se encontra sempre dentro dos atos executórios e é classificada como inacabada, imperfeita, é por que os atos executórios é que estarão inacabados, imperfeitos.

Exemplo: *João resolve subtrair o rádio de um carro, arromba a porta do veículo e começa a mexer no painel para retirar o equipamento, quando é surpreendido por um carro da polícia que se aproxima. Imediatamente, para o que estava fazendo e foge do local às pressas para não ser pego.*

Percebe-se no exemplo que o agente deu início a execução do crime de furto (Art. 155 do CP) e que não obteve a consumação, ficando na tentativa que será chamada de

---

20. Neste sentido: Fernando Capez e Cleber Masson, dentre outros.

inacabada, pois o os atos executórios ficaram imperfeitos, inacabados, por motivos alheios a vontade do agente, já que ainda havia atos a realizar na situação concreta.

b) Tentativa Acabada ou Perfeita (Crime Falho): é aquela em que o agente dá início a execução da conduta e completa integralmente sua realização, não havendo mais nada a ser feito, porém, por motivos alheios a sua vontade o resultado não ocorre e o crime não se consuma. Neste caso, a tentativa é chamada de acabada ou perfeita, pois os atos executórios estão acabados, perfeitos, mas como não se obteve a consumação diz-se que houve um *Crime Falho*.

Exemplo: *Marcos resolve que vai matar seu desafeto, para isso coloca veneno na sua bebida e lhe entrega. A vítima ingere o veneno e horas depois passa mal, mas acaba sendo salva em um hospital.*

Aqui, fica claro que o agente praticou todos os atos executórios do homicídio por meio de veneno, mas por motivos alheios a sua vontade a morte não ocorreu e o crime não se consumou. Portanto, como os atos executórios estavam completos, perfeitos, acabados, e não havia mais nada a ser realizado pelo autor do fato, caracterizando assim a chamada *Tentativa Perfeita*.

Entretanto, essa não é a única forma de se classificar a tentativa, e podemos delimitar outras duas espécies com base, porém, nas consequências oriundas dessa realização incompleta do crime, separando então o crime tentado em:

c) Tentativa Cruenta: é assim chamada pelo fato de que a partir da realização do ato executório se produz um resultado material, naturalístico, ocasionando assim uma lesão concreta de um bem jurídico, através de um resultado concreto no mundo fático. Na tentativa cruenta se afetando diretamente o objeto material, ou o sujeito passivo do crime, lesionando efetivamente uma pessoa ou coisa, porém sem obter a consumação do crime pretendido.[21]

O adjetivo cruento, ou cruenta, significa sangrento, sanguinolento, ensanguentado, e nos remete ao conceito de algo cruel, por isso na literatura clássica, autores como Nelson Hungria definiam a tentativa cruenta como *"aquela em que há derramamento de sangue"*, embora, em sentido mais amplo, possamos considerar toda aquela que gera resultado naturalístico de lesão.

Exemplo: *Marcos resolve matar seu desafeto, para isso dispara arma de fogo contra ele, atingindo-o em seu braço, mas não gerando o resultado morte pretendido.*

Neste caso, trata-se de uma tentativa de homicídio, já que o dolo do agente era de matar, porém, esta tentativa é considerada cruenta, pois gerou na vítima uma lesão corporal.

d) Tentativa Incruenta ou Tentativa Branca: é o contrário senso da classificação anterior, e por isso essa espécie de tentativa classicamente é definida como *"aquela em que não há derramamento de sangue da vítima"*, ou mais tecnicamente, quando a conduta típica realizada como manifestação do dolo do autor não atinge o objeto material do crime, não gera qualquer resultado concreto no plano naturalístico, e o sujeito passivo não chega a sofrer qualquer lesão.

---

21. Embora não seja uma nomenclatura clássica, há quem utilize o termo "Tentativa Vermelha" para as hipóteses de tentativa cruenta, fazendo uma analogia contrário senso ao conceito de tentativa branca, muito utilizado na literatura pátria.

Exemplo: *Marcos resolve matar seu desafeto, e com dolo de tirar a vida da vítima dispara sua arma de fogo contra o agente, porém erra o disparo e não acerta a vítima, que foge ilesa do local.*

Percebe-se que, na tentativa branca é fundamental perquirir com precisão o Dolo do agente ao atuar, para que se possa delimitar corretamente a tipificação da conduta e o crime praticado, já que no mundo fático nenhuma modificação se produz, e nenhum resultado será causado pela conduta realizada.

É fundamental lembrar que esses dois grupos de classificações são totalmente independentes, e por isso, nada impede que se conjuguem, podendo haver uma tentativa imperfeita cruenta, perfeita cruenta, imperfeita branca, ou ainda, perfeita branca, de acordo com a análise do caso concreto.

Também é importante ressaltar que a classificação da espécie de tentativa não altera em nada a tipificação da conduta, e nem a punição do fato praticado, porém a maioria da doutrina nacional e a jurisprudência dos tribunais superiores (STF/STJ) vêm entendendo que, quanto mais próximo se chegar da consumação menor deve ser a diminuição da pena, e vice-versa, pelo chamado critério da "proximidade de consumação", de acordo com os valores o Art. 14 Inc. II par. único CP (de 1/3 a 2/3).

Logo, via de regra, pode-se afirmar que uma tentativa branca terá a diminuição de pena maior do que a de uma tentativa cruenta, que *a priori* é mais grave, e se aproxima mais da consumação pois produz uma lesão concreta na vítima.

Há ainda outras duas classificações de tentativa utilizadas em nosso ordenamento jurídico, quais sejam a **Tentativa Qualificada ou Abandonada**, oriunda da desistência voluntária e do arrependimento eficaz (Art. 15 do CP), e ainda a chamada **Tentativa Inidônea**, produto do crime impossível (Art. 17 do CP), que serão detalhadamente estudadas a diante, quanto formos tratar destes institutos.

Entretanto, aqui já podemos definir brevemente essas duas outras espécies de Tentativa da seguinte forma:

e) Tentativa Qualificada ou Abandonada: decorre das situações de desistência voluntária ou de arrependimento eficaz em que o agente responderá apenas pelos atos já praticados no curso do *iter criminis*, mas não pela tentativa do crime por ele iniciado originariamente. Sendo assim, chama-se de *tentativa qualificada ou abandonada*, a imputação ao agente do resíduo típico, produto das consequências dos referidos institutos previstos no Art. 15 do CP.

f) Tentativa Inidônea ou imprópria: decorre das situações de crime impossível, narradas nos Art. 17 do CP, quais sejam, a ineficácia absoluta do meio utilizado pelo agente, ou a impropriedade absoluta do objeto a ser atingido pela conduta do autor, sendo também chamada de *tentativa ineficaz, imprópria*, já que é absolutamente incapaz, imprópria, de gerar o resultado típico pretendido e, portanto, de consumar o crime.

Parece-nos um equívoco classificar as hipóteses supramencionadas nos itens "**e**" e "**f**" como espécies de tentativa, já que em nenhuma das duas haverá a imputação da forma tentada do crime pretendido pelo agente, e em ambas as situações, para a maioria da doutrina nacional, a consequência desses institutos será gerar a atipicidade da conduta originariamente pretendida pelo agente, restando, em certos casos, apenas o resíduo típico dessas ações.

g) Tentativa Falha: ocorre quando o agente percebe a impossibilidade material de consumar o fato por ele visado inicialmente, então, em face de obstáculos e insuficiência dos meios de execução, que impedem que o crime venha a se completar o agente "desiste de prosseguir" com a execução do fato.

Percebe-se que essa desistência não é voluntária, já que o autor permanece com seu dolo de consumar o fato, desistindo de prosseguir com a realização do crime em função desses obstáculos e de perceber a impossibilidade de obter a consumação desejada.

Sendo assim, a tentativa falha será considerada como modalidade comum e punível de crime tentado, respondendo o agente normalmente pelo crime consumado com sua pena reduzida de 1/3 a 2/3 de acordo com o Art. 14 Inc. II e par. único do Código Penal.

São exemplos de tentativa falha, citados pelo Prof. Juarez Cirino doa Santos: "*o autor percebe a insuficiência do veneno administrado na vítima, mas não possui outros meios para realizar o dolo de homicídio*" ou ainda "*a arma nega fogo, na tentativa de homicídio*".[22]

9.7.3 Teorias para Fundamentação da Punibilidade na Tentativa

Muitas teorias se desenvolveram para trabalhar a punibilidade da Tentativa em nosso ordenamento, algumas determinando diferenças na punição do crime tentado em relação ao crime consumado, outras tratando o crime tentado da mesma forma que o crime consumado, porém, podemos dividir estas teorias basicamente em três principais posições: Teoria subjetiva, Teoria objetiva, e a Teoria eclética ou mista.

a) Teoria Subjetiva: leva em conta fundamentalmente o aspecto subjetivo do autor ao praticar a conduta, ou seja, considera o dolo do agente ao atuar como fator fundamental na punibilidade do seu ato. Com isso, basta que o agente tenha dado início aos atos executórios de um crime com a finalidade de consumá-lo para que responda integralmente pelas penas a ele cominadas.

Para essa teoria não há diferença se o resultado pretendido foi ou não alcançado, pois tanto no crime tentado quanto no crime consumado a intenção (dolo) do agente é de produzir o resultado típico e, portanto, não deve haver diferença na punibilidade da forma tentada ou consumada de uma infração penal, prevalecendo, assim, o desvalor da ação, em detrimento do desvalor do resultado.

b) Teoria Objetiva: adotada por nosso ordenamento, diferencia a punibilidade da conduta tentada em relação ao crime consumado, pois considera a lesividade concreta do bem jurídico tutelado como fator diferenciador da punição da tentativa e do crime consumado. Para essa Teoria deve-se ponderar o *desvalor da ação* e *do resultado* para delimitar a punição menor da conduta tentada, permitindo, assim, que o agente responda pela pena abstratamente prevista para o crime consumado, porém diminuída (1/3 a 2/3) em face da menor lesividade do crime tentado.

c) Teoria Eclética ou mista: trata-se de uma combinação de ideias objetivas e subjetivas, já que para essa teoria a base para punição deverá ser a intenção (elemento subjetivo) do agente ao atuar, porém para evitar excessos na análise subjetiva, que resultassem na punição de meros atos preparatórios realizados com finalidade voltada a uma futura prática de crime, estabelece um critério objetivo de punibilidade.

---

22. Cirino dos Santos, Juarez. *Direito Penal – Parte Geral* – 1. ed. Ed. Lumen Juris. p. 398.

Embora, pretenda punir a tentativa da mesma forma que a consumação, dando também preponderância ao *desvalor da ação* sobre o *desvalor do resultado*, estipula que o fato só será punível quando se entrar na etapa executória, afetando o sentimento de segurança jurídica e de confiança nas normas vigentes (aspecto objetivo).[23]

Entretanto, é fundamental ressaltar que embora nosso Código Penal tenha adotado a Teoria Objetiva como regra para possibilitar uma menor punibilidade das tentativas, o próprio Art. 14 Inc. II e par. único preveem uma exceção a esta Teoria adotada, quando prevê que: "*Salvo disposição em contrário, pune-se a tentativa com a pena correspondente ao crime consumado, diminuída de um a dois terços.*"(**grifo nosso**)

Percebe-se que há certas hipóteses em que nosso legislador admite que a tentativa será punida com a mesma pena que o crime consumado, isso quando o próprio tipo penal equiparar a forma tentada a forma consumada da infração penal praticada.

Podemos citar como exemplo o **Art. 352 do CP**, que prevê o crime de Evasão de presos da seguinte forma:

> "**Art. 352**. Evadir-se ou **tentar evadir-se** o preso ou o indivíduo submetido a medida de segurança detentiva, usando de violência contra a pessoa:" (**grifo nosso**)

Nessa hipótese, a forma tentada foi equiparada à forma consumada da infração e colocada como elemento do próprio tipo penal, fazendo com que seja inviável a diminuição de pena pela conduta tentada, seguindo a exceção prevista a parte inicial do parágrafo único do artigo 14 do Código Penal.

Essas exceções fazem com que parte da doutrina considere que nosso ordenamento ao admiti-las adota uma *Teoria objetiva-temperada* para delimitação da punibilidade da tentativa,[24] enquanto outra parte prefere dizer que esta é uma exceção em que se adota a *Teoria Subjetiva*, ao invés da regra geral que é a adoção da *Teoria Objetiva*.[25]

Ousamos discordar de ambos os posicionamentos, e acreditamos que a possibilidade de se punir a forma tentada com a mesma pena aplicada a forma consumada de um crime não significa mitigar, temperar a *Teoria Objetiva* adotada por nós, nem muito menos significa adotar em parte a *Teoria Subjetiva*.

Nesses casos excepcionais, o fundamento da equiparação legal dessas formas reside na equivalente lesividade das condutas tentada e consumada de certas infrações, isso de acordo com a política criminal e os objetivos da intervenção penal que em certos crimes não importa em distinção quanto a reprovabilidade para a consumação ou não do fato abstratamente tipificado.

A teoria adota por nosso Código Penal é a Objetiva, sem mitigações ou excepcionais adoções da Teoria Subjetiva, e isso mesmo nas exceções em que a forma tentada é equiparada a consumada pelo legislador (p.ex. Art. 352 do CP – Crime de atentado).

Na verdade, em certas hipóteses há uma equiparação fundada na lesividade objetiva da conduta praticada, pois se considera que, em face dos interesses tutelados por certas

---

23. Vide: Prado, Luiz Regis. *Curso de Direito Penal*. Parte Geral – vol. 1 – 8. ed. Editora RT. p. 399.
24. Neste sentido: Greco, Rogério. Curso de Direito Penal. Parte Geral – vol. 1. 11. ed. Editora Impetus. p. 263.
25. Neste sentido: Masson, Cleber. Direito *Penal esquematizado*. Parte Geral – 2. ed. Editora GEN/Metodo. p. 308.

normas, não há diferenças na lesividade de uma conduta que alcance a consumação, ou que fique na forma tentada, que justifiquem uma diminuição de pena do agente por não ter chegado a completar o crime.

9.7.4 Infrações Penais que não admitem a Tentativa

Como vimos, a Tentativa não é um instituto autônomo criado pela doutrina, mas tão somente consequência de um *Iter Criminis* interrompido que, por motivos alheios à vontade do agente (dolo), não chega a se completar, e após o início de realização dos atos executórios não se alcança a consumação pretendida pelo agente ao atuar.

Sendo assim, para avaliar se uma determinada infração irá admitir ou não a forma tentada (*conatus*) será preciso analisar se o *iter criminis* poderá ser fracionado, fundamentalmente se a etapa executória após iniciada poderá vir a ser interrompida por um fator independente da vontade o autor do fato, que é a de obter a consumação, ou se uma vez iniciado o ato executório o crime automaticamente se encontra completo e, portanto, consumado, inadmitindo assim se falar em Tentativa.

Além disso, precisamos lembrar que a forma tentada de um crime, como conhecemos hoje, é produto das evoluções dogmáticas da Teoria do Delito, que partindo de uma estrutura causalista originária acabou chegando ao Finalismo, adotado por nosso ordenamento e pelo Código Penal.

Isso significa dizer que um crime tentado resulta da caracterização perfeita do elemento subjetivo (dolo) na conduta realizada por um sujeito, portanto como elemento do Tipo Penal, porém em face de circunstâncias independentes de sua intenção ao agir o crime não chega a se completar, e em certos casos (crimes materiais), a tentativa decorre da não obtenção do resultado naturalístico pretendido pelo agente.

Dessa forma, a doutrina costuma estabelecer que determinadas infrações penais não são compatíveis com a forma tentada, isso com base nas características da conduta narrada no Tipo, ou mesmo na ausência do elemento subjetivo (dolo), caracterizador da vontade por parte do agente ao atuar, pois, como sabemos, não se pode tentar algo que não se quer.

Entretanto, não há consenso a respeito da lista de infrações que não admitem a forma tentada, em certas espécies de crimes, haverá esmagadora posição doutrinária contrária a possibilidade da tentativa, enquanto outras irão produzir grandes divergências dogmáticas e jurisprudenciais quanto a essa admissibilidade ou não.

Passaremos agora a analisar as infrações penais que não admitem a Tentativa, partindo daquelas em que praticamente não há divergência em nossa doutrina e jurisprudência, até chegarmos às que geram maiores polêmicas, embora predomine majoritariamente o entendimento de serem incompatíveis com a forma tentada.

São infrações penais incompatíveis com a Tentativa:

a) Crimes Culposos:

Esses crimes são produto de uma conduta descuidada do agente que ao atuar de forma imprudente, negligente ou imperita acaba gerando um resultado típico não desejado por ele, mas produto dessa falta de cuidado ao agir.

Sendo assim, não há por parte do agente intenção, vontade de gerar o resultado típico que acaba sendo causado por sua conduta, sendo que essa produção concreta de resultado será fundamental para que se caracterize o crime praticado. Por isso, não é possível se falar em tentativa dessa espécie de crime, já que evidentemente não se pode tentar aquilo que não se quer.

Além do mais, o próprio texto do Art. 14 Inc. II demonstra formalmente a incompatibilidade da tentativa com a forma culposa de um crime, ao prever que o crime será tentado "*quando, iniciada a execução, não se consuma por circunstâncias alheias à vontade do agente*"(**grifo nosso**), pois sabe-se que na culpa o agente não possui *vontade* de produzir o resultado típico, sendo esta *vontade* elemento caracterizador das condutas dolosas.

Parte da doutrina afirma que essa regra será excepcionada pela categoria chamada de "*Culpa Imprópria*", instituto oriundo da estrutura desenvolvida pela Teoria Limitada da Culpabilidade, e da categoria de erro chamado de Erro de Tipo Permissivo, em sua forma evitável (Art. 20 par. 1º do CP).[26]

Remetemos o leitor ao nosso capítulo referente aos Erros em Direito Penal para elucidação dos aspectos inerentes a esta particular categoria de erro, entretanto podemos adiantar que, embora em sentido amplo, no âmbito da culpa imprópria possa se admitir a modalidade tentada de um "crime culposo", tecnicamente, e em sentido estrito, nessa situação não se trata efetivamente de uma tentativa de conduta culposa, o que por si só já denota um contrassenso técnico e de semântica.

Na verdade, na culpa imprópria ocorrerá tão somente uma tentativa de crime doloso, impropriamente chamado e punido como culposo, por razões de política criminal em face da situação de erro de tipo permissivo evitável (Art. 20 par. 1º do CP), isso quando, o resultado desejado originariamente pelo sujeito, que atua em discriminante putativa, não se produz.

b) Crimes Preterdolosos:

Os crimes preterdolosos são modalidade de crime qualificado pelo resultado em que o agente realiza uma conduta dolosa, porém acaba produzindo um resultado mais grave do que o inicialmente desejado, e esse resultado será produto de culpa, ou seja, da sua inobservância do cuidado devido ao agir.

Nesses crimes o legislador prevê expressamente na Lei uma conduta dolosa e um resultado mais grave qualificador produto de culpa, por isso alguns autores costumam falar que há dolo no antecedente e culpa no consequente.

Evidentemente se nos crimes preterdolosos o resultado produzido não era desejado pelo agente sendo produto de sua falta de cuidado ao agir (culpa) não há que se falar em tentativa, já que o agente quando atua não tem vontade de produzir o resultado que acaba causando.

Por exemplo, podemos citar o crime de Lesão Corporal seguida de morte (Art. 129 par. 3º do CP) em que o agente tem dolo de gerar lesão corporal na vítima, mas acaba produzindo sua morte como consequência da sua falta de cuidado e excesso nos meios de execução.

Logo, não será possível se falar em tentativa, pois a morte será atribuída ao agente a título de culpa, e por não ser produto de sua vontade será incompatível com a forma tenta-

---

26. Vide nossos: *Teorias da Culpabilidade e Teoria do Erro*. 3. ed. Ed. GEN/Forense – e também *Temas Controvertidos de Direito Penal*. 2. ed. Ed. GEN/Metodo.

da. Não custa lembrar que, para se falar em tentativa o agente teria que ter vontade (dolo) de gerar o resultado morte, como produto das lesões corporais produzidas e, neste caso, estaríamos diante de uma tentativa de homicídio doloso.

Há entendimento na doutrina, embora divergente, de que excepcionalmente é possível se falar em tentativa de crime preterdoloso, sendo que isso ocorreria no crime de aborto(doloso) qualificado pelo resultado morte (culposa) da gestante, quando em decorrência de uma conduta de aborto em que o feto sobrevive (aborto tentado) a gestante vem a falecer (homicídio culposo).[27]

Devemos entender que o crime de aborto qualificado pela morte da gestante é um crime preterdoloso *sui generis* em que o dolo do agente recai sobre um sujeito passivo, qual seja o feto, enquanto o resultado qualificador culposo incide sobre outro, a gestante.

Exatamente em função dessa anômala duplicidade de sujeitos passivos em sede de preterdolo é que se vislumbra, nos termos do Art. 127 do CP conjugado com o Art.14 Inc. II e par. Único CP, a possibilidade de se falar excepcionalmente em um crime preterdoloso tentado, qual seja, o aborto (Art. 125 e Art. 126 do CP) tentado qualificado pelo resultado morte (culposa) da gestante.

c) Crimes Unissubsistentes:

São aqueles em que a conduta típica é uma, indivisível, não admitindo fracionamento e, portanto, não poderá ser iniciada e interrompida, se completando em um único ato. Logo, nesses crimes se impossibilita falar em uma realização incompleta, ou seja, em tentativa, já que, ou a conduta ocorre por inteiro, e o crime se consuma, ou a prática do fato nem se inicia, e o fato será atípico.

Podemos tomar como exemplo o crime de Desobediência (Art. 330 do CP), o crime de Violação de domicílio (Art. 150 do CP), a Injúria Verbal (Art. 140 do CP), dentre outros, em que ou o agente iniciou a realização da conduta e com isso a completou, consumando o crime, ou ainda se encontra nas etapas de cogitação ou preparação, e o fato será atípico.

Embora seja entendimento dominante na doutrina nacional que os referidos crimes unissubsistentes não admitem a forma tentada, nos parece que essa afirmação é um pouco radical, pois acreditamos que, sob a ótica moderna do critério objetivo individual para delimitação do início de execução, deve-se analisar cada situação concreta para apurar se, mesmo se tratando de um crime que preveja conduta unissubsistente, o ato executório do agente já não estaria em curso nos momentos anteriores à concreta realização desse indivisível verbo núcleo do Tipo, o que excepcionalmente permitiria se falar em tentativa nessa categoria de crime.

Parece evidente que, grande parte da doutrina nacional ao afirmar que esses crimes não admitem a forma tentada se baseia ainda no tradicional critério formal para delimitação do início de execução (prática concreta do verbo), o que evidentemente afasta a possibilidade de se cogitar a tentativa em face de uma conduta típica unissubsistente.

Entretanto, como já afirmamos anteriormente, a adoção cega e fundamentalista do critério formal, de raízes causalistas, não mais se sustenta, nem mesmo entre aqueles que afirmam serem adeptos dessa teoria para caracterização do início de execução, pois diante

---

27. Neste sentido, aceitando a tentativa preterdolosa do aborto: J. F. Mirabete e R. Greco. Em sentido oposto negando esta possibilidade: L. Regis Prado.

dos paradigmas finalistas, estes mesmos adeptos acabam por flexibilizar seus conceitos delimitadores, para determinar o início de execução, e a própria tentativa, momentos antes do efetivo início da prática da conduta típica (p. ex. quando o agente profere o disparo da arma, mesmo sem ter atingido ainda a vítima, e concretamente começado "a matar").

Por isso mesmo, nas bases da Teoria objetiva individual, para delimitação do início de execução, acreditamos ser possível excepcionalmente, e de acordo com a análise da situação concreta, que se fale em tentativa em certas hipóteses de crimes unissubsistentes (p. ex. na violação de domicílio – *Art. 150 do CP* – "*Entrar... em casa alheia...*" – quando o agente é pego pulando o muro da casa, ou forçando a fechadura da porta).

O Professor Eugenio Raul Zaffaroni parece coadunar com nosso ponto de vista ao criticar o posicionamento clássico defendido pelo Prof. Anibal Bruno, que não admitia a tentativa nos crimes unissubsistentes, posicionamento este ainda hoje majoritário na doutrina e jurisprudência pátria. Porém, ousamos discordar da posição atualmente dominante e apoiamos o entendimento defendido pelo o ilustre mestre argentino quando afirma:

> "*Aníbal Bruno diz que, dentre os crimes dolosos, não admitem a tentativa 'que, como na injúria verbal se desenvolvem em um só ato e em que é impossível distinguir-se um iter criminis com fases sucessivas, nesses chamados "unissubsistentes" em que não pode haver parada no caminho, porque este se vence em um salto instantâneo'. Este é, praticamente, o critério aceito pela doutrina nacional. Nós acreditamos que não se pode tê-lo como critério geral e absoluto, porque, contrariamente haverá sempre necessidade de se considerar o plano concreto do autor, da mesma maneira que se faz no caso de limitação dos atos preparatórios e executivos*" (**grifo nosso**).[28]

d) Crimes Habituais:

São aqueles em que de acordo com a conduta prevista no tipo penal dependem de uma prática reiterada de atos para que caracterize o verbo e, portanto, para que ocorra o crime. Dessa forma, nos crimes habituais ou o agente realiza habitualmente atos de forma reiterada, e o crime estará consumado, ou então, pela prática eventual e esporádica de atos não se caracterizará a habitualidade e o fato será atípico.

De acordo com a definição acima, essa categoria de crime seria absolutamente incompatível com a modalidade tentada, pois se mesmo realizando alguns atos a habitualidade não se configura e o fato permanece como atípico, seria impossível vislumbrar a forma tentada do crime, mesmo porque uma realização incompleta do fato também não seria suficiente para que se caracterizasse a habitualidade exigida para que houvesse crime.

Podemos citar como exemplos de crimes habituais, que de acordo com a maioria da doutrina pátria não admitem a forma tentada, o crime de Exercício ilegal da medicina (Art. 282 do CP), o Curandeirismo (Art. 284 do CP), a Casa de Prostituição (Art. 229 do CP), dentre outros.

Embora, de acordo com o posicionamento clássico defendido pela dogmática nacional dominante, os crimes habituais não admitam tentativa, precisamos conhecer os fundamentos desse entendimento, para que então possamos analisar a posição divergente, que aceita a modalidade tentada para essa espécie de crime, defendida pela dogmática estrangeira mais moderna.

---

28.   Zaffaroni, Eugenio Raul, e Pierangeli, J. Henrique. *Da Tentativa*. 6. ed. Editora RT. p. 60/61.

Há duas formas de se trabalhar o conceito de habitualidade, caracterizador dessa categoria de crime:

a) Elemento objetivo do Tipo Penal: com base nos verbos previstos nesses crimes, a habitualidade teria caráter objetivo, e por isso seria necessária uma prática reiterada de atos para que a conduta prevista se concretizasse, e com isso o crime se consumaria após a realização habitual de alguns atos por parte do sujeito ativo, sendo inviável se falar em tentativa.[29]

b) Elemento subjetivo especial do Tipo Penal: os crimes habituais possuiriam uma particular categoria de elemento subjetivo especial, que além do Dolo seria necessário para que a conduta típica se configurasse. Esse elemento subjetivo especial se caracterizaria através da tendência manifestada pelo agente de agir habitualmente, de repetir habitualmente determinados atos proibidos, gerando, assim, uma nova categoria de crimes chamados de *Delitos de Tendência*.

A partir desse ponto de vista não seria mais necessário que o agente objetivamente realizasse diversos atos de forma habitual para que o crime estivesse consumado, bastando para isso que chegasse a atuar uma única vez, mas com manifesta tendência a repetir a conduta realizada outras vezes e de forma habitual.[30]

Sendo assim, considerando-se a habitualidade como elemento subjetivo especial, caracterizado através da tendência do agente de atuar habitualmente, nada impede que se fale em tentativa nessa espécie de crime. Logo, quando o agente, com a tendência de repetir habitualmente sua conduta der início a realização do seu primeiro ato, e for interrompido, não conseguindo completá-lo, por motivos alheios a sua vontade, haverá a tentativa do crime habitual.

Por exemplo: quando determinado sujeito, vestido de branco, começa a atender seu primeiro paciente em um consultório, mas é interrompido pela chegada da polícia antes de completar esse atendimento. Nesta hipótese, a tendência à habitualidade estaria demonstrada, e mesmo tendo realizado parcialmente uma única conduta o agente responderia pelo crime de tentativa de Exercício ilegal da medicina (Art. 282 do CP).

Parece-nos inegável que diante da realidade finalista, e dos seus paradigmas subjetivos vinculadores da conduta humana, não há mais como fechar os olhos para a possibilidade de se admitir a tentativa nos crimes habituais, considerando-se para isso a habitualidade como um elemento subjetivo especial, inerente a essa categoria de crime (delitos de tendência), embora, infelizmente, esta ainda não seja a posição adotada pela doutrina, jurisprudência e bancas de concursos públicos em nosso país.

e) Crimes de Atentado:

Como já dissemos, há certas hipóteses em que o legislador equipara a forma tentada a forma consumada de um tipo penal, prevendo a tentativa como elemento objetivo integrante do próprio tipo formal.

Ao fazer isso, o legislador impossibilita se falar em tentativa como causa de diminuição de pena, já que a conduta de tentar realizar a infração caracteriza a própria consumação do crime, mesmo porque, nesses crimes, para se trabalhar com a forma tentada, teria

---

29. Neste sentido: F. Capez, L. Regis Prado, C. R. Bitencourt, C. Masson, R. Greco e outros.
30. Neste sentido: Zaffaroni, Roxin, Jescheck, dentre outros.

que se admitir a punição da "tentativa da tentativa", ou então se punir a conduta de "*tentar tentar*" realizar o fato, algo absolutamente descabido e desproporcional.

Essas conclusões encontram expresso embasamento legal na parte inicial do Art. 14 par. único do CP, ao prever que: "***Salvo disposição em contrário***, *pune-se a tentativa com a pena correspondente ao crime consumado, diminuída de um a dois terços.*" (**grifo nosso**)

São exemplos desta categoria de crime, a Evasão ou tentativa de evasão violenta de presos (Art. 352 do CP), em que a simples tentativa de fuga com violência ou grave ameaça a pessoa se equipara a própria fuga em si, ambas sendo formas de consumação deste crime, bem como em algumas condutas previstas nos novos tipos penais inseridos no Código Penal pela Lei 14.197/21 (Crimes contra o **Estado Democrático de Direito**).

f) Crimes de Mera Conduta ou de mera atividade:

São aqueles em que a Lei prevê exclusivamente uma conduta proibida, não havendo a previsão de qualquer resultado naturalístico atrelado ao Tipo, como produto da conduta proibida realizada.

Pune-se a simples realização da mera conduta proibida realizada pelo agente e por isso, devido à total ausência de um resultado naturalístico sequer previsto, esses crimes se consumam com a total e completa realização da conduta típica prevista no tipo objetivo.

Em tese nada impede que essa espécie de crime admita a tentativa, e assim como nos crimes formais, que também se consumam com a completa realização da conduta típica proibida, poderia haver tentativa se o agente iniciasse a prática da conduta típica e fosse interrompido, não chegando a completá-la, por motivos alheios a sua vontade.

Porém, nos crimes de mera conduta o legislador optou, via de regra, por prever exclusivamente condutas unissubsistentes e que, portanto, não podem ser fracionadas, razão pela qual esses crimes serão reconhecidos pela maioria da doutrina nacional como incompatíveis com o instituto da tentativa.

Dessa forma, os crimes de mera conduta, via de regra, não admitem tentativa, não pelo fato de que são de crimes de mera atividade, mas sim fundamentalmente por serem, via de regra, crimes unissubsistentes, diferentemente dos crimes formais que, em certos casos, serão compatíveis e irão admitir a tentativa, quando sua conduta for plurissubsistente, não permitindo a forma tentada apenas quando a conduta típica possuir natureza indivisível, unissubsistente.

Entretanto, assim como defendemos para os delitos unissubsistentes, nas bases do critério objetivo individual para delimitação do início de execução, afastando-se a aplicação do vetusto critério objetivo formal, acreditamos que em determinadas hipóteses nada impede que se fale em tentativa de crimes de mera conduta, posição esta também defendida por *Zaffaroni* de forma categórica, ao afirmar que: " *Cabe insistir, a respeito dos chamados **delitos de pura atividade que os mesmos admitem a tentativa**, o que é inadmissível do ponto de vista da teoria formal-objetiva*"[31] (**grifo nosso**)

g) Crimes Omissivos Próprios:

Esses crimes são aqueles em que a própria Lei prevê uma conduta omissiva, daí o nome omissivos próprios, já que nascem como uma omissão punível, e por isso, via de

---

31. Zaffaroni, Eugenio Raul, e Pierangeli, J. Henrique. *Da Tentativa*. 6. ed. Editora RT. p. 59.

regra, dão origem a um dever geral de atuar imposto a todos, salvo quando o Tipo especifique sujeitos ativos, já que o simples não agir é considerado proibido pela Lei.

Há inúmeras razões para se afirmar que essa categoria de crimes não admitiria a forma tentada, e embora todas elas esbarrem em divergências e controvérsias doutrinárias, é posição dominante na doutrina nacional que os crimes omissivos próprios ou puros não são compatíveis com a Tentativa, enquanto no que tange aos crimes omissivos impróprios, ou comissivos por omissão, o posicionamento se inverte, e a maioria de nossos autores admitem sua possibilidade.[32]

Defendendo a inadmissibilidade da Tentativa nos crimes omissivos próprios, e aceitando sua possibilidade nos crimes omissivos impróprios, afirma o Prof. *Cezar Roberto Bitencourt:*

> *"O crime omissivo próprio também não admite a tentativa, pois não exige um resultado naturalístico produzido pela omissão. Se o agente deixa passar o momento em que devia agir, consumou-se o delito, se ainda pode agir não se pode falar em crime."* E prossegue dizendo: *"Os omissivos impróprios ou comissivos por omissão, que produzem resultado naturalístico, admitem tentativa".*[33]

Na verdade, os crimes omissivos próprios não admitem tentativa não é pelo fato de serem crimes omissivos, mas sim por que primeiramente a conduta omissiva é unissubsistente e, portanto, não poderá ser fracionada, interrompida, logo, no momento em que o agente deixa de agir diante de uma situação em que devia fazê-lo, inicia e completa em um único momento a execução da conduta omissiva.

Além disso, os crimes omissivos próprios, via de regra, são crimes de mera conduta, ou de mera atividade, isso pelo fato de que a conduta omissiva não é capaz de causar resultados naturalísticos, e sendo assim, o legislador não pode atribuir resultados concretos aos tipos omissivos próprios cuja conduta proibida e prevista na norma é a própria omissão do agente.

Dessa forma, conjugando-se as características de crime unissubsistente e de mera conduta, inerentes aos crimes omissivos próprios, fundamenta-se a sua incompatibilidade com a modalidade tentada, defendida pela maioria da doutrina pátria.

Entretanto, esse entendimento não é unânime, e da mesma forma que há posicionamento defendendo a possibilidade de tentativa nos crimes unissubsistentes e de mera conduta, estende-se essa aceitação para os crimes omissivos próprios, isso nas bases do critério objetivo individual para delimitação do início de execução.

Defendendo a possibilidade de se falar em Tentativa nos crimes omissivos próprios, posição minoritária em nosso ordenamento, e usando como exemplo, o mais emblemático deles, o crime de omissão de socorro (Art. 135 do CP), o Prof. Eugenio *Raul Zaffaroni* afirma, com sua peculiar maestria e contundente simplicidade, ao se referir a este crime, que:

> *"Se tomarmos como exemplo a omissão de socorro e considerarmos que a tentativa é uma questão de tipicidade, veremos que pode ocorrer o caso de alguém que se encontre diante de uma pessoa em perigo e decida não lhe prestar o auxílio que o caso reclama, mas que este não tenha de ser prestado num determinado momento, porque a postergação não aumenta o perigo. "* E prossegue dizendo: *"Aqui os atos de tentativa existem desde que o agente, com dolo de omitir o auxílio, realiza uma ação diferente, enquanto*

---

32. Neste sentido: R. Greco, F. Capez, L. R. Prado, C. R. Bitencourt, dentre outros.
33. Bitencourt, Cezar Roberto. *Tratado de Direito Penal – Parte Geral – 8. ed. Editora Saraiva. p. 369/370*

o delito está consumado quando o transcurso do tempo aumenta o perigo e diminui as possibilidades de auxiliar. "[34] **(grifo nosso)**

Porém, em sentido radicalmente oposto, há entendimento em nossa doutrina contrário à possibilidade de Tentativa em qualquer que seja a modalidade de crime omissivo, não aceitando a forma tentada para a omissão própria, conforme a maioria da doutrina, mas negando também esta possibilidade nos crimes omissivos impróprios, ou comissivos por omissão.

Essa posição se fundamenta na crença de que, pelo fato do nosso código penal ao adotar um critério objetivo para delimitação do início de execução (seja na vertente objetivo-formal, seja na vertente objetivo-individual) este se refere exclusivamente aos crimes de ação, não abrangendo, portanto, as condutas omissivas no âmbito da tentativa.

Nesse sentido, também minoritário em nosso ordenamento, mas bastante útil para uma questão de prova de defensoria pública, defende o ilustre Prof. Juarez Cirino dos Santos:

"Na Legislação brasileira, o critério objetivo do início de execução da definição legal de tentativa (Art. 14 II, CP) tem por objeto, exclusivamente, crimes de ação: o início de execução somente poderia existir na realização da ação mandada – e, portanto, no cumprimento do dever jurídico de agir –, nunca na omissão de ação, caracterizada pela ausência de qualquer processo executivo. Assim, do ponto de vista conceitual, a tentativa de omissão de ação é impossível; do ponto de vista do princípio da Legalidade, a punição da tentativa de omissão de ação, própria ou imprópria, é inconstitucional - e qualquer solução diferente passa necessariamente, pela mudança da definição legal."[35]

Acreditamos que no que tange aos crimes omissivos próprios seria um descabido exercício mental buscar alternativas para a aceitação da forma tentada, embora não sejamos a favor de limitações absolutas à forma tentada nas categorias de crimes que fundamentam a ausência de tentativa na omissão pura, quais sejam os crimes unissubsistentes e os de mera atividade, pois acreditamos que, em face do critério objetivo individual de delimitação do início de execução, a tentativa é possível, em certas hipóteses, nesses crimes. Porém, reitero que esse entendimento não deve se estender aos crimes de omissão, devido à particularidade dessa forma de conduta.

h) Contravenções Penais:

Trata-se de infrações penais que, devido a sua reduzida lesividade, não foram consideradas e previstas como crime pelo Código Penal, e por isso aparecem na Lei de Contravenções Penais (Dec.-Lei 3688/41), embora sua análise deva passa por todas as características e aspectos inerentes aos crimes (Tipicidade/Ilicitude/Culpabilidade).

Ocorre que, devido a menor lesividade das Contravenções, o legislador entendeu, em face do Princípio da Intervenção Mínima, que não seria razoável, proporcional e necessário punir a sua forma tentada, pois a mera tentativa de contravenção seria de tão pequena relevância, e de tão reduzida ofensividade, que não mereceria a intervenção penal do Estado.

Dessa forma, a Lei de Contravenções penais prevê expressamente em seu Art. 4º que *"Não é punível a tentativa de contravenção"*, e embora formalmente seja plenamente possí-

---

34. Zaffaroni, Eugenio Raul, e Pierangeli, J. Henrique. *Da Tentativa*. 6. ed. Editora RT. p.125.
35. Cirino dos Santos, Juarez. *Direito Penal* – Parte Geral – 1. ed. Ed. Lumen Juris. p. 214.

vel iniciar os atos executórios de uma contravenção, e não conseguir se chegar à consumação, por motivos alheios a vontade do agente, essa tentativa será absolutamente impunível, e o fato considerado um indiferente penal.

Deve-se atentar para o fato de que muitos autores passaram a usar diversas nomenclaturas, como sinônimos para as Contravenções Penais, fazendo uma analogia ao fato de serem estruturalmente idênticas aos crimes, porém em menor escala de importância e lesividade, chamando-as de nomes como *"crime anão"*, nomenclatura clássica utilizada por Nelson Hungria, ou mesmo o original *"crime Liliputiano"*, numa alusão a fábula de "Guliver", em que este se perde em uma ilha (ilha de *Lilliput*) povoada seres pequeninos, chamados *Liliputianos.*

Não importa a nomenclatura que se pretenda inventar para as Contravenções, através de diversos outros sinônimos como *"nano crime"*, *"microcrime"* etc., elas nunca admitirão modalidade tentada, por expressa vedação legal.

9.7.5 Tentativa nos Crimes Omissivos Impróprios ou Comissivos por Omissão

No que tange a possibilidade de tentativa nos crimes omissivos impróprios, somos simpáticos a sua aceitação, mas acreditamos que o problema reside especificamente em se delimitar quando se dá o início de execução nessa categoria *suis generis* de crime, já que neles a Lei prevê uma ação e certos agentes (Garantidores), que possuem um dever específico de agir para impedir a produção de resultados (Art. 13 par. 2º do CP), respondem pelo resultado oriundo de sua omissão.

Na verdade, a discussão dogmática reside na divergência existente sobre, se o início de execução da conduta omissiva se configura no _primeiro momento em que o garantidor perde a oportunidade de agir_ diante da situação de perigo, ou se está na _perda da última chance de agir para evitar a produção do resultado_, pois somente assim será possível se estipular a punibilidade da forma tentada na omissão imprópria, ao garantidor que se omitiu.[36]

Obviamente nos crimes omissivos impróprios o dever de garantia se vincula a existência de um perigo concreto para o bem jurídico do garantido, é consenso na doutrina moderna que o dever de agir do garantidor surge a partir do momento em que o bem jurídico tutelado fica em perigo.

Entretanto, é a partir da existência de um perigo que se deve determinar o início de execução do crime omissivo impróprio, para isso acreditamos que buscando maior precisão e sob a ótica da razoabilidade é preciso que se faça uma conjugação entre os critérios apresentados pela dogmática moderna.

Concordamos que se deva tomar por base o *"critério da proximidade do perigo"*,[37]porém acreditamos que se deva conjugar este critério com a análise do primeiro ou último momento em que a atuação do garantidor é possível para evitar a lesão do bem ameaçado.[38]

---

36. Vide: Tavares, Juarez. *Controvérsias em torno dos Crimes Omissivos*. Ed. ILACP – 1996.
37. Neste sentido vide: Araripe, Alexandre e Freitas, Andre Guilherme. *Manual de Direito Penal* – Parte Geral – 1. ed. Ed. Lumen Juris.
38. Vide: Zaffaroni, Eugenio Raul, e Pierangeli, J. Henrique. *Da Tentativa*. 6. ed. Editora RT.

Na verdade, o critério defendido inicialmente por Hans Welzel, de que o início de execução para os crimes omissivos impróprios deve se dar no último momento em que a intervenção penal é possível, embora possa ser o mais adequado para a maioria dos casos, não deve vincular todas a hipóteses.

A conclusão a respeito do início de execução na omissão imprópria deverá passar também pela abordagem do incremento do risco (ou não) para este bem, de acordo com a omissão da atuação do garantidor, pois, em casos específicos, esse incremento irá se dar já no "primeiro momento" em que a atuação do garante é possível, isso ocorrerá em face de uma situação de perigo próximo, afastando-se, assim, a tese do "último momento" para o início de execução e tentativa, defendida por Welzel.

De acordo com o Prof. Alvaro Mayrink da Costa: "*Os injustos impróprios apresentam grande relevância prática. A orientação da doutrina germânica é na direção que se inicia a tentativa quando da inatividade do garante decorre o aumento do risco concreto diante do bem jurídico*".[39]

Entretanto, acreditamos que para se definir com precisão o início de execução nos crimes omissivos impróprios e consequentemente a punibilidade de sua forma tentada, será necessário se conjugar este critério do "aumento do risco" com os outros critérios citados, e adotados pela dogmática moderna, como critério da "proximidade do perigo" e o critério do "momento da possibilidade de ação".

Vejamos alguns exemplos concretos:

a) *O famoso exemplo do responsável que deixa uma criança trancada dentro de um carro no estacionamento de um supermercado enquanto está fazendo compras.*

Nesse caso, o perigo para a vida e a integridade física da criança ainda está distante, não havendo ainda início de execução, e não haverá crime tentado até que haja um perigo concreto e próximo, e que esse responsável, diante desse perigo, deixe de agir já no primeiro momento em que isto for possível.

b) *Um bombeiro presencia uma pessoa começando a se afogar no mar, e começa a pensar se irá entrar no mar revolto, mas permanece alguns segundos ainda sem prestar o salvamento, porém antes que atue, outra pessoa interfere e salva a vida do agente.*

Nesse caso o perigo já está presente e próximo, porém a partir da inércia do garantidor ainda há tempo hábil para que este inicie a execução da conduta de salvamento e impeça a produção do resultado. Dessa forma, não há que se falar em tentativa de crime omissivo, utilizando-se o critério do "último momento" possível de atuação, para delimitação do início de execução da conduta omissiva.

Para esse entendimento identifica-se que ao falarmos em tentativa de crime omissivo impróprio, teríamos que estar sempre diante de uma tentativa acabada ou perfeita, em que não haveria mais nenhum ato executório omissivo a ser realizado pelo garantidor.[40]

c) *O pai olha para a janela do apartamento e percebe seu filho de 3 anos debruçado no parapeito, fica inerte e olha para a TV para ver o final do jogo de futebol, quando o filho cai mas fica pendurado pela roupa, quando é imediatamente salvo pela empregada que adentra na sala.*

---

39. Mayrink da Costa, Alvaro. *Direito Penal – Parte Geral – vol. 2 – 8. ed. Ed. Forense. p. 1569.
40. Neste sentido: Welzel, Hans. *Derecho Penal Alemán*. Ed. Depalma. 1956.

Nesse caso, o perigo de dano é tão próximo, presente e atual, que a inércia do pai incrementa de forma evidente o risco do resultado se produzir, e o primeiro momento em que este perde a oportunidade de evitar o resultado acaba se confundindo com sua última chance para agir, fazendo assim com que já haja tentativa do crime de homicídio por omissão neste primeiro instante em que o responsável se omite no seu dever de atuação.

9.7.6 Tentativa e Dolo Eventual

Embora haja alguma divergência doutrinária, no Direito nacional e estrangeiro, não nos parece razoável a aceitação da forma tentada de um crime quando a conduta do agente é realizada através de Dolo Eventual.

Para analisar o problema devemos partir das estruturas teóricas fundamentadoras dessas duas modalidades de Dolo, pois só assim poderemos tirar conclusões a respeito da admissibilidade ou não da tentativa em Dolo eventual.

Primeiro, a chamada *Teoria da vontade*, caracterizadora do Dolo direto como aquele em que o agente atua com finalidade, intenção e vontade direcionadas a realização do Tipo penal objetivo, e produção de um resultado lesivo como fim específico da conduta realizada pelo agente.

Segundo, a *Teoria do consentimento ou assentimento*, que determina haver dolo eventual quando, após possuir a previsão concreta de um resultado, o agente consente, concorda, e é indiferente quanto a sua eventual produção, aceitando o risco de produzir o resultado ao agir, resultado este que não é por ele desejado, mas somente previsto como possível ou provável.

Nas bases do *Art. 14 Inc. II* do Código Penal se delimita a Tentativa afirmando que, diz-se o crime: *"tentado, quando, iniciada a execução, não se consuma por circunstâncias alheias à __vontade__ do agente"*, o que já demonstra o caminho para as evidentes limitações à aplicação da forma tentada de um crime para uma conduta realizada em Dolo Eventual.

Ora, a tentativa resulta de uma realização incompleta do *iter criminis*, na qual o agente dá início aos atos executórios com a finalidade de obter a consumação do crime, porém por circunstâncias alheias a sua vontade, este não se completa, dando origem a imputação do crime consumado com sua pena reduzida de 1/3 a 2/3.

Dessa forma, parece evidente que na tentativa o autor deve possuir intenção, vontade de consumar o crime, algo que acaba não conseguindo, sendo essa vontade, intenção, finalidade de obter um resultado a característica estrutural do *Dolo Direto*, não integrando as condutas realizadas em *Dolo Eventual*, em que a intenção do agente é de praticar uma conduta atípica, apenas prevendo que um resultado típico poderá ocorrer em razão de sua atuação.

Não só pela estrutura dogmática, mas também pela expressa previsão legal no Art. 14 Inc. II do CP do termo "vontade", caracterizador da Tentativa, não há como se compatibilizar o Dolo Eventual, em que não há vontade de se produzir o resultado lesivo, com a modalidade tentada de um crime.

Vamos a análise de alguns exemplos concretos:

a) Rodrigo, estudante do 8º período de medicina, por estar sem dinheiro resolve abrir um "consultório" como cirurgião plástico. Ao receber sua primeira paciente lhe oferece uma intervenção cirúrgica com preços bastante atrativos, e a moça resolve se submeter a um implante mamário.

Durante a cirurgia, por evidente falta de capacidade técnica, acaba gerando grave hemorragia que resulta na morte da paciente.

Nesse caso, estamos diante de um clássico exemplo de Homicídio praticado por Dolo eventual, já que Rodrigo em momento algum teve intenção, vontade de produzir o resultado morte (dolo direto de matar), porém, por não ser cirurgião, previu concretamente a possibilidade desse resultado se produzir, e visando seu lucro financeiro, consentiu com a probabilidade de sua ocorrência, e ao agir assumiu o risco da produção do resultado.

Porém resta uma indagação: *Se após o procedimento cirúrgico a paciente saísse ilesa e com os resultados estéticos por ela desejados, poderíamos imputar a Rodrigo uma tentativa de homicídio por Dolo eventual?*

Evidentemente a resposta só poderá ser negativa, pois o agente não atuou com vontade de produzir o resultado, tendo apenas previsto a sua possibilidade de ocorrência, afastando-se, assim, a possibilidade de se falar em tentativa, já que esta ocorre quando a consumação (desejada) não se produz por motivos alheios à vontade (dolo direito) do agente. Vale aqui a famosa frase: não se pode tentar aquilo que não se quer.

b) O clássico exemplo de Frank, citado pelo Prof. Alvaro Mayrink da Costa:[41] Durante uma caçada, um caçador atira contra um animal que se encontrava próximo a outros caçadores, atingindo apenas o animal. Embora tenha previsto concretamente a chance de acertar um dos companheiros de caça, por desejar intensamente matar o animal, assumiu o risco de produzir o resultado e fez o disparo, atuando com dolo eventual.

Seria um despautério jurídico, e um contra senso lógico, se afirmar que esse agente deve responder por tentativa de homicídio, ou de lesão corporal, em relação a um dos caçadores que se encontravam no local, já que sua conduta está completamente despida da vontade de "matar alguém", ou de "ofender a integridade física de outrem", necessárias para se imputar as formas tentadas do crime de homicídio ou de lesão corporal.

A doutrina nacional diverge a respeito da possibilidade ou não de se falar em tentativa no dolo eventual, sendo que alguns autores de forma explícita, ou implícita em seus conceitos, negam essa possibilidade de ocorrência nas bases da necessidade de uma intenção, vontade direcionada à produção do resultado típico para se falar em tentativa, bem como na expressa previsão legal do termo "vontade" na definição presente no Art. 14 Inc. II do CP.[42]

Porém, fundada no argumento que a legislação penal equiparou as condutas realizadas com dolo eventual ao dolo direito (Art. 18 inc. I do CP), parte da doutrina nacional afirma, de forma inconsistente, ser possível se falar em tentativa de crimes cuja conduta seja realizada com dolo eventual.[43]

Entretanto, esse mesmo setor da doutrina não consegue afastar as limitações inerentes à ausência de vontade de uma conduta com dolo eventual, e não apresenta soluções plausíveis para as inúmeras situações concretas em que alguém atua com dolo eventual,

---

41. Mayrink da Costa, Alvaro. *Direito Penal – Parte Geral – vol. 2 – 8. ed.* Ed. Forense. p. 1552/1553.
42. Neste sentido: R. Greco, Cezar Roberto Bitencourt, Alvaro Mayrink da Costa, J. F. Mirabete, dentre outros.
43. Neste sentido: L. R. Prado, C. Masson, J. Cirino dos Santos, dentre outros.

prevendo um resultado que não tem vontade de causar, porém o resultado previsto não se produz. Portanto, reafirmamos nosso entendimento de que não há que se falar em tentativa de dolo eventual.

9.8 DESISTÊNCIA VOLUNTÁRIA E ARREPENDIMENTO EFICAZ

Ainda dentro da análise do *Iter Criminis*, ou seja, das etapas de realização de um crime doloso, surgem alguns institutos, que têm intima relação com a prática do crime, em que se permite ao autor interromper o curso da realização do fato, impedido que o *iter criminis* se complete e que o crime se consume.

Trata-se da desistência voluntária e do arrependimento eficaz, institutos com grande viés de política criminal, já que estimulam a interrupção voluntária do processo de realização do crime a partir do início de execução, quando já seria possível haver intervenção do Direito Penal, para que se impeça a ocorrência da consumação, e consequente produção de um resultado lesivo.

Por possuírem as mesmas consequências, embora ocorram em momentos diferentes do *iter criminis*, estes institutos aparecem previstos no Código Penal, no mesmo dispositivo Legal, com o seguinte texto:

> **"Art. 15.** O agente que, voluntariamente, desiste de prosseguir na execução ou impede que o resultado se produza, só responde pelos atos já praticados"

Pelo texto legal apresentado já podemos perceber que os institutos se dividem de acordo com seu momento de ocorrência, porém com o mesmo objetivo, que é o de evitar a consumação do crime, e com a mesma consequência, que é afastar a imputação do crime inicialmente visado pela conduta do agente, e puni-lo apenas por fatos acessórios e paralelos que já tenha realizado no curso do *iter criminis*.

Sendo assim, vamos analisar separadamente cada uma destas hipóteses de *"iter criminis voluntariamente interrompido"* para visualizar sua aplicação prática, bem como suas consequências na imputação dos fatos ao agente.

9.8.1 Desistência Voluntária

Prevista na primeira parte do Art. 15 do CP (*"voluntariamente, desiste de prosseguir na execução"),* parte do pressuposto que o autor já não se encontra mais nas etapas impuníveis do *iter criminis* (cogitação e preparação) e ocorrendo quando: *iniciada a execução do crime, o agente voluntariamente desiste de prosseguir ou abandona sua realização, quando poderia terminá-la.*

Percebe-se que na situação prevista na desistência voluntária, o agente dá início à execução do crime, atuando dolosamente para a produção de um resultado lesivo e entrando na esfera do bem jurídico alheio, momento em que, a priori, já poderia haver a intervenção do Direito Penal através da punição da forma tentada do crime.

Porém, por mais que no plano objetivo a situação seja idêntica à de um crime tentado, na desistência voluntária a consumação do crime não ocorrerá por escolha e motivação voluntária do agente, diferentemente da tentativa em que o crime não se consuma por motivos alheios a sua vontade.

Na desistência voluntária o agente já deverá ter dado início à execução do fato típico e enquanto ainda está realizando a conduta criminosa resolver voluntariamente, ou seja, por sua decisão de vontade, parar, desistir de prosseguir com a realização do crime.

Portanto, as situações de desistência voluntária, no plano objetivo, serão idênticas as da chamada *Tentativa Inacabada ou imperfeita*, já que os atos executórios ficam incompletos, diferentemente do arrependimento eficaz que, como veremos mais adiante, se assemelha no plano objetivo à *Tentativa Acabada ou perfeita*.

Porém, a fundamental diferença se dá no plano subjetivo, já que na desistência haverá voluntariedade por parte do agente quanto a interrupção dos atos de execução, diferentemente do que ocorre na tentativa imperfeita, em que o agente acaba não completando os atos executórios por motivos alheios a sua vontade.

No que tange ao *iter criminis*, a semelhança objetiva com a tentativa é tão grande que a desistência voluntária também é chamada por parte da doutrina[44] de *Tentativa abandonada* ou de *Tentativa qualificada (esta quando há resíduo punível da sua conduta)*, embora se reconheça, como principal característica, que nela o agente não responderá pela modalidade tentada do crime inicialmente visado, razão pela qual não concordamos com o uso dessa nomenclatura que pode gerar desnecessárias confusões.

Como já vimos, embora se assemelhe com a situação concreta, objetiva, de uma tentativa imperfeita, por razões de política criminal se optou por dar ao agente que já tenha ingressado na etapa de execução de um crime e, portanto, que já está sujeito a punição ao menos pela forma tentada do crime, a oportunidade de voltar atrás, motivando, assim, a interrupção voluntária do crime e consequentemente sua consumação.

Dessa feita, foi estabelecido que nas hipóteses de desistência voluntária seria afastada a imputação da modalidade tentada do crime inicialmente pretendido pelo agente, sobre o qual incidir a sua desistência, fazendo com que somente lhe seja imputado fatos independentes e paralelos que já tenha realizado no curso do *iter criminis*.

Com isso, possibilita-se até mesmo que o agente não responda por absolutamente nada, caso não tenha cometido outra infração independente no curso do *iter criminis*, razão pela qual a doutrina clássica, através de autores como *Franz Von Liszt*, chamassem a desistência voluntária de "***ponte de ouro***" do Direito Penal, já que pode levar o agente de dentro de um crime em execução de volta para a legalidade, sem que lhe seja imputada qualquer sanção.

O Prof. Nelson Hungria faz referência à semelhança entre a desistência voluntária e o arrependimento eficaz com a tentativa inacabada e acabada, respectivamente, e cita o conceito de "*ponte de ouro*", e suas razões de política criminal, utilizado pela doutrina alemã, dizendo:

> *"A desistência voluntária é a própria tentativa inacabada ... enquanto o arrependimento eficaz somente diz com a tentativa acabada ou crime falho. ... Há uma renúncia do Estado ao* jus puniendi *(no tocante a entidade "crime tentado"), inspirada por motivos de oportunidade. A tentativa uma vez acontecida, não pode ser suprimida retroativamente, mas, como diz Von Liszt "a lei, por considerações de política criminal, pode construir uma ponte de ouro para a retirada do agente que já se tornara passível de pena"... A recompensa da impunidade, aqui, não tem outro fundamento que o da conveniência política."*[45]

---

44. Neste sentido: Fernando Capez e C. R. Bitencourt.
45. Hungria, Nelson. *Comentários ao Código Penal* – vol. II – Ed. Revista Forense – 1953 – p. 88/89.

Podemos visualizar uma situação de desistência voluntária através do seguinte exemplo:

a) Marcos, por estar desempregado, resolve subtrair o rádio de um carro, para isso quebra a janela do veículo, entra, e começa a mexer no painel visando retirar o equipamento. Porém, ao olhar para o para-brisa percebe o escudo do Flamengo, seu time de coração, e imediatamente resolve desistir da empreitada criminosa já que o proprietário do veículo torce pelo mesmo time que ele. Então, sai do carro sem nada levar quando segundos após é detido pela polícia.

Neste caso, o agente deu início a execução do crime de furto qualificado (Art. 155 par.4º inc. I do CP), porém durante a execução por sua própria escolha e, portanto, voluntariamente, desistiu de prosseguir com a realização do fato.

Sendo assim, haverá desistência voluntária e Marcos deverá responder por aquilo que já havia feito no curso do *iter criminis*; nesse exemplo pelo crime de dano (Art. 163 do CP), mas não pela tentativa de furto, já que a consumação deixou de ocorrer por escolha do próprio agente, e não por motivos alheios a sua vontade, como determina o Art. 14 Inc. II do CP.

Entretanto, caso a porta do veículo estivesse aberta, por este estar em um estacionamento rotativo, ao se aplicar o instituto da desistência voluntária Marcos não responderia por absolutamente nada, já que a tentativa deste crime estará afastada, e não houve nenhum outro crime durante o *iter criminis* do furto, caracterizando, assim, uma legítima "*ponte de ouro*" para o autor do fato.

9.8.1.1 Diferença entre voluntariedade e espontaneidade da Desistência

Afirma-se de forma pacífica na doutrina que a desistência deve ser voluntária, mas não precisa ser espontânea, ou seja, não há qualquer impedimento em se aplicar o instituto do Art. 15 do CP quando o agente atuar motivado por um fator pessoal ou mesmo externo que o leve a desistir da execução da conduta por ele iniciada.

Entretanto, independentemente da origem da motivação que o levou a desistir, deve necessariamente se demonstrar que a escolha definitiva e final foi do próprio agente, que tinha a possibilidade de prosseguir com a realização do crime, mas por sua decisão de vontade resolveu interromper o ato executório em curso.

Nosso código penal parece ter adotado o conceito realista aristotélico de vontade, em que esta vontade pode ser livre ou não, e ao se referir então à voluntariedade da desistência parece se vincular a ideia de uma "*vontade livre*", que embora motivada por outros fatores, e por isso não espontânea, deixa nas mãos do agente a decisão de prosseguir ou não com a execução da conduta.

Para que a desistência seja voluntária, o agente não pode ter interrompido a execução da conduta típica por temor de ser preso ou descoberto, delatado por um coautor que desistiu da empreitada e ameaçou informar as autoridades, ou ainda por achar que não terá sucesso na empreitada criminosa, e nestes casos estaremos diante de uma tentativa comum (imperfeita) punível normalmente de acordo com o conceito de "motivos alheios a sua vontade", previsto no Art. 14 Inc. II do CP.

Não podemos confundir estas situações com o chamado "*temor genérico*" inerente a todo aquele que realiza um crime, algo que pode se misturar com um sentimento de remorso pela realização da conduta típica iniciada, levando, assim, o sujeito a desistir de prosseguir com a execução do fato, e gerando uma desistência voluntária, assim como ocorre quando o agente é persuadido através de conselhos de um terceiro (p. ex: sua mãe ao telefone pede para que ele "não faça isso"), ou mesmo pelas súplicas da própria vítima, desde que a decisão final seja uma escolha sua.

Com precisão o Prof. Juarez Cirino dos Santos, citando o conhecido penalista alemão Jescheck, resume algumas hipóteses em que a desistência será considerada voluntária e aquelas em que se afastaria a voluntariedade imputando-se ao autor o crime tentado:

"Subjetivamente, o conceito de voluntariedade é representado por motivos autônomos, em que o autor aparece como dono da decisão....Em suma, a desistência é voluntária se fundada em dó ou piedade, em motivo de consciência, sentimento de vergonha, medo da pena etc.; a desistência é involuntária se para evitar o flagrante, ou por receio de bloqueio das vias de fuga, ou porque o fato foi descoberto etc." [46]

9.8.1.2 Diferença entre Tentativa e Desistência Voluntária (Fórmula de Frank)

Um dos pontos mais delicados no estudo da desistência voluntária é a sua diferenciação em relação à tentativa, já que, como vimos, no plano objetivo a situação é a mesma, ou seja, o agente inicia a execução e tendo seus atos executórios interrompidos não consegue chegar à consumação do crime, porém, as semelhanças param por aí e no plano subjetivo e das consequências os institutos se distanciam.

Ocorre que na tentativa a consumação não ocorre por motivos alheios à vontade do agente, enquanto na desistência voluntária os atos executórios são interrompidos por vontade e escolha do agente que voluntariamente desiste de prosseguir com a execução do crime.

É exatamente na definição do conceito de voluntariedade que reside o problema, principalmente em certas situações concretas em que a linha entre a motivação alheia e a decisão do agente em desistir é muito tênue, o que levou o conhecido autor alemão Hans Frank a construir sua conhecida fórmula para delimitar a diferença concerta entre a desistência voluntária e a tentativa comum punível (tentativa imperfeita).

Adaptando o conceito desenvolvido pelo conceituado penalista alemão, deve-se aplicar a seguinte fórmula, em todos os casos concretos, para separar as situações de desistência e tentativa:

"Se quero prosseguir e não posso haverá tentativa, mas se posso prosseguir e não quero, desistência voluntária.[47]*"*

Destarte haja grandes discussões dogmáticas a respeito do conceito de voluntariedade, sua diferenciação em relação a espontaneidade, e comparação com a "vontade livre", citadas anteriormente, a fórmula de Frank simplifica bastante a solução de questões concretas de prova e é bastante eficaz na hora de se trabalhar com casos concretos.

Devemos destacar que não se deve deixar levar pelos termos e palavras utilizadas na narrativa do caso concreto (p. ex: desiste, abandona, se arrepende etc.), pois para se chegar a uma correta solução, em todas as hipóteses deverá se fazer uso da referida fórmula, evitando, assim, erros de interpretação diante das situações concretas apresentadas.

---

46. Cirino dos Santos, Juarez. *Direito Penal* – Parte Geral – 1. ed. Ed. Lumen Juris. p. 396/397.
47. Hungria, Nelson. *Comentários ao Código Penal* – vol. II – Ed. Revista Forense – 1953. p. 91 – No texto original citado por Hungria: "*a desistência é voluntária quando o agente pode dizer: não quero prosseguir, embora pudesse fazê-lo, e é involuntária quando tem de dizer: não posso prosseguir ainda que o quisesse*".

Exemplo: Felipe resolve que vai praticar um furto em determinada residência, ao chegar ao local começa a forçar a janela da casa quando:

a) Escuta um barulho dentro da casa e, percebendo a inesperada presença de pessoas no interior da residência, ou por disparar um alarme que chama a atenção da vizinhança, ou por perceber a chegada do segurança da rua que fazia sua ronda etc. desiste de prosseguir e foge do local.

Neste caso: "*quer prosseguir, mas não pode*" e, independentemente da questão utilizar o termo "desiste", haverá uma tentativa comum (inacabada), punível de acordo com o Art. 14 Inc. II do CP.

b) Ao abrir a janela e entrar na casa se depara com uma imagem de Nossa Senhora de Fátima, da qual é devoto, e imediatamente abandona o local do fato.

Neste caso: "*pode prosseguir, mas não quer*" e haverá desistência voluntária (Art. 15 do CP), afastando-se, assim, a imputação da tentativa de furto, embora o crime de violação de domicílio consumado (Art. 150 do CP) possa ser imputada ao agente (*tentativa qualificada*).

c) Recebe um telefonema de sua mãe, que ao perceber o que estava acontecendo, determina que ele pare imediatamente o que estava fazendo e retorne para casa. Este, contrariado, acata a determinação de sua mãe e, mesmo antes de entrar na casa, abandona o local.

Neste caso: "*pode prosseguir, mas não quer*", logo, haveria desistência voluntária e o agente não responderia pela tentativa de furto, sendo que como não praticou qualquer outro crime, não responderia por absolutamente nada ("*ponte de ouro*").

Entretanto, a fórmula de Frank parece não ter sido capaz de solucionar de forma clara alguns problemas ligados à tentativa e à desistência voluntária, gerando algumas divergências de interpretação em algumas situações, dentre elas, uma das que causa maiores dúvidas é a seguinte:

Certo agente profere um disparo de arma de fogo contra o tórax de seu desafeto querendo matá-lo, porém erra o tiro, atingindo a vítima apenas no braço e, ao vê-la ferida, resolve não fazer outros disparos contra ela, e em seguida se retira do local.

Pergunta-se: Havendo ainda munição disponível e possibilidade para continuar a fazer os disparos, neste caso, haveria desistência voluntária ou tentativa de homicídio?

A situação mudaria caso o agente só possuísse uma única bala em seu revólver?

A doutrina diverge muito a respeito do tratamento dessa questão, sendo que a base da discussão está no fato de se considerar um único disparo como um ato executório independente completo, ou apenas parte da conduta de disparos possíveis, já que ainda há projeteis possíveis de serem disparados.

Ao se proferir o primeiro disparo e não matar a vítima é indiscutível que houve uma tentativa de homicídio por parte do agente, porém, a dúvida está em se saber se ao desistir de prosseguir, não fazendo novos disparos quando isso era possível, deve-se falar em uma tentativa abandonada, desistência voluntária, afastando-se a tentativa de homicídio e punindo as lesões corporais sofridas, se houver.

Para um primeiro entendimento, não haveria desistência voluntária, pois esta não se caracteriza pelo fato do agente deixar de repetir o ato de disparar, que por si só era capaz de originar o resultado desejado, sendo que, entende-se que em cada disparo um ato se completa por inteiro e de forma independente.

Com isso, pode-se concluir que, com o resultado não ocorreu nesse primeiro ato completo, e isso, por motivos alheios à conduta do agente, haverá tentativa de homicídio.

Esse entendimento, além do embasamento técnico em relação à natureza autônoma de cada disparo quanto ao fim visado pelo agente, possui ainda fundamentos de política criminal, já que, se assim se entender, a tentativa raramente seria solidamente demonstrada.

Na verdade, na maioria das situações, o agente sempre poderá alegar que não continuou a disparar a arma por sua própria decisão de vontade, fazendo jus então ao benefício da desistência voluntária, em face do in dúbio pro réu.

Sendo assim, de acordo com essa posição só se teria tentativa, comprovada objetivamente e sem margem para alegações subjetivas, quando a arma dispusesse somente de uma única bala, ou quando por perícia se comprovasse que todos os projéteis foram disparados pelo autor do fato.

Porém, há entendimento divergente afirmando que, se o agente dispunha de outros projéteis e resolveu, por sua decisão de vontade, não prosseguir na conduta de disparar a arma, haveria uma desistência voluntária. Para esse entendimento, deve-se considerar que o conjunto de disparos caracteriza uma única conduta, um único ato executório que foi voluntariamente abandonado em seu curso quando ao agente poderia prosseguir realizando os demais disparos.[48]

Não coadunamos com esse segundo entendimento de que ao não proferir o segundo disparo haveria desistência voluntária, embora este pareça ser o entendimento dominante em nosso ordenamento jurídico. Para nós, a cada disparo a conduta se perfaz por inteiro, possuindo independência em relação às futuras realizações do agente, isto por serem capazes de forma independente de gerar o resultado pretendido.

Dessa forma, acreditamos que ao disparar a arma e não produzir o resultado desejado, haverá tentativa de homicídio mesmo que o agente possua mais disparos a fazer e não prossiga disparando por sua decisão de vontade.

Esse entendimento é cabível não só por razões técnicas de fundo objetivo, nas bases da análise da natureza de cada ato independente de disparo, mas também de acordo com os paradigmas finalistas, que situam o dolo no início de execução de cada ato voluntário de um agente que voluntariamente se move visando lesionar um bem jurídico alheio.

Seria estranho dizer que ao apertar o gatilho com intenção, vontade de matar, o agente não completou a realização do verbo núcleo do tipo penal do crime de homicídio (matar), de forma autônoma já no primeiro disparo, e que, como este resultado não se produziu por "motivos alheios à vontade do agente", parece inquestionável que se caracteriza o crime tentado.

Nessa situação, se analisarmos a fórmula de Frank ao pé da letra, teríamos que considerá-la como falha na solução da questão, pois à primeira vista pode parecer que, ao não

---

48. Vide: Hungria, Nelson. *Comentários ao Código Penal* – vol. II – Ed. Revista Forense – 1953. p. 92/93.

realizar o segundo disparo, o agente "podia prosseguir, mas não quis", o que caracterizaria uma desistência voluntária para estas hipóteses.

Entretanto, em nosso entender, não parece haver qualquer falha, sendo preciso, porém, decompor e analisar a fórmula de Frank com um pouco mais de cuidado na solução desta questão. Logo acreditamos que, ao dizer que haverá desistência voluntária quando o agente "podia prosseguir, mas não quis", Frank se referia a prosseguir com uma mesma conduta una, e que ainda estava em curso, e não prosseguir realizando novos atos executórios, como nos parece ocorrer com os novos disparos que o agente se absteve de fazer.

9.8.1.3   Hipóteses de inadmissibilidade da Desistência Voluntária

Embora tormentoso, propomos que esse tópico seja solucionado através de uma simples analogia conceitual, qual seja:

> *A desistência voluntária, no plano objetivo do* iter criminis, *nada mais é do que uma tentativa imperfeita na qual se afasta a imputação da modalidade tentada do crime, de acordo com a análise do aspecto subjetivo da conduta. Isto em face de na desistência voluntária a consumação não ocorrer por uma escolha do próprio agente, ao invés de por motivos alheios à sua vontade como acontece na tentativa.*
>
> *Portanto, nos parece inegável que, em face das semelhanças objetivas, não será cabível se falar em desistência voluntária quando estivermos diante de infrações penais em que não se admita a tentativa.*

Dessa forma, podemos afirmar inicialmente que crimes unissubsistentes não serão compatíveis com a desistência voluntária, já que seus atos executórios são indivisíveis, infracionáveis, e uma vez iniciada sua realização esta não pode ser interrompida, pois a conduta ocorre de uma vez só e por inteiro.

O mesmo raciocínio se estende aos crimes omissivos próprios que de acordo com a natureza unissubsistente da conduta omissiva prevista na norma não permitirá ao agente que desista voluntariamente se sua omissão, que uma vez iniciada estará completa, e consumará o crime.

Nos crimes habituais a desistência voluntária seria inviável nas bases do entendimento dominante na doutrina nacional de que a habitualidade é elemento objetivo, que precisa ser demonstrado através de uma prática sucessiva e habitual de atos, pois neste caso, desistir de realizar os atos subsequentes, enquanto ainda não se configurou a habitualidade, seria desistir de um indiferente penal, pois a tentativa seria igualmente impunível, se o agente fosse interrompido por motivos alheios à sua vontade.

Porém, nas bases adotadas por parte da doutrina mais moderna,[49] posição minoritária no Brasil, de que a habitualidade constitui elemento subjetivo especial nos crimes habituais (delitos de tendência), seria plenamente possível se falar em desistência voluntária, da mesma forma que essa corrente doutrinária admite a tentativa.

Da mesma forma, não seria admitido se falar em desistência voluntária nos crimes culposos e preterdolosos, em que a vontade do agente não se dirige à produção do resultado, e a realização objetiva do crime exige que esse resultado não desejado se produza, para que o crime esteja caracterizado.

---

49.   Neste sentido: Zaffaroni, Roxin, dentre outros.

Em face da expressa previsão da impunibilidade da tentativa nas contravenções (Art. 4º do DL 3.688/41) não faria qualquer sentido se falar em desistência voluntária nessa categoria de infração, já que, desistindo voluntariamente, ou mesmo não conseguindo chegar à consumação por motivos alheios à sua vontade, a conduta será um indiferente penal.

9.8.1.4 *Arrependimento Eficaz*

Instituto previsto na parte final do Art. 15 do CP ("o agente que... *impede que o resultado se produza....*"), possui as mesmas consequências da desistência voluntária, quais sejam, afastar a imputação da tentativa do crime visado inicialmente e imputar ao agente apenas outros fatos (se houver) que tenha realizado durante a prática da conduta, entretanto, a diferença está no fato de que arrependimento eficaz ocorre em um momento posterior ao da desistência voluntária no *iter criminis*.

Assim como no plano objetivo das etapas do *iter criminis*, a desistência voluntária se equipara a uma tentativa inacabada, imperfeita, pois o agente se encontra dentro da execução quando resolve voluntariamente abandoná-la, podemos afirmar que o arrependimento eficaz, também no plano objetivo, equivale a uma situação de tentativa acabada ou perfeita, já que se dá após o término da execução quando, por vontade e intervenção eficaz do agente, se impede que a consumação ocorra.

Podemos dizer então que o arrependimento eficaz ocorre quando: *após terminar a execução e não havendo mais nada a ser realizado pelo agente, este se arrepende e atua de forma eficaz impedindo que ocorra a consumação do crime.*

Percebe-se que nele o agente percorre uma etapa maior dentro do *iter criminis,* pois chega a completar os atos executórios, logo, não havendo mais nada a realizar, e diferentemente da desistência voluntária, no arrependimento eficaz haverá uma atuação positiva por parte do autor que, de forma eficaz, impede que o resultado típico inicialmente desejado se consume.

Diferentemente da desistência voluntária, em que o agente apenas se abstém, abandona, e deixa de executar a conduta típica iniciada, no arrependimento eficaz se impõe uma atuação positiva, uma ação para evitar a consumação do crime, já que nele os atos executórios foram totalmente concluídos, só restando ao agente, portanto, agir concreta e eficazmente para impedir que o resultado se produza, e que o crime alcance a consumação.

É importante lembrar que não basta que o agente tenha atuado de todas as formas para impedir o resultado, pois o arrependimento deve ser eficaz, e por isso, se mesmo tendo agido para evitar a consumação o resultado de produzir, afasta-se a aplicação do arrependimento eficaz, e o agente responderá pelo crime praticado (tentado ou consumado). Nesse caso poderá até se falar no chamado "arrependimento atenuante de pena" previsto no Art. 65 Inc. III, "b" do Código Penal.

As restrições a respeito da possibilidade de aplicação do arrependimento eficaz são semelhantes às hipóteses em que não se admite a desistência voluntária, já que a situação é equivalente à de uma tentativa acabada, perfeita, e embora no arrependimento o agente chegue a realizar toda a etapa executória, sua possibilidade de ocorrência também se relaciona com a possibilidade de se falar em tentativa.

Porém, é preciso lembrar que há uma restrição mais específica ao arrependimento eficaz, que não aparece na desistência voluntária, qual seja, que ele só é admitido para crimes materiais e, portanto, não é cabível para crimes formais, mesmo aqueles que admitem a forma tentada (e também a desistência), e nem para crimes mera conduta, mesmo para os autores que entendem ser possível falar em tentativa nessa espécie de crime.

Podemos afirmar que o arrependimento eficaz só é cabível em crimes materiais, pois os crimes formais e de mera conduta têm como principal característica se consumarem com a completa realização da conduta típica prevista, independentemente de se produzir qualquer resultado naturalístico, seja este previsto (Crimes formais), ou não (crimes de mera atividade).

Dessa forma, nesses crimes (formais e de mera conduta) ao se completar a realização dos atos executórios, momento para realização do arrependimento eficaz, o crime já estará automaticamente consumado, não sendo mais possível para o agente atuar eficazmente e impedir sua consumação.

Já nos crimes materiais é plenamente possível que o agente complete a realização dos atos executórios e atue impedindo que ocorra a consumação, já que esta consumação depende da concreta produção do resultado naturalístico previsto na norma, e que poderá, via de regra, ser impedido através do arrependimento eficaz.

Entretanto, não podemos generalizar, pois há alguns crimes tradicionalmente definidos como materiais que não irão ser compatíveis com o arrependimento eficaz, devido as suas características particulares de consumação. Em certos casos essa consumação pode ficar muito próxima e quase que indissociável da completa realização dos atos executórios, impossibilitando o arrependimento eficaz.

É o que ocorre atualmente no crime de furto, que é reconhecido pela maioria de nossa doutrina como um crime material, mas em razão do atual entendimento jurisprudencial dominante (STJ e STF) de que a consumação se dá com a simples inversão da posse, não mais sendo necessário que haja a *"posse mansa e tranquila"* do bem pelo autor, tornou-se praticamente incompatível com o arrependimento eficaz.

Atualmente no furto quando o agente completa a realização dos atos de execução, subtraindo a coisa móvel alheia e invertendo a posse do bem, já ocorre à consumação, não havendo mais espaço para o arrependimento eficaz, algo que não acontecia quando a jurisprudência adotava o entendimento de que a consumação só ocorria com a mencionada *"posse mansa e tranquila"*.

De acordo com o antigo entendimento mencionado, o agente ainda possuía, mesmo após concluir a execução da subtração e inversão da posse, um breve período para se arrepender eficazmente e devolver o bem, impedindo assim, por sua decisão de vontade, que o crime se consumasse.

9.8.1.5 Separação entre a Desistência Voluntária e o Arrependimento Eficaz

Como vimos ambos os institutos possuem as mesmas consequências e por isso se encontram previstos no mesmo dispositivo legal (Art. 15 do CP), entretanto, a desistência ocorre em um momento anterior ao arrependimento eficaz dentro da escala do *iter criminis*.

Enquanto na desistência voluntária o agente deverá estar com a execução incompleta, ou seja, em curso, ainda havendo atos a realizar quando desiste de prosseguir, no arrependimento eficaz algum ato executório já deverá ter sido completado, ou seja, não deve haver mais nada a ser praticado pelo agente naquela ação, quando então este atua de forma eficaz impedindo a produção do resultado e consequente consumação do crime.

Em ambos os institutos a consumação deverá não ocorrer por uma decisão de vontade do próprio autor do fato, porém, na desistência basta que o sujeito deixe de prosseguir na sua atuação, enquanto no arrependimento se impõe uma conduta ativa e eficaz para que se impeça a consumação do crime.

Sendo assim, para se identificar em um caso concreto se a situação narrada é de desistência voluntária ou de arrependimento eficaz, mais uma vez não podemos nos prender a termos ou expressões usadas na narrativa da questão, mas procurar identificar se os atos executórios ainda estavam em curso ou se já haviam se completado quando o agente por sua vontade afasta a ocorrência da consumação.

Logo para simplificar esta análise, que muitas vezes pode ser um pouco tormentosa e confusa, propomos a seguinte fórmula, que deverá ser aplicada sempre antes de se afirmar se houve uma desistência voluntária ou um arrependimento eficaz:

"Eu desisto daquilo que estou fazendo (desistência voluntária) e me arrependo daquilo que já fiz (arrependimento eficaz)."

9.8.1.6 *Natureza jurídica da Desistência Voluntária e do Arrependimento Eficaz*

Quanto às consequências de ambos os institutos não restam dúvidas, afasta-se a tentativa do crime inicialmente visado, imputando-se apenas outros fatos que eventualmente o agente tenha realizado no curso do *iter criminis* (tentativa qualificada), podendo, em certos casos, não haver qualquer crime a ser atribuído ao agente (ponte de ouro).

Porém, no que tange aos fundamentos dessas consequências e, portanto, à natureza jurídica a ser atribuída à desistência voluntária e ao arrependimento eficaz, há inúmeras divergências, gerando assim três posicionamentos em nossa doutrina:

1) Causa de exclusão da tipicidade do fato: de acordo com este entendimento ao se determinar que o agente só responderá por outros fatos que tenha realizado no curso do *iter criminis* afastando-se a tentativa do crime visado inicialmente, exclui-se a própria tipicidade daquela conduta dolosa sobre a qual recaiu a desistência ou o arrependimento. Por isso, no que tange ao dolo inicial do agente e a sua conduta, o fato passa a ser atípico, permitindo-se apenas a análise de outros fatos típicos subjacentes que eventualmente tenham ocorrido.

Esse entendimento, defendido por autores como *Heleno Claudio Fragoso, Damásio de Jesus, Fernando Capez, J. F. Mirabete, Cezar Roberto Bitencourt, Rogerio Grecco*, dentre outros, e tem sido majoritário em nossa jurisprudência, além de ser a posição mais adotada pelos gabaritos de concursos públicos em geral.

2) Causa de extinção da punibilidade: para esta corrente doutrinária não é possível se desconstituir uma tipicidade já caracterizada pelo início de execução da conduta dolosa pelo agente, e o que ocorre é uma impunibilidade da tentativa do crime visado inicialmente pelo agente. Assim, embora não haja previsão expressa no Art. 107 do Código Penal, a desistência voluntária e o arrependimento eficaz seriam causas de exclusão ou extinção da punibilidade do fato praticado, não afetando a estrutura do delito (tipicidade, ilicitude culpabilidade), e nem os demais fatos realizados pelo agente.

Esse posicionamento tem grande aceitação na doutrina, e é defendido por autores como: *Nelson Hungria, Zaffaroni, Luiz Regis Prado, Juarez Cirino dos Santos, Anibal Bruno, Alvaro Mayrink da Costa*, dentre outros, mas é minoritária na jurisprudência pátria.

3) Causa de exclusão da culpabilidade: posição defendida principalmente *por Claus Roxin*, afirma que, em face da decisão de vontade do agente em interromper o *iter criminis*, ao afastar a ocorrência da consumação sua reprovabilidade estaria diminuída, excluindo-se, assim, a sua culpabilidade pelo fato típico e ilícito (tentativa) visado inicialmente.

Esse entendimento se fundamenta na teoria da culpabilidade *"voltada para os fins da pena"*, desenvolvida por *Claus Roxin,* em face da qual, nas hipóteses de desistência e arrependimento, não haveria mais fundamentos de prevenção para que incidisse o juízo de reprovação pelo fato típico e ilícito praticado.

Porém, a tese de que os institutos do Art. 15 do Código Penal seriam causas de exculpação, em que *"a pena é suspensa porque o mérito da desistência compensa o injusto da tentativa",*[50] enfrenta as mesmas críticas que se faz a respeito do posicionamento (dominante no Brasil) de que se exclui a tipicidade.[51]

Na verdade, a crítica reside no fato de que não se pode extinguir a tipicidade, ou a culpabilidade, pela desistência, ou arrependimento, feitos em uma etapa posterior, pois estes elementos já foram concretizados anteriormente com o início da prática da conduta dolosa, caracterizadora do tipo tentado.

9.8.1.7 Comunicabilidade da Desistência Voluntária e do Arrependimento eficaz aos participantes do crime

Talvez a principal consequência de se estipular a natureza jurídica desses institutos seja definir se a desistência, ou arrependimento, feitos por um autor poderá, ou não, se comunicar aos demais participantes do crime (coautores e partícipes).

Assim como a doutrina e jurisprudência se dividem a respeito da natureza jurídica da desistência e do arrependimento, também haverá divergência quanto à comunicabilidade, ou não, destes institutos às hipóteses de coautoria e participação.

Porém, é mister perceber que há um vínculo direto e necessário entre as posições adotadas a respeito dessa natureza jurídica e a possibilidade, ou não, de sua extensão a coautores e partícipes do fato.

Vejamos, se considerarmos o posicionamento dominante, no qual a desistência voluntária, e o arrependimento eficaz, afastam a tipicidade do fato, será inegável que essa consequência irá se comunicar a todos os participantes do crime, pois se o fato principal do autor não será sequer típico, não haverá como imputar qualquer fato a seus coautores, ou mesmo àquele que sem domínio final do fato apenas participou de forma acessória do fato praticado (partícipe).

---

50. Vide: Cirino dos Santos, Juarez. *Direito Penal* – Parte Geral – 1. ed. Ed. Lumen Juris. p. 399.
51. Neste sentido: Zaffaroni, Eugenio Raul, e Pierangeli, J. Henrique. *Da Tentativa*. 6. ed. Editora RT. p. 89.

De acordo com a teoria da acessoriedade limitada, adotada no Brasil e que será estudada mais à frente, para que haja participação a conduta principal do autor deverá ser ao menos típica, o que não ocorreria nas hipóteses de desistência voluntária e arrependimento eficaz, como causas de exclusão da tipicidade do fato, inviabilizando qualquer responsabilização de um partícipe nestas hipóteses.

A consequência seria idêntica mesmo que se adotasse a menos restritiva de todas as teorias da participação, qual seja, a da acessoriedade limitada, pois nesta o fato deve ser pelo menos típico para que se possa atribuir responsabilidade ao partícipe. Dessa forma, ainda assim, havendo desistência voluntária ou arrependimento eficaz por parte do autor, o partícipe também seria beneficiado por seus efeitos, não respondendo criminalmente pelo fato.

Como dissemos, no que tange a coautoria, as consequências de se considerar a desistência e o arrependimento como causas de exclusão da tipicidade seriam as mesmas que na participação, comunicando-os a todos os coautores, e somente haveria exceção em certos casos, quando cada um dos coautores estivesse realizando a integralidade da conduta típica e apenas um desistisse de prosseguir com a execução.

Logo, na desistência voluntária se o outro autor prosseguir atuando poderá se afastar a tentativa apenas daquele que desistiu, imputando ao que resolveu prosseguir na execução do fato a forma tentada, ou até mesmo consumada do crime, isso independentemente de se considerar a desistência como causa de exclusão da tipicidade.

Isso por que, como na desistência voluntária a execução ainda está em curso, se mesmo após a desistência de um dos autores o outro der prosseguimento aos atos executórios, haverá o rompimento do liame subjetivo da coautoria, e devemos passar a considerar a conduta independente daquele que prosseguir realizando os atos executórios do crime.

Já no arrependimento eficaz, se um dos coautores se arrepende e atua impedindo a consumação, como não havia mais nada a realizar por esses coautores, e o crime não consuma, devido ao afastamento da tentativa pela da exclusão da tipicidade do fato, as consequências do arrependimento deverão se comunicar a todos os coautores do fato.

Entretanto, se considerarmos que os institutos do Art. 15 do Código Penal são apenas causas de exclusão da punibilidade do fato (tentativa), possuirão natureza subjetiva, personalíssima, e só poderá gerar seus efeitos àquele que voluntariamente desistiu ou se arrependeu, sendo plenamente cabível se imputar a tentativa aos demais participantes do crime, sejam coautores ou partícipes.

Logo, é comum se ver no posicionamento daqueles que atribuem essa natureza (extinção de punibilidade) à Desistência e ao arrependimento afirmações, ligadas ao concurso de pessoas, dizendo:

"A desistência voluntária só produz a impunibilidade do desistente",[52] ou ainda, *"Como consequência da natureza jurídica que damos à desistência, os partícipes não se beneficiam com a desistência do autor salvo quando eles próprios desistam"*.[53]

---

52. Mayrink da Costa, Alvaro. *Direito Penal – Parte Geral – Vol. 2 – 8. ed. Ed. Forense. p.1602.
53. Zaffaroni, Eugenio Raul, e Pierangeli, J. Henrique. *Da Tentativa*. 6. ed. Editora RT. p. 90.

Para concluirmos essa análise, é preciso abordar as consequências da desistência voluntária e arrependimento realizados de forma inversa, ou seja, quando o partícipe desista, ou se arrependa, da conduta que participou através de seu induzimento, instigação ou cumplicidade, sem o domínio final do fato, e que está sendo ou já foi executada pelo autor.

Nesses casos, será possível se afastar a imputação do crime ao partícipe, desde que este desista ou se arrependa impedindo que ocorra a consumação, seja retirando sua colaboração para o fato, seja dissuadindo o autor de prosseguir com a realização do fato, ou mesmo atuando ativamente, e interferindo no desdobramento causal para impedir a produção do resultado.

Porém, não podemos deixar de lembrar que o partícipe deverá conseguir impedir que ocorra a consumação, nas bases da contribuição que havia dado, não sendo exigível, porém, que evite uma posterior realização do crime, por parte do autor, em uma circunstância independente, ou através de outros meios.

Aqui também valerá a conclusão anterior de que dependendo da natureza jurídica que se atribua à desistência e ao arrependimento, estes poderão, ou não, se comunicar ao demais participantes do fato.

Considerando-os como causas de extinção da punibilidade serão personalíssimos e só irão gerar efeitos àqueles que se desistiram ou se arrependeram efetivamente, porém, em se tratando de causas de exclusão da tipicidade, irão alcançar a todos os participantes da empreitada criminosa.

Em resumo, como a desistência voluntária e o arrependimento eficaz (Art. 15 do CP), majoritariamente, possuem a natureza jurídica de causas de exclusão da tipicidade do fato, via de regra, diante de uma situação de concurso de pessoas, as consequências destes institutos sempre irão se comunicar a todos os participantes do fato.

9.9 ARREPENDIMENTO POSTERIOR

Este instituto, em suma, visa a reparação dos danos, ou restituição do bem lesionado, mesmo após a consumação do crime, e que possui grande viés de política criminal, é previsto no **Art. 16 do Código Penal** através do seguinte texto:

> *"Nos crimes cometidos sem violência ou grave ameaça à pessoa, reparado o dano ou restituída a coisa, até o recebimento da denúncia ou da queixa, por ato voluntário do agente, a pena será reduzida de um a dois terços."*

A principal característica desse instituto, e que dá origem a sua nomenclatura, é que ele consiste em um arrependimento que se dá posteriormente à consumação do crime, através da reparação do prejuízo causado pelo agente.

Além disso, como seu momento de ocorrência pressupõe que o crime esteja completo, e todas as etapas do *iter criminis* tenham sido preenchidas, suas consequências não poderão afetar a tipificação do fato praticado, que estará consumado, mas tão somente incidir nas penas que serão concretamente aplicadas, determinando uma redução de 1/3 a 2/3 em seu valor.

Com isso, já podemos delimitar a natureza jurídica desse instituto, que será de causa obrigatória de diminuição de pena, prevista na parte geral do Código Penal, e que será aplicada na terceira fase da dosimetria de acordo com os valores estabelecidos em Lei (1/3 a 2/3).

Embora não haja expressa previsão legal, o arrependimento posterior, assim como ocorre na desistência voluntária e no arrependimento eficaz, também deverá ser produto de uma decisão de vontade do agente, que voluntariamente deverá resolver reparar o dano, ou restituir o produto do crime, porém, também não haverá a necessidade do arrependimento posterior ser espontâneo, e essa reparação poderá ser motivada até mesmo por um fator externo.

Por suas características, o arrependimento posterior não poderá ocorrer em qualquer espécie de crime, já que estando este consumado, é preciso que seja possível se fazer a reparação dos prejuízos causados com a prática da infração, e além disso, para garantir a segurança jurídica e a efetividade dos seus objetivos de política criminal, se estabeleceu também um limite temporal para sua ocorrência.

Sendo assim, há dois requisitos objetivos para que se admita a aplicação do arrependimento posterior para que se possa operar a causa de diminuição de pena prevista em Lei, são eles:

a) que o crime não seja praticado com violência ou grave ameaça contra a pessoa.

b) que o a reparação ou restituição dos bens seja feita após a consumação do fato e antes do recebimento da denúncia, ou da queixa, ou seja, do início do processo criminal.

Percebe-se que a ausência da violência ou grave ameaça como pressuposto do arrependimento posterior é referente à violência à pessoa, e majoritariamente entende-se que não há qualquer impedimento quanto à violência recair sobre uma coisa (Ex: Crime de dano – Art.163 do CP; Crime de furto qualificado por rompimento ou destruição de obstáculo – Art. 155 par. 4° Inc. I do CP).[54]

Embora, não haja previsão legal, havendo entendimentos divergentes, acreditamos que nada impede que a reparação do dano ou restituição da coisa seja promovida, auxiliada, ou mesmo custeada por um terceiro,[55] porém, deve-se analisar se a decisão pela reparação do dano ou restituição da coisa partiu do próprio autor do fato, ou mesmo se há algum impedimento material à reparação pessoal (p. ex: incapacidade superveniente por doença), para que seja possível, nestes casos, se aplicar a ele a diminuição de pena prevista no Art. 16 do Código Penal.

9.9.1 Arrependimento Posterior em crimes culposos ou com violência imprópria

A maioria da doutrina nacional entende ser possível a aplicação do arrependimento posterior como causa de diminuição de pena para crimes culposos (p. ex. Lesão corporal culposa), já que nestes a violência não se encontra na conduta realizada pela agente, mas tão somente no resultado produzido.[56]

---

54. Com posição divergente, não aceitando Arrep. Post. mesmo quando a violência incida sobre a coisa: Alvaro Mayrink da Costa.
55. Com posição divergente, não aceitando a reparação feita por terceiros: Zaffaroni.
56. Neste sentido: R. Greco, Cleber Masson, dentre outros.

Esse entendimento parece bastante razoável, porém, deve-se tomar cuidado com o fato de que nem sempre nos crimes culposos que afetem a pessoa (ex: lesão corporal/ homicídio) será possível se falar em reparação do dano, nos demais, com outros bens jurídicos afetados (p. ex: patrimônio) realmente não há qualquer razão que impeça o arrependimento.

Discute-se ainda a respeito da possibilidade de arrependimento posterior em hipóteses de violência imprópria, questão que mais especificamente se refere a admissibilidade ou não do arrependimento posterior no crime de roubo (Art. 157 do CP).

Na verdade, embora haja divergência doutrinária, não há porque proibir a aplicação do arrependimento posterior às condutas de roubo praticadas através da chamada violência imprópria, ou seja, quando o agente subtrai a coisa móvel alheia através de outro meio capaz de reduzir a vítima à incapacidade de resistência, porém sem utilizar de grave ameaça ou violência física contra ela.

Se violência imprópria fosse a mesma coisa que violência própria (física ou moral), não haveria razão para que o legislador tivesse feito a separação no dispositivo legal do roubo de outras formas não violentas de se retirar da vítima a capacidade de resistência.

Logo, como o Art. 16 do Código Penal menciona de forma ampla quaisquer crimes praticados "sem violência ou grave ameaça a pessoa", e não determina a restrição também para outras formas equiparadas a violência física ou moral (violência imprópria, presumida etc.), não há que se fazer analogia (*in malam partem*) para impedir a aplicação do benefício também a estes casos.

Sendo assim, embora seja divergente, não nos parece cabível impedir a aplicação do arrependimento posterior para quaisquer hipóteses em que haja apenas violência imprópria, inclusive admitindo-se, excepcionalmente, a aplicação do Art. 16 do Código Penal para certas hipóteses de roubo.

Conforme preleciona Rogério Greco, após analisar o requisito "sem violência ou grave ameaça a pessoa", presente no Art. 16 do Código Penal:

> "Entretanto, haveria, ainda assim, a possibilidade de aplicação da mencionada causa geral de redução de pena ao delito previsto no Art. 157 do Código Penal? Entendemos que sim, desde que o roubo não tenha sido cometido mediante emprego de violência ou grave ameaça à pessoa, mas sim por meio daquela modalidade especial de violência, reconhecida como imprópria, contida na parte final do Art. 157 do diploma penal." [57]

9.9.2 Reparação ou restituição integral X Reparação ou restituição parcial

Questão controvertida na doutrina e jurisprudência é a que se refere à necessidade, ou não, da reparação do dano ou restituição da coisa ser integral para que se conceda a diminuição de pena em face do arrependimento posterior.

Não há qualquer previsão expressa no texto de Lei que exija que o valor da reparação do prejuízo tenha que ser integral, ou que o bem tenha que ser totalmente reparado como requisito para o arrependimento posterior, e se tratando de norma não incriminadora

---

57. Greco, Rogério. *Curso de Direito Penal* vol. III – Parte especial. 6. ed. Ed. Impetus. p. 98.

benéfica, causa de diminuição de pena, não nos parece razoável se fazer essa exigência já que a Lei não fez.

Porém, surgem dois posicionamentos doutrinários a respeito dessa necessidade quanto a integralidade da reparação feita no arrependimento posterior (Art. 16 do CP):

1) Entende-se que a reparação e a restituição devem ser integrais, não bastando para aplicação do arrependimento posterior que o agente restitua alguns bens ou repare parte do prejuízo gerado pelo crime. De acordo com esse posicionamento, a reparação ou restituição parcial devem ser consideradas apenas como circunstância atenuante genérica (Art. 66 do CP).[58]

2) **Majoritariamente** entende-se que, inicialmente, a reparação do dano ou restituição da coisa deverá ser integral, porém, quando não for possível fazê-lo por uma impossibilidade material (ex: não detém mais todos os objetos/não possui condição financeira para reparar todo o prejuízo), e sendo a reparação razoável e aceita pela vítima, será possível que se reconheça a causa de diminuição de pena prevista no Art. 16 do CP.[59]

Como dissemos, não nos parece razoável afastar a incidência do benefício para hipóteses de reparação parcial, principalmente se atentarmos para os fundamentos de política criminal que informam o instituto do arrependimento posterior, quais sejam, de estimular a reparação do dano e a diminuição dos prejuízos causados à vítima pelo crime, além de facilitar a apuração da materialidade e juízo de culpa dos autores do fato.

Além disso, aceitar a reparação parcial amenizaria as críticas apresentadas por parte da doutrina a respeito do caráter elitista e discriminatório dessa causa de diminuição, que estaria predisposta a beneficiar apenas aqueles que possuam melhores condições sociais e financeiras, capazes, portanto, de reparar os prejuízos (via de regra econômicos) de seu crime.

A respeito do caráter discriminatório do instituto preleciona o Prof. Alvaro Mayrink da Costa, dizendo: "*Sustenta-se o caráter elitista do dispositivo que premia aqueles que tenham condições econômicas para ressarcir o prejuízo.*"[60] Portanto, acreditamos que a possibilidade de se aplicar a causa de diminuição do arrependimento posterior para reparações parciais, diante da impossibilidade de ser feita integralmente, além de estimular o autor do fato a reduzir os prejuízos da vítima, promove uma legítima "inclusão social criminológica" deste importante instituto.

9.9.3 Critérios delimitadores da diminuição de pena

O **Art. 16 do Código Penal** prevê uma diminuição de pena que pode variar de 1/3 a 2/3, delimitando, assim, o arrependimento posterior como uma causa de diminuição de pena, que será aplicada na 3ª fase da dosimetria da pena privativa de liberdade, permitindo, inclusive, que se chegue a valores abaixo da pena mínima abstratamente prevista no Tipo praticado.

---

58. Vide: Zaffaroni, Eugenio Raul, e Pierangeli, J. Henrique. *Da Tentativa*. 6. ed. Editora RT. p.115/116. Também: Mirabete. Julio Fabrinni. *Manual de Direito Penal*. 20. ed. Ed. Atlas. p.165.
59. Neste sentido: R. Greco, L. R. Prado, F. Capez, A. Silva Franco, dentre outros.
60. Mayrink da Costa, Alvaro. *Direito Penal – Parte Geral – vol.2 – 8. ed. Ed. Forense. p.1603.

Entretanto, caberá ao magistrado estipular o *quantum* de diminuição de pena para cada situação concreta de arrependimento, mas surge uma pergunta:

Quais os critérios delimitadores da diminuição de pena no arrependimento posterior?

Inicialmente a doutrina apresenta dois critérios para orientar o juiz na delimitação do valor de diminuição de pena a ser aplicado no arrependimento posterior, são eles:

a) **Celeridade:** o quanto antes o agente fizer a reparação maior será a sua diminuição de pena, e quanto mais próxima do limite temporal de aplicação do instituto (recebimento da denúncia ou da queixa) for a reparação, menor será o valor de diminuição.

b) **Voluntariedade**: quanto mais verdadeira, voluntária, a ponto de se aproximar de ser espontânea maior deverá ser a diminuição da pena, logo, quanto mais influenciada por fatores externos for a decisão do autor, menor será sua diminuição.

Concordamos com o critério da celeridade, já que este pode ser apurado objetivamente e terá efeitos benéficos para a vítima, que tem seu prejuízo ressarcido de forma mais ágil e rápida, através de um arrependimento célere, algo que justifica uma maior diminuição de pena nas bases do **Art. 16 do CP**.

Entretanto, não nos convence a utilização do critério da voluntariedade, primeiro por se tratar de um juízo de valoração extremamente subjetivo, que não oferece segurança jurídica, segundo, pois não acreditamos que haja como se estipular que um arrependimento foi *"mais voluntário ou menos voluntário"*, já que a voluntariedade é vista pela doutrina como sinônimo de *"decisão de vontade do autor"*, conceito objetivo.

Além disso, a espontaneidade por ser absolutamente dispensável para se caracterizar esse conceito não deve servir para determinar valores de diminuição no arrependimento.

Porém, seguindo o entendimento majoritário de que o arrependimento posterior poderá ocorrer em certas hipóteses de reparação parcial, acreditamos ser este mais um critério a ser adotado pelo juiz na diminuição da pena pelo arrependimento, qual seja, o *quantum de reparação.*

Sendo assim, havendo a reparação parcial, na impossibilidade de que seja integral, e sendo está aceita pela vítima, haverá o arrependimento posterior, e o magistrado deverá estabelecer o valor de diminuição da pena de acordo com o quanto de reparação realizado pelo autor. Logo, quanto mais efetiva a reparação maior deverá ser a diminuição, e vice-versa.

9.9.4 Comunicabilidade do Arrependimento Posterior em Concurso de Pessoas

A maioria da doutrina nacional entende que o arrependimento posterior (Art. 16 do CP) é **causa de diminuição de pena de caráter objetivo** e, portanto, nos termos do Art. 30 do Código Penal, deverá se comunicar a todos os coautores e partícipes, mesmo que tenha sido operada por apenas um dos participantes do fato.[61]

Entretanto, há entendimento divergente afirmando que, por se tratar de uma causa de diminuição de pena que influi na medida da culpabilidade do agente que se arrepender, esta dever ser vista como uma circunstância pessoal e, portanto, incomunicável aos par-

---

61.   Neste sentido: Alvaro Mayrink da Costa, R. Greco, F. Capez, Mirabete, Cleber Masson, Damásio de Jesus, dentre outros.

ticipantes do crime (coautores ou partícipes) que não tenham voluntariamente operado a reparação.

Assim, ao analisar o arrependimento posterior afirma, minoritariamente, o Prof. Luiz Regis Prado, em tese de natureza acusatória e excelente para argumentos em provas de Ministério Público:

> "*Cuida-se de causa de diminuição de pena que influi na medida da culpabilidade, determinando sua redução, baseando-se também em considerações de política criminal*" *e prossegue dizendo:* "*De conseguinte, **não se estende o arrependimento posterior ao coautor ou partícipe** que não tenha, voluntariamente, realizado o ressarcimento exigido para diminuição da pena imposta.*"[62] (**grifo nosso**)*

Nos parece bastante razoável o entendimento defendido pelo Prof. Luiz Regis Prado, e acrescentamos ainda, além argumentos utilizados pelo ilustre criminalista, que:

> *Se a voluntariedade, decisão de vontade do próprio agente que se arrepende, é considerada, de forma unânime, como requisito essencial para aplicação do benefício, não nos parece razoável aplicar o arrependimento posterior, e estender sua diminuição da pena, para coautores ou partícipes que não tenham voluntariamente se prestado a reparar o dano, ou restituir o bem.*

Dessa forma, em contraposição ao entendimento majoritariamente defendido pela doutrina nacional, entendemos que o arrependimento posterior, embora tenha características objetivas, também possui aspectos subjetivos, em face da voluntariedade exigida em seu conceito. Logo, não deverá se comunicar aos demais participantes (coautores e partícipes) do fato, caso estes não tenham efetivamente contribuído para a reparação.

9.9.5 Hipóteses anômalas de Arrependimento Posterior (*lato senso*)

Há algumas situações, vinculadas a determinados crimes, em que o arrependimento realizado após a consumação do fato não irá se enquadrar na regra geral prevista no Art. 16 do Código Penal e, de acordo com previsões legais específicas, a reparação do dano, ou restituição da coisa, poderá ter consequências diversas da diminuição de pena do arrependimento posterior.

Na verdade, essas hipóteses específicas, previstas no próprio Código Penal, em Leis extravagantes, ou pela jurisprudência, não devem ser consideradas em sentido estrito como *Arrependimento Posterior*, já que não se enquadram nos requisitos do Art. 16 do CP, e não possuem a mesma natureza jurídica, de causa de diminuição de pena, que o referido instituto.

Portanto, somente em sentido lato poderá se afirmar que nesses casos houve um "arrependimento posterior", e isso apenas pelo agente ter se arrependido após a consumação do fato, reparando o prejuízo produzido com a prática do crime.

São consideradas **hipóteses anômalas** de "arrependimento posterior", **não abrangidas** pela regra geral do Art. 16 do Código Penal:

a) No crime de Apropriação Indébita Previdenciária (Art. 168-A do CP), o pagamento das contribuições e valores devidos previdência social:

---

62. Prado, Luiz Regis. Curso de Direito Penal. Vol. I – 8ª Ed. Editora RT. Pg. 407.

Nesse caso, sendo efetuada a reparação do prejuízo até o início da ação fiscal, estará extinta a punibilidade do fato, não devendo sequer haver ação penal (Art. 168-A par. 2º do CP)

Porém, de acordo com as alterações promovidas pela Lei 10.684/03, a doutrina e jurisprudência, majoritariamente entende que o limite temporal para o arrependimento como forma de extinção da punibilidade neste crime, bem como em crimes contra a ordem tributária nacional (Lei 8.137/90), foi dilatado, podendo ser realizado até o trânsito em julgado da sentença condenatória.

b) Súmula 554 do STF:

De acordo com o texto da referida súmula do Supremo Tribunal Federal: "*O pagamento de cheque emitido sem provisão de fundos, após o recebimento da denúncia, não obsta o prosseguimento da ação penal.*"

Na verdade, o que mais importa na polêmica **súmula 554 do STF** não é o que ela afirma, mas sim aquilo que ela não diz, por isso a doutrina e jurisprudência têm se preocupado em interpretar a referida súmula em contrário senso para avaliar suas consequências.

Portanto, ao afirmar que, o pagamento do valor do cheque sem provisão de fundos após o recebimento da denúncia, e início do processo, não impede o prosseguimento da ação penal, implica em se entender que o mencionado pagamento dos valores fraudados, quando feito antes do recebimento da denúncia, irá impedir que esta seja recebida e que se inicie a ação penal, extinguindo a punibilidade do fato.

Com isso, quando o agente praticar o crime previsto no Art. 171 par. 2º Inc. VI do Código Penal ("*emite cheque, sem suficiente provisão de fundos em poder do sacado, ou lhe frustra o pagamento*"), e pagar o valor fraudado com a consumação do crime antes do recebimento da denúncia, **não** irá se aplicar o instituto do Arrependimento Posterior (Art. 16 do CP) para diminuir sua pena, mas sim, impedir o prosseguimento da ação penal que sequer será iniciada, declarando-se extinta a punibilidade do fato.

Porém, a possibilidade de aplicação da súmula foi questionada por parte doutrina nacional devido ao fato de que sua edição é anterior a alteração promovida pela reforma penal de 84 que incluiu instituto do arrependimento posterior no Art. 16 do Código Penal, estabelecendo que a restituição do prejuízo causado pelo crime, quando feita antes do recebimento da denúncia, em crimes sem violência ou grave ameaça, implica em uma diminuição da pena do autor do fato.

Sendo assim, pergunta-se: *A súmula 554 do STF não estaria revogada pela alteração do Código Penal e previsão do arrependimento posterior como causa de diminuição de pena?*

O entendimento dominante na doutrina e jurisprudência pátria (STF/STJ) é de que a **súmula 554 do STF** continua válida e deve ser aplicada ao crime de estelionato pela emissão de cheque sem provisão de fundos (Art. 171 par. 2º Inc. VI do CP), embora ainda haja breve divergência doutrinária e jurisprudencial a respeito.

Acreditamos que um dos principais motivos para se defender a manutenção da aplicação da referida súmula é que esta trata de matéria mais específica do que o Art. 16 do Código Penal, pois se refere exclusivamente ao crime de estelionato, na modalidade de fraude ao pagamento de cheque.

Além disso, devido a sua natureza mais benéfica do que a do arrependimento posterior, a **súmula 554 do STF** não poderia perder aplicação em face da norma geral, posterior e menos benéfica, prevista no Art. 16 do CP.

Não podemos deixar de lembrar que a aplicação da súmula 554 do STF está restrita ao crime previsto no Art. 171 par. 2º Inc. VI, não se estendendo a outras condutas de estelionato, nem mesmo as que se relacionem com a emissão de cheques, como por exemplo, falsificação de assinatura, dados etc., que serão enquadrados no *caput* do Art. 171 do CP, como estelionato comum. Nestes casos, poderá ser aplicado o Arrependimento Posterior (Art. 16 do CP), como causa de diminuição de pena, se houver o ressarcimento do prejuízo antes do início do processo.

c) Reparação do Dano no Peculato Culposo (Art. 312 par.3º do CP):

Mais uma vez vamos fazer uso da **regra da especialidade** para afastar a aplicação do Art. 16 do Código Penal, e não aplicar a diminuição de pena referente ao arrependimento posterior.

Por expressa previsão legal, no crime de peculato culposo, extingue-se a punibilidade do fato quando a reparação do prejuízo for realizada até a sentença condenatória definitiva (trânsito em julgado), e aplica-se uma diminuição de pena de até a metade caso mesmo que esta reparação só ocorra após a condenação definitiva.

Não podemos deixar de salientar que esses benefícios específicos estão restritos exclusivamente à <u>modalidade culposa</u> do estelionato (Art. 312 par. 3º do CP), não sendo cabíveis para as formas dolosas do mesmo crime (Art. 312 *caput* e § 1º do CP), que poderão receber a diminuição de pena do arrependimento posterior (Art. 16 do CP), de acordo com o preenchimento de seus requisitos.

d) As "*delações premiadas*" previstas na legislação extravagante:

Há previsão de hipóteses de diminuição de pena, ou mesmo outros benefícios como suspensão do processo, previstos para crimes específicos em leis extravagantes, quando um dos autores do fato denunciar outros participantes, colaborar na investigação e elucidação do crime e de seus autores, ajudar na preservação da vítima ou recuperação do produto do crime etc.

Em sentido estrito não se trata de arrependimento posterior já que não se aplica o **Art. 16 do Código Penal**, porém podemos considerar, em sentido lato, que houve por parte do agente uma espécie de "arrependimento", ocorrido após a consumação do fato, que lhe concederá alguns benefícios como os supramencionados.

É o que ocorre, por exemplo, nas seguintes Leis: Lei 8.072/90 (Art. 7º e Art. 8º par. único), Lei 9.034/95, Art. 6º (revogada pela Lei 12.850/2013 (vide art. 4º), Lei 9.807/99 (Proteção a testemunhas), Lei 10.409/02, Art. 32 par. 2º e 3º (revogada pela Lei 11.343/2006), dentre outras.

9.9.6 Arrependimento Atenuante de Pena

Como vimos, o **arrependimento posterior (Art. 16 do CP)** possui uma série de requisitos, entretanto, pode ocorrer de o agente reparar o dano ou restituir a coisa, mas não preencher estes requisitos e assim não fazer jus sua diminuição de pena (1/3 a 2/3).

Sendo assim, o legislador previu no Art. 65 Inc. III, letra *b*, uma circunstância atenuante de pena, aplicada na 2ª fase da dosimetria e sem valores certos para diminuição, para as situações em que não se preencham os requisitos do arrependimento posterior (Art. 16 do CP), mas o agente tenha reparado o dano ou restituído a coisa.

> *"**Art. 65**. São circunstâncias que sempre atenuam a pena:*
>
> *III – ter o agente: **b)** procurado, por sua espontânea vontade e com eficiência, logo após o crime, evitar-lhe ou minorar-lhe as consequências, <u>ou ter, antes do julgamento, reparado o dano</u>."* (**grifo nosso**)

O **arrependimento atenuante de pena** (Art. 65 Inc. III "b" do CP) não tem maiores requisitos, possuindo, assim, ampla aplicação e sendo cabível para qualquer espécie de crime, mesmo aqueles com violência ou grave ameaça à pessoa, e poderá ser feito a qualquer tempo, mesmo após iniciado o processo.

O único requisito estabelecido pela Lei é que a reparação do dano ou restituição da coisa seja feito **até o julgamento do fato**, ou seja, a sentença condenatória recorrível, abrangendo, assim, todas as hipóteses em que não sejam preenchidos os requisitos formais do Art. 16 do Código Penal, seja pelo decurso de tempo (após o recebimento da denúncia), seja pela natureza do crime praticado (com violência ou grave ameaça).

Por se tratar de circunstância atenuante de pena, o arrependimento previsto no **Art. 65 Inc. III "b"** não possui valor determinado para a diminuição da pena, que obrigatoriamente será menor do que o atribuído ao arrependimento posterior (1/3 a 2/3), sendo que a jurisprudência, majoritariamente, tem estabelecido **o limite de 1/6** da pena para essa atenuação da pena.

A propósito, este limite jurisprudencial (1/6) é aplicável a todas as circunstâncias agravantes (Art. 61 e Art. 62 do CP) e atenuantes (Art. 65 e Art. 66 do CP) de pena, previstas no Código Penal.

9.10 CONCLUSÃO

Com base na análise do *iter criminis*, das etapas de realização dos crimes dolosos, e de acordo com todos os institutos correlatos a este tema, podemos desenvolver o seguinte esquema, resumindo o que estudamos até então neste capítulo:

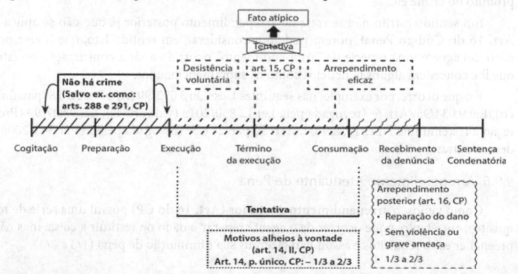

9.11 CRIME IMPOSSÍVEL

Previsto no **Art. 17 do Código penal**, trata-se de instituto criado para trabalhar com hipóteses em que, devido à situação concreta, objetiva, da realização do fato, o crime visado pelo agente será impossível de se completar, ou seja, em suma, *o crime impossível é aquele em que é impossível se chegar a consumação.*

De acordo com o referido Art. 17 do Código Penal:

> *"Art. 17. Não se pune a tentativa quando, por ineficácia absoluta do meio ou por absoluta impropriedade do objeto, é impossível consumar-se o crime."*

O primeiro passo para o estudo do crime impossível é reconhecer que nele o agente ingressa no *iter criminis* normalmente, passando pela cogitação, onde surge seu elemento subjetivo de realizar o fato, pela preparação, etapa facultativa em que o agente se organiza materialmente para a realização do crime, pela execução, quando dá início a concreta realização do fato, entretanto, não chega a **consumação**, já que esta será **impossível de ocorrer**.

Sendo assim, percebe-se que, até a realização dos atos executórios, no crime impossível o *iter criminis* estará perfeito, e que há grande semelhança com as hipóteses de tentativa bem como com seu conceito previsto em Lei (Art. 14 Inc. II do CP), pois no crime impossível o agente inicia a execução, e a consumação desejada também acaba não se produzindo por motivos alheios à sua vontade.

Essa semelhança é a razão pela qual no crime impossível se fala que houve uma **tentativa inidônea, insuficiente, ineficaz, ou tentativa imprópria, inadequada**, para alguns autores, chamada de *quase crime*.

Entretanto, há uma vital diferença entre o crime impossível, em que a conduta do agente não será sequer considerada típica e o fato será totalmente impunível, para com as hipóteses de crime tentado, em que o agente responde pelo crime com sua pena reduzida (1/3 a 2/3). No crime impossível, de acordo com a situação concreta, a execução da conduta realizada pelo agente jamais alcançará a consumação, que é impossível de ocorrer, e o resultado desejado será, desde sempre, impossível de se produzir.

Percebe-se que a diferença entre a **tentativa inidônea impunível** do crime impossível e a **tentativa comum**, punida com diminuição de pena, se dá exclusivamente no plano objetivo da realização dos fatos, sendo inviável a produção do resultado, que na tentativa comum poderia ter ocorrido, mas não se deu por motivos alheios a vontade do autor.

Dessa forma, podemos afirmar que, no crime impossível o **elemento subjetivo** (dolo) do autor estará intacto, perfeito, e será idêntico ao do crime consumado, ou mesmo tentado, sendo que, os problemas que culminam na total impossibilidade de consumação se dão exclusivamente no plano objetivo da execução da conduta.

Na prática, o que foi dito até então ajuda bastante a entendermos o crime impossível como um instituto de aplicação concreta, e não como algo exclusivamente hipotético, dogmático, já que em situações reais de crime impossível o autor do fato desconhece a impossibilidade de se chegar à consumação, e ao realizar a conduta sua intenção (dolo) é realmente de produzir o resultado típico que, diante dos fatos, é impossível de ocorrer.

9.11.1 Natureza Jurídica do Crime Impossível

Como dissemos, o crime impossível caracteriza-se pela **total impossibilidade** de se chegar à consumação do crime, isto em face da situação fática objetiva em que a conduta é realizada, embora o elemento subjetivo do autor, bem como as etapas de cogitação e preparação, esteja perfeito.

Dessa forma, a única diferença entre uma situação de crime impossível (tentativa inidônea) e a forma tentada punível de um crime será em relação à concreta possibilidade de se chegar a consumação e consequente lesão do bem jurídico, com a conduta praticada.

Por isso, em face da total impossibilidade de se lesionar o bem jurídico tutelado pela norma, a tentativa inidônea, caracterizadora do Crime Impossível (Art. 17 do CP), terá como consequência se considerar a conduta realizada pelo autor como **atípica**, e por isso absolutamente impunível.

Logo, podemos afirmar o seguinte:

Com base no **princípio da lesividade**, **ou ofensividade**, as condutas realizadas em situação de crime impossível, caracterizadoras de uma tentativa inidônea, serão considerados **atípicas**, por não serem capazes de atingir o bem jurídico alheio tutelado. Portanto, a natureza jurídica do Crime Impossível será de **causa de exclusão da tipicidade do fato**.

Embora no crime impossível se considere que a conduta realizada é atípica, não podemos deixar de lembrar que, em face do seu fundamento ser a ausência de lesividade, essa atipicidade só se refere ao fato que é impossível de se consumar, de acordo com o dolo específico do autor, não se estendendo a outros crimes que porventura tenham sido cometidos paralelamente ou acessoriamente no curso do *iter criminis*.

Nada impede que durante a prática de uma conduta em que a produção do resultado pretendido é impossível, o agente venha a cometer outras infrações, e a despeito daquela impossível de se consumar ser considerada atípica, as demais poderão ser punidas normalmente como crime na sua forma tentada ou consumada de acordo com o caso concreto.

Por exemplo: *Determinado sujeito entra na casa de seu desafeto e, querendo matá-lo, dispara sua arma de foco contra ele, que se encontrava deitado em sua cama. Posteriormente, se descobre que a vítima já estava morta quando recebeu os disparos, isso em face de um prévio ataque cardíaco, ocorrido horas antes do fato.*

Nesse caso, o crime de homicídio não poderá ser imputado ao agente, nem mesmo na forma tentada, já que a consumação era impossível de ocorrer, e o fato será considerado atípico em face da tentativa inidônea, pois a vítima já estava morta quando foi atingida, sendo impossível "matar o morto".

Porém, diante da situação concreta narrada, **nada impede que se impute ao agente outros fatos por ele praticados no decorrer do *iter criminis***, como a violação de domicílio (Art. 150 do CP), o porte ilegal de arma (Lei 10.826/03) etc.

Não podemos deixar de destacar ainda que mais uma vez se percebe a falta de precisão técnica de nosso legislador que utilizou o termo *"não se pune a tentativa"* para determinar as consequências do crime impossível, o que poderia dar a falsa impressão de que sua natureza jurídica seria de causa de exclusão da punibilidade do crime tentado.

Na verdade, nas bases do **princípio da lesividade**, e diante da inegável atipicidade da conduta praticada em situação de crime impossível, teria sido mais técnico e correto dizer, "não há crime quando" ou "afasta-se a tipicidade do fato quando", ao se estabelecer, no Art. 17 do Código Penal, as consequências desse instituto.

9.11.2 Teorias delimitadoras do Crime Impossível

Para que se possa reconhecer uma situação como de crime impossível, surgiram diversas teorias que se dividiram em dois grandes grupos, as de natureza subjetiva que incidem a análise na vontade, intenção do agente ao atuar, e as de natureza objetiva, que analisam a situação fática, concreta de realização da conduta, se subdividindo em duas, a objetiva pura e a objetiva temperada:

a) Teoria subjetiva (*Von Buri*):

Preocupa-se exclusivamente com o **elemento subjetivo** do agente ao atuar, independentemente se objetivamente a conduta realizada é ou não capaz de alcançar a consumação e a produção do resultado.

Na verdade, não se trata exatamente de uma teoria para delimitação do crime impossível, mas sim uma **teoria de negação** deste, para então afirmar a punibilidade de toda e qualquer tentativa.

Dessa forma, pouco importa se concretamente a execução da conduta realizada pelo agente poderia ou não gerar o resultado típico. Para que haja tentativa punível basta se demonstrar que o agente atuou com sua intenção (dolo), vontade, direcionada para a produção do resultado típico, que acabou não se produzindo.

Para essa teoria não interessa se o bem jurídico jamais poderia ser afetado pela conduta objetivamente realizada, e a potencial lesividade da conduta é dispensável no plano da tentativa punível, sendo suficiente se avaliar o elemento subjetivo do autor do fato, para que ele responda pela tentativa do crime.

Na ótica da **teoria subjetiva** não há que se falar em tentativa idônea ou inidônea no plano objetivo de lesão ao bem jurídico, já que essa idoneidade para produzir o resultado típico é absolutamente dispensável para que haja tentativa punível. Assim, de certa forma, **toda tentativa seria considerada inidônea** já que não obteve, no plano concreto, a consumação do crime.

Logo, sempre que se demonstrar o dolo do agente, no que tange produzir um resultado típico, estaria afastado o crime impossível, e exatamente por isso toda tentativa será sempre punível.

b) Teoria objetiva pura:

Essa teoria se fundamenta basicamente no **princípio da lesividade** para considerar que o direito penal visa a tutela de bens jurídicos, e sempre que um ato executório não chegar a provocar qualquer lesão, ou concretamente ameaçar de lesão determinado bem jurídico, estaremos diante de uma situação de crime impossível.

Dessa forma, **não importa se a conduta é absolutamente ou relativamente idônea para se chegar ao resultado desejado**, se nenhum bem jurídico for lesionado, ou colocado em perigo concreto, a conduta ficará impune, e a tentativa será considerada inidônea em face do crime impossível.

Como o Direito Penal só deve proibir condutas objetivamente lesivas a um bem jurídico, a tentativa só deverá ser sancionada em função do perigo concreto de lesão, ou efetivo dano que se produza diante da situação concreta. Por isso, quando uma conduta não tiver sido incapaz de gerar lesão, ou perigo de dano, para o bem jurídico tutelado pela norma, haverá crime impossível, afastando-se a punição do agente.

c) Teoria objetiva temperada, mitigada ou modificada:

Desdobramento da teoria anterior, também se fundamenta na lesividade da conduta realizada pelo agente, com base na análise objetiva da situação fática. Porém distingue a absoluta e a relativa inidoneidade da ação, para se caracterizar o crime impossível e diferenciá-lo da tentativa punível.

Logo, quando a **tentativa for absolutamente inidônea** pelo fato da conduta não oferecer qualquer perigo para o bem jurídico, sendo impossível que se chegasse a consumação, haverá crime impossível e o fato será considerado atípico.

Entretanto, se a **tentativa for apenas relativamente** incapaz de produzir o resultado, e embora este não tenha ocorrido, havia alguma chance, por menor que fosse, do crime se consumar, não haverá crime impossível, e o agente responderá normalmente pela **tentativa do crime praticado**.

Essa teoria foi **adotada pelo nosso Código Penal no Art. 17,** quando este utiliza os termos *"meio absolutamente ineficaz"*, e *"objeto absolutamente impróprio"*, pois demonstra que o crime impossível se vincula a total impossibilidade de haver consumação, e caso, de acordo com a situação concreta, haja qualquer chance do resultado se produzir haverá tentativa comum, e o agente responderá normalmente pelo crime.

Para ilustrar as consequências da teoria adotada por nosso código penal podemos fazer uso dos seguintes exemplos:

a) Tentar matar alguém com arma desmuniciada: tentativa absolutamente inidônea, logo, *crime impossível*.

b) Tentar matar alguém com arma municiada que falha ou engasga no momento do disparo: tentativa relativamente inidônea, logo, pune-se normalmente a forma tentada do crime de homicídio.

c) Entrar em apartamento vazio para realizar um furto: tentativa absolutamente inidônea, logo, *crime impossível* (nada impede a imputação da violação de domicílio – Art. 150 do CP).

d) Tentar subtrair um bem em uma loja com sistema e câmeras de segurança: tentativa relativamente inidônea, logo, pune-se normalmente a forma tentada do crime de furto.

Há ainda outras teorias de menor expressão para delimitação dos conceitos de crime impossível como a **Teoria Sintomática**, que se preocupou apenas com a periculosidade do autor ao violar o ordenamento jurídico com sua tentativa, seja ela idônea ou inidônea, e a **Teoria da ausência de Tipo**, a qual vincula o crime impossível e as hipóteses de tentativa inidônea, à falta de adequação típica da conduta praticada, devido ausência de preenchimento dos elementos objetivos do tipo penal realizado, dentre outras.[63]

---

63.   Vide: Prado, Luiz Regis. *Curso de Direito Penal*. vol. I – 8. ed. Editora RT. p. 409/410.

9.11.3 Hipóteses de tentativa inidônea

Como vimos, o crime impossível resulta de situações em que com base na conduta praticada pelo agente e as circunstâncias em que ela ocorre não será possível se chegar à consumação.

Porém, como o **elemento subjetivo** (dolo) do agente se encontra perfeito, ele irá passar pelas etapas de cogitação e preparação normalmente, até entrar na etapa de execução que será realizada por ele no intuito de se chegar à consumação do crime.

Entretanto, como a consumação do crime será impossível de ocorrer fala-se que houve uma tentativa inidônea, e que por isso não merece "crédito" do Direito Penal, uma tentativa ineficaz para gerar o resultado pretendido, uma tentativa imprópria para alcançar a consumação, fazendo com que o fato seja considerado atípico.

Sendo assim, nosso Código Penal (Art. 17 do CP) delimitou duas hipóteses em que objetivamente irá se considerar que houve uma tentativa inidônea, e a conduta do agente não irá configurar crime, em face do crime impossível, são elas:

a) Ineficácia absoluta do meio utilizado pelo autor para praticar o fato:

Ocorre quando o agente se utiliza de meios que **objetivamente são incapazes** para produzir o resultado por ele desejado, ou seja, os instrumentos, formas, objetos usados pelo autor do fato são completamente ineficazes para que se chegue à consumação do crime pretendido.

São **exemplos** clássicos e conhecidos de **ineficácia absoluta do meio**, configurando tentativa inidônea e crime impossível, as seguintes situações: Matar alguém com arma de brinquedo ou desmuniciada, provocar aborto através de substâncias inócuas como aspirina, açúcar etc., fazer uso de documento com falsificação grosseira, cometer estelionato por meio absurdo (p. ex: vendendo terrenos na lua), falsificar moeda através de nota com valor inexistente e absurdo (p. ex. produzir notas de 8 reais), injuriar alguém através de idioma que a vítima não conheça.

Devemos lembrar que, produto da **Teoria objetiva temperada** adotada pelo Código Penal, hipóteses em que o meio utilizado seja relativamente ineficaz, havendo qualquer chance do resultado pretendido se consumar, afasta-se o crime impossível, imputando ao agente o crime praticado na sua forma tentada.

Isso ocorre, por exemplo, nas seguintes situações: Arma municiada emperra e não dispara, veneno acaba sendo insuficiente para matar a vítima que havia acabado de almoçar e estava de estômago cheio, remédio abortivo gera contrações, mas não tem eficácia suficiente para gerar a expulsão do feto, falsificar moeda de forma grosseira, mas capaz de iludir um desavisado.

b) Impropriedade absoluta do objeto atingido, incapaz de sofrer o resultado pretendido:

Quando o agente, embora se utilize de meios eficazes e capazes de produzir o resultado pretendido, visa atingir determinado **objeto ou vítima que não pode sofrer a lesão visada**, ou seja, o alvo visado, aquilo contra o qual se dirige a conduta lesiva do agente, jamais poderá ser afetado diante da situação concreta.

Na verdade, o bem jurídico visado pela conduta do autor nunca poderá ser afetado, pois o resultado pretendido jamais se produzirá em face do objeto atacado, que é absolutamente incapaz de sofrer este resultado.

São exemplos clássicos de tentativa inidônea por absoluta impropriedade do objeto, que dão origem a um crime impossível, as seguintes hipóteses: matar pessoa que já estava morta, provocar aborto em mulher não grávida, apropriação indébita de coisa própria, praticar injúria verbal em relação à vítima inimputável incapaz de entender o fato etc.

É preciso lembrar ainda que, em se tratando de objeto relativamente impróprio de sofrer o resultado, em face da teoria objetiva temperada adotada pelo Código Penal, afasta-se a aplicação do crime impossível, e o agente responderá normalmente pela forma tentada do crime praticado.

Isso ocorre, por exemplo, nas seguintes hipóteses: furto no bolso errado e que estava vazio, tentar matar alguém que estava usando colete a prova de balas, tentativa furto realizado em loja com câmeras de segurança etc.

9.11.4 Crime Impossível e Delito Putativo

Não se deve confundir os conceitos de **crime impossível** e **delito putativo**, pois, embora acabem produzindo o mesmo efeito, qual seja, a conduta realizada será atípica e o agente não será imputado pelo crime, e tenham alguns aspectos comuns, são institutos que nascem de situações diametralmente opostas.

Falar em **putatividade** de um delito significa se considerar uma situação imaginária, virtual, e que só existe na cabeça do autor do fato, pois no mundo real o fato praticado pelo autor não configura crime. Entretanto, putatividade de um delito pode decorrer de situações diversas, sendo que em todas elas o agente atua acreditando estar cometendo um crime quando na verdade isto não ocorre.

Sendo assim, com base em seus fundamentos e origem, podemos separar o delito putativo de acordo com duas formas de ocorrência:

1) Delito putativo (sentido estrito):

Trata-se da situação efetivamente reconhecida pela doutrina como crime ou delito putativo, e ocorre quando o agente acredita estar praticando uma conduta proibida pelo ordenamento jurídico, ou seja, age pensando estar realizando um fato considerado como crime, quando **na verdade sua conduta não é ilícita** e não caracteriza um crime.

Nesta hipótese podemos reconhecer uma espécie de *erro de proibição ao avesso, ou erro de proibição ao inverso*, já que o agente pensa estar realizando algo ilícito, proibido, quando na verdade sua conduta não é considerada como antijurídica e não configura crime, razão pela qual também é chamado de delito de alucinação.[64]

Exemplo: *Rafael subtrai o computador portátil de um colega de sala durante o intervalo da aula de Penal para fazer uma consulta de jurisprudência, e assuntado com o momento de reinício da aula, devolve apressadamente o computador, acreditando ter cometido crime de furto.*

---

64. Neste sentido: Cirino dos Santos, Juarez. *Direito Penal – Parte Geral* – Ed. Lumen Juris. p. 391.

Na verdade, houve **furto de uso**, *que* **não configura crime**, *por ausência do elemento subjetivo especial de subtrair o bem "para si ou para outrem", gerando, assim, hipótese de delito putativo.*

Assim como ocorre nos **erros de proibição (Art. 21 do CP)**, nestas hipóteses também há um erro de valoração do agente a respeito do caráter ilícito daquilo que realiza, entretanto no erro de proibição a situação é diferentemente, pois ao contrário do delito putativo, o agente pratica algo efetivamente ilícito pensando estar agindo de acordo com a ordem jurídica por desconhecer a proibição do que faz.

Em suma, embora em ambos os institutos se parta de um erro de valoração, podemos afirmar que:

No **erro de proibição (Art. 21 do CP)** *a conduta realizada é ilícita e prevista como crime, mas o agente não sabe disso, enquanto no* **delito putativo** *a conduta realizada é lícita, legítima, e não configura crime, mas o agente pensa se tratar de algo proibido, e acredita erroneamente estar cometendo uma infração penal (erro de proibição ao inverso).*

Assim, percebe-se a diferença entre o conceito estrito de **delito putativo** e o **crime impossível** e, embora ambos possuam a mesma consequência, qual seja, o fato praticado será atípico e o agente não responder pelo crime, podemos separar os institutos dizendo:

No **Crime impossível** *o fato é previsto abstratamente como crime, e em face da situação concreta e objetiva de sua realização (tentativa inidônea) jamais se alcançará a consumação, enquanto no* **crime, ou delito, putativo** *o agente atua concretamente realizando um fato que pensa ser crime, mas que abstratamente sequer possui previsão legal em nosso ordenamento.*

2) Delito Putativo por erro fático:

Na verdade, não se trata de especificamente de um delito putativo, mas tão somente uma clássica situação de crime impossível, por impropriedade absoluta do objeto, que é considerado por alguns autores como espécie de delito putativo, também chamado de **erro de tipo ao inverso, ou às avessas**.

Ocorre quando o agente quer cometer um crime, havendo previsão legal abstrata na lei para sua conduta, porém em face de um erro a respeito da situação concreta, fática em que se encontra, sua conduta é absolutamente atípica e irrelevante para o Direito Penal.

Percebe-se por que dissemos que na verdade não se trata em sentido estrito de um **delito putativo**, já que o fato visado pelo agente, produto do seu elemento subjetivo é previsto abstratamente como crime na lei penal, e a putatividade só decorre de seu **erro a respeito da situação fática** em que se encontra e quanto ao objeto a ser atingido por sua conduta.

Por isso o **delito putativo por erro fático**, é, na verdade, a mesma coisa que um crime impossível pela impropriedade absoluta do objeto, em que o agente quer cometer um crime, este fato tem previsão legal mas, por um equívoco a respeito da situação fática em face do objeto a ser atingido, com a sua conduta jamais se produzirá o resultado pretendido, afastando-se, assim, a existência de crime.

Fala-se aqui **em erro de tipo ao inverso** e, para diferenciá-lo do erro de tipo comum (Art. 20 do CP), podemos afirmar que:

No delito putativo por erro fático, o agente atua querendo praticar um crime, e seu elemento subjetivo (dolo) está perfeito, porém, não será possível se chegar ao resultado, em face de um erro fático a respeito do objeto a ser atingido pela conduta **(erro de tipo invertido)**.

Já no **erro de tipo incriminador comum** *(Art. 20 do CP), por se equivocar a respeito da situação fática, o agente atua sem preencher o elemento subjetivo (dolo), ou seja, atua sem intenção de cometer crime, embora acabe produzindo um resultado típico.*

Exemplos:

a) Erro de Tipo incriminador comum

Em uma escalada no Monte Everest, o agente enterra sua esposa acreditando que esta havia morrido de hipotermia, porém posteriormente se descobre que ela ainda estava viva quando foi enterrada, vindo a morrer por asfixia.

Nessa hipótese, estamos diante de um erro de tipo incriminador comum, em que o agente por se equivocar a respeito da situação fática (morte da esposa) não teve intenção (dolo) de praticar a conduta típica de "matar alguém", já que por achar que a vítima já estava morta, não pensou se tratar de alguém.

Assim, diante do **erro de tipo incriminador**, seu elemento subjetivo (dolo) quanto ao cometimento do homicídio será afastado, e de acordo com a natureza do erro (inevitável ou evitável) se considerar o fato atípico, ou imputar ao agente a modalidade culposa do crime.

b) Erro de Tipo ao inverso ou ao avesso (Delito putativo fático / Crime Impossível)

Em uma escalada ao Monte Everest, o agente durante a noite, no acampamento no alto da montanha resolve matar sua esposa, e aproveitando-se da situação que permitiria ocultar realização do crime, provoca uma avalanche e soterra a barraca onde a vítima dormia. Porém, se descobre posteriormente que sua mulher já estava morta, vítima de hipotermia no momento que foi soterrada.

Nesse caso, o **elemento subjetivo** (dolo) do agente estará **perfeito**, sendo que ele atua com intenção, vontade, de "matar alguém", entretanto, diante da situação fática (mulher já estava morta), era impossível que chegasse à consumação e produção do resultado pretendido.

Logo, trata-se de uma **situação absolutamente oposta**, invertida, em relação ao erro de tipo incriminador comum narrado acima. Aqui o agente tem dolo de cometer um crime que é impossível de se consumar, não havendo produção ou qualquer resultado típico sequer possível (delito putativo fático/ erro de tipo invertido). No exemplo anterior, o agente acaba gerando um resultado não desejado, em razão de um erro, durante a sua conduta, sobre elementos fáticos que compõem o tipo incriminador (erro de tipo comum).

9.11.5 Crime Impossível em face da Súmula 145 do STF

A **súmula 145 do STF** refere-se ao chamado **Flagrante preparado**, afirmando que, nesta hipótese, não haverá crime em razão da total impossibilidade de sua consumação nestes casos. Sendo assim, praticamente determinou que essa modalidade de flagrante se configura como espécie de crime impossível.

De acordo com o texto da referida *súmula 145 do STF*:

"Não há crime, quando a preparação do flagrante pela polícia torna impossível a sua consumação"

Analisando o conteúdo da **súmula 145 do STF** percebe-se que em muitos casos quando a polícia prepara uma situação de flagrante, na verdade não há sequer um crime a se consumar já que tudo não passa de uma grande armação para se efetuar a prisão e determinado agente.

No **flagrante preparado** não poderá ocorrer a consumação, já que, a situação fática montada pela polícia não configura uma situação real de perigo para um bem jurídico tutelado e, seja por **impropriedade absoluta do objeto**, ou mesmo por ineficácia absoluta do meio, haverá uma tentativa inidônea por parte do agente, caracterizando, assim, um crime impossível.

Não se deve confundir o **flagrante preparado**, que de acordo com a sum.145 do STF é impunível e caracteriza crime impossível, com o chamado **flagrante esperado**, em que não há qualquer impedimento para que se impute o crime, tentado ou consumado, ao agente que realiza a conduta.

No **flagrante esperado**, não há que se falar em crime impossível, **imputando-se normalmente o crime** ao autor do fato, já que diante da situação concreta é realmente possível que ocorra um crime, e a autoridade policial, sabendo disso, se posiciona previamente aguardando a sua possível ocorrência, para evitá-lo e realizar a prisão em flagrante.

Já no flagrante preparado há efetivamente uma encenação por parte das autoridades visando provocar a realização de um crime por determinado agente, e, portanto, não há real perigo de lesão ao bem jurídico, gerando assim uma total impossibilidade de consumação, e consequentemente um crime impossível.

Por isso, alguns autores costumam dizer que houve nestes casos de flagrante preparado um "***Delito Putativo por obra do agente provocador***" ou ainda, "*crime de flagrante preparado*" e "*Crime de ensaio ou de experiência*".[65]

Aqui só se pode considerar que houve delito putativo em sentido lato, ou seja, pelo fato do agente achar que estava praticando um crime de acordo com sua conduta, embora tudo não passasse de uma situação montada, preparada pelas autoridades policiais.

Na verdade, seria mais técnico dizer, de forma direta, que há um crime impossível, por impropriedade do objeto ou por ineficácia do meio utilizado, diante da preparação realizada pela polícia, já que se impede totalmente a possibilidade de consumação.

Como vimos, no **flagrante preparado** haverá uma **tentativa inidônea**, gerando, assim, um **crime impossível**, dessa forma o autor do fato não responderá pelo fato praticado, entretanto, eventualmente pode ocorrer do crime acabar se consumando em uma situação de flagrante preparado.

Nesta hipótese surgem duas questões:

– *Deve-se imputar o crime consumado ao autor do fato?*

– *O agente provocador responde por algum crime?*

Quanto à primeira indagação, parece ser inevitável a imputação do resultado lesivo ao agente, afastando-se a aplicação da **súmula 145 do STF**, já que esta se refere a situação de flagrante preparado quando "se torna impossível sua consumação", por isso, mesmo havendo a preparação por parte da autoridade policial a lesão ao bem jurídico tutelado, caso ocorra, deverá ser imputada ao autor do fato.

Já em relação ao agente provocador, podem ocorrer duas situações:

---

65.   Vide: Capez, Curso de *Direito Penal* – Parte geral- vol. I. 7. ed. Ed. Saraiva. p. 240.

a) O agente provocador prepara a situação de flagrante desejando que o crime se consume, para só então realizar a prisão em flagrante.

Nesse caso, é necessário que se impute o crime praticado ao autor e que o agente provocador responda como partícipe (por induzimento ou instigação) do fato, através de sua colaboração dolosa no fato criminoso consumado pelo autor.

b) O agente pretende preparar o flagrante para realizar a prisão antes que ocorra a consumação, porém ela ocorre.

Nessa hipótese, se em desconformidade com o plano do agente provocador o crime acaba se consumando, o agente provocador poderá ser imputado como partícipe do crime em face de ter colaborado com dolo eventual para o fato, se tiver previsto concretamente que devido ao flagrante preparado o resultado típico poderia acontecer.

Porém, caso se demonstre que a consumação do crime, em função do flagrante preparado, não foi concretamente prevista pelo **agente provocador**, mas que ele agiu com falta de cuidado, pois essa consumação era previsível, este poderá ser imputado pelo resultado típico a título de culpa, e responderá como autor do crime culposo *produzido (se houver previsão legal da forma culposa)*.

9.12 QUESTÕES PARA TREINO

CESPE/ DPE-RN/ Defensor Público Substituto/2015

No que tange a nexo de causalidade, iter criminis, espécies e aplicação da pena, assinale a opção correta à luz da legislação e jurisprudência do STJ.

A) Situação hipotética: Lino e Vítor, mediante complexa logística, escavaram por dois meses um túnel de setenta metros entre um imóvel que adquiriram e o cofre de uma instituição bancária que pretendiam furtar, cessando a empreitada em decorrência de prisão em flagrante, quando estavam a doze metros do ponto externo do banco. Assertiva: Nesse contexto, Lino e Vítor colocaram em risco o bem jurídico tutelado e praticaram atos executórios do crime de furto qualificado.

B) Na aplicação da pena, na primeira fase do processo dosimétrico, o julgador encontra-se vinculado a critério objetivo, sendo que, na hipótese de aferir negativamente circunstância judicial, não pode exasperar a pena-base do réu em fração superior a um sexto.

C) Situação hipotética: A vítima Lúcia foi alvejada e ferida por disparo de arma de fogo desfechado por Aldo, que agiu com *animus laedandi*. Internada em um hospital, Lúcia faleceu não em decorrência dos ferimentos sofridos, mas em razão de queimaduras causadas por um incêndio que destruiu toda a área de internação dos enfermos. Assertiva: Nessa situação, e considerando a teoria da equivalência dos antecedentes ou da conditio *sine qua non*, Aldo será responsabilizado criminalmente pelo resultado naturalístico (morte).

D) O agente condenado a pena privativa de liberdade inferior a quatro anos de reclusão, reincidente e com circunstância judicial desfavorável somente pode iniciar o cumprimento da sanção corporal em regime semiaberto.

E) O aumento da pena de multa no concurso formal de crimes, dentro do intervalo de um sexto a um meio previsto no art. 70 do CP, deve adotar o critério da quantidade de infrações praticadas. Assim, aplica-se o aumento de um sexto pela prática de duas infrações; um quinto, para três infrações; um quarto, para quatro infrações; um terço, para cinco infrações; um meio, para seis infrações ou mais infrações.

Gabarito "A"

CESPE/ TCE-PR/ Auditor/2016

A respeito das fases do iter criminis, assinale a opção correta.

A) O crime de concussão é classificado pela doutrina como material, não bastando, portanto, para sua consumação, a mera exigência de vantagem indevida para si ou para outrem, direta ou indiretamente.

B) Configura-se tentativa imperfeita ou crime falho se o agente esgota todos os atos executórios e, por circunstâncias alheias a sua vontade, o crime não se consuma.

C) Dado o princípio da alteridade, a atitude meramente interna do agente não pode ser incriminada, razão pela qual não se pune a cogitação.

D) No direito brasileiro, os atos preparatórios não são puníveis em nenhuma circunstância, nem mesmo como tipo penal autônomo.

E) O crime de falsificação de documento público é crime material e, portanto, somente se consuma por ocasião do dano provocado pela aludida falsificação.

Gabarito "C"

FCC/ DPE-SP/ Defensor Público/2015

Sobre o iter criminis é correto afirmar que

A) a jurisprudência do STF, sobre a consumação do roubo seguido de morte sem subtração da coisa, ultrapassa os limites do conceito de consumação do Código Penal.

B) a criminalização de atos preparatórios como crimes de perigo abstrato autônomos não é admita pela jurisprudência do STF, por violação do princípio da lesividade.

C) em casos de acidente automobilístico sem a morte da vítima, provocado por ingestão de bebida alcóolica, não se pode presumir o dolo eventual, pois há casos em que a imputação subjetiva concreta verifica a tentativa de homicídio culposo.

D) por razões de política criminal, o ordenamento jurídico brasileiro tornou as tentativas de contravenção e falta disciplinar na execução penal impuníveis.

E) a correta imputação subjetiva do crime tentado requer o dolo de tentar o delito para não incorrer em excesso punitivo, comum no populismo penal contemporâneo.

Gabarito "A"

CESPE/ DPE-RN/ Defensor Público Substituto/2015

A respeito de arrependimento posterior, crime impossível, circunstâncias judiciais, agravantes e atenuantes, assinale a opção correta à luz da legislação e da jurisprudência do STJ.

A) Existindo duas qualificadoras ou causas de aumento de pena, uma delas implica o tipo qualificado ou a majorante na terceira fase da dosimetria, enquanto a outra pode ensejar, validamente, a valoração negativa de circunstância judicial e a exasperação da pena-base.

B) O arrependimento posterior, por ser uma circunstância subjetiva, não se estende aos demais corréus, uma vez reparado o dano integralmente por um dos autores do delito até o recebimento da denúncia.

C) A existência de sistema de segurança ou de vigilância eletrônica torna impossível, por si só, o crime de furto cometido no interior de estabelecimento comercial.

D) Condenações anteriores transitadas em julgado alcançadas pelo prazo depurador de cinco anos previsto no art. 64, I, do CP, além de afastarem os efeitos da reincidência, também impedem a configuração de maus antecedentes.

E) Na hipótese de o autor confessar a autoria do crime, mas alegar causa excludente de ilicitude ou culpabilidade, não se admite a incidência da atenuante da confissão espontânea, descrita no art. 65, III, d, CP.

Gabarito "A"

FCC/ TCM-GO/ Procurador do Ministério Público de Contas/2015

A consumação se dá nos crimes

A) de mera conduta, com a ocorrência do resultado naturalístico.

B) omissivos impróprios com a prática de conduta capaz de produzir o resultado naturalístico.

C) permanentes, no momento em que cessa a permanência.

D) omissivos próprios, com a simples omissão.

E) culposos, com a prática da conduta imprudente, imperita ou negligente

Gabarito "D"

CESPE/ TRE-MT/ Analista Judiciário – Judiciária/2015

Com relação aos institutos da desistência voluntária, do arrependimento posterior e do arrependimento eficaz, ao crime impossível e às infrações qualificadas pelo resultado e descriminantes putativas, assinale a opção correta.

A) Crime qualificado pelo resultado é o mesmo que crime preterdoloso.

B) Conforme a teoria limitada da culpabilidade, todo e qualquer erro que recaia sobre uma causa de justificação é erro de proibição.

C) De acordo com a doutrina majoritária, a espontaneidade não é requisito para o reconhecimento da desistência voluntária e do arrependimento eficaz.

D) O instituto do arrependimento posterior não se aplica ao autor de um crime de lesão corporal culposa.

E) Com relação ao crime impossível, o legislador penal brasileiro adotou a teoria subjetiva.

Gabarito "C"

MPE-GO/ MPE-GO/ Promotor de Justiça Substituto/2016

Sobre a etapas de realização da infração penal, marque a alternativa correta:

A) Em determinadas infrações penais o exaurimento constitui etapa do iter criminis.

B) Os atos executórios precisam ser idôneos e inequívocos, não se exigindo, porém, sua simultaneidade.

C) A resolução do agente, no que diz respeito ao dolo, não são coincidentes na tentativa e na consumação.

D) O arrependimento eficaz é incompatível com crimes formais ou de mera conduta

Gabarito "D"

CESPE/ TJ-PB/ Juiz Substituto/2015

Relativamente à classificação doutrinária de crimes, assinale a opção correta.

A) O crime falho, também chamado de tentativa imperfeita, ocorre quando o agente voluntariamente desiste de prosseguir na execução ou impede que o resultado se produza.

B) Para que se verifique o exaurimento do crime, é necessário que, depois de sua consumação, o delito atinja suas últimas consequências.

C) O crime de cárcere privado é tipicamente instantâneo, haja vista que já se consuma com a efetiva restrição ou privação da liberdade de locomoção por tempo juridicamente relevante.

D) As penas privativas de liberdade aplicáveis a indivíduos condenados por contravenções penais são de detenção, não se admitindo a reclusão.

E) Crime próprio é aquele que só pode ser praticado pelo agente pessoalmente, não podendo este utilizar-se de interposta pessoa (a exemplo do que ocorre no falso testemunho).

Gabarito "B"

CESPE/ DPE-PE/ Defensor Público/2015

A respeito do conflito aparente de normas penais, dos crimes tentados e consumados, da tipicidade penal, dos tipos de imprudência e do arrependimento posterior, julgue o item seguinte.

O STJ tem firmado entendimento de que, na tentativa incruenta de homicídio qualificado, deve-se reduzir a pena eventualmente aplicada ao autor do fato em dois terços.

Gabarito CERTO

CAIP-IMES/ Câmara Municipal de Atibaia – SP/ Advogado/2016

Complete corretamente as frases abaixo assinalando a alternativa correta.

I- Configura-se o crime _____, quando nele se reúnem todos os elementos de sua definição legal.

II- Configura-se o crime _____, quando o agente quis o resultado ou assumiu o risco de produzi-lo.

III- Configura o crime _____, quando por ineficácia absoluta do meio ou por absoluta impropriedade do objeto, a finalização e consumação do ato típico, antijurídico e culpável é afetada.

IV- Configura – se o crime _____, quando o agente deu causa ao resultado por imprudência, negligência ou imperícia.

A) I. doloso; II. culposo. III. impossível; IV. consumado

B) I. consumado; II. doloso; III. impossível; IV. culposo

C) I. impossível; II. consumado; III. culposo; IV. doloso

D) I. culposo, II. impossível, III. doloso; IV. Consumado

Gabarito "B"

TIPICIDADE

10.1 CONCEITO FUNDAMENTAL

O Tipo Penal, primeiro elemento integrante do conceito de crime, em palavras simples pode ser definido como *mera descrição na Lei de uma conduta humana considerada proibida, para a qual se estabelece uma sanção*, ou seja, é o próprio artigo de Lei que prevê no plano abstrato o crime.

Porém, essa é simplesmente a definição daquilo que chamamos de Tipo Formal, e que traduz a imposição do famoso **princípio da Legalidade**, ou reserva legal, presente no artigo 1º do Código Penal e no artigo 5º Inc. XXXIX da Constituição Federal.

O termo Tipo é usado na língua portuguesa como tradução do vocábulo *Tatbestand* utilizado originariamente no Código Penal Alemão de 1871 (§ 59), entretanto, antes de adentramos nas diversas acepções do conceito de Tipo, seus elementos e funções, precisamos compreender o real significado dessa expressão tão largamente utilizada em nossa doutrina e jurisprudência.

Seguindo a ideia inicial do conceito formal de Tipo, como dissemos corolário do princípio da reserva legal, podemos simplificar o significado do termo entendendo que ao se dizer que um fato é típico é porque o legislador resolveu através de uma previsão legal vinculá-lo do Direito Penal, tornar determinada conduta humana inerente ao ordenamento jurídico penal, fazendo como passe a ser pertinente para este ramo do Direito.

É extremamente esclarecedora a seguinte metáfora: *O acarajé é uma comida típica da Bahia, assim como matar alguém é um fato típico do Direito Penal*. Ora, deixar de pagar o aluguel, por uma escolha do legislador, não é um fato típico, inerente, pertinente ao Direito Penal, mas sim, um fato típico do Direito Civil, embora os civilistas não utilizem esta terminologia.

Essa decisão de tipificar ou não uma conduta, trazendo-a para o âmbito jurídico penal terá suas bases ligadas a outros princípios orientadores como o da Intervenção mínima, Subsidiariedade, Fragmentariedade, Adequação Social, e pelo menos num plano de ideal democrático, da própria Lesividade.

No plano conceitual, nos resta ainda fazer uma indagação: Se o Tipo Penal, em seu aspecto formal, nada mais é do que o próprio artigo de Lei, e um fato típico é todo comportamento humano que se tornou inerente ao Direito Penal em face dessa previsão legal, o que significa a tão famosa Tipicidade?

A Tipicidade nada mais é do que uma **qualidade** atribuída a um fato humano que, por escolha do legislador, foi previsto na Lei como crime, e para o qual se atribuiu uma sanção, ou seja, é uma característica inerente a certas condutas que, por se adequarem a uma expressa previsão legal após o chamado juízo de tipicidade, passam a integrar um fato típico.

Podemos fazer uso de outra metáfora para ilustrar o conceito de Tipicidade, dizendo: Se uma pessoa é honesta, possui honestidade, se um fato é típico possui Tipicidade.

Nos dizeres do Prof. Alvaro Mayrink da Costa: "*O Tipo outorga relevância penal a condutas presumidamente reprováveis, individualizando-as. Sucede, porém, que não se confunde com a tipicidade de uma conduta, nem com o juízo de tipicidade. O Tipo é uma construção imaginaria; resulta da imaginação do legislador, ao passo que o juízo de tipicidade é a avaliação de uma conduta e a tipicidade, a consequência positiva da avaliação.*" [1]

Não concordamos com parte da doutrina nacional[2] que considera a Tipicidade como um elemento integrante dos Tipos Penais, já que esta não se encaixa em nenhuma das espécies de elementos que compõe os Tipos, e na verdade representa apenas uma qualidade atribuída a uma conduta humana que possui adequação com um modelo típico incriminador.

O fundamento dessa posição doutrinária, com a qual discordamos, parece estar na ideia de que a tipicidade seria um atributo da conduta humana que se subsumiu ao modelo típico previsto em Lei, e por isso, por fazer parte da própria conduta seria um **elemento implícito** dos tipos penais.

Na verdade, a tipicidade não é um atributo da conduta abstratamente prevista no Tipo, mas sim uma qualidade, característica presente na conduta concretamente realizada por uma agente, que encontra adequação ao modelo previsto no texto de lei. Não há tipicidade no verbo formalmente previsto na norma, mas tão somente na ação praticada no mundo concreto pelo autor, quando esta, após passar pelo juízo de adequação típica, nas bases do modelo previsto abstratamente na Lei, receberá o atributo da Tipicidade.

A **Teoria da Norma** separa os tipos penais em duas grandes espécies, quais sejam, *Tipos Penais Incriminadores* e *Tipos Penais Não Incriminadores*, para depois principalmente no que tange ao segundo grupo, dividi-lo em subespécies, de acordo com as diversas características e funções que possuam.

Nesse capítulo analisaremos apenas as características dos Tipos penais incriminadores, ou seja, aqueles criados para definir um comportamento abstratamente considerado proibido pela Lei, para o qual se estabelece uma sanção, e que com seus inúmeros aspectos e funções, atendendo ao princípio da Legalidade, ou da reserva legal, através de seus elementos objetivos e subjetivos, dão origem ao próprio crime.

Nos dizeres do Prof. Juarez Cirino dos Santos: "*O estudo da estrutura dos tipos de injustos dolosos de ação utiliza categorias de tipo objetivo e tipo subjetivo introduzidas pelo finalismo na moderna sistemática dos fatos puníveis.... Todavia, por que as ações típicas manifestam sua existência como realidade objetivada, cuja configuração concreta é o ponto de partida da pesquisa empírica do fato criminoso, o tipo objetivo deve constituir a base do processo analítico de (re)construção do conceito de crime.*"[3]

1.   Mayrink da Costa, Alvaro. Op. cit. vol. 2, p. 770.
2.   Neste sentido: Cleber Masson, *Direito Penal* – Parte geral – 2. ed. – Ed. Metodo – p. 196.
3.   Cirino dos Santos, Juarez. *Direito Penal* – Parte Geral – Ed. Lumen Juris. p. 117.

10.2 FUNÇÕES DO TIPO PENAL

A doutrina moderna elenca uma série de **funções para o Tipo Penal**, entretanto nem sempre segue uma linha metodológica para classificar estas funções de acordo com seus aspectos fundamentais, embora possamos separar as funções desempenhadas pelos Tipos Penais em grupos, para simplificar o estudo e sua compreensão:

– Quanto aos Princípios Fundamentais:

a) Função de Garantia: atendendo ao **princípio da legalidade**, e seus princípios decorrentes, **Irretroatividade, Taxatividade e Determinação**, delimita que o indivíduo só poderá ser responsabilizado criminalmente quando seu comportamento se adequar formalmente a um modelo típico previsto pela norma.

Com base nessa função pode se dizer que, em Direito Penal, " *tudo aquilo que não está proibido considera-se permitido*", ou seja, o tipo penal tem a função de descrever, taxativa e formalmente, o comportamento humano considerado proibido pelo ordenamento jurídico, por isso conforme afirma parte da doutrina, dessa função nasce o conceito de "Tipo-Garantia".[4]

Em sentido contrário ao conceito de "**Tipo-Garantia**", afirma o ilustre Prof. Heleno Claudio Fragoso: "*não se pode dizer que exista um Tipo de garantia, ou seja, uma espécie de tipo compreendendo as características validas para o principio nullum crimen*" (obs.: o professor se referiu, amplo senso, à Legalidade). E prossegue dizendo: "*Não há um tipo de garantia. A garantia resulta da função do tipo em face do princípio da reserva legal, pois ele contém a descrição da conduta incriminada, a que o fato deve necessariamente ajustar-se*".[5]

Concordamos com o clássico autor do Direito Penal pátrio que não há que se falar em uma espécie de tipo penal de garantia, como se estivéssemos falando em uma classificação de Tipo, pois na verdade, todos os tipos penais desempenham a função de garantir direitos e impor certos deveres aos cidadãos, o que aliás é muito mais que uma função dos tipos, mas sim a primeira e mais importante função do próprio Direito Penal em si.

Acreditamos sim, que o **princípio da reserva legal** (Art. 5º Inc. XXXIX da CF) traz para o âmbito da tipicidade, as garantias constitucionais da presunção de inocência, do *nullum crime sine culpa* (**responsabilidade penal subjetiva**), bem como as demais garantias inerentes a um ordenamento constitucional democrático, daí por que se falar em uma função garantidora do tipo penal.

b) Função Fundamentadora: nas bases dos princípios da **Intervenção Mínima**, e seus princípios decorrentes, **Subsidiariedade e Fragmentariedade**, pode-se afirmar que a tipicidade fundamenta a ilicitude penal de uma determinada conduta.

Na verdade, é praticamente a leitura em contrário senso da função de garantia supramencionada, pois a tipicidade de um comportamento é o fundamento para que este seja considerado ilícito, ou seja, contrário ao ordenamento jurídico, fundamentando assim o *Jus Puniendi* (poder de punir) do Estado.

Sendo assim, a intervenção do Estado estará limitada, e deverá ser fundada na escolha pelo legislador de condutas consideradas antijurídicas, que nas bases subsidiárias e

---

4.   Neste sentido: Claus Roxin, Alvaro Mayrink da Costa.
5.   Fragoso, Heleno Claudio. *Lições de Direito Penal* – Parte Geral – 16. ed. – Ed. Forense. p. 191.

fragmentárias, exigidas pelo Direito penal moderno, tiverem sido previstas em um Tipo penal incriminador.

c) Função Seletiva: de acordo com os **princípios da Lesividade** e **Insignificância** (no plano da tipificação abstrata), com a **Adequação Social da conduta**, e mais uma vez nas bases da **Intervenção Mínima**, o Estado deve selecionar os bens jurídicos para criar tipos penais incriminadores, escolhendo quais condutas devem ser consideradas proibidas pelo ordenamento jurídico penal.

– Quanto à estrutura e realização do Crime:

a) Função Indiciária da Ilicitude: de forma simplificada podemos dizer que a tipicidade é o indicio da ilicitude, ou seja, que todo fato típico será também considerado ilícito, ou seja, contrário ao ordenamento jurídico, salvo quando estiver presente uma causa de justificação, que afaste a ilicitude da conduta típica realizada.

O modelo indiciário da ilicitude foi adotado pelo Finalismo de Welzel e, portanto, por nosso Código Penal, para delimitar a relação vinculada, mas ao mesmo tempo autônoma, entre os dois primeiros elementos integrantes do conceito analítico de crime, já que a ilicitude depende da tipicidade para ser avaliada, mas ainda assim é elemento independente que caso seja excluído não afetará em nada o juízo de tipicidade do fato.

A **Função Indiciária da Ilicitude**, apresentada por *Ernest Mayer*, classicamente afirma que a tipicidade é a "*ratio cognoscendi*" da ilicitude, ou seja, o fato ser típico é a "razão do (re)conhecimento", "meio para identificação", "caminho para se conhecer" a ilicitude de determinada conduta humana.

O se adotar o **modelo indiciário** cria-se uma presunção, obviamente relativa, de que um fato considerado típico pela Lei, é também contrário ao ordenamento jurídico, o que é bastante razoável, já que o legislador não iria prever como crime uma conduta humana que não fosse contrária à ordem. Porém, nas bases desse modelo, essa presunção precisa ser confirmada pela ausência de uma causa de justificação, excludente de ilicitude (Art. 23 do CP).

Voltaremos a tratar a *Teoria Indiciária* a seguir quando analisarmos da evolução do conceito de Tipo e sua relação como a ilicitude.

b) Função Diferenciadora do Erro: essa função associa o papel desempenhado pelo tipo nas incriminações de condutas humanas consideradas proibidas pela Lei e a chamada Teoria do Erro.

Na verdade, essa função "diferenciadora do erro" como conhecemos hoje, é produto da evolução dogmática entre **causalismo e finalismo** que passou a considerar o dolo como elemento integrante do Tipo, ao afirmar que este dolo caracteriza a conduta humana realizada.

Afirma a doutrina que o Dolo do agente, por ser inerente à conduta humana prevista no Tipo, deve abranger todos seus elementos objetivos, caso contrário, poderá haver por parte do agente um erro de tipo, que terá como consequência excluir a tipicidade dolosa de sua conduta, permitindo, sendo evitável o erro, a punição pela modalidade culposa do crime (se houver previsão Legal).

Para nós, não se trata especificamente de uma função do tipo diferenciar a modalidade de erro em que o agente se encontra. Acreditamos que de acordo com as bases dogmáticas adotadas na evolução da teoria do delito, e principalmente a partir da migração dos paradigmas teóricos causalistas para o finalismo, foi sim a própria Teoria do Erro que evoluiu, apontando para um modelo em que as consequências dos erros a respeito dos elementos do Tipo afetassem diretamente o dolo do agente.

c) Função de Delimitação do *iter criminis*: conforme salienta o Prof. Luiz Regis Prado, o Tipo penal *"assinala o início e o fim do processo executivo do crime"*.[6]

Sabemos que das quatro etapas que caracterizam o **Iter criminis** (Cogitação, Preparação, Execução e Consumação) somente a partir da terceira, qual seja a execução, haverá a intervenção do Direito Penal. Sendo assim, considerando-se que a execução se dá quando o agente inicia a realização do crime, pode-se afirmar que essa execução decorre do início de realização do Tipo.

Da mesma forma, ao se afirmar que a consumação se dá quando o crime está completo, podemos considerar que esta depende de o agente completar a realização do tipo penal objetivo, fazendo assim com que o Tipo desempenhe uma função delimitadora do *iter criminis* (punível) em Direito Penal.

10.3 CONCEITO DE TIPICIDADE NO ORDENAMENTO BRASILEIRO

O Tipo Penal, primeiro elemento integrante do conceito tripartido de crime, em palavras simples pode ser definido como *mera descrição na Lei de uma conduta humana considerada proibida, para a qual se estabelece uma sanção*, ou seja, é o próprio artigo de Lei que prevê no plano abstrato o crime.

Porém, esta é simplesmente a definição daquilo que chamamos de **Tipo Formal**, e que traduz a imposição do famoso **princípio da Legalidade**, ou reserva legal, presente no artigo 1º do Código Penal e no artigo 5º Inc. XXXIX da Constituição Federal.

Atualmente, para se falar em fato típico é preciso separar os conceitos de **tipicidade formal**, ou seja, descrição na lei da conduta humana proibida, e **tipicidade material**, ou seja, lesão ao bem jurídico alheio, que deverá ser relevante, significante.

De acordo com o **STF**, para que haja tipicidade penal é preciso se preencher tanto a tipicidade formal (princípio da legalidade), quanto à tipicidade material (princípio da lesividade e insignificância).

Quando se fala em tipo penal, de acordo com a teoria finalista da ação adota-se, no Brasil, a chamada **teoria indiciária da ilicitude** que, como dissemos, foi desenvolvida por *Ernest Mayer*. Segundo essa teoria, todo fato típico tende a ser ilícito, contrário ao ordenamento, salvo se houver uma causa de justificação, ou seja, se presentes as famosas excludentes de ilicitude.

A doutrina costuma falar que o fato típico é a *ratio cognoscendi* – o caminho para que se conheça – o indício da ilicitude. Assim, *a priori, todo* fato típico será também ilícito, mas nem sempre isso irá se confirmar, podendo a ilicitude ser afastada, sem que se afete a tipicidade, através da presença de uma causa de exclusão da ilicitude (art. 23 do CP).

Por essa razão fala-se em um **modelo indiciário**, pois a tipicidade é apenas um indício da ilicitude, que, por sua vez, é a relação de contrariedade da conduta típica com o

---

6. Regis Prado, Luiz. *Curso de Direito Penal* – Parte Geral – vol. 1 – 8. ed. Ed. RT. p. 309.

ordenamento jurídico, e poderá ou não ser confirmada de acordo com a situação concreta em que o fato típico ocorrer.

10.4 ELEMENTOS DO FATO TÍPICO

10.4.1 Elementos objetivos

Os elementos chamados de objetivos são aqueles que podem ser percebidos no plano fático concreto, presentes e descritos no próprio artigo de lei.

São eles:

a) Verbo

Todo tipo penal possui um ou mais verbos e esse verbo pode definir tanto uma ação quanto uma omissão punível, traduzindo assim a conduta típica.

b) Elementos descritivos

São aqueles que apenas descrevem algo, portanto, não necessitam de qualquer valoração específica, de qualquer conhecimento prévio para que sejam compreendidos. São inúmeros, tais como coisa, mulher, alguém etc., sendo na verdade complementos imediatos do verbo núcleo do tipo penal.

c) Elementos normativos

Os chamados elementos normativos demandam normatização, conceitos, ou seja, uma valoração, um conhecimento específico para que possam ser interpretados e aplicados, e também aparecem no tipo para complementar o verbo.

Classificam-se de acordo com os conhecimentos necessários para que sejam interpretados.

Assim:

c.1) Elementos normativos jurídicos

O complemento necessário para a sua interpretação encontra-se na ciência jurídica, ou seja, é proveniente do Direito. Um dos mais famosos exemplos é o elemento "funcionário público", que compõe vários crimes (por exemplo: art. 312 do CP) e tem seu conceito definido no art. 327 do CP.

c.2) Elementos normativos extrajurídicos

São aqueles em que os conceitos e normas necessários para a sua interpretação e aplicação encontram-se em outro ramo do saber que não o Direito. Como exemplo, cite-se a expressão "moléstia venérea", presente no art. 130 do CP, expressão esta que é normatizada e definida pela medicina e, portanto, fora do Direito.

A **estrutura objetiva** basilar do tipo penal é composta em geral por esses elementos, embora alguns autores acrescentem ainda outros elementos, classificados como objetivos que, via de regra, estão **vinculados à ilicitude da conduta**, contudo, como são excepcionais, não se pode dizer que sejam estruturais dos tipos penais ou considerados de forma ampla. Cite-se, a título de exemplo, o termo *"sem justa causa"* no crime de abandono intelectual (art. 246 do CP).

Como já dissemos, boa parte da doutrina nacional afirma que a tipicidade é elemento do fato típico, ou mesmo do tipo penal (posição com a qual não concordamos), somando-se assim aos demais já mencionados, e por ser uma qualidade da conduta humana prevista dentro do tipo afirma-se que a tipicidade também integraria o tipo como um de seus elementos (por fazer parte da conduta).

10.4.2 Elementos subjetivos

A partir do **finalismo**, conforme visto anteriormente, o tipo penal e a conduta humana passaram a ser analisados com base no seu **caráter subjetivo**, ou seja, passou a se exigir a análise da intenção, da finalidade do sujeito ao agir, para caracterizar a conduta, o verbo e o próprio tipo penal praticado.

10.4.2.1 Elemento Subjetivo Geral (Dolo)

Para o direito penal moderno, o dolo é a vontade consciente de realizar os elementos objetivos do tipo penal, ou seja, é a intenção, a finalidade na conduta do agente.

De acordo com o Finalismo, trabalha-se como chamado *dolo natural* ou valorativamente neutro, isto é, um dolo, elemento subjetivo do tipo, desvinculado da consciência ou não da ilicitude por parte do agente ao atuar, já que esta faz parte da própria culpabilidade totalmente desvinculada do conceito de dolo.

Portanto, no finalismo, adotado em nosso ordenamento, **não** se trabalha com o conceito de *dolo valorativo, ou normativo*, vinculados ao conhecimento da ilicitude pelo agente, não subsistindo também entre nós os chamados *dolus bonus* (intenção boa) e *dolus malus* (intenção ruim), oriundos do direito romano e que muito influenciaram no mencionado conceito de dolo valorativo do causalismo.

Dessa forma, podemos dizer que o dolo no finalismo é **valorativamente neutro** (dolo natural), sem qualquer valoração a respeito do caráter ilícito, proibido, do fato, sendo entendido apenas como pura finalidade do agente ao atuar.

No **dolo natural,** adotado por nós, podemos afirmar que não se pergunta nem o *"por quê"* nem *"para que"*, mas apenas "o que" o agente pretendia com sua conduta, deixando esses outros questionamentos para serem resolvidos fora da tipicidade, na análise das excludentes de ilicitude e na própria culpabilidade.

Porém, a pura e simples definição de dolo como intenção e finalidade voltada a produção de determinado resultado não foi suficiente para se avaliar e classificar o aspecto subjetivo das condutas humanas, dando origem, assim, a diversas espécies de dolo.

Na verdade, as espécies de dolo apenas são formas de considerar uma conduta como dolosa mesmo o agente não tendo especificamente intenção de gerar certo resultado, viabilizando, assim, que responda pelo crime na sua forma dolosa em outras situações em que não tenha especificamente a finalidade direcionada de gerar certo resultado.

Dessa forma, inúmeras teorias surgiram para delimitar as espécies de dolo possíveis, dentre elas a **teoria da vontade** e a **teoria do consentimento**, adotadas pelo nosso código penal, fundamentadoras dos conceitos de **dolo direto de 1ºgrau** e do **dolo eventual** respectivamente, além de outras teorias como a teoria da representação, a da probabilidade ou cognição, a da evitabilidade, a do perigo a descoberto etc. que acabaram não logrando êxito na dogmática moderna.

Vejamos agora as **espécies de dolo** adotadas em nosso ordenamento:

1) dolo direto

Divide-se em:

a) dolo direto de primeiro grau

Trata-se da vontade direcionada especificamente para a obtenção de determinado resultado, ou seja, ter dolo direto de 1º grau é querer realizar um fato típico como fim imediato da conduta (**teoria da vontade**).

Essa classificação representa o conceito puro de dolo, clássico do finalismo, pois caracteriza a intenção direta de realizar uma conduta para a obtenção de certo resultado, sendo por isso chamado de dolo direto de primeiro grau.

A palavra chave para se trabalhar com o **dolo direto** de primeiro grau é **vontade**, vontade de obter certo resultado ao realizar uma conduta, razão pela qual adota-se para conceituar essa categoria de dolo a chamada **teoria da vontade**, para ela ter dolo significa atuar com vontade de gerar certo resultado (Art. 18 CP – primeira parte).

b) Dolo direto de segundo grau

Para se chegar a essa classificação a doutrina percebeu que havia hipóteses em que o agente não atuava apenas com uma intenção direcionada à produção de determinado resultado, mas de uma outra forma muito parecida com isso.

No dolo direto de 2º grau ao agir o sujeito, além de possuir uma intenção específica, terá a **certeza da ocorrência** de certo resultado paralelo, secundário, embora **não tenha vontade direta** de produzi-lo, fazendo com que quanto a essa situação sua conduta merecesse um tratamento dogmático diferente.

Surge, assim, o conceito de **Dolo direito de 2º grau,** quando o agente atua com dolo direto de primeiro grau em relação a um determinado resultado por ele desejado, porém sabe, **tem certeza** que outros resultados paralelos necessariamente se produzirão devido à sua conduta, sendo que, quanto a estes resultados secundários responderá a título de dolo, na modalidade **direto de segundo grau**.

No dolo direto de 2º grau não se trata somente de um agir com vontade, sim o agente atua querendo algo, um primeiro fato (dolo direto de 1º grau), mas *tem também a certeza* de que certos resultados secundários ocorrerão, independentemente de não serem produto da sua vontade, ou mesmo lamentando-os, e por esses resultados paralelos o agente responderá dolosamente, a título de **dolo direto de 2º grau**.

O **exemplo** clássico que ilustra essa espécie de dolo é o do agente que quer matar um desafeto e para tanto explode o avião no qual ele se encontra, sabendo que, com certeza, os outros passageiros também morrerão.

Em relação a essas mortes, sabidas, mas não desejadas, temos o **dolo direto de segundo grau,** e no que concerne à morte do desafeto **dolo direto é de primeiro grau**.

A consequência jurídica prática dessa classificação, diante da situação narrada, é que neste caso o sujeito ativo responderá como se tivesse querido efetivamente matar todos os passageiros do avião, imputando-se todos os resultados dolosamente ao agente.

Vejamos, numa análise mais dogmática a grande função do **dolo direto de segundo grau** é diferenciar e evitar que se considerem estas hipóteses como situações de **dolo eventual**, já que nos exemplos de dolo direto de 2º grau o sujeito ativo não simplesmente aceita que eventualmente algum outro resultado poderia ocorrer (dolo eventual), o agente sabe que com certeza os outros resultados ocorrerão (passageiros iriam morrer) a partir da sua conduta (de explodir o avião).

Logo, quando a partir de uma conduta outros resultados são reconhecidos como **certos, e não apenas prováveis**, eventuais, não se pode falar em **dolo eventual**, mas sim em **dolo direto de 2ºgrau**.

Por fim, ainda quanto às consequências práticas mencionadas, a classificação do elemento subjetivo como dolo direto de segundo grau obrigará o agente a responder por todos os homicídios em **concurso formal imperfeito** (art. 70 – 2ª parte do CP), determinando assim a soma das penas de cada um dos crimes.

Perceba-se que, se houvesse aplicação do dolo eventual a casos como este a situação mudaria completamente e, de acordo com a maioria da doutrina, o agente responderia apenas por um homicídio doloso com sua pena aumentada, em razão da aplicação das regras do **concurso formal perfeito** ou próprio (art. 70 – 1ª parte do CP).

Não há expressa previsão do **dolo direto de 2º grau** no nosso código penal, sendo, portanto, produto exclusivo da dogmática e de interpretação jurisprudencial dos fatos, sendo que essa espécie de dolo nos parece ter seus fundamentos intimamente ligados a chamada **Teoria da Representação**, pois ao agir o agente reconhece, representa, prevê, os resultados secundários de sua conduta como certos, necessários e altamente prováveis.

2) Dolo indireto

Embora muitas pessoas façam confusão, **dolo indireto** não é sinônimo de dolo eventual, ele é apenas o gênero do qual fazem parte o **dolo eventual**, a sua mais importante espécie, e o controvertido **dolo alternativo**.

Vejamos então as duas espécies de *dolo indireto* existentes:

a) Dolo eventual (Teoria do consentimento ou assentimento)

Agir com Dolo eventual **não é** apenas **assumir o risco** de produzir o resultado, como algumas pessoas costumam pensar, para caracterizar esta espécie de dolo exige-se o preenchimento de outros elementos estruturais, até que se chegue ao conceito de *"assumir o risco"* de forma técnica e precisa, evitando, assim, erros de classificação da conduta nos mais diversos casos concretos.

São elementos integrantes e cumulativos do **dolo eventual**:

1) Previsão concreta do resultado

Este elemento significa que, no momento em que o autor age, um resultado provável previamente deverá ter passado concretamente por sua cabeça, entrando em sua esfera de consciência, havendo assim o que se chama de **previsão concreta desse resultado**.

Importante ressaltar que **previsão concreta** é conceito absolutamente diferente de **previsibilidade** que se caracteriza como mera possibilidade de prever, e compõe o conceito de culpa (inconsciente).

Na **previsibilidade**, o resultado apenas poderia ter sido previsto pelo agente mas não foi, devido à sua falta de cuidado ao atuar, enquanto a **previsão concreta** se caracteriza como uma "pré-visão" do fato, já que no dolo eventual o resultado concreto tem que passar efetivamente pela consciência do agente, ou seja, o resultado deve ter sido realmente previsto por ele.

2) Consentimento com a probabilidade, com a possibilidade de ocorrência do resultado previsto.

Para que o agente chegue a esse elemento, ele necessariamente passou pelo primeiro requisito (previsão), pois consentimento é concordância, aceitação daquela probabilidade de ocorrência de um resultado que foi previamente por ele previsto, logo o agente aceita o eventual resultado possível que já previu concretamente, concorda com a *eventual* chance de ocorrência daquele fato.

Na verdade, no dolo eventual, de acordo com a **teoria do consentimento ou do assentimento** adotada por nosso ordenamento (Art. 18 CP – 2ª parte), o agente é indiferente quanto à produção, ou não, do resultado por ele previsto ao agir, consentindo assim, ao atuar, com sua eventual produção.

3) Atua aceitando, assumindo o risco de ocorrência do resultado.

O famoso conceito de **assumir o risco** significa, de forma mais precisa, **aceitar que ele ocorra**, ou seja, o agente prevê que aquilo poderia ocorrer, **aceita e consente** com essa possibilidade e mesmo assim age, o agente *"paga pra ver"* se ocorrerá ou não o resultado por ele previsto, já que é indiferente quanto à sua eventual ocorrência.

Portanto, podemos afirmar que quando o sujeito age com **dolo eventual** há um efetivo consentimento, concordância, com a probabilidade do resultado previsto se produzir.

Podemos afirmar que o **dolo eventual** nitidamente tem características causalistas, pois nele, como não há intenção de se produzir um resultado, o crime irá se caracterizar apenas quando o resultado previsto pelo agente vier a ser causado.

Sendo assim, diferentemente do dolo direto, característico do finalismo (intenção), no dolo eventual o agente não quer, mas apenas aceita, o resultado, logo, não se pode tipificar a conduta com base na finalidade dele ao agir, devendo-se vincular a existência do crime à concreta produção do resultado previsto, e somente se este efetivamente for causado pela conduta praticada.

Essa **característica causalista** faz com que no dolo eventual a determinação do tipo penal realizado dependa do resultado naturalístico concretamente ter se produzido, assim, no **dolo eventual** somente um resultado (previsto) causado poderá determinar o tipo penal praticado.

Exemplo clássico de dolo eventual, muito perguntado em provas, é o da roleta russa, em que o agente aponta a arma **para a cabeça de terceiro** e aperta o gatilho depois de rodar o "tambor" do revólver municiado com uma única bala.

Nessa situação **não há vontade** (dolo direto), **nem certeza** (dolo direto de 2º grau) de produzir o resultado morte, havendo apenas a **previsão da possibilidade concreta** desse resultado se produzir e a aceitação do risco deste ocorrer, embora a morte não seja diretamente desejada.

Caso a **arma não dispare**, não havendo a produção do resultado, **não haverá crime de homicídio**, nem mesmo pode se falar em tentativa, eis que não houve *vontade* do agente de consumar o crime ao agir.

O sujeito ativo apenas **previu concretamente** a possibilidade de ocorrência do resultado morte, que não era a sua intenção (finalismo), e consentiu, aceitou o risco de produzi-la ao atuar, caracterizando hipótese de dolo eventual.

Pode-se tirar como conclusão prática desse exemplo a efetiva **impossibilidade da existência de crime tentado (tentativa) em hipóteses de dolo eventual**, simplesmente por que não é possível se tentar algo que não se quer, não há tentativa sem que haja vontade, intenção de produzir o resultado (dolo direto).

Seguindo com o raciocínio também **não** *se pode dizer* que a *não concorrência do resultado* lesivo se deu por **circunstâncias alheias à vontade do agente**, requisito básico para se falar em tentativa, cuja ausência impede tecnicamente de se falar em tentativa no dolo eventual. Embora haja divergência, essa é a melhor posição e a que tem maior adoção pela doutrina moderna de uma forma geral.

Por conseguinte, podemos afirmar que as duas palavras-chave que determinam o dolo eventual são o **consentimento**, daí a mencionada *teoria do consentimento*, e a **previsão concreta** da eventual ocorrência de um resultado previsto.

Importante lembrar que, tradicionalmente, de acordo com a jurisprudência majoritária (STF/STJ), as disputas de racha, pega, ou seja, competição automobilística em via pública, bem como as hipóteses de embriaguez associadas a lesões no trânsito, quando o agente sabe que vai dirigir e mesmo assim ingere álcool ou droga, podem vir a ser consideradas como situações de dolo eventual, embora esse posicionamento nunca tenha sido pacífico, e sempre gerou inúmeras discussões quanto a existência de culpa, seja ela consciente ou inconsciente (culpa comum), de acordo com a situação concreta.

Para a configuração de dolo eventual no trânsito, a situação concreta sempre teve que ser excepcional, pois, via de regra, os crimes de homicídio e lesão corporal no trânsito são punidos a título de culpa, e fora dessas duas hipóteses narradas em que a jurisprudência questiona a possibilidade de existência de dolo eventual, lesões no trânsito em regra dão origem a crimes culposos.

Com a alteração promovida pela Lei 13.546/17 no Código Brasileiro de Trânsito, que expressamente estabeleceu como **formas qualificadas** dos crimes de **homicídio culposo** (art. 302 par.3º CBT) e **lesão corporal culposa** (grave) no trânsito (Art. 303 par. 2º CBT) as hipóteses em que estes crimes são praticados com ingestão de álcool ou drogas, a possibilidade de se classificar estas condutas como dolosas, por dolo eventual, praticamente deixou de existir.

Com isso o **dolo eventual no trânsito** passou a ser apenas aplicável para situações muito excepcionais de previsão concreta de resultado e assunção de risco como, **por exemplo**, em certos casos específicos de racha (ou pega) ou se um determinado sujeito jogar seu carro na contramão de uma grande avenida para não chegar atrasado ao trabalho, gerando assim lesões a terceiros, em que o agente prevê e aceita o risco de produzir os resultados lesivos, ocorrendo assim um homicídio ou lesão corporal dolosos, punidos a título de **dolo eventual**.

Importante lembrar que, como afirmamos, no dolo eventual (bem como nos crimes culposos), se não houver nenhum resultado concreto produzido não há que se falar em tentativa, pois no dolo eventual não há vontade (dolo direto) de gerar resultados, e, portanto, sem a produção do resultado concreto não haverá como se falar em crime de homicídio nem de lesão corporal tentados.

b) Dolo alternativo

O **dolo alternativo** ocorre quando o agente possui dolo quanto a **um outro resultado**, sendo indiferente para ele qual dos dois resultados ocorrerá na situação concreta, ou seja, por exemplo; quando o sujeito atua, disparando sua arma, sendo indiferente para ele ser irá matar ou lesionar alguém.

As consequências clássicas do dolo alternativo **não se adaptam à ótica finalista pura**, pois havendo **dolo direto de um crime mais grave**, este prevalecerá determinando o tipo, tentado ou consumado, sendo **irrelevante** que haja um *dolo direto alternativo* de realizar crime menos grave.

Assim, se o agente tem o dolo direto de um crime mais grave, não importa o tipo de dolo que se tenha em relação ao crime menos grave, pois o dolo do primeiro se sobrepõe ao dolo do segundo.

No exemplo que mencionamos acima, considerando que o agente quer matar ou ferir alguém, para a teoria finalista **basta haver o dolo direto de matar**, vez que no caso de ocorrência da lesão corporal alternativamente aceita ou desejada, o que irá **prevalecer** é a **tentativa de homicídio**.

Desta forma, podemos afirmar que em hipótese de haver dolo direto em relação a algum crime (p. ex: matar), independentemente de haver também dolo (direto ou eventual) quanto a outro resultado menos grave, **não há que se falar em dolo alternativo**, pois o dolo do crime mais grave sempre prevalece para tipificação do fato, pelo menos como tentado.

Mas então, **onde o dolo alternativo se aplicaria na estrutura finalista?**

A aplicação prática do conceito de **dolo alternativo** dentro do finalismo existe apenas para solucionar problemas relacionados ao **dolo eventual** – fundamentalmente devido à mencionada inadmissibilidade da tentativa nessa espécie de dolo, e é nesses casos que podemos vislumbrar a aplicação do dolo alternativo e de suas consequências.

O dolo alternativo (**DA**) ocorrerá basicamente em duas hipóteses:

1) quando o agente possuir **dolo direto** (**DD**) de um crime menos grave (por exemplo: lesão corporal – art. 129 do CP), mas possuir **dolo eventual** (**DE**) em relação a um resultado mais grave (por exemplo: homicídio – art. 121 do CP).

2) quando o agente possuir **dois dolos eventuais**, um do resultado mais grave (art. 121 do CP) e outro do resultado menos grave (art. 129 do CP), prevendo, aceitando e consentindo com o risco de ocorrência de ambos os resultados (alternativamente).

Logo podemos definir as reais hipóteses de aplicação prática do **dolo alternativo** no **finalismo** com o seguinte esquema:

I) $D_A = D_{E+}$ (crime mais grave) ou D_{D-} (crime menos grave) =

– Se **não** houve resultado, o agente é punido pela **tentativa do crime menos grave**, do qual tem **dolo direto**.

– Havendo o **resultado mais grave** (art. 121 do CP), obviamente a punição a este crime consumado será a título de **dolo eventual**;

– Havendo o **resultado menos grave** (art. 129 CP), responde por esse crime menos grave consumado por **dolo direto**.

II) $D_A = D_{E+}$ (crime mais grave) ou D_{E-} (crime menos grave) =

– Como há dois dolos eventuais, o que determina o crime é o resultado efetivamente causado.

– Se não houver resultado algum, não haverá crime, pois como nesse caso concreto não existe dolo direto de nada, não cabe se falar em tentativa e o agente só responderia pelo eventual resultado causado.

III) $D_A = D_{D+}$ (dolo direto mais grave) ou D_{D-} (dolo direto menos grave) =

– **Não se aplica o dolo alternativo**, pois havendo dois dolos diretos sempre prevalecerá o **dolo direto do crime mais grave**.

Não havendo produção de resultado algum, a **tentativa** fará referência ao **dolo direto mais grave**, consequência e produto específico do modelo finalista.

Exemplo:

Suponha que um torcedor querendo lesionar seus adversários decida atirar um bumbo na outra torcida que está localizada na arquibancada abaixo da dele. É claro que ele previu que atirando um objeto daquele tamanho, de uma altura grande, ele poderia matar alguém. Em função desse fato há o **dolo eventual** (previsão concreta, consentimento) **de homicídio**, mas **alternativamente** pode-se concluir que há um **dolo direto de lesão corporal**, pois queria lesionar prevendo a possibilidade do bumbo acertar matando os torcedores.

Sendo assim, o agente assumiu o risco de produzir a morte, embora quisesse a lesão, e se houver o **homicídio**, este será punível a título de **dolo eventual**, e havendo a **lesão corporal**, esta será punível a título de **dolo direto** (não cabe tentativa do dolo eventual). Contudo, se **nenhum resultado se produzir**, o agente responderá pela **tentativa de lesão corporal dolosa**, vinculada ao seu dolo direto (alternativo).

Conclui-se que, nas hipóteses em que não há qualquer resultado, a análise do caso somente sob a ótica do dolo eventual não possibilitaria qualquer punição ao agente, por isso, é que nesses casos precisa-se apurar se houve **alternativamente um dolo direto de crime menos grave**.

Logo, havendo dolo eventual quanto à morte prevista e consentida na conduta praticada, mas havendo alternativamente dolo direto quanto à lesão corporal, mesmo que não tenha havido resultado algum, **permite-se a punição da tentativa** (branca) – sem resultado – do **crime menos grave** de lesão corporal em face do **dolo direto**.

C) Dolo geral ou genérico

O **dolo geral ou genérico** ocorre quando o agente atua com dolo direto de primeiro grau de produzir um determinado resultado e, acreditando tê-lo alcançado, pratica uma segunda conduta, porém o resultado inicialmente pretendido só ocorre devido à prática deste segundo ato.

De acordo com a definição acima, e como consequência desse instituto, o dolo da primeira conduta será visto como **geral**, absorvendo os demais atos praticados em seguida pelo agente.

Logo, o dolo da primeira conduta é visto como geral e abrangente, alcançando os demais atos praticados pelo autor no mesmo contexto fático, fazendo com que este responda por um único crime doloso consumado.

Por **exemplo,** determinado sujeito atira em um desafeto com a intenção de matá-lo. O sujeito passivo é alvejado e acreditando que este está morto, o agente joga o corpo no rio, ou o enterra, para escondê-lo. Mais tarde percebe-se que a vítima não morreu em virtude dos disparos, mas sim afogada.

Nas bases do instituto do dolo geral como se capitularia o crime nesta situação?

Houve dolo nos disparos, mas apenas culpa (falta de cuidado) ao atirar o "corpo" no rio, pois se o sujeito ativo soubesse que o desafeto não estava morto teria desferido mais tiros, ou seja, ao jogar o "corpo" no rio não havia dolo de matar e ele apenas não foi diligente ao avaliar o estado da vítima, que ainda estava viva.

Nesse caso, apesar de haver uma tentativa de homicídio doloso na primeira conduta e apenas culpa na segunda conduta que efetivamente gerou a morte (jogar no rio), o sujeito ativo responde pelo homicídio doloso consumado em virtude do dolo geral, que abrange também a segunda conduta praticada.

D) Aberratio causae – aberração na causa do resultado

Não se deve confundir o *aberratio cause* com a situação de dolo geral pois, embora possuam semelhanças, no *aberratio* o agente pratica uma conduta com **dolo direto**, visando alcançar um resultado de determinada forma, porém, *o resultado inicialmente desejado se produz de uma forma diferente daquela pretendida*, ou seja, a causa do resultado não é a mesma pretendida pelo agente, porém, considera-se que esse *desvio causal* é irrelevante e o agente responderá normalmente pelo crime doloso consumado.

Como dissemos, é importante diferenciar o conceito de *aberratio causae* daquele dado para o dolo geral, pois, embora haja muita confusão a respeito do tema, trata-se de institutos bastante diferentes.

Diferentemente do dolo geral, no *aberratio causae* **há apenas uma conduta** e esta é a causa do resultado para o sujeito passivo, contudo, a causa do resultado originado pela conduta não é aquela com a qual o sujeito ativo contava originariamente, ocorrendo o resultado por uma causa diversa da pretendida.

Por **exemplo,** o sujeito ativo amarra bolas de chumbo aos pés de seu inimigo e o atira de uma ponte, contando que a causa da morte seja o afogamento, entretanto, na queda, seu desafeto bate em uma viga da ponte vindo a falecer em virtude de traumatismo craniano, ou seja, uma **causa diferente da objetivada pelo agente**, mas ainda assim a mesma conduta do agente é que gerou o resultado morte.

Nesse caso houve **só uma conduta** e **um único dolo direto** por parte do agente em produzir o resultado, logo, a diferença básica entre o dolo geral e a *aberratio causae* é que nesta haverá somente uma conduta para a obtenção do fim desejado, enquanto no dolo geral haverá duas ou mais condutas realizadas pelo agente para que então ocorra a produção do resultado inicialmente pretendido.

Em suma, a distinção entre os institutos se dá apenas no **plano objetivo da conduta (*aberratio causae*), ou das condutas realizadas (*dolo geral*)**, pois quanto às consequências não haverá qualquer diferença entre eles, já que em ambas as hipóteses o criminoso responderá pelo resultado inicialmente pretendido (por exemplo: homicídio) consumado, e a título de dolo.

10.4.2.2 *Elementos subjetivos especiais ou específicos*

Os **elementos subjetivos especiais** ocorrem apenas em alguns tipos penais quando além do dolo é necessário que o agente possua uma finalidade, intenção ou tendência específica, exigida pelo próprio tipo, para que haja o crime.

Em alguns crimes, o próprio tipo penal exige algo a mais, uma finalidade específica do agente, uma tendência vinculada à conduta dolosa, para que o crime seja caracterizado, ou seja, além do dolo na conduta é preciso se preencher o **elemento subjetivo específico**, dando origem assim a duas classificações de crime:

a) Delitos de intenção

Delitos de intenção ocorrem quando o tipo requer que, além do dolo, o indivíduo possua um **especial fim de agir**, ou seja, uma intenção específica para a conduta praticada, buscando um resultado específico, produto da sua conduta dolosa.

Um dos melhores exemplos é o crime de **extorsão mediante sequestro**, capitulada no **art. 159 do CP** em que verbo núcleo do tipo é *"sequestrar"*, mas exige-se o fim específico de *obter vantagem como condição ou preço do resgate*, finalidade específica que necessariamente deve estar presente para que a conduta se subsuma ao fato típico do art. 159 do CP.

Assim:

*"Art. 159 – Sequestrar pessoa **com o fim de obter**, para si ou para outrem, qualquer vantagem, como condição ou preço do resgate: [...]"*

Da mesma forma o furto (**art.** 155 **CP**), que também pode ser classificado como um **delito de intenção**, já que além do dolo de subtração exige-se a **finalidade específica** de ter o bem *"para si ou para outrem"*.

A **ausência do fim específico** exigido no tipo faz com que os **delitos de intenção** não se caracterizem, sendo, portanto, o fundamento para a atipicidade do fato, ou para que se tipifique a conduta praticada de outra forma.

Por exemplo, não se pune o **furto de uso (fato atípico)**, em face da ausência do **elemento subjetivo especial**, *"para si ou para outrem"*, na conduta de quem subtrai apenas para usar o bem e o devolve, voluntariamente, nas mesmas condições para o proprietário.

Pode haver ainda hipótese em que a ausência do **elemento subjetivo especial** faz com que o agente responda por outro tipo penal como, por exemplo, pelo crime de sequestro ou cárcere privado (Art. 148 CP), caso não fique demonstrada a intenção específica de se *obter a vantagem patrimonial* com a privação da liberdade de alguém, especial fim de agir inerente ao crime de extorsão mediante sequestro (Art. 159 CP).

b) Delitos de tendência

Os **delitos de tendência** são tipos nos quais é preciso que o autor demonstre uma tendência específica na conduta além do seu dolo, porem esta tendência não se encontra expressamente prevista no tipo, como ocorre nos chamados **delitos de intenção**.

Os exemplos mais comuns de **delitos de tendência** se referem a alguns crimes sexuais, fundamentalmente o **estupro**, no que tange à hipótese de realização de atos libidinosos diversos da conjunção carnal.

O tipo do Art. 213 do CP fala em *praticar atos libidinosos*, ou seja, o dolo é constranger mediante violência ou ameaça alguém a praticar ato libidinoso, isto é, qualquer ato de natureza sexual.

Nesse crime se questiona há necessidade, ou não, da manifestação de uma vontade sexual, uma **tendência de satisfação da libido** para a caracterização do tipo.

No estupro não se questiona sobre esta necessidade no que tange às condutas de conjunção carnal e coito anal, pois nestes casos necessariamente há manifestação libidinosa, pois deve haver a ereção e, portanto, a tendência de libido estará claramente demonstrada.

Contudo, nas outras formas de estupro, ligadas a atos libidinosos diversos, a **manifestação da tendência de satisfação da libido nem sempre precisa ocorrer**, por exemplo, a introdução de um cabo de vassoura no ânus do desafeto, com o intuito de humilhá-lo, sem manifestação de nenhuma tendência sexual ou libidinosa.

Nesses casos **há divergência** quanto à possibilidade de capitulação da conduta realizada como estupro, isto pela falta do ímpeto libidinoso na prática do ato.

Logo, de acordo com a necessidade ou não da manifestação de uma tendência libidinosa nesses crimes, há dois posicionamentos:

1) **a corrente majoritária** é a de que **não é necessária** a manifestação libidinosa, bastando a prática do ato objetivamente previsto como de natureza libidinosa, sexual, mesmo que o agente não possua essa tendência (subjetiva) libidinosa específica motivando sua conduta.

2) **a corrente minoritária** afirma que **é necessária a tendência libidinosa** (subjetiva) do agente para que haja crime, já que a satisfação da libido está implícita no conceito dos crimes de natureza sexual, devendo-se, na sua ausência, imputar ao agente outro crime (p. ex: Constrangimento ilegal – Art. 146 CP).

10.5 CRIMES PRETERDOLOSOS

Nessa espécie de crime, o agente pratica uma conduta dolosa, mas acaba produzindo um resultado mais grave do que o pretendido, sendo esse resultado produto da sua falta de cuidado (culpa), caracterizando, assim, um crime que será qualificado pelo resultado. (Ex: a lesão corporal seguida de morte, disposto no art. 129, § 3º CP).

Os **crimes preterdolosos** só existem com expressa previsão legal desta situação no próprio tipo, tratando-se de uma espécie do gênero *crimes qualificados pelo resultado*, ou seja, hipóteses legais nas quais o legislador em vez de punir dois crimes específicos separadamente prevê ambos em um único tipo, tratando um crime como circunstância qualificadora, ou causa de aumento de pena, do outro, tornando a pena desse crime maior.

Pelo fato do agente não ter vontade (dolo) de produzir o resultado mais grave ocorrido, sendo este produto de sua falta de cuidado (culpa), a doutrina clássica afirma que existe *dolo no antecedente e apenas culpa no consequente* e, por isso, os crimes preterdolosos, via de regra, são **incompatíveis com a tentativa**.

Há exceções, como no **crime de aborto qualificado** pela morte culposa da gestante **(Art. 127 CP)** que, embora seja um crime preterdoloso, admite a forma tentada, isso se em decorrência do procedimento abortivo o feto não vier a morrer, mas a gestante sim.

Na verdade isso só ocorre pois o aborto é um **crime híbrido**, em que o mesmo tipo penal protege dois sujeitos passivos, e dois bens jurídicos independentes, ligados entre si (vida da mãe e vida do feto).

Nessa hipótese de aborto, a tentativa de crime preterdoloso se torna possível, pois há dolo na conduta do agente contra um dos bens tutelados no tipo (vida do feto) e esse resultado não se produz, gerando, assim, uma tentativa, havendo culpa no resultado qualificador produzido, que incide sobre o outro bem jurídico, tutelado no mesmo tipo (vida do feto).

Também é importante lembrar que nem todo *crime qualificado pelo resultado* será *preterdoloso*, pois, como falamos, os crimes preterdolosos são apenas uma espécie do gênero crime qualificado pelo resultado, sendo assim, podemos dividir esse gênero da seguinte forma:

1) **Dolo (conduta) + Culpa (resultado qualificador) = Crime Preterdoloso**

– Ex: lesão corporal seguida de morte (art. 129, §3º CP).

2) **Dolo (conduta) + Dolo (resultado qualificador) = Crime qualificado pelo resultado.**

Há dolo na conduta e também quanto ao resultado qualificador, logo não se trata de crime preterdoloso

– **Ex:** Lesão corporal gravíssima – art. 129, § 2º, inc. III. (dolo de lesionar e dolo de gerar o resultado gravíssimo).

3) **Culpa (conduta) + Culpa (resultado qualificador) = Crime qualificado pelo resultado.**

Não há dolo na conduta que é culposa, qualificada por um resultado mais grave também culposo, logo, embora seja um crime qualificado pelo resultado não pode ser considerado como um crime preterdoloso.

– **Ex:** alguns dos crimes de perigo, como o **incêndio culposo seguido de morte (culposa)**, disposto no art. 250, § 2º c.c art. 258, 2ª parte.

De acordo com o exposto acima pergunta-se:

– **Qual a natureza jurídica do latrocínio? Trata-se de um crime preterdoloso?**

O latrocínio pode sim ser um **crime preterdoloso**, mas nem sempre se apresenta na forma preterdolosas, podendo ser também apenas um **crime qualificado pelo resultado**.

Podemos afirmar que o **latrocínio** é um **crime de natureza híbrida**, ou seja, tem duas naturezas jurídicas possíveis, pode ser preterdoloso (dolo + culpa), mas também pode ser considerado um crime qualificado pelo resultado (dolo + dolo).

Dessa forma, o crime de latrocínio (**Art. 157 par. 3º CP**) pode ocorrer na forma das hipóteses (1) e (2) elencadas acima e, por isso, ser preterdoloso ou apenas um crime qualificado pelo resultado.

No **latrocínio** o que varia na verdade é se a ocorrência da morte se dá em virtude da culpa (mata acidentalmente ao subtrair o bem), quando será classificado como **preterdoloso**, ou se a morte também decorre também de dolo do sujeito ativo (quer matar para subtrair o bem), situação na qual **não** será um crime preterdoloso, mas apenas um crime de roubo (doloso) qualificado pelo resultado morte (dolosa).

10.6 TIPO CULPOSO

Em essência, culpa (sentido estrito) significa falta de cuidado e o crime culposo é um produto dessa falta de cuidado que causa um resultado lesivo típico

No Direito Penal a punição de uma lesão a título de **culpa é exceção**, sendo necessário que o legislador tenha expressamente optado por tipificar determinada conduta típica também na forma culposa.

Trata-se da famosa **regra da excepcionalidade** do crime culposo, pois, via de regra, os tipos penais, e as tutelas de bens jurídicos, são previstos pela Lei originariamente na forma dolosa.

Na verdade, podemos afirmar que na conduta culposa o agente atua também com uma forma intenção, mas esta intenção é apenas de realizar um fato que não é típico, um indiferente penal e, ao atribuir a alguém um crime culposo de certa forma também se pune um resultado (típico) diverso daquele (atípico) que o agente pretendia originariamente quando atuou.

Explico, nos **crimes culposos** há uma contradição entre o que o indivíduo quer (fato atípico) e aquilo que ele produz (fato típico), produto de sua falta de cuidado, por isso, em face do menor *desvalor da conduta* culposa, as penas previstas para os crimes culposos são sempre muito menores que as dos crimes dolosos.

Como dissemos, no crime culposo o agente tem intenção de realizar uma conduta que é atípica (por exemplo: limpar uma arma), entretanto, devido à sua falta de cuidado, acaba produzindo um resultado típico (morte), que não era por ele desejado, mas que lhe era pelo menos previsível, havendo assim uma contradição entre aquilo que o agente queria e o resultado produzido em face de sua falta de cuidado ao agir.

Desta forma, percebe-se a total **incompatibilidade dos crimes culposos com a tentativa**, já que, conforme sua definição, esta pressupõe que o resultado não ocorra por "*motivos alheios à vontade do agente*", e na culpa não há que se falar em vontade (dolo) de gerar o resultado.

Devemos lembrar que toda conduta humana tem uma finalidade, quando essa finalidade é atípica não há dolo de praticar crime, contudo, a geração, ainda que indesejada, de um resultado típico poderá ser punida a título de culpa

Porém somente se fala em crime culposo quando essa modalidade estiver expressamente prevista em lei, uma vez que nem todas as condutas descuidadas, culposas, deverão gerar fatos típicos (Ex: o crime de Dano ao patrimônio Art. 163 CP) não possui previsão de forma culposa).

Ainda no plano das análises gerais sobre os crimes culposos em nosso ordenamento, outro ponto importante é que, diferentemente do que ocorre no Direito Civil, **não se admite compensação de culpas** em Direito Penal, ou seja, se dois agentes atuam faltando com o cuidado a culpa de um não exclui a culpa do outro, e aquele que produzir lesões deverá responder culposamente por elas.

Logo, se ambos os agentes faltam com o cuidado devido em uma situação concreta e acabam gerando lesões um no outro, os dois sujeitos responderão pelos resultados culposos causados mutuamente.

10.6.1 Elementos do crime culposo

A maioria dos nossos autores fala em cinco elementos que compõem os tipos culposos, três deles ligados objetivamente aos fatos, e dois deles ligados ao sujeito que realiza a conduta.

São eles:

a) Conduta (ação ou omissão)

Movimento (ou inércia) corporal voluntário que provoca lesão a um bem jurídico tutelado, ou seja, a realização de uma ação ou omissão pelo sujeito.

b) Resultado naturalístico

Para que haja crime culposo é necessário que algo seja causado no mundo fático, natural e, por isso, o tipo culposo tem uma estrutura teórica muito próxima à teoria **causalista** da ação, em que o resultado naturalístico causado era o que caracterizava a conduta praticada (e o crime cometido)

Assim, mesmo na nossa realidade finalista, nas hipóteses de culpa a estrutura não foi alterada, e também se determina qual crime (culposo) foi realizado através do resultado concreto (típico) produzido no mundo fático.

c) Previsibilidade do resultado

É a mera **possibilidade** de se prever um resultado, logo, não é necessário que o agente de fato tenha imaginado, previsto, concretamente o resultado típico, bastando, para se caracterizar o crime culposo, que o fato (típico) causado seja previsível para o agente quando este agir (possível de prever).

Não se deve confundir o conceito de "previsibilidade" com "previsão" (concreta) a respeito da produção de um resultado, já que a primeira é a mera possibilidade de se prever um resultado que não foi previsto concretamente pelo agente.

De acordo com a doutrina mais moderna, a **previsibilidade** que caracteriza o tipo culposo é **objetiva**, ou seja, será avaliada com base nas regras básicas e gerais que permitem a qualquer pessoa comum poder prever a possibilidade de ocorrência de um resultado, algo que se aproxima do controvertido conceito de _homem médio_ no direito penal.

De acordo com esta visão dominante a análise da _previsibilidade subjetiva_, ou seja, a possibilidade (ou não) **específica do agente** que atuou ter previsto o resultado, deverá ser ponderada nos crimes culposos somente no âmbito da culpabilidade, e poderá, em certos casos, afastar o potencial conhecimento da ilicitude, ou em outros, como preferimos, excluir a exigibilidade de conduta diversa e a própria responsabilidade penal pelo fato.

Por fim, se um resultado era imprevisível para o agente, produto de um caso fortuito, de uma fatalidade, evidentemente não há que se falar em crime culposo e o fato será atípico. (**Ex:** Ao dirigir um veículo dentro das regras de trânsito a barra de direção arrebenta e o agente acaba matando uma pessoa)

d) Inobservância do cuidado devido

Na culpa, como o agente podia ter previsto o resultado e não o previu (previsibilidade), pode-se afirmar que agiu com falta de cuidado devido pois, caso tivesse tido mais cautela, mais cuidado, e pensado melhor antes de agir, o resultado que era previsível teria sido por ele previsto, e neste caso (provavelmente) a conduta não teria sido realizada.

Daí se falar em **Imprudência, Negligência e Imperícia** como formas de realização de uma conduta descuidada, culposa, que estudaremos adiante.

e) Nexo de causalidade

O nexo de causalidade representa o vínculo entre a conduta do agente e o resultado concreto causado, portanto, em palavras simples será a mera **relação de causa e efeito** entre a ação praticada e o resultado típico produzido.

Porém, de acordo com a dogmática mais moderna, o nexo de causalidade no crime culposo deve ser visto como a ligação entre a "*conduta descuidada*" do agente e a produção de um "*resultado previsível*" através dessa conduta.

Em outras palavras, modernamente entende-se que o resultado deve ser produto da falta de cuidado do agente ao agir e não somente da conduta realizada, sendo assim, o **nexo causal culposo** não deve ser apurado apenas pela análise da conduta que causou resultado, mas sim pela constatação de que foi aquela **conduta descuidada** que causou o **resultado previsível**.

Vejamos um exemplo dessa moderna visão do **nexo causal nos crimes culposos**:

– "A" conduz seu automóvel acima da velocidade permitida. Em determinado momento passa por uma grande poça de óleo, perde o controle do veículo e acaba por atropelar um transeunte.

Pergunta-se:

I) É previsível que andar acima da velocidade pode vir a gerar acidentes?

– Sim, há previsibilidade.

II) O agente faltou com o cuidado?

– Sim, já que conduzia o veículo acima da velocidade permitida.

III) Houve o resultado típico produto da sua conduta?

– Sim, a morte do agente.

IV) Há nexo de causalidade natural entre a conduta e o resultado?

– Sim, pois foi sua conduta de conduzir o veículo que gerou o resultado.

Preenchidos esses requisitos, a princípio, o agente deveria responder pelo crime culposo, contudo, se a prova pericial observar que, mesmo se o agente estivesse dirigindo na velocidade permitida a poça de óleo faria com que de qualquer forma o veículo atropelasse a vítima, é sinal que o resultado morte **não foi produto** da conduta descuidada, vez que, mesmo dentro da velocidade autorizada o resultado ainda assim teria se produzido, não havendo o referido nexo causal culposo, o que impediria a imputação do resultado ao agente.

Hoje, em face das contribuições trazidas pela **teoria da imputação objetiva** do resultado (*Claus Roxin / Günther Jackobs*), se entende que mesmo nos crimes culposos o nexo causal é complexo, jurídico, e não somente uma análise naturalística, fática, por isso, sob este prisma, no caso em tela, pela falta de nexo causal (jurídico) o agente não deveria responder pelo crime.

Essa é forma mais moderna para se trabalhar o nexo causal nos crimes culposos, já com adoção na jurisprudência nacional, embora haja divergência, e por isso é inegável que, caso o resultado típico causado não seja produto da falta de cuidado específica do sujeito, e que ocorreria mesmo na sua ausência, o crime não poderá ser atribuído ao agente.

10.6.2 Princípio da confiança

De forma simples, podemos definir o **princípio da confiança** como um fator limitador da falta de cuidado e da imputação de resultados nos crimes culposos.

Com base nesse princípio, todo aquele que atua respeitando as regras delimitadas pelo ordenamento jurídico, cumprindo o seu papel na sociedade, pode confiar que os demais cidadãos também o farão, ou seja, também cumprirão os seus papéis.

Por ter atuado com base nessa confiança não se pode considerar que houve falta de cuidado por parte do agente e este não responderá pelos resultados típicos causados.

Esse princípio foi desenvolvido originariamente por *Günther Jackobs*, nas bases da teoria da imputação objetiva do resultado, e a dogmática moderna entende que quanto mais critérios concretos houver para a análise da culpa, menor será a subjetividade de quem julga, aumentando assim a segurança jurídica.

Podemos usar como **exemplo** de aplicação do referido princípio o caso do indivíduo que passa sem tomar qualquer cuidado por um sinal verde de madrugada, mesmo sabendo que todos avançam sinais vermelhos nesse horário, e acaba batendo no carro de alguém que efetivamente avançava um sinal, causando a morte do outro motorista.

Ora, numa análise fria e objetiva, o juiz poderia considerar que consciente dessa peculiar situação (que na madrugada não se respeita sinal de trânsito), o agente deveria ter reduzido a velocidade e ter cruzado a via com cautela, ainda que para ele o sinal estivesse verde, e devido a essa falta de cautela seria o réu imputado pelo homicídio culposo no trânsito. (Art.302 da Lei 9503/97 – CTB)

Entretanto, a aplicação do **princípio da confiança** impede que nesta hipótese o juiz condene o réu, já que este, passando pelo sinal verde, atua dentro do seu papel social e respeitando as regras objetivas impostas pelo Estado, por isso podendo contar que os outros também iriam cumpri-lo, não avançando o sinal.

Este princípio, limitador da causalidade inerente aos crimes culposos, é principalmente aplicado às hipóteses de crimes de trânsito e possui adoção em nossa jurisprudência, inclusive em decisões do STF.

10.6.3 Modalidades de conduta culposa

Separar a conduta culposa em modalidades *Imprudência, Negligência e Imperícia* vem perdendo importância na dogmática moderna e, hodiernamente entende-se que o essencial para delimitação da culpa é a constatação de que houve uma conduta descuidada que causou um resultado típico previsível (previsibilidade).

Entretanto seguindo a classificação tradicional, muito usada no Direito Penal clássico, vamos delimitar as chamadas modalidades de conduta culposa:

a) Imprudência

É conduta positiva, ou seja, é um fazer algo de forma descuidada, sem atenção, produzindo, assim, culposamente um determinado resultado típico.

Trata-se da forma mais simples e comum de se atuar com culpa, em que o agente atua com descuido, desatenção e acaba produzindo um resultado típico previsto na lei como crime culposo (ex: limpar arma municiada ocasionando disparo fatal/avançar sinal de trânsito gerando lesão).

b) Negligência

Se caracteriza pelo agente deixar de fazer algo por desleixo, preguiça, desatenção, sendo que, devido a este não agir, um resultado típico acaba se produzindo.

A **negligência** reside no âmbito da inércia, do não fazer, quando o agente previamente não faz o que devia, sendo previsível para ele que algo poderia dar errado (previsibilidade), e ao agir sua conduta acaba produzindo um resultado típico.

Por exemplo, haverá negligência e imputação do resultado culposamente, quando um indivíduo que não faz a manutenção em seu carro, ao descer uma serra, acaba atropelando alguém por falta de freios.

c) Imperícia

É a falta de capacidade técnica para o exercício de profissão, arte ou ofício, oriunda de falta de cuidado, que acaba ocasionado um resultado típico.

Porém, não se deve confundir a imperícia, que é a **falta de capacidade técnica**, ou seja, quando o profissional não possui habilidade que deveria ter para exercer certa atividade, com a mera **inobservância de uma regra técnica** inerente a uma profissão, arte ou ofício, por parte do profissional que a possui, o que caracteriza forma de *imprudência* ou *negligência* no âmbito profissional, sendo esta uma causa de aumento de pena no homicídio culposo, art. 121, § 4º, do CP.

Ex.: imperícia ocorre quando um médico, por não saber manusear um novo equipamento de exame, comete um erro matando o paciente, porém, se por uma desatenção o médico erra e mata o paciente haverá imprudência no âmbito profissional, causa de aumento de pena do homicídio culposo praticado.

10.6.4 Espécies de culpa

a) Culpa inconsciente

Esta espécie de culpa ocorre quando o agente atua sem ter tido consciência prévia do resultado, ou seja, é a **culpa sem previsão**, embora haja a previsibilidade do resultado.

Trata-se da modalidade clássica de culpa, a culpa comum, que envolve praticamente tudo que já foi visto até agora a respeito dos crimes culposos.

Nela, ao atuar o agente não tem consciência (previsão) do resultado, apesar da sua previsibilidade (era possível ter previsto), agindo, portanto, com **imprudência, negligência ou imperícia,** sendo que a esmagadora maioria das condutas culposas se encaixa aqui.

b) Culpa consciente

Na culpa consciente o agente tem consciência prévia de que o resultado pode vir a ser produzido, ou seja, ele tem previsão concreta do resultado, porém não aceita, repudia e não concorda de forma alguma com a produção desse resultado.

Ao atuar com culpa consciente o sujeito tem certeza e convicção da não ocorrência do resultado previsto, isso por confiar em suas habilidades pessoais para a prática do fato.

Veja que aqui o conceito de culpa não é o comum, sendo muito mais complexo, e a atuação do agente é permeada pela **convicção** de que o resultado *não ocorrerá*, vez que **ele acredita ser habilitado** e *capaz* para agir *sem produzir* a ocorrência do tal resultado, que foi efetivamente por ele *previsto*.

O **exemplo** da doutrina clássica para a *culpa consciente*, ou "*culpa com previsão*", é do atirador de elite que visando alvejar um criminoso acaba por acertar a vítima.

Nesse caso, ao atuar o agente crê sinceramente que não acertará a vítima, já que para ele, em virtude das suas habilidades pessoais e da situação em que se encontra, não ocorrerá nada de errado ao fazer o disparo, entretanto, acaba por produzir o resultado lesivo.

Outro exemplo interessante foi o caso (verídico) do ônibus 174 ocorrido no Rio de Janeiro, no qual o policial que errou o tiro previu concretamente a chance de produzir o resultado lesivo na vítima do sequestro, mas repudiava sua ocorrência, e quando atuou tinha a convicção de que acertaria o sequestrador (e não a vítima), o que infelizmente acabou acontecendo.

Importante ressaltar que, embora possua como ponto de partida o mesmo elemento que o **dolo eventual**, qual seja a **previsão concreta do resultado**, a **culpa consciente** é completamente diferente deste (dolo eventual), e fora a previsão concreta, comum aos dois conceitos, suas demais caraterísticas são totalmente opostas as da referida categoria de dolo.

Entretanto, a dificuldade de separação e classificação de casos concretos, reside na análise de cada situação prática, sendo por isso que sempre há tanta confusão e debates a respeito da separação entre esses institutos.

Sendo assim, para evitar confusões, faremos um resumo da separação conceitual entre ambos:

DOLO EVENTUAL	CULPA CONSCIENTE
Previsão concreta do resultado pelo agente.	Previsão concreta do resultado pelo agente.
O fator mais marcante é o consentimento, indiferença, a concordância com a probabilidade do resultado (*teoria do consentimento*).	O agente repudia, não concorda, e tem certeza da não ocorrência do resultado previsto.
O agente atua aceitando, assumindo o risco de ocorrência do resultado – o agente *"paga pra ver"*.	O agente atua confiando nas suas habilidades pessoais de que não vai gerar o resultado. Ele não arrisca e age crendo na sua não ocorrência.
O agente responde pelo crime doloso.	O agente responde pelo crime culposo.

Perceba-se que, fora o elemento comum (previsão) trata-se de conceitos diametralmente opostos, pois, enquanto um é aceitação, o outro repúdio, enquanto um age confiando, o outro age arriscando, porém, dizer em qual deles se encaixa uma situação concreta sempre irá gerar dúvidas e divergências, o que dependerá de uma gama enorme de argumentos, de análises técnicas e fáticas para se chegar a uma conclusão.

c) Culpa Imprópria, por extensão, ou por equiparação

A chamada **culpa imprópria** na verdade não é espécie de culpa, mas apenas uma classificação doutrinária para certas hipóteses anômalas, oriundas de um **erro de tipo**

permissivo evitável (Art. 20 par. 1º CP), nas chamadas **descriminantes putativas fáticas**, em que uma conduta originariamente dolosa será punida "impropriamente" a título de culpa devido ao erro.

Por isso, estudaremos a **culpa imprópria** e suas características no capítulo referente à **Teoria do Erro**.

10.7 TEORIA DA TIPICIDADE CONGLOBANTE

O *Prof. Eugenio Raul Zaffaroni* há muito tempo elaborou a tão conhecida teoria da **Tipicidade Conglobante** visando reestruturar os elementos que compõem o Tipo Penal, porém, somente há algum tempo e gradativamente algumas consequências desta teoria começaram a ser aceitas e aplicadas pela dogmática e jurisprudência pátria, fundamentando inúmeras decisões dos nossos tribunais, relacionadas às consequências do conhecido **Princípio da Insignificância**.

Mesmo antes desta teoria abalar o paradigma da tipicidade clássica, o **Princípio da Insignificância**, mesmo que timidamente, já era aceito e vinha sendo aplicado para absolvições em alguns casos concretos, principalmente aqueles relacionados a crimes patrimoniais de pequena monta.

Entretanto, as decisões absolutórias, por mais acertadas que fossem, careciam de um fundamento técnico sólido que as embasasse, já que a conduta descrita na lei (p. ex.: Furto Art. 155, CP – "subtrair coisa alheia móvel...") inegavelmente havia sido praticada pelo agente, que mesmo de forma insignificante, violava o bem jurídico alheio.

A tese do *Prof. Zaffaroni* não só embasou a solução dos problemas de fundamentação técnica da aplicação do Princípio da Insignificância, como também serviu para motivar a alteração de toda a estrutura daquilo que conhecemos como Tipo Penal, estrutura esta adotada pelo STF.

A partir de seus conceitos tornou-se possível incluir uma série de elementos na análise dos tipos penais ampliando o número de requisitos necessários para que se considere um fato penalmente típico, para que depois seja feita a análise da Ilicitude e da Culpabilidade, e finalmente se considerar um fato como CRIME.

Zaffaroni começou a entender que o fato típico dentro da teoria do crime é um elemento mais complexo do que a simples descrição de uma conduta na lei e, por isso, deve ser informado por outros elementos, além dos previstos no texto legal. Eis o porquê do nome, vez que para essa teoria o conceito de tipo penal deve englobar[7], conglobar, outros elementos estruturais além dos presentes no artigo de lei.

Para que possamos entender o conceito de **Tipicidade Conglobante** será preciso primeiro relembrar o que se entende tradicionalmente por Tipo, e fazer um breve resumo dos seus elementos constitutivos sob a ótica clássica da doutrina finalista, para que em seguida, possamos gradativamente ir construindo a fórmula de *Zaffaroni* e demonstrar as diferenças, aplicações e consequências desta "nova" proposta para a Tipicidade Penal.

---

7.   É importante lembrar que o Prof. Zaffaroni é argentino. Por isso, a palavra conglobante, para nós, não é tão clara e utilizada. Por isso, no Brasil, a palavra "englobante" talvez seja mais adequada.

De acordo com o modelo tradicional desenvolvido por *Ernest Mayer*, chamado de **teoria indiciária do Tipo**, adotado sem restrições pela teoria finalista da ação de Hans Welzel que hoje vigora no Brasil, o <u>**Fato Típico**</u> pode ser definido como:

- *Descrição na Lei de uma conduta humana proibida, composto por elementos objetivos (verbo, elementos descritivos e elementos normativos) e pelos elementos subjetivos (relacionados com a finalidade, intenção do agente, p. ex.: o Dolo).*

Portanto, a princípio um Tipo Penal nada mais é do que o próprio artigo da lei, que descreve formalmente a conduta que o ordenamento jurídico, de forma abstrata, considera como crime, para o qual estará prevista uma pena. Sempre que alguém preencher todos os elementos integrantes deste tipo penal sua conduta será considerada TÍPICA.

Esta ideia de tipicidade é a que chamamos de TIPICIDADE FORMAL, ou seja, a formalização por parte do agente da conduta prevista na lei, o que de acordo com a doutrina tradicional clássica seria suficiente para que um determinado fato fosse considerado TÍPICO.

É verdade que, para o fato ser tecnicamente um CRIME ainda será preciso que se demonstre a existência da ilicitude e da culpabilidade da conduta típica prática, mas no plano da tipicidade o assunto já estaria resolvido.

Porém, o professor *Zaffaroni* considerou que este **modelo clássico** poderia ser melhorado se fossem acrescentados alguns elementos na formação do conceito de Tipo Penal, sendo assim, passou a entender que a Tipicidade Penal é uma estrutura complexa que se forma através da soma da clássica Tipicidade Formal com uma outra forma de tipicidade, que ele chamou de Conglobante, mas que por razões de linguagem e de didática poderia perfeitamente ser chamada de "Englobante".

A tal **tipicidade conglobante** nada mais é do que a soma do elemento chamado de antinormatividade a uma tipicidade denominada material, logo, para que o fato seja típico, esta fórmula deve ser preenchida, ou seja, devem ser preenchidos os elementos da **antinormatividade** e da **tipicidade material**.

No fundo, o que se pretendeu com esta teoria foi trazer para a análise da tipicidade outros elementos que não somente a mera conduta descrita.

Na verdade, para a teoria da **tipicidade conglobante**, tipicidade penal é a soma daquilo que se chama **tipicidade formal** acrescida da **tipicidade conglobante**.

Sendo assim, podemos representá-la de forma resumida através da seguinte fórmula:

$T_p = T_f + T_c$

Em que:

T_p = tipicidade penal para a teoria da tipicidade conglobante.

T_f = tipicidade formal.

T_c = tipicidade conglobante.

Desta forma, podemos abrir a primeira parte da fórmula que compõe a famosa **Teoria da Tipicidade Conglobante** para compreendê-la:

TIPICIDADE PENAL = TIPICIDADE FORMAL +

TIPICIDADE CONGLOBANTE

Percebe-se que para um fato ser considerado penalmente típico e, portanto, relevante para o direito penal não basta que o agente realize a conduta formalmente prevista na lei como crime, pois isto somente preenche a chamada Tipicidade Formal, sendo preciso para que o fato seja típico se preencher também a chamada Tipicidade Conglobante (englobante).

O conceito de **Tipicidade Conglobante**, também necessário para que haja Tipicidade Penal, será composto pela soma de dois elementos distintos – a **Antinormatividade** e a **Tipicidade Material** – portanto, podemos dizer que se trata de uma tipicidade complexa que engloba (por isso conglobante) estes dois conceitos dentro da sua estrutura.

Logo, desdobrando um pouco mais a fórmula anterior:

TIPICIDADE CONGLOBANTE = ANTINORMATIVIDADE +

TIPICIDADE MATERIAL

Em resumo, para um fato ser "Conglobantemente típico" será preciso que a conduta praticada possua *antinormatividade*, ou seja, que não esteja de acordo com aquilo que o ordenamento jurídico **fomenta** através de suas normas, além disso, o fato deverá preencher a chamada *Tipicidade Material e por isso*, ser capaz de materializar, concretizar, de forma suficiente e considerável a lesão ao bem jurídico tutelado pelo tipo formal.

A chamada *Antinormatividade* é uma característica inerente a toda conduta em desacordo com aquilo que o ordenamento jurídico deseja, estimula e determina através de suas normas, logo, uma conduta antinormativa é mais do que simplesmente proibida, contrária às normas jurídicas (antijurídica), é contrária àquilo que o ordenamento jurídico autoriza, fomenta e espera dos seus cidadãos.

Devemos tomar cuidado para não confundir os conceitos de **antinormativo** com **antijurídico**; e o que os diferencia é a ideia de "fomento"– quando o Estado mais do que simplesmente autoriza uma conduta, ele estimula, quer e deseja que se faça alguma coisa, não haverá antinormatividade na prática da conduta pelo agente; já o conceito de antijurídico **não** envolve algo fomentado, estando apenas ligado a ideia de proibição, ou seja, a realização de um fato não autorizado pelo ordenamento jurídico.

Para que um fato comece a atender os requisitos da *Tipicidade Conglobante* deve ser contrário àquilo que o Estado fomenta através de suas normas, contrário senso, chega-se à conclusão de que tudo o que Estado estimula ou exige dos cidadãos, através de suas leis, evidentemente será considerado normativo e não preencherá o conceito de *Tipicidade Conglobante*.

Logo, uma conduta praticada em situação de fomento será considerada penalmente atípica por ausência de tipicidade conglobante, ainda que, em face da tipicidade formal (descrição da Lei) todos os elementos do tipo estejam presentes.

Em suma:

- *Dentro de um ordenamento jurídico harmônico e sistêmico, um fato **não** pode ser típico e, portanto, proibir e punir aquilo que outra norma, do mesmo ordenamento, fomente ou exija.*

Com base neste raciocínio a **Teoria da Tipicidade Conglobante** operou uma mudança estrutural na própria Teoria do crime, considerando que o chamado estrito cumprimento do dever legal e algumas hipóteses de exercício regular de Direito, que para o modelo tradicional são elementos que compõem a ilicitude, passassem a fazer parte da análise da Tipicidade Penal, deixando de integrar as chamadas causas de exclusão da ilicitude.

Explico; se alguém pratica uma conduta, cumprindo um dever legal imposto pelo ordenamento jurídico, mesmo esta conduta configurando um fato descrito formalmente na lei como crime (típico) não se deve considerar que haja Tipicidade Penal, pois esta conduta por ser fomentada e exigida pelo Estado através de suas próprias normas não pode ser vista como *antinormativa*, requisito para que haja Tipicidade Conglobante e consequentemente para o fato ser penalmente TÍPICO.

Desta forma, toda conduta praticada por quem atue em **estrito cumprimento de um dever legal**, que lhe tenha sido imposto pelo ordenamento, deverá ser considerada **ATÍPICA** em face dos preceitos da Teoria da Tipicidade Conglobante (p. ex.: um oficial de justiça que para cumprir um mandado judicial invade à força a residência de uma pessoa, embora pratique o fato "**formalmente típico**" de Violação de Domicílio – Art. 150, CP – não realiza uma conduta "**penalmente típica**" já que não preenche o requisito da antinormatividade e consequentemente da Tipicidade Conglobante).

Surge então uma interessante questão:

-   *Qual a natureza jurídica (o que o instituto representa para o Direito Penal) do Estrito Cumprimento do Dever Legal?*

Há duas respostas possíveis para esta indagação, dependendo da teoria que se pretenda adotar, são elas:

1)   Com base na *Teoria Clássica*, que define a tipicidade penal apenas como a descrição na lei da conduta proibida, adotando um conceito formal de tipicidade, o estrito cumprimento do dever legal permanece sendo uma **causa de exclusão da ilicitude** (que também afasta a existência de crime), porém sem interferir na tipicidade do fato.

2)   De acordo com a estrutura da *Teoria da Tipicidade Conglobante* o estrito cumprimento de dever legal não seria mais uma causa de exclusão da ilicitude, sendo visto como uma legítima **causa de exclusão da tipicidade** devido ao fato de se exigir a antinormatividade da conduta para que esta seja considerada penalmente típica.

Pode-se dizer, apesar do silêncio de grande parte da doutrina neste ponto, que além das hipóteses classificadas como *estrito cumprimento de dever legal*, alguns casos de *exercício regular de direito* também se adequam perfeitamente ao conceito de tipicidade conglobante e de antinormatividade, por isso, adotando-se a referida teoria algumas destas situações também deveriam deixar de ser tratadas como *excludentes de ilicitude* e passar a afastar a própria *Tipicidade Penal*.

Devem ser assim vistas principalmente as hipóteses de *exercício regular de direito* em que, além de conceder um direito, o Estado fomente o seu cumprimento de certa forma, transformando-o quase em um dever como, por exemplo, nos casos de exercício do poder familiar dos pais em relação a seus filhos.

Logo, se um pai colocar seu filho de castigo trancado em um quarto, embora com isso esteja praticando uma conduta formalmente típica (Cárcere Privado – Art. 148, CP), esta deveria ser considerada penalmente <u>ATÍPICA</u>, por total ausência de *antinormatividade,* já que o próprio Estado fomenta atuação dos pais para educar seus filhos.

Entretanto, para completarmos a análise dos elementos formadores da tal Tipicidade Conglobante, que somada à tradicional Tipicidade Formal permitirá que um fato seja considerado típico para o Direito Penal, ainda resta tratar do seu último e mais importante elemento, qual seja, a *Tipicidade Material* para se estabelecer sua íntima ligação com o Princípio da Insignificância.

Como o próprio nome indica, *TIPICIDADE MATERIAL* pode ser vista como:

- *A materialização do tipo penal através da concretização de uma lesão significativa do bem jurídico tutelado pelo tipo formal.*

Sendo um elemento integrante do conceito de tipicidade conglobante, a **Tipicidade Material** é também um requisito necessário para que haja Tipicidade Penal, pois, se uma conduta formalmente típica (prevista na Lei) provocar uma lesão muito pequena, insignificante ao bem jurídico protegido, não haverá materialização do tipo, a Tipicidade Material não estará preenchida e o fato deverá ser considerado **ATÍPICO**.

Fica clara a inter-relação existente entre o conceito de **Tipicidade Material** e o **Princípio da Insignificância**, pois se uma conduta formalmente típica produzir uma lesão ínfima, insignificante ao bem jurídico tutelado esta lesão não será suficiente para materializar o tipo, não produzindo Tipicidade Material e gerando assim a total ATIPICIDADE do fato.

Portanto, em face da *Teoria da Tipicidade Conglobante* e da sua estrutura foi possível, de forma técnica e racional, trabalhar com o Princípio da Insignificância para afastar a punição de lesões mínimas e insignificantes, e assim considerar estas condutas como ATÍPICAS, a despeito de formalmente preencherem os elementos do Tipo previstos na Lei, o que talvez tenha sido o grande mérito desta construção teórica, já que, neste ponto, esta consequência tem sido amplamente adotada por nossa jurisprudência.

Como em Direito Penal nada é por acaso, devemos levantar mais uma pequena indagação:

- *Por que motivo uma lesão insignificante (mas que existe) não deve ser capaz de materializar o tipo penal?*

A resposta vem para coroar uma afirmação que fizemos anteriormente a respeito do **Princípio da Intervenção Mínima** e a quem ele se destina, e vai demonstrar por que defendemos a ideia de que o Princípio da Intervenção Mínima, embora tradicionalmente sirva para orientar a atividade do legislador limitando a criação de leis penais, modernamente, e em face da Tipicidade Conglobante, possui aplicação concreta interferindo também na atividade do aplicador do Direito.

Ora, o raciocínio é simples e elucidativo:

- Se por princípio a intervenção deve ser mínima, lesões insignificantes a um bem jurídico alheio não devem ser objeto do Direito Penal que só deve se ocupar de lesões relevantes.

Portanto, como a intervenção é mínima, certas lesões não devem ser consideradas importantes o suficiente para materializar o tipo penal de forma que o Estado queira ou deva agir, intervir, leia-se, somente lesões efetivamente relevantes materializam o Tipo e justificam a intervenção penal.

- Com a adoção das bases da *Teoria da Tipicidade Conglobante*, o princípio da Intervenção Mínima ganhou uma nova utilidade passando a ter que ser observado também pelo aplicador do direito para avaliar a Tipicidade Penal, já que deve ser visto como fundamento da própria Tipicidade Material – conceito intimamente ligado e informado pelo princípio da Lesividade, e consequentemente pela própria insignificância.

Não podemos deixar de ressaltar que a *Teoria da Tipicidade Conglobante* se adequa perfeitamente à estrutura tripartida de crime e à *Teoria Indiciária do Tipo* (*E. Mayrer*), adotadas pelo finalismo de *Welzel*, pois, embora alguns elementos antes vinculados à análise da Ilicitude (estrito cumprimento do dever legal e certos casos de exercício regular de direito) tenham passado a fazer parte da estrutura do fato típico, o conceito de ilicitude e suas demais causas excludentes (Estado de necessidade e legítima defesa) permaneceram separados da tipicidade como elementos autônomos do conceito de crime.

O fundamento pelo qual, de acordo com esta teoria, o **estado de necessidade** e a **legítima defesa** continuam vinculados ao conceito de ilicitude, enquanto o estrito cumprimento de um dever legal e alguns casos de exercício regular de direito passam a fazer parte do conceito de tipicidade, é a supracitada diferença entre antinormatividade (contrário às normas de fomento) e antijuridicidade (proibido pelo ordenamento jurídico).

Nestas excludentes de ilicitude (Estado Necessidade e Legítima Defesa) não há por parte do Estado qualquer estímulo ou fomento para que o indivíduo atue realizando a conduta formalmente típica, mas apenas uma norma permissiva autorizando sua prática sem que o fato seja considerado contrário ao ordenamento jurídico (ilícito, antijurídico).

Finalmente, um dos pontos mais controvertidos a respeito da Tipicidade Conglobante é exatamente a questão da legitimidade e competência para se trabalhar com este conceito e seus elementos integrantes, principalmente nas hipóteses inerentes ao **Princípio da Insignificância**, o que faz surgir a derradeira pergunta:

- *Quem é competente para, de acordo com a Tipicidade Conglobante, declarar a atipicidade de um fato com base na insignificância de uma lesão?*

De forma controversa, a doutrina e a jurisprudência atual ainda afirmam que somente os Membros do Ministério Público (titulares da ação penal) e os Magistrados, podem nas bases da Tipicidade Conglobante e de acordo com o moderno conceito de fato típico considerar um fato como atípico devido à insignificância da lesão praticada, impedindo o início de um processo, ou mesmo absolvendo um acusado.

Porém, a técnica jurídica penal nos leva a fazer o seguinte raciocínio, que dá origem a uma interessante tese, na esperança de que a jurisprudência passe a abordar a questão com mais coerência e coragem, evitando contradições, constrangimentos e principalmente procedimentos desnecessários para o próprio Estado:

- Através da adoção pelo **STF** do conceito complexo de fato típico (Tipicidade formal + Tipicidade material), o mesmo passa a ser visto não mais apenas como descrição na lei da conduta proibida (tipicidade formal), mas composto também por outros elementos conglobados no conceito de Tipo Penal, através da tipicidade material dentre eles fundamentalmente a própria Insignificância.

Desta forma, se a função do Delegado de Polícia é analisar a **materialidade** e os **indícios de autoria**, para capitular um fato como típico ou não no inquérito policial, nada impediria que por constatar uma lesão ínfima e insignificante, portanto insuficiente para materializar o Tipo (tipicidade material), o próprio delegado, com base na intervenção mínima e no Princípio da Insignificância, considere o fato atípico e por isso peça o arquivamento do inquérito ao magistrado, obviamente dando-se ciência do fato ao Ministério Público.

Após este breve estudo do Princípio da Insignificância e de sua íntima relação com a cativante Teoria da Tipicidade Conglobante, lembramos mais uma vez que, embora possa ter servido como base dogmática para o atual modelo de tipicidade, esta teoria não foi acatada de forma absoluta pelo STF.

Sendo assim, podemos resumir a atual visão do Supremo Tribunal Federal a respeito do conceito de fato típico com a seguinte fórmula:

- *Tipicidade Penal = Tipicidade Formal + Tipicidade Material*

Em face das limitações impostas pelo Art. 23 do CP – que prevê expressamente que o estrito cumprimento do dever legal e o exercício regular de direito são causas de exclusão da ilicitude – o conceito de **antinormatividade** não teve eco na nossa jurisprudência.

Porém, no que tange ao conceito de **tipicidade material** como requisito para que um fato seja considerado típico no direito penal, para o **STF** de forma pacífica, bem como para ampla maioria de nossa doutrina, não há mais qualquer dúvida de sua aplicação e consequente declaração de atipicidade para condutas de lesão insignificante, o que denota parcial adoção das mesmas bases teóricas defendidas por Zaffaroni, e na fórmula proposta pela Teoria da Tipicidade Conglobante.

10.8 TEORIA DOS ELEMENTOS NEGATIVOS DO TIPO (JOHANNES WESSELS) X TEORIA DA TIPICIDADE CONGLOBANTE (ZAFFARONI)

Para a instigante **teoria dos elementos negativos do tipo**, que não foi adotada em nosso ordenamento, a tipicidade e a ilicitude formam um elemento só, indivisível. Essa ideia se origina da chamada teoria do Tipo Total de Injusto (Mezger) e visa trabalhar tipicidade e ilicitude como um elemento indissociável para que, na presença de uma excludente de ilicitude, se afaste a própria tipicidade do fato.

Para a **teoria dos elementos negativos** do tipo, o tipo penal é formado por *elementos positivos*, como na visão clássica (verbo + dolo + elementos objetivos), além de *elementos negativos* que exigem a não exclusão da ilicitude como requisito negativo de todos os tipos penais (p. ex.: homicídio = matar alguém não em excludente de ilicitude. Lembre-se que esta tese não foi adotada pelo Código Penal)

A **Teoria dos Elementos Negativos do Tipo** afirma que a tipicidade ocasiona obrigatoriamente a antijuridicidade, ou seja, todo fato típico, por ser típico, já traz em si a ilicitude e, consequentemente, a ocorrência de uma causa de justificação afastaria sempre a tipicidade, criando, assim, a ideia de um **tipo total de injusto**.

De acordo com essa teoria, as causas de justificação (legítima defesa, estado de necessidade, exercício regular de um direito, estrito cumprimento de dever legal etc.) só por questão de técnica legislativa é que figuram isoladamente em relação ao tipo, porque, na verdade, devem ser nele "fundidas", por isso a teoria dos elementos negativos do tipo tem como grande resultado a **unificação do tipo e da ilicitude no chamado tipo-total de injusto.**

Entretanto, há defensores da ideia de que a Teoria dos Elementos Negativos do Tipo não estaria superada, devido ao fato de não haver bases teóricas sólidas para se chegar a tal conclusão, e também porque, a **Teoria Limitada da Culpabilidade** (adotada por nós) e a **Teoria dos Elementos Negativos do Tipo** possuem as mesmas consequências no tratamento das hipóteses de **erro nas discriminantes putativas** (erro de tipo permissivo), tema que estudaremos mais adiante.

Ao que parece, a **Teoria dos Elementos Negativos do Tipo** inegavelmente influenciou de forma decisiva a estruturação da concepção da **Teoria Limitada da Culpabilidade** dentro do finalismo, embora não se possa dizer de forma tão simples que uma é o espelho da outra dentro da Teoria do Delito, mesmo porque a Teoria dos Elementos Negativos do Tipo possui na verdade uma estrutura de delito completamente diferente dos paradigmas finalistas.

Muitos afirmam que há grandes semelhanças nas ideias trazidas pela referida teoria dos elementos negativos do tipo e a famosa teoria da **Tipicidade Conglobante** (Zaffaroni), já que, em ambas, se percebem hipóteses de exclusão de ilicitude afetando a própria tipicidade penal.

Porém, a diferença básica é que a tese de *Zaffaroni* se fundamenta no paradigma finalista que separa estruturalmente tipicidade e ilicitude como elementos autônomos, seguindo a **teoria indiciária** (*Mayer*).

Em suma, *Zaffaroni* reconhecendo a separação entre tipicidade e ilicitude afirma que uma excludente de antijuridicidade, ou ilicitude, significa uma autorização, permissão do ordenamento para o agente atuar, o que ocorre no estado de necessidade e na legítima defesa, e não afeta em nada a tipicidade do fato praticado.

Já o estrito cumprimento do dever legal e o exercício regular de direito pressupõem um fomento, estímulo do ordenamento jurídico para o agente atuar e devem ser vistos como causas de exclusão da própria tipicidade penal por ausência de antinormatividade, ao invés de serem vistos como excludentes de ilicitude.

Sendo assim, para a **teoria da tipicidade conglobante** legítima defesa e estado de necessidade continuam como causas de exclusão da ilicitude, enquanto para a **teoria dos elementos negativos do tipo**, estas, assim como todas as demais "excludentes de ilicitude" são, na verdade, causas de exclusão da própria tipicidade.

10.9 QUESTÕES PARA TREINO

CESPE/ TJ-AM/Prova: Juiz Substituto/2016
Assinale a opção correta em relação a tipos penais diversos.

A) Somente o dolo qualifica os crimes contra a incolumidade pública, se estes resultam em lesão corporal ou morte de pessoa.

B) Não constitui crime vilipendiar as cinzas de um cadáver, sendo tal conduta atípica por ausência de previsão legal.

C) Se três indivíduos, mediante grave ameaça contra pessoa e com emprego de arma de fogo, renderem o motorista e os agentes de segurança de um carro-forte e subtraírem todo o dinheiro nele transportado, haverá apenas duas causas especiais de aumento de pena: o concurso de duas ou mais pessoas e o emprego de arma de fogo.

D) Distribuir símbolos ou propaganda que utilizem a cruz suástica ou gamada para fins de divulgação do nazismo é uma conduta típica prevista em lei.

E) Pratica crime previsto no CP aquele que contrai casamento conhecendo a existência de impedimento que lhe cause a nulidade absoluta ou relativa.

Gabarito "D"

FCC/ TJ-RR/ Juiz Substituto/2015
Em relação às fases de execução do crime, pode-se assegurar que

A) não se tipifica crime formal contra a ordem tributária, previsto no art. 1°, incisos I e IV, da Lei n° 8.137/90, antes do lançamento definitivo do tributo, segundo entendimento sumulado.

B) a desistência voluntária também é conhecida como quase crime ou tentativa impossível.

*C) não se admite tentativa de crime culposo.

D) há arrependimento eficaz quando o agente, por ato voluntário, nos crimes cometidos sem violência ou grave ameaça à pessoa, repara o dano ou restitui a coisa até o recebimento da denúncia ou da queixa.

E) há tentativa imperfeita quando, apesar de ter o agente realizado toda a fase de execução, o resultado não ocorre por circunstâncias alheias à sua vontade.

Gabarito "C"

UFMT/ DPE-MT/ Defensor Público/2016
O princípio da insignificância ou da bagatela exclui a

A) punibilidade.

B) executividade.

C) tipicidade material.

D) ilicitude formal.

E) culpabilidade.

GABARITO "C"

FAURGS/: TJ-RS/ Juiz de Direito Substituto/2016
Sobre tipicidade, considere as afirmações abaixo.

I Tipicidade conglobante (antinormatividade) é a comprovação de que a conduta legalmente típica está também proibida pela norma, o que se obtém desentranhando o alcance dessa norma proibitiva conglobada com as demais disposições do ordenamento jurídico.

II Tipicidade legal é a individualização que a lei faz da conduta, mediante o conjunto dos elementos descritivos e valorativos (normativos) de que se vale o tipo legal.

III Tipicidade, para a teoria indiciária, é uma presunção iuris et iuris da normatividade da licitude.

Quais estão corretas?

A) Apenas I.

B) Apenas II.

C) Apenas III.

D) Apenas I e II.

E) I, II e III.

Gabarito "E"

FGV / DPE-RO / Analista da Defensoria Pública Analista Jurídico/2015
Carlos, primário e de bons antecedentes, subtraiu, para si, uma mini barra de chocolate avaliada em R$ 2,50 (dois reais e cinquenta centavos). Denunciado pela prática do crime de furto, o defensor público em atuação, em sede de defesa prévia, requereu a absolvição sumária de Carlos com base no princípio da insignificância. De acordo com a jurisprudência dos Tribunais Superiores, o princípio da insignificância:

A) funciona como causa supralegal de exclusão de ilicitude;

B) afasta a tipicidade do fato;

C) funciona como causa supralegal de exclusão da culpabilidade;

D) não pode ser adotado, por não ser previsto em nosso ordenamento jurídico;

E) funciona como causa legal de exclusão da culpabilidade.

Gabarito "B"

CEFET-BA/: MPE-BA/ Promotor de Justiça Substituto /2015
Analise as seguintes assertivas acerca da tipicidade e ilicitude:

I – No tocante à relação entre a tipicidade e a ilicitude, a teoria da indiciariedade defende que a tipicidade não guarda qualquer relação com a ilicitude, devendo, inicialmente, ser comprovado o fato típico, para, posteriormente, ser demonstrada a ilicitude, enquanto a teoria da absoluta dependência defende o conceito de tipo total do injusto, colocando a ilicitude no campo da tipicidade, pontuando, portanto, que a ilicitude é essência da tipicidade.

II – No estado de necessidade e na legítima defesa, em caso de excesso culposo, o agente responderá por tal conduta, ainda que ausente a previsão culposa do delito praticado em decorrência do excesso praticado.
III – A legítima defesa real é incabível contra quem age sob a excludente do estado de necessidade ou da própria legítima defesa real.
IV – A força maior, o caso fortuito, a coação física irresistível e os movimentos reflexos são causas de exclusão de conduta.
V – O consentimento do ofendido só é admitido em caso de bem jurídico disponível e capacidade do ofendido para consentir.

Estão CORRETAS as assertivas:
A) I, II e IV.
B) I, III e V.
C) I, IV e V.
D) II, III e IV.
E) III, IV e V.
Gabarito "E"

FCC/ TJ-AL/ Juiz Substituto/2015

No que concerne aos elementos do crime, é correto afirmar que
A) a inexigibilidade de conduta diversa constitui causa supralegal de exclusão da ilicitude.
B) o dolo e a culpa integram, respectivamente, a tipicidade e a culpabilidade, segundo a teoria finalista da ação.
C) o chamado princípio da insignificância exclui a tipicidade formal da conduta.
D) a coação moral irresistível constitui causa de exclusão da antijuridicidade.
*E) o consentimento do ofendido pode conduzir à exclusão da tipicidade.
Gabarito "E"

UFMT /DPE-MT/ Defensor Público/2016

NÃO é elemento constitutivo do crime culposo:
A) a inobservância de um dever objetivo de cuidado.
B) o resultado naturalístico involuntário.
C) a conduta humana voluntária.
D) a tipicidade.
E) a imprevisibilidade.
Gabarito "E"

UFMT /DPE-MT / Defensor Público/2016

Assinale o delito que admite a modalidade culposa.
A) Corrupção passiva
B) Peculato
C) Concussão
D) Corrupção ativa
E) Prevaricação
Gabarito "B"

CESPE/ TRF 5ª REGIÃO/ Juiz Federal Substituto/2015

No que tange aos princípios básicos do direito penal e à interpretação da lei penal, assinale a opção correta.
A) Embora o princípio da legalidade proíba o juiz de criar figura típica não prevista na lei, por analogia ou interpretação extensiva, o julgador pode, para benefício do réu, combinar dispositivos de uma mesma lei penal para encontrar pena mais proporcional ao caso concreto.
B) Do princípio da culpabilidade procede a responsabilidade penal subjetiva, que inclui, como pressuposto da pena, a valoração distinta do resultado no delito culposo ou doloso, proporcional à gravidade do desvalor representado pelo dolo ou culpa que integra a culpabilidade.
C) O princípio do ne bis idem está expressamente previsto na CF e preconiza a impossibilidade de uma pessoa ser sancionada ou processada duas vezes pelo mesmo fato, além de proibir a pluralidade de sanções de natureza administrativa sancionatórias.
D) A infração bagatelar própria está ligada ao desvalor do resultado e(ou) da conduta e é causa de exclusão da tipicidade material do fato; já a imprópria exige o desvalor ínfimo da culpabilidade em concurso necessário com requisitos post factum que levam à desnecessidade da pena no caso concreto.
E) O princípio da ofensividade ou lesividade não se presta à atividade de controle jurisdicional abstrata da norma incriminadora ou à função político-criminal da atividade legiferante.
Gabarito "D"

MPE-GO/ MPE-GO/ Promotor de Justiça Substituto/2016

Após observar os três conjuntos descritos nos itens I, II e III, que possuem excludentes de tipicidade, antijuridicidade e culpabilidade como seus elementos, marque a alternativa correta:

Conjunto I – coação física irresistível; aborto praticado por médico em casos de gravidez resultante de estupro; consentimento do ofendido quando o bem jurídico for individual disponível; embriaguez completa por caso fortuito ou força maior.

Conjunto II – Erro de tipo escusável; os costumes; desenvolvimento mental incompleto por presunção legal; erro inevitável que configura uma descriminante putativa.

Conjunto III – atipicidade formal; os princípios gerais do direito; erro de proibição.

A) Podemos pinçar no conjunto I e afirmarmos com correção, que vislumbramos a existência de uma causa de excludente de tipicidade e uma excludente de antijuridicidade.

B) Podemos pinçar no conjunto II e afirmarmos com correção, que vislumbramos a existência de duas causas de excludentes de culpabilidade e duas de tipicidade.

C) Podemos pinçar no conjunto I a existência de uma excludente de tipicidade e duas de antijuridicidade; assim como podemos pinçar no conjunto III uma excludente de antijuridicidade.

D) Podemos observar que no conjunto de nº I, não há excludentes de tipicidade, assim como, no conjunto de nº III, não há excludentes de antijuridicidade.

Gabarito "C"

VUNESP/ TJ-MS/ Juiz Substituto/2015
Assinale a alternativa correta.

A) Norma penal em branco é aquela cujo preceito secundário do tipo penal é estabelecido por outra norma legal, regulamentar ou administrativa.

B) A teoria da imputação objetiva consiste em destacar o resultado naturalístico como objeto do bem jurídico penalmente tutelado.

C) Da Constituição Federal de 1988 pode-se extrair a garantia à sociedade pela aplicação do princípio da não fragmentariedade, consistente na proteção de todos os bens jurídicos e proteção dos interesses jurídicos.

D) O Código Penal Brasileiro adotou a teoria do resultado para aferição do tempo do crime, conforme se depreende do art. 4o do mencionado Código.

E) A tipicidade conglobante é um corretivo da tipicidade legal, posto que pode excluir do âmbito do típico aquelas condutas que apenas aparentemente estão proibidas

Gabarito "C"

ILICITUDE OU ANTIJURIDICIDADE

Em palavras simples, ilicitude ou antijuridicidade é a relação de contrariedade de uma conduta típica em face do ordenamento jurídico, sendo que, de acordo com a estrutura adotada por nós, todo fato típico tende a ser ilícito, e será, salvo se houver uma causa de justificação, ou seja, uma excludente de ilicitude presente na situação concreta.

O modelo adotado pelo finalismo e por nosso CP é chamado de **modelo indiciário** da ilicitude, vez que o fato típico é um indício para que se constate a antijuridicidade do fato, ou seja, um fato típico, provavelmente, será ilícito, mas nem sempre isso se confirma.

Portanto, tipicidade e ilicitude são elementos autônomos, e a relação entre eles é que a primeira é um indício da segunda. É o que a doutrina clássica chama de **teoria da *ratio* *cognoscendi***, isto é, a tipicidade é o "meio para conhecer" "a razão para se reconhecer" a ilicitude, portanto, tipicidade é a *ratio cognoscendi* da ilicitude.

Dessa forma conclui-se que o fato típico abstratamente previsto é contrário ao ordenamento jurídico e será ilícito, salvo se estiver presente uma causa de justificação, ou seja, uma excludente de ilicitude (art. 23 do CP) que autorize a sua prática diante de certas situações concertas.

Como observação geral – que se aplica a todas as causas de exclusão – é importante saber que para o reconhecimento de uma causa de exclusão da ilicitude é preciso preencher não só os **elementos objetivos da causa de justificação**, quais sejam aqueles presentes na definição técnica da excludente, bem como seu **elemento subjetivo**, ou seja, é preciso também que o agente **conheça a situação concreta justificante** em que se encontra e que saiba, portanto, que está agindo justificadamente (*Claus Roxin*).

Assim, se o agente não sabe se está agindo sob a égide de determinada excludente, ele não poderá ser por ela beneficiado pois, para que isso ocorra, o seu conhecimento acerca da situação concreta justificante será fundamental. Essa posição é amplamente majoritária na doutrina e jurisprudência, embora haja divergências.

Trabalhemos agora com as causas excludentes de ilicitude em espécie elencadas no Código Penal:

11.1 EXCLUDENTE DE ILICITUDE

11.1.1 Estado de Necessidade (art. 24 do CP)

"Art. 24. Considera-se em estado de necessidade quem pratica o fato para salvar de perigo atual, que não provocou por sua vontade, nem podia de outro modo evitar, direito próprio ou alheio, cujo sacrifício, nas circunstâncias, não era razoável exigir-se. (Redação dada pela Lei nº 7.209, de 11.7.1984)

§1º – Não pode alegar estado de necessidade quem tinha o dever legal de enfrentar o perigo. (Redação dada pela Lei nº 7.209, de 11.7.1984)

§2º – Embora seja razoável exigir-se o sacrifício do direito ameaçado, a pena poderá ser reduzida de um a dois terços. (Redação dada pela Lei nº 7.209, de 11.7.1984)"

Em sua essência o estado de necessidade configura uma situação de conflito de bens jurídicos, na qual não há a possibilidade da preservação de ambos, sendo que o agente precisa optar por um bem em detrimento do outro, estando, portanto, autorizada a lesão de um bem jurídico alheio diante dessas circunstâncias.

Dessa forma, **Estado de Necessidade** ocorre em situações de **perigo** nas quais a proteção do direito penal não foi efetiva, havendo a estrita necessidade de se lesionar um bem jurídico alheio para que outro seja preservado, logo, haverá uma escolha necessária entre dois bens em jogo diante de uma situação de perigo, sendo que um terá que ser lesionado para que outro seja poupado, preservado.

Acerca da natureza jurídica[1] do Estado de Necessidade existem duas teorias:

a) Teoria unitária

Para essa teoria, adotada pelo Código Penal nas bases do que preveem os artigos 23 e 24, todo estado de necessidade é **justificante** e, portanto, quando reconhecido será **excludente da ilicitude**, independentemente do bem jurídico preservado ser maior, menor ou igual ao bem jurídico sacrificado diante da situação concerta de perigo.

Embora essa teoria não faça qualquer limitação ou vedação no que tange a valoração dos bens jurídicos em jogo, não é aceitável, pelo **princípio da razoabilidade** e **proporcionalidade**, que um bem jurídico indisponível (vida) seja sacrificado, em situação de estado de necessidade, em face da preservação de um bem disponível, como por exemplo o patrimônio, e essa conduta deverá ser evidentemente considerada ilícito.

Em face dessa ausência de limitação teórica, nosso Código criou na própria definição do Estado de Necessidade uma limitação que, tendo como base os referidos princípios da proporcionalidade e razoabilidade, impede que se aplique a excludente para preservar bens disponíveis em detrimento de um bem indisponível como a vida.

Dessa forma, na prática, percebemos que de acordo com o código penal (art. 24CP) o sacrifício da vida humana só estará autorizado por uma situação de estado de necessidade quando o outro bem jurídico a ser salvo também for uma ou mais vidas, isso se depura da **parte final do artigo 24 do CP**, já que a lesão estará autorizada somete quando se tratar de um bem em perigo "*... cujo sacrifício, nas circunstâncias, não era razoável exigir-se*"

Assim, quando houver o sacrifício de um bem indisponível (por exemplo: vida) para se preservar um outro bem disponível, **não haverá estado de necessidade**, nem exclusão da ilicitude, já que neste caso o sacrifício do bem (disponível) em perigo será exigível do sujeito, e a lesão do bem indisponível não estará autorizada.

No entanto, nesta hipótese, caso o agente opte por preservar o bem disponível sacrificando o bem indisponível, embora não haja exclusão da ilicitude, poderá ocorrer uma **diminuição de pena (1/3 a 2/3)**, conforme o art. 24 par. 2º do CP.

---

1.   Quando se fala em natureza jurídica de um instituto se quer saber o que ele é, o que representa dentro do direito penal.

b) Teoria diferenciadora

Essa teoria, que não foi adotada por nosso Código Penal mas possui previsão no *Código Penal Militar*, é oriunda do direito penal germânico e separa **duas naturezas jurídicas** possíveis para o estado de necessidade com base no *critério de ponderação de bens* e diferencia duas espécies de estado de necessidade, são elas:

a) Estado de necessidade justificante

Trata-se de uma causa de **exclusão da ilicitude** e ocorre quando o bem jurídico preservado é superior àquele sacrificado, desde que preenchidos os demais requisitos da situação de necessidade.

É o caso do sacrifício de um patrimônio para a preservação da vida e, por se preservar um bem maior sacrificando um bem menor, o **estado de necessidade** será considerado **justificante**, tornando justa a conduta típica realizada e excluindo assim ilicitude do fato.

b) Estado de necessidade exculpante

Trata-se de uma causa de **exclusão da culpabilidade** por inexigibilidade de conduta diversa, que afasta o crime em razão da ausência de culpabilidade do agente, porém, não será afetada a ilicitude do fato.

Esta modalidade ocorre quando o bem jurídico preservado for de igual valor ao bem jurídico sacrificado (ex: Vida x Vida) ou, em certos casos, até mesmo quando um bem maior, desde que disponível, seja sacrificado para se preservar um outro bem menor também disponível.

Importante lembrar que, mesmo na ótica da teoria diferenciadora, a situação exculpante, pelo estado de necessidade, não cabe na hipótese do sacrifício de um bem indisponível para preservar outro disponível (por exemplo: vida x patrimônio), e nesse caso haverá culpabilidade e crime.

A hipótese mais famosa de **estado de necessidade exculpante**, sob a ótica da teoria diferenciadora, é a que se refere à situação de **vida *versus* vida**, na qual as duas vidas estão em perigo, mas só é possível salvar uma delas, sacrificando a outra.

Seguindo a visão diferenciadora do estado de necessidade, embora o fato seja ilícito, pois as vidas têm o mesmo valor, quem agiu diante do perigo não merecerá ser reprovado, pois não é possível se exigir do agente uma conduta diversa, ou seja, que sacrifique sua própria vida para salvar a vida de outra pessoa, ou mesmo que seja obrigado a deixar ambas as vidas perecerem.

11.1.1.1 Requisitos do estado de necessidade (Art. 24 do CP)

11.1.1.1.1 Perigo atual

Podemos afirmar que **perigo atual** é o perigo **concreto e presente**, ou seja, de acordo com nosso código penal para que haja o estado de necessidade o perigo já deve estar ocorrendo, não se enquadrando aqui as hipóteses de perigo iminente.

A palavra-chave para se caracterizar o Estado de Necessidade é **perigo**, sendo que para a configuração da excludente esse perigo já deve existir, já deve estar presente na situação concreta, não havendo, portanto, exclusão da ilicitude se o perigo for já pretérito e a situação já tiver cessado, ou se ainda for futuro e não estiver efetivamente ocorrendo.

Não se deve confundir o conceito de perigo atual com dano atual, portanto, haverá Estado de Necessidade quando o perigo é atual, mesmo que o dano ao bem jurídico ainda seja apenas iminente. Na verdade, essa é a real função do estado de necessidade, evitar danos futuros diante de uma situação de perigo atual.

A **situação de perigo** normalmente advém de fatos naturais como uma enchente, um desabamento, um incêndio, ataques de animais ou ainda de situações de risco para saúde ou vida (ex: doença grave), situações estas que autorizam o agente a atuar lesionando um bem alheio para preservar o bem que se encontra em perigo.

Atualmente, mesmo sem expressa previsão legal, parte da doutrina nacional vem afirmando que pode se reconhecer o Estado de Necessidade também quando o **perigo for apenas iminente**, fazendo assim uma *analogia in bonan partem* à legítima defesa, que admite formalmente a exclusão da ilicitude quando a agressão for tanto atual quanto iminente.

Embora faça sentido, essa posição não nos parece ser a melhor opção, já que a delimitação da iminência de uma situação de perigo é muito mais abstrata e incerta que a de uma agressão (conduta humana), e essa ampliação do conceito de perigo para abranger a iminência poderia gerar insegurança jurídica em muitos casos.

Por fim, nada impede que haja o chamado **Estado de necessidade recíproco**, quando dois sujeitos estejam diante de uma mesma situação de perigo e ambos atuem um contra o outro visando a preservação de seu próprio bem. (ex: dois náufragos lutando por um único colete salva-vidas)

11.1.1.1.2 Inevitabilidade do perigo por outra forma

De acordo com o código penal para que haja estado de necessidade, a única opção para se preservar o bem jurídico em perigo deve ser o sacrifício um outro bem jurídico, de tal sorte que, para se aplicar a exclusão de ilicitude, não pode haver outra alternativa à preservação do bem que está em risco a não ser a lesão de um bem alheio.

Atualmente **não se aceita** o argumento do estado de necessidade para justificar condutas praticadas por se encontrar em dificuldades financeiras, ou situação de miséria, por exemplo praticando crimes patrimoniais para garantir sua subsistência.

O chamado *furto famélico*, ou seja, aquele em que o indivíduo realiza a subtração da comida para se alimentar em situação de fome, e que já foi predominantemente reconhecido como hipótese de exclusão de ilicitude pelo Estado de Necessidade, atualmente tem difícil aceitação dentro dessa excludente de ilicitude, isso em face da interpretação restritiva do requisito em tela, já que, na maioria dessas hipóteses, há outras alternativas para saciar a fome diferentes da conduta criminosa, não se configurando a "inevitabilidade do perigo", embora haja inegáveis exceções.

Além disso, modernamente, a grande maioria das hipóteses de *furto famélico* se resolvem de forma satisfatória no plano da **exclusão da tipicidade**, através do **princípio da insignificância**.

11.1.1.1.3 Não criação do perigo por vontade do agente

De acordo com este requisito, para a configuração do Estado de Necessidade, o perigo não pode ter sido criado pelo agente, assim, aquele que com seu comportamento **criar o risco** de ocorrência do resultado, **não** poderá alegar Estado de Necessidade.

Quanto a esse conceito surgem duas correntes doutrinárias:

1) Para essa corrente doutrinaria a proibição de alegar o Estado de Necessidade refere-se apenas a quem **dolosamente cria a situação de perigo**, já que o art. 24 fala em criação por **"vontade"**, termo este que caracteriza a necessidade de haver dolo na criação do perigo. Essa é a **posição dominante** em nossa doutrina e jurisprudência.

2) Esta **corrente doutrinária (minoritária)** entende que a proibição de se alegar o Estado de Necessidade alcança **todas as hipóteses de criação do perigo**, inclusive o perigo criado culposamente pelo agente, não se restringindo às criações dolosas do perigo. (Hungria/Nucci)

11.1.1.1.4 Preservação de direito próprio ou alheio

Trata-se da característica mais simples do estado de necessidade, já que o agente poderá atuar em estado de necessidade quando o perigo for contra o seu bem, ou contra o bem de qualquer outra pessoa, **independentemente de qualquer vínculo ou relação com este terceiro.**

11.1.1.2 Aspectos gerais do Estado de Necessidade

De acordo com o § **1º do art. 24 do CP**, que claramente se refere aos **garantidores**, afirma-se que não poderá alegar estado de necessidade aquele que tem o **dever legal de enfrentar o perigo** e, de acordo com a sua abrangência, ou seja, no que tange a quais garantidores estariam impedidos de alegar estado de necessidade diante de uma situação de perigo, há dois posicionamentos em nossa doutrina:

1) A corrente preponderante na dogmática e jurisprudência pátria entende que o termo "*dever legal*" deve ser interpretado *stricto sensu (c.f Luiz Regis Prado, Nelson Hungria, Rogerio Greco)*. Portanto, a limitação do §1º do Art. 24 do CP alcançaria apenas os garantidores previstos na **alínea "a" do § 2º do art. 13**, ou seja, somente os garantidores cujo dever de garantia seja oriundo de Lei.

Relembrando:

"Art. 13. [...]

§ 2º – A omissão é penalmente relevante quando o omitente devia e podia agir para evitar o resultado. O dever de agir incumbe a quem: (Incluído pela Lei 7.209, de 11.7.1984)

a) tenha ***por lei*** *obrigação de cuidado, proteção ou vigilância; [...]*".

b) o termo "*dever legal*" deve ser interpretado em sentido amplo, abrangendo todas as hipóteses de garantidor previstas na lei penal – art. 13, §2º CP, na verdade tratando-se de um **dever jurídico** de agir inerente a todos os garantidores.

Para essa vertente todos os deveres elencados no **Art. 13 par. 2º CP** são deveres impostos pela lei, logo, deveres legais (amplo senso) e, portanto, preenchem os termos exigidos pelo art. 24, impedindo que qualquer garantidor alegue Estado de Necessidade diante de uma situação de perigo.

Por fim, o § **2º do art. 24 do CP** prevê a hipótese aplicável quando não há situação de estado de necessidade, em face da ausência do requisito "**inexigibilidade do sacrifício do bem**", possuindo a natureza jurídica de **causa de diminuição de pena** por uma menor culpabilidade do agente.

Esse dispositivo, que se relaciona com a parte final do art. 24 do CP (*"cujo sacrifício, nas circunstâncias, não era razoável exigir-se"*), se aplica quando era esperado que o agente suportasse o sacrifício de seu bem em perigo em face do outro bem ameaçado, mas este resolve não tolerar esse sacrifício e lesiona um bem alheio preservando o bem que se encontra ameaçado.

Esta previsão legal se refere fundamentalmente às hipóteses em que o agente resolve sacrificar um bem jurídico maior e indisponível (ex: vida) para preservar um bem jurídico menor e disponível (ex: patrimônio) que se encontra em perigo, o que evidentemente não pode ser reconhecido como algo lícito e não está abarcado pelo estado de necessidade.

Sendo assim, como não se pode falar em exclusão de ilicitude pelo Estado de Necessidade nestas hipóteses, e o agente lesiona um bem alheio com Tipicidade, Ilicitude e Culpabilidade, o par.2º do Art. 24 do CP determina que ele deve ser punido pelo crime já que o sacrifício do bem ameaçado era exigível na situação concreta, porém, terá sua pena diminuída.

Percebe-se que, nestes casos, a lesão do bem alheio, embora não autorizada pelo estado de necessidade, ocorre diante de uma situação de perigo inevitável de outra forma, ou seja, uma **situação evidentemente anormal** em que há uma **menor reprovabilidade** da conduta, por isso o **art. 24 par 2º do CP** determina que a pena deverá ser reduzida de 1/3 a 2/3.

Por fim, é importante lembrar que a doutrina fala ainda em uma outra classificação, qual seja, **estado de necessidade defensivo** quando o agente lesiona diretamente a própria fonte do perigo (por exemplo: mata o cachorro que lhe ataca) e **estado de necessidade ofensivo, ou agressivo,** quando atinge com sua conduta bem jurídico de terceiro inocente, sem qualquer relação com a situação de perigo em que se ele encontra (por exemplo: gera lesão ao patrimônio alheio para salvar sua vida que está em perigo em face de um incêndio), sendo que esta classificação não possui maiores consequências práticas.

11.1.2 Legítima Defesa (Art. 25 do CP)

"Art. 25. Entende-se em legítima defesa quem, usando moderadamente dos meios necessários, repele injusta agressão, atual ou iminente, a direito seu ou de outrem" (Redação dada pela Lei nº 7.209, de 11.7.1984).

A palavra-chave que delimita a Legítima Defesa é **agressão**, esse é o fator determinante para identificação desta causa de exclusão da ilicitude, assim como uma situação de perigo caracteriza o Estado de Necessidade, havendo uma agressão estar-se-á diante de hipótese de legítima defesa.

Colhe-se do exposto que, quando o agente se encontrar em situação de agressão haverá a possibilidade de se falar Legítima Defesa, mesmo que paralelamente se perceba a existência de aspectos que poderiam levar a uma outra excludente de ilicitude, como um Exercício regular de direito ou mesmo um Estado de Necessidade.

Por exemplo, em certas hipóteses em que existe uma situação de perigo, fruto de uma agressão humana, embora haja o perigo, não haverá Estado de Necessidade, pois, se o perigo para o bem jurídico nascer de uma conduta humana voltada a lesioná-lo caracteriza-se uma agressão e haverá Legítima Defesa.

Ex.: se alguém aponta uma arma para a vítima para realizar um roubo, haverá uma situação de perigo para a vida da pessoa, mas este perigo é produto de uma **agressão iminente** e, ao agir para se proteger, a vítima estará em situação de Legítima Defesa.

11.1.2.1 Requisitos da legítima defesa

11.1.2.1.1 Agressão

Podemos definir agressão como toda conduta humana voltada, direcionada, para lesão de um bem jurídico alheio, sendo importante desvincular o conceito de agressão apenas a ideia de lesão corpórea.

Para dar origem à legítima defesa, a agressão pode ser à honra, à liberdade sexual, liberdade de locomoção, ao patrimônio, ou a qualquer outro bem jurídico individual, não havendo necessidade de lesões físicas.

Isso posto, do conceito de agressão podemos tirar três consequências importantes para questões concretas de prova, referentes à possibilidade ou não de haver legítima defesa:

1) O **ataque de animais** não dá origem à situação de legítima defesa, pois animal não é capaz de praticar agressão, já que não realiza conduta (movimento voluntário) e se move apenas por instinto, dando origem sim a uma **situação de perigo** e, portanto, de **Estado de Necessidade**.

Entretanto, existe uma ressalva a ser feita, se o animal for usado como instrumento, como arma, para o ataque, ou seja, para viabilizar a agressão de um ser humano contra a vítima, essa situação dará origem à situação de Legítima Defesa.

2) **Existe legítima defesa contra conduta culposa?**

Nesse ponto há muita divergência, havendo quem aceite a possibilidade de Legítima Defesa da conduta culposa, porém, nos parece que o melhor posicionamento é que **não é possível** se falar em **Legítima Defesa** quando o agente atua com **culpa**, pois a conduta culposa, na verdade, não configura uma concreta agressão direcionada a um bem alheio, mas, em face da falta de cuidado do agente, apenas gera uma situação de perigo.

Na **conduta culposa**, o agente não se move para lesionar outrem, mas atua de forma imprudente, propiciando assim uma **situação de perigo** para o bem jurídico alheio e permitindo se falar em **Estado de Necessidade**. (ex: carona após muito pedir para que o sujeito pare o carro golpeia motorista que se encontra conduzindo o veículo de forma imprudente em alta velocidade).

O mesmo pensamento pode ser aplicado para a conduta atípica em que o agente atua sem possuir dolo e culpa e, nesse caso, embora haja divergência, não há agressão mas tão somente a criação de uma situação de perigo para o bem jurídico, afastando-se a possibilidade de legítima defesa e se aplicando o Estado de Necessidade (ex: agente tropeça com faca de cozinha na mão e o sujeito o empurra no chão para se proteger da faca).

3) **Existe legítima defesa contra conduta omissiva?**

Via de regra, agressão se dá através de uma ação, ou seja, de uma conduta positiva de fazer algo visando atingir bem jurídico alheio, entretanto, há entendimento doutrinário (E. Mezger/José Frederico Marques) afirmando que é possível se falar em legítima defesa de uma conduta omissiva, quando se tratar de um garantidor que possuía o dever de agir, e através de sua omissão da origem à lesão de um bem jurídico alheio. Podemos utilizar o exemplo do carcereiro que se nega a libertar um preso que já cumpriu sua pena, e este, em **legítima defesa**, lhe agride para tomar as chaves da cadeia e se libertar dessa privação de liberdade, oriunda da omissão do garantidor.

11.1.2.1.2 Injusta agressão

O conceito de **agressão injusta** afirma que é toda aquela que não esteja autorizada pelo ordenamento jurídico, ou seja, é toda **conduta típica** que não esteja protegida por uma causa de exclusão da ilicitude.

Dessa forma, para que haja legítima defesa a agressão praticada pelo sujeito não pode estar justificada, autorizada pelo ordenamento, sendo assim, não se vislumbra a possibilidade de alegar legítima defesa contra condutas realizadas por um "agressor" que esteja atuando protegido por qualquer causa de exclusão da ilicitude.

Entende-se que, nesses casos, em que o agente realiza uma conduta em situação de exclusão de ilicitude a agressão contra o bem jurídico alheio será **lícita**, autorizada pela ordem jurídica, configurando uma **agressão justa**, incompatível com a legítima defesa.

Portanto, podemos afirmar que, não há legítima defesa de uma conduta realizada por quem esteja atuando em Estrito cumprimento de dever legal ou em Exercício regular de direito, também não há legítima defesa de quem atua em situação de Estado de Necessidade, e por fim, **não há** que se falar de **legítima defesa de legítima defesa**, ou seja, não existe a chamada **legítima defesa recíproca.**

Nesses termos, se a agressão praticada for **lícita**, autorizada pelo ordenamento através de uma causa de justificação, contra ela não caberá a alegação de legítima defesa.

Como exemplo, um policial ao afrontar a liberdade do bandido cumprindo um mandado de prisão, estará agindo em Estrito cumprimento de seu dever legal e, portanto, a restrição da liberdade operada por ele é lícita e configura uma "*agressão justa*", não permitindo ao sujeito se defender dela alegando legítima defesa, ou seja, o meliante não pode reagir para afastar essa violação da sua liberdade alegando estar agindo em Legítima Defesa.

Quanto a injusta agressão, como requisito da legítima defesa, é muito comum em provas a seguinte pergunta:

- **Cabe legítima defesa contra agressão de um inimputável?**

Através de uma análise técnica, **sim é possível**, já que o inimputável por não ter discernimento e capacidade de autodeterminação, apenas não possui **imputabilidade,** ou seja, não possui um dos elementos integrantes da **culpabilidade**, contudo, a sua conduta pode ser vista como **típica e ilícita** e configura uma **agressão injusta** que, por isso, pode ser repudiada pela Legítima Defesa.

Isto vale para qualquer hipótese de inimputabilidade, seja a menoridade, a doença mental ou a embriaguez fortuita (p. ex. no caso de a *agressão* ser perpetrada por *menor de idade*, a vítima pode se defender em Legítima Defesa atacando e lesionando o menor).

Surge ainda a dúvida se a **injusta agressão** pressupõe que o fato realizado seja **típico** e, embora haja divergência, nos parece que o melhor posicionamento é aquele que considera **qualquer agressão não autorizada** a um bem jurídico tutelado pelo ordenamento jurídico (seja na esfera cível, constitucional, administrativa etc.) passível ser objeto de legítima defesa, **mesmo que o fato seja atípico** para o direito penal (ex: legítima defesa de lesão insignificante, legítima defesa da privacidade, legítima defesa de um furto de uso etc.)

11.1.2.1.3 Atual ou iminente

Agressão **atual** é aquela que está acontecendo, ou seja, presente e em curso, e **iminente** será aquela que está prestes a acontecer, próxima de ocorrer.

Quanto à atualidade da agressão não há maiores problemas, pois esta se define de forma simples e podemos dizer que *agressão atual* é aquele presente, que está acontecendo, e, portanto, de acordo com a estrutura teórica adotada em nosso ordenamento atual é a agressão que **já começou, mas ainda não terminou**.

O maior problema está na conceituação de agressão iminente, pois é preciso saber o que significa uma agressão que está prestes a acontecer. Sendo assim, tecnicamente, deve-se considerar como **agressão iminente** aquela ocorrida no momento imediatamente anterior à atualidade, ou seja, no último momento antes da agressão ser atual, estar ocorrendo.

Para que haja iminência não pode haver nada entre o fato praticado e a atualidade da agressão, ou seja, se antes da real e atual agressão ainda houver espaço para qualquer outro fato, outra coisa, a agressão não será considerada iminente, mas tão somente uma futura agressão, que não vai dar origem a uma legítima defesa.

Sendo assim, podemos afirmar que **não** será admitida legítima defesa de uma agressão passada, pretérita, o que configuraria mera vingança, e nem de uma agressão futura, ou seja, se defender de uma promessa de agressão.

Por exemplo, **não há legítima defesa** quando o agente já se defende de determinado sujeito que jura que vai matá-lo assim que ele sair do bar onde ambos estão. Aqui há apenas uma futura agressão, uma promessa de agressão que não gera exclusão da ilicitude do fato praticado, por não preencher o requisito da iminência.

Essa última hipótese, qual seja, quando há apenas uma promessa de agressão e o agente previamente atua atacando o potencial futuro agressor, a doutrina tem chamado de **legítima defesa antecipada**, pois o agente atua se antecipando à agressão, agindo defensivamente contra o futuro agressor, mesmo antes dela se tornar iminente.

Quanto a esta situação, parte da doutrina nacional afirma que seria possível se estender o conceito de iminência para alcançar agressões futuras e próximas, e a **legítima defesa antecipada** poderia, então, ser considerada como Legítima Defesa e, portanto, **causa de exclusão da ilicitude**.

Nos parece, contudo, que há uma contradição semântica nesse conceito, pois se a legítima defesa é vista como antecipada é por que não se configurou ainda a situação de legítima defesa, nos termos do art. 25 do CP, já que este exige expressamente que a agressão seja **atual ou iminente**.

Como o legislador foi específico, ao delimitar *"agressão atual ou iminente"* não caberia ao intérprete da lei ampliar a aplicação da excludente de ilicitude para agressões futuras, sob pena de se sacrificar a segurança jurídica.

Mas o que fazer então nesses casos de ameaça futura, quando não for possível que a vítima espere até a agressão acontecer e se tornar atual ou iminente?

A doutrina mais moderna vem entendendo que, no caso de reação da futura vítima, que se antecipa, atuando defensivamente sendo esta a única forma de garantir a proteção de seu bem jurídico, haveria então hipótese de *inexigibilidade de conduta diversa*.

Sob esta ótica contemporânea a **legítima defesa antecipada** teria a natureza jurídica de **causa de exclusão de culpabilidade** por inexigibilidade de conduta diversa, uma causa **supralegal** de exculpação, já que não há previsão desta hipótese no CP.

Em suma, temos que a *legítima defesa antecipada* ocorre quando o agente atua para se defender de uma agressão futura, próxima e provável, mas que não é ainda iminente, sendo que, há entendimento doutrinário de que é possível se estender o conceito de iminência para essas situações, adotando-se a tese da legítima defesa para **excluir a ilicitude** do fato.

Porém, a posição mais moderna (cf. Juarez Cirino dos Santos), com a qual concordamos, afirma que **não** é possível se falar em legítima defesa, para se excluir a ilicitude do fato, devido ao não preenchimento do requisito *"agressão iminente"*, mas que essa situação poderá, de acordo com a situação concreta, configurar uma **causa supralegal de exclusão da culpabilidade**, por inexigibilidade de conduta diversa.

11.1.2.1.4 Bem jurídico próprio ou de terceiro

Esse requisito não traz maiores problemas, já que é possível a atuação em legítima defesa **própria ou de terceiros**, seja essa pessoa conhecida do agente ou não, não havendo necessidade de qualquer vínculo entre o terceiro e aquele que atua em legítima defesa de um bem alheio.

Há posicionamento na doutrina apoiando a necessidade de autorização prévia do titular do bem, se este for disponível (cf. Rogerio Greco), para que alguém atue em legítima defesa de terceiro (por exemplo: furto). A nosso ver essa posição não se sustenta, mesmo porque que crimes cometidos contra terceiros permitem que qualquer um defenda o bem jurídico alheio havendo inclusive autorização constitucional para que qualquer pessoa efetue prisão em flagrante.

Outro motivo que pesa contra a corrente em questão são as dificuldades técnicas de se obter essa autorização. Imagine-se a situação na qual terceiro, para proteger o bem jurídico da vítima de um furto em andamento, tem que pedir ou esperar que esta lhe permita atuar, e ainda mais inconsistente será essa exigência se o titular do bem não estiver presente no local da agressão (por exemplo: furto de um carro em que o dono não se encontra no local, e terceiro impede, em legítima defesa, a conduta do meliante).

Por fim, como não há limitações legais para o titular do bem jurídico atacado, entendemos que nada impede que haja **legítima defesa** de agressões realizadas contra **pessoas jurídicas**, contra um **cadáver**, contra **animais**, ou mesmo contra o **feto**.

11.1.2.1.5 Moderação com meios necessários

A ideia desse requisito é que a escolha do meio de defesa da agressão pode ser qualquer um que seja efetivamente necessário, desde que este seja usado com moderação e de forma estritamente suficiente para fazer cessar a agressão.

A moderação deve ser mensurada no caso concreto, sendo assim, será considerado moderado todo meio utilizado que de fato seja necessário para fazer cessar a agressão, não havendo vínculo direto quanto a forma de conduta praticada e a legítima reação defensiva da vítima.

Por exemplo, se for preciso disparar seis tiros para parar um agressor, em situação de uma tentativa de homicídio, já que este permaneceu atuando após os primeiros disparos, todos os seis disparos serão considerados moderados, necessários e autorizados pela legítima defesa, não podendo se falar em excesso.

A dogmática fala em meios necessários e disponíveis, ou seja, aquele que possa fazer cessar a agressão e que esteja à mão do agente no momento em que ela ocorre, portanto, por exemplo, se um grande lutador de artes marciais ataca de mãos nuas uma vítima para matá-la, é possível que esta se utilize de uma arma, que porventura porte, para se defender, pois esse era o meio disponível na situação concreta, e necessário para fazer cessar a agressão.

Portanto, não há necessidade para a legítima defesa que os instrumentos, as armas utilizadas na agressão e na defesa, sejam equiparados, basta que sejam os meios disponíveis, necessários e suficientes na situação concreta para afastar a agressão, e evidentemente que sejam usados moderadamente até cessar a referida agressão.

Do exposto, é possível perceber que existem **dois critérios** cumulativos para caracterizar a moderação e permitir a exclusão da ilicitude na legítima defesa.

a) **Enquanto houver agressão há moderação** na conduta defensiva, não importando o número de ações (por exemplo: disparos) que o agente, que atua defensivamente, precise realizar para fazer cessar a agressão.

b) **Para que haja moderação deve haver uma proporcionalidade** entre o bem jurídico agredido e o bem jurídico lesionado na conduta defensiva, principalmente para hipóteses que possam vir a gerar a morte do agressor, em face da ponderação de bens. Logo, para que uma vida seja tirada em legítima defesa é necessário que a agressão injusta seja contra a própria vida.

Este segundo critério **não** quer dizer que deva haver correlação direta entre os tipos penais, de tal forma que não é necessário que o agressor tenha dolo de matar ou esteja praticando um crime contra a vida para que, em legítima defesa, a vítima possa matá-lo, sendo perfeitamente possível, por exemplo, que em reação a um roubo à mão armada, a legítima defesa venha a gerar a morte do meliante.

Essa mesma justificativa permite que alguém que está sofrendo um estupro, e com isso vê sua vida em jogo por uma grave ameaça, venha a matar o estuprador em legítima defesa.

Em sentido contrário, mas seguindo a mesma ideia de meios necessários e moderação, percebe-se que em um furto não se permite que a vítima mate o agressor, pois neste caso só haverá agressão ao patrimônio, bem disponível, sendo desproporcional se tirar uma vida (bem indisponível) para preservação desta espécie de bem jurídico.

A análise técnica desses critérios permite entender de forma mais fácil os famosos excessos em legítima defesa, previstos no art. 23, parágrafo único, do CP. Assim, quando o agente ultrapassar os limites da moderação, ocorrerá o excesso, podendo este ser dividido em duas grandes modalidades, a saber:

a) **Excesso extensivo**

Ocorre quando, depois de cessada a agressão, o agente **prossegue atuando**, estendendo-se além daquilo que a conduta defensiva lhe permite, portanto, além do necessário para fazer cessar a agressão.

Ex.: o agente consegue fazer com que o agressor pare de lhe agredir, mas mesmo assim prossegue, passando a atacá-lo, gerando assim uma lesão ilícita.

b) Excesso intensivo

Ocorre quando o agente atua abusando na **intensidade** da sua defesa, desrespeitando a proporcionalidade entre o bem agredido e o lesionado, tratando-se de um abuso dos meios necessários.

Ex.: matar quem apenas está furtando um bem.

Importante frisar que, em face do **princípio da responsabilidade penal subjetiva**, e nos termos do art. 23 par. único do CP, os excessos em legítima defesa só poderão ser punidos a título de **dolo ou culpa** do agente, que se exceder na conduta defensiva.

Além desses dois excessos previstos em Lei, pode ocorrer uma terceira categoria chamada **excesso exculpante**, que embora não tenha previsão legal, poderá dar origem ao afastamento da culpabilidade e do próprio crime.

Trata-se de uma categoria de excesso desenvolvida pela dogmática moderna, não possuindo aceitação plena, cuja aplicação que ainda gera muitas divergências nos nossos tribunais superiores.

Em certas hipóteses, devido à afetação emocional do agente (*afetos astênicos* – menos intensos – e *afetos estênicos* – mais intensos), diante do caso concreto, não se pode exigir dele moderação, autocontrole e precisão na sua conduta defensiva. Portanto, esses eventuais excessos, **independentemente de serem dolosos ou culposos**, não serão punidos por ausência de culpabilidade (reprovação) em virtude de haver situação de **inexigibilidade de conduta diversa**.

Há certos casos em que a situação é tão aguda, os chamados *afetos estênicos* (ódio, pânico, ira etc.) que o indivíduo atua por um impulso incontrolável, o que impossibilita a mensuração da moderação na conduta defensiva diante do caso concreto, afastando assim a sua culpabilidade e o crime pelo referido **excesso exculpante**, esta situação também é chamada de **"legítima defesa subjetiva"**. (**Ex:** mulher que mesmo após conseguir repelir a agressão, segue atuando e mata a pedradas o estuprador)

11.1.2.2 Modalidades de legítima defesa

11.1.2.2.1 Legítima defesa sucessiva

Esta modalidade de legítima defesa ocorre quando o indivíduo, que atua em legítima defesa, se excede indo além do necessário para repelir a agressão, sendo que, ao se exceder, acaba praticando uma conduta ilícita que está fora da proteção da excludente de ilicitude. Logo, sua **conduta em excesso** torna-se injusta, permitindo ao agressor originário se defender deste excesso, atuando em situação chamada de **legítima defesa sucessiva**.

Na verdade, a **legítima defesa sucessiva** nada mais é do que uma **legítima defesa do excesso**, praticado por quem estava em legítima defesa e passou do limite permitido pelo art. 25 do CP, não agindo com a moderação exigida na conduta defensiva.

Dessa forma, se a conduta defensiva for praticada em excesso não mais estará autorizada pelo ordenamento jurídico, e por isso irá configurar uma **agressão injusta,** permitindo àquele que a sofre (agressor originário) atuar em legítima defesa (sucessiva) para se proteger, percebe-se o porquê do nome, já que sua legítima defesa sucede a outra em que o agente se excedeu.

Ex.: Após conseguir imobilizar o agressor, atuando em legítima defesa, o agente prossegue atuando para lesioná-lo. Essa atuação é injusta por ser excesso em legítima defesa e fará com que quem a sofre (agressor originário) possa se defender em legítima defesa.

11.1.2.2.2 Legítima defesa preordenada

Esta modalidade de legítima defesa é produto da utilização de certos mecanismos de defesa predispostos, que possuem funcionamento ativo e são capazes de repelir, afastar um agressor no momento da agressão ao bem jurídico.

Aqui estamos falando mais especificamente da "**cerca elétrica**" e outros mecanismos de proteção do patrimônio que possuam funcionamento ativo e, por isso, são tratados separadamente das demais ofendículas (caco de vidro, arame farpado etc.) como modalidade específica de Legítima Defesa, chamada de preordenada.

Embora parte da doutrina não faça essa separação e prefira tratar a "cerca elétrica" junto com as demais **ofendículas,** como hipótese de **exercício regular de direito** (tema que estudaremos a seguir), entendemos que esta separação está de acordo com a ótica mais moderna, pois existindo um mecanismo com funcionamento ativo, este será capaz de afastar, repelir o agressor, se encaixando perfeitamente no conceito de Legítima Defesa e preenchendo os requisitos do art. 25 do CP.

Como dissemos o grande exemplo hoje de legítima defesa preordenada é a conhecida cerca elétrica, porém, duas observações são muito importantes:

a) A **legítima defesa preordenada** não se confunde com a **legítima defesa antecipada,** já vista anteriormente; pois nela apenas a colocação do meio de defesa é prévia, enquanto a sua atuação (funcionamento) ocorre somente quando a agressão ao bem jurídico (patrimônio) já é atual.

b) Ainda que o agente esteja invadindo a casa sem a intenção de prejuízo – por exemplo, o garoto que entra para pegar sua bola – a repulsa dessa invasão pela **legítima defesa preordenada** também é válida, pois, como sabemos, o dolo no finalismo é natural, e para sua caracterização não há importância em *"para que"* ou *"por que"* o agente atua realizando uma conduta típica. Logo, o garoto que entra na casa estará cometendo (dolosamente) a conduta típica de violação de domicílio, e a defesa (preordenada) desta agressão à propriedade será justa e lícita.

11.1.2.2.3 Legítima defesa putativa, imaginária ou "virtual"

Na **legítima defesa putativa** a situação de legítima defesa só existe na cabeça do agente, que atua pensando estar em uma situação de legítima defesa que, na realidade, não existe.

A legítima defesa putativa é apenas produto de um **erro** a respeito de haver legítima defesa na situação concreta em que o agente se encontra, visto que, na verdade, diante da situação concreta **não há legítima defesa**, e nem exclusão da ilicitude, embora o agente pense estar agindo justificadamente.

Esse erro a respeito da situação de legítima defesa, que dá origem a situação de legítima defesa putativa, pode ser:

I) erro de tipo permissivo ou erro "*suis generis*" (art. 20, § 1º CP)

Trata-se do erro a respeito da **situação fática** concreta que gera a legítima defesa, ou seja, o agente erra a respeito da existência de uma *agressão injusta*, crê erroneamente estar sendo agredido, quando na verdade isto não ocorre e, por crer na existência da agressão, atua acreditando estar em situação de legítima defesa, quando na verdade não está.

Nesse caso, pode-se afastar o dolo e a culpa da conduta praticada pelo agente (erro inevitável) fazendo com que este não responda pelo crime e fique isento de pena, ou ainda, apenas afastar o **dolo**, punindo-se a modalidade culposa da conduta praticada (erro evitável), através da chamada culpa imprópria.

II) erro de proibição indireto ou erro de permissão (art. 21 CP)

Ocorre quando o agente erra a respeito dos **limites permitidos** pela legítima defesa, ou seja, a situação fática de agressão efetivamente existe e o sujeito a conhece, mas acredita que pode ir além do que realmente pode ao se defender. Pode ocorrer ainda quando o agente erra a **respeito da existência**, da abrangência, da norma permissiva da legítima defesa para certas situações em que, na verdade, está não existe ou não se aplica.

Por exemplo, quando o agente acha que, em face da legítima defesa, pode matar quem está lhe furtando (limite), ou no caso do marido traído que acha que pode matar a esposa ou seu amante em legítima defesa da honra (existência).

Nesses casos, a **culpabilidade** do agente é que será afetada, podendo ser afastada, excluindo assim o próprio crime (erro inevitável), ou ao menos ser diminuída, reduzindo-se a pena do agente de 1/6 a 1/3 (erro evitável), em face do instituto do **erro de proibição**. (Art. 21 CP)

A estrutura desses e outros erros, bem como suas consequências serão estudadas, de forma detalhada mais à frente, em capítulo específico, portanto, as consequências da legítima defesa putativa também voltarão a ser estudadas junto com a **teoria do erro**.

Porém, não podemos deixar de lembrar que nada impede que se fale em uma **legítima defesa (real) de legítima defesa putativa**, já que a conduta nesta hipótese putativa irá caracterizar uma injusta agressão.

Explico, na legítima defesa putativa a conduta realizada pelo sujeito que está em erro é ilícita, permitindo assim a quem a sofre afastá-la licitamente através de uma legítima defesa (real).

Podemos usar como exemplo a hipótese em que *A encontra seu desafeto B, este enfia a mão no bolso e A pensa se tratar de uma arma, nesse momento saca sua arma e dispara contra B que na verdade ia pegar seu celular. B então, sendo agredido injustamente por A (que se encontra em legítima defesa putativa), saca sua arma e dispara contra A, agindo assim em legítima defesa real da agressão praticada por B, que estava em legítima defesa putativa*.

Obviamente nada impede também que haja **legítima defesa putativa de legítima defesa putativa** (legítima defesa putativa recíproca), pois neste caso ambos os sujeitos estarão em erro a respeito da situação concreta de legítima defesa em que se encontram, e nada impede que alguém atue em erro diante de uma situação concerta, devendo-se tratar a questão de acordo com a natureza evitável ou inevitável de cada erro.

11.1.3 Estrito Cumprimento do Dever Legal

Por definição, atua licitamente o funcionário público que age cumprindo um dever legal que lhe tenha sido imposto pelo ordenamento, oriundo da função pública que exerce, desde que não ultrapasse os limites deste dever, já que os excessos em qualquer excludente de ilicitude serão punidos normalmente.

O indivíduo que age em exercício de uma **função pública** e cumprindo um dever que o próprio ordenamento lhe impõe obviamente **não** age ilicitamente, pois sua conduta estará autorizada e de acordo com a ordem jurídica.

Importante lembrar que esta excludente de ilicitude **não se estende** a deveres sociais, morais ou religiosos, e somente decorre de deveres oriundos de Lei, sendo que, seus limites serão estabelecidos de acordo com a Lei e com a própria função pública do agente.

A maior controvérsia a respeito do estrito cumprimento do dever legal versa sobre sua **natureza jurídica**, sendo que, como já vimos, há dois posicionamentos a respeito do tema.

O primeiro deles, **clássico**, e presente em nosso código penal, diz tratar-se de uma **causa de exclusão da ilicitude**, enquanto o outro, com base na **teoria da tipicidade conglobante**, defende que sua natureza jurídica, de acordo com o que já estudamos, é de **causa de exclusão da tipicidade**.

Por fim, é importante lembrar que, de acordo com posição majoritária, o **policial**, atuando dentro de suas funções, quando se vê obrigado a disparar sua arma contra meliante **não** faz o disparo em situação de estrito cumprimento de dever legal, mas tão somente estará autorizado a fazê-lo se estiver em situação de **legítima defesa**, própria ou de terceiros, em face de uma injusta agressão.

11.1.4 Exercício Regular de Direito

De acordo com esta excludente de ilicitude, atua licitamente todo aquele que exerce um direito que lhe tenha sido outorgado pelo ordenamento jurídico, desde que seja o titular deste direito e não ultrapasse os limites do que lhe foi autorizado.

As hipóteses mais comuns elencadas pela doutrina são:

a) Atuação *pro magistratu:*

É produto a famosa prisão em flagrante realizada pelo particular, em que o sujeito assume a função pública temporariamente, atuando com "poder de polícia" na ausência do Estado, em determinada situação concreta de flagrante delito.

b) Direito de castigo – exercício do poder familiar pelos responsáveis que atuam no processo de educação de seus filhos menores.

Atualmente, o limite da atuação corpórea é que esta não pode sequer gerar lesão corporal leve, ou traumas psicológicos, e qualquer atuação que vá além disso será considerada ilícita.

Podemos dar como exemplo a hipótese do responsável que em exercício regular de direito deixa o filho de castigo trancado no quarto durante um dia inteiro. Embora sua conduta caracterize um fato típico, qual seja o cárcere privado (art. 148 do CP), a conduta não irá gerar crime por ausência de ilicitude.

c) lesões desportivas – sempre que praticadas dentro das regras do esporte (Ex: lesões em uma luta de boxe).

Embora determinadas lesões possam configurar um fato típico, a ilicitude estará afastada em razão do Estado autorizar e até fomentar a prática desportiva, incluindo aquelas que podem gerar lesões corpóreas dolosas (lutas), ou culposas (esportes de contato como o futebol), desde que as condutas sejam praticadas de acordo com as regras estabelecidas.

d) Intervenção cirúrgica normal

Atua em exercício regular do seu **direito profissional** o cirurgião que realiza uma intervenção cirúrgica em pessoa para tratamento, reparação, estética etc.

Nos casos de **intervenções emergenciais**, a maioria da doutrina prefere tratar a situação como **Estado de Necessidade,** em face do perigo atual e inevitável para a vida ou saúde da vítima, o que irá autorizar o médico a realizar a cirurgia independentemente da expressa autorização do paciente.

e) Ofendículas, ofendículos ou ofensáculos:

São aqueles **obstáculos inertes ou mecanismos** previamente colocados para proteção do patrimônio e da propriedade (Ex: caco de vidro, arame farpado, cerca elétrica, cachorro etc.).

Como já vimos, embora haja divergência, para parte da doutrina nacional todas as hipóteses de ofendículas configuram situação de exercício regular do direito de proteção à propriedade, embora no caso da "**cerca elétrica**" há entendimento defendendo que esta a situação configura hipótese de **legítima defesa preordenada**.

São os exemplos de ofendículas o arame farpado, o caco de vidro, a cerca com pontas etc., sendo que, as lesões produzidas no agressor nesses casos serão consideradas lícitas pelo exercício regular de direito, contudo, como dissemos, esses casos não podem ser enquadrados na legítima defesa preordenada, visto que não preenchem seus requisitos, pois tratam-se de obstáculos inertes que não são capazes de repelir uma agressão, mas apenas dificultam o acesso a propriedade.

O alarme sonoro não gera lesão a ninguém, portanto, não há sentido em se falar que se trata de legítima defesa preordenada, ou mesmo de exercício regular de direito, pois se não há lesão ao invasor, não há tipicidade no fato e muito menos ilicitude a ser excluída.

O **cão de guarda** pode ser enquadrado em ambas as hipóteses, **legítima defesa preordenada ou exercício regular de direito**, embora seja melhor enquadrá-lo neste último de forma a evitar indagações a respeito de eventuais excessos caso o cachorro mate ou lesione gravemente o invasor.

Se o cachorro for considerado como modalidade de legítima defesa (preordenada) teria que se ponderar a respeito da moderação, como requisito básico para sua aplicação, algo bastante complicado por se tratar de um animal irracional. Além disso, pelo fato do animal se tratar de um bem, possuí-lo em casa nada mais é do que um exercício regular do direito de propriedade.

11.1.5 Consentimento do ofendido

A doutrina nacional é uníssona ao aceitar que a exclusão da ilicitude não está adstrita às hipóteses legalmente previstas no art. 23 do Código Penal, sendo plenamente possível se aceitar a existência de **causas supralegais de exclusão da ilicitude,** já que, como se trata de matéria não incriminadora, e benéfica ao acusado, a exclusão da ilicitude **não** estaria vinculada ao **princípio da legalidade** e independe de expressa previsão legal.

Com base na **teoria da ponderação de valores,** o consentimento do ofendido é causa supralegal de exclusão da ilicitude de uma conduta praticada por alguém que atue causando danos a um bem jurídico alheio, desde que este bem seja **disponível,** e a sua lesão seja precedida de **expressa autorização prévia** de seu titular, não cabendo ao Estado intervir nessas situações.

Desta forma, podemos vislumbrar a aplicação do consentimento do ofendido para excluir a ilicitude de um fato em condutas relacionadas ao patrimônio, honra, liberdade e até no plano da integridade física leve, porem jamais poderá se falar na aplicação desse instituto para bens indisponíveis, como em crimes contra vida.

Embora seja visto classicamente como uma causa supralegal de exclusão da ilicitude, há **duas naturezas jurídicas** possíveis para o consentimento do ofendido:

1) **Causa supralegal de exclusão da ilicitude:**

Quando o bem jurídico em questão for disponível e o seu titular autorizar previamente a lesão, não há interesse de agir por parte do Estado, e nem fundamento jurídico para se atribuir antijuridicidade à conduta, já que o bem é disponível e o próprio titular desse bem autorizou previamente sua lesão.

Como ocorre com todas as demais causas de exclusão da ilicitude, todo e qualquer **excesso será punível** normalmente a título de dolo ou de culpa, sendo que, para bens jurídicos absolutamente indisponíveis como a vida, não se admite em hipótese alguma o consentimento do ofendido e, independentemente da autorização do titular, o agente deverá responder pelo crime (Ex: a conduta de eutanásia, mesmo autorizada pelo titular da vida, caracteriza crime de homicídio doloso).

São alguns exemplos clássicos de consentimento do ofendido aceitos pela nossa doutrina e jurisprudência: a tatuagem, o *piercing,* o sadomasoquismo, lesões ao patrimônio etc.

2) **Causa supralegal de *exclusão da tipicidade***

Quando o não consentimento, ou seja, a não autorização da vítima, for um elemento integrante do próprio tipo penal, seja de forma explícita ou implícita na conduta o consentimento do ofendido afastara a própria tipicidade do fato.

Isto ocorre em certos tipos penais em que a não autorização do titular do bem jurídico faz parte da própria conduta típica prevista e, como os elementos objetivos do tipo só serão realizados se o autor atuar com o **não consentimento da vítima,** havendo o **consentimento do ofendido** (titular do bem) a conduta será atípica, pois não serão preenchidos esses elementos objetivos do tipo.

É o caso do Art. 150 do CP:

*"Art. 150. Entrar ou permanecer, clandestina ou astuciosamente, ou **contra a vontade expressa ou tácita de quem de direito**, em casa alheia ou em suas dependências: [...]"*

Caso o indivíduo entre com o **consentimento do morador**, ou seja, com o consentimento do ofendido, não haverá crime por **ausência de tipicidade** da conduta.

Há certos crimes em que o não consentimento do titular do bem encontra-se **implícito**, como elemento do tipo, como nos crimes que contam em sua descrição com o verbo "constranger", verbo que pressupõe o dissenso da vítima, e por isso conduta típica traz, implícito, o não consentimento do titular do bem jurídico (por exemplo: art. 213 – estupro), e nesses casos a **conduta realizada com consentimento será atípica**.

Há ainda dois posicionamentos a respeito do consentimento do ofendido, quanto a capacidade ativa para que haja o consentimento do ofendido

1) A capacidade para consentir se dá a partir dos 18 anos

Essa posição faz uma analogia à maioridade penal (art. 27 do CP), pois considera que, se é a partir dos 18 anos que o agente pode responder criminalmente pela lesão a um bem alheio será também a partir dessa idade que poderá consentir com lesões ao seu próprio bem.

2) A capacidade para consentir, de acordo com a análise da parte especial do Código Penal, se dá aos 14 anos.

Essa posição demonstrou que, em alguns pontos, o código penal permitiu que houvesse consenso do agente em relação a certos bens jurídicos, mesmo quando menor de 18 anos, como no caso da antiga presunção de violência no estupro prevista no revogado art. 224 do CP e substituída pela previsão legal do crime de estupro de vulnerável (art. 217-A do CP).

O que se alega é que, se a pessoa maior de 14 anos pode autorizar a conjunção carnal e dispor de sua liberdade sexual sem que haja crime, poderá consentir também com a lesão de outros bens jurídicos disponíveis normalmente (ex: patrimônio).

11.1.5.1 Limites do consentimento do ofendido no que tange à lesão corporal

Por fim, uma última divergência a respeito do tema merece destaque:

– Pode o agente consentir com qualquer lesão corporal e com isso afastar a ilicitude da conduta? A integridade física é um bem absolutamente disponível?

Surgem duas correntes doutrinárias:

1) A integridade física é bem *absolutamente disponível*, cabendo ao agente decidir a respeito de seu corpo de forma plena, não havendo limitações jurídicas, apenas morais e éticas. Logo, qualquer tipo de lesão corporal, seja leve, grave ou gravíssima, é passível de consentimento do ofendido (**ex:** amputação de membros por fetiche ou estética).

2) A integridade física é apenas *relativamente disponível*, sendo que o limite é o da lesão corporal leve. Isso de acordo com a análise da **Lei nº 9.099/95** na qual o legislador demonstrou que lesões leves são totalmente disponíveis.

Nos referidos termos legais, a ação penal para apurar essa espécie de **lesão corporal (leve)** depende da manifestação de vontade da vítima e será **pública condicionada a representação**, enquanto nas *lesões graves* a ação penal será *pública incondicionada*, sendo movida independentemente da vontade da vítima, o que demonstra a intenção de que este bem seja visto como indisponível nas formas graves de lesão (**majoritária**).

Apesar de ser entendimento majoritário, essa corrente **não resolve** situações como a cirurgia de mudança de sexo e a doação de órgãos, e o problema vem sendo contornado com fulcro nos **princípios da razoabilidade e da proporcionalidade**, para aplicar ou não a sanção penal nas hipóteses de lesões corporais graves consentidas.

11.2 QUESTÕES PARA TREINO

CESPE/ AGU/ Advogado da União/2015

Acerca da aplicação da lei penal, do conceito analítico de crime, da exclusão de ilicitude e da imputabilidade penal, julgue o item que se segue.

A legítima defesa é causa de exclusão da ilicitude da conduta, mas não é aplicável caso o agente tenha tido a possibilidade de fugir da agressão injusta e tenha optado livremente pelo seu enfrentamento.

Gabarito ERRADO

VUNESP/ TJ-MS/ Juiz Substituto/2015

Considerando as causas excludentes da ilicitude, é correto afirmar que:

A) o estado de necessidade putativo ocorre quando o agente, por erro plenamente justificado pelas circunstâncias, supõe encontrar-se em estado de necessidade ou quando, conhecendo a situação de fato, supõe por erro quanto à ilicitude, agir acobertado pela excludente.

B) há estado de necessidade agressivo quando a conduta do sujeito atinge um interesse de quem causou ou contribuiu para a produção da situação de perigo.

C) de acordo com o art. 25, do Código Penal, os requisitos da legítima defesa são: a agressão atual ou iminente e a utilização dos meios necessários para repelir esta agressão.

D) o rol completo das hipóteses de excludentes de ilicitudes elencadas no art. 23 do Código Penal são: a legítima defesa, o estado de necessidade e o estrito cumprimento do dever legal.

E) legítima defesa subjetiva é a repulsa contra o excesso.

Gabarito "A"

CONSULPLAN/ TJ-MGProva: Titular de Serviços de Notas e de Registros – Provimento/2015

Em matéria penal, são causas excludentes da antijuridicidade de conduta, EXCETO:

A) O estado de necessidade.

B) O erro inevitável sobre a ilicitude do fato.

C) O exercício regular de direito.

D) O estrito cumprimento de dever legal.

Gabarito "B"

CESPE/ TJ-DFT/ Juiz/2016

De acordo com o CP, constituem hipóteses de exclusão da antijuridicidade

A) o estrito cumprimento do dever legal e o estado de necessidade.

B) a insignificância da lesão e a inexigibilidade de conduta diversa.

C) a legítima defesa putativa e o estrito cumprimento do dever legal.

D) o estado de necessidade e a coação moral irresistível.

E) o exercício regular de direito e a inexigibilidade de conduta diversa.

Gabarito "A"

MPDFT/ MPDFT/ Promotor de Justiça Adjunto/2015

Assinale a afirmativa INCORRETA:

A) Quanto ao concurso de pessoas, o agente é autor mediato caso se utilize de outra pessoa para cometer o crime mediante coação moral irresistível.

B) É incabível a legítima defesa contra legítima defesa real, estado de necessidade real, exercício regular de direito ou estrito cumprimento de dever legal.

C) O estado de necessidade constitui causa de exclusão da ilicitude, se o perigo para o bem salvo pelo agente for putativo.

D) A obediência hierárquica derivada de uma relação de direito público leva à inexigibilidade de conduta diversa, que é causa de exclusão da culpabilidade, desde que a ordem não seja manifestamente ilegal.

E) O erro sobre a ilicitude do fato pode, conforme o caso, isentar o agente de pena ou levar à aplicação de causa de diminuição de pena.

Gabarito "C"

CULPABILIDADE

O conceito de culpabilidade possui três aspectos em nosso ordenamento jurídico:

a) Princípio fundamental de direito penal

Já vimos que a culpabilidade como princípio fundamental significa que não há crime e nem responsabilidade penal sem culpa (sentido amplo), sendo, portanto, necessário que o indivíduo tenha "habilidade para ser culpado" por algo, e para isso deverá ter atuado ou com dolo ou com culpa (sentido estrito).

Esse princípio é visto como sinônimo da responsabilidade penal subjetiva, base do nosso ordenamento jurídico, portanto, de acordo com o Princípio da Culpabilidade, todo aquele que tiver atuado com intenção de produzir um resultado (lesão a bem jurídico), ou faltando com o cuidado devido em relação à sua ocorrência, poderá ser considerado culpado, leia-se, responsável pelo fato, respondendo pelo crime.

Contrário senso, se ocorrer uma lesão a um bem jurídico alheio, mas for constatado que não houve intenção (dolo), e nem falta de cuidado (culpa), na conduta do agente, ele não poderá ser responsabilizado pelo fato devido à ausência de culpa (lato senso) e de acordo com o Princípio da Culpabilidade o fato será considerado ATÍPICO.

Dentro da análise da culpabilidade como um princípio fundamental do Direito Penal, é preciso ressaltar sua função de negar absolutamente a responsabilidade penal objetiva, somente pelos resultados, ou seja, aquela embasada exclusivamente nos fatos praticados e suas consequências concretas.

A responsabilidade penal é necessariamente subjetiva, pois somente condutas praticadas com dolo ou culpa devem ser punidas, sendo a "culpa" (sentido *lato*) requisito indispensável para que o fato seja considerado crime e para que se torne possível a atribuição da pena.

Vejamos os seguintes exemplos:

– Se alguém querendo matar seu desafeto dispara arma de fogo contra ele possui culpa (sentido amplo) no que se refere à lesão ao bem jurídico vida, isso por ter agido com intenção (dolo), logo responderá pelo crime praticado.

- Se alguém resolve limpar sua arma e, por não a ter desmuniciado antes disso, acaba por produzir acidentalmente um disparo que mata uma pessoa, possui culpa (amplo senso) pois atuou com falta de cuidado (culpa em "sentido estrito") no que se refere à lesão ao bem jurídico vida lesionado, respondendo assim pelo crime culposo praticado.

- Porém, se alguém dirigindo seu carro em uma via expressa, dentro da velocidade permitida e cumprindo todas as regras de trânsito, é surpreendido por um indivíduo que se joga repentinamente na frente do veículo e, devido a isso, não consegue frear matando esta pessoa, devemos chegar às seguintes conclusões:

a)   por não ter agido com intenção de matar, não possui Dolo.

b)   por não ter faltado com o cuidado devido, não possuirá Culpa (estrito senso).

c)   Portanto, de acordo com o *Princípio da Culpabilidade*, neste caso, o agente não possuirá "Culpa" (sentido amplo) no resultado morte, ou seja, não possuirá responsabilidade em relação ao resultado ocorrido, logo, devido à ausência de dolo e culpa na conduta praticada <u>não haverá crime</u> e o fato será considerado atípico.

Nas precisas palavras do Prof. Nilo Batista: "*o princípio da culpabilidade impõe a subjetividade da responsabilidade penal. Não cabe, em Direito Penal uma responsabilidade objetiva, derivada somente da associação causal entre a conduta e um resultado de lesão ou perigo para um bem jurídico. É indispensável a culpabilidade. A responsabilidade penal é sempre subjetiva.*"[1]

O Princípio da Culpabilidade evita punições injustas baseadas somente em um resultado lesivo, pois somente atuando com dolo ou culpa é que alguém pode ser responsabilizado por um crime e merecer punição, impedindo-se assim, de forma absoluta, a responsabilidade penal objetiva, sem culpa (sentido amplo).

O Princípio da Culpabilidade é sem dúvida alguma a base fundamental de toda a estrutura do Direito Penal moderno e da Teoria Finalista da Ação, sendo essencial para a análise e configuração da estrutura do delito, bem como para a aplicação da pena, conforme salienta o penalista alemão Reinhart Maurach afirmando: "*El princípio de la culpabilidad se considera en Alemania postulado supremo de politica criminal: la pena criminal solo puede fundar-se en la formacion de la voluntad que condujo a decidir el hecho, y nunca puede ser mas grave de lo que el autor merezca segun su culpabilidad.*"[2]

Para finalizar, é importante mais uma vez lembrar que não se pode confundir os conceitos de culpabilidade – Princípio Fundamental de Direito Penal – sinônimo de <u>responsabilidade penal</u> e requisito para que uma lesão a um bem jurídico seja considerada típica –, com o conceito de culpabilidade elemento integrante do conceito de crime, definida como <u>juízo de reprovabilidade</u> da conduta, que junto com a tipicidade e a ilicitude compõe o chamado conceito analítico de crime.

É óbvio que a culpabilidade neste segundo aspecto, significando reprovação da conduta típica e ilícita praticada, também será requisito e elemento necessário para que um determinado fato seja considerado crime, bem como para que se puna a conduta do agente. Entretanto, como já foi dito, esta culpabilidade é diferente do princípio que acabamos de abordar e não tem qualquer relação com o dolo e a culpa que, a partir do finalismo, passaram a estar vinculados à análise da conduta e por isso devem ser trabalhados dentro do próprio tipo penal, para que na sua ausência se constate a atipicidade do fato.

b) Elemento integrante do conceito de crime

Aqui a culpabilidade vem como sinônimo de reprovabilidade, isto é, reprovação pessoal à conduta típica e ilícita realizada pelo agente.

---

1.   BATISTA, Nilo. Introdução crítica ao Direito Penal Brasileiro. 5. ed. Rio de Janeiro: Ed. Revan, 1999, p. 104.

2.   MAURACH, Reinhart. Tratado de Derecho Penal. Barcelona: Ed Ariel, 1962, vol. 1, pp. 561-2.

O renomado penalista alemão Reinhardt Maurach afirma que o crime é o *injusto típico reprovável,* sendo a culpabilidade então um elemento integrante desse que é o conceito analítico de crime adotado pela maioria da doutrina nacional.

Existe doutrina atualmente minoritária que defende ser a culpabilidade mero pressuposto de aplicação da pena, enquanto o crime seria apenas um fato típico e ilícito, sendo que, esse posicionamento não vem sendo utilizado pela maioria da doutrina nacional, e que abordaremos em seguida.

Sendo assim, para a maioria da doutrina nacional e estrangeira, e nas bases da *teoria normativa pura* adotada pelo finalismo e pelo Código Penal que estudaremos mais adiante, a Culpabilidade se define como: "a *reprovabilidade pessoal da conduta típica e ilícita praticada,* formada pela imputabilidade, o potencial conhecimento da ilicitude e a exigibilidade de conduta diversa".

Fala-se ainda em uma <u>concepção formal de culpabilidade</u>, que seria voltada ao legislador que ao criar determinado crime faz um juízo de reprovação deste fato caso seja praticado por alguém, utilizando assim esta análise formal de culpabilidade para delimitar os limites mínimo e máximo abstratos de pena para cada crime.

Já no <u>aspecto material</u>, a culpabilidade é a reprovação concreta a ser aferida pelo magistrado em relação a determinado fato típico e ilícito realizado por alguém, e será a base para a reprovação penal do fato e estipulação da pena concretamente a ser aplicada.

c) Fundamento e limite da pena

Obviamente esse aspecto está entrelaçado com o aspecto anterior e a concepção material de culpabilidade pois, de acordo com o art. 59 do CP, a culpabilidade é o primeiro elemento que o juiz deve valorar para estipular a pena base, sendo que, quanto maior o grau de reprovação pessoal da conduta praticada, maior será a pena aplicada e vice-versa.

Perceba-se que cada um dos aspectos mencionados aparece em um dos momentos da teoria do crime. A culpabilidade é fundamental como princípio, vez que é determinante na estruturação da responsabilidade penal no finalismo e no Direito Penal moderno, não havendo crime sem dolo ou culpa. Depois se vincula à estrutura do crime, sendo elemento fundamental do conceito analítico de crime, pois necessariamente deve-se avaliar a culpabilidade (reprovabilidade) e seus elementos integrantes para que haja crime. E, por fim, é o fundamento básico e fator limitador da aplicação da pena (juízo de reprovação concreta).

12.1 CULPABILIDADE COMO ELEMENTO INTEGRANTE DO CONCEITO DE CRIME

12.1.1 As teorias da culpabilidade

A) Teoria psicológica da culpabilidade

A Teoria Psicológica da Culpabilidade, como primeiro passo rumo à responsabilidade penal subjetiva, surge na segunda metade do século XIX, com base na estrutura causalista de ação ou causalismo natural, desenvolvido por Von Liszt e E. Beling. Esta estrutura, que definia a ação como "movimento corporal voluntário que provoque modificação no mundo exterior", considerava a culpabilidade como simples liame psicológico existente entre o autor e o fato por ele praticado.

Através desta conceituação de culpabilidade percebe-se pela primeira vez uma nítida separação entre dois aspectos da estrutura do crime, um objetivo constituído pela causalidade, presente na tipicidade e na ilicitude, e outro subjetivo, no qual se encontrava a culpabilidade.

Conforme leciona Juarez Cirino em sua magnífica obra "A moderna teoria do fato punível", o modelo causal "indica as duas bases do conceito psicológico de culpabilidade: primeiro, injusto e culpabilidade se relacionam com dimensões objetiva e subjetiva do fato punível; segundo, a relação psíquica do autor com o fato existe sob as formas psicológicas do dolo e da imprudência".[3]

Nesta teoria, a existência de um fato típico e ilícito se limita a uma causalidade física, apurada através da constatação de um resultado concreto no mundo exterior, enquanto a culpabilidade, que era entendida como uma manifestação de natureza psicológica, anímica e volitiva do autor, se constituía de dois elementos, o dolo, ou seja, a vontade livre e consciente de cometer o fato injusto, e a culpa como prática de ato previsível, com falta de cuidado, sem entretanto a intenção de produzir o resultado, sendo ambos analisados diretamente de acordo com a forma que o agente se coloca em relação aos seus atos.

O conceito psicológico de culpabilidade, portanto, é formado exclusivamente pelo dolo (representação da vontade) e pela culpa, que são considerados como espécies desta, havendo, portanto, uma relação de gênero e espécie entre estes conceitos. Desta forma, conclui-se com base nesta concepção que toda afirmação que se faça em relação à culpabilidade teria de ser aplicada ao dolo e à culpa, como ocorre na relação entre qualquer gênero e suas espécies,[4] sendo que este foi o maior problema da Teoria Psicológica da Culpabilidade.

A culpabilidade se esgotava inteiramente na consideração de pressupostos psicológicos, para, junto com as características objetivas do injusto, fundamentar a pena, sendo que esses pressupostos exclusivamente psicológicos são o dolo e a culpa. Portanto, conforme ensina o professor Jimenes de Asúa, "Solo la psique del autor es lo que debe considerarse para esta teoria (psicológica) de la culpabilidad".[5]

Porém, este conceito psicológico também englobava a ideia de imputabilidade, que era considerada como um pressuposto necessário para que houvesse culpabilidade. A imputabilidade não seria elemento, mas sim requisito necessário para a análise da culpabilidade; sendo também chamada de "capacidade de culpabilidade", seria apurada tomando por base o fato de o agente possuir ou não capacidade de entendimento da natureza dos atos praticados, e ainda, se havia ou não a possibilidade de esse indivíduo se dirigir, ou seja, coordenar seus atos de acordo com esse entendimento.

De acordo com o conceito psicológico de culpabilidade, a imputabilidade deveria ser afastada nas hipóteses de doenças mentais ou de imaturidade do agente, e com isso estaria, portanto, excluída também a culpabilidade. Logo, conclui-se, com base nesta estrutura, que o inimputável, portanto, não poderia possuir dolo ou culpa, já que estes conceitos possuíam cunho exclusivamente jurídico, ou seja, dolo era a vontade dirigida à prática de

---

3. CIRINO DOS SANTOS, 2000:205/206.
4. FRANK, Reinhard. 2000:37.
5. ASÚA, Luís Jimenes de. *Tratado de Derecho Penal – La Culpabilidad*. Tomo V. 5ª ed. Buenos Aires: Ed. Losada, 1992, p. 149.

um fato injusto, e para possuir dolo o agente teria que possuir também culpabilidade, algo impensável ao se tratar de um inimputável, pois a imputabilidade não era elemento, mas sim pressuposto da culpabilidade.

Conforme nos ensina o Prof. José Frederico Marques em sua festejada obra: "Na doutrina psicológica dolo e culpa não constituem elementos da culpabilidade e sim espécies desta última. A imputabilidade é seu pressuposto tão-somente, pois que a não integra como fator constitutivo: para haver culpa ou dolo é preciso que o sujeito seja imputável".[6]

Ao mesmo tempo em que teve um papel importantíssimo no Direito Penal, qual seja, o de concretizar a exclusiva subjetividade da responsabilidade penal, a Teoria Psicológica da Culpabilidade sofreu inúmeras críticas devido à fragilidade de seus pressupostos, sendo que a primeira delas foi a de que seria totalmente incoerente considerar como espécies de uma mesma coisa (culpabilidade) elementos de natureza tão diferentes, como dolo e culpa.

O vértice desta crítica está no fato de que o dolo é elemento de natureza subjetiva, pois está na cabeça do autor, sendo a manifestação da vontade de realizar algo que foi previamente previsto, enquanto a culpa, principalmente na sua modalidade inconsciente, ou seja, sem previsão, não passa de um conceito normativo, delimitado pela lei como violação de um dever de cuidado objetivamente exigido.

Há que se concordar plenamente com a afirmação do Prof. Santiago Mir Puig, que ao delimitar os principais problemas da concepção psicológica afirma: "El concepto psicológico de culpabilidad fracasó ante la imprudência y ante la existência de causas de exculpacion que no excluyen el dolo".[7]

Partindo-se da análise dos casos de culpa inconsciente em que não há nenhum vínculo psicológico entre o autor e o resultado alcançado, como atribuir a ele culpabilidade? Portanto, ficam claros a incongruência e o enorme contrassenso que há em definir a culpabilidade como algo exclusivamente psicológico, e ao mesmo tempo incluir como uma de suas formas a culpa, elemento (culpa) de cunho nitidamente normativo no qual não há qualquer vínculo psicológico concreto entre o autor e o resultado produzido.

Não só na culpa inconsciente reside o problema, mas também na chamada culpa consciente, ou culpa com previsão, pois, embora se possa afirmar que a existência de uma concreta previsão concede à culpa um caráter psicológico, já que autor conhece o risco de seus atos, não se pode esquecer que esta modalidade de culpa também se delimita pela inobservância do cuidado necessário, conceito essencialmente normativo e de caráter objetivo.

Além deste problema, outro de aplicação mais prática pode ser detectado na Teoria Psicológica, pois há algumas situações, como no estado de necessidade exculpante, na embriaguez, e na coação moral irresistível, em que mesmo havendo dolo, ou seja, vínculo psicológico entre o fato e seu autor, deve-se afastar ou diminuir a culpabilidade com base em uma perturbação da vontade do agente. Como trabalhar com estas hipóteses?

Corretamente, afirma o saudoso Prof. Luiz Flávio Gomes: "Se é possível, segundo o nosso Código Penal, a existência de conduta dolosa praticada por agente não culpado (isso

---

6.   MARQUES, José Frederico. *Tratado de Direito Penal*. Campinas: Ed. Bookseller, 1997. Vol. 2, pp. 202-203.
7.   PUIG, Santiago Mir. *Derecho Penal – Parte general*. 5ª ed. Barcelona: Ed. Reppertor, 1998, p. 541.

é inconcebível na teoria psicológica), verifica-se que a teoria psicológica é conflitante com o nosso direito positivo".[8]

Na verdade a concepção psicológica não chegou a definir de forma clara o que seria a culpabilidade, somente afirmou uma ligação psíquica entre autor e fato, elencando dolo e culpa como suas formas de ocorrência, o que, obviamente, diante das inúmeras situações concretas, fez com que esta teoria se mostrasse frágil e insuficiente, acabando por esbarrar em suas próprias contradições, e sucumbindo às inúmeras críticas da doutrina com o passar dos anos.

B) Teoria psicológico-normativa da culpabilidade

A partir do início do século XX e por consequência da insuficiência do conceito psicológico de culpabilidade, surge, mais precisamente em 1907, originária dos estudos de Reinhard Frank,[9] a concepção normativa de culpabilidade, que revolucionou a estrutura de delito e da própria culpabilidade ao acrescentar a ela o conceito de "normalidade das circunstâncias em que o autor atua",[10] redefinindo a culpabilidade como sendo um juízo de valor com base na reprovabilidade da conduta, e não mais como mero liame psicológico entre o autor e o fato.

Conforme bem explica nosso mestre Juarez Tavares, "A culpabilidade continua a compor-se basicamente de dolo e culpa, mas agora a partir de Frank não mais se apresenta como o elemento subjetivo do crime, passando a constituir-se de um juízo de censura ou reprovação pessoal com base em elementos psiconormativos".[11]

O conceito de normalidade das circunstâncias se desenvolveu quando James Goldschmidt, aprofundando-se no estudo do conceito de reprovabilidade, inicialmente trabalhado por Frank, fez a diferença entre norma jurídica, relacionada com o injusto e a obrigatoriedade geral de um comportamento exterior, que tem relação com o fato típico e a sua antijuridicidade, e norma de dever, ligada a uma culpabilidade, de caráter individual e subjetiva.

A culpabilidade psicológico-normativa passa a ser juízo de valor referente a uma "vontade contrária ao dever", que deve ser observada para cada autor, separadamente, no caso concreto.[12]

Explica de forma bastante clara o grande Prof. Claus Roxin:

> *"El concepto normativo de culpabilidad experimentó un desarrollo ulterior muy influente gracias a Goldschmidt. Este intentó deducir la reprochabilidad, que Frank no habia fundamentado de manera más detallada, de la infraccion de una 'norma de deber'. Junto a la 'norma juridica' que exigiria una conducta externa y cuya infracción fundamentaria la antijuridicidad, existiria 'implicitamente' una 'norma de deber' que impondria a cada cual disponer su conducta interna del modo necesario para que se pueda corresponder con las exigências impuestas por el ordenamiento jurídico a su conducta externa (...). Vio en la inexgibilidad la idea directriz de las causas de exculpacion".*[13]

---

8. GOMES, Luiz Flávio. *Erro de tipo e erro de proibição*. 4ª ed. São Paulo: Ed. Revista dos Tribunais, 1999, p. 39.
9. ASÚA, 1992:163.
10. FRANK, 2000:41.
11. TAVARES, 1980:40.
12. BITENCOURT, 2002:60.
13. ROXIN, 2000:795-6.

Logo após, Berthold Freudenthal cria o conceito de inexigibilidade de conduta como base para uma exclusão de culpabilidade, já que para este autor o que distinguiria a culpabilidade da inculpabilidade seria a possibilidade ou não de se exigir em cada caso um comportamento diferente, portanto ajustado ao Direito. Mais uma vez se faz mister citar Roxin que diz: "Basando-se en Frank y en Goldschimidt desarrollo despues Freudenthal la inexigibilidad como causa general supralegal de exclusion de la culpabilidad".[14]

Com a reestruturação do conceito de culpabilidade, esta passou a desempenhar uma nova função dentro do ordenamento jurídico, pois enquanto na estrutura psicológica a culpabilidade se restringia a delimitar a existência do nexo psicológico (dolo e culpa) entre o autor e o fato, na concepção normativa a culpabilidade passa a possuir gradações com base nos motivos e na reprovabilidade da conduta praticada, contribuindo de forma objetiva na fixação da pena, de acordo com a maior ou menor exigibilidade de conduta conforme a norma.[15]

No entanto, embora tenha adicionado o elemento normativo exigibilidade de conduta conforme a norma, de acordo com a normalidade das circunstâncias do fato, a Teoria Normativa da Culpabilidade não se desligou dos conceitos de dolo e culpa, que, no entanto, deixaram de ser considerados como formas, para ser elementos da própria culpabilidade, passando esta então a ser formada por um misto de elementos subjetivos (psicológicos) e objetivos (normativos).

Percebe-se que, com estas modificações, o dolo passa a ter uma fundamentação e um papel bastante diferente do que tinha na Teoria Psicológica, já que, a partir desta concepção complexa de culpabilidade, ele deixa de ser uma espécie de culpabilidade para ser um elemento integrante desta, o que nos leva a concluir que, a partir desta nova ótica, passa a ser possível, sem conflitos ou contradições dogmáticas, a ocorrência de um fato doloso não culpável.

Com o desenvolvimento da Teoria Psicológico-Normativa surge a ideia de um dolo normativo, ou seja, um dolo acrescido da real consciência da ilicitude, que passa a ser um elemento integrante da culpabilidade e não mais uma espécie desta. Sendo assim, o autor no momento da prática do delito deverá saber que sua conduta é contrária à ordem jurídica, para que lhe seja atribuído um juízo de culpabilidade.

Desta forma, a consciência da ilicitude passa a ser parte integrante da culpabilidade, estando vinculada ao dolo, por isso classificado de normativo, pois este possui, além do simples caráter psicológico e volitivo, ou seja, vontade de praticar a conduta, também um elemento passível de uma análise objetiva, qual seja, a real consciência de que com sua conduta o autor contraria o ordenamento jurídico vigente.

O conceito de dolo normativo nos remete ao passado, mais precisamente ao Direito Romano, que em suas origens diferenciava o *dolus bonus*, caracterizador de astúcia, mas sem um objetivo ilícito, e o *dolus malus*, como uma intenção perversa voltada para a prática de um delito, objetivando a obtenção de um proveito ilícito. Nota-se aqui que o *dolus malus*, dos romanos, é muito similar ao conceito de dolo normativo, integrante da culpabi-

---

14. ROXIN, 2000:796.
15. ASÚA, 1992:177.

lidade complexa, pois é, da mesma forma, um dolo valorativamente negativo, normatizado e voltado para o ilícito.

Na esteira deste conceito de dolo, fica claro que a culpabilidade possui um dolo que é ao mesmo tempo subjetivo (psicológico), de natureza volitiva, e objetivo (normativo), caracterizado pela consciência da ilicitude do fato, o que sem dúvida foi um dos principais defeitos desta teoria e um dos fatores que motivaram a evolução do conceito de culpabilidade, que acabou caminhando rumo a uma concepção puramente normativa. Subscrevemos irrestritamente a posição de *Juarez Tavares*, quando este afirma que "a manutenção do dolo na culpabilidade como elemento psicológico-normativo constitui, sem dúvida, um dos pontos fracos dos sistemas causais modernos".[16]

Esta teoria, psicológico-normativa, foi amplamente trabalhada e defendida também pelo renomado penalista alemão, Edmund Mezger, que adotava a ideia de reprovabilidade, e de elementos normativos na culpabilidade, afirmando: "En una palabra, culpabilidad es reprochabilidad. Este reconocimiento de que la culpabilidad juridico penal no es una situacion de hecho psicológica, sino una situacion de hecho valorizada normativamente, se designa con el nombre de Concepción normativa de la culpabilidad".[17]

Portanto, de acordo com o referido conceito psicológico-normativo, a culpabilidade passou a englobar os elementos imputabilidade, ou capacidade de culpabilidade, o dolo e a culpa como elementos psicológico-normativos que ligam o autor ao fato, e a exigibilidade de conduta conforme o Direito, de acordo com a normalidade das circunstâncias, como elemento normativo fundamentador e limitador da culpabilidade, a ser apurado em cada caso concreto.

A imputabilidade, que sempre esteve presente na culpabilidade, aparece diretamente relacionada ao estado da personalidade do autor, como afirma o próprio Mezger, "Más que ningun otro problema jurídico-penal tiena la doctrina de la imputabilidad que ocuparse de la personalidad del autor".[18]

Desta forma, a imputabilidade é vista como elemento e pressuposto necessário da culpabilidade, fazendo parte assim de seu próprio conceito, e sendo definida como "uma determinada situação mental, que permite ao agente o exato conhecimento do fato e do seu sentido contrário ao dever e à determinação da vontade, de acordo com esse entendimento, dando-lhe, assim, capacidade para sofrer a imputação jurídica do fato".[19]

O dolo e a culpa deixam de ser considerados como espécies de culpabilidade, e passam, junto com outros elementos, a fazer parte desta, não mais sendo tratados como puros elementos subjetivos, pois, devido à inclusão da consciência real da ilicitude em sua estrutura, ressurge a ideia de um dolo normativo, dando portanto a este elemento um caráter misto, ou seja, ao mesmo tempo objetivo e subjetivo, psicológico e normativo.

Preleciona o Prof. Jorge Figueiredo Dias, em sua inigualável obra sobre a consciência da ilicitude, que:

"A consideração do dolo como elemento da culpa jurídico-penal logo conduz, para muitos, à conclusão de que aquele se não esgota no conhecimento e vontade de realização

---

16. TAVARES, 1980:48.
17. MEZGER, 1935:10-11.
18. MEZGER, 1935:54.
19. BRUNO, Aníbal. *Direito Penal – Parte geral*. Tomos 1 e 2. 3ª ed. Rio de Janeiro: Ed. Forense, 1967, vol. 2, p. 277.

de um facto típico (não é, portanto, mero dolo natural, dolo do facto ou dolo do tipo). A que se acrescer um elemento jurídico-normativo específico que seja expressão da vontade em que o dolo se integra e o torne em autentico dolo jurídico, dolo normativo ou *dolus malus*, só ele capaz de fundamentar a aplicação ao agente da moldura penal mais grave prevista para o facto. Ora, o único elemento que responde total e justamente a este requisito é a consciência atual da ilicitude".[20]

A exigibilidade de conduta conforme o direito, de Goldschimidt, ligada ao alicerce da normalidade das circunstâncias, criado por Frank, acabou por resultar na fórmula de Feudenthal, que delimita o conceito de inexigibilidade de conduta diversa como causa de inculpabilidade.

Porém, não podemos negar que, qualquer que seja a causa de exclusão da culpabilidade, esta sempre estará vinculada, de uma forma ou de outra, à ideia de uma inexigibilidade de conduta diversa, seja porque o autor é incapaz de entender seus atos, ou de determinar-se conforme esse entendimento (inimputável), e por isso não se poderia exigir dele um comportamento diferente do que teve, seja pelo fato de não ser possível se cobrar do agente uma conduta diversa da que ocorreu, seja por ele não possuir um conhecimento da ilicitude de seus atos.

Desta forma, para nós a exigibilidade de conduta diversa deve ser vista em sentido amplo, sem afastar seu sentido estrito de elemento da culpabilidade, mas como fundamento maior de todo juízo de reprovação, sendo também a base para a exclusão da culpabilidade na ausência de qualquer dos seus demais elementos integrantes.

No entanto, com a inclusão da fórmula "inexigibilidade de conduta diversa", se abriu o caminho para considerar, à ausência do elemento normativo, exigibilidade de comportamento conforme o direito, como causa supralegal de exculpação, possibilitando assim a desvinculação da exclusão da culpabilidade de causas expressamente previstas em lei.

Esse entendimento não é unânime na doutrina, pois, para muitos, essa modalidade de causa de exculpação afetaria a segurança jurídica,[21] devendo o intérprete se vincular às causas de exculpação positivadas em lei, entretanto, para outra parte da doutrina,[22] a qual merece adesão, a inclusão desta causa supralegal faz parte da própria natureza da estrutura complexa de culpabilidade, e ainda hoje, mesmo se adotando um conceito normativo puro de culpabilidade, deve ser considerada como medida de justiça, de aplicação possível e, sobretudo, necessária.

A Teoria Psicológico-Normativa sofreu inúmeras críticas, que acabaram por levar a doutrina a evoluir para um conceito normativo puro de culpabilidade. Concomitantemente a essas críticas, surgia com força total a Teoria Finalista da Ação, cujo desenvolvimento se deve principalmente a Hans Welzel, e que proporcionou a descoberta de algumas das principais falhas existentes na culpabilidade complexa, evidenciando a necessidade de se alterar certos elementos da teoria desenvolvida por Reinhard Frank.

---

20. FIGUEIREDO DIAS, Jorge de. *O problema da consciência da ilicitude em Direito Penal*. 3ª ed. Coimbra: Editora Limitada, 1987, p. 155.
21. Dentre eles, Zaffaroni, Nelson Hungria, Sebastian Soler, Francesco Antolisei e Jesheck.
22. Dentre eles, Jimenes de Asúa, Graf Zu Dohna, Frederico Marques, Giuseppe Betiol, Juarez Cirino dos Santos, Wessels, Aníbal Bruno e Assis Toledo.

De acordo com o novo modelo de delito, percebeu-se que o elemento subjetivo(dolo) a e culpa, devem integrar o conceito de ação e não podem, portanto, ser analisados na culpabilidade. O Prof. Francisco de Assis Toledo, ao explicar a opinião de Welzel a respeito do posicionamento do dolo e da culpa na estrutura do crime afirma:

> *"Não compreende o ilustre penalista como se pode situar o dolo dentro da culpabilidade e, com isso, deixar a ação humana sem o seu elemento característico, fundamental, a intencionalidade, isto é, o seu finalismo. Isso vai contra a estrutura ontológica da ação, pois esta, como se sabe, não pode ser desligada de seu finalismo direcional, sob pena de se fraturar a realidade."[23]*

Fica evidente que, com base nos questionamentos trazidos pelo finalismo, é insustentável a adoção de um conceito complexo de culpabilidade que englobe a análise do dolo e da culpa, mesmo porque, ao criticar o tratamento dado pelos chamados sistemas causais modernos à hipótese de tentativa, o finalismo acaba por exigir um reposicionamento do dolo e da culpa na estrutura do delito, trazendo-os para dentro da conduta típica, e consequentemente retirando-os da culpabilidade. Dentre outras vantagens, esta é na verdade a única forma de se justificar a existência da modalidade tentada de um crime.[24]

Outra crítica, e esta anterior às provenientes da estrutura finalista de ação, foi formulada por Edmund Mezger, que vislumbrou a fragilidade do sistema que inclui o dolo normativo no interior da culpabilidade. Segundo o renomado penalista, se for considerada a espécie de criminoso habitual, ou por tendência, ou seja, aquele criado em um grupo em que as práticas delituosas são habituais, e aceitas por todo o seu ambiente social, será muito difícil se conseguir trabalhar com este elemento da culpabilidade.

Mezger concluiu ser impossível aplicar o dolo normativo (com conhecimento da ilicitude) a essa espécie de delinquente (habitual), afirmando ser inaceitável exigir que esta categoria de indivíduo tenha a real consciência da ilicitude de seus atos, pois, de acordo com o meio em que foi criado e em que vive, não lhe é possível sequer saber o que é antijurídico. Consequentemente, trabalhar com o dolo atrelado à consciência da ilicitude dentro da culpabilidade torna-se algo insustentável, pois nestas hipóteses teria que se dizer que estes criminosos habituais são inculpáveis, por lhes faltar exatamente este dolo normativo, algo totalmente inconcebível do ponto de vista prático.

O Prof. Francisco de Assis Toledo bem resume o questionamento de Mezger a respeito do tema:

> "Como exigir-se de um desses seres humanos às avessas que tenha exata 'consciência atual da ilicitude', quando jamais soube o que é ilícito? Mas, se a consciência da ilicitude é elemento constitutivo do dolo, a conclusão é que um tal tipo criminoso quando comete o crime age sem dolo. Inexistindo dolo, não há culpabilidade, e sem esta não há possibilidade de de se aplicar a pena criminal".[25]

Entretanto, o próprio penalista alemão buscou emendar a falha do sistema, criando o chamado conceito de "culpabilidade pela condução de vida" para possibilitar que se atribuísse culpa àquele que agisse dolosamente, porém sem ter tido a atual consciência da ilicitude, responsabilizando assim o indivíduo por uma má formação de caráter ocorrida

---

23. TOLEDO, 2000:226-7.
24. TAVARES, 1980:48-9.
25. TOLEDO, 2000:225.

ao longo de sua vida, porque estes maus hábitos e parâmetros deturpados causariam de acordo com sua opinião uma espécie de "cegueira jurídica", que não permitiria ao autor diferenciar, no momento da prática do ato, o que é certo ou errado.

Embora louvável, a tentativa de Mezger restou inútil, insuficiente e sobretudo perigosa, já que retomou a soturna culpabilidade exclusivamente de autor, em que se busca castigar e reprovar não o ato, mas sim o autor, considerando sua vida anterior à prática do fato, e, fazendo uma análise sobre a totalidade de sua personalidade, pune-o pelo que ele é, não pelo que fez. Consequentemente, isso poderia levar, "como de fato levou, na Alemanha nazista, a um arbítrio estatal, a uma intervenção indevida no modo de ser do indivíduo",[26] suprimindo desta forma garantias individuais e a própria segurança jurídica.

Assim, diante das irrefutáveis críticas e das evidentes lacunas deixadas pela Teoria Psicológico-Normativa, a doutrina, baseada no finalismo, passou a elaborar um conceito puramente normativo de culpabilidade, em que não restasse nenhum elemento de caráter subjetivo (estrito senso) em seu interior. Para isso, transferiu o dolo e a culpa para dentro do tipo penal, e transformou a consciência da ilicitude, que era considerada atual, em potencial, visando dessa forma corrigir as falhas das teorias anteriores e adequar a culpabilidade ao novo conceito de delito.

C) Teoria normativa pura da culpabilidade

Com o surgimento da Teoria Finalista da Ação, desenvolvida por Hans Welzel, toda a Teoria do Delito sofreu grandes alterações, e com ela a própria culpabilidade, que teve que ser modificada estruturalmente para poder se encaixar nos modernos parâmetros estabelecidos pela nova dogmática dominante.

Na verdade, o finalismo não acrescentou nenhum elemento novo na estrutura do delito, bem como não alterou os pontos fundamentadores desses conceitos, mas simplesmente promoveu uma reorganização dos elementos já existentes, modificando suas posições, principalmente no que se refere ao dolo, já que retirou este de dentro da culpabilidade para colocá-lo no interior da conduta típica, pois, segundo este posicionamento, ontologicamente não é possível se conceber uma ação sem finalidade.

Welzel percebeu que o dolo é um elemento que é intimamente ligado à conduta, não podendo mais ser tratado dentro da culpabilidade, sob pena de nos afastarmos da realidade, o que é facilmente comprovável pelos casos concretos, inclusive no que se refere às hipóteses de tentativa sem resultado naturalístico, que só puderam ser corretamente avaliadas através desta nova ótica finalista.

Com essas alterações, a culpabilidade deixou de possuir o elemento subjetivo (dolo), que passou a integrar o tipo, sendo que, com a separação também realizada entre o dolo e a consciência da ilicitude, este deixou de ser um dolo normativo, passando a ser apenas dolo natural, meramente psicológico, ou seja, querer realizar os elementos descritivos e normativos do tipo penal, sem se preocupar com o conhecimento ou não do caráter ilícito dos fatos.

Logo, com base na nova organização proposta pelo finalismo, na Teoria do Delito e principalmente na culpabilidade, o dolo passa a ser livre de qualquer juízo de reprovabilidade, já que esta é matéria analisada posteriormente no interior da culpabilidade. Nos

---

26. BITENCOURT, 2002:64.

dizeres do próprio Welzel, "Dolo es la conciencia y la vontad de la conducta descrita en un tipo penal".[27]

Embora esse tenha sido o conceito de culpabilidade trazido pela doutrina finalista e principalmente por Hans Welzel, outros autores acompanharam de certa forma essa ideia, porém passando a observar a culpabilidade como a reprovação dirigida ao autor pela sua errônea formação da vontade, como bem explica o Prof. Claus Roxin:

> *"En el âmbito de la culpabilidad se emite, 'en una contemplacion generalizadora, orientada por parámetros valorativos etico sociales' un judicio de desvalor sobre la 'actitud global del sujeto frente a las exigências del derecho' actualizada en el hecho concreto. Esta posición la siguen sobre todo Jescheck (actitud interna juridicamente defectuosa) y Wessels (actitud interna juridicamente censurable, actitud defectuosa del sujeto)".[28]*

Portanto, o conceito de culpabilidade puramente normativo passa a contar somente com os elementos imputabilidade, potencial consciência da ilicitude e exigibilidade de conduta conforme a norma, sendo que a culpabilidade passa a ser então um simples juízo de valor, delimitado e apurado normativamente, ou seja, censura imposta ao autor de um fato típico e ilícito, não tendo mais espaço em seu interior para elementos de caráter puramente psicológico como o dolo, que passou, como já foi dito, a integrar a conduta típica.

A imputabilidade, definida como capacidade de entendimento dos fatos e de autodeterminação a partir desse entendimento, passa a ter um caráter de pressuposto para que se possa valorar e consequentemente reprovar um fato, ou em outras palavras é a capacidade psíquica de culpabilidade, portanto, essencial para ser possível a imposição de um juízo de valor à conduta do agente. Como define o grande precursor do finalismo no Brasil, o Prof. João Mestieri, a imputabilidade se caracteriza por ser "a capacidade de se conduzir normalmente em sociedade".[29]

O conceito de imputabilidade, na Teoria Normativa Pura, pode ser separado em duas partes: a primeira, como capacidade e compreender a ilicitude dos seus atos; e a segunda, como possibilidade de ajustar seus atos de acordo com esta compreensão, já que muitas vezes uma pessoa, embora seja capaz de entender a natureza de seus atos, não consegue direcionar sua conduta com base neste entendimento, sendo que, de uma forma ou de outra, sua ausência terá como consequência afastar a própria culpabilidade.

Como explica o Prof. Munhoz Conde:

> *"A capacidade de motivação em nível individual, ou seja, a capacidade de se motivar pelos preceitos normativos, é, pois, o que constitui a essência desse elemento da culpabilidade que chamamos de imputabilidade. À medida que essa capacidade não tenha chegado a se desenvolver, por falta de maturidade ou por defeitos psíquicos de qualquer origem, não se poderá falar de culpabilidade".[30]*

Podemos visualizar a falta de capacidade de autodeterminação através do exemplo do cleptomaníaco, que embora entenda a natureza dos fatos que realiza não consegue se controlar e se autodeterminar de acordo com o entendimento que possui, sendo, portanto, considerado inimputável.

---

27. WELZEL, 1956:95.
28. ROXIN, 2000:800.
29. MESTIERI, João. *Teoria Elementar do Direito criminal – Parte geral*. Rio de Janeiro: Ed. Do Autor, 1990, p. 207.
30. CONDE, Francisco Muñoz. *Teoria geral do delito*. Tradução de Juarez Tavares e Luiz Regis Prado. Porto Alegre: Ed. Sergio Antonio Fabris, 1988, p. 138.

O mesmo raciocínio pode ser utilizado para justificar a inimputabilidade do menor de 18 anos (Art. 27, CP) que embora entenda perfeitamente o que faz, não possui a plena capacidade de autodeterminar-se em face da imaturidade oriunda das alterações físicas e psicológicas da adolescência.

Vale lembrar que o Brasil adotou o sistema biopsicológico, ou misto, para delimitação da imputabilidade, ou não, de determinado agente, o que significa que aspectos físicos bem como simplesmente mentais devem ser considerados tanto na análise do entendimento dos fatos quanto na referida capacidade de se autodeterminar de acordo com este entendimento.

No que se refere à imputabilidade, é mister mencionar o problema da sua separação em relação ao dolo, já que a vetusta teoria psicológica da culpabilidade considerava o dolo e a culpa como formas ou espécies de culpabilidade, e, por traduzir este como o liame subjetivo entre o autor e o fato, não admitia de forma alguma a separação do conceito de imputabilidade e o de dolo, o que obviamente foi reparado posteriormente.

Podemos resumir o ponto de vista desta antiga teoria dizendo que, para seus defensores, o inimputável não possui ligação psicológica com os fatos, pois não possui liberdade de escolha e nem consciência do que realiza; desta forma não possuiria dolo e consequentemente de acordo com a lógica da referida Teoria Psicológica também não poderia possuir culpabilidade.

A Teoria Psicológico-Normativa teve o mérito de, pelo fato de o dolo e da culpa não serem mais pressupostos da culpabilidade, mas sim elementos integrante desta, tornar possível falar em dolo sem culpabilidade, com base no elemento normativo, exigibilidade de conduta conforme o Direito, pois, nas hipóteses de inexigibilidade, estaria excluída a culpabilidade, porém, nestes casos, o dolo continuaria a existir por ser um elemento integrante e independente do conceito de culpabilidade.

Entretanto, apesar disso, o dolo ainda continuava a ser tratado normativamente, ou seja, atrelado ao conhecimento da ilicitude, o que impedia, portanto, que se falasse ainda em um atuar doloso de um inimputável, pois este, por não compreender a natureza de seus atos, não poderia jamais ter consciência da ilicitude do que pratica.

Já a moderna Teoria Normativa Pura, ao afastar o dolo da culpabilidade, separando-o da consciência da ilicitude, possibilitou que se considerasse dolosa a conduta de um inimputável, pois o dolo como parte integrante do tipo passou a ser um conceito natural que não mais dependia, para estar caracterizado, da consciência por parte do agente da natureza proibida de sua conduta.

De acordo com a nova estrutura de culpabilidade trazida pelo finalismo, a falta de consciência da ilicitude e a ausência de imputabilidade deixaram de ter o condão de afastar o dolo, mas tão somente a culpabilidade, pois esta, como já foi dito, passou a só possuir elementos normativos, sendo que o dolo finalmente deixou de integrar o conceito de culpabilidade para fazer parte do próprio tipo penal.

A consciência da ilicitude permaneceu na culpabilidade, porém agora distanciada do dolo; entretanto, de acordo com o entendimento de Hans Welzel, isso não seria o bastante para resolver a celeuma trazida por Mezger a respeito do problema relacionado aos criminosos habituais ou por tendência, e que o levou a elaborar o ineficiente conceito de "culpabilidade por condução de vida", afastado expressamente pela Teoria Finalista.

Portanto, de acordo com Welzel, o conceito de consciência da ilicitude como elemento integrante da culpabilidade teve que ser reestruturado para que esta deixasse de ser atual, e fosse considerada potencial, pois, de acordo com a visão finalista, para se atribuir reprovação a um ato, basta que seu autor tenha a possibilidade de saber que este ato vai contra o ordenamento jurídico, sendo que "esse conhecimento potencial é representado pela capacidade concreta de o autor informar-se acerca da proibição ou determinação jurídica com base em suas condições pessoais, onde, inclusive, deve-se levar em conta seus defeitos e limitações".[31]

Percebemos que a partir do modelo proposto por Welzel a culpabilidade ficou despida do elemento psicológico ou subjetivo, já que o dolo e a culpa migram para o tipo de injusto e que a consciência da ilicitude deixou de ser atual para ser potencial, transformando-se em elemento normativo, pois o autor "age culpavelmente porque: sabe, ou pode saber, num juízo leigo, profano, que faz algo proibido (consciência potencial da ilicitude)".[32]

No que se refere à localização dentro da estrutura da culpabilidade do conceito desenvolvido por Frank de exigibilidade de conduta conforme a norma, com base na normalidade das circunstâncias concretas, a moderna concepção normativa pura inicialmente não se mostrou muito certa, pois o próprio Welzel aos poucos acabou modificando seu entendimento a respeito do tema.

A princípio, o ilustre penalista, alemão afirmava que, estando constatadas a imputabilidade e a potencial consciência da ilicitude, estará caracterizada a culpabilidade, ficando a exigibilidade de conduta diversa como uma causa de exclusão da culpabilidade, baseada na fórmula negativa, inexigibilidade de conduta diversa, já que, nestas hipóteses, não caberia ao ordenamento jurídico reprovar a conduta do autor.[33]

Entretanto, posteriormente, o mesmo autor, parecendo reformular seu posicionamento anterior, se encaminha para a opinião de que a exigibilidade de conduta conforme o Direito seria um elemento integrante da culpabilidade e, portanto, essencial para sua existência, ampliando assim o âmbito conceitual da mesma e incluindo na sua fórmula um terceiro elemento integrante.[34]

Ainda hoje, dentro da Teoria Normativa Pura, permanece uma grande discussão a respeito da possibilidade de se utilizar a inexigibilidade de conduta diversa como causa supralegal de exclusão de culpabilidade, pois a aplicação das chamadas causas legais de exculpação, ou seja, hipóteses previstas em lei e que afastam a culpabilidade (coação moral irresistível, obediência hierárquica), não gera nenhuma divergência.

A respeito do tema, como já foi dito, se divide a doutrina, uns opinando pela aplicação da inexigibilidade de conduta diversa mesmo em hipóteses não previstas expressamente na lei e possibilitando afastar-se assim a culpabilidade, e outros mais presos ao positivismo e ao formalismo legal, negando essa aplicação e afirmando só serem aplicáveis às causas legais de exculpação (Art. 22, CP).

Ao que parece, a inexigibilidade de conduta diversa, desde os primórdios da Teoria Psicológico-Normativa, deve ser aplicada como causa de exculpação para todas as espécies

---

31. TAVARES, 1980:83.
32. TOLEDO, 2000:229.
33. *Vide* WELZEL, 1956.
34. *Idem.*

de crimes, independentemente de estar prevista ou não expressamente na lei, quando se comprovar que as influências da conjuntura social e fática em que se situa o autor tenham interferido de tal modo no seu âmbito de autodeterminação, que dele não seja cabível se exigir outro comportamento ou conduta diferente do ocorrido.

Somente através da extensão da utilização do conceito de inexigibilidade de conduta diversa às reais condições de vida do povo, independentemente de esta hipótese estar prevista ou não expressamente na lei, é que conseguiremos desenvolver uma culpabilidade efetiva, que garanta a igualdade jurídica pretendida pelo Direito Penal moderno.

Nas palavras do Prof. Ronaldo Tanus Madeira: "Uma conduta, ação ou omissão só é culpável porque é censurável, e só é censurável se, em função da capacidade de autodeterminação, se puder exigir do agente, na situação concreta em que se encontra, uma conduta conforme a norma".[35]

Ou como afirma Mestieri, "a exigibilidade é medida de conformidade com o critério de normalidade, do *homo medius*, de vez que de ninguém se possa exigir comportamento heroico";[36] o que somente reforça o posicionamento a favor de sua aplicação a todas as espécies de crimes, para graduar, ou até mesmo excluir, a culpabilidade de acordo com a normalidade ou não das circunstâncias concretas que envolvem o caso, isso independentemente de previsão expressa na lei.

Apesar de constituir um grande avanço, a Teoria Normativa Pura não escapou de sofrer algumas críticas, pois o fato de tratar a culpabilidade como simples juízo de reprovação, sem o elemento psicológico no seu interior, foi considerado por muitos um radicalismo desnecessário, pelo fato de que não haveria como negar que dentro da culpabilidade o dolo teria papel fundamental para delimitar a valoração da vontade interna do autor.

O Professor Juarez Tavares, em sua clássica obra "Teorias do Delito", buscou solucionar o problema causado pela Teoria Normativa Pura ao retirar totalmente o elemento subjetivo da culpabilidade, dizendo:

> "Se na verdade o dolo pertence ao tipo, e, com isso, se solucionam inúmeros problemas, inclusive sistemáticos, não há por que ele ser retirado inteiramente da culpabilidade, pelo menos como fator de reprovação. A manutenção do dolo, como fator de reprovação, dentro da culpabilidade, não obsta a que ele se mantenha no tipo, como fundamentador do injusto do delito.[37]

Desta forma, o citado mestre já demonstrava preocupação com as críticas feitas à Teoria Normativa Pura da Culpabilidade e dava sua orientação para resolver o problema adotando uma visão muito próxima da chamada *estrutura complexa de culpabilidade* em que se possibilita uma análise de elementos subjetivos dentro da culpabilidade, sem que estes elementos fiquem fora da análise da conduta típica.

Com a referida crítica, ganhou força em alguns setores da doutrina a chamada Teoria Complexa da Culpabilidade, ou Teoria Moderna da Culpabilidade, desenvolvida principalmente por Wessels, Jesheck e Maurach, que defendiam, da mesma forma com que já afirmou Tavares, a possibilidade de se trabalhar com o dolo não só dentro da conduta

---

35. MADEIRA, Ronaldo Tanus. *A estrutura jurídica da culpabilidade*. Rio de Janeiro: Ed. Lumen Juris, 1999, p. 92.
36. MESTIERI, 1990:235.
37. tavares, 1980:89.

típica, mas também dentro da culpabilidade como um fator de reprovação da conduta praticada, posicionamento este que analisaremos de forma crítica mais adiante.

Não obstante o acerto das críticas e o peso daqueles que as fazem, a teoria complexa da culpabilidade não é adotada em nosso ordenamento e o conceito atual e dominante na nossa doutrina e jurisprudência, por enquanto, ainda é o da Teoria Normativa Pura, e será com base nele que desenvolveremos a segunda etapa deste capítulo.

Importante ainda lembrar, que a Teoria Normativa Pura da Culpabilidade, adotada por nosso ordenamento, acabou dando origem a duas vertentes dogmáticas distintas fundamentalmente ligadas ao tratamento dado as hipóteses de falta de conhecimento da ilicitude dos fatos e na definição das espécies de erro referentes a essa situação.

Surgiram nas bases do finalismo e da Teoria Normativa Pura duas vertentes de pensamento, a *Teoria Extremada da Culpabilidade*, e a controvertida *Teoria Limitada da Culpabilidade* (adotada pelo Código Penal), cada uma com um determinado tratamento para certas hipóteses de erro no direito penal, sendo que, estas teorias e suas características serão estudadas no capítulo referente a *Teoria do Erro*.

12.1.2 A Estrutura da Culpabilidade no Ordenamento Brasileiro

De acordo com o Código Penal e sua exposição de motivos, o Brasil adotou a *Teoria Normativa Pura da Culpabilidade*, oriunda da estrutura finalista da ação, utilizando a vertente teórica chamada de *Teoria Limitada da Culpabilidade*, sendo assim, podemos definir culpabilidade como:

> *"Reprovabilidade pessoal da conduta típica e ilícita praticada, terceiro elemento integrante do conceito de crime, sendo fundamento e limite das penas".*

Como vimos, partir do finalismo, com a retirada do dolo de dentro da culpabilidade, esta passa a ser chamada de normativa pura, já que este elemento psicológico (dolo) passa a compor o *Tipo*, deixando a culpabilidade apenas com os seguintes elementos de caráter normativo, cumulativos e necessários, para o juízo de reprovação:

A) Imputabilidade;

B) Potencial consciência da ilicitude;

C) Exigibilidade de conduta diversa.

Portanto, para se falar em culpabilidade, reprovação e crime (sentido estrito), todos esses elementos deverão ser preenchidos, sendo que, as diversas causas de exculpação, excludentes de culpabilidade, sempre irão se fundamentar na ausência de um destes elementos para afastar o juízo de reprovação e o próprio crime.

12.1.2.1 Imputabilidade

> *"É a plena capacidade de entender a natureza dos fatos e de se autodeterminar de acordo com esse entendimento."*

Ser imputável não é só entender a natureza dos fatos, do mundo a sua volta, mas também ser capaz de se autodeterminar, escolher o caminho, ou seja, tomar decisões conforme esse entendimento.

Portanto, o conceito de imputabilidade, elemento fundamental da culpabilidade, tem duas faces: entender a natureza dos fatos e do mundo a seu redor, e ainda conseguir fazer escolhas, tomar decisões com base nesse entendimento, ou seja, autodeterminar-se.

Para delimitação da inimputabilidade o Brasil adotou o sistema *biopsicológico ou misto*, que é a reunião do *sistema biológico* puro com o *sistema psicológico* puro, e com isso deixou o legislador livre para fundamentar as causas de inimputabilidade, previstas na lei, tanto em razões psíquicas, psicológicas, quanto em razões orgânicas, patológicas, biológicas e até mesmo cronológicas.

Importante lembrar que a análise da imputabilidade do agente deve ser feita no momento da prática da conduta, embora nas hipóteses de *embriaguez voluntária* essa regra seja excepcionada pela conhecida teoria da *actio libera in causa*, adotada como fundamento do Art. 28 inciso II do CP, determinando que, nestes casos, a análise da imputabilidade seja feita no momento anterior em que ocorreu a "ingestão" da substância entorpecente, possibilitando assim que o agente responda pelos atos praticados posteriormente sob estado de embriaguez.

I) Causas de inimputabilidade

São consideradas causas de inimputabilidade *de acordo com o Código Penal*:

A) A doença mental e o desenvolvimento mental incompleto:

Aqui estão enquadrados todos aqueles que tenham problemas psicológicos, problemas mentais, sejam de origem patológica ou não, como os loucos, indivíduos com retardos ou debilidades mentais, dependentes químicos, psicopatas, alguns maníacos etc. (**Art. 26 do CP**).

Como vimos, os inimputáveis não possuem culpabilidade, portanto, tecnicamente não cometem crime e não recebem pena, embora realizem fato típico e ilícito pelo qual somente receberão medida de segurança.

Estas medidas de segurança são fundamentadas apenas na **periculosidade do agente**, já que este não possui reprovabilidade, podendo ser de internação em hospital psiquiátrico ou o mero tratamento ambulatorial (Art. 96 do CP).

A medida de segurança não é uma pena, mas somente uma modalidade de sanção penal aplicável ao inimputável que realizar um fato típico e ilícito pois, para que alguém receba uma pena é necessário que a sua conduta seja reprovável e, portanto, deve este possuir culpabilidade.

O próprio nome da medida já traz seu significado, pois **medida de segurança** é aquela que visa dar segurança à sociedade e ao próprio agente, fundamentada somente na sua *periculosidade*, sendo exatamente por isso que ela **não possui prazo máximo definido em lei** e, de acordo com o Código Penal, somente quando cessada a periculosidade do agente é que a sua medida será declarada extinta (Art. 97 par. 1º CP).

Atualmente há divergência no **STF** e no **STJ** quanto a essa indeterminação do prazo máximo da medida de segurança, gerando assim dois entendimentos a respeito desta situação:

1) Deve-se se respeitar o **limite máximo de 30 anos** de duração para as medidas de segurança, de acordo com o Art. 75 do CP, assim como ocorre para as penas, sendo este o entendimento tradicionalmente adotado pelo **STF**.

2) Deve-se atender ao **limite máximo abstrato de pena** previsto especificamente para o fato típico realizado pelo inimputável por doença mental, sendo este o limite de duração para a medida de segurança aplicada (**Sumula 527 STJ**).

Por outro lado, a **pena fundamenta-se na culpabilidade do agente**, isto é, na reprovabilidade pessoal de sua conduta, possuindo prazo mínimo e máximo definidos abstratamente para cada crime, e será concretamente calculada através do sistema trifásico de dosimetria, de acordo com o grau de reprovação individual do agente.

Importante lembrar ainda que os silvícolas também podem ser considerados inimputáveis por desenvolvimento mental incompleto, desde que fique demonstrado que indivíduo em questão não assimila ou compreende valores morais e sociais, e que é inteiramente incapaz de viver em sociedade, desconhecendo assim as regras e costumes do mundo civilizado.

B) Menoridade Penal – Art. 27 CP

"É presunção absoluta de incapacidade, causa de inimputabilidade, para os menores de 18 anos."

A **menoridade penal** caracteriza uma presunção *juris et de jure,* absoluta, que não admite prova em contrário, logo, tendo o autor menos de **18 anos**, ele será inimputável independentemente de qualquer outro fator específico ou individual quanto a sua eventual capacidade psíquica.

O fundamento jurídico para a menoridade penal é a falta de imputabilidade em virtude da incipiente capacidade de autodeterminação, pois embora o menor de 18 anos entenda a natureza daquilo que faz, não tem a mesma capacidade de tomar suas decisões de forma livre e equilibrada com base nesse entendimento.

Nas bases de um **critério biológico**, cronológico e de desenvolvimento físico que interfere nas suas capacidades psíquicas, considera-se que o menor não comete crime e, portanto, não recebe pena, mas pela prática de um fato típico e ilícito, chamado de ato infracional (**ECA**), receberá somente a **medida socioeducativa**, que pode, inclusive, ser de privação de liberdade em instituição especial para menores.

Como dissemos, o verdadeiro fundamento da menoridade penal é diferente do fundamento da inimputabilidade por doença mental, pois o menor possui entendimento do mundo a sua volta, mas não possui a **plena capacidade de autodeterminação**, isto ocorre em razão das alterações hormonais e orgânicas pelas quais passa, produto do período da adolescência.

Importante lembrar que, para o indivíduo com idade entre 18 e 21 anos, que é plenamente imputável e responde normalmente pelo crime, o Código Penal estabelece uma circunstância atenuante de pena (art. 65, I, CP), em face da transição fisiológica e psíquica pela qual o agente passa neste período.

C) Embriaguez acidental completa – Art. 28, inc. II e §§ 1º e 2º do CP

Para analisarmos corretamente esta hipótese de inimputabilidade é preciso perceber que cada palavra dessa expressão traz um significado específico, e que, por isso, deve ser abordada separadamente.

Vejamos:

I) Embriaguez: *Caracteriza-se como sendo a **perturbação psíquica** oriunda da a ingestão de qualquer substância entorpecente, lícita ou ilícita, capaz de gerar alteração na* *capacidade mental de percepção e discernimento do agente, não se restringindo apenas ao produto da ingestão de álcool.*

II) Acidental: *É sinônimo de **embriaguez involuntária**, ou seja, aquela em que o agente não escolheu estar embriagado, seja porque não optou pela ingestão da substância entorpecente, ou por não conhecer seus efeitos.*

Como dissemos, para a embriaguez afastar a culpabilidade ela deve ser involuntária, não desejada, não escolhida pelo agente, sendo que esta situação pode se dar por:

– Caso fortuito: *Ocorre quando o agente não sabe estar ingerindo a substância entorpecente, ou desconhece os efeitos daquilo que ingere (Ex: efeitos colaterais de um medicamento).*

– Força maior: *Ocorre quando o agente é obrigado a ingerir certa substância, seja por uma coação física (violência), ou por coação moral (grave ameaça).*

Importante lembrar que de acordo com o **Art. 28 II par. 2º do CP** a pena pode ser reduzida de 1/3 a 2/3 se a *embriaguez involuntária (acidental)* não for completa, ou seja, se o estado de embriaguez for parcial, hipótese em que o agente será considerado como imputável e responderá pelo crime praticado, porém com sua pena reduzida.

Desta forma, podemos concluir que a embriaguez chamada de **dolosa** e a embriaguez chamada de **culposa não são consideradas acidentais**, pois são necessariamente voluntárias, produto da vontade livre do agente em ingerir a droga e, portanto, de acordo com o próprio Art. 28, II, do CP não afastam a culpabilidade (Teoria da *actio libera in causa*.)

Já a chamada **embriaguez preordenada**, subespécie da *embriaguez dolosa*, é aquela em que o agente ingere a substância entorpecente com o fim de cometer determinado crime, ingere a substância para "tomar coragem" logo, por ser voluntária, não afasta a responsabilidade penal, servindo inclusive como circunstância agravante da pena, prevista no Art. 61 II "l" do CP.

Importante lembrar que a chamada **embriaguez patológica ou crônica**, produto dos efeitos químicos da substância no corpo do agente, mesmo depois desta ter sido eliminada (ex: crises de abstinência), deve ser considerada como espécie de doença mental e tratada pelo art. 26 caput do CP, para afastar a imputabilidade penal.

III) Teoria da *Actio libera in causa*

Para solucionar os problemas da embriaguez voluntária, principalmente a dolosa preordenada,[38] e também para as demais hipóteses de embriaguez voluntária, seja dolosa ou culposa, e permitir, nos termos do art. 28 II do CP, a imputação do crime para essas hipóteses, surge a **teoria da *actio libera in causa*.** *(Ação livre na causa)*

Essa teoria transfere a análise da imputabilidade, e dos demais aspectos da prática da conduta, para o momento anterior à prática do ato quando o agente voluntariamente, e com consciência, se coloca em estado de inimputabilidade, permitindo assim que ele responda por aquilo que fizer posteriormente, em estado de inimputabilidade em face da embriaguez.

Desta forma, a ação praticada pelo agente é considerada **livre na sua raiz (causa)**, ainda que lhe falte autodeterminação no momento em que atua, pois, a sua imputabilidade

---

38. Aquela em que o indivíduo se embriaga visando cometer o crime.

não deverá ser considerada no momento da prática do crime, mas sim no momento anterior quando o agente voluntariamente se colocou no estado de embriaguez.

O fundamento dessa teoria está no **desdobramento causal** dos fatos, semelhante ao adotado pela teoria da *conditio sine qua non,* e também de acordo com o método da eliminação hipotética. Assim considera-se que o ato de se colocar em estado de embriaguez também é causa do resultado produzido posteriormente por aquele que atua devido a este estado, cometendo o crime.

Podemos resumir a lógica causal adotada pela teoria da *actio libera in causa* e seu funcionamento da seguinte forma:

– *Como o que deu causa à conduta criminosa foi o agente ter se colocado voluntariamente em estado de embriaguez, considera-se que esse estado de embriaguez voluntaria, por ser condição essencial para o resultado final ter acontecido, também será considerado como causa do resultado.*

O direto penal alemão resume a ideia central da teoria da *actio libera in causa* e demonstra sua associação à relação causal da teoria da *conditio sine qua non* através da seguinte frase:

"A causa da causa também é causa do que for causado"

Modernamente entende-se ser preciso compatibilizar a teoria da *actio libera in causa* com o princípio da culpabilidade, de forma a se evitar alegações da adoção de uma <u>responsabilidade penal objetiva</u> por nosso código penal (vide Zaffaroni e Juarez Cirino dos Santos).

Explico, ao se transferir a análise da imputabilidade para o momento prévio, deve-se avaliar, também nesse momento, se o agente possuía dolo (direto ou eventual) ou culpa (inconsciente ou consciente) quanto ao resultado posteriormente gerado, sendo que, a tipificação da conduta deverá ficar vinculada a esses elementos, também analisados previamente, e não à conduta que o agente vier a realizar posteriormente em estado de inimputabilidade pela embriaguez.

Por exemplo:

Um indivíduo ingere substância entorpecente em sua casa sem ter a menor pretensão de ir para a rua, mas após estar em estado de embriaguez recebe um telefonema de um amigo que o chama para sair, ao chegar no bar se envolve em confusão e gera lesão corporal em alguém. Neste caso deve-se avaliar o Dolo/Culpa do sujeito quanto a produzir leões a terceiros no momento em que ingeriu a droga, independente da conduta que realizou posteriormente.

Sendo assim, *a priori* deverá responder pelas lesões corporais a **título de culpa**, já que não teve intenção (dolo direto) e nem previsão concreta (dolo eventual) de que poderia vir a lesionar alguém estando embriagado, embora fosse previsível (culpa) que pudesse vir a sair de casa, e acabar fazendo algo errado após se colocar neste estado.

IV) Emoção ou Paixão (Art. 28, inc. I, do CP)

Emoção é um estado afetivo que gera perturbação psíquica temporária no agente, como medo, vergonha, raiva etc., que podem influenciar no julgamento e discernimento do agente em uma situação concreta.

Paixão pode ser vista como um sentimento mais intenso que a *emoção*, e que também perturba a capacidade psíquica do agente, porém de forma mais duradoura, como o ódio, vingança, ciúmes etc., também podendo levar o agente a atuar de forma impulsiva e sem reflexão.

A prática de um crime mesmo que influenciado por **emoção ou paixão** não afasta a culpabilidade, embora atualmente a doutrina já venha reconhecendo que há certas exceções, como no caso do **excesso exculpante** em uma *legítima defesa*, em que as afetações emocionais (afetos astênicos e estênicos) podem vir a excluir a responsabilidade penal em face de uma inexigibilidade de conduta diversa.

Assim, se o agente atuando em legítima defesa se excede, por total descontrole, ocasionado pela situação de agressão injusta e pela afetação psicológica do momento, ele não poderá ser responsabilizado pelos excessos praticados, sejam eles dolosos ou culposos.

Porém, na maioria das situações a atuação sob influência de emoção ou paixão **não** irá excluir a culpabilidade e nem a responsabilidade penal do sujeito.

V) Semi-Imputabilidade ou Imputabilidade diminuída (Art. 26 par. único do CP)

De acordo com o Art. 26 par. único do CP a pena poderá ser **reduzida de 1/3 a 2/3** se o agente não era inteiramente capaz de compreender o caráter ilícito dos fatos, ou de autodeterminar-se de acordo com esse entendimento, produto de uma parcial perturbação mental ou desenvolvimento mental incompleto.

Trata-se de uma **causa de diminuição de pena** aplicada para hipóteses em que o agente não é plenamente incapaz, mas possua algum discernimento de seus atos, ou seja, há certo grau de imputabilidade e certo grau de inimputabilidade, configurando-se assim um *indivíduo limítrofe*.

A diminuição de pena será aplicada com base no grau de imputabilidade do agente, ou seja, quanto mais perto de uma pessoa normal, menor será a redução da pena (1/3) e quanto mais próximo de um inimputável, maior será a diminuição a ser aplicada (2/3), sendo que, essa constatação da semi-imputabilidade, e dos seus graus, dependerá de perícia técnica a ser realizada com base nas condições psíquicas do sujeito, no momento que este realizou a conduta típica.

Diferentemente do que ocorre quando se considera alguém inimputável por doença mental, em que a sentença a ser proferida é considerada **absolutória** (absolvição imprópria), no caso do semi-imputável haverá uma sentença **condenatória** e a pena será reduzida de 1/3 a 2/3, devido a sua menor culpabilidade.

Entretanto, se após a perícia ficar determinado que o semi-imputável necessita de um especial tratamento, e que não está apto a cumprir sua pena (mesmo reduzida) em estabelecimento prisional comum, a pena aplicada deverá ser substituída por uma medida de segurança, de acordo com o art. 98 do Código Penal.

Isto ocorre em face do *sistema vicariante* adotado em nosso ordenamento, pelo qual, ou se aplica uma pena (imputáveis) ou uma medida de segurança (inimputáveis), e jamais será possível se cumular ambas as sanções. (**obs:** não se adota mais o vetusto *sistema do duplo binário*, que permitia cumulação de pena e medida de segurança a um semi-imputável)

12.1.2.2 *Potencial consciência da ilicitude*

De acordo com este elemento, para que haja reprovação, culpabilidade e crime, o agente deve conhecer o caráter ilícito, contrário ao ordenamento, daquilo que faz, ou pelo menos ter a possibilidade de conhecê-lo, de acordo com a análise da situação concreta em que se encontre.

O potencial conhecimento da ilicitude, segundo elemento do conceito de culpabilidade, em curtas palavras, indica que para haver juízo de reprovação sobre a conduta do agente este deverá conhecer o caráter ilícito, proibido, contrário ao ordenamento daquilo que está fazendo, ou pelo menos, caso não conheça esse caráter, que tenha tido a possibilidade de conhecê-lo.

Dessa forma, aquele que atua praticando um fato típico e ilícito, mas não sabe que está fazendo algo proibido, contrário à ordem jurídica, e nem tinha a possibilidade de sabê-lo, não merecerá reprovação, não possuirá culpabilidade e, portanto, não cometerá crime, ficando isento de pena.

Podemos perceber que aquele que desconhece a ilicitude, erra a respeito da proibição do que faz, e por isso, em regra, estará dando origem ao famoso *erro de proibição*.

A *falta de conhecimento da ilicitude* é o fundamento do *erro de proibição* que, por incidir neste elemento da culpabilidade, terá suas consequências todas ligadas a ela, podendo afastá-la, excluindo o crime (*erro inevitável*), ou então reduzir o juízo de reprovação, diminuindo a pena (*erro evitável*).

Além disso, é mister lembrar que o *erro de proibição*, seja ele *evitável* ou *inevitável*, jamais afetará o dolo da conduta praticada, já que este é elemento subjetivo integrante do tipo e, portanto, só será afetado pelo *erro de tipo*. Logo, o erro de proibição terá como única consequência afetar a **culpabilidade**, já que se refere a um dos seus elementos integrantes, como vimos, o potencial conhecimento da ilicitude.

I – Critérios delimitadores do objeto da consciência da ilicitude

O primeiro posicionamento, chamado de *Critério Formal*, foi defendido por Binding, Beling e Von Liszt e se baseia no fato de que o autor precisa saber, no mínimo, que está violando uma norma positiva, ou seja, que ele saiba estar transgredindo uma determinação penal, e que conheça a punibilidade de seus atos pela norma legal, embora não seja necessário que conheça exatamente a própria lei infringida.

Num segundo entendimento, o chamado *Critério Material*, ou tradicional, defendido por E. Mayer e Arthur Kaufmann, a consciência deve ser da ilicitude material, ou seja, saber da antítese entre o seu comportamento e a ordem social como um todo, não necessitando de ter a exata noção do que está violando (regra de Direito Penal, civil, administrativo ou outra qualquer), bastando, portanto, o conhecimento de que seu ato é moralmente e socialmente reprovado, mesmo não conhecendo a natureza ou existência de norma violada.

Finalmente, a posição mais moderna e adotada pela maioria da doutrina atualmente, chamada de *Critério Intermediário*, esclarece não ser suficiente o posicionamento material de conhecer somente a danosidade social, com base nas regras morais e de costumes, mas que também não é preciso se chegar ao extremo defendido pela concepção formal, que exige um conhecimento específico e técnico a respeito da prescrição penal a ser violada e de sua punibilidade, ou seja, conhecimento da própria norma penal, o que seria um exagero.

De acordo com o posicionamento intermediário (Hans Welzel), basta que se conheça a ilicitude concreta do ato praticado, ou seja, conhecer que o fato está proibido pela ordem jurídica, pois lesiona um bem jurídico protegido pela lei, sendo suficiente então que o autor, por um esforço de consciência, tenha a capacidade de perceber o caráter injusto de seus atos, independentemente de conhecimentos técnico-jurídicos, para se constatar a consciência da ilicitude.

Importante lembrar que ao adotar este critério a maioria da doutrina costuma utilizar o termo *"conhecimento leigo (paralelo) da esfera do profano"* para demonstrar o controvertido critério do "homem médio", que de acordo com esta visão intermediária estabelece o parâmetro para se avaliar se há ou não <u>potencial</u> conhecimento da ilicitude diante de uma determinada situação.

Esta visão avalia a capacidade média, comum, de percepção do caráter ilícito de algo, com base em razoável esforço de consciência exigível de um homem comum, médio, determinando assim se houve erro de proibição ou não e ainda, se este erro deve ser considerado como evitável ou inevitável.

Atualmente, a dogmática moderna tem preferido dispensar este conceito de "homem médio" e trabalhar com a análise das características pessoais do agente em cada caso concreto, para avaliar se este possuía ou não potencial para conhecer a ilicitude de seus atos, e assim definir a espécie de erro de proibição a ser aplicada.

II – Desconhecimento da Lei X Desconhecimento da Ilicitude

O conhecimento da ilicitude de um fato não pode ser confundido com o conceito de conhecimento da lei, já que se trata de coisas absolutamente distintas, primeiramente porque ilicitude e tipicidade são elementos independentes um do outro e que não podem ser misturados.

Quando se analisam as suas diferenças, deve-se atentar para o fato de que uma refere-se à contrariedade em relação ao ordenamento jurídico e a outra é delimitação na lei de uma conduta humana inicialmente proibida. Logo, possuem naturezas completamente diferentes, sendo que consciência da ilicitude é matéria pertinente à culpabilidade e à ignorância da lei, refere-se ao próprio tipo penal, que se pressupõe dever ser conhecido por todos.

O desconhecimento da lei é considerado inescusável por grande parte da doutrina nacional, visto então somente como circunstância atenuante do crime (Art. 65 II do CP), enquanto o desconhecimento da ilicitude tem como consequência afastar a culpabilidade e consequentemente a existência do crime, através do chamado erro de proibição (Art. 21 CP).

No entanto, embora não se conteste a separação e as diferenças existentes entre os dois conceitos, o radicalismo no que se refere à inescusabilidade do desconhecimento da lei mereceu fortes críticas por respeitável parte da doutrina.

O professor Jorge Figueiredo Dias é categórico ao afirmar, com sua incontestável autoridade no assunto, que "o pluralismo legislativo por um lado; o acentuado caráter técnico da lei, por outro; os intrincadíssimos problemas (mesmo para especialistas) suscitados pela interpretação e aplicação – tudo torna absolutamente impossível nos nossos dias a afirmação de que é normal o conhecimento da lei".[39]

A difícil delimitação da separação dos conceitos e a manutenção da rígida regra da inescusabilidade da *ignorantia legis* têm abalado substancialmente o moderno conceito de culpabilidade, que se fundamenta em um poder agir de outra forma, pelo fato de que, divergências à parte, não se pode fechar os olhos para o fato de que o injusto penal só pode existir como o fato ilícito tipificado na lei, ou seja, como descrição na lei do comportamento proibido, o que muitas vezes traz atrelado o problema do (des)conhecimento da ilicitude do fato praticado.

Conforme dito, muitas vezes o conhecimento da ilicitude corresponde obrigatoriamente a saber da existência de uma lei que proíba o fato, entretanto, em muitos casos, principalmente nas leis penais extravagantes, isso não acontece, e, nesses casos, devido à especificidade da incriminação da conduta, somente terá a consciência da ilicitude de seus atos aquele que objetivar e formalmente conhecer o texto do dispositivo legal referente.

Não se pode deixar de salientar que é um absurdo fechar os olhos para os fatos e querer encobrir a realidade para defender de forma absoluta a inescusabilidade do desconhecimento da lei, como tem feito, de forma quase que inconsequente, parte da doutrina nacional.

Os defensores desta posição costumam utilizar como exemplos casos em que a tipificação legal reflete conceitos morais e de evidente conhecimento por todos, como a proibição de matar, estuprar, lesionar etc., para mascarar o real problema existente em crimes cuja especificidade extrema leva a um necessário conhecimento da lei, para que possa haver por parte do agente uma noção da ilicitude dos fatos, o que ocorre, por exemplo, em certos crimes ambientais (Lei 9.605/1998).

Nestes casos, de crimes muito específicos, em que os valores morais da conduta não estão implícitos na norma proibitiva, inegavelmente o desconhecimento da norma objetiva vai acabar coincidindo e gerando também o desconhecimento da ilicitude, podendo, portanto, ser alegado para afastar a culpabilidade e consequentemente o crime.

Porém devemos lembrar que, como regra, o simples *desconhecimento da lei* é inescusável, ou seja, não pode ser alegado sozinho, e embora constitua uma circunstância atenuante de pena (Art. 65, inc. II do CP), não interfere diretamente na culpabilidade ou na imputação do crime, e não se confunde com o *desconhecimento da ilicitude*, que poderá afastar a culpabilidade e o próprio crime.

Esses conceitos não se confundem, embora como vimos às vezes possam até coincidir (não conhece a lei e também não conhece a ilicitude do que faz), não importando para o juízo de culpabilidade o conhecimento (ou não) da lei, mas somente se o agente conhece, ou pode conhecer, o caráter ilícito, proibido, do que está fazendo, algo que será necessário para que possua culpabilidade e responda pelo crime.

Os dois conceitos podem ser diferenciados a partir do estudo de três hipóteses:

---

39. FIGUEIREDO DIAS, 1987:56; ver também MESTIERI, 1990.

a) O indivíduo conhece a lei, mas desconhece a ilicitude: o indivíduo poderá ser absolvido, ou ao menos ter a sua pena diminuída, de acordo com a análise da sua culpabilidade e do potencial ou não para conhecer a ilicitude.

Por exemplo: ele sabe que o homicídio está previsto em lei e é reprovado pelas normas, conhece o art. 121 do CP, mas crê que no caso de uma eutanásia, praticada em favor de um familiar gravemente enfermo e desenganado, o ato lhe é permitido, não sendo proibido (desconhece a ilicitude).

b) A pessoa desconhece a lei, mas conhece a ilicitude: neste caso não importa que o agente apenas não conheça o texto de lei, pois se reconhece o caráter ilícito de seus atos irá responder pelo crime normalmente, sua culpabilidade não será afetada, sendo, portanto, punido, podendo apenas receber uma atenuante de pena pelo desconhecimento da lei (Art. 65, Inc. II, do CP).

Por exemplo: aquele que realiza uma fraude a tributos, embora não conheça a Lei nº 8.137/90, nunca tenha sequer ouvido falar dessa lei, sabe perfeitamente que a conduta de não pagar um imposto é proibida e contrária à ordem jurídica, possuindo assim culpabilidade e respondendo pelo crime.

c) A pessoa desconhece a lei e também a ilicitude do fato: esse é o caso mais delicado e na verdade não importa se o agente também desconhece a lei, pois o fato de não conhecer a ilicitude do que está fazendo é que irá afastar, ou ao menos reduzir, sua culpabilidade.

Nesse caso, além de desconhecer o texto da lei, o que é inescusável, o indivíduo desconhece a ilicitude, o caráter proibido, da sua conduta. Conforme dissemos, isso ocorre em crimes que não têm uma proibição de cunho moral, mas apenas uma reprovação de fundamentos jurídicos, e nesses casos ou o agente leu o texto da Lei ou não perceberá a ilicitude do fato praticado. Por isso a ressalva de que a inescusabilidade do desconhecimento da lei não impede o afastamento da culpabilidade pelo desconhecimento concomitante da ilicitude.

Por exemplo: Os crimes ambientais, previstos na Lei nº 9.605/98, que não é do conhecimento da maioria das pessoas, e que traz condutas que não serão reconhecidas como ilícitas a não ser que o agente tenha lido o texto de lei. Como, por exemplo, o crime de armazenar lenha sem autorização do órgão responsável (art. 46, parágrafo único, da Lei 9.605/98). Quem poderia imaginar que isso é ilícito, proibido e contrário à ordem jurídica?

12.1.2.3 Exigibilidade de conduta diversa

De acordo com este elemento para que haja reprovação e, portanto, culpabilidade e crime, deve ser possível se exigir do agente um comportamento diferente, uma conduta diversa, daquele fato típico e ilícito por ele realizado no caso concreto.

A reprovação de uma conduta típica e ilícita terá como pressuposto fundamental que sejam avaliadas as **circunstâncias concretas** em que o agente se encontrava quando atuou e, de acordo com a **normalidade**, ou não, dessas circunstâncias, avaliar se era possível naquele momento se exigir desse agente um comportamento conforme o direito, uma conduta diferente do ato ilícito por ele praticado.

Resumindo, se for possível se **exigir uma conduta diversa** daquela por ele praticada, e que violou o ordenamento jurídico, haverá culpabilidade e o agente responderá pelo fato praticado, caso contrário, se houver uma **inexigibilidade de conduta diversa** diante da situação concreta, não haverá reprovação, afastando-se a culpabilidade e o crime.

I – A evolução do conceito de exigibilidade de conduta diversa como elemento da Culpabilidade.

Na verdade, a exigibilidade de conduta conforme o Direito só não fez parte do juízo de reprovação, e da própria culpabilidade, na chamada teoria puramente psicológica, pois esta visualizava a culpabilidade como mero vínculo psicológico entre a conduta do autor e o resultado causado, algo que foi suplantado a partir das modificações propostas por Frank.

Como vimos, a primeira estrutura de Culpabilidade surge na segunda metade do século XIX a *Teoria puramente psicológica da culpabilidade*, com base na estrutura causalista de ação ou causalismo natural desenvolvido por Von Liszt e E. Beling, e com ela a responsabilidade subjetiva em direito penal ganha seus alicerces e passa a ser uma inexorável condição para que haja crime.

Desta forma, para o causalismo que definia a ação como "movimento corporal voluntário que provoque modificação no mundo exterior", a Culpabilidade era vista ainda apenas como simples vínculo psicológico entre o autor e determinado resultado por ele causado.

Com esta nova visão da estrutura do crime, e com o surgimento do conceito formal de culpabilidade, percebe-se pela primeira vez uma nítida separação entre dois aspectos no crime, um objetivo constituído pela causação de um resultado e abordado pela tipicidade e ilicitude, e outro subjetivo, psicológico, fundado no juízo de Culpabilidade necessário para se responsabilizar o agente.

Conforme preconizava o vetusto conceito psicológico de culpabilidade, o juízo de reprovação seria formado exclusivamente pelo dolo (representação da vontade) e pela culpa (falta de cautela), considerados como **espécies de culpabilidade** e, diferentemente do que se entende modernamente, haveria uma relação de gênero e espécie entre estes conceitos.

Desta forma, na visão puramente psicológica da culpabilidade o dolo e a culpa estavam diretamente vinculados a toda análise feita em torno da culpabilidade devido a esta mencionada na relação (gênero e espécie), sendo esta correlação reconhecidamente o maior problema da teoria puramente psicológica da Culpabilidade.

Para a referida **teoria psicológica** a culpabilidade se esgotava inteiramente na análise de aspectos puramente psicológicos, que junto com as características objetivas do injusto, iriam fundamentar aplicação e determinação da pena, e como vimos, esses aspectos exclusivamente psicológicos se traduziam através simplesmente da análise do dolo e da culpa.

Ao mesmo tempo em que teve um papel importantíssimo no Direito Penal, qual seja o de concretizar a exclusiva subjetividade da responsabilidade penal, a Teoria puramente psicológica da culpabilidade recebeu inúmeras e inevitáveis críticas em face da evidente inconsistência de seus pressupostos, sendo que a primeira e mais incontestável delas se referiu à latente incoerência em se considerar como espécies de uma mesma coisa (culpabilidade) elementos de natureza tão distinta, como dolo e culpa (especialmente a inconsciente).

Além deste, há outros entraves de aplicação prática desta concepção psicológica, pois em algumas situações, como por exemplo o estado de necessidade exculpante ou a coação moral irresistível, em que mesmo havendo dolo em face do resultado, e portanto se preenchendo plenamente o vínculo psicológico entre o fato e seu autor, impõe-se afastar ou diminuir a culpabilidade com base nestas situações, algo que a concepção psicológica não era capaz de prever ou demonstrar.

Devido à demonstrada insuficiência do conceito puramente psicológico de culpabilidade, surge em 1907 e originária dos estudos de Reinhard Frank, a concepção normativa de culpabilidade que revolucionou a estrutura de delito e da própria culpabilidade em si, passando a considerar o conceito de "normalidade das circunstâncias em que o autor atua" como fator determinante na reprovação do ilícito praticado.

Com o surgimento do **conceito de exigibilidade de conduta diversa** se redefiniu própria ideia de culpabilidade que passou a ser vista como juízo de valor, de aspectos normativos, fundamentador da reprovabilidade da conduta praticada, deixando assim de ser vista como um mero liame psicológico entre autor e o fato.

A *"normalidade das circunstâncias"* foi desenvolvida inicialmente por *James Goldschmidt* e aprofundada através das constatações de *Reinhard Frank* sobre o conceito de reprovabilidade pela violação da norma jurídica em face da obrigatoriedade geral de um comportamento diferente, ligando-se à culpabilidade, de caráter individual e ainda composta por aspectos subjetivos, mostrando que esta passa a ser vista como juízo de valor referente a uma "vontade contrária ao dever", observada para cada autor separadamente no caso concreto.

Com isso surge o conceito de **inexigibilidade de outra conduta** como **causa de exclusão da culpabilidade,** sendo que a distinção entre a culpabilidade e a inculpabilidade como ausência de reprovação passa a ser fundada na possibilidade, ou não, de se exigir em cada caso um comportamento de acordo com o Direito.

A partir da reestruturação normativa do conceito de culpabilidade esta passou a desempenhar uma nova função dentro da teoria do delito e do próprio ordenamento jurídico, pois enquanto na estrutura puramente psicológica a culpabilidade apenas delimitava a existência do nexo psicológico (dolo e culpa) entre autor e fato, na concepção normativa da culpabilidade abre-se espaço para gradações no juízo de reprovação, em face dos motivos determinantes da conduta praticada, para a fixação da pena de acordo com uma maior ou menor exigibilidade de conduta conforme a norma.

Embora tenha acrescentado o **elemento normativo** *exigibilidade de conduta conforme a norma*, tomando por base a normalidade das circunstâncias do fato, a **Teoria Psicológico Normativa da culpabilidade** não afastou ainda da sua estrutura os conceitos de dolo e culpa, porém estes deixaram de ser considerados como formas para serem reconhecidos como legítimos elementos da própria culpabilidade, que passou então a ser formada por uma mistura de elementos subjetivos (psicológicos) e objetivos (normativos).

Portanto, de acordo com o conceito psicológico normativo, a culpabilidade passou a englobar os elementos imputabilidade, ou capacidade de culpabilidade, o dolo com consciência da ilicitude, e a culpa, como elementos psicológico-normativos que ligam o autor ao fato, e a exigibilidade de conduta conforme o Direito, de acordo com a normalidade das circunstâncias, como elemento normativo fundamentador e limitador da culpabilidade a ser apurado em cada caso concreto.

A **Teoria Psicológico-Normativa** sofreu inúmeras críticas, que acabaram por levar a doutrina a evoluir para um conceito normativo puro de culpabilidade. Paralelamente a essas críticas, surge a chamada Teoria Finalista da Ação, cujo desenvolvimento se deve principalmente a *Hans Welzel*, reparando algumas das principais falhas existentes na culpabilidade complexa (psicológico-normativa), evidenciando a necessidade de se alterar certos elementos desta teoria desenvolvida principalmente por Reinhard Frank.

Como afirmamos, com o surgimento da **Teoria Finalista da Ação**, desenvolvida por *Hans Welzel*, toda a Teoria do Delito sofreu grandes alterações, principalmente no que tange ao posicionamento do dolo, que passa a ser visto como fator delimitador da conduta típica, e em relação à própria estrutura da culpabilidade que perdeu seu elemento psicológico para o Tipo, e teve de ser modificada em seus elementos integrantes para poder se encaixar nos modernos parâmetros estabelecidos pela nova dogmática dominante.

Na verdade, o finalismo não acrescentou nenhum elemento novo na estrutura do delito, bem como em essência não alterou os pontos fundamentadores desses conceitos, mas simplesmente promoveu uma reorganização dos elementos já existentes, modificando suas posições, principalmente no que se refere ao dolo, já que retirou este elemento de dentro da culpabilidade para colocá-lo no interior da conduta típica, pois, segundo esta "nova" teoria, ontologicamente não seria possível se conceber uma ação humana despida de uma finalidade.

Assim de acordo com a referida reorganização de conceitos apresentada pelo finalismo na estrutura da *Teoria do Delito*, que incidiu principalmente nos elementos integrantes da culpabilidade, o conceito de **Culpabilidade puramente normativo** passa a contar somente com elementos objetivos, como **imputabilidade**, **potencial consciência da ilicitude**, e **exigibilidade de conduta conforme a norma.**

Com essa reestruturação a culpabilidade passa a ser então um simples juízo de valor delimitado e apurado normativamente como censura imposta ao autor de um fato típico e ilícito, tendo a exigibilidade de conduta conforme as normas, ou seja, a exigibilidade de conduta diversa, com uma das bases do juízo de reprovação.

II) Causas legais de inexigibilidade de conduta diversa

De acordo com a lei penal, há duas hipóteses de *exclusão da culpabilidade* por inexigibilidade de conduta diversa, previstas na parte geral do Código Penal, que caracterizam as chamadas **causas de exculpação**, isto é, causas que afastam a culpabilidade, afastando também o crime, <u>são elas</u>:

a) Coação moral irresistível – Art. 22 CP

A coação moral irresistível ocorre quando, devido a uma violência física (por exemplo: agredir para convencer o agente a realizar um crime), ou grave ameaça, o agente atua com sua vontade viciada, com sua psique abalada, sendo, portanto, aquela que incide na moral do agente retirando sua liberdade de escolha.

Por isso, na **coação moral,** que é irresistível, apenas o autor da coação responderá pelo fato praticado pelo coagido, pois não há como se exigir, da vítima, comportamento diferente daquele por ela praticado, diante da coação no caso concreto.

Em resumo, em uma coação moral irresistível apenas o autor da coação responderá pelo crime praticado pelo coagido, dando origem à chamada **autoria mediata**, que estudaremos mais adiante.

Exemplo: um agente aponta arma para a cabeça da pessoa e determina que esta pratique uma lesão corporal em outra, sob pena de perder a própria vida caso não obedeça. Logo, não se pode exigir conduta diversa do coagido e quem responderá pela lesão corporal praticada contra o terceiro será apenas o autor da coação (*autor mediato*).

Caso a **coação moral** seja <u>resistível</u> não haverá afastamento da culpabilidade do coagido, e este irá responder pelo crime praticado conjuntamente com o coator, embora nesse caso, sua **pena** seja **atenuada** em face da *coação resistível* ocorrida (Art. 65 III "c" do CP), enquanto a pena do coator será agravada (Art. 62 II do CP).

Por fim, não se deve confundir a **coação moral irresistível**, *causa de exclusão da culpabilidade* por *inexigibilidade de conduta diversa*, com a **coação física irresistível**, que será *causa de exclusão da própria tipicidade do fato*, em face da ausência de conduta por parte do coagido.

Na **coação** <u>física</u> **irresistível** o coator atua fisicamente no corpo do coagido gerando nele um **movimento forçado que será involuntário**, não escolhido, e que por isso sequer caracteriza uma conduta típica para o direito penal (exige-se movimento corporal voluntário), sendo assim, havendo coação física irresistível também só responde pelo crime o autor da coação.

b) Obediência hierárquica – Art. 22 CP

De acordo com esta **excludente de culpabilidade**, *não merece reprovação aquele que atua cumprindo ordem, aparentemente legal (porém, ilegal), de seu superior hierárquico em face de um vínculo de direito público.*

Nesta hipótese, de acordo com o **Art. 22 do CP** responderá pelo fato somente o autor da ordem, ou seja, o superior hierárquico, afastando-se a culpabilidade do subordinado que atuou cumprindo a referida ordem.

Porém, caso se reconheça que a ordem era claramente **ilegal**, o subordinado que a cumprir responderá também pelo fato praticado, pois, sendo a ordem manifestamente ilegal, pode se exigir do subordinado que não a cumpra e que não tivesse atuado.

Na verdade, é preciso compreender que o fundamento para a **inexigibilidade de conduta diversa** em uma obediência hierárquica reside na verdade em um **erro** no qual incide o *subordinado* **quanto à ilegalidade da ordem** que lhe foi dada, sendo este erro produto da confiança e subordinação que ele possui em relação a seu superior hierárquico.

No fundo, a obediência hierárquica inegavelmente se assemelha muito com o chamado **erro determinado por terceiro (Art. 20, § 2º, CP)**, que estudaremos adiante, pois o subordinado, na verdade, atua em erro quanto à ilegalidade daquilo que faz, numa espécie de *erro de proibição* em face da ordem dada por seu superior, já que esta tem aparência de legalidade embora configure um ato ilícito.

Desta forma, tendo a ordem uma aparência de legalidade, não se pode exigir uma conduta diversa do subordinado que cumprir a ordem dada por seu superior hierárquico, afastando-se, por isso, a sua reprovação, sua culpabilidade e o próprio crime, crime este que só será imputado ao superior, autor da ordem (**autoria mediata**).

Importante lembrar que só é possível se falar em **obediência hierárquica** como **causa de exculpação**, por *inexigibilidade de conduta diversa*, para relações de direito público, logo, o contrato de trabalho privado e relações particulares em geral não criam vinculação hierárquica para fins penais.

Por fim, caso a ordem seja **manifestamente ilegal**, e o subordinado saiba da ilegalidade do que está fazendo, **não haverá** exclusão da culpabilidade, e tanto ele quanto o superior hierárquico, autor da ordem, deverão responder pelo crime como coautores, sendo que, o subordinado terá sua pena atenuada em face do Art. 65 III "c", e o superior hierárquico poderá ter sua pena agravada, de acordo com o Art. 62 III, ambos do Código Penal.

III) Causas supralegais de inexigibilidade de conduta diversa

Ainda hoje, dentro da *Teoria Normativa Pura* permanece uma grande discussão a respeito da possibilidade de se utilizar a inexigibilidade de conduta diversa como **causa supralegal de exclusão de culpabilidade**, pois quanto à aplicação das chamadas causas legais de exculpação, ou seja, hipóteses previstas em lei, e que afastam a culpabilidade (coação moral irresistível, obediência hierárquica), não há qualquer divergência.

A respeito do tema, como já foi dito, se divide a doutrina, uns opinando pela aplicação da inexigibilidade de conduta diversa mesmo em hipóteses não previstas expressamente na lei, possibilitando em certos casos se afastar a culpabilidade, e outros, mais presos ao *positivismo* e ao *formalismo legal*, negando essa aplicação e afirmando só serem aplicáveis as causas legais de exculpação.

Numa análise mais cuidadosa acreditamos ser inegável que qualquer que seja a causa de exclusão da culpabilidade, esta sempre estará vinculada de uma forma ou de outra à ideia de uma inexigibilidade de conduta diversa, seja porque o autor é incapaz de entender seus atos, ou de determinar-se conforme esse entendimento (inimputável), e por isso não se poderia exigir dele um comportamento diferente do que teve, seja pelo fato de não ser possível se cobrar do agente uma conduta diversa da praticada quando ele não possuía e nem pudesse ter o conhecimento da ilicitude de seus atos.

A **inexigibilidade de conduta diversa**, portanto pode ser considerada de duas formas, primeiro em **sentido estrito** como elemento específico do conceito normativo puro de culpabilidade, e segundo, em **sentido amplo** como *causa geral de exculpação*, fundamentadora da ausência de reprovabilidade na conduta do agente, intrínseca a todos os elementos do conceito de culpabilidade.

Sendo assim, a amplitude do conceito de inexigibilidade de conduta diversa como causa de exculpação precisa ser cuidadosamente revista por nossa doutrina para ser trabalhada de acordo com cada caso concreto, possibilitando uma adoção mais ampla deste conceito, mais adequada aos anseios da sociedade e do próprio ordenamento jurídico, consolidando e estabelecendo novos paradigmas fundamentadores para um Direito Penal moderno, garantista e acima de tudo mais democrático.

A inclusão da fórmula *"inexigibilidade de conduta diversa"*, como forma de exclusão de culpabilidade prevista em Lei, abriu o caminho para possibilitar que se considere a ausência do elemento normativo, exigibilidade de comportamento conforme o direito, também como **causa supralegal de exculpação**.

Porém, como dissemos, a adoção destas causas supralegais de exclusão de culpabilidade não é unânime na nossa doutrina, pois, para muitos, a aceitação dessa modalidade de causa de exculpação acabaria por afetar a segurança jurídica,[40] devendo então o intérprete se vincular apenas às causas de exculpação positivadas em lei.

Entretanto acreditamos, em conjunto com outra parte da doutrina,[41] que a utilização e aceitação das **causas supralegais de exclusão da culpabilidade** faz parte da própria natureza da estrutura complexa de culpabilidade, e ainda hoje, mesmo se adotando o conceito finalista normativo puro de culpabilidade, deve ser considerada como medida de justiça e de aplicação necessária para um direito moderno e democrático.

Além das mencionadas causas legais de exclusão da culpabilidade previstas no art. 22 do CP, existem outras hipóteses oriundas da doutrina que também podem ser consideradas como causas de inexigibilidade de conduta diversa. É o caso, por exemplo, dos **excessos exculpantes** nas excludentes de ilicitude, da legítima defesa antecipada etc.

O referido **excesso exculpante** ocorre pois, nas causas de justificação, muitas vezes o agente ultrapassa os limites estabelecidos em lei e acaba se excedendo (dolosa ou culposamente) devido à anormalidade da situação concreta, influenciado pelos chamados afetos astênicos e estênicos[42] – que são as afetações psíquicas oriundas de sentimentos como medo, angústia, raiva, pânico, ira etc. – e por isso não consegue medir as consequências ou limites de seus atos, e acaba por praticar um fato típico e ilícito em excesso.

Podemos tomar como **exemplo** a hipótese da mulher que, vítima de estupro, consegue atingir seu agressor com uma pedra na cabeça fazendo cessar a conduta do agente, porém abalada emocionalmente, e afetada por sentimentos de pânico, ira, medo e angústia (afetos estênicos), mesmo percebendo a imobilidade do agressor, prossegue atuando, golpeando-o incessantemente até a morte.

No exemplo acima houve uma situação de **excesso doloso extensivo** (na extensão, prosseguimento da conduta após cessada a agressão) que em face da nossa legislação positiva (Art. 23, par. único) deveria imputar à mulher o homicídio doloso consumado.

Porém, embora o CP afirme em seu **Art. 28** que a *emoção e a paixão* não afastam a culpabilidade, esta é uma regra geral, sendo evidente que, neste caso, diante da perturbação de ânimo desta mulher, é absolutamente inexigível que ela atuasse com a moderação exigida pela legítima defesa. Logo, se era inexigível um comportamento conforme as normas, em face da anormalidade das circunstâncias concretas, se impõe a sua absolvição por ausência de culpabilidade, e consequentemente exclusão do próprio crime.

Outra hipótese, embora controvertida, que poderia gerar **exclusão da culpabilidade**, mesmo **sem expressa previsão em Lei**, se fundamenta na famosa teoria da **Coculpabilidade do Estado** quando diante das atuais condições da vida em sociedade, permeadas pela fome, miséria, pobreza, pelo analfabetismo e pela mortalidade, não for possível se exigir do agente uma conduta diversa.

Sendo assim, se demonstra a necessidade de aplicação de uma **causa supralegal** de exclusão da culpabilidade, fundada na *inexigibilidade de conduta diversa*, como medida

---

40. Dentre eles, Zaffaroni, Nelson Hungria, Sebastian Soler, Francesco Antolisei e Jesheck.
41. Dentre eles, Jimenes de Asúa, Graf Zu Dohna, Frederico Marques, Giuseppe Betiol, Juarez Cirino dos Santos, Wessels, Aníbal Bruno e Assis Toledo.
42. Vide: Juarez Cirino dos Santos, Direito Penal – Parte geral. Lumen Juris. 2006.

justa, necessária e inegável para certos casos, e em certas espécies de crime, atribuindo, assim, ao próprio Estado o juízo de reprovação, em face de algumas condutas criminosas realizadas nestas situações limite.

A doutrina menciona ainda outras hipóteses como o "fato de consciência, a provocação de legítima defesa, a desobediência civil, e principalmente o conflito de deveres",[43] como possíveis causas de exculpação supralegais, para que possamos ter um Direito Penal garantista e democrático, embora não haja consenso quanto a sua efetiva aplicabilidade em nosso ordenamento.

Em suma, através da extensão da utilização do conceito de inexigibilidade de conduta diversa às reais condições de vida dos agentes, independentemente de esta hipótese estar prevista ou não expressamente na lei, é que conseguiremos desenvolver uma culpabilidade efetiva, que garanta a igualdade jurídica pretendida pelo Direito Penal moderno.

Mais do que isso, embora ainda não aconteça na maioria dos nossos tribunais, seria imprescindível ainda utilizar a inexigibilidade de conduta diversa para graduar a culpabilidade do autor, de acordo com a maior ou menor exigibilidade pelo ordenamento de um comportamento conforme a norma, já na primeira fase da dosimetria da pena (Art. 59 CP) para que se chegasse, desta forma, a um grau equilibrado de reprovabilidade da conduta, e finalmente a uma pena proporcional e mais justa para cada caso concreto.

12.1.3 Aspectos polêmicos sobre a Culpabilidade

I) Culpabilidade como elemento do crime e não como pressuposto da pena

A maioria da doutrina nacional e estrangeira não mais diverge a respeito da função e do lugar da culpabilidade na Teoria do Delito, pois dentro das bases finalistas, desenvolvidas principalmente a partir de *Welzel*, a culpabilidade é indiscutivelmente um **elemento integrante do conceito de crime**, indispensável para a existência deste, e consequentemente imprescindível para a aplicação da pena ao fato praticado. (**Concepção tripartida do delito**).

Conforme salienta o mestre Francisco de Assis Toledo,

"não será difícil para qualquer penalista subscrever esta afirmação de Bockelmann: 'Pena pressupõe culpabilidade (...); é pois a mais nítida característica do conceito de crime. Sobre isto parece haver harmonia entre a grande maioria dos autores".[44]

Entretanto, é notório que na doutrina nacional há um posicionamento divergente, defendido principalmente por Damásio de Jesus, de que a culpabilidade não é elemento integrante do conceito analítico de crime, devendo ser considerada somente como pressuposto de aplicação da pena, sendo elementos constitutivos do crime apenas o fato típico e antijurídico (**Concepção bipartida do delito**).

Na verdade, o Prof. Damásio de Jesus, ao contrário do que se pensa, não foi o precursor do polêmico posicionamento no Brasil. Este foi primeiramente defendido na doutrina brasileira pelo Prof. René Ariel Dotti,[45] que para isto provavelmente se fundamentou nos

---

43. CIRINO DOS SANTOS, 2000:264.
44. TOLEDO, 2000:234.
45. DOTTI, René Ariel. *Direito Penal – Parte geral*. São Paulo: Saraiva, 1999. Vol. 1.

ensinamentos e nas ideias do emérito penalista italiano Giuseppe Maggiore, o qual já admitia a ideia de crime não punível, para a partir daí desenvolver e defender este ponto de vista.[46]

O professor René Ariel Dotti afirma ser o precursor deste pensamento na doutrina brasileira, dizendo em seu tratado que: "Em livro publicado há vinte e cinco anos (O incesto), sustentei que a culpabilidade deveria ser analisada no quadro da teoria geral da pena e não mais no campo da teoria geral do delito".[47]

Transcrevendo a opinião oriunda dos referidos penalistas, Damásio de Jesus afirma: "Vimos que o crime, sob o aspecto formal, apresenta dois requisitos genéricos: a) Fato típico; b) antijuridicidade (...); Não é suficiente, porém, que o fato seja típico e ilícito (...). Faltou-lhe a culpabilidade, que é o pressuposto da imposição da pena".[48]

O principal argumento trazido por esta corrente doutrinária está no fato de que, quando o Código Penal brasileiro se refere às **excludentes de ilicitude**, utiliza-se de expressões como "não constitui crime" ou "não há crime", enquanto que ao se referir a hipóteses de **exclusão da culpabilidade** são mencionadas as expressões "é isento de pena" ou "não se pune".

Desta forma, concluem os referidos doutrinadores que, quando houver uma excludente de ilicitude, não haverá crime, porém, quando faltar a culpabilidade, haverá crime sob o aspecto formal, sendo que o agente não poderá ser punido pelo fato praticado.

Desde já se percebe a inconsistência desta espécie de argumentação, principalmente se levarmos em conta a falta de sistemática e a notória imprecisão técnica do legislador brasileiro no que tange à terminologia utilizada na legislação penal pátria. Obviamente, esta espécie de diferenciação não é função do legislador, mas sim do intérprete e da doutrina, mesmo porque o Código Penal brasileiro não a faz expressamente em momento algum, limitando-se, na sua exposição de motivos, a adotar o finalismo e a Teoria Normativa Pura da Culpabilidade.

Além disso, em diversos pontos do nosso Código Penal percebe-se uma total falta de sistematização, bem como a ausência de cuidado e de preocupação com o uso dos termos acima mencionados. Dos muitos exemplos desta falta de precisão técnica, podemos ressaltar que, para tratar o **erro de tipo permissivo (Art. 20, § 1º, CP)**, relacionado a tipicidade do fato e que obviamente poderá afastar o crime, o legislador utiliza-se do termo "é isento de pena", mesma expressão utilizada para definir o erro de proibição, que é causa excludente de culpabilidade (Art. 21, CP).

De acordo com a lógica defendida pelos contestados penalistas – Dotti e Damásio de Jesus –, não se poderia negar que o legislador, ao utilizar a mesma expressão (isento de pena) para delimitar uma causa que afasta a tipicidade – elemento integrante do crime –, para tratar de uma causa que afaste a culpabilidade, qual seja, o erro de proibição, estaria querendo dizer que culpabilidade é igualmente a tipicidade, um elemento integrante do conceito de crime.

---

46. Damásio de Jesus afirma ser esta a origem do conceito de crime não punível que fundamentou o entendimento a que se filiou após ser influenciado pela obra 'O incesto' de René Ariel Dotti. Ver: JESUS, Damásio E. de. *Direito Penal – Parte geral*. 25ª ed. São Paulo: Ed. Saraiva, 2002. Vol. 1.
47. DOTTI, 2002:335.
48. JESUS, Damásio E. de. *Direito Penal – Parte geral*. 25ª ed. São Paulo: Ed. Saraiva, 2002. Vol. 1, p. 459.

Para analisar a supramencionada lógica "damasiana", mesmo sabendo que ela é infundada, parte-se do pressuposto mínimo de que nem se cogite a possibilidade, contrário senso, dos referidos autores em uma descuidada sequência lógica de raciocínio viessem a considerar, então, a tipicidade como pressuposto de aplicação de pena (em sentido estrito), deixando, desta forma também, de ser considerada como elemento integrante do conceito de crime.

Mais um exemplo, que podemos citar, da **total falta de sistematização** do legislador pátrio e que enfraquece ainda mais a argumentação baseada na terminologia utilizada pela legislação, ocorre quando o **Art. 22 do Código Penal brasileiro**, ao se referir à coação moral irresistível e à obediência hierárquica, excludentes de culpabilidade, não utiliza o termo "é isento de pena", mas prefere afirmar que "só é punível o autor da coação ou da ordem",[49] mostrando de forma irrefutável que se basear em texto legal para fundamentar doutrina, se não é um engano, é no mínimo uma prova de inconsistência da tese defendida.

Outra grave incongruência da concepção de culpabilidade como pressuposto de aplicação da pena está no fato de que, indiscutivelmente, se for feita uma análise mais sólida da estrutura da Teoria do Delito, é possível perceber que, sob este ponto de vista, também a tipicidade e a ilicitude devem ser assim chamados, pois, se o fato não for típico, não se pode aplicar a pena ao agente, e da mesma forma, se o fato não for antijurídico, não haverá punição.

Portanto, não há motivo e nem mesmo utilidade em se atribuir unicamente à culpabilidade o predicado de pressuposto de aplicação da pena, se também a tipicidade e a ilicitude possuem essencialmente esta característica.

Conforme ensina nosso ilustre mestre Juarez Tavares:

"O primeiro problema que surge desta posição é que não se pode dizer que o pressuposto da pena seja tão-somente a culpabilidade, mas igualmente todos os demais elementos do delito e ainda as condições objetivas de punibilidade. A expressão 'pressupostos da pena' abrange, portanto, um campo muito mais amplo do que esta pretendida teoria".[50]

Há que se salientar, para demonstrar que todos os elementos da Teoria do Delito estão em harmonia sincrônica, que não se pode esquecer da inexorável inter-relação existente entre os elementos do crime, pois indispensável para analisar se uma conduta é ilícita é que ela seja primeiramente típica, e para avaliar se há ou não culpabilidade em um fato é preciso inicialmente, como pressuposto, que se constate a ilicitude do mesmo.

Assim sendo, somente uma conduta típica pode ser ilícita e somente uma conduta típica e ilícita pode ser culpável, portanto não se deve separar a análise do juízo de culpabilidade do restante do fato praticado, sob pena de voltar-se à nefasta culpabilidade do autor, já rechaçada pela doutrina, em detrimento da atual culpabilidade do fato.

O curioso é que os defensores da culpabilidade como pressuposto de aplicação da pena também afastam e renegam a 'culpabilidade do autor', e ao defenderem a separação da análise da culpabilidade dos demais elementos do crime, colocando-a no interior da teoria da pena, parecem não perceber o perigo na proximidade existente entre os dois conceitos e as consequências trágicas que podem advir de seu próprio ponto de vista.

---

49.   Art. 22 do Código Penal Brasileiro.
50.   TAVARES, Juarez. *Teorias do Delito (variações e tendências)*. São Paulo: Ed. Revista dos Tribunais, 1980, p. 109.

O professor Eugenio Raúl Zaffaroni, com sua peculiar maestria, delimita categoricamente a ordem de análise dos elementos necessários para que haja crime dizendo: "Construímos o conceito de delito como conduta típica antijurídica e culpável. Esta definição do delito como conduta típica antijurídica e culpável nos dá a ordem em que devemos formular as perguntas que nos servirão para determinar, em cada caso concreto, se houve ou não delito".[51]

Como último argumento, afirmam os partidários desta minoritária corrente que o crime de receptação, definido no **Art. 180 do Código Penal**, ou seja, receber, adquirir, transportar, conduzir ou ocultar coisa <u>produto de crime</u>, impossibilitaria o entendimento majoritário da culpabilidade como elemento integrante do conceito de crime, pois, no caso de se receptar produto de um "crime" praticado por um inimputável, com base no parágrafo 4º do referido artigo, teria o agente que responder pela receptação.

Afirma Dotti: "Se é verdade que o 'juízo de censura' não recai somente sobre o agente, mas em especial e necessariamente sobre a ação por este praticada, também é absolutamente certo que a reprovação deixa de existir se a ação é praticada por um inimputável (doente mental ou menor) (...)".[52]

Desta forma, concluem os defensores desta **corrente minoritária** que a culpabilidade não poderia ser elemento integrante do conceito de crime, pois, se assim fosse, não deveria o agente responder pela receptação, já que, neste caso, tendo o fato sido praticado por um inimputável, este não seria crime por ausência de culpabilidade, não se enquadrando, portanto, na descrição típica de <u>produto de crime</u>.

De acordo com este entendimento, esta é a justificativa para o Art. 26 do Código Penal ao tratar dos inimputáveis utilizar o termo "é isento de pena" ao em vez de "não há crime".

Não podemos nos esquecer, conforme ressalta Cezar Roberto Bitencourt,[53] que a parte especial do Código Penal brasileiro é do início da década de 1940, quando a doutrina finalista ainda não tinha sido amplamente divulgada, não tendo sido por isso adotada pelo legislador pátrio, o que obviamente fez com que a estrutura e o conceito de culpabilidade fossem considerados de forma diferente da atual.

Todavia, o *crime de receptação* nada mais é do que uma **forma de participação** em um crime praticado por terceiros, e que por conveniência e política criminal veio a ser tipificado autonomamente. Desta forma, nesta hipótese é o caso de trabalhar, por analogia, com as regras da **teoria da acessoriedade limitada**, adotada, de acordo com a maioria da doutrina, pelo Código Penal.

De acordo com a referida teoria, a qual se encaixa perfeitamente ao crime de receptação, não é necessário que o fato principal praticado pelo autor seja culpável, bastando que a conduta principal seja típica e antijurídica para que o partícipe possa ser chamado a responder por sua cooperação no fato criminoso.

Além do mais, a culpabilidade é um juízo de reprovação pessoal pelo fato típico e ilícito praticado e, portanto, se o fato principal praticado não for culpável, a ausência de

51. PIERANGELI & ZAFFARONI, 1999:390.
52. DOTTI, 2002: 337-8.
53. BITENCOURT, Cezar Roberto. *Manual de Direito Penal – Parte geral.* 7ª ed. São Paulo: Ed. Saraiva, 2002, p. 279.

reprovação do inimputável que tenha praticado a conduta não pode se comunicar e impedir a responsabilidade penal do receptador que possui imputabilidade.

Assim, cai por terra o frágil argumento a favor da culpabilidade como pressuposto de aplicação da pena, fundado na análise concreta do crime de receptação, pois evidentemente o termo "produto de crime" foi utilizado em sentido amplo pelo legislador, sem maiores rigores técnicos (como de costume), significando "fato descrito como crime", ou seja, um fato típico.

Portanto, após esta análise a respeito do tema, é possível reafirmar um posicionamento a favor da vertente esmagadoramente majoritária na doutrina nacional e estrangeira[54], que considera a **culpabilidade como elemento integrante e indispensável do conceito de crime (Concepção tripartida)** não deixando por isso de ser a culpabilidade, bem como também são a tipicidade e a ilicitude, pressupostos essenciais sem os quais não se possibilita a aplicação da pena.

II) A Teoria da Coculpabilidade do Estado

Modernamente, vem ganhando força um novo conceito, uma nova forma de se analisar a culpabilidade, a chamada *coculpabilidade*, que tem íntima ligação com um Direito Penal socialista, e suas raízes principalmente nas ideias de Jean Paul Marat, médico francês que, em 1799, desenvolveu uma crítica socialista e revolucionária ao pensamento kantiano, afirmando ser a pena talional a mais justa e apropriada das formas de pena, desde que tivéssemos uma sociedade igualmente justa e igualitária, algo que, já naquela época, era reconhecido como utópico.[55]

Sendo assim, surge uma crítica em forma de questionamento a respeito do caráter de retributividade das penas, pois com base nas desigualdades sociais e políticas já existentes na época não seria justo que se cobrasse com o mesmo rigor o cumprimento da lei daqueles que têm menos oportunidades e opções na vida em sociedade, em relação à parte da população.

Com base nestas ideias nasce o conceito de *coculpabilidade* ou culpabilidade social, pois se a sociedade moderna, arcabouço de desigualdades, age de certa forma sobre os sujeitos, limitando de diferentes formas sua capacidade de autodeterminação e de escolha, portanto, esta sociedade deve arcar em parte com as consequências deste ônus por ela imposto aos indivíduos, dividindo a responsabilização através de uma espécie de coculpabilidade, e *atenuando a punição* daqueles que, por serem menos favorecidos, acabem por cometer infrações penais.

Estas ideias tão antigas e que remontam ao século XIX estão mais atuais do que nunca, hoje em pleno século XXI, pois as desigualdades sociais, cada vez mais gritantes na vida em sociedade, clamam por uma aplicação mais racional do Direito Penal, o que só será possível através de garantias que concretizem a máxima da "igualdade jurídica", ou seja, tratar desigualmente os desiguais na medida em que se desigualem.

Atualmente, o Prof. Juarez Cirino dos Santos, uma das mais autorizadas vozes do Direito Penal brasileiro, defende a tese da coculpabilidade dizendo:

---

54. De acordo com este entendimento: Bitencourt, L. Regis Prado, J.Cirino dos Santos, Zaffaroni, R.Greco, J.Tavares, Roxin, Assis Toledo, dentre outros.
55. PIERANGELI & ZAFFARONI, 1999:611.

"Hoje, como valoração compensatória da responsabilidade de indivíduos inferiorizados por condições sociais adversas, é admissível a tese da coculpabilidade da sociedade organizada, responsável pela injustiça das condições sociais desfavoráveis da população marginalizada, determinantes de anormal motivação da vontade nas decisões da vida".[56]

Acreditamos ser possível visualizar a tese da *coculpabilidade* dentro da nossa própria legislação através da utilização de aspectos supralegais na fixação da pena, como o presente no *Artigo 66 do Código Penal*, que instituiu a circunstância atenuante genérica, pela qual, em qualquer caso, pode o juiz reduzir a pena a ser aplicada do valor que achar necessário.

Esta discricionariedade, dada ao magistrado por nossa legislação, demonstra sua nítida afinidade com a ideia de uma coculpabilidade da sociedade e do Estado que deve ser levada em conta no momento da fixação da pena em concreto, pois permite uma divisão e uma graduação da culpa e da sanção atribuída ao autor do fato, de acordo com as condições pessoais que o levaram a cometer o crime.

Discussões à parte, deve-se abordar a culpabilidade como fundamento da pena, da reprovação criminal e como elemento constitutivo essencial do conceito de crime, nas bases finalistas de Hans Welzel, e considerar os atos praticados pelo autor de acordo com sua capacidade de autodeterminação, mais que isso, uma culpabilidade baseada na violação do ordenamento jurídico por alguém que atue consciente (ou podendo conhecer) do caráter proibido do que faz, desde que seja possível se exigir deste agente um comportamento conforme o Direito.

Tomando por base a necessidade de ser possível exigir um comportamento conforme a norma no caso concreto, pressuposto da culpabilidade, reconhecido após larga evolução dogmática, a culpabilidade deve ser tratada segundo a reprovabilidade pessoal da conduta, ou seja, a reprovação imposta a um autor por sua escolha pela prática do injusto, o que só reforça o argumento da **teoria da coculpabilidade** do Estado como forma de aplicação da pena no Direito Criminal, de forma equilibrada e justa.

III) A Inexigibilidade de Conduta Diversa como Forma de Instrumentalizar a Aplicação da Teoria da Coculpabilidade

Ainda hoje, dentro da Teoria Normativa Pura permanece uma grande discussão a respeito da possibilidade de se utilizar a inexigibilidade de conduta diversa como causa supralegal de exclusão de culpabilidade, pois quanto à aplicação das chamadas causas legais de exculpação, ou seja, hipóteses previstas em lei e que afastam a culpabilidade (coação moral irresistível, obediência hierárquica) não há qualquer divergência.

A respeito do tema, como já foi dito, se divide a doutrina, uns opinando pela aplicação da inexigibilidade de conduta diversa mesmo em hipóteses não previstas expressamente na lei, possibilitando em certos casos se afastar a culpabilidade, e outros, mais presos ao positivismo e ao formalismo legal, negando essa aplicação e afirmando só serem aplicáveis as causas legais de exculpação.

Numa análise mais cuidadosa acreditamos ser inegável que qualquer que seja a causa de exclusão da culpabilidade, esta sempre estará vinculada de uma forma ou de outra à ideia de uma inexigibilidade de conduta diversa, seja porque o autor é incapaz de entender seus atos, ou de determinar-se conforme esse entendimento (inimputável), e por isso não

---

56. CIRINO DOS SANTOS, Juarez. *A moderna teoria do fato punível*. Rio de Janeiro: Ed. Freitas Bastos, 2000, p. 270.

se poderia exigir dele um comportamento diferente do que teve, seja pelo fato de não ser possível se cobrar do agente uma conduta diversa da praticada quando ele não possua e nem possa ter o conhecimento da ilicitude de seus atos.

A inexigibilidade de conduta diversa, portanto pode ser considerada de duas formas, primeiro em *sentido estrito* como elemento específico do conceito normativo puro de culpabilidade, e segundo, em *sentido amplo* como causa geral de exculpação fundamentadora da ausência de reprovabilidade na conduta do agente, intrínseca a todos os elementos do conceito de culpabilidade.

Sendo assim, a amplitude do conceito de inexigibilidade de conduta diversa como causa de exculpação precisa ser cuidadosamente revista por nossa doutrina para ser trabalhada de acordo com cada caso concreto, possibilitando uma adoção mais ampla deste conceito, mais adequada aos anseios da sociedade e do próprio ordenamento jurídico, consolidando e estabelecendo novos paradigmas fundamentadores para um Direito Penal moderno, garantista e acima de tudo mais democrático.

Ao que parece, a inexigibilidade de conduta diversa, desde os primórdios da Teoria Psicológico-Normativa já poderia ser aplicada como causa de exculpação para todas as espécies de crimes, independentemente de estar prevista ou não expressamente na lei, o que talvez tivesse amenizado boa parte das críticas sofridas por esta concepção. Porém mais evidente é a necessidade da sua aplicação dentro do finalismo e da atual concepção normativa pura da culpabilidade.

A partir desta premissa, de que a inexigibilidade de conduta diversa deve ser vista também como uma causa (supralegal) de exculpação, podemos inter-relacionar o tema com a chamada Teoria da Coculpabilidade do Estado e chegar a novas conclusões no âmbito de aplicação da lei penal no ordenamento jurídico brasileiro.

Explico a tese por nós defendida:

Fundamentalmente, quando se comprovar que as influências da conjuntura social em que se situa o autor do fato, produto das omissões do Estado em cumprir seus deveres constitucionais, tenham interferido de forma determinante no seu âmbito de autodeterminação, bem como na pratica do fato, não seria cabível a esse Estado exigir outro comportamento do autor, ou seja, exigir-lhe uma conduta diversa, portanto conforme o Direito. Sendo assim, deve-se afastar a Culpabilidade em face da anormalidade das circunstâncias concretas oriundas das omissões estatais, assumindo o Estado sua parcela de culpa por esta anormalidade, bem como pela própria prática do crime, mesmo não havendo (em princípio) qualquer expressa previsão legal para isso.

Este entendimento mais amplo e democrático torna-se a forma mais adequada no mundo de hoje para se alcançar os fins pretendidos por um Direito Penal garantista e de intervenção mínima, sendo que isso só será possível através da concreta adoção da chamada Teoria da Coculpabilidade em nosso ordenamento jurídico. Acreditamos que esta tese deva ser aplicada através da inexigibilidade de conduta diversa, como causa de exclusão da culpabilidade, seja no plano supralegal (atualmente viável), ou ainda mediante uma expressa previsão legal futura.

Não restam dúvidas de que as atuais condições da vida em sociedade, permeadas pela fome, miséria, pobreza, pelo analfabetismo e pela mortalidade, demonstram que a aceitação das causas supralegais de exclusão da culpabilidade, ligadas ao elemento exigibilidade de conduta diversa, é uma pungente necessidade, por isso a instrumentalização e aplicação da Teoria da Coculpabilidade do Estado urge e se faz mister numa dogmática penal moderna.

Relevante setor da nossa doutrina reconhece a aplicação da inexigibilidade de conduta diversa como causa de exculpação não prevista em lei, levada em conta na análise de certas situações como o "do fato de consciência, da provocação de legítima defesa, da desobediência civil, e principalmente do conflito de deveres",[57] então se através destas hipóteses é possível a exclusão da culpabilidade, nada impede a aplicação concreta dos mesmos fundamentos e preceitos filosóficos estruturais para viabilizar que a Teoria da Coculpabilidade seja integrada a esta lista de causas de exculpação em nosso ordenamento jurídico.

Mais do que isso, embora a maioria dos nossos tribunais ainda não tenha se convencido desta inexorável realidade, é também imprescindível que se reconheça a possibilidade de utilizar a inexigibilidade de conduta diversa também para graduar a culpabilidade e consequentemente a pena do autor, isto de acordo com a maior ou menor exigibilidade pelo ordenamento de um comportamento conforme a norma.

Assim, nas causas de exculpação esta gradação de culpa e de pena, em face de uma "relativa" exigibilidade de conduta diversa, poderia ser feita também com base na realidade socioeconômica do agente, para que levando em conta os preceitos da Coculpabilidade do Estado seja possível se chegar a um grau equilibrado de reprovabilidade, e finalmente a uma pena proporcional e justa.

Podemos então separar o conceito de inexigibilidade de conduta diversa como causa de exculpação em três grandes grupos, primeiro as hipóteses legais previstas na parte geral do Código Penal brasileiro (Art. 22 do CP), quais sejam, a obediência hierárquica e a coação moral irresistível; segundo, as hipóteses indiretamente previstas em Lei que, embora apareçam no Código Penal, não são plenamente reconhecidas como causas de exculpação por parte de nossa doutrina (p. ex.: Art. 128, Inc. II, do CP); e terceiro, as hipóteses meramente doutrinárias, consideradas supralegais em essência, que não encontram qualquer suporte ou parâmetro legal positivado, e por isso dividem a dogmática quanto à sua admissibilidade.

No que tange à aceitação pela doutrina e jurisprudência o primeiro grupo (causas legais) não há qualquer divergência, possuindo ampla adoção no ordenamento jurídico pátrio. Porém, o segundo e terceiro grupo geram muitas controvérsias e a doutrina, bem como a jurisprudência, muitas vezes influenciadas por um injustificável positivismo ainda carecem de um entendimento mais audacioso e moderno para o tratamento da culpabilidade.

Dentre as hipóteses enquadradas no segundo grupo, ou seja, casos em que a exculpação se baseia em uma previsão legal indireta, sem expressa ou direta caracterização da causa de exculpação na lei e que firmemente acreditamos possibilitar a exclusão da culpabilidade, podemos citar a impunibilidade no crime de favorecimento real (Art. 348, par. 2º, do CP) para familiares que prestem auxilio a seus parentes, o conhecido aborto sentimental, ou seja, praticado em caso de estupro (Art. 128, inc. II, do CP), e o Estado de necessidade exculpante, que embora não apareça expressamente no Art. 24 do Código Penal brasileiro

---

57. CIRINO DOS SANTOS, 2000:264.

pode ser invocado pelos defensores da Teoria diferenciadora, e possui previsão expressa apenas no nosso Código Penal Militar.

Embora a doutrina pátria classicamente não faça esta associação, acreditamos ser também hipótese de inexigibilidade de conduta diversa, por via de uma *correlação legal indireta*, a não obrigação de enfrentar o perigo, expressamente prevista no crime omissivo próprio de omissão de socorro (Art. 135 do CP), já que o Direito não pode exigir, salvo nas hipóteses de dever de garantia vinculadas aos crimes omissivos impróprios, que o agente enfrente situação de perigo para agir – por isso impõe a ele subsidiariamente o dever de atuar informando a autoridade competente.

Integrando o terceiro grupo, em que a inexigibilidade é um conceito estritamente supralegal, oriundo apenas de conclusões dogmáticas, encontram-se hipóteses como o fato de consciência, a possibilidade de legítima defesa do agente provocador – quando sua vida estiver em jogo –, a legítima defesa antecipada – quando a agressão for futura, porém próxima e certa – e algumas hipóteses chamadas de desobediência civil, bem como o controvertido excesso exculpante nas causas de justificação.

Muito embora o chamado excesso exculpante nas causas de justificação, por não possuir qualquer previsão expressa na nossa legislação, ainda não tenha aceitação uníssona na doutrina e jurisprudência pátrias, acreditamos que é inafastável sua aplicação como causa (supralegal) de exclusão da culpabilidade pela inexigibildade de conduta diversa.

Ocorre que, nas causas de justificação muitas vezes o agente ultrapassa os limites estabelecidos em lei e acaba se excedendo (dolosa ou culposamente) devido à anormalidade da situação concreta, influenciado pelos chamados afetos astênicos e estênicos[58] – que são as afetações psíquicas oriundas de sentimentos como medo, angústia, raiva, pânico, ira etc. – por isso não consegue medir as consequências ou limites de seus atos e acaba por praticar um fato típico e ilícito em excesso.

Podemos tomar como exemplo a hipótese da mulher, que vítima de estupro consegue atingir seu agressor com uma pedra na cabeça fazendo cessar a conduta do agente, porém abalada emocionalmente, e afetada por sentimentos de pânico, ira, medo e angústia, mesmo percebendo a imobilidade do agressor prossegue atuando, golpeando-o incessantemente até a morte.

No exemplo acima houve uma situação de excesso doloso extensivo (na extensão, prosseguimento da conduta após cessada a agressão) que, em face da nossa legislação positiva (Art. 23, par. único), deve imputar à mulher o homicídio doloso consumado. Porém, embora o CP afirme em seu Art. 28 que a emoção e a paixão não afastam a culpabilidade, esta é uma regra geral, sendo evidente que neste caso, diante da perturbação de ânimo desta mulher, é absolutamente inexigível dela que atuasse com a moderação exigida pela legítima defesa, logo se inexigível um comportamento conforme as normas, em face da anormalidade das circunstâncias concretas, se impõe a absolvição por ausência de Culpabilidade e consequentemente do próprio crime.

Além destas hipóteses, que embora controvertidas já são mencionadas e defendidas por parte da doutrina nacional, nos parece que a inexigibilidade de conduta diversa também deve surgir como fator limitador do dever de garantia nos crimes omissivos im-

---

58.   Vide: CIRINO DOS SANTOS, Juarez. Direito Penal – Parte geral. Rio de Janeiro: Lumen Juris. 2006.

próprios, com base na medida da (im)possibilidade concreta de ação do garante diante de situações em que haja a necessidade de sacrifício da própria vida como pressuposto da atuação positiva.

Assim, acreditamos que:

O dever de garantia dos crimes omissivos impróprios, oriundo da expressa previsão legal do Art. 13, par. 2º, do CP, embora imponha a obrigação de enfrentar o perigo não se sobrepõe à indisponibilidade absoluta do bem jurídico vida. Com isso, nas hipóteses em que a vida do garante esteja em jogo e em inevitável perigo, se impõe o afastamento do seu dever de agir e da própria reprovabilidade da sua inércia (omissão em sentido lato) por inexigibilidade de conduta diversa, pois o Direito não pode exigir de ninguém (nem mesmo dos garantidores) o sacrifício da própria vida.

Embora gere inúmeras divergências na dogmática penal a inexigibilidade de conduta diversa também aparece com causa supralegal de exclusão de culpabilidade em sede de crimes culposos quando, ausente a chamada previsibilidade subjetiva do resultado, ou seja, quando embora a conduta típica realizada possa ser considerada descuidada em face da previsibilidade geral e objetiva do resultado, preenchendo os requisitos da tipicidade culposa (conduta, resultado, nexo causal, previsibilidade e falta de cuidado) se perceba que o agente na situação concreta, e de acordo com suas características pessoais, não era capaz de prever (previsibilidade subjetiva) a ocorrência do resultado.

Desta forma, nos crimes culposos a previsibilidade objetiva (possibilidade de previsão para o cidadão comum – critério do homem médio) será elemento necessário para a configuração da tipicidade da conduta, enquanto a (im)previsibilidade subjetiva (pessoal) deverá ser analisada em sede de culpabilidade, mais precisamente no âmbito do elemento *exigibilidade de conduta diversa*, portanto podendo funcionar como causa (supra legal) de exclusão de culpabilidade – *pela inexigibilidade de conduta diversa* – na situação concreta.

Entretanto, dentre as causas estritamente supralegais de exclusão da culpabilidade nenhuma é mais polêmica e controvertida que os chamados "motivos determinantes", estes permitiriam ao juiz não considerar culpável a conduta daquele que tenha agido de acordo com uma motivação específica, fundada em uma situação de *anormalidade* em que se encontre no caso concreto.

Quanto aos motivos determinantes, infelizmente seu reconhecimento como causa de exclusão da culpabilidade, por via da inexigibilidade de conduta diversa, ainda tem grande rejeição na dogmática brasileira e estrangeira por se considerar que sua adoção poderia afetar os pilares da segurança jurídico-penal. Entretanto este argumento nos parece inaceitável, ante a evidente necessidade em um ordenamento moderno e democrático de se valorar a motivação específica das condutas humanas praticadas em cada situação, para que então, devido à *(a)normalidade das circunstâncias concretas*, torne-se possível reprová-las ou não.

Na esteira dos motivos determinantes, considerar a inexigibilidade de conduta diversa para casos como o aborto eugênico, quando não houver nenhuma viabilidade de nascimento devido a uma grave deformação do feto (p. ex.: anencefalia), para algumas hipóteses de eutanásia, ou mesmo para crimes dolosos de homicídio ou lesão corporal praticados em situações de descontrole em face da situação concreta (ex.: legítima defesa tardia ou excessiva), parece ser algo incontestável e que precisa ser aceito diante de princípios como da *razoabilidade, proporcionalidade e igualdade*.

Ainda dentro destas hipóteses (motivos determinantes) pode-se citar também o aborto econômico, ou seja, aquele praticado pela mãe que, em face das precárias condições de vida em que se encontre, acaba por interromper uma gravidez que certamente resultaria em miséria, desgraça e sofrimento. Nestes casos, pela via da inexigibilidade de conduta diversa deve ser afastada a culpabilidade e o crime, algo que, conforme mencionado, poderá e deverá vincular-se à concreta aplicação da Teoria da Coculpabilidade do Estado.

Conforme vimos, em sede de Culpabilidade cada situação precisa ser abordada de forma crítica e associada a uma visão político-criminal adequada às realidades concretas de cada hipótese, permitindo assim, delimitar uma melhor valoração pelo Estado da reprovabilidade pessoal da conduta praticada, assim a inexigibilidade de conduta diversa será a melhor forma e único meio de se garantir um ordenamento jurídico mais equilibrado e justo.

A gradativa desconstrução do paradigma do livre arbítrio e o fortalecimento de teses que demonstram o determinismo oriundo da degradante conjuntura social moderna sobre muitos indivíduos faz com que, em certas hipóteses, quando o agente atue influenciado pelas desiguais condições de vida em que se encontre, *culpa do Estado omisso das suas obrigações constitucionalmente previstas*, deva se adotar a inexigibilidade de conduta diversa como causa de exclusão ou ao menos de redução da Culpabilidade, isso através da sua associação com a Teoria da Coculpabilidade do Estado.

Acreditamos que:

Somente através da extensão da utilização do conceito de inexigibilidade de conduta diversa às reais condições de vida do povo, independentemente desta hipótese estar prevista ou não expressamente na lei, é que conseguiremos desenvolver uma culpabilidade efetiva, traduzida no conceito de coculpabilidade, que garanta a igualdade jurídica (tratar desigualmente os desiguais na medida em que se desigualem) pretendida pelo Direito Penal moderno, eternizada em nosso ordenamento jurídico pelos ensinamentos de Rui Barbosa, e cujos fundamentos remontam a Aristóteles.

Embora ainda haja um longo caminho a ser percorrido por nossa dogmática, e principalmente jurisprudência, neste processo evolutivo do Direito Penal visando o rompimento do paradigma positivista que assola nosso ordenamento, vislumbramos uma luz no fim do túnel, pois acreditamos já haver uma primeira mostra da materialização da Teoria da Coculpabilidade prevista expressamente em nosso Código Penal.

Esta salutar concretização se deu através da famosa circunstância atenuante genérica prevista no Art. 66 do Código Penal brasileiro pela qual, em qualquer caso, poderá o juiz na segunda fase da dosimetria concreta reduzir a pena a ser aplicada do valor que achar necessário, de acordo com as concretas circunstâncias que envolvam a prática dos fatos – posição esta há muito defendida por nós (vide nosso: *Teorias da Culpabilidade e Teoria do Erro. 3ª ed. Lumen Juris*).

Esta discricionariedade dada ao magistrado por nossa legislação demonstra a nítida afinidade com a ideia de valorar a importância da *Coculpabilidade da sociedade e do Estado* no momento da fixação da pena em concreto, pois de acordo com a anormalidade das circunstâncias (fundamento da exigibilidade de conduta diversa) permite-se uma divisão e uma gradação da culpa atribuída ao autor do fato, conforme as condições pessoais e conjunturais que o tenham levado a cometer o crime.

Indo mais além, em busca de paralelos dogmáticos para nossos argumentos, vislumbramos na doutrina funcionalista de Roxin e suas ideias principais que o conceito de ação como uma manifestação da personalidade do agente[59] se coaduna perfeitamente com a vetusta ideia de coculpabilidade, pois, se é inegável que a formação da personalidade também é influenciada pela vida em sociedade, parece haver grande afinidade dogmática entre certos fundamentos da moderna teoria funcionalista – que busca uma reestruturação do próprio conceito de conduta na Teoria do Delito – e as antigas ideias de Marat que culminaram no conceito de Coculpabilidade.

Acreditamos que, ao definir ação como manifestação da personalidade do autor, Roxin acaba por coroar a necessidade de se valorar, através da coculpabilidade, a influência que as condições de vida em sociedade – *produto das omissões do Estado* – têm na autodeterminação individual e na própria formação da personalidade do autor, exteriorizada através dos atos ilícitos praticados.

Podemos concluir que somente através da análise da formação de vontade e da personalidade – *que de acordo com Roxin é manifestada pelo agente ao atuar* – será possível valorar de forma justa o grau de culpabilidade existente em cada conduta, e a exigibilidade de conduta diversa, atrelada à Coculpabilidade do Estado, parece ser a melhor forma de viabilizar a aplicação de um juízo de reprovação mais equilibrado e proporcional.

Com a necessidade de "ser possível se exigir um comportamento conforme a norma no caso concreto" e a com culpabilidade passando a ser tratada como reprovabilidade pessoal da conduta, ou seja, a reprovação imposta a um autor por sua escolha pela prática do injusto, somente a inclusão dos conceitos da Coculpabilidade do Estado na valoração desta formação de vontade possibilitará a aplicação de uma sanção penal adequada e conforme o princípio da racionalidade (proporcionalidade/razoabilidade).

Em suma, o conceito de Coculpabilidade não pode ficar restrito a ilações doutrinárias e filosóficas, sendo imprescindível sua adequação e aplicação concreta no ordenamento jurídico como forma de reduzir ou mesmo afastar a reprovação pessoal do autor.

Concluímos com o seguinte pensamento:

Somente através da ampliação do conceito de exigibilidade de conduta diversa em face da normalidade das circunstâncias concretas, e de uma aceitação mais ampla da inexigibilidade como causa de exculpação (mesmo sem expressa previsão legal), tornar-se-á possível instrumentalizar, materializar e aplicar a Teoria da Coculpabilidade em nosso ordenamento jurídico, passo fundamental na direção de um Direito Penal garantista, humano e mais isonômico.

IV) A teoria complexa da culpabilidade

Esta controvertida e instigante alternativa teórica para o conceito de culpabilidade, que nasce principalmente das ideias de *Johannes Wessels* e *Hans H. Jescheck*, será estudada no próximo capítulo, já que sua estruturação tem íntima relação com certas categorias de *erro essencial* e suas consequências no Direito Penal.

---

59. ROXIN, Claus. Derecho Penal. 2ª ed. Madri: Civitas, 2000, p. 252.

12.2 QUESTÕES PARA TREINO

FGV/ CODEBA/ Analista Portuário – Advogado/2016

Diego e Júlio César, que exercem a mesma função, estão trabalhando dentro de um armazém localizado no Porto de Salvador, quando se inicia um incêndio no local em razão de problemas na fiação elétrica. Existe apenas uma pequena porta que permite a saída dos trabalhadores do armazém, mas em razão da rapidez com que o fogo se espalha, apenas dá tempo para que um dos trabalhadores saia sem se queimar. Quando Diego, que estava mais próximo da porta, vai sair, Júlio César, desesperado por ver que se queimaria se esperasse a saída do companheiro, dá um soco na cabeça do colega de trabalho e passa à sua frente, deixando o armazém. Diego sofre uma queda, tem parte do corpo queimada, mas também consegue sair vivo do local. Em razão do ocorrido, Diego ficou com debilidade permanente de membro.

Considerando apenas os fatos narrados na situação hipotética, é correto afirmar que a conduta de Júlio César

A) configura crime de lesão corporal grave, sendo o fato típico, ilícito e culpável.

B) está amparada pelo instituto da legítima defesa, causa de exclusão da ilicitude.

C) configura crime de lesão corporal gravíssima, sendo o fato típico, ilícito e culpável.

D) está amparada pelo instituto do estado de necessidade, causa de exclusão da ilicitude.

E) está amparada pelo instituto do estado de necessidade, causa de exclusão da culpabilidade.

Gabarito "D"

TRT 21R (RN) TRT – 21ª Região (RN)/ Juiz do Trabalho Substituto/2015

São excludentes de culpabilidade:

A) A legítima defesa e a embriaguez.

B) A legítima defesa e a desistência voluntária.

C) O estado de necessidade e o arrependimento eficaz.

D) O arrependimento eficaz e a legítima defesa.

E) A obediência hierárquica e a coação moral irresistível.

Gabarito "E"

FCC/ TCM-GO/ Procurador do Ministério Público de Contas/2015

A respeito das causas excludentes da culpabilidade, é correto afirmar que

A) o desconhecimento da lei nos crimes culposos isenta o agente de pena.

B) o erro invencível sobre a ilicitude do fato não isenta o réu de pena.

C) na coação moral irresistível o coator responde por dolo e o coacto por culpa.

D) as descriminantes putativas excluem a culpabilidade.

E) na obediência hierárquica é dispensável a existência de relação de direito público entre superior e subordinado.

Gabarito "D"

FUNCAB/ Faceli/ Procurador/2015

Configura-se a imputabilidade em caso de:

A) embriaguez culposa, completa ou incompleta.

B) doença mental.

C) desenvolvimento mental incompleto.

D) desenvolvimento mental retardado.

E) embriaguez acidental, completa ou incompleta.

Gabarito "A"

FCC/ TJ-PI/ Juiz Substituto/2015

A análise da culpabilidade do agente não constitui requisito legal para a

A) progressão de regime prisional.

B) fixação da pena de cada concorrente no caso de concurso de pessoas.

C) determinação do regime inicial de cumprimento da pena privativa de liberdade.

D) substituição da pena privativa de liberdade por restritiva de direitos.

E) suspensão condicional da pena.

Gabarito "A"

TEORIA DO ERRO

Como vimos, estruturalmente, a grande novidade do finalismo para a Teoria do Delito foi a transferência do dolo, antes parte integrante da culpabilidade, para dentro do tipo penal, sendo que este dolo se separa da consciência da ilicitude, que permanece na culpabilidade, como elemento normativo essencial de seu conceito.

O dolo, como parte integrante do tipo, passou a ser chamado de **dolo natural**, ou seja, despido de qualquer elemento valorativo, significando apenas vontade livre e consciente de realizar o tipo objetivo, independentemente de o autor possuir ou não conhecimento da ilicitude de seus atos, fato este que será objeto de análise da culpabilidade.

Como consequência lógica das modificações ocorridas a partir do finalismo, também a **culpabilidade** teve suas bases sensivelmente atingidas, principalmente pela retirada do dolo de seu interior, para situá-lo como elemento subjetivo do tipo.

Depois da retirada do dolo (elemento subjetivo) da culpabilidade, esta passou a possuir somente elementos objetivos, passando a ser tratada como puramente normativa, sendo, de acordo com a doutrina finalista, "puro juízo de valor, de reprovação que recai sobre o autor do injusto penal, excluída de qualquer dado psicológico".

A partir do momento que a culpabilidade passou a possuir esta nova feição de simples juízo de censura, sem contar mais com a presença do dolo em sua estrutura, surgem as chamadas **teorias da culpabilidade** (estrito senso), que acima de tudo pretenderam redimensionar a *Teoria do Erro*, principalmente no que tange à análise da falta de consciência da ilicitude, agora livre do dolo, corrigindo as falhas e preenchendo as lacunas de punibilidade, deixadas pelas ideias serôdias, das chamadas teorias do dolo.

Dentro da **Teoria Normativa pura da culpabilidade**, hoje adotada em nosso ordenamento, há duas vertentes doutrinárias, a **Teoria Extremada da Culpabilidade** e da **Teoria Limitada da Culpabilidade**, teorias estas que, embora partam do mesmo paradigma doutrinário e estejam arraigadas nas bases da Teoria Finalista da Ação, divergem em alguns pontos, e serão estudadas a seguir.

13.1 TEORIA EXTREMADA DA CULPABILIDADE

A **Teoria Extremada da Culpabilidade** tem suas raízes na concepção finalista de delito, considerando o dolo como elemento integrante do tipo penal e a consciência da ilicitude como elemento autônomo da culpabilidade.

Esta ideia ocasionou uma grande mudança na análise da *Teoria do Erro* e na própria estrutura da culpabilidade, já que o desconhecimento da ilicitude do fato não mais atinge o dolo, que permanece intacto, afetando somente a culpabilidade, e, de acordo com a evitabilidade deste erro, afasta-se a culpabilidade ou a atenua, possibilitando assim a aplicação de uma pena reduzida para o fato praticado.

A **Teoria extrema ou extremada da Culpabilidade** foi defendida pelos principais autores finalistas, entre eles *Welzel, Maurach, Armin Kaufmann*, embora com o passar dos anos tenha sofrido inúmeras críticas dentro da própria doutrina alemã, e dos próprios autores vinculados ao finalismo, que passaram a preferir a adoção da Teoria Limitada da Culpabilidade da qual falaremos mais adiante.

De acordo com a concepção finalista, culpabilidade é reprovação da conduta praticada pelo autor, baseada em uma resolução de vontade antijurídica, quando este, de acordo com sua possibilidade de compreensão do caráter antijurídico de seus atos, poderia ter evitado esta prática, direcionando sua conduta de acordo com essa compreensão, para a consecução do resultado por ele objetivado, sem, no entanto, contrariar o Direito.

Contudo, a grande modificação estrutural trazida pela Teoria Extremada da Culpabilidade reside no fato de que, diferentemente das chamadas teorias do dolo de bases causalistas, que consideravam o conhecimento da ilicitude como elemento do dolo e este como elemento da culpabilidade, esta nova teoria de bases finalistas separa o dolo, que passa a fazer parte do tipo de injusto, da consciência da ilicitude, que permanece na culpabilidade como elemento autônomo desta.

Na prática, com esta alteração sofrida pela Teoria do Delito e pela própria culpabilidade, modifica-se de forma completa o entendimento a respeito das hipóteses de erro e suas consequências, o que na verdade é o cerne das modificações trazidas pela Teoria Extremada da Culpabilidade.

Com o desenvolvimento desta referida teoria, afasta-se o tratamento unitário do erro (causalismo) passando-se assim a separar o erro, com base nos seus efeitos, em **erro de tipo**, que afastará o dolo, e **erro de proibição**, incidente sobre a consciência da ilicitude, que afasta ou atenua a culpabilidade conforme seja inevitável ou evitável respectivamente.

Somente por meio do novo tratamento das hipóteses de erro, o que só foi possível mediante a reestruturação da *Teoria do Delito* e do surgimento das chamadas Teorias da Culpabilidade, é que se conseguiu responder às dúvidas e críticas da doutrina para estas hipóteses de erro evitável quanto à ilicitude do fato, que deverá então, de acordo com esse novo entendimento, ser tratado como erro de proibição, atenuando a culpabilidade e reduzindo assim a pena pelo fato doloso praticado.

Entretanto, a **Teoria Extremada da Culpabilidade**, ao mesmo tempo em que abriu as portas para a diferenciação de tratamento entre o erro de tipo e o erro de proibição, incorreu em uma falha no que se refere ao tratamento do erro que incide sobre as causas de justificação ou excludentes de ilicitude, hipóteses chamadas de descriminantes putativas.

Do ponto de vista desta teoria, todas as modalidades de erro quanto à proibição, quanto a ilicitude do que se faz, possuem a mesma consequência, qual seja, afetar a culpabilidade, ou afastá-la, se o erro for inevitável, ou apenas atenuá-la, caso o erro seja evitável, e é exatamente neste ponto que ocorre a divergência entre os adeptos da Teoria Extremada da Culpabilidade e os defensores da Teoria Limitada da Culpabilidade.

Percebe-se que ao mesmo tempo em que não se questiona o mérito da Teoria Extremada da Culpabilidade de tratar como **erro de proibição** o erro quanto à consciência da ilicitude, também fica evidente que exatamente neste ponto reside seu principal problema, já que há diferentes formas de se constatar a ausência de conhecimento da antijuridicidade de uma conduta por seu autor, e abordar todas elas sobre o mesmo prisma não poderia resultar em outra coisa que não em problemas práticos e principalmente críticas por parte da doutrina.

A título de exemplo, para a **Teoria Extremada da Culpabilidade** não importa se um agente acredita estar agindo em legítima defesa por pensar (erroneamente) que está na iminência de sofrer uma agressão injusta (erro fático), ou por se confundir a respeito dos limites da excludente e achar que pode matar quem lhe furta o relógio (erro de valoração), porque, em ambas as hipóteses, haverá erro de proibição gerando as mesmas consequências (afastar a culpabilidade ou reduzir a pena).

Por esta falha em **não reconhecer diferença** entre o erro que incide sobre **pressupostos fáticos** de uma *causa de justificação* e o erro que recaia sobre a **existência ou a abrangência ou limites** de uma *causa de justificação*, a Teoria Extremada da Culpabilidade foi perdendo adeptos para a moderna concepção limitada dentro das teorias da culpabilidade, embora seja ainda defendida e adotada por alguns nomes de peso no Direito Penal, principalmente aqueles mais tradicionalistas e fiéis ao finalismo puro de *Hans Welzel.*

Seguindo o posicionamento da maioria da doutrina nacional e com base na exposição de motivos do nosso Código Penal, preferimos adotar a Teoria Limitada da Culpabilidade, que passaremos a analisar a seguir, e que teve como principal caraterística, passar a tratar do erro fático nas descriminantes putativas, como erro de tipo permissivo e não mais como erro de proibição, deixando este erro (de proibição) restrito apenas aos erros de valoração quanto ao caráter ilícito de uma conduta.

13.2 TEORIA LIMITADA DA CULPABILIDADE

A **Teoria Limitada da Culpabilidade**, como foi visto, parte dos mesmos pressupostos finalistas da Teoria Extremada da Culpabilidade, entretanto surgiu como um aperfeiçoamento dela, buscando diferenciar as hipóteses antes unicamente tratadas como erro de proibição, ou seja, se o erro recair sobre os limites jurídicos ou existência de uma causa de justificação, será erro de proibição, e se recair sobre elementos fáticos de uma causa excludente da ilicitude, será chamado de erro de tipo permissivo.

Em suma, a diferença prática trazida pela Teoria Limitada da Culpabilidade está no fato de que ela separa as hipóteses de **erro quanto à consciência da ilicitude** em três categorias, as quais são:

a) erro de proibição direto: quando o autor acredita erroneamente que sua conduta simplesmente não está proibida pelo ordenamento jurídico, logo, fica afastada ou reduzida a culpabilidade

b) erro de proibição indireto: quando por pensar estar autorizado pelo ordenamento atua em erro (de valoração) sobre a proibição do que faz, incidindo esse erro sobre os limites ou a existência de uma causa excludente de ilicitude, e, portanto, igualmente afastando ou reduzindo a culpabilidade

c) erro de tipo permissivo: nasce de uma errônea representação do autor a respeito da situação fática em que se encontra, ou seja, erra sobre elementos objetivos de uma causa de justificação (excludente de ilicitude) como por exemplo, errar sobre a existência de uma situação de agressão injusta (legítima defesa). Neste caso, se propõe o afastamento do dolo e a punição da forma culposa do crime, ou a total isenção de pena e afastamento do crime.

A **Teoria Limitada da Culpabilidade** situa-se dentro da concepção de Tipo desenvolvida por *Ernest Mayer* e adotada pelo finalismo, por meio da qual tipicidade e ilicitude são conceitos totalmente separados e independentes, sendo que a configuração de um fato típico nada mais é do que um indício da ilicitude da conduta, ou seja, a *ratio cognoscendi* da ilicitude, e o fato típico depende da ausência de uma causa de justificação para ser também tratado como ilícito.

Portanto, a **Teoria Limitada** ao definir o **erro de tipo permissivo** somente utiliza-se do conceito de que as causas de justificação são normas não incriminadoras permissivas, logo tipos permissivos, e, fazendo uma analogia às consequências do erro de tipo incriminador, afirma que também o erro quanto a um elemento constitutivo de um tipo permissivo deve ter como consequência o afastamento do dolo e da culpa (a lei fala em isentar de pena) se invencível, ou excluir o dolo e manter punição pela modalidade culposa do crime (se houver), quando o erro for vencível, gerando a chamada culpa imprópria.

Na verdade, o tratamento do erro quanto aos pressupostos fáticos de uma causa de justificação, como erro de tipo permissivo, e não como erro de proibição, se baseia no fato de que o autor, sabendo da existência de uma causa de justificação, quer agir conforme a norma, entretanto, se engana a respeito da representação dos fatos concretos, que caracterizariam e integrariam a situação que suprime a ilicitude.

Portanto, deve-se, neste caso, no mínimo, afastar a punição por dolo, que na verdade existe na sua conduta, já que o indivíduo acha que age autorizadamente, estando, porém, iludido pela situação fática em que se encontra.

No exemplo concreto, aquele que encontra um antigo desafeto e, ao vê-lo enfiar ostensivamente a mão em uma bolsa, acredita que será atacado (agressão) quando na verdade não havia arma alguma, e o indivíduo iria apenas pegar a carteira para quitar uma antiga dívida, estaria em erro de tipo permissivo (quanto a palavra agressão na legítima defesa) e teria a punição por dolo afastada podendo ou não responder pela forma culposa do crime (dependendo da natureza inevitável ou evitável do erro).

De toda forma, a **Teoria Limitada da Culpabilidade** não ficou imune a outras críticas da doutrina, sendo que uma das principais é aquela que vê na criação do chamado **erro de tipo permissivo,** o surgimento de uma modalidade de *erro suis generis,* conforme defende o Professor Luiz Flavio Gomes e parte da doutrina nacional com a qual não concordamos plenamente, e que abordaremos em seguida.

Em suma, com a Teoria Limitada da Culpabilidade formam-se três grandes espécies de erro, ou seja, o erro de tipo incriminador (Art. 20, CP), que incide sobre os elementos constitutivos de um tipo penal que descreva um crime, e que sempre exclui o dolo, o erro de proibição (Art. 21, CP), que se refere à consciência da ilicitude do fato, se dividindo em direto e indireto e atuando sobre a culpabilidade, e o chamado erro de tipo permissivo (Art. 20, § 1º, CP), que atua sobre os elementos constitutivos fáticos de uma norma penal autorizadora ou permissiva, conhecida como excludente de ilicitude, que possui tratamento semelhante ao do erro de tipo comum (incriminador), afastando a punição a título de dolo, possibilitando, porém, em certos casos, sua punição na modalidade culposa (culpa imprópria).

Por meio da concepção normativa pura de culpabilidade, com base nesta **Teoria Limitada da Culpabilidade,** adotada pelo legislador brasileiro na reforma do **Código Penal de 1984**, passaremos a tratar das diferentes classificações e hipóteses de erro no Direito Penal, avaliando suas características e consequências dentro da Teoria do Delito.

13.3 ESPÉCIES DE ERRO PREVISTAS NO CÓDIGO PENAL

O estudo da Teoria do erro divide-se em dois grandes grupos sendo que cada um deles se subdivide em várias espécies de erro, porém é fundamental, para uma melhor compreensão do tema, saber que o fator determinante de toda classificação de erro é identificar primeiramente em que momento, e sobre que elemento da Teoria do Crime incide o erro em questão.

O grande equívoco e principal ponto fraco de muitos manuais de Direito Penal no que tange a esta matéria não está no conteúdo, mas sim na forma com que o tema é desenvolvido, pois, em sua grande maioria, os autores da doutrina pátria separam e pulverizam o estudo das espécies de erro em diversos capítulos, cada um de acordo com os mais diferentes critérios, dificultando assim o entendimento e absorção do tema.

Entendemos que a **Teoria do Erro** deve ser estudada integralmente e em conjunto pois, o grande segredo para compreensão deste tópico está em se fazer uma abordagem sistemática e organizada, que nos permita inter-relacionar as modalidades de erro em função das suas causas e consequências que, como iremos demonstrar, possuem uma inexorável interligação lógica, que uma vez percebida, desmistificará definitivamente este assunto tornando seu estudo simples e agradável.

Como foi dito, primeiramente devemos separar os erros em dois grandes grupos, de acordo com sua essência, e com base nesta divisão elencar as diversas subespécies de erro existentes dentro de cada grupo, dando início assim ao estudo sistemático que propomos para este tema.

Desta forma, os erros podem ser:

– **Erros essenciais**: como o próprio nome já diz, são aqueles que incidem sobre elementos essenciais do <u>conceito de crime</u>, ou seja, sobre a estrutura do delito. Portanto, são erros inerentes aos elementos constitutivos do Crime; *Tipicidade, Ilicitude e Culpabilidade.*

Assim sendo, consideram-se como erros *essenciais* as seguintes espécies:

I) Erro de Tipo Incriminador (Art. 20, caput, CP)

II) Erro de Proibição Direto e Indireto (Art. 21, CP)

III) Erro de Mandamento ou mandamental

IV) Erro de Tipo Permissivo (Art. 20, par. 1º, CP)

Vale a pena lembrar que, conforme já estudamos, a divisão acima proposta se baseia na chamada **Teoria Limitada da Culpabilidade**, através da qual <u>se limita</u> o âmbito de abrangência do *erro de proibição*, dando origem a uma modalidade a mais de erro de tipo, qual seja, o *erro de tipo permissivo.*

– **Erros Acidentais**: são todos os erros que não dizem respeito à estrutura do crime, mas que se relacionam com um acidente (daí o nome), uma falha no que tange à realização do fato típico, configurado através de um equívoco, na percepção ou na execução por parte do autor, em relação ao crime praticado.

Podem ser consideradas modalidades de *erro acidental*:

I) Erro Determinado por Terceiro (Art. 20, par. 2º, CP)

II) Erro quanto à Pessoa (Art. 20, par. 3º)

III) Erro de execução "Aberratio Ictos" (Art. 73, CP)

IV) Erro de objeto "Aberratio Criminis" (Art. 74, CP)

Para completar esta primeira etapa de sistematização da teoria do erro podemos afirmar que, em todas as modalidades de *Erro Essencial*, o erro pode ser:

– **Inevitável (invencível)**: o erro de forma alguma poderia ter sido evitado pelo autor, portanto, afasta sempre a própria existência do crime e a responsabilidade do agente. Por isso este erro também se chamará escusável (perdoável) pois o agente merece ser perdoado por ter se equivocado.

– **Evitável (vencível)**: neste caso o erro cometido poderia ter sido evitado pelo agente se este tivesse atuado de forma mais cautelosa, e analisado melhor a situação, desta forma este erro será também considerado inescusável (indesculpável), pois o autor não merece ser perdoado por ter errado. Portanto nestas hipóteses o erro gera apenas uma redução na gravidade do fato praticado, e de acordo com a espécie de erro em questão; subsiste o crime punido na sua modalidade culposa, ou então, aplica-se a forma dolosa com uma redução da pena.

No que tange aos erros acidentais, a evitabilidade, ou não, por parte do agente só terá relevância no chamado erro determinado por terceiros, sendo absolutamente indiferente a análise desta natureza (evitável ou não) em face das demais modalidades de erro.

Desta forma, se o *erro determinado por terceiro* for **inevitável** afasta-se a existência de crime para o agente, respondendo apenas o terceiro que deu origem ao erro, e se o erro for **evitável** pune-se o agente (em erro) de forma menos severa, via de regra, pela modalidade culposa do crime, embora para nós, em certos casos possa também se falar em punição por dolo com a redução de pena por uma culpabilidade diminuída (este tema e nosso posicionamento serão detalhadamente explicados mais adiante).

Isto posto, em face do modelo proposto passaremos para a análise sistemática das diversas espécies de erro essencial, e suas consequências na Teoria do Delito, para em seguida estudarmos os chamados erros acidentais.

13.3.1 Os Erros Essenciais e suas consequências

13.3.1.1 Erro de Tipo Incriminador (art. 20, caput, do CP)

"É o erro que incide sobre os elementos fáticos, objetivos que compõem um tipo penal incriminador."

O erro de tipo incriminador é aquele que recai sobre os elementos constitutivos do tipo penal que delimita o crime, sejam eles descritivos ou normativos, e pelo fato de o autor errar quanto a esses **elementos objetivos essenciais** à descrição típica todo erro de tipo terá como consequência afastar o elemento subjetivo do tipo, ou seja, o dolo, pois se o agente atuou em erro quanto a situação fática o produto de sua ação (fato típico) não irá corresponder a sua manifestação de vontade.

É importante ressaltar que não há grande diferença no que tange ao erro de tipo se este erro incide sobre **elementos normativos ou descritivos** do tipo objetivo, já que estas duas classificações muitas vezes se confundem e se misturam dentro da análise do tipo penal, pois mesmo elementos considerados puramente descritivos acabam por exigir certo tipo de interpretação ou valoração por parte do agente.[1]

De toda forma, podemos constatar que em qualquer hipótese, desde que se trate de elemento objetivo integrante do tipo, seja este elemento normativo ou descritivo, o erro quanto a ele será tratado como erro de tipo, consequentemente **afastando o dolo** e muitas vezes a própria tipicidade do fato.

Conforme mencionamos, podemos separar o erro de tipo em erro invencível, inevitável ou escusável, ou seja, aquele que de forma alguma poderia ser percebido ou evitado pelo autor do fato, e erro de tipo vencível, evitável ou inescusável, ou seja, aquele que não ocorreria se o agente tivesse tomado mais cuidado, entretanto podemos afirmar que:

– *A consequência genérica de qualquer espécie de erro de tipo (evitável ou inevitável) é afastar o dolo, e consequentemente a existência do crime doloso.*

No entanto, caso o erro de tipo seja vencível, embora afastado o dolo, deve prevalecer a punição a título de culpa, já que o erro poderia ter sido evitado com um pouco mais de diligência por parte do autor, o qual, apesar de ter a possibilidade de conhecer as circunstâncias típicas em que praticou a conduta, atua em erro por faltar com o cuidado devido.

Desta forma, afastado o dolo por erro de tipo evitável, o agente deve responder pelo crime na sua forma culposa, obviamente desde que haja previsão legal desta modalidade para o crime praticado, caso contrário, o fato será considerado atípico.

Podemos citar como exemplo de erro de tipo o seguinte caso:

– *"A" ao terminar de assistir a uma aula pega o gravador digital que se encontra na sua cadeira e coloca na bolsa levando-o para casa. Ao chegar em casa, "A" se surpreende ao constatar que está com dois gravadores idênticos e que, sem saber, trouxe o gravador de seu colega consigo para casa, pois ambos são muito parecidos.*

Nesta hipótese "A" praticou a conduta de furto (Art. 155, CP – "Subtrair coisa alheia móvel para si ou para outrem") porém, em evidente erro de tipo, pois errou a respeito do elemento objetivo ("coisa alheia") do tipo de furto, por pensar estar pegando seu próprio gravador.

Portanto, neste caso **afasta-se o dolo da conduta**, e como não há previsão de modalidade culposa para o Furto, independentemente da análise da natureza evitável ou não do erro, e deste ser ou não produto de falta de cuidado, o fato será considerado ATÍPICO.

É o caso também do fazendeiro que crendo atirar em um animal no meio do mato acerta seu caseiro que por acaso tinha ido ao local. Nesse caso houve erro de tipo incriminador, pois o agente errou acerca do termo "alguém", elemento objetivo do tipo penal de homicídio (Art. 121 CP), vez que acreditava estar atirando em um animal e não em

---

1.   Semelhante posicionamento vide: Juarez Tavarez – Teoria do Injusto Penal – 2002, pp. 230-1.

"alguém", por isso, necessariamente afasta-se o dolo do agente quanto a "matar alguém", podendo nesse caso se avaliar se o erro foi evitável ou não, para definir se será possível punir a forma culposa do homicídio praticado.

Resta ainda lembrar que como o erro de tipo deve abranger todos os elementos da descrição típica objetiva, se falta ao autor o conhecimento de uma qualificadora que integra o tipo, ele deverá responder pela forma simples do crime, ou seja, pelo tipo básico, conforme entendimento, com o qual concordamos, de autorizado setor da doutrina alemã: "*Un error sobre las circunstâncias agravantes, si bien elimina la agravacion, deja subsistente el delito básico*"[2] *ou ainda, "Si lo que falta es lo conocimiento de los elementos de un delito cualificado, deberá aplicarce unicamente el tipo básico".*[3]

Resumindo, o mais importante é que, para ser classificado como **erro de tipo incriminador**, o erro deve se referir a **elementos objetivos** e estruturais do tipo penal, consequentemente afastando o dolo. Porém, se o **erro for evitável**, portanto, inescusável (indesculpável) e ocasionado pela falta de cautela do autor ao agir, possibilitará a punição do **crime a título de culpa**, nas hipóteses que houver forma culposa prevista em lei.

13.3.1.2 Erro de Proibição (art. 21 do CP)

> *"É o erro que incide sobre a consciência da ilicitude do agente, ou seja, um erro sobre a valoração do caráter contrário ao ordenamento jurídico (proibido) do fato praticado, por parte do agente."*

O **erro de proibição**, de acordo com o próprio nome, é aquele em que o agente atua desconhecendo o caráter proibido daquilo que faz, portanto, esta modalidade de erro incide sobre a própria consciência da antijuridicidade da conduta, que como se sabe é um dos elementos integrantes do conceito normativo de culpabilidade.

Sendo assim, quando o agente atua sem saber que sua conduta está proibida pelo ordenamento ocorre o chamado erro de proibição, que pelo fato de incidir sobre um elemento formador da culpabilidade (consciência da ilicitude), terá como consequência **afetar e diminuir próprio juízo de reprovação**, e em certas hipóteses poderá até mesmo **afastar a culpabilidade** e a existência do crime (Art. 21, CP).

Como vimos, não se deve em hipótese alguma confundir o erro de proibição, que incide sobre o potencial conhecimento da ilicitude, e o conceito de desconhecimento da lei, que *a priori* considerado é inescusável. É evidente que há hipóteses em que um indivíduo pode saber que um fato é proibido, em desacordo com o ordenamento, mesmo sem conhecer o texto da lei, e nestes casos o juízo de culpabilidade deve permanecer intacto.

Entretanto, em contrapartida, o agente pode conhecer a lei que define o crime, e por acreditar que sua conduta estaria autorizada (não proibida), atuar sem consciência da ilicitude do que faz, estando assim em erro de proibição apesar de conhecer a norma incriminadora, hipótese considerada erro de proibição indireto que poderá até afastar a culpabilidade e a existência do crime.

Embora sejam conceitos distintos, o **desconhecimento da lei** e o **desconhecimento da ilicitude** podem ocorrer simultaneamente, hipóteses em que o erro de proibição deriva

---

2. MAURACH, 1962:415.
3. JESCHECK, 1981:415.

do próprio desconhecimento da lei, sendo que isto ocorre principalmente quando se está diante de uma hipótese de Direito Penal extravagante (p. ex.: na conduta de armazenar lenha sem licença de autoridade competente – Art. 46, par. único, Lei 9.605/98 – em que o agente por não conhecer o texto da Lei não tem como deduzir o caráter proibido de seu comportamento).[4]

O fato da falta de consciência da ilicitude ocorrer devido a um simultâneo desconhecimento da lei incriminadora de forma alguma fere ou afasta a regra da *ignorantia legis non escusat*, mas, no entanto, também não impede que o erro de proibição gere seus efeitos, reduzindo ou afastando o juízo de reprovação da culpabilidade, algo absolutamente inquestionável dentro de uma ótica moderna no estudo do Direito Penal.

Em certos casos de norma penal extravagante, devido principalmente à sua grande especificidade, a proibição do comportamento só poderá ser alcançado com um real conhecimento da própria lei, logo, muitas vezes o desconhecimento da norma dará origem ao desconhecimento da ilicitude e consequentemente ao erro de proibição, diferente do que ocorre em face de hipóteses inerentes ao Direito Penal comum.

Como as normas previstas no **Código Penal** em regra tratam de conceitos intrínsecos à própria moral e inerentes aos direitos fundamentais, como violações da vida e do patrimônio, na maioria das vezes é perfeitamente possível se intuir a existência do caráter ilícito destas condutas mesmo que não se conheça especificamente a lei, afastando-se nestes casos a aplicação do erro de proibição oriundo do desconhecimento da lei.

Conforme dissemos, as consequências de um **erro de proibição**, assim como de todo erro essencial, também devem se basear essencialmente na sua evitabilidade ou inevitabilidade, ou como preferem alguns autores, se o erro é escusável ou inescusável.

Porém, é de suma importância ressaltar que em qualquer hipótese de erro de proibição o dolo ficará absolutamente inabalado, pois este é elemento integrante do conceito de tipo, e o **erro de proibição afeta apenas o juízo de culpabilidade**, já que o potencial conhecimento da ilicitude (conhecer a proibição da conduta), sobre o qual incide esta espécie de erro, é elemento integrante do conceito de culpabilidade.

A **evitabilidade ou não**, das hipóteses de erro de proibição é um tema bastante controvertido na doutrina, não se tendo chegado ainda a um critério absoluto para sua delimitação, contudo sabe-se que não é possível exigir de todos o mesmo grau de conhecimento, e muito menos de compreensão da antijuridicidade das condutas. Sendo assim, uma avaliação individual em cada caso concreto é vital para abordar o erro de proibição, e para se fazer um correto juízo de culpabilidade.

A análise de um erro de proibição obviamente se vincula à natureza da consciência ou não da ilicitude por parte do autor no caso concreto, e como por conceito este conhecimento só necessita de ser potencial para configurar a culpabilidade, parte da doutrina conclui que, se o autor ao menos tiver o que se chama de um "conhecimento profano", mínimo, da antijuridicidade da sua conduta, deverá ser afastada a hipótese de erro de proibição. Porém, a análise com base nesta **valoração paralela na esfera do profano** a respeito da ilicitude de um fato, além de controvertida, deve ser vista com cautela para se

---

4.   Vide: Juarez Cirino dos Santos, Direito Penal – Parte geral. Lumen Juris.

evitar arbítrios da jurisprudência e um indesejável estreitamento do âmbito de aplicação desta modalidade de erro.

De acordo com a evitabilidade da falta de consciência da ilicitude, delimita-se a primeira separação de espécies de erro de proibição, um chamado de **inevitável ou escusável** (perdoável), que possui como consequência afastar a culpabilidade do fato, isentar de pena, e em decorrência disto excluir a própria existência de crime (Art. 21, CP, 1ª parte), e outro, denominado **evitável ou inescusável** (indesculpável), que terá como consequência a diminuição do juízo de culpabilidade e a aplicação de uma pena reduzida de 1/6 a 1/3 no caso concreto, devido a uma menor, mas presente, reprovabilidade da conduta praticada (Art. 21, CP, 2ª parte).

Ao se trabalhar com o conceito de erro de proibição inevitável deve se tomar cuidado para não se deixar levar pela falsa impressão de que seria necessário exigir-se do agente um esforço extremo e anormal para conhecer a ilicitude de suas condutas, o que acabaria por inviabilizar a aplicação deste instituto.

Para se afastar a culpabilidade nas hipóteses de erro de proibição, o que o ordenamento jurídico quer é que se avalie de **forma racional a evitabilidade** do erro quanto ao caráter proibido da conduta, para saber se o sujeito atendeu ou não às pretensões naturais de conhecimento do Direito, da moralidade, da ordem jurídica, e se possuía noção da lesividade de sua conduta.

Caso se levasse ao extremo a análise da inevitabilidade do erro sobre a proibição da conduta, praticamente todos os erros de proibição seriam considerados como evitáveis (inescusáveis), pois, em essência e com rigor, quase todas as hipóteses concretas possibilitam se exigir um conhecimento mais aprofundado das normas por parte do agente, consequentemente, o desconhecimento do caráter proibido, antijurídico de um fato nunca seria justificável, o que evidentemente configura um verdadeiro despautério jurídico.

Contrario senso, através deste ponto de vista, podemos concluir que a rigor o erro de proibição na verdade nunca afasta integralmente a culpabilidade, no sentido de que nenhum erro de proibição seria de todo realmente inevitável ou invencível, mas que acaba sendo assim considerado, de acordo com **os parâmetros médios de conhecimento da ilicitude (critério do homem médio)** exigidos pelo ordenamento jurídico, para que se impeça ou reduza, nestes casos, a punição da conduta.

É evidente que, em face do nosso complexo e saturado ordenamento jurídico, principalmente no que tange às leis penais extravagantes, muitas vezes o conhecimento da ilicitude não poderá ser alcançado nem mesmo por cidadãos informados, e que possuam alto grau de instrução.

Portanto, perante a insensata fúria legiferante dos nossos governantes, cada vez mais será preciso aceitar os erros de proibição como inevitáveis, mesmo sabendo-se que, em regra, o conhecimento da proibição nunca é absolutamente impossível, mas apenas improvável e inexigível.[5]

5.　No mesmo sentido, vide ROXIN, 2000.

13.3.1.2.1 Erro de Proibição Direto e Indireto

Uma importante diferenciação que deve ser feita a respeito do **erro de proibição** está no fato deste ser **direto ou indireto**, ou em outras palavras, respectivamente, ele incidir sobre o próprio conhecimento da antijuridicidade do fato e consequentemente na sua proibição pelo ordenamento jurídico (direto), ou dele recair sobre a existência ou limites de uma causa de justificação e consequentemente dar ao autor a falsa impressão de que seu comportamento estaria autorizado a ser praticado, desta forma, correspondendo indiretamente a não estar proibido (indireto).

Quem atua acreditando que sua conduta **não é contrária ao ordenamento jurídico**, ou seja, que não está proibida pela ordem, não possui consciência da ilicitude do que faz e erra diretamente quanto a proibição, incidindo no chamado **erro de proibição direto**. Porém, aquele que, por achar erroneamente que sua **conduta está autorizada e abrangida por uma causa de justificação**, também atua sem consciência da ilicitude do que faz, mas incidindo em um **erro de proibição indireto**, pois na verdade é por pensar que sua conduta estaria autorizada que o agente acaba por desconhecer da sua proibição.

Podemos resumir a diferença entre o erro de proibição direto e indireto dizendo:

– *No erro de proibição direto o agente simplesmente desconhece o caráter proibido do que faz, ou seja, pensa que sua conduta efetivamente não é ilícita, já no erro de proibição indireto, embora conheça a ilicitude do fato, o autor pensa que sua conduta está autorizada, portanto, errando a respeito de uma permissão, indiretamente erra a respeito da proibição.*

Independentemente de ser direto ou indireto, o erro de proibição possuirá as **mesmas consequências**, ou seja, se for inevitável afasta a culpabilidade e o crime, e se for evitável deverá apenas atenuar o juízo de reprovação e reduzir a pena, sendo que, em ambos os casos o Dolo não será afetado.

Conforme expressa previsão legal não há diferenças práticas quanto aos efeitos de um erro de proibição em face de sua natureza direita ou indireta, mas somente pelo fato de ser evitável ou inevitável:

"O desconhecimento da lei é inescusável. O erro sobre a ilicitude do fato, se inevitável, isenta de pena; se evitável, poderá diminuí-la de um sexto a um terço" (Art. 21, CP).

Como exemplo de **erro de proibição direto** podemos citar o famoso caso do jovem holandês, que vem para o Brasil, e é surpreendido com certa quantidade de maconha na sua bolsa, sem saber da ilicitude de sua conduta. Neste caso, afasta-se a reprovabilidade (culpabilidade) da conduta devido ao erro direto a respeito da proibição, exemplo este que ilustra também a já referida tese de se admitir, em certos casos, a aplicação do erro de proibição quando a falta de consciência da ilicitude é concomitante ao desconhecimento da lei.

Pode ainda ser tratado como erro de proibição direto o erro sobre o **significado** da norma, também chamado de **erro de subsunção**, quando o agente devido à complexidade de termos e conceitos legais se engana quanto à natureza da conduta praticada em relação ao definido em lei.

Há alguns autores que defendem a ideia de que o **erro de subsunção** deva ser considerado como uma espécie de erro de tipo, já que versa sobre a interpretação de elementos normativos presentes no tipo penal. Entretanto nos parece que, na maioria das vezes, deve ser visto com legítimo erro de proibição, pois o dolo de praticar a conduta típica estará perfeito, e o agente apenas terá se enganado ao interpretar um conceito trazido pela norma (p. ex.: não considerar *e-mail* como correspondência para o crime do Art. 151 do CP).

A diferença entre o erro de tipo clássico e o *erro de subsunção* está no fato de que, no primeiro, trata-se de um erro sobre um elemento concreto que integra o tipo penal, afastando-se o dolo, e no segundo, trata-se de um erro a respeito apenas da interpretação, valoração de um conceito jurídico trazido pelo tipo. Por isso, na maioria das vezes este erro deverá ser tratado como um legítimo erro de proibição, ou seja, um erro que, por incidir sobre o significado de um elemento integrante da norma, afetará a consciência da ilicitude do agente.

Parece que a melhor forma de se tratar qualquer hipótese de erro de proibição direto é analisar a relevância deste erro em relação ao caso concreto, para poder apurar se realmente faltou ou não ao agente o conhecimento da ilicitude, para atribuir-lhe, ou não, o juízo de reprovabilidade à conduta, independentemente de qual foi a origem desta equivocada valoração da ilicitude feita pelo mesmo ao agir.[6]

Resumindo, podemos considerar que o **erro de proibição direto**, mais do que simples representação errônea do caráter proibido da conduta, se refere também à falta de consciência da ilicitude ocasionada por um equívoco de representação da ilicitude do fato e deve estar vinculado a uma ampla e abrangente valoração do fato praticado.

A segunda modalidade de erro de proibição que devemos analisar é o chamado **erro de proibição indireto** (erro de permissão), ou seja, aquele em que o agente erra a respeito do caráter proibido de seu ato por acreditar que sua conduta estaria autorizada de alguma forma pela ordem jurídica.

Desta forma podemos afirmar que:

– *O erro de proibição indireto é aquele que incide sobre os limites de uma real causa de justificação, ou então, sobre a existência de uma excludente de ilicitude que na verdade não esteja prevista no ordenamento jurídico vigente.*

Com base nesta definição, separam-se claramente duas hipóteses que resultam no chamado erro de proibição indireto, que classificaremos da seguinte forma:

1) *Erro de Permissão*: ocorre quando o autor acredita que existe uma causa de justificação, permitindo que ele atue da forma com que atuou, quando na verdade esta norma não existe (p. ex.: no caso da eutanásia em que o agente pensa que há no ordenamento uma autorização para o homicídio praticado nestas circunstâncias)

2) **Erro sobre o limite da permissão**: ocorre quando o agente ultrapassa os limites previstos em uma excludente de ilicitude que realmente esteja prevista no ordenamento, como nos excessos em uma situação de legítima defesa (p. ex.: o agente pensa que em legítima defesa pode matar quem lhe furta o relógio). Este também pode ser considerado um exemplo de *legítima defesa putativa*, porém, como produto de um *erro de proibição* e com suas consequências incidindo na culpabilidade.

Como foi visto, no **erro de proibição indireto**, independentemente de ocorrer qualquer das hipóteses acima referidas, deve-se, da mesma forma que acontece com o erro de

---

6. Neste sentido, vide CONDE. *El error em derecho penal*; e também HASSEMER, Winfried. *Fundamentos del Derecho Penal Apud* BITENCOURT, 2000:110.

proibição direto, afastar ou reduzir o juízo de reprovação pelo fato praticado conforme o erro seja vencível ou não, sempre afetando a própria culpabilidade.

Na verdade não há muita diferença entre quem atua acreditando haver uma norma autorizadora inexistente e quem age indo além dos limites de uma norma permissiva que realmente exista, pois este excesso nada mais é do que pressupor haver uma autorização englobando a conduta, quando esta autorização na verdade não existe por não ter tanto alcance quanto o imaginado pelo agente.

Nas hipóteses chamadas de **descriminantes putativas**, ou seja, quando o erro recai sobre uma causa de justificação (excludente de ilicitude), deve-se atentar para a conhecida divergência doutrinária entre as **Teorias Extremada e Limitada da Culpabilidade** que oferecem soluções distintas em relação à natureza jurídica do erro, bem como, quanto à análise de suas consequências.

Relembrando, para a **Teoria Extremada da Culpabilidade**, todo erro que incida sobre uma causa de justificação, independente da sua forma, sempre deverá ser tratado como erro de proibição, e afetar o juízo de culpabilidade, dando assim <u>alcance extremado</u> a esta espécie de erro. Enquanto que, para a **Teoria Limitada da Culpabilidade** é possível também considerá-lo como espécie de erro de tipo (erro de tipo permissivo), nas hipóteses em que o erro incidir sobre pressupostos fáticos da causa de justificação, <u>limitando assim o alcance do erro de proibição</u>.

O raciocínio é o seguinte: os erros em relação às causas de justificação podem recair sobre seus limites, ou sobre sua própria existência, e nestes casos ambas as teorias (extremada e limitada) afirmam a mesma coisa – trata-se de um erro quanto à consciência da ilicitude (*erro de proibição indireto*) – entretanto, o erro também pode incidir apenas sobre pressupostos fáticos, concretos, de uma causa de justificação (ex: erra quanto a agressão na legítima defesa), sendo um erro a respeito de uma situação fática que, se realmente houvesse, excluiria a ilicitude e autorizaria a conduta do agente – é exatamente quanto a natureza deste erro que as teorias divergem- e nesse caso a teoria limitada considera haver *erro de tipo permissivo*.

Portanto, de acordo com a **Teoria Limitada da Culpabilidade**, adotada por nosso **Código Penal**, se deixou de considerar certas hipóteses como erro de proibição passando a tratá-las como verdadeira espécie de erro de tipo, e com isso <u>limitou-se a abrangência do erro de proibição</u>, dando origem ao conceito de *erro de tipo permissivo* (Art. 20, par. 1º, CP).

13.3.1.2.2 *Erro mandamental ou erro de mandamento*

Este erro, muitas vezes esquecido por diversos manuais de Direito Penal ocorre quando o agente se equivoca a respeito do seu *dever de agir nos crimes omissivos*, tanto nos omissivos puros quanto nos impuros, mas ocorre principalmente nas hipóteses do garantidor (Art. 13 par 2º CP) que se equivoca quanto ao seu dever específico de agir, de enfrentar o perigo e evitar o resultado.

É possível separar **duas naturezas jurídicas** para esse erro:

a) 1ª Natureza: *Erro de tipo* como causa de exclusão de dolo e culpa (erro inevitável) ou apenas do dolo, punindo-se a modalidade culposa (erro evitável).

Isto ocorre quando o agente se equivoca quanto a situação fática que está ocorrendo e que lhe impõe o dever de agir, ou sendo hipótese de garantidor, da obrigação de agir e evitar o resultado.

Exemplo: o pai que na praia ao olhar para o mar não sabe que quem está se afogando é seu filho e por isso resolve não enfrentar o perigo, não atua para salvá-lo e apenas chama os bombeiros.

b) 2ª Natureza: Erro de proibição como causa de exclusão da culpabilidade (erro inevitável), ou apenas causa de diminuição de pena de 1/6 a 1/3 (erro evitável), respondendo o agente pela forma dolosa.

Isto ocorre quando o agente se equivoca a respeito dos *limites ou da existência* do seu dever de agir diante de uma situação concreta percebida, ou seja, trata-se de um erro de valoração quanto ao seu dever de atuar em certas situações.

Exemplo: Médico, funcionário público, que acha que seu dever de agir não alcança e não o obriga a atender perigoso traficante baleado pela Polícia, ou pessoa contaminada com HIV, e por isso nada faz e deixa a vítima morrer.

13.3.1.3 Erro de Tipo "não incriminador" Permissivo (art. 20, § 1º, do CP)

"É o erro que incide sobre os elementos objetivos que compõem um tipo penal permissivo, ou seja, um erro fático sob elementos integrantes do tipo que prevê uma excludente de ilicitude."

De acordo com a **Teoria Limitada da Culpabilidade**, adotada pelo Código Penal brasileiro, vamos então analisar o chamado erro de tipo permissivo (Art. 20, par. 1º, CP), modalidade de erro desenvolvida para tratar certas hipóteses específicas em que o agente se engana a respeito de um pressuposto fático, concreto, de uma causa de justificação, e chamado por parte da doutrina nacional de *erro suis generis*.

Como vimos, o **erro de tipo permissivo**, grande ponto de diferenciação entre as teorias Extremada e Limitada da Culpabilidade, incide especificamente sobre a análise das descriminantes putativas, que para a primeira teoria devem ser tratadas sempre como erro de proibição, enquanto para a segunda, algumas hipóteses devem ser vistas como modalidade de erro de tipo, chamado de permissivo, pelo fato incidir sobre pressupostos fáticos de uma norma não incriminadora permissiva (excludentes de ilicitude).

Sendo assim, surgem alguns questionamentos:

– *Como se deve trabalhar com o erro de tipo permissivo? Quais as suas consequências na Teoria do Delito?*

De acordo com sua posição na nossa legislação o erro de tipo permissivo (Art. 20, par. 1º, CP) deve receber o mesmo tratamento de um erro de tipo incriminador, portanto podemos afirmar que a consequência básica e fundamental desta modalidade de erro também será sempre afastar a **punição da forma dolosa** da conduta do agente.

Assim como acontece em todas as espécies de erro essencial, o erro de tipo permissivo pode ser:

– **Inevitável (invencível)**: quando se constatar que no caso concreto seria impossível para o agente não ter errado a respeito da situação fática que o levou a crer que estava agindo justificadamente (em exclusão de ilicitude), desta forma, o erro será considerado escusável (perdoável) e, além de afastar a **punição da forma dolosa** do crime, **afasta-se também a Culpa** da conduta do agente, fazendo, de acordo com a Lei, com que o agente fique isento de pena.

– **Evitável (vencível)**: ocorre quando, de acordo com a análise do caso concreto, se perceber que o agente poderia não ter errado a respeito dos fatos que o levaram a crer que estava agido justificadamente, ou seja, o erro sobre a justificação da conduta é produto da falta de cuidado por parte do agente sobre a situação fática em que se encontra, portanto este erro é inescusável (indesculpável).

Como no erro de tipo incriminador, neste caso também *se afasta o dolo*, porém, devido à evitabilidade do erro, produto de uma falta de cuidado, **pune-se a conduta** a do agente a **título de culpa** (*culpa imprópria*), caso haja previsão legal desta modalidade de crime.

Podemos chegar à seguinte conclusão:

– *Pela opção dogmática da Teoria limitada da culpabilidade, resolveu-se tratar o erro de tipo permissivo (Art. 20, par. 1º, CP) como um legítimo erro de tipo, considerando-se que o agente que está em erro não deve responder dolosamente, podendo ser punido a título de culpa caso o erro seja evitável e houver previsão expressa desta modalidade culposa na lei.*

No entanto, através de uma análise mais aprofundada dos elementos integrantes desta complicada equação dogmática, desenvolvida pela Teoria Limitada da Culpabilidade, vamos perceber que, nas hipóteses de **erro de tipo permissivo**, tecnicamente **não há razão para que ocorra a exclusão do dolo**, embora esta seja a consequência prevista na lei penal para esta espécie de erro (Art. 20, par. 1º, CP).

Explico: de acordo com a Teoria Finalista da Ação o dolo é elemento integrante do tipo incriminador, devendo ser considerado como dolo natural, ou seja, despido e separado da consciência da ilicitude, que compõe o conceito de Culpabilidade junto com seus demais elementos normativos (Imputabilidade e exigibilidade de conduta diversa).[7]

Desta forma, ao agir em erro quanto a um pressuposto fático de uma causa de justificação (ex: agressão), embora o agente atue pensando estar protegido por uma excludente da ilicitude, **sua conduta não deixa de ser dolosa**, ou seja, voltada para a realização do fato descrito no tipo.

É fundamental lembrar que mesmo acreditando que sua conduta estava justificada, embora o *animus* do autor pudesse não ser de praticar um fato ilícito, isto não interfere em nada na presença, ou não, do dolo (natural) na sua conduta, ou seja, de gerar lesão ou morte por exemplo.

Podemos ilustrar essa situação através do seguinte exemplo:

Aquele que encontra seu desafeto na rua e, por pensar que este iria sacar uma arma quando na verdade não ia, dispara contra o suposto agressor pensando estar em legítima defesa, embora atue em erro de tipo permissivo e em legítima defesa putativa, age com dolo de matar o suposto agressor.

Portanto, afirmar, conforme faz a **Teoria Limitada da Culpabilidade**, que o erro de tipo permissivo, por ser uma espécie de erro de tipo deve ter as mesmas consequências deste, ou seja, afastar o dolo punindo-se o autor pela modalidade culposa do crime, em-

---

7.   A respeito do tema vide nosso trabalho: Teorias da Culpabilidade e Teoria do Erro. 2ª ed. Lumen Juris, 2009.

bora possa parecer uma solução fácil e prática para tratar certas situações, inegavelmente atinge a estrutura finalista da ação e configura um evidente contrassenso dogmático.

Exatamente por conta deste inegável problema estrutural em face das bases da **Teoria Finalista da Ação**, a doutrina passou a chamar a consequência de um erro de tipo permissivo evitável de "**CULPA IMPRÓPRIA**", já que nestes casos em razão do erro evitável a respeito da situação fática excludente de ilicitude a lei estranhamente (impropriamente) manda punir como culposo um crime que na verdade nasce de uma **conduta dolosa**.

A chamada **Culpa Imprópria** é também responsável pela bizarra conclusão defendida por boa parte da doutrina nacional e estrangeira de que esta seria uma hipótese em que se admitiria falar em "**tentativa de um crime culposo**", quando em uma situação de erro de tipo permissivo evitável o resultado pretendido pelo autor não se produzisse por motivos alheios à sua vontade.

Avaliando a situação com cautela vamos perceber que a chamada culpa imprópria tecnicamente, e em essência, não é exceção à regra da absoluta impossibilidade de tentativa em crimes culposos, isto por que, na verdade o erro de tipo permissivo evitável não tem o condão de modificar a natureza (dolosa) da conduta humana praticada no caso concreto, mas apenas determina que esta conduta seja tratada, considerada como culposa pelo ordenamento jurídico penal para efeitos de aplicação da pena (Art. 20, par. 1º, CP).

Sendo assim, atua com dolo (dolo natural) o agente que praticar uma conduta visando atingir bem jurídico alheio, mesmo que erroneamente acredite estar autorizado a fazê-lo por se encontrar em situação justificante (excludente de ilicitude), e por isso, caso não se produza o resultado visado, estaremos diante de uma hipótese de tentativa de um crime doloso (Art. 14, par. único, CP), que somente por ser produto de um erro evitável sobre a causa de justificação, deverá ser punido a título de culpa ("culpa imprópria") por expressa previsão legal (Art. 20, par. 1º, CP).

Sendo assim, no exemplo concreto:

– *Alguém por pensar que está sofrendo uma agressão a sua vida, atua visando matar o agressor, em legítima defesa (putativa), entretanto erra o disparo atingindo apenas o braço do suposto agressor. Se este erro pudesse ter sido evitado (erro de tipo permissivo evitável), deverá responder pelo crime de homicídio culposo, porém na sua modalidade tentada, pois o resultado morte pretendido inicialmente não se produziu.*

Na verdade, nas hipóteses de **tentativa oriunda da culpa imprópria**, podemos dizer que, trata-se de uma *tentativa de crime doloso, impropriamente tratado e punido como culposo* em razão do erro de tipo permissivo evitável apurado no caso concreto.

Resumindo, cabe fazer a seguinte afirmação:

– *No erro de tipo permissivo evitável considera-se (impropriamente) como culposo um crime que em essência é doloso, para efeitos de reprovação da conduta e determinação da pena, o que portanto possibilita falar em tentativa quando o resultado não ocorrer por motivos alheios à vontade do agente, aplicando-se então a pena da modalidade culposa do crime, reduzida de 1/3 a 2/3 de acordo com as regras inerentes ao crime tentado.*

Entretanto, aparece de forma **minoritária** na doutrina e jurisprudência o entendimento de que o conceito de culpa imprópria é absolutamente dispensável e que, em função de uma situação de erro de tipo permissivo evitável, a conduta dolosa praticada, efetiva e absolutamente tornar-se-ia culposa, sofrendo assim uma verdadeira alteração em sua própria natureza e inviabilizando se falar em tentativa.

Para este polêmico posicionamento minoritário, que inexplicavelmente defende uma legítima "metamorfose jurídica" da natureza da conduta humana, em se tratando de erro de tipo permissivo evitável, o agente deverá **responder a título de culpa** apenas **pelo resultado** proveniente de sua conduta, de acordo com as regras fundamentais que informam os crimes culposos, portanto, sem qualquer possibilidade de se cogitar tentativa nestas hipóteses.

Para este segundo posicionamento doutrinário, com base no exemplo concreto fornecido acima, em hipóteses de erro de tipo permissivo evitável a conduta do agente passaria efetivamente a ser considerada culposa, portanto, não se poderá falar em tentativa, respondendo o autor apenas pela lesão corporal culposa causada.

De acordo com tudo o que foi visto a respeito das diversas espécies de erros essenciais, e com base na Teoria Limitada da Culpabilidade, adotada pelo Código Penal brasileiro, podemos resumir os principais aspectos da teoria do erro da seguinte forma:

1) Erro de Tipo Incriminador (Art. 20, caput CP) – Ocorre quando o agente erra a respeito de um elemento objetivo (descritivo ou normativo) integrante do tipo penal, portanto, terá como consequência básica e obrigatória sempre afastar o DOLO da conduta.

Divide-se em duas espécies:

a) erro de tipo inevitável ou invencível (escusável) – Afasta o DOLO e a CULPA da conduta praticada. Desta forma, de acordo com *Princípio da responsabilidade subjetiva* o fato será considerado ATÍPICO;

b) erro de tipo evitável ou vencível (inescusável) – como o erro decorre da falta de cuidado do agente e poderia ter sido evitado, aquele que errou não merece desculpa, desta forma, afasta-se apenas o dolo, respondendo o agente pela modalidade culposa do crime praticado (se houver);

2) Erro de Tipo "não incriminador" Permissivo (Art. 20, § 1º, CP) – Incide sobre os pressupostos fáticos, concretos que compõem causas de justificação (ex.: *legítima defesa putativa*, quando o agente erra quanto à existência de injusta agressão).

Este erro também pode ser:

a) Inevitável ou Invencível (escusável) – Afasta a punição por Dolo e Culpa isentando o agente de pena (Fato poderia ser considerado ATÍPICO)

b) Evitável ou Vencível (inescusável) – Afasta o dolo, mas ocasiona punição pela modalidade culposa do crime (culpa imprópria).

3) Erro de Proibição (Art. 21, CP) – ocorre quando o agente erra a respeito da proibição da sua conduta, ou seja, desconhece o caráter ilícito do que faz. Esta modalidade de erro incide sobre a potencial consciência da ilicitude do agente (valoração) e por isso afetará apenas o juízo de culpabilidade, não interferindo na natureza dolosa da conduta.

Sendo assim, o *Erro de Proibição* também poderá ser:

a) Inevitável ou Invencível (escusável) – Por ocasionar a total falta de consciência real e potencial da ilicitude, afasta a própria culpabilidade, isenta de pena e consequentemente não haverá Crime;

b) *Evitável ou Vencível (inescusável)* – Como nesta hipótese o agente poderia não ter errado quanto à proibição do fato praticado, existe *Potencial Consciência da Ilicitude* havendo assim culpabilidade e crime. Como, em face do erro, a reprovabilidade da conduta nestes casos é menor, a pena deve ser reduzida de 1/6 a 1/3 de acordo com expressa disposição legal.

O *erro de proibição* pode ainda ser separado em duas subespécies, porém, isto não vai interferir em nada nas suas consequências, que dependem exclusivamente da análise da evitabilidade, ou não, do erro em cada caso concreto.

São elas:

– *Erro de Proibição Direto*: ocorre quando o indivíduo pensa especificamente, diretamente, que sua conduta não é contrária a ordem jurídica, ou seja, que não é proibida.

– *Erro de Proibição Indireto (erro de permissão)*: ocorre quando o indivíduo acredita que sua conduta está autorizada pela ordem jurídica e que por isso não é proibida. Sendo assim, por pensar que seu ato está permitido, o agente indiretamente erra a respeito da proibição de seu comportamento.

13.3.1.3.1 Erro Sui Generis – um conceito invertido(?) pela doutrina nacional

Boa parte da dogmática nacional, com base em argumentos da doutrina estrangeira, vem considerando o **erro de tipo permissivo como uma espécie anômala de erro**, que teria agregado certos aspectos oriundos do erro de tipo e outros do erro de proibição, dando origem assim a uma suposta modalidade de *erro sui generis*,[8] dentro da Teoria Limitada da Culpabilidade adotada por nosso Código Penal (Art. 20, par. 1º, CP).

Embora não se possa negar que o erro de tipo permissivo criado pela estrutura da Teoria Limitada da Culpabilidade realmente subverta alguns paradigmas finalistas e traga em seu conceito um pouco de cada modalidade clássica de erro essencial (erro de tipo / erro de proibição), não podemos considerá-lo como modalidade anômala e *sui generis* de erro, pelo menos não sob o mesmo prisma da doutrina nacional.

Acontece é que, como vimos, a Teoria Limitada da Culpabilidade por uma opção dogmática e de política criminal resolveu limitar (por isso o nome da teoria) o alcance do instituto do erro de proibição, considerando que nem sempre a falta de conhecimento da ilicitude deverá dar origem a esta espécie de erro e afetar a culpabilidade. Sendo assim, cria-se uma nova modalidade de erro (erro de tipo permissivo) para abranger certas hipóteses em que o desconhecimento da ilicitude decorre de um equívoco a respeito da situação fática, concreta, narrada na própria norma (permissiva), que se existisse tornaria lícita a conduta.

Portanto, como vimos, a Teoria Limitada da Culpabilidade reconhece que as situações classificadas como descriminantes putativas podem se dividir em:

– *Erros de valoração a respeito dos limites de uma causa de justificação, ou quanto da existência de uma norma autorizadora (que não existe)*, sendo considerados como legítimos erros de proibição que por isso irão afetar somente o juízo de culpabilidade (p. ex.: errar a respeito dos limites de uma legítima defesa – achar que pode matar quem furta).

---

8. JESHECK, 1981:633, vol. 1; No Brasil: Luiz Flavio Gomes e César Roberto Bittencourt.

– *Erros sobre a situação fática narrada no tipo (permissivo)* que prevê uma causa de justificação ou excludente de ilicitude, e que por isso deverá ser reconhecido como modalidade de Erro de Tipo, pois incide sobre elementos descritos na própria norma legal (p. ex.: errar a respeito da existência de uma agressão – por isso achar que está em situação de legítima defesa).

Ao se analisar o **erro de tipo permissivo** é fácil perceber que sua **origem** está ligada a um **desconhecimento da ilicitude da conduta praticada**, o que classicamente afetaria apenas o juízo de reprovação do agente – através do erro de proibição – já que o conhecimento da ilicitude é elemento integrante do próprio conceito normativo puro de Culpabilidade.

Entretanto, por se referir a um equívoco fático sobre uma situação narrada na própria norma excludente da ilicitude, ou seja, por incidir em um elemento que compõe um tipo penal (permissivo), considerou-se que esta espécie de erro não deveria ser tratada como erro de proibição, mas sim como legítimo erro de tipo (erro de tipo permissivo).

Por isso mesmo, na visão da **teoria limitada** este **novo erro** teria que possuir as mesmas **consequências de todo erro de tipo clássico** (incriminador), qual seja afastar sempre o dolo (que na verdade está presente), punindo-se a modalidade culposa da conduta praticada caso o erro fosse evitável (culpa imprópria), ou afastar também a culpa, caso fosse inevitável, gerando assim a atipicidade do fato e consequente isenção de pena.

Entretanto a falta de precisão técnica do legislador pátrio gerou uma grande confusão no tratamento desta modalidade de erro, fazendo com que parte da nossa doutrina acabasse por se confundir a respeito da natureza do erro de tipo permissivo e tirasse certas conclusões que, na nossa concepção, estão invertidas e equivocadas em face da Teoria Limitada da Culpabilidade.

De acordo com o *Art. 20, par. 1º, do CP* o erro de tipo permissivo vem previsto da seguinte forma:

§ 1º – É isento de pena quem, por erro plenamente justificado pelas circunstâncias, supõe situação de fato que, se existisse, tornaria a ação legítima. Não há isenção de pena quando o erro deriva de culpa e o fato é punível como crime culposo. (Redação dada pela Lei nº 7.209, de 11.7.1984)

Para evitar maiores problemas de interpretação deste dispositivo legal precisamos fazer algumas considerações:

1) De acordo com a Teoria Limitada da Culpabilidade, bem como por fazer parte do Art. 20 do CP, o referido parágrafo primeiro é uma sub modalidade de erro de tipo, já que o erro narrado incide sobre "*situação de fato que, se existisse, tornaria a ação legítima*" *(grifei)* – situação esta que vem prevista nos tipos permissivos.

2) De acordo com a parte final do dispositivo – "*Não há isenção de pena quando o erro deriva de culpa e o fato é punível como crime culposo*" *(grifei)* – se o erro é evitável o fato será punível na modalidade culposa prevista para o crime (se houver), portanto afasta-se a aplicação do Tipo doloso.

3) A parte inicial do dispositivo afirma que "*É isento de pena...*", e esta consequência será aplicável apenas para as hipóteses em que o erro seja inevitável, portanto se no erro evitável (mais grave) afasta-se a aplicação do Tipo doloso e pune-se a conduta como crime culposo, evidentemente no erro inevitável (menos grave), que não é oriundo de culpa, já que sequer há "culpa" necessariamente não se poderá falar também em "Dolo".

4) O fato de o artigo utilizar o termo "*É isento de pena*" configura uma falha técnica do legislador que, em face da estrutura desenvolvida pela Teoria limitada da Culpabilidade para as consequências dos diversos erros de tipo, deveria ter se utilizado o termo "*Não há crime*" devido ao afastamento do Dolo e da Culpa, também no erro de tipo permissivo inevitável.

É verdade que o fato do **erro de tipo permissivo** afastar o dolo da conduta típica praticada pelo agente **não se ajusta plenamente à estrutura finalista clássica**, pois nela o Dolo está presente no tipo (incriminador) e na conduta praticada, não sendo afetado por aspectos ligados à exclusão ou não da ilicitude na situação concreta. (quem age em legítima defesa, seja ela real ou putativa, possui dolo de realizar um Tipo na sua conduta)

Porém, em face da **ficção jurídica** criada pela Teoria Limitada da Culpabilidade todos os erros de tipo (incriminador ou permissivo) deverão se sujeitar as mesmas consequências, quais sejam, afastar o dolo e a culpa se inevitáveis, ou apenas o dolo, mantendo-se a punição pela modalidade culposa do crime quando evitáveis.

É exatamente na convergência e conflito entre os paradigmas finalistas e as consequências do erro de tipo permissivo que a dogmática nacional acaba por gerar uma inversão de conceitos e, no afã de buscar uma justificativa e explicação para a adoção e consequências desta espécie de erro, acaba por piorar a situação falando em *erro suis generis* e até cogitando a adoção da chamada **Teoria complexa da Culpabilidade**.

Como iremos estudar adiante, para esta teoria, que teve suas raízes nas bases da **Teoria social da ação** (cf. J. *Wessels*), o dolo deve desempenhar uma dupla função na estrutura do delito; uma no Tipo penal, como delimitador da conduta típica e outra na própria Culpabilidade, como fundamento da reprovação penal, que pode ser dolosa ou culposa de acordo com análise do conhecimento da ilicitude e do ânimo do agente a respeito daquilo que irá causar com sua conduta.

Evidentemente, embora esta solução aparentemente explique porque em um erro de tipo permissivo evitável afasta-se o dolo e pune-se a culpa, já que a conduta típica, embora dolosa, apenas não possuiria uma "culpabilidade dolosa" – *em face do agente desconhecer a ilicitude de seus atos pela situação de descriminante putativa fática* – adotá-la afetaria todas as bases teóricas do finalismo, que trabalha com uma culpabilidade exclusivamente normativa (Teoria Normativa Pura), sendo o dolo elemento exclusivamente analisado no momento da conduta típica.

Não há como aceitarmos a proposta de adoção de uma estrutura complexa de culpabilidade – dentro das bases do Finalismo – apenas para tentar justificar as consequências do instituto do erro de tipo permissivo em nosso código penal. Acreditamos ser muito mais lógico manter uma estrutura normativa pura da culpabilidade e enxergá-la através da vertente da teoria limitada, que por ficção jurídica equiparou as consequências do erro fático nas descriminantes putativas (erro de tipo permissivo) às consequências do erro de tipo incriminador clássico.

Porém alguns autores seguem afirmando que o erro de tipo permissivo é modalidade de *erro sui generis* por possuir aspectos inerentes a ambas as espécies de erro essencial. Na verdade, esta afirmação **não gera maiores problemas**, desde que a natureza *sui generis* mencionada – por misturar aspectos de erro de tipo com erro de proibição – seja corretamente definida, o que infelizmente não acontece.

De acordo com a referida posição de nossa doutrina[9] o **erro de tipo permissivo** seria uma modalidade híbrida de erro, pois tratar-se-ia de um **erro de tipo**, por ser previsto no Art. 20 do CP e pelo fato de que se for evitável permite a punição da modalidade culposa da conduta praticada. Porém este erro **possuiria as consequências de um erro de proibição** (afastar a culpabilidade e a pena) se for inevitável, devido ao nosso legislador ter previsto como consequência deste erro que o agente *"É isento de pena..."*.

Com a devida vênia dos seus renomados defensores, ousamos discordar inteiramente desta posição, pois como afirmamos, o uso do termo "é isento de pena" nada mais é do que uma demonstração da falta de técnica do legislador pátrio, e evidentemente nas bases da **Teoria limitada da Culpabilidade** o erro de tipo permissivo não possui outra consequência senão a de <u>sempre afastar a punição por dolo</u>, não possuindo qualquer consequência correlata ao erro de proibição.

Portanto podemos aceitar a afirmação de que o erro de tipo permissivo é sim modalidade de *erro sui generis*, porém, desde que da seguinte forma:

– *O erro de tipo permissivo (Art. 20, par. 1º, CP) pode ser reconhecido como modalidade* sui generis *de erro essencial pois, mesmo sendo oriundo de situação característica de erro de proibição (falta de conhecimento da ilicitude) é considerado e possui todas as consequências de um legítimo erro de tipo – qual seja afetar dolo e culpa – isto de acordo com as bases finalistas da* Teoria Normativa Pura da Culpabilidade, *na sua vertente chamada de* Teoria Limitada da Culpabilidade *adotada pelo Código Penal brasileiro.*

Em outras palavras, o aspecto *suis generis* deste erro se encontra no fato de ser um legitimo **erro de proibição** (falta a consciência da ilicitude) porém com **caraterísticas de um erro de tipo** (afetar o dolo e culpa), exatamente o <u>oposto</u> do que afirma a doutrina nacional, que considera este erro como *suis generis* por ser um legítimo **erro de tipo** (previsto no artigo 20 do CP) **com características de erro de proibição** (isentar de pena) na sua forma inevitável.

13.3.1.3.2 *Teoria complexa da Culpabilidade*

Para tentar solucionar o insuperável dilema do **erro de tipo permissivo** e suas consequências, a doutrina tem se direcionado para uma nova concepção estrutural de culpabilidade, desenvolvida principalmente por *Wessels, Jescheck* e *Maurach*, qual seja, o chamado **conceito complexo de culpabilidade**, que possibilitaria, no erro de tipo permissivo, afirmar que não se afasta o dolo do tipo, mas tão somente a *"culpabilidade dolosa"* do autor, e que por isso deverá este responder pela modalidade culposa do crime.

Com base neste conceito complexo de culpabilidade, do qual decorre a chamada **"teoria da culpabilidade que remete à consequência jurídica"**, adotada entre outros por *Wessels*, é possível se afirmar que o erro de tipo permissivo não é uma espécie de erro de tipo, e nem mesmo um erro de permissão (erro de proibição indireto), mas sim uma nova modalidade de erro (*erro sui generis*), que terá como consequência a exclusão da **culpabilidade dolosa(?)**, possibilitando a punição por crime culposo, ficando o dolo do tipo intacto.

---

9.   No Brasil, principalmente: Luiz Flavio Gomes e César Roberto Bittencourt.

Conforme elucida o próprio *Wessels*, em sua tradicional obra – *Direito Penal* (Ed. S.A. Fabris, 1976) – a respeito das consequências do erro de tipo permissivo, e demonstrando sua adoção do conceito complexo de culpabilidade:

> *"O erro sobre os pressupostos típicos de uma causa de justificação reconhecida não suprime o dolo do tipo, mas sim, em aplicação analógica do § 16, I, 1, (só) a culpabilidade dolosa e a pena de dolo, equiparando-se, assim, só em suas consequências jurídicas (grifei) ao genuíno erro de tipo. O erro de tipo permissivo evitável faz com que o autor não seja punido por cometimento doloso do fato, mas sim pelo cometimento negligente onde houver à disposição um tipo de negligência correspondente."*

Desta forma, seguindo o **conceito complexo de culpabilidade**, percebe-se que o **dolo do tipo permanece perfeito** enquanto que com o **erro de tipo permissivo** afetar-se-á apenas a chamada **culpabilidade dolosa**, o que possibilitará de forma mais técnica, nestes casos, a punição na modalidade culposa do delito, e é somente nesta punição culposa que reside a ideia de que as consequências jurídicas do erro de tipo permissivo remetem ao conceito de erro de tipo comum (incriminador).

O conceito complexo de culpabilidade, ou moderno conceito de culpabilidade, como vem sendo tratado pela doutrina atual, possui o mérito, como foi dito, de explicar e justificar de forma racional e técnica o tratamento do chamado erro de tipo permissivo e suas consequências, algo em que a Teoria Limitada da Culpabilidade não logrou êxito.

Entretanto, deve-se observar este novo posicionamento doutrinário com cautela, pois não se pode impunemente, buscando pela via inversa explicar um instituto penal, qual seja, o erro de tipo permissivo, reestruturar toda a teoria da culpabilidade sem esbarrar em paradigmas teleológicos, tão pouco fechar os olhos para as consequências desta reformulação proposta, que indiscutivelmente abala toda a base da Teoria do Delito.

O modelo proposto por *Wessels* e *Jescheck* afirma que o fato de o dolo ser o elemento subjetivo do tipo penal não retira dele uma função dentro da culpabilidade, sendo que no tipo o dolo é a relação psíquica do autor com o mundo fático que se materializa por meio da realização da conduta objetivamente expressa na lei, enquanto que, na seara da culpabilidade, o dolo é portador do *"desvalor do ânimo"*, ou seja, contrariedade de vontade do agente em relação à ordem jurídica no momento da prática do fato.

Desta forma, acrescenta-se mais uma etapa de análise na estrutura do delito, pois a prática de um fato típico doloso, que antes era indício apenas da ilicitude da conduta, passa a ser também indício de uma **culpabilidade dolosa**, ou seja, de um ânimo dolosamente contrário ao Direito, sendo que da mesma forma que nem sempre um fato típico será ilícito nem todo fato doloso irá gerar uma *"culpabilidade dolosa"*.

Esta nova construção, formadora da chamada *"culpabilidade dolosa"* e da *"culpabilidade culposa"*, fundamenta-se, sobretudo, no conceito de "ânimo do autor", ou seja, uma atitude interna favorável ou não ao Direito, que deverá ser avaliada por meio do juízo de culpabilidade, e que pressupõe necessariamente, para ser analisada, que haja uma conduta objetiva, concreta, externa, pois, caso contrário, estaríamos voltando ao nefasto passado da culpabilidade do autor ou da culpabilidade pela conduta de vida.

Portanto, sob esta ótica devem ocorrer **duas etapas** independentes de análise subjetiva (**dupla função do dolo**): uma realizada no **âmbito do injusto típico**, e outra, totalmente independente, no **âmbito da culpabilidade**; desta forma será possível ter, em certos casos, a constatação do dolo na conduta típica, e, entretanto, não se constatar a animosidade contrária ao Direito (culpabilidade dolosa) no momento da prática do fato, possibilitando que o agente seja punido conforme a modalidade negligente do crime praticado (hipótese do erro de tipo permissivo).

Na verdade, é exatamente a ideia de culpabilidade dolosa ou culposa que demonstra insofismavelmente como se subverte a ordem estrutural finalista por meio deste "conceito moderno" de culpabilidade, já que a partir do finalismo adota-se a **Teoria Normativa Pura** da culpabilidade, com base no fato de que o dolo e a culpa foram transferidos desta para dentro do tipo penal, constituindo assim exclusivamente seu elemento subjetivo, restando dentro da culpabilidade somente elementos objetivo-normativos.

Entretanto, no que se refere ao tratamento do erro de tipo permissivo, é que o conceito complexo de culpabilidade parece ter tido maior êxito dogmático, pois pela primeira vez se conseguiu justificar, de forma sólida, a controvérsia insuperável, sob a ótica da **Teoria Limitada da Culpabilidade**, de se punir na modalidade culposa uma conduta dolosa praticada em erro vencível sobre pressupostos fáticos de uma causa de justificação, conforme previsto em nosso Código Penal, em setores da legislação estrangeira, e que é estranhamente chamada de *culpa imprópria*.

Portanto, somente por meio da moderna concepção complexa de culpabilidade é que se enquadra de forma clara a já mencionada classificação, aceita por boa parte da doutrina, do erro de tipo permissivo como um "*erro sui generis*", situado entre o erro de tipo e o erro de proibição, sem serem necessários malabarismos dogmáticos, que somente buscam explicar o inexplicável dentro de uma teoria puramente finalista.

Assim, percebe-se que esta controversa espécie de erro tem em comum com o **erro de tipo** o aspecto material, fático, pois incide sobre elementos presentes em uma descrição normativa, ou seja, sobre o tipo penal (não incriminador), e, em relação ao **erro de proibição**, os conceitos coincidem no que tange ao aspecto formal, valorativo, pelo fato de o autor realizar uma conduta com dolo, embora acredite estar agindo autorizadamente e acobertado por uma causa de justificação, possuindo assim uma menor reprovabilidade de sua conduta.

Desta forma, de acordo com a **Teoria Complexa**, nas hipóteses de erro de tipo permissivo, pelo fato de o autor não possuir animosidade contrária ao Direito, ou seja "culpabilidade dolosa", mas tão somente uma falta de cuidado na sua valoração dos fatos, caracteriza-se uma "culpabilidade culposa", o que possibilita então somente uma punição pela modalidade negligente do crime praticado, mesmo sua conduta típica sendo dolosa.

O novo conceito de culpabilidade, como uma estrutura complexa, que além dos elementos normativos também deva ser integrada por uma análise de elementos subjetivos, como o dolo e a culpa, proposto por *Wessels* e de forma muito semelhante adotado por *Jescheck*, inegavelmente possui méritos, entretanto parece ser um retrocesso ao já ultrapassado e superado conceito psicológico-normativo de culpabilidade, que a partir da fórmula proposta por Frank, e desenvolvida por *Welzel,* se modificou para enfim se solidificar como uma culpabilidade normativa pura.

Com a estruturação da doutrina finalista e a transferência do dolo e da culpa para dentro do tipo, a culpabilidade ficou livre de análises subjetivas, tão perigosas e incertas, formulando assim um sistema mais preciso e objetivo para reprovação da conduta pessoal praticada, e consequentemente mais justo no que se refere à delimitação da pena.

Reverter este processo evolutivo de maneira efetiva, fundamentalmente, para preencher uma **lacuna** existente na predominante **Teoria Limitada da Culpabilidade**, qual seja, o problema do **erro de tipo permissivo** pode gerar perigosos conflitos, inclusive despertando o vetusto questionamento oriundo do Direito Romano a respeito da existência de um *dolus malus*, ou seja, valorativo, e **vinculado à consciência da ilicitude do fato**, o que sem sombra de dúvida seria um grande retrocesso.

A consciência da ilicitude, que após longo processo de evolução finalmente se separou do dolo, pode por meio deste novo conceito complexo de culpabilidade tornar a se ligar a ele, e mesmo que se adote a dupla função do dolo proposta por tal teoria, em que o dolo possa ser elemento subjetivo da conduta típica e também elemento de valoração da culpabilidade, isto não seria suficiente para solucionar este delicado impasse.

Fica claro que, ao trabalhar com um conceito de *"culpabilidade dolosa"*, fundada na animosidade contrária ao Direito, se está adotando a realização de uma conduta dolosa com consciência e vontade de que seu ato viole a ordem jurídica como um todo, ou seja, em outras palavras, a conduta dolosa para ser punida a título de dolo, com base na estrutura complexa da culpabilidade, necessariamente deverá também, como no passado, ser uma conduta dolosa consciente da ilicitude do ato praticado e voltada, portanto, para esta prática reprovada – o que, como foi dito, pode ser considerado uma volta a uma estrutura que já está há muito superada.

Por outro lado, por meio desta moderna teoria, possibilita-se que um agente, mesmo cometendo uma conduta típica dolosa, seja punido a título de culpa se não tiver, no momento da prática da conduta, um ânimo contrário à ordem jurídica, ou seja, antijurídico. Desta forma, torna-se possível punir-se, na modalidade culposa, uma conduta dolosa não voltada contra o ordenamento, com base na chamada *"culpabilidade culposa"*.

Ora, data vênia, parece que em ambos os casos analisados anteriormente trata-se de travestir o antigo *dolus malus*, por meio da nova roupagem de **Teoria Complexa**, em duas espécies de dolo, quais sejam, um dolo natural inerente à conduta típica, e um dolo valorativo, analisado dentro da culpabilidade, que, entretanto, é definido de forma diferente, pois, em vez de se falar em dolo com consciência da ilicitude, fala-se em dolo com animosidade contrária ao Direito, ou, em outras palavras, *"culpabilidade dolosa"*, e na ausência desta animosidade, *"culpabilidade culposa"*.

Além disso, percebe-se que fundamentar o juízo de culpabilidade no ânimo interno do agente para aplicar uma punição a título de dolo ou culpa, mesmo que somente em casos extraordinários, como é o erro de tipo permissivo, como já foi dito, pode acabar por levar a doutrina de volta ao odioso Direito Penal da personalidade do autor, e à culpabilidade pela condução de vida.

Estas críticas ainda não foram afastadas de forma convincente por aqueles que argumentam que na **Teoria Complexa** a análise não recai sobre a personalidade do autor, mas tão somente sobre a manifestação de uma vontade contrária ao Direito no caso concreto, o que para nós aparentemente são conceitos inseparáveis, senão idênticos, somente definidos de forma diferente, e por isso permanece ainda dividido o posicionamento doutrinário a respeito da adoção ou não deste novo e controvertido conceito de culpabilidade.

Desta forma, sem desmerecer o esforço doutrinário dos partidários da **Teoria Complexa da Culpabilidade**, conclui-se que aceitá-la simplesmente conduzidos pelo dilema da possibilidade legal de se punir culposamente alguém que cometa uma conduta dolosa em erro de tipo permissivo (culpa imprópria), mais que uma busca desnecessária para encaixar um instituto em um sistema, seria uma irresponsabilidade e um erro, que se for levado adiante violará uma série de princípios e fundamentos, subvertendo e colocando em xeque a própria estrutura finalista da ação.

13.3.2 Erros Acidentais

Passaremos a analisar os chamados **erros acidentais**, ou seja, aqueles que dizem respeito à realização do crime em si e que, portanto, não afetam a estrutura do delito, pois, diferentemente dos erros essenciais, não dizem respeito especificamente a seus elementos integrantes, tipicidade, ilicitude e culpabilidade, mas sim de "acidentes", falhas, na realização do crime.

Como dissemos anteriormente, de acordo com a classificação proposta, os erros acidentais podem ser:

I) Erro Determinado por Terceiro (Art. 20, par. 2º, CP)

II) Erro quanto à Pessoa (Art. 20, par. 3º)

III) Erro de execução "Aberratio Ictus" (Art. 73, CP)

IV) Erro de objeto "Aberratio Criminis" (Art. 74, CP)

Cada uma destas modalidades de erro possuirá características e consequências distintas em face da realização do crime, que passaremos a estudar a seguir.

13.3.2.1 *Erro Determinado por Terceiro (art. 20, § 2º, do CP)*

Esta modalidade de erro muitas vezes não é tratada separadamente pelos manuais de Direito Penal, sendo que a maioria dos autores nacionais opta por mencionar o assunto superficialmente apenas como uma das hipóteses de **autoria mediata,** o que nos parece não ser a melhor forma de abordagem do tema tanto por questões de didática e sistematização, quanto pela falta de profundidade ocasionada por esta forma de tratamento.

É inegável que o **erro determinado por terceiro** tem íntima relação com a chamada **autoria mediata** e com a delimitação da autoria em certas hipóteses de realização dos crimes, entretanto não se pode deixar de ressaltar que este instituto possui consequências muito mais complexas do que se deduz do sucinto dispositivo legal em que está definido.

O Código Penal brasileiro é bastante econômico e objetivo no que tange à delimitação do erro determinado por terceiro e afirma o seguinte:

"Responde pelo crime o terceiro que determina o erro" (Art. 20, par. 2º, CP).

Porém, devemos aprofundar um pouco mais a análise do tema, para que possamos fazer algumas interessantes ilações a respeito deste instituto.

De forma simples podemos entender que de acordo com o dispositivo legal supramencionado quando um determinado agente ilude alguém, levando esta pessoa a cometer um crime em erro a respeito dos fatos, responde pelo crime somente aquele que induziu o agente a erro.

Sabe-se que modernamente, em face da **Teoria do Domínio final do fato**, que estudaremos mais a frente, autor é todo aquele que possui o domínio dos fatos, detendo as rédeas da situação e o controle da realização do crime, portanto, em hipótese de erro determinado por terceiro quem executa a conduta, por ter sido levado a erro por um terceiro, não possui este domínio, por isso não poderá ser considerado autor e em regra não responderá pelo crime.

Desta forma, em situação de erro determinado por terceiro, somente responderá pelo crime este terceiro, responsável por induzir o agente a erro, que será chamado de **autor mediato** do crime praticado conforme a expressa previsão legal do Art. 20, par. 2º do Código Penal.

Como clássico exemplo de erro determinado por terceiro, fornecido por diversos manuais de Direito Penal, podemos citar o seguinte caso:

– Um médico que desejando eliminar seu desafeto determina que a enfermeira aplique determinado "medicamento" a um paciente. Porém, sem que a enfermeira perceba, troca o conteúdo do recipiente do remédio por um poderoso veneno que ao ser por ela aplicado no paciente ocasiona instantaneamente sua morte.

Neste caso, o médico induziu a enfermeira a erro a respeito da situação fática e esta, por desconhecer a natureza da substância que ministrou no paciente, deverá ser absolvida não respondendo pelo homicídio. Entretanto, o médico, por possuir **domínio final dos fatos**, será o autor mediato e responderá pelo crime de homicídio doloso.

Entretanto o estudo das hipóteses de erro determinado por terceiro merece um tratamento um pouco mais detalhado e, assim sendo, surgem algumas interessantes questões:

– Qual a natureza jurídica do erro determinado por terceiro? Quais os efeitos oriundos de um erro determinado por terceiro que seja evitável (vencível)?

Quanto à **natureza jurídica do erro determinado por terceiros**, tradicionalmente costuma-se afirmar que se trata de uma modalidade de <u>erro de tipo</u>, pois normalmente o erro ao qual se submete o agente é inerente à própria situação fática e aos elementos objetivos de um tipo penal realizado.

De acordo com esta natureza jurídica, o erro determinado por terceiro deverá seguir a sistemática da teoria do erro para os **erros de tipo clássicos**, ou seja, se o erro for **inevitável**, afasta-se o dolo e a culpa da conduta do agente enganado e para ele o fato será considerado atípico, mas se o erro for considerado **evitável**, necessariamente o agente que atuou em erro deverá responder pela modalidade culposa do crime praticado, enquanto aquele que determinou o erro responderá normalmente pelo crime doloso.

Note-se que, embora a doutrina não costume mencionar, mesmo que o agente que atuou em erro (evitável) responda pela forma culposa, e aquele que determinou o erro seja imputado pela forma dolosa do crime, ainda assim poderia se falar em autoria mediata nesta hipótese, pois o executor ao **agir com culpa** também **não possui o domínio final dos fatos**, algo que é inerente a condutas dolosas, e portanto, aquele que o induziu ao erro deverá permanecer considerado como autor mediato do crime.

Entretanto acreditamos que, embora não seja comum, há ainda outra natureza jurídica possível para os **erros determinados por terceiros**, qual seja de modalidade de **erro de proibição direto ou indireto**, nas hipóteses em que um terceiro ilude o agente a respeito da **não proibição** de determinado comportamento, ou mesmo quanto à existência de uma norma autorizadora para o fato a ser praticado.

Nestes casos o erro do agente, que também poderá ser considerado inevitável ou evitável, não incide sobre elementos objetivos do tipo penal, ou seja, não incide sobre os fatos a serem praticados pelo agente, mas sim sobre a natureza ilícita, proibida da conduta em questão.

Por isso, quando esta situação ocorrer, deve-se aplicar ao **erro determinado por terceiro** as mesmas consequências de um legítimo **erro de proibição** (Art. 21, CP), ou seja, afastar a culpabilidade e o crime se o erro for inevitável, ou reduzir a pena de 1/6 a 1/3 se o erro for evitável.

Podemos citar como exemplo de um erro determinado por terceiro que deve ser tratado como erro de proibição a seguinte hipótese:

– Um advogado afirma para seu cliente que não é proibido alguém fazer declarações falsas em um depoimento à justiça quando se tratar de garantir, como resultado da falsidade ideológica, benefícios econômicos para seus próprios filhos.

Evidentemente que se o referido cliente prestar tais declarações estará cometendo o crime de falsidade ideológica (Art. 299, CP), entretanto atuará em **erro determinado por terceiros** no que tange à ilicitude de sua conduta (**erro de proibição**), que dependendo da sua natureza evitável ou não, poderá afastar a culpabilidade e o crime, ou reduzir a pena a ser aplicada ao agente. Quanto ao terceiro que determinou o erro deve-se imputar normalmente o crime praticado (autoria mediata).

Finalmente, não podemos deixar de lembrar que, conforme já mencionamos anteriormente, o erro determinado por terceiros nos parece ser o fundamento teórico da conhecida causa de exculpação (excludente de culpabilidade) chamada **obediência hierárquica** (Art. 22 CP), pois nela o subordinado atua cumprindo uma ordem ilegal de seu superior hierárquico apenas por acreditar erroneamente que esta ordem é legal e legítima.

Por isso, o erro determinado por terceiro poderá possuir também a natureza jurídica de **causa de exculpação por inexigibilidade de conduta diversa** nas hipóteses em que o agente, que se encontre em uma situação de subordinação hierárquica para com o terceiro que lhe determinou o erro atue, em estrito cumprimento desta ordem, errando a respeito da legalidade daquilo que realizar.

Em suma, podemos então afirmar que o erro determinado por terceiro possuirá as seguintes **naturezas jurídicas**, de acordo com a situação concreta em que se encontrem os agentes:

1) _Modalidade indireta de erro de tipo_; quando o erro incidir sobre a situação fática descrita objetivamente no tipo, gerando em certos casos a atipicidade do fato se for inevitável, ou ainda possibilitando a responsabilização do agente pela forma culposa do crime que realizar em erro evitável (Art. 20, par. 2º, c/c Art. 20 _caput_, CP).

2) *Espécie anômala de erro de proibição (direto ou indireto)*; quando o erro incidir sobre a ilicitude da conduta praticada, afastando a culpabilidade e o crime for inevitável, ou apenas reduzindo a pena daquele que agir em erro evitável (Art. 20, par. 2º, c/c Art. 21, CP).

3) *Causa legal de exculpação*; excludente de culpabilidade por inexigibilidade de conduta diversa, quando o erro incidir sobre a legalidade de uma ordem proferida por um superior hierárquico, afastando a existência de crime para o subordinado e imputando-se o fato ao superior que determinou o erro (Art. 20, par. 2º, c/c Art. 22, CP).

13.3.2.2 Erro sobre a Pessoa (Art. 20, § 3º, do CP)

Vamos agora analisar o chamado erro quanto à pessoa (*error in personae*), espécie de erro que em essência não apresenta grandes problemas de interpretação, porém devido à imprecisa nomenclatura que lhe foi atribuída, e por possuir a mesma consequência, algumas vezes acaba por ser confundido com o erro de execução (*aberratio ictus*), o que evidentemente é um grave equívoco.

O Código Penal, a respeito desta modalidade de erro, afirma sucintamente em seu Art. 20, par. 3º, quanto ao *erro sobre a pessoa*, que:

"O erro quanto à pessoa contra a qual o crime é praticado não isenta de pena. Não se consideram, neste caso, as condições ou qualidades da vítima, senão as da pessoa contra quem o agente queria praticar o crime."

O primeiro passo para evitar qualquer espécie de equívoco ou confusão a respeito desta modalidade de erro será de forma bastante simples acrescentarmos uma palavra no *nomem iuris* deste instituto, o que em princípio soluciona inúmeros problemas interpretativos.

Portanto, como dica, ao trabalhar com esta espécie de erro devemos nos referir a ela como *"erro quanto a quem é a pessoa"*.

Esta alteração por mais inocente ou insignificante que possa parecer evitará quaisquer dúvidas a respeito de se um caso concreto deve ser enquadrado nesta modalidade de erro, ou no chamado erro de execução (*Aberratio Ictus*), pois ao considerarmos que este erro se refere *a quem é* a pessoa a ser atingida, fica evidente sua relação com uma errônea valoração subjetiva por parte do autor a respeito de sua vítima, e não de uma falha objetiva na execução da conduta, que é característica fundamental do famoso *Aberratio Ictus* (Art. 73, CP).

O interessante é que por uma opção do legislador pátrio o **Erro sobre a pessoa** (Art. 20, par. 3º, CP) e o **Erro na execução** (Art. 73, CP) possuem as mesmas consequências, quais sejam, que o agente responde pelo resultado como se tivesse atingido a pessoa contra quem queria praticar o crime, ignorando as condições e qualidades pessoais da vítima efetivamente atingida.

Entretanto, como vimos, as semelhanças terminam por aí, pois no que tange a delimitação da situação concreta as duas espécies de erro se distanciam e possuem características absolutamente diferentes.

Desta forma, podemos delimitar a separação entre o **Erro quanto à pessoa** e o **Erro de execução** dizendo:

– *No erro sobre a pessoa (Art. 20, par. 3º, CP) existe um equívoco na valoração subjetiva do autor quanto a quem é a pessoa a ser atingida, enquanto no erro de execução, ou "Aberratio Ictus" (Art. 73, CP), ocorre uma falha objetiva na conduta do agente, que erra o alvo no momento da execução do crime.*

Quando nos referimos ao erro quanto a quem é a pessoa, estamos tratando de hipóteses em que o autor devido a uma série de fatores, que podem ser inerentes às suas capacidades pessoais ou não, se engana a respeito da identidade de sua vítima, configurando uma falha na sua valoração pessoal a respeito de contra quem está praticando o fato, entretanto, no que tange à execução objetiva do crime, sua conduta será perfeita e ele atingirá o alvo visado sem qualquer desvio ou equívoco.

Podemos fornecer o seguinte exemplo concreto desta modalidade de erro:

– *"A" resolve matar seu irmão por motivo de vingança, desta forma se coloca em tocaia na saída da empresa em que este trabalha aguardando o fim do expediente para alvejá-lo com arma de fogo. No momento da saída avista seu alvo e pelas costas dispara a arma atingindo mortalmente o indivíduo sobre o qual apontou a arma, acreditando ter matado seu irmão. Porém, naquele dia o irmão de "A" havia saído pela porta dos fundos da empresa e sequer viu o ocorrido na entrada principal.*

Neste caso, percebe-se que o autor se confundiu a **respeito da identidade da vítima** que atingiu, possivelmente por se parecer muito com o seu irmão e devido a outros inúmeros fatores (posição, distância, roupas, luminosidade, etc.) que podem ter afetado sua percepção, porém, ao disparar a arma o autor acerta exatamente a pessoa que pensava ser seu irmão, por isso dizemos que houve um erro quanto a quem é a pessoa.

No que tange aos efeitos deste erro, de acordo com o Código Penal, devem ser levadas em contas as características da pessoa contra quem o agente desejava ter praticado o crime, e não as características da vítima objetivamente atingida, o que demonstra nestes casos, uma evidente intenção de se privilegiar o aspecto subjetivo sobre o objetivo ao se responsabilizar o autor, tendência natural dentro de uma estrutura teórica que é estritamente fundada na Teoria Finalista da Ação.

Sendo assim, quando se estiver diante de uma situação de **Erro sobre a pessoa** deveremos imputar ao agente todas as circunstâncias (qualificadoras, agravantes, atenuantes, causas de aumento ou de diminuição etc.) que seriam aplicadas se não tivesse ocorrido o erro, ou seja, como se o crime tivesse sido praticado contra quem o autor efetivamente pretendia inicialmente.

Entretanto, surgem interessantes questões quando confrontamos o erro sobre a pessoa com o *crime de infanticídio (Art. 123, CP)* e também com o instituto de Direito Penal chamado *crime impossível (Art. 17, CP)*, pois nestes casos as repercussões do Erro sobre a pessoa serão bastante peculiares e merecem cuidadosa análise, e que já foi objeto de prova em diversos concursos públicos.

O Código Penal afirma que, configura crime de infanticídio (Art. 123, CP), *"Matar, sob a influência do estado puerperal, o próprio filho, durante o parto ou logo após"*, o que demonstra que este é um crime próprio, ou seja, que *a priori* só pode ser praticado pela mãe dentro de certo período de tempo e sob influência do chamado estado puerperal.

Além disso, devido às suas particulares circunstâncias o legislador considerou que quem praticar esta conduta merece um juízo de reprovação muito menor do que o de um homicídio comum, razão pela qual sua pena é sensivelmente menor.

Surge então a seguinte pergunta:

– Quais as consequências do **erro quanto à pessoa** em uma hipótese de **crime de infanticídio?**

A razão de ser desta intrigante indagação pode ser explicada pelo fato de que o infanticídio possui natureza de crime próprio também no que tange ao sujeito passivo ("*próprio filho*"), e portanto um erro a respeito da identidade da vítima irá afetar de diversas formas a própria tipificação da conduta, pois será inerente a uma elementar objetiva deste tipo penal.

Vejamos o problema sobre o prisma do seguinte exemplo concreto que ajudará a visualizar os efeitos do Erro sobre "*quem é*" a pessoa em face do crime de infanticídio:

– *Uma mãe, minutos após o parto vai ao berçário onde se encontra seu filho recém-nascido e usando de um travesseiro o sufoca até a morte, voltando em seguida para seu quarto. Porém, no dia seguinte ao se descobrir o ocorrido constata-se que esta mãe matou um outro bebe que não o seu filho, pois confundiu as crianças no berçário, que por serem recém-nascidas são muito parecidas.*

Neste caso percebemos perfeitamente uma hipótese de **Erro sobre a pessoa**, pois a mãe se confundiu a respeito da **identidade da criança** e desta forma mesmo tendo praticado objetivamente um crime de homicídio (Art. 121, CP) pois matou uma criança qualquer, e não seu próprio filho, deverá responder pelo crime de infanticídio, prevalecendo assim o aspecto subjetivo de sua conduta de acordo com a regra do erro quanto à pessoa (Art. 20, par. 3º, CP).

O que diferencia esta situação das demais hipóteses de erro sobre a pessoa é que no caso do infanticídio este erro interfere na própria tipificação da conduta praticada, pois deixa-se de aplicar o crime de homicídio consumado, que efetivamente foi praticado, para responsabilizar o autor pelo crime de infanticídio, que objetivamente não ocorreu, prevalecendo assim o aspecto subjetivo sobre a materialização de uma lesão a um bem jurídico.

O que salta aos olhos não é simplesmente o fato de se tipificar uma conduta em face exclusivamente do elemento subjetivo, algo que é plenamente cabível na estrutura finalista e que ocorre por exemplo nas hipóteses de tentativa, mas sim ignorar a consumação material do crime de homicídio em favor do crime de infanticídio, sendo que o dolo (elemento subjetivo) para estes crimes é idêntico, qual seja "dolo de matar".

Na verdade, em regra o **erro quanto à pessoa** visa a que as circunstâncias que envolvem determinado crime e que se vinculem à vítima contra quem o agente desejava praticar o crime sejam aplicadas, e não as circunstâncias inerentes à pessoa objetivamente atingida. Esta regra legal destina-se a que **prevaleçam** os aumentos ou diminuições da pena em razão do **caráter subjetivo da conduta** em face de uma vítima (conforme o finalismo), porém, via de regra, isto não deveria as elementares de um tipo, e muito menos a tipificação de uma conduta.

Entretanto, no **crime de infanticídio** o erro quanto à pessoa promove uma legítima *desmaterialização do resultado* objetivamente produzido, bem como uma tipificação fundada no aspecto subjetivo especial do autor quanto ao sujeito passivo em um crime contra a vida consumado, o que no mínimo parece ferir o próprio princípio da legalidade e da tipicidade.

Porém, todos os problemas técnicos supramencionados podem ser atenuados pelo fato de que a aplicação das regras do erro sobre a pessoa para as hipóteses de infanticídio será absolutamente mais benéficas para o autor do fato, já que a pena máxima do crime de infanticídio (Art. 123, CP) corresponde à pena mínima do crime de homicídio simples.

Também podemos citar, em favor da aplicação da pena do infanticídio, para estas hipóteses de crime de homicídio cometido em erro quanto à pessoa, o fato de que o fundamento da menor reprovabilidade do fato, abstratamente prevista no tipo penal do infanticídio através de sua pena, é a reduzida reprovação da conduta do agente que atua sob influência do estado puerperal.

Devido aos aspectos psíquicos inerentes ao puerpério, aquele que atua sob seus efeitos inegavelmente possui uma menor culpabilidade, devido à sua *"quase inimputabilidade"* momentânea, e este aspecto, de natureza subjetiva, inegavelmente permanece intacto na conduta de quem praticar objetivamente um homicídio por estar em erro quanto à pessoa contra quem realiza o crime, razão pela qual não há maiores prejuízos em se tipificar essa conduta como crime de infanticídio.

Se a inter-relação do **crime de infanticídio** com o **erro sobre a pessoa** já é um assunto bastante delicado, a discussão fica ainda mais complexa e instigante se fizermos uma análise do instituto do **crime impossível** agregada a estas hipóteses, o que ocasionará algumas consequências interessantes principalmente em face da tipicidade dos fatos praticados em situação de erro.

O **crime impossível** (Art. 17, CP), conforme já estudamos, possui a característica de afetar a própria tipicidade do fato e, independentemente do elemento subjetivo do agente estar perfeito, considera-se o fato como atípico quando, por impropriedade do objeto, ou por ineficácia do meio utilizado, for absolutamente impossível se obter a consumação do crime, o que parece de certa forma ser uma contradição em face da Teoria Finalista da Ação, já que evidentemente prevalece o aspecto objetivo da impossibilidade de consumação em detrimento do aspecto subjetivo da conduta do agente.

Como se pode perceber, o crime impossível fundamenta-se em um preceito inverso daquele que informa o erro quanto à pessoa, razão pela qual a convergência destes institutos é tão complexa e delicada, já que em suas estruturas fundamentais cada um desses institutos tende a privilegiar um aspecto na análise do crime, sendo assim podemos afirmar que:

– *No crime impossível o legislador optou por privilegiar o aspecto objetivo do fato praticado para considerá-lo atípico, independentemente do elemento subjetivo (dolo) da conduta estar perfeito, enquanto no erro sobre a pessoa ocorre exatamente o oposto, pois a norma privilegia o aspecto subjetivo da conduta do agente, em detrimento do resultado objetivamente alcançado, para que ele responda pelo crime exclusivamente de acordo com as características da vítima que pretendia atingir.*

Sendo assim, podemos ilustrar o problema de como compatibilizar a aplicação de ambos os institutos através do seguinte exemplo que foi objeto de prova de 2ª fase em concurso para a carreira do Ministério Público:

– *Uma mãe, logo após o parto, vai ao berçário e sufoca uma criança que pensa ser seu filho, mas que na verdade não é. Porém, se descobre que embora tenha matado o filho de outra pessoa, quando praticou esta conduta, seu filho, que ficava no berço ao lado, já estava morto há mais de 2 horas devido a um mal súbito.*

Em face do complexo exemplo acima, pergunta-se:

– Como tipificar a conduta desta mãe em face dos institutos do erro sobre a pessoa (Art. 20, par. 3º, CP) e do Crime Impossível (Art. 17, CP)?

Inicialmente podemos perceber que esta mãe atuou em erro sobre a pessoa, pois atacou e matou equivocadamente uma criança qualquer, pensando ser o seu próprio filho, portanto, de acordo com as regras do **Art. 20 par. 3º do CP** deverá responder como se tivesse praticado o crime contra quem pretendia.

Levando-se em conta o fato desta mãe ter agido logo após o parto e sob influência do estado puerperal pretendendo matar o próprio filho, de acordo com o instituto do erro sobre a pessoa, em regra, ela deverá ser imputada pelo **crime de infanticídio** (Art. 123, CP), crime que pretendia praticar, embora objetivamente tenha cometido o crime de homicídio (Art. 121, CP).

Porém ao acrescentarmos a esta situação o fato de que seu **próprio filho já estava morto** quando esta mãe entrou no berçário e agiu em erro sobre a pessoa e matando outra criança, há que se ter em mente que o crime de infanticídio desde o início era absolutamente impossível de ocorrer, surgindo a problemática questão de como tipificar a conduta desta mãe.

Em outras palavras, se o **erro quanto à pessoa** (Art. 20 par. 3º, CP) determina que o agente responda pelo crime de acordo com as características da vítima que pretendia atingir, e neste caso, como sujeito passivo que a mãe visava ter atingido (seu filho) já estava morto anteriormente, haveria um crime impossível (art. 17 CP) em face do infanticídio, ficando a dúvida em relação de como se deve tratar esta questão.

São cabíveis **três soluções** para este controvertido choque de institutos, são elas:

1- Deve-se considerar o fato como atípico, atendendo as determinações legais do Art. 20, par. 3º, do CP em face do erro quanto à pessoa, prevalecendo assim o aspecto subjetivo oriundo desta hipótese de erro em detrimento da abordagem objetiva que informa o crime impossível, e impediria sua aplicação em face do homicídio concretamente praticado nesta hipótese.

Como o agente que atua em erro deve responder de acordo com as características da vítima que pretendia lesionar, e nesta hipótese a vítima, inicialmente e subjetivamente visada, já estava morta, o fato será considerado **ATÍPICO**, pois em face de seu próprio filho e do crime de infanticídio haveria Crime Impossível.

2- A mãe deverá responder pelo **crime de homicídio** (Art. 121, CP), pois embora o Art. 20, par. 3º, do CP determine que nas hipóteses de erro sobre a pessoa o agente responda em face das características da vítima que pretendia atingir, este dispositivo não pode interferir na materialidade dos fatos, anulando a lesão a um bem jurídico tutelado (vida) que efetivamente ocorreu.

Neste caso, o aspecto objetivo, requisito inerente à aplicação do instituto do crime impossível, deve prevalecer, impedindo que se considere esta hipótese como fato atípico em face do **Art. 17 do CP**, pois objetivamente um resultado material (morte) se produziu, e um crime contra a vida se consumou.

Desta forma, aqui as regras do erro sobre a pessoa não possuirão qualquer eficácia, já que as características da vítima visada inicialmente não podem ser aplicadas para interferir neste caso concreto, devido ao fato desta já estar morta antes do início da prática da conduta.

3- A mãe deverá responder pelo **crime de infanticídio** (Art. 123, CP), pois o Art. 20, par. 3º do CP se refere expressamente apenas às *"condições e qualidades"* da vítima que se pretendia atingir, e são estas características que devem ser levadas em conta nas situações de erro quanto à pessoa. Logo, neste caso, embora em face do próprio filho o fato possa ser considerado como crime impossível, suas características devem permanecer para informar o crime de homicídio que objetivamente ocorreu.

Assim sendo, objetivamente não há crime impossível nesta hipótese, pois um resultado morte se produziu, e um crime se consumou, porém, de acordo com o erro quanto à pessoa, o aspecto subjetivo inerente à conduta da mãe, que visava atingir o próprio filho, deverá ser considerado, já que a morte anterior não fazia parte da sua esfera de representação no momento da conduta.

Em suma, neste caso, deve-se fazer uma conjugação de aspectos objetivos e subjetivos para tipificar a conduta praticada como crime de infanticídio (Art. 123, CP) garantindo assim a segurança jurídica em prol dos princípios da racionalidade, razoabilidade, legalidade e tipicidade.

13.3.2.3 *Erro de Execução ou Aberratio Ictus (art. 73 do CP)*

O **erro de execução**, ou como costuma ser chamado, o *Aberratio Ictus*, é a modalidade mais comum e conhecida dos erros acidentais, pois como o próprio nome do instituto indica trata-se de um erro por parte do autor no momento de executar, praticar a conduta criminosa, sendo que devido a este erro o agente acaba por lesionar uma pessoa diferente daquela que pretendia inicialmente com sua conduta.

Como se pode perceber trata-se de um **erro de caráter exclusivamente objetivo**, pois o autor não se equivoca a respeito da identidade de sua vítima, agindo com consciência de estar visando a pessoa certa que pretende lesionar, porém por uma falha nos meios de execução da conduta ou simplesmente por fatores externos independentes de sua vontade, acaba por *errar o alvo* atingindo outra pessoa diferente da pretendida por ele inicialmente.

O *Aberratio Ictus* se tornou uma modalidade de erro bastante comum nos dias de hoje devido à crescente violência urbana que assola nosso país, já que os inúmeros casos de **balas perdidas** que acabam por vitimar pessoas inocentes nas ruas de nossas cidades, produto de confrontos entre criminosos de diferentes facções ou mesmo do embate entre policiais e meliantes armados, no combate ao crime.

Não é difícil perceber a diferença estrutural entre o **Erro de Execução ou** *Aberratio Ictus* (Art. 73, CP) e o supracitado **Erro sobre a pessoa** (Art. 20, par. 3º, CP), embora muitas vezes, devido a confusões terminológicas entre os institutos, ou mesmo devido ao fato de, como dissemos, ambas as modalidades de erro possuírem as mesmas consequências – responder como se tivesse atingido a vítima inicialmente visada – isso acabe acontecendo.

No *Aberratio Ictus* ocorre uma **falha objetiva** na conduta criminosa do agente que, por motivos alheios à sua vontade, acaba atingindo uma vítima diferente da visada inicialmente, ou seja, o autor erra o alvo, enquanto no erro sobre a pessoa ocorre uma *falha subjetiva*, e o agente acerta o alvo visado, mas este não é a pessoa que ele pensava e visava atingir com sua conduta.

Desta forma, visando mais uma vez dirimir qualquer tipo de dúvida a respeito das diferenças e semelhanças entre o erro sobre a pessoa (Art. 20, par. 3º, CP) e o erro de execução, ou *Aberratio Ictus* (Art. 73, CP), podemos afirmar em suma que:

– *O Aberratio Ictus (Art. 73 CP) é um erro de caráter exclusivamente objetivo, um erro na execução da conduta, enquanto o Erro sobre a pessoa (Art. 20 par. 3º CP) é um erro de cunho absolutamente subjetivo, ou seja, um erro na valoração do autor a respeito da identidade da vítima visada.*

O erro de execução aparece no Código Penal dividido em duas hipóteses, primeiro, quando somente se produz um **único resultado** (Art. 73, primeira parte), e segundo, quando mesmo havendo um erro ocorrem **dois ou mais resultados** como produto da conduta praticada (Art. 73, segunda parte), de acordo com o seguinte texto:

"Quando, por acidente ou erro no uso dos meios de execução, o agente, ao invés de atingir a pessoa que pretendia ofender, atinge pessoa diversa, responde como se tivesse praticado o crime contra aquela, atendendo-se ao disposto no § 3º do art. 20 deste Código. No caso de ser também atingida a pessoa que o agente pretendia ofender, aplica-se a regra do art. 70 deste Código."

Portanto, em uma primeira análise podemos dizer que o *Aberratio Ictus* tem como principal função evitar que em certas hipóteses ocorra um concurso de crimes quando em face do crime inicialmente praticado ocorra apenas uma *"tentativa branca"*, ou seja, aquela que não produz qualquer resultado material, já que determina que nestas hipóteses o agente responde por um único crime como se tivesse atingido a vítima visada inicialmente.

Vamos analisar a afirmação acima através do seguinte exemplo:

– *Determinado autor, com intenção de matar, dispara arma de fogo contra um menor de 13 anos de idade, porém, erra o tiro, acertando apenas o garçom da lanchonete onde este se encontrava.*

Neste caso, como um único resultado material se produziu o instituto do *Aberratio Ictus* impede que o agente seja responsabilizado pela tentativa de homicídio em face do menor de idade visado, afastando-se o concurso de crimes, respondendo objetivamente apenas pelo crime praticado contra o garçom, que pode ser de homicídio doloso consumado ou tentado de acordo com o caso concreto.

Porém, conforme a Lei, para efeitos de aplicação da pena no erro de execução devem incidir sobre o autor do fato todas as circunstâncias (agravantes, atenuantes, causas de aumento ou diminuição de pena, etc.) que seriam cabíveis se ele tivesse atingido realmente a vítima pretendida, ou seja, pune-se um só crime porém como se na verdade não tivesse havido qualquer erro, e nesse caso incidiria o aumento de pena em face da idade da vítima visada (13 anos).

Fica evidente que, através das regras para o **erro de execução**, o legislador quis privilegiar o aspecto subjetivo, ou seja, a finalidade do autor ao praticar sua conduta, de certa forma ignorando as características da vítima objetivamente lesionada, no que tange à reprovabilidade do fato.

Entretanto, como não há diferença entre titulares do bem *jurídico vida*, e objetivamente apenas uma pessoa foi atingida, o erro de execução nestes casos se baseia no princípio da intervenção mínima e da própria lesividade para afastar a aplicação das regras do concurso formal de crimes (art. 70 CP).

Contudo, há ainda outra hipótese de erro de execução, qual seja aquele em que se produzem dois ou mais resultados materiais, em que apesar do erro o autor do fato atinge tanto a vítima visada quanto uma outra pessoa provocando objetivamente duas lesões autônomas.

De acordo com o próprio Código Penal quando em uma situação de erro na execução se produzir **dois ou mais resultados** aplicam-se normalmente as regras do **concurso formal de crimes** (Art. 70, CP) o que gera uma interessante consequência, que nos permite chegar à seguinte conclusão:

– *Nas hipóteses de erro de execução, em que além de atingir a vítima visada também se lesiona terceiros, concretamente não há por que se falar em Aberratio Ictus, já que, de acordo com a própria Lei, aplicam-se normalmente as regras do concurso formal de crimes, e este erro não gera qualquer consequência prática relevante.*

Parece estranho, mas nos casos concretos em que o agente acidentalmente, em erro, acaba atingindo outra pessoa além da vítima por ele visada inicialmente o instituto do erro de execução não gera qualquer efeito diferente do que a aplicação das regras gerais do concurso de crimes, sendo, portanto, absolutamente desnecessária a segunda parte do Art. 73 do Código Penal.

Na verdade, o único caso em que talvez se pudesse dar alguma dúvida para a regra do *Aberratio Ictus* com dois ou mais resultados seria aquele em que o agente, atuando com dolo de matar alguém, acaba apenas lesionando a vítima que pretendia atingir, no entanto, matando um terceiro por erro na execução.

Entretanto, através uma leitura cautelosa do texto do Art. 73 do Código Penal percebe-se que o dispositivo legal ao dizer que, "*o agente, ao invés <u>de atingir a pessoa que pretendia ofender, atinge pessoa diversa</u>, responde como se tivesse praticado o crime contra aquela, atendendo-se ao disposto no § 3º do art. 20 deste Código*". *(grifo nosso)*, parece nitidamente excluir desta previsão as hipóteses de concorrência de dois resultados, pois o legislador utilizou expressamente o termo "**<u>ao invés</u>**" o que, por uma interpretação lógica, deve afastar a possibilidade de aplicação das regras do erro sobre a pessoa (Art. 20, par. 3º, CP) quando concomitantemente se atingir a vítima visada e terceiro.

Com isso, acreditamos que não há qualquer razão para o legislador ter incluído no dispositivo legal que define o Erro de Execução (Art. 73, CP) a menção a respeito de que "*No caso de ser também atingida a pessoa que o agente pretendia ofender, aplica-se a regra do art. 70 deste Código*", por que isto já ocorreria de acordo com as regras gerais do Código Penal para o concurso de crimes.

Desta forma podemos concluir o seguinte:

– *O instituto do* Aberratio Ictus *só tem real utilidade e aplicação quando em face do erro se atingir apenas uma única pessoa, pois havendo dois ou mais resultados oriundos do erro na execução, aplicam-se normalmente as regras gerais do concurso formal de crimes, previstas no Código Penal.*

Devemos abordar ainda a questão do **elemento subjetivo** na conduta do autor em relação ao resultado produzido pelo erro na execução da conduta, e para que o instituto do *Aberratio Ictus* esteja de acordo com o ordenamento jurídico moderno que consagra a responsabilidade penal exclusivamente subjetiva, podemos afirmar:

– *No* Aberratio Ictus, *em face do Princípio da Culpabilidade, o resultado aberrante, obtido através da falha objetiva na execução da conduta, deve ser produto de culpa (estrito senso), ou seja, deverá necessariamente haver previsibilidade quanto à lesão produzida em terceiro como produto do erro.*

Na verdade, a culpa (estrito senso), como sinônimo de falta de cuidado, mais do que ser pressuposto mínimo para a aplicação das regras do erro de execução, é também requisito de existência, e validade, essencial para que se trabalhe com o instituto do Aberratio Ictus, pois, se o autor possuir qualquer espécie de Dolo (direto ou indireto) a respeito da lesão produzida a terceiro, não haverá em essência qualquer tipo de erro na sua conduta, e este deverá ser punido de acordo com as regras gerais da lei penal, não se aplicando o disposto no Art. 73 do Código Penal.

Além disso, caso se perceba que o agente **não possuía previsibilidade** de gerar o resultado aberrante causado, **não poderá ser aplicado o erro de execução** e deverá responder apenas pela tentativa do crime praticado originariamente.

Exemplo: O agente resolve executar sumariamente seu desafeto. Para isso, o leva de madrugada para um lixão abandonado, e ao disparar contra o desafeto erra o tiro atinge um mendigo que dormia embaixo do lixo. Nesse caso, como a presença do terceiro era imprevisível, não há culpa quanto a sua morte e não se aplica a regra do Art. 73 do CP. Logo, o agente responde somente pela tentativa de homicídio.

Embora haja divergência doutrinária, entendemos que o Aberratio Ictus **não** é compatível com qualquer modalidade de dolo em relação ao resultado aberrante, pois se ao praticar a conduta o agente possuísse vontade de lesionar o terceiro (dolo direto), ou mesmo previsse concretamente esta possibilidade, aceitando o risco de que isso pudesse ocorrer (dolo eventual), evidentemente não haveria que se falar em erro na execução de sua conduta.

Em suma, a respeito da relação entre erro de execução e dolo eventual pode-se dizer que:

– *O* Aberratio Ictus **não é compatível com o dolo eventual**, pois, para que se fale em erro de execução, é preciso que o autor possua exclusivamente culpa (estrito senso) no que tange ao resultado aberrante produzido, qual seja a lesão a terceiros.

Desta forma, se um agente atuar com dolo direto de produzir um resultado contra alguém, e possuir dolo direto ou eventual em face da lesão ao bem jurídico de terceiros, como produto de sua conduta, não há que se falar em erro, e não se aplicam as regras do erro de execução.

Neste caso, estaremos diante de hipóteses de *dolo alternativo*, porém em face de dois sujeitos passivos distintos, dando origem às seguintes conclusões:

a) Havendo **dolo direto** também em face da lesão a terceiro, o agente responde em concurso formal imperfeito (Art. 70, 2ª parte, CP) pelos dois crimes praticados, sejam eles tentados ou consumados de acordo com a produção, ou não, dos resultados visados.

b) b) Havendo **dolo eventual** em face da lesão a terceiro, o agente responderá pelo crime consumado, ou tentado, que praticou contra a vítima inicialmente visada (dolo direto), em concurso formal perfeito com o crime que seja produto do resultado material produzido (morte ou lesão corporal) em dolo eventual.

Na hipótese de **dolo eventual** quanto à lesão produzida em terceiro, embora não se deva falar em *Aberratio Ictus*, pois, como dissemos, o erro de execução pressupõe culpa (estrito senso) em relação ao resultado aberrante produzido, os efeitos práticos serão os mesmos previstos no Art. 73 do Código Penal, ou seja, deve-se aplicar a regra do concurso formal perfeito para os crimes praticados. O que confirma nossa tese de que não há necessidade de se falar em erro de execução quando o autor, além de terceiros, atingir também a vítima visada inicialmente.

Finalmente, podemos dizer que o erro de execução, ou *Aberratio Ictus*, é modalidade de erro atinente aos **sujeitos passivos de um crime**, portanto trata-se de um erro de "**vítima pra vítima**", ou seja, um erro ligado apenas a pessoas que sofram os efeitos de uma conduta típica, diferentemente do chamado *Aberratio Criminis*, ou erro quanto ao resultado, que se refere aos bens jurídicos afetados através da prática do crime e que passaremos a estudar a seguir.

13.3.2.4 *Erro quanto ao Resultado* ou *Aberratio Criminis (Art. 74 CP)*

O *Aberratio Criminis ou Delicti*, previsto no **Art. 74 do Código Penal**, pode ser considerado um erro que se refere ao bem jurídico que o agente pretende atingir com sua conduta, por isso considerado um erro quanto ao resultado, podendo ocorrer de duas formas:

– *Erro de Coisa para Pessoa*: quando o agente pretende atingir determinado bem material, ou seja, uma "coisa", produzindo um dano ao patrimônio alheio, mas ao invés disso acaba atingindo uma pessoa, um ser humano, na sua integridade física ou vida.

– *Erro de Pessoa para Coisa*: quando o agente pretende lesionar uma pessoa, praticando uma conduta com dolo de lesão corporal ou de homicídio, mas acaba atingindo uma "coisa", ou seja, um objeto, um bem jurídico material, gerando assim apenas uma lesão patrimonial.

Não é difícil perceber que no *Aberratio Criminis* o problema reside no aspecto material, objetivo, ou seja, na produção do resultado, não havendo qualquer defeito no que tange ao elemento subjetivo (dolo) ou na valoração da conduta do agente.

Como ocorre também no *Aberratio Ictus*, no erro quanto ao resultado (Aberratio Criminis) o agente quer praticar determinado crime e atingir determinado alvo, mas em face de um erro na execução da conduta ou por um motivo externo e alheio ao seu domínio, acaba gerando uma lesão diversa da pretendida. Entretanto, aqui, a falha não afeta apenas o sujeito passivo atingido, mas sim o próprio objeto jurídico do crime (bem jurídico tutelado).

Desta forma, podemos afirmar que o *Aberratio Criminis*, assim como o *Aberratio Ictus*, também pode, em **sentido amplo**, ser considerado um **erro de execução**, pois também produz um resultado diverso do pretendido pelo autor por um defeito no âmbito objetivo da realização da conduta.

Embora semelhantes na sua estrutura e na sua causa (falha objetiva na execução da conduta), as duas modalidades de erro supramencionadas se distanciam no que tange a seus efeitos já que, no *Aberratio Criminis*, ao invés de atingir uma vítima diversa da pretendida, a conduta do autor acaba **afetando bem jurídico diferente do visado** inicialmente, alterando assim, a própria tipificação do fato.

No que tange às suas **consequências**, e de acordo com o Art. 74 do CP, o erro quanto ao resultado produzido (aberratio criminis), com base nas suas formas de ocorrência, vai se dividir também em duas hipóteses:

– No *Erro de Coisa para Pessoa*: aplica-se a pena somente do crime cujo resultado se produziu, ou seja, do *crime culposo contra a pessoa*, ignorando-se a tentativa do crime doloso quanto à "coisa", ou seja, o crime de dano ao patrimônio inicialmente pretendido não será punido, nem mesmo na sua modalidade tentada.

– No *Erro de Pessoa para Coisa*: aplica-se normalmente a tentativa do crime contra a pessoa (homicídio ou lesão corporal) visado inicialmente, não havendo qualquer punição para o resultado de lesão a "coisa", produzido pelo erro, em face da ausência de previsão de modalidade culposa para crime de dano ao patrimônio.

Na verdade, o instituto do *Aberratio Criminis* só terá utilidade e aplicação na primeira hipótese, ou seja, quando o erro for de "**coisa pra pessoa**", isso devido ao **Princípio da Culpabilidade**, que impede que haja responsabilidade penal sem "culpa", portanto sem dolo ou culpa em relação ao resultado produzido.

Seguindo o mesmo ponto de vista a respeito da aplicação e das consequências do aberratio criminis, em sua obra *Curso de Direito Penal (Ed. Impetus)*, o Prof. Rogério Greco afirma, ao analisar o Art. 74 do CP:

> *"Interpretando o artigo em estudo, podemos concluir que somente haverá interesse na sua aplicação quando o erro for de coisa para pessoa (...). Numa situação inversa, quando o erro do agente varia de pessoa para coisa, embora tenha o agente errado a pessoa que pretendia ofender, vindo a atingir uma coisa, destruindo-a culposamente, (...) devemos desprezar o resultado, pois que atípico, fazendo com que o agente responda pelo seu dolo."*

Podemos visualizar a aplicação das regras do *Aberratio Criminis* na hipótese de erro de "coisa para pessoa" através do seguinte exemplo:

– "A" visando causar Dano à janela da casa de seu desafeto, arremessa uma pedra em direção a vidraça. Porém, erra o alvo e acerta a empregada que estava dentro da casa limpando a sala.

– Neste caso, de acordo com a situação concreta, estaríamos diante de uma tentativa de Crime de Dano Doloso (Art. 163, CP), em concurso formal perfeito com uma lesão corporal culposa (Art. 129, par. 5º, CP).

– Entretanto, com base nas regras do *Aberratio Criminis*, do Art. 74, CP, deve-se afastar a aplicação do concurso de crimes e punir apenas o resultado culposamente produzido. Logo, nesta hipótese a <u>tentativa de dano não será considerada</u>, ficando absorvida, e <u>somente se aplicará a pena referente ao crime de lesão corporal culposa</u> praticado.

Já nas situações de erro de "**pessoa para coisa**", em face da ausência de previsão de modalidade culposa para crime de Dano (Art. 163 CP), **não haverá** como punir o resultado lesivo ao patrimônio, que foi produto de culpa, não havendo qualquer alteração nas consequências do fato em função do erro.

Resta assim, nas hipóteses de *Aberratio Criminis*, na modalidade "**pessoa para coisa**", apenas punir normalmente a tentativa do crime doloso (contra a pessoa) visado inicialmente, em face da atipicidade do resultado culposo de dano ao patrimônio. Logo, o erro de execução quanto ao resultado produzido na modalidade "Pessoa para Coisa" não produzirá qualquer consequência prática, concreta.

A ausência de utilidade e de aplicação do Aberratio Criminis nestas situações de erro de "**pessoa para coisa**" pode ser facilmente percebida pelo exemplo a seguir:

– "A" visando lesionar seu desafeto arremessa uma pedra contra sua cabeça. Porém, erra a vítima e acaba acertando a janela de um carro que estava estacionado atrás de seu inimigo.

– Neste exemplo, temos uma tentativa de lesão corporal dolosa e um dano culposo ao patrimônio alheio.

– Como Dano culposo não é previsto como crime pelo Código Penal, o resultado aberrante da conduta é atípico e, portanto, não poderá ser punido. Logo, não há qualquer espaço para aplicação das regras do Art. 74 devendo-se punir normalmente apenas a <u>tentativa de lesão corporal dolosa praticada</u>.

Desta forma, percebemos outra semelhança entre o *Aberratio Criminis* (Art. 74, CP) e o *Aberratio Ictus* (Art. 73, CP), qual seja a necessária adequação do fato ao Princípio da Culpabilidade, para a responsabilização do agente pelo resultado aberrante. Além disso, mantem-se a vinculação à forma culposa do crime praticado para que se configurem as situações de erro.

De acordo com o Art. 74 do Código Penal o *Aberratio Criminis* ocorre quando:

> *"Fora dos casos do artigo anterior, quando, por acidente ou erro na execução do crime, sobrevém resultado diverso do pretendido, o agente responde por culpa, se o fato é previsto como crime culposo; se ocorre também o resultado pretendido, aplica-se a regra do Art. 70 deste Código."*

Portanto, pode ainda ocorrer que em uma situação de *Aberratio Delicti* se produzam **dois resultados**, ou seja, pode ser que além do resultado aberrante ocorra *"também o resultado pretendido"* (unidade complexa de resultados), sendo que nestes casos, conforme o próprio artigo 74 do CP (parte final) deve-se aplicar normalmente as regras do **concurso formal** de crimes (Art. 70 do CP).

Porém, assim como ocorre também nas hipóteses de *Aberratio Ictus*, aqui também não faz sentido se falar estrito senso em um erro já que o resultado inicialmente pretendido é alcançado em conjunto com outro.

Na verdade, nestes casos em que se produzem dois resultados, um visado pelo agente ao praticar a conduta e outro que não havia sido desejado por ele ao agir, estaremos diante de uma situação comum de concurso de crimes, na modalidade de **concurso formal perfeito**, em razão dos resultados serem produto de uma só conduta em situação de unidade de desígnio.

Entretanto, devemos atentar para o fato de que só poderá ser aplicada a regra da exasperação das penas em face de um concurso formal de crimes, se houver previsão culposa para o resultado aberrante produzido em conjunto com o resultado da conduta dolosa praticada, mais uma vez, de acordo com o festejado **Princípio da Culpabilidade**.

Por isso, mesmo havendo a produção de dois resultados lesivos, só será possível a aplicação das regras do concurso formal nas situações de "**coisa para pessoa**", respondendo o agente pelo crime de Dano doloso produzido, com sua pena aumentada de acordo com as regras do **concurso formal perfeito** (art. 70 CP) em face da lesão corporal ou homicídio culposos causados.

Por exemplo, se determinado agente visando atingir a janela de um carro arremessa uma pedra contra o vidro e além de quebrá-lo acerta o motorista na cabeça, deverá responder pelo crime de Dano doloso (Art. 163, CP) em concurso formal perfeito com o crime de lesão corporal culposa praticada (aplica-se a pena do Dano e aumenta-se de 1/6 até 1/2).

Invertendo-se a ordem se a situação for de erro de "*Pessoa para Coisa*" não há que se falar em concurso de crimes, pois não há forma culposa do resultado lesão patrimonial alcançado em face da conduta dolosa de lesão ou homicídio contra pessoa, respondendo o agente apenas pelo crime doloso praticado e o dano ao patrimônio será absolutamente atípico.

Sendo assim, se determinado agente visando lesionar seu desafeto arremessa uma pedra contra ele e além de atingi-lo quebra a janela de um carro que estava estacionado atrás dele, deverá responder criminalmente apenas pela lesão corporal dolosa praticada, não havendo concurso de crimes, pois o resultado de **dano produzido culposamente** é absolutamente **atípico**.

Com isso, concluímos a análise da última espécie de **erro acidental**, ou seja, aqueles que dizem respeito a "acidentes e falhas" na realização concreta do crime, que em conjunto com os erros essenciais, ou seja, aqueles que dizem respeito a elementos essenciais da estrutura do crime (Tipicidade, Ilicitude e Culpabilidade), compõem a chamada teoria do erro em Direito Penal.

13.4 QUESTÕES PARA TREINO

MPE-SP/ MPE-SP/ Promotor de Justiça/2015

O erro de tipo:

a) exclui a culpabilidade do agente pela ausência e impossibilidade de conhecimento da antijuridicidade do fato que pratica.

b) exclui a culpabilidade porque o agente, ao tempo do crime, era inteiramente incapaz de entender o caráter ilícito do fato ou de determinar-se de acordo com esse entendimento.

c) exclui o dolo, pois se trata de conduta típica justificada pela norma permissiva.

d) exclui o dolo, tendo em vista que o autor da conduta desconhece ou se engana em relação a um dos componentes da descrição legal do crime, seja ele descritivo ou normativo.

e) exclui a punibilidade por se tratar de causa de isenção de pena prevista para determinados crimes.

Gabarito "D"

MPE-SC / MPE-SC/ Promotor de Justiça – Matutina/2016

O erro sobre elementos constitutivos do tipo penal, essencial ou acidental, em todas as suas formas, exclui o dolo, mas permite a punição por crime culposo, se previsto em lei.

Gabarito ERRADO

FCC/ TRT – 9ª REGIÃO (PR): Técnico Judiciário – Área Administrativa/2015

Maria, a fim de cuidar do machucado de seu filho que acabou de cair da bicicleta, aplica sobre o ferimento da criança ácido corrosivo, pensando tratar-se de uma pomada cicatrizante, vindo a agravar o ferimento. A situação descrita retrata hipótese tratada no Código Penal como:

a) erro de proibição.

b) erro na execução.

c) estado de necessidade.

d) exercício regular de direito.

e) erro de tipo.

Gabarito "E"

Concurso de Pessoas

14.1 CONCEITO E ASPECTOS GERAIS

De uma forma geral pode-se dizer que haverá concurso de pessoas, ou de agentes, quando duas ou mais pessoas, através de um acordo de vontades, o chamado liame subjetivo, concorrem para a realização de determinado crime ou contravenção, sendo que, isto pode ser dar na forma de coautoria ou de participação.

No Brasil, para delimitação das regras referentes ao concurso de agentes, adotou-se a **Teoria monista ou unitária**, positivada no **Art. 29 do Código Penal**, pela qual todo aquele que concorre para um determinado crime responde pelas penas a ele cominadas, ou seja, autores, coautores e partícipes responderão por um único e mesmo crime, imputando-se a todos o mesmo tipo penal.

Entretanto, essa teoria não foi adotada de forma absoluta por nosso Código Penal, haja vista ter o legislador aberto algumas exceções, tanto na parte geral quanto na especial, pelas quais será possível se imputar crimes diferentes a um autor e seus participantes, coautores ou partícipes, (por exemplo: **Art. 29, § 2º, CP** – Cooperação dolosamente distinta). Também podemos considerar como forma de mitigação da teoria monista o fato de o próprio **Art. 29 do CP** determinar que os autores, coautores e partícipes respondam pelo mesmo crime, porém, com penas diferentes, na *medida de sua culpabilidade, atendendo assim ao* **princípio da individualização das penas** (Art. 5º Inc. XLVI da CF).

Portanto, podemos dizer que no Brasil a **Teoria monista** foi **temperada**, quer dizer relativizada, mitigada, pois, por expressa previsão legal cada agente responderá pelo crime de acordo com a sua **culpabilidade individual**, ou seja, consoante a sua reprovação individual e sua importância na empreitada criminosa, havendo, ainda, algumas exceções em que é possível se imputar crimes distintos a coautores e partícipes de uma empreitada criminosa.

A mitigação da teoria monista em nosso ordenamento também se consubstancia, como dissemos, através de algumas exceções expressamente previstas na lei, havendo determinados tipos penais nos quais se admite, mesmo através de um concurso de agentes, que cada um dos participantes responda por um crime diferente.

Podemos citar como exemplo, expresso na parte especial do Código Penal, dessa possibilidade de imputação de crimes diversos para coautores, o **crime de aborto**, visto que, em certos casos, ocorrerá a imputação de um Tipo penal para um dos agentes (autoaborto – **Art. 124 CP** – para a mãe) e de um outro diferente para seu coautor (aborto com consentimento – **Art. 126 CP**).

Vejamos:

> *"Art. 124. Provocar aborto em si mesma ou **consentir que outrem lho provoque**:*
> *Pena – detenção, de um a três anos."*

Embora seja coautor da mãe, devido ao acordo de vontades para a prática do aborto, o indivíduo que provocar o aborto consentido não responderá pelo **Art. 124 do CP (autoaborto)** junto com ela, mas sim pelo crime específico previsto no **Art. 126 do CP (aborto com consentimento)**, ou seja, nesta situação, embora tenha havido liame subjetivo para a prática do crime (aborto), cada agente responderá por um Tipo penal diverso, *in verbis*:

> *"Art. 126. Provocar aborto com o consentimento da gestante:*
> *Pena – reclusão, de um a quatro anos."*

Há ainda outros exemplos de exceção à teoria monista, em que será possível se imputar crimes diversos para coautores de uma infração penal, como em certas situações de *corrupção passiva* de um funcionário público *(Art. 317 CP)* em que se imputará o crime de *corrupção ativa* ao particular envolvido *(Art. 333 CP)*, mesmo havendo entre as partes um acordo de vontades e um *liame subjetivo* que caracteriza o *concurso de agentes.*

Para que haja concurso de pessoas, através da coautoria ou da participação, e seja possível se aplicar a *Teoria monista* para se imputar um único crime a todos os participantes, é preciso que se preencham alguns requisitos fundamentais, são eles:

1) Pluralidade de agentes (coautores/partícipes) culpáveis (culpabilidade).

2) Relevância causal de cada uma das colaborações dadas para a produção do resultado, ou seja, se for dada uma colaboração, mas esta não interferir na produção do resultado, não haverá concurso de pessoas.

3) Liame subjetivo: acordo de vontades entre os agentes, ou seja, que os agentes realizem condutas voltadas para um fim comum desejado. (*princípio da convergência*)

4) Unidade de infração, ou seja, um único crime para todos os participantes. (*Teoria monista*)

5) Início de execução do fato, ou seja, que se chegue e inicie a etapa de execução, para que o Direito Penal possa intervir e punir o fato. (*Princípio da exterioridade*)

Nas bases do *Art. 31 do CP*: "*O ajuste, a determinação ou instigação e o auxílio, salvo disposição expressa em contrário, não são puníveis, se o crime não chega, pelo menos, a ser tentado*".

14.2 AUTORIA

Há vários critérios para a caracterização da autoria e consequente delimitação do conceito de autor, alguns de **natureza subjetiva** e outros de **natureza objetiva**, sendo, estes últimos, os mais aceitos e utilizados pela doutrina e jurisprudência contemporânea.

Os **critérios subjetivos** de delimitação do conceito de autor, não separavam ou diferenciavam objetivamente a autoria da participação e, após sofrerem inúmeras críticas, passaram a avaliar para isso apenas o ânimo do agente em ser figura principal (autor) ou secundária (partícipe) do crime. Em face de sua evidente fragilidade e insegurança jurídica, produto de tamanha subjetividade, estes critérios **não** são adotados atualmente.

Já os **critérios objetivos**, buscam avaliar a situação objetiva, analisando a efetiva prática do fato pelos agentes, e o papel concretamente desempenhado por cada um desses agentes mediante o acordo de vontades firmado, para dessa forma separar as figuras de autores e partícipes de diferentes formas.

Por serem mais seguros e precisos, ainda hoje, os **critérios objetivos** têm a preferência da doutrina e se dividem fundamentalmente em **três**, são eles:

A) Critério Restritivo (objetivo-formal)

De acordo com o **critério restritivo** autor é todo aquele que realiza o verbo núcleo do tipo penal, ou seja, apenas aquele que praticar pessoalmente a conduta típica será reconhecido com autor do fato.

Este é o critério clássico, ainda adotado por parte minoritária da nossa doutrina, e para alguns o critério escolhido pela parte geral do nosso Código Penal vigente (Art. 29 CP), sendo que, como dissemos, só será autor o indivíduo que efetivamente praticar a conduta prevista no tipo, executar pessoalmente o verbo núcleo do tipo penal.

O **critério restritivo** tem a desvantagem de ampliar as hipóteses de participação e diminuir, restringir as situações de autoria, pois o conceito de autor fica restrito apenas ao sujeito que pessoalmente realizar o verbo núcleo do tipo penal (autor executor), logo, todo aquele que, de qualquer outra forma colaborar com a prática do fato, mas não praticar a conduta típica, será reconhecido como mero partícipe do crime.

Exemplo: Determinado mandante contrata 'x' para matar 'y'. Para o **critério restritivo**, 'x' seria o *autor* (executor) do homicídio, e o *mandante* do crime seria mero *partícipe*. Algo evidentemente desproporcional em face da importância do mandante na empreitada criminosa, e que gerou inúmeras críticas ao critério restritivo.

Como vimos, o **critério restritivo** vem sofrendo muitas críticas da doutrina e jurisprudência contemporânea, dentre outras, pelo o fato de não ser capaz de delimitar corretamente as hipóteses hoje chamadas de *autoria mediata*, ou seja, quando determinado agente, mesmo sem realizar o verbo núcleo do tipo, se utiliza de um terceiro, que não possui culpabilidade, ou mesmo não possui dolo e culpa, para cometer um crime em seu lugar.

Com o desenvolvimento do finalismo, esse critério foi muito criticado e gradativamente revisto, até que *Hans Welzel* percebeu que a realização do verbo núcleo do Tipo penal não devia ser considerada como critério delimitador da autoria, levando ao desenvolvimento de um outro critério caracterizador do conceito de autor, mais moderno e preciso, que hoje é dominante na doutrina e jurisprudência (**STF**) nacional, qual seja, o **critério do domínio final do fato**.

B) Critério do domínio final do fato

De acordo com o critério (teoria) do **Domínio do Fato** autor será todo aquele que possuir o domínio final sobre os fatos, ou seja, aquele que detém as '*rédeas*', o controle da situação, podendo impedir ou mesmo modificar a ocorrência do resultado, isso independentemente de praticar, ou não, o verbo núcleo do tipo penal.

Trata-se de um critério fundamentalmente finalista, que ampliou o conceito de autor, originalmente criado por *Hans Welzel* e posteriormente desenvolvido e adotado de forma predominante na Alemanha, principalmente através de *Claus Roxin* e *Günther Jakobs*.

Com essa nova estrutura desvinculou-se a autoria da realização do verbo núcleo do tipo penal, e se passou a considerar como autor aquele que detém o controle ou **domínio do fato**, o domínio e controle sobre o que está acontecendo, podendo assim alterar ou impedir a ocorrência do resultado, independentemente de ter praticado, ou não, o verbo núcleo do tipo penal.

Nas palavras do próprio *Welzel*, e nas bases da **Teoria do Domínio do Fato** autor será aquele que possuir as *"rédeas da situação"*, podendo impedir ou modificar a ocorrência do resultado, sendo capaz de alterar o final dos fatos, independentemente de ter praticado pessoalmente a conduta típica ou não.

Para ilustrar a importância desse critério, basta perceber que somente através dele foi possível se resolver satisfatoriamente as hipóteses hoje classificadas como de **autoria intelectual** (p. ex: mandante), e principalmente as conhecidas situações de **autoria mediata**.

Por exemplo, nos casos de *coação moral irresistível*, na qual quem pratica o verbo núcleo do tipo penal é a pessoa coagida, que não possui culpabilidade e não responderá pelo crime, através do critério do domínio final do fato, somente o indivíduo que realizou a coação será considerado autor (**autor mediato**) mesmo sem ter praticado o verbo núcleo do Tipo, enquanto quem realizou a conduta (coagido) não será considerado autor, sendo apenas considerado mero executor da conduta.

Desta forma, pelo **critério do domínio dos fatos**, o coagido, mesmo praticando a conduta típica dolosamente, não será considerado o autor e não responderá pelo crime, mas será apenas um mero executor da conduta (sem domínio dos fatos), isto é, simples instrumento da vontade do indivíduo que controla a situação, e que responderá pelo crime, o chamado **autor mediato**.

Apesar da nossa legislação não trazer esse critério expressamente previsto, em face da sua tecnicidade e precisão, atualmente essa teoria vem sendo **majoritariamente** aplicada tanto pela doutrina quanto pela jurisprudência (**STF** – Ex: Caso do *Mensalão* e Operação *Lava Jato*) e, portanto, **nos crimes dolosos** prevalece em nosso ordenamento a ideia de que aquele que possuir o **domínio final dos fatos** será considerado autor, independentemente de ter praticado, ou não, o verbo núcleo do tipo.

Importante lembrar que, para esta teoria, os demais integrantes da realização de um fato típico que, mediante um **vínculo (liame) subjetivo** colaboram com o crime, porém, **sem ter o domínio dos fatos**, serão considerados **partícipes** e, como vimos, aqueles que forem meros executores da conduta, realizando o verbo núcleo do tipo **sem possuir** domínio sobre os fatos (autoria mediata), **não** serão considerados autores e **não** irão responder pelo crime.

No plano da **coautoria**, que estudaremos a seguir, a maioria da doutrina tem seguido as lições de *Claus Roxin*, considerando que seria mais adequado e técnico falar em um **domínio** funcional **do fato** para delimitar a autoria, já que, principalmente nas hipóteses de **divisão de tarefas** entre coautores, o domínio dos fatos decorre de cada um dos agentes envolvidos **dominar sua função** na empreitada criminosa e, sendo esta **função essencial** para a produção do resultado, cada coautor passaria assim a ter o domínio sobre o final dos fatos.

C) Critério Extensivo

Este critério **não** diferencia no plano objetivo autoria de participação, e por isso, considera que todo aquele que de certa forma colaborar para a realização de um crime deverá ser considerado autor, ou coautor do fato.

O critério extensivo de autoria se baseia, portando, somente na relação causal e na teoria da *conditio sine qua non*, para considerar autor todo aquele que de certa forma dá causa ao resultado, colaborando, assim, para sua produção.

No que tange a delimitação da autoria nos **crimes dolosos**, o *critério extensivo* praticamente **não possui** adeptos em nosso ordenamento, pois evidentemente não é satisfatório, já que trabalha objetivamente com os conceitos de autores e partícipes como se fossem a mesma coisa, e só consegue diferenciá-los com apoio em **critérios subjetivos** (intenção de ser principal ou secundário), que como dissemos, são extremamente imprecisos e estão ultrapassados.

Entretanto, atualmente o **critério extensivo** vem sendo adotado pela maioria da nossa doutrina para definir a autoria nos **crimes culposos**, já que nestes crimes é *impossível* se adotar o **critério do domínio do fato** pois, sendo o resultado produto de falta de cuidado do agente ao atuar, nos crimes culposos ninguém possui o domínio sobre os fatos.

Dessa forma, nos **crimes culposos** pode-se afirmar, nas bases do **critério extensivo**, que todo aquele que com seu comportamento descuidado, imprudente, negligente, contribuir de certa forma para a ocorrência do resultado típico, poderá será considerado autor deste crime culposo.

De acordo com o **critério extensivo**, a autoria nos crimes culposos será atribuída a todo aquele que com sua falta de cuidado colaborar de qualquer forma para a produção do resultado e, por isso, majoritariamente entende-se que, nada impede se falar em coautoria na culpa quando dois agentes, em acordo de vontades, realizam juntos uma conduta imprudente (descuidada), embora, também seja dominante o entendimento de que, em face deste critério extensivo adotado, **não** há espaço para participação em crimes culposos.

Entretanto, há posição divergente, adotada por parte da doutrina (p. ex. Rogério Greco) que defende a adoção do **critério restritivo de autoria**, ao invés do critério extensivo, para os crimes culposos, sendo assim, sob esse prisma **minoritário**, autor será somente aquele que praticar, executar, efetivamente a conduta imprudente, causando assim o resultado típico culposo.

Com base na adoção (**minoritária**) do **critério extensivo** para delimitar a autoria nos **crimes culposos**, se permite falar em participação nesses crimes, e partícipe o será todo aquele que, sem praticar a ação culposa que deu causa ao resultado imprudente, auxiliar, induzir ou instigar o autor a agir culposamente, faltando assim com o cuidado devido. (**Ex**: quem induz motorista (autor) a conduzir veículo em alta velocidade, seria mero partícipe do homicídio culposo no trânsito – **participação culposa no crime culposo** de outrem)

14.2.1 Espécies de Autoria

14.2.1.1 *Autoria direta*

Em palavras simples **autor direto** é aquele que tendo o domínio final do fato está diretamente vinculado à realização do crime, integrando a realização do fato diretamente.

Nas bases da **teoria do domínio do fato** a autoria direta poderá se apresentar de duas maneiras:

A) Autor direto executor

Autor direto executor é aquele que tendo o domínio final do fato realiza pessoalmente o verbo núcleo do tipo penal, *logo esta é* a modalidade mais comum de autoria, e nela o autor, possuindo o domínio final dos fatos, pratica diretamente a conduta típica, realiza o verbo núcleo do Tipo penal, respondendo assim pelo crime como autor do fato.

B) Autor direto intelectual

Autor direto intelectual é aquele que tendo o **domínio do fato** planeja, organiza, elabora e comanda a prática do crime, porém, **sem realizar o verbo**, utilizando-se para isso de um terceiro (**autor executor**), que também detém o domínio final do fato e que pratica a conduta típica

Ocorrendo autoria intelectual haverá necessariamente uma **coautoria** entre este autor (intelectual) e um autor executor e, portanto, ambos os agentes serão considerados coautores, haja vista que possuem o domínio final do fato, e através de um acordo de vontades, realizam em conjunto o crime com uma **divisão de tarefas**. (**Teoria do domínio funcional do fato**).

Caso fosse adotado o **critério restritivo** para delimitação da autoria nos crimes dolosos, defendido por parte (minoritária) da doutrina nacional, o mencionado autor intelectual (mandante) não poderia ser considerado como autor, mas seria tratado tão somente como partícipe, já que não realiza o verbo núcleo do Tipo penal, visão esta equivocada e que evidentemente não resolve de forma satisfatória situações práticas.

14.2.1.2 *Autoria indireta ou mediata*

A **autoria indireta ou mediata** ocorre quando determinado agente, que possua o **domínio final do fato**, utiliza-se de terceiro, sem domínio final do fato, como mero instrumento para a realização do crime, ou seja, para a prática da conduta típica.

Na **autoria mediata** aquele que pratica o verbo núcleo de um tipo penal – terceiro **sem o domínio final do fato** – não será considerado autor e não responde pelo crime, sendo tratado como mero **executor de conduta**. Sendo assim, responderá pelo crime apenas o autor mediato (autor indireto), também denominado pela doutrina alemã de autor *"por detrás"* (Gunther Jakobs), que domina os fatos, controla a situação, mas leva outrem a atuar em seu lugar.

Nestes casos, de **autoria mediata**, como o executor da conduta típica não tem o domínio do fato, não domina o que está fazendo, ele não merecerá reprovação, não poderá sequer ser chamado de autor, e não responderá pelo crime que, como vimos, será atribuído exclusivamente ao **autor mediato**.

Desta forma, na **autoria mediata** não há que se falar em **concurso de pessoas**, diferentemente do que ocorre nas situações de autoria intelectual, quando quem executa a conduta também possui domínio sobre o que faz, gerando, assim, uma coautoria entre os agentes.

Podemos afirmar que a **autoria mediata** decorre de situações nas quais o agente que executa diretamente a conduta típica não possui culpabilidade, ou ainda, quando este atua

<u>sem dolo ou culpa</u> de gerar o resultado, influenciado pelo autor mediato, razão pela qual somente este último responderá pelo crime.

De acordo com a doutrina dominante e nos termos do nosso Código Penal, são hipóteses de **autoria mediata**:

A) Coação moral irresistível e obediência hierárquica – Art. 22 CP

"Art. 22. Se o fato é cometido sob coação irresistível ou em estrita obediência a ordem, não manifestamente ilegal, de superior hierárquico, só é punível o autor da coação ou da ordem"

Nesta hipótese só responde pelo crime o *autor da coação*, ou o *autor da ordem*, que detém o domínio final dos fatos, enquanto o terceiro que sofre a coação moral irresistível, ou que cumpre a ordem de seu superior hierárquico (coagido ou subordinado) não responde por nada, em face da ausência de culpabilidade e da **falta de domínio do fato**.

Na **obediência hierárquica**, o subordinado que <u>não sabe que a ordem recebida é ilegal</u> e a cumpre, não comete crime, visto não ter o domínio final dos fatos, por isso, já afirmamos que a obediência hierárquica nada mais é do que uma espécie diferenciada de *erro determinado por terceiro*, em que o terceiro (superior hierárquico por vínculo de direito público) leva o agente (subordinado) a atuar em erro a respeito do crime que está sendo praticado.

Lembramos que, embora haja divergência, a melhor doutrina afirma que a **coação** física **irresistível** <u>não gera autoria mediata</u>, mas trata-se de uma forma de **autoria direta**, vez que o agente ao coagir fisicamente alguém atua diretamente sobre o corpo do indivíduo coagido, que por isso sequer age ou pratica uma conduta voluntária, sendo mero objeto, instrumento, para a conduta do agente coator (autor direto) do crime.

A **coação** física **irresistível** é hipótese de ausência de conduta por parte de quem sofre a coação, por isso gerando **autoria direta** por parte do agente que coage, que será o único a responder pelo crime (o mesmo vale para outras hipóteses de ausência de conduta como sonambulismo e hipnose), diferentemente da **coação** moral **irresistível**, hipótese em que há **autoria mediata**, pois o coagido atua voluntariamente, mas sem liberdade de escolha, e por isso sem domínio do fato.

B) Erro determinado por terceiro – Art. 20, § 2º CP

"Art. 20. O erro sobre elemento constitutivo do tipo legal de crime exclui o dolo, mas permite a punição por crime culposo, se previsto em lei. (Redação dada pela Lei nº 7.209, de 11.7.1984)

[...]

§"2º – Responde pelo crime o terceiro que determina o erro"

Como vimos, o terceiro (**autor mediato**), que induz um indivíduo a erro, faz com que este cometa o crime sem possuir o domínio final do fato pois, ao criar a situação de erro, é ele (terceiro) quem passa a ter o domínio final sobre os fatos que serão realizados por quem foi iludido, respondendo assim como autor do crime praticado pelo terceiro.

Exemplo: Alguém diz para uma pessoa que determinada substância é um tempero para colocar na comida, porém trata-se de um veneno, sendo que, o agente ao utilizar o produto, achando se tratar mesmo de um tempero, acaba matando alguém.

Neste caso, responderia pelo homicídio apenas o terceiro que determinou o erro entregando a substância para o agente iludido quanto à sua real natureza, havendo aqui um legítimo **erro de tipo inevitável determinado por terceiro**, que afasta o dolo e a culpa de quem atuou em erro.

Embora não seja tão comum, conforme já afirmamos, pode haver hipótese de **erro determinado por terceiro** em que o terceiro leva alguém a agir em **erro de proibição inevitável**, ou seja, crendo que sua conduta não é ilícita, proibida e, neste caso, no plano da autoria as consequências serão as mesmas, imputando-se o crime somente ao terceiro que determinou o erro (**autor mediato**), em face da ausência de culpabilidade do agente que atuou em erro.

Exemplo: Um advogado fala para alguém que determinada conduta não está mais proibida, que foi descriminalizada, levando este então a realizar o fato em erro sobre sua proibição. Neste caso, responde pelo fato apenas o advogado, terceiro que determinou o erro, **autor mediato** do crime.

C) Utilizar instrumento impunível em razão de condição ou qualidade pessoal

Nestas hipóteses de autoria mediata essencialmente está se falando dos inimputáveis (**Arts. 26 e 27 do CP**), ou seja, quando o *autor mediato* se utiliza, por exemplo, de um louco, débil mental, ou mesmo de uma criança, para a praticar um crime.

Apesar de haver divergência doutrinária, majoritariamente a utilização de um menor para a prática de crime também gera **autoria mediata**, porém, no que tange ao menor, para que se tenha autoria mediata a maioria da doutrina afirma ainda que este menor deverá **possuir até quatorze anos** pois, acima dessa idade, já teria certo domínio final sobre os fatos, afastando assim o conceito de autoria mediata, inclusive por já poder receber uma medida socioeducativa, nas bases do ECA, pela prática do ato infracional.

Por fim, é importante lembrar que para a maioria da doutrina e jurisprudência, os **crimes de mão própria** (Ex.: *Falso testemunho* – Art. 342 CP, *Desobediência* – Art. 330 CP) **não admitem a autoria mediata**, pois esta classificação de crime está vinculada ao vetusto critério restritivo de autoria, e estes exigem que o autor realize pessoalmente o verbo núcleo do tipo penal, com as "próprias mãos".(somente autor executor)

Porém, em certas situações, e nas bases do **critério do domínio do fato** é impossível negar a possibilidade de ocorrência de tal modalidade de autoria (mediata) mesmo nessa categoria de crime. Nos parece um equívoco tratar como mera **participação** claras situações de **autoria mediata** apenas por vinculação a uma antiga classificação doutrinaria (*crime de mão própria*), visto que esta foi criada sob a égide de outros critérios dominantes, delimitadores do conceito de autoria (**critério restritivo**).

Exemplo: Indivíduo que coage de forma irresistível alguém a mentir em juízo. Sob a ótica da **teoria do domínio do fato,** o coator deverá ser visto como **autor mediato** do crime de *falso testemunho* – **Art. 342 CP** – embora este seja tradicionalmente classificado como um **crime de mão própria**.

Por outro lado, nada impede que haja **autoria mediata** em **crimes próprios** (em que o tipo penal exige características específicas do sujeito ativo), como por exemplo em um Peculato – **Art. 312 CP** – sendo que, para isso, basta que o autor mediato possua as características exigidas pelo tipo, independentemente de o agente executor da conduta possuir, ou não, essas características.

14.2.1.3 *Autoria colateral (autores paralelos)*

A **autoria colateral** o corre quando dois ou mais agentes, **um sem saber da existên-cia do outro**, portanto, sem acordo de vontades, realizam ao mesmo tempo um determi-nado crime contra certa vítima.

Nessa hipótese não há que se falar em coautoria, mas sim **autorias paralelas**, já que não há o liame subjetivo, acordo de vontade entre os agentes, portanto, não se aplica a Teoria Monista que é inerente apenas as situações de concurso de pessoas.

Dessa forma, na autoria colateral cada agente deve responder apenas por aquilo que tiver feito, como autor independente de seus atos, ou seja, cada agente responderá de for-ma separada, somente por aquilo que tiver praticado, e pelos resultados produto de sua conduta.

Em suma, na **autoria colateral** dois indivíduos, ao mesmo tempo e nas mesmas cir-cunstâncias, realizam o mesmo fato contra uma mesma vítima, contudo, **um não sabe da existência do outro**, não havendo acordo prévio de vontades entre eles, e por isso **não** se pode falar em coautoria nem se utilizar a *Teoria monista*, do Art. 29 do CP.

Conforme estudamos, no **concurso de pessoas** aplica-se a *Teoria monista*, pela qual todos os agentes respondem pelo mesmo crime e pelo resultado produzido, porém, não é o caso da **autoria colateral**, pois nela não há acordo de vontades, não há liame subjetivo entre os agentes, elemento necessário e fundamental para que haja concurso de agentes (coautoria ou participação). Por isso, conforme dissemos, nas hipóteses de autoria colate-ral **não** será possível se aplicar a *Teoria monista*, respondendo cada agente exclusivamente por aquilo que tiver feito e por aquilo que causar.

No clássico exemplo do homicídio em que dois agentes, um sem saber do outro, atuam simultaneamente contra a mesma vítima, aquele que alcançou o resultado, respon-derá por sua **forma consumada**, enquanto o outro agente (autor colateral), responderá apenas pela forma tentada do crime.

Exemplo: 'A' e 'B' são desafetos de 'C'. Simultaneamente, mas um sem saber do outro, 'A' atira para matar atingindo o peito de 'C', porém 'B', atirando também para matar, atinge no braço de 'C'.

Consequentemente 'C' morre, e diante de perícias, se detecta que 'C' morreu pelo disparo de 'A'. Sendo assim, 'A' responderá por homicídio consumado, enquanto 'B' respon-derá apenas por tentativa de homicídio. (**autores colaterais**).

A **autoria colateral** possui ainda uma subespécie chamada de **autoria colateral in-certa**, que embora decorra de uma situação fática semelhante, onde também não há liame subjetivo entre os agentes, terá consequências diferentes quanto a imputação do crime para os sujeitos.

14.2.1.4 *Autoria colateral incerta*

A **autoria colateral incerta** *ocorre quando, em uma hipótese de autoria colateral, não é possível se identificar qual dos autores deu causa ao resultado, ou seja,* nada mais é do que uma autoria colateral em que não é possível dizer qual dos agentes consumou o fato.

Na **autoria incerta,** como não é possível se identificar qual dos agentes deu causa ao resultado produzido, e não havendo acordo de vontades nem concurso de pessoas entre eles, ambos devem responder apenas pela **tentativa** do crime praticado, ainda que objetivamente o crime tenha se consumado.

Na **autoria colateral incerta**, devido à **falta de liame subjetivo**, não será possível se utilizar a *Teoria Monista* para imputar o resultado produzido para ambos os agentes e, como não se pode provar quem efetivamente deu causa ao resultado, também não será possível a imputação do crime consumado aleatoriamente a um dos agentes sem a certeza de que foi ele quem deu causa e produziu o resultado.

Logo, em face do princípio do *in dubio pro reo* e da conhecida *presunção de inocência percebe-se que, na* **autoria colateral incerta**, *por* não se tratar de concurso de pessoas, *só será possível se* imputar aos agentes aquilo que comprovadamente cada agente efetivamente realizou, por isso a única solução será que ambos responderão apenas pela a tentativa do crime realizado.

Exemplo: 'A' e 'B' são desafetos de 'C'. Simultaneamente, mas um sem saber do outro, 'A' atira para matar, atingindo o peito de 'C' e 'B' atira, também para matar, mas atinge somente o braço de 'C'. 'C' morre, mas através de perícia **não é possível** detectar qual dos dois disparos causou sua morte.

Sendo assim, se não foi possível provar qual dos dois gerou o resultado 'A' responde por homicídio tentado e 'B' também responde por homicídio tentado, já que, pela **ausência de liame subjetivo**, não é possível se imputar a morte consumada a ambos através da teoria monista.

O maior problema da **autoria incerta** se encontra nas hipóteses em que ambos os meios utilizados, são **absolutamente ineficazes** para sozinhos gerarem o resultado, que acaba sendo produzido somente devido a somatória dos meios, gerando assim divergência doutrinária a respeito da possibilidade de se falar em **crime impossível (Art. 17 CP)** e consequentemente atipicidade do fato, ao invés de se imputar a tentativa para ambos os agentes.

Isto pode ocorrer no clássico exemplo de duas doses de veneno colocadas na bebida da vítima, sendo que, cada uma sozinha seria inócua à saúde desta, ou ao menos incapaz de matar, embora somadas as doses de veneno tenham sido eficazes e causado a morte do sujeito.

Nesses casos, havendo hipótese de **autoria colateral incerta**, pela ausência de liame subjetivo entre os agentes, não será possível utilizar a Teoria monista (Art. 29 CP) para se imputar o resultado consumado a ambos os agentes, surgindo, assim, dois posicionamentos:

a) Pode se considerar que a conduta de cada um dos agentes deve ser tratada separadamente e, por ineficácia absoluta dos meios utilizados (separadamente) para gerar o resultado, em face *do* **crime impossível (Art. 17 CP)** ambos devem ser absolvidos por atipicidade do fato. (*in dubio pro reu* – **posição majoritária**).

b) Deve se manter as consequências da **autoria colateral incerta** e imputar a tentativa para ambos, em face do *princípio da razoabilidade*, afastando-se o *crime impossível*, já que há uma vítima concreta e o crime efetivamente se consumou, mesmo sabendo que a conduta de cada um dos agentes, separadamente, não daria causa a esse resultado. (**posição minoritária**).

Não se deve confundir a **autoria (colateral) incerta** com a chamada **autoria desconhecida**, instituto processual penal, que decorre da situação em que, diante de um crime, simplesmente não se sabe quem foi o autor do fato, apenas não havendo provas de quem foi o responsável pela sua prática, o que impossibilita o oferecimento da denúncia e o início do processo penal.

14.2.1.5 Autoria de escritório

Esse conceito, oriundo da teoria do **domínio final (funcional) do fato**, foi analisado de forma mais específica e crítica pelo professor *E.R. Zaffaroni*, tratando-se, na verdade, de uma modalidade de autoria muito próxima da **autoria mediata**, podendo, inclusive, ser considerada como uma subespécie desta.

A **autoria de escritório,** ou por aparatos organizados de poder, ocorre em certos casos, quando uma **organização criminosa**, devido a hierarquia e pressão que exerce sobre os membros de uma determinada comunidade, faz com que certas pessoas se sintam compelidas a praticar determinadas condutas criminosas, ou mesmo quando, em face da sua criminosa organização hierárquica, recrutam membros para realizar certas funções, sendo esses membros absolutamente fungíveis e substituíveis no que tange à realização dos crimes (se um não realizar, outro o fara em seu lugar).

Para este conceito chamado de **autoria de escritório**, considera-se que, devido à influência e força dessas organizações criminosas, os agentes atuam movidos pelo medo, perdendo assim o domínio final sobre os fatos que realizam, pois sabem que se não cumprirem aquilo que foi estabelecido sofrerão as consequências (**Teoria do domínio da organização**).

Resta claro para nós que a **autoria de escritório** nada mais é do que uma **subespécie de autoria mediata**, porém com algumas diferenças, já que, a influência (coação) na autoria de escritório não chega a ser diretamente exercida sobre o agente que executa a conduta, como ocorre na autoria mediata clássica (p. ex. numa coação moral irresistível). Entretanto, na autoria de escritório, os indivíduos, apesar de não serem ameaçados diretamente, sabem do perigo que correm caso não cumpram as regras impostas por essas organizações criminosas, e embora atuem conscientes que suas ações caracterizam crime, não possuem domínio sobre os fatos.

Por isso, a maioria da doutrina entende que, na **autoria de escritório**, em face da **ausência de domínio final do fato**, não será possível imputar criminalmente estes "membros" subalternos das organizações criminosas, ou aqueles integrantes de comunidades tomadas pelo crime, muitas vezes recrutados compulsoriamente em suas casas, e que acabam realizando atos ilícitos compelidos e comandados pelos líderes (escritório) dessas facções criminosas (**p. ex.:** guardar armas ou drogas em casa, informar a chegada da polícia etc.).

14.2.1.6 Autoria por determinação

Trata-se de modalidade anômala de autoria, que permite a imputação de um crime a certos agentes que atuem em situações específicas, levando outrem a cometer ilícitos, porém, diante do caso concreto, **não seria possível** atribuir a autoria mediata ou mesmo a participação a eles.

Trabalhada por *E. R. Zaffaroni*, esta modalidade é aplicável em casos muito específicos, quando o sujeito determina que outrem realize um crime, porém este que é determinado sequer realiza conduta, já que atua de forma involuntária (p. ex hipnotizado).

Logo, se em certas hipóteses o sujeito ao atuar não realizar sequer uma conduta típica, quem o levou a agir assim não poderá ser considerado nem autor mediato nem partícipe do fato, abrindo espaço para se falar nesta forma anômala de autoria, chamada **autoria por determinação**, que pode ser vista como um tipo especial de concorrência delituosa.

Nestas hipóteses, e de acordo com o conceito em questão, entende-se que mesmo **não havendo autoria mediata ou participação**, é possível se imputar ao agente o crime praticado, sendo este visto como **autor da determinação** em relação ao fato realizado.

Exemplo: Determinada pessoa hipnotiza um homem e o faz estuprar uma mulher que estava drogada e inconsciente.

Responde pelo crime (estupro de vulnerável – Art. 217-A do CP) a pessoa que determinou essa prática do estupro, sendo **autor da determinação**, já que não se pode falar em autoria mediata pelo fato do executor do ato sexual estar hipnotizado, e por isso não ter realizado sequer uma conduta voluntária.

Essa espécie de autoria gera muitas polêmicas, já que foi criada originariamente para hipóteses relacionadas a certos **crimes de mão própria** praticados em situações anômalas em que, por sua natureza, **não era possível** se atribuir autoria ou participação ao agente que determinou a prática desse crime.

Porém, com a gradativa desconstrução do paradigma dos *crimes de mão própria* e afastamento do **critério restritivo de autoria**, conforme já mencionamos, em face da **teoria do domínio do fato** acreditamos que nada impediria se utilizar da própria **autoria mediata** para se resolver a situação, mesmo havendo ausência de conduta do executor da ação (mesmo dentro da categoria **crimes de mão própria**), botando em cheque a real utilidade prática do conceito de autoria por determinação.

14.3 COAUTORIA

De acordo com o nosso ordenamento, e nas bases da **teoria do domínio do fato**, não existe diferença prática entre autoria e coautoria, sendo que, a coautoria nada mais é do que uma autoria em conjunto, uma autoria coletiva, ou seja, o resultado é produzido coletivamente por vários autores, ligados por um acordo de vontade (liame subjetivo), agindo, assim, em concurso de pessoas.

Na coautoria não há um agente mais importante do que outro, pois necessariamente todos devem possuir o **domínio do fato**, sendo que, através de um acordo de vontades cada um deverá desempenhar funções e papéis essenciais à empreitada criminosa (**Teoria do domínio funcional do fato**), não havendo, portanto, qualquer relação de hierarquia ou importância entre autores e coautores de um crime.

Para que haja coautoria, dois requisitos são necessários:

A) Comum resolução para o fato: trata-se do acordo de vontades para a prática do crime, ou seja, o tal **liame subjetivo**, que é requisito fundamental para que se fale em concurso de pessoas (coautoria ou participação).

B) Comum realização do fato: os coautores devem estar diretamente integrados à prática do fato, interligados na realização comum do crime, o que não significa necessariamente que todos precisam praticar todo o ato juntos, mas sim que cada um desempenhe seu papel essencial conforme acordado.

Exemplo 1: 'x' e 'y' invadem juntos a casa de 'z' e furtam todos os objetos eletrônicos. Isto é, 'x' e 'y' são autores, sendo coautores um do outro, pois agiram em conjunto, mediante acordo de vontades (**liame subjetivo**), ambos possuindo domínio final do fato

Exemplo 2: 'x' planeja a prática de um homicídio, sendo que 'x' descobre o itinerário da vítima e organiza o crime, pagando para que 'y' vá ao local e mate a vítima. Ambos possuem domínio (funcional) do fato, são coautores do homicídio e responderão pelo crime, havendo liame subjetivo e **divisão de tarefas entre eles**.

Exemplo 3: Um assalto a banco com três agentes, onde cada um desempenha uma **função essencial**, sendo que o primeiro aguarda no carro, o segundo rende o segurança e terceiro abre o cofre.

Logo, se um deles abandonar sua função, os fatos mudam ou até deixam de ocorrer, com isso a colaboração de cada um é considerada essencial para empreitada criminosa se consumar, concedendo assim a todos os agentes envolvidos o **domínio final/funcional dos fatos**. (coautores).

Dessa forma, nas bases da **teoria do domínio do fato,** a partir de um viés mais prático, podemos falar em duas formas de ocorrência da coautoria:

I) Todos os coautores realizam integralmente a conduta típica: Nesta hipótese, cada um realiza a integralidade do crime, praticando os **atos de execução**, havendo coautoria desde que todos possuam o domínio final do fato. (**exemplo 1**).

II) Divisão de tarefas entre os coautores: Neste caso, mediante o acordo de vontades, cada um dos autores realiza uma tarefa, uma função que seja **essencial** para a realização do crime.

Portanto, aquele que desempenha uma função essencial, passa a ter assim o domínio sobre os fatos, pois sem essa função essencial o crime não ocorreria da mesma maneira que ocorreu, ou poderia até mesmo ter deixado de acontecer. (**exemplo 2**).

Na coautoria com divisão de tarefas, o **domínio final do fato** é alcançado indiretamente em face do **caráter essencial** da função desempenhada, razão pela qual modernamente a doutrina tem preferido falar na **teoria do domínio funcional do fato**, já que, somente por dominar sua função (essencial) é que o agente passa a ter o domínio sobre o final dos fatos, respondendo como coautor do crime. (**exemplo 3**).

Importante lembrar que, nada impede que haja **coautoria em crimes próprios**, isto pode ocorrer se ambos os agentes possuírem as caraterísticas específicas exigidas pelo Tipo, **ou mesmo se apenas um deles possuir estas características** (independentemente de ter como coautor alguém que não as possua).

Isso ocorre em face o **Art. 30 do CP** que permite a comunicabilidade das circunstâncias pessoais que sejam elementares do crime, porém, desde que que o sujeito conheça as características pessoais do seu coautor, exigidas pelo tipo próprio (**Ex**: quem não é funcionário público pode ser coautor de um funcionário na prática de um Peculato – **Art. 312 CP**).

Quanto aos **crimes de mão própria** há divergência na doutrina, sendo que, uma parte afirma que estes **não admitem coautoria** devido às suas características, quais sejam, somente podem ser praticados pessoalmente pelo próprio agente.

Porém, como já mencionamos, esta classificação, e suas limitações, vincula-se ao antigo **critério restritivo de autoria** e, nas bases do moderno **critério do domínio do fato** não há razão para negar a possibilidade de uma coautoria em certos *crimes de mão própria* (**Ex:** advogado que orienta seu cliente a mentir, e como mentir, quando testemunha em um processo judicial. Pode ser considerado como coautor do *crime de mão própria* de falso testemunho – Art. 342 CP – **posição dominante no STF**).

14.3.1 Coautoria sucessiva

A **coautoria sucessiva** *ocorre quando o coautor, mediante* **liame subjetivo**, *ingressa na realização do crime* **após ter havido o início da execução**, *podendo, de acordo com a melhor doutrina, fazê-lo até o exaurimento do crime.*

Pode ser vista como uma forma de *coautoria tardia*, em que determinado agente, mediante **liame subjetivo**, integra a realização do crime após o início dos atos executórios, sendo que, considera-se este caso como uma coautoria normal por parte deste novo integrante, que responderá pelo mesmo crime (**Teoria monista**) do outro autor já estava atuando.

Entretanto, é importante ressaltar que na coautoria sucessiva **não** serão imputados ao agente fatos autônomos realizados anteriormente, ou seja, outros crimes que já tinham ocorrido antes da sua entrada na empreitada criminosa.

Porém, em certos casos, e conforme o preenchimento do liame subjetivo, é possível que **todos os fatos anteriores** ao ingresso do *autor sucessivo* relacionados com o crime em questão lhe sejam imputados. Isto ocorre desde que estes atos anteriores *tenham sido do seu conhecimento,* e ainda integrem o desdobramento natural dos fatos posteriormente praticados.

Como dissemos, embora haja divergência doutrinária, a **posição majoritária** (nesse sentido *Nilo Batista*) assevera que haverá **coautoria sucessiva**, mesmo quando o agente ingressar na realização do crime **após sua consumação**, desde que o faça até o momento do **exaurimento**, sendo que isto poderá ocorrer apenas em **crimes formais**, em que a consumação se dá com a prática integral da conduta e o exaurimento com a eventual produção do resultado naturalístico previsto.

Esse entendimento permite que haja **coautoria sucessiva** em certos **crimes formais**, como ocorre no exemplo concreto do crime de extorsão mediante sequestro (**Art. 159 do CP**), quando o autor sucessivo passa a ingressar na realização do crime após a privação da liberdade da vítima, ou seja, quando o delito já está consumado, mas antes do recebimento do resgate (exaurimento) e, por ter uma tarefa essencial (**p. ex.:** receber o resgate), poderá ser considerado como coautor (*sucessivo*), respondendo assim pelo crime.

14.3.2 Coautoria em crimes culposos

Quanto à possibilidade de coautoria nos crimes culposos há duas posições na doutrina:

A) Não é possível coautoria em crime culposo:

Havendo dois ou mais agentes que concorram culposamente para um resultado, todos serão reconhecidos apenas como **autores** (independentes) do crime culposo realizado.

Para esse entendimento **não se admite** a coautoria em **crime culposo**, visto não ser possível preencher o requisito do *acordo de vontades*, *liame subjetivo*, pois nos crimes culposos não há sequer previsão, mas apenas previsibilidade do resultado.

Pergunta-se: como haveria acordo de vontades para a prática de um *crime, se este crime* não foi desejado (dolo) e nem sequer previsto (apenas previsibilidade) pelo agente?

Logo, os defensores desta corrente afirmam que, se dois agentes atuam simultaneamente, em conjunto, faltando com o cuidado, e produzem um resultado típico, cada um será **autor independente do seu próprio crime culposo**, mas não serão vistos como coautores, algo que também nos parece mais simples e técnico para essas situações. (Nesse sentido Luiz Regis Prado, Nilo Batista, Juarez Tavares – **Posição minoritária**).

B) É plenamente possível a coautoria nos crimes culposos:

De acordo com essa posição o liame subjetivo, exigido para a coautoria, seria apenas um **acordo de vontades para a prática de um ato (imprudente)** e não necessariamente para prática de um <u>crime</u>.

Essa corrente defende a possibilidade de coautoria em crime culposo, visto haver a possibilidade de acordo de vontades (liame subjetivo) para a prática de um <u>fato imprudente</u> que acabe gerando um resultado típico, ou seja, **não há a necessidade** de haver um acordo de vontades efetivamente para a prática de *crime*. (Nesse sentido Rogério Greco e César Roberto Bittencourt – **Posição majoritária**).

Por exemplo: se dois pedreiros combinam que vão jogar uma tábua do alto de uma construção e essa tábua acaba acidentalmente por acertar um transeunte, matando-o, os indivíduos responderão pelo **homicídio culposo em coautoria**, eis que combinaram a prática daquele fato imprudente que deu causa ao resultado.

14.3.3 Coautoria em crimes omissivos

Há divergência também no tocante à possibilidade de coautoria em crimes omissivos, sejam eles próprios ou impróprios, dividindo-se a doutrina em duas posições, são elas:

A) Não é possível a coautoria em crimes omissivos:

Não há como se ter a **comum realização** do fato em uma omissão, ou seja, por mais que tenha havido um acordo de vontades para uma não atuação, a omissão de um autor não colabora para a omissão do outro. Portanto, na verdade haverá apenas duas **omissões independentes**, ocorrendo simultaneamente, e cada agente terá se omitido do seu próprio dever de agir.

Desta forma, cada um dos agentes será sempre autor independente da sua própria omissão, de acordo com a natureza geral (**Art. 135 CP**), ou especial (**Art. 13 par. 2º CP**), do seu **dever de agir**, não havendo assim coautoria entre eles, algo que nos parece bastante razoável. (Nesse sentido Luiz Regis Prado, Nilo Batista e Juarez Tavares – **Posição minoritária**).

B) Existe a possibilidade de coautoria na omissão:

A coautoria na omissão ocorre quando, **mediante um acordo de vontades,** dois agentes resolvem que irão se omitir diante de uma situação de perigo e, embora não seja comum, é possível que haja um comum acordo (**liame subjetivo**) para não agir, caracterizando assim uma **coautoria omissiva**.

Neste caso haveria uma omissão conjunta gerando a **coautoria no crime omissivo**, seja ele **omissivo impróprio (garantidores) ou omissivo próprio**. (Nesse sentido Rogério Greco e César Roberto Bittencourt – **Posição majoritária**).

14.4 PARTICIPAÇÃO

De acordo com a estrutura adotada em nosso ordenamento, e nas bases da **teoria do domínio do fato**, podemos conceituar a participação como sendo uma *colaboração dolosa no fato principal do autor, mediante liame subjetivo, mas sem domínio final do fato e, portanto, de forma acessória.*

Na verdade, o partícipe apenas contribui com o autor, não sendo esta contribuição essencial para a realização do crime, sendo que o partícipe **não possui domínio final** sobre os fatos mas dá sua colaboração (acessória) para a realização do fato criminoso.

Importante lembrar que, em face do **liame subjetivo** com o autor, e de acordo com a Teoria Monista, ambos, autor e partícipe, responderão pelo mesmo crime, embora cada um deva ter sua pena individualizada, e calculada, na medida de sua culpabilidade, de acordo com sua contribuição para a empreitada criminosa (**Art. 29 CP – parte final**).

Podemos separar o conceito de participação em três pontos principais:

a) Participar é colaborar dolosamente em um fato alheio

Deste primeiro conceito é importante ressaltar a presença da palavra **dolosa**, pois para que haja participação o agente deve ter intenção, dolo de colaborar para o fato criminoso praticado pelo autor, ou seja, deve haver o chamado **liame subjetivo**, acordo de vontades entre o partícipe e o autor do crime, haver um propósito comum para a realização do crime.

Embora haja divergência jurisprudencial, não nos parece fazer qualquer sentido se admitir participação quando certo agente busca colaborar para determinado fato crime a ser realizado por alguém, sem que o autor concorde, ou mesmo saiba de sua colaboração, isto em face da ausência do liame subjetivo, e sob pena de se descaracterizar o vínculo subjetivo, essencial ao concurso de agentes e à própria relação se acessoriedade (limitada) da participação.

b) Participar é contribuir, colaborar, mas sem ter o domínio final dos fatos

Toda contribuição que seja essencial para a realização do crime dará ao agente o domínio final dos fatos, configurando assim hipótese de coautoria e não de participação, por isso, quando se fala em participar, a conduta do partícipe jamais será uma contribuição imprescindível, essencial à prática do crime, mas tão somente uma **colaboração acessória**, que de certa forma ajude na realização da empreitada criminosa sem ser fundamental para seu sucesso.

Por exemplo: o agente empresta uma arma para que terceiro mate a esposa. Se não houvesse o empréstimo da arma o crime poderia ter sido perpetrado mesmo assim, logo, ter emprestado a arma é uma **colaboração acessória** (participação), **não essencial**, que por isso **não dá** ao agente o domínio sobre os fatos.

c) Participar é contribuir de forma acessória, vinculada ao fato principal do autor

O conceito de acessório remete a algo secundário, ou seja, aquilo que não é fundamental, por isso, sabe-se que todo fato acessório deve sempre estar vinculado a um fato principal, no caso, toda participação está vinculada à conduta principal do autor e atrelada ao liame subjetivo entre os agentes. Portanto, a participação depende de características inerentes a conduta do autor para existir e para que se possa imputar o fato praticado também ao partícipe.

14.4.1 Teorias da Acessoriedade

Como a participação é acessória e está sempre vinculada ao fato principal do autor, surgiram quatro **teorias delimitadoras** das características que são necessárias a esse fato principal do autor para que se possa considerar uma participação como punível e imputar o crime ao partícipe. Essas teorias são as chamadas de **teorias da acessoriedade.**

Em suma, essas quatro teorias vêm para determinar quais os aspectos que o fato principal do autor deve apresentar para que se possa, nas bases da **teoria monista (Art. 29 CP)**, imputar ao partícipe o mesmo crime realizado pelo autor, de acordo com a sua participação na empreitada criminosa.

São elas:

a) Teoria da acessoriedade mínima

De acordo com esta teoria para que haja participação basta que a conduta do partícipe integre e colabore com uma **conduta principal do autor** que seja **típica**, independentemente de se confirmar, ou não, a ilicitude e a culpabilidade deste fato realizado pelo autor.

Isso significa dizer que, para haver uma **participação punível** basta que o **fato principal do autor seja típico** e, por isso, uma eventual causa de exclusão de ilicitude na situação concreta só iria afastar a responsabilidade pelo crime do próprio autor que nela se encontre, mantendo assim a responsabilização penal do partícipe que colaborou para o fato típico por ele praticado.

Na prática, de acordo com essa teoria, mesmo que o autor seja absolvido por uma excludente de ilicitude, o partícipe que colaborou para o fato típico continuaria podendo responder pelo crime.

b) Teoria da acessoriedade limitada (Código Penal)

Esta teoria afirma que, para haver participação é preciso que a conduta do partícipe integre uma **conduta principal do autor** que seja **típica e ilícita**, logo, uma eventual causa de exclusão da ilicitude do autor afastará também a ilicitude, e a própria responsabilidade penal, do partícipe.

Exemplo: Se um partícipe empresta uma arma a "B" para que este mate "C", mas "B", antes de agir, se vê atacado por "C" e repele esta injusta agressão, agindo, portanto, em legítima defesa, por qual crime responderá o partícipe?

A resposta dependerá da **teoria da acessoriedade** adotada para a análise da situação concreta.

Pela primeira teoria mencionada (**acessoriedade mínima**), o **partícipe responderia** pelo homicídio doloso pois, para esta vertente, basta que o fato principal seja típico para se imputar o crime ao partícipe, mesmo que o autor venha a ser absolvido pela exclusão da ilicitude.

Já para a segunda teoria (**acessoriedade limitada**) o fato principal do autor deve ser típico e também ilícito, por isso, no caso narrado, o **partícipe não responderia por nada**, devido à exclusão da ilicitude da conduta do autor que se comunicaria a ele.

Em suma, de acordo com a acessoriedade limitada, havendo uma excludente de ilicitude na conduta do autor, o partícipe também será beneficiado por ela, não respondendo pelo crime.

c) Teoria da acessoriedade extremada ou extrema

De acordo com essa vertente teórica para que haja participação a conduta do partícipe deverá integrar uma **conduta principal do autor** que seja **típica, ilícita e culpável**.

Daí o nome de **acessoriedade extrema**, vez que vincula todos os elementos que integram o conceito de crime como requisitos necessários à conduta principal do autor para que a participação seja punível, sendo assim, mesmo havendo **exclusão apenas da culpabilidade do autor**, estaria afastada também a responsabilidade penal do partícipe.

Exemplo: "A" pede a "B" que lhe arranje uma substância letal que faça a vítima morrer sem dor ou sofrimento, pois pretende realizar uma eutanásia. "A" crê piamente ser lícita a atitude de matar em eutanásia no nosso ordenamento jurídico, agindo, portanto, em **erro de proibição**, o que poderá vir a **afastar a sua culpabilidade (erro inevitável)**.

Entretanto, pergunta-se: "B", que **sabe que a eutanásia não é permitida**, e mesmo assim colaborou com o fato praticado, deverá responder como partícipe no crime de homicídio?

A resposta, mais uma vez, dependerá da **teoria da acessoriedade** adotada para a configuração das características necessárias ao fato principal.

Pelas duas primeiras teorias apresentadas "B" responderia pelo crime, pois o fato principal do autor é <u>típico</u> (**acessoriedade mínima**), ou é <u>típico e ilícito</u> (**acessoriedade limitada**).

Porém, de acordo com terceira hipótese (**acessoriedade extremada**), o **partícipe não responderá pelo crime**, pois o fato principal do autor não é culpável, já que "A" (autor) agiu em erro de proibição inevitável que afasta sua culpabilidade, e isso impediria também a imputação do fato praticado a todos os partícipes.

Ou seja, em resumo, na **teoria da acessoriedade extremada** se o autor não possuir culpabilidade e for absolvido, o partícipe também não responderá pelo crime. Já podemos antecipar e dizer que esta teoria não é muito adequada, pois, sabe-se que a análise do juízo de reprovação (**culpabilidade**) é algo **individual** e, portanto, seus efeitos não devem se comunicar aos demais participantes do fato.

d) Teoria da hiperacessoriedade

Nas bases desta última vertente teórica, para que haja participação seria preciso que a conduta do partícipe integrasse uma conduta principal do autor que fosse **típica, ilícita, culpável e também punível**, ou seja, é preciso que haja **punibilidade** no fato principal do autor, é preciso que se constate a possibilidade de aplicação da pena a ele, para que se possa responsabilizar também o partícipe.

Exemplo: Vamos supor que o autor de certo crime morra na fuga, após o cometimento do fato. O partícipe que emprestou a arma poderia responder pelo crime praticado?

Mais uma vez a resposta depende da teoria adotada, sendo que pelas três primeiras, o partícipe responderia, pois neste caso estão presentes os três elementos integrantes do crime (tipicidade, ilicitude e culpabilidade).

Porém, para a **teoria da hiperacessoriedade**, não seria possível se imputar o crime ao partícipe nesta situação, vez que **extinta a punibilidade** pela morte do autor na fuga (**Art. 107 do CP**), afastar-se-ia também a responsabilidade penal do partícipe.

Em suma, esta teoria exige que **todos os elementos do crime**, e também a **punibilidade**, estejam presentes na conduta do autor para que o partícipe possa ser responsabilizado, algo que é excessivo e desproporcional, e por isso não encontra adeptos atualmente em nossa doutrina.

Conclusão:

De todas as teorias apresentadas, podemos afirmar que a *teoria da acessoriedade limitada* é adotada de forma amplamente majoritária em nosso ordenamento jurídico, embora haja divergência doutrinária, principalmente quanto a possibilidade de aplicação da primeira teoria (**acessoriedade mínima**) em detrimento da segunda, que é dominante (**acessoriedade limitada**).

Os adeptos da *acessoriedade mínima* (Vide interessante posição de Luiz Regis Prado – Curso de Direito Penal Vol. 1 Ed. RT) afirmam que não há sentido em falar que o partícipe, que colaborou com dolo para a prática de um fato típico, seja também beneficiado com a exclusão da ilicitude do autor, pois esse partícipe ao colaborar com o fato principal não queria, ou sabia, estar agindo justificadamente, em excludente de ilicitude, faltando para ele o **elemento subjetivo** da excludente de ilicitude.

Por isso, embora a ilicitude da conduta do autor deva ser afastada, deveria se responsabilizar o partícipe pelo fato ocorrido, bastando para isso que ele tenha colaborado para o fato típico praticado (**acessoriedade mínima**).

Há ainda adeptos da **acessoriedade extremada**, afirmando que a participação pressupõe que o autor realize uma conduta que preencha todos os elementos do crime, incluindo aí a culpabilidade, algo que não nos parece correto pois, a culpabilidade, embora seja elemento integrante do crime, é um juízo de **reprovação pessoal** que deve ser diferenciado para cada autor ou partícipe, de acordo com a sua situação específica.

Entretanto, em que pese as críticas e opiniões divergentes acima, a teoria da *acessoriedade limitada ainda* prevalece em nosso ordenamento, sendo sua adoção amplamente majoritária em nossa doutrina e jurisprudência, tendo como consequência prática a **comunicabilidade das causas de exclusão da ilicitude** inerentes a conduta do autor também para os partícipes do fato.

Importante lembrar ainda que, nos termos do **Art. 31 do CP**, a **participação será impunível** se o crime não chegar a ser ao menos tentado, ou seja, a participação depende de que a conduta principal do autor entre nos chamados **atos executórios** e, por isso, a participação será impunível se o autor permanecer apenas nas etapas de **cogitação e preparação**, não chegando a dar início a **execução** do crime.

Porém, não podemos esquecer que, o próprio **Art. 31 do CP** ao fazer esta restrição prevê a possibilidade de exceções, no que tange a esta impunibilidade da participação sem que haja o início de execução do crime.

Isto ocorre em certas hipóteses quando o próprio legislador optar por criar crimes autônomos com condutas que seriam de mera preparação para outros crimes, como ocorre, por exemplo, no crime de *Associação criminosa* do **Art. 288 do CP**, em que pode haver participação mesmo que o autor não chegue a dar início a execução dos crimes visados, pretendidos pela referida associação (**crime formal**).

14.4.2 Formas de participação

A doutrina traz algumas formas pelas quais o agente pode participar de um crime, sendo que, essas formas dividem-se em dois grandes grupos de participação, a *participação moral* e a *participação material*, são elas:

a) Induzimento (participação moral)

O induzimento ocorre quando o agente não pretendia, nem imaginava realizar o crime, mas o partícipe dá ao autor essa ideia, cria a vontade de cometer o crime na cabeça do autor, levando-o assim a praticar o fato, por isso o induzimento é reconhecido como uma forma de *participação moral*.

Em suma, **induzir** é criar a vontade de cometer o crime na cabeça do autor, quando este inicialmente não pretendia fazê-lo.

b) Instigação (participação moral)

Instigar é ampliar uma vontade preexistente na cabeça do autor, que já pensava em cometer o crime, mas ainda não estava decidido ou faltava-lhe coragem.

Também é uma forma de **participação moral**, porém, aqui o agente já possui a ideia do cometimento do crime, mas na verdade lhe faltava coragem pra tomar a decisão de agir, e o partícipe, através da instigação, estimula, incita o autor a agir, no popular seria o mesmo que "*botar pilha*", levando-o então a realizar o fato.

Exemplo: "A" afirma que quer matar "B" pois acredita que está sendo traído por ele, mas ainda não teve coragem pra isso. Então "C", seu amigo, o incentiva, incita, dizendo que tem que matar mesmo, já que realmente ele está sendo traído. Sendo assim, após ouvir esse incentivo, finalmente "A" se encoraja e acaba matando "B".

Importante lembrar que pela teoria monista (Art. 29 CP), no exemplo acima, tanto "A" quanto "C" irão responder pelo mesmo crime de homicídio doloso.

c) Auxílio ou cumplicidade (participação moral ou material)

Auxiliar é propiciar a prática do crime, facilitar, colaborar, ajudar de alguma forma o autor na realização do fato, sendo que essa espécie de participação, também chamada de **cumplicidade**, divide-se em duas formas:

1) Auxílio material

O **auxílio ou cumplicidade material** se dá através de condutas concretas que facilitem a prática do crime, instrumentalizando, fornecendo meios e modos de execução para o autor.

Exemplo: emprestar a arma, deixar a porta aberta, emprestar uma escada.

2) Auxílio moral

Já o **auxílio ou cumplicidade moral** se dá através de dicas, conselhos dados ao indivíduo para a prática do crime, que facilitem, ajudem e simplifiquem a realização do fato.

Exemplo: Orientar o autor quanto ao horário mais propício para praticar um furto em certo estabelecimento.

Importante lembrar que, de acordo com a maioria da doutrina, a *cumplicidade ou auxílio*, seja material ou moral, como modalidade de participação requer uma **conduta positiva**, uma ação concreta e, por isso, o **auxílio não poderá ser feito pela omissão**.

No Brasil, é dominante o entendimento de que **não se pune a participação por omissão**, ou seja, a chamada **conivência** *(saber que o crime vai acontecer e não fazer nada para impedi-lo)*. Ser conivente **não faz** com que a pessoa responda pelo resultado, a não ser, como visto anteriormente, que ela seja garantidora, isto é, tenha o dever específico de agir para evitar o resultado, quando então será autora de um crime **omissivo impróprio**.

Somente o garantidor (Art. 13 par. 2º CP) poderá, através de sua omissão, ser visto como **autor** de crime (*comissivos por omissão ou omissivo impróprio*), por permitir a ocorrência de um resultado que deveria ter evitado.

Por fim, a **participação** por **omissão**, que não é punível, não deve se confundir com a **participação** em **omissão**, ou melhor, participação em um crime omissivo (**Ex**: induzir alguém a se omitir) que, embora divergente, é admitida por boa parte da doutrina e jurisprudência pátria, fundamentalmente quando o partícipe, por total incapacidade de agir, não puder ser considerado autor da sua própria omissão.

14.4.3 Participação em cadeia

Nada impede que haja a chamada **participação em cadeia**, ou seja, "*participação na participação*" quando, dolosamente, querendo a ocorrência de um crime, determinado agente participa na atuação de alguém para que este venha a ser partícipe do crime realizado por determinado autor.

Neste caso, todos os envolvidos na **cadeia de participação** serão considerados como partícipes do fato, e, portanto, responderão igualmente pelo crime realizado pelo autor, seguindo a Teoria Monista adotada pelo CP. (Art. 29 CP)

Um simples exemplo explica e elucida o instituto da **participação em cadeia**, que é admitida de forma ampla por nossa doutrina:

– "A" induz "B", que é seu amigo, a induzir "C" para que este mate "D", seu desafeto. Todos (A e B) respondem pelo homicídio de "D" como partícipes de "C", que será o autor executor do crime.

14.4.4 Participação sucessiva

A chamada **participação sucessiva** não traz maiores dificuldades, pois o mesmo que dissemos acerca da **coautoria sucessiva** vale para a eventual participação sucessiva, ou seja, o partícipe pode integrar a realização do fato (p.ex. através de auxílio) mesmo **após o**

início de execução pelo autor, desde que colaborando de forma acessória (não essencial) e sem o domínio dos fatos.

Embora haja alguma divergência na doutrina nacional, majoritariamente entende-se que a **participação sucessiva**, ou seja, aquela realizada após o início de execução do crime pelo autor, pode ser feita até mesmo depois da consumação do crime, desde que ocorra antes do **exaurimento** (isto em **crimes formais**).

Ex: Alguém pode ser partícipe de uma **extorsão mediante sequestro (Art. 159 CP)** integrando a prática do crime através de um auxílio fornecido após a privação da liberdade (**consumação**), desde que, antes do recebimento do resgate (**exaurimento**), e que sua colaboração seja acessória, pois caso seja essencial haverá **coautoria sucessiva**.

14.4.5 Participação nos crimes omissivos próprios e impróprios

Quanto à possibilidade de participação em crimes *omissivos próprios* e omissivos *impróprios* há dois principais posicionamentos definidos em nossa doutrina:

a) Não se admite participação em qualquer crime omissivo:

Para esta posição **não há possibilidade** de participação em crimes omissivos pois, quando o agente participa da omissão de alguém ele já está também se omitindo de seu dever de agir, seja esse dever geral (**Art. 135 CP**) ou especial, específico (Garantidor – **Art. 13 par. 2º CP**) e, portanto, quem participa de uma omissão de outrem na verdade responderá sempre como **autor de sua própria omissão**.

Por exemplo: ao induzir alguém a não atuar diante de uma situação de afogamento, o agente também estará se omitindo do seu dever de agir, devendo responder como autor da sua própria omissão, e de acordo com a natureza do seu dever, pelo crime omissivo próprio ou impróprio. (Nesse sentido Luiz Regis Prado, Nilo Batista e Juarez Tavares – **Posição minoritária**).

b) É possível a participação em qualquer crime omissivo:

Para esta posição quer a omissão seja *própria ou imprópria*, é possível, embora raro, que haja **participação nos crimes omissivos**, sendo que, isso só será possível quando o agente **não puder ser considerado autor** de sua própria omissão.

Portanto, o sujeito poderá ser visto como partícipe em um crime omissivo quando **não** houver para ele qualquer possibilidade de ser **autor da sua própria omissão**, ou seja, quando não houver qualquer possibilidade de ação por parte dele na situação concreta, mas de alguma forma o agente vier a colaborar na omissão de outrem. (Nesse sentido Rogério Greco e César Roberto Bittencourt – **Posição majoritária**).

Exemplo: Um paraplégico está na praia e induz alguém a não agir diante de situação de perigo (afogamento). Não podendo ser autor de uma omissão de socorro (**Art. 135 CP**), pela total impossibilidade de atuar, e também por não possuir meios de chamar autoridade competente, neste caso, em face de seu induzimento, será **partícipe do crime omissivo** praticado pelo autor.

Vejamos de novo o crime de omissão de socorro, nela sempre que o agente puder prestar o socorro e não o fizer, será autor do crime **omissivo próprio (Art. 135 CP)**, por isso, mesmo aquele que induz o terceiro a não agir seria considerado autor do seu próprio crime de omissão de socorro, mas isso desde que pudesse ele próprio ter prestado o socorro, não havendo, neste caso, por que se falar em participação já que ambos seriam autores das suas omissões.

Entretanto, de acordo com a **corrente majoritária** citada, se **não houver qualquer possibilidade de ação** (prestação de socorro) pelo agente que induziu o outro a se omitir e não atuar, sendo inviável para ele até mesmo informar a autoridade competente a respeito do perigo, poderia se considerar que houve uma **participação no crime omissivo** (omissão de socorro – Art. 135 CP) de outrem, pelo fato do sujeito ter induzido ou instigado o terceiro a não atuar, posição esta que nos parece bastante razoável.

14.4.6 Participação nos crimes culposos

Quanto à possibilidade de haver **participação em crimes culposos** há dois entendimentos em nossa doutrina:

a) Não é possível participação em crimes culposos:

Como nos crimes culposos **não se utiliza** o critério do **domínio final do fato, não será possível** se falar em participação nesta espécie de crimes, sendo que, para esta corrente doutrinária todo aquele que com sua conduta descuidada der causa ao resultado típico, colaborando de qualquer forma para ele, deverá ser tratado como **autor** do crime culposo.

Nos **crimes culposos** ninguém controla a produção do resultado, ninguém tem domínio sobre os fatos, portanto, não haveria interesse em se diferenciar aquele que atua concretamente executando a conduta daquele que, por exemplo, apenas instigou, induziu outrem a atuar com imprudência, já que ambos acabam sendo, de certa forma, causadores do resultado típico culposamente.

Essa corrente doutrinária entende ainda que é preciso ter **dolo de colaborar** para o crime praticado para que haja **participação**, sendo que, nos crimes culposos, pelo resultado ser produto de falta de cuidado isto é inviável, e por isso pode-se concluir que **participação seria exclusivamente dolosa em crime doloso**.

Desta forma, percebe-se o porquê da opção da maioria da doutrina nacional em adotar o **critério extensivo** (todo aquele que colabora para o fato é autor) para delimitação da **autoria nos crimes culposos**.

Explico, esta corrente doutrinária, seguindo o **critério extensivo** de autoria culposa entende que o simples ato de contribuir culposamente para a produção de um resultado, já caracterizaria a autoria deste crime, inviabilizando, assim, se falar em participação, algo que nos parece ser o posicionamento mais simples e técnico para este tema (nesse sentido Luiz Regis Prado, César Roberto Bittencourt e Nilo Batista – **Posição majoritária**).

Exemplo: Um indivíduo acelera o carro após um outro sujeito o instigar a fazer isso, gerando assim a morte de alguém em um acidente. Nenhum dos dois agentes ao atuar tem o domínio sobre que poderá produzido (não há domínio do fato), logo, não faz sentido diferenciar as condutas em autoria e participação, pois ambas foram relevantes, por via de imprudência, para gerar o resultado.

Logo, neste caso, ambos devem ser vistos como **autores** do crime de homicídio culposo no trânsito.

b) É plenamente possível a participação (culposa) em um crime culposo:

Para essa corrente doutrinária a participação poderia ocorrer no crime culposo quando o agente, *por culpa* (de forma imprudente), induz, auxilia ou instiga determinada pessoa a realizar uma **conduta culposa** que acaba gerando um resultado típico

Desta forma, para adotar essa posição favorável a participação nos crimes culposos, foi preciso considerar que nos crimes culposos autor será apenas aquele que por falta de cuidado pessoalmente praticar o verbo núcleo do tipo penal (**critério restritivo de autoria**) e, portanto, o partícipe será todo aquele que com sua falta de cuidado colaborar de qualquer outra forma para a produção do resultado típico (sem ter executado a conduta).

Exemplo: Em um acidente de carro, o motorista será o autor e o carona que o induziu a correr com o carro será **partícipe** do **crime culposo** gerado.

Em suma, para essa vertente, nos **crimes culposos**, o **autor** será aquele que por culpa (falta de cuidado) **realizar o verbo** núcleo do tipo penal, que por imprudência praticar a conduta que causou o resultado diretamente, e o **partícipe** do crime culposo será aquele que por falta de cuidado, de alguma forma, contribuir para isso sem ter realizado a conduta típica. (Nesse sentido Rogério Greco – **Posição minoritária**).

A crítica que a maioria da doutrina faz em relação a essa posição é que a participação é definida como uma colaboração dolosa, ou seja, **com liame subjetivo,** para a prática de um *fato típico*, portanto, como nos crimes culposos o próprio autor não quer que o resultado seja alcançado, sendo este produto de uma falta de cuidado, não seria possível se falar em participação (dolosa) nos crimes culposos.

14.4.7 Participação de menor importância (Art. 29, § 1° do CP)

"§ 1° – Se a participação for de menor importância, a pena pode ser diminuída de um sexto a um terço" (Redação dada pela Lei n° 7.209, de 11.7.1984).

O aspecto mais relevante a respeito da **participação de menor importância** é o fato de que este instituto é exclusivamente aplicável à participação (estrito senso), não sendo cabível à coautoria, isto evidentemente em face da adoção da **Teoria domínio final do fato,** pois não é possível se falar de uma coautoria de menor importância se autor é visto aquele que tem domínio sobre os fatos.

Nesse prisma, o autor que necessariamente oferece uma contribuição essencial para o crime e jamais poderia ter uma colaboração de menor importância, já que na coautoria os agentes sempre desempenham funções igualmente essenciais e de vital importância para o resultado.

O parágrafo primeiro do **Art. 29 do CP**, que descreve a chamada participação de menor importância, tem a natureza jurídica de **causa de diminuição da pena** e, por isso, deve ser levado em conta na *terceira fase* da dosimetria da pena, diminuindo a pena do agente de 1/6 a 1/3, sempre que o juiz considerar que a contribuição dada pelo **partícipe** para a empreitada criminosa foi de pequena relevância.

14.5 COOPERAÇÃO DOLOSAMENTE DISTINTA (ART. 29, § 2°, DO CP)

§2° – Se algum dos concorrentes quis participar de crime menos grave, ser-lhe-á aplicada a pena deste; essa pena será aumentada até metade, na hipótese de ter sido previsível o resultado mais grave. (Redação dada pela Lei n° 7.209, de 11.7.1984)

A **cooperação dolosamente distinta** ocorre quando determinado agente quer colaborar para certo crime, seja como **coautor ou partícipe**, entretanto, o autor (executor) acaba realizando um crime diverso, mais grave do que aquele para o qual o *participante* quis contribuir.

Nesse caso, imputa-se ao *participante* (coautor ou partícipe), apenas o crime para o qual quis colaborar, enquanto o autor responderá por todos os fatos que tiver realizado, dando origem, assim, a possibilidade de autor e partícipe/coautor responderem por crimes diversos, de certa forma **mitigando** a **Teoria monista** adotada em nosso ordenamento (Art. 29 CP).

Exemplo: O partícipe querendo colaborar para um furto, empresta uma escada para o autor pular o muro de uma casa, porém, dentro da residência, este acaba realizando um estupro, ao encontrar alguém lá.

O partícipe responderá apenas pela participação no crime de furto e o autor pelo furto e pelo estupro em concurso material (Art. 69 CP).

Na **cooperação dolosamente distinta**, o participante (coautor ou partícipe) irá cooperar com um **dolo diferente** daquilo que acabou sendo praticado pelo autor, assim, ela ocorre quando há um desvio na conduta do autor, que acaba realizando um fato mais grave do que aquele para o qual se quis colaborar.

Porém, de acordo com expressa previsão legal, se o **resultado mais grave**, era **previsível** para o participante, este continua respondendo apenas pelo **crime menos grave** para o qual quis colaborar, mas sua pena será aumentada de até metade, em face da previsibilidade (possibilidade de prever) da ocorrência do tal resultado mais grave.

Exemplo: Em um roubo mediante emprego de arma de fogo em que o autor acaba matando alguém (latrocínio), aquele que emprestou a arma, mas não quis participar do crime mais grave (latrocínio), responderá somente pelo roubo qualificado pelo emprego de arma, e lhe será imputado um **aumento de até a metade da pena**, em face da **previsibilidade do resultado** morte ocorrido.

Esse instituto baseia-se no acordo de vontades (**liame subjetivo**) existente entre partícipes e/ou coautores, havendo por parte do autor executor mudança no fim colimado, evitando assim que, aquele que quis contribuir apenas para um determinado fato seja responsabilizado por um crime para o qual não teve intenção de colaborar, participar, cometer.

14.6 QUESTÕES PARA TREINO

FAPEC/ MPE-MS/ Promotor de Justiça Substituto/2015

Em relação ao concurso de pessoas, é correto afirmar que:

A) O Direito Penal brasileiro adotou a teoria unitária ou monista, com exceções pluralistas que provocam a punição dos agentes que concorreram para o mesmo fato de acordo com dispositivos legais diversos.

B) Aquele que colabora para a conduta típica do autor, praticando uma ação que, em si mesma, é irrelevante para o âmbito penal, não pode ser considerado partícipe.

C) A reforma penal de 1984 da parte geral do Código Penal tornou incompatível a aplicação da teoria do domínio do fato.

D) É descaracterizado o concurso de pessoas, para fins penais, mesmo havendo pluralidade de pessoas e condutas, se um dos agentes for inimputável.

E) É possível a participação nos tipos culposos, quando presente o liame subjetivo na cooperação consciente de alguém na conduta culposa de outrem.

Gabarito "A"

CAIP-IMES/ Câmara Municipal de Atibaia – SP/ Advogado/2016

Assinale a alternativa incorreta.

Para que se configure o concurso de pessoas na esfera penal faz-se mister:

A) a presença de dois ou mais agentes e haver nexo de causalidade material entre as condutas realizadas.

B) a vontade de obtenção do resultado (vínculo de natureza psicológica).

C) o reconhecimento da prática do mesmo delito para todos os agentes sendo que se antijuridicidade atingir um dos coautores, se estenderá para os demais.

D) o ajuste prévio entre os agentes.

Gabarito "D"

CESPE/ TRE-PI/ Analista Judiciário – Judiciária/2016

A respeito do concurso de pessoas, assinale a opção correta.

A) As circunstâncias objetivas se comunicam, mesmo que o partícipe delas não tenha conhecimento.

B) Em se tratando de peculato, crime próprio de funcionário público, não é possível a coautoria de um particular, dada a absoluta incomunicabilidade da circunstância elementar do crime.

C) A determinação, o ajuste ou instigação e o auxílio não são puníveis.

D) Tratando-se de crimes contra a vida, se a participação for de menor importância, a pena aplicada poderá ser diminuída de um sexto a um terço.

E) No caso de um dos concorrentes optar por participar de crime menos grave, a ele será aplicada a pena referente a este crime, que deverá ser aumentada mesmo na hipótese de não ter sido previsível o resultado mais grave.

Gabarito "D"

CESPE/ TJ-PB/ Juiz Substituto/2015

Assinale a opção correta no que se refere ao concurso de pessoas.

A) Inexiste previsão legal referente ao desvio subjetivo de conduta.

B) Segundo a teoria da acessoriedade mínima, uma ação justificada para o autor não constitui crime para o partícipe.

C) Será considerado cúmplice aquele que incutir na mente do autor principal o propósito criminoso.

D) A coautoria pressupõe acordo prévio, o que a doutrina denomina de *pactum sceleris*.

E) O crime omissivo admite a participação por meio de comissão.

Gabarito "E"

FCC/ TJ-SE/ Juiz Substituto/2015

Com relação ao concurso de pessoas, na dogmática penal brasileira:

A) adota-se a teoria da participação integrada, que exige que o partícipe tenha apenas envolvimento objetivo com o resultado ocorrido.

B) adota-se a teoria da acessoriedade limitada.

C) é preciso que todos os elementos da teoria tripartite estejam presentes para a punição do partícipe.

D) em aparatos organizados de poder não pode existir coautoria.

E) a teoria do domínio do fato dispensa a identificação de provas de autoria.

Gabarito "B"

VUNESP/ Prefeitura de Rosana – SP/ Procurador do Município/2016

Assinale a alternativa correta sobre o concurso de pessoas.

A) Admite-se a participação por omissão em crime comissivo, quando o omitente devia e podia agir para evitar o resultado, mas não se admite em crimes omissivos, por induzimento ou instigação.

B) Para que se admita a concorrência de culpas no crime culposo, é necessário que cada agente atue com consciência de que está colaborando com a conduta culposa de outrem.

C) A pena será agravada em relação ao agente que instiga ou determina a cometer o crime alguém sujeito à sua autoridade ou não punível em virtude de condição ou qualidade pessoal.

D) Se a participação for de menor importância, a pena pode ser diminuída de um sexto a dois terços.

E) As condições e circunstâncias pessoais do agente não se comunicam ao coautor ou partícipe ainda que circunstâncias elementares ao crime.

Gabarito "C"

VUNESP/ TJM-SP/ Juiz de Direito Substituto/2016

A respeito do concurso de agentes, afirma-se corretamente que

A) além das modalidades instigação e induzimento, a participação também se dá pelo auxílio. Nesta modalidade, a fim de se diferenciar o coautor do partícipe, deve-se recorrer à regra da essencialidade da cooperação.

B) o concurso de pessoas, pelo Código Penal, assume duas formas, coautoria e participação. Partícipe é aquele que instiga ou induz o autor na perpetração do crime, sendo os atos de instigação e induzimento puníveis, independentemente de o crime vir a ser tentado ou consumado.

C) o Código Penal taxativamente estabelece que as penas dos autores e partícipes devem ser diferenciadas, punindo sempre de forma diminuída quem apenas instiga, induz ou auxilia na prática delitiva.

D) o Código Penal taxativamente estabelece que as penas dos autores e partícipes devem ser diferenciadas, punindo sempre de forma diminuída quem apenas instiga, induz ou auxilia na prática delitiva. segundo o Código Penal, o coautor ou partícipe, independentemente do crime para o qual quis concorrer, será punido segundo a pena do crime efetivamente praticado, pois assumiu o risco do resultado.

E) segundo o Código Penal, as condições de caráter pessoal do autor estendem-se a todos os concorrentes da prática delitiva.

Gabarito "A"

FCC/ TJ-SC/ Juiz Substituto/2015

Na hipótese de concurso de pessoas instantâneo, entre um adulto e um adolescente, para a prática de roubo, sem que o adulto esteja animado por desígnio autônomo para corromper especificamente o adolescente para a prática do roubo, estabelece-se entre os delitos de roubo e corrupção de menores a seguinte modalidade de concurso de crimes:

A) Não há concurso de crimes entre os delitos de roubo e corrupção de menores.

B) Concurso formal impróprio.

C) Concurso formal.

D) Concurso material.

E) Crime continuado

Gabarito "C"

CESPE/ DPE-RN/ Defensor Público Substituto/2015

Acerca do concurso de agentes, assinale a opção correta conforme a legislação de regência e a jurisprudência do STJ.

A) A ciência da prática do fato delituoso caracteriza conivência e, consequentemente, participação, mesmo que inexistente o dever jurídico de impedir o resultado.

B) Em um crime de roubo praticado com o emprego de arma de fogo, mesmo que todos os agentes tenham conhecimento da utilização do artefato bélico, somente o autor do disparo deve responder pelo resultado morte, visto que não se encontrava dentro do desdobramento causal normal da ação delitiva. Nesse caso, não há que se falar em coautoria no crime mais gravoso (latrocínio).

C) Não se admite o concurso de agentes no crime de porte ilegal de arma de fogo, haja vista que somente o agente que efetivamente porta a arma de fogo incorre nas penas do delito.

D) É admissível, segundo o entendimento doutrinário e jurisprudencial, a possibilidade de concurso de agentes em crime culposo, que ocorre quando há um vínculo psicológico na coopera-

ção consciente de alguém na conduta culposa de outrem. O que não se admite nos tipos culposos é a participação.

E) O falso testemunho, por ser crime de mão própria, não admite a coautoria ou a participação do advogado que induz o depoente a proclamar falsa afirmação.

Gabarito "D"

FGV/ TCE-RJ/ Auditor Substituto/2015

Sobre o tema concurso de agentes, é correto afirmar que:

A) em regra, aquele que instiga terceira pessoa à prática de um crime, por este responde, ainda que o instigado não tenha iniciado a execução do delito;

B) não se comunicam as circunstâncias e as condições de caráter pessoal, mesmo quando elementares do crime;

C) na teoria da acessoriedade limitada, somente haverá a punição do partícipe se o autor houver praticado uma conduta que seja típica, ilícita e culpável;

D) se um dos concorrentes quis participar de crime menos grave, a pena deste lhe será aplicada, com o aumento de metade na hipótese de ter sido previsível o resultado mais grave;

E) não se exige homogeneidade de elemento subjetivo no concurso de pessoas, admitindo-se participação culposa em crime doloso.

Gabarito "D"

FCC/ TJ-SC/ Juiz Substituto/2015

Nos crimes dolosos contra a vida praticado em concurso de pessoas, é correto afirmar, em relação ao Código Penal Brasileiro que

A) apenas nos crimes culposos contra a vida pode ser invocada a aplicação da Teoria Monista ou Unitária.

B) é possível cindir o tipo no tocante à homogeneidade do elemento subjetivo, uma vez que a Teoria Monista ou Unitária não é plenamente reconhecida pelo sistema legal brasileiro.

C) a teoria Monista ou Unitária aplica-se exclusivamente aos crimes dolosos contra a vida, tendo sua aplicação, portanto, vetada nas hipóteses contempladas pelos crimes de trânsito.

D) inspirado na legislação italiana, adotou, como regra, a Teoria Monista ou Unitária, ou seja, havendo pluralidade de agentes, com diversidade de conduta, mas provocando um só resultado, existe um só delito.

E) denunciados em coautoria delitiva, e não sendo as hipóteses de participação de menor importância ou cooperação dolosamente distinta, os réus poderiam ser condenados por delitos diversos: homicídio doloso e homicídio culposo.

Gabarito "D"

CONCURSO DE CRIMES

15.1 CONCEITO E ASPECTOS GERAIS

O concurso de crimes ocorre quando determinado agente, por meio de uma ou mais condutas (ações ou omissões), pratica dois ou mais delitos, sejam eles idênticos ou não, para que de acordo com algumas características específicas se defina a forma de aplicação da pena para ele.

Percebe-se que o **concurso de crimes**, embora o nome possa gerar confusão, é tema estritamente relacionado com a **Teoria da Pena**, já que sua grande utilidade é exatamente definir a forma de aplicação da pena para as hipóteses em que alguém realizou vários crimes.

Há três grandes **espécies** de concurso de crimes em nosso ordenamento:

1) **Concurso Material ou Real (Art. 69 CP)**

2) **Concurso Formal ou Ideal**: que se divide em *Perfeito ou Próprio* (**Art. 70 -1ª parte CP**) e *Imperfeito ou Improprio* (**Art. 70 – 2ª parte**)

3) **Crime Continuado (Art. 71 CP)**

15.2 SISTEMAS DE APLICAÇÃO DA PENA

A doutrina propôs diversos **sistemas de aplicação da pena** para as diferentes espécies de concurso de crimes, sendo que, apenas **dois** foram adotados pelo nosso Código Penal, quais sejam o sistema do **Cúmulo Material** e o sistema da **Exasperação**, porém vamos analisar todos os quatro principais sistemas existentes:

A) Sistema do Cúmulo material

Trata-se da forma mais simples de se aplicar a pena em situação de concurso de crimes, pois determina a **soma das penas** aplicadas para cada um dos crimes separadamente, ou seja, será feita a dosimetria da pena de cada crime isoladamente para que depois essas penas sejam **somadas**.

Evidentemente esta é a **forma mais severa** de se aplicar a pena quando determinado sujeito realiza vários crimes, pois há a cumulação das sanções aplicadas a cada infração individualmente, sendo este sistema previsto em nosso Código Penal para o **Concurso Material (Art. 69 CP)** e para o **Concurso Formal Imperfeito (Art. 70 – 2ª parte – CP)**.

B) Sistema da Exasperação

Caracteriza-se pela aplicação de **uma só pena**, qual seja, a do crime mais grave, para que esta pena seja **aumentada**, exasperada, de certo um valor determinado pela lei, ou seja, embora o agente cometa vários crimes, responderá por apenas um deles (o mais grave) com a sua pena aumentada.

Na verdade, trata-se de uma forma de evitar a soma das penas das infrações cometidas e, portanto, logicamente de uma **forma menos severa** de aplicação da pena, prevista em nosso ordenamento para as hipóteses de **Concurso Formal Perfeito (Art. 70 – 1ª parte – CP)** e de **Crime Continuado (Art. 71 CP)**.

C) Sistema da Absorção

Este sistema, que **não foi adotado** por nosso Código Penal, determina que a pena aplicada ao delito mais grave simplesmente absorve a pena do delito menos grave, não gerando qualquer sanção mais severa em face da prática de vários crimes pelo agente.

D) Sistema do Cúmulo Jurídico

Este sistema também **não foi adotado** em nosso ordenamento e determina que se deve aplicar uma só pena, porém, esta pena deve ser sempre superior a cominada para cada um dos crimes isoladamente, mas não chegando a ser a soma delas, cabendo ao magistrado livremente definir esse valor na dosimetria concreta da pena.

15.3 ESPÉCIES DE CONCURSO DE CRIMES

15.3.1 Concurso Material ou Real (Art. 69 do CP)

Esta é a mais simples das modalidades de concurso de crimes, sendo também a mais óbvia, já que nela o agente deverá apenas praticar cada crime através de uma conduta independente (ação ou omissão), sejam esses crimes idênticos ou não, sem se exigir qualquer outro requisito mais específico para isso, portanto, podemos afirmar que o **concurso material** possui apenas **duas características essenciais:**

a) Várias condutas (ação ou omissão)

b) Que ocorram dois ou mais crimes (idênticos ou não)

Embora isso não vá alterar a forma de aplicação da pena, de acordo com a **natureza dos crimes** praticados o concurso material pode ser classificado em:

– **homogêneo**: quando ocorrerem apenas crimes idênticos (ex.: furto + furto)

– **heterogêneo**: quando ocorrerem crimes diferentes (ex.: homicídio + furto).

Como vimos, havendo **concurso material** as penas de cada um dos crimes serão **somadas**, ou seja, aplicadas cumulativamente (**sistema do cúmulo material**).

Importante lembrar que, se forem aplicadas de forma cumulativa, uma pena de *reclusão e outra de detenção*, **executa-se primeiro a de reclusão e depois a de detenção**, já que somente a primeira (reclusão) permite os três regimes de cumprimento de pena (fechado, semiaberto e aberto) possibilitando assim que em certos casos o agente inicie o cumprimento da pena no regime fechado. (**Art. 69 – parte final – CP**)

De acordo com o **Art. 69 par 1º do CP** se a pena de um dos crimes, em hipótese de concurso material, isoladamente não puder ser convertida em restritiva de direitos, ou não tiver sido suspensa (sursis), **impede-se a conversão** das demais e o agente irá cumprir todas as penas privativas de liberdade somadas.

Porém se as penas de **todos** os crimes admitirem a conversão em restritiva de direitos, isso ocorrerá, e essas penas restritivas de direito poderão ser cumpridas de forma simultânea, quando compatíveis, ou mesmo de forma sucessiva *se incompatíveis.* (**Art. 69 par. 2º CP***).

15.3.2 Concurso Formal ou Ideal (Art. 70 do CP)

Diferentemente do concurso material, o **concurso formal** decorre da prática de apenas uma **única conduta** (ação ou omissão) por parte do agente, sendo que dois ou mais resultados típicos se produzem, sejam eles crimes idênticos ou não.

Assim como acontece no concurso material, de acordo com a natureza dos crimes produzidos o **concurso formal** também pode ser classificado em **homogêneo**, quando os crimes forem idênticos (ex.: homicídio + homicídio), ou **heterogêneo**, quando os crimes forem diferentes (ex.: homicídio + lesão corporal).

Sendo assim, podemos elencar **dois requisitos** *básicos para que haja* **concurso formal***:

a) Uma só conduta (ação ou omissão): mesmo que essa conduta seja realizada através de diversos atos subsequentes (ex: disparar revolver várias vezes na direção de uma vítima atingido outras pessoas também), configurando, assim, uma conduta realizada por vários atos.

b) Produção de dois ou mais crimes, idênticos ou não: dando origem a um concurso formal homogêneo ou heterogêneo, respectivamente.

15.3.2.1 Espécies de Concurso Formal ou Ideal

O **concurso formal** se divide em **duas grandes espécies** (*perfeito ou próprio* e *imperfeito ou impróprio*), sendo que isso se dá de acordo com a análise do número de objetivos (desígnios) que o agente possui ao atuar.

No concurso formal, embora o agente atue uma única vez gerando dois ou mais resultados, esses resultados podem ter sido desejados individualmente pelo agente através de dolos independentes (**desígnios autônomos**), ou ser produto de um único objetivo ao atuar (**unidade de desígnio**), e é com base na análise desse **aspecto subjetivo** (desígnio do autor) que será possível se classificar o concurso formal em perfeito (próprio) ou imperfeito (impróprio).

Devemos ter cuidado, pois quando se fala em um único objetivo, ou **unidade de desígnio**, isso pode se dar através do agente possuir um **único dolo** ao agir, ou mesmo através da prática de uma **única conduta culposa** que venha a gerar vários resultados, já que ao agir com culpa, de forma descuidada, imprudente, também se pode considerar que o agente possui um objetivo, um desígnio (que não é de gerar crime) na sua ação.

15.3.2.1.1 Concurso formal perfeito (Art. 70, primeira parte, do CP)

Esta é a modalidade mais comum e óbvia de concurso formal, já que nela o agente através de sua única conduta acaba produzindo dois ou mais resultados, porém ao agir **possui um único objetivo,** um só desígnio, que pode ser um **único dolo** de gerar um só resultado, ou mesmo **um único objetivo imprudente** na conduta culposa.

Podemos dizer que se trata da forma mais evidente e comum de concurso formal, pois normalmente quando alguém pratica uma só conduta tem em mente um só objetivo, ou seja, uma única finalidade.

Assim, podemos usar como dica para guardar o nome dessa modalidade de concurso formal, o seguinte: podemos afirmar que o "normal", "comum", *"perfeito"* quando alguém pratica **uma só ação ou omissão** é ter um **único objetivo** em mente daí o nome **concurso formal perfeito**, pois quando se quer vários resultados, o mais "comum" será agir várias vezes, praticando várias condutas para alcançar cada um deles (concurso material).

Podemos dar como exemplo de concurso formal perfeito esta clássica hipótese:

– *"A" querendo matar seu desafeto "B" dispara arma de fogo contra ele, atingindo-o, porém, a bala acaba acertando também "C", que passava pelo local naquele momento.*

Como vimos, em certos casos, essa **unidade de desígnio** pode se referir a seu dolo, mas em outros casos poderemos também estar falando do agente possuir um único objetivo ao atuar culposamente, faltando com o cuidado, gerando com isso vários crimes culposos em **concurso formal perfeito**

Ex. 2: *"A" querendo chegar mais cedo no trabalho avança um sinal de trânsito, mas acaba atingindo um carro que passava pelo cruzamento matando dois passageiros.*

Sendo assim, podemos resumir os seguintes requisitos do concurso formal perfeito ou próprio da seguinte forma:

a) Uma só conduta (ação ou omissão) gerando vários resultados.

b) Unidade de desígnios, objetivos (ter em vista um só fim – Dolo ou culpa)

Como dissemos, e de acordo com nossa jurisprudência dominante, nada impede que uma só conduta seja realizada através de vários atos, desde que ocorram no mesmo contexto temporal e espacial (ex: dispara cinco vezes contra a mesma pessoa atingindo várias).

A **forma de aplicação de pena** prevista no Art. 70 1ª parte do CP para o **concurso formal perfeito** determina que se aplique a pena do crime mais grave aumentada de 1/6 a 1/2 (**sistema da exasperação**), se os crimes forem iguais, aplica-se uma só das penas também aumentada destes valores definidos em Lei.

15.3.2.1.1.1 Concurso Material Benéfico (art. 70, parágrafo único, do CP)

Importante lembrar que o **concurso formal perfeito** é considerado **menos grave** que o **concurso material**, já que o agente possui apenas um único objetivo (unidade de desígnio) ao agir, logo a pena aplicada após o aumento **jamais poderá ser maior** do que se a hipótese fosse de concurso material, ou seja, o valor da pena aumentada não pode ultrapassar o valor a que se chegaria se as penas fossem aplicadas separadamente e depois somadas – **Art. 70, parágrafo único do CP.**

Sendo assim, se em hipótese de **concurso formal perfeito**, ou mesmo de **crime continuado**, com o aumento mínimo previsto (1/6) a pena concreta do crime mais grave ficar maior do que o equivalente a soma das penas aplicadas separadamente, deve-se manter a aplicação da soma das penas ao invés de se aplicar o aumento de pena, gerando assim o que se chama de **Concurso material benéfico**.

Exemplo: A atira em B para matá-lo, porém além de matar seu desafeto (B), a bala atravessa a vítima e acaba acertando de raspão também em C, que passava pela rua no momento, gerando nele uma lesão corporal culposa.

Considerando-se por exemplo que a pena pelo homicídio doloso de "B" tenha sido de 12 anos e que a pena pela lesão culposa seja de 2 meses, percebe-se que caso se aplique a regra do concurso formal perfeito (exasperação), aumentando a pena do homicídio em 1/6 (aumento mínimo), a pena ficará em 14 anos, porém, caso se aplique as penas de forma independente e somadas, como seria em hipótese de concurso material, o valor final será de 12 anos e 2 meses.

Portanto, neste caso deve **prevalecer a soma das penas** do concurso material (mais benéfico) afastando-se a regra do *concurso formal perfeito*.

15.3.2.1.1.2 Aplicação da Pena no Concurso Formal Perfeito

Não existe parâmetro ou definição legal a respeito do critério a ser utilizado pelo juiz no momento da dosimetria da pena no que tange aos valores de aumento, exasperação, da pena em hipótese de **concurso formal perfeito** de crimes, porém, a doutrina e a jurisprudência já estabeleceram de forma pacífica como isso deve ser feito.

O critério a ser utilizado será o do **número de crimes** produzidos através da conduta única realizada pelo agente, ou seja, quanto maior o número de resultados típicos produzidos maior deverá ser o aumento de pena.

Sendo assim, parte-se do menor valor de aumento mínimo (1/6) quando a conduta praticada gerar dois crimes, e assim progressivamente até se chegar ao maior valor de aumento previsto em lei (1/2) para esta modalidade de concurso de crimes.

Há até mesmo *uma tabela de referência jurisprudencial* utilizada como parâmetro pelo **STF e STJ** no que tange a esses aumentos de pena, definindo assim: *2 crimes (1/6), 3 crimes (1/5), 4 crimes (1/4), 5 crimes (1/3), 6 ou mais crimes (1/2).*

A mesma lógica também irá servir para a aplicação da pena nas hipóteses de **crime continuado (Art. 71 CP)**, em que quanto maior o número de crimes praticados em continuidade, maior deverá ser o aumento de pena aplicado (de 1/6 até 2/3, ou até o triplo).

Importante lembrar, mais uma vez, que o **sistema da exasperação**, tanto no concurso formal perfeito quanto no crime continuado, é sempre **mais benéfico do que o cúmulo material**, e por isso o valor da pena aumentada jamais poderá ultrapassar o valor da soma das penas isoladamente aplicadas, como vimos acima. (Art. 70 par. único – Concurso material benéfico)

15.3.2.1.2 Concurso formal imperfeito ou impróprio (art. 70, 2ª parte, do CP)

Trata-se de **modalidade anômala** de concurso formal de crimes, já que nela o agente embora realize uma só conduta e produza dois ou mais resultados, deseja, quer e tem a intenção (dolo) de produzir os vários resultados lesivos (*desígnios autônomos*).

Dissemos modalidade anômala, pois "normalmente" quando se quer produzir dois ou mais resultados, o mais comum é se praticar várias ações independentes (Concurso Material), e como dica, assim fica mais fácil para guardar o nome dessa modalidade de **concurso formal** de crime, pois pode-se dizer que é algo "*imperfeito*" *querer gerar dois ou mais resultados*, mas para isso **atuar uma só vez**.

Exemplo: "*A*" *querendo matar dois executivos de uma grande empresa explode uma bomba no carro em que eles se encontram.*

Em suma, o **concurso formal** imperfeito corre quando o agente atua com uma só conduta (ação ou omissão) gerando vários resultados, porém possui **desígnios autôno-**

mos, vontades independentes (*dolos distintos*), ou seja, tem a vontade consciente de obter fins diversos através da realização de uma só conduta.

Logo podemos elencar os seguintes requisitos do **concurso formal imperfeito:**

a) **Uma só conduta** (ação ou omissão) gerando **vários resultados**.

b) **Possuir desígnios autônomos**, vontades independentes (*dolos distintos*), ou seja, a vontade consciente de obter fins diversos.

No **concurso formal imperfeito**, aplica-se a pena da mesma forma com em um concurso material, ou seja, **somando-se as penas** de cada um dos crimes praticados (sistema do cúmulo material).

Na verdade, o fundamento para se aplicar as penas separadamente e somadas da mesma forma que ocorre no *concurso material* está no fato de que no *concurso formal imperfeito* o agente necessariamente possui **vários dolos independentes** de gerar os vários resultados lesivos, e por isso **não há diferença no grau de reprovabilidade** de se querer vários resultados e atuar várias vezes (concurso material), ou de querendo os vários resultados praticá-los através de uma única conduta (concurso formal imperfeito).

Por fim, percebe-se que a **diferença fundamental** entre o **concurso formal perfeito e imperfeito** está na análise do **elemento subjetivo** do agente ao realizar a conduta, ter ou não ter vários objetivos ao agir, isso por que embora nosso ordenamento tenha adotado a chamada *Teoria objetiva* para delimitação do que configura um **concurso formal** de crimes, pois para caracterizá-lo basta que o agente realize objetivamente vários crimes com uma só conduta, se fundamentou no elemento subjetivo do agente (desígnios) para delimitar a espécie de concurso formal existente em cada caso.

15.3.3 Crime Continuado (Art. 71 do CP)

Esta modalidade de concurso de crimes tem como principal objetivo evitar a aplicação do *concurso material* e sua forma de aplicação da pena (soma – *cúmulo material*), visando assim evitar penas muito altas e desproporcionais à gravidade dos fatos praticados em determinadas situações concretas.

Com base em certos requisitos bem específicos surgem hipóteses que deverão ser consideradas como continuidade delitiva para que a aplicação da pena ocorra de forma mais equilibrada e proporcional, embora objetivamente haja a realização de vários crimes através de condutas independentes.

Na verdade, como dissemos, o **crime continuado** surge em situações que inicialmente poderiam gerar o *concurso material* de crimes, pois também decorre da prática de várias condutas pelo agente, gerando assim vários resultados típicos, vários crimes.

Porém, a doutrina percebeu que muitas vezes, de acordo com certas características específicas inerentes à situação concreta, ficaria **desproporcional** aplicar penas em somatória conforme determina o *concurso material*, já que o agente estaria repetindo as condutas em um processo contínuo (**continuidade delitiva**), todas com características muito semelhantes, principalmente no que tange às circunstâncias de tempo, lugar e modo de execução dos fatos.

Surge assim a ideia de, em certos casos, se ignorar que na verdade o agente realizou vários crimes para que se considere, através de uma **ficção jurídica (Teoria da ficção ju-**

rídica – **Francesco Carrara**), que esses vários crimes, desde que da mesma espécie, sejam considerados e tratados como um único crime realizado em continuidade (**delitos parcelares**), para efeitos de aplicação da pena, surgindo assim o instituto do **crime continuado.**

Desta forma, podemos elencar os seguintes r*equisitos* para que haja *crime continuado*:

a) **Várias ações ou omissões** produzindo vários crimes

b) Todos os crimes devem ser da **mesma espécie.**

c) *Circunstâncias de* **tempo, lugar e modo de execução semelhantes**: *o que* <u>não</u> *significa idênticas, mas apenas parecidas.*

Ex.: *Uma caixa de supermercado que todo dia, no horário de almoço da gerente, subtrai pequenas quantias de dinheiro, no mesmo caixa em que trabalha, realizando assim vários furtos em continuidade delitiva.*

De acordo com posicionamento dominante no **STJ** *e no* **STF, crimes de mesma espécie** são aqueles presentes no **mesmo artigo de lei**, independentemente se nas formas simples, qualificadas, aumentadas ou privilegiadas previstas em seus parágrafos ou incisos. (Ex: São de mesma espécie um furto simples – *Art. 155, caput* + furto privilegiado – *Art. 155, § 2º CP*).

Há na doutrina clássica posicionamento divergente afirmando que crimes de mesma espécie se referem ao **mesmo bem jurídico tutelado** (**ex:** vários crimes contra honra, vários crimes sexuais diversos), o que permitiria aplicar as regras do crime continuado para crimes previstos em artigos diferentes, mas este posicionamento **não** vem sendo adotado por nossos tribunais.

No que tange às **circunstâncias de tempo** *(conexão temporal)*, além da análise do momento em que ocorre o crime (nos mesmos dias da semana, sempre no horário noturno etc.), também se avalia como requisito qual o intervalo de tempo entre as condutas realizadas.

Embora não haja previsão legal para isso, o **limite máximo de tempo** entre cada uma das condutas realizadas é de **30 dias** para que se reconheça o *crime continuado,* caso contrário, passando mais de 30 dias entre uma e outra ação aplica-se normalmente o **concurso material** e a somatória das penas independentes de cada crime, sendo este o entendimento *majoritário* na doutrina e jurisprudência (STF).

Quanto ao requisito das **circunstâncias de lugar** serem semelhantes (*conexão espacial*) a doutrina e jurisprudência vem firmando o entendimento de que não há necessidade de os crimes ocorrerem exatamente no mesmo lugar, bastando que sejam cometidos na mesma localidade, área, região etc. demonstrando semelhança e continuidade entre eles.

Por fim, no que tange aos **meios e modos de execução semelhantes** (**conexão modal**) se impõe que o agente atue com o mesmo *modus operandi*, ou seja, com os mesmos instrumentos, formas de atuação, estratégia, objetos etc. em cada uma das condutas realizadas, dando assim a ideia de um só crime continuamente e repetidamente praticado.

Há ainda divergência na doutrina a respeito da necessidade ou não de **unidade de desígnios** por parte do agente para configuração do crime continuado, embora o **Art. 71 do CP** não apresente este requisito expressamente previsto.

Quanto a esse tema surgem duas posições doutrinárias:

– **Teoria objetivo-subjetiva**: afirma que não basta o preenchimento dos requisitos objetivos do Art. 71 do CP para que configure o crime continuado. Além disso será preciso demonstrar que o agente atuou com **unidade de desígnios**, ou seja, que já desejava originariamente realizar os vários crimes continuamente.

– Teoria objetiva pura: afirma que somente os requisitos objetivos do Art. 71 do CP são suficientes para se aplicar o crime continuado ao caso concreto, sendo indiferente o *aspecto subjetivo* do agente ao atuar (**Posição majoritária – CP**).

Podemos separar duas espécies de crime continuado, de acordo com a previsão legal presente no nosso código penal, são elas:

I) Crime Continuado Comum (Art. 71, *caput*, CP)

Crime continuado comum nada mais é do que a própria definição básica do crime continuado que acabamos de analisar, devendo, portanto, preencher apenas os requisitos fundamentais dessa modalidade de concurso de crimes, quais sejam:

- **Pluralidade de condutas;**
- **Crimes de mesma espécie, ou mesmo crimes iguais;**
- **Circunstâncias (tempo/lugar/modo de execução) semelhantes.**

Quanto à forma de aplicação da pena para esta espécie comum de crime continuado, aplica-se a pena de um só dos crimes, qual seja, o mais grave (se houver mais grave) aumentada de **1/6 a 2/3 (sistema da exasperação)**, aqui alguns autores separam ainda o crime continuado em *simples* (crimes com a mesma pena) e crime continuado *qualificado* (crimes com penas diversas, em que se aplica a pena mais grave aumentada).

Conforme vimos no estudo do **concurso formal perfeito**, no **crime continuado** esses valores de aumento também serão apurados de acordo com o **número de crimes** que o agente realizou, ou seja, quanto maior o número de crimes maior deve ser o aumento da pena, partindo-se do aumento mínimo de **1/6 para dois crimes** praticados em continuidade, e assim por diante progressivamente.

Este critério, definido pela doutrina e pela jurisprudência, para o aumento de pena no **crime continuado**, vinculado ao número de crimes praticados, passou a ser objetivamente definido pela **súmula 659 do STJ** da seguinte forma: havendo a prática de 2 crimes – aumento de 1/6, 3 crimes – aumento de 1/5, 4 crimes – aumento 1/4, 5 crimes – aumento de 1/3, 6 crimes – aumento de 1/2 e, havendo 7 ou mais crimes, então o aumento de pena será de 2/3.

II) Crime Continuado Específico (Art. 71, parágrafo único CP)

Além dos requisitos básicos descritos acima do *crime continuado comum* deve-se preencher, *cumulativamente*, os seguintes **requisitos específicos** adicionais:

a) Todas as **condutas** devem ser **dolosas** (não cabe em crimes culposos).

b) **Pluralidade *de vítimas***: cada conduta deve atingir uma vítima diversa

c) Emprego de **violência ou grave ameaça** à pessoa em todas as condutas realizadas em continuidade.

Exemplos:

– Vários roubos realizados numa mesma noite, em uma mesma rua.

– Diversos estupros (Art. 213 CP) realizados durante várias semanas sempre a noite e na mesma região,

– *"Serial Killer"*.

No crime **continuado específico**, o sistema de aplicação da pena também é o da **exasperação**, porém os parâmetros são mais severos e aplica-se a pena de um só dos crimes aumentada de até o **TRIPLO** (o mínimo deve ser também de 1/6), lembrando sempre que o valor da pena aumentada **não** pode exceder a pena que seria aplicada no *concurso material* (soma), assim como também ocorre no **concurso formal perfeito** e no **crime continuado comum** (Art. 70, parágrafo único – **Concurso Material Benéfico***).*

Como vimos, embora haja alguma divergência na doutrina, entende-se que nosso ordenamento adotou a **Teoria objetiva-pura** para delimitação do crime continuado, já que o próprio Art. 71 do CP **não** exige que o agente possua um **único desígnio**, único objetivo em mente, bastando a análise das circunstâncias objetivas da prática da conduta, sem se importar com o aspecto subjetivo do agente, conforme defendem os adeptos da minoritária *Teoria objetiva-subjetiva.*

Há ainda algumas **Súmulas do STF** inerentes ao crime continuado que merecem nossa atenção:

– **Súmula 605, STF** – Esta súmula **perdeu aplicação,** em face do surgimento da modalidade *crime continuado específico*, logo, nada impede que se aplique o crime continuado específico (Art. 71, parágrafo único CP) a crimes de homicídio, desde que respeitados os demais requisitos legais desta espécie de crime continuado (ex.: serial killer, chacina etc.).

– **Súmula 711, STF** – A lei penal *mais severa* posterior a prática da primeira conduta aplica-se a todo o fato realizado em situação de crime continuado, quando esta lei surgir durante a realização das condutas criminosas em continuidade.

Exemplo: *"A"* pratica um furto hoje, e outro furto 15 dias depois, em continuidade delitiva, porém, entre um crime e outro vem uma *lei nova* que aumenta a pena do furto.

Nesse caso, a pena a ser aplicada aos fatos praticados como um todo será a **nova pena mais grave,** que será aumentada então de acordo com as regras do *crime continuado.*

– **Súmula 723, STF** – Não cabe *suspensão condicional do processo* (Lei nº 9.099/95) em hipótese de **crime continuado** quando a pena mínima (abstrata) prevista para os crimes praticados em continuidade, aumentada do mínimo legal referente ao concurso de crimes (1/6), ultrapassar o valor de **1 ano.**

Neste caso, aplica-se o *concurso material* de crimes e a soma das penas (Art. 69 CP).

15.3.3.1 Crime continuado # crime permanente # crime habitual

Não se pode confundir o **crime continuado**, que é apenas uma **modalidade de concurso de crimes**, ou seja, uma forma específica de se aplicar a pena quando um agente realiza vários crimes de acordo com certos requisitos, com os conceitos de **crime permanente** e **crime habitual**, que **são classificações de crime**, ou seja, classificações *dadas a certos crimes* previstos abstratamente na legislação penal, devido a suas características estruturais.

Não há como dizer que determinado crime é *"um crime continuado"*, pois o instituto do crime continuado é apenas uma **forma de se cometer vários crimes em continuidade**, ou seja, trata-se de uma modalidade de concurso entre vários crimes, realizados de forma continuada.

Porém, podemos dizer sim que há certos tipos penais que *"são crimes permanentes"*, pois sua consumação ocorre em dado momento e permanece durante certo período de tempo (ex.: Sequestro – Art. 148 do CP), assim como também podemos dizer que há certos tipos penais que *"são crimes habituais"*, pois para que se caracterize a conduta narrada no tipo exige-se que o agente realize os vários atos de forma reiterada e habitual (ex.: Exercício ilegal da medicina – Art. 282 do CP).

15.3.3.2 Prescrição e Crime Continuado

De acordo com o **Art. 119 do CP** e com base na **súmula 497 do STF**, no *crime continuado* a **prescrição** irá incidir em cada crime de forma independente, inicialmente com base na *pena máxima abstrata*, e posteriormente com base na *pena concreta* aplicada isoladamente a cada crime, não se levando em conta o aumento de pena que será aplicado na sentença em face do crime continuado.

Exemplo: Havendo dois crimes de furto praticados em **continuidade delitiva**: Se a pena aplicada concretamente a cada furto realizado em continuidade for de *2 anos*, não se computa o aumento de 1/6 em razão do crime continuado, e o prazo prescricional será de *4 anos* (**Art. 109 CP**), ao invés do prazo prescricional de *8 anos* que seria inerente a pena aumentada (*2 anos e 4 meses*), caso se considerasse o aumento de pena pelo crime continuado.

15.4 CONCURSO DE CRIMES E PENA DE MULTA (ART. 72 DO CP)

No que tange às **penas de multa**, essas deverão ser *aplicadas distinta e integralmente para cada crime*, mesmo sendo hipótese de *concurso formal perfeito ou crime continuado*.

Logo, a regra para penas de multa é sempre que se faça o cálculo de cada multa separadamente, para que depois estas sejam somadas e seus valores cobrados integralmente do condenado, sempre através do **cúmulo material**.

No entanto há divergência doutrinária e jurisprudencial (**STJ**) afirmando que o **Art. 72 do CP** não deve ser aplicado as hipóteses de crime continuado, pois não faria sentido se utilizar da ficção jurídica para reconhecer a aplicação de uma só pena privativa de liberdade para o crime continuado, e ao mesmo tempo se aplicar várias penas de multa de forma independente referentes a cada um dos crimes praticados.

15.5 CUMULAÇÃO DE CONCURSO DE CRIMES E LIMITE MÁXIMO DE PENA

Nada impede que haja uma **cumulação de hipóteses** de concurso de crimes em uma situação concreta, por exemplo, quando determinado sujeito realize vários furtos em um único dia, nas mesmas circunstâncias de tempo, lugar e modo de execução (*crime continuado*), e alguns dias depois realize dois estupros também em circunstâncias de tempo lugar e modo de execução semelhantes (*crime continuado*).

Neste caso, utiliza-se o **crime continuado para os furtos** (Art. 155 CP) aplicando-se a pena de um só crime aumentada de acordo com o Art. 71 do CP, faz-se o **mesmo em relação aos estupros**, para que depois se faça a soma dessas duas penas concretas através das regras do **concurso material** (Art. 69 CP).

Importante lembrar que, independentemente da modalidade de concurso de crimes que se utilize no caso concerto, mesmo que a pena total fique muito alta, no que tange a execução desta pena deve-se respeitar o **limite máximo para cumprimento de pena** que é de **40 anos (Lei 13.964/19 – Pacote Anticrime)** , estabelecido pelo **Art. 75 do CP**, porém, o valor total de pena alcançado pelo concurso de crimes será levado em conta para efeito de concessão de benefícios, como progressão de regimes e livramento condicional, durante a execução da pena. (**Sum. 715 STF**)

15.6 QUESTÕES PARA TREINO

CESPE/ TRF – 5ª REGIÃO/ Juiz Federal Substituto/2015

Com relação ao concurso de crimes e de pessoas e ao crime continuado, assinale opção correta.

A) O crime continuado ocorre quando o agente pratica uma ou mais infrações penais de mesma espécie ou não, de forma concomitante, caso em que a pena pode ser aumentada até o dobro.

B) O CP tipifica como crime a conivência, que ocorre quando o agente, mesmo que não tenha o dever de evitar o resultado, não intervém para fazer cessar a prática de infração penal de que tomou conhecimento.

C) É suficiente para caracterizar a participação em sentido estrito a exteriorização da vontade do partícipe de cooperar na ação criminosa do autor, desde que este tenha conhecimento dessa intenção e aceite a ajuda oferecida

D) Ocorre concurso formal imperfeito quando há dolo em relação ao delito desejado e dolo eventual no tocante aos outros resultados da mesma ação, situação em que o agente deve ser apenado pelo sistema de acúmulo material.

E) A autoria mediata distingue-se da participação em sentido estrito em razão do domínio do fato. Tem-se, como exemplo da primeira, a utilização de inimputáveis para a prática de crimes.

Gabarito "E"

TRF – 3ª REGIÃO/ TRF – 3ª REGIÃO/ Juiz Federal Substituto/2016

Relativamente ao concurso de crimes, pode-se afirmar:

A) Não pode haver concurso material, ou formal, entre os crimes de cartel e corrupção ativa;

B) Entre o crime tributário a falsidade documental intentada para sua prática, há concurso material;

C) Entre o crime tributário a falsidade documental intentada para sua prática, há concurso formal;

D) Em regra, o cartel afasta a corrupção.

Gabarito "D"

MPDFT/ MPDFT/ Promotor de Justiça Adjunto/2015

Sobre o concurso de crimes e o crime continuado, é CORRETO afirmar que:

A) Ocorre o concurso material homogêneo quando os crimes praticados em concurso são da mesma espécie.

B) No concurso material de crimes, o cálculo do prazo prescricional se dá com base na soma das penas referentes aos delitos.

C) No concurso formal impróprio de crimes, o juiz aplica uma só pena, se idênticas as penas previstas para os crimes, ou a maior pena, quando não idênticas, aumentadas de um sexto até a metade.

D) Para a configuração do crime continuado, prepondera na doutrina e na jurisprudência o entendimento de que são "crimes da mesma espécie" aqueles que ofendem o mesmo bem jurídico, não se exigindo a sua previsão no mesmo tipo legal.

E) Admite-se o crime continuado, desde que presentes os requisitos do art. 71 do Código Penal, ainda que o agente faça do crime um estilo de vida (habitualidade criminosa).

Gabarito "A"

CESPE/ DPE-PE/ Defensor Público/2015

Com relação ao concurso de crimes, julgue o seguinte item.

O concurso formal próprio distingue-se do concurso formal impróprio pelo elemento subjetivo do agente, ou seja, pela existência ou não de desígnios autônomos.

Gabarito CERTO

MPE-GO / MPE-GO / Promotor de Justiça Substituto/2016

Quando um sujeito, mediante unidade ou pluralidade de comportamentos, pratica dois ou mais delitos, surge o concurso de crimes. Sobre o tema, marque a alternativa correta:

A) Quando a unidade de comportamento corresponder à unidade interna da vontade do agente, isto é, o agente querer realizar apenas um crime e obter um único resultado danoso, fala-se em concurso formal perfeito.

B) Quando o agente mediante unidade ou pluralidade de comportamentos, pratica dois ou mais delitos, surge o concurso formal impróprio, adotando-se o sistema da exasperação.

C) Ocorre o crime continuado quando o agente, mediante mais de uma conduta (ação ou omissão), pratica dois ou mais crimes da mesma espécie, devendo os subsequentes, pelas condições de tempo, lugar, maneira de execução e outras semelhantes, ser havidos como continuação do primeiro, tendo o nosso CP adotado a teoria objetivo-subjetiva no que tange à sua caracterização.

D) O concurso material benéfico, que determina a aplicação do cúmulo material caso a aplicação da exasperação seja mais gravosa ao condenado, só tem aplicação na hipótese do concurso formal.

Gabarito "A"

FCC/ TJ-RR/Prova: Juiz Substituto/2015

No concurso formal,

A) aplica-se a mais grave das penas cabíveis ou, se iguais, somente uma delas, mas aumentada, em qualquer caso, de um sexto até a metade, ainda que os crimes concorrentes resultem de desígnios autônomos.

B) a pena poderá exceder a que seria cabível pela regra do concurso material.

C) o agente, mediante uma só ação ou omissão, desde que necessariamente dolosa, pratica dois ou mais crimes.

D) a pena de multa deverá receber o mesmo acréscimo imposto à pena privativa de liberdade.

E) aplicável a suspensão condicional do processo, segundo entendimento sumulado, quando a pena mínima cominada, seja pelo somatório, seja pela incidência da majorante, não ultrapassar o limite de 1 (um) ano

Gabarito "E"

FCC/ TJ-PE/ Juiz Substituto/2015

O chamado concurso material benéfico prevalece

A) sobre o concurso formal próprio e o crime continuado

B) apenas sobre o concurso formal impróprio.

C) apenas sobre o concurso formal próprio

D) sobre o concurso formal impróprio e o crime continuado específico.

E) apenas sobre o crime continuado específico.

Gabarito "A"

CESPE/ TRE-MT/ Analista Judiciário – Judiciária/2015

No tocante a aplicação da pena, concurso de crimes e causas de exclusão de ilicitude e de culpabilidade, assinale a opção correta.

A) A legítima defesa sucessiva é inadmissível como causa excludente de ilicitude da conduta.

B) A coação física irresistível configura causa excludente da culpabilidade.

C) No que se refere ao concurso de pessoas, configuram exceções à teoria dualista a previsão expressa de conduta de cada concorrente em tipo penal autônomo e a cooperação dolosamente distinta.

D) Conforme o STJ, aquele que, ao juiz, admite a autoria de um crime, ainda que alegue, em seu favor, a existência de causa excludente de ilicitude, pode se beneficiar da atenuante genérica relativa à confissão espontânea.

E) De acordo com a jurisprudência do STJ, em se tratando de delitos ocorridos em comarcas limítrofes ou próximas, não se admite a continuidade delitiva.

Gabarito "D"

RESPONSABILIDADE PENAL DA PESSOA JURÍDICA

16.1 CONCEITO E ASPECTOS GERAIS

A responsabilidade penal da pessoa jurídica é tema polêmico e que suscita diversas divergências em nosso ordenamento jurídico, seja no plano dogmático, seja no plano jurisprudencial.

Em suma, pretende-se discutir se há a possibilidade de uma **pessoa jurídica**, ou seja, uma empresa, responder criminalmente de forma independente *da* responsabilidade de seus sócios e representantes.

Além disso, a eventual **responsabilização da empresa** pela prática de um crime, se aceita, será feita de forma independentemente da sua responsabilização na esfera *cível* e *administrativa* pelos danos causados, algo absolutamente inquestionável.

16.2 HISTÓRICO

No **direito romano**, seguindo um conceito de pessoa jurídica evidentemente bastante diferente do que temos hoje, a responsabilidade penal de uma "empresa" era negada, e se considerava que apenas o cidadão individual poderia *ser* sujeito de direitos e deveres, principalmente no que tange a esfera criminal.

No **direito germânico,** se considerava que por fazer parte de uma comunidade, *a* empresa poderia responder pelos atos dos indivíduos que a integrassem, porém no aspecto penal isso ainda não era definido de forma expressa ou exata.

Posteriormente, já no *séc. XIX*, *Savigny e Feuerbach* negaram a possibilidade de delitos corporativos, retomando a ideia do direito romano de uma **responsabilidade exclusivamente pessoal na esfera criminal**, coadunando com o pensamento do direito penal clássico de uma responsabilidade exclusivamente subjetiva, algo que dominou o pensamento jurídico penal por muito tempo, sem muitos espaços práticos para qualquer posição academicamente contrária.

Atualmente, no Brasil, seguindo o debate de alguns ordenamentos estrangeiros, há divergência doutrinária quanto à possibilidade de se responsabilizar a pessoa jurídica pela prática de determinados crimes, e aqui isso se dá, principalmente, em função do **Art. 225, § 3º da Constituição Federal**, que primeiramente abriu espaço para essa discussão, se concretizando essa controvertida possibilidade através da legislação ordinária que rege os crimes ambientais. (**Lei nº 9.605/98**).

16.3 TEORIAS DELIMITADORAS DA RESPONSABILIDADE PENAL DA PESSOA JURÍDICA

Em resumo, atualmente há **duas principais vertentes** teóricas quanto à possibilidade, ou não, de haver **responsabilidade penal da pessoa jurídica** que, como dissemos, terão relevância prática em nosso ordenamento fundamentalmente no plano dos crimes ambientais:

16.3.1 Teoria da ficção (Savigny)

Numa visão simplificada desta teoria, as **pessoas jurídicas** teriam apenas uma personalidade virtual, uma **existência fictícia**, irreal, e por isso seriam **incapazes de cometer crimes**, já que <u>não</u> possuem capacidade de praticar condutas de forma autônoma, não possuem voluntariedade, consciência, e muito menos vontade própria.

Sob esse prisma empresas não possuem capacidade para ter a chamada **responsabilidade penal subjetiva (princípio da culpabilidade)**, paradigma fundamental do direito penal moderno, já que evidentemente um ente jurídico não possui *dolo ou culpa* próprios, autônomos, sendo inviável se considerar que possam atuar de forma desvinculada de seus representantes na prática de fatos.

A **personalidade jurídica** é apenas uma criação (**ficção**) do Direito para facilitar e viabilizar atos de comércio e eventuais crimes praticados "por uma empresa" são, na verdade, produto da vontade de seus gerentes, diretores ou proprietários, embora possam ser realizados em nome da empresa.

Desta forma não importa se o crime é praticado no interesse ou através de uma pessoa jurídica, a **conduta** será sempre realizada por um **ser humano** manifestando sua intenção, seus interesses ou mesmo em face de sua falta de cautela em determinada situação.

Além disso, não é difícil constatar que as **pessoas jurídicas** possuem **limitada capacidade de pena**, pois, devido a sua natureza evidentemente não estão sujeitas a penas privativas de liberdade (regra geral para crimes), sendo tão somente compatíveis na esfera penal com penas restritivas de direitos e de natureza pecuniária (multa), o que limita bastante a incidência e eficácia do direito penal em relação a entes jurídicos.

16.3.2 Teoria da realidade ou da personalidade real (Otto Gierke)

Para essa complexa visão teórica a **pessoa jurídica seria um ser real**, um organismo "vivo" e independente dos seus membros, sócios e representantes legais, sendo assim, a pessoa jurídica teria uma *personalidade real*, com vontade própria capaz de "agir e praticar crimes" de forma independente e autônoma, e de acordo com suas próprias vontades e interesses.

Para essa tese, os **entes corporativos** existem e são fruto de uma **realidade social**, já que toda empresa possui direitos e deveres próprios e específicos, portanto, viabilizando assim que a pessoa jurídica possua não só responsabilidade civil e administrativa autônoma, mas abrindo a possibilidade para responder **criminalmente** em determinadas situações.

Em que pese a complexidade teórica desta vertente, há inúmeras barreiras estruturais, práticas, e até mesmo filosóficas, que dificultam bastante sua adoção, e que esbarram em paradigmas fundamentais do direito penal contemporâneo.

16.4 CONCLUSÕES

No que tange à **personalidade jurídica**, no plano das relações comerciais prevalece a ideia de que ela é sim uma realidade, empresas efetivamente possuem personalidade própria distinta das pessoas físicas que as compõem, e por isso têm responsabilidade civil e administrativa independente de seus representantes.

Entretanto quanto à **responsabilidade penal da pessoa jurídica**, é amplamente dominante em nossa doutrina a negação e a **impossibilidade** desta cometer e responder por crimes de forma autônoma, seguindo os supracitados argumentos de que as **pessoas jurídicas** <u>não</u> possuem:

– Capacidade de ação (**voluntariedade***);*

– Dolo ou culpa quanto a fatos (**princípio da culpabilidade**);

– Capacidade plena de receber e cumprir penas (**princípio da pessoalidade e individualização da pena***);*

– Características que permitam se atender de forma independente às funções da pena (**Art. 59 do CP – retribuição/prevenção**);

Na verdade, um dos argumentos mais utilizados pelos defensores da responsabilização penal de pessoas jurídicas, qual seja a dificuldade para se identificar o infrator em delitos praticados através de empresas, em vez de fundamentar a necessidade de se aceitar essa responsabilidade, acaba apontando ainda mais suas falhas práticas e teóricas, e fortalece a ideia de que crimes são praticados apenas por seres humanos, que podem atuar através de **pessoas jurídicas**, e por isso devem ser imputados a esses indivíduos exclusivamente.

A **vontade coletiva** de uma empresa, na verdade, acaba sendo a **vontade de um ou dos poucos indivíduos** que a dirige, e tomam as decisões em casos específicos, muitas vezes até à revelia dos sócios, e são *esses* indivíduos que devem responder criminalmente, embora nada impeça que a responsabilidade civil e administrativa possa recair sobre a empresa como ente jurídico.

Não se pode e nem se deve ignorar princípios e paradigmas penais em prol de um *utilitarismo e de finalidades político-criminais,* e responsabilizar uma pessoa jurídica criminalmente é algo que claramente fere os pilares fundamentais da responsabilidade penal no direito penal contemporâneo.

16.5 O PROBLEMA DA RESPONSABILIDADE PENAL DA PESSOA JURÍDICA NO BRASIL

Todo o problema nasce com nossa **Constituição Federal de 1988** que previu a possibilidade de sanções penais e administrativas às **pessoas físicas e jurídicas em lesões ao meio ambiente (Art. 225, § 3º, CF)** algo que gerou inúmeros problemas de interpretação e deu origem a toda a discussão sobre a possibilidade de se responsabilizar uma empresa pela prática de crimes.

Posteriormente e com base na referida autorização constitucional, a **Lei de Crimes Ambientais (Lei nº 9.605/98 – Art. 3º)** passou a prever que **pessoas jurídicas podem ser responsabilizadas penalmente** contrariando toda a estrutura do nosso ordenamento jurídico e diversos princípios que o regem como o da *Pessoalidade das penas, o Princípio da Culpabilidade etc.*

Entretanto, em que pese o esforço da doutrina em rebater esse contrassenso jurídico, e a despeito de inúmeras tentativas, como a própria Constituição Federal, no *Art. 225, § 3º*, autoriza a responsabilidade penal da pessoa jurídica em lesões ambientais, não foi possível se declarar a inconstitucionalidade do referido **Art. 3º da Lei nº 9.605/98**, e o **STF** rechaçou todas as ações que tinham esse objetivo.

Sendo assim, o **Art. 3º da Lei nº 9.605/98 permanece em vigor,** embora contrarie *princípios constitucionais* e viole a estrutura de um direito penal liberal, democrático, fundado na **responsabilidade penal subjetiva** e, em meio a muitas controvérsias, permite que em crimes ambientais se afirme a responsabilidade penal de uma empresa, de forma autônoma e independente da responsabilidade de seus sócios e representantes.

Porém, é preciso lembrar que para se aplicar o **Art. 3º da Lei 9.605/98** e responsabilizar criminalmente uma empresa são necessários os seguintes requisitos:

a) prática de um **crime ambiental** através de ato decisório de representante legal da empresa ou órgão colegiado da pessoa jurídica;

b) que a pessoa jurídica seja de qualquer espécie, ou seja, empresa pública ou privada, **com exceção para o Estado,** que não responde criminalmente.

Como deve haver sempre a intervenção de um ser humano, pessoa física atuando em nome da empresa, para que se possa responsabilizar a pessoa jurídica, ocorre a chamada responsabilidade **"por empréstimo"** *ou* **"em ricochete"**, e com a responsabilização penal da pessoa jurídica **não** se afasta a responsabilidade penal individual dos seus dirigentes, diretores e agentes concomitantemente.

Por fim, embora controvertida em nosso ordenamento, considerando-se que haja *responsabilidade penal* de uma **pessoa jurídica** por **crimes ambientais**, as *penas* aplicáveis à empresa serão (**Art. 21 – Lei nº 9.605/98**) tão somente a **multa e penas restritivas de direitos**, como suspensão das atividades, interdição temporária do estabelecimento, obra ou das atividades e a proibição de contratar com o poder público (**Art. 22 – Lei nº 9.605/98**).

16.6 QUESTÕES PARA TREINO

TRF – 3ª REGIÃO/ TRF – 3ª REGIÃO/ Juiz Federal Substituto/2016

Relativamente à responsabilidade penal da pessoa jurídica, é possível afirmar que:

A) É cabível quando praticados crimes ambientais e contrários à administração pública;

B) É inconstitucional, haja vista o princípio da responsabilidade penal objetiva;

C) Independe da responsabilização das pessoas físicas envolvidas, conforme decidiu o Supremo Tribunal Federal, ao julgar o RE 548181/PR, de relatoria da Ministra Rosa Weber;

D) Depende da responsabilização das pessoas físicas envolvidas, conforme decidiu o Supremo Tribunal Federal, ao julgar o RE 548181/PR.

Gabarito "C"

CESPE/ TRT – 8ª Região (PA e AP): Analista Judiciário – Área Judiciária/2016

Com relação às regras da hermenêutica penal, conforme a interpretação do Superior Tribunal de Justiça e do Supremo Tribunal Federal, assinale a opção correta.

A) A responsabilidade da sociedade empresarial e dos sócios pelo ilícito penal ambiental é objetiva, bastando, para que sejam devidas as sanções, provar o dano produzido ao meio ambiente.

B) Para a responsabilização penal da pessoa jurídica nos crimes contra o meio ambiente, é imprescindível a imputação concomitante da pessoa física que agiu em nome da empresa ou em seu benefício, porque a culpa e o dolo somente podem ser atribuídos à pessoa física.

C) O crime de embriaguez ao volante, previsto no Código de Trânsito Brasileiro, classifica-se como crime de perigo concreto, de modo que, para tipificar a conduta, é obrigatória a prova de que o motorista estava colocando em risco a incolumidade física de outras pessoas.

D) Quanto ao crime de abuso de autoridade, configura-se atípica a conduta do juiz que determina que o preso, ainda que esse não ofereça riscos, seja mantido algemado durante a audiência de instrução e julgamento, já que lhe cabe prevenir eventual tentativa de fuga.

E) Embora previsto na Convenção de Palermo, o tipo penal do crime de organização criminosa só foi definitivamente incorporado ao ordenamento jurídico brasileiro com a publicação de legislação penal extravagante, razão por que apenas as condutas praticadas em momento posterior ao início do vigor da lei podem ser enquadradas nesse tipo penal.

Gabarito "E"

TEORIA DA PENA

17.1 DEFINIÇÃO E ASPECTOS GERAIS

Pena é toda sanção imposta pelo Estado, mediante uma ação penal, a quem pratica uma infração penal (crime ou contravenção), como **retribuição** ao ato ilícito praticado e com **o fim de evitar novos delitos**.

Em nosso ordenamento as penas podem consistir em *privação de liberdade, restrição de direitos*, ou ainda numa *sanção pecuniária* (multa), impostas como decorrência da prática de uma **infração penal** (crime ou contravenção).

Pelo **princípio da humanidade** ou da dignidade da pessoa humana, previsto expressamente em nossa Constituição Federal **não haverá** pena de *morte*, penas *cruéis, castigos corporais, trabalhos forçados, banimento* e nem *sanções perpétuas*, modalidades de pena que ofendem Direitos Humanos Fundamentais e atentam contra a dignidade da pessoa Humana (**art. 5º, inc. XLVII, CF**).

Dentre os princípios fundamentais de Direito Penal, merecem destaque, no que tange a estrutura, aplicação e execução das penas, os seguintes:

a) **Princípio da Legalidade ou da Reserva Legal (Art. 1º CP e Art. 5º Inc. XXXIX CF)**: Não há crime sem lei anterior que o defina e nem <u>pena</u> sem prévia cominação legal.

b) **Princípio da Pessoalidade ou da Intranscendência das Penas**: As penas jamais ultrapassam a pessoa do autor, não se comunicam, não se transferem a qualquer título, sendo personalíssimas e inerentes somente a pessoa que cometer o crime. (**Art. 5º Inc. XLV CF**).

c) **Princípio da Individualização das Penas**: Ao se *aplicar* e *executar* as penas deve-se atender e considerar as características individuais de cada agente, ou seja, as penas deverão ser individualizadas de acordo com a culpabilidade, personalidade, e comportamento de cada agente separadamente. (**Art. 5º Inc. XLVI CF**).

d) **Princípio da Humanidade ou da Dignidade da Pessoa Humana**: as penas devem respeitar a dignidade da pessoa humana, e jamais violar direitos humanos fundamentais, tanto no que tange a sua previsão e aplicação, quanto a sua forma e condições de execução. (**Art. 5º Inc. XLVII CF**)

17.2 FUNÇÕES DA PENA

Há inúmeras **teorias delimitadoras das funções** a serem desempenhadas pelas penas no nosso ordenamento jurídico penal, dentre elas, podemos destacar as seguintes:

A) Teoria Absoluta

Para esta vertente teórica as **penas** têm **função exclusivamente retributiva**, ou seja, de *compensar o mal causado* pelo crime, sendo apenas uma forma de castigo, uma reação do ordenamento à prática de uma infração penal, portanto, *sua duração deve corresponder fundamentalmente à gravidade do delito realizado e a culpabilidade (reprovabilidade pessoal) do autor.*

Nas **teorias absolutas** a aplicação da pena (**retributiva**) está completamente desvinculada de qualquer efeito social futuro ou finalidade prática, e decorre exclusivamente de uma necessidade ética e de justiça. Por *ser uma "negação do delito", **uma resposta do ordenamento ao crime, a pena se traduz numa simples afirmação do** Direito e **manifestação do poder do** Estado.*

B) Teoria Relativa

Para esta teoria pena se fundamenta exclusivamente na necessidade de *evitar a prática futura de delitos*, sendo irrelevante o castigo imposto ao condenado, possuindo assim apenas a **função de prevenção**, que pode ser:

– Prevenção Geral:

Dirige-se *a toda a sociedade e aos possíveis e potenciais delinquentes,* visando assim evitar a futura prática de crimes, protegendo a sociedade e reduzindo a criminalidade.

Essa **prevenção geral** pode ser dividida ainda em:

– Prevenção Geral Negativa: *prevenção por intimidação,* faz com que potenciais criminosos não queiram cometer crimes, traduzindo um conceito de *exemplaridade* (o crime não compensa).

– Prevenção Geral Positiva: visa a demonstração da *inviolabilidade do Direito* (*Claus Roxin*), ou ainda, a busca pela *fidelidade e o respeito às normas vigentes,* a afirmação da estabilidade do Direito, tendo como consequência de sua violação, a sanção penal.

– Prevenção Especial:

Atua *diretamente na pessoa do delinquente* pela **aplicação e execução da pena,** visando evitar que este sujeito especificamente volte a cometer crimes.

Essa **prevenção especial pode ser:**

– Prevenção Especial Negativa: neutralização do indivíduo *através do cárcere*, ao se tirar o indivíduo da sociedade, *impossibilita-se que ele pratique novos crimes* (*penas privativas de liberdade*).

– Prevenção Especial Positiva: visa a **ressocialização,** ou seja, através da pena fazer com que o condenado *não volte a cometer novos crimes*, para que, após seu cumprimento, possa voltar a integrar a sociedade normalmente.

C) Teorias unitárias ou ecléticas

Unifica as **teorias absolutas e relativas**, portanto, concilia a função de *retribuição* com os fins de *prevenção geral e especial,* tendo sido esta a teoria adotada no Brasil (**Art. 59 do CP**), o que podemos perceber de acordo com as **3 etapas** pelas quais passa uma pena:

– Prevenção geral negativa: presente na cominação abstrata da pena em cada *Tipo penal*.

– Prevenção geral positiva e retribuição: presentes na aplicação da pena concreta através da dosimetria, feita de acordo com a gravidade do fato, e na culpabilidade do agente.

– **Prevenção especial positiva e negativa:** presentes na etapa de execução, de acordo com nosso *sistema progressivo* de cumprimento das penas.

Modernamente muito se questiona o modelo adotado por nosso Código Penal no que tange a **teoria eclética das penas**, principalmente quanto a utilidade da função retributiva por ela abrangida.

Para as **teorias funcionalistas** desenvolvidas principalmente por *Claus Roxin e Gunther Jakobs*, a pena teria exclusivamente que atender à **função de prevenção**, principalmente a *prevenção geral (positiva e negativa)*, afastando-se totalmente do caráter retributivo.

Muito tem se falado também na chamada **Função Social da Pena**, afirmando que acima de tudo a pena criminal deve atender aos anseios da sociedade quanto a tutela de bens jurídicos, pacificação das relações sociais, e ressocialização plena dos indivíduos que violem o ordenamento jurídico.

A **função social da pena** nada mais é do que uma interpretação sociológica e realista dos preceitos de *prevenção especial* (ressocialização) e de sua necessária valorização, bem como uma crítica à situação atual do nosso sistema prisional que, infelizmente, acaba privilegiando apenas a inútil função de retribuição das penas.

17.3 PENAS PRIVATIVAS DE LIBERDADE (ART. 32, I, DO CP)

As **penas privativas de liberdade** são a regra geral dentre as sanções penais pela prática de um crime, e se configuram como a privação da liberdade de locomoção do condenado através de sua prisão por determinado período de tempo, de acordo com o *Tipo Penal* realizado, sendo que, cada *Tipo*, como regra, terá valores mínimos e máximos de pena privativa de liberdade previstos com base na gravidade abstrata da violação do bem jurídico tutelado.

Há **duas grandes espécies** de **pena privativa de liberdade** previstas abstratamente nos tipos penais, de acordo com sua maior ou menor gravidade, são elas:

a) Reclusão: prevista para crimes mais graves, sendo que, a pena de reclusão admite os três regimes iniciais de cumprimento de pena, quais sejam, o regime fechado, semiaberto ou aberto.

b) Detenção: prevista para crimes menos graves, sendo que, a pena de detenção não admite o regime inicial fechado, mas somente se inicia no regime semiaberto ou aberto.

A única hipótese em que se admite o cumprimento de uma **detenção em regime fechado** ocorre quando há a transferência do condenado que estava em regime semiaberto ou aberto para *regime fechado*, em face do descumprimento das regras desses regimes menos rigorosos (*regressão de regime*).

Devemos lembrar ainda que em hipótese de **concurso material** *(Art. 69 CP) de crimes*, havendo penas de reclusão e detenção previstas para os crimes praticados, cumpre-se primeiro a pena de *reclusão* aplicada e depois a pena de *detenção*, já que somente a reclusão admite que o agente inicie o cumprimento da pena em regime fechado.

Por fim, a pena de *reclusão* pode ter como **efeito da condenação (Art. 92 Inc. II CP)** a incapacidade para exercício do poder familiar, tutela e curatela, nos crimes dolosos cometidos contra filho, tutelado ou curatelado, sendo que esse efeito não ocorre se o crime praticado for punido com pena de *detenção*.

E no que tange as **medidas de segurança** (**Art. 96 CP**), se o tipo penal praticado pelo inimputável tiver prevista pena de reclusão, a medida de segurança deverá ser a de internação em hospital psiquiátrico, enquanto se a pena prevista for de detenção poderá ser aplicada também a medida de tratamento ambulatorial (**Art. 97 CP**).

17.3.1 Regimes de cumprimento de pena (Art. 33, § 1º, do CP)

Nosso ordenamento trabalha com três regimes de cumprimento de pena privativa de liberdade, são eles:

– **Fechado:** a pena será cumprida em estabelecimento de segurança máxima ou média, como *penitenciárias (***Art. 33, § 1º, "a" CP***)*.

– **Semiaberto:** a pena será cumprida em *colônia agrícola* ou estabelecimento similar, com menor rigor penitenciário (**Art. 33, § 1º, "b" CP**).

– **Aberto**: pena será cumprida em *casa de albergado*, fundamentando-se este regime no senso de disciplina do condenado, que como regra trabalha fora durante o dia e se recolhe à noite e nos dias de folga (**Art. 33, § 1º, "c" CP**).

– **Regime especial:** Não é modalidade autônoma de regime de pena, mas apenas uma forma diferenciada de se executar a pena para **mulheres**, que irão cumprir pena em estabelecimento próprio, e de acordo com direitos e deveres inerentes à sua condição pessoal (**Art. 37 do CP**). Toda *penitenciária feminina* deve ser dotada de seção para gestante, *berçários* (**Art. 83, § 2º, LEP**), e *creche* para o filho da presa que for desamparado. *(***Art. 89 da LEP**).

17.3.2 Regime inicial de cumprimento de pena (Art. 33, § 2º, do CP)

O juiz na sentença condenatória estabelecerá qual o **regime inicial** de cumprimento da pena privativa de liberdade a que o condenado deverá se submeter, isso com base na quantidade de pena aplicada concretamente, na reincidência ou não do condenado e nas circunstâncias judiciais do fato.

Logo, de acordo com certos requisitos e características estabelecidos em Lei, o regime inicial de cumprimento da pena privativa de liberdade deverá ser:

A) Regime inicial fechado

I) Ao **reincidente** condenado à **reclusão** (detenção não admite regime inicial fechado) independentemente da pena concreta aplicada. De acordo com a maioria da doutrina e jurisprudência no caso de haver uma pena de **detenção** e o agente ser **reincidente** deve *prevalecer o regime semiaberto ou aberto*, já que as penas de detenção são incompatíveis com regime inicial fechado (art. 33, *caput*).

II) Ao condenado à **reclusão** cuja pena concreta, aplicada seja *superior* a **oito anos** (**Art. 33, § 2º, "a" CP**), *o regime inicial deverá ser o fechado.*

III) De acordo com a **Lei nº 11.464/2007**, quaisquer **crimes hediondos** ou equiparados, independentemente do *valor da pena* aplicada devem começar a ser cumpridos no **regime fechado**.

Entretanto, o **STF** vem se posicionando de forma contrária, afirmando que em face do *princípio da individualização das penas*, crimes hediondos podem ter qualquer regime inicial de cumprimento de pena (fechado/semiaberto/aberto) de acordo com a análise do caso concreto, seguindo as regras do Código Penal para estipulação do regime inicial.

IV) Há também previsão legal específica de *regime inicialmente fechado* para condenados a crimes decorrentes de **crime de tortura (Lei nº 9.455/97 – Art. 1º, § 7º)**, mas atualmente devido ao posicionamento do **STF** a respeito do tema, deve-se flexibilizar também esta regra e analisar cada caso concreto para estipular o regime inicial de cumprimento de pena.

Importante lembrar que o **trabalho externo,** fora da penitenciária, será admitido até mesmo no **regime fechado**, mas *excepcionalmente* e apenas em obras públicas e com fiscalização ostensiva do Estado (**Art. 34, § 3º, CP**).

B) Regime inicial semiaberto

O regime inicial semiaberto será imposto ao condenado **não reincidente** condenado a penas concretas de reclusão ou detenção **superiores a 4 anos e inferiores ou iguais a 8 anos (Art. 33, § 2º, "b", CP***)***.

No regime *semiaberto,* o trabalho externo é admitido, assim como a frequência a cursos de instrução ou cursos de ensino formal, sendo que a frequência a estes cursos também deve ser considerada para efeitos de *remição* da pena, ou seja, para abater certo tempo da pena como acontece com qualquer tipo de trabalho realizado pelo condenado (**Sum. 341 STJ**).

Importante lembrar que de acordo com jurisprudência sumulada pelo **STJ** e adotada pelo **STF** é admissível **regime semiaberto** para **reincidentes** condenados a pena igual ou inferior a 4 anos, se favoráveis às circunstâncias no caso concreto (**Súmula 269 do STJ**).

Na verdade, a referida súmula propõe um equilíbrio entre a regra que impõe *regime inicial fechado* para qualquer hipótese de condenado reincidente e a regra que determina o *regime inicial aberto* para penas iguais ou menores que 4 anos, possibilitando assim que, em certos casos, com pena de até 4 anos, o condenado tenha o **regime inicial semiaberto** mesmo sendo **reincidente.**

C) Regime inicial aberto

Aplica-se o regime inicial aberto ao condenado **não reincidente** condenado a pena concreta de reclusão ou detenção **igual ou inferior a 4 anos (Art. 33, § 2º, "c", CP**).

Em face da ausência de estabelecimentos adequados, qual seja, a chamada casa de albergado, o **regime aberto** poderá ser cumprido em *prisão domiciliar* (**STJ**), sendo fundamental lembrar que, como o *trabalho* é condição essencial para a concessão do *regime aberto, formalmente este* **trabalho não irá gerar remição da pena**, embora já haja entendimento jurisprudencial favorável à concessão da remição também nestes casos. (**STJ**)

De acordo com a LEP (**Arts. 126/127**), o **estudo,** através da frequência a cursos de formação, irá gerar remição da pena em todos os regimes de cumprimento (*fechado/semiaberto/aberto*), e até mesmo quando o condenado já esteja em livramento condicional.

Por fim, resta lembrar que na **prisão simples,** *modalidade de pena imposta apenas para as* **contravenções penais (Dec.-Lei 3688/41)**, o regime será o *semiaberto* ou o *aber-*

to, e também que em hipótese de **concurso de crimes** a fixação do regime inicial de pena será feita após, e de acordo com a unificação das penas concretamente aplicadas.

17.3.3 Sistemas de cumprimento de pena privativa de liberdade

O nosso ordenamento, através do Código Penal e da Lei de Execução Penal, adotou o *sistema* **penitenciário progressivo** (modelo inglês) em que o detento deve passar por *regimes progressivamente menos severos* de cumprimento da pena, desde que, em regra, cumpra pelo menos **parte da pena** *no regime em que se encontra* (**Art. 112 da LEP**), além de preencher os requisitos subjetivos que se relacionam ao mérito do condenado (**ex**: bom comportamento).

Além disso, as **penas privativas de liberdade**, sejam de reclusão ou detenção, possuem seus limites máximos de cumprimento previstos no **artigo 75** do Código penal, que estabelecia um limite máximo de **30 anos** de cumprimento de pena, conforme expressa previsão constitucional, que em seu texto veda toda e qualquer *sanção de caráter perpétuo*. (**Art. 5º, inciso XLVII, alínea b, CF**)

Com a nova **Lei 13.964/2019 (Pacote Anticrime)**, a redação do *caput* e do **§ 1º do artigo 75 do Código Penal** foram modificadas, alterando assim o **limite máximo** de cumprimento de pena admitido em nosso ordenamento de 30 anos para 40 anos, da seguinte forma:

> " **Art. 75 CP** – O tempo de cumprimento das penas privativas de liberdade não pode ser superior a 40 (quarenta) anos.
>
> § 1º Quando o agente for condenado a penas privativas de liberdade cuja soma seja superior a 40 (quarenta) anos, devem elas ser unificadas para atender ao limite máximo deste artigo."

Esta alteração já vinha sendo debatida há muito tempo, devido a tendência punitivista e às mudanças nos parâmetros de expectativa de vida do brasileiro, que aumentou bastante desde que o limite de 30 anos foi estabelecido no nosso ordenamento jurídico, e agora, o **limite máximo de cumprimento de pena,** previsto em Lei, passa a ser de **40 anos**.

Na verdade, esta alteração promovida pelo "pacote anticrime" possui cunho de política criminal e traduz uma adequação da norma penal à realidade social contemporânea, respeitando os limites constitucionais da vedação de sanções perpetuas, e sendo somente aplicada para crimes cuja conduta tenha sido praticada após a entrada em vigor da nova lei.

Sendo assim, não podemos deixar de lembrar que caso o indivíduo tenha sido condenado a **penas superiores a 40 anos (p. ex: concurso de crimes)**, embora vá cumprir apenas **40 anos de pena** de acordo com o **Art. 75 do Código Penal (alterado pela Lei 13.964/19 – Pacote Anticrime),** a *progressão* de regime (bem como o livramento condicional) terá seu percentual incidindo sobre o **total de pena** aplicada na condenação, de acordo com a **Súmula 715 do STF**.

Importante ressaltar que numa *segunda etapa de progressão*, ou seja, para passar do regime semiaberto para o aberto, deve-se incidir os percentuais previstos no Art. 112 da LEP sobre o saldo restante de pena que falta cumprir, sobre o que resta de pena a cumprir, e não novamente sobre o valor inicial da condenação. (**Ex.**: condenado a 12 anos – cumpre 16% (aprox. 2 anos) e progride para o semiaberto. Para progredir do semiaberto para o regime aberto deverá cumprir agora 16% de aproximadamente 10 anos (pena restante), ou seja, aprox. 1 ano e 8 meses.

Quanto aos **crimes hediondos,** após a declaração de inconstitucionalidade do *regime integralmente fechado* pelo **STF** (HC 82959/ 06), essa modalidade de crimes passou a **admitir progressão** de regimes, independentemente de quando o crime hediondo tenha sido praticado, antes ou depois do referido *habeas corpus.*

A progressão de regimes em crimes hediondos não é obrigatória, mas apenas *permitida*, e para que ocorra deverá atender aos requisitos normais de qualquer crime para a progressão, como, por exemplo, o bom comportamento e o regular cumprimento da pena pelo condenado.

Quanto a este tema, conforme mencionamos, merece ainda destaque a Súmula vinculante nº 26 do STF que diz:

> *"Para efeito de progressão de regime no cumprimento de pena por crime hediondo, ou equiparado, o juízo da execução observará a inconstitucionalidade do art. 2º da Lei n. 8.072, de 25 de julho de 1990, sem prejuízo de avaliar se o condenado preenche, ou não, os requisitos objetivos e subjetivos do benefício, podendo determinar, para tal fim, de modo fundamentado, a realização de exame criminológico."*

Com a edição da **Lei nº 11.464/2007**, o regime de cumprimento de pena para os **crimes hediondos** passou a ser o *inicialmente fechado*, porém, foram estabelecidos valores específicos para a progressão, quais sejam de **2/5** para **criminosos primários** e de **3/5** para os **reincidentes pela a prática anterior de** qualquer crime doloso (não necessariamente reincidente em crimes hediondos).

De acordo com o **princípio da irretroatividade**, o STF e também o **STJ** (**Súm. 471**) firmaram entendimento de que crimes hediondos praticados antes da **Lei 11464/07** terão sua progressão de regime de acordo com a regra geral da **LEP**, ou seja, com 1/6 de cumprimento de pena, sendo que, os *novos parâmetros*, mais severos, de 2/5 e de 3/5 (reincidentes), previstos nesta nova Lei para progressão de regimes em crimes hediondos, somente serão aplicados quando esses crimes forem <u>praticados após a referida Lei</u>, até a data de entrada em vigor do Pacote Anticrime que alterou novamente as regras de progressão para esta categoria de crime.

Conforme já foi dito, o **STF** vem firmando entendimento de que o regime inicial fechado obrigatório para todos os crimes hediondos fere o **princípio da individualização das penas** e, portanto, atualmente nada impede um regime inicial semiaberto ou aberto para crimes hediondos, de acordo com a análise do caso concreto.

Outro detalhe importante quanto à progressão de regimes é que em **crimes contra administração pública** a progressão fica condicionada à *reparação do dano ou restituição da coisa,* obviamente se esta for possível (**Art. 33, § 4º, CP**), requisito este que não se aplica aos demais crimes em que o Estado não é sujeito passivo.

Recentemente, a **Lei 13.769/18** alterou o **Art. 112 da LEP** que, como vimos, estabelece as regras da progressão de regime em nosso ordenamento, acrescentando o § 3º ao referido dispositivo para disciplinar de forma específica a progressão de regime da mulher gestante, mãe, ou a responsável por crianças ou pessoas com deficiência.

Dessa forma, os novos requisitos cumulativos para a progressão de regime nestas hipóteses, são:

I – não ter cometido crime com violência ou grave ameaça a pessoa;

II – não ter cometido o crime contra seu filho ou dependente;

III – ter cumprido ao menos 1/8 (um oitavo) da pena no regime anterior;

IV – ser primária e ter bom comportamento carcerário, comprovado pelo diretor do estabelecimento;

V – não ter integrado organização criminosa.

De acordo com a nova previsão legal, a fração de pena a ser cumprida pela mulher nessas hipóteses é menor do que a regra geral estabelecida no *caput* do Art. 112 (um sexto da pena) para as demais pessoas, entretanto, como vimos acima, foram acrescentados novos requisitos além dos que compõem a regra geral do nosso sistema progressivo de pena.

O § 4º do Art. 112 da LEP – que também foi inserido pela Lei 13.769/18 – estabeleceu que o cometimento de novo crime doloso ou falta grave irá gerar "a revogação do benefício previsto no § 3º", gerando regressão de regime.

Importante lembrar que a Lei 13.769/18 também alterou a progressão de regime nos **crimes hediondos** e equiparados, da mesma forma, quando a condenada for gestante, mãe ou responsável por crianças ou pessoas com deficiência, alterando, assim, a redação do Art. 2º, § 2º, da Lei 8.072/90.

Sendo assim, a progressão de regime nestes casos deverá observar as regras estabelecidas nos §§ 3º e 4º do Art. 112 da LEP, estabelecendo-se uma progressão de regime menos rigorosa também para crimes de natureza hedionda em face destas específicas condições pessoais da condenada.

No que tange a esta modalidade especifica de crime, a nova Lei 13.964/19 incluiu no rol dos *crimes hediondos* diversos novos crimes do Código Penal, e da legislação penal extravagante, o que, além dos evidentes efeitos dogmáticos e jurisprudenciais, inegavelmente irá produzir grandes impactos no sistema penitenciário brasileiro, já que, como vimos, esta inclusão afetará diretamente o tempo de cumprimento de pena, e possibilidade de concessão de benefícios prisionais aos condenados por estes crimes.

Vamos a lista dos crimes que foram incluídos no rol dos crimes hediondos da Lei 8072/90 que, evidentemente, só se aplicará para os crimes que forem praticados após o início de vigência da nova lei:

"**Art. 1º** – São considerados hediondos os seguintes crimes, todos tipificados no Decreto-Lei no 2.848, de 7 de dezembro de 1940 – Código Penal, consumados ou tentados:

I – homicídio (art. 121), quando praticado em atividade típica de grupo de extermínio, ainda que cometido por um só agente, e homicídio qualificado (art. 121, § 2º, incisos I, II, III, IV, V, VI, VII e VIII);

II – roubo:

a) circunstanciado pela restrição de liberdade da vítima (art. 157, § 2º, inciso V);

b) circunstanciado pelo emprego de arma de fogo (art. 157, § 2º-A, inciso I) ou pelo emprego de arma de fogo de uso proibido ou restrito (art. 157, § 2º-B);

c) qualificado pelo resultado lesão corporal grave ou morte (Art. 157 §3º CP)

III – extorsão qualificada pela restrição da liberdade da vítima, ocorrência de lesão corporal ou morte (art. 158, § 3º);

IX – furto qualificado pelo emprego de explosivo ou de artefato análogo que cause perigo comum (art. 155, § 4º-A).

Parágrafo único. Consideram-se também hediondos, tentados ou consumados:

I – o crime de genocídio, previsto nos arts. 1º, 2º e 3º da Lei nº 2.889, de 1º de outubro de 1956;

II – o crime de posse ou porte ilegal de arma de fogo de uso proibido, previsto no art. 16 da Lei nº 10.826, de 22 de dezembro de 2003;

III – o crime de comércio ilegal de armas de fogo, previsto no art. 17 da Lei nº 10.826, de 22 de dezembro de 2003;

IV – o crime de tráfico internacional de arma de fogo, acessório ou munição, previsto no art. 18 da Lei nº 10.826, de 22 de dezembro de 2003;

V – o crime de organização criminosa, quando direcionado à prática de crime hediondo ou equiparado.

Primeiramente, importante ressaltar que a alteração promovida no **inciso I** nos parece um erro material, que deverá ser corrigido, já que incluiu como crime hediondo o **inciso VIII do § 2º do art. 121 do CP**, que foi vetado, e portanto <u>não poderia</u> ter sido considerado como **crime hediondo**, pois sequer está previsto no **Código Penal**.

No que tange ao **inciso II,** a alteração foi substancial, pois apenas o **latrocínio** era considerado como *crime hediondo* e, a partir de agora, passaram a ser consideradas como *crimes hediondos* **diversas formas do crime de roubo**, quais sejam, o roubo circunstanciado pela restrição de liberdade da vítima, o circunstanciado pelo emprego de arma de fogo ou pelo emprego de arma de fogo de uso proibido ou restrito, e ainda o qualificado pelo resultado lesão corporal grave, além do latrocínio que, como dissemos, já era considerado hediondo .

Já o **inciso III,** que previa como crime hediondo apenas a *extorsão qualificada pelo resultado morte,* passou a considerar como **hedionda** também a *extorsão qualificada pela restrição da liberdade da vítima e qualificada pela ocorrência de lesão corporal,* além da morte.

Por fim, foi acrescentado ainda o **inciso IX,** que passou a considerar como **crime hediondo** o *furto qualificado pelo emprego de explosivo ou de artefato análogo que cause perigo comum,* previsto no **Art. 155, § 4º-A do CP,** além do **parágrafo único** que acrescentou também no rol dos **crimes hediondos** os crimes de *comércio ilegal de armas de fogo,* o *tráfico internacional de arma de fogo, acessório ou munição,* e o *crime de organização criminosa* (**Lei 12.850/13**) quando esta for <u>direcionada</u> à prática de *crime hediondo ou equiparado.*

Além das peculiaridades inerentes aos crimes hediondos, o sistema progressivo adotado em nosso ordenamento não admite a chamada *progressão per saltum,* ou seja, por saltos (**Súmula 491 STJ**), e por isso é vedado que o condenado passe direto do regime fechado para o aberto sem que tenha efetivamente cumprido parte de sua pena no regime semiaberto, isso independentemente do tempo de pena já cumprida no regime mais rigoroso (fechado).

Parte da doutrina e jurisprudência admitem excepcionalmente que o condenado saia direto do regime fechado para o aberto quando por culpa exclusiva do Estado não tenha sido possível ir para o regime aberto, desde que, já tenha cumprido no regime fechado tempo de pena suficiente (pelo menos 1/3) para chegar ao regime aberto. (**Ex:** ausência de vagas no regime semiaberto)

Há algumas **súmulas do STF** que se referem a aplicação e execução das penas privativas de liberdade que merecem destaque, são elas:

– **Súm. 716:** Admite-se a progressão e estipulação de regime menos severo que o fechado mesmo *antes do trânsito em julgado* da condenação.

Isso pode ocorrer quando o acusado fica preso após a sentença condenatória de primeira instância ou de segunda instância (execução provisória da pena).

– **Súm. 717:** A *progressão pode acontecer* mesmo quando o réu ainda estiver em **prisão especial** (processual) antes do trânsito em julgado.

– **Súm. 718:** A opinião do magistrado sobre a **gravidade em abstrato** do crime não pode motivar regime mais severo do que o permitido pela pena aplicada.

– **Súm. 719:** A imposição de regime mais severo do que a pena aplicada permite, exige motivação idônea do magistrado. Sendo que de acordo com a *Súm. 717* (supra) não basta a gravidade em abstrato do crime praticado para isso.

O **STF** vem entendendo ainda que, em certos casos, é possível se estipular um regime de pena mais rigoroso do que aquele indicado pelo valor de pena aplicado na sentença, quando as circunstâncias judiciais (**Art. 59 CP**) assim indicarem.

A partir da **Lei 10.792/03** que alterou o **Art. 112 da LEP**, o **exame criminológico** para auferir se o condenado deve ou não progredir de regime deixou de ser obrigatório, entretanto, é amplamente dominante na jurisprudência do **STF e STJ** o entendimento de que este exame poderá ser solicitado pelo juízo de execução, desde que de forma fundamentada e motivada, de acordo com sua necessidade em cada caso concreto, sendo que, caso ocorra, o exame criminológico não vincula o juízo solicitante.

A nova **Lei 13964/19** operou inúmeras alterações na *lei de execução penal* (**LEP**), dentre elas, previu a regulamentação especifica da Identificação do perfil genético e fez alterações no *regime disciplinar diferenciado* (**RDD**), cuja a duração máxima que era de *360 dias* passou a ser de até *2 (dois) anos*, sem prejuízo de repetição da sanção por nova falta grave de mesma espécie (**Art. 52 Inc. I**).

Agora, inegavelmente, dentre as mudanças promovidas pelo *pacote anticrime*, as mais sensíveis foram operadas na **lei de execução penal** no que tange a mudança dos **requisitos para a progressão de regime**, em seus percentuais e requisitos, instituindo-se uma série de novas regras para obtenção do benefício prisional, previsto no **Art. 112 da LEP**, da seguinte forma:

"**Art. 112 LEP** – A pena privativa de liberdade será executada em forma progressiva com a transferência para regime menos rigoroso, a ser determinada pelo juiz, quando o preso tiver cumprido ao menos:

I – 16% (dezesseis por cento) da pena, se o apenado for primário e o crime tiver sido cometido sem violência à pessoa ou grave ameaça;

II – 20% (vinte por cento) da pena, se o apenado for reincidente em crime cometido sem violência à pessoa ou grave ameaça;

III – 25% (vinte e cinco por cento) da pena, se o apenado for primário e o crime tiver sido cometido com violência à pessoa ou grave ameaça;

IV – 30% (trinta por cento) da pena, se o apenado for reincidente em crime cometido com violência à pessoa ou grave ameaça;

V – 40% (quarenta por cento) da pena, se o apenado for condenado pela prática de crime hediondo ou equiparado, se for primário;

VI – 50% (cinquenta por cento) da pena, se o apenado for:

a) condenado pela prática de crime hediondo ou equiparado, com resultado morte, se for primário, vedado o livramento condicional;

b) condenado por exercer o comando, individual ou coletivo, de organização criminosa estruturada para a prática de crime hediondo ou equiparado;

c) condenado pela prática do crime de constituição de milícia privada;

VII – 60% (sessenta por cento) da pena, se o apenado for reincidente na prática de crime hediondo ou equiparado;

VIII – 70% (setenta por cento) da pena, se o apenado for reincidente em crime hediondo ou equiparado com resultado morte, vedado o livramento condicional.

Além das mudanças promovidas nos percentuais de cumprimento necessários para a progressão de regime, o **§ 1º do Art. 112 da LEP** passou a prever que, em todos os casos, o apenado só terá direito à *progressão de regime* se ostentar boa conduta carcerária, *comprovada pelo diretor do estabelecimento*, respeitadas as normas que vedam a progressão.

Também foi alterada a redação do **§ 2º** do mesmo artigo que passou a exigir que a decisão do juiz que determinar a progressão de regime deverá ser sempre *motivada e precedida de manifestação do Ministério Público e do defensor*, e que este procedimento também deverá ser adotado na **concessão de livramento condicional, indulto** e **comutação de penas**, respeitados os prazos previstos nas normas vigentes.

Por fim, foi inserido o **§ 5º** no **Art. 112 da LEP** agora prevendo *expressamente* que não se considera hediondo ou equiparado a hediondo, para os fins deste artigo, o crime de **tráfico de drogas privilegiado**, previsto no **§ 4º do art. 33 da Lei no 11.343/2006**, e ainda criou-se o **§ 6º**, estabelecendo que o *cometimento de falta grave* durante a execução da pena privativa de liberdade **interrompe** o prazo para a obtenção da *progressão no regime de cumprimento da pena*, caso em que o reinício da contagem do requisito objetivo terá como base a *pena remanescente*, posição esta que já vinha sendo adotada e já era até sumulada pelo **STJ** (Súm. 534).

Sendo assim, partir da **falta grave** se reinicia a contagem de tempo para progressão, de acordo com o caso concreto, para que o condenado faça jus novamente a *progressão de regime*, entretanto, por ausência de previsão legal, esta sanção não se estende à hipótese de concessão do *livramento condicional*, cuja contagem de tempo **não** será afetada pela prática de uma falta grave. (Sum. 441 e 535 STJ).

17.3.4 Aspectos relevantes do cumprimento de pena privativa de liberdade

A) Regressão de regime (Art. 118 da LEP)

O preso poderá regredir para qualquer regime mais severo do que aquele em que se encontra, ou seja, regredir do regime semiaberto ou mesmo do aberto para o regime fechado, quando:

– Praticar fato definido como *crime doloso*, ou *falta grave*, durante cumprimento da pena após o trânsito em julgado da sentença condenatória.

– *Sofrer condenação a crime praticado anteriormente*, cuja pena somada ao restante da pena em execução alcance um valor que torne incabível o regime menos rigoroso em que se encontra (**Art. 111 da LEP**).

Parte da doutrina admite se falar em regressão "*per saltum*" em face da expressa previsão dessa possibilidade no **Art. 118 da LEP**, sendo, portanto, possível que um condenado que cumpre pena em regime aberto regrida diretamente para o regime fechado, caso isso seja necessário, porém, há bastante divergência quanto a essa possibilidade por analogia (*in bonan partem*) à vedação jurisprudencial da "*progressão per saltum*" (**súm. 493 STJ**).

B) Regime disciplinar diferenciado – RDD (art. 52 da LEP – Lei nº 10.792/2003)

Há muitas críticas em relação a essa modalidade de regime de cumprimento de pena por atentar contra a *dignidade da pessoa humana*, sendo considerado por alguns como inconstitucional. Porém, o **STF** não declarou a inconstitucionalidade do *RDD* que continua a ser aplicado normalmente para certos casos mais graves.

Trata-se de regime específico e diferenciado de cumprimento de pena aplicado para crimes mais graves, em hipóteses onde isso seja estritamente necessário, já que limita direitos e estabelece um cumprimento de pena bem mais rigoroso.

Sua duração máxima era de 360 dias e passou a ser de até 2 anos (Pacote Anticrime), podendo ser repetido se houver nova falta grave por parte do condenado, e tem como principais características o recolhimento em *cela individual, sem qualquer tipo de contato com os demais detentos, v*isitas *quinzenais* limitadas a apenas 2 pessoas por 2 horas, além da saída da cela somente ser permitida de forma isolada e por *2 horas diárias* (banho de sol).

C) Limite máximo de cumprimento de pena

O limite máximo de cumprimento de pena admitido em nosso ordenamento é de **40 anos (Art. 75 do CP – Lei 13.964/19 Pacote Anticrime**), porém caso haja outra condenação, por fato posterior far-se-á **nova unificação *das penas,*** desprezando o tempo já cumprido, permitindo que se estabeleça um novo limite máximo de 40 anos, independentemente do tempo de pena já cumprido antes.

Por exemplo: Condenado a 60 anos: a pena será unificada em 40 anos. Se após <u>cumprir 10 anos</u> cometer outro crime e for condenado a mais 25 anos, deve-se somar o saldo restante a cumprir (30 anos), com a nova pena (25 anos), e unificar o valor total (55 anos) para um <u>novo limite de 40 anos de pena</u> que serão aplicados, independente dos outros 10 anos que já haviam sido cumpridos anteriormente.

D) Trabalho prisional (Art. 126 e 127 LEP)

O trabalho prisional é um *direito* (**Art. 41 da LEP**) e também um *dever* (**Art. 31 da LEP**) do preso, sendo <u>remunerado</u> e fazendo, o condenado, jus a certos benefícios da previdência social.

O efetivo trabalho durante a execução da pena tem como principal consequência a *remição da pena,* ou seja, o abatimento de tempo da pena em face do número de dias de trabalho realizado.

Portanto, a **Remição** é a *abreviação da pena* através do trabalho prisional realizado pelo condenado, sendo que, para cada **3 dias de trabalho** será abatido, descontado, **1 dia da pena** aplicada.

Importante lembrar que, em relação ao trabalho, a princípio **não se aplica** a remição ao preso que esteja trabalhando em *regime aberto,* em *livramento condicional* e nem em relação a trabalhos inerentes ao cumprimento de *penas restritivas de direitos* previstas no **Art. 43 do CP.**

Entretanto, partir da **Lei nº 12.433/2011**, que alterou a **LEP**, o **estudo e a frequência escolar** passaram a ser admitidos formalmente para efeito de gerar remição da pena, sendo que, **no que tange à frequência a cursos e a atividade escolar** a nova redação da LEP passou a considerar também ser aplicável a *remição para os condenados que estejam em regime aberto e ou em livramento condicional,* não havendo, porém, referência legal nesse sentido para o *trabalho* realizado em regime aberto ou no livramento condicional (**Art. 126, § 6º, LEP**).

Diferentemente do trabalho prisional, o **estudo** irá gerar remição na razão de *12 horas de estudo para se abater 1 dia de pena*, porém essas 12 horas devem ser divididas em pelo menos 3 dias de estudo (4hs de estudo por dia no máximo), não havendo, porém, número máximo de dias para se chegar a essas 12 horas, e se abater um dia da pena.

Nada impede a **cumulação do trabalho e do estudo** para fins de remição da pena, isto desde que as atividades sejam realizadas em horários e formas compatíveis que permitam esta cumulação (**Ex:** trabalha 8 horas durante o dia e estuda no período da noite).

Outra alteração importante ocorrida na **LEP** (**Art. 127 LEP**) determinou que o condenado que for punido por falta grave deverá **perder até 1/3** do tempo remido pelo trabalho ou estudo realizados, não mais sendo possível se estipular a perda de todo o tempo remido, em função de uma falta grave, algo que, até então, era plenamente admitido para essas hipóteses (**vide: súm. vinculante 9 – STF**).

É ainda entendimento amplamente dominante na doutrina nacional que ocorrendo **acidente** que impeça o preso de trabalhar ele continuará a fazer jus à remição da pena durante o período em que estiver acidentado (**Art. 126, § 4º, LEP**).

Diante da triste realidade de nosso sistema prisional, sabe-se que muitas vezes o Estado não fornece infraestrutura para o trabalho do condenado que está cumprindo pena em regime fechado, e caso isto ocorra há dois posicionamentos:

a) Considera-se que a **remição** seria um direito do preso e deve ser concedida mesmo *sem que ele esteja efetivamente trabalhando, se isso ocorrer por exclusiva culpa do Estado.* (**Corrente *minoritária***)

b) Entende-se que, sem o trabalho o preso **não** faz jus à remição, pois ela é mera expectativa de direito, sendo o efetivo trabalho necessário para que se possa abater a pena através da remição, independentemente da *culpa* pela ausência do trabalho ser do Estado ou não. (**Corrente *majoritária***).

E) Detração (Art. 42 do CP)

A Detração é instituto que impõe que *seja computado na pena definitiva e na medida de segurança* (no prazo mínimo), o **tempo de prisão provisória** (processual) em que o agente esteve preso no Brasil ou no estrangeiro, ou seja, abate-se da pena definitiva o tempo em que o condenado esteve preso durante o processo.

Entretanto, havendo **absolvição** em processo durante o qual o acusado ficou *preso provisoriamente* há **duas consequências** cabíveis:

a) Haverá a detração, que será utilizada para a pena de outros crimes praticados **antes da absolvição no processo**, quando estiverem ocorrendo processos simultâneos.

b) Não haverá detração, quanto a *novos crimes que* **ocorrerem depois da absolvição** *no crime* pelo qual o agente ficou *preso provisoriamente, isto pelo fato de que não se pode gerar um "crédito de pena"* para fatos futuros.

Por fim, a detração penal interfere também no regime inicial de cumprimento de pena, logo um condenado a uma pena de 6 anos de reclusão que tenha ficado preso durante 2 anos e 6 meses durante o processo, deverá iniciar o cumprimento do restante da pena (3 anos e 6 meses) já no regime aberto, e não no semiaberto que seria indicado para os 6 anos de pena da condenação (vide: **Art. 387, § 2º, do CPP – Lei 12.736/12**).

17.3.5 Dosimetria das penas privativas de liberdade

A aplicação das penas privativas de liberdade é atividade exclusivamente judicial e consiste na sua fixação com base nos fatos realizados, na culpabilidade do agente e em tudo que for apurado durante o processo penal, e será realizada de acordo com os *princípios da individualização das penas, razoabilidade* e *proporcionalidade.*

No processo de **dosimetria da pena** o juiz deverá delimitar (**Art. 59 CP**):

– Qual a duração (*dosimetria concreta*) da pena privativa de liberdade a ser aplicada concretamente.

– A forma de cumprimento da pena aplicada determinando o *regime inicial* de pena

– Se é possível uma eventual *substituição da pena* privativa de liberdade por uma pena restritiva de direitos ou de multa (**Art. 44 CP**), ou ainda se é possível a sua *suspensão condicional da pena* (sursis – **Art. 77 CP**).

O Código Penal adotou o sistema da relativa determinação da pena pelo qual a *individualização da pena* é feita inicialmente pela **Lei,** na etapa legislativa, quando **abstratamente** se define pena de reclusão ou detenção e os limites mínimo e máximo da pena, para que depois a individualização seja **complementada judicialmente,** através da dosimetria concreta da pena.

Posteriormente caberá ao *juiz da execução* fiscalizar e aplicar os dispositivos da **LEP** para garantir a satisfação das **funções da pena** (*retribuição e prevenção*) através da concessão de direitos e benefícios como a progressão de regimes, o livramento condicional, a remição da pena pelo trabalho etc.

17.3.5.1 Sistemas para dosimetria da pena privativa de liberdade

O Direito Penal brasileiro desenvolveu dois sistemas para dosimetria concreta da pena privativa de liberdade, o sistema **bifásico** de *Roberto Lyra*, e o atual sistema **trifásico** criado por *Nélson Hungria.*

17.3.5.1.1 Sistema Bifásico – não é adotado pelo CP – (Roberto Lira)

De acordo com esse sistema a dosimetria concreta da pena privativa de liberdade se divide em **2 etapas** pelas quais o magistrado deverá passar, atuando da seguinte forma:

<u>1ª fase:</u>

– Fixação da pena base:

Através da observância da culpabilidade e das demais **circunstâncias judiciais,** bem como levar em conta nesta fase as **circunstâncias agravantes e atenuantes.**

Todas essas circunstâncias devem ser consideradas neste primeiro *momento para que o Juiz estipule a chamada* **Pena Base,** *ou seja, um primeiro valor concreto de pena estabelecido entre o mínimo e o máximo legais previstos para o crime.*

2ª fase:

– Aplicação das **causas de aumento e de diminuição de pena**, presentes tanto na parte geral quanto na parte especial do Código, incidindo seus valores de aumento e diminuição expressos em lei sobre a *Pena Base* da primeira fase, para que se possa chegar ao valor concreto final de pena a ser aplicada.

A principal crítica ao **sistema bifásico** de *Roberto Lyra* se refere principalmente ao acúmulo de análises que deveriam ser feitas pelo juiz na primeira fase da dosimetria da pena, já que com tantas circunstâncias diferentes consideradas numa única etapa a definição da pena base acabava ficando confusa e imprecisa.

17.3.5.1.2 Sistema Trifásico (Nélson Hungria – CP)

De acordo com esse sistema, adotado por nosso **Código Penal**, a dosimetria concreta da pena privativa de liberdade se divide em **3 etapas** pelas quais o magistrado deverá passar, atuando da seguinte forma:

– 1ª fase:

– **Fixação da pena base:**

O juiz deverá determinar o valor da *Pena Base* entre o mínimo e o máximo previstos em Lei para o crime, de acordo somente com as chamadas **circunstâncias judiciais**, como a culpabilidade, antecedentes, conduta social etc. (**Art. 59 do CP**).

– 2ª fase:

– Aplicação das **circunstâncias agravantes e atenuantes** de pena (**Arts. 61, 62, 65, 66 do CP**) para elevar ou reduzir a *Pena Base* da primeira fase, respeitando o mínimo e o máximo de pena previstos na lei para o crime.

– 3ª fase:

– Aplicação das **causas de aumento e de diminuição** de pena previstas nas partes geral e especial do Código Penal, incidindo sobre o valor da pena estipulado na *2ª fase*.

Nesta etapa, pode se ultrapassar os limites mínimo e máximo de pena previstos na lei para o crime, pois as causas de aumento e diminuição possuem valor certo e determinado para aumentar ou diminuir a pena (**por exemplo:** +1/3 / -1/2 / dobro / triplo / etc.).

O **Sistema Trifásico** de *Nélson Hungria* foi expressamente adotado pelo nosso Código Penal (**Art. 68 CP**) por ser mais preciso, já que, na prática, sua principal diferença para o Sistema Bifásico de *Lyra* foi desmembrar a *1ª fase* em duas, possibilitando assim uma melhor estipulação da pena, mais clara e detalhada.

Passemos então, nas bases do **Sistema Trifásico** adotado em nosso ordenamento, para a análise de cada fase da dosimetria da pena e separadamente, especificando aquilo que deverá ser considerado pelo magistrado em cada etapa.

1ª Fase:

A) Circunstâncias judiciais (Art. 59 do CP)

Como vimos, o juiz deverá levar em conta exclusivamente as **circunstâncias judiciais** presentes no **Art. 59 do CP** para determinar a *Pena Base*, entre o mínimo e o máximo previstos na Lei para o crime praticado.

As circunstâncias judiciais são os primeiros fatores legais de medição da pena analisados pelo juiz para fixação pena.

<u>São elas:</u>

– <u>Culpabilidade</u>: Trata-se da reprovabilidade pessoal da conduta, a censurabilidade pessoal das condutas típica e ilícita realizada, que será o fundamento e principal fator limitador das penas.

– <u>Antecedentes</u>: Lato sensu, são fatos da vida do autor anteriores ao crime julgado, mas abrangem somente **condenações transitadas em julgado** já existentes no <u>ato da sentença condenatória</u> do crime.

Não poderão configurar antecedentes o envolvimento em *inquéritos ou processos criminais,* mesmo que tenha havido condenação recorrível (1ª instância), isso em face do *princípio da presunção de inocência* (**Art. 5º, inc. LVII, CF**) e de acordo com a súmula **444 do STJ.**

Importante lembrar que, para se considerar *maus antecedentes* na **1ª fase** e aumentar a *Pena Base,* estes não podem implicar em *reincidência,* já que esta é mais específica, prevalece e será considerada como agravante na **2ª fase** da dosimetria.

A *reincidência,* como explicaremos adiante, exige que a **prática** do novo crime ocorra após o trânsito em julgado do crime anterior, enquanto para que se configure os *antecedentes* basta que no momento do juiz proferir a sentença condenatória de certo crime já exista o trânsito em julgado condenatório por outro crime.

Para que se considere os *antecedentes* não importa quando o novo crime foi praticado, mas sim que na data de sua sentença já exista um trânsito em julgado anterior por outro crime, ou seja, haverá antecedentes mesmo que o crime tenha sido praticado <u>antes do trânsito em julgado</u> do crime anterior. Logo, para se configurarem os antecedentes basta que o trânsito em julgado de um crime já tenha ocorrido quando o juiz for dar a sentença condenatória do novo fato.

Além disso, importante lembrar que, não se pode utilizar uma mesma condenação transitada em julgado como antecedente para aumentar a *Pena Base* na *1ª fase* e também considerá-la como agravante de reincidência na *2ª fase,* sob pena de incidir em *bis in idem.*

Logo, se a prática do novo crime ocorrer após o trânsito em julgado de crime anterior aplica-se apenas a circunstância agravante da reincidência, não se considerando neste caso os antecedentes na *1ª fase* da dosimetria da pena.

– Conduta social: É a análise do comportamento social e familiar anterior do réu (*não se confunde com antecedentes criminais*)

– Personalidade: Trata-se da análise da índole, caráter, formação e postura do agente na sua vida privada.

– Motivos, circunstâncias fáticas e consequências do crime

– Comportamento da vítima.

Há muita divergência quanto à aplicação da *personalidade* e da *conduta social* como **circunstâncias judiciais** que afetam a *Pena Base*, já que isso poderia configurar um *direito penal do autor*, algo inadmissível em nosso ordenamento e contrário a um Direito Penal moderno e democrático.

Porém, majoritariamente, e de acordo com o **STF e STJ** essas circunstâncias podem continuar a ser consideradas pelo magistrado na 1ª fase da dosimetria das penas, para determinar a pena base.

B) Circunstâncias qualificadoras

As chamadas **qualificadoras** também devem ser avaliadas no momento de fixação da Pena Base (**1ª fase**) já que estabelecem de forma expressa, no próprio artigo de lei, **novos valores mínimos e máximos** de *pena abstrata* (**ex.: Art. 121, § 2º CP – pena 12 a 30 anos**).

Logo, como é na *1ª fase* que o magistrado avalia os valores mínimos e máximos previstos em Lei para determinar a *Pena Base*, é na *1ª fase* que as circunstâncias qualificadoras, com seus valores mínimos e máximos específicos, serão consideradas.

Importante lembrar que, se houver **concurso de duas ou mais qualificadoras** aplica-se somente uma para qualificar o crime na *1ª fase* (novo mínimo e novo máximo de pena) e as outras qualificadoras poderão ser *aplicadas como circunstâncias agravantes* da pena na *2ª fase*, isso se estiverem expressamente previstas na lei como agravantes (**Arts. 61 e 62 do CP**).

2ª Fase:

A) Circunstâncias agravantes (Arts. 61 e 62 CP) e atenuantes (Arts. 65 e 66 CP).

São circunstâncias que agravam ou atenuam a *Pena Base* estipulada na *1ª fase*, sendo aplicadas na **2ª fase da dosimetria** concreta da pena privativa de liberdade.

Agravantes e atenuantes não possuem valores certos ou determinados para aumentar ou reduzir a pena, cabendo ao juiz estipular esses valores, sendo que, nesta etapa da dosimetria a pena *não poderá ultrapassar o máximo* e nem ficar *abaixo do mínimo* de pena abstratamente previsto na lei para o crime (**Súm. 231 STJ**).

A respeito do tema, há interessante posicionamento defendido por parte da doutrina nacional (SALIM, Alexandre e AZEVEDO, Marcelo Andre de Azevedo. p. 414), que defende **posição intermediária** no que tange a limitação imposta pela **súmula 231 do STJ**, afirmando que, embora, em regra, não seja possível se atenuar uma pena, na 2ª fase da dosimetria, abaixo do mínimo abstrato de pena previsto na lei para o crime, excepcionalmente isso deverá ser admitido.

Explico, diante da impossibilidade de se aplicar uma circunstância atenuante na **2ª fase** da dosimetria, devido a pena base (1ª fase) ter sido estipulada no mínimo legal e não haver circunstâncias agravantes presentes, excepcionalmente uma circunstância atenuante poderia incidir na **3ª fase** da dosimetria da pena, caso tenha sido aplicada alguma causa de aumento de pena nesta fase, reduzindo a pena que foi aumentada, dando assim efetiva utilidade e aplicação a atenuantes, quando estas não possam ser aplicadas na 2ª fase. (*Atenuante Diferida*)

Embora minoritária, esta instigante posição parece ser perfeitamente compatível com os **princípios da individualização das penas**, **da proporcionalidade**, e com a própria **súmula 231 do STJ**, porém, nos parece ser de difícil aceitação pela jurisprudência por ir de encontro ao *sistema trifásico* de dosimetria da pena, adotado pelo CP.

A jurisprudência dominante (**STF / STJ**) determina que o limite máximo para alterar a pena da primeira fase, em face de cada agravante ou atenuante presente, será de **até 1/6**, já que esse valor (**1/6**) é o limite mínimo previsto no Código Penal em causas de aumento e de diminuição (3ª fase), quando o legislador expressamente determina o quanto de modificação deverá ocorrer.

Não se pode esquecer que as circunstâncias agravantes e atenuantes **não poderão ser aplicadas** se constituírem a estrutura do próprio crime praticado, ou se ainda já fizerem *parte das suas formas qualificadas ou privilegiadas (causa de diminuição)*, devido à proibição de *bis in idem*, embora nada impeça que um **crime qualificado** por determinada circunstância tenha sua pena agravada na *segunda fase* por outra circunstância diversa que será usada como agravante.

Exemplos:

– Pergunta-se:

– **É possível se aplicar a agravante do** "uso de fogo" no crime de Incêndio? (**Art. 250 do CP**)

Resp: Não se pode agravar a pena neste caso, pois o uso do fogo já compõe o próprio crime de Incêndio como uma circunstância elementar integrante do crime, e utilizá-la também como agravante seria *bis in idem*.

– **Pode-se agravar a pena de um** *Homicídio* **pelo** *motivo torpe*? (**Art. 121, § 2º, CP**)

Resp: Não se pode agravar a pena neste caso, pois o motivo torpe é uma qualificadora no crime de homicídio, e já terá sido considerado na *1ª fase* para determinar novos parâmetros (mínimo e máximo) de pena.

– **Principais circunstâncias agravantes:**

1. **Reincidência (Art. 61, Inc. I, CP)**

A reincidência decorre da prática de **novo crime** *pelo agente,* depois de **transitada em julgado a sentença,** que no país ou no estrangeiro o tenha condenado por *crime anterior* (**Art. 63 do CP**).

– Há duas formas de reincidência:

– **Reincidência real:** prática de *novo crime* após cumprir total ou parcialmente a pena imposta.

– **Reincidência ficta (CP):** prática de *novo crime* após o **trânsito em julgado** da sentença condenatória por *crime anterior.*

Haverá ainda **reincidência** se o agente praticar novo crime dentro do prazo de até **5 anos** contados da *data do término do cumprimento da pena,* ou da *extinção* da pena aplicada *(sursis ou livramento condicional).*

Entretanto, se na data da *prática do crime* já tiverem se passado **mais do que esses 5 anos** (**Art. 64 do CP**), o agente, após esse prazo de 5 anos do término ou extinção da pena, será considerado primário e não terá a agravante da reincidência aplicada na sua pena (**tecnicamente primário**).

Também será considerado **criminoso primário** aquele que for *condenado pela primeira vez* (nesse caso também não terá antecedentes), ou ainda aquele que cometer um novo crime antes do trânsito em julgado do crime anterior, mesmo que realize esse segundo crime após haver sentença condenatória recorrível (1ª instância) pelo primeiro crime.

De acordo com a **Lei de Contravenções Penais (Art. 7º da LCP – Dec.-Lei nº 3.688/41)** e com o Código Penal (**Art. 63 CP**) haverá reincidência para agravar a pena quando o agente realizar:

a) **crime + crime**

b) **contravenção + contravenção**

c) **crime + contravenção**

Sendo que, **não** se aplica a **reincidência** quando o agente realizar:

a) Contravenção + crime (não é reincidente em face de ausência de previsão legal)

b) Crimes militares próprios – tipificados exclusivamente no código penal militar (**Art. 64, II CP**).

c) Crimes políticos (Art. 64, II CP).

Como já dissemos, a **reincidência** não poderá ser considerada ao mesmo tempo como *agravante* e como *maus antecedentes* (*circunstância judicial – Art. 59 do CP*), neste mesmo sentido também a **Súmula 241 STJ**. Porém, é majoritário o entendimento de que nada impede que isso ocorra se houver mais de um crime com sentença transitada em julgado anterior, e o agente for considerado reincidente em relação a um e com maus antecedentes em relação ao outro (**STF**).

2. Outras circunstâncias agravantes da pena (Art. 61 Inc. II CP):

– *Ter o agente cometido o crime:*

a) por motivo fútil ou torpe (perverso, repugnante);

b) para facilitar ou assegurar a execução, a ocultação, a impunidade ou vantagem de outro crime;

c) à traição, de emboscada, ou mediante dissimulação, ou outro recurso que dificulte ou torne impossível a defesa do ofendido;

d) com emprego de veneno, fogo, explosivo, tortura ou outro meio insidioso ou cruel, ou de que podia resultar perigo comum;

e) contra ascendente, descendente, irmão ou cônjuge;

f) com abuso de autoridade ou prevalecendo-se de relações domésticas, de coabitação ou de hospitalidade, ou com violência contra a mulher na forma da lei específica; (incluído pela Lei nº 11.340, de 2006)

g) com abuso de poder ou violação de dever inerente a cargo, ofício, ministério ou profissão;

h) contra criança, maior de 60 (sessenta) anos, enfermo ou mulher grávida; (redação dada pela Lei nº 10.741, de 2003)

i) quando o ofendido estava sob a imediata proteção da autoridade;

j) em ocasião de incêndio, naufrágio, inundação ou qualquer calamidade pública, ou de desgraça particular do ofendido;

k) em estado de embriaguez preordenada (voltada para a prática de um crime).

3. Agravantes no concurso de pessoas (Art. 62 do CP)

Além das hipóteses previstas taxativamente no Art. 61 do CP, também irá se agravar a pena na **2ª fase da dosimetria** quando o agente atuar em *concurso ou através de outras pessoas,* nas seguintes hipóteses:

I) quem *promove ou organiza* a cooperação no crime (autor intelectual / mandante)

II) quem *coage* (*resistível/irresistível*) ou *induz* (*partícipe*) outrem à prática de crime

III) quem *instiga ou determina* alguém sujeito à sua autoridade ou não punível por *condição pessoal* para que cometa crime (ex.: escusas absolutórias – Art. 181 do CP / o uso de agentes inimputáveis);

IV) quem *executa o crime* ou dele *participa mediante paga ou promessa de recompensa* (somente quem recebe, *pois quem paga já está englobado no item referente a quem promove ou organiza*).

– Principais circunstâncias atenuantes da pena:

1 – Atenuante da menoridade relativa (Art. 65 Inc. I CP)

Atenua-se a pena sempre que o agente for **menor de 21 anos** (e maior de *18 anos)* na data da prática do crime, ou ainda quando for **maior de 70 anos** na data da sentença.

Importante lembrar que essa circunstância atenuante não sofreu qualquer alteração com o *novo Código Civil (2002),* que passou a considerar como plenamente capazes para atos da vida cível os maiores de 18 anos.

De acordo com o **STF** *e o* **STJ** *esta circunstância atenuante deverá preponderar sobre toda e qualquer circunstância agravante, logo, independentemente do número de agravantes de pena presentes, se o agente possuir menos de 21 anos na data do fato ou mais de 70 anos na data da sentença condenatória, sua pena necessariamente deverá ser atenuada.*

2 – Desconhecimento da lei (Art. 65 Inc. II CP)

Embora o *desconhecimento da lei* seja visto em nosso ordenamento como **inescusável** (indesculpável) e seja comum se dizer que *"ninguém pode alegar que desconhece a lei para não cumpri-la"*, esse desconhecimento da Lei não pode ser considerado um indiferente penal, pois irá **atenuar a pena** do agente na *2ª fase* da dosimetria.

Essa **circunstância atenuante** da pena se dá em face do grande número de leis extravagantes existentes, mas não deve ser confundida com *desconhecimento da ilicitude,* que é a falta de conhecimento pelo agente do caráter proibido, ilícito, de seus atos, desconhecimento do aspecto contrário ao ordenamento jurídico de sua conduta.

O *desconhecimento da ilicitude* na verdade é produto do chamado **erro de proibição** (**Art. 21 do CP**) que pode *afastar a culpabilidade* e o crime, isentando o agente de pena, bem como ser uma *causa de diminuição de pena* (1/6 a 1/3 – **Art. 21, 2ª parte** – **CP**), de acordo com a natureza *inevitável* ou *evitável* do erro.

3 – Coação moral resistível e o cumprimento de ordem manifestamente ilegal (Art. 65 Inc. III "c" – 1ª parte – CP)

A **coação moral irresistível** e a **obediência hierárquica** à ordem NÃO manifestamente ilegal constituem causas de *exclusão da culpabilidade* por inexigibilidade de conduta diversa, e afastam o próprio crime.

Porém, se a coação for **resistível** ou se a ordem for **manifestamente (claramente) ilegal,** mas o agente mesmo assim praticar o fato, responderá pelo crime, entretanto, com sua pena atenuada.

Nesses casos também responderá pelo crime o *coator* ou o *superior hierárquico*, respectivamente.

4 – Conduta praticada sob influência de violenta emoção provocada por um ato injusto da vítima *(art. 65, inc. III, "c" – 2ª parte – CP)*

Atenção, esta atenuante se refere a *"influência"* de violenta emoção, que é diferente do termo *"domínio"* de violenta emoção que caracteriza a forma privilegiada do Homicídio **(Art. 121, § 1º, CP)**.

Além disso para se reconhecer a forma privilegiada (causa de diminuição de pena) no homicídio exige-se o requisito temporal *"logo após"* a injusta provocação da vítima, algo que não é exigido para se aplicar essa atenuante de pena em qualquer outro crime, inclusive no próprio homicídio.

5 – Outras circunstâncias atenuantes da pena *(Art. 65, inc. III, CP)*

Também irão atenuar a pena as seguintes hipóteses, pelo fato de t**er** *o agente*:

– Cometido o crime por *motivo de relevante valor social ou moral*;

– Procurado, por sua espontânea vontade e com eficiência, logo após o crime, *evitar--lhe ou minorar-lhe* as consequências, ou ter, antes do julgamento (sentença de 1ª instância), *reparado o dano*;

– *Confessado espontaneamente*, perante a autoridade, a autoria do crime;

– Cometido o crime sob a *influência de multidão* em situação de tumulto, se não o provocou. (**crime multitudinário**)

6 – Atenuante inominada ou "genérica" (Art. 66 CP)

O juiz <u>poderá</u> ainda reduzir a pena sempre que considerar que há quaisquer *circunstâncias relevantes para isso, mesmo sem haver previsão expressa e específica em lei.*

A importância da **atenuante genérica inominada** em nosso ordenamento se dá pelo fato de que o juiz terá discricionariedade para decidir se cabe reduzir a pena, ou não, em determinadas hipóteses, já que ocorrendo qualquer das atenuantes expressamente previstas em lei (Art. 65 do CP) a atenuação da pena é *obrigatória* e sempre que uma delas estiver presente deverá ser utilizada para reduzir a pena.

Atualmente, a **atenuante inominada, ou "genérica" (Art. 66 do CP)**, pode ser vista como forma de se aplicar concretamente a instigante *Teoria da Coculpabilidade do Estado* **(Vide: nosso Teorias da Culpabilidade e Teoria do Erro 3ª edição – Ed. GEN/Forense).**

De acordo com esta teoria o Estado deve assumir a sua parcela de culpa em determinados crimes, quando estes forem cometidos devido às omissões deste próprio Estado quanto a seus deveres constitucionais para com os cidadãos (por exemplo: aborto econômico / crimes praticados devido a situação de abandono e miséria absoluta).

O próprio **STF** já vem entendendo que a **atenuante inominada** do Art. **66 do CP** é forma adequada para que, nessas hipóteses, o magistrado possa considerar a *Teoria da Coculpabilidade do Estado* na dosimetria concreta de certas penas.

B) Concurso de agravantes e atenuantes (Art. 67 do CP)

Havendo cumulação de circunstâncias agravantes e atenuantes numa mesma situação concreta, a pena deve ser alterada para mais ou para menos de acordo com a **circunstância que for preponderante,** ou então, caso não haja qualquer circunstância considerada preponderante, agravantes e atenuantes anulam-se mutuamente.

De acordo com o **Art. 67 do CP** serão consideradas **circunstâncias preponderantes** aquelas que se relacionam com a *personalidade do agente* e com os *motivos determinantes do crime*, bem como a *reincidência*.

Sendo assim, mesmo que existam diversas circunstâncias agravantes e apenas uma atenuante, se esta atenuante for *preponderante* (**Ex:** idade do agente entre 18 e 21 anos) a pena vai ser reduzida, e vice-versa, mesmo havendo várias atenuantes de pena se estiver presente uma única agravante preponderante (**Ex:** a reincidência) a pena deverá ser agravada.

Lembrando que, de acordo com a doutrina e jurisprudência dominantes, havendo conflito entre a **atenuante da idade do agente** e qualquer outra circunstância preponderante (**Ex.:** *reincidência*) **prevalece a aplicação desta circunstância atenuante da pena.**

– São exemplos de **circunstâncias preponderantes**, que irão prevalecer aumentando ou reduzindo a pena:

– Idade do agente: a chamada "*menoridade* relativa", ou seja, ter entre 18 e 21 anos na data da prática do fato, ou se o agente possuir idade *maior de 70 anos* na data da sentença (estas duas hipóteses preponderam sobre todas as circunstâncias agravantes);

– *Reincidência (***Arts. 63 e 64 CP***);*

– *Motivo torpe, motivo fútil e motivo de relevante valor social ou moral (quando não qualifique ou privilegie o crime).*

As *demais circunstâncias* **agravantes e atenuantes** de <u>caráter objetivo</u>, e sem preponderância, se equivalem e por isso *anulam-se mutuamente (uma a uma),* logo, a pena pode ficar inerte ou caminhar para o lado que tiver mais circunstâncias agravantes ou atenuantes presentes.

3ª Fase

A) Causas de aumento e de diminuição de pena (parte geral e especial)

São *circunstâncias legais* que estão previstas tanto na parte geral quanto na parte especial do CP **estabelecendo valores certos de aumento ou de diminuição de pena,** *e que* ***devem*** ser aplicadas pelo juiz na *3ª fase* da dosimetria da pena, incidindo sobre a pena concerta provisoriamente já fixada na *2ª fase.*

Sua principal característica é que, por possuírem valores certos e determinados expressamente em lei para alterar a pena, permitem que, com o aumento ou a diminuição, a pena concreta fique **além dos valores** *mínimos e máximos de pena* **previstos abstratamente** *nos tipos penais.*

São exemplos de *causas de aumento e de diminuição* previstas na **Parte Geral** do Código Penal:

– **Art. 14, parágrafo único do CP**: Na *tentativa*, diminui-se a pena de 1/3 a 2/3.

– **Art. 16 do CP**: No *arrependimento posterior* diminui-se a pena de 1/3 a 2/3.

– **Art. 24, § 2º do CP**: diminuição de pena de 1/3 a 2/3.

–   **Art. 26, parágrafo único do CP:** diminui-se a pena de 1/3 a 2/3 se o agente for considerado *semi-imputável*

–   **Art. 70 do CP:** No *concurso formal perfeito* aumenta-se a pena de 1/6 a 1/2.

– **Art. 71 do CP:** No *crime continuado* aumenta-se a pena de 1/6 até 2/3.

–   São exemplos de *causas de aumento e de diminuição* previstas na **Parte Especial** do Código Penal:

–   **Art. 121, § 1º do CP:** No *homicídio privilegiado* reduz-se a pena de 1/6 a 1/3.

–   **Art. 122, parágrafo único do CP** No *induzimento ao suicídio* em certas hipóteses a pena será aumentada do dobro.

–   **Art. 155 § 1º do CP:** No *furto* realizado durante o *repouso noturno* a pena será aumentada de 1/3.

B) Concurso entre várias causas de aumento ou entre várias causas de diminuição (Art. 68 CP)

Há algumas regras básicas a serem seguidas quando houver <u>mais de uma</u> *causa de aumento ou de diminuição da pena* a serem aplicadas na *3ª fase* da dosimetria da pena, são elas:

–   Todas as causas de aumento e de diminuição da *Parte Geral* que estiverem presentes no caso concreto deverão ser aplicadas, pois são consideradas **obrigatórias**.

–   Havendo várias *causas de aumento*, ou então várias *causas de diminuição*, previstas na *Parte Especial* do Código Penal, ou em leis extravagantes, o juiz pode limitar-se a realizar <u>um só aumento, ou uma só diminuição,</u> devendo aplicar somente a causa que mais aumente, ou somente a causa que mais diminua a pena (**Art. 68, parágrafo único do CP**).

Ex.: *Crime de incêndio* praticado com o intuito de obter proveito próprio (**Art. 250, § 1º, inc. I, CP**) e também praticado sobre casa habitada (**Art. 250, § 1º, inc. II, "a", CP**).

Neste caso o juiz deverá **aumentar a pena uma única vez**.

C) Formas de aplicação da pena quando houver causas de aumento e também causas de diminuição incidindo em determinada situação concreta

1) Havendo **várias causas de diminuição**:

Estas serão aplicadas *cumulativamente* ("em *cascata"),* ou seja, <u>uma incidindo sobre o valor já diminuído pela outra.</u>

Ex.: pena de 6 anos (– 1/2) = pena de 3 anos (– 1/2) = pena de 1 ano e meio.

– Com essa regra *evita-se* a possibilidade de ocorrer uma *"pena menor que zero".*

2) Havendo **várias causas de aumento**:

Estas serão aplicadas de forma *independente uma da outra*, incidindo cada uma *sempre sobre a pena da 2ª fase (agravada/atenuada)*, ou na pena base se não houver agravantes ou atenuantes aplicadas.

Ex.: Pena de 8 anos + 1/2 (4 anos) = Pena de 12 anos + 1/2 (1/2 de **8 anos**) = 12 + 4 = Pena final de 16 anos.

Com essa regra evita-se que ocorra *"aumento sobre aumento"*, o que seria espécie de **bis in idem** inadmissível no aumento das penas.

3) Havendo **uma causa de aumento e uma causa de diminuição:**

Neste caso primeiro aumenta-se a pena incidindo o aumento sobre a pena da *2ª fase*, para depois diminuir *a pena*, incidindo a diminuição **sobre o valor de pena já aumentado.**

Ex.: Pena de 8 anos + 1/2 (4 anos) = Pena de 12 anos – 1/2 = 6 anos.

Há divergência na doutrina e jurisprudência quanto a aplicação dessa regra, entendendo (minoritariamente) que nesta hipótese a causa de diminuição também deveria incidir na pena da *2ª fase*, sendo assim as causas de aumento e diminuição deveriam se compensar.

Na *3ª fase* da dosimetria, havendo uma ou mais causas de aumento, nada impede que a *pena concreta* possa ultrapassar o **limite máximo de pena** a ser cumprida em nosso ordenamento, que é de **40 anos (Art. 75 do CP)**, sendo que, esse valor total, acima do limite máximo de 40 anos, será considerado na *concessão de benefícios,* como a *progressão de regimes* e o *livramento condicional* (**Sum. 715, STF**).

17.4 PENAS RESTRITIVAS DE DIREITOS

As **penas restritivas de direitos** são *penas substitutivas da privação da liberdade e por isso autônomas*, seu maior propósito é evitar a desnecessária privação da liberdade em certos crimes de menor gravidade e, não sendo penas acessórias, será **inadmissível sua cumulação** com *penas privativas de liberdade.*

As penas restritivas de direitos não possuem, em regra, *previsão abstrata na Lei*, logo, o juiz, primeiro, fixa uma pena privativa de liberdade através da dosimetria concreta e *depois,* se preenchidos certos requisitos legais, *procede sua conversão* em *restritiva de direitos.*

Há exceções como na **Lei 11343/06 (Lei de Drogas)** que em seu *Art. 28* prevê diretamente modalidades de *pena restritiva de direitos* para o crime de "porte de droga para uso", como a *advertência sobre efeitos das drogas, prestação de serviços à comunidade, frequência a cursos e programas educativos* etc.

Há também certas hipóteses previstas em *leis extravagantes* em que é possível a cumulação de pena privativa de liberdade e restritiva de direitos, como ocorre no **Código brasileiro de trânsito (Lei 9503/97)** que prevê a suspensão ou proibição de obter permissão ou habilitação para dirigir de forma cumulada a privação de liberdade para certos crimes (**Ex: Arts. 302 e 303 CBT**).

A **Lei nº 9.714/98** modificou o **Art. 43 do Código Penal** e ampliou o rol de penas *restritivas de direitos*, alterando também algumas regras para sua aplicação de acordo com o caso concreto, sendo que, como regra, as **penas restritivas de direitos** de *prestação de serviços, interdição temporária* e *limitação de final de semana* terão sua duração vinculada ao tempo de pena privativa de liberdade concretamente aplicada e que foi convertida. (**Art. 55 CP**).

Porém, algumas penas restritivas de direitos não possuem essa *vinculação temporal*, como por exemplo quando a pena de prestação de serviços à comunidade, que seja superior a 1 ano, poderá ser cumprida em tempo inferior, até o limite de metade da pena privativa de liberdade aplicada (**Art. 46 par. 4º CP**), ou ainda as penas de prestação pecuniária (**Art. 45 CP**) e a perda de bens e valores que evidentemente não tem qualquer nexo ou vínculo com o tempo de pena privativa de liberdade aplicada.

São modalidades de **penas restritivas de direitos** previstas no Código Penal (**Art. 43 do CP**):

– **Prestação pecuniária;**
– **Prestação de serviços à comunidade ou a entidades públicas;**
– **Perda de bens e valores;**
– **Limitação de final de semana;**
– **Interdições temporárias de direitos;**

Também são consideradas *penas substitutivas* da pena privativa de liberdade, e aplicadas da mesma forma que as penas restritivas de direitos:

– Multa substitutiva (**Art. 60, § 2º CP**)
– Prestações de outra natureza (**Art. 45, § 2º CP**)

17.4.1 Regras para conversão da pena privativa de liberdade em restritiva de direitos (art. 44 do CP)

As hipóteses de conversão da privação de liberdade em restrição de direitos atendem aos seguintes **requisitos objetivos (Art. 44 do CP), de acordo com a natureza do crime praticado:**

– **Crimes culposos:**

– Sempre será feita a conversão da pena em restritiva de direitos qualquer que seja pena concretamente aplicada, e qualquer que seja o **crime culposo** cometido (**Art. 44, inc. I**).

OBS: Importante lembrar que a **Lei nº 14.071/2020** inseriu o art. 312-B do Código de trânsito Brasileiro (Lei 9455/97) proibindo a conversão das penas privativas de liberdade em penas restritivas de direitos para os crimes do **art. 302, § 3º e do art. 303, § 2º do CTB,** (se o agente conduz veículo automotor sob a influência de álcool ou de qualquer outra substância psicoativa que determine dependência), mesmo se tratando de crimes de natureza culposa.

– **Crimes dolosos:**

– Haverá conversão da pena em *restritiva de direitos* desde que preenchidos os seguintes requisitos cumulativos:

A) O crime seja sem violência ou grave ameaça à pessoa

Não haverá conversão da pena sempre que a conduta realizada tiver violência ou grave ameaça contra a pessoa.

Embora haja divergência, acreditamos na possibilidade de conversão da pena em hipóteses de *violência imprópria*, ou seja, aquela em que não há emprego de força física contra a vítima, por exemplo, no caso de um **roubo** com emprego de alguma droga para que a vítima não possa oferecer resistência, vulgarmente conhecido como *"boa noite cinderela"*. (Art. 157 – parte final – CP)

B) A pena concreta aplicada seja de até 4 anos (Art. 44 I, CP)

Somente haverá conversão para **crimes dolosos** cuja pena concretamente aplicada, após a dosimetria, seja de até *4 anos*, não importando que a pena máxima abstrata prevista para o crime seja superior a este valor.

Em hipótese de **concurso formal** de crimes (Art. 70 – 1ª parte – CP) e de **crime continuado** (Art. 71 CP) considera-se o total da pena concreta imposta, computando-se os acréscimos legais, já em hipótese de **concurso material** (Art. 69 CP) e no **concurso formal imperfeito** (Art. 70 – 2ª parte – CP) deve-se analisar isoladamente a pena concreta de cada crime, para aplicar a conversão de forma individual, não se levando em conta a soma das penas. (**Art. 69 par. 2º CP**).

C) Não haja reincidência em crimes dolosos (Art. 44 II, CP)

Importante lembrar que, embora a regra geral diga que havendo reincidência em crime doloso o juiz não tem o dever de fazer a conversão, se a *reincidência em crimes dolosos não for* pelo <u>mesmo crime</u> (*reincidência específica*), o juiz <u>poderá</u>, de acordo com o caso concreto, realizar a conversão (**Art. 44 § 3º, CP**).

Na ausência de qualquer reincidência, ou seja, se o condenado for *tecnicamente primário*, e preenchendo-se todos os demais requisitos, o juiz <u>deverá</u> fazer a conversão da pena, sendo esta um direito do condenado.

D) *Crimes de menor potencial ofensivo* (pena máxima de até 2 anos – Lei nº 9.099/95)

Estes crimes terão sua pena sempre convertida, mesmo que sejam praticados com **violência ou grave ameaça (Ex.:** lesão corporal leve / ameaça).

Por fim, para que haja a **conversão da pena,** *além dos* <u>requisitos objetivos</u> acima mencionados será necessário o preenchimento de <u>requisitos subjetivos</u>, ou seja, que a *culpabilidade, os antecedentes e a conduta social* sejam favoráveis à substituição (**Art. 44, inc. III, CP**).

Há divergência quanto à possibilidade de conversão da pena privativa de liberdade em restritiva de direitos em **crimes hediondos** e, de acordo com posição dominante no **STF**, embora seja bastante difícil, nada impede a conversão da pena em restritiva de direitos desde que sejam preenchidos todos os requisitos legais do Código Penal. (**Ex:** Tráfico de drogas privilegiado – **Art. 33 par. 4º – Lei 11.343/06**).

Ainda temos que lembrar que nas condenações cuja pena privativa de liberdade aplicada seja <u>igual ou inferior a um ano</u>, a substituição pode ser feita por apenas uma multa, ou então por somente uma pena restritiva de direitos, porém, se a pena aplicada <u>for superior a um ano e de até quatro anos</u>, a pena privativa de liberdade deverá ser substituída por uma pena restritiva de direitos e uma multa, ou então por duas penas restritivas de direitos cumuladas (**Art. 44, § 2º, CP**).

17.4.2 (Re)conversão da restritiva de direitos em privativa de liberdade (art. 44, § 4º, do CP)

Pode ocorrer, excepcionalmente, da pena restritiva de direitos ser convertida de volta em pena privativa de liberdade, sendo que, de acordo com o **Art. 44 do Código Penal**, isso poderá ocorrer de duas formas:

– **Obrigatória:** em face do descumprimento da restrição imposta na pena restritiva de direitos aplicada (**Art. 44 par. 4º CP**).

– **Facultativa:** quando houver uma nova condenação à pena privativa de liberdade por outro crime, cabendo ao juiz decidir se mantem a pena restritiva de direitos anterior, ou se a converte de volta em pena privativa de liberdade (**Art. 44, § 5º, CP**).

Havendo a *(re)conversão* será deduzido da privativa de liberdade o tempo de restrição de direitos já cumprido (**Art. 44, § 4º**), sendo que, na prestação de serviços à comunidade (**Art. 46 do CP**) *cada hora* de serviço prestado equivale a *um dia de pena*.

17.4.3 Espécies de penas restritivas de direitos

As **penas restritivas de direitos** podem ser classificadas como **genéricas**, ou seja, aquelas que substituem as penas privativas de liberdade aplicadas a qualquer crime, desde que preenchidos os requisitos legais, e **específicas**, que somente substituem as penas privativas de liberdade em face da prática de determinados crimes, como as interdições temporárias de direitos.

São modalidades de penas restritivas de direitos:

A) Prestação de serviços à comunidade ou a entidades públicas (Art. 46, §§ 1º, 2º, 3º, CP)

Consiste na prestação de serviços à comunidade ou a uma entidade pública ou privada com destinação social, englobando escolas, hospitais, orfanatos etc., sendo que serão determinadas de acordo com as aptidões pessoais de cada condenado.

Embora esta seja a mais importante das penas restritivas de direitos é inegável que ela possui certo cunho de privação de liberdade, pois obriga o agente a estar em determinado lugar diariamente, por certo tempo, para prestar o serviço que lhe foi imposto.

São características fundamentais da pena de *prestação de serviços à comunidade*:

- Será aplicada somente para penas concretas *superiores a seis meses*
- Cada hora de serviço diário equivalerá a 1 dia da pena privativa aplicada.
- A prestação de serviços deve ser efetuada diariamente e por 1h, durante todo o período da pena, se a pena for <u>superior</u> a *6 meses* e inferior ou igual a um ano (**Art. 46 § 3º, CP**)
- A prestação poderá ser efetuada por um menor período de tempo se a pena aplicada for **superior a um ano,** respeitando o limite <u>mínimo de cumprimento</u> de **metade** da pena privativa de liberdade concretamente aplicada (**Art. 46 § 4º, CP**).

B) Prestação pecuniária (Art. 45 § 1º, CP)

Esta modalidade de pena consiste no pagamento de determinado valor (de *1 salário mínimo até 360 salários mínimos) à vítima, a seus dependentes, ou ainda a uma entidade com destinação social,* de acordo com o dano causado com a prática do crime, sendo que, este valor pago deverá ser <u>descontado de eventual indenização civil</u> atribuída posteriormente a fato, se coincidentes os beneficiários.

Para que haja a conversão da pena privativa de liberdade em **prestação pecuniária** deve ter havido prejuízo material ou moral com a prática do crime, já que esta consiste no *pagamento em dinheiro à vítima, a seus dependentes, ou ainda à entidade pública ou privada com destinação social.*

Em vez do pagamento em dinheiro, que é a regra, essa prestação como modalidade de pena pode ser feita através de uma <u>prestação de outra natureza</u> (**Art. 45, § 2º, CP**), como por exemplo, cesta básica, mão de obra especializada, bens móveis ou imóveis.

A *prestação pecuniária,* por se tratar de uma **pena restritiva de direitos** poderá ser (re)convertida em pena privativa de liberdade, caso o condenado não cumpra com o seu pagamento, diferentemente da pena de *multa,* que por se tratar de dívida de valor para com o Estado (**Art. 51 CP**), jamais poderá ser convertida em privação de liberdade.

C) Perda de bens e valores (art. 45, § 3º)

Consiste na *perda de bens ou valores* do patrimônio **lícito** do condenado de acordo com o prejuízo causado ou o proveito auferido com o crime e, via de regra, os bens confiscados devem ser revertidos em proveito do *fundo penitenciário nacional.*

Importante lembrar que, em face do *princípio da intranscendência das penas,* a perda de bens e valores, assim como também ocorre com a pena de multa, jamais irá ultrapassar o patrimônio do condenado, ou se transferir a seus herdeiros. (**Art. 5º Inc. XLV da CF**).

Parte da doutrina nacional considera que essa modalidade de pena é *desnecessária* e sua possibilidade de aplicação é questionável, pois:

I) Se os valores foram licitamente obtidos, a perda desses bens será modalidade de confisco geral do Estado sobre patrimônio lícito, que é **inconstitucional (*Princ. da Pessoalidade e Individualização da pena*).**

Embora parte da doutrina a aceite como modalidade específica e legítima de confisco de bens, por estar expressamente prevista no **Art. 5º Inc. XLVI da CF.**

II) Se os valores foram obtidos ilicitamente é desnecessária essa forma de pena, pois a perda dos bens auferidos pela prática de crime já é *efeito automático da condenação penal* (**Art. 91 II, CP**).

A polêmica a respeito dessa modalidade de pena é ainda maior pelo fato de que, em face do disposto no **Art. 5º Inc. XLV da CF,** há posicionamento afirmando que essa pena, caso seja aplicada, bem como também no caso da pena de prestação pecuniária não paga, poderia ser estendida aos sucessores do condenado, até o limite da herança, em caso de sua morte.

Este posicionamento obviamente gera muitas críticas da doutrina moderna devido ao *princípio da intranscendência das penas,* que para a maioria deve prevalecer impedindo esta comunicabilidade.

D) Limitação de final de semana (Art. 48 CP)

Consiste na obrigação de permanecer aos sábados e domingos por *5 horas diárias* em *casa de albergado* ou *estabelecimento similar* para cursos e palestras, sendo que, mais que uma **restrição de direitos,** acaba configurando também, de certa forma, uma espécie de **privação da liberdade,** mas possui cunho exclusivamente educativo.

Trata-se de modalidade de pena restritiva de direitos pouco aplicada na prática, já que não há em nosso país muitos estabelecimentos adequados para isso, bem como são pouquíssimas as casas de albergado existentes.

E) Interdição temporária de direitos (Art. 47 CP)

Trata-se de modalidade específica de pena restritiva de direitos aplicada apenas a **certos crimes específicos,** sendo que, para ser efetivada deve haver uma *relação entre a interdição do direito produzida e o crime praticado* (**Ex:** *Proibição temporária do exercício* *de profissão* para o cometimento do crime de Violação de segredo profissional – **Art. 154 do CP**).

A interdição será sempre **temporária** e terá a mesma duração da pena privativa de liberdade aplicada, já que não se admite em nosso ordenamento qualquer tipo de *sanção perpétua*.

São modalidades de interdição temporária de direitos:

– **Proibição de exercício de cargo ou função pública ou mandato eletivo**:

Vinculada a crimes que se relacionem especificamente com as funções públicas do agente e, possuindo *caráter temporário*, não se confunde com o efeito da condenação (definitivo) de perda do cargo ou função (**Art. 92 I, CP**).

– **Proibição de exercício funcional que exija a habilitação especial (Ex: medicina, advocacia)**

Vinculada somente a crimes que se relacionem especificamente os deveres inerentes a profissão do agente. Possui *caráter temporário* ligado ao tempo de pena privativa de liberdade concretamente aplicada e independe de eventual sanção administrativa imposta pelo órgão de classe, que pode até ter caráter definitivo (Ex: cassação de CRM de médico).

– **Suspensão de habilitação para dirigir:**

Esta modalidade de pena não pode mais ser aplicada para crimes culposos *no trânsito* quando o agente estiver na condução de veículo automotor, já que o *homicídio culposo* e a *lesão corporal culposa* no trânsito (**Arts. 302 e 303 CTB**) já possuem a **suspensão** como pena abstratamente prevista para esses crimes, de acordo com o Código de trânsito (**Lei 9.503/97**).

Todavia no que tange a suspenção da autorização para dirigir, ainda se aplica o **Art. 47 II do CP** aos crimes de trânsito, por ausência de previsão desta sanção na referida lei especial.

Importante lembrar que, caso o veículo seja utilizado como instrumento para qualquer *crime doloso*, deverá ser aplicado o efeito da condenação de inabilitação para dirigir (**Art. 92 III, CP**).

– **Proibição de frequentar certos lugares** (ex.: casas noturnas)

Esta espécie de *interdição temporária* possui difícil aplicação, já que não há fiscalização ostensiva, direta, do Poder Público sobre o condenado. Na verdade, se caracteriza, de certa forma, como modalidade de privação da liberdade do agente já que este fica proibido de ir a certos locais que possam alguma relação com a conduta ou com a espécie de crime por ele praticado.

17.5 PENA DE MULTA

É **sanção penal** de *caráter pecuniário, patrimonial,* que consiste no pagamento ao fundo penitenciário nacional de certa quantia fixada na sentença e calculada pelo critério de **dias-multa (Art. 49 do CP**).

A pena de multa será aplicada como produto da prática de uma infração penal (crime ou contravenção), com base na gravidade do fato, na culpabilidade e na capacidade econômica do agente.

Trata-se de verdadeira *pena, sanção penal* oriunda da prática de crime, e por isso é pessoal, intransferível e individualizada, não ultrapassando jamais a pessoa do autor (*Princípio da intranscendência e da individualização das penas*).

A pena de *multa não paga torna-se* **dívida de valor** para com o Estado e por isso não pode ser convertida em pena privativa de liberdade (**Art. 51 CP c/c Art. 5º Inc. LXVII da CF**), inclusive em sede de *juizado especial* (**revogado o Art. 85 da Lei nº 9.099/95**).

Na verdade, a previsão legal do **Art. 51 do CP**, estabelecendo que a multa se torna dívida de valor, funciona para agilizar e viabilizar a cobrança da multa devida ao Estado, o que será feito pela própria *procuradoria da fazenda pública*.

Como dissemos, a multa, produto da prática de crime, é uma pena criminal e por isso não possui caráter de indenização para a vítima, como acontece com a multa administrativa, civil ou fiscal, pois diferentemente destas outras espécies, a multa criminal não tem feição reparadora ou compensatória de dano, sendo paga exclusivamente ao Estado.

17.5.1 Critério de fixação da pena de multa (dias-multa)

Para se calcular a pena de multa nosso ordenamento adotou uma forma específica de dosimetria, chamada **critério de dias-multa**, fundado na gravidade do crime, na culpabilidade do agente, bem como na sua capacidade econômica, para se chegar a um valor concreto de multa da seguinte forma:

– **1ª etapa:**

Estipula-se o número de *dias-multa* entre 10 e 360 dias.

Para se determinar o número de dias multa aplicável no caso concreto para certo crime, há 2 posições na doutrina:

– Leva-se em conta somente a **gravidade do fato e a culpabilidade** do agente, de acordo com as circunstâncias concretas judiciais (**Art. 59 CP**) e agravantes e atenuantes (**Arts. 61, 62, 65, 66 CP**). (**Posição majoritária**)

– Leva-se em conta além da gravidade do fato e da culpabilidade do agente também a capacidade econômica do réu (**Posição minoritária**).

2ª etapa:

Determina-se o **valor da unidade** *dias-multa,* levando-se em conta exclusivamente a **capacidade econômica do réu.**

O valor de cada unidade de dia-multa deverá ser de **1/30** do salário mínimo até **5 vezes** o salário mínimo (**Art. 49, § 1º, CP**).

3ª etapa:

Para se chegar ao valor concreto da pena de multa **multiplica-se** o número de *dias-multa* pelo valor da unidade *dia-multa* de referência, se alcançando assim o valou real da multa a ser aplicada.

Por fim, de acordo com a **situação econômica do réu (Art. 60 do CP)** o *valor da multa* pode ser aumentado de até o triplo se o juiz achar necessário, porém, obviamente, isso só poderá ocorrer desde que o valor da unidade *dia-multa* já tenha sido estabelecido (2ª etapa) no valor máximo legal, ou seja, em *5 vezes* o salário mínimo vigente no país (**Art. 60, § 1º, CP**).

Há entendimento doutrinário afirmando que, para a dosimetria da pena de multa, nosso Código Penal adotou um *sistema bifásico*, porém não podemos deixar de considerar que há sim uma terceira etapa de fixação da multa, em que se faz a multiplicação dos *dias-multa* pelo valor da unidade, e ainda se possibilita o aumento (até o triplo) do valor da multa.

A lei de drogas (**Lei 11.343/06 – Art. 28, 29 e seguintes**) traz uma fórmula específica para determinação da pena de multa, prevendo de forma expressa o número de *dias-multa* aplicável para seus crimes, <u>valores específicos</u> para a unidade *dia-multa* a ser considerada, e até algumas hipóteses diferenciadas de majoração da pena de multa, devendo, em função do *princípio da especialidade*, prevalecer sobre a regra geral do Código Penal para a estipulação das penas de multa nestes casos.

17.5.2 Pagamento e execução da pena de multa

O **pagamento da pena de multa** deverá ser efetuado dentro de **dez dias** após o trânsito em julgado da sentença condenatória (**Art. 50 CP**) e o valor da multa poderá até ser parcelado a requerimento do condenado.

O pagamento da pena de multa também pode ser *descontado mensalmente do salário* do condenado, mas **não** *pode incidir* sobre recurso indispensável ao seu sustento e de sua família (**Art. 50, §§ 1º e 2º, CP**), quando:

a)   a multa for aplicada isoladamente;

b)   a multa for aplicada cumulativamente com restrição de direitos;

c)   for concedido *sursis*.

Quanto à **legitimidade para executar** a pena de multa, surgiram duas correntes doutrinárias:

A) Ministério Público: por ainda ser *sanção penal,* deve seguir as regras da **LEP,** independente do termo *"dívida de valor"*, utilizado no **Art. 51 do CP**, que só serviria para proibir a conversão da multa em pena privativa de liberdade e para que seu valor seja corrigido monetariamente (**minoritária**).

B) Procuradoria da Fazenda Pública: a multa não paga, no que tange a sua execução, passa a ter *caráter extrapenal* (dívida de valor) seguindo as regras da **Lei nº 6.830/80** e deve ser executada pela *Procuradoria da Fazenda*, posicionamento este amplamente **majoritário**, e previsto na **súmula 521 do STJ**.

A partir da **Lei 9.268/96** o **Art. 51 do Código Penal** passou a prever a pena de multa como dívida de valor para com a *Fazenda Pública*, gerando o entendimento de que sua execução deveria ser feita pela procuradoria da *Fazenda Pública*, e não pelo ministério público.

Porém, em 2018, o **STF** alterou este entendimento e decidiu que a legitimidade para a execução da pena de multa deveria ser do *Ministério Público,* e apenas subsidiariamente competir à Fazenda Pública, gerando grande divergência na doutrina e jurisprudência, inclusive no âmbito do **STJ**.

Sendo assim, a nova **Lei 13.964/2019**, deu fim a essa discussão alterando a redação do **Art. 51 do CP**, que passou a prever expressamente a competência para cobrar a pena de multa como sendo do Juízo da Execução Penal, e, portanto, do ministério público, da seguinte forma:

> **" Art. 51 CP** – Transitada em julgado a sentença condenatória, a multa será executada perante o juiz da execução penal e será considerada dívida de valor, aplicáveis as normas relativas à dívida ativa da Fazenda Pública, inclusive no que concerne às causas interruptivas e suspensivas da prescrição."

Importante lembrar que também é entendimento sumulado pelo STF (**Súm. 693**) que **não cabe** *habeas corpus* em condenação somente a pena de multa, ou em processo por crime cuja única pena prevista seja a multa.

17.5.3 Multa substitutiva (art. 44, § 2º, do CP)

Além de ser aplicada de forma *cumulativa* ou *alternativa* a pena privativa de liberdade prevista abstratamente para o crime, a **multa** pode também ser aplicada de forma a **substituir uma pena privativa de liberdade** concretamente aplicada.

Como vimos, a multa poderá *substituir a pena privativa de liberdade igual ou inferior a um ano* (**Art. 44, § 2º, CP**) desde que preenchidos todos os requisitos objetivos e subjetivos do **Art. 44 do CP** (crime sem violência ou grave ameaça, não ser reincidente específico, ter culpabilidade e antecedentes favoráveis etc.).

De acordo com a maioria da doutrina o **Art. 60 § 2º do CP**, que prevê a conversão em multa para penas somente de até *6 meses*, foi tacitamente revogado pelo **Art. 44 § 2º do CP** e, portanto, atualmente penas privativas de liberdade concretas de até **1 ano** podem ser convertidas em apenas uma pena de multa.

Entende-se **majoritariamente** que, mesmo no caso de ser substitutiva à pena privativa de liberdade concreta, a multa torna-se *dívida de valor* **não podendo ser convertida** em pena *privativa de liberdade,* ou em *restritiva de direito*, pois não perde seu caráter de sanção penal, produto de crime, e não poderá ultrapassar a pessoa do autor (*princípio da intranscendência das penas*)

Não podemos deixar de lembrar que *é possível haver* cumulação de multas entre uma *multa substitutiva* de uma pena concreta aplicada de até 1 ano e a *multa cumulativamente* aplicada quando abstratamente prevista no tipo (**Ex.:** furto – pena: 1 a 4 anos e multa), porém esta cumulação de multas **não é possível** se o crime for praticado em sede de *Lei Penal Extravagante* (**Súm. 171 do STJ**).

17.5.4 Prescrição da execução da pena de multa

De acordo com o **Art. 114 do CP** a pena de multa prescreve em **2 anos**, ou no mesmo prazo da pena privativa de liberdade cumulativamente ou alternativamente aplicada, porém, quanto a prescrição da execução da pena de multa, ou seja, quanto ao seu prazo de cobrança, há dois posicionamentos em nossa doutrina:

A) Prescrição da *pretensão executória* deve se dar também em dois anos (**Art. 114 do CP**) embora as **causas interruptivas e suspensivas** sejam regradas pela Lei de execução fiscal e pelo CTN (**Posição minoritária**).

B) Prescrição da *pretensão executória* deve se dar em 5 anos (**Art. 174 do CTN**) em face do **Art. 51 do CP** determinar que a pena de multa deve passar a seguir as regras inerentes as dívidas para com a *Fazenda Pública*, sendo esta a **posição majoritária** e de acordo com a súmula 467 do STJ.

Entretanto, mesmo seguindo-se a posição majoritária (prazo prescricional de 5 anos) há entendimento na doutrina que não se deve aplicar o disposto no **Art. 40 da Lei de Execução Fiscal (Lei nº 6.830/80)**, que prevê a suspensão indefinida do prazo prescricional se o devedor não tiver bens. Este entendimento se baseia no fato de que em **Direito Penal** são vedadas *sanções perpétuas* e, mesmo em face do **Art. 51 do CP**, a multa criminal não perde sua natureza de pena, não podendo assim ter seu prazo de cobrança suspenso indefinidamente.

17.6 QUESTÕES PARA TREINO

FCC/Órgão: TJ-RR/ Juiz Substituto/2015

A pena de multa

A) prescreve em três anos, quando for a única cominada ou aplicada.

B) pode substituir, ainda que isoladamente, a pena privativa de liberdade nos casos de violência doméstica e familiar contra a mulher.

C) é fixada em salários mínimos, considerada a situação econômica do réu.

D) pode substituir pena privativa de liberdade e ser aplicada em conjunto com restritiva de direitos, na condenação superior a 1 (um) ano, se presentes os requisitos legais.

E) obsta a concessão *do sursis*, se a única aplicada em condenação anterior.

Gabarito "D"

FCC/Órgão: TJ-PI/ Juiz Substituto/2015

A pena de multa,

A) obsta a suspensão condicional da pena, ainda que a única aplicada em condenação anterior.

B) não pode substituir pena privativa de liberdade inferior a um ano, se reincidente o condenado.

C) deve receber o mesmo acréscimo imposto à pena privativa de liberdade no caso de concurso formal perfeito de infrações.

D) não pode substituir isoladamente pena privativa de liberdade, nos casos de violência doméstica e familiar contra a mulher, apenas se condenado o agente pelo crime de lesão corporal.

E) prescreve em três anos se aplicada cumulativamente com pena privativa de liberdade de dez meses de reclusão.

Gabarito "E"

CESPE/ TRF – 1ª REGIÃO/ Juiz Federal Substituto/2015

Prevista no CP e em legislações extravagantes, a multa é modalidade de pena que pode ser aplicada em conjunto com a pena privativa de liberdade ou isoladamente. Acerca da disciplina contida no CP sobre a pena de multa, assinale a opção correta.

A) O valor do dia-multa é arbitrado com base no salário mínimo mensal vigente ao tempo da condenação do réu e deve ser atualizado, quando da execução, pelos índices de correção monetária aplicáveis.

B) Ao fixar a pena de multa, o juiz deve atender principalmente ao grau de reprovabilidade do delito e desconsiderar a situação econômica para não apenar diferentemente réus condenados pelo mesmo crime.

C) O CP veda a substituição de pena privativa de liberdade pela pena de multa em condenação por crime doloso, embora tal substituição seja possível em casos de crime culposo e contravenção penal.

D) As hipóteses de interrupção e suspensão da prescrição de penas de multa são as mesmas previstas para as penas privativas de liberdade, tanto antes quanto após o trânsito em julgado da condenação.

E) Se houver concurso formal ou material de crimes punidos com pena de multa, ao condenado devem ser aplicadas distinta e integralmente as multas referentes a cada um dos delitos

Gabarito "E"

FCC/ TJ-GO/ Juiz Substituto/2015

No tocante à ação penal, é correto afirmar que

A) admissível o perdão do ofendido mesmo depois que passa em julgado a sentença condenatória.

B) implica renúncia tácita do direito de queixa o fato de receber o ofendido a indenização do dano causado pelo crime.

C) admissível a renúncia tácita, mas o perdão do ofendido deve ser expresso.

D) a renúncia constitui causa de extinção da punibilidade relativa às ações penais privadas e públicas condicionadas.

E) concedido o perdão por um dos ofendidos, não prejudica o direito dos outros.

Gabarito "E"

MEDIDAS DE SEGURANÇA

18.1 CONCEITO E ASPECTOS GERAIS

A medida de segurança é a *sanção penal* imposta aos **inimputáveis delimitados no Art. 26 do Código Penal, ou seja,** aqueles que possuem doença mental ou desenvolvimento mental incompleto, como consequência jurídica da prática de um *fato típico e ilícito*, sendo fundada exclusivamente na *periculosidade do agente*.

Diferentemente do que ocorre com as penas, as medidas de segurança **não** possuem funções *de retribuição e de prevenção geral*, isso devido à <u>ausência de culpabilidade</u> dos agentes inimputáveis, logo, em face das caraterísticas dos seus destinatários (*inimputáveis – Art. 26 CP*), a única função atribuível a aplicação das medidas de segurança é a de **prevenção especial** de caráter negativo.

Desta forma, além de seu fim terapêutico, manter o indivíduo sob a tutela do Estado em tratamento psiquiátrico, evitando a futura realização de fatos definidos como crime, parece ser a única função prática das medidas de segurança que, como dissemos, são exclusivamente fundamentadas na **periculosidade** do agente inimputável que as recebe.

Importante lembrar que, caso no curso da execução da pena aplicada a um *imputável* sobrevier uma doença mental, ou qualquer perturbação de sua saúde mental de natureza permanente, nada impede que o juiz determine a **conversão** desta pena em medida de segurança de internação em hospital psiquiátrico. (Art. 183 da LEP)

Embora haja divergência, ocorrendo a conversão definitiva da pena em medida de segurança por *superveniência de doença mental*, prevalece o entendimento de que o **prazo de duração** desta medida de segurança deve ser equivalente ao tempo de pena restante que o agente foi condenado e ainda teria que cumprir.

Por fim, nada impede que se aplique uma **medida de segurança** a um *menor infrator* que possua problemas mentais, sendo que isto ocorre de forma diferenciada e nos termos do *Art. 121 e 123* do Estatuto da Criança e do Adolescente (**ECA**). Entretanto, não será possível estender, nesses casos, a medida de segurança prevista no Código Penal para o indivíduo que vier a completar 21 anos, logo, nestes casos, independentemente de sua *periculosidade*, ele deverá ser liberado da medida de segurança aplicada.

Podemos definir, portanto, certos **pressupostos de aplicação** das medidas de segurança:

A) Prática de um fato típico e ilícito (ou contravenção) pelo agente que, por não possuir culpabilidade, não possui reprovabilidade e nem recebe pena.

B) Inimputabilidade do agente em face de doença mental ou de desenvolvimento mental incompleto, de acordo com o Art. 26 do CP

Importante lembrar que a medida de segurança pode, em certos casos, ***substituir a pena*** aplicada aos *semi-imputáveis*, quando não for possível colocar estes indivíduos para cumprir pena devido à sua particular condição mental (Art. 26, parágrafo único, e art. 98 do CP);

C) A periculosidade do autor inimputável deve ser comprovada, isto em face da prática do fato típico e ilícito, e ainda de acordo com seu grau de inimputabilidade auferido por perícia técnica, além de se constatar a ausência da ***extinção da punibilidade*** do fato.

18.2 SISTEMAS DE APLICAÇÃO DAS MEDIDAS DE SEGURANÇA

Nossa doutrina desenvolveu **dois sistemas** para delimitação da forma de aplicação das medidas de segurança, sendo que, apenas o segundo é utilizado atualmente por nosso **Código Penal**, são eles:

A) Sistema do *Duplo-binário*: permite aplicar *a um mesmo indivíduo **sucessivamente*** uma *pena* e uma *medida de segurança* (não é adotado pelo Código Penal).

B) Sistema *Vicariante (CP)*: veda a aplicação ***sucessiva ou conjunta*** de uma pena e uma medida de segurança a um mesmo indivíduo.

Nas bases deste sistema no caso do *semi-imputável* (**Art. 26 par. único**) ou se aplica uma pena ou uma medida de segurança, mas nunca as duas juntas. (**Art. 98 CP**)

18.3 DIFERENÇAS ENTRE A PENA E A MEDIDA DE SEGURANÇA

Podemos listar algumas diferenças fundamentais entre as *penas* e as *medidas de segurança*, são elas:

a) A *pena* é limitada pela *gravidade do crime* e se fundamenta na **culpabilidade** do agente, já a *medida de segurança* se fundamenta somente na **periculosidade** do sujeito ativo, por isso sua duração independe da espécie ou gravidade do fato praticado.

b) A *pena* possui as funções de **retribuição, prevenção geral e especial** (Art. 59 do CP), já a *medida de segurança* possui somente a função de **prevenção especial**.

c) A *pena* é aplicada apenas aos **imputáveis** e a *medida de segurança* aos **inimputáveis**, já os semi-imputáveis, que serão julgados e terão uma sentença condenatória, poderão receber uma ou outra, de acordo com o caso concreto.

d) A *pena* possui **prazo determinado** através de uma dosimetria concreta, já a *medida de segurança* **não possui prazo máximo** de duração previsto em Lei, apenas se determina o prazo mínimo (1 a 3 anos).

Atenção: Embora não haja previsão legal o **STJ**, através de sua *súmula 527*, estabeleceu que o prazo máximo de duração das *medidas de segurança* deve ser equivalente ao prazo máximo de pena abstrata, prevista para o Tipo penal praticado.

e) A sentença que aplica a *medida de segurança* é **absolutória (absolvição imprópria)**, já que o inimputável não comete crime por ausência de culpabilidade, o que não impede que o agente receba a medida de segurança como sanção penal (vide ***Sum. 422 do STF***). Já a sentença que aplica uma **pena** tem natureza ***condenatória*** oriunda da prática de crime por um agente imputável.

18.4 ESPÉCIES DE MEDIDA DE SEGURANÇA

Nosso ordenamento estabeleceu duas espécies de medida de segurança, que serão aplicadas de acordo com a natureza do crime praticado e da espécie de pena (reclusão ou detenção) abstratamente prevista no Tipo penal, são elas:

a) **Internação em hospital de custódia ou de tratamento psiquiátrico (Art. 96 Inc. I do CP)**

Esta *medida de segurança detentiva* será **obrigatoriamente** aplicada aos *inimputáveis* que tenham praticado um fato definido como crime que seja punido com pena de **reclusão (Art. 97 do CP)**, e será **facultativa** para prática de fatos punidos com pena de **detenção.**

Porém, há entendimento jurisprudencial (STJ) de que o juiz deve optar sempre pela medida que for mais adequada ao agente no caso concreto, independentemente da pena ser de *reclusão ou detenção.*

b) Tratamento ambulatorial (Art. 96 Inc. II CP):

São cuidados médicos que não implicam em internação *(medida restritiva)* aplicados inicialmente apenas para fatos punidos com pena de *detenção,* porém, nada impede que em qualquer parte do tratamento, se achar necessário, o juiz possa converter o tratamento em internação **(Art. 97 § 4º CP).**

Em suma, independentemente da espécie de medida de segurança aplicada (internação ou tratamento), sua duração será determinada da seguinte forma:

– Prazo mínimo: será de *1 a 3 anos,* qualquer que seja o tipo penal praticado **(Art. 97 par. 1º CP)**

– Prazo máximo: é **indeterminado,** ou seja, a medida de segurança deverá perdurar até que se comprove a *cessação da periculosidade do agente.*

Como dissemos, a *súmula 527 do STJ estabeleceu o* **limite máximo** de duração para as medidas de segurança como sendo equivalente à *pena máxima* abstratamente prevista para o Tipo penal praticado.

Porém, para o *STF,* vem prevalecendo o entendimento de que para evitar a possibilidade de uma sanção de *caráter perpétuo* o **prazo máximo** de duração das medidas de segurança deve ser o mesmo prazo máximo admitido como regra para cumprimento das penas, ou seja, **40 anos (Art. 75 do CP).**

Importante lembrar que se aplica a **detração** (Art. 42 do CP) ao prazo de duração da *medida de segurança,* ou seja, abate-se do tempo de medida de segurança o período de tempo em que o agente esteve detido *cautelarmente* durante o processo.

18.5 SUSPENSÃO E EXTINÇÃO DA MEDIDA DE SEGURANÇA

Para que haja suspensão, e posteriormente a extinção, da medida de segurança deverá ser feito um exame de **cessação de periculosidade** ao fim do *prazo mínimo* estipulado, ou mesmo antes, se isso for necessário ou solicitado. Caso seja mantida a medida de segurança, em face da presença ainda de periculosidade do agente, o exame deverá ser feito *anualmente, ou sempre que necessário ou requerido,* até que se constate a cessação da periculosidade.

Cessada a periculosidade, o juiz suspenderá a execução da *medida de segurança* por 1 ano, podendo inclusive estabelecer certas condições para a desinternação, ou liberação do tratamento, sendo que, se durante este período o agente praticar qualquer ato (*não precisa ser crime*) que demonstre novamente sua **periculosidade**, a suspensão será revogada e a medida de segurança (*internação ou tratamento*) poderá ser restabelecida.

Entretanto, se após esse tempo de suspensão (1 ano), **não** tiver havido qualquer demonstração de periculosidade por parte do agente, a *medida de segurança* será definitivamente **extinta e revogada** (**Art. 97, §3º, CP**).

Não podemos deixar de lembrar que as *causas de extinção da punibilidade* (**Art. 107 do CP**), inclusive a **prescrição**, incidem normalmente nas *medidas de segurança* e podem, portanto, afastar a possibilidade de sua aplicação (**Art. 96, parágrafo único, CP**).

Por fim, importante lembrar que, quanto ao **prazo prescricional** para as *medidas de segurança* há duas posições:

1. O prazo prescricional deverá ser contado com base na **pena máxima abstrata** prevista no tipo (vide tabela do Art. 109 CP), pois não há *pena concreta* e a sentença será de *absolvição imprópria*. (**Posição majoritária**).

2. O prazo prescricional deverá ser contado com base na **pena mínima abstrata** prevista no tipo (vide tabela do Art. 109 CP), já que não há dosimetria concreta para medidas de segurança. (**Posição minoritária**).

18.6 QUESTÕES PARA TREINO

FCC/ TJ-PE/ Juiz Substituto/2015

No que concerne às medidas de segurança, é correto afirmar que

a) a desinternação será sempre condicional, podendo ser restabelecida à situação anterior antes do decurso de um ano.

b) a internação só pode ocorrer em hospital de custódia e tratamento psiquiátrico.

c) imposto o tratamento ambulatorial, não é possível posterior determinação de internação.

d) a liberação do tratamento ambulatorial é sempre definitiva e leva à extinção da pena.

e) a internação deve ser fixada por prazo determinado, entre um e três anos.

Gabarito "A"

CESPE/ TJ-PBProva: Juiz Substituto/2015

Assinale a opção que apresenta medidas de segurança passíveis de aplicação no ordenamento penal brasileiro.

a) tratamento psiquiátrico e prestação de serviços à comunidade

b) internação em hospital público e frequência a curso educativo

c) tratamento ambulatorial e internação em hospital de custódia e tratamento psiquiátrico

d) tratamento ambulatorial e frequência a curso educativo

e) prestação de serviços à comunidade e internação

Gabarito "C"

EFEITOS DA CONDENAÇÃO

19.1 DEFINIÇÃO E ASPECTOS GERAIS

Os efeitos de uma condenação criminal são todas as *consequências* que de modo direto, ou indireto, atingem a vida do condenado em decorrência de uma **sentença penal irrecorrível.**

Os efeitos de uma condenação afetam o condenado tanto a *esfera penal quanto a extrapenal,* sendo que, o ***principal efeito de uma condenação*** é a própria imposição da *sanção penal,* imposição da pena, chamado de **efeito primário**.

Importante lembrar que em face do princípio da **presunção de inocência,** e também do contraditório e da ampla defesa, para que se possa falar em **efeitos primários** (pena) e **secundários** de uma condenação será preciso que haja uma sentença penal condenatória transitada em julgado.

19.2 EFEITOS SECUNDÁRIOS PENAIS

Como vimos, o principal efeito penal de uma condenação será a imposição da própria pena ao agente (**efeito primário**), seja esta pena privativa de liberdade, restritiva de direitos ou mesmo uma pena de multa, porém, as condenações possuem também outros efeitos, que são **secundários** e também possuem **natureza penal.**

– **São eles:**

A) *revogação obrigatória ou facultativa do **sursis*** (**Art. 81 do CP**) ou o impedimento de *concessão* deste (**Art. 77 do CP** – p. ex: reincidência em crime doloso).

B) *revogação do* **livramento condicional** (**Arts. 86 e 87 do CP**).

C) Caracterização da **reincidência** se o agente tiver sido condenado por sentença irrecorrível e voltar a cometer outro crime dentro do prazo legal de *5 anos* após o término de cumprimento da pena ou extinção da punibilidade (**Arts. 63 e 64 do CP**).

D) Configuração de **maus antecedentes** como circunstância judicial (**Art. 59 CP**).

E) Impossibilidade de concessão da **transação penal** *e da* **suspenção condicional do processo** (**Art. 76, § 2º e Art. 89 da Lei 9099/95**).

19.3 EFEITOS SECUNDÁRIOS EXTRAPENAIS

Além dos efeitos secundários de natureza penal, a sentença condenatória possui também alguns **efeitos secundários de natureza extrapenal**, sendo que esses efeitos poderão atingir a *esfera cível* (Ex: a perda do poder familiar), *administrativa, trabalhista* (Ex: demissão por justa causa) e *política* (Ex: perda de mandato eletivo).

Os **efeitos secundários extrapenais** se dividem ainda em efeitos *extrapenais* **genéricos** *e* **específicos**, de acordo com sua incidência nas condenações por qualquer crime ou sua vinculação a determinados crimes, respectivamente.

19.3.1 Efeitos extrapenais genéricos (art. 91 do CP)

Esses efeitos, decorrentes da sentença condenatória aplicada em <u>qualquer crime</u>, *são automáticos e independem de declaração* expressa no ato decisório:

1. Tornar certa a obrigação de indenizar pelo dano causado através da prática do crime (**Art. 91 I do CP**):

A *sentença penal condenatória* é **título executivo judicial**, e para sua execução no cível só será preciso se discutir o valor da indenização

Importante lembrar que a *sentença penal absolutória*, embora não gere esses efeitos, não impede a interposição de uma ação de indenização cível, salvo se ficar comprovada a *inexistência do fato* ou a *ausência de autoria*.

2. Perda em favor da união dos instrumentos e produtos ilícitos provenientes da prática do crime, *ressalvados os direitos de terceiros de boa fé e da vítima* (**Art. 91 II, alíneas "a" e "b" do CP**), sendo importante lembrar que, em face da omissão legislativa, este efeito <u>não se aplica às contravenções.</u>

A **Lei 13.964/19 (Pacote Anticrime)**, inseriu no texto do **Código Penal o artigo 91-A** criando assim mais hipóteses de <u>efeitos específicos da condenação</u>, da seguinte forma:

"**Art. 91-A CP** – Na hipótese de condenação por infrações às quais a lei comine pena máxima superior a 6 (seis) anos de reclusão, poderá ser decretada a perda, como produto ou proveito do crime, dos bens correspondentes à diferença entre o valor do patrimônio do condenado e aquele que seja compatível com o seu rendimento lícito.

§ 1º Para efeito da perda prevista no caput deste artigo, entende-se por patrimônio do condenado todos os bens:

I – de sua titularidade, ou em relação aos quais ele tenha o domínio e o benefício direto ou indireto, na data da infração penal ou recebidos posteriormente; e

II – transferidos a terceiros a título gratuito ou mediante contraprestação irrisória, a partir do início da atividade criminal.

§ 2º O condenado poderá demonstrar a inexistência da incompatibilidade ou a procedência lícita do patrimônio.

§ 3º A perda prevista neste artigo deverá ser requerida expressamente pelo Ministério Público, por ocasião do oferecimento da denúncia, com indicação da diferença apurada.

§ 4º Na sentença condenatória, o juiz deve declarar o valor da diferença apurada e especificar os bens cuja perda for decretada.

§ 5º Os instrumentos utilizados para a prática de crimes por organizações criminosas e milícias deverão ser declarados perdidos em favor da União ou do Estado, dependendo da Justiça onde tramita a ação penal, ainda que não ponham em perigo a segurança das pessoas, a moral ou a ordem pública, nem ofereçam sério risco de ser utilizados para o cometimento de novos crimes."

Incialmente é importante atentar para o fato de que o legislador <u>restringiu</u> a aplicação do novo dispositivo incluído pela **Lei 13.964/2019** aos crimes cuja **pena máxima abstrata seja superior a 6 anos de reclusão**, logo, estas novas hipóteses de decretação de perda de bens, previstas no novo **artigo 91-A do CP**, <u>não é cabível</u> para qualquer espécie de crime.

De acordo com o novo texto legal a **perda** de bens será decretada com base na existência de produto ou proveito de crime, alcançando assim **bens do condenado** <u>sem a necessidade de comprovação direta de que estes bens decorrem da atividade criminosa, ou derivam especificamente dela</u>, pois o legislador exigiu apenas a demonstração de que o patrimônio do condenado é *incompatível seus rendimentos lícitos*.

Para efeitos de aplicação da nova regra a lei determina, no **§ 1º do Art. 91-A**, que sejam a considerados os *bens de titularidade do agente*, e daqueles sobre os quais ele tenha o **domínio,** ou **benefício direto ou indireto,** tanto na data da infração quanto após o seu cometimento, ou seja, os bens recebidos após a data do crime, inclusive aqueles transferidos a terceiros a título gratuito (como uma doação), ou através de contraprestação irrisória (abaixo do preço de mercado), de acordo com período da atividade criminosa.

O novo **artigo 91-A do CP** nos parece ter <u>constitucionalidade questionável</u>, já que estabelece uma "presunção de culpa" quando permite que o juiz simplesmente decrete e considere algo "como produto ou proveito do crime", **invertendo o ônus da prova** no que tange a origem ilícita do referido patrimônio do réu, atentando assim contra o princípio constitucional da *presunção de não culpabilidade*. Isto, conforme determina o **§ 2º do artigo 91-A do CP** que permite ao condenado demonstrar que o patrimônio é compatível com sua renda lícita, para assim se afastar estes efeitos da condenação.

Já o **§ 3º do novo Art. 91-A do CP**, exige que a *perda de bens* prevista no dispositivo seja <u>requerida pelo Ministério Público</u>, já **na ocasião da denúncia**, inclusive com a indicação da diferença constatada entre o patrimônio que o condenado possui e aquele que efetivamente seria compatível com suas atividades lícitas, para que o juiz deverá declare a diferença apurada e especifique na sentença condenatória quais bens deverão ter a sua perda decretada.

Por fim, o **§ 5º do artigo 91-A do CP** estabelece uma regra específica para a perda dos *instrumentos utilizados* para a prática de crimes por **organizações criminosas e milícias**, sendo que, estes serão declarados perdidos em favor da União ou do Estado, a depender da Justiça (estadual ou federal) em que tramita a ação penal, <u>mesmo que tais instrumentos não ponham em perigo a segurança das pessoas</u>, a moral ou a ordem pública, nem ofereçam sério risco de ser utilizados para o cometimento de novos crimes, tratando-se de *efeito não automático da condenação*, já que a própria lei especifica deve ser decretado expressamente pelo juiz.

19.3.2 Efeitos extrapenais específicos (art. 92 do CP)

Estes efeitos são aplicáveis <u>apenas a certos crimes</u>, em decorrência da sua sentença condenatória definitiva, não são *automáticos* e *devem ser motivados* expressamente pelo juiz na sentença (**Art. 92 par. único CP**).

1) Perda do cargo, função pública ou mandato eletivo (Art. 92 I CP):

Este efeito será aplicado somente para crimes específicos que tenham sido praticados com <u>abuso de poder ou violação de dever com a administração pública,</u> e ainda cuja pena privativa de liberdade aplicada seja *igual ou superior a 1 ano* (**Art. 92 I alínea "a" do CP**).

Nos demais crimes praticados por *funcionários públicos*, este efeito será aplicado somente se a pena privativa de liberdade <u>concretamente</u> *aplicada for **superior a 4 anos** (**Art. 92 I alínea "b" do CP**).

Não se confunde este efeito extrapenal específico com a pena de proibição (temporária) do exercício de cargo, função, ou atividade pública, espécie de *pena de interdição temporária de direitos*, prevista no **Art. 47 Inc. I** do **Código Penal**, que possui caráter substitutivo da pena privativa de liberdade aplicada, e é cumprida em período equivalente ao da privação de liberdade da condenação.

2) Incapacidade para exercício do poder familiar (pátrio poder), tutela ou curatela (Art. 92 II CP):

Este efeito somente será aplicado se o agente tiver praticado um **crime doloso** punido com **reclusão**, *contra filho, tutelado ou curatelado*, sendo que este efeito, ou seja, a *perda do poder familiar*, uma vez declarado será *permanente* em relação a vítima do crime praticado.

Em relação a outros filhos, tutelados e curatelados, este efeito é *provisório*, e com a **reabilitação** (**Art. 93 do CP**) o condenado poderá voltar a exercer o poder familiar.

3) Inabilitação para dirigir veículo:

Este último *efeito extrapenal específico* será aplicado somente quando um veículo tiver sido utilizado para prática de **crime doloso (Art. 92 III do CP)** e não pode ser confundido com a suspensão de habilitação para dirigir, que é **pena** de *interdição temporária de direitos* (**Art. 47 III do CP**), e nem com a **pena,** de igual caráter, cumulativamente prevista à pena de privação de liberdade em certos crimes de trânsito (Ex: homicídio culposo no trânsito – **Art. 302 do CTB**).

Por fim, nos resta lembrar que há outros inúmeros efeitos da condenação previstos na nossa legislação extravagante, como por exemplo: na Lei de Drogas (**Art. 56, § 1º – Lei 11.343/06**), na Lei de preconceito por raça, cor etc. (**Art. 16 – Lei 7716/89**), na Lei de Tortura (**Art. 1º, § 5º – Lei 9.455/97**), dentre outras.

19.4 QUESTÕES PARA TREINO

CESPE/ TRF – 1ª REGIÃO/ Juiz Federal Substituto/2015

Segundo o CP, é efeito da condenação criminal transitada em julgado a

A) perda de cargo público, que se dá de forma automática e independente de motivação por parte do juiz se houver sido aplicada pena privativa de liberdade igual ou superior a um ano, nos crimes praticados com abuso de poder.

B) obrigatoriedade de indenizar a vítima pelos danos causados pelo crime, desde que a vítima tenha se habilitado como assistente de acusação e formulado prova e pedido expresso acerca do reconhecimento do dano causado.

C) perda, em favor da União, do produto do crime ou de qualquer bem ou valor que constitua vantagem alcançada pelo agente com a prática do fato criminoso, ainda que isso traga prejuízo à vítima, que deve ajuizar ação de perdas e danos contra o condenado se desejar indenização.

D) perda automática da permissão para dirigir ou da carteira de habilitação quando o condenado tiver usado um veículo como meio para a prática

de crime doloso, culposo ou contravenção penal.

E) incapacidade para o exercício do pátrio poder no caso de crime doloso apenado com reclusão e cometido contra filho, desde que motivadamente declarada na sentença.

Gabarito "E"

FCC/ TCE-CE/ Conselheiro Substituto (Auditor)2015

A perda de cargo, função ou mandato eletivo, como efeito extrapenal de condenação, requer

A) condenação igual ou superior a dois anos nos crimes praticados com abuso de poder ou na violação do dever para com a Administração pública e condenação por tempo superior a quatro anos nos demais casos.

B) condenação igual ou superior a um ano nos crimes praticados com abuso de poder ou na violação do dever para com a Administração pública e condenação por tempo superior a cinco anos nos demais casos.

C) condenação igual ou superior a um ano nos crimes praticados com abuso de poder ou na violação do dever para com a Administração pública e condenação por tempo superior a quatro anos nos demais casos.

D) imprescritibilidade do delito cometido.

E) condenação igual ou superior a um ano em todos os crimes praticados contra a Administração pública.

Gabarito "C"

MPDFT/ MPDFT/ Promotor de Justiça Adjunto/2015

Sobre a aplicação da sanção penal e os efeitos da condenação penal, assinale a opção CORRETA:

A) A retratação, em juízo, da anterior confissão na fase de investigação, obsta a aplicação da atenuante da confissão espontânea, a não ser que a confissão retratada venha a ser considerada na fundamentação da sentença.

B) A perda de cargo público, nos casos em que for aplicada pena privativa de liberdade por tempo superior a quatro anos, em caso de homicídio, é um efeito automático da sentença condenatória, não havendo necessidade de declaração motivada do juiz na sentença.

C) O tempo de duração da medida de segurança, por não se tratar de pena criminal, pode ultrapassar o limite máximo da pena abstratamente cominada ao delito praticado, de acordo com o entendimento do Superior Tribunal de Justiça.

D) O agente que pratica contravenção penal, sendo condenado com trânsito em julgado, e depois pratica crime, sendo novamente condenado com trânsito em julgado, é reincidente.

E) O receptador de aparelhos de televisão que carrega sistematicamente o produto do crime em seu veículo, licitamente adquirido, pode perder referido instrumento em favor da União, como efeito da condenação penal.

Gabarito "A"

VUNESP/ TJ-MS/ Juiz Substituto/2015

Assinale a alternativa correta.

A) Os efeitos genéricos e específicos da condenação criminal são automáticos, sendo, pois, despicienda suas declarações na sentença.

B) O juiz não poderá declarar extinta a pena, enquanto não passar em julgado a sentença, em processo a que responde o liberado, por crime cometido na vigência do livramento.

C) As espécies de pena são as privativas de liberdade e restritivas de direito.

D) A suspensão condicional da pena será obrigatoriamente revogada se, no curso do prazo, o beneficiário pratica novo crime doloso.

E) Para efeito de reincidência, não prevalece a condenação anterior, se entre a data do cumprimento ou extinção da pena e a infração posterior tiver decorrido período de tempo superior a 2 (dois) anos, computado o período de prova da suspensão ou do livramento condicional, se não ocorrer revogação.

Gabarito "B"

CESPE/ TJ-PB/Prova: Juiz Substituto/2015

A condenação por crime previsto na lei de abuso de autoridade (Lei n.º 4.898/1965) poderá importar na aplicação de sanção penal de

A) inabilitação para contratar com a administração pública por prazo determinado.

B) reclusão.

C) inabilitação para o exercício de qualquer função pública por prazo determinado.

D) advertência.

E) prisão simples.

Gabarito "C"

MPE-SP/ MPE-SP/Prova: Promotor de Justiça/2015

O efeito civil da condenação referente à "incapacidade para o exercício do pátrio poder":

A) é sempre permanente com relação à vítima.

B) pode ser recuperado em relação a todos os filhos, inclusive a vítima, por meio de deferimento da reabilitação.

C) tratando-se de crime sexual praticado contra filha, só pode ser recuperado por meio de deferimento da reabilitação em relação aos filhos homens, nunca em relação à vítima e demais filhas mulheres.

D) tratando-se de crime apenado com detenção, tal efeito civil da condenação tem caráter de mera suspensão do pátrio poder, devendo ser imposto pelo Juiz com prazo determinado e somente em relação à vítima.

E) tratando-se de crime apenado com detenção, tal efeito civil tem o caráter de mera suspensão do pátrio poder, por isso que é imposto pelo Juiz por prazo determinado e em relação a todos os filhos do agente.

Gabarito "A"

FCC/ Prefeitura de Campinas – SP/ Procurador/2016

A perda do cargo ou função pública, como efeito da condenação criminal, ocorrerá quando aplicada pena privativa de liberdade por tempo superior a

A) quatro anos, nos crimes praticados com abuso de poder, violação de dever para com a Administração pública ou contra a probidade administrativa.

B) seis meses, nos crimes praticados com violação de dever para com a Administração pública.

C) três anos independentemente da natureza do bem lesado.

D) cinco anos e somente na hipótese de crimes dolosos.

E) um ano, nos crimes praticados com abuso de poder ou violação de dever para com a Administração pública ou por tempo superior a quatro anos nos demais casos.

Gabarito "E"

CESPE/ TRE-RS/ Analista Judiciário – Judiciária/2015

A respeito dos efeitos da condenação, da ação penal e das causas de extinção da punibilidade previstas no Código Penal (CP), assinale a opção correta.

A) Constitui efeito extrapenal automático da condenação pela prática do crime de corrupção passiva a perda do cargo ocupado por servidor, desde que a pena aplicada ao condenado seja igual ou superior a um ano.

B) O prazo decadencial de seis meses para a propositura de queixa-crime por crime para o qual se prevê ação penal privada tem início na data em que ocorrer o fato contra o ofendido, independentemente do dia em que tenha tido conhecimento da identidade do autor do crime.

C) A perda do cargo público imposta na sentença penal condenatória, como efeito extrapenal, possui efeitos permanentes, contudo não implica impossibilidade de investidura em outro cargo público.

D) As causas de extinção da punibilidade que atingem a pretensão executória eliminam todos os efeitos penais de eventual sentença condenatória, não podendo ser pressuposto da reincidência tampouco ser usada como título executivo judicial na área cível.

E) A anistia destina-se a um indivíduo determinado, condenado irrecorrivelmente, podendo, assim como o indulto, ser concedida de forma total ou parcial.

Gabarito "C"

REABILITAÇÃO

20.1 DEFINIÇÃO E ASPECTOS GERAIS

A reabilitação é *medida de política criminal* prevista no **Art. 93** do Código Penal que visa a reinserção social do condenado, garantindo o *sigilo a respeito dos seus antecedentes* e suspendendo condicionalmente certos efeitos secundários da condenação penal, através de uma espécie de declaração judicial de que as penas aplicadas a certo agente foram por ele cumpridas ou extintas.

Através da reabilitação se assegura ao condenado o sigilo dos registros do seu processo criminal e são suspensos condicionalmente os efeitos secundários da condenação, previstos no *Art. 92 do Código Penal*.

Seu principal efeito (*sigilo*) já é concedido de forma imediata pela *LEP* (**Art. 202**) quando do cumprimento ou extinção da pena criminal, portanto, em boa parte, e no que tange aos seus efeitos, acreditamos que o *instituto da reabilitação* seria *desnecessário*.

Entretanto, o sigilo oriundo da **reabilitação** é mais amplo do que o da *Lei de Execução Penal* pois, as informações por ele encobertas só poderão ser obtidas através de uma requisição (ordem) exclusivamente oriunda do magistrado, mas por nenhum outro membro do Poder Judiciário.

Para que ocorra a *reabilitação* será preciso o *trânsito em julgado* da sentença condenatória, independente da pena aplicada, e o decurso de **dois anos** a partir da extinção da punibilidade ou do término do cumprimento da pena **(Art. 94 do CP),** sendo que, em caso de pena de *multa*, o prazo de 2 anos começa a correr do pagamento desta.

20.2 REQUISITOS ESPECÍFICOS PARA A REABILITAÇÃO

Para que se conceda a reabilitação, será necessário, além do decurso do prazo de 2 anos da extinção da pena, que sejam preenchidos os seguintes requisitos:

A) O condenado estabelecer residência fixa no país após a extinção da pena *por um prazo mínimo* de **dois anos** (**Art. 94 I do CP**).

B) Que durante esse tempo (2 anos), o condenado tenha demonstrado *bom comportamento público e privado* (**Art. 94 II do CP**).

C) Que tenha havido ressarcimento o dano causado (se possível) ou que se tenha demonstrado a impossibilidade de fazê-lo (**Art. 94 III do CP**).

D) Que a reabilitação seja requerida pelo próprio condenado, podendo esse pedido ser renovado a qualquer tempo (**Art. 94 par. único do CP**).

20.3 EFEITOS DA REABILITAÇÃO (ART. 93, PARÁGRAFO ÚNICO, DO CP)

A reabilitação assegura ao condenado o *sigilo dos registros do seu processo* e da con denação, sendo que, esse sigilo **não** é definitivo, já que em certos casos a reabilitação pode ser revogada.

Importante lembrar que a reabilitação não interfere na aplicação dos *maus antecedentes* (Art. 59 CP) ou da *reincidência* (Art. 61 I do CP) se posteriormente o agente voltar a cometer um crime.

Além disso, a reabilitação irá incidir sobre *os* **efeitos extrapenais específicos da condenação** (Art. 92 do CP) com isso retornando-se ao estado anterior, <u>salvo</u> nas seguintes hipóteses:

a) Na *perda de cargo, função ou mandato eletivo* (**Inc. I**) embora o agente possa vir a concorrer a um novo cargo ou função posteriormente.

b) Na *perda do poder familiar*, em relação ao ofendido específico, sendo que esta consequência é definitiva (**Inc. II**).

20.4 REVOGAÇÃO DA REABILITAÇÃO

A reabilitação pode ser *revogada* de ofício, ou mediante requerimento do MP, se o reabilitado for condenado como <u>reincidente</u> em um novo crime por *pena que não seja de multa* em decisão definitiva (**Art. 95 do CP**).

Suspensão Condicional
da Pena (*SURSIS*)

21.1 CONCEITO E ASPECTOS GERAIS

O *sursis* é a *suspensão da execução da* pena privativa de liberdade de certa duração, por um *prazo determinado*, uma vez impostas certas *condições, e preenchidos requisitos*, ao condenado pela prática de um crime doloso. Por se tratar de um *direito público subjetivo do réu* (**natureza jurídica**), se presentes os pressupostos e requisitos legais o juiz deverá a concedê-lo.

A *suspensão condicional da pena* (*sursis*) ocorrerá após a sentença condenatória e a *sanção ser imposta*, se dentro dos limites estabelecidos em lei, a pena aplicada ficará <u>suspensa por certo tempo</u>, chamado de **período de prova**, não havendo qualquer fiscalização específica, ostensiva do Poder Público em relação às condições que forem impostas ao condenado.

O sistema *franco-belga* foi o adotado em nosso ordenamento e previsto nos **Arts. 77 a 82 do Código Penal**, sendo que, há ainda os sistemas *anglo-americano* (*probation system*), adotado principalmente nos *EUA*, e também o chamado sistema do *"probation of first offenders act"* em que o juiz determina a suspensão da ação penal sob algumas condições, algo muito semelhante ao modelo adotado pela *Lei 9099/95* (Juizados especiais criminais) para a *suspenção condicional do processo* (Art. 89 – Lei 9099/95).

Pode-se dizer que o *sursis* tem como finalidades principais, evitar que criminosos primários e de reduzida periculosidade ingressem no ambiente prisional, carcerário, sabidamente degradante, e ainda estimular a *prevenção* da prática de novos crimes pelo agente durante o período de prova, isto em face do receio de receber a pena que foi suspensa.

21.2 REQUISITOS PARA O *SURSIS* (ART. 77 DO CP)

O *sursis* será aplicado, como regra, a *penas privativas de liberdade* de **até dois anos** (concretas), ou para penas de **até 4 anos** se o condenado for maior de 70 anos (<u>sursis etário</u>) e também se o sursis for concedido por razões de doença (*sursis humanitário*), porém, não há possibilidade de sursis para medidas de segurança (*inimputáveis*), nem para penas restritivas de direitos ou de multa aplicadas. (**Art. 80 CP**).

Há ainda previsões específicas quanto ao tempo de pena para aplicação do *sursis* em leis extravagantes, como por exemplo na Lei de crimes ambientais (**Art. 16 – Lei 9605/98**), em que o valor de pena para aplicação do *sursis* será de até <u>3 anos</u>.

Na verdade, além do aspecto temporal, para que possa ocorrer a concessão do benefício do *sursis* é requisito fundamental que **não seja cabível a substituição da pena** *privativa de liberdade* por *restritiva de direitos* (**Art. 77 III CP**), e ainda que o condenado

não seja *reincidente em crimes dolosos* (**Art. 77 I CP**). Porém, no que tange a limitação da reincidência em crimes dolosos, a condenação por **crime militar** anterior não impede a concessão do *sursis*, já que esta, na verdade, não enseja reincidência (**Art. 64 II, CP**).

Em face dos requisitos legais impostos, atualmente o *sursis* praticamente não é mais aplicado, já que, na grande maioria das situações concretas será cabível também a conversão da pena em *restritiva de direitos*, afastando-se assim a possibilidade do *sursis* que, por isso, ficou restrito apenas a algumas hipóteses bem específicas, em que se preencham todos os seus requisitos mas não seja possível realizar a conversão da pena em restritiva de direitos (**ex:** crime com violência ou grave ameaça cuja pena concreta seja de até 2 anos).

Importante lembrar que, caso a condenação anterior seja a uma pena de multa, a reincidência, mesmo em *crime doloso*, **não impede a concessão do** *sursis* (**Art. 77 § 1º CP**), **e ainda que havendo** *concurso de crimes* **a pena resultante da aplicação das regras para o concurso** (*cúmulo material ou exasperação*) **será considerada para efeito da concessão, ou não, do sursis.**

Sendo assim, a aplicação do *sursis* no concurso de crimes *ocorre da seguinte forma*:

a)   No **concurso material** (**Art. 69 CP**) e no **concurso formal** imperfeito (**Art. 70 – 2ª parte CP**) considera-se o **valor da soma das penas aplicadas.**

b)   No concurso formal perfeito (**Art. 70 – 1ª parte – CP**) e no crime continuado (**Art. 71 CP**) considera-se o **valor da pena após o aumento.**

Por fim, além dos *requisitos objetivos* e da ausência da reincidência é preciso ainda que as circunstâncias judiciais (**Art. 59 do CP**) sejam favoráveis à concessão do benefício (**Art. 77 II do CP**).

21.3   ESPÉCIES DE *SURSIS*

21.3.1   *Sursis* simples (Art. 78, § 1º, do CP)

É a regra geral e tem como principais características o fato de submeter o condenado à observação durante toda a suspensão da pena, e que **no primeiro ano do prazo** haja prestação de serviços à comunidade (**Art. 46 do CP**), ou que o condenado se submeta a uma limitação de final da semana (**Art. 48 do CP**).

Curiosamente o *sursis* simples, regra geral, será imposto quando o condenado não tiver reparado o dano e quando as circunstâncias judiciais (**Art. 59 CP**) não lhe forem favoráveis, sendo mais severo que o chamado *sursis especial*.

21.3.2   *Sursis* especial (Art. 78, § 2º, do CP)

Trata-se de modalidade específica de *sursis* que permite a *substituição das condições* do **Art. 78, § 1º do CP** supracitadas, por outras menos rigorosas, desde que o condenado tenha reparado o dano, se isso era possível, que preencha *todas* as condições do **Art. 77 do CP**, e ainda, que sejam amplamente favoráveis as **circunstâncias judiciais.** (**Art. 59 do CP**).

*Nesta modalidade de sursis o condenado **não terá que prestar serviços à comunidade, e nem se submeter à limitação de final de semana, podendo o magistrado substituir essas condições** do sursis simples **pelas seguintes** restrições específicas (cumulativas), porém mais favoráveis:*

I) Proibição de frequentar certos lugares

II) Proibição de se ausentar da comarca sem autorização do juiz

III) Comparecimento mensal a juízo para informar suas atividades.

Além das condições inerentes ao *sursis simples* e ao *sursis especial* o magistrado poderá determinar outras condições para ambas as modalidades de sursis (**Condições judiciais – Art. 79 do CP**), ou seja, condições discricionariamente impostas pelo juiz de acordo com o *fato praticado* e a *situação pessoal do condenado*, aplicáveis somente quando estritamente necessárias (**ex.**: tratamento de desintoxicação/curso de instrução).

21.3.3 *Sursis* etário e *Sursis* humanitário (Art. 77, § 2º, do CP)

O *sursis etário* é modalidade específica de *sursis*, aplicável para condenados com **idade superior a 70 anos** na época da condenação e podendo ser aplicado para penas privativas de liberdade de **até 4 anos,** diferentemente da regra geral do sursis comum em que a pena somente pode ser de até dois anos.

Já o chamado *sursis humanitário* também é modalidade específica de *sursis*, assemelhada ao *sursis etário*, mas que será aplicada quando **razões de saúde** demonstrem necessidade de concessão de um *sursis* diferenciado que também será cabível para **penas concretas de até 4 anos**.

Importante lembrar que nosso ordenamento não admite o chamado *sursis incondicionado*, ou seja, aquele em que se suspende a pena e não se estabelece qualquer condição para o *período de prova*, sendo que, nesse caso, a sentença poderá ser reformada pelas instâncias superiores, havendo inclusive entendimento favorável à possibilidade de imposição superveniente de condições pelo próprio juízo de execução, embora, quanto a isso, haja divergência.

21.4 PERÍODO DE PROVA

O período de prova é o *lapso de tempo* durante o qual o condenado fica obrigado a cumprir certas condições impostas para que sua pena fique suspensa (*sursis*), sendo que, para estipular o tempo de **período de prova** acima do limite mínimo legal relacionado abaixo, o juiz deverá fundamentar e justificar essa decisão sob pena de nulidade.

O período de prova p**ode ter as seguintes durações:**

– De **2 a 4 anos** no *sursis simples e no especial* (Art. 77 do CP)

– De **4 a 6 anos** no *sursis etário e no humanitário* (Art. 77 § 2º do CP)

– De **1 a 3 anos** para a pena de *prisão simples* decorrente de *contravenção* (Art. 11 da LCP).

21.5 REVOGAÇÃO DO *SURSIS*

Como consequência da revogação do *sursis* o condenado deverá cumprir **integralmente** *a pena aplicada* e que estava suspensa. Perceba-se que o *período de prova* **não é cumprimento de pena**, mas apenas um período em que a pena aplicada está condicionalmente suspensa, razão pela qual, havendo qualquer espécie de revogação do *sursis,* o condenado deverá cumprir toda a pena que havia sido aplicada, independentemente do tempo que permaneceu no período de prova antes da sua revogação.

Há <u>duas espécies</u> de **revogação** do *sursis*, previstas no Código Penal:

A) Revogação obrigatória (Art. 81 I, II e III do CP)

O juiz **obrigatoriamente** revogará o *sursis* se o agente for condenado definitivamente por *crime doloso* <u>no curso do *sursis*</u>, não importando quando o agente praticou o novo crime, mas *sim quando foi por ele condenado*, salvo se a condenação for exclusivamente por uma pena de *multa*, o que não gera revogação obrigatória.

Também será revogado **obrigatoriamente** o *sursis* se o condenado *não efetuar a reparação do dano (quando possível)*, porém, importante destacar que esta consequência **não** se aplica à mera inadimplência da pena de *multa*.

Ainda será revogado obrigatoriamente o *sursis* se o condenado não cumprir a **condição específica**, do **Art. 78, §1º do CP**, *inerente somente ao sursis simples* (prestação de serviços ou limitação de final de semana).

B) Revogação facultativa (Art. 81 §1º CP)

Nestes casos cabe ao magistrado decidir se promove ou não a revogação do *sursis* quando o condenado <u>descumprir</u> **qualquer outra condição imposta** (que não seja a *específica* do sursis especial), ou ainda se o agente for *condenado a uma pena privativa de liberdade, restritiva de direitos, **por uma** contravenção, **ou um** crime culposo*.

Na *revogação facultativa*, o juiz poderá ainda, *ao invés de revogar o sursis*, apenas <u>prorrogar seu período de prova</u> até o *valor máximo possível, como uma forma de sanção ao agente sem revogar o sursis* (**Art. 81 § 3º, CP**).

21.6 PRORROGAÇÃO DO PERÍODO DE PROVA (ART. 81, § 2º, DO CP)

O período de prova será **prorrogado** se o condenado estiver sendo <u>processado</u> por um outro crime, ou contravenção, praticado **antes** ou **durante** este período de prova até que saia a *sentença definitiva* desta ação, pelo fato de que, se esta sentença for *condenatória*, isto revogará o *sursis*.

A prorrogação do período de prova será **automática e obrigatória**, e com ela poderá se <u>exceder o limite máximo de 4 anos</u> do período de prova do *sursis*, porém, de acordo com a maioria da doutrina, após o decurso do prazo máximo de duração permitido por lei para o período de prova, embora se considere o prazo como prorrogado, não permanecerão as condições impostas pelo juiz no *sursis*.

Esta prorrogação do *sursis* poderá ser feita pelo juiz mesmo após o término do período de prova, caso se descubra, posteriormente a isso, que o agente está sendo processado por um crime doloso para o qual ainda não tenha sido dada a sentença (declaratória) definitiva de extinção da punibilidade. **(STJ/STJ).**

21.7 EXTINÇÃO DO *SURSIS* E DA PENA (ART. 82 DO CP)

Ao **término do período de prova**, sem que tenha havido *revogação do sursis*, considera-se *extinta a punibilidade do fato e a própria sanção aplicada*, sendo esta sentença meramente declaratória da extinção, e retroagindo ao dia em que se encerrou o período de prova.

LIVRAMENTO CONDICIONAL

22.1 CONCEITO E ASPECTOS GERAIS

O **livramento condicional** é a liberação do condenado após o *cumprimento de parte da pena privativa de liberdade concretamente aplicada*, preenchidos *certos pressupostos,* e observadas certas condições que não implicam, porém, em privação da sua liberdade.

Trata-se de um **benefício da execução penal**, uma espécie de liberdade antecipada, já que o condenado retorna ao convívio social antes do cumprimento integral de sua pena, ficando livre, com certas condições impostas para isso, até que o restante da pena seja cumprida e definitivamente extinta.

Não se confunde com o *sursis*, estudado anteriormente, já que no **livramento condicional** o sujeito cumpre parte da pena privativa de liberdade que lhe foi aplicada, para então ser libertado sob certas condições, enquanto no *sursis* a pena aplicada é suspensa sem que o réu chegue a cumpri-la, se estabelecendo um período de suspenção desta pena (período de prova) em que certas condições devem ser respeitadas.

22.2 REQUISITOS PARA O LIVRAMENTO CONDICIONAL

Para que o livramento condicional seja concedido devem ser preenchidos certos requisitos, sendo estes divididos em *objetivos* e *subjetivos*, que se relacionam respectivamente a espécie, natureza e tempo de cumprimento de pena, bem como a características pessoais e comportamento do condenado.

– São **requisitos objetivos** do livramento condicional:

I. Que a pena *privativa de liberdade concretamente* aplicada seja **igual ou superior a 2 anos** *(Art. 83 do CP).*

II. Cumprimento de parte da pena:

a) 1/3 se o réu não é reincidente em crime doloso e possui bons   antecedentes. (Art. 83 I do CP).

Quanto a este requisito há duas observações importantes:

– O reincidente que tenha sido condenado primeiramente a um **crime culposo** e venha a cometer um crime doloso fara jus ao livramento condicional com o cumprimento de 1/3 da pena, já que para isso a lei exige apenas "***não ser reincidente em*** crime doloso".

– Se o condenado não for reincidente mas possuir **maus antecedentes *(tecnicamente primário)***, devido à omissão legal para esta situação, fara jus ao livramento condicional também com o cumprimento de somente 1/3 da pena. **(STJ)**, em face do *in dubio pro reo*.

b) 1/2 se o réu é reincidente em crimes dolosos **(Art. 83, inc. II, CP).**

c) **2/3** para <u>crimes hediondos e equiparados</u>, desde que não seja r e i n c i d e n t e nessas espécies de crime. Portanto, só não terá direito ao livramento condicional o réu que tiver sido condenado em definitivo por um crime hediondo e vier a cometer outro crime hediondo (**Art. 83 V do CP**), caracterizando-se a reincidência especifica nesta categoria de crime.

III. Reparação do dano se no caso concreto isso for possível (**Art. 83 IV do CP**).

– Requisitos subjetivos do livramento condicional (**Art. 83 Inc. III CP**), de acordo com as alterações promovidas pela **Lei 13.964/19**, fundamentalmente no **inciso III no artigo 83 do Código Penal**, o benefício prisional passou a ser previsto da seguinte forma:

> **"Art. 83 CP** – O juiz poderá conceder livramento condicional ao condenado a pena privativa de liberdade igual ou superior a 2 (dois) anos, desde que:
>
> **III – comprovado:**
>
> **a) bom comportamento durante a execução da pena;**
>
> **b) não cometimento de falta grave nos últimos 12 (doze) meses;**
>
> **c) bom desempenho no trabalho que lhe foi atribuído; e**
>
> **d) aptidão para prover a própria subsistência mediante trabalho honesto;**
>
> Parágrafo único – Para o condenado por crime doloso, cometido com violência ou grave ameaça à pessoa, a concessão do livramento ficará também subordinada à constatação de condições pessoais que façam presumir que o liberado não voltará a delinquir.

Importante ressaltar que, após as alterações sofridas pelo **Art. 112 da LEP** e da não exigência do exame criminológico como condição para *progressão de regime,* este requisito previsto no parágrafo único do Art. 83 do CP, se tornou absurdo, indemonstrável e de questionável aplicação (STF).

Como vimos, com a nova **Lei 13.964/19** o *artigo 83 do Código Penal* foi modificado, fundamentalmente em seu *inciso III*, e o livramento condicional que é cabível apenas nos casos de pena privativa de liberdade igual ou superior a dois anos, passou a exigir, por previsão expressa, que além de ter sido comprovado o bom comportamento durante a execução da pena, o **não cometimento de falta grave nos últimos 12 (doze) meses de pena**, bom desempenho no trabalho atribuído e a aptidão para prover a própria subsistência mediante trabalho honesto, sendo que, na verdade, a única novidade apresentada foi a exigência do requisito de <u>não cometimento de falta grave nos últimos 12 meses de pena</u>.

A **Lei 13.964/2019**, alterou ainda o **artigo 112, inciso VI, alínea "a", e o inciso VIII,** da **Lei de Execução Penal,** e com isso passou a ser <u>vedada</u> a concessão do livramento condicional para os condenados por <u>crime hediondos ou equiparados que possuam resultado morte</u>, e introduziu ainda o **§ 9º no artigo 2º da Lei 12.850/2013** que passou também a <u>proibir</u> a concessão do **livramento condicional**, e da **progressão de regimes**, para os condenados expressamente em sentença por <u>integrar organização criminosa</u>, ou simplesmente por crime praticado por meio de organização criminosa se houver elementos que indiquem a manutenção do vínculo associativo do agente.

Importante ressaltar que a vedação da progressão de regime para estas hipóteses tem grandes chances de ser considerada *inconstitucional*, por violação do princípio da individualização das penas, como já ocorreu com este mesmo tipo de vedação legal nos crimes hediondos.

22.3 CONCESSÃO DO LIVRAMENTO CONDICIONAL

O **livramento condicional** será concedido pelo *juiz da execução penal* por sentença motivada e fundamentada, *mediante requerimento* do condenado, cônjuge, ascendente ou descendente, ou iniciativa do diretor do presídio, devendo ser ouvido o Ministério Público sob pena de nulidade.

Além disso, o livramento condicional será concedido somente ao condenado que tenha cumprido todos os requisitos previstos em lei para isso, sendo que, serão ainda estabelecidas certas condições para o livramento acontecer, que se dividem em dois grupos:

– *Condições legais ou obrigatória*: que são cumulativas e sempre deverão ser aplicadas.

– *Condições judiciais ou facultativas*: que possuem rol exemplificativo e dependem da discricionariedade do magistrado.

São elas:

A) Condições legais ou obrigatórias (Art. 132 § 1º – LEP).

– Obter ocupação lícita em prazo razoável.

– Comunicar periodicamente ao juiz sua ocupação (em regra, mensal).

– Não mudar da comarca sem pedir autorização judicial.

B) Condições judiciais ou facultativas (Art. 132 § 2º – LEP).

– Não mudar de residência sem comunicar ao juízo.

– Recolher-se à habitação em certa hora.

– Não frequentar determinados lugares.

22.4 REVOGAÇÃO DO LIVRAMENTO CONDICIONAL

O livramento condicional poderá ser **revogado** a qualquer momento desde que o condenado não esteja cumprindo suas condições, sendo que esta revogação poderá ser **obrigatória** ou *facultativa*, nos termos dos Arts. 86 e 87 do Código Penal, e irá gerar certos efeitos de acordo com sua natureza.

Sendo assim, podemos dividir as **hipóteses de revogação** do livramento condicional em dois grandes grupos:

I) Revogação obrigatória (art. 86 do CP)

A) Se houver condenação *à pena **privativa de liberdade*** por crime praticado <u>durante a vigência do benefício</u>, ou seja, durante o período de livramento condicional.

– Efeitos (Art. 88 do CP/ Art. 142 da LEP):

Neste caso, o condenado deverá cumprir *integralmente o restante da pena que ainda faltava,* e **não será diminuído o tempo** em que esteve em liberdade no livramento condicional. Desta forma, deve-se somar a pena aplicada ao ***novo crime*** com o restante de pena que ainda faltava cumprir pelo crime anterior, e o condenado também <u>não poderá requerer</u> outro livramento condicional.

Ex.: Condenado a 6 anos de pena, cumpre 2 anos e sai em livramento condicional para cumprir os 4 anos faltantes, fica solto por 1 ano e então comete novo crime durante o livramento.

Logo, com a revogação do livramento terá que cumprir 4 anos (não se computa o tempo que esteve em livramento) somados à pena do novo crime praticado.

B) Se for condenado à pena *privativa de liberdade* por outro crime praticado <u>antes do benefício</u> ter sido concedido, ou seja, cometeu um crime antes do livramento condicional ser concedido, mas a sentença condenatória deste crime saiu após já estar em livramento por outro crime.

– Efeitos (Art. 88 do CP / Art. 141 da LEP):

Neste caso, o **tempo passado em livramento será computado e abatido** como cumprimento da pena, e então *soma-se* o tempo de <u>pena restante</u> com a nova pena aplicada. Como a prática do crime não ocorreu durante o período de livramento condicional <u>será plenamente possível</u> requerer *novo* livramento condicional.

Ex.: Condenado a 6 anos de pena, cumpre 2 anos e sai em livramento condicional ficando solto por 1 ano. Então é condenado a 5 anos de pena por um crime praticado anteriormente à concessão do livramento condicional que estava em curso. Neste caso, cumprirá os 5 anos (nova condenação) somados aos 3 anos de pena restantes (6-2-1=3), que ainda faltava cumprir, podendo requerer novo livramento condicional posteriormente.

II) Revogação facultativa (Art. 87 do CP)

A) O juiz decidirá se revoga ou não o livramento condicional quando o condenado <u>deixar de cumprir</u> as *condições estabelecidas no livramento.*

– Efeitos (Art. 142 da LEP):

Neste caso, ocorrendo a revogação facultativa, <u>não será contado</u> o tempo em que o condenado esteve solto durante o período de livramento, e também <u>não</u> *será possível* conceder o *novo* livramento.

B) *Se* o agente for condenado por um crime ou contravenção cuja pena **não** seja *privativa de liberdade*, quer este crime seja praticado *antes ou durante o* período de livramento.

– Efeitos (Art. 88 do CP):

Neste caso, se o crime foi praticado <u>durante o período de livramento</u>, e ocorrendo a revogação facultativa, **não** será contado o tempo em que o condenado esteve solto durante o período de livramento, e também **não** será possível conceder o *novo* livramento.

Porém, na **revogação facultativa** se o outro crime tiver sido praticado *antes do livramento*, <u>será computado e abatido</u> o tempo em que esteve solto no livramento e será possível pedir novo livramento condicional.

Por fim, se o condenado fugir do estabelecimento prisional depois da concessão do benefício e antes de aceitar formalmente as condições, ou mesmo se não comparecer à cerimônia de concessão, o **livramento condicional** será considerado *inválido, insubsistente*, e sequer precisa ser revogado expressamente.

22.5 PRORROGAÇÃO DO LIVRAMENTO CONDICIONAL

Ocorrerá a **prorrogação do livramento condicional** enquanto não sair a sentença definitiva em processo por *crime praticado durante o livramento*, ou seja, não poderá ser declarada extinta a pena mesmo após o término de seu tempo (**Art. 89 do CP**) enquanto o condenado estiver respondendo a uma ação penal por crime praticado *durante o período* de livramento condicional.

Isto ocorre pelo fato de que, conforme o **Art. 86 do CP**, caso venha a ser condenado por crime praticado durante o livramento este será revogado e o tempo em que esteve solto não será computado, devendo cumprir todo o tempo de pena.

Porém, havendo esta prorrogação, **não devem permanecer as condições** impostas pelo livramento após o decurso do prazo equivalente a pena privativa de liberdade aplicada.

Entretanto, se houver processo tramitando por *crime praticado* antes da concessão do livramento, **não se prorroga seu prazo**, pois, nesta hipótese, caso venha a ocorrer uma condenação *terá que ser descontado o prazo que esteve solto, sendo, portanto, completamente inócuo se prorrogar o livramento condicional.*

22.6 EXTINÇÃO DO LIVRAMENTO CONDICIONAL E DA PENA

Ao término do período de livramento condicional, a **pena será definitivamente extinta,** em face do final do tempo total da condenação, desde que **não** tenha ocorrido a *revogação do livramento* (**Art. 90 do CP / Art. 146 da LEP**), sendo que esta sentença será meramente *declaratória de extinção da punibilidade do fato.*

22.7 QUESTÕES PARA TREINO

FCC/ TJ-SC/ Juiz Substituto/2015

NÃO é requisito para obtenção do livramento condicional:

A) Cumprimento de mais de dois terços da pena, nos casos de condenação por crime hediondo ou assemelhado.

B) Pagamento da pena de multa.

C) Reparação do dano, salvo impossibilidade de o fazer.

D) Cumprimento de mais de um terço da pena se não for reincidente em crime doloso e tiver bons antecedentes.

E) Cumprimento de mais da metade se for reincidente em crime doloso.

Gabarito "B"

FCC/ DPE-SP/ Defensor Público/2015

Sobre o livramento condicional é correto afirmar que

A) o preso não reincidente condenado a uma pena por crime comum e outra por crime hediondo deve cumprir um sexto da primeira, mais metade da segunda como requisito objetivo para o livramento condicional.

B) a comutação de pena é incompatível com o cumprimento de pena em livramento condicional.

C) o sistema progressivo de cumprimento de pena impede a progressão por salto do regime fechado para o livramento condicional.

D) é possível a revogação do livramento condicional em virtude de condenação por crime cometido antes de sua vigência.

E) o lapso temporal para o reincidente específico em crime hediondo é de mais de dois terços da pena.

Gabarito "D"

FGV/ DPE-MT/ Advogado/2015

Luan é reincidente na prática do crime do Art. 217-A do Código Penal. Os fatos que justificaram ambas as condenações ocorreram em 2010 e 2014.

Nesse caso, é correto afirmar que o benefício do livramento condicional

A) poderá ser concedido após cumprimento de 2/3 da pena.

B) poderá ser concedido após cumprimento de 3/5 da pena

C) não poderá ser concedido a Luan.

D) poderá ser concedido após cumprimento de 1/2 da pena.

E) poderá ser concedido após cumprimento de 1/3 da pena.

Gabarito "C"

FCC/ TJ-PE/ Juiz Substituto/2015

A reincidência

A) exige o cumprimento de 2/3 (dois terços) da pena para a concessão do livramento condicional, independentemente da natureza do crime praticado.

B) não obsta o reconhecimento das figuras privilegiadas de alguns crimes patrimoniais.

C) não obriga a adoção do regime prisional fechado, se imposta pena igual ou inferior a quatro anos e favoráveis as circunstâncias judiciais

D) obriga, para efeito de progressão, o cumprimento de tempo diferenciado da pena no regime anterior, ainda que se trate de condenação por crime comum.

E) impede a substituição da pena privativa de liberdade por restritivas de direitos

Gabarito "C"

AÇÃO PENAL

23.1 CONCEITO E ASPECTOS GERAIS

O Estado é o único detentor do poder de punir (*jus puniendi*) sendo que este poder será exercido exclusivamente por meio do devido processo legal, ou seja, através de uma ação penal, oriunda da realização de um fato típico por parte de determinado agente.

Na **ação penal,** o Estado-juiz é chamado a aplicar o *direito objetivo* ao caso concreto (prestação jurisdicional), modo pelo qual se concretiza a acusação em face da prática de um crime, se instaurando assim um processo penal, invocando os dispositivos legais e possibilitando a aplicação da pena.

As **ações penais** configuram matéria diretamente relacionada ao processo penal, porém suas características fundamentais encontram previsão também nos **Arts. 100 a 106 do Código Penal**, algo que só se justifica devido à relação que as ações penais possuem com a punibilidade dos fatos.

De acordo com a doutrina e jurisprudência são condições para propositura das ações penais: a possibilidade jurídica do pedido (fato típico), a legitimidade *ad causam* (legitimidade ativa), o interesse processual (utilidade/necessidade da ação) e a justa causa para se promover a ação (mínimo probatório).

Há ainda algumas *condições específicas* para propositura de certas ações penais, também chamadas de **condições de procedibilidade**, que se não forem preenchidas impedem o exercício do direito de ação.(**Ex:** representação do ofendido nas ações públicas condicionadas / a conclusão do procedimento administrativo de lançamento do tributo para ações penais nos crimes tributários – vide: **súmula vinculante 24 do STF**)

23.2 ESPÉCIES DE AÇÃO PENAL

O critério para **classificação das ações penais** previsto no Código Penal (**Art.100**) se relaciona fundamentalmente com quem poderá promovê-la, ou seja, em face de quem possui legitimidade ativa, titularidade para promover ação.

Portanto, de acordo com nosso Código Penal as ações penais dividem-se em várias espécies, da seguinte forma:

I) Ação penal pública:

Esta é a regra geral para todas as ações penais, ou seja, toda a ação será pública, sendo por isso **privativa do Ministério Público**, que será seu titular e encarregado de promovê-la, salvo quando a lei expressamente declará-la de natureza privada (promovida pela própria vítima ou seu representante legal).

Há duas espécies de *ação penal pública*:

– Ação Penal Pública Incondicionada

Independe de qualquer manifestação de vontade por parte do ofendido para que se inicie a ação penal, bastando para isso que o Ministério Público tome conhecimento do fato para, através da *denúncia*, iniciar a ação.

– Ação Penal Pública Condicionada

Também movida pelo Ministério Público, porém é subordinada a uma **representação por parte do ofendido** ou, em certos casos, a uma **requisição do Ministro da Justiça**. **(Condição de procedibilidade)**

Importante lembrar que, como dissemos, a <u>ação penal pública incondicionada</u> é a regra geral, e para que uma ação penal pública seja *condicionada à representação* do ofendido, ou *condicionada à requisição* do Ministro da Justiça, isso deverá estar expressamente definido em lei, para determinados crimes aos quais se referem.

Com base na nossa doutrina são **princípios** inerentes à **ação penal pública:**

a) **Oficialidade:** o Ministério Público é o órgão responsável pela propositura da ação penal pública e sempre procede de ofício (por conta própria), independentemente de qualquer manifestação de vontade do particular.

b) **Indisponibilidade:** após instaurada a *ação penal pública* o Ministério Público não pode dispor da ação penal, ou seja, uma vez intentada não poderá desistir, embora este princípio tenha sido mitigado pela **Lei 9099/95 (Art. 89)** que permite ao MP propor ao acusado a *suspenção condicional do processo*, após o oferecimento da denúncia, fazendo com que a ação penal nestes casos possua relativa disponibilidade.

c) **Obrigatoriedade:** é *dever* do MP promover ação penal sempre que presentes os elementos que indiquem a ocorrência de crime (prática de fato típico) e os demais pressupostos da ação penal, ou seja, **não há discricionariedade** por parte do membro do Ministério Público quanto a propositura de uma ação penal (Ressalvadas as hipóteses de *transação penal* previstas na Lei 9099/95 – Art. 76).

d) **Indivisibilidade:** a ação penal deverá ser proposta sempre contra todos que concorreram para prática de um crime (autores, coautores e partícipes), não podendo o MP escolher contra quem será movida a ação. O *STF* flexibiliza este princípio ao entender que é possível, em certas hipóteses, desmembrar uma ação penal oferecendo a denúncia contra determinados agentes e não oferecer contra outros, de acordo com certos aspectos concretos de cada processo (ex: delação premiada).

e) **Justa causa:** deve-se avaliar todas as circunstâncias, matéria probatória, e características do fato para avaliar se há *razões e motivos suficientes* para o Estado iniciar a persecução penal. A *falta de justa causa* para propositura da ação é motivo que irá levar à **rejeição da denúncia** pelo juiz.

II) Ação penal privada: Modalidade *excepcional* de ação penal na qual a iniciativa de sua propositura cabe ao ofendido, ou seu representante legal, através da chama *queixa-crime*, logo o *Ministério Público* <u>não</u> terá a titularidade dessa espécie de ação, embora o poder de punir (jus puniendi) continue a ser exclusivamente do Estado.

Com base na nossa doutrina são **princípios** inerentes à *ação penal privada:*

a) Oportunidade e conveniência: é *facultativo* ao ofendido oferecer a queixa ou não, de acordo com seus interesses e com base no fato praticado, sendo que, a <u>renúncia do direito de queixa</u> em relação a um dos autores estende-se a todos.

b) Disponibilidade: o ofendido (querelante), ou seu representante legal, poderá, após o oferecimento da queixa, dispor da ação penal, podendo, portanto, <u>desistir a qualquer momento da ação penal proposta</u>, seguindo a ideia do **princípio da oportunidade**. Isso pode se dar ainda através da aceitação do perdão concedido ou da peremção (Art. 51 e 60 do CPP).

c) Indivisibilidade: a ação privada deve ser proposta em face de todos os autores e partícipes do fato, portanto, a *queixa* tem que ser <u>oferecida contra todos</u> que participaram do crime, **não** sendo possível se escolher contra quem se propõe a ação penal privada, evitando assim que se utilize do processo penal como forma de vingança privada contra um ou outro agente.

Sendo assim o MP deverá zelar por esta *indivisibilidade* da ação penal privada, o que para parte da doutrina significa que poderá <u>aditar a queixa</u> para incluir os demais acusados.

Porém, há entendimento de que o MP não possui legitimidade para aditar uma *queixa-crime*, e, portanto, nesses casos em que não se incluam todos os autores do fato, a queixa deverá ser rejeitada e a punibilidade do fato extinta, em face da *renúncia tácita* em relação aos agentes não incluídos. (Art. 49 CPP)

23.2.1 Ação penal Pública Incondicionada

Como dissemos a **ação penal pública incondicionada** é a regra geral para as ações penais em nosso ordenamento, e sua peça inicial é a **denúncia**, que será proposta privativamente pelo Ministério Público (Art. 129 I da CF) que é o titular exclusivo dessa espécie de ação penal. Na *ação pública incondicionada* a iniciativa do Ministério Público será independente de qualquer manifestação de vontade, representação, ou discordância da vítima.

Para que haja a propositura de uma *ação penal pública incondicionada* qualquer pessoa poderá provocar a iniciativa do Ministério Público prestando informações sobre o fato criminoso, e o MP poderá então, oferecer a denúncia, ou requerer arquivamento do inquérito policial, o que será deferido ou não pelo *juiz*.

De acordo com o Código de Processo Penal, como regra, a denúncia deverá ser <u>oferecida em 5 (cinco) dias</u> se o **réu estiver preso**, ou <u>em 15 (quinze) dias</u> se o **réu estiver solto**, devendo conter a exposição do fato criminoso, a qualificação do acusado, a classificação do crime e o rol de testemunhas.

23.2.2 Ação penal pública condicionada

Nesta espécie de ação penal pública, quando a lei expressamente exigir, a atividade do Ministério Público estará subordinada, **condicionada à representação** (Ex: Ameaça – Art. 147 CP), ou seja, a manifestação de vontade do ofendido, ou ainda, **condicionada à requisição** do Ministro da Justiça, para que seja oferecida a denúncia e iniciada a ação. (Natureza jurídica: são *Condições de procedibilidade* – STF).

Caso o ofendido não represente não poderá haver *denúncia*, nem mesmo instauração do *inquérito policial*, porém, uma vez feita a **representação** pelo ofendido, o Ministério Público assume a titularidade da ação penal, sendo irrelevante uma futura manifestação de vontade contrária por parte do ofendido no que tange ao prosseguimento da ação penal, a partir do momento em que o Ministério Público oferecer a denúncia (a representação só é *irretratável* a partir do **oferecimento da denúncia**).

Portanto pode ocorrer a **retratação da representação** antes do oferecimento da denúncia, e isto dará origem a dois entendimentos:

A) Afirma-se que deve ser imediatamente declarada a extinção da punibilidade do fato, e um segundo, que afirma <u>ser possível a *retratação da retratação*</u>, e a extinção da punibilidade somente ocorrerá ao final do prazo decadencial (via de regra 6 meses), quando então não será mais possível se fazer uma nova representação. (**Majoritária**)

Embora não haja previsão legal (o Art. 104 CP somente se refere a *retratação tácita* no que tange ao direito de *queixa*), a jurisprudência vem aceitando se falar em **retratação tácita da representação**, ou seja, quando o ofendido realizar ato incompatível com a vontade de representar, como por exemplo, convidando o autor do fato para ser seu padrinho de casamento. Porém, nos parece que nesta hipótese teria que ser possível também uma eventual a *retratação da retratação tácita*, caso o ofendido afirmasse posteriormente ter interesse na propositura da ação penal.

A representação do ofendido, que é ao mesmo tempo uma autorização e um pedido para que se inicie a ação penal, deverá ser oferecida via de regra em até **6 meses** (*prazo decadencial*), contados a partir do *conhecimento pelo ofendido* da prática do crime.

No caso do ofendido ser *incapaz* (menor de 18 anos) o prazo para que ele represente começa a correr a partir do dia em que completar 18 anos, podendo, no entanto, seu representante legal oferecer a representação a partir da data do fato, antes que o ofendido complete os 18 anos, ou ainda se o ofendido for *mentalmente incapaz*.

Na hipótese de ocorrer a *morte do ofendido* antes que se esgote o **prazo decadencial** para a *representação*, esta legitimidade será transferida para o cônjuge, para o ascendente, descendente ou irmão da vítima, para representar dentro do mesmo prazo decadencial. (há corrente defendendo que um novo prazo se inicia a partir do conhecimento da autoria do fato pelo sucessor)

Caso a representação não seja oferecida dentro do prazo decadencial (em regra 6 meses), não haverá como o Ministério Público promover a ação e, portanto, deverá ser declarada a **extinção da punibilidade** do fato. (Art. 107 IV do CP).

De acordo com a **Lei 9099/95** (*Art. 88*) os crimes de *lesão corporal leve* e de *lesão corporal culposa* possuem *ação penal pública condicionada* a *representação*, porém, se forem cometidos como forma de **violência doméstica ou familiar (Lei 11340/06 – Art. 41)**, a ação penal será **publica incondicionada**.

Por fim, é importante lembrar que a partir da **Lei 12.015/09** os crimes sexuais em geral, inclusive o **estupro** (Art. 213 CP), passaram a ser de ação penal pública *condicionada a representação*, <u>salvo</u> se o crime for cometido contra vítima menor de 18 anos ou vulnerável em que a ação passa a ser *pública incondicionada* (Ex: doente mental, incapaz de oferecer resistência etc.), e com isso, de acordo com a maioria da doutrina, a *súmula 608 do STF* perdeu aplicação.

Em certos casos, expressamente definidos em Lei, não poderá ser instaurado o inquérito e nem oferecida denúncia caso não haja requisição por parte do *Ministro da Justiça*, sendo que, a conveniência da requisição é medida política e são raros os crimes que dependem dela (Ex.: Art. 141, inc. I c/c Art. 145 do CP – crimes contra a honra do *Presidente da República*).

A **requisição** do *Ministro da Justiça* não terá prazo decadencial e, portanto, poderá ser apresentada a qualquer tempo enquanto ainda não estiver extinta a punibilidade do crime, sendo esta irretratável quando feita, mesmo antes do oferecimento da denúncia pelo Ministério Público.

Importante lembrar que mesmo as *requisições* do Ministro da Justiça, assim como a *representação do ofendido*, não condicionam ou obrigam o Ministério Público a oferecer a *denúncia*, e esta decisão cabe exclusivamente ao membro do parquet com base na análise dos fatos e dos requisitos para propositura da ação penal, desta forma, atualmente, no que tange a vinculação do MP, o termo *requisição* se equipara à *representação*, já que nenhum dos dois configuram uma ordem.

23.2.3 Ação Penal Privada

Trata-se de modalidade excepcional de ação penal movida pelo próprio ofendido ou seu representante legal através da **queixa-crime** (peça inicial do processo), por isso mesmo todos casos de ação penal privada deverão estar necessariamente previstos e expressos em lei (Ex: Art. 138/139/140 do CP – Crimes contra honra, salvo nas restrições do Art. 145 do CP).

A peça inicial para o início da ação penal privada será a **queixa-crime**, que deverá ser oferecida pela vítima (*querelante*), ou seu representante legal (no caso de menores de 18 anos ou doentes mentais), com prazo decadencial de até *6 meses* contados de forma ininterrupta. Este prazo será contado de acordo com a regra do **Art. 10 do CP** computando-se o dia de início na contagem, que começa a partir do conhecimento pelo ofendido da autoria do crime.

Há três espécies de **ação penal privada** em nosso ordenamento, são elas:

A) Ação penal privada comum ou Ação penal exclusivamente privada

Esta é a regra geral para as ações penais privadas e por isso pode ser intentada pelo ofendido (maior de 18 anos), ou seu representante legal, sendo que, em caso de morte, ou ausência do ofendido, o *direito de queixa* se transmite ao cônjuge, ao ascendente, descendente ou irmão.

B) Ação penal privada personalíssima

Trata-se de exceção dentro das ações penais privadas, pois o exercício do **direito de queixa** compete única e exclusivamente ao ofendido, não podendo ninguém substituí-lo, ou seja, esse direito é absolutamente intransferível e, por isso, se o querelante morrer *extingue-se a punibilidade* do fato, ou se encerra a ação penal que já esteja em curso (Ex.: Induzimento a erro essencial e ocultação de impedimento ao casamento – Art. 236, parágrafo único do CP).

C) Ação penal privada subsidiária da pública (Art. 100 § 3º do CP)

Em crimes de *ação penal pública* havendo inércia do Ministério Público em oferecer a denúncia será admitida *excepcionalmente* **a propositura de uma ação penal privada**, ou seja, o ofendido poderá apresentar uma *queixa-crime* que substituirá a denúncia, se esta não for apresentada pelo MP dentro do prazo legal de 5 ou 15 dias. (Art. 5º LIX da CF)

O **prazo** para esta *queixa* (subsidiária) também será **decadencial** de **6 meses**, porém, contados a partir do termo final do prazo para o oferecimento da denúncia pelo Ministério Público.

Na hipótese de uma *ação penal privada subsidiária da pública* o Ministério Público poderá aditar a queixa, intervir em todos os atos do processo, e até mesmo, se achar conveniente, poderá a qualquer tempo retomar a titularidade da ação penal como parte principal, oferecendo *denúncia substitutiva*.

Após o decurso do **prazo decadencial** de **6 meses** não haverá mais a possibilidade da parte interessada propor a *ação penal privada subsidiária da pública*, porém, nada impede que posteriormente o Ministério Público ofereça (tardiamente) a denúncia, já que sempre poderá fazê-lo até que seja declarada a extinção da punibilidade do fato.

D) Ação penal privada concorrente

Excepcionalmente, nos *crimes contra honra* praticados contra **funcionários públicos** em razão das suas funções será admitida uma *ação penal privada concorrente* à ação penal pública (regra geral), permitindo assim ao ofendido (funcionário público) escolher entre, ajuizar uma ação penal privada através de uma *queixa-crime,* ou então, apresentar uma *representação*, para que o Ministério Público ofereça denúncia e promova a ação penal pública. (**Súm. 714 do STF)**

23.3 QUESTÃO PARA TREINO

VUNESP/ TJ-SP/Prova: Juiz Substituto/2015

Em matéria de ação penal, a decadência apresenta diferentes efeitos. Sobre isso, é correto afirmar que

A) condiciona o agir do Ministério Público à condição de procedibilidade do ofendido em face do ofensor.

B) na ação penal pública condicionada à representação, impede que a vítima apresente queixa-crime.

C) sendo ação penal privada, ataca imediatamente o direito de agir do ofendido, e o Estado perde a pretensão punitiva.

D) na ação privada, atinge o direito de o ofendido representar, e este não pode mais agir.

Gabarito "C"

PUNIBILIDADE

24.1 CONCEITO E ASPECTOS GERAIS

Punibilidade é a possibilidade jurídica de se aplicar uma sanção penal a alguém, em face da prática de um crime (fato *típico, ilícito e culpável) e, portanto, não é elemento do crime, mas apenas uma consequência da realização de uma infração penal (crime ou contravenção).*

Em certas hipóteses previstas expressamente em Lei, o Estado poderá condicionar, abrir mão, ou mesmo perder, o seu direito/poder de punir (jus puniendi) mesmo que tenha ocorrido a prática de uma infração penal, sendo que isto ocorre através das chamadas **condições objetivas de punibilidade, escusas absolutórias,** *e por fim, nas famosas causas de* **extinção da punibilidade.**

24.2 CONDIÇÕES OBJETIVAS DE PUNIBILIDADE

As *Condições objetivas de punibilidade* são certas hipóteses previstas em lei que ***condicionam a aplicação da pena***, porém não integram o conceito de crime (*fato típico, ilícito e culpável*), embora muitas vezes apareçam previstas junto do próprio tipo penal.

Podemos dizer que são condições <u>exteriores à conduta típica</u> e ao próprio conceito de crime, mas que apenas condicionam a punição do crime à ocorrência de certos fatos específicos, ou seja, acontecimentos futuros e incertos cuja concretização será indispensável para se punir determinados crimes.

O implemento da **condição objetiva de punibilidade** é irrelevante para *consumação do crime*, que se dará independentemente de sua ocorrência, porém ***sem a condição***, embora o crime esteja completo, consumado, <u>não será possível se aplicar a pena</u> ao autor do fato, nem aos demais participantes.

Por possuírem **caráter objetivo**, ligado ao fato praticado, as *condições objetivas de punibilidade* se <u>comunicam a todos os participantes</u> (coautores/partícipes) do crime, logo, se a condição não for implementada não haverá punição para o crime como um todo, incluindo todos os coautores e participes do fato.

Além disso, de acordo com a maioria da doutrina, em crimes que possuam *condições objetivas de punibilidade* o **prazo prescricional** começa a correr apenas no implemento da condição, já que é a partir deste momento que se torna possível para o Estado punir o fato praticado, excepcionando assim a regra geral dos demais crimes em que o prazo prescricional começa a correr na *data da consumação*, ou da prática do último ato executório se o crime for tentado (**Art. 111 do CP**).

São exemplos de *condição objetiva de punibilidade:*

a) O resultado morte, ou lesão corporal grave, no crime de induzimento, instigação ou auxílio ao suicídio **(Art. 122 do CP)**.

b) A sentença declaratória de falência nos crimes falimentares **(Lei 11.101/05 – Arts. 168 a 178)**

c) O prejuízo superveniente no crime de introdução ou abandono de animais em propriedade alheia **(Art. 164 do CP)**.

Importante lembrar que embora haja inúmeras divergências doutrinárias a respeito de sua **natureza jurídica**, não se confunde *condição objetiva de punibilidade* com as chamadas *condições de procedibilidade*, que possuem cunho processual e podem ser definidas como impedimentos, obstáculos ou condições impostas em certos casos para que se possa dar início a uma ação penal, ou mesmo para sua continuação (*ex.*: representação/queixa).

24.3 ESCUSAS ABSOLUTÓRIAS

As *escusas absolutórias* são hipóteses, causas, que fazem com que não se aplique a pena a *certos agentes*, em face de um determinado crime praticado, por expressa determinação legal.

Portanto, independentemente da prática de um crime (*fato típico, ilícito e culpável*) não se aplicará a pena a determinados agentes, ou seja, este ficará isento de qualquer sanção penal, isto por razões de *conveniência e oportunidade, ou de política criminal*.

Desta forma, pode-se afirmar quanto a sua **natureza jurídica** *que as* escusas absolutórias são **causas pessoais de isenção ou exclusão de pena**, e que por serem pessoais, inerentes e relacionadas a certos agentes, não se comunicam *aos demais participantes do crime (coautores ou partícipes)*.

São exemplos de *escusa absolutória*, presentes em nosso ordenamento:

a) *imunidade penal absoluta* nos **crimes contra patrimônio**, não violentos e praticados em prejuízo do *cônjuge, ascendente, descendente* (Art. 181 do CP).

b) no **crime de favorecimento pessoal (Art. 348 §2° do CP)**, a não aplicação da pena, se este crime for praticado por *ascendente, descendente, cônjuges ou irmãos do procurado.*

24.4 DIFERENÇAS ENTRE AS ESCUSAS ABSOLUTÓRIAS E AS CONDIÇÕES OBJETIVAS DE PUNIBILIDADE

As **escusas absolutórias** estão previstas abstratamente no tipo como características inerentes ao autor do fato, e por isso sua existência é certa e anterior à própria prática ou consumação do crime, enquanto as **condições de punibilidade**, que possuem *caráter objetivo*, são ligadas aos fatos praticados, portanto, decorrem exatamente da sua realização e consumação, sendo apuradas posteriormente ao cometimento do crime e, por isso, são de ocorrência incerta.

Como o próprio nome indica as **condições objetivas de punibilidade** são de *caráter objetivo,* ligadas aos fatos e inerentes ao crime, portanto, comunicam-se a todos os coautores e partícipes. Já as **escusas absolutórias** possuem *caráter subjetivo, sendo inerentes e* *vinculadas a certos agentes, por isso,* <u>não se comunicam</u> aos demais participantes (coautores e partícipes) do crime.

Pode-se dizer que as **condições objetivas de punibilidade** são formuladas de maneira *positiva*, determinando que o crime só será punido se determinadas condições concretamente se implementarem, enquanto as **escusas absolutórias** são previstas de forma *negativa*, determinando que não será punido determinado agente que realizar certos crimes (Dica: Nas **condições objetivas de punibilidade**: *"só se pune quando ou só se pune se...."* / Nas **escusas absolutórias**: *"não se pune quem..."*).

24.5 QUESTÕES PARA TREINO

CAIP-IMES/ Consórcio Intermunicipal Grande ABC/ Procurador/2015

Extingue-se a punibilidade:

A) pelo perdão judicial, nos casos previstos em lei e pela perempção.

B) pela concessão de liberdade provisória e pela graça.

C) pela concessão de fiança e pela anistia.

D) pelo advento de "novatio legis in mellius" e pela prescrição.

Gabarito "A"

CEFET-BA/ MPE-BA/ Promotor de Justiça Substituto/2015

Analise as seguintes assertivas acerca da culpabilidade e punibilidade:

I – O Código Penal Brasileiro adotou o critério biológico em relação à inimputabilidade em razão da idade e o critério biopsicológico em relação à inimputabilidade em razão de doença mental.

II – A desobediência civil e a cláusula de consciência são exemplos de causas de exclusão de culpabilidade.

III – A decadência é causa de exclusão de punibilidade e, no seu cômputo temporal, deve ser computado o dia inicial e excluído o dia final.

IV – No cálculo do prazo de prescrição, em relação às causas de aumento ou diminuição variável de pena, devem ser considerados o menor valor de aumento e o maior valor de diminuição, enquanto que, na hipótese de continuidade delitiva, a prescrição deve ser regulada sem o cômputo do acréscimo decorrente da continuação.

V – Segundo a teoria psicológica normativa da culpabilidade, o erro de proibição, ainda que evitável, isenta o agente de pena.

Estão CORRETAS as assertivas:

A) I e II.

B) I e V.

C) II e III.

D) III e IV.

E) IV e V.

Gabarito "A"

MPE-GO / MPE-GO/ Promotor de Justiça Substituto/2016

A prescrição da pretensão punitiva com fundamento em pena hipotética, independentemente da existência ou sorte do processo penal é:

A) Inadmissível conforme entendimento sumulado do STF.

B) Admissível conforme entendimento majoritário do STJ, embora não sumulado.

C) Inadmissível conforme entendimento sumulado do STJ.

D) Admissível conforme entendimento majoritário do STF, embora não sumulado.

Gabarito "C"

CAIP-IMES/ Câmara Municipal de Atibaia – SP/ Advogado/2016

Assinale a alternativa incorreta.

Extingue-se a punibilidade:

A) pela morte do agente; pela anistia, graça ou indulto.

B) pela retroatividade de lei que não mais considera o fato como criminoso.

C) pelo perdão judicial, concedido a critério da autoridade judicial ou, pelo perdão, ainda que não aceito, nos crimes de ação privada nos casos previstos em lei.

D) pela prescrição, decadência ou perempção; pela renúncia do direito de queixa ou pelo perdão aceito, nos crimes de ação privada.

Gabarito "C"

Causas de
Extinção da Punibilidade

25.1 CONCEITO E ASPECTOS GERAIS

As **causas de extinção da punibilidade** são hipóteses que ocasionam a perda pelo Estado do direito de punir (*jus puniendi*), independentemente de ter havido a prática de uma infração penal (crime ou contravenção), fazendo com que deixe de ser possível se aplicar uma pena, ou que se interrompa definitivamente o seu cumprimento.

São certas causas, certas hipóteses previstas expressamente na lei, em que se *extingue a punibilidade* de um fato praticado, ou seja, afasta-se a possibilidade de aplicação ou execução da pena, mesmo após a realização de uma conduta *típica, ilícita e culpável* por parte de determinado agente.

Em hipóteses excepcionais uma **causa de extinção da punibilidade** poderá afastar o próprio crime e até mesmo anular a sentença penal condenatória transitada em julgado e seus efeitos. Isto ocorre, por exemplo, na *abolitio criminis* e na *anistia* que, além de isentar de pena, afastam todos os efeitos penais da prática do fato.

As **causas de extinção da punibilidade** poderão ser declaradas *de ofício* pelo juiz em qualquer fase do processo penal, no momento em que forem reconhecidas, não havendo a necessidade de requerimento da parte, porém, caso ocorra uma causa de extinção da punibilidade durante a fase de *inquérito policial*, o juiz não poderá declará-la diretamente, devendo primeiro informar o MP para então determinar o arquivamento do inquérito.

25.2 ESPÉCIES DE CAUSAS DE EXTINÇÃO DA PUNIBILIDADE (ART. 107 DO CP)

25.2.1 Morte do agente

Se baseia no **princípio da pessoalidade** ou **intranscendência da pena** (Art. 5º XLV CF), portanto, ocorrendo a morte do autor do fato deixa de existir a possibilidade de se aplicar ou executar as penas, já que estas jamais irão se comunicar aos herdeiros, subsistindo, porém, os efeitos civis decorrentes do fato praticado, cujos valores poderão incidir até o limite da herança.

Por ser de **caráter subjetivo** não se comunica aos coautores e partícipes, que permanecerão respondendo pelo crime na medida de sua culpabilidade e, para produzir seus efeitos, a morte do agente deverá ser comprovada através de certidão de óbito, **não** se admitindo na esfera penal a *presunção legal de morte*.

Se *posteriormente* ficar comprovada a **falsidade da certidão de óbito não se permite** *reabertura do processo* (não cabe *revisão criminal* em prejuízo do réu – *pro societate*) e o agente somente poderia responder pelo crime de falso. Porém, há posicionamento *divergente* na doutrina a respeito do tema e já há jurisprudência afirmando que a certidão falsa <u>não poderia</u> gerar efeitos no processo penal, permitindo assim que o processo seja reaberto.

25.2.2 Anistia

A anistia é <u>ato do Congresso Nacional</u>, concedida através de lei ordinária e com efeitos retroativos, sendo preponderantemente aplicada em **crimes políticos**, e sua concessão é de iniciativa livre, ou seja, não requer solicitação pelo indivíduo interessado.

Esta **causa de extinção da punibilidade** possui *caráter impessoal e coletivo* se referindo, portanto, a fatos realizados, e por isso não é concedida a determinados agentes específicos, mas sim a todos os envolvidos na prática dos crimes anistiados.

Pode ser concedida antes do trânsito em julgado da sentença condenatória (**anistia própria***)* e também ser concedida após seu trânsito em julgado (**anistia imprópria**), sendo que, o principal efeito da anistia é **extinguir todos os efeitos penais primários e secundários** da prática do fato (afastar a pena, os maus antecedentes e a reincidência), no entanto, a anistia não afeta os *efeitos cíveis* da prática do fato e também não interfere na existência no tipo penal abstratamente previsto (não gera *abolitio criminis*).

Via de regra, a **anistia *não pode ser recusada***, salvo quando for condicionada, ou seja, quando se exigir o preenchimento de uma ou mais condições para sua concessão, já que, nestes casos, o agente pode se recusar a cumprir as condições impostas na anistia e recusá-la.

De acordo com o *Art. 5º XLIII da Constituição Federal* e em face da *Lei 8072/90*, os crimes hediondos, a tortura, o tráfico ilícito de entorpecentes, e o terrorismo, <u>não admitem</u> a *anistia, graça ou indulto*.

25.2.3 Graça

A **graça** *é causa de extinção da punibilidade excepcionalíssima*, aplicada a *crimes comuns* e sendo concedida somente *após o trânsito em julgado da sentença condenatória* através de **ato privativo do presidente da República**.

Diferentemente da *anistia, a graça* deverá ser solicitada pelo condenado ou pelo Ministério Público (Art. 188 da LEP) somente em casos excepcionais (por exemplo: doença terminal), e por isso é também chamada de *"indulto individual"*, podendo ser **plena** (extingue a pena) ou **parcial** (reduz ou converte a pena)

Por possuir **caráter individual,** personalíssimo, a **graça**, quando concedida, <u>não</u> se comunica aos demais participantes do crime, e diferentemente da *anistia,* <u>não</u> afasta os *demais efeitos penais* da condenação (Ex.: reincidência, antecedentes etc.), somente extinguindo a punibilidade do fato e afastando a execução da pena aplicada.

25.2.4 Indulto

O **indulto**, *também chamado de* **indulto coletivo**, *é causa de extinção da punibilidade* concedida através de **ato privativo do presidente da República**, de caráter coletivo e, portanto, concedido a um grupo de condenados que preencham os requisitos impostos pelo decreto presidencial de indulto, sendo ainda ato espontâneo e discricionário do Presidente da República, ou seja, independe de uma solicitação por parte dos interessados.

Ao se conceder um **indulto** leva-se em conta o tempo de pena já cumprido pelo condenado, seu comportamento durante a execução da pena, a primariedade etc. e, caso seja concedido, o indulto <u>não admite recusa</u> do beneficiado, salvo se o decreto estabelecer certas condições que poderão ser recusadas pelo condenado (**indulto condicionado**).

O **indulto** será concedido *após o trânsito em julgado* da sentença extinguindo a pena, porém, **não** afasta os demais efeitos penais ou extrapenais da condenação (por exemplo: antecedentes e reincidência).

25.2.5 *Abolitio Criminis*

Trata-se de uma **nova lei** que retira do ordenamento jurídico penal determinado Tipo, ou seja, em palavras simples significa *"abolir o crime"*, portanto a *abolitio criminis* ocorre quando uma *lei posterior deixa de considerar como crime* fato que antes era assim definido, afastando <u>todos os efeitos penais da condenação</u>, porém, subsistindo os efeitos cíveis da prática do fato. (Ex: obrigação de indenizar)

Por se tratar de **lei penal mais benéfica**, o *abolitio criminis* deverá <u>retroagir</u> para atingir todos os fatos anteriores, se sobrepondo até mesmo a uma sentença penal condenatória transitada em julgado, alcançando assim todas as etapas, desde o inquérito policial, que deverá ser arquivado, o processo em curso, que deverá ser extinto, bem como a pena que deixará de ser executada.

Não se deve confundir o instituto da *abolitio criminis*, causa de extinção da punibilidade, com a situação chamada de ***abolitio criminis formal***, em que determinado artigo é revogado, porém, todo seu conteúdo migra para dentro de outro tipo penal, seja no caput, seja como forma qualificada de um outro crime. Esta situação também é chamada de *"continuidade normativa típica"*, e não produzirá nenhum dos efeitos benéficos e retroativos da *abolitio criminis* propriamente dita. (Ex: Art. 213 CP – Estupro – passou a englobar o extinto Art. 214 CP – Atentado violento ao pudor)

25.2.6 Renúncia do Direito de Queixa (Art. 104 do CP)

A *renúncia do direito de queixa* ocorre quando, antes de iniciada a **ação penal privada**, o ofendido manifestar sua vontade de não exercer o direito de queixa, tratando-se de ato unilateral do ofendido que irá extinguir a punibilidade do fato e obrigatoriamente atingir a todos os eventuais *coautores* ou partícipes do delito.

Uma vez iniciada a **ação penal privada** <u>não será possível</u> se falar nesta causa de extinção da punibilidade, embora, em razão de outras hipóteses como a *perempção* e o *perdão do ofendido*, a punibilidade também possa vir a ser extinta.

A **renúncia** ao direito de queixa pode ser:

– **Tácita:** é aquela feita através da prática de um *ato incompatível* com a vontade de exercer o *direito de queixa* contra alguém (Ex: convidar o autor do fato para ser padrinho do seu próprio filho).

– **Expressa:** é aquela feita através de uma *declaração assinada* pelo ofendido, ou seu representante legal, afirmando não mais querer exercer o direito de *queixa*.

Nada impede que o menor de idade, ao atingir a maioridade, possa exercer o direito de queixa renunciado por seu representante legal e assim dar início a uma ação penal privada.

25.2.7 Perdão do Ofendido (art. 105 do CP)

O **perdão do ofendido** ocorre quando na **ação penal privada**, após o oferecimento da *queixa-crime* o querelante resolve perdoar o querelado, manifestando sua vontade de não continuar com a ação penal em curso, impossibilitando assim o seu prosseguimento (**Art. 105 do CP**).

Diferencia-se da *renúncia* do direito de *queixa, pois* esta ocorre na fase pré-processual e o perdão ocorre durante o processo, antes da sentença *transitar em julgado (***Art.106 §2º do CP***)*. O *perdão do ofendido* também pode ser expresso ou tácito, e deve ser aceito pelo querelado (o silêncio importará em aceitação), sendo que, a sua recusa não produzirá efeitos. (**Art. 106 III do CP***)*

Como possui **caráter objetivo,** ligado ao fato praticado, o perdão comunica-se a todos os coautores e partícipes (**Art. 106 I do CP**), evitando assim que o querelante possa escolher um ou outro querelado para perdoar, porém, o perdão concedido por um dos querelantes não prejudica o direito dos demais ofendidos em prosseguir com a ação penal (**Art. 106 II do CP**).

25.2.8 Perdão Judicial (art. 120 do CP)

O juiz, em função de certas circunstâncias do caso concreto, poderá deixar de aplicar a pena em certos crimes, de acordo com *expressa previsão legal* (Ex: Art. 121 par. 5º / Art. 129 par. 8º do CP), sendo que, o **perdão judicial** é um direito subjetivo do réu que, quando concedido, independe da aceitação do mesmo.

De acordo com a doutrina dominante, o **perdão judicial** deve ser concedido quando as consequências da infração atingirem o autor do fato de forma tão grave que não se justifique a reprimenda penal, não se justifique a aplicação da pena, sendo que isso engloba hipóteses como aquelas em que a vítima do crime é *ascendente, descendente, cônjuge, irmão, amigos íntimos* e etc.

A *sentença* concessiva do *perdão judicial* terá natureza **declaratória da extinção de punibilidade**, logo não subsiste qualquer efeito de condenação. (**Súm. 18, STJ**), sendo que, o perdão judicial é previsto em regra para *crimes culposos*, embora possa aparecer em certos crimes dolosos (Ex: Art. 140 par. 1º do CP), sendo absolutamente vedada sua concessão para delitos em que não haja expressa previsão legal do benefício.

O *perdão judicial*, com dissemos, é um **direito subjetivo** inerente a certas pessoas e em determinadas situações concretas e, portanto, se for concedido a um agente não se comunica aos demais participantes do crime. Porém, quando concedido em determinado crime, alcança o crime com um todo abrangendo todas as eventuais vítimas da infração. (Ex: num acidente de trânsito em que morra o filho do autor e um amigo do filho, o perdão judicial afasta a punibilidade de todo o fato)

Embora não haja expressa previsão legal do perdão judicial no *Código de Trânsito*, para os crimes de lesão corporal culposa e homicídio culposo praticados na condução de veículo automotor (Art. 302 / 303 do CBT), a maioria da doutrina e a jurisprudência dominante aceitam sua aplicação, em face da **analogia** (*in bonan partem*), devido a previsão do perdão judicial para estes mesmos crimes culposos no Código Penal.

25.2.9 Retratação

A *retratação* é instituto ligado principalmente a certos **crimes contra a honra** (Calúnia-Art. 138 CP e Difamação-Art. 139 CP) e se caracteriza pelo ato de *desdizer*, ou seja, retirar o que foi dito, sendo *ato unilateral* do agente que independe de aceitação do ofendido (Art. 143 do CP), mas <u>não</u> sendo cabível no *crime de injúria* por ausência de expressa previsão legal.

Para ser aplicada, a *retratação* deverá ser completa e feita de forma inequívoca, e ainda ser realizada **antes da decisão de 1ª instância**, sendo que, caso seja posterior à sentença condenatória poderá apenas atenuar a pena (Art. 65 III "b" CP).

25.2.10 Decadência (art. 103 do CP)

A *decadência* se caracteriza como a *perda do direito de ação* em face do decurso de certo período de tempo, via de regra **6 meses,** quando não será mais possível o *oferecimento da queixa ou da representação*, sendo que, este prazo será contado somente a partir da data em que a vítima tomar conhecimento de quem foi o autor do fato.

Importante lembrar que **prazo decadencial não se interrompe ou suspende**, correndo ininterruptamente, diferentemente dos *prazos prescricionais* que estão sujeitos a interrupções e suspensões durante seu curso e, por se tratar de prazo penal (não processual), a *decadência* segue a regra do **Art. 10 do CP** para contagem de prazos (computa-se o dia de início).

No caso de *ação penal privada subsidiária da pública* o prazo decadencial para oferecimento da *queixa subsidiária* começa a correr a partir do término do prazo para *oferecimento* da denúncia pelo MP, e na hipótese de *vítima menor de idade, e de seu representante legal*, os prazos correm de forma <u>independente</u> para cada um, ou seja, para o representante legal corre a partir da data do conhecimento do fato, e para o menor a partir da data em que completa a maioridade.

No **crime continuado** (Art. 71 do CP) o prazo decadencial é contado separadamente para cada crime praticado, já que a ficção jurídica de "unidade de infração" se dá apenas para efeito de aplicação da pena. Já nos **crimes habituais** (que possuam ação penal mediante queixa ou representação) o prazo decadencial começa a correr somente após o *último ato* realizado *habitualmente* pelo autor.

25.2.11 Perempção (art. 60 do CPP)

É a **perda do direito de ação** pela inércia do querelante após o início da *ação penal privada,* quando por certo período de tempo este não se manifesta para promover atos processuais, demonstrando assim desinteresse na continuidade do processo e ocasionando a **extinção da punibilidade** do fato.

A *perempção* não ocorre na ação penal *privada subsidiária da pública,* pois o Ministério Público pode retomar sua titularidade a qualquer momento, inclusive em situações de inércia da parte, dando prosseguimento a ação penal que volta a ter natureza pública.

Na prática, a perempção ocorrerá quando, após o início da ação penal, o *querelante* deixar de promover o andamento desta por **30 dias seguidos**, ou ainda, se ocorrer a morte do querelante, ou sobrevier sua incapacidade, e nenhum interessado comparecer em juízo no prazo de **60 dias** para dar andamento ao processo (ascendente / descendentes / cônjuge / irmão – Art. 31 CPP).

Importante lembrar que, se o querelante for *pessoa jurídica* ocorrerá automaticamente a perempção quando esta se extinguir sem deixar sucessor, e também que, havendo *pluralidade de querelantes* só ocorre *perempção* em relação àquele que efetivamente abandonar a *ação penal privada*, podendo os demais querelantes prosseguir normalmente com a ação, caso se manifestem e movimentem o processo.

Por fim, também ocorrerá a perempção com a morte do autor quando a ação penal for **privada personalíssima** (ex: Art. 236 CP), já que neste tipo de ação penal, somente a própria vítima pode oferecer a *queixa* e dar andamento ao processo, como no caso do induzimento a erro essencial e ocultação de impedimento (Art. 236 CP).

25.2.12 Prescrição

A *prescrição* é a *perda do direito de punir* (*jus puniendi*) pela inércia do Estado, que não o exercitou dentro de certo *lapso de tempo*, fixado previamente em lei para cada crime.

Em face da complexidade do tema, e de sua extensão, passaremos a estudar a prescrição separadamente no próximo capítulo.

25.3 QUESTÕES PARA TREINO

VUNESP/ TJ-MS/ Juiz Substituto/2015
Quanto à extinção da punibilidade, é correto afirmar que

A) a punibilidade só se extingue pela morte do agente; pela anistia, graça ou indulto; pela prescrição, decadência ou perempção; pela renúncia do direito de queixa ou pelo perdão aceito, nos crimes de ação privada e pela retratação do agente, nos casos em que a lei a admite.

B) o curso da prescrição interrompe-se com o oferecimento da denúncia pelo Ministério Público.

C) o perdão expresso ou tácito concedido pelo ofendido a um dos querelados não pode ser aproveitado pelos demais na hipótese de ofensa conjunta por mais de um agente.

D) considerando que o delito previsto no art. 137, caput, do Código Penal prevê pena de detenção de quinze dias a dois meses ou multa, a prescrição da pena em abstrato ocorrerá em dois anos.

E) a sentença que conceder perdão judicial não será considerada para efeitos de reincidência.

Gabarito "E"

VUNESP/ Prefeitura de Suzano – SP/ Procurador Jurídico/2015
Sobre a extinção da punibilidade, assinale a alternativa correta.

A) Em caso de evasão do condenado, a contagem do prazo prescricional é suspensa e a pena cumprida não será deduzida para cálculo da prescrição.

B) A decadência, que consiste na perda do ius puniendi, via de regra, ocorre no prazo de 6 meses a contar da data do fato.

C) Nos crimes conexos, a extinção da punibilidade de um não impede, quanto aos outros, a agravação da pena resultante da conexão.

D) Concedido o perdão judicial, a sentença que o conceder será considerada para efeitos de reincidência.

E) As penas restritivas de direitos prescrevem em 3 (três) anos.

Gabarito "C"

VUNESP/ Prefeitura de Rosana – SP/ Procurador do Município/2016

Sobre as causas extintivas de punibilidade, é correto afirmar que a

A) lei posterior que deixa de considerar como infração um fato que era anteriormente punido (abolitio criminis) exclui os efeitos jurídicos penais e civis decorrentes da aplicação da lei anterior.

B) prescrição, antes de transitar em julgado a sentença final, começa a correr, no caso de tentativa, do dia em que cessou a atividade criminosa e nos casos dos crimes permanentes, do dia em que cessou a permanência.

C) perempção pode ser reconhecida na ação privada exclusiva e na ação privada subsidiária da pública e havendo dois ou mais querelantes, sua ocorrência alcança somente aquele que lhe deu causa, prosseguindo quanto aos demais.

D) decadência, perda do direito de ação ou de representação do ofendido em face do decurso de tempo, tem prazo sujeito a interrupção ou a suspensão.

E) anistia pode ocorrer antes ou depois da sentença, opera efeito ex nunc e não abrange os efeitos civis da decisão.

Gabarito "B"

CESPE/ DPE-RN/ Defensor Público Substituto/2015

No que se refere à extinção da punibilidade, assinale a opção correta.

A) Nos crimes contra a ordem tributária, o pagamento integral do débito tributário após o trânsito em julgado da condenação é causa de extinção da punibilidade.

B) Na compreensão do STF, a decisão que, com base em certidão de óbito falsa, julga extinta a punibilidade do réu não pode ser revogada, dado que gera coisa julgada material.

C) O indulto, ato privativo do presidente da República, tem por escopo extinguir os efeitos primários da condenação, isto é, a pena, de forma plena ou parcial. Todavia, persistem os efeitos secundários, tais como a reincidência.

D) O recebimento de queixa-crime pelo juiz não é condição para o reconhecimento da perempção.

E) O ajuizamento da queixa-crime perante juízo incompetente ratione loci, no prazo fixado para o seu exercício, não obsta o decurso do prazo decadencial.

Gabarito "C"

FCC/ TJ-SE/ Juiz Substituto/2015

João, brasileiro, é vítima de um furto na cidade de Paris, na França. O autor do delito foi identificado na ocasião, José, um colega brasileiro que residia no mesmo edifício que João. A Justiça francesa realizou o processo e ao final José foi definitivamente condenado a uma pena de 2 anos de prisão. Ambos retornaram ao país e José o fez antes mesmo de cumprir a sua condenação. Neste caso, conforme o Código Penal brasileiro,

A) não se aplica a lei penal brasileira, pois José já foi condenado pela justiça francesa.

B) aplica-se a lei penal brasileira por ser o furto um delito submetido à extraterritorialidade incondicionada.

C) aplica-se a lei penal brasileira, desde que haja requisição do Ministro da Justiça.

D) aplica-se a lei penal brasileira, se não estiver extinta a punibilidade segundo a lei mais favorável.

E) não se aplica a lei penal brasileira por ter sido o crime cometido em outro país.

Gabarito "D"

CESPE/ TJ-DFT/ Juiz/2016

A respeito da extinção da punibilidade, assinale a opção correta.

A) A superveniência de causa relativamente independente não exclui a imputação, quando, por si só, produziu o resultado, mas os fatos anteriores são imputados a quem os praticou.

B) O erro sobre elemento constitutivo do tipo legal de crime exclui a culpa, mas permite a punição por crime doloso, caso previsto em lei.

C) A conduta será culposa quando o agente der causa ao resultado por imprudência, negligência ou imperícia e só poderá ser considerada crime se houver previsão do tipo penal na modalidade culposa.

D) A extinção da punibilidade de um dos agentes, nos crimes conexos, impede, quanto aos demais agentes, a agravação da pena resultante da conexão.

E) O agente deixa de responder pelos atos praticados caso desista voluntariamente de prosseguir na execução ou impeça que o resultado se produza.

Gabarito "C"

FCC/ TJ-RR/ Juiz Substituto/2015

Constituem causas de extinção da punibilidade que se relacionam com a ação penal pública condicionada

A) a perempção e o perdão do ofendido.

B) a decadência e a perempção.

C) o perdão do ofendido e a composição homologada dos danos civis no juizado especial criminal.

D) a decadência e o perdão do ofendido.

E) a composição homologada dos danos civis no juizado especial criminal e a decadência.

Gabarito "E"

IESES/ TRE-MA/ Analista Judiciário – Judiciária/2015

Com relação às causas de extinção da punibilidade previstas no artigo 107 do Código Penal, assinale a alternativa correta.

A) A perempção é causa de extinção de punibilidade exclusiva da ação penal pública condicionada à representação.

B) No caso de concurso de crime, a extinção da punibilidade incidirá sobre a soma das penas.

C) A extinção da punibilidade pela morte do agente poderá ocorrer em qualquer momento da persecução penal, desde a instauração do inquérito até o término da execução penal, porém, extingue somente os efeitos principais da sentença condenatória não extinguindo a pena de multa.

D) O perdão do ofendido é a manifestação de vontade, expressa ou tácita, do ofendido ou do seu representante legal, no sentido de desistir da ação penal privada já iniciada, ou seja, é a desistência manifesta após o oferecimento da queixa, portanto, só será realizado na ação penal exclusivamente privada, sendo inadmissível na ação privada subsidiária da pública.

Gabarito "D"

FCC/ TRE-SE/Prova: Analista Judiciário – Área Judiciária/2015

Pedro, que contava com 69 anos de idade na época, sócio proprietário de uma empresa de embalagens, após ser alvo de uma diligência por agentes fiscais de determinado Estado no dia 11 de Julho de 2013, oferece dinheiro em espécie aos referidos funcionários públicos para não ter a empresa autuada pelo Fisco. O fato é noticiado à Autoridade Policial, que determina a instauração de inquérito policial. Relatado o Inquérito Policial, Pedro é denunciado por crime de corrupção ativa. A denúncia é recebida em 30 de Agosto do mesmo ano de 2013 e a ação penal é instaurada, com inquirição das testemunhas arroladas pelas partes, interrogatório do réu e debates entre Ministério Público e advogado. No dia 17 de Setembro de 2015 o processo é sentenciado pelo Magistrado que condena Pedro a cumprir pena de 2 anos de reclusão em regime inicial semiaberto, substituída por duas penas restritivas de direito. A sentença transita em julgado e o advogado de Pedro apresenta requerimento de extinção da punibilidade pela prescrição. Neste caso, o Magistrado, atentando para a pena fixada,

A) não deverá extinguir a punibilidade do réu pela prescrição, cujo prazo é no caso concreto de 3 anos.

B) não deverá extinguir a punibilidade do réu pela prescrição, cujo prazo é no caso concreto de 4 anos.

C) deverá extinguir a punibilidade do réu pela prescrição, consumada em 2 anos entre a data do recebimento da denúncia e a sentença.

D) não deverá extinguir a punibilidade do réu pela prescrição, cujo prazo é no caso concreto de 8 anos.

E) não deverá extinguir a punibilidade do réu pela prescrição, cujo prazo é no caso concreto de 6 anos.

Gabarito "C"

FCC/ TCE-AM/ Auditor/2015

O perdão judicial tem natureza jurídica de

A) causa de exclusão de culpabilidade.

B) causa extintiva da punibilidade.

C) efeito da sentença penal.

D) desistência voluntária.

E) efeito civil da sentença penal.

Gabarito "B"

COTEC/ Prefeitura de Unaí – MG/ Procurador Jurídico I/2015

Marque a alternativa CORRETA.

O funcionário público que contribui para a prática de apropriação de dinheiro público, na forma culposa, e depois repara o dano antes mesmo de ser julgado:

A) Terá sua pena reduzida à metade.

B) Terá sua pena reduzida a um terço.

C) Será beneficiado pela escusa absolutória.

D) Terá extinta a punibilidade

Gabarito "D"

FAURGS/ TJ-RS/ Juiz de Direito Substituto/2016

Considere as afirmações abaixo, sobre extinção da punibilidade.

I – É taxativo o rol das causas de extinção da punibilidade previsto no artigo 107 do Código Penal.

II – No caso de crimes conexos, a extinção da punibilidade de um deles não impede, quanto aos outros, a agravação da pena resultante da conexão, conforme dispõe o Código Penal.

III – Agente, reincidente, com 20 anos à data do fato criminoso ocorrido em 14 de março de 2007, foi denunciado como incurso nas penas do artigo 157, caput, do Código Penal. A denúncia foi recebida em 10 de dezembro de 2007 e até 14 de dezembro de 2015 não havia sido prolatada a sentença. Diante disso, pode-se afirmar que ocorreu a prescrição da pretensão punitiva, considerada a pena abstratamente cominada à infração.

Quais estão corretas?

A) Apenas I.

B) Apenas II.

C) Apenas III.

D) Apenas II e III.

E) I, II e III.

Gabarito "D"

MPE-SP/ MPE-SP/ Promotor de Justiça/2015

Mévio, com 20 (vinte) anos de idade, por sentença publicada no dia 05 de março de 2013, na qual reconheceu-se sua reincidência, foi condenado à pena de 01 (um) ano e 02 (dois) meses de reclusão, mais multa, por crime de receptação dolosa praticada em 12 de fevereiro de 2012, tendo a decisão transitado em julgado para o Ministério Público em 30 de março de 2013. Em 05 de maio de 2015, ao julgar apelo interposto em seu favor, o Tribunal:

A) deve julgar o mérito e não reconhecer a ocorrência de prescrição pois, por ser Mévio reincidente, assim reconhecido na sentença, o prazo prescricional é acrescido de 1/3 (um terço), conforme determina o art. 110, caput, do Código Penal.

B) deve decretar a extinção da punibilidade de Mévio em razão da ocorrência da prescrição intercorrente da pretensão executória estatal.

C) deve decretar a extinção da punibilidade de Mévio em face da ocorrência da prescrição intercorrente da pretensão punitiva estatal.

D) deve decretar a extinção da punibilidade de Mévio em face da prescrição retroativa da pretensão punitiva estatal.

E) deve decretar a extinção da punibilidade de Mévio em virtude da prescrição retroativa da pretensão executória estatal.

Gabarito "C"

PRESCRIÇÃO

26.1 CONCEITO E ASPECTOS GERAIS

De forma simples podemos afirmar que a prescrição nada mais é do que *a* **perda do direito de punir** (*jus puniendi*) pelo Estado, devido a sua inércia, quando não exercer este direito dentro de certo <u>lapso de tempo</u>, fixado previamente em lei para cada crime.

Em outras palavras, o **Estado** deve aplicar e executar a sanção penal em face da prática de um crime ou contravenção de acordo com certos limites temporais e, caso não o faça, perderá o direito de fazê-lo, ocorrendo a **prescrição** ficando extinta a punibilidade do fato.

Embora a prescrição tenha relação direta com o *processo penal*, trata-se de instituto de **direito material**, por isso se aplica a seus prazos a regra do **Art. 10 do CP**, ou seja, **computa-se o dia de início** na contagem.

A prescrição é uma das *causas de extinção da punibilidade* previstas no **Art. 107 do Código Penal** e impede a *aplicação ou a execução da pena e, sendo* **matéria de ordem pública**, **poderá ser declarada** *de ofício pelo juiz a qualquer momento durante o processo, ou mediante requerimento de qualquer das partes. Já no âmbito processual trata-se de* **matéria preliminar** *que, se reconhecida, impede a análise do mérito da ação penal.*

O Estado poderá perder, através da prescrição, o seu direito de condenar o réu e aplicar a pena (**prescrição da pretensão punitiva**), ou ainda perder a possibilidade de executar uma pena, já aplicada por sentença penal condenatória transitada em julgado (**prescrição da pretensão executória**) e, neste caso, se a prescrição for apenas da execução da pena (**prescrição da pretensão executória**), subsistem <u>todos</u> os *efeitos secundários* da sentença condenatória definitiva (**Ex:** antecedentes, reincidência etc.).

Podemos afirmar que a prescrição, como *causa de extinção da punibilidade* (**Art. 107 Inc. IV do CP**), se fundamenta na preservação da segurança jurídica para o autor de uma infração penal, evitando que este esteja eternamente sujeito à sanção do Estado. Faz-se necessária no combate a morosidade e inércia do Estado durante o processo e a execução de ações penais, e ainda na preservação das funções de *prevenção geral e especial da pena*, que com o decurso de longo período de tempo sem punição perdem sua eficácia.

De acordo com a nossa *Constituição Federal* são considerados **imprescritíveis**:

– A prática de racismo (Art. 5º Inc. XLII da CF / Lei nº 7.716/89)

– A ação de grupos armados (civis ou militares) contra a ordem democrática e o Estado de direito (Art. 5º Inc. XLIV da CF / Lei nº 7.170/83).

26.2 ESPÉCIES DE PRESCRIÇÃO

Nosso ordenamento apresenta **duas grandes espécies** de prescrição, uma relacionada a *ação penal*, e outra referente a *execução da pena*, são elas:

– Prescrição da pretensão punitiva: é a **prescrição da ação penal**, ou seja, ocorre desde a data da consumação do crime até *o* trânsito em julgado da sentença condenatória, impossibilitando que o Estado condene o réu, e que haja aplicação de pena.

Esta espécie de prescrição possui ainda duas subespécies, previstas no **Art. 110 § 1º do CP,** que estudaremos com detalhes mais adiante:

– Prescrição Intercorrente, superveniente ou subsequente

– Prescrição Retroativa

– Prescrição da pretensão executória: é a **prescrição da condenação penal**, ou seja, ocorre após o trânsito em julgado da sentença condenatória, impossibilitando a execução da pena concretamente aplicada na sentença definitiva.

26.2.1 Prescrição da Pretensão Punitiva (Art. 109 do CP)

Nessa espécie de prescrição, o Estado *perde a possibilidade de aplicar a pena* antes da sentença condenatória transitar em julgado e, portanto, o réu **não sofre qualquer efeito condenatório, permanecendo primário e com bons antecedentes, como dissemos, trata-se da prescrição da própria ação penal.**

Na prescrição da pretensão punitiva, como regra, toma-se por base a **pena máxima abstrata,** prevista na lei para o crime praticado e, de acordo com a **previsão do Art. 109 do CP,** os prazos prescricionais serão definidos conforme a tabela abaixo.

Se a **pena máxima abstrata** prevista no *Tipo* for:

- *Acima* de **12 anos – prescreve em 20 anos**
- *Acima* de **8 anos até 12 anos – prescreve em 16 anos**
- *Acima* de **4 anos até 8 anos – prescreve em 12 anos**
- *Acima* de **2 anos até 4 anos – prescreve em 8 anos**
- *De* **1 ano até 2 anos – prescreve em 4 anos**
- *Menor que* **1 ano – prescreve em 3 anos**

Importante lembrar que todos os prazos prescricionais serão **reduzidos pela metade** quando o agente, na *data da prática do crime*, era **menor de 21 anos,** ou *na data da sentença* condenatória (**1ª instância**) era **maior de 70 anos** *de idade* (**Art. 115 do CP**).

De acordo com o **Art. 111 do Código Penal,** *a contagem do prazo de* **prescrição da pretensão punitiva,** *via de regra, se* inicia na *data da consumação do fato, enquanto na hipótese de* **tentativa,** *o início de contagem do prazo se dá na data em que cessa a* **última prática de ato executório** (**Ex.:** *na tentativa de homicídio através de um envenenamento gradativo, o início de contagem da prescrição se dá na data do último ato de envenenamento*).

Entretanto, os **crimes permanentes** (Ex: *Sequestro – Art. 148 CP*) *o início de contagem do prazo prescricional se dá de forma diferente, qual seja, na data do* **término da permanência***, bem como nos* **crimes habituais** (Ex: *Exercício ilegal da medicina –* **Art. 282 do CP**) *em que o início de contagem do prazo prescricional será na data da prática pelo agente do* **último ato habitual** *que constitui o crime* (**STF**).

Há ainda outras exceções para o início de contagem do prazo prescricional:

– *No* **crime de bigamia** *(Art. 235 CP) e de* **falsificação ou alteração de assentamento do registro civil** *(Art. 299 par.* **único do CP***) a prescrição começa a correr na data em que o fato se* <u>tornar conhecido</u> *pela autoridade pública.*

– *Nos crimes previstos na* **Lei de Falências (Lei 11.101/05)** *o prazo prescricional começa a correr na data da* <u>decretação da falência</u>, *da concessão da recuperação judicial, ou com a homologação do plano de recuperação extrajudicial.*

– Nos **crimes contra a dignidade sexual** ou que <u>envolvam violência contra a criança e o adolescente</u>, previstos neste Código ou em legislação especial, o prazo prescricional começa a correr na *data em que a* **vítima completar 18 (dezoito) anos**, *salvo se a esse tempo já houver sido proposta a ação penal* **(Lei 14.344/22 – Lei Henry Borel).**

Devido ao início do prazo prescricional se dar em regra na data da consumação do crime, há sólido entendimento doutrinário afirmando que nosso Código Penal teria adotado a *Teoria do Resultado*, no que tange aos prazos prescricionais, excepcionando assim a regra adotada para determinação do **tempo do crime**, qual seja, a *Teoria da Atividade*. **(Art. 4º do CP)**

Importante lembrar que em hipótese de **concurso de crimes**, os **prazos prescricionais** são calculados em relação à pena de <u>cada um dos crimes separadamente</u> **(Art. 119 do CP)**, não incidindo as causas de aumento do *crime continuado* **(Art. 71 CP – Sum. 497 STF)** e do *concurso formal perfeito* **(Art. 70 1ª parte – CP)**, nem a somatória das penas do *concurso material* **(Art. 69 CP)** e do *concurso formal imperfeito* **(Art. 70 2ª parte – CP)**, para efeito de aplicação da prescrição e extinção da punibilidade.

Por fim, quanto aos prazos prescricionais em geral, uma vez iniciada sua contagem, pode ocorrer:

– **Suspensão do prazo**: havendo suspenção do prazo prescricional computa-se o lapso anterior à *causa suspensiva*, e ao término desta causa suspensiva se reinicia a contagem de *prazo* **do ponto onde parou (Art. 116 CP)**.

– **Interrupção do prazo**: havendo uma causa de interrupção a contagem do prazo prescricional para e imediatamente se reinicia "do zero" uma nova contagem, ou seja, *não se computa o lapso anterior de tempo* e se recomeça a contagem do prazo prescricional do início, por inteiro, a partir da causa interruptiva **(Art. 117 CP)**.

26.2.1.1 Causas de interrupção da prescrição da pretensão punitiva (Art. 117 CP)

As hipóteses de **interrupção da prescrição da pretensão punitiva** estão previstas no **Art. 117 Inc. I a IV do CP**, sendo que, considerando-se o início de contagem do prazo prescricional da pretensão punitiva com a realização do fato e seu termo final sendo o trânsito em julgado condenatório definitivo, quando ocorrer cada uma das causas interruptivas abaixo, deverá ser reiniciada a contagem do prazo, até a ocorrência da nova casa de interrupção, são elas:

I) Recebimento da denúncia ou da queixa.

II) Publicação da sentença de pronúncia no *tribunal do júri (fundada na materialidade do delito contra a vida e nos indícios de autoria) que submete o acusado ao procedimento específico do tribunal do júri.*

Neste caso aplica-se a **Súm. 191 do STJ,** *pela qual* a pronúncia **interrompe a prescrição** *ainda que o Tribunal do Júri desclassifique o crime.*

III) Decisão confirmatória da pronúncia: ocorre quando o réu for pronunciado e a defesa interpuser recurso (*recurso em sentido estrito*), isso se o tribunal negar provimento e confirmar a pronúncia.

IV) Publicação (em cartório) da sentença condenatória recorrível (1ª instância), ou do acórdão condenatório (2ª instância) recorrível (Lei nº 11.596/2007)

Importante lembrar que, a **sentença absolutória** não interrompe *o prazo prescricional, porém,* se for reformada uma sentença absolutória pelo tribunal, condenando o réu em razão de um recurso da acusação, interrompe-se o prazo neste momento em que o recurso for provido, sendo que uma nova interrupção do prazo só ocorrerá novamente com o trânsito em julgado da sentença **(Prescrição superveniente ou intercorrente – Art. 110 §1º do CP)**

Sendo reformada a sentença condenatória de *1ª instância* pelo tribunal, através de um recurso interposto pela defesa, **não haverá interrupção** do curso da prescrição, mantendo assim a data da interrupção ocorrida no momento da publicação da sentença condenatória de *1ª instância*, que então terá como marco final somente o trânsito em julgado definitivo. *(***Prescrição superveniente ou intercorrente – Art. 110 §1º do CP***).*

A sentença que aplica **medida de segurança** a um inimputável **(Art. 26 CP) não interrompe** o prazo prescricional, pois tem natureza absolutória (*absolvição impropria*), porém, se for aplicada a um semi-imputável *(Art. 26 par. único do CP)* **haverá interrupção** do prazo prescricional pois, neste caso, a sentença possui natureza condenatória, embora a pena aplicada seja diminuída (1/3 a 2/3), mesmo que essa pena venha a ser substituída por uma medida de segurança.

As causas de interrupção da **prescrição da pretensão punitiva** comunicam-se a todos os *coautores* e *partícipes* do crime, exceto nas hipóteses de *início de cumprimento de pena e a reincidência,* já que, estas se referem apenas a **prescrição da pretensão executória** e por isso são *personalíssimas* e incomunicáveis **(Art. 117 §1º do CP).**

Ex: Se dois agentes são processados como coautores de determinado crime, sendo que, um deles é condenado e o outro absolvido, havendo recurso do MP contra a absolvição deve-se considerar como marco interruptivo da prescrição a *sentença condenatória recorrível,* proferida em relação ao réu que foi condenado.

Isto também ocorre em relação a **crimes conexos**, objetos de um mesmo processo, ou seja, a sentença condenatória de um dos crimes, será usada como marco interruptivo da prescrição para os demais crimes em que tenha havido absolvição, isto em hipótese de haver recurso da acusação.

Importante lembrar que a sentença concessiva do **perdão judicial** não interrompe *a prescrição, caso haja recurso da acusação, pois possui* **natureza declaratória** *de extinção da punibilidade* **(Súm. 18 do STJ***), sendo assim, o prazo prescricional corre direto, desde o recebimento da denúncia até a publicação do acordão condenatório (2ª instância), ou até o trânsito em julgado definitivo.*

Por fim, não podemos esquecer que o início, ou continuação, de *cumprimento de pena e a reincidência também são causas interruptivas do prazo prescricional, porém, como dissemos, se referem somente a* **prescrição da pretensão executória** *(após o trânsito em julgado), que estudaremos* mais adiante.

26.2.1.2 Causas de suspensão da prescrição da pretensão punitiva (Art. 116 do CP)

Conforme vimos, há certas hipóteses que serão **causas de suspensão do prazo prescricional**, chamadas também de **causas impeditivas da prescrição**, previstas no **Art. 116 Inc. I e II do CP**, e que impedem ou suspendem o curso do prazo prescricional, sendo que, este prazo só terá sua contagem retomada (de onde parou) ao término da referida condição suspensiva.

As **causas suspensivas da prescrição** estão previstas no **artigo 116 do Código Penal** que, com os acréscimos promovidos pela **Lei 13.964/2019**, passou a ter a seguinte redação:

" **Art. 116 CP** – Antes de passar em julgado a sentença final, a prescrição não corre:

I – enquanto não resolvida, em outro processo, questão de que dependa o reconhecimento da existência do crime;

II – enquanto o agente cumpre pena no exterior;

III – na pendência de embargos de declaração ou de recursos aos Tribunais Superiores, quando inadmissíveis; e

IV – enquanto não cumprido ou não rescindido o acordo de não persecução penal.

Parágrafo único – Depois de passada em julgado a sentença condenatória, a prescrição não corre durante o tempo em que o condenado está preso por outro motivo"

De acordo com entendimento já pacificado em nossa doutrina e jurisprudência, como a prescrição possui **natureza de Direito Penal material**, já que interfere como *causa de extinção do poder de punir* do Estado (*Jus Puniendi*), as modificações promovidas neste tema, de caráter punitivo, só poderão ser aplicadas para crimes cometidos <u>após</u> o início de vigência da nova Lei, em face do *princípio da irretroatividade* (**Art. 2º CP**).

Logo, as hipóteses previstas nos **incisos III e IV do artigo 116 do CP** só poderão ser aplicadas a fatos cometidos a <u>partir do dia de 23 da janeiro de 2020</u>, sendo que, isto <u>não</u> se aplica ao **inciso II do Art. 116 CP** que apenas teve sua redação formalmente alterada, sem nenhuma mudança no conteúdo norma nele prevista.

Com as alterações feitas no referido dispositivo do Código Penal, percebe-se que no **inciso I** <u>não houve alterações</u>, e a prescrição não corre enquanto, em outro processo, não for resolvida questão de que depende a existência do crime (**questão prejudicial – Ex.:** Enquanto se discute no juízo cível a *validade de um primeiro casamento* suspende-se o prazo prescricional no que tange ao julgamento do *crime de bigamia –***Art. 235 CP***).

Também permaneceu igual a suspensão do prazo prescricional prevista no **inciso II** para a qual nos casos em que o agente esteja cumprindo pena no exterior suspende-se o prazo, já que apenas houve alteração do termo "estrangeiro" para "exterior".

Com base no **Inciso III do Art. 116 do CP**, inserido pela nova lei, a prescrição passa também a <u>não correr</u> durante a pendência de *embargos de declaração* e de *recursos aos tribunais superiores (STF/STJ)*, porém, somente quando estes forem <u>inadmissíveis</u>, ou seja, deve-se demonstrar a inadmissibilidade dos recursos para que ocorra a referida **suspensão do prazo prescricional**.

Já nos termos do novo **Inciso IV do Art. 116 do CP**, uma vez celebrado o **acordo de não persecução penal**, também efetivamente criado pela **Lei 13.964/2019**, fica suspenso o prazo prescricional, enquanto este acordo <u>não</u> for cumprido ou <u>não</u> for rescindido.

Por fim, <u>não</u> houve alteração no **parágrafo único do Art. 116 do CP**, e a <u>prisão</u> do indivíduo, por outro motivo, permaneceu como **causa suspensiva da prescrição**, ou seja, se o agente estiver preso por delito diverso o prazo prescricional não corre, e somente voltará a transcorrer quando este agente estiver novamente em liberdade.

Importante lembrar que a <u>suspensão dos prazos prescricionais</u> **não** possui um *limite máximo* de tempo definido em Lei, porém, de acordo com a **súmula 415 do STJ** "o período de suspensão do prazo prescricional é regulado pelo máximo da pena cominada". Sendo assim, <u>extrapolado</u> o tempo correspondente ao *máximo de pena cominada abstratamente para o crime* em questão, o **prazo prescricional deve voltar a correr** normalmente, <u>superada ou não sua causa suspensiva</u>.

Além das hipóteses previstas no Código Penal há também outras **causas de suspensão** do prazo prescricional ligadas ao processo penal, como no caso do acusado <u>citado por edital</u>, não comparecer ou não constituir advogado de defesa no processo (**Art. 366 do CPP**), ou ainda quando o *Senado ou Câmara de Deputados* impede que se processe um de seus membros, até o *término do mandato,* ficando suspenso o prazo prescricional do crime a partir dessa data (***Obs:** com a EC nº 35 não é preciso que haja autorização prévia para processar, mas pode haver a sustação do andamento da ação por decisão do congresso – Art. 53 §4º da CF*).

Por fim, também suspende o curso do prazo prescricional a concessão da **suspensão condicional do processo**, prevista na **Lei nº 9.099/95 (Art. 89 § 6º)**, que será aplicada para crimes cuja *pena mínima*, abstratamente prevista, seja de até 1 ano.

26.2.1.3 Espécies anômalas de prescrição da pretensão punitiva

Há **duas subespécies** de *prescrição da pretensão punitiva*, mas que, diferentemente da regra geral, levam em conta a **pena concreta** aplicada ao crime, também de acordo com a previsão do **Art. 109 do CP,** para determinar o prazo prescricional, isso por terem como marco inicial a sentença condenatória de 1ª instância, ou então o trânsito em julgado da sentença, em que já terá ocorrido a dosimetria da pena.

São elas:

A) Prescrição superveniente, intercorrente ou subsequente (Art. 110 § 1º do CP)

É espécie de *prescrição da pretensão punitiva* regulada pela **pena concretamente *aplicada*** na sentença condenatória recorrível de *1ª instância* (ou acordão recorrível na 2ª instância), logo, seu prazo ***começa a correr*** a *partir da publicação da sentença condenatória (1ª instância)*, ou do acordão (2ª instância) e tem como **termo final** o *trânsito em julgado definitivo da sentença* para ambas as partes.

Esta espécie de prescrição pode ocorrer em duas hipóteses:

I) Trânsito em julgado para a acusação

Prolatada a sentença condenatória, se a acusação não recorrer, e apenas a defesa recorrer poderá ocorrer a *prescrição intercorrente* entre a data da sentença condenatória e o julgamento definitivo do recurso, com base na **pena concretamente** aplicada na sentença de *1ª instância*, nos termos da referida tabela do Art. 109 do CP (**Súm. 146 do STF**).

II) Com o improvimento do recurso da acusação, ou com provimento que ao modificar a pena <u>não</u> altere o prazo prescricional referente a pena aplicada previamente na sentença de primeira instância.

Podemos ilustrar esta situação com o seguinte exemplo:

O réu foi condenado a *3 meses* de pena e o recurso da acusação só foi julgado **4 anos** depois da sentença condenatória. Sendo *improvido* o recurso, ou *modificada a pena concreta dentro do limite* de menos de 1 ano, mantem-se o prazo prescricional da pena inicial (**Art. 109 do CP – 3 anos**), havendo, assim, a **prescrição superveniente.**

B) Prescrição retroativa (Art. 110 §1º do CP)

A **prescrição retroativa** é espécie de *prescrição da pretensão punitiva* que se regula pela <u>pena concreta definitiva</u> (de acordo com a disposição do **Art. 109 do CP**), sendo *contada regressivamente,* ou seja, *de "trás para frente", a **partir da sentença condenatória definitiva** (transitada em julgado)*, passando-se novamente por todos os intervalos, lapsos interruptivos do processo, até chegar ao recebimento da denúncia, marco final desta modalidade de prescrição.

Na verdade, deve-se *refazer a análise e uma nova contagem,* de "trás pra frente", *dos lapsos de tempo* entre os marcos interruptivos da prescrição, ocorridos durante o processo, só que agora utilizando-se um novo prazo prescricional, definido *com base na* **pena concretamente e definitivamente aplicada** *na sentença condenatória transitada em julgado.*

Sendo assim, deve-se recontar os lapsos do processo da seguinte forma:

I) entre a data do trânsito em julgado até a data da sentença condenatória de 1ª instância (ou acordão de 2ª instância).

Importante lembrar que, caso a pena não tenha diminuído no trânsito em julgado a ponto de mudar o prazo prescricional, essa contagem é inútil, pois será a mesma contagem com o mesmo prazo já considerado na *prescrição intercorrente.*

II) Entre a *publicação da sentença condenatória* (1ª instância) e *data do recebimento da denúncia. Sendo que é neste intervalo que se verifica a maior incidência da* **prescrição** *retroativa, já que na primeira contagem deste lapso, feita durante o processo, é levada em conta a pena máxima abstrata prevista para o crime, como parâmetro para delimitar o prazo prescricional.*

Importante lembrar que em caso de *sentença* **absolutória** *em 1ª instância e* **condenatória** *de 2ª instância* conta-se a ***prescrição retroativa*** *do trânsito em julgado* direto até a data do <u>recebimento da denúncia</u>, já que a *sentença absolutória* **não** interrompe o prazo prescricional.

Com o advento da **Lei nº 12.234/2010** passou a **não** ser mais possível se calcular a **prescrição retroativa** tomando por base o lapso de tempo entre a data do recebimento da denúncia e a data da prática do fato, sendo assim, como dissemos, o **termo final** da prescrição retroativa será exatamente o início do processo, ou seja, o **recebimento da denúncia.**

26.2.2 Prescrição da pretensão executória (art. 110, *caput*, do CP)

Trata-se da **prescrição da execução da pena** *concretamente aplicada (*nas bases da previsão do **Art. 109 do CP**), sendo que, seu prazo começa a correr a partir do *trânsito em julgado da sentença* condenatória ou, no caso do condenado estar cumprindo a pena, do *dia que se interrompe a execução da pena aplicada* (**Art. 112 do CP**), *por exemplo, pela fuga do condenado.*

Na hipótese de o condenado já estar cumprindo pena, se houver a *interrupção deste cumprimento* começará a correr o prazo da **prescrição da pretensão executória**, *para que o Estado atue e coloque o agente de novo para cumprir sua pena.* Porém, este prazo será delimitado com base no tempo restante de *pena concreta* **que ainda falta cumprir**, de acordo com o estabelecido no **Art. 109 do CP**, *devendo ser descontado o tempo de pena já cumprido* (**Art. 113 do CP**).

Como vimos, a contagem do prazo da **prescrição da pretensão executória** se inicia com o **trânsito em julgado** da sentença condenatória, ou com a *interrupção do cumprimento da pena, porém, n*ão podemos deixar de lembrar que o *prazo* da prescrição da pretensão executória, será aumentado de *1/3* se o condenado for reincidente (**Art. 110 do CP**).

O referido aumento de prazo prescricional, produto da **reincidência**, é exclusivo da **prescrição executória**, e não se aplica às demais espécies de prescrição, sendo unânime o entendimento firmado pela **súmula 220 do STJ de que não se aplica** esse aumento a nenhuma modalidade de *prescrição da pretensão punitiva.*

No que tange a **suspensão *(impedimento) d*o** prazo da **prescrição da pretensão executória** entende-se que uma vez transitada em julgado a condenação, não irá correr a prescrição da pretensão executória durante o período de tempo que o indivíduo estiver preso por outro crime (**Art. 116 par. único do CP**), *sendo que, o mesmo ocorre se o condenado estiver em* livramento condicional, *ou durante com o período de prova do sursis (suspensão condicional da pena) em curso.*

26.3 PRESCRIÇÃO DA PENA DE MULTA E DAS PENAS RESTRITIVAS DE DIREITO

Quanto à *prescrição da pretensão punitiva*, nos termos do **Art. 114 do CP**, as **penas de multa** prescrevem em **2 anos,** quando a multa for única pena cominada ou aplicada, ou no **mesmo prazo da** *pena privativa de liberdade* referente ao crime quando a multa for *cumulativa ou alternativamente* cominada na lei, seguindo, assim, a orientação do **Art. 118 do CP** que determina que as penas mais leves prescrevem com as mais graves.

Há divergência na doutrina a respeito do prazo para *prescrição da pretensão executória* da pena de multa, isto por que, o **Art. 51 do Código Penal** determina que a multa não paga torna-se dívida de valor para com a *Fazenda Pública*, devendo seguir as regras de execução de dívidas inscritas na dívida ativa, inclusive no que tange à interrupção e suspensão de prazos prescricionais.

O **STJ** havia pacificado o entendimento no sentido de que a legitimidade para promover a **execução da pena de multa** é da **Fazenda Pública** (**Súm. 521 STJ**), e não do Ministério Público, seguindo os termos do **Art. 51 do CP**, isso porque, embora a multa ainda possua natureza de sanção penal (pena), por ser produto de crime, após o trânsito em julgado da sentença condenatória a *multa* passaria a ser considerada dívida de valor para com o Estado, saindo assim da esfera de atuação do Juízo da Execução Penal, e se tornando responsabilidade da Fazenda Pública

Porém, este entendimento não á mais aplicável pois, com o advento do Pacote anticrime (Lei 13964/19) houve modificação do texto do Art. 51 do CP, passando para o juízo da execução penal a legitimidade para executar a pena de multa não paga, da seguinte forma:

> **Art. 51.** Transitada em julgado a sentença condenatória, a multa será executada perante o juiz da execução penal e será considerada dívida de valor, aplicáveis as normas relativas à dívida ativa da Fazenda Pública, inclusive no que concerne às causas interruptivas e suspensivas da prescrição. (Redação dada pela Lei nº 13.964, de 2019)

Desta forma, no que tange aos prazos prescricionais para a execução da pena de multa deve-se seguir o mesmo entendimento e, portanto, a **prescrição da pretensão executória** da **pena de multa** ocorrerá em **2 anos (Art. 114 CP – 2 anos).**

No que tange as **penas restritivas de direitos** é entendimento amplamente dominante, inclusive no **STF**, que estas devem seguir os mesmos prazos referentes às penas privativas de liberdade aplicadas ao caso concreto e que, de acordo com as regras do **Art. 44 do CP**, foram por elas substituídas. **(Art. 109 par. único do CP).**

26.4 PRESCRIÇÃO DAS MEDIDAS DE SEGURANÇA E DAS MEDIDAS SOCIOEDUCATIVAS

As **medidas de segurança** se sujeitam normalmente a extinção da punibilidade pela prescrição, seja quando forem aplicadas aos *inimputáveis* (**Art. 26 do CP**), seja quando substituírem a pena privativa de liberdade aplicada ao *semi-imputável* (**Art. 26 par. único do CP**).

Quanto a medida de segurança aplicada aos *semi-imputáveis* a prescrição será a mesma referente a pena privativa de liberdade aplicada e substituída, nos termos do Art. 26 par. único do CP, já em relação a medida de segurança aplicada aos *inimputáveis* (**Art. 26 *caput* CP**) o entendimento dominante (**STF**) é que a prescrição, tanto da *pretensão punitiva* quanto da *pretensão executória*, será determinada com base na **pena privativa de liberdade máxima** abstratamente prevista no Tipo penal realizado (de acordo com o estabelecido pelo **Art. 109 do CP**).

Já as **medidas socioeducativas,** aplicadas através do **ECA (Lei 8.069/90)** aos menores de idade (**Art. 27 do CP**), também estão sujeitas à prescrição normalmente, utilizando-se a **pena máxima em abstrato** prevista para o *fato típico* (ato infracional) realizado, de acordo com o estabelecido pelo **Art. 109 do CP**, reduzindo-se este prazo pela metade em face de se tratar de pessoa menor de 21 anos (**Art. 115 CP**).

26.5 PRESCRIÇÃO PELA PENA IDEAL, PRESCRIÇÃO VIRTUAL OU PRESCRIÇÃO EM PERSPECTIVA

Esta modalidade de prescrição foi exclusivamente uma criação da doutrina, sem qualquer previsão legal, através da qual a **prescrição da pretensão punitiva** poderia ser aplicada de acordo com a **pena concreta projetada**, *com base nos fatos presentes nos autos do processo.*

Dessa forma, seria possível se considerar o fato como prescrito antecipadamente, quando *não houvesse interesse de agir* do Estado, por se constar que, em **face da futura pena concreta máxima possível para o crime praticado, e de acordo com os autos do processo, o crime necessariamente será declarado prescrito ao seu final.** Isto ocorreria devido a recontagem dos lapsos interruptivos, com base na pena concreta definitiva, através da prescrição retroativa.

Anteriormente, a maioria das hipóteses de **prescrição em perspectiva** poderia ocorrer antes mesmo do início do processo, quando se constatava que, entre a data do fato e o momento do recebimento da denúncia já havia se passado um período de tempo suficiente para que ao término do processo, com a recontagem dos lapsos interruptivos pela prescrição retroativa (entre o fato e a denúncia), ocorresse prescrição, em face da pena concreta que iria ser aplicada.

Entretanto, devido a alteração promovida pela **Lei nº 12.234/2010**, a **prescrição em perspectiva** ficou extremamente limitada, já que com esta Lei a **prescrição retroativa** não pode mais alcançar o lapso de tempo entre a *data do fato* e o *recebimento da denúncia*, passando a ter como termo final exatamente o início do processo.

Logo, como atualmente o último lapso temporal da **prescrição retroativa** será aquele entre a sentença condenatória de primeira instância e o recebimento da denúncia, não mais se pode cogitar a **prescrição pela pena ideal** com base no tempo entre a data do fato e o recebimento da denúncia.

Com isso, a **prescrição pela pena ideal**, projetada no início do processo com base na provável pena final e definitiva a ser aplicada, praticamente se extinguiu, porém, embora bastante raro, acreditamos que nada impede seu reconhecimento no período que vai do recebimento da denúncia ou da queixa até a sentença de 1ª instância.

Sendo assim, tomando por base a **prescrição retroativa** que irá se aplicar ao final do processo, eventualmente pode se constatar que *entre a data em que ocorreu o recebimento da denúncia* e o atual estágio do processo já se ultrapassou o limite de prazo prescricional referente à **pena concreta** que será aplicada ao crime em questão. Neste caso, o crime deverá ser *declarado prescrito, sendo desnecessário se aguardar o final do processo para aplicação da referida* **prescrição retroativa.**

Contudo, em que pese a opinião de boa parte da doutrina nacional de que, por uma questão de economia processual e razoabilidade, a **prescrição em perspectiva**, embora bastante limitada, ainda deve ser considerada possível, atualmente a **súmula 438 do STJ** impede totalmente a aplicação dessa modalidade de prescrição em nosso ordenamento.

– Súm. 438 do STJ: *"É inadmissível a extinção da punibilidade pela prescrição da pretensão punitiva com fundamento em pena hipotética independentemente da existência ou sorte do processo penal".*

PARTE ESPECIAL

Dos crimes
contra a pessoa

O Título I da Parte Especial do Código Penal trata dos crimes contra a pessoa, dividindo-se em seis capítulos: dos crimes contra a vida (Capítulo I), das lesões corporais (Capítulo II), da periclitação da vida e da saúde (Capítulo III), da rixa (Capítulo IV), dos crimes contra a honra (Capítulo V) e dos crimes contra a liberdade individual (Capítulo VI).

Analisar o conceito de pessoa é fundamental para a compreensão dos tipos penais previstos nesse título e, no Direito, existem dois tipos de pessoas: as pessoas naturais (ou físicas) e as pessoas jurídicas.

Pessoa natural é o homem (ser humano) e o direito penal adota um conceito de pessoa natural mais amplo do que o do direito civil, considerando a existência da pessoa desde o início da vida intrauterina, protegendo o feto, e depois a vida extrauterina.

As **pessoas jurídicas**, ou seja, as empresas, são entes ficcionais criados pelo Direito e que adquiriram personalidade própria para viabilizar atos de comércio bem como sua administração, e sua responsabilidade penal, embora contestada por boa parte da nossa doutrina, se restringe, em nosso ordenamento, ao âmbito dos crimes ambientais (Lei 9605/98).

O *Direito Penal* considera surgimento da personalidade como sendo anterior ao nascimento com vida, ao contrário do observado pela esfera cível, em que o nascimento com vida (extrauterina) determina o início da personalidade.

1.1 DOS CRIMES CONTRA A VIDA

1.1.1 Homicídio

Por definição o **Homicídio** é a extinção da vida de uma pessoa praticada por outra, não se incluindo nesse conceito a supressão da vida realizada pela própria vítima, hipótese de autolesão impunível, mas que pode vir a caracterizar o crime de *induzimento ao suicídio* (Art. 122 CP).

O **Art. 121 do CP,** que tipifica o crime de homicídio, divide-se da seguinte forma:
- **Homicídio simples** (Art. 121, *caput* CP)
- **Homicídio privilegiado**, com causa de diminuição de pena (**Art. 121, § 1º CP**).
- **Homicídio qualificado** (Art. 121, § 2º CP)
- **Homicídio culposo** (Art. 121, § 3º CP)
- **Homicídio circunstanciado**, com causas de aumento de pena (**Art. 121, § 4º CP**)
- **Perdão judicial** no **homicídio culposo** (Art. 121, § 5º CP).

1.1.1.1 Homicídio simples (art. 121, caput, CP)

Art. 121. Matar alguém:

Pena – reclusão, de seis a vinte anos.

1.1.1.1.1 Bem jurídico tutelado

O tipo penal do **homicídio** visa proteger a **vida**, bem jurídico *indisponível*, pouco importando que a vida esteja em fase embrionária, que seja viável ou que esteja próxima de seu fim, existindo vida, haverá a proteção do bem jurídico vida e possibilidade de haver homicídio, ou outro crime contra vida.

1.1.1.1.2 Sujeitos ativo e passivo

Qualquer pessoa pode ser **sujeito ativo** (crime comum) do crime de homicídio, e o **sujeito passivo** do homicídio também pode ser qualquer pessoa viva.

Atualmente, a doutrina utiliza o *critério da morte encefálica* como mais adequado e razoável para a determinação do momento da morte (**Lei nº 9.434/97**), sendo importante lembrar que a interrupção da gravidez com a morte do feto configura **crime de aborto** (**Art. 124/125/126 CP**), e somente a partir do início dos procedimentos de parto é que poderá haver o crime de **homicídio (Art. 121 CP)** ou de **infanticídio (Art. 123 CP)**

1.1.1.1.3 Tipo subjetivo

O **homicídio simples** prevê o **dolo** de tirar a vida de outrem (*animus necandi*) como **elemento subjetivo do tipo**, ou seja, a intenção, consciência e vontade de matar alguém (*dolo direto*), admitindo também a possibilidade da previsão do resultado morte com o agente assumindo o risco de matar alguém (*dolo eventual*).

O **dolo direto** deve abranger todos os elementos da conduta típica, visando a produção do resultado morte, enquanto no **dolo eventual** o agente se conforma com o resultado morte previsto e diante da situação concreta *assume o risco* de produzir o resultado morte, sendo, assim, indiferente quanto a lesão à vida de terceiros.

No *caput* do **Art. 121** não há previsão de qualquer *elemento subjetivo especial*, ou seja, **não há** um especial fim de agir (finalidade específica), porém, em algumas hipóteses de homicídio o fim colimado, ou motivo específico de agir, poderá caracterizar circunstâncias qualificadoras ou formas privilegiadas do crime.

1.1.1.1.4 Tipo Objetivo

O crime de homicídio é classificado como *crime de forma livre*, ou seja, admite qualquer meio executório para a sua realização.

Os **meios de execução** no homicídio podem ser *diretos*, ou seja, que incidem diretamente sobre o corpo da vítima (**Ex:** dar um tiro na vítima como meio direto de execução), ou *indiretos*, em que a conduta não atinge a vítima de forma imediata, mas acaba gerando o resultado (**Ex:** levar a vítima a ingerir veneno, pensando ser água).

Há ainda os *meios materiais* (mecânico ou químicos – facada, afogamento, envenenamento, tiro etc.) e *morais* (quando alguém conta a um cardíaco sobre a falsa morte de seu filho, para provocar um ataque do coração).

Por fim, é importante lembrar que o homicídio também pode ser praticado *por ação* (conduta positiva, fazer algo) ou *por omissão* (**omissão imprópria** – a inércia do agente garantidor, uma abstenção, um não fazer algo – conduta negativa).

1.1.1.1.5   Consumação e tentativa

O crime de homicídio se **consuma** com a produção do resultado morte de alguém (**crime material**), pessoa viva, considerando-se para isso o momento da **morte encefálica** (**Lei nº 9.434/97 – Lei de transplante de órgãos**).

Trata-se de um crime *instantâneo de efeitos permanentes*, instantâneo porque a **consumação** ocorre em um momento único (momento da morte) e não se protrai pelo tempo, porém de efeitos permanentes, já que o resultado morte é definitivo e a lesão ao bem jurídico tutelado se prolonga pelo tempo.

Por fim, pode-se dizer que o homicídio é um clássico exemplo de *crime de dano*, pois **não** se consuma com a mera produção de um risco para o bem jurídico tutelado, exigindo um *dano concreto* (morte) para sua **consumação**.

O crime de homicídio é de natureza *plurissubsistente*, por isso admite o fracionamento dos seus **atos executórios** e, portanto, poderá ser tentado (Art. 14, II, CP) quando, iniciada a execução do crime, não sobrevenha o resultado morte por circunstâncias alheias à vontade do autor, punindo-se, assim, o homicídio, com a pena reduzida de *1/3 a 2/3*.

1.1.1.2   Homicídio privilegiado (Art. 121 § 1º CP)

A **forma privilegiada** do homicídio nada mais é do que uma **causa de diminuição de pena (1/6 a 1/3),** aplicada na 3ª fase da dosimetria da pena, que será reconhecida em três situações:

a) Relevante valor social:

Motivos que sejam de <u>interesse da sociedade</u> como um todo, que importem à coletividade. Embora prevista na lei essa forma privilegiada não possui muita incidência prática, em face da *política criminal*, já que poderia estimular certas condutas indesejadas como os chamados "justiceiros" (**Ex:** provocar a morte de um traidor da pátria em tempos de guerra / sujeito que mata um traficante de entorpecentes que mantinha uma comunidade carente sob seu comando)

b) Relevante valor moral:

São *motivos* que sejam do <u>interesse particular</u> do próprio agente, e que estejam de acordo com os princípios morais da sociedade em que este se insere. (**Ex:** eutanásia – *Homicídio piedoso*)

É verdade que não há como se avaliar os motivos de *relevante valor social* e *relevante valor moral* sem a análise das condições pessoais do agente, mas será fundamental, em ambas as hipóteses, avaliar sempre o que se entende comumente, sob um prisma geral, por moralidade e por um bem comum para terceiros e para a sociedade.

c) Homicídio "emocional" (crime de ímpeto).

O **homicídio** também será considerado **privilegiado,** e terá sua pena diminuída, de acordo com os seguintes <u>requisitos cumulativos:</u>

1º) Domínio de violenta emoção: quando o agente fica com sua capacidade de autodeterminação diminuída a ponto de não conseguir conter seus impulsos pelo fato de ter sido provocado injustamente.

Neste caso responde pelo crime, já que a emoção ou a paixão não excluem a imputabilidade (**Art. 28 Inc. I do CP**), mas a sua pena será diminuída.

2º) Logo em seguida (reação imediata): entre a injusta provocação e a reação do agente não poderá haver intervalo relevante de tempo e, por isso, o agente deve atuar imediatamente após sofrer a injusta provocação, demonstrando assim estar agindo em um **ato de ímpeto**.

3º) Injusta provocação da vítima: isto ocorre quando a própria vítima provoca, estimula, incita o agente *injustamente* (sem autorização legal ou sem justificativa razoável) levando-o a atuar para matar (**Ex:** deboche, risadas ostensivas, preconceito, ofensas à honra própria ou de familiar).

Cuidado, não se deve confundir o **homicídio privilegiado**, também chamado de *"homicídio emocional"*, com a hipótese prevista como *atenuante genérica*, aplicável a qualquer crime, não só o homicídio, praticado *"sob a influência de violenta emoção, provocada por ato injusto da vítima"* (**Art. 65 III, "c" CP**).

Na hipótese da referida atenuante de pena **não** se exige que o agente atue sob o **domínio** de violenta emoção, mas tão somente que o ato tenha sido realizado mediante uma **mera influência** da violenta emoção, não se exigindo também o requisito temporal *"logo em seguida"*.

Por fim, quanto à possibilidade destas *causas de diminuição de pena* (forma privilegiada) se comunicarem a **coautores** e **partícipes** do crime de homicídio, a maioria da doutrina entende que, seguindo a regra do **Art. 30 do CP**, isso não ocorrerá.

Explico, todas essas *causas de diminuição de pena* do homicídio têm **natureza subjetiva**, de caráter pessoal, e por **não** serem elementos essenciais da definição deste crime, nem fazerem parte do *caput* do homicídio, <u>não são elementares do tipo</u>, e, portanto, serão **incomunicáveis** não incidindo nos coautores e partícipes do crime para diminuir sua pena.

1.1.1.3   Homicídio qualificado (Art. 121 § 2º CP)

Como sabemos, a **forma qualificada** de um crime é aquela em que a lei prevê uma *nova pena mínima* e uma *nova pena máxima*, maiores que as previstas para sua forma simples, em determinadas hipóteses expressamente previstas no dispositivo legal qualificado.

De acordo com o Código Penal o homicídio será **qualificado** e, portanto, punido com pena de *reclusão de 12 (doze) a 30 (trinta) anos* de reclusão:

§ 2º Se o homicídio é cometido:

I – mediante paga ou promessa de recompensa, ou por outro motivo torpe;

II – por motivo fútil;

III – com emprego de veneno, fogo, explosivo, asfixia, tortura ou outro meio insidioso ou cruel, ou de que possa resultar perigo comum;

IV – à traição, de emboscada, ou mediante dissimulação ou outro recurso que dificulte ou torne impossível a defesa do ofendido;

V – para assegurar a execução, a ocultação, a impunidade ou vantagem de outro crime:

VI – contra a mulher por razões da condição de sexo feminino: (Incluído pela Lei nº 13.104, de 2015)

VII – contra autoridade ou agente descrito nos arts. 142 e 144 da Constituição Federal, integrantes do sistema prisional e da Força Nacional de Segurança Pública, no exercício da função ou em decorrência dela, ou contra seu cônjuge, companheiro ou parente consanguíneo até terceiro grau, em razão dessa condição: (Incluído pela Lei nº 13.142, de 2015)

VIII – com emprego de arma de fogo de uso restrito ou proibido (Incluído pela Lei 13.964/19 – veto derrubado)

Pena: *reclusão, de doze a trinta anos.*

§ 2º-A Considera-se que há razões de condição de sexo feminino quando o crime envolve: (Incluído pela Lei nº 13.104, de 2015)

I – violência doméstica e familiar; (Incluído pela Lei nº 13.104, de 2015)

II – menosprezo ou discriminação à condição de mulher. (Incluído pela Lei nº 13.104, de 2015)

§ 2º-B. A pena do homicídio contra menor de 14 (quatorze) anos é aumentada de: (Incluído pela Lei nº 14.344, de 2022)

I – 1/3 (um terço) até a metade se a vítima é pessoa com deficiência ou com doença que implique o aumento de sua vulnerabilidade;

II – 2/3 (dois terços) se o autor é ascendente, padrasto ou madrasta, tio, irmão, cônjuge, companheiro, tutor, curador, preceptor ou empregador da vítima ou por qualquer outro título tiver autoridade sobre ela.

Desta forma, podemos classificar as qualificadoras do homicídio, para tornar a pena do crime mais severa, em razão de certos *motivos determinantes* (**incisos I e II**), pelos *meios e modos de execução* (**incisos III e IV**), pela *conexão ou fins visados pelo autor* (**inciso V**) e, por fim, pelas *características pessoais de vítima* (**incisos VI e VII**), novidades incluídas pelas **Lei 13.104/2015** que previu o **feminicídio** e o homicídio contra *autoridades* e *agentes de segurança pública*, e ainda a nova forma qualificada de homicídio (*contra menor de 14 anos*), incluída no **inciso IX no parágrafo 2º do CP** do CP pela **Lei 14.344 de 2022 (Henry Borel)**, que também criou as duas *causas específicas de aumento de pena* para este homicídio contra menor de 14 anos do **Art. 121, § 2º-B do CP.**

Vamos fazer uma breve análise de cada uma das circunstâncias qualificadoras do homicídio:

I) Mediante paga ou promessa de recompensa ou outro motivo torpe

A doutrina costuma chamar essa hipótese de *"homicídio mercenário"*, os famosos casos de "matador de aluguel", sendo que, a forma **paga** acontece através do recebimento anterior ao cometimento do crime, enquanto a qualificadora pela **promessa** de recompensa ocorre com a expectativa por parte do autor do recebimento de certa recompensa após praticar o delito.

Quanto à necessidade da **natureza econômica** da *paga* ou da *recompensa* há divergência doutrinária, sendo dominante o entendimento de que sim, a paga e a recompensa indicam um benefício exclusivamente econômico, sendo que, qualquer outra forma de "pagamento" ou recompensa, sem natureza econômica, deverá qualificar o homicídio através da previsão genérica de *"outro motivo torpe"* (**Ex**: favores sexuais)

Também é dominante o entendimento de que toda vez que houver a *paga* ou *promessa* de recompensa (**homicídio mercenário**), a conduta do **executor** (matador) será sempre considerada **homicídio qualificado**, porém, na conduta do "contratante" (mandante) poderá ou não incidir na qualificadora, dependendo de sua motivação pessoal para desejar a realização do crime.

Desta forma, é possível que, um **mandante** de homicídio, que possua *motivo de relevante valor moral*, não tenha sua pena qualificada, respondendo inclusive pelo **homicídio simples** com a pena reduzida em razão da **forma privilegiada** do **Art. 121 § 1º do CP** (**Ex:** Um familiar contrata alguém para praticar eutanásia em um ente querido desenganado pelos médicos, por não ter coragem de fazê-lo pessoalmente). Importante ressaltar que mesmo nesta hipótese o **executor** (matador) permaneceria respondendo pelo crime de **homicídio qualificado** pela "paga".

Já quanto ao **motivo torpe,** trata-se de qualificadora de *caráter subjetivo*, ligado a motivação do agente considerada como ofensiva ao sentimento ético e moral da sociedade, *torpe* é tudo aquilo considerado repugnante, vil, asqueroso (Ex: matar os pais para receber herança – caso Suzane Von Richthofen).

A **vingança** e o próprio **ciúme**, em algumas circunstâncias, podem caracterizar **motivo torpe**, como na hipótese de matar alguém que lhe demitiu de um emprego, mas também pode caracterizar **motivo fútil**, como matar alguém em razão de uma notificação feita numa relação de condomínio.

II) Motivo fútil

Trata-se de um **motivo irrelevante**, insignificante, desproporcional em face de um ato de homicídio, há uma evidente desproporção entre crime e os motivos que levaram o agente a cometê-lo, logo, a causa que ensejou a conduta do homicida não seria motivo suficiente para que uma pessoa qualquer agisse assim. (**Ex:** matar por conta de uma discussão no trânsito ou por causa de uma partida de futebol)

Há grande divergência quanto à situação de **ausência de motivo**, se esta poderia ser equiparada ao motivo fútil, prevalecendo a ideia de que **não** é possível se fazer esta equiparação, e a conduta de *homicídio imotivado* deve ser tratada como **homicídio simples**, embora seja muito difícil se imaginar, dentro das hipóteses de *dolo direto*, um homicídio sem nenhuma motivação. O fato é que para se qualificar o homicídio será preciso provar a motivação fútil do agente durante o processo.

Há muita divergência quanto à compatibilidade, ou não, da qualificadora de **motivo fútil** ou **torpe** com as hipóteses de **dolo eventual**. Embora o próprio **STF** já tenha decidido em alguns casos que isto é *possível*, não concordamos com este posicionamento que, *data vênia*, nos parece absurdo e em desacordo com a ideia de motivação para a prática de um crime.

No **dolo eventual**, o agente **não** possui intenção de cometer crime, apenas *prevê* concretamente esta possibilidade e assume, aceita, o risco de produzir o resultado, sendo, portanto, ilógico se atribuir a ele, como circunstância qualificadora, motivos para ter gerado um resultado que na verdade sequer desejou produzir ao atuar.

Importante lembrar que os **motivos fútil** e **torpe** são circunstâncias *agravantes genéricas*, aplicáveis a todos os demais delitos (Art. 61, II, *a*, do CP), porém no crime de homicídio, como o motivo fútil e o motivo torpe já são considerados como *qualificadoras* **não podem** ser utilizadas novamente, como *agravantes da pena* (**princípio do *ne bis in idem***).

Entretanto, se houver mais de uma qualificadora incidindo sobre o caso concreto (**Ex**: homicídio por motivo fútil e com veneno), o famoso homicídio *"duplamente qualificado"* (algo que tecnicamente não existe, pois só se qualifica o crime uma vez), o *motivo* será considerado para qualificar o crime, na <u>primeira fase da dosimetria</u> da pena, e a outra circunstância, também prevista como *qualificadora* (veneno), servirá como *agravante da pena* aplicada na <u>segunda fase</u> da dosimetria.

Por fim, é dominante o entendimento de que as *qualificadoras* referentes ao **motivo torpe** e ao **motivo fútil**, assim como ocorre com as causas de diminuição de pena, não compõe a definição do Tipo fundamental, **não são elementares do crime** e, por possuírem *caráter pessoal*, inerente a cada agente, <u>não se comunicam</u> aos participantes (coautores e partícipes) do crime (**Art. 30 CP**).

III) *Meio insidioso ou cruel*

Insidioso é o meio falso, desleal e oculto que, portanto, somente irá qualificar o crime se a vítima o desconhecer, como ocorre com as situações de uso de *veneno*, que é equiparado ao meio insidioso, e que só qualifica o crime de homicídio quando a vítima <u>desconhece</u> que está ingerindo o referido *veneno* ou qualquer substância capaz de produzir a morte do agente.

Meio cruel é aquele que causa intenso e desnecessário sofrimento à vítima, seja de natureza *física* ou *psíquica*, é o meio desumano, doloroso, e por isso equiparado na Lei ao emprego de fogo, de explosivo, de asfixia (**Ex**: estrangulamento, afogamento, gases etc.), de tortura (Ex: formas que impõe intenso sofrimento físico ou mental), incluindo hipóteses de privação de alimentos e água, ou mesmo o impedimento ao sono.

Quanto à **tortura** é importante ressaltar que no homicídio trata-se a tortura como **meio** para a prática do crime, e não como tipo penal autônomo, já que o crime de tortura está previsto especificamente na **Lei nº 9.455/97**, inclusive quando a tortura resulta na morte do agente.

De acordo com o **Art. 121, § 2º, III do CP,** no homicídio a tortura será realizada com a finalidade de provocar a morte do agente, como meio de execução do crime (homicídio) desejado, enquanto o **Art. 1º, § 3º, da Lei nº 9.455/97** prevê o crime (preterdoloso) de **tortura qualificada** pelo resultado morte, ou seja, <u>não há o dolo de matar,</u> pois o agente pratica a tortura visando a uma das finalidades específicas previstas naquela lei (obtenção de informação, confissão etc.) mas acaba, culposamente, matando a vítima.

No que tange a qualificadora de *"meio que possa resultar perigo comum"* pode-se dizer que este meio para o homicídio será aquele que expuser a **coletividade** a um *perigo de dano* (**Ex**: enchente, incêndio etc.), ou seja, o agente tem o dolo de praticar um homicídio contra determinada pessoa e para isso escolhe um meio perigoso para a *incolumidade pública*.

IV) *Traição, emboscada e dissimulação*

A **traição** acontece quando o agente se aproveita da *confiança* nele depositada pela vítima para cometer o crime, assim pratica uma agressão súbita e inesperada atingindo a vítima que está desprevenida. (**Ex**: um amigo de infância)

Já na **emboscada** o agente espera a vítima às escondidas para atacar, atua através da espreita, de uma tocaia, é a ocultação do próprio desígnio, o esconderijo para atacar sem ser percebido.

A **dissimulação** ocorre com a ocultação da intenção hostil do autor para que a vítima seja atingida quando estiver desprevenida, é o disfarce por parte do autor do homicídio que esconde seu propósito criminoso.

Já a forma genérica prevista como **recurso que dificulte ou torne impossível a defesa da vítima** deriva do modo adotado pelo agente para atuar e não de circunstâncias pessoais da própria vítima, logo, não se aplica esta qualificadora, por exemplo, em um homicídio praticado contra um paraplégico, ou contra um doente mental.

Para se utilizar esta qualificadora será necessário que o agente possua a consciência e vontade de utilizar desse recurso que dificulte ou impossibilite a defesa como modo de execução, e que a vítima não tenha motivos para desconfiar do ataque. Embora esta qualificadora tenha um cunho mais genérico, se assemelha muito às hipóteses mais específicas já mencionadas (traição, emboscada, dissimulação).

V) *Para assegurar a execução, a ocultação, a impunidade ou vantagem de outro crime*

Trata-se de **circunstância qualificadora** em razão de **conexão**, ou seja, pela relação do homicídio com outro crime. (Ex.: mata o pai para poder estuprar a filha), sendo que a qualificadora será aplicada mesmo que o crime visado posteriormente acabe sendo apenas *tentado*, ou mesmo que o agente *desista de prosseguir* na execução do crime pretendido.

Também se qualifica o homicídio quando o agente **atua para assegurar a ocultação ou impunidade de outro crime,** ou seja, quando o agente mata (ou tenta matar) a vítima para que um outro crime já praticado por ele fique impune ou desconhecido (Ex.: matar a testemunha do crime praticado).

Por fim, também se qualifica o crime se o homicídio ocorrer **para assegurar a vantagem de outro crime**, sendo que isto ocorre quando o agente mata alguém (coautor ou partícipe) para ficar com o produto de um outro crime realizado (**Ex:** dinheiro de um roubo).

VI) *Contra mulher por razões da condição de sexo feminino (Feminicídio)*

A **Lei 13.104/15** incluiu mais uma modalidade de homicídio qualificado no parágrafo 2º do Art. 121 do CP, o chamado **feminicídio**, ou seja, quando o crime de homicídio doloso for praticado contra a mulher, por *razões da condição de sexo feminino*, fazendo assim com que nestes casos a pena do homicídio seja também de 12 (doze) a 30 (trinta) anos de reclusão.

Para delimitar o significado do conceito adotado foi inserido o **§ 2º-A ao Art. 121 do CP**, uma verdadeira norma explicativa do termo *"razões da condição de sexo feminino"*, esclarecendo assim que isto ocorrerá em duas hipóteses:

a) violência doméstica e familiar

b) menosprezo ou discriminação à condição de mulher

Por fim, a nova lei acrescentou ainda o **§ 7º ao Art. 121 do CP,** que ainda foi alterado pela **Lei 13.771/18**, estabelecendo causas de aumento de pena para o crime de feminicídio, em que a pena será aumentada de **1/3 até a metade** se for praticado:

a) durante a gravidez (inclusive nas situações em que demonstrada a inviabilidade do feto) ou nos 3 meses posteriores ao parto.

b) contra pessoa menor de 14 anos, maior de 60 anos, com deficiência ou portadora de doenças degenerativas que acarretem condição limitante ou de vulnerabilidade física ou mental.

c) na presença física ou virtual de ascendente ou descendente da vítima.

d) em descumprimento das medidas protetivas de urgência previstas nos **incisos I, II e III do art. 22 da Lei Maria da Penha**. Importante lembrar que de acordo com a **Lei 13.641/2018**, o descumprimento de medidas protetivas é crime punido com pena de três meses a dois anos de detenção, porém, esse descumprimento ocorrer no mesmo contexto fático do homicídio, incidirá apenas a nova causa de aumento de pena, não se punindo autonomamente o crime de *descumprimento de medidas protetivas*.

Por fim também foi alterado o **Art. 1º da Lei 8072/90 (Lei de crimes hediondos)** para se incluir o **feminicídio**, como nova modalidade de **homicídio qualificado**, no rol dos <u>crimes hediondos.</u>

Podemos separar as hipóteses de **feminicídio** e classificá-las da seguinte forma:

a) Feminicídio "intralar" (Art. 121 § 2º-A – Inc. I CP)

Trata-se da forma mais óbvia e comum, ocorrendo quando as circunstâncias fáticas indicam que uma mulher foi vítima de homicídio praticado por um homem num contexto de violência doméstica e familiar, semelhante ao previsto na Lei Maria da Penha (**Lei 11.340/06**).

b) Feminicídio "intralar" homoafetivo (Art. 121 § 2º – A – Inc. I CP)

Praticamente a mesma hipótese anterior, porém neste caso uma mulher mata a outra, estando ambas fazendo parte de um contexto de violência doméstica e familiar.

c) Feminicídio simbólico heterogêneo (Art. 121 § 2º – A – Inc. II CP)

Nesta hipótese o homicídio é praticado por um homem contra uma mulher, mas motivado pelo menosprezo ou discriminação da condição de mulher da vítima, de sua condição de pertencer ao sexo feminino, algo que se assemelha a *preconceito* ou *machismo*.

d) Feminicídio simbólico homogêneo

Nesta hipótese o homicídio é praticado quando uma mulher mata outra mulher, motivada pelo menosprezo ou discriminação à condição feminina, sua condição de pertencer ao sexo feminino, sendo que a única diferença para definição anterior é quanto ao *sujeito ativo*, que aqui será também uma *mulher*.

e) Feminicídio aberrante por erro de execução ou *aberratio ictus*

O feminicídio pode ocorrer em situação de **erro de execução** ou *aberratio ictus* (**Art. 73 do CP**) quando, por acidente ou erro no uso dos meios de execução, o homem ou a mulher, ao invés de atingir a mulher que pretendia ofender, atinge pessoa diversa, respondendo, portanto, como se tivesse praticado o crime contra quem pretendia.

Logo, responderá pelo crime de homicídio qualificado, mesmo tendo matado outra pessoa, seja homem ou mulher, já que no erro de execução não são consideradas as qualidades da vítima atingida, mas tão somente da pessoa (mulher) que o agente pretendia lesionar.

g) Feminicídio aberrante por erro sobre a pessoa ou *"error in persona"*

O feminicídio pode ocorrer em situação de **erro sobre a pessoa** ou *error in persona* (**Art. 20 § 3º CP**) quando o autor deseja matar uma pessoa (mulher) no contexto de violência doméstica e familiar, ou mesmo motivado pelo menosprezo ou discriminação, porém erra a respeito da identidade da vítima, se confunde quanto a "quem é quem" e acaba matando uma outra mulher diversa da pretendida.

Neste caso, deve-se ignorar as condições ou qualidades da vítima, e punir o crime como se tivesse atingido quem pretendia, logo, o autor responderá por homicídio qualificado pelo feminicídio, mesmo tendo acertado uma outra pessoa.

VII) *Contra autoridades ou agentes descritos nos Arts. 142 e 144 da CF ou contra cônjuge, companheiro, ou parente consanguíneo até 3º grau. (Lei 13.142/15)*

De acordo com a **Lei 13.142/2015**, que criou o inciso VII **no § 2º do Art. 121 do CP**, o homicídio cometido contra integrantes (autoridades ou agentes) dos órgãos de segurança pública (ou contra seus familiares) passa a ser considerado como homicídio qualificado, se o delito tiver relação com a função exercida.

O **Art. 142 da CF/88** se refere às *Forças Armadas* (Marinha, Exército ou Aeronáutica) já o **Art. 144**, elenca os órgãos que exercem atividades de segurança pública como a *polícia federal*, a *polícia rodoviária federal*, a *polícia ferroviária federal*, a *polícia civil*, a *polícia militar* e o *corpo de bombeiros militares*, aplicando-se também a qualificadora do inciso VII do § 2º do art. 121 do CP para homicídios envolvendo *guardas municipais*, porém entende-se que **não estão abrangidos** na qualificadora, por ausência de expressa previsão legal, os **servidores aposentados** dos órgãos de segurança pública.

De acordo com a nova forma previsão legal, o homicídio também será qualificado quando praticado contra cônjuge, companheiro ou parente consanguíneo até 3º grau das autoridades, agentes e integrantes dos órgãos de segurança pública, incluindo-se tanto relacionamentos heteroafetivos quanto os homoafetivos, sendo que, a expressão "parentes consanguíneos até 3º grau" abrange: ascendentes (pais, avós, bisavós), descendentes (filhos, netos, bisnetos) e colaterais até o 3º grau (irmãos, tios e sobrinhos).

Cabe ressaltar que os **filhos adotivos** não foram expressamente englobados na qualificadora que só previu "parentes consanguíneos" e, por isso, **não poderão ser enquadrados** nesta forma qualificada do homicídio, pois isso seria *analogia in malam partem*, embora essa exclusão seja nitidamente inconstitucional (**Art. 226 § 6º CF**) e um grave equívoco do legislador ordinário.

Importante lembrar que não basta o homicídio ser cometido contra as pessoas acima elencadas, é indispensável que o homicídio seja **relacionado com a função pública desempenhada** pelo agente ou autoridade do órgão de segurança pública, logo a qualificadora ocorrerá em três situações: o agente ou autoridade foi vítima do homicídio no exercício da função, ou foi vítima do homicídio em decorrência de sua função (**Ex**: Policial é morto por meliante como vingança por ter prendido membros da sua organização), ou ainda quando o familiar da autoridade ou agente for vítima do homicídio em razão dessa condição de familiar do integrante de um órgão de segurança pública (**Ex**: matar o filho de um policial que mora numa comunidade).

Evidentemente, se o homicídio não tiver qualquer relação com a função pública desempenhada, não incidirá a qualificadora quando o crime tiver sido praticado contra um agente de segurança pública (ou contra seus familiares) em outras circunstâncias, já que é indispensável que o autor do homicídio tenha consciência da função pública da vítima e queira cometer o crime contra o agente (ou familiares) que está em seu exercício, ou em razão dela (**elemento subjetivo**).

VIII) *pelo emprego de arma de fogo de uso restrito ou proibido*

A Lei 13.964/19 incluiu o inciso VIII do § 2º do art. 121 criando uma nova circunstância qualificadora para o crime de homicídio doloso, quando este for cometido com *emprego de arma de fogo de uso restrito ou proibido*, sendo que este inciso havia sido vetado pelo presidente da República, mas o veto não foi mantido e acabou derrubado pelo congresso nacional.

Esta nova circunstancia qualificadora, tem *caráter objetivo* e, portanto, poderá se comunicar a todos os eventuais coautores e participes do crime (Art. 30 CP), possui natureza de *norma penal em branco*, já que os conceitos relativos às armas de uso restrito e de uso proibido estão previstos no art. 3º, parágrafo único, do Anexo I do Decreto 10.030/19 da seguinte forma:

"II – arma de fogo de uso restrito – as armas de fogo automáticas, de qualquer tipo ou calibre, semiautomáticas ou de repetição que sejam:

a) não portáteis;

b) de porte, cujo calibre nominal, com a utilização de munição comum, atinja, na saída do cano de prova, energia cinética superior a mil e duzentas libras-pé ou mil seiscentos e vinte joules; ou

c) portáteis de alma raiada, cujo calibre nominal, com a utilização de munição comum, atinja, na saída do cano de prova, energia cinética superior a mil e duzentas libras-pé ou mil seiscentos e vinte joules".

"III – arma de fogo de uso proibido:

a) as armas de fogo classificadas como de uso proibido em acordos ou tratados internacionais dos quais a República Federativa do Brasil seja signatária; e

b) as armas de fogo dissimuladas, com aparência de objetos inofensivos".

IX) *homicídio praticado contra menor de 14 anos (Lei 14.344/22 – Henry Borel)*

A **Lei 14.344/22** incluiu o *inciso IX* no parágrafo 2º do CP do artigo 121 do CP, criando assim uma nova modalidade qualificada de homicídio, qual seja, o homicídio doloso praticado contra pessoa menor de 14 anos, punido assim com pena de 12 a 30 anos de reclusão, que também possui natureza hedionda, uma vez que a *lei Henry Borel* acrescentou este inciso IX no rol de crimes hediondos do artigo 1º inciso I da **Lei 8072/90**.

Além disso a mesma **Lei 14344 de 2022** criou duas causas de aumento de pena específicas para o homicídio qualificado contra menor de 14 anos:

§ 2º-B. A pena do homicídio contra menor de 14 (quatorze) anos é aumentada de:

I – 1/3 (um terço) até a metade se a vítima é pessoa com deficiência ou com doença que implique o aumento de sua vulnerabilidade;

II – 2/3 (dois terços) se o autor é ascendente, padrasto ou madrasta, tio, irmão, cônjuge, companheiro, tutor, curador, preceptor ou empregador da vítima ou por qualquer outro título tiver autoridade sobre ela.

Por fim, é importante lembrar que, embora ainda haja alguma discussão doutrinária, é plenamente possível o chamado **homicídio privilegiado-qualificado** (**Ex**: praticar uma eutanásia com uso de veneno), porém isso só será possível desde que as qualificadoras sejam de *natureza objetiva*, relacionadas aos meios e modos de execução (p.ex Inc. III, IV), já que as qualificadoras de *natureza subjetiva* (motivos pessoais) são incompatíveis com a forma privilegiada prevista no **§ 1º do Art. 121 do CP** (motivos de relevante valor moral ou social). Devido à ausência de previsão legal, o homicídio *privilegiado-qualificado* **não** pode ser considerado como crime hediondo.

1.1.1.4 *Homicídio culposo (Art. 121 § 3º CP)*

O legislador, no parágrafo 3º do Art. 121 do CP, previu a forma **culposa** do homicídio punindo o agente que der causa a morte por *falta de cuidado*, sendo este resultado *previsível*, através da realização da conduta por:

a) imprudência: é a conduta positiva, um fazer algo de forma precipitada, sem a devida ponderação, desatenta ou de forma perigosa.

b) negligência: é um não agir, uma inércia descuidada do agente que por desleixo, desatenção e falta de precaução deixa de fazer algo, ocasionando, assim, um resultado lesivo típico.

c) imperícia: é a falta de capacidade técnica para o exercício de profissão, arte ou ofício. A imperícia, como o nome diz, é a falta de perícia de alguém que deveria possui-la, logo é necessário que o fato seja praticado pelo agente no exercício de sua atividade profissional.

Via de rega, o **homicídio culposo** (**Art. 121 § 5º CP**) admite a *suspensão condicional do processo*, em virtude de a pena mínima cominada ao crime ser inferior a 1 ano (Art. 89, Lei nº 9.099/95), e além disso, em face da sua natureza culposa, terá sua pena sempre convertida em restritiva de direitos (Art. 44 CP).

Importante lembrar que, caso o homicídio culposo ocorra na condução de veículo automotor, aplica-se o **Art. 302 da Lei 9.503/97** (Código de Trânsito), em face da especialidade, e o agente não responderá pelo crime previsto no Código Penal.

1.1.1.5 *Causas de aumento de pena do Homicídio (Art. 121 § 4º CP)*

O **homicídio culposo** (Art. 121 § 4º, 1ª parte CP) terá sua pena aumentada de **1/3** (um terço) nas seguintes hipóteses:

a) se o crime resulta de inobservância de regra técnica de profissão, arte ou ofício;

Não se confunde essa causa de aumento da pena com a imperícia que, como vimos, é modalidade de culpa na qual o agente é ignorante na adoção da regra técnica que deveria conhecer e, embora seja profissional e habilitado, não conhece certas regras ou procedimentos inerentes à atividade desempenhada.

Já na referida causa de aumento de pena, o agente conhece a técnica inerente à sua profissão, mas não a utiliza, ou simplesmente vem a utilizá-la de forma inadequada ou imprudente.

Há entendimento do **STF** de que essa causa de aumento não poderia ser aplicada por configurar *bis in idem*, já que de toda forma isto configura uma negligência ou imprudência do autor, e como esta já compõe o próprio tipo culposo realizado não poderia servir também para aumentar sua pena.

b) se o agente deixa de prestar imediato socorro à vítima;

Não se deve confundir esta causa de aumento com o crime de *omissão de socorro* tipificado no **Art. 135 do CP**, pois para que incida essa causa de aumento de pena, é preciso que, o sujeito ativo lesione culposamente a vítima e, depois, percebendo que há perigo de vida para esta, deixe de lhe prestar o socorro necessário, sendo isto possível.

Logo, para se aplicar a *causa de aumento* no **homicídio culposo** deverá haver **duas condutas**: uma lesão culposa e em seguida uma omissão de socorro dolosa, resultando assim na morte da vítima, enquanto no crime de *omissão de socorro* (Art. 135 CP) o agente **não** tem qualquer responsabilidade acerca das lesões sofridas previamente pela vítima.

Caso a vítima tenha morrido imediatamente após a conduta culposa do autor, a eventual recusa de prestar apoio **não** resulta em aumento da pena, pois seria imprestável qualquer socorro, e esta situação se equipara às hipóteses de **crime impossível** (Art. 17 CP) por absoluta impropriedade do objeto.

c) não procura diminuir as consequências do seu ato;

Esta hipótese apenas visa complementar a anterior e acaba sendo redundante já que quase sempre estará incluída na *omissão do socorro*.

d) foge para evitar prisão em flagrante.

Esta causa de aumento visa evitar que o autor dificulte a boa aplicação da lei penal, seja pela sua não identificação, seja pela dificuldade na obtenção de provas, logo, se o agente foge do local do fato para evitar agressões de populares, ou por qualquer risco a sua segurança, **não** será aplicada esta causa de aumento de pena.

No que tange ao **homicídio doloso**, a pena será aumentada de **1/3** (um terço) se o crime for praticado contra pessoa:

a) Menor de 14 (quatorze)

b) Maior de 60 (sessenta) anos.

A razão da maior reprovação e do aumento de pena para estas hipóteses se dá em face destas serem consideradas pessoas mais *vulneráveis*, devendo a idade da vítima ser verificada **no momento da prática da conduta** (**Art. 4º CP – Teoria da Atividade**).

Como vimos, a **Lei 14.344/22 (Henry Borel)** incluiu o *inciso IX* no parágrafo 2º do CP do artigo 121 do CP e criou uma <u>nova modalidade qualificada de homicídio</u>, qual seja, o homicídio doloso praticado contra pessoa menor de 14 anos (pena de 12 a 30 anos de reclusão), porém, o parágrafo 4º do Art. 121 CP não foi revogado por esta lei, desta forma surgem duas hipóteses:

a) Havendo apenas a nova qualificadora do homicídio praticado contra menor de 14 anos (par. 2º inciso IX CP), <u>não será possível</u> se aplicar a antiga causa de aumento de pena do **par. 4º do Art. 121 CP**, sob pena de haver *bis in idem*.

b) Havendo qualquer outra circunstância qualificadora aplicável a hipótese, além do homicídio ter sido praticado contra a vítima menor de 14 anos (ex. uso de veneno), será plenamente possível se aplicar a causa de aumento em razão da vítima ser menor de 14 anos, do par. 4º do Art. 121 do CP, a essa forma qualificada do homicídio, já que a qualificadora utilizada será outra, e não a referente a idade da vítima.

1.1.1.6 Perdão judicial (art. 121 § 5º CP)

Trata-se de **causa de extinção da punibilidade** (**Art. 107 Inc. IX CP**) aplicável <u>exclusivamente</u> para a forma **culposa** do homicídio (também pode ser aplicado ao homicídio culposo praticado na direção de veículo automotor – Art. 302 CBT), pela qual o juiz poderá deixar de aplicar a pena do crime quando as consequências da infração atingirem o próprio agente de forma tão grave que a sanção penal se torne desnecessária.

Embora já tenha havido divergência a respeito da **natureza jurídica** da sentença que concede o *perdão judicial*, atualmente a matéria é bastante pacífica, e sumulada pelo **STJ** (**Súmula 18**) da seguinte forma: "a sentença concessiva do perdão judicial é **declaratória da extinção da punibilidade**, não subsistindo qualquer efeito condenatório".

1.1.1.7 Aspectos relevantes do crime de Homicídio

Por fim, é importante ressaltar alguns aspectos particulares e fundamentais relacionados ao crime de homicídio:

a) Considera-se **crime hediondo** apenas o *homicídio qualificado* (**Art. 121, § 2º CP**) em todas as suas formas, e o *homicídio simples* (**Art. 121, *caput* CP**) somente quando praticado em atividade típica de organização criminosa de grupo de extermínio (ainda que a conduta seja cometida por um só agente).

b) A **Súmula 605 do STF** está superada e não é mais aplicada e, por isso, prevalece o entendimento de que é plenamente possível a *continuidade delitiva* em crimes de homicídio, fundamentalmente na forma do *crime continuado específico* (Art. 71 parágrafo único CP).

c) Não se deve confundir, em casos concretos, o homicídio doloso com a **lesão corporal seguida de morte** pois, embora o resultado objetivamente seja o mesmo (morte), a diferença se faz no <u>plano subjetivo</u> do autor.

Logo, no homicídio o agente quer o resultado morte (dolo direito) ou assume o risco de produzi-lo (dolo eventual), enquanto no crime de *lesão corporal seguida de morte* (Art. 129, § 3º CP), que possui natureza *preterdolosa*, o agente possui dolo de produzir lesão corporal e **não** quer o resultado morte, nem assumiu o risco de produzi-lo, mas acaba matando a vítima culposamente.

O mesmo raciocínio pode ser feito em outros crimes preterdolosos em que a morte é produto de culpa, havendo um dolo diferente de matar por parte do autor, como no **estupro seguido de morte** (Art. 213 § 2º CP), **extorsão mediante sequestro qualificado pela morte** (Art. 159 § 3º CP) etc.

d) Não se deve confundir, em casos concretos, o homicídio doloso com o crime de **latrocínio (Art. 157 § 3º CP)** pois, embora o resultado objetivamente seja o mesmo (morte), a diferença se faz também no <u>plano subjetivo</u> do autor.

Desta forma, no homicídio o agente quer especificamente o resultado morte (**dolo direito**), ou apenas age assumindo o risco de produzi-lo (**dolo eventual**), enquanto no latrocínio o *dolo principal* do agente é sempre a subtração patrimonial, e apenas da violência praticada no roubo resulta a morte (culposa), havendo assim um crime preterdoloso, ou ainda quando a finalidade inicial do agente for a subtração da coisa, e para isso ele precise acabar matando (dolo) a vítima.

Nesta última hipótese haverá um roubo (doloso) qualificado pela morte (dolosa), espécie de crime qualificado pelo resultado, não *preterdoloso*, mas também reconhecida como **latrocínio**.

e) Embora haja divergência em certas decisões do **STJ**, no **STF** prevalece o entendimento de que não se considera como tentativa de homicídio a prática de ato sexual por pessoa portadora do vírus *HIV*, quando deliberadamente oculta a doença e deseja transmiti-la, devendo neste caso responder pelo crime de perigo de contágio de moléstia grave (**Art. 131 CP**).

Há ainda entendimento de parte da doutrina nacional apoiando que nesse caso trata-se de uma *lesão corporal gravíssima*, qualificada em razão da *enfermidade incurável* (Art. 129 § 2º, II CP), e isso será determinado com a análise do dolo específico do agente ao atuar.

f) O extermínio de membros de um grupo nacional, étnico, racial ou religioso, com a finalidade de eliminá-lo total ou parcialmente, caracteriza crime de **genocídio (Art. 1º, *a*, da Lei nº 2.889/56)**, respondendo assim, o agente, pelo genocídio e também pelos homicídios praticados, em concurso formal imperfeito (Art. 70 2ª parte CP).

g) Questão interessante se refere ao homicídio que é praticado mediante emprego de arma, ilegalmente possuída ou portada (Art. 12, 14 e 16 da Lei nº 10.826/03) há duas hipóteses possíveis:

- Se a posse ou o porte da arma tenha por finalidade exclusiva a prática do homicídio, haverá absorção, com base no ***princípio da consunção***, em que o *crime-meio* (porte da arma) é absorvido pelo *crime-fim* (homicídio).

- Se a arma do crime tiver sido portada anterior e permanentemente, ou mantida na posse do agente por tempo superior ao necessário para a prática do homicídio, haverá **concurso material** entre os crimes (Art. 69 do CP).

1.1.2 INDUZIMENTO, INSTIGAÇÃO OU AUXÍLIO A SUICÍDIO (ART. 122 CP)

1.1.2.1 Introdução

O **suicídio** é a extinção da vida humana praticada pelo próprio titular da vida em questão, logo a conduta de se suicidar significa eliminar de forma voluntária e direta a própria vida.

O **suicídio**, embora não seja considerado um fato típico para nosso ordenamento, dentre outras razões pela ausência de lesão a bem jurídico alheio (princípio da lesividade), é considerado uma conduta *antijurídica* (lato senso), pois a vida é um **bem jurídico indisponível** (vide a proibição da eutanásia) e o direito à vida deve ser usufruído dentro dos limites impostos pelo ordenamento jurídico, durante o tempo em que a natureza humana individual permitir.

No tipo penal do **Art. 122 do CP** não se pune o suicídio em si, mas tão somente a participação em suicídio de outrem, ou seja, é punida a conduta do sujeito que, pelo induzimento, instigação ou auxílio, contribui para a prática do suicídio pela própria vítima, interferindo assim na **esfera do bem jurídico (vida) alheio**, sendo que este crime sofreu consideráveis mudanças a partir de **Lei 13.968/19,** que analisaremos a seguir.

1.1.2.2 Tipo Penal objetivo e subjetivo

O **bem jurídico tutelado** por este crime é a vida humana, sendo que em face da sua indisponibilidade haverá tipificação da conduta e a punição ao sujeito ativo do crime, mesmo que a vítima desde o início tenha solicitado, ou mesmo consentido com o fato, desejando sua própria morte por via do suicídio auxiliado por terceiro.

O crime do **Art. 122 do CP**, em sua redação original, exigia no seu preceito secundário (junto às penas) que houvesse um dos resultados expressamente previstos, quais sejam, a morte ou lesão corporal de natureza grave, decorrentes do induzimento, instigação ou auxílio à conduta de suicídio realizada pela vítima, para que fosse possível se punir o fato (**condição objetiva de punibilidade**)

Logo, o tipo estabelecia uma *pena de reclusão de 2 a 6 anos* para a hipótese de **morte** da vítima suicida, e de *reclusão de 1 a 3 anos* para hipótese da vítima sofrer **lesão corporal grave** decorrente da tentativa de suicídio.

Portanto, de acordo com a maioria da doutrina este crime não era compatível com a tentativa, pois, mesmo a conduta de induzimento, instigação ou auxílio estando consumada com a realização do suicídio, só seria possível punir o fato quando ocorresse um dos resultados lesivos previstos no preceito secundário, portanto, mais ainda o mero ato de tentar levar alguém a suicidar-se seria absolutamente impunível.

Entretanto, agora, com as alterações promovidas pela **Lei 13.968/19** no tipo penal do **Art. 122 do CP**, não há mais exigência dos resultados materiais (lesões graves ou morte), oriundos da conduta suicida, para que haja crime e se aplique a pena prevista, configurando-se o crime, **com ou sem** a produção dos referidos resultados lesivos.

A partir de agora, os eventuais resultados lesivos produzidos pela *conduta suicida*, inclusive pela conduta de *automutilação*, como **lesões graves, gravíssimas,** ou ainda a **morte,** decorrentes do *suicídio*, estão previstos como formas qualificadas nos §§ **1º, 2º, 6º,** e 7º, do referido **artigo 122 do CP**, havendo ainda *novas causas de aumento de pena* para essas hipóteses, de acordo com características pessoais da vítima, e até mesmo com base no meio utilizado pelo autor para realizar as condutas previstas no tipo.

Em suma, a partir da nova Lei, aquele que induz, instiga ou auxilia outrem a se *suicidar* ou se *automutilar*, mesmo que não ocorra nenhum resultado lesivo oriundo dessa tentativa de suicídio, ou de automutilação, ou ainda se ocorrerem apenas *lesões corporais leves,* responderá pelo *caput* do Art. **122 do CP**.

De acordo com a nova previsão legal nos §§ **6º. e 7º.**, do **artigo 122 do CP**, no caso da vítima ser vulnerável (menor de 14 anos ou quem não tem discernimento), quando ocorrer *lesão corporal gravíssima* afasta-se a tipificação do **Art. 122 do CP** e o agente responderá diretamente pelo crime de *lesão corporal gravíssima* (**Art. 129 § 2º CP**) e, se nestas hipóteses de vítima vulnerável, ocorrer a morte, o autor deverá responder diretamente pelo *crime de homicídio*, nas formas tentadas ou consumadas.

Com a nova redação, o crime do **Art. 122 do CP** passa a ser inegavelmente considerado como **crime formal**, já que independe da produção de qualquer resultado, e sua consumação se dá com o mero induzimento, instigação, ou auxílio, por parte do autor, ainda que a vítima não chegue a realizar a conduta suicida, sendo possível assim, via de regra, a **tentativa**, desde essas condutas sejam praticadas de forma *plurissubsistente* (fracionáveis), por exemplo, quando os verbos *induzir* ou *instigar*, forem realizados por escrito, ou o *auxílio material* interrompido por motivos alheios a vontade do agente.

Percebe-se que os verbos que compõe o núcleo deste tipo penal normalmente são caracterizadores da conduta de participação em crimes de outrem, mas que, especificamente no **Art. 122 do CP** configuram as formas de conduta do autor no próprio crime em si.

Induzimento e *instigação* são considerados atos de execução moral do crime enquanto o *auxílio* na maioria das vezes é material, porém, em todas as hipóteses este crime ocorre sem a prática de qualquer ato executório que tire a vida da vítima.

Neste crime é preciso que a própria vítima realize os atos concretos que levem à sua morte, pois caso o agente venha a praticar qualquer ato executório de matar (cooperação direta) deverá responder por homicídio (Art. 121 CP).

Para a maioria da doutrina a *instigação* e o *induzimento* **não** podem ocorrer **por omissão**, pois, tanto o induzimento quanto a instigação pressupõem um comportamento positivo do agente, um fazer algo que estimule ou sugira a vontade de tirar a própria vida no âmbito moral da vítima, sendo inviável que alguém instigue ou induza outrem a se matar, apenas por se manter inerte.

Entretanto, a maioria da doutrina nacional entende ser possível imputar o crime de induzimento ao suicídio através do **auxílio ao suicídio por omissão**, desde que presente o dever jurídico de agir, ou seja, quando se tratar de um garantidor que, dolosamente, se coloque inerte diante do suicida (**omissão imprópria**).

Por possuir vários verbos tipificados (delito plurinuclear) estes podem surgir sucessivamente em uma mesma situação fática, por exemplo, quando o agente induz alguém a se matar (auxílio moral) e, em seguida, fornece a ela os meios executórios (auxílio material) para o suicídio e a realização destas várias condutas típicas no mesmo contexto fático, contudo, não traduz pluralidade de delitos, pois considera-se este crime como sendo um "**tipo misto alternativo**", e neste caso o agente responderá por um único crime.

A participação em suicídio é um crime exclusivamente doloso, já que **não há** a previsão expressa de **modalidade culposa**, e admite-se o *dolo direto* ou *eventual* de induzir, instigar ou auxiliar alguém a suicidar-se, não se exigindo qualquer elemento subjetivo especial para a configuração deste crime.

Outra questão que gera grande debate doutrinário, e muitas questões de prova, é a hipótese do *pacto de morte*, ou seja, o acordo firmado entre dois ou mais sujeitos para ambos alcançarem, simultaneamente, a morte.

Para a tipificação desta conhecida hipótese, é preciso se analisar, quem efetivamente realiza ou não atos executórios que resultem na morte dos pactuantes, e quem realiza apenas condutas de induzimento instigação ou auxílio para que outrem tire a própria vida.

Vamos à análise de algumas situações concretas que podem ser questionadas e as suas soluções:

1) *A* e *B* resolvem se suicidar simultaneamente e, para isso, ministram veneno em dois copos, para que cada qual, pegando um dos copos, beba seu conteúdo.

Não há a prática de *atos executórios* de homicídio por nenhum dos dois agentes, já que cada um ingere seu próprio copo de veneno, logo, se apenas um deles morre e o outro sobrevive, este sobrevivente responderia por crime de participação em suicídio, pois, instigou a vítima a realizar o ato suicida.

Se ambos sobrevivem ambos respondem pelo *crime de participação em suicídio* (**Art. 122 CP**) mutuamente.

2) Se qualquer um dos pactuantes *pratica atos executórios* de homicídio, ou seja, capazes de gerar a morte do outro, será responsabilizado pela prática de **homicídio** (**Art. 121 CP**) consumado ou tentado.

Exemplo: *A* e *B*, firmam o pacto de morte, e se trancam no banheiro visando morrer pela inalação de gás. Se *A* é quem abre a válvula do gás, mas *A* sobrevive e *B* morre, este responderá pelo homicídio de *B*, pois praticou atos executórios de matar.

Na hipótese de **ambos sobreviverem**, *A* responderia por *tentativa de homicídio* de *B*, e este (*B*), responderia pelo *crime de participação em suicídio* (Art. 122 CP), pois instigou a conduta suicida de *A*.

Exemplo semelhante é o da a "**roleta russa**" no qual é colocada apenas uma munição em um revólver e cada participante dispara a arma contra si mesmo, até que em certo momento a arma dispara (ou mesmo que não dispare). Nesse caso, **todos** os participantes sobreviventes deverão responder pelo **crime de participação em suicídio** mutuamente (Art. 122 CP).

1.1.2.3 Causas de aumento de pena (Art. 122 § 3º CP)

De acordo com o **Art. 122 § 3º do CP**, a pena será duplicada:

1) Se o crime for praticado por motivo egoístico

2) Se a vítima é menor, ou tem diminuída, por qualquer causa, a sua capacidade de resistência.

Motivo egoístico significa que o crime foi cometido para atender a interesse próprio, não sendo necessário que este interesse seja econômico, embora muitas vezes isso ocorra (Ex: recebimento de herança).

Na hipótese da referida *menoridade*, como se pode concluir do próprio texto legal o aumento da pena está fundado na reduzida capacidade de resistência da vítima, já que também se aumenta a pena quando a vítima, embora maior de idade, tenha reduzida por qualquer razão sua capacidade de resistência (ex: pessoa em grave depressão, ou doente).

A **Lei 14.344/22 (Henry Borel)** alterou o **parágrafo 5º do CP no artigo 122 do CP (causa de aumento de pena)** para o crime de induzimento ao suicídio, passando a determinar a aplicação da **pena em dobro** se o autor do crime é líder, coordenador ou administrador de grupo, de comunidade ou de rede virtual, ou por estes é responsável.

Essa nova previsão legal visa coibir, de forma mais efetiva, a atuação de grupos que se utilizam de redes sociais, e da internet, para influenciar pessoas, muitas vezes adolescentes, a se auto lesionar ou mesmo se suicidar, aumentando de forma mais significativa a pena para os coordenadores e administradores de grupos que incentivem esta prática.

Por fim, na hipótese de **suicídio coletivo**, em que alguém usa de sua influência sobre certo grupo para levá-los ao suicídio, como ocorre em algumas seitas religiosas, é possível se aplicar o aumento de pena pela redução da capacidade de resistência das vítimas, e ainda a regra do **concurso formal imperfeito (Art. 70 2ª parte CP)**, para determinar a soma das penas.

1.1.3   Infanticídio (Art. 123 do CP)

1.1.3.1   TIpo objetivo

Este tipo penal prevê como crime, punido com pena de detenção de 2 a 6 anos, a conduta de *matar o próprio filho durante ou logo após o parto sob influência do estado puerperal*, sendo que, seu termo inicial é o início dos procedimentos de parto, já que antes disso haverá crime de *aborto*, enquanto o termo final, embora haja divergência, será até *24 horas* após o parto, pois, depois deste período poderá haver homicídio.

Estado puerperal é o conjunto de sintomas fisiológicos, alterações hormonais etc., que se iniciam com o parto e permanecem por algum tempo, gerando perturbações psíquicas e emocionais na mulher, que diminuem sua capacidade de entendimento e autodeterminação, e podem até mesmo fazer com que esta atente contra a vida do próprio filho.

De certa forma pode-se afirmar que o **infanticídio** nada mais é do que uma *forma privilegiada de homicídio*, punindo-se de forma mais leve a mãe que mata, sob a influência do estado puerperal, o filho nascente ou recém-nascido, devido à sua *menor capacidade de autodeterminação*, e consequentemente uma **menor culpabilidade** que, de forma anômala, acabou sendo ponderada pelo legislador na própria tipificação do crime e na determinação de sua pena abstrata.

1.1.3.2   Sujeito Ativo e Passivo

Trata-se de um clássico exemplo de **crime próprio** já que o tipo penal define de forma expressa que sujeito ativo deste crime é a **mãe**, que esteja sob influência do puerpério e mate seu filho durante ou logo após o parto, porém, é importante lembrar que, neste crime, assim como nos demais crimes próprios, pode haver *concurso de pessoas* (coautoria ou participação).

No infanticídio, mesmo quem não possua as características (ser mãe sob influência do puerpério) exigidas pelo tipo responderá pelo infanticídio, isso de acordo com as regras do **Art. 30 do CP** (ex.: amigo que fornece objeto usado para matar a criança responderá também pelo infanticídio).

O **concurso de pessoas** é possível, pois a qualidade de mãe e o estado puerperal, embora sejam condições pessoais, são *elementares do crime* e, de acordo com o **Art. 30 do CP**, comunicam-se a todos os participantes do fato, o que permite que terceiros respondam por esse crime, como partícipes ou coautores, mesmo sem possuírem a caraterística de "ser mãe" prevista no tipo.

O maior problema no que tange ao concurso de pessoas está na situação em que a mãe, sob a influência do estado puerperal, participa de forma acessória da morte do filho nascente ou do recém-nascido, ficando a execução da conduta a cargo de um terceiro, autor do crime.

Não há dúvidas que o terceiro que mata diretamente a criança responderá pelo **crime de homicídio (Art. 121 CP)**, já que não possui as características exigidas pelo tipo, e se admitir uma *"comunicabilidade invertida"* da condição da mãe (partícipe) para o que o autor executor respondesse por infanticídio é algo **inadmissível** e sequer seria razoável.

No que se refere à mãe, que nesta hipótese seria então partícipe do crime, não há consenso na doutrina, porém, acreditamos que, em face da *teoria monista* adotada pelo Código Penal (**Art. 29 CP**), pela qual todos os participantes devem responder pelo mesmo crime, na medida de sua culpabilidade, não há outra saída senão imputar a ela (mãe) também o *crime de homicídio*.

Seguindo esta posição, porém, haverá uma flagrante desproporção nas penas aplicadas, já que a mãe terá uma pena maior, sendo partícipe do homicídio, do que se tivesse matado diretamente seu próprio filho e fosse autora executora do infanticídio.

Nos parece que a única solução razoável para esta situação será resolver a questão na dosimetria da pena, aplicando a ela (mãe) a *pena mínima do homicídio*, que é equivalente a *pena máxima do infanticídio* (6 anos), aplicando-se a diminuição de pena inerente à participação de menor importância (**Art. 29, § 1º, CP**) (Solução esta defendida também por *Luiz Regis Prado* mas que, no mínimo, pode ser considerada bastante controvertida).

O **sujeito passivo** deste crime também é específico, qual seja, o *filho nascente (durante o parto) ou neonato (logo após o parto)*, fazendo com que o infanticídio seja considerado por parte da doutrina como um **crime "bi próprio"** (sujeito ativo e passivo específicos).

- **Tipo subjetivo**

Quanto ao tipo subjetivo não há *elemento subjetivo especial* e o crime pode ser praticado através do dolo direto, ou mesmo por dolo eventual, de matar o próprio filho, conduta esta que pode ser praticada através de uma ação, ou de uma *omissão imprópria* (Ex: deixar de prestar cuidados básicos ao filho logo após o parto).

Não há *forma culposa*, mas a mãe poderá, em certos casos, responder por *homicídio culposo comum*, caso a morte ocorra por imprudência, ou negligência, mesmo que produto do puerpério.

1.1.3.3   Consumação e tentativa

Este crime se consuma com a morte do filho nascente (**crime material**), ainda que esta morte ocorra um longo tempo após a conduta ter sido realizada e, evidentemente, devido à sua natureza material, a **tentativa** é plenamente admissível da mesma forma como ocorre no homicídio.

1.1.4 Aborto (Arts. 124, 125 e 126 do CP)

O **conceito jurídico-penal** de aborto, adotado pela doutrina clássica, é que este se configura com a interrupção voluntária e dolosa da gravidez, realizada antes do início dos procedimentos de parto, em que ocorre a morte do feto, produto da concepção, no interior do útero em razão das manobras abortivas realizadas, ou mesmo após a sua expulsão prematura.

No aborto o **bem jurídico tutelado** é a <u>vida humana intrauterina</u>, ou seja, a vida do ser humano (feto) quando o parto ainda não se iniciou, sendo que, a provocação da morte do recém-nascido, ou mesmo do nascente após o início dos procedimentos de parto, poderá gerar o crime de homicídio ou de infanticídio.

Há inúmeras teorias que buscam delimitar o início da vida intrauterina e consequentemente o momento em que já é possível se cometer crime de aborto, como a *Teoria da concepção*, em que a vida se inicia com a fecundação, a *Teoria da atividade encefálica* (ou neurológica), e a *Teoria da nidação* (ou nidificação) em que se considera o início da vida com a chamada nidação, ou seja no momento de fixação do zigoto na "parede" do útero, o que acontece por volta do 14º dia de gestação, pois é a partir deste momento que começam a se formar a placenta, o saco amniótico e o cordão umbilical.

A **Teoria da nidação** vem sendo adotada de forma dominante atualmente, na nossa doutrina e jurisprudência, por resolver problemas práticos, permitindo a fecundação *in vitro* e o uso de métodos anticoncepcionais que atuam após a fecundação, como, por exemplo, a famosa "pílula do dia seguinte", e realmente esta nos parece ser a melhor posição.

1.1.4.1 Tipo objetivo

O Código Penal prevê o aborto em **três tipos diferentes**, duas condutas previstas no **Art. 124 do CP**, quais sejam, o auto aborto (1ª parte) e o aborto consentido (2ª parte), em que o *sujeito ativo* é sempre a *gestante*, sendo que, pessoas que auxiliem a gestante na execução da conduta abortiva responderão pelo crime tipificado no **Art. 126 CP** (aborto com consentimento).

Já o crime de aborto provocado por terceiro *sem consentimento* (**Art. 125 CP**) é a forma mais grave de aborto, pois o sujeito ativo interrompe a gravidez à revelia da gestante, sem a sua autorização, ou se o consentimento for viciado (**Art. 126 parágrafo único do CP**), ou seja, quando há o emprego de violência, grave ameaça ou fraude, ou quando a gestante for menor de 14 anos, alienada ou débil mental.

Em suma, podemos separar as formas de aborto tipificadas da seguinte forma:

– Art. 124 do CP:

É a <u>conduta da gestante</u> que provoca a morte do próprio feto ou autoriza que outrem a provoque.

Porém, excepcionando a *teoria monista*, aquele (coautor) que praticar o aborto junto com a mãe, e autorizado por ela (consentir que outrem lho provoque), responderá pelo crime do **Art. 126 do CP** (aborto com consentimento), e a mãe pelo auto aborto (**Art. 124 do CP**).

– Art. 125 do CP:

É a forma mais grave de aborto, sendo provocado por um terceiro mediante violência, grave ameaça ou fraude, logo, <u>sem a autorização da gestante</u>, que nesse caso também é vítima.

Aplica-se também a pena do **Art. 125 do CP,** mesmo havendo o consentimento da gestante se esta não é maior de 14 (quatorze) anos, ou é alienada ou débil mental, ou se o consentimento é obtido mediante fraude, grave ameaça ou violência (**Art. 126 parágrafo único CP**).

– Art. 126 do CP:

É o aborto <u>com o consentimento da gestante</u> realizado por terceiro que pratica o aborto autorizado pela mãe, sendo que, neste caso, a gestante responderá pelo crime de autoaborto do **Art. 124 CP**.

Importante lembrar que o consentimento deve prevalecer durante toda a prática do aborto, sendo que, o posterior dissenso da gestante, ainda que manifestado durante a execução da conduta abortiva previamente consentida, exclui o consentimento anterior.

1.1.4.2   Sujeitos ativo e passivo

No tipo penal do **Art. 124 do CP** (autoaborto) o *sujeito ativo* será somente a própria gestante, tratando-se de um **crime próprio**, enquanto nos tipos previstos nos **Arts. 125 e 126 do CP** será qualquer pessoa (não a gestante) que realizar o aborto (**crime comum**).

Já quanto ao *sujeito passivo* será sempre o feto, ou seja, o produto da concepção (ovo, embrião ou feto) após a **nidação** (14 dias depois da fecundação) desde que a conduta ocorra antes do início dos procedimentos de parto, sendo que, no aborto *sem o consentimento* da gestante (**Art. 125 CP**), além do feto, o sujeito passivo será também a *mãe* que sofre o aborto não consentido.

1.1.4.3   Consumação e tentativa

Todos os crimes de aborto (**crime material**) se consumam com a <u>interrupção prematura da gravidez</u> e a destruição do produto da concepção (**morte do feto**), logo, a *tentativa* é plenamente admissível se, após iniciada a execução da conduta, o feto sobrevive às manobras abortivas.

1.1.4.4   Tipo subjetivo

Trata-se exclusivamente do **Dolo**, vontade, intenção de interromper a gravidez e matar o feto, sendo que, admite-se o *dolo eventual*, quando se demonstrar que a gestante, ou terceiro, realizou atos prevendo a chance de gerar o aborto, porém, <u>não há</u> previsão de *modalidade culposa* para este crime.

1.1.4.5   Causas de aumento de pena (Art. 127 do CP)

Nos crimes previstos nos **Arts. 125 e 126 CP** as penas são aumentadas de **1/3** se, do aborto ou dos meios empregados para provocá-lo, resultar lesão corporal de natureza grave na gestante, e são duplicadas se sobrevier a morte da gestante, sendo ambas hipóteses de **crime preterdoloso**, com dolo de aborto e <u>culpa no resultado morte, ou lesão grave</u>, gerada na gestante.

Não se aplica esta causa de aumento de pena ao crime do **Art. 124 do CP** (**autoaborto**), já que a autolesão não é punível, e neste crime é a própria gestante que realiza as manobras abortivas em si mesma, podendo assim a vir se auto lesionar.

Questão interessante, que gera discussão na doutrina nacional, decorre da hipótese de após a realização da conduta não ocorrer o aborto visado (feto sobrevive), mas desta conduta resultar lesão corporal grave ou morte da gestante.

Neste caso, a maioria entende que, o sujeito ativo deverá responder pela *tentativa de aborto* com a pena aumentada, embora haja divergência doutrinária quanto a isso, pois, via de regra, **crimes preterdolosos** não admitem forma tentada, o que só é possível, excepcionalmente, no crime de aborto, em face do mesmo tipo tutelar dois sujeitos passivos independentes (gestante e feto).

A questão é polêmica mesmo por que parte da doutrina acredita que há certa incoerência neste posicionamento, já que na conduta de roubo com resultado morte (**Art. 157 § 3º CP**), quando o agente não consegue subtrair o bem, o **STF**, seguindo a orientação da **súmula 610**, entende haver *crime de latrocínio consumado*, então a mesma lógica deveria funcionar para o crime de aborto.

1.1.5 Aborto autorizado ou legal (Art. 128 do CP)

Há duas hipóteses de *aborto autorizado* previstas no Código Penal, nas quais o crime será afastado (**Art. 128 CP**):

I – se não há outro meio de salvar a vida da gestante (**aborto necessário ou terapêutico**)

Embora saibamos que tanto a vida do feto quanto a vida da mãe merecem a tutela do Direito Penal, neste caso, o que justifica a exclusão do crime no aborto necessário é a *ponderação de interesses*, pois a vida da mãe é considerada como de maior relevância, por já ter se provado viável, o que não ocorre com o feto que, por estar em formação, ainda não tem vida autônoma, independente.

A lei penal exige que o *aborto necessário* seja realizado por médico (independentemente do consentimento da gestante), porém, se o aborto for feito por pessoa não formada em medicina, para salvar a vida da gestante, esse agente poderá ser beneficiado pelo **Art. 24 do CP** (**estado de necessidade**), afastando-se a *ilicitude* da sua conduta e o próprio crime, nesse caso, porém, exige-se que o perigo para a vida da gestante efetivamente seja atual e inevitável de outra forma.

II – se a gravidez resulta de estupro e o aborto é precedido de consentimento da gestante ou, quando incapaz, de seu representante legal (**aborto sentimental**).

Trata-se do chamado **aborto sentimental**, também conhecido como **aborto humanitário**, que exige, contudo, dois requisitos fundamentais: que a intervenção seja realizada por um *médico* e que haja o *consentimento prévio* da gestante.

Nesta hipótese não se pode falar em um estado de necessidade, em face da ausência de perigo, e a única justificativa plausível para esta autorização é a **inexigibilidade de conduta diversa**, como causa de *exclusão da culpabilidade*.

Sendo assim, podemos afirmar que, de acordo com a maioria da doutrina, as **naturezas jurídicas** das hipóteses de aborto autorizado são (art. 128, CP):

– **Inc. I**: causa de exclusão da ilicitude, por *Estado de necessidade* (**Art. 24 CP**).

– **Inc. II**: causa de exclusão da culpabilidade por *inexigibilidade de conduta diversa*.

Já o chamado **aborto eugênico**, ou **eugenésico**, ocorre quando há deformidades ou anomalias no feto que possam gerar inviabilidade para vida extrauterina e, embora se trate de situação grave, não há previsão ou autorização no Código Penal para este aborto.

Entretanto, o **STF** já firmou posicionamento admitindo e autorizando o aborto exclusivamente para casos de **anencefalia**, ou seja, quando o feto é formado sem cérebro, isto em face da total *inviabilidade de vida extrauterina* neste tipo de gravidez, o que acarreta numa absoluta ausência de lesividade.

Por fim, o **aborto econômico ou social** é aquele praticado em face de *precárias condições econômicas* da gestante e de sua família, muitas vezes em situação de miséria absoluta, possuindo assim, acima de tudo, razões de relevância social, mas não sendo aceito em nosso ordenamento jurídico, configurando crime.

Em face da badalada **Teoria da Coculpabilidade do Estado** (que abordamos de forma detalhada em nosso livro *"Teorias da Culpabilidade e Teoria do Erro"* 3ª ed. - Ed. GEN) defendemos a tese de que, em certos casos de miséria absoluta, oriundos das constantes omissões do nosso Estado quanto a seus deveres constitucionais, seria possível aplicar a **atenuante inominada (Art. 66 CP)** para atenuar a pena em certos *abortos econômicos*, ou até mesmo reconhecer a existência de uma *causa supra legal de exclusão da culpabilidade*, por inexigibilidade de conduta diversa, apoiada na *coculpabilidade* do Estado, em alguns desses casos de aborto.

1.2 DAS LESÕES CORPORAIS

1.2.1 Lesão corporal (Art. 129 do CP)

O crime de lesão corporal consiste em qualquer forma de ofensa ou dano à integridade física ou à saúde (fisiológica ou mental) de outrem e, nas bases do finalismo, isto ocorre somente quando, comprovadamente, o agente atua **sem a intenção de matar** (*animus necandi*) visando apenas a ofensa da *integridade corpórea* da vítima.

As **lesões corporais dolosas** são classificadas, e separadas, em espécies (leve, grave e gravíssima) de acordo com a gravidade e consequências do resultado lesivo causado, sendo que, na lesão corporal de *natureza culposa* **não** há diferenciação quanto a gravidade dos danos sofridos pela vítima.

1.2.1.1 Sujeito Ativo e Passivo

Quanto ao **sujeito ativo**, trata-se de **crime comum**, já que qualquer pessoa, que não a própria vítima, pode cometer lesão corporal em outrem, lembrando que, nosso ordenamento **não** pune a autolesão em face do *princípio da lesividade*.

Quaisquer **meios executórios** (físicos ou morais) podem ser utilizados para causar a lesão, sendo, portanto, desnecessário que haja violência física, já que mesmo uma atuação apenas sobre a psique da vítima pode produzir danos físicos ou mentais.

Importante lembrar que, quando em uma mesma situação fática várias lesões corporais forem causadas em uma mesma pessoa, haverá *crime único*, porém se, durante a prática das lesões, ocorrer a interrupção do curso causal, haverá dois ou mais crimes punidos na forma do *crime continuado* (**Art. 71 CP**), por exemplo, quando alguém agride o desafeto, vai embora, e retorna minutos depois para causar novas lesões.

1.2.1.2 Consumação e tentativa

Trata-se de um clássico **crime material**, que se **consuma** no momento da produção do resultado lesivo (dano à integridade corporal ou à saúde da vítima), logo, a **tentativa** é plenamente possível quando o agente atuar com *dolo de lesionar* mas, por motivos alheios a sua vontade, não atingir a vítima, sendo possível, inclusive, tipificar e classificar uma tentativa de lesão corporal como **grave** e **gravíssima**, desde que fique demonstrado faticamente o propósito (dolo) do agente de causar um resultado grave, uma lesão qualificada na vítima, mesmo que esta lesão não tenha chegado a se produzir.

Só **não** será admitida a *tentativa da lesão corporal seguida de morte* (Art. 129 § 3º CP) já que, na forma **preterdolosa** o resultado qualificador (morte) é produto de culpa, o que a torna incompatível com a forma tentada.

Logo, podemos classificar as lesões corporais da seguinte forma:

a) Lesão corporal leve (Art. 129, *caput* do CP)

b) Lesão corporal grave (Art. 129 § 1º do CP)

c) Lesão corporal gravíssima (Art. 129 § 2º CP)

d) Lesão corporal seguida de morte (Art. 129 § 3º CP).

e) Lesão corporal culposa (Art. 129 § 6º CP)

f) Lesão corporal leve em violência domestica (Art. 129 § 9º CP)

h) Lesão corporal leve contra a mulher por razoes do sexo feminino (Art. 129 § 13º CP)

1.2.1.3 Lesão corporal leve (Art. 129 caput do CP)

O tipo penal básico prevê a conduta de ofender a integridade física ou a saúde de outrem e, neste caso, *sem maiores consequências para a vítima* (lesão corporal de natureza leve).

Através da **Lei nº 9.099/95**, nas **lesões corporais leves** o legislador passou a exigir *representação* do ofendido para o MP oferecer a denúncia e dar início a ação penal (pública condicionada), tornando, assim, inequívoca a natureza disponível do bem jurídico tutelado (integridade corpórea) nesta forma leve de lesão.

1.2.1.4 Lesão corporal grave (Art. 129 § 1º do CP)

A lesões corporais consideradas *qualificadas* se dividem em lesões corporais graves, lesões corporais gravíssimas e lesão corporal seguida de morte (preterdolosa), sendo que, nas formas graves (amplo senso) quanto mais grave for o resultado causado, maior será a pena imposta ao agente, não importando se o resultado qualificador gerado era desejado (dolo) ou somente previsível (culpa), salvo quanto ao resultado qualificador morte, que será sempre culposo, produto da lesão dolosa praticada (crime preterdoloso).

A lesão corporal será qualificada e considerada grave (Art. 129 § 1º do CP) quando resulta em:

I – **incapacidade** para as ocupações habituais por mais de 30 dias:

Ocupações habituais são as atividades costumeiras da vítima, englobando as atividades econômicas, lucrativas e quaisquer outras atividades que façam parte da rotina do sujeito passivo (atividades domésticas, esportes etc.), contanto que a atividade à qual a vítima fica impedida de exercer seja **lícita**, incidirá a *qualificadora*.

II – **perigo de vida;**

Certos tipos de lesão, embora de bastante gravidade, não incapacitam o agente por um longo período de tempo, por isso o legislador resolveu qualificar a lesão corporal que produza *real perigo de morte*, independentemente de qualquer elemento temporal específico. Entretanto, o perigo de morte somente qualifica uma lesão corporal se o risco for causado *culposamente*, pois, se houver dolo, mesmo que eventual, quanto a morte, haverá tentativa de homicídio.

III – **debilidade permanente de membro, sentido ou função;**

O termo debilidade permanente **não** pressupõe extinção da função, mas a *diminuição da eficiência* do membro, sentido ou função, devendo ser permanente, o que **não** significa que tenha que ser perpétua.

Para se configurar esta qualificadora, basta que a debilidade seja *prolongada*, ainda que possa ser corrigida mecânica (próteses) ou cirurgicamente, ou ainda, por algum tratamento específico (fisioterapia).

Membro é qualquer dos apêndices do tronco, superiores ou inferiores, (superiores – braços e mãos; inferiores – pernas e pé), *sentido* é qualquer forma de percepção do mundo exterior (visão, audição, olfato, paladar e tato), e *função* engloba as atividades peculiares de um órgão (função respiratória, reprodutiva, locomotora, digestiva, circulatória etc.).

Importante lembrar que o corpo humano possui alguns *órgãos duplos* como os olhos, pulmões e rins, e a perda de um deles importa apenas em redução da capacidade funcional, não na sua perda, e por isso, nestes casos, a lesão corporal será qualificada aqui, como **lesão grave** (estrito senso).

Já no que tange a *perda* ou *inutilização de* um membro, ainda que o outro membro idêntico continue intacto (ex: um braço), constitui **lesão corporal gravíssima (Art. 129 § 2º III do CP)**.

IV – aceleração de parto

Aqui qualifica-se a lesão corporal pela provocação do *nascimento antecipado* da criança sem que haja sua morte, logo, o agente, sem a intenção de matar o feto, lesiona dolosamente a gestante e, com isso, o parto ocorre antes do momento normal.

Para a incidência da qualificadora o agente deve conhecer a gravidez, e embora a lesão corporal na mulher grávida seja sempre dolosa, o resultado qualificador de aceleração de parto pode ser **doloso** (simples vontade de antecipar o parto) ou **culposo**.

Importante lembrar que caso haja *dolo*, mesmo que eventual, *de matar o feto*, deve-se aplicar um dos tipos penais referentes ao crime de aborto (**Art. 125 e 126, CP**), mas se o agente, movido pela intenção de acelerar o parto, lesiona a gestante e provoca *culposamente* a morte do feto, o crime passa a ser de **lesão corporal seguida de aborto** (Art. 129 §2º V do CP)

1.2.1.5   Lesão corporal gravíssima (Art. 129 § 2º do CP)

A lesão corporal será qualificada por ser considerada *gravíssima* quando resulta em:

I – incapacidade permanente para o trabalho;

Diferentemente do que ocorre no inciso I do § 1º, aqui não basta que a incapacidade impeça a vítima de realizar qualquer das suas ocupações habituais, é necessário que o impedimento se refira efetivamente ao trabalho, ou seja, que se relacione a uma atividade remunerada exercida pela vítima que, por isso, fica impedida de prover o seu próprio sustento.

Aqui também se entende que a incapacidade deve ser *permanente*, mas **não** necessariamente *perpétua*, bastando que a lesão gere uma incapacidade duradoura.

II – enfermidade incurável;

Esta qualificadora engloba qualquer provocação de um desvio no estado normal de saúde da vítima, ocasionando um processo patológico, uma doença, que a ciência médica ainda não conseguiu impedir ou curar.

Atualmente, podemos usar como exemplo a conduta de transmissão dolosa do vírus HIV, já que, embora seja uma enfermidade incurável, com os avanços da medicina no tratamento considerá-la como uma sentença de morte e, neste caso, pressupor o dolo de matar para enquadrar a conduta como tentativa de homicídio, nos parece um pouco exagerado.

III – perda ou inutilização de membro, sentido ou função;

Nesta hipótese também não basta a simples debilidade (diferente do que ocorre no Art. 129 § 1º, III CP), a *perda* do membro significa separá-lo do corpo, e a *inutilização* do membro sentido ou função significa gerar uma inaptidão concreta, sem gerar a sua extirpação, sendo que, na hipótese de **órgãos duplos**, apenas a perda ou *inutilização de ambos* configurará esta qualificadora.

IV – deformidade permanente;

A deformidade se caracteriza através do dano estético que gere uma aparência anormal, ou repulsiva, que cause desconforto à própria vítima, ou mesmo a terceiros, devendo, portanto, ser *visível* (mesmo que somente na intimidade), não importando qual parte do corpo foi atingida.

Incide a qualificadora mesmo que a lesão possa ser reparada posteriormente por uma cirurgia plástica, ou ocultada por outros meios (roupa, maquiagem), **não** importando também se a deformidade foi provocada dolosa ou culposamente.

V – aborto

Nesta forma qualificada a intenção (dolo) do agente é de somente lesionar a gestante que sabe, ou deve saber, estar grávida, sendo o aborto gerado por um descuido, uma falta de cuidado ao agir, ou seja, trata-se de um **crime preterdoloso**, em que há *dolo* na conduta antecedente (lesão corporal) e *culpa* no que tange ao resultado qualificador causado (aborto).

Caso o dolo do agente seja de causar o aborto e também a lesão corporal, haverá um **concurso formal imperfeito** entre a lesão corporal dolosa, sem a incidência desta qualificadora, e o crime de aborto provocado por terceiros (Art. 125 ou 126 do CP).

Por fim, as formas qualificadas de lesão corporal grave, previstas nos §§ 1º e 2º, referentes as consequências das lesões, só se aplicam às *lesões corporais dolosas*, e não englobam as *lesões corporais culposas*, mesmo porque, como dissemos, na tipificação da lesão corporal culposa não há diferença no que tange a gravidade das lesões sofridas pela vítima.

1.2.1.6 *Lesão corporal seguida de morte (Art. 129 § 3º do CP)*

Assim como ocorre nas lesões corporais qualificadas pelo perigo de vida e aborto, trata-se também de um **crime preterintencional, ou preterdoloso**, em que há dolo em relação ao crime de lesão corporal e culpa no que se refere à morte ou, como prefere a doutrina clássica, dolo no antecedente (conduta) e culpa no consequente (resultado).

Logo, se na lesão corporal o resultado morte for decorrente de *caso fortuito, força maior*, ou se era *imprevisível* para o autor, **não** haverá culpa e não será possível se responsabilizar o agente pelo resultado morte, respondendo apenas pelas lesões (leves ou graves) causadas dolosamente.

Além disso, se diante do caso concreto ficar demonstrado que ao agir o autor *quis a morte* (**dolo direto**), ou *assumiu o risco* de produzi-la (**dolo eventual**), haverá **crime de homicídio doloso**.

Importante lembrar que, a **consumação** desta espécie de lesão corporal se dá com a efetiva lesão corpórea e a ocorrência do resultado morte, sendo que, neste caso, a **tentativa** é inadmissível por se tratar de um *crime preterdoloso* em que há culpa quanto ao resultado (morte) produzido.

Importante lembrar que, com o advento do pacote anticrime tanto a *lesão corporal gravíssima (Art. 129 par 2º CP)* quanto a *lesão corporal seguida de morte (Art. 129 par. 3º CP)*, quando praticadas contra as autoridades ou agentes previstos nos Art. 142 e 144 da Constituição Federal, integrantes do sistema prisional e da força nacional de segurança pública, no exercício da função ou em razão dela, ou ainda contra seu cônjuge e familiares, passaram se integrar o rol dos crimes hediondos (**Art. 2º I-A** Lei 8072/90 – Lei 13.964/19).

1.2.1.7 Lesão corporal culposa (art. 129 § 6º do CP)

Esta forma de lesão corporal corre quando a lesão decorre de *falta de cuidado* do agente (imprudência, negligência ou imperícia), sendo que, não há qualificação da **lesão culposa** como leve, grave ou gravíssima, já que esta decorre apenas de culpa e não há intenção de lesionar.

Porém, é importante lembrar que, caso a lesão corporal ocorra no *trânsito*, ou seja, na condução de veículo automotor, aplica-se o **Art. 303 da Lei 9.503/1997** (Código de Trânsito Brasileiro), devido a *regra da especialidade*.

Não custa lembrar também que a **ação penal** na *lesão corporal culposa*, assim como na *lesão corporal dolosa leve*, será *pública condicionada à representação* (Lei 9.099/1995 – Art. 88), diferentemente da regra geral (ação penal pública incondicionada)

1.2.1.8 Lesão corporal privilegiada (Art. 129 § 4º do CP)

Trata-se de **causa de diminuição de pena** aplicável quando a lesão corporal for praticada por *motivo de relevante valor social ou moral* (Ex: agredir conhecido ladrão que vem assaltando uma comunidade), ou ainda sob o domínio de violenta emoção, logo em seguida a injusta provocação da vítima. (Ex: marido traído que flagra amante com a esposa).

Não se deve confundir esta causa de diminuição de pena com a *circunstância atenuante* prevista no **Art. 65 Inc. III "c" do CP**, que é menos específica e atenua a pena de qualquer crime praticado sob a influência (não necessariamente o domínio) de violenta emoção, provocada por ato injusto da vítima (não necessariamente "logo em seguida").

1.2.2 Substituição da pena (multa) na lesão corporal leve (art. 129 § 5º do CP)

É possível substituir a pena privativa de liberdade pela *pena de multa* quando na *lesão corporal leve*:

I – ocorrer qualquer das hipóteses de lesão corporal privilegiada (**Art. 129 § 4º do CP**)

II – se as lesões corporais são recíprocas.

Neste caso, somente se aplica a substituição da pena para ambos os agentes e se os envolvidos se ferem mutuamente sem que nenhum deles tenha agido em legítima defesa, pois, caso um dos agentes tenha atuado para se defender da injusta agressão de outro, deverá ser absolvido por *exclusão da ilicitude*. (**Art. 23 e 25 CP**).

1.2.3 Causas de aumento de pena (Art. 129 § 7° do CP)

Nas lesões corporais **dolosas e culposas** há previsão de *causas de aumento de pena,* sendo que, aumenta-se a pena de **1/3** se ocorrer qualquer das hipóteses do **Art. 121, § 4° e §6° do CP.**

Logo, aumenta-se a pena no <u>crime doloso</u> se vítima menor de 14 anos ou maior de 60 anos, e no <u>crime culposo</u> quando a lesão resulta de inobservância de regra técnica, se deixa de prestar socorro à vítima, não procura diminuir as consequências do crime, ou foge para evitar a prisão, ou ainda se o crime for praticado através de *milícia privada,* valendo aqui as mesmas observações quanto ao aumento de pena já feitas no crime de homicídio.

1.2.4 Perdão judicial (Art. 129, § 8° do CP)

Assim como ocorre no homicídio culposo aplica-se também à **lesão corporal culposa** o *perdão judicial,* conforme disposto no **Art. 121 § 5° do CP**, como *causa de extinção da punibilidade,* quando as consequências do crime atingirem o agente de forma tão grave que a sanção se torne desnecessária.

1.2.5 Lesão corporal leve qualificada pela violência doméstica e familiar (art. 129 § 9° do CP) e contra mulher em razão do sexo feminino (Art. 129 § 13° do CP)

Considera-se como **forma qualificada** e, portanto, com uma pena abstrata (máxima) maior, a *lesão corporal leve* nos casos de **violência doméstica**, o que não diz respeito somente à mulher, mas a qualquer pessoa envolvida na relação doméstica, visando assim coibir, de forma mais rigorosa, a prática de lesões corporais *contra ascendente, descendente, irmão, cônjuge ou companheiro, ou com quem conviva ou tenha convivido, ou, ainda, prevalecendo-se o agente das relações domésticas, de coabitação ou de hospitalidade.*

Esta forma qualificada específica se aplica apenas às **lesões corporais leves**, logo, correndo um dos resultados qualificadores de lesão corporal grave, ou seguida de morte, o agente será responsabilizado pelos tipos penais previstos nestes **parágrafos 1°, 2° ou 3° do Art. 129 CP**, aplicando-se, neste caso, a causa de aumento da pena prevista no **Art. 129 § 10 CP**, se a lesão qualificada (grave, gravíssima ou seguida de morte) tiver sido praticada nas situações elencadas no aqui referido **§ 9° do Art. 129 CP.**

Importante lembrar ainda que, nas hipóteses de **lesão corporal relacionadas à violência doméstica**, a pena será aumentada de um terço quando o crime for cometido contra *pessoa portadora de deficiência física ou mental.* **(Art. 129 § 11° CP).**

O **parágrafo 13** inserido no **Art. 129 CP** pela Lei 14.188/21, prevê uma modalidade qualificada da **lesão corporal leve**, punida com pena de reclusão de 1(um) a 4(quatro) anos, para hipóteses especificas da lesão corporal leve ser praticada contra mulher, por razoes do sexo feminino, nos mesmos termos previstos para o *feminicídio* (Art.121 § 2° A do CP).

Importante ressaltar que o **Art. 129 par. 9° do CP** <u>não foi revogado</u> pelo referido **parágrafo 13 do Art. 129 CP**, que é mais especifico e prevalece quando a *lesão corporal leve* for praticada <u>contra mulher,</u> em razão da condição do sexo feminino, quer seja em relações domésticas ou não, enquanto para as demais hipóteses de lesão corporal leve em violência doméstica permanece sendo aplicado o **Art. 129 par. 9º do CP.**

1.2.6 Lesão corporal grave ou seguida de morte majorada pela violência doméstica e familiar (art. 129, § 10, do CP)

Importante ressaltar que, conforme dissemos, nos casos de lesão corporal *grave, gravíssima e seguida de morte*, previstos nos **§§ 1º a 3º do Art. 129**, se as circunstâncias são as indicadas no **§ 9º** desse artigo (**violência doméstica**), aumenta-se a pena, destas formas qualificadas, em **1/3**.

1.2.7 Ação penal

A *lesão corporal* admite diferentes espécies de ação penal de acordo com suas características:

– **Ação penal pública condicionada à representação**: para a lesão leve e lesão culposa – Lei 9.099/1995.

– **Ação penal pública incondicionada**: Nos §§ 1º a 3º do Art. 129 CP (lesão grave, gravíssima e seguida de morte).

– **Ação penal pública incondicionada:** nas hipóteses do Art. 129 § 9º (lesão leve com violência doméstica), pelo fato de se entender que neste caso deva incidir a Lei Maria da Penha (vítima for mulher), sendo esta a posição dominante no STJ e no STF. (embora haja divergência).

1.2.8 Causas de aumento de pena específicas (Art. 129 §§ 11 e 12 CP)

Conforme já mencionamos, há inúmeras causas de aumento aplicáveis de forma específica a certas lesões corporais, sendo assim, para facilitar o estudo, podemos resumir estas hipóteses específicas, em que a pena da lesão corporal será aumentada, da seguinte forma:

- Nos casos previstos no § 9º do Art. 129 aumenta-se a pena de 1/3 se o crime for cometido contra pessoa portadora de deficiência (física ou mental) (**Art. 129 § 11 CP**).

- Nos casos de lesão corporal praticado contra agentes integrantes do sistema prisional e da Força Nacional de Segurança Pública, no exercício da função ou em decorrência dela, ou contra seu cônjuge, companheiro ou parente consanguíneo até terceiro grau, em razão dessa condição, a pena será aumentada de 1/3 a 2/3. (**Art. 129 § 12º CP**).

Por fim, nas modalidades **gravíssima (Art. 129 § 2º CP)** e **seguida de morte (Art. 129 § 3º CP)** a lesão corporal passou a ser considerada como **hediondo** (Lei 8.072/90 – Art. 1º Inc. I-A) quando for praticada contra autoridades ou agentes previstos nos Art. 142 e 144 da CF e integrantes do sistema prisional e da força nacional de segurança pública, no exercício da função ou em decorrência dela, ou ainda contra seu cônjuge e familiares.

1.3 DA PERICLITAÇÃO DA VIDA E DA SAÚDE

1.3.1 Introdução

O direito penal pátrio pune tanto os crimes de dano, quanto os chamados crimes de perigo (concretos e abstratos), embora em relação à punição apenas da criação de um perigo haja muitas críticas e divergências doutrinárias.

Nos **crimes de dano**, o tipo penal prevê e pune a ocorrência de uma lesão efetiva ao bem jurídico tutelado (um dano) e o agente atua com o propósito de provocar uma lesão a este bem (dolo de dano).

Já nos **crimes de perigo** o tipo penal estabelece a punição da mera provocação de uma situação de risco, de perigo (dano potencial), pela conduta tipificada, não exigindo para a consumação do crime a efetiva lesão de um bem jurídico, sendo que, o sujeito ativo atua com dolo de expor determinado bem a perigo, não havendo, portanto, a intenção específica de lesionar o bem.

Os *crimes de perigo* podem ser divididos e classificados como:

- **Crimes de perigo comum** (coletivo)

- **Crimes de perigo individual**

- **Crimes de perigo concreto**

- **Crimes de perigo abstrato ou presumido**

A primeira classificação se fundamenta no *polo passivo* do tipo, e os **crimes de perigo comum** são aqueles que atingem a *coletividade* como um todo, ou seja, o sujeito passivo é indeterminado (**Ex:** Art. 250 do CP – Crime de incêndio) não havendo, a princípio, um perigo direcionado contra certa pessoa.

Já nos **crimes de perigo individual** a conduta afeta *certa pessoa*, ou grupo de pessoas, especificamente, expondo esta(s) pessoa(s) a uma determinada situação de perigo, como acontece nos crimes que vamos estudar a seguir (**Arts. 130, 131, 132 CP**).

Nos chamados **crimes de perigo concreto** a conduta típica estabelece um *risco real de dano*, um perigo concretamente demonstrado, ou demonstrável, a partir da prática de uma conduta concretamente arriscada, perigosa, pelo agente.

Os controvertidos **crimes de perigo abstrato**, ou presumido, são fundamentados na experiência coletiva, ou seja, na sensação geral de periculosidade que determinadas condutas trazem em si, o tipo penal apenas *presume que certa conduta é perigosa*, não sendo necessário demonstrar na situação concreta que efetivamente se expôs certo bem jurídico a um risco real (*Zaffaroni* classifica criticamente os crimes de perigo abstrato como *crimes de "perigo de perigo"*).

Em suma, os **crimes de perigo abstrato** não dependem da efetiva prova da ocorrência do perigo para que estejam consumados, e a simples realização da conduta típica já configura o crime (crimes de mera conduta), razão pela qual, boa parte da doutrina nacional considera que estes crimes violam o **princípio da lesividade**, e seriam, portanto, inconstitucionais.

1.3.2   Perigo de contágio venéreo (Art. 130 CP)

Neste crime, a conduta típica prevista pune aquele que expõe alguém, por meio de relações sexuais, ou qualquer ato libidinoso, a perigo de contágio de moléstia venérea de que sabe, ou deve saber, estar contaminado.

Trata-se de crime de **perigo concreto** que, portanto, se **consuma** com a efetiva exposição da vítima ao perigo de contágio, independentemente de se produzir qualquer dano à saúde de outrem, ou seja, independentemente de ocorrer o contágio, sendo que, a **tentativa** é possível embora de difícil caracterização na prática.

Para que haja crime basta a vontade (dolo) de praticar a conduta capaz de transmitir a moléstia (**elemento subjetivo**), expondo alguém a perigo, independentemente de haver vontade específica (não há especial fim de agir) de causar o resultado concreto (contágio), bastando, portanto, que saiba, ou pelo menos deva saber (admite o *dolo eventual*), que está contaminado.

Porém, caso fique demonstrado que a intenção do agente era especificamente de transmitir a moléstia venérea o crime será **qualificado**, e a pena será de *1 a 4 anos de reclusão* e multa (**Art. 130 § 1º CP**).

1.3.3   Ação Penal

A ação penal neste crime será **pública condicionada a representação** (**Art. 130 § 2º CP**) e, portanto, movida pelo ministério público, mas condicionada a representação da vítima ou de seu representante legal.

1.3.4   Perigo de contágio de moléstia grave (Art. 131 CP)

Configura este crime a conduta daquele que, <u>com o fim de transmitir</u> a moléstia a outrem (*Dolo direto e específico*), praticar ato capaz de produzir o contágio da moléstia grave de que sabe estar contaminado.

Trata-se de crime de **perigo concreto** (embora haja divergência afirmando ser de perigo abstrato) que por isso se **consuma** com a simples prática da conduta de expor a perigo (ato capaz de transmitir a moléstia), independentemente da produção do resultado danoso (transmissão da moléstia grave), sendo que, a **tentativa** é possível embora também de difícil caracterização prática.

Importante lembrar que, na hipótese de um agente, que não esteja contaminado, utilizar algum objeto contaminado para transmitir a moléstia, responderá por lesão corporal, consumada ou tentada.

Porém, no caso específico de efetivamente se transmitir dolosamente o vírus *HIV*, utilizando-se por exemplo de uma seringa contaminada, há três entendimentos na doutrina:

1ª) homicídio tentado ou consumado (minoritário)

2ª) Contágio de moléstia grave (Art. 131 CP)

3ª) Lesão corporal gravíssima (Art. 129 §2º II CP – Majoritária)

1.3.5   Perigo para a vida ou saúde de outrem (Art. 132 CP)

Trata-se de *crime subsidiário* ("soldado de reserva" – Nélson Hungria), **de perigo concreto,** pois só incide se **não** houver crime mais grave a ser imputado no caso concreto, sendo punido com pena de detenção de **3 meses a 1 ano.**

A conduta típica se caracteriza por se *expor a vida ou a saúde de outrem a perigo direto e iminente,* através de uma ação ou omissão perigosa, que recaia sobre uma pessoa ou algumas pessoas determinadas. (Ex: não adotar medidas de segurança do trabalho, expondo os empregados da empresa a perigo a saúde e a vida / transporte irregular de pessoas).

A **consumação** decorre da simples prática da conduta perigosa, independentemente de haver qualquer tipo de dano ao sujeito passivo, e a **tentativa** é admissível, desde que seja possível se fracionar a conduta que expõe o agente a perigo.

Não custa lembrar que, caso a conduta do agente crie um *perigo indeterminado,* de forma indireta, paralela, poderá ocorrer um dos crimes de perigo comum contra a incolumidade pública (Ex: Art. 250 e 251 CP).

A **pena** será *aumentada de um sexto a um terço* se a exposição da vida ou da saúde de outrem a perigo decorrer do transporte de pessoas para a prestação de serviços em estabelecimentos de qualquer natureza, em desacordo com as normas legais. (**Art. 132 parágrafo único CP**)

1.3.6   Abandono de incapaz (Art. 133 CP)

Caracteriza-se este crime através da conduta daquele que *abandonar pessoa que está sob seu cuidado, guarda, vigilância ou autoridade, e que, por qualquer motivo, seja incapaz de defender-se dos riscos resultantes do abandono.*

Trata-se de **crime próprio**, pois o sujeito ativo será somente aquele que possui o dever de proteção, cuidado, ou possuir autoridade em relação ao incapaz abandonado (sujeito passivo).

A **consumação** exige que se demonstre que, em face do abandono, a vítima ficou exposta a um *perigo concreto de dano*, caso contrário, se apesar da conduta de abandono a vítima não chegou a ficar exposta a um perigo concreto, será possível se falar em *tentativa*.

Há ainda *causas de aumento de pena* (+1/3) previstas no **Art. 133 § 3º CP** quando o abandono ocorrer em local ermo, se o agente é ascendente, descendente, cônjuge, irmão, tutor ou curador da vítima, ou ainda se a vítima for maior de 60 anos.

Trata-se de *crime doloso* de **perigo concreto** (vontade de abandonar expondo a perigo) e, por ausência de expressa previsão legal, **não** se pune a *modalidade culposa*.

Há duas formas qualificadas previstas, uma se do abandono *resulta lesão corporal de natureza grave* em que a pena será de *1 a 5 anos de reclusão*, e outra *se resulta morte* em que a pena será de *4 a 12 anos de reclusão*. (**Art. 133 §§ 1º e 2º CP** – *modalidades preterdolosas*)

1.3.7   Exposição ou abandono de recém-nascido (Art. 134 CP)

Neste crime, pune-se a conduta de *expor ou abandonar recém-nascido (com horas ou poucos dias de vida), para ocultar desonra própria*, e visivelmente trata-se de crime bastante ultrapassado, ligado a uma realidade social defasada, para certas situações em que a mãe venha a esconder a gravidez por ser fruto de relações extramatrimoniais e, para ocultar esta situação desonrosa, abandona seu filho recém-nascido.

Trata-se de **crime "bi próprio"** em que os sujeitos ativo e passivo são específicos, respectivamente a mãe e seu próprio filho.

O **tipo subjetivo** se caracteriza através do *dolo* de abandonar recém-nascido exigindo-se a finalidade específica, o *especial fim de agir*, de ocultar a desonra própria, sendo que, se da conduta de abandono resultar lesão corporal grave ou morte (modalidades preterdolosas) as penas serão respectivamente de *1 a 3 anos* e de *2 a 6 anos* de detenção. (**Art. 134 §1° e 2° CP**)

Porém, se o abandono do recém-nascido **não** for com a finalidade específica (*especial fim de agir*) de ocultar desonra própria, ou se a criança já tiver alguns meses de vida, trata-se do **crime de abandono de incapaz**, previsto no **Art. 133 do CP**.

A **consumação** deste crime ocorre quando a exposição ou o abandono gera um perigo concreto para a vida ou a saúde do recém-nascido, desta forma a **tentativa** é possível, ocorrendo quando após o abandono, mas antes de haver um real perigo, a vítima vem a ser encontrada por alguém.

1.3.8 Omissão de socorro (Art. 135 do CP)

1.3.8.1 Tipo objetivo

O tipo penal do Art. 135 do CP, clássico exemplo de omissão própria ou pura, prevê como crime a conduta omissiva de *deixar de prestar assistência, quando possível fazê-lo sem risco pessoal, à criança abandonada ou extraviada, ou à pessoa inválida ou ferida, ao desamparo ou em grave e iminente perigo; ou não pedir, nesses casos, o socorro da autoridade pública.*

A **omissão de socorro**, como **crime omissivo puro**, fundamenta-se no dever geral de assistência e solidariedade, impondo a atuação sem risco pessoal (para si mesmo ou para a própria vítima), ou, subsidiariamente, o dever de chamar a autoridade competente para prestar o socorro diante de certas situações de perigo.

Sendo assim, pune-se a omissão do socorro, diante de uma situação de perigo, nas seguintes hipóteses:

– Criança abandonada ou extraviada

– Pessoa inválida ou ferida

– Pessoa ao desamparo ou em grave e iminente perigo (vida ou integridade física)

Trata-se de um **crime omissivo próprio** e de **mera conduta**, em que o tipo penal prevê apenas a conduta omissiva, não havendo qualquer resultado concreto sequer previsto ou atribuível ao agente, mesmo porque, condutas omissivas previstas em lei (omissão própria) não são capazes de causar resultados fáticos, concretos.

1.3.8.2 Consumação e Tentativa

A **consumação** se dá no momento da omissão, ou seja, quando o agente, sabendo da situação de perigo, fica inerte, se omite em auxiliar e prestar assistência à vítima ou, percebendo a situação de perigo, e havendo risco pessoal, não informa a autoridade competente.

Não há que se falar em **tentativa**, embora haja divergência na doutrina (p. ex *Zaffaroni* que admite a tentativa), já que inegavelmente as condutas omissivas são, em regra, unissubsistentes e não podem ser fracionadas.

1.3.8.3 Causa de aumento de pena (Art. 135 parágrafo único do CP)

Aumenta-se a pena da **omissão de socorro** se a situação de perigo, diante da omissão, resultar em *lesões corporais graves* (+1/2), e também se a omissão de socorro resultar em *morte da vítima* (aumenta-se 3x).

No que tange ao *aumento de pena* acima mencionado considera-se <u>irrelevante</u> se o agente, ao se omitir, desejava ou não o resultado (morte ou lesão), ou seja, se tinha *dolo*, ou apenas *culpa*, no que tange à lesão corporal ou à morte ocorrida, já que, em face da natureza da conduta de omissão, não há como estabelecer relação de causalidade da conduta com esses resultados.

Importante lembrar que o *Código de Trânsito Brasileiro* prevê como crime de omissão de socorro específico (regra da especialidade) a conduta de *"deixar o condutor do veículo, na ocasião do acidente (que não o causou por culpa), de prestar imediato socorro à vítima, ou, não podendo fazê-lo diretamente, por justa causa, deixar de solicitar auxílio da autoridade pública"* (**Art. 304 do CTB**), punindo este fato com pena de detenção de 6 meses a 1 ano, ou multa, se o fato não constituir elemento de crime mais grave.

Esta omissão de socorro específica do CTB somente se aplica ao <u>agente que **não** causou o acidente</u>, já que a omissão de socorro é prevista como causa de aumento de pena (+1/3) vinculada aos crimes de homicídio culposo no trânsito (Art. 302 CTB) e de lesão corporal culposa no trânsito (Art. 303 CTB), quando for praticada pelo agente causador do acidente.

1.3.9 Condicionamento de atendimento médico-hospitalar emergencial (Art. 135-A do CP)

1.3.9.1 Tipo objetivo

Esta omissão de socorro específica prevê como crime a conduta de *exigir cheque-caução, nota promissória ou qualquer garantia, bem como o preenchimento prévio de formulários administrativos, como condição para o atendimento médico-hospitalar emergencial,* sendo que, de acordo com o tipo penal, para se caracterizar este crime essas exigências devem ocorrer como condição prévia para o atendimento médico hospitalar emergencial ou de urgência.

Trata-se de **crime formal** em que o resultado material previsto (não atendimento, agravando as condições da vítima) <u>não</u> precisa ocorrer para o crime se *consumar*, sendo ainda **crime próprio** já que o tipo penal exige características concretas específicas dos agentes que poderão realizá-lo (as pessoas responsáveis por determinar ou não o atendimento médico de emergência no hospital).

Não há que se falar em **tentativa**, pois a conduta é de exigir, via de regra e nesta hipótese, não pode ser fracionada (**crime unissubsistente**), e ao ser feita a exigência indevida o crime já estará consumado.

1.3.9.2 Causas de aumento de pena (Art. 135-A, parágrafo único, do CP)

Nas hipóteses em que desta omissão específica *resultar lesão corporal de natureza grave* aplica-se a pena em dobro (2x), e se *resultar em morte* aplica-se a pena no triplo (3x), via de regra esses resultados serão produto de culpa, fazendo dessa forma qualificada um **crime preterdoloso**.

1.3.10 Maus-Tratos (Art. 136 do CP)

1.3.10.1 Tipo objetivo

Trata-se da conduta de *expor a perigo a vida ou a saúde de pessoa sob sua autoridade, guarda ou vigilância, para fim de educação, ensino, tratamento ou custódia, quer privando-a de alimentação ou cuidados indispensáveis, quer sujeitando-a a trabalho excessivo ou inadequado, quer abusando de meios de correção ou disciplina.*

É **crime próprio**, pois o tipo penal exige uma relação específica entre os *sujeitos ativo* e passivo do crime, sendo assim, só pode ser praticado por determinadas pessoas elencadas expressamente na norma, também será considerado como um **tipo misto alternativo**, já que a prática sucessiva das condutas previstas no tipo, em um mesmo contexto fático, irá caracterizar um *único crime*, não havendo concurso de crimes.

Importante destacar que, caso o agente venha submeter alguém, sob sua guarda, poder ou autoridade, com emprego de violência ou grave ameaça, a intenso sofrimento físico ou mental, como forma de aplicar castigo pessoal ou medida de caráter preventivo, a conduta será específica, e poderá, de acordo com a análise deste *elemento subjetivo*, configurar **crime de tortura (Lei nº 9.455/97)**.

1.3.10.2 Tipo subjetivo

Este crime somente possui previsão na modalidade **dolosa,** porém há duas formas *preterdolosas* em que se qualifica o crime pela ocorrência, culposamente, de lesão corporal e de morte decorrentes da conduta realizada e, nesses casos, as penas serão de **1 a 4 anos** e de **4 a 12 anos** de reclusão, respectivamente. (**Art. 136 §§ 1º e 2º CP**).

1.3.10.3 Consumação e Tentativa

Por se tratar de **crime de perigo concreto** a **consumação** se dá com a simples prática da conduta de expor os sujeitos passivos específicos a perigo nas situações descritas no tipo, independentemente de se gerar qualquer dano, sendo que, nas condutas omissivas previstas a **tentativa não será admitida** pois, em regra, não poderão ser fracionadas (*crime unissubsistente*).

Porém, nas demais hipóteses, em que as condutas previstas no tipo são comissivas, e fracionáveis, a **tentativa** é plenamente cabível (*crime plurissubsistente*).

Por fim, de acordo com o **parágrafo 3º do Art. 136 do CP**, aumenta-se a pena de **1/3** se o crime for praticado contra pessoa *menor de 14 anos*.

1.4 DA RIXA

1.4.1 Rixa (Art. 137 CP)

1.4.1.1 *Tipo objetivo*

De acordo com a definição técnica e doutrinária *rixa* consiste em briga desordenada entre **três ou mais pessoas**, com *agressões físicas recíprocas* entre os participantes, sendo que, a doutrina e jurisprudência dominantes entendem que não há rixa quando a posição dos contendores é definida, ou seja, quando há grupos definidos e separados (**Ex:** gangues rivais) e, neste caso, haverá crime de *lesões corporais recíprocas* (Art. 129 CP).

Trata-se de **crime comum**, já que qualquer pessoa pode participar da rixa, considerado também como **crime de perigo abstrato**, pois independe de concreta exposição a perigo de alguém, sendo ainda classificado como um **crime plurissubjetivo** (de concurso necessário), ou seja, exige que sua prática ocorra por diversas pessoas em conjunto, e os rixosos serão considerados ao mesmo tempo *sujeitos ativos* e *passivos do crime*.

Se em razão da rixa ocorrer *morte* ou *lesão corporal de natureza grave* incidirá a qualificadora prevista no **parágrafo único**, e a pena pela participação na rixa sobe para detenção de **6 meses a 2 anos**, independentemente de quem causou esses resultados, porém, cabe destacar que a lesão leve **não** qualifica a rixa.

A *morte* ou a *lesão corporal grave*, citadas como **qualificadora** do crime de rixa, podem ser de um dos rixosos ou de terceiros, porém se for identificada a autoria da morte ou das lesões corporais graves, o autor responderá pelo homicídio, ou lesões corporais graves, em *concurso material* (Art. 69 CP) com a *rixa qualificada*, ao passo que os demais rixosos envolvidos na confusão responderão apenas pelo crime de rixa qualificada.

Importante lembrar que o rixoso que integra a briga desordenada responde por *rixa* mesmo se for apenas vítima de lesões corporais graves e, mesmo ocorrendo várias lesões corporais ou mortes durante a briga, haverá apenas um *delito de rixa qualificado* a ser atribuído aos rixosos.

Por fim, se o contendor integrar a rixa após *a ocorrência da lesão grave ou morte de alguém*, **não** poderá ser responsabilizado pela forma *qualificada* da rixa, respondendo pela *rixa simples*, porém, se tiver se ausentado da rixa e após isso houver uma morte ou lesão grave em alguém, deverá responder normalmente pela *rixa qualificada*.

1.4.1.2 *Consumação e Tentativa*

O crime de *rixa* se **consuma** com qualquer ato de agressão realizado por alguém, quando *3 ou mais pessoas* estão em briga desordenada e, por isso, na prática, a **tentativa** é inadmissível, já que no momento em que se inicia a confusão a rixa já estaria consumada e antes disso haveria mero ato preparatório impunível.

Neste crime exige-se atos de violência entre os rixosos, portanto, **não** há crime de rixa quando há apenas *ofensas verbais* recíprocas.

1.5 CRIMES CONTRA A HONRA

1.5.1 Introdução

Nosso ordenamento separa o **bem jurídico** *honra* em duas categorias, em seu *aspecto objetivo*, a honra é a imagem que a pessoa tem perante a sociedade, isto é, a sua reputação social, por isso a violação da **honra objetiva** depende da publicidade, ou seja, de ser percebida por terceiros, não apenas pela própria vítima.

Em seu *aspecto subjetivo*, a honra pode ser vista como sinônimo de amor ou orgulho próprio, dignidade e decoro pessoal, um conceito inerente a cada indivíduo acerca de si mesmo, e por isso a ofensa à **honra subjetiva** depende apenas que a própria vítima tome conhecimento das atribuições negativas e ofensivas a seu respeito, sendo dispensável a publicidade dos fatos.

Desta forma, podemos delimitar que a *honra objetiva* é tutelada pelos *crimes de calúnia* (**Art. 138 CP**) e *difamação* (**Art. 139 CP**), enquanto a *honra subjetiva* vem tutelada pelo *crime de injúria* em suas diversas formas (**Art. 140 CP**), conforme estudaremos abaixo.

1.5.2 Calúnia (Art. 138 do CP)

1.5.2.1 Tipo objetivo

O tipo penal prevê como crime a conduta de *caluniar alguém, imputando-lhe falsamente fato definido como crime*, ou seja, atribuir a alguém um crime que não ocorreu, ou ainda atribuir um crime efetivamente ocorrido a alguém que saiba não ser o autor do fato.

A **calúnia** pode ser considerada como um sinônimo de **"mentira** sobre a prática de crime", mas para que ela ocorra o agente deverá se referir especificamente a um fato concreto definido como crime (se for contravenção ou apenas um fato desonroso haverá difamação), e além disso a imputação deverá ser comprovadamente ser falsa.

O *bem jurídico* tutelado na calúnia é a **honra objetiva**, ou seja, a reputação, a imagem social da vítima, afetada pelas atribuições falsas realizadas pelo agente.

1.5.2.2 Sujeito ativo e passivo

O **sujeito ativo** (e o sujeito passivo) pode ser qualquer pessoa (**crime comum),** sendo inclusive punível a *calúnia contra os mortos* (**Art. 138, § 2º, do CP),** porém, **não** se admite que *pessoa jurídica* seja sujeito passivo do crime de calúnia, pois, como se sabe, esta não pode cometer crimes, exceto na hipótese de *crimes ambientais* (**Art. 3º da Lei 9605/98),** em que, excepcionalmente, a maioria da doutrina aceita a hipótese de se praticar calúnia contra uma empresa.

Não se confunde a *calúnia* com o **crime de denunciação caluniosa** (**Art. 339, CP),** pois este vai além da simples falsa imputação criminosa a alguém caracterizadora da calúnia, na *denunciação*, além da falsa atribuição de um crime, o agente provoca instauração de um procedimento administrativo ou judicial contra a vítima, seja um inquérito policial, ou mesmo uma ação penal.

Logo, havendo a conduta de *denunciação caluniosa*, crime contra a administração da justiça, a calúnia será considerada como mera etapa de realização desta e, por isso, será por ela absorvida (**regra da consunção).**

De acordo com o **§ 1º do Art. 138 CP** incorrerá na mesma pena cominada à *calúnia* aquele que propalar ou divulgar o fato crime atribuído a vítima, desde que sabendo falsa a imputação, sendo que, estas condutas serão praticadas por aquele que, tomando ciência da imputação falsa, transmite e divulga a ofensa a terceiros.

Por fim, importante lembrar que existe previsão específica do crime de *calúnia* no **Código Eleitoral** (**Art. 324),** quando esta for praticada com finalidade especificamente ligada ao processo eleitoral, prevalecendo, nestes casos, sobre a calúnia prevista no Código Penal (**regra da especialidade).**

1.5.2.3 Consumação e Tentativa

A **consumação** da *calúnia* se dá quando terceira pessoa toma conhecimento da atribuição falsa do crime (publicidade), independentemente da vítima se sentir concretamente ofendida ou não (crime formal).

Já a **tentativa** é plenamente admissível, principalmente na forma escrita, se terceiro, destinatário da calúnia, não chegar a ler o que foi escrito sobre a falsa atribuição de crime à vítima.

Importante lembrar que, a conduta de chamar diretamente alguém de ladrão, estelionatário etc. configura crime de *injúria* e não de *calúnia*, uma vez que nestes casos não se imputa ao agente **um fato determinado** e **específico** definido como crime, havendo somente uma ofensa pessoal à honra subjetiva da vítima, o que caracteriza a *injúria*.

1.5.2.4 Tipo subjetivo

Na **calúnia** exige-se *dolo direto ou eventual* de atribuir <u>falsamente</u> fato definido como crime, além do específico propósito de ofender a honra (**elemento subjetivo especial**), por isso não se configura o delito em tela quando ficar demonstrado que o agente possuía apenas *animus narrandi, criticandi, defendendi,* e o conhecido *animus jocandi* (brincadeira).

Como se exige que o elemento subjetivo englobe a intenção de <u>atribuir falsamente</u> a prática de um crime a alguém, no crime de *calúnia* admite-se plenamente a chamada **exceção da verdade,** ou seja, a possibilidade de o agente provar que o fato atribuído a terceiro é verdadeiro, afastando assim o crime de calúnia e gerando **atipicidade do fato.**

Porém, de acordo com o Código Penal, **não se admite** esta *prova da verdade* em alguns casos expressamente previstos no **Art. 138, § 3º, do CP**, são elas:

a) se a imputação versa sobre crime de *ação penal privada,* e o ofendido não foi condenado por sentença irrecorrível.

b) se o fato é imputado a qualquer das pessoas indicadas no **inciso I do artigo 141**, ou seja, *Presidente da República* ou *chefe de governo estrangeiro* (opção de política criminal).

c) se do fato imputado, embora constituindo crime de *ação penal pública*, o ofendido foi absolvido por <u>sentença irrecorrível</u>, já que não se admite a *reformatio in pejus* em nosso ordenamento.

Não se confunde a *exceção da verdade* com a **prova da notoriedade** do fato imputado, ou seja, a comprovação pelo agente de que a conduta imputada já era de *domínio público*, pois, se o fato já é conhecido por todos, e por isso o agente acredita na veracidade da imputação feita, afasta-se a calúnia mas, neste caso, por ausência de dolo (de imputar "falsamente").

Porém, se com o fim de ofender a *honra objetiva*, o agente se aproveita da notoriedade dos fatos para dar mais publicidade a eles, sabendo de sua falsidade, poderá responder pela prática do crime de calúnia.

1.5.3   Difamação (Art. 139 do CP)

1.5.3.1   Tipo objetivo

Difamar alguém, imputando-lhe fato ofensivo à sua reputação, ou seja, atribuir a alguém um fato concreto, desonroso, imoral que, embora não seja um crime, afete a imagem pública e social da vítima.

A **difamação** pode ser considerada como um sinônimo de "**fofoca**", atribuição de fato concreto desonroso a alguém e, portanto, o **bem jurídico** tutelado também será a *honra objetiva* (reputação social).

A diferença básica entre a *calúnia* e a *difamação* se refere à natureza do fato concreto imputado, pois, enquanto na calúnia exige-se a atribuição falsa de um fato definido como crime, na difamação basta a imputação da prática de qualquer fato desonroso, portanto, basta a atribuição, falsa ou não, de um fato considerado imoral, ou até mesmo de uma contravenção.

Por fim, importante lembrar que também existe previsão específica do crime de difamação no **Código Eleitoral** (**Art. 325**), e quando esta for praticada com finalidade especificamente ligada ao processo eleitoral se sobrepõe a previsão da difamação comum do Código Penal (**regra da especialidade**).

1.5.3.2   Sujeito ativo e passivo

O **sujeito ativo** (e o sujeito passivo) também poderá ser qualquer pessoa (**crime comum**), neste caso inclusive a *pessoa jurídica*, sendo que, na difamação **não** é necessário que o fato ofensivo seja *falso*, bastando ser algo concreto e que atinja a *honra objetiva* da vítima.

1.5.3.3   Tipo subjetivo

Na **difamação** exige-se *dolo direto ou eventual* de atribuir fato concreto desonroso, além do específico propósito de ofender a honra (**elemento subjetivo especial**), já que, assim como ocorre na calúnia, não se configura o delito quando ficar demonstrado que o agente possuía apenas *animus narrandi, criticandi, defendendi*, e o conhecido *animus jocandi* (brincadeira).

1.5.3.4   Consumação e tentativa

A **consumação** da difamação se dá quando terceiro toma conhecimento do fato ofensivo (**crime formal**) não havendo a necessidade da própria vítima estar presente e, por isso, também se admite a **tentativa**, principalmente na forma escrita quando, por motivos alheios a vontade do autor, terceiro não chega a tomar conhecimento dos fatos imputados.

Na difamação **não** se exige a *falsidade* da atribuição feita, que pode inclusive se referir a um fato desonroso verdadeiro, logo, como regra, não se admite a **exceção da verdade** (*prova da verdade*), salvo na hipótese em que o ofendido seja *funcionário público* e a ofensa especificamente é relativa ao exercício de suas funções. (**Art. 139 parágrafo único do CP**)

Não há que se falar em *exceção de notoriedade* na difamação, pois o fato desonroso já ser notório e público não faz com que sua divulgação para terceiros perca o caráter ofensivo, até por que, nem mesmo a comprovação da natureza verdadeira dos fatos atribuídos excluirá o crime de difamação.

1.5.4 Injúria (Art. 140 do CP)

1.5.4.1 Tipo objetivo

O crime de **injúria** é descrito na lei através da conduta de *injuriar alguém, ofenden-do-lhe a dignidade ou o decoro,* ou seja, quando determinado agente profere palavras ou gestos ofensivos ao sentimento pessoal de orgulho próprio de alguém.

A **injúria** pode ser considerada como um sinônimo de **"xingamento"** já que é dirigi-da a própria vítima com a atribuição de qualidades negativas e ofensivas a sua dignidade pessoal, logo, não se exige que a ofensa consista em atribuição de um fato determinado e concreto, como ocorre na calúnia e na difamação, bastando qualidades negativas, juízos de valor genéricos de caráter ofensivo a *honra subjetiva.*

Na *injúria* o bem jurídico tutelado é a **honra subjetiva** (a própria dignidade e decoro, orgulho próprio) por isso, esta afeta o sentimento pessoal da vítima em relação aos seus próprios atributos morais (dignidade), físicos e intelectuais (decoro), sendo que pode ser praticada de diversas formas (oral, escrita, por gestos, imagens, sinais, desenhos, símbolos, direta, indireta, implícita, condicionada etc.).

Importante ressaltar que, num caso concreto em que o agente profere diversas ofen-sas sucessivamente contra certa vítima, numa mesma situação fática, haverá um *único crime de injúria,* não se configurando concurso de crimes.

1.5.4.2 Sujeito ativo e passivo

O **sujeito ativo** da injúria poderá ser qualquer pessoa (**crime comum**), porém, quan-to ao **sujeito passivo** há algumas restrições, já que, *pessoas jurídicas, pessoas incapazes* que não possuam capacidade de compreender a ofensa (ex: débeis mentais), e os *mortos,* não podem ser sujeitos passivos de injúria, mas nada impede que alguns *inimputáveis,* desde que tenham capacidade de compreender a ofensa, sejam sujeitos passivos de uma injúria.

Não se admite de forma alguma a **exceção da verdade** na injúria, ou seja, não impor-ta se a ofensa é verdadeira ou falsa, já que, de toda forma, a simples atribuição de qualida-des negativas à vítima será suficiente para ofender a sua honra subjetiva, e gerar o crime de injúria.

1.5.4.3 Tipo subjetivo

Quanto ao **elemento subjetivo**, assim como nos demais crimes contra a honra, exige--se o **dolo e o fim específico** de ofender a vítima (elemento subjetivo especial), logo, não há injúria se ausente a vontade de ofender, como por exemplo, quando o agente atua com vontade de fazer uma brincadeira (*animus jocandi*).

1.5.4.4 Consumação e tentativa

A **consumação** da injúria ocorre quando a vítima toma conhecimento do conceito negativo que lhe foi atribuído, não sendo necessário, porém, que a vítima esteja presente no momento em que o agente atua e nem que se sinta efetivamente ofendida (**crime for-mal**).

Como dissemos, na injúria não se admite em hipótese alguma a *exceção da verdade*, e também **não será aceita** a alegação de **exceção de notoriedade**, sendo indiferente para ocorrência do crime se as qualidades negativas atribuídas são verdadeiras ou não, conhecidas publicamente ou não.

A **tentativa** é admissível se a conduta for fracionável, o que ocorre principalmente na forma escrita, quando o agente redige algo e envia, mas a vítima não chega a ler o texto com as palavras ofensivas.

Importante lembrar que, na *injúria* existe expressa previsão de modalidade de **perdão judicial** (**Art. 140, § 1º, do CP**), para extinguir a punibilidade e isentar o agente de pena quando:

a) o ofendido provocou diretamente a injúria

b) no caso de *retorsão imediata*, que consista em outra injúria ("bate-boca").

1.5.4.5   Injúria real

Trata-se de modalidade específica de injúria, com pena mais grave, quando esta consiste em *violência física*, ou *vias de fato*, que se considerem aviltantes para a dignidade, o orgulho próprio ou para o sentimento pessoal de decoro da vítima (**ex:** puxão de cabelo, cuspir no rosto, empurrão desmoralizante).

Na **injúria real**, apesar da conduta violenta, o agente tem apenas vontade (**dolo**) de *injuriar, humilhar, ofender a honra subjetiva da vítima*, e não de lesionar a integridade física do ofendido, razão pela qual esta conduta se situa no capítulo dos crimes contra a honra.

Entretanto, se em razão da **injúria real** resultar lesão corporal, esta será punida separadamente, em concurso com esta injúria e, nesses casos, de acordo com a doutrina e jurisprudência dominante, a **ação penal** poderá ser *pública condicionada a representação* (lesão corporal leve), ou mesmo *pública incondicionada* (lesão corporal grave). (**Art. 145 CP**).

1.5.4.6   Injúria preconceituosa (Art. 140, § 3º, do CP – Lei 14.532/23)

Trata-se de modalidade específica de injúria, crime contra a honra, e também a mais grave, que <u>consistia</u> (antes de sua alteração pela **Lei 14.532/23**) na utilização de elementos de preconceito referentes a *raça, cor, etnia, religião, origem, ou condição de pessoa idosa ou portadora de deficiência*, utilizados para ofender a dignidade pessoal da vítima.

A **Lei 14.532/23** alterou o conteúdo do tipo penal da chamada "Injúria preconceituosa ou racial", sendo que, a partir desta Lei a conduta anteriormente prevista somente no artigo 140, § 3º do CP se desmembrou e passou a ser, em parte, prevista no novo *artigo 2º – A da famosa Lei 7.716/89 (Racismo)*

Em suma, a nova redação dos dispositivos legais ficou assim:

- Art. 2º. – A Lei 7.716/89 (Racismo):

"Injuriar alguém, ofendendo-lhe a dignidade ou o decoro em razão de raça, cor, etnia ou procedência nacional.

Pena: reclusão, de 2 (dois) a 5 (cinco) anos e multa (Lei 7.716/89)."

- Art. 140, § 3º CP:

"Se a injúria consiste na utilização de elementos referentes a religião ou à condição de pessoa idosa ou com deficiência:

Pena – reclusão, de 1 (um) a 3 (três) anos, e multa (Código Penal Brasileiro)."

À primeira vista, percebe-se que a transposição da conduta de "Injúria Racial" do código penal para a Lei do Racismo não foi completa, pois, apenas quando a injúria se referir a "raça, cor, etnia ou procedência nacional" será aplicado o artigo 2º – A da Lei 7.716/89. No entanto, se a injúria consistir em ofensas ligadas à "religião" ou "condição de pessoa idosa ou com deficiência", a tipificação permanecerá sendo a do artigo 140, § 3º CP.

Não nos parece haver motivo, ou lógica, para que certas ofensas verbais (injúrias) de caráter discriminatório tenham sido transferidas para a legislação penal específica do racismo, enquanto outras ofensas discriminatórias tão **graves**, e **preconceituosas** quanto, permaneceram no Código Penal, tipificadas "somente" como *crime de injúria qualificada*.

Como dissemos, antes da publicação da **Lei 14.532/23**, o **artigo 140, § 3º, CP** abrangia como *crime de injúria qualificada*, as ofensas a honra praticadas através de elementos referentes a "raça, cor, etnia, religião, origem ou condição de pessoa idosa ou portadora de deficiência".

Porém, a partir das mudanças promovidas pela mencionada Lei, passaram a ser tipificadas formalmente como crime de racismo, previsto no **artigo 2º-A, da Lei 7.716/89**, as injúrias praticadas por preconceitos de **"raça, cor, etnia ou procedência nacional"** e, estranhamente, permaneceram previstas como crime de injúria, ainda no **Art. 140 par. 3º do Código Penal**, as ofensas relativas a preconceitos quanto a **"religião ou à condição de pessoa idosa ou com deficiência"**.

Importante ressaltar que a conduta de injuriar alguém em face da **"origem"** se perdeu pelo caminho, não estando mais prevista no código penal, nem no novo artigo 2º-A da Lei 7.716/89, o que nos parece ter sido uma falha legislativa, o que inegavelmente produzirá uma não adequação típica desta forma específica de conduta no que tange ao *crime de racismo* e à *injúria qualificada do Código Penal*, restando somente sua tipificação como crime de "Injúria Simples" (Art. 140, caput CP).

Embora o novo dispositivo da *Lei de Racismo* (**Lei 7.716/89**) traga a previsão da ofensa em face de "procedência nacional", evidentemente este termo é muito mais restritivo que a palavra "origem", anteriormente prevista na injúria qualificada do Código Penal, já que, "procedência nacional" se destina somente à chamada "xenofobia", ou seja, o preconceito com estrangeiros, enquanto a palavra "origem", estranhamente retirada dos textos legais, alcançava diversas outras situações.

Por fim, embora haja divergências, em face do anterior posicionamento adotado pelo **STF** quanto ao artigo 140 § 3º CP, após as alterações produzidas pela Lei 14.532/23, nos parece que por expressa vontade do legislador que separou as condutas típicas, o dispositivo legal da injuria qualificada deixou de poder ser equiparado ao crime de racismo, pois, tal entendimento jurisprudencial pertencia a um contexto anterior em que não havia previsão da conduta de "Injúria Racial" na Lei 7.716/89.

Agora, nos parece que, somente podem ser considerados como *crimes de racismo* os expressamente previstos no artigo 2º-A da Lei 7.716/89, voltando a injuria qualificada, do artigo 140, § 3º do CP, a ser novamente considerada somente como um crime específico contra a honra, nas bases do *princípio da legalidade estrita*, devendo, embora haja muita divergência sobre o tema, voltar, dentre outros aspectos, a ter *ação penal pública condicionada à representação*, conforme determina o Art. 145 par. único do CP.

Apesar de haver divergência, a maioria da doutrina entende que nada impede a aplicação do disposto no **Art. 140 § 1º CP (perdão judicial)** também à *injúria preconceituosa (Art. 140 par. 3º CP)*, já que não há nenhuma vedação expressa para isso, e somente a maior gravidade do crime não seria razão para se afastar a possibilidade de aplicação de uma *causa de extinção da punibilidade* prevista em lei (Art. 107 CP).

Conforme vimos, após as alterações promovidas pela Lei 14.532/23, a ação penal na *injúria preconceituosa* deve voltar a ser considerada **pública condicionada a representação (Art. 145 § único CP)**, sendo ainda sua pena será bem maior (**1 a 3 anos de reclusão e multa**), algo que, para boa parte da doutrina, ofende a proporcionalidade, pois, embora seja inegavelmente uma modalidade mais grave de crime contra honra, não se justificaria punir com uma pena tão elevada uma ofensa à honra, mesmo porque esta pena é equivalente à do *homicídio culposo* e ainda maior do que a pena de uma *lesão corporal leve dolosa*. (Art. 129 *caput* CP – pena 3 meses a um ano)

1.5.5 Disposições gerais

1.5.5.1 *Causa especial de aumento de pena (Art. 141 do CP)*

São **causas especiais de aumento de pena**, aplicáveis a <u>todos</u> os crimes contra honra (**Art. 141 do CP – aumento de 1/3**) que sejam praticados:

I – contra o Presidente da República, ou chefe de governo estrangeiro;

II – contra funcionário público, em razão de suas funções ou *contra os Presidentes do Senado Federal, da Câmara dos Deputados ou do Supremo Tribunal Federal*; (**Lei 14.197 de 2021**)

Nos crimes de *calúnia e difamação* não há maiores problemas na aplicação desta causa de aumento de pena, porém, no que tange a **injúria** é preciso se diferenciar esta hipótese do **crime de desacato** (**Art. 331 CP**).

A **injúria contra funcionário público**, em razão das suas funções, só pode ocorrer na hipótese do funcionário *não estar presente* e as ofensas pessoais dirigidas a ele são proferidas para terceiros, sendo que a vítima só vem a tomar conhecimento depois. Entretanto, quando as ofensas pessoais ao funcionário público, *em relação a sua função ou no exercício dela*, forem proferidas diretamente a ele (presente) haverá *crime de desacato* (**Art. 331 CP**).

A **Lei 14.197 de 2021** alterou o **Art. 141, II do CP**, que previa que, as penas aumentam-se de um terço, se qualquer dos crimes contra a honra for cometido contra funcionário público, em razão de suas funções, inserindo que <u>este aumento se aplica também</u> quando o **crime contra a honra** for praticado *contra os Presidentes do Senado Federal, da Câmara dos Deputados ou do Supremo Tribunal Federal*.

Este acréscimo é notadamente desnecessário, salvo se o entendimento dominante vier a ser de que nestes casos incidirá o aumento de pena independentemente da ofensa ser em razão de suas funções, algo que em primeira vista nos parece bastante descabido.

III – na presença de várias pessoas, ou por meio que facilite a divulgação;

Ao se referir a "várias pessoas" este dispositivo se refere a pelo menos *3 pessoas*, não havendo o aumento de pena quando a conduta for praticada na presença de apenas 2 pessoas.

Já no que tange a "meio que facilite a divulgação" isto pode ser feito em local público (um evento, uma palestra, na rua etc.) ou mesmo através de rádio, televisão, redes sociais, internet etc.

IV – contra criança, adolescente, pessoa maior de 60 (sessenta) anos ou pessoa com deficiência, exceto na hipótese prevista no § 3º do art. 140 deste Código. (**Lei nº 14.344, de 2022 – Henry Borel**)

A **Lei 14.344/22** alterou o inciso IV do Art. 141 CP ampliando a causa especial de aumento de pena (**1/3**) nele prevista para os crimes contra a honra, incluindo a vítima criança, adolescente, sendo que a redação anterior previa esta causa de aumento somente para os casos de crimes contra a honra praticados contra pessoa maior de 60 (sessenta) anos ou portadora de deficiência.

A *exclusão da injúria* preconceituosa na parte final deste dispositivo se deu pelo fato de haver previsão expressa, como qualificada, da injúria proferida contra idoso, no **Art. 140 § 3º CP**, por nisso <u>não</u> podendo ser aplicada esta causa de aumento neste caso, sob pena de *bis in idem*.

De acordo com o **Art. 141, parágrafo primeiro, do CP (Lei 13.964/19 CP)** aplica-se ainda a **pena em dobro** se qualquer crime contra a honra é cometido mediante *paga ou promessa de recompensa* e, embora haja divergência, neste crime deve responder com a pena aumentada tanto quem paga (mandante) quanto quem recebe (executor).

Já o **Art. 141, § 2º, do CP** passou a prever que a pena poderá ser triplicada nas hipóteses em que o crime contra a honra seja *cometido ou divulgado em quaisquer modalidades das redes sociais da rede mundial de computadores* (p.ex. WhatsApp, Facebook, Instagram, Twitter etc.), **não** se aplicando, neste caso, o aumento de pena previsto no **Inc. III do Art. 141 CP**.

Sabemos que os crimes contra a honra praticados através de redes sociais já podiam ter as suas penas aumentadas com base o inciso III do mesmo artigo 141 do CP (*meio que facilite a divulgação*), porém, o legislador optou por derrubar o veto presidencial a este inciso, e manteve o texto original da **Lei 13.964/19 (Pacote Anticrime)** e, nas hipótese específicas de rede social aplica-se o aumento do triplo, enquanto nas demais hipóteses (ex: rádio, TV, palestras etc.) permanece valido o aumento do **inc. III do Art. 141 CP**.

1.5.5.2   Exclusão dos crimes (Art. 142 do CP)

Haverá ainda **exclusão dos crimes** de *difamação e injúria* nas seguintes hipóteses (**Art. 142 do CP**):

I – a ofensa irrogada em juízo, na discussão da causa, pela parte ou por seu procurador;

Esta *imunidade judiciária* exige que a ofensa seja proferida durante uma audiência judicial e se relacione com a discussão da causa, sendo proferida pela parte ou seu procurador, contra o juiz, o Ministério Púbico, ou contra a outra parte.

II – a opinião desfavorável da crítica literária, artística ou científica, salvo quando inequívoca a intenção de injuriar ou difamar.

III – o conceito desfavorável emitido por funcionário público, em apreciação ou informação que preste no cumprimento de dever do ofício.

Importante lembrar que nestas hipóteses de exclusão **não** se aplicam ao *crime de calúnia,* e que, nas hipóteses previstas no **Incisos I e III do Art. 142** do CP, mesmo se afastando a imputação para o autor do fato, responderá pela *injúria* ou pela *difamação* quem lhe der publicidade.

Quanto a **natureza jurídica** deste dispositivo há três posicionamentos doutrinários:

a) são causas de *exclusão da punibilidade*, já que o dispositivo menciona que a injúria e a difamação *não são puníveis.*

b) tratam-se de causas específicas de *exclusão da antijuridicidade*

c) são causas de *exclusão da tipicidade*, pois, nestes casos, o dolo do agente não seria de ofensa à honra.

Prevalece na doutrina, atualmente, um entendimento misto, havendo assim duas **causas de atipicidade** (**incisos II e III**), pela falta de finalidade de ofender e, no **inciso I**, há uma causa específica de **exclusão da antijuridicidade**, por uma forma específica de *exercício regular de direito.*

1.5.5.3   Retratação (Art. 143 do CP)

Nos crimes de **calúnia** e **difamação** (não cabe na injúria), que possuam *ação penal privada* (regra), cabe se falar em **retratação** (**Art. 143 do CP**), *causa pessoal de isenção de pena*, por **extinção da punibilidade** (Art. 107 VI do CP).

Este instituto será aplicável ao querelado que, antes da sentença (sendo feita depois da sentença poderá ser aplicada apenas a atenuante do Art. 65 III "b" CP), se retrata (retira o que disse) cabalmente da *calúnia ou da difamação.*

A **retratação** é *ato unilateral* do agente, independendo de aceitação pelo ofendido, sendo, portanto, sempre *incondicionada*, sendo que, havendo concurso de pessoas (coautoria ou participação), a retratação de um dos agentes **não** aproveita aos demais que não venham a se retratar também, já que a sua natureza jurídica é de *causa <u>pessoal</u> de extinção da punibilidade.*

A **Lei 13.188/2015** inseriu o **parágrafo único no Art. 143 do CP** para que nos casos em que o querelado tenha praticado a *calúnia* ou a *difamação* utilizando-se de meios de comunicação, a **retratação** dar-se-á, se assim desejar o ofendido, pelos mesmos meios de comunicação pelos quais se praticou a ofensa.

1.5.5.4   Pedido de explicações (Art. 144 do CP)

É possível ainda que haja o **pedido de explicações** (**Art. 144 do CP**) como medida prévia e facultativa que permite ao *ofendido* pedir explicações em juízo, e que poderá impedir a ação penal, se a explicação dada pelo autor do fato for considerada satisfatória pelo juiz.

Podem surgir as seguintes situações:

a) se o agente prestar as explicações satisfatoriamente, demonstrando que não houve o propósito de ofender, caracterizando, assim, a **atipicidade da conduta**.

b) se as explicações do agente, embora prestadas, forem *insatisfatórias*, haverá a ação penal normalmente.

c) se solicitado o agente não prestar as explicações, ficará sujeito à *ação penal*.

1.5.5.5 Ações Penais nos crimes contra a honra (Art. 145 do CP)

As **ações penais** (**Art. 145 do CP**) nos crimes contra a honra serão, em regra, de *natureza privada* e, por isso, somente serão movidas através de **queixa-crime**, promovida pela vítima, ou seu representante legal.

Há certas **exceções** em que a ação penal nos crimes contra honra **não** será privada, são elas:

1. **Ação penal pública condicionada à requisição do Ministro da Justiça:** em todos os crimes contra honra cometidos contra o Presidente da República ou contra chefe de governo estrangeiro (**Art. 141, I, do CP**).

2. **Ação penal pública condicionada à representação do ofendido:** para todos os crimes contra honra cometidos contra funcionário público, em razão de suas funções (**Art. 141, II, do CP**).

Importante lembrar que segundo a **Súmula 714 do STF**: *"É concorrente a legitimidade do ofendido, mediante queixa, e do Ministério Público, condicionada à representação do ofendido, para a ação penal por crime contra a honra de servidor público em razão do exercício de suas funções"*

3. **Ação penal pública condicionada à representação do ofendido***:* no caso do *crime de injúria preconceituosa* (**Art. 140, § 3º, do CP**), embora devido à equiparação ao racismo promovida pelo STF, e após a publicação da Lei 14.532/23, haja muita divergência quanto a essas hipóteses de injuria preconceituosa que permaneceram no parágrafo 3º do Art. 140 do CP. E ainda, na *injúria real* com lesão corporal leve, neste último caso este é o entendimento dominante na doutrina de acordo com a Lei 9099/95, combinada com a previsão do **Art. 140, § 2º, do CP**.

4. **Ação penal pública incondicionada**: na *injúria real*, se da violência <u>resulta lesão corporal grave</u> (**Art. 140, § 2º, do CP**).

1.6 DOS CRIMES CONTRA A LIBERDADE INDIVIDUAL

1.6.1 Constrangimento Ilegal (Art. 146 CP e Art. 146 – A - CP – Lei 14.811/24)

1.6.1.1 *Tipo objetivo e subjetivo*

Este tipo, que tem como finalidade tutelar a liberdade pessoal, individual, quer seja física ou psicológica, prevê como crime a conduta de *Constranger alguém, mediante violência ou grave ameaça, ou depois de lhe haver reduzido, por qualquer meio, a capacidade de resistência, a não fazer aquilo que a lei permite, ou a fazer o que ela não manda.*

Trata-se de *crime subsidiário* (**subsidiariedade implícita**) e, portanto, só é aplicável para casos em que não incide um crime mais grave como, por exemplo, *roubo* – **Art. 157 CP** e *extorsão* – **Art. 158 CP**, sendo que, nestas hipóteses, o constrangimento será absorvido e não será punido autonomamente.

Porém, em contrapartida, crime de *constrangimento ilegal* absorve o crime de *ameaça* (**Art. 147 CP**) que tem natureza subsidiária em relação a ele.

O **constrangimento ilegal** prevê a conduta de limitar ou mesmo impedir a atuação livre da vítima, para que ela seja compelida a fazer algo que a lei não manda, ou a impedindo de fazer algo que a lei lhe permita, através de uma violência ou grave ameaça, ou ainda, se utilizando, o *sujeito ativo*, de outras formas que reduzam a capacidade de resistência da vítima, chamadas pela doutrina de *violência imprópria* (**ex.:** drogar a vítima).

Importante lembrar que, se o constrangimento, realizado mediante violência ou grave ameaça, for referente a uma pretensão *legítima* do autor ocorrerá o crime de *exercício arbitrário das próprias razões* (Art. 345 do CP).

Neste crime aplicam-se cumulativamente as penas correspondentes à violência (**concurso formal imperfeito – Art. 70 2ª parte CP**), e ainda em dobro, quando para a execução do crime se reúnem mais de três pessoas, ou há emprego de armas, sejam estas *armas próprias* (destinadas ao ataque ou defesa) ou *impróprias* (que possuam outras utilidades, mas possam ser usadas como armas). (Causa de aumento de pena – Art. 146 §§ 1º e 2º do CP)

No constrangimento ilegal haverá **exclusão do crime** (**Art. 146, § 3º, do CP**), por *exclusão da tipicidade*, já que o dispositivo afirma que "não se compreendem, na disposição do art. 146 do CP...", nas hipóteses de intervenção médica ou cirúrgica, sem o consentimento do paciente, justificada por iminente perigo de vida, e ainda na coação exercida para impedir suicídio.

Quanto ao **tipo subjetivo** não basta o *dolo* de constranger pois o tipo exige ainda uma finalidade especial (especial fim de agir), qual seja, de determinar a vítima a fazer (ação) algo que a lei não manda, ou deixar de fazer aquilo que ela não proíbe, caso não se preencha este elemento poderá haver apenas o crime de *ameaça* (**Art. 147 CP**).

1.6.1.2 *Consumação e tentativa*

A **consumação** ocorre quando a vítima se demonstra constrangida *fazendo ou deixando de fazer algo* que a lei não exige, mediante a violência ou ameaça, e a **tentativa** é possível apenas na conduta positiva de "fazer algo", embora de difícil demonstração, ocorrendo quando o sujeito ativo realiza a violência ou ameaça, mas a vítima *não chega a realizar os atos impostos*, por motivos alheios a vontade do autor.

1.6.1.3 Intimidação sistemática (bullying) Art. 146 – A – CP (Lei 14.811/2024)

A **Lei 14.811/2024**, criou um novo tipo penal, que passou a ser previsto no artigo 146-A do Código Penal, denominado de *intimidação sistemática* (**bullying**) com o seguinte texto:

Art. 146 – A – CP – Intimidação sistemática (bullying)

"Intimidar sistematicamente, individualmente ou em grupo, mediante violência física ou psicológica, uma ou mais pessoas, de modo intencional e repetitivo, sem motivação evidente, por meio de atos de intimidação, de humilhação ou de discriminação ou de ações verbais, morais, sexuais, sociais, psicológicas, físicas, materiais ou virtuais:

Pena: multa, se a conduta não constituir crime mais grave.

Intimidação sistemática virtual (cyberbullying)

Parágrafo único. Se a conduta é realizada por meio da rede de computadores, de rede social, de aplicativos, de jogos **on-line** ou por qualquer outro meio ou ambiente digital, ou transmitida em tempo real:

Pena: reclusão, de 2 (dois) anos a 4 (quatro) anos, e multa, se a conduta não constituir crime mais grave."

Percebe-se que, para este crime, o legislador previu somente a **pena de multa**, tendo inserido, no seu preceito secundário, "salvo se o fato praticado não constituir crime mais grave", criando assim um típico **crime subsidiário** (subsidiariedade explícita), o famoso *soldado de reserva* do Direito Penal, conforme as clássicas lições de *Nelson Hungria*.

Percebam que, a *natureza subsidiaria* praticamente inviabilizará a aplicação concreta deste crime, pois, devido à exclusiva pena de multa do caput, praticamente todos os demais crimes do código penal, que podem vir a ser enquadrados nas condutas descritas neste novo tipo (p.ex Ameaça, Constrangimento Ilegal, Lesão Corporal, Injúria etc.), serão considerados "mais graves" e irão prevalecer.

O *parágrafo único* deste novo dispositivo legal (Art. 146 A CP) prevê a **forma qualificada** do crime, chamada de **cyberbullying**, quando a conduta for realizada por meio da internet, de rede social, de aplicativos, de jogos on-line ou qualquer outro meio ou ambiente digital, ou transmitida em tempo real.

Para a referida modalidade qualificada (**cyberbullying**) foi estabelecida pena de reclusão de 2 (dois) anos a 4 (quatro) anos e multa, salvo *se o fato praticado não constituir crime mais grave*, o que, sem sombra de dúvidas, configura clara desproporcionalidade em face da exclusiva pena pecuniária (multa) prevista para a forma simples do crime no caput.

No que tange ao **sujeito ativo e passivo** do crime, não há qualquer exigência específica no novo tipo penal, tratando-se de um **crime comum (duplamente comum)**, ou seja, que pode ser praticado por qualquer pessoa, e também contra <u>qualquer pessoa</u>, não somente contra menores de idade, outros inimputáveis e vulneráveis.

Além disso, cabe destacar que a conduta de *intimidação sistemática,* prevista neste novo tipo penal, pode ocorrer em qualquer local, e não somente em determinados ambientes como escolas, creches, universidades, clubes, condomínios etc., onde estes atos de *bullying* são mais comuns de serem praticados.

Trata-se de **crime habitual,** já que o **tipo penal objetivo** exige expressamente que a conduta seja praticada "sistematicamente", ou seja, de forma repetitiva, assim a realização de uma única conduta isolada <u>não</u> poderá caracterizar este crime.

Desta forma, sua **consumação** dependerá da prática reiterada (duas vezes ou mais) dos fatos pelo agente e, devido a sua natureza habitual, o que nos parece ter sido um grave equívoco do legislador, <u>não</u> será possível caracterizar a **tentativa** neste crime.

A redação do novel artigo 146-A do Código Penal é bastante problemática, trazendo algumas redundantes previsões desnecessárias que podem atrapalhar, e mesmo impedir, sua aplicação concreta, sem falar na questionável previsão de exclusiva pena de multa para um crime (caput), já que esta característica tradicionalmente se associa às contravenções penais (**DL. 3688-41**).

Dentre os inúmeros problemas técnicos, presentes no **tipo objetivo,** podemos destacar a previsão da conduta de "intimidar por meio de <u>atos de intimidação</u>" e o uso da expressão "sistematicamente <u>de forma repetitiva</u>" que denotam evidente redundância e pleonasmo. (grifo nosso)

Por fim, no plano objetivo, temos ainda a inacreditável previsão, na parte final do caput do artigo, da forma "virtual" de realização da conduta de "bullying", sendo que, esta modalidade "virtual" é a própria forma qualificada do crime, especificamente prevista, logo abaixo, no *parágrafo único* deste tipo penal (***cyberbulling***).

Lamentavelmente, no plano dos **elementos subjetivos** há também graves falhas técnicas, pois, o tipo penal prevê expressamente que a conduta de *intimidação sistemática* deve ser realizada de "modo intencional", algo absolutamente supérfluo por se tratar de um *crime doloso*, regra geral para as previsões legais conforme determina o artigo 18 do Código Penal. Além disso, com esta desnecessária previsão, afastou-se qualquer possibilidade de incriminação de atos realizados com **dolo eventual**.

Como se não bastasse, o novo tipo penal do artigo 146 A do Código Penal ainda exige, expressamente, que a conduta de *intimidação sistemática* seja praticada "sem motivação evidente", criando assim uma espécie de "elemento de justificação" do tipo, como ocorre em alguns tipos penais, por exemplo, no crime de *abandono intelectual* (Art. 246 CP – "sem justa causa").

Com isso, por total ausência de técnica legislativa, chega-se à absurda consequência de que, no caso concreto, se o sujeito ativo demonstrar possuir "evidente motivação", qualquer que seja, para a prática da conduta de *intimidação sistemática* contra a vítima, sua conduta deverá ser considerada <u>atípica</u>, afastando-se a aplicação do crime do artigo 146-A do CP que acabará por se tornar letra morta em nosso ordenamento jurídico.

Apenas a título de informação, é importante destacar que **Lei 14.811/2024** também acrescentou novos tipos penais ao rol dos crimes hediondos (Lei 8.072/90), alteração esta de *caráter incriminador* e, por isso, **irretroativa**, quais sejam: o induzimento, instigação ou auxílio a suicídio ou a automutilação realizada por meio da rede de computadores, de rede social ou transmitidos em tempo real (Art. 122, *caput* e parágrafo 4º do CP), o crime sequestro e cárcere privado cometido quando praticado contra menor de 18 anos (Art. 148, parágrafo 1º, inciso IV do CP), bem como o crime de tráfico de pessoas quando cometido contra criança ou adolescente (Art. 149-A, caput, incisos I a IV, e parágrafo 1º, inciso II do CP), além dos artigos 240, parágrafo 1º e artigo 241-B, do ECA.

1.6.2 Ameaça (Art. 147 do CP)

1.6.2.1 Tipo objetivo e subjetivo

O crime de ameaça se caracteriza pela conduta de *ameaçar alguém, por palavra, escrito ou gesto, ou qualquer outro meio simbólico, de causar-lhe mal injusto e grave*, sendo que, dentre os **meios de execução** da ameaça estão a feita por palavra, escrito ou gesto, ou qualquer outro meio simbólico, de causar-lhe mal injusto e grave.

Importante lembrar, que a lei exige que a ameaça seja de um *mal injusto* e, portanto, se for de um mal justo, legítimo (Ex: ameaçar entrar na justiça para cobrar uma dívida) não haverá crime, assim como, a ameaça deve ser de um mal grave, capaz de gerar temor na vítima, por isso ameaças tolas não irão configurar crime.

A **ameaça** pode ser classificada como:

a) **direta**: em que o mal prometido se refere a própria pessoa da vítima ou seu patrimônio.

b) **indireta ou reflexa**: em que a vítima é ameaçada através de uma promessa de um mal relacionado a uma terceira pessoa ligada a ela;

c) **explícita**: em que o autor deixa evidente o caráter ameaçador

d) **implícita**: quando o agente realiza a ameaça de forma disfarçada, implícita, indireta.

e) **condicionada**: em que a ameaça é subordinada a ocorrência de um evento futuro, desde que este evento não seja a própria prática de algo pela própria vítima, pois nesse caso ocorrerá um *constrangimento ilegal* (**Art. 146 CP**).

Quanto ao **elemento subjetivo**, além do *dolo* de ameaçar alguém, exige-se o *fim específico* de gerar temor na vítima (elemento subjetivo especial) e, por isso, a ameaça feita em tom de brincadeira (*animus jocandi*), ou mesmo aquelas feitas em momentos de descontrole emocional (que afastem a seriedade da ameaça), não configuram crime e o fato será atípico

Por fim, trata-se de um **crime comum**, que pode ser praticado por qualquer pessoa, porém, se a ameaça for praticada por um *funcionário público* no exercício da função, ou em razão dela, poderá configurar o crime mais específico de *abuso de autoridade*.

1.6.2.2 Consumação e tentativa

A **consumação** ocorre no momento em que a vítima venha a conhecer a ameaça feita, independentemente da vítima se sentir intimidada ou da ocorrência de qualquer resultado concreto. (crime formal).

A **tentativa** é admitida, porém, de difícil ocorrência, por exemplo nas hipóteses em que a ameaça seja feita por *escrito* e a vítima não chegue a tomar conhecimento dela, por motivos alheios a vontade do agente.

Embora haja divergência doutrinária, nada impede a **consumação** da ameaça quando esta é feita em momento de ira, raiva, em uma discussão acalorada etc., desde que *seja séria e capaz de gerar temor na vítima*.

Já na hipótese de ameaça proferida em **estado de embriaguez**, entendemos que, deve ser analisado o caso concreto, pois muitas vezes a condição do autor da ameaça poderá afastar a seriedade, e até mesmo descaracterizar o *dolo* de ameaçar, afastando assim o crime.

1.6.2.3 Ação Penal

A **Ação penal** no crime de ameaça é **pública condicionada**, movida através de *denúncia* feita pelo MP, porém, somente se procede mediante a *representação* da vítima, ou seu representante legal, condição de procedibilidade para a atuação do Ministério Público neste crime. (**Art. 147, parágrafo único, do CP**).

1.6.2.4 O novo crime de perseguição – Stalking (Art. 147-A CP)

A **Lei 14.132/2021** inseriu o **artigo 147-A** no **Código Penal**, prevendo uma nova conduta típica, o chamado *crime de perseguição*, também conhecida pelo termo em inglês *stalking*, além disso, **revogou o art. 65 da Lei das Contravenções Penais**, que dispunha sobre a contravenção penal de perturbação da tranquilidade.

Esse novo tipo penal está previsto da seguinte forma no nosso Código Penal:

> **Art. 147-A.** *Perseguir alguém, reiteradamente e por qualquer meio, ameaçando-lhe a integridade física ou psicológica, restringindo-lhe a capacidade de locomoção ou, de qualquer forma, invadindo ou perturbando sua esfera de liberdade ou privacidade.*
>
> *Pena – reclusão, de 6 (seis) meses a 2 (dois) anos, e multa.*
>
> *§ 1º A pena é aumentada de metade se o crime é cometido:*
>
> *I – contra criança, adolescente ou idoso;*
>
> *II – contra mulher por razões da condição de sexo feminino, nos termos do § 2º-A do art. 121 deste Código;*
>
> *III – mediante concurso de 2 (duas) ou mais pessoas ou com o emprego de arma.*
>
> *§ 2º As penas deste artigo são aplicáveis sem prejuízo das correspondentes à violência.*
>
> *§ 3º Somente se procede mediante representação."*

Este novo tipo penal possui um único verbo núcleo do tipo, qual seja, "**perseguir**", que significa "incomodar", "tirar o sossego", "importunar" alguém, além disso, o novo texto de lei exige que esta perseguição ocorra de forma **reiterada** para que ocorra o crime, logo, trata-se de delito classificado como *crime habitual*, não bastando a realização de um único ato de perseguição para a sua configuração, por isso, via de regra, não se admite a forma tentada.

Quanto a sua classificação no que tange ao sujeito ativo, trata-se de crime comum, por não haver qualquer exigência de qualidade específica do sujeito ativo no tipo objetivo, sendo ainda crime considerado *unissubjetivo,* que pode ser realizado por uma só pessoa, ou em o concurso de agentes, poderá gerar uma forma majorada (**Art. 147 § 1º III CP**).

1.6.2.4.1 Tipo Objetivo

A conduta típica de *perseguição* pode ser realizada por **qualquer meio**, ou seja, cabível tanto na esfera concreta quanto na esfera virtual, porém, o tipo objetivo está previsto de forma vinculada à determinadas hipóteses expressamente delimitadas em Lei, exigindo-se que a perseguição ocorra através das seguintes formas:

A) ameaçando-lhe a integridade física ou psicológica;

Como dissemos, a perseguição deve se dar por meio de reiteradas ameaças a alguém, inclusive por meio digital, afetando assim, a liberdade individual dá vítima, por isso, o crime do artigo 147 do Código Penal como meio de execução para a perseguição da vítima estará absorvido pelo crime do artigo 147-A do CP, pois ameaças serão o meio de execução do crime de perseguição.

B) restringindo-lhe a capacidade de locomoção;

Através da conduta de perseguir reiteradamente alguém, poderá ocorrer a restrição da liberdade de locomoção da vítima, quando esta perceber que o agente está constantemente lhe seguindo e observando, ocasionando uma limitação a sua circulação em face de medo, temor etc. produto desta perseguição constante (Ex: um paparazzi ou um fã que persegue diariamente um ator famoso).

C) de qualquer forma, invadindo ou perturbando sua esfera de liberdade ou privacidade.

Nesta modalidade a conduta não foi suficientemente taxativa, deixando o tipo penal indevidamente aberto e impreciso para que se caracterizou uma efetiva perseguição por meio dessa citada invasão ou perturbação da esfera de liberdade ou privacidade.

Para que ocorra está forma do crime, será preciso que se demonstre que houve uma real perseguição, constante e reiterada, violadora do sossego e privacidade de alguém, como, por exemplo, quando o autor busca contato de forma insistente e contra a vontade da vítima, ou insiste em conseguir informações sobre sua localização e rotina etc.

1.6.2.4.2 Consumação e tentativa

No que tange a sua forma de consumação, este tipo pode se tratar de crime material ou formal, a depender da hipótese em que a conduta se enquadre, sendo assim, quando praticado apenas por meio de ameaça, não irá exigir a produção de qualquer resultado naturalístico para se consumar (**crime formal**), semelhante ao que ocorre com o crime de ameaça comum (Art. 147 CP).

Já na modalidade de *restringir a liberdade de locomoção*, trata-se de **crime é material**, pois evidentemente se exige a efetiva restrição da liberdade para que o crime esteja consumado, enquanto nas modalidades de atuar *invadindo ou perturbando a sua esfera de liberdade ou privacidade*, o crime exige a efetiva ocorrência da invasão ou perturbação para se consumar (crime material).

1.6.2.4.3 Pena e formas majoradas

A pena prevista neste novo crime é de **6 meses a 2 anos reclusão e multa**, sendo que, nas hipóteses de conduta realizada através de violência há, no parágrafo segundo determina a aplicação desta pena **sem prejuízo da pena correspondente à violência** e, como se trata de infração penal de menor potencial ofensivo (pena máxima de 2 ano), cabe transação penal e suspensão condicional do processo (pena mínima de até 1 ano), salvo se o crime ocorrer no âmbito de violência doméstica ou familiar contra a mulher (Art. 41 da Lei 11.340/2006).

As formas majoradas vêm previstas no parágrafo primeiro deste artigo, estabelecendo que a pena será aumentada de metade se o crime é cometido nas seguintes hipóteses:

A) contra criança, adolescente ou idoso;

B) contra mulher por razões da condição de sexo feminino, nos termos do § 2º-A do art. 121 deste Código;

Nesta hipótese a causa de aumento incide somente se o crime for cometido contra a mulher desde que por **razões da condição de sexo feminino,** ou seja, violência doméstica e familiar ou de menosprezo ou discriminação contra a mulher, logo, quando este crime for praticado contra uma mulher pode ou não ser majorado, de acordo com o caso concreto.

C) mediante concurso de 2 (duas) ou mais pessoas ou com o emprego de arma.

Como o termo **emprego de arma** utilizado não foi restringido pelo legislador, a majorante incide se houver emprego de arma de fogo, arma branca ou qualquer instrumento comum utilizado como arma (arma imprópria).

1.6.2.4.4 Ação penal

De acordo com expressa previsão legal este crime somente se procede <u>mediante representação</u>, logo sua ação penal é **pública condicionada à representação**, da mesma forma que já ocorre no crime de ameaça (Art. 147 CP), porém, na hipótese da conduta ter sido praticada no âmbito de violência doméstica ou familiar contra a mulher, com base no **Art. 16 da Lei 11.340/2006 (Maria da Penha)**, só será admitida a renúncia à representação se esta for realizada perante o juiz, antes do recebimento da denúncia e ouvido o Ministério Público.

1.6.2.5 Novo crime de Violência psicológica contra a mulher (Art. 147-B do CP)

A **Lei nº 14.188/2021** criou um novo crime no nosso ordenamento jurídico, qual seja, a violência psicológica contra a mulher, previsto no **Art. 147-B do Código Penal** da seguinte forma:

> **Art. 147-B.** *Causar dano emocional à mulher que a prejudique e perturbe seu pleno desenvolvimento ou que vise a degradar ou a controlar suas ações, comportamentos, crenças e decisões, mediante ameaça, constrangimento, humilhação, manipulação, isolamento, chantagem, ridicularização, limitação do direito de ir e vir ou qualquer outro meio que cause prejuízo à sua saúde psicológica e autodeterminação:*
>
> *Pena - reclusão, de 6 (seis) meses a 2 (dois) anos, e multa, se a conduta não constitui crime mais grave.*

1.6.2.5.1 Tipo Objetivo

Esta nova modalidade de crime, vinculada ao crime de Ameaça (Art. 147 CP) consiste em causar danos emocionais à mulher que prejudiquem e perturbem seu desenvolvimento; ou ainda provocar danos emocionais à mulher com o objetivo de degradar ou controlar suas ações, comportamentos, crenças e decisões.

O referido dano emocional, elemento objetivo do tipo, pode ocorrer oriundo de diversas formas de atuação do sujeito ativo, como através de restrições, chantagens, humilhações, constrangimentos, ameaças em geral etc.

Importante lembrar que, este novo crime é um tipo misto alternativo, pois, embora o tipo objetivo preveja várias condutas, se o sujeito ativo vier a praticar vários verbos previstos na norma, todos no mesmo contexto fático e contra a mesma vítima, deverá responder por um único crime, não havendo que se falar em concurso de crimes.

1.6.2.5.2   Sujeito ativo e passivo

Quanto ao sujeito ativo, trata-se de crime comum, podendo, portanto, ser praticado por qualquer pessoa (homem ou mulher), porém no que tange ao sujeito passivo, por expressa previsão legal, a vítima será exclusivamente a mulher.

1.6.2.5.3   Consumação e tentativa

Trata-se de crime material que se consuma com a ocorrência do dano emocional/ psicológico à mulher, exigindo-se a produção deste resultado naturalístico para que haja a consumação, por isso, a tentativa, é plenamente possível, porém de difícil caracterização na prática. Além disso, para que o crime se configure, e se consume, não se exige prática reiterada das condutas, pois *não* se trata de crime de natureza habitual.

1.6.2.5.4   Concurso aparente de normas

O **Art. 147-B do CP** é um tipo penal subsidiário, nas clássicas palavras de *Nelson Hungria*, um "*soldado de reserva*" do ordenamento penal, já que o próprio tipo penal prevê uma subsidiariedade expressa em seu preceito secundário ao trazer a expressão "*se a conduta não constitui crime mais grave*", hipótese em que não poderá ser aplicado o Art. 147-B do CP.

Em contrapartida algumas condutas, agora previstas no Art. 147-B do CP, praticadas contra a mulher, eram punidas através de tipos penais genéricos menos graves, e passam a ser enquadradas no novo **Art. 147-B do CP**. Isto pode vir a ocorrer, por exemplo, no crime de injúria (Art. 140 do CP), em hipóteses em que o sujeito ativo ofender a dignidade ou o decoro da mulher, com dolo especifico de lhe causar dano emocional, embora isso seja bastante delicado de se demonstrar na prática.

1.6.3 Sequestro e Cárcere Privado (Art. 148 do CP)

1.6.3.1 Tipo objetivo e subjetivo

Caracteriza-se este crime pela conduta de *privar alguém de sua liberdade mediante cárcere privado*, que é a privação da liberdade <u>dentro de recinto fechado</u>, ou ainda *mediante sequestro*, que se caracteriza como sendo a privação da liberdade <u>fora de ambiente fechado</u>. Em ambos os casos, este crime ocorre se o agente privar a vítima do seu direito de ir e vir, ou até mesmo de permanecer em determinado local.

Trata-se de um **crime comum**, que pode ser praticado por qualquer pessoa, porém, se a ameaça for praticada por um *funcionário público* no exercício da função, ou em razão dela, também poderá configurar o crime mais específico de **abuso de autoridade**.

O **elemento subjetivo** é exclusivamente o *dolo* de privar alguém de sua liberdade (não há modalidade culposa), sem qualquer finalidade específica explícita na conduta, pois caso o agente tenha um *especial fim* na sua ação, poderá ser enquadrado em uma das formas qualificadas do sequestro ou mesmo em outro crime, como por exemplo a conhecida *extorsão mediante sequestro* (**Art. 159 CP**).

1.6.3.2 Consumação e tentativa

A **consumação** do crime de sequestro ocorre com a efetiva privação da liberdade da vítima por certo período de tempo relevante (*crime permanente*), e a **tentativa** é admitida quando o agente inicia os atos de privação da liberdade, mas não consegue efetivá-la por motivos alheios a sua vontade, ou apenas o faz por período de tempo muito curto ou irrelevante.

1.6.3.3 Forma qualificada (Art. 148, § 1°, do CP)

Considera-se o crime como **qualificado** quando:

a) a vítima ascendente, descendente, cônjuge e companheiro ou maior de 60 anos.

b) a privação da liberdade ocorre em hospital, casa de saúde ou clínica.

c) o sequestro ou cárcere dura mais de 15 dias.

d) o sequestro for contra menor de 18 anos.

e) o sequestro for com fins libidinosos (antigo crime de rapto – art. 219).

É importante lembrar que, os *artigos 219 e 220* do *Código Penal* foram **revogados** pela **Lei 11.106/2005**, porém **não** ocorrendo *abolitio criminis* quanto ao crime de rapto violento ou mediante fraude (**Art. 219 CP**), pois em relação a este houve o que se chama de *continuidade normativa-típica*, tendo em vista que o núcleo deste tipo penal foi inserido como uma das formas qualificadas supramencionadas do sequestro. (Art. 148 §1°, inciso V – sequestro para fins libidinosos -).

1.6.3.4 Forma qualificada (Art. 148, § 2°, do CP)

Também se considera o crime como **qualificado** quando a privação da liberdade resulta em *grave sofrimento físico ou moral para a vítima*, sendo que, caso ocorra *lesão corporal grave* ou *morte da vítima*, o agente responderá por esses crimes em **concurso material** (condutas independentes), ou **concurso** formal imperfeito (uma só conduta), com o crime de sequestro, tendo as penas somadas.

1.6.4 Redução a Condição Análoga à de Escravo (Art. 149 CP)

1.6.4.1 Tipo objetivo

A conduta típica prevista consiste em *reduzir alguém à condição análoga a de escravo* e, em conjunto com o disposto no **Art. 149, o § 1º do CP** estabelece como crime a prática das seguintes condutas:

a) submeter alguém a trabalhos forçados ou a jornada exaustiva, quer sujeitando-o a condições degradantes de trabalho;

b) quer restringindo, por qualquer meio, sua locomoção em razão de dívida contraída com o empregador ou preposto;

c) bem como cercear o uso de qualquer meio de transporte por parte do trabalhador, com o fim de retê-lo no local de trabalho;

d) ou manter vigilância ostensiva no local de trabalho ou se apoderar de documentos ou objetos pessoais do trabalhador, com o fim de retê-lo no local de trabalho.

Trata-se de **crime próprio**, já que o sujeito ativo somente poderá ser alguém que possua relação de trabalho para com a vítima, sendo assim o sujeito passivo também é específico (**crime bi próprio**).

De acordo com o **Art. 149 § 2º do CP** todas estas condutas terão sua pena aumentada de *metade* se forem praticadas contra criança ou adolescentes, ou ainda por motivo de preconceito de raça, cor, etnia, religião ou origem.

1.6.4.2 Consumação e tentativa

A **consumação** se dá com a concreta produção de um dos resultados previstos no tipo (*crime material*) através da privação da liberdade da vítima, e a **tentativa** é plenamente cabível se por motivos alheios a vontade do agente estes resultados não se produzirem.

Embora haja divergência, pode-se considerar esse crime como um **tipo misto cumulativo**, já que algumas condutas narradas no tipo, se praticadas sucessivamente contra determinada pessoa, poderão gerar **vários crimes**, que serão punidos em *concurso*, na forma do *crime continuado* ou do *concurso material*, dependendo das circunstâncias em que ocorram.

Por fim, embora também haja divergência, prevalece no **STF** o entendimento de que a competência para julgar este crime é da *Justiça Federal*

1.6.5   Tráfico de Pessoas (Art. 149-A CP)

1.6.5.1   Tipo objetivo e subjetivo

Este tipo penal prevê como crime as condutas de *agenciar, aliciar, recrutar, transportar, transferir, comprar, alojar ou acolher pessoa, mediante grave ameaça, violência, coação, fraude ou abuso*, desde que com as seguintes finalidades específicas:

I – remover-lhe órgãos, tecidos ou partes do corpo;

II – submetê-la a trabalho em condições análogas à de escravo;

III – submetê-la a qualquer tipo de servidão;

IV – adoção ilegal;

V – exploração sexual.

Para que se configure este crime o agente deverá praticar dolosamente as condutas típicas de agenciar, aliciar, recrutar, transportar, transferir, comprar, alojar ou acolher pessoa, que deverão ser realizadas mediante grave ameaça, violência, coação, fraude ou abuso, e ainda ser preenchido o **elemento subjetivo especial**, que consiste nas finalidades específicas descritas expressamente no tipo penal.

Trata-se de **crime comum** já que o **sujeito ativo** pode ser qualquer pessoa (homem ou mulher), assim como o **sujeito passivo** também poderá ser qualquer pessoa, e de forma *indireta* o sujeito passivo também será a coletividade.

1.6.5.2   Consumação e tentativa

Trata-se de **crime formal** cuja consumação ocorre independentemente da ocorrência de qualquer resultado naturalístico, ou seja, basta que o agente empregue grave ameaça, violência, coação, fraude ou abuso para agenciar, aliciar, recrutar, transportar, transferir, comprar, alojar ou acolher pessoa, não sendo necessária a ocorrência de qualquer resultado decorrente das finalidades previstas expressamente no tipo penal.

Já a **tentativa** é plenamente possível pois as condutas, via de regra, podem ser fracionadas (*crime plurissubsistente*).

1.6.5.3   Causas de aumento de pena (Art. 149-A § 1º CP)

O crime de **tráfico de pessoas**, terá sua pena aumentada de *um terço até metade* nas seguintes hipóteses:

(a) O crime for cometido por funcionário público no exercício de suas funções ou a pretexto de exercê-las.

(b) O crime for cometido contra criança, adolescente ou pessoa idosa ou com deficiência

(c) A agente se prevalecer de relações de parentesco, domésticas, de coabitação, de hospitalidade, de dependência econômica, de autoridade ou de superioridade hierárquica inerente ao exercício de emprego, cargo ou função

(d) A vítima do tráfico de pessoas for retirada do território nacional

Atenção, percebe-se que é plenamente possível, no mesmo caso concreto, incidir mais de uma *causa de aumento de pena* numa determinada situação fática, podendo (devendo) o juiz, nestes casos, limitar-se a aplicar uma só causa de aumento de pena, nas bases do **Art. 68 parágrafo único do CP**.

1.6.5.4 Causa de diminuição de pena (Art. 149-A § 2º CP)

De acordo com o disposto no **§ 2º do Art. 149-A do CP** "a pena é reduzida de um a dois terços se o agente for primário e não integrar organização criminosa", exigindo-se, portanto, <u>cumulativamente</u> a primariedade (não ser reincidente – **Art. 63 CP**) e ainda não integrar organização criminosa, nos termos definidos no **Art. 1º da Lei 12.850/13**.

1.6.6 Violação de Domicílio (Art. 150 do CP)

1.6.6.1 Tipo objetivo

Este crime consiste em *entrar* (ação) ou *permanecer* (omissão), clandestina ou astuciosamente, ou contra a vontade expressa ou tácita de quem de direito, em casa alheia ou em suas dependências, tutelando-se bens jurídicos como a **propriedade**, a **tranquilidade doméstica** e a **inviolabilidade domiciliar**.

Desta forma entende-se que entrar em *casa desabitada* (vazia ou abandonada) não configura o delito, porém, nada impede que haja crime se a casa for habitada, mas estiver momentaneamente vazia, por exemplo, com seus moradores ausentes ou viajando.

Também não há crime quando o agente entra ou permanece em estabelecimento aberto ao público, hospedaria, taverna (bar) etc. (**Art. 150 § 4º e 5º CP**), porém, ao se referir a "suas dependências" o tipo penal inclui os locais acessórios e complementares à moradia como: garagem, jardins etc.

O **sujeito ativo** deste crime pode ser qualquer pessoa (*crime comum*) e até mesmo o proprietário do imóvel poderá cometer este crime, desde que outra pessoa o ocupe legitimamente, como no caso de uma locação.

O *consentimento* por parte do **sujeito passivo** (titular do direito sobre o imóvel) torna a conduta *atípica*, sendo que, havendo várias pessoas coabitando, se existir uma vontade dominante que submeta as demais, como ocorre na relação entre pais e filhos em que prevalece a vontade dos pais (salvo se a casa pertencer ao filho maior de idade), somente o consentimento desta pessoa será válido.

Porém, se a relação é de igualdade entre as partes, ou seja, não existindo a predominância de uma opinião à outra entre os coabitantes do local, prevalece a vontade daquele que nega a entrada ou a permanência do estranho, desde que por motivos razoáveis.

1.6.6.2 Consumação e Tentativa

Trata-se de **crime instantâneo** no que tange a conduta de *entrar* e **crime permanente** na conduta de *permanecer* e, por isso, a **consumação** se dá com a simples prática da conduta típica, ou seja, com a efetiva entrada, ou com a permanência, sem a anuência do titular da propriedade, já que não há qualquer resultado naturalístico previsto no tipo (*crime de mera conduta*).

Quanto à possibilidade de **tentativa,** majoritariamente esta não é admitida por se considerar que as condutas previstas no tipo são *unissubsistentes* e, portanto, não podem ser fracionadas. Porém, há entendimento *minoritário* (p. ex. Zaffaroni) que admite a tentativa somente na forma comissiva (entrar), quando o agente é interrompido no momento em que está transpondo os limites da propriedade.

1.6.6.3 Forma qualificada e causas de aumento de pena (Art. 150 §§ 1º e 2º, do CP)

Considera-se o crime de violação de domicílio como **qualificado** (**Art. 150, § 1º, do CP** – pena: 6 meses a 2 anos) nas seguintes hipóteses:

a) quando a violação ocorre durante a noite (após as 18hs) ou em lugar ermo.

b) quando há emprego de violência (contra pessoa) ou arma.

c) quando a violação é realizada por 2 ou mais agentes em conjunto.

Se a violação de domicílio for realizada por *funcionário público* (**Art. 327 CP**), fora de suas atribuições legais, ou com abuso de poder, haverá aplicação de *causa de aumento de pena de 1/3* (**Art. 150, § 2º, do CP – aumento de 1/3**).

Há ainda certas hipóteses em que não há crime, por expressa previsão constitucional (**exclusão do crime – Art. 5º Inc. XI CF e Art. 150 § 3º CP**), isso quando o agente entrar no domicílio *sem consentimento* do morador, são elas:

– Em situação de flagrante delito (independentemente do horário)

– Para prestar socorro a alguém ou em caso de desastre (estado de necessidade)

– Durante o dia, por determinação judicial, em observância às formalidades legais (funcionário público) para efetuar prisão ou outra diligência.

Por fim, é importante lembrar que a violação de domicílio muitas vezes será *crime-meio* para realização de um *crime-fim* e, por isso, será por ele absorvido (**regra da consunção**), como ocorre na prática do furto (**Art. 155 CP**).

1.6.7 Violação, Sonegação ou Destruição de Correspondência (Art. 151, *Caput*, e § 1º CP)

1.6.7.1 *Tipo objetivo*

Configura-se o crime através da conduta de *devassar indevidamente o conteúdo de correspondência fechada dirigida a outrem, bem como se apossar indevidamente de correspondência alheia, embora não fechada, para sonegá-la ou destruí-la, no todo ou em parte.*

Porém, o **Art. 151, *caput*, e § 1º, do CP** foi **revogado** tacitamente pelo *Art. 40, caput, e § 1º, da* **Lei nº 6.538/78** que, assim como já ocorria com o revogado **Art. 151 do CP**, tutela a liberdade individual do sujeito passivo, vilipendiada pela violação de sua correspondência pessoal, pois a nova conduta incriminada consiste em devassar indevidamente o conteúdo de correspondência fechada dirigida a outrem.

1.6.7.2 *Consumação e Tentativa*

A **consumação** ocorre quando há o conhecimento, ainda que parcial, do teor da correspondência pelo sujeito ativo, não havendo necessidade de divulgação ou utilização de seu conteúdo, e a **tentativa** é plenamente admissível, desde que, embora violada a correspondência, por motivos alheios não se chegue a ter ciência do seu conteúdo.

1.6.8 Violação de Comunicação Telegráfica, Radioelétrica ou Telefônica (Art. 151 Inc. II, III e IV CP)

1.6.8.1 Tipo objetivo

Diferentemente do previsto no *caput* **e no § 1º inc. I do Art. 151 do CP**, de acordo com os *incisos II e III*, previstos em lei, comete este crime:

a) quem indevidamente divulga, transmite a outrem ou utiliza abusivamente comunicação telegráfica ou radioelétrica dirigida a terceiro, ou conversação telefônica entre outras pessoas (**inciso II**).

Há divergência quanto a parte final do **inciso II** (*conversação telefônica*) pois entende-se que esta foi revogada pela **Lei 9.296/96**, que tratou da interceptação telefônica e criou um crime específico para a violação do sigilo telefônico (Art. 10 – "Constitui crime realizar interceptação de comunicações telefônicas, de informática ou telemática, ou quebrar segredo da Justiça, sem autorização judicial ou com objetivos não autorizados em lei").

b) quem impede a comunicação, ou a conversação, referidas no número anterior (**inciso III**).

Já o **inciso IV** que proíbe a instalação ou utilização de estação ou aparelho radioelétrico, sem observância de disposição legal também foi **revogado** por lei especial (Art. 70, da Lei 4.117/62 – Código Brasileiro de Telecomunicações).

Além disso, a **Lei nº 9.472/97** também passou a prever, de forma específica, como crime: "desenvolver clandestinamente atividades de telecomunicação" (art. 183), considerando-se como clandestina toda atividade desenvolvida sem a competente concessão, permissão ou autorização de serviço, de uso de radiofrequência e de exploração de satélite.

Os **§§ 2º e 3º do Art. 151 do CP** preveem, respectivamente, *causa de aumento de pena* referente a existência de dano concreto causado a outrem pela prática abusiva, e uma *forma qualificada*, consistente nas hipóteses do sujeito ativo ser funcionário de serviço postal, telegráfico, radioelétrico ou telefônico.

1.6.8.2 Ação Penal

A **ação penal** é **pública condicionada à representação** (§ 4º), salvo nos casos do § 1º, IV, e § 3º, onde a ação penal será *pública incondicionada*.

1.6.9   Correspondência Comercial (Art. 152 CP)

1.6.9.1   Tipo objetivo

Este tipo penal se fundamenta na proteção da relação de confiança, e na ética profissional, na atividade comercial e industrial, e define como crime a conduta de *abusar da condição de sócio ou empregado de estabelecimento comercial ou industrial para, no todo ou em parte, desviar, sonegar, subtrair ou suprimir correspondência, ou revelar a estranho seu conteúdo.*

Trata-se de **crime próprio**, pois somente poderão ser autores do delito o sócio do estabelecimento comercial ou industrial (remetente ou destinatário), ou um de seus empregados (secretária ou gerente, por exemplo).

1.6.9.2   Consumação e Tentativa

A **consumação** se dá com a realização, mesmo que parcial, da conduta incriminada, ou seja, com o desvio, a sonegação, a subtração ou com a supressão da correspondência, ou com a sua revelação a qualquer pessoa que não devesse saber de seu conteúdo, sendo que a **tentativa** é plenamente admitida, pois considera-se que os atos executórios são *fracionáveis* (*crime plurissubsistente*).

1.6.9.3   Ação Penal

A **ação penal** é **pública condicionada a representação** e, por isso, a denúncia só poderá ser oferecida pelo MP havendo *representação* do ofendido, ou de seu representante legal. (**Art. 152 parágrafo único CP**).

1.6.10 Divulgação de Segredo (Art. 153 CP)

1.6.10.1 Tipo objetivo

A conduta típica prevista estabelece como crime *divulgar, sem justa causa, conteúdo de documento particular ou de correspondência confidencial, de que é destinatário ou detentor, e cuja divulgação possa produzir dano a outrem.*

A existência do **elemento normativo** *"sem justa causa"* faz com que a conduta seja considerada atípica nas hipóteses em que a divulgação do segredo ocorra em face de uma situação em que haja uma necessidade ou motivo justo para isso. (**Ex:** para provar sua inocência).

Também comete este crime quem *divulgar, sem justa causa, informações sigilosas ou reservadas, assim definidas em lei, contidas ou não nos sistemas de informações ou banco de dados da Administração Pública.* (Art. 153 § 1º-A CP) e, neste caso, trata-se de crime qualificado cuja pena será de detenção de **1 a 4 anos** e multa.

Importante lembrar que o **Art. 325 do Código Penal**, é *norma especial* que prevalece em relação ao crime do Art. 153 do CP, absorvendo-o (*regra da especialidade*).

1.6.10.2 Consumação e Tentativa

A **consumação** se dá com a divulgação do segredo, independentemente da produção de danos a alguém (**crime formal**), e a **tentativa** é possível quando os atos executórios puderem ser *fracionados* (*delito plurissubsistente*), como no caso da divulgação por escrito.

1.6.10.3 Ação Penal

A ação penal é **pública condicionada a representação** e, por isso, a denúncia só poderá ser oferecida pelo MP havendo *representação* do ofendido, ou de seu representante legal, porém, na hipótese do crime gerar prejuízo para a administração pública a ação penal volta a ser **pública incondicionada (Art. 153 § 2º CP)**.

1.6.11 Violação do Segredo Profissional (Art. 154 CP)

1.6.11.1 Tipo objetivo

Este tipo penal prevê como crime a conduta de quem *revela, sem justa causa, segredo, de que tem ciência em razão de função, ministério, ofício ou profissão, e cuja revelação possa produzir dano a outrem.*

Trata-se de **crime próprio**, pois somente poderá ser cometido por quem possua conhecimento do fato secreto em razão do exercício de sua função, ministério, ofício ou profissão.

Este tipo penal também traz um *elemento normativo* do tipo que é a ausência de *justa causa*, ou seja, se houver um motivo relevante para a revelação do segredo (**Ex:** permissão ou exigência legal para a revelação, o consentimento do titular do segredo) não existirá crime, e o fato será <u>atípico</u>.

Além disso, o crime previsto no **Art. 325 do CP** (violação de sigilo profissional), em face da **especialidade**, também prevalece sobre o **Art. 154 do CP**, porém, o próprio **Art. 154 do CP**, quando vier a ser aplicado, *absorverá* o crime do **Art. 153 do CP** supraestudado (**regra da consunção**).

1.6.11.2 Consumação e Tentativa

A **consumação** se dá com a simples revelação do segredo profissional a uma única pessoa mesmo que nenhum prejuízo a alguém seja causado, bastando que conduta tenha potencialidade lesiva (**crime de perigo**), dispensando a produção de qualquer resultado (*crime de mera conduta*), admitindo-se a **tentativa**, desde que a conduta em questão possa ser fracionada, seja *plurissubsistente* (Ex: na revelação feita por escrito)

1.6.11.3 Ação Penal

A ação penal neste crime também é **pública condicionada à representação** do ofendido, de acordo com o **parágrafo único do Art. 154 CP.**

1.6.12 Invasão de Dispositivo Informático (Art. 154-A do CP)

A **Lei 12.737**, de 30 de novembro de 2012, tipificou este novo crime denominado de *Invasão de Dispositivo Informático*, previsto no **Art. 154-A**, do Código Penal (**Lei Carolina Dieckman**).

1.6.12.1 Tipo objetivo

Este tipo penal, era punido com pena de *3 meses a 1 ano de detenção*, e *multa*, porém, a **Lei 14.155/21** <u>aumentou sua pena</u> para **reclusão de 1 a 4 anos, e multa**, prevê como crime a conduta de "invadir dispositivo informático alheio, conectado ou não à rede de computadores, mediante violação indevida de mecanismo de segurança e com o fim de obter, adulterar ou destruir dados ou informações sem autorização expressa ou tácita do titular do dispositivo ou instalar vulnerabilidades para obter vantagem ilícita"

Trata-se de **crime comum** que pode ser praticado por qualquer pessoa, e suas condutas são *plurissubsistentes*, ou seja, podem ser fracionadas, tutelando-se a inviolabilidade da intimidade e da vida privada, além da preservação dos dados e informações armazenadas em dispositivo informático da vítima.

É considerado um **tipo misto alternativo**, pois o agente responde por um único crime se, no mesmo contexto fático, praticar uma ou as duas condutas típicas (invadir e instalar) sucessiva ou simultaneamente, não havendo, portanto, concurso de crimes.

De acordo com o § 1º, do **Art. 154-A do CP** incorre na mesma pena (agora de reclusão de 1 a 4 anos, e multa) quem "produz, oferece, distribui, vende ou difunde dispositivo ou programa de computador com o intuito de permitir a prática da conduta definida no *caput*".

Já o § 2º do art. 154-A, do CP, também alterado pela **Lei 14.155/21**, estabelece que a pena será **aumentada de 1/3 a 2/3** se da invasão resulta prejuízo econômico, ou seja, que resulta em perda material ou financeira, logo, se o prejuízo for exclusivamente de caráter moral, não haverá incidência dessa causa de aumento.

O § 3º, do art. **154-A do CP** define a forma **qualificada** da invasão de dispositivo informativo punida com pena de reclusão, de *6 meses a 2 anos*, e multa (se a conduta não constitui crime mais grave – crime subsidiário), o que, devido as alterações promovidas pela Lei 14.155/21, passa a ser um contrassenso, pois esta pena acabou ficando menor que a nova pena da forma simples prevista no *caput*, se da invasão resultar na obtenção de conteúdo de comunicações eletrônicas privadas, segredos comerciais ou industriais, informações sigilosas, assim definidas em lei, ou em controle remoto não autorizado do dispositivo invadido.

Importante lembrar que, em se tratando de violação de sigilo bancário ou de instituição financeira (Art. 18 – Lei 7.492/86) por se tratar de crime mais específico e mais grave, punido com pena de reclusão de 1 a 4 anos, e multa, não se utiliza o tipo penal básico do Código Penal, mas sim a disposição mais específica da lei extravagante (**regra da especialidade**).

1.6.12.2 Tipo subjetivo

Além do **dolo** de invadir e instalar exigem-se, ainda, os **elementos subjetivos específicos** (*especial fim de agir*), previstos expressamente da seguinte forma: "com o fim de obter, adulterar ou destruir dados ou informações" e que a atuação seja "para obter vantagem ilícita".

1.6.12.3 Consumação e Tentativa

O crime se **consuma** no momento em que o agente invade o dispositivo informático da vítima, mediante violação indevida de mecanismo de segurança, ou instala no mesmo vulnerabilidades (**crime formal**), tornando-o facilmente sujeito a violações, sendo assim, a **tentativa** é plenamente possível já que se trata de **crime plurissubsistente**, cuja conduta pode ser fracionada.

1.6.12.4 Causa de aumento de pena (Art. 154-A § 4º do CP)

Por fim, no **§ 4º do art. 154-A do CP**, a pena é aumentada de *1/3 a 2/3* se houver divulgação, comercialização ou transmissão a terceiros, a qualquer título, dos dados ou informações obtidas.

E ainda, nos termos do **§ 5º do art. 154-A do CP**, a pena será aumentada de um *1/3 a 1/2* se o crime for praticado contra:

(1) Presidente da República, governadores e prefeitos;

(2) Presidente do Supremo Tribunal Federal;

(3) Presidente da Câmara dos Deputados, do Senado Federal, de Assembleia Legislativa de Estado, da Câmara Legislativa do Distrito Federal ou de Câmara Municipal;

(4) Dirigente máximo da administração direta e indireta, federal, estadual, municipal ou do Distrito Federal.

1.6.12.5 Ação Penal (Art. 154-B CP)

De acordo com o **Art. 154-B do CP** a **ação penal** é em regra **pública condicionada à representação**, salvo se o crime for cometido contra a administração pública direta ou indireta de qualquer dos Poderes da União, Estados, Distrito Federal ou Municípios ou contra empresas concessionárias de serviços públicos, hipóteses em que a ação será **pública incondicionada**.

DOS CRIMES CONTRA O PATRIMÔNIO

2.1 DO FURTO

2.1.1 Furto Simples (Art. 155 do CP)

2.1.1.1 Tipo objetivo

A conduta de subtrair coisa alheia móvel, prevista no tipo do furto, tutela a **propriedade** e a **posse** de bens que possuam *valor patrimonial* e, de acordo com o tipo penal objetivo, podemos definir alguns de seus elementos objetivos da seguinte forma:

– **Coisa:** é tudo aquilo que possui existência de natureza corpórea e que possua valor econômico (inclusive animais e o cadáver utilizado para pesquisas em universidades)

- **Alheia:** é algo que pertencente a outrem, ou na posse de outrem, sendo que não configura furto a subtração de *coisa própria*, de *coisa abandonada* (*res derelicta*), *coisa comum ou coisa perdida* (*res desperdita*), podendo, nestes casos, incidir o crime de apropriação indébita do *Art. 169, parágrafo único, II, do CP.*

- **Móvel** é todo objeto passível de ser removido ou deslocado.

Importante lembrar que a *subtração de cadáver* pode configurar crime de furto quando este possuir valor patrimonial (**ex:** em necrotério de faculdade de medicina), ou então, em outras hipóteses, <u>sem valor patrimonial</u>, haverá o crime de **subtração de cadáver** (**Art. 211 do CP**).

Para a maioria da doutrina o *proprietário* do bem **não** pode cometer crime de furto tão somente porque sua conduta não se enquadra no tipo penal, que tutela acima de tudo a propriedade, e se refere a *"coisa alheia"*, podendo haver, nestes casos, o *exercício arbitrário das próprias razões* (Art. 345 CP), quando o proprietário vier a subtrair seu próprio bem, que esteja na posse legítima de outrem.

2.1.1.2 Tipo subjetivo

Trata-se do **dolo**, vontade de *subtrair* coisa alheia móvel e, em face da conduta de subtração, objeto do dolo específico do autor do furto, é que se distingue o furto do crime *estelionato* (Art. 171 CP) e da *apropriação indébita* (Art. 168 CP).

O **furto** se caracteriza exatamente pela contrariedade ou desconhecimento da vítima quanto a inversão da posse do bem no momento da subtração, ou seja, pelo dissenso, expresso ou tácito, da vítima quanto a esta inversão de posse, enquanto nos demais crimes patrimoniais mencionados (*Estelionato e Apropriação indébita*) a *coisa é entregue voluntariamente* pela vítima ao autor do fato.

O furto possui ainda um **elemento subjetivo especial**, chamado de *especial fim de agir*, que se consubstancia no termo *"**para si ou para outrem**"*, ou seja, para que se caracterize o furto, além do dolo de subtrair coisa, deve haver o *fim específico de assenhoreamento* (*animus furandi*) do bem por parte do autor.

Desta forma, a ausência deste especial fim de agir faz com que o conhecido **furto de uso** não caracterize crime, e o fato seja considerado **atípico**, desde que fique demonstrado que o autor do fato pretendeu apenas usar o bem, devolvendo-o voluntariamente e nas mesmas condições originais a seu proprietário.

O crime de *exercício arbitrário das próprias razões* (Art. 345 CP) em algumas hipóteses pode se assemelhar ao furto, fazendo-se a distinção dos crimes através da análise do *dolo* pois, caso fique demonstrado que a subtração do bem ocorreu em face da intenção do agente de satisfazer uma *pretensão legítima* sua (Ex: recuperar a força seu próprio bem), não haverá furto, mas sim o *crime de exercício arbitrário*.

2.1.1.3   Consumação e Tentativa

A **consumação** do furto, de acordo com a teoria *majoritária* e adotada atualmente pelo **STF** (**Teoria da *amotio***), ocorre com a mera **inversão da posse do bem**, não havendo mais a necessidade de que haja por parte do autor, após a subtração, a chamada *posse mansa e tranquila* do bem (Teoria da *ablatio*).

Já a **teoria da *concrectacio***, pela qual a consumação se dá no momento em que o agente toca no bem alheio, com o fim de subtraí-lo, e a **teoria da *illactio***, pela qual a consumação depende do agente conseguir levar o bem subtraído para o local que era destinado, também **não** são adotadas pela nossa doutrina e jurisprudência.

Já a **tentativa** de furto é plenamente possível, pois a conduta de subtrair é *plurissubsistente*, pode ser fracionada, logo se o autor vier a ser interrompido durante o processo de subtração do bem, por motivos alheios a sua vontade, antes de ocorrer a inversão da posse, caracteriza-se o *furto tentado*.

O furto realizado em estabelecimentos com sistema de segurança, vigilância e câmeras **não** será considerado **crime impossível** (**Art. 17 CP**), e quando, devido a esses sistemas, o agente for detido antes de sair do local com o bem, estará caracterizada a **tentativa de furto**, já que, por menor que seja, nestas hipóteses de sistemas de segurança sempre existirá alguma possibilidade de consumação do furto (**Sum. 567 STJ**).

2.1.1.4   Causa de aumento de pena no Furto simples (Art. 155 § 1°, do CP)

No **Art. 155, § 1°, do CP** está prevista uma causa de aumento de pena (*+1/3*) se o furto for praticado durante o **repouso noturno**, ou seja, durante o período de descanso, considerando-se, majoritariamente, que este período se inicia as 18hs indo até as 6hs da manhã, quer o local esteja habitado ou não, incluindo também estabelecimentos comerciais e até mesmo veículos.

Majoritariamente entende-se que **não** se aplica essa causa de aumento de pena para as hipóteses de **furto for qualificado** (**Art. 155, §§ 4° e 5°, do CP**), já que esta vem prevista em um parágrafo logo abaixo do furto simples, e por isso se refere diretamente a ele, não englobando assim as formas qualificadas do furto subsequentemente previstas.

2.1.2 Furto privilegiado (Art. 155, § 2º, do CP) e princípio da insignificância

Considera-se o furto como **privilegiado** quando o criminoso é *primário* e é de *pequeno valor* (majoritariamente – até 1 salário mínimo) a coisa furtada, sendo que, nesse caso, o juiz poderá substituir a pena de reclusão pela de detenção, diminuí-la (1/3 a 2/3), ou aplicar somente a pena de multa ao furto.

Atualmente o **STF** e o **STJ** admitem a aplicação desta **forma privilegiada** do furto, com a sua diminuição de pena, também para os crimes de **furto qualificados**, desde que a qualificadora seja de *caráter objetivo* (**Sum 511 STJ**) e, portanto, compatível com a forma privilegiada do furto.

Em face da frequente aplicação por nossos tribunais superiores **do princípio da insignificância** *(que nos crimes patrimoniais também pode ser chamado de princípio da bagatela)*, como causa de atipicidade em furtos de pequeno valor, a forma privilegiada do furto ganhou *caráter subsidiário*, somente sendo cabível quando, por algum motivo, não for aplicada a insignificância ao furto no caso concreto.

Como sabemos, a **insignificância** vem sendo amplamente aplicada pelo **STF** e **STJ**, com grande incidência nos *crimes patrimoniais*, fundamentalmente naqueles sem violência ou grave ameaça como o furto, de acordo com os seguintes critérios:

(a) a mínima ofensividade da conduta do agente

(b) a nenhuma periculosidade social da ação

(c) o reduzidíssimo grau de reprovabilidade do comportamento

(d) a inexpressividade da lesão jurídica provocada

Com base nesses critérios pode-se entende, por exemplo, porque algumas decisões jurisprudenciais vêm entendendo que pode **não** ser reconhecida a *atipicidade pela insignificância* na hipótese de vários furtos praticados em **continuidade delitiva** (**Art. 71 CP**), ainda que cada um destes furtos não possua valor significativo, se a totalidade do produto dos crimes é alto.

Muitas vezes também **não** é considerado *insignificante* o furto de valor ínfimo que seja realizado por pessoa que realize, reiteradas vezes, vários crimes patrimoniais, fazendo do crime seu meio de vida pois, nesses casos, não se verificaria o requisito da "reduzida reprovabilidade" do seu comportamento.

O chamado **furto famélico** ocorre quando a pessoa, visando satisfazer uma necessidade alimentar imediata que importe assim em situação de perigo atual para a própria pessoa ou para terceiros, subtrai diretamente os alimentos, sendo, a subtração, a única forma de solucionar o problema e afastar o perigo para a vida naquele momento.

O **furto famélico** tradicionalmente não era considerado crime, por *exclusão da ilicitude* da conduta, em face do **estado de necessidade** (**Art. 24 CP**), porém, atualmente, tem prevalecido a aplicação do **princípio da insignificância** para afastar a *tipicidade* da conduta, já que, via de regra, o valor dos alimentos subtraídos é sempre consideravelmente baixo e insignificante.

2.1.3   Furto de Energia (Art. 155 § 3º do CP)

O **furto de energia** vem previsto no **Art. 155 § 3º do CP** que equiparou a *energia elétrica*, ou qualquer outro tipo de energia com valoração econômica, à *coisa móvel*, sendo que, embora haja divergência, o *sinal* emitido por operadoras de *"TV a cabo"*, mesmo sendo distribuído mediante impulsos elétricos, **não** pode ser objeto de furto.

Isto decorre do fato de que, no caso de utilização indevida da TV a cabo, não há subtração nem consumo da energia, mas apenas utilização do serviço, ao contrário do que ocorre com outros tipos de energia como a elétrica, em que ocorre o seu efetivo consumo após a utilização pelo agente.

O crime de **furto de energia elétrica** possui *natureza permanente* e, portanto, sua **consumação** se prolonga pelo tempo, permitindo assim a prisão em flagrante a qualquer tempo durante esta permanência.

Quanto ao furto de energia, resta ainda mencionar que, na *adulteração do medidor de consumo residencial*, para que este apresente uma captação inferior de consumo, não há subtração direta da energia, mas sim um meio *fraudulento* para se obter vantagem com um menor valor de cobrança, o que caracteriza o **crime de estelionato** (**Art. 171 CP**). Porém, se a adulteração se der antes do dispositivo medidor, para evitar que a energia consumida seja computada ("gato"), aí sim haverá o **crime de furto**.

2.1.4   Furto qualificado (Art. 155, §§ 4º e 5º do CP)

A primeira forma de **furto qualificado** está prevista no **Art. 155, § 4º do CP**, possuindo pena de reclusão de *2 a 8 anos*, além da *multa*, nas seguintes hipóteses:

I – com destruição ou rompimento de obstáculo à subtração da coisa;

– Para que se aplique a qualificadora a destruição, ou rompimento, esta não pode incidir na própria coisa a ser subtraída (Ex: quebrar a janela do carro para subtraí-lo, não qualifica o furto), mas sim no obstáculo que protege o bem a ser subtraído (**Ex:** quebrar a janela do carro para subtrair o rádio ou uma bolsa, qualifica o crime)

A *violação de domicílio* (Art. 150, CP), sempre que constituir meio para o crime de furto, por este será **absorvida**, através do furto qualificado pelo rompimento ou destruição de obstáculo, o mesmo acontecendo quanto ao *crime de dano* (Art. 163, CP) realizado para viabilizar uma subtração.

II – com abuso de confiança, ou mediante fraude, escalada ou destreza;

No **furto mediante fraude** o agente utiliza artifício para iludir a vítima, facilitando a subtração da coisa, o que não se confunde com o **crime de estelionato** (**Art. 171 CP**), pois no estelionato a fraude é utilizada para que a vítima *entregue* a coisa ao agente *voluntariamente*, enquanto no furto a fraude é utilizada para que o autor *subtraia* a coisa, sem o conhecimento ou consenso da vítima.

Destreza é uma especial habilidade que o agente possui para praticar a subtração da coisa portada pela vítima sem que ela perceba, logo, entende-se que caso a vítima perceba que está sendo furtada, não se configura esta qualificadora.

III – com emprego de chave falsa;

Chave falsa é qualquer instrumento, com ou sem forma de chave, que o agente utilize para abrir fechaduras ou mecanismo material de segurança, clandestinamente, sem causar danos ou sua destruição.

IV – mediante concurso de duas ou mais pessoas.

Aqui se engloba todas as formas de *concurso de pessoas*, seja a **coautoria ou a participação**.

De acordo com a **súmula 442 do STJ**, não se aplica ao crime de furto praticado com o concurso de duas ou mais pessoas os parâmetros menos rigorosos, previstos na causa de aumento de pena no crime de roubo (Art. 157 § 2º inc. II CP), para a mesma hipótese.

Através da **Lei 13.654/18** foi criada uma nova forma qualificada prevista no § 4º-A do Art. 155 do CP, *furto qualificado pelo emprego de explosivos*, que veio para aumentar de forma significativa a pena do furto qualificado, nesta hipótese, para *reclusão de 04 a 10 anos*.

Esta alteração foi produto do crescimento desenfreado do crime de furto realizado com emprego de explosivos ou de artefatos semelhantes, principalmente nos ataques a caixas eletrônicos em bancos, o que demonstra que a necessidade do aumento de pena se deu em razão desta nova forma de execução mais gravosa e reprovável, inserido ainda na Lei 8072/90, como espécie de crime hediondo, a partir do pacote anticrime.

A **Lei 14.155/21** inseriu uma nova qualificadora para o crime de furto no § 4º-B do Art. 155 CP, determinando que a pena é de reclusão, de 4 (quatro) a 8 (oito) anos, e multa, *se o furto mediante fraude é cometido por meio de dispositivo eletrônico ou informático, conectado ou não à rede de computadores, com ou sem a violação de mecanismo de segurança ou a utilização de programa malicioso, ou por qualquer outro meio fraudulento análogo.*

Além disso, de acordo com o novo § 4º-C do Art. 155 CP, inserido também pela **Lei 14.155/21,** pena prevista no dispositivo anterior, devido à relevância do resultado gravoso:

I – aumenta-se de 1/3 (um terço) a 2/3 (dois terços), se o crime é praticado mediante a utilização de servidor mantido fora do território nacional;

II – aumenta-se de 1/3 (um terço) ao dobro, se o crime é praticado contra idoso ou vulnerável.

Há ainda outra **forma qualificada** de furto, prevista no **Art. 155, § 5º, do CP** que ocorre quando a subtração for de *veículo automotor* e este venha a ser *efetivamente transportado* para outro Estado, ou para o exterior, ou seja, embora haja divergência, sua caracterização depende da efetiva transposição dos limites de fronteira estadual ou nacional e, neste caso, a pena será de *reclusão de 3 a 8 anos*.

Também se considera como crime de **furto qualificado**, previsto no **Art. 155 § 6º do CP,** quando a subtração for de *semovente domesticável de produção, ainda que abatido ou dividido em partes no local da subtração,* sendo que para essa hipótese a pena será de *reclusão de 2 (dois) a 5 (cinco) anos.*

Esta forma qualificada, instituída pela **Lei 13.330/2016,** buscou a prevenção de uma forma muito comum de furto, referente a animais de produção pecuária (p. ex: gado bovino e suíno), punindo de forma mais grave estas condutas, em face do maior prejuízo causado, buscando coibir este tipo de comportamento cada vez mais comum em zonas rurais.

Foi acrescentado ainda, pela referida **Lei 13.654/18**, o **§ 7º ao Art. 155 do CP**, que traz outra **forma qualificada** para o crime de furto quando o crime for de subtração de *substâncias explosivas ou de acessórios que, conjunta ou isoladamente, possibilitem sua fabricação, montagem ou emprego*, isso em face da maior periculosidade destes itens, atribuindo-se ao fato uma pena abstrata de *reclusão de 04 a 10 anos*.

Por fim, importante ressaltar que, majoritariamente, a doutrina e a jurisprudência dominante aceitam a aplicação do **princípio da insignificância** para a maioria dos furtos qualificados, isso de acordo com a análise do caso concreto, e com o preenchimento dos requisitos deste princípio, para gerar *atipicidade* do fato praticado.

2.1.5 Ação Penal

Por fim, a **ação penal** no crime de furto será **pública incondicionada,** salvo nas hipóteses previstas no **Art. 182 do CP**, ou seja, crime praticado contra *cônjuge separado*, contra *irmão*, e ainda contra *tio ou sobrinho que coabitem*, desde que observadas as condições do **Art. 183 II e III do CP**, em que, excepcionalmente, a ação penal no furto (e nos demais *crimes patrimoniais não violentos*) será **pública condicionada à representação** do ofendido.

2.2 FURTO DE COISA COMUM (ART. 156 CP)

2.2.1 Tipo objetivo

Este crime consiste em *subtrair o condômino, coerdeiro ou sócio, para si ou para outrem, a quem legitimamente a detém, a coisa comum*, ou seja, pune-se a subtração da coisa que pertence, simultaneamente, a mais de uma pessoa. Importante lembrar que, não é punível a subtração de *coisa comum fungível*, em que o valor subtraído não exceda a quota parte a que tem direito um dos agentes.

Trata-se de **crime próprio**, pois o tipo penal exige uma qualidade especial do agente, qual seja, ser condômino, o coerdeiro ou o sócio no que tange ao bem subtraído, sendo que, sua **consumação** e a **tentativa** ocorrem da mesma forma que no crime de *furto* (Art. 155 CP).

Assim, como ocorre no crime de furto (Art. 155 CP), este crime exige, além do *dolo* de subtração, a presença do *especial fim de agir* (elemento subjetivo especial) de ter o bem "para si ou para outrem" para que possa ser imputado ao agente.

O **Art. 156 § 2º do CP**, que traz uma hipótese de exclusão do crime, afirma que: "*Não é punível a subtração de coisa comum fungível, cujo valor não excede a quota a que tem direito o agente*" e, de acordo com a maioria da doutrina, apesar de o dispositivo falar em "*isenção da pena*", trata-se de **causa de exclusão da antijuridicidade,** sendo uma forma específica de *exercício regular de direito*.

2.2.2 Ação Penal

A ação penal no crime de furto de coisa comum será **pública condicionada a representação**, conforme o **Art. 156, § 1º CP**.

2.3 DO ROUBO E DA EXTORSÃO

2.3.1 Roubo (Art. 157 CP)

2.3.1.1 Tipo objetivo

A conduta típica prevista no **Art. 157 do** CP prevê como crime de roubo *"Subtrair coisa móvel alheia, para si ou para outrem, mediante grave ameaça ou violência a pessoa, ou depois de havê-la por qualquer meio, reduzido à impossibilidade de resistência"*

O crime de *roubo*, mesmo na sua forma *simples*, é um clássico exemplo de **crime complexo**, ou seja, é produto da fusão de dois outros tipos penais para formar um tipo penal autônomo, que engloba a ação típica do *furto* (subtração, para si ou para outrem, de coisa móvel alheia), a conduta de *constrangimento ilegal* (mediante violência, grave ameaça ou qualquer outra forma de redução da capacidade de resistência), e ainda, em certos casos, até mesmo com a *lesão corporal* (se cometido mediante violência).

Desta forma, além obviamente do *patrimônio*, a *liberdade individual*, a *integridade física* e também a *saúde*, podem ser vistos como objetos da tutela estabelecida no **crime de roubo**, sendo que, no **latrocínio** (**Art. 157 § 3º CP**) há ainda, concomitantemente, a tutela do bem jurídico *vida*.

Com base neste caráter complexo, o **princípio da insignificância**, via de regra, **não tem aplicação** no crime de roubo, mesmo que a coisa subtraída tenha valor mínimo, pois, como vimos, o patrimônio não é o único bem jurídico tutelado neste tipo, e o **STF/STJ** não admitem a aplicação da *insignificância* em crimes *com violência ou grave ameaça* na conduta.

De acordo com parte da doutrina e jurisprudência, é possível, excepcionalmente, se aplicar o **princípio da insignificância** ao crime de *roubo*, quando este for realizado sem violência (real) ou grave ameaça a vítima, conforme a hipótese prevista na parte final do **Art. 157 CP** (*"ou depois de havê-la, por qualquer meio, reduzido à impossibilidade de resistência"*), o que engloba as hipóteses chamadas de *violência imprópria*. (Ex: drogar a vítima para realizar a subtração).

Trata-se de **crime comum** pois qualquer pessoa pode cometer o roubo, não se exigindo qualidades especiais do **sujeito ativo**, porém, são válidas as mesmas ressalvas inerentes ao *crime de furto* quanto à impossibilidade do proprietário do bem ser sujeito ativo do roubo, já que o tipo penal do roubo também exige o elemento objetivo *"coisa alheia"*.

Para a caracterização do crime de roubo, é necessário que a subtração do bem ocorra *"mediante grave ameaça ou violência a pessoa, ou depois de havê-la, por qualquer meio, reduzido à impossibilidade de resistência"*, entendendo-se como ameaça (vis compulsiva) a promessa de um mal à vítima ou a terceiros, uma violência moral para que não haja resistência à subtração do bem, e **violência** (*vis corporalis*) como sendo a *violência material ou real*, ou seja, a imposição de uma força sobre o corpo da vítima, independentemente da produção de qualquer dano físico a ela.

Além da *grave ameaça* e da *violência*, como mencionamos, o roubo também se caracteriza pela subtração realizada através de *qualquer outra forma de redução da capacidade de resistência da vítima* como, por exemplo, drogar a vítima ou trancá-la num recinto para realizar a subtração de bens, a chamada **violência imprópria** (Ex: o golpe conhecido como "boa-noite Cinderela", no qual o agente, após entorpecer a vítima, aproveita-se da sua inconsciência para realizar a subtração dos bens).

Desta forma, a **violência ou grave ameaça** presentes como *elementares* do crime de roubo podem ser assim classificadas:

– **Violência física** *(própria/vis absoluta)* é agressão concreta com ou sem lesão corporal.

– **Violência moral** *(vis compulsiva)* é a grave ameaça.

– **Violência imprópria**: redução por qualquer outro meio da capacidade de resistência (**Ex.:** Ingestão de drogas).

Por fim, o **roubo** se diferencia da **extorsão (Art. 158 CP)** principalmente no que tange ao <u>comportamento da vítima,</u> pois, se para o sucesso do delito a *conduta da vítima é secundária,* desimportante para a obtenção do bem, que será subtraído pelo agente, há o **crime de roubo**, porém, se após a violência ou grave ameaça, o *comportamento do titular do bem é imprescindível* para a subsequente obtenção do patrimônio pelo autor do fato, tipifica-se o **crime de extorsão.**

Ainda se diferenciam estes dois crimes pois, no *roubo* o agente retira, subtrai direta e *imediatamente* da vítima os seus bens, enquanto na *extorsão*, o bem será entregue pela própria vítima ao autor, após haver certo intervalo de tempo (ou mesmo num futuro próximo) em relação ao constrangimento que for feito também por violência ou grave ameaça.

2.3.1.2   Tipo subjetivo

O elemento subjetivo no roubo é o **dolo** de subtrair o bem alheio, agregado ao **elemento subjetivo especial** do tipo, *especial fim de agir,* de ter o bem "para si ou para outrem", da mesma forma como também ocorre no crime de *furto.*

Desta forma, o roubo, previsto somente na forma dolosa, necessariamente está ligado a um *especial fim de agir,* qual seja, a vontade direcionada em ter a coisa "para si ou para outrem" (*animus rem sibi habendi*), a específica intenção de assenhoramento definitivo do bem, independentemente da intenção de lucro com este fato.

Sendo assim, o **"roubo de uso"**, em que não se preenche o *especial fim de agir,* **não** configura crime de roubo mas, diferentemente do que ocorre no *furto de uso* (em que a conduta será *atípica*), devido à natureza complexa do crime de roubo, no *"roubo de uso"* pode-se imputar ao agente outros *crimes residuais,* como o **constrangimento ilegal (Art. 146 do CP)** ou as lesões corporais decorrentes da violência.

2.3.1.3   Consumação e Tentativa

Em regra, a **consumação** do roubo, ocorre da mesma forma que no crime de furto (*Teoria da amotio*), ou seja, a partir da efetiva inversão da posse, independentemente de haver a chamada "posse mansa e tranquila" (**Súm. 582 STJ**), logo, o **roubo** será considerado consumado quando o agente, mediante a violência ou a grave ameaça, inverter a posse da coisa subtraída, sendo desnecessário que o bem, objeto do delito, chegue a sair da esfera de vigilância da vítima.

A **tentativa** de roubo será plenamente admitida se, iniciados os atos executórios (violência ou grave ameaça), o agente não conseguir inverter a posse do bem, por motivos alheios a sua vontade, já que no roubo os atos executórios são plenamente fracionáveis (*crime plurissubsistente*).

2.3.1.4 Espécies de Roubo

De acordo com o momento em que ocorre o *constrangimento*, através da *violência* ou *grave ameaça*, classifica-se o roubo em **próprio** ou **impróprio**, sendo que, se este constrangimento ocorrer antes ou concomitantemente à subtração da coisa temos o chamado **roubo próprio** (Art. 157 *caput do CP*), e se a violência ou ameaça for posterior a subtração do bem o **roubo** será **impróprio** (também chamado de *roubo por aproximação* – **Art. 157, § 1º do CP**).

Em suma:

- **Roubo próprio (Art. 157 *caput* do CP):** a violência ou ameaça é anterior ou concomitante à subtração do bem.

- **Roubo impróprio ou por aproximação (Art. 157, § 1º, do CP):** a violência ou ameaça é posterior à subtração do bem.

Na verdade, no **roubo impróprio** exige-se ainda a presença de um outro *elemento subjetivo especial* expressamente previsto na lei, qual seja, o fim específico de agir para "*assegurar a impunidade do crime ou detenção da coisa para si ou para terceiro*", para que então se caracterize o crime.

Quanto à diferenciação da **consumação** e **tentativa** nas duas espécies de roubo, podemos definir o seguinte:

Consumação:

a) Roubo próprio: ocorre mediante a violência (física, moral ou imprópria), no momento da inversão da posse, quando o agente está atuando para subtrair a coisa.

b) Roubo impróprio: ocorre *logo depois* da subtração da coisa, quando o agente emprega violência contra a pessoa ou a grave ameaça, para garantir a subtração e a posse do bem.

Tentativa:

a) Roubo próprio: é admissível quando o agente é interrompido durante a subtração, mediante violência ou grave ameaça, sem que tenha conseguido inverter a posse do bem.

b) Roubo impróprio: a tentativa é inadmissível (*posição majoritária*), pois a subtração do bem já terá ocorrido, e o crime estará consumado, com a prática da violência posterior. Desta forma, ou estará consumado apenas o crime de furto, caso o agente não chegue a conseguir praticar a violência ou grave ameaça após subtrair o bem, ou se consumara o roubo com a violência ou ameaça realizada.

2.3.1.5 Roubo majorado ou circunstanciado (Art. 157, § 2º, do CP)

Com o advento da **Lei 13.964/2019**, buscou-se a correção da alteração legislativa anterior feita de forma equivocada no crime de roubo, incluindo-se neste crime mais uma **circunstância majorante da pena**, qual seja, o emprego de *arma branca*, prevista no **pará-**

grafo 2º inciso VII do Art. 157 do CP, enquanto o emprego de *arma de fogo* permaneceu previsto no **artigo 157, § 2º-A do CP** que prevê o aumento de pena, na fração de 2/3, para esta hipótese.

Vamos então a nova redação do **Art. 157 do CP**, com as mudanças promovidas pela **Lei 13.964/19** no que tange ao emprego de *arma branca*:

"**Art. 157 CP** – Subtrair coisa móvel alheia, para si ou para outrem, mediante grave ameaça ou violência a pessoa, ou depois de havê-la, por qualquer meio, reduzido à impossibilidade de resistência:

Pena – reclusão, de quatro a dez anos, e multa.

§ 1º – Na mesma pena incorre quem, logo depois de subtraída a coisa, emprega violência contra pessoa ou grave ameaça, a fim de assegurar a impunidade do crime ou a detenção da coisa para si ou para terceiro.

§ 2º A pena aumenta-se de 1/3 (um terço) até metade:

I – (**revogado - Lei 13.654/18**);

II – se há o concurso de duas ou mais pessoas;

III – se a vítima está em serviço de transporte de valores e o agente conhece tal circunstância.

IV – se a subtração for de veículo automotor que venha a ser transportado para outro Estado ou para o exterior;

V – se o agente mantém a vítima em seu poder, restringindo sua liberdade;

VI – se a subtração for de substâncias explosivas ou de acessórios que, conjunta ou isoladamente, possibilitem sua fabricação, montagem ou emprego. (**Lei 13.654/18**)

VII – se a violência ou grave ameaça é exercida com emprego de arma branca;"

De acordo com o **Art. 157 § 2º II do CP** o *concurso de dois ou mais agentes* é uma das causas de aumento de pena (1/3 até a metade), diferentemente do que ocorre no crime de furto, em que a mesma hipótese é tratada como circunstância qualificadora (**Art. 155 § 4º IV CP** – Pena: *reclusão de 2 a 8 anos*).

Essa distinção quanto ao tratamento da mesma hipótese de forma tão diferente nos dois crimes patrimoniais, demonstra certa desproporcionalidade quanto à relevância da pluralidade de agentes nos crimes de *furto* e de *roubo*.

Dessa forma, surgiram opiniões divergentes quanto a possibilidade de se aplicar ao crime de *furto* a **causa de aumento de pena** (norma mais benéfica) referente ao crime de *roubo*, evitando assim essa desproporcionalidade.

Porém, resolvendo a divergência, o **STJ** através da **súmula nº 442**, afirma que:

– "É inadmissível aplicar, no furto qualificado, pelo concurso de agentes, a majorante do roubo".

A pena do **roubo** será ainda majorada ainda, de acordo com o **Art. 157 § 2º III do CP,** se a vítima estiver em serviço de transporte de valores, desde que o agente conheça tal circunstância, sendo que o termo "transporte de valores" abrange todo tipo de bens e produtos que possuam valor econômico.

De acordo com **Art. 157 § 2º IV do CP** aumenta-se a pena do roubo se este se referir a subtração for de veículo automotor que venha a ser transportado para outro Estado ou para o exterior.

Esta causa de aumento do roubo se refere a um resultado que ocorrerá após a subtração do bem, qual seja, o transporte do veículo automotor para outro Estado ou mesmo para outro país, e se fundamenta na maior dificuldade de recuperação do bem pela vítima quando ocorre a transposição de fronteiras estaduais ou nacionais.

Para que ocorra a aplicação desta causa de aumento da pena são necessários dois requisitos cumulativos: que o roubo seja de veículo automotor e que este veículo seja efetivamente transportado para outro Estado ou para o exterior.

Quanto a causa de aumento referente ao autor que "mantém a vítima em seu poder, restringindo sua liberdade" (**Art. 157 § 2º V do CP**), esta somente terá incidência quando o agente se valer deste expediente para facilitar a subtração do bem (Ex: prender a vítima em um cômodo da casa que rouba), ou para impedir que seu ato seja descoberto, ou sua captura realizada (Ex: quando o agente leva consigo a vítima de um roubo de carro, abandonando-a em uma estrada deserta, onde não possa avisar à polícia com rapidez), mantendo a vítima com sua liberdade restringida por tempo relevante.

Caso contrário, havendo situação diversa em que ocorra a privação da liberdade da vítima, poderá haver concurso de crimes entre o crime de roubo simples (majorado por causa diversa) com o *crime de sequestro* (**Art. 148 CP**), ou ainda incidir outro crime como a *extorsão qualificada* (**Art. 158 § 3º CP**) e até mesmo a *extorsão mediante sequestro* (**Art. 159 CP**).

Desta forma, podemos resumir a questão inerente à restrição da liberdade da seguinte forma:

a) por poucos instantes: *não incide* a majorante no roubo, sendo roubo simples (**Art. 157 CP**).

b) por tempo juridicamente relevante: *incide a majorante* no roubo. (**Art. 157 § 2º Inc. V CP**)

c) por tempo relevante, sem relação com a execução ou garantia de fuga no roubo: *não incide a majorante*, mas poderá haver também o crime de sequestro (Art. 148) em *concurso* com o de **roubo simples**, ou até mesmo outro crime. (**Art. 158 § 3º / Art. 159 CP**)

No que se refere ao crime chamado de "*sequestro relâmpago*" (Ex: levar a vítima a caixas eletrônicos para sacar dinheiro), na maioria das vezes esta conduta não configura roubo circunstanciado, pois está tipificada de forma mais específica como crime de **Extorsão qualificada (Art. 158 § 3º CP),** já que, nestes casos, a conduta da vítima (ex: digitar a senha) é imprescindível para que haja a inversão da posse do bem, caracterizando, assim, o *crime de extorsão*.

Por fim, é importante lembrar que, de acordo com a maioria da doutrina, as *causas de aumento de pena do roubo* **não** se aplicam ao crime de latrocínio e de roubo qualificado por lesão corporal grave, devido a sua posição topográfica no código penal, e ainda que, de acordo com a **súmula 443 do STJ**: "*o aumento na terceira fase de aplicação da pena no crime de roubo circunstanciado exige fundamentação concreta, não sendo suficiente para sua exasperação a mera indicação do número de majorantes*".

O **inciso I do § 1º do Art. 157 do CP,** que previa o aumento da pena quando crime de roubo fosse praticado com o **emprego de arma,** foi revogado dando origem a uma nova causa de aumento de pena mais rigorosa (2/3) prevista no **Art. 157 § 2º-A, inciso I do CP**, para o emprego de arma de fogo comum sendo que, como este novo dispositivo estabeleceu como majorante do crime de roubo a hipótese em que a violência ou ameaça seja exercida com emprego de **arma de fogo**, excluiu assim as demais espécies de armas (armas brancas – p.ex. uma faca), algo que evidentemente gerou mais problemas do que soluções.

De acordo com esta mudança, operada pela **Lei 13.654/18,** o novo aumento de pena só seria aplicado ao agente que praticar o roubo empregando para isto uma arma de fogo, tornando **roubo simples** as condutas realizadas com as demais espécies de arma, que não sejam *armas de fogo*.

Dessa forma, essa alteração configurou uma evidente *novatio leges in melius*, ou seja, uma lei nova mais benéfica para o agente que, por isso, poderá retroagir para beneficiar todos os agentes que foram condenados anteriormente pelo roubo circunstanciado, razão da utilização de uma arma branca (**princípio da retroatividade benéfica**).

Diante deste problema, o pacote anticrime inseriu uma a **nova causa de aumento de pena** de um *terço até metade*, para a hipótese de uso de *arma branca* para a prática do roubo, sendo que, obviamente esta alteração também só poderá ser aplicada para os crimes de roubo cometidos **após** o início da vigência da **Lei 13.964/2019.**

Importante ressaltar que não se deve considerar a *arma branca* de brinquedo, ou mesmo o simulacro de *arma branca*, para a incidência deste dispositivo, assim como também já não incidia a majorante de emprego de *arma de fogo* para estas mesmas hipóteses, já que, em ambas as situações o objeto de brinquedo ou simulacro utilizado não configura propriamente uma arma com *potencialidade lesiva* e, por isso, nestes casos, configura-se apenas o **roubo simples** pelo *emprego de grave ameaça*.

Embora ainda haja divergência a respeito do assunto, nos parece que as chamadas *armas impróprias* como uma garrafa, um espeto de churrasco, ou mesmo uma pedra ou caco de vidro, **não** permitem que seja aplicada a nova majorante do emprego de "*arma branca*", prevista o **artigo 157, § 2º, VII do CP**, já que se trata de uma *norma incriminadora* de caráter punitivo que, por isso, deve ser interpretada *restritivamente*.

Portanto, a incidência desta causa de aumento apenas ocorrerá nas hipóteses de emprego das chamadas *armas brancas próprias*, em sentido estrito, ou seja, de objetos propriamente fabricados com a destinação de serem utilizados como arma, como uma faca de caça, um punhal ou um canivete, ou de uso híbrido e que possuam lâmina cortante, como um machado, uma faca de churrasco etc.

De uma forma geral, **arma** pode ser classificada em *própria*, ou seja, as que são criadas exclusivamente com a finalidade de gerar agressão, ataques (arma de fogo, espada, lança), ou *imprópria*, ou seja, aquelas que têm uma finalidade primária diferente, mas que podem ser utilizadas como armas (faca de cozinha, martelo, picareta).

Para a incidência da causa de aumento de pena no crime de roubo, a arma de fogo deve ter sido utilizada efetivamente como meio de constranger a vítima no momento da subtração do bem, e atualmente é posição pacífica no STF e STJ que a *arma desmuniciada*, ou *de brinquedo*, não gera aumento de pena no crime de roubo, devido à ausência de potencialidade lesiva.

Para se aplicar a causa de aumento no crime de roubo, a jurisprudência entende que é necessário que a <u>arma</u> (agora somente arma de fogo) seja apreendida e, consequentemente, periciada, pois, somente o exame pericial é capaz de comprovar que a arma poderia produzir ferimentos. Porém, desde que reste demonstrada por outros meios de prova (como a testemunhal) a potencialidade lesiva da arma, a perícia torna-se dispensável para a incidência do aumento de pena no roubo.

Em regra, o porte de arma (de fogo) será absorvido pelo roubo, desde que se destine exclusivamente à realização do crime patrimonial, porém, caso *não haja o exaurimento* da conduta de porte de arma no roubo, não há que se falar em absorção (*regra da consunção*), mas sim em *concurso material* entre os crimes de roubo **Art. 157 do CP** e os tipos penais previstos nos **Arts.14** ou **16 da Lei nº 10.826/03** ou, em certos casos, com o **Art. 19 do Dec.-Lei nº 3.688/41**.

No **inciso II do Art. 157 § 2º-A do CP**, inserido também pela **Lei 13.654/18**, foi prevista a mesma causa de aumento de pena (2/3) para o roubo realizado com a destruição ou rompimento de obstáculo mediante o emprego de explosivo ou de artefato análogo que cause perigo comum, seguindo a mesma lógica dos crimes de **furto qualificados** pelo emprego destes modos de execução mais reprováveis.

Por fim, a nova **Lei 13.964/2019 (Pacote Anticrime)** introduziu ainda o **§ 2º-B no artigo 157 do CP**, prevendo que a pena do *roubo simples* (**reclusão, de 4 a 10 anos e multa**), deve ser aplicada em <u>dobro</u> quando empregada de *arma de fogo de uso restrito ou proibido*, o que, por também ser uma *norma incriminadora*, só poderá ser aplicada para crimes <u>cometidos</u> posteriormente ao início de sua vigência:

> "**Art. 157 § 2º-B CP** – Se a violência ou grave ameaça é exercida com emprego de arma de fogo de uso restrito ou proibido, aplica-se em dobro a pena prevista no *caput* deste artigo."

Importante lembrar que, com a nova **Lei 13.964/2019 (Pacote Anticrime)**, se passou a considerar como <u>crimes hediondos</u> as condutas de roubo circunstanciado pelo emprego de arma de fogo **(inciso I do Art. 157 § 2º-A do CP)**, bem como o roubo circunstanciado pelo emprego de arma de fogo de uso proibido ou restrito **(§ 2º-B no artigo 157 do CP)**.

2.3.1.6 *Roubo qualificado (Art. 157, § 3º, do CP)*

Considera-se *qualificado* o roubo nas seguintes hipóteses:

a) se da violência realizada com o fim de obter a subtração do bem resulta lesão corporal grave (**Art. 157 § 3º, I parte CP**): englobando apenas as hipóteses do *Art. 129, §§ 1º e 2º, do CP*, e neste caso a pena será de *reclusão de 7 a 18 anos e multa* (**Lei 13.654/18**).

b) se da conduta de subtração do bem resulta morte (**Art. 157 § 3º, II CP – latrocínio**): O *latrocínio* pode ser considerado um *crime híbrido* já que a morte pode decorrer também de **dolo** (*crime qualificado pelo resultado*), ou mesmo de **culpa** (*crime preterdoloso*), do agente ao atuar para subtrair o bem, e em ambos os casos a pena passa a ser de *reclusão de 20 a 30 anos e multa* (**Lei 13.654/18**).

Importante lembrar que o *latrocínio* é previsto na **Lei nº 8.072/90** como **crime hediondo** (**Art. 1º, II – c**), assim como o roubo qualificado pelo resultado de *lesão corporal grave* são considerados *crime hediondos*. (Lei 13.964/19).

2.3.1.7 Consumação e Tentativa no roubo qualificado (Art. 157 § 3º CP)

O crime de **latrocínio** se **consuma** com a *morte* da vítima, independentemente de o agente conseguir realizar a subtração do bem, mesmo que os resultados qualificadores sejam praticados contra pessoa diversa do proprietário do bem (**Ex:** um terceiro que esteja junto com a vítima e intervém em seu socorro), persistindo a tipificação da conduta como de roubo qualificado, ou de latrocínio:

- **Súm. 610 STF:**

"Há crime de latrocínio quando o homicídio se consuma, ainda que não realize o agente a subtração de bens da vítima."

Já na hipótese da subtração do bem ser *consumada* e o resultado qualificador (lesão corporal ou morte) ficar *tentado* (sendo produto também de dolo e ligado a intenção de subtração do bem), para a maioria da doutrina o *roubo qualificado (ou latrocínio)* será considerado como **tentado.**

Por fim, de acordo com entendimento dominante no **STJ**, na hipótese de várias mortes ocorrerem em uma mesma situação fática de roubo, haverá **crime único de latrocínio**, devendo essa circunstância ser considerada no momento de fixação da pena base do crime. (**Art. 59 CP**)

2.3.2   Extorsão (Art. 158 do CP)

2.3.2.1   Tipo objetivo

A conduta típica prevista no **Art. 158 do CP** prevê como crime de **extorsão** "*Constranger alguém, mediante violência ou grave ameaça, e com o intuito de obter para si ou para outrem indevida vantagem econômica, a fazer, tolerar que se faça ou deixar fazer alguma coisa.*"

O crime de **extorsão** consiste no emprego de um constrangimento (mediante violência ou grave ameaça) para a obtenção de uma vantagem econômica indevida, <u>através de um comportamento da vítima </u>(*ação ou omissão*). Na verdade, trata-se de um *constrangimento ilegal* realizado com o **fim específico de obter essa vantagem**, abrangendo assim diversos bens jurídicos tutelados (patrimônio, a liberdade individual e a integridade corporal).

Qualquer pessoa pode ser **sujeito ativo** do crime de extorsão, tratando-se, portanto, de **crime comum** já que o tipo penal não exige qualquer qualidade especial do sujeito ativo, porém, se a conduta for praticada por *funcionário público*, no exercício da função, ou em razão dela, pode ser configurado o crime de *concussão* (**Art. 316, CP**).

Podemos determinar algumas características básicas que diferenciam o crime de extorsão do crime de roubo:

1) **na extorsão** a vítima deve atuar concedendo ela mesma a vantagem indevida ao autor, enquanto no *roubo* o próprio agente subtrai a coisa, retirando o bem da esfera de domínio da vítima, mediante a violência ou grave ameaça.

2) **na extorsão** o mal (violência ou grave ameaça) anunciado é futuro, para que a vítima, posteriormente, em seguida, conceda a vantagem indevida desejada pelo autor, enquanto no *roubo* a subtração do bem se dá no *momento* da violência ou grave ameaça, enquanto.

2.3.2.2   Tipo subjetivo

O **tipo penal subjetivo** da extorsão exige que, além do **dolo**, haja o **elemento subjetivo especial**, *especial fim de agir*, que consiste na intenção de obter, para si ou para outrem, vantagem econômica indevida.

Assim como acontece no crime de roubo, na ausência do elemento subjetivo especial de ter o bem para si ou para outrem (ex: fim de usar o bem) configura-se apenas o crime subsidiário de *constrangimento ilegal* (**Art. 146 CP**).

Caso a vantagem exigida, mediante violência ou grave ameaça, seja *devida*, ou seja, legítima, o constrangimento usado pelo sujeito ativo para obtê-la caracterizará o crime de *exercício arbitrário das próprias razões* (**Art. 345 CP**).

2.3.2.3   Consumação e tentativa

Para a maioria da doutrina a extorsão é **crime formal** e a sua **consumação** ocorre no momento em que acontece o constrangimento e a vítima adota o comportamento exigido pelo agente, ainda que este *não obtenha a vantagem indevida pretendida*.

Logo, para que haja a **consumação** da extorsão basta a conduta de constranger alguém pela violência ou grave ameaça com o fim de obter a vantagem indevida, e que a vítima, constrangida, faça, tolere ou deixe de fazer alguma coisa, cedendo à exigência do sujeito ativo.

Este é também o entendimento sumulado pelo **STJ**:

Súmula 96 do STJ: "O crime de extorsão consuma-se independentemente da obtenção da vantagem indevida"

Já a **tentativa** é possível em certos casos de extorsão, com base os meios utilizados para realizar o constrangimento, logo, se estes forem fracionáveis, por exemplo se a vítima se recusar a cumprir a exigência feita pelo autor, poderá haver a tentativa.

2.3.2.4 Extorsão majorada (Art. 158 § 1º CP)

Aumenta-se a pena da extorsão quando esta for realizada em *concurso de duas ou mais pessoas*, ou *com emprego de arma*, sendo que, no caso do emprego de arma, é necessário que haja a efetiva utilização desta na execução do crime para a ameaçar a vítima

Haverá o aumento da pena mesmo que a arma não seja empunhada pelo agente no momento da conduta, porém, assim como acontece no crime de *roubo*, não se aplica o aumento nas hipóteses de *arma desmuniciada* ou *de brinquedo*.

Já no caso do *concurso de duas ou mais pessoas*, para a maioria da doutrina é fundamental a presença dos vários agentes no momento da execução do crime, não importando que haja *inimputáveis* para configurar o número mínimo de pessoas, ou mesmo que a identidade de todos os agentes seja conhecida.

2.3.2.5 Extorsão qualificada (Art. 158 § 2º, do CP)

Na hipótese de extorsão praticada mediante violência real que for qualificada pelos resultados lesão corporal de natureza grave e morte aplica-se o disposto no **Art. 157, § 3º, do CP** (**roubo qualificado e latrocínio**).

Importante lembrar que a *extorsão qualificada pela morte* também era considerada crime hediondo (Lei 8.072, art. 1º, III), porém, com a alteração promovida pela Lei 13.964/19, essa modalidade de extorsão estranhamente foi retirada do rol dos crimes hediondos.

2.3.2.6 Extorsão mediante restrição da liberdade da vítima (Art. 158 § 3º CP)

Esta modalidade de **extorsão** é comumente chamada de **"sequestro relâmpago"** e para sua caracterização a lei exige a presença de dois requisitos específicos:

(a) a vítima deve ter sua liberdade de locomoção cerceada por certo período de tempo, ficando submetida ao poder do agente.

(b) a restrição da liberdade deve ser usada apenas como forma de obrigar a vítima a satisfazer a pretensão do agente, como forma para a obtenção da vantagem econômica que somente será alcançada através de um comportamento específico desta mesma vítima que sofre a restrição de liberdade.

Importante lembrar que a *extorsão qualificada pela restrição da liberdade da vítima* (Art. 158 § 3º CP), com a alteração promovida pela **Lei 13.964/19**, passou a fazer parte do rol dos **crimes hediondos.**, seja na sua forma simples ou qualificada por lesão corporal ou morte.

Este crime se assemelha bastante com a *extorsão mediante sequestro* (**Art. 159 CP**), porém, nela, o agente, privando a vítima de sua liberdade, condiciona sua libertação ao pagamento de resgate a ser efetivado por terceira pessoa, ligada, direta ou indiretamente, à vítima, enquanto no "**sequestro relâmpago**" a própria vítima da privação da liberdade se vê obrigada a conceder a vantagem econômica ao autor da extorsão. (Ex: realizar saques em caixas eletrônicos)

Esta hipótese de **extorsão**, em que há **restrição da liberdade da vítima**, também pode ser qualificada pelos resultados *lesão corporal de natureza grave* ou *morte* e, nestes casos, o tipo penal da extorsão remete à aplicação das mesmas penas previstas no **Art. 159, §§ 2º e 3º, do CP** (Extorsão mediante sequestro qualificada).

2.4 EXTORSÃO MEDIANTE SEQUESTRO (ART. 159 DO CP)

2.4.1 Tipo objetivo

Este tipo penal prevê como crime a conduta de *"Sequestrar pessoa com o fim de obter, para si ou para outrem, qualquer vantagem, como condição ou preço do resgate"*.

Na sua modalidade simples, trata-se apenas de um sequestro (Art. 148 do CP) praticado com o *especial fim de agir* (**elemento subjetivo especial**) de obter, para si ou para outrem, qualquer vantagem, como condição ou preço do resgate, porém, devido a sua maior gravidade e lesividade social, é considerado **hediondo** já na sua forma simples, e também na sua forma qualificada (**Lei 8.072/1990, art. 1º, inc. IV**).

Apesar do tipo penal se referir à intenção de recebimento de *"qualquer vantagem"*, o entendimento majoritário é de que somente a vantagem de <u>natureza econômica</u> dá origem ao crime, já que, este, está previsto no título dos *crimes contra o patrimônio*.

A duração do sequestro e da privação da liberdade **não** influencia na tipificação do crime cometido, não havendo um tempo mínimo de restrição da liberdade para que o sequestro esteja caracterizado, bastando ser minimamente relevante, porém, um lapso temporal maior irá qualificar o crime, caso o sequestro dure mais de *vinte e quatro horas*. (**Art. 159 § 1º CP – Pena: 12 a 20 anos de reclusão**)

2.4.2 Consumação e tentativa

A *extorsão mediante sequestro* é um **crime permanente**, ou seja, a sua **consumação** se prolonga pelo tempo, não ocorrendo em um momento único, e o crime estará consumado já quando ocorrer a privação da liberdade da vítima, independentemente do pagamento do resgate, ou da obtenção da vantagem indevida (*crime formal*), permanecendo em estado de consumação durante todo o tempo de privação da liberdade da vítima, e somente com a sua libertação é que cessará esta a permanência.

A **tentativa** é plenamente admitida, já que a conduta de *"sequestrar"* é *plurissubsistente* e, portanto, pode ser fracionada e interrompida por motivos alheios a vontade do autor.

2.4.3 Formas qualificadas de extorsão (Art. 159 §§ 1º a 3º CP)

No **Art. 159, parágrafo 1º do CP**, a forma qualificada prevê pena de *reclusão de 12 a 20 anos* na hipótese de o sequestro durar <u>mais de vinte e quatro horas</u>, **ou**, se o sequestrado for <u>menor de dezoito ou maior de sessenta anos</u>, **ou**, ainda, se o crime for <u>praticado por bando ou quadrilha</u>, que agora se denomina *associação criminosa* (Art. 288 CP), bastando para isso a reunião de 3 ou mais pessoas com o fim de cometer crimes.

Na hipótese da incidência da qualificadora por *"quadrilha ou bando"* a maioria da doutrina entende que nada impede o **concurso de crimes** entre a *extorsão qualificada* (**Art. 159 § 1º CP**) e o crime de *associação criminosa* (Art. 288 CP).

O **parágrafo 2º do Art. 159 do CP** prevê a primeira figura de *crime qualificado pelo resultado*, qual seja, a extorsão seguida de *lesão corporal grave*, sendo que, para a maioria da doutrina, é indiferente que o resultado mais grave decorra de *culpa* (**crime preterdolo-**

so), ou mesmo de *dolo*, justificando-se a aplicação da pena qualificada, desde que as lesões corporais <u>não</u> sejam produto de caso fortuito ou força maior.

Por fim, o *resultado morte*, que também pode ser *culposo* ou *doloso*, <u>qualifica</u> o crime de *extorsão mediante sequestro* (**Art. 159 § 3º CP**), impondo uma pena de *reclusão de 24 a 30 anos*, desde que essa morte (o mesmo valendo na hipótese de lesão grave) seja produzida em face da pessoa sequestrada, mas <u>não</u> de terceiros que eventualmente intervenham no delito (Ex: não haverá qualificadora se o sequestrador mata a pessoa que levou o dinheiro do resgate), o que então poderá gerar o **concurso de crimes** entre a *extorsão mediante sequestro simples* e um *homicídio doloso* (Art. 121 CP).

2.4.4 Delação premiada (Art. 159 § 4º do CP)

A **delação premiada** na *extorsão mediante sequestro* é **causa de diminuição de pena** e ocorre quando, o autor do crime, visando obter o benefício legal (diminuição da pena de 1/3 a 2/3), assume perante a autoridade pública a responsabilidade por sua participação no sequestro realizado em concurso com outros agentes, passando informações importantes para a investigação criminal, denunciando seus coautores ou partícipes, e facilitando a libertação do sequestrado, sendo todos esses **requisitos cumulativos**.

2.5 EXTORSÃO INDIRETA (ART. 160 CP)

2.5.1 Tipo objetivo

Este tipo penal prevê como crime a conduta de *"Exigir ou receber, como garantia de dívida, abusando da situação de alguém, documento que pode dar causa a procedimento criminal contra a vítima ou contra terceiro".*

A **extorsão indireta** é a terceira forma de extorsão que mereceu tipificação autônoma no Código Penal, e nela o agente aproveita-se de uma situação difícil pela qual passa a vítima para garantir um **crédito legítimo,** mas de maneira ilícita e reprovável, qual seja, exigindo ou recebendo documentos (públicos ou privados) que possam dar causa a eventual procedimento criminal contra a vítima.

Este tipo penal tutela tanto o *patrimônio*, ameaçado de futura lesão pela conduta extorsiva, quanto a *liberdade individual* da vítima que é compelida a entregar o documento com potencialidade para lhe gerar um futuro procedimento de natureza criminal.

Qualquer espécie de documento está abrangida pelo conceito previsto no tipo penal, desde que possa vir a autorizar a instauração de procedimento criminal, como uma ação penal ou um inquérito policial, contra a vítima, não sendo necessário para a configuração do crime que o procedimento seja efetivamente instaurado contra a vítima, ou contra terceiro, bastando a simples futura possibilidade de instauração.

2.5.2 Consumação e Tentativa

Na conduta típica de *"exigir"* a extorsão indireta é **crime formal** e, portanto, consuma-se com a simples exigência, independentemente de haver a instauração de qualquer procedimento posterior, enquanto na modalidade de *"receber"* trata-se de **crime material** que se consuma com efetivo apossamento do documento pelo agente.

A **tentativa** é plenamente possível no que tange ao recebimento que é conduta plurissubsistente e que pode ser fracionada, já na conduta de *"exigir"*, a possibilidade de tentativa dependerá da forma de execução viabilizar, ou não, o fracionamento da conduta (**Ex:** exigência feita por escrito).

2.6 DA USURPAÇÃO

2.6.1 Alteração de Limites (Art. 161 CP)

2.6.1.1 Tipo Objetivo

Configura-se este crime através da conduta de *"suprimir ou deslocar tapume, marco, ou qualquer outro sinal indicativo de linha divisória, para apropriar-se, no todo ou em parte, de coisa imóvel alheia."*

Trata-se de **crime comum**, pois qualquer pessoa pode praticar a conduta típica prevista, desde que tenha como se apossar da propriedade imóvel alheia, porém, normalmente este crime acaba sendo praticado por vizinho, ou por um futuro comprador de um imóvel que, visando se beneficiar, desloca as demarcações do imóvel.

A conduta de colocar marco ou tapume onde antes isto não existia, invadindo assim a coisa alheia imóvel, *não configura o crime* por ausência de previsão típica, podendo, em certos casos, configurar o **crime de estelionato (Art. 171 CP)**.

Para se configurar o crime é necessário que a supressão ou deslocamento do tapume, marco ou outro sinal indicativo tenha a possibilidade de causar confusão entre a linha divisória das propriedades, sendo que, caso a alteração seja de fácil constatação, considera-se que o meio utilizado é *absolutamente ineficaz* para gerar o resultado, caracterizando-se o **crime impossível** (Art. 17 CP) e a *atipicidade da conduta*.

2.6.1.2 Consumação e Tentativa

Trata-se de **crime formal** que se **consuma** com a simples ação de suprimir ou deslocar o tapume, marco ou outro sinal demarcatório, independentemente da ocorrência do efetivo apossamento da propriedade.

A **tentativa** é possível, pois a conduta prevista no tipo penal é *plurissubsistente* e pode ser fracionada, por exemplo, quando ao iniciar a supressão ou o deslocamento, o sujeito ativo tenha sua conduta interrompida por circunstâncias alheias à sua vontade.

2.6.1.3 Ação Penal

Por fim, em todos os delitos acima, previstos no **Art. 161 CP**, a ação penal será **pública incondicionada**, porém, se qualquer das condutas ocorrer em propriedade particular e não houver emprego de violência, a **ação penal será privada**, somente movida mediante *queixa* (**Art. 161 § 3º CP**). Importante lembrar que, caso o agente venha a usar de violência, incorrerá também nas penas a esta cominadas. (**Art. 161 § 2º CP**)

2.6.2 Usurpação de Águas (Art. 161 § 1º Inc. I CP)

No § 1º **Inciso I** deste tipo penal pune-se, com a <u>mesma pena</u>, a conduta daquele que *desvia* ou *represa*, em proveito próprio ou de outrem, águas alheias.

A *usurpação de águas* consiste no desvio ou no represamento de águas alheias em proveito próprio ou de terceiros, sendo que *desviar* é mudar o curso ou a situação das águas, por exemplo, quando o agente faz com que um riacho deixe seu leito normal para passar a correr dentro de sua propriedade e, por fim, *represar* é impedir, interromper o fluxo normal de águas.

O crime do **Art. 161 do CP** será sempre **doloso**, e nesta modalidade do *parágrafo 1º* exige ainda a presença do *elemento subjetivo especial do tipo*, especial fim de agir que consiste na intenção específica de *obter proveito para si ou para terceiro*.

2.6.2.1 Consumação e Tentativa

Trata-se de **crime formal** e a **consumação** se dá com o simples desvio ou represamento das águas, independentemente da efetiva obtenção do proveito visado, admitindo-se a **tentativa** se os atos executórios forem fracionáveis.

2.6.3 Esbulho possessório (Art. 161 § 2º Inc. II CP)

Também constitui crime, punido com a mesma pena do Art. 161 *caput*, do CP, quem *"invade, com violência ou grave ameaça, ou mediante concurso de mais de duas pessoas, terreno ou edifício alheio, para o fim de esbulho possessório".*

Para efeito de aplicação do direito penal *esbulho* é toda conduta que tenha por finalidade afastar o possuidor de sua posse, ainda que, efetivamente, isto não ocorra e difere da *turbação* da posse, que é a simples perturbação ilegítima de um direito sobre determinada coisa.

Para a caracterização deste crime além do **dolo** exige-se também o **elemento subjetivo especial**, o *especial fim de obter esbulho possessório*, ou seja, a intenção de realizar o total desapossamento do titular do direito real sobre o imóvel ou sobre parcela dele.

2.6.3.1 Consumação e Tentativa

Trata-se de **crime formal** em que a **consumação** ocorre com a simples invasão, mediante violência, grave ameaça ou com o concurso de duas ou mais pessoas, ainda que não se obtenha o resultado pretendido (esbulho).

Já a **tentativa** é plenamente admitida, bastando que o agente não consiga realizar a invasão por circunstâncias alheias à sua vontade (**crime plurissubsistente**).

2.7 SUPRESSÃO OU ALTERAÇÃO DE MARCA EM ANIMAIS (ART. 162 CP)

2.7.1 Tipo objetivo

Este crime pune a conduta de quem *suprime ou altera, indevidamente, em gado ou rebanho alheio, marca ou sinal indicativo de propriedade*, sendo que, por lacuna na lei, não configura crime se o animal não possuir a marca ou sinal indicativo.

A aplicação deste tipo penal é bastante restrita, já que, trata-se de **crime subsidiário** em relação a outras espécies de delitos patrimoniais, como o *furto* (**Art. 155 CP**), o *estelionato* (**Art. 171 CP**) e a *apropriação indébita* (**Art. 168 CP**), e nele será punida apenas a modificação de marca identificadora de propriedade de animais de gado ou rebanho alheio, sem que ocorra subtração, qualquer outra fraude ou apropriação indevida.

Aquele que marca animal que pertença a um rebanho alheio, pretendendo subtraí-lo, responderá pelo crime de furto qualificado, previsto no **Art. 155 § 6º do CP**.

2.7.2 Consumação e tentativa

Trata-se de **crime formal** bastando assim a supressão ou a alteração feita sobre marca ou sinal indicativo de apenas um animal, para que o crime esteja **consumado,** independentemente de ocorrer a efetiva usurpação que, caso aconteça, irá caracterizar mero *exaurimento*.

A **tentativa** é plenamente admitida, e ocorre quando o agente é surpreendido ao iniciar a ação de supressão ou alteração, mas esta não se conclui por circunstâncias alheias à sua vontade.

Por fim, importante lembrar que, caso durante a remarcação ou supressão do sinal, ou marca, ocorrer abuso, maus-tratos, ferimento ou mutilação contra o animal, haverá *concurso formal* de delitos com o **Art. 32 da Lei nº 9.605/98 (Lei dos Crimes Ambientais)**.

2.8   DO DANO

2.8.1   Dano (Art. 163 do CP)

2.8.1.1   Tipo objetivo

Caracteriza-se o crime de **Dano** pela conduta de *destruir, inutilizar* (tornar sem condições de uso) *ou deteriorar* (estragar) *coisa alheia* (móvel ou imóvel), punindo-se o fato com pena de *um a seis meses de detenção*, ou *multa*.

O **bem jurídico** tutelado é o *patrimônio* (propriedade e posse) e o **objeto material** do crime é a *coisa móvel* ou *imóvel*, não havendo crime quando o dano incidir sobre coisa com valor ínfimo, aplicando-se, nestes casos, o *princípio da insignificância*, para que o fato seja considerado *atípico*.

O crime de dano é considerado um **tipo misto alternativo**, ou seja, a prática de mais de um dos verbos previstos (destruir, inutilizar ou deteriorar), numa mesma situação fática, não importa em pluralidade de delitos, mas sim em um *crime único*.

Não há previsão de forma **culposa** para o crime de dano, que somente será punido através do *dolo*, sem a necessidade de qualquer fim específico por parte do agente ao atuar.

Há previsão específica de uma **modalidade culposa de Dano** no *Código Penal Militar – Art. 266 parágrafo único e Art. 383 CPM* – e ainda *na Lei de crimes ambientais – Lei 9605/98 – Art. 38 e Art. 62.*

2.8.1.2   Consumação e Tentativa

A **consumação** se dá com a produção do resultado previsto (crime material), ou seja, com a efetiva destruição, deterioração ou inutilização da coisa, sendo que, a **tentativa** é plenamente admitida quando, por motivos alheios a vontade do agente, não se produzir estes resultados pretendidos.

Importante lembrar que, sempre que o dano for praticado como *crime-meio* para a obtenção de outro crime (Ex: furto qualificado pelo rompimento de obstáculo), o dano (*crime meio*) será absorvido por este outro delito (*crime fim*), de acordo com a **regra da consunção**, o que demonstra a *natureza subsidiária* do dano em relação a outros crimes.

2.8.1.3   Forma qualificada (Art. 163 parágrafo único CP)

Há quatro hipóteses que **qualificam** o *crime de dano*, quais sejam, em razão do *meio executório*, da *natureza específica do bem*, ou das *consequências ou motivos do crime* e, nestes casos, o crime de dano terá pena de *detenção de 6 meses a 3 anos*, e *multa*:

A) Dano praticado com violência à pessoa ou grave ameaça: a violência ou ameaça deve ser utilizada apenas como *meio* para a realização do dano patrimonial e, por isso, necessariamente *antes da consumação do dano* (aplica-se também a pena correspondente a violência).

B) Dano praticado com emprego de substância inflamável ou explosiva, se o fato não constitui crime mais grave (Ex: *Crime de incêndio* – Art. 250 CP).

C) Dano contra o patrimônio da União, Estado, Município, empresa concessionária de serviços públicos ou sociedade de economia mista: esta forma qualificada *não* engloba empresas públicas e fundações públicas.

D) Dano praticado por motivo egoístico ou com prejuízo considerável para a vítima: o motivo egoístico por ser uma *circunstância pessoal* não se comunica aos coautores e partícipes do crime (Art. 30 CP), e o prejuízo considerável deve levar em conta a análise do caso concreto e as capacidades econômicas específicas da vítima.

2.8.1.4 Ação penal (Art. 167 do CP)

A **ação penal** no crime de dano será **privada** nos casos previstos no *Art. 163 caput*, na forma qualificada do *parágrafo único inciso IV* e também no crime do *Art. 164 do CP* (Introdução ou abandono de animais em propriedade alheia). Nas demais hipóteses do crime de dano a ação penal no seguirá a regra geral e será **pública incondicionada**.

2.9 INTRODUÇÃO OU ABANDONO DE ANIMAIS EM PROPRIEDADE ALHEIA (ART. 164 CP)

2.9.1 Tipo objetivo

Constitui este crime, punido com pena de *detenção de quinze dias a seis meses* ou *multa*, a conduta de *introduzir ou deixar animais em propriedade alheia, sem consentimento de quem de direito, desde que o fato resulte prejuízo.*

Trata-se de **crime comum** e o **sujeito ativo** poderá ser qualquer pessoa que introduza ou abandone animais em propriedade alheia, enquanto o **sujeito passivo** será o proprietário ou o possuidor do imóvel rural ou urbano invadido pelos animais.

O tipo penal é composto pelos verbos *introduzir* (fazer entrar) e *deixar* (abandonar, não retirar), o primeiro é uma conduta *comissiva*, isto é, o sujeito ativo leva os animais para a propriedade alheia, propiciando o seu ingresso, já no segundo verbo a conduta é *omissiva*, e nela os animais devem ingressar legitimamente, ou descuidadamente, na propriedade alheia e o sujeito ativo, intencionalmente, não os remover do local.

Para que haja o crime o tipo penal exige que o animal efetivamente provoque algum *prejuízo* ao sujeito passivo, e se não chegar a ser produzido algum dano concreto a conduta será considerada *atípica.*

2.9.2 Consumação e tentativa

Trata-se de **crime material**, ou seja, não basta a prática dos verbos tipificados para que se atinja a **consumação**, como dissemos, é preciso que haja o efetivo prejuízo para que o crime se consume.

A **tentativa** é *inadmissível*, já que a não ocorrência do prejuízo torna a conduta *atípica*, e a simples introdução não caracteriza o crime.

Neste crime o agente não possui a intenção de causar dano e, caso essa seja a sua intenção, responderá pelo crime de dano previsto no **Art. 163 CP**, *consumado* ou *tentado*.

2.9.3 Ação Penal

Conforme já mencionamos anteriormente, de acordo com o **Art. 167 do CP**, a **ação penal** neste crime é **privada**, logo movida somente através da *queixa*.

2.10 DANO EM COISA DE VALOR ARTÍSTICO, ARQUEOLÓGICO OU HISTÓRICO (ART. 165 CP)

2.10.1 Tipo objetivo

Este tipo penal previa como crime a conduta de *"destruir, inutilizar ou deteriorar coisa tombada pela autoridade competente em virtude de valor artístico, arqueológico ou histórico".*

Porém, o **Art. 62, inciso I, da Lei nº 9.605/98 (Crimes ambientais)**, por ser norma penal posterior e específica, que regulou integralmente a matéria, **revogou** tacitamente o **Art. 165 do CP**.

O **sujeito ativo** poderá ser qualquer pessoa (**crime comum**) e, devido a previsão na lei de crimes ambientais, poderá inclusive ser praticado por *pessoa jurídica*, exigindo-se, porém, que o sujeito ativo conheça especificamente a natureza protegida do bem que está deteriorando.

2.10.2 Consumação e Tentativa

Este crime se **consuma** no momento em que o agente realiza as condutas de *destruir, inutilizar,* ou *deteriorar* os bens especificamente protegidos por lei, ato administrativo ou decisão judicial, sendo plenamente possível a **tentativa** já que se trata de **crime plurissubsistente** e os atos executórios podem ser fracionados.

2.11 ALTERAÇÃO DE LOCAL ESPECIALMENTE PROTEGIDO (ART. 166 CP)

2.11.1 Tipo objetivo

De acordo com este tipo penal configura crime *"alterar, sem licença da autoridade competente, o aspecto de local especialmente protegido por lei".*

Porém, o **Art. 63 da Lei nº 9.605/98 revogou** tacitamente o **Art. 166 do CP**, sendo que, esta conduta típica passou a ser prevista na lei especial como *"Alterar o aspecto ou estrutura de edificação ou local especialmente protegido por lei, ato administrativo ou decisão judicial, em razão de seu valor paisagístico, ecológico, turístico, artístico, histórico, cultural, religioso, arqueológico, etnográfico ou monumental, sem autorização da autoridade competente ou em desacordo com a concedida".*

Da mesma forma que no crime anterior o **sujeito ativo** poderá ser qualquer pessoa (**crime comum**) e, devido a previsão na *lei de crimes ambientais*, poderá inclusive ser praticado por *pessoa jurídica*, exigindo-se, porém, que o sujeito ativo conheça especificamente a natureza protegida do bem.

2.11.2 Consumação e Tentativa

Este crime se **consuma** no momento em que o agente realiza a conduta de *alterar* o aspecto ou estrutura de edificações ou locais protegidos por lei, ato administrativo ou decisão judicial, sendo plenamente possível a **tentativa** já que se trata de **crime plurissubsistente** e os atos executórios podem ser fracionados.

2.12 DA APROPRIAÇÃO INDÉBITA

2.12.1 Apropriação Indébita (Art. 168 do CP)

2.12.1.1 Tipo objetivo

Este tipo penal prevê como crime a conduta de *"apropriar-se de coisa alheia móvel, de que tem a posse ou a detenção"*, punida com pena de *reclusão de um a quatro anos, e multa.*

Apropriação indébita (indevida) se caracteriza como sendo a inversão da natureza de uma posse, ou detenção, que era *lícita*, sobre coisa alheia, ou seja, o *sujeito ativo*, após ter a posse legítima do bem, dele se apropria passando a agir como se fosse seu dono.

O **objeto material** do crime é a *coisa alheia móvel* e, portanto, o bem jurídico tutelado é *disponível*, fazendo com que o consentimento do ofendido afaste a ilicitude da conduta e o próprio crime.

Trata-se de *crime comum* já que qualquer pessoa pode ter a posse ou a detenção do bem a ser apropriado, não se exigindo qualidades especiais do agente, porém, o **sujeito ativo** será sempre o possuidor ou o detentor legítimo da coisa (por isso há quem entenda se tratar de *crime próprio*), **não** podendo figurar no polo ativo o *proprietário da coisa*, pois, o tipo penal afirma que o bem apropriado deve ser *alheio*, porém, a referida coisa "alheia" pode ser a parte do sócio, coerdeiro ou coproprietário do bem.

Caso o *sujeito ativo* da apropriação seja *funcionário público* no exercício da função, ou em razão dela, haverá o crime de **peculato-apropriação (Art. 312 CP)**.

Em suma, há duas formas de ocorrência da *apropriação indébita*:

a) apropriação indébita propriamente dita: o agente demonstra ativamente a inversão do título da posse, como no caso de venda do bem.

b) negativa de restituição: o agente apenas se recusa a devolver a coisa obtida de forma legítima.

2.12.1.2 Tipo subjetivo

No plano do **tipo subjetivo** a apropriação indébita possui apenas forma *dolosa*, não havendo previsão da modalidade *culposa*, e o **dolo** consiste na vontade livre e consciente de fazer sua a coisa alheia móvel que o sujeito ativo tem a posse ou a detenção *legítima*, ou seja, a intenção do sujeito ativo é voltada à inversão do título da posse, ou detenção, de início lícita, surgindo posteriormente o ânimo de apropriação do bem (*animus rem sibi habendi*).

Exige-se também o **elemento subjetivo especial**, *especial fim de agir*, qual seja, a intenção de *obter um proveito ilícito* com a ação, que está implícito e é inerente ao verbo "apropriar-se" caracterizador da conduta típica.

Embora haja divergência, e assim como ocorre no crime de furto, a "*apropriação indébita de uso*" pode ser considerada **atípica** por ausência do *elemento subjetivo especial* (fim de se apropriar do bem e obter proveito ilícito), quando ficar demonstrada que a apropriação se deu apenas momentaneamente, e com o exclusivo fim de usar transitoriamente o bem de que o agente tinha a posse.

2.12.1.3 Consumação e Tentativa

A **consumação** ocorre quando o agente passa a se comportar como proprietário, dono do bem, invertendo o título da posse, ou da detenção, e passando a exercer sobre a coisa atos de domínio, exigindo-se, assim, o resultado concreto de lesão patrimonial para que o crime se consume **(crime material)**.

Desta forma, a **consumação** pode ocorrer: por *consumo* do bem, por *retenção* (quando o agente se recusa a devolver o bem), por *alienação* ou *transferência* a terceiros, por *desvio* (aplica um fim diferente que gere prejuízo ao proprietário), e ainda por *ocultação* do bem.

A **tentativa** é possível, para a maioria da doutrina, já que se considera a conduta de apropriação como *plurissubsistente* e passível de ser fracionada, porém, na prática isto é muito difícil de ocorrer.

Embora não haja expressa previsão legal, como ocorre na *apropriação indébita previdenciária*, há entendimento de que também é possível a **extinção da punibilidade** do autor de uma apropriação indébita comum pela devolução do objeto material do crime feita antes do recebimento da denúncia (STJ). Porém, há posicionamento divergente afirmando que neste caso deve-se aplicar normalmente, e somente, a *causa de diminuição de pena* em face do **arrependimento posterior (Art. 16 CP)**.

2.12.1.4 Causas de aumento da pena (Art. 168 § 1º CP)

Há *3 causas de aumento de pena* aplicáveis à *apropriação indébita* em que a pena será *aumentada de um terço*, e isto ocorre quando o agente receber, licitamente, a coisa:

A) Em **depósito necessário** (**Art. 647 Código Civil**).

B) Na qualidade de **tutor, curador, síndico** (Administrador judicial em uma Falência), **liquidatário** (figura abolida do nosso ordenamento), **inventariante** (administrador da herança), **testamenteiro** ou **depositário judicial**.

C) Em razão de **ofício** (qualquer ocupação habitual para prestar serviços manuais), **emprego** (ocupação de prestação de serviço a um particular com vínculo hierárquico) ou **profissão** (atividade laborativa habitual e remunerada).

Por fim, o **Art. 170 do CP** possibilita a aplicação da regra inerente ao *furto privilegiado* (**Art. 155 § 2º CP**) também à **apropriação indébita**, no que tange ao *pequeno valor do bem* em caso de primariedade (não ser reincidente) do acusado, permitindo assim a *substituição da pena* de *reclusão* pela de *detenção*, a **redução da pena** de *um a dois terços*, ou ainda a aplicação de **pena de multa** isoladamente.

2.13 APROPRIAÇÃO INDÉBITA PREVIDENCIÁRIA (ART. 168-A DO CP)

2.13.1 Tipo objetivo

O tipo penal prevê como crime a conduta de *deixar de repassar (recolher) à previdência social as contribuições arrecadadas (recolhidas) dos contribuintes, no prazo e forma legal ou convencional*, tratando-se, portanto, de um crime patrimonial de **natureza tributária**, punido com pena de *dois a cinco anos de reclusão, e multa*.

Desta forma, para que se caracterize o crime deve ter havido a arrecadação da contribuição, com posterior omissão em seu repasse ao órgão previdenciário.

O **bem jurídico** tutelado é o *patrimônio da Previdência Social*, porém, é evidente que, de forma secundária, os direitos dos segurados também são tutelados, e o **objeto material** do delito é constituído pela *contribuição previdenciária* regularmente recolhida do contribuinte.

O **sujeito ativo** do crime é o agente público que tem vínculo legal, ou convencional, com o órgão previdenciário (INSS), e que se obriga a repassar ou a recolher a contribuição social, bem como a pagar o benefício ao segurado (**crime próprio**), logo o **sujeito passivo** imediato será o *Estado* através do Instituto Nacional do Seguro Social (INSS).

2.13.2 Consumação e tentativa

O tipo penal prevê expressamente uma *conduta omissiva*, de "deixar de repassar" (**crime omissivo próprio**), logo, a **consumação** da apropriação indébita previdenciária se dá devido a omissão do agente após o decurso do prazo legal para o repasse da contribuição, demonstrando assim a vontade do agente de se apropriar do valor, o que se caracteriza pela simples inversão da posse dos valores, obtidos, inicialmente, de forma lícita.

Para a maioria da doutrina a **tentativa** *não* é cabível, pois, não há possibilidade de fracionamento da conduta omissiva prevista no tipo (*crime unissubsistente*).

Importante lembrar que, de acordo com a **súmula vinculante nº 24 do STF**, a *materialidade deste crime*, assim como em todo *crime tributário*, somente ocorre após o <u>exaurimento da via administrativa</u>, ou seja, é imprescindível que o crédito previdenciário seja lançado de forma definitiva para que se possa considerar que o fato é *típico*.

O **Art. 168-A § 1º do CP** prevê algumas hipóteses para as quais aplicam-se as mesmas penas previstas no *caput*, sendo que, a diferença é que no *caput do Art. 168 do CP* tem-se como autor do delito o *substituto tributário*, enquanto no § 1º a conduta criminosa será imputada ao *contribuinte-empresário*, são elas:

Inc. I: deixar de recolher, no prazo legal, contribuição ou outra importância destinada à previdência social que tenha sido descontada de pagamento efetuado a segurados, a terceiros ou arrecadada do público.

Inc. II: deixar de recolher contribuições devidas à previdência social que tenham integrado despesas contábeis ou custos relativos à venda de produtos ou à prestação de serviços.

Inc. III: deixar de pagar benefício devido a segurado, quando as respectivas cotas ou valores já tiverem sido reembolsados à empresa pela previdência social.

De acordo com o **Art. 168-A § 2º CP** ocorre a **extinção da punibilidade** neste crime se, antes do início da ação fiscal, o agente espontaneamente declara e efetua o **pagamento integral** das contribuições ou valores devidos.

Porém, atualmente o **STF** e o **STJ** entendem, de acordo com a **Lei 10.684/03 (Art. 9º § 2º)**, que o *pagamento integral dos tributos* devidos será **causa de extinção da punibilidade**, e poderá ser efetuado a qualquer tempo, mesmo após o recebimento da denúncia, até mesmo após o trânsito em julgado da sentença condenatória enquanto, com base na **Lei 12.383/11** (alterando o **Art. 83 § 1º da Lei 9430/96**), o *parcelamento do tributo* devido será causa de **suspensão da punibilidade**, mas este só poderá ser solicitado até o *recebimento da denúncia*.

De acordo com o **Art. 168-A § 3º do CP** ocorrerá o **perdão judicial**, como *causa de extinção da punibilidade*, ou ocorrerá apenas a aplicação da pena de *multa*, se o agente for primário e de bons antecedentes, desde que:

I – tenha promovido, *após o início* da ação fiscal e *antes de oferecida* a denúncia, o pagamento da contribuição social previdenciária;

II – o valor das contribuições devidas, inclusive acessórios, seja *igual ou inferior* àquele estabelecido pela previdência social, administrativamente, como sendo mínimo para o ajuizamento de suas execuções fiscais.

Porém, de acordo com o entendimento jurisprudencial dominante (**STF**), em face da aplicação do **princípio da insignificância** aos *crimes tributários* para lesões de até **20 mil reais** (baseado na Lei 10.522/02), no que tange ao *inciso II deste parágrafo 3º* o fato será considerado **atípico**, não havendo mais a necessidade de se falar em perdão judicial para essas hipóteses.

Por fim, importante lembrar que de acordo com o **Art. 170 do CP**, caso *não seja aplicada a insignificância*, permite-se a *substituição da pena* de *reclusão* pela de *detenção*, a *redução da pena* de *um a dois terços*, ou a *aplicação de multa isolada* em caso de primariedade do acusado, combinado ao pequeno valor do prejuízo causado.

2.14 APROPRIAÇÃO DE COISA HAVIDA POR ERRO, CASO FORTUITO OU FORÇA DA NATUREZA (ART. 169 CP)

2.14.1 Tipo objetivo

Configura-se o crime descrito neste tipo penal quando o agente se apropria de coisa alheia vinda ao seu poder por erro, caso fortuito ou força da natureza, sendo, portanto, *modalidade específica de apropriação indébita*.

Neste crime qualquer pessoa pode ser **sujeito ativo** e **passivo** (**crime comum**) e, não havendo qualquer exigência no tipo penal, o sujeito ativo será toda pessoa que se apropriar de um bem que recebeu por erro ou desvio acidental (caso fortuito ou força da natureza), enquanto o sujeito passivo será aquele que teve o seu patrimônio prejudicado.

Como vimos, neste crime, uma **subespécie de apropriação indébita** considerada menos grave, a posse sobre a coisa é constituída em virtude do *erro de terceiros*, de *caso fortuito* ou de *força da natureza*, sendo que, o erro ocorre quando alguém, por uma falsa representação da realidade, entrega irregularmente a coisa ao sujeito ativo, ou seja, o agente <u>não induz</u> a vítima a erro por fraude, como ocorre no *crime de estelionato* (**Art. 171 CP**), mas ela erra por conta própria.

O **tipo subjetivo** é formado pelo **dolo** do agente, abrangendo a consciência de estar na posse irregular de uma coisa alheia móvel, além da intenção específica de se colocar como proprietário do bem, *animus rem sibi habendi* (**elemento subjetivo especial**).

2.14.2 Consumação e Tentativa

A **consumação** do crime ocorre com a *inversão do título da posse*, dependente de algum ato como a recusa injustificada de devolver a coisa, e a **tentativa**, assim como na apropriação indébita comum, <u>não é admissível</u> para a maioria da doutrina, pois, considera-se impossível o fracionamento dos atos executórios (*crime unissubsistente*).

Também são punidas, com as mesmas penas, as seguintes condutas:

– Apropriação de tesouro (Art. 169 parágrafo único Inc. I CP)

É punida a conduta daquele que acha tesouro em prédio alheio e se apropria, no todo ou em parte, da quota a que tem direito o proprietário do prédio.

– Apropriação de coisa achada (Art. 169 parágrafo único Inc. II CP)

É punida a conduta do agente que acha coisa alheia perdida e dela se apropria, total ou parcialmente, deixando de restitui-la ao dono ou legítimo possuidor ou de entregá-la à autoridade competente, dentro no *prazo de 15 (quinze) dias*.

Por fim, importante lembrar que, aqui também, de acordo com o **Art. 170 do CP**, se permite **a substituição da pena** de *reclusão* pela de *detenção*, a *redução da pena* de *um a dois terços*, ou a *aplicação de multa* isolada em caso de primariedade do acusado, combinado ao pequeno valor do prejuízo causado.

2.15   DO ESTELIONATO E OUTRAS FRAUDES

2.15.1   Estelionato (Art. 171 do CP)

2.15.1.1 Tipo objetivo

Considera-se crime a conduta de *obter, para si ou para outrem, vantagem ilícita, em prejuízo alheio, induzindo ou mantendo alguém em erro, mediante artifício, ardil ou qualquer outro meio de fraude*, punindo-se este fato com pena de *um a cinco anos de reclusão, e multa*.

A *Fraude* se caracteriza como sendo o emprego de artifício (**ex.**: disfarce), ardil (**ex.**: conversa enganosa) ou qualquer outro meio fraudulento, devendo, porém, se dar *antes* da obtenção da vantagem ilícita.

Já a *vantagem ilícita* é toda aquela, de *caráter patrimonial*, não amparada pelo ordenamento jurídico, ou seja, ilegítima, sendo que, se a vantagem a ser alcançada for *lícita* não há estelionato e caracteriza-se o crime de *exercício arbitrário das próprias razões* (**Art. 345 do CP**).

Artifício é o uso de meios materiais pelo agente para engendrar a fraude, enquanto *ardil* consiste na fraude intelectual, na qual o agente se vale unicamente de sua "malandragem" para enganar a vítima, sendo dirigido, portanto, à inteligência da vítima, sem necessidade do uso de meios materiais.

Trata-se de **crime comum** em que o **sujeito ativo** é qualquer pessoa que emprega o artifício, o ardil ou qualquer outro meio fraudulento, para a obtenção da vantagem ilícita, bem como um eventual terceiro, que se beneficie da vantagem, consciente da prática delituosa, que também responderá pelo crime como partícipe (caso de induzimento, instigação e auxílio), ou coautor do crime de estelionato.

O **sujeito passivo** do crime é aquele que sofre o prejuízo patrimonial, porém, para que haja o crime a vítima deve ter a *capacidade de ser iludida*, isto é, deve possuir certo discernimento a respeito dos fatos praticados, e caso a vítima não possua esse discernimento mínimo (ex: criança ou um doente mental) poderá ocorrer crime de *furto* (**Art. 155 CP**) ou mesmo o crime de *abuso de incapazes* (**Art. 173 CP**).

Podemos elencar algumas diferenças entre o crime de estelionato e outros crimes:

– **Estelionato e apropriação indébita:**

No *estelionato,* o agente possui o **dolo de fraude** *ab initio*, antes de auferir a vantagem, enquanto na *apropriação indébita* seu dolo de lesionar o patrimônio vem somente após possuir o bem através de forma legítima.

– **Estelionato e furto mediante fraude:**

No *estelionato*, a fraude é utilizada para que a vítima **entregue voluntariamente** a coisa ao agente. No *furto*, a fraude é para diminuir a vigilância sobre a coisa, para facilitar e possibilitar a subtração do bem pelo agente sem qualquer atuação positiva da vítima para isto.

– **Estelionato e extorsão:**

No *estelionato*, devido a fraude a vítima **entrega voluntariamente** a coisa. Na *extorsão*, a vítima faz ou deixa de fazer algo, sendo obrigada a conceder a vantagem, em razão da violência ou grave ameaça feitas pelo autor.

– Falsidades (Ex: falsificação de documento – crime anterior) e estelionato (crime posterior):

De acordo com a **Súmula 17 do STJ** o *crime-meio* (falsidade) é absorvido pelo *crime-fim* (estelionato) quando o falso foi apenas o meio necessário para se obter a vantagem e realizar o estelionato, se exaurindo, portanto, nele (**regra da consunção**).

2.15.1.2 Consumação e Tentativa

A **consumação** do estelionato se dá com o efetivo prejuízo alheio, obtenção da vantagem pelo agente (**crime material**) e, por isso, a **tentativa** é plenamente admitida quando iniciada a fraude e a vantagem pretendida não for obtida, por motivos alheios a vontade do agente.

De acordo com a análise de algumas situações concretas específicas, que se assemelham às situações de estelionato, podemos delimitar as seguintes hipóteses:

A) Cola eletrônica": para o *STF* a simples "cola eletrônica" não configura estelionato, mas pode gerar crime específico previsto no **Art. 311-A CP**.

B) "Dia do Pendura": Esta conhecida conduta não gera estelionato, mas sim crime mais específico previsto no **Art. 176 do CP** (**Outras fraudes**), porém, pode acabar configurando fato *atípico* se os agentes efetivamente possuírem recursos para efetuar o pagamento, embora haja entendimento afirmando que, neste segundo caso, poderia haver sim estelionato (**Art. 171 CP**)

C) Medição de energia elétrica: Configura **crime de furto de energia elétrica** (**Art. 155 § 3° CP**) a captação da energia *antes* da passagem desta pelo aparelho medidor (o famoso "gato"), já a utilização de *fraude na marcação* do consumo, ou nos dados de sua medição, com o fim de induzir companhia elétrica em erro, poderá caracterizar o crime de **estelionato** do **Art. 171 CP**.

D) Doping esportivo – O uso de substância química proibida que importe em aumento da capacidade física ou mental de atleta, como causa eficiente e eficaz para que este obtenha uma vantagem ilícita, *com prejuízo de outrem*, se realizado em provas com prêmios de caráter econômico, poderá configurar o crime de estelionato (Art. 171 CP).

E) Para a maioria da doutrina, nada impede a tipificação do crime de **estelionato** na hipótese chamada de *"Torpeza Bilateral"*, ou seja, quando a *vítima* do estelionato também atuou de forma ilícita e torpe, mas acaba ilidida pela fraude de um agente que obtém vantagem sobre ela (**Ex:** alguém contrata matador de aluguel e este forja a morte da vítima e recebe a quantia prometida, cometendo assim estelionato).

2.15.1.3 Forma privilegiada do estelionato (Art. 171 § 1° do CP)

Aplica-se ao estelionato a mesma **forma privilegiada** do crime de *furto*, prevista no **Art. 155 § 2° do CP**, quando o criminoso é primário e é de pequeno valor o prejuízo causado pelo estelionato, para a substituição da pena de reclusão pela de detenção, diminuição da pena, de um a dois terços, ou a aplicação apenas da pena de multa, sendo também cabível a aplicação, no crime de **estelionato**, do **princípio da insignificância** como causa de *atipicidade do fato*, de acordo com a situação concreta e a pequena relevância do prejuízo causado pela fraude.

2.15.1.4 Formas especiais de estelionato

2.15.1.4.1 Disposição de coisa alheia como própria (Art. 171, § 2º, inc. I CP)

Este crime ocorre quando o agente *vende, permuta, dá em pagamento, em locação ou em garantia* <u>coisa alheia como própria</u>, obtendo assim vantagem ilícita através de uma fraude, punindo-se este fato com a mesma pena do estelionato simples.

Nesta modalidade específica de estelionato a **consumação** também depende da efetiva obtenção da vantagem indevida, logo, é plenamente admitida a **tentativa** quando o agente realizar uma das condutas previstas no tipo penal, porém, não chegar a obter a vantagem.

2.15.1.4.2 Alienação ou oneração fraudulenta de coisa própria (Art. 171, § 2º, inc. II CP)

Trata-se de outra *modalidade específica de estelionato* que ocorre quando o agente *vende, permuta, dá em pagamento* ou em *garantia* coisa própria inalienável, gravada de ônus ou litigiosa, ou imóvel que prometeu vender a terceiro, mediante pagamento em prestações, *silenciando sobre qualquer dessas circunstâncias*, com o fim de obter vantagem ilícita (**especial fim de agir**), caracterizando assim a fraude.

2.15.1.4.3 Defraudação de penhor (Art. 171, § 2º, inc. III CP)

Comete este crime quem defrauda penhor de bem, *mediante alienação não consentida pelo credor*, ou por outro modo, quando tem a posse do objeto empenhado, gerando assim prejuízo patrimonial ao credor do bem empenhado, o que caracteriza uma fraude a essa garantia real e, portanto, o crime de estelionato.

2.15.1.4.4 Fraude na entrega de coisa (Art. 171, § 2º, inc. IV CP)

Comete este crime quem defrauda *substância, qualidade* ou *quantidade* de coisa que deve entregar a alguém, alterando sua natureza, quantidade ou qualidade, e assim gerando prejuízo ao seu titular e beneficiário. (Obs.: tratando-se de produto alimentício aplica-se o **Art. 272 CP** e de produto terapêutico ou medicinal incide o **Art. 273 do CP**)

2.15.1.4.5 Fraude para recebimento de indenização ou valor de seguro (Art. 171, § 2º, inc. V CP)

Responde criminalmente todo aquele que *destrói*, total ou parcialmente, ou *oculta* coisa própria, ou *lesa* o próprio corpo ou a saúde, ou *agrava* as consequências da lesão ou doença, com o intuito de recebimento de indenização ou valor de seguro.

Não se trata de punição à *autolesão*, o que não se admite no direito penal em face do **princípio da lesividade**, pois nesta hipótese o *sujeito passivo* é a empresa seguradora e seu patrimônio, punindo-se, portanto, não apenas uma conduta auto lesiva, mas sim o fato desta afetar de forma reflexa um bem jurídico alheio.

2.15.1.4.6 Fraude no pagamento por meio de cheque (Art. 171, § 2°, VI CP)

Trata-se de mais uma modalidade específica de estelionato, ocorrendo quando o agente *emitir cheque*, sem suficiente provisão de fundos em poder do sacado, ou lhe frustrar o pagamento.

A simples emissão de cheque sem provisão de fundos **não** é suficiente para caracterizar este crime, para isso deve ser comprovado o **dolo específico** de fraude, ou seja, que o agente pretendia afetar o patrimônio alheio com a impossibilidade de pagamento do título (**Súmula n° 246 do STF**: "Comprovado não ter havido fraude, não se configura o crime de emissão de cheque sem fundos").

Além disso, se o depósito do valor do cheque for efetuado *antes da sua apresentação*, afasta-se o crime (**crime material**), pois no caso não haverá prejuízo para o tomador, o que a doutrina considera uma forma anômala e específica de arrependimento eficaz (**Art. 15 CP**).

Já a **Súmula 554 do STF** afirma que: "O pagamento de cheque emitido sem provisão de fundos **após** o recebimento da denúncia não obsta ao prosseguimento da ação penal".

Contrario senso, pode-se inferir, e este é o entendimento da doutrina e jurisprudência, que esta súmula permite afirmar que o pagamento do cheque **até** o recebimento da denúncia impede que haja processo, sendo, portanto, uma *causa de extinção da punibilidade* especificamente aplicável a este crime.

Esta modalidade de estelionato se **consuma** quando há a *recusa do pagamento do cheque* pelo sacado, pois considera-se o **crime material**, já que é nesse momento que o tomador sofrerá efetivo prejuízo econômico, concomitantemente à obtenção da vantagem indevida pelo emitente.

Haverá o mencionado *estelionato simples* (**Art. 171, *caput*, do CP**) através de emissão de cheque quando ocorrer:

a) pagamento com cheque roubado;

b) emissão de cheque de conta cancelada;

c) emissão de cheque sem fundos com nome falso ou assinatura falsa;

d) emissão de cheque de conta aberta com características falsas do correntista.

2.15.1.5 Formas majoradas do estelionato (Art. 171, §§ 3° e 4° do CP)

Tanto na forma prevista no *caput*, quanto nas hipóteses previstas no *parágrafo 2° do Art. 171 CP*, se o crime for cometido em detrimento de entidade de *direito público* ou de *instituto de economia popular*, assistência social ou beneficência, aumenta-se a pena de *1/3* (vide: **Súmula n° 24 do STJ** "Aplica-se ao crime de estelionato, em que figura como vítima entidade autárquica da Previdência Social, a *qualificadora* do *§ 3° do artigo 171* do Código Penal").

Há ainda a causa de aumento de pena prevista na **Lei 13.228/2015** que, com base no *estatuto do idoso*, inseriu o **§ 4° ao Art. 171 do CP**, sendo que este dispositivo sofreu alteração pela Lei 14.155/21, que passou a prever um aumento de pena de 1/3 (um terço) ao dobro, se o crime for cometido contra *idoso* (maior de 60 anos) *ou vulnerável*, considerada a relevância do resultado gravoso.

2.15.1.6 Fraude Eletrônica (Art. 171 § 2º A e B do CP)

A Lei 14.155/21 acrescentou ainda ao Art. 171 do CP o parágrafo 2º-A, prevendo de forma específica a conduta de **fraude eletrônica**, como modalidade qualificada do crime de estelionato, para a qual a pena passa a ser de 4 (quatro) a 8 (oito) anos de reclusão, e multa, para hipótese em que a fraude seja cometida com a *utilização de informações fornecidas pela vítima ou por terceiro induzido a erro por meio de redes sociais, contatos telefônicos ou envio de correio eletrônico fraudulento, ou por qualquer outro meio fraudulento análogo.*

Além disso, se estabeleceu uma causa de aumento de pena prevista no parágrafo 2º-B, aplicável a esta modalidade eletrônica de fraude, para que a pena prevista no § 2º-A, considerada a relevância do resultado gravoso, possa ser aumenta de 1/3 (um terço) a 2/3 (dois terços) se o crime for praticado mediante a utilização de servidor mantido fora do território nacional.

2.15.1.7 Nova Ação Penal do Estelionato (Art. 171, 5º do CP)

A **Lei 13.964/2019 (Pacote Anticrime)**, acrescentou o **parágrafo 5º ao artigo 171 do Código Penal**, estabelecendo novas regras para a **ação penal do crime de estelionato**, sendo que, estas novas regras aplicam-se a todas as modalidades de estelionato, e também às suas formas equiparadas previstas no **§ 2º do Art. 171 do CP**, como por exemplo, o crime de *defraudação de penhor.*

Desta forma, a nova lei estabeleceu que, como regra, a **ação penal** do crime de estelionato passou a ser **pública condicionada a representação**, excepcionando apenas algumas hipóteses em que a ação *penal* será *pública incondicionada,* seguindo assim a regra geral do código penal, da seguinte forma:

"**Art. 171 § 5º CP** - Somente se procede mediante representação, salvo se a vítima for:

I – a Administração Pública, direta ou indireta;

II – criança ou adolescente;

III – pessoa com deficiência mental; ou

IV – maior de 70 (setenta) anos de idade ou incapaz."

Em suma, a partir das alterações promovidas pela nova lei a regra para o *crime de estelionato* é que a **ação penal será pública condicionada à representação**, e a ação penal somente será **pública incondicionada** se o delito for praticado contra a Administração Pública, direta ou indireta, contra criança ou adolescente, contra pessoa com deficiência mental, ou ainda contra maior de 70 (setenta) anos de idade ou incapaz.

Importante lembrar que, de acordo com os atuais entendimentos dominantes da doutrina e jurisprudência, esta nova regra tem a natureza jurídica de *condição de procedibilidade* e terá aplicação retroativa para fatos praticados anteriormente em situações em que ainda não tenha havido início da ação penal, não se tratando de *condição de prosseguibilidade* e, portanto, ações penais, pela prática de estelionato, que já estejam em curso, com a denúncia recebida, não se sujeitam a qualquer condição (representação) para prosseguirem normalmente.

Importante ressaltar ainda, que a nova **Lei 14.155/21** estabeleceu, em matéria processual de competência (**Art. 70 CPP**), que os crimes previstos no Art. 171 do Código Penal, quando praticados mediante depósito, emissão de cheques sem suficiente provisão de fundos em poder do sacado ou com o pagamento frustrado, ou ainda mediante transferência de valores, a *competência* será definida pelo <u>local do domicílio da vítima</u>, e, em caso de pluralidade de vítima a competência se fixará pela *prevenção*.

Por fim, a **Lei 14.478/22**, previu uma **modalidade especifica de estelionato**, criando o **Art. 171-A do CP**, o crime de fraude com a utilização de ativos virtuais, valores mobiliários ou ativos financeiros, estabelecendo **pena de reclusão, de 4 (quatro) a 8 (oito) anos, e multa**, para a conduta de *organizar, gerir, ofertar ou distribuir carteiras ou intermediar operações que envolvam ativos virtuais, valores mobiliários ou quaisquer ativos financeiros com o fim de obter vantagem ilícita, em prejuízo alheio, induzindo ou mantendo alguém em erro, mediante artifício, ardil ou qualquer outro meio fraudulento.*

Trata-se de um **crime formal,** pois se **consuma** com a simples pratica das condutas de *organizar, gerir, ofertar ou distribuir*, com o **especial fim de agir (elemento subjetivo especifico)** de obter vantagem ilícita em prejuízo alheio, previsto no próprio tipo, **não** sendo necessário que se obtenha qualquer dos resultados materiais previstos para que o crime esteja consumado.

2.16 DUPLICATA SIMULADA (ART. 172 CP)

2.16.1 Tipo objetivo

Constitui este crime a conduta de *emitir fatura, duplicata ou nota de venda que não corresponda à mercadoria vendida, em quantidade ou qualidade, ou ao serviço prestado, bem como falsificar ou adulterar a escrituração do Livro de Registro de Duplicatas*, punida com pena de *detenção de dois a quatro anos* e multa.

O **sujeito ativo** deste crime será aquele que *emitir* a fatura, a duplicata ou a nota de venda ilegítima, ou seja, o *comerciante* ou o *prestador de serviços* (sacador), ainda que o sacado não assine o documento (**crime próprio**).

Na situação de se tratar de um cheque o *endossante* e o *avalista* **não** podem ser considerados sujeitos ativos deste crime, já que suas condutas não se adequam ao verbo núcleo deste tipo penal (emitir), podendo haver a imputação de outra espécie de crime como próprio estelionato (**Art. 171 CP**)

Já o **sujeito passivo** deste crime é o *sacado de boa-fé*, ou o sujeito que recebe a fatura, a duplicata ou a nota de venda para descontar o título, chamado de tomador.

Este crime só possui modalidade **dolosa**, que se traduz na vontade consciente de perpetrar uma *fraude*, mediante a emissão de fatura, duplicata ou nota fiscal extraída de ato negocial inexistente, logo, deve haver a real consciência de que o documento não encontra correspondência numa compra e venda, ou em uma prestação de serviços verdadeira, embora nos pareça ser possível também a mera *consciência potencial*, o que caracterizaria o crime através do *dolo eventual*.

2.16.2 Consumação e Tentativa

A **consumação** ocorre com a simples emissão irregular do documento referido no tipo (**crime formal**), independentemente de haver prejuízo concreto a terceiros, ou alguma vantagem auferida pelo autor da ação, o que caso ocorra, configurará apenas *exaurimento* do crime.

A **tentativa** *não* é admitida pela maioria da doutrina, pois considera-se que os atos executórios não são fracionáveis (**crime unissubsistente**), logo, se o agente apenas tem o documento consigo, ainda não haverá crime e, se o coloca em circulação (emissão), automaticamente ocorrerá a *consumação*.

No **Art. 172 parágrafo único do CP** está prevista uma forma equiparada a este crime, pela qual incorrerá nas mesmas penas quem *falsificar ou adulterar* a escrituração do *Livro de Registro de Duplicatas*, na verdade trata-se de uma clássica *falsificação de documento público*, apenas tipificada de forma específica.

2.17 ABUSO DE INCAPAZES (ART. 173 CP)

2.17.1 Tipo objetivo

Este tipo penal prevê como crime a conduta de quem *abusa, em proveito próprio ou alheio, de necessidade, paixão ou inexperiência de menor, ou da alienação ou debilidade mental de outrem, induzindo qualquer deles à prática de ato suscetível de produzir efeito jurídico, em prejuízo próprio ou de terceiros.*

Importante lembrar que se trata de um **crime patrimonial**, visando assim proteger o patrimônio dos menores e dos incapazes, mais vulneráveis, em razão de suas qualidades pessoais, da ação de aproveitadores e a conduta deverá, além do **dolo**, apresentar o *fim específico de obter vantagem* (proveito) *indevida*, para si ou para outrem (**elemento subjetivo especial**).

Em face da *disponibilidade do bem jurídico* tutelado há divergência quanto à possibilidade do menor ou do incapaz poderem consentir com a prática da conduta, para se afastar a ilicitude do fato (*consentimento do ofendido*) e o próprio crime. Para a maioria da doutrina os menores, *a partir dos 14 anos*, são sim capazes de consentir validamente, e quanto aos incapazes isso deverá ser apurado caso a caso através de perícia.

Trata-se de **crime comum**, que pode ser praticado por qualquer pessoa, já o *sujeito passivo* será somente o *menor* (de 18 anos), o *alienado mental* e o *débil mental*.

A conduta típica de "*abusar*" significa fazer mau uso de algo, aproveitar-se indevidamente de alguma situação especial como a necessidade, a inexperiência ou a paixão da vítima, induzindo a vítima a praticar uma conduta que gere *prejuízo econômico* para ela ou para terceiro.

2.17.2 Consumação e Tentativa

A **consumação** ocorre quando a vítima pratica o ato potencialmente lesivo, demonstrando que houve a efetiva *indução*, porém, não se exige que o agente, ou terceiro, venha efetivamente a obter a vantagem desejada (**crime formal**), sendo a **tentativa** possível, pois se considera que a conduta de induzimento, algumas vezes pode ser fracionada (**crime plurissubsistente**).

2.18 INDUZIMENTO À ESPECULAÇÃO (ART. 174 CP)

2.18.1 Tipo objetivo

O tipo penal prevê como crime a conduta de *abusar, em proveito próprio ou alheio, da inexperiência ou da simplicidade ou inferioridade mental de outrem, induzindo-o à prática de jogo ou aposta, ou à especulação com títulos ou mercadorias, sabendo ou devendo saber que a operação é ruinosa.*

Este tipo penal se assemelha ao anterior, sendo também um **crime comum** que pode ser praticado por qualquer pessoa, porém nele não há **sujeitos passivos** especificamente estabelecidos, bastando que se trate de pessoa inexperiente, simples ou mentalmente inferior, determinando, no entanto, de forma expressa, os atos potencialmente lesivos aos quais a vítima pode ser induzida (prática de jogo ou aposta e especulação com títulos ou mercadorias).

2.18.2 Consumação e Tentativa

Há uma diferença fundamental entre as condutas típicas previstas neste tipo penal, o *induzimento da vítima ao jogo ou aposta* se **consuma** com simples estímulo da prática da conduta pela vítima (**crime formal**), o que será suficiente para caracterizar o delito, sendo a **tentativa** possível por se tratar, em certos casos, de *conduta fracionável* (**crime plurissubsistente**)

Já na conduta de *induzimento à especulação*, a **consumação** e a **tentativa** ocorrem da mesma forma que na conduta anterior, mas aqui há a necessidade de se demonstrar o preenchimento do **elemento subjetivo especial** presente no tipo penal, qual seja, que o agente *saiba ou deva saber* que aquela operação a que está submetendo a vítima é *nociva*.

Logo, nesta segunda hipótese se houve *boa-fé* do agente, indicando à vítima uma operação em que as possibilidades de sucesso financeiro são boas, não haverá crime.

2.19 FRAUDE NO COMÉRCIO (ART. 175 CP)

2.19.1 Tipo objetivo

Considera-se como crime a conduta de *enganar, no exercício de atividade comercial, o adquirente ou consumidor*, vendendo, como verdadeira ou perfeita, mercadoria falsificada ou deteriorada, ou ainda, entregando uma mercadoria por outra.

No **parágrafo 1º** deste artigo pune-se com *pena de reclusão de 1 a 5 anos* e *multa*, o agente que: *alterar* em obra que lhe é encomendada a qualidade ou o peso de metal ou *substituir*, no mesmo caso, pedra verdadeira por falsa ou por outra de menor valor; *vender* pedra falsa por verdadeira; ou ainda vender, como precioso, metal de ou outra qualidade.

Trata-se de **crime próprio**, pois o **sujeito ativo** será sempre o *empresário/comerciante*, já que o tipo exige que a conduta se dê "no exercício de atividade comercial", enquanto o *sujeito passivo* poderá ser qualquer pessoa.

A **Lei nº 8.137/90 (Art. 7º)**, prevê especificamente alguns *crimes contra as relações de consumo*, bem como também a **Lei nº 8.078/90** (Código de Defesa do Consumidor), e boa parte da doutrina entende que o **Inc. I do Art. 175 do CP** foi <u>revogado</u> pelas disposições destas *leis especiais*, quanto ao *inciso II e o § 1º do artigo 175*, **não** há discussão e estes permanecem perfeitamente válidos.

2.19.2 Consumação e Tentativa

A **consumação** ocorre quando a mercadoria é efetivamente transferida ao *sujeito passivo* causando assim um resultado lesivo (**crime material**), e a **tentativa** é plenamente admitida, já que as condutas podem ser fracionadas e não se gerar a produção do resultado lesivo (**crime plurissubsistente**), por motivos alheios a vontade do agente.

2.19.3 Causas de diminuição e de substituição da pena (Art. 175, § 2º CP)

No crime de **fraude no comércio**, aplica-se a regra do *furto privilegiado* **Art. 155, § 2º, do CP**, ou seja, se o criminoso é primário e a coisa é de pequeno valor, o juiz pode diminuir a pena de *um a dois terços* ou aplicar somente a pena de *multa*.

2.20 OUTRAS FRAUDES (ART. 176 CP)

2.20.1 Tipo objetivo

Este tipo estabelece, como crime a conduta do agente que *tomar refeição em restaurante, alojar-se em hotel ou utilizar-se de meio de transporte sem dispor de recursos para efetuar o pagamento*, tratando-se, portanto, de uma espécie de **estelionato privilegiado**, de menor gravidade (Ex: não ter dinheiro para pagar a conta no famoso "dia do pendura").

O **sujeito ativo** pode ser qualquer pessoa, independentemente de características especiais (**crime comum**), e o *sujeito passivo* será a pessoa física ou jurídica lesada em seu patrimônio (o restaurante, a rede de hotelaria etc.), mas não a pessoa ludibriada diretamente na *fraude*, normalmente um empregado, já que este não terá seu patrimônio afetado.

Embora haja divergência jurisprudencial, **não** se tipifica o delito "outras fraudes" se o agente *dispõe de meios* suficiente para adimplir o débito constituído, e pagar as despesas efetuadas, mas simplesmente se recusa a efetuar o pagamento, podendo, esta conduta, ser considerada *atípica* e apenas um *ilícito civil*, ou até mesmo ser enquadrada no **crime de estelionato** (Art. 171 CP).

2.20.2 Consumação e tentativa

A **consumação** ocorre com a produção do prejuízo patrimonial (**crime material**), logo, o *sujeito ativo* deve tomar a refeição, ainda que parcialmente, se instalar por tempo relevante em hotel, ou ser conduzido, ainda que por curto espaço, em meio de transporte se negando a efetuar o pagamento devido, sendo a **tentativa** é perfeitamente possível, pois os atos de execução podem ser fracionados (**crime plurissubsistente**).

2.20.3 Perdão judicial

De acordo com o **parágrafo único do Art. 176 do CP**, "dependendo das circunstâncias", o magistrado pode *deixar de aplicar a pena*, tratando-se do **perdão judicial**, causa de extinção da punibilidade do fato.

2.20.4 Ação Penal

Trata-se de crime de **ação penal pública condicionada à representação**, de acordo com o **parágrafo único do Art. 176 do CP**, que, portanto, será promovida pelo ministério púbico através de *denúncia* somente tiver havido *representação do ofendido* ou seu representante legal (*condição de procedibilidade*).

2.21 FRAUDES E ABUSOS NA FUNDAÇÃO OU ADMINISTRAÇÃO DE SOCIEDADE POR AÇÕES (ART. 177 CP)

2.21.1 Tipo objetivo

Trata-se de um tipo penal bastante amplo que prevê como crime a conduta de *promover a fundação de sociedade por ações, fazendo,* em prospecto, em comunicação ao público ou à assembleia, afirmação falsa sobre a constituição da sociedade, ou *ocultando* fraudulentamente fato a ela relativo, isso se o fato *não constituir crime mais específico* (**crime subsidiário**) contra a economia popular.

De acordo com o **parágrafo 1º** deste tipo, incorrem na mesma pena, se o fato <u>não constitui crime contra a economia popular</u> (**crime subsidiário**):

I – o diretor, o gerente ou o fiscal de sociedade por ações, que, em prospecto, relatório, parecer, balanço ou comunicação ao público ou à assembleia, faz afirmação falsa sobre as condições econômicas da sociedade, ou oculta fraudulentamente, no todo ou em parte, fato a elas relativo;

II – o diretor, o gerente ou o fiscal que promove, por qualquer artifício, falsa cotação das ações ou de outros títulos da sociedade;

III – o diretor ou o gerente que toma empréstimo à sociedade ou usa, em proveito próprio ou de terceiros, dos bens ou haveres sociais, sem prévia autorização da assembleia geral;

IV – o diretor ou o gerente que compra ou vende, por conta da sociedade, ações por ela emitidas, salvo quando a lei o permite;

V – o diretor ou o gerente que, como garantia de crédito social, aceita em penhor ou em caução ações da própria sociedade;

VI – o diretor ou o gerente que, na falta de balanço, em desacordo com este, ou mediante balanço falso, distribui lucros ou dividendos fictícios;

VII – o diretor, o gerente ou o fiscal que, por interposta pessoa, ou conluiado com acionista, consegue a aprovação de conta ou parecer;

VIII – o liquidante, nos casos dos ns. I, II, III, IV, V e VII;

IX – o representante da sociedade anônima estrangeira, autorizada a funcionar no País, que pratica os atos mencionados nos ns. I e II, ou dá falsa informação ao Governo.

Com base no **parágrafo 2º** deste tipo aplica-se uma pena de *detenção,* de *6 meses a 2 anos e multa,* o acionista que, a *fim de obter vantagem para si ou para outrem* (**elemento subjetivo especial**), negocia o voto nas deliberações de assembleia geral.

Nesta hipótese a **consumação** ocorre com a simples negociação, ainda que dela não resulte vantagem patrimonial para o agente ou prejuízo patrimonial para a empresa (**crime formal**), porém, a **tentativa** só será admissível em certos casos, quando a conduta for fracionável.

Trata-se de **crime próprio**, em que, no *caput,* figuram no *polo ativo* os fundadores da sociedade quais sejam aqueles que tomam a iniciativa de formar a companhia e que presidem os atos de exigência legal para que sua constituição seja válida, porém, não é necessário que sejam subscritores, ou mesmo que se tornem acionistas da sociedade.

2.21.2 Tipo subjetivo

Há previsão somente de *modalidade dolosa* que abrange a vontade consciente de fazer uma afirmação falsa, ou de ocultar informação relevante durante a constituição da sociedade, havendo ainda, para parte da doutrina, a necessidade de se preencher o **elemento subjetivo especial**, consistente na finalidade de fundar uma sociedade por ações (*especial fim de agir*).

2.21.3 Consumação e tentativa

A **consumação** ocorre com a simples afirmação falsa ou com a omissão, ainda que não gere qualquer resultado concreto que, caso ocorra, será considerado apenas como *exaurimento* do crime (**crime formal**), e a **tentativa** é admissível apenas na modalidade de *afirmação enganosa*, embora seja de difícil verificação prática, por se tratar de conduta fracionável (**crime plurissubsistente**).

2.22 EMISSÃO IRREGULAR DE CONHECIMENTO DE DEPÓSITO OU "WARRANT" (Art. 178 CP)

2.22.1 Tipo objetivo

Este tipo penal prevê como crime a conduta daquele que *emite* conhecimento de *depósito* ou *warrant*, em desacordo com disposição legal.

De acordo com o **direito empresarial** o conhecimento de depósito é o título que representa a propriedade de mercadorias depositadas nos chamados armazéns-gerais, que são empresas criadas para guardar e conservar mercadorias.

Já o chamado *warrant* não representa as mercadorias, constituindo uma espécie de nota promissória, como garantia, para que o subscritor se comprometa com o pagamento de determinada quantia ao tomador, e garanta o cumprimento dessa obrigação com o penhor sobre as mercadorias depositadas.

Em suma, o *warrant*, funciona para a constituição de penhor sobre as mercadorias depositadas em um armazém-geral.

Trata-se de **crime comum** e o **sujeito ativo** pode ser qualquer pessoa, embora normalmente seja praticado pelo depositário da mercadoria, enquanto o *sujeito passivo* será o portador ou o endossatário do título.

2.22.2 Consumação e Tentativa

A **consumação** ocorre com a colocação dos títulos em circulação pela emissão, ainda que nenhum resultado lesivo ao patrimônio decorra da ação (**crime formal**) e a **tentativa** é *inadmissível*, pelo fato da conduta **não** poder ser fracionada. Logo, enquanto o título estiver em poder do agente, não haverá qualquer crime, e, uma vez que seja posto em circulação, ocorrerá a consumação (**crime unissubsistente**).

2.23 FRAUDE À EXECUÇÃO (ART. 179 CP)

2.23.1 Tipo objetivo

Considera-se crime a conduta de *fraudar execução, alienando, desviando, destruindo ou danificando bens, ou simulando dívidas,* punindo-se este fato com pena de *seis meses a dois anos de detenção,* ou *multa.*

O **sujeito ativo** do crime será o devedor, contra quem pender uma sentença a ser executada, ou uma ação de execução **(crime próprio)**, porém é importante lembrar que, se o devedor for *empresário* responderá pelo *crime específico*, previsto no **Art. 168 da Lei nº 11.101/05. (Lei de Falências)**.

A *fraude à execução* pode ser praticada mediante a *alienação,* transferência de domínio do bem, pelo *desvio,* dando destino diverso dado aos bens, pela *ocultação* ou *destruição* da coisa, ou seja, pela inutilização total dos bens etc., sendo necessário que o *sujeito ativo* aja com a vontade específica **(elemento subjetivo)** de ludibriar e causar um prejuízo para seus credores, na iminência ou na pendência de uma ação executiva de dívida.

2.23.2 Consumação e tentativa

A **consumação** ocorre com a prática de condutas que tornem o devedor insolvente, desde que se verifique a inexistência de bens suficientes para a completa satisfação do débito **(crime material)**, e a **tentativa** é plenamente admitida, quando a conduta do agente for interrompida por circunstâncias alheias a sua vontade **(crime plurissubsistente)**.

2.23.3 Ação Penal

De acordo com o disposto no **parágrafo único do Art. 179 do CP** a ação penal é **privada** e, portanto, somente se procede mediante *queixa.*

2.24 DA RECEPTAÇÃO

2.24.1 Receptação (Art. 180 do CP)

O crime de **receptação** é considerado um *delito acessório*, ou seja, pressupõe a existência de outro crime consumado, e anterior, para que possa existir a conduta típica prevista, sendo que, o **objeto material** deste crime será a *coisa móvel*, que o agente sabe ser produto de crime previamente realizado por outrem.

A receptação é doutrinariamente classificada como **receptação própria e imprópria**. A primeira, **receptação própria**, engloba as condutas da **1ª parte do Art. 180**, todas elas recaindo sobre a coisa que o agente sabe ser produto de um outro crime, são elas:

(a) adquirir

(b) receber

(c) transportar

(d) conduzir

(e) ocultar

Na **2ª parte do Art. 180** está a **receptação imprópria**, que se caracteriza pela conduta de *influir* para que terceiro de boa-fé adquira, receba ou oculte o produto de crime anterior, espécie que trataremos mais abaixo.

2.24.1.1 Tipo objetivo (receptação própria)

Configura crime, punido com pena de *reclusão de 1 a 4 anos e multa*, a conduta de *adquirir* (ocorre a transferência de propriedade), *receber* (não ocorre transferência da propriedade), *transportar* (levar de um lugar para outro), *conduzir* (por algum meio de locomoção) ou *ocultar* (esconder), em proveito próprio ou alheio, coisa que se sabe ser produto de crime.

O **sujeito ativo** deste crime é qualquer pessoa (**crime comum**) desde que não seja coautor ou partícipe do específico crime anterior, e o **sujeito passivo** será o proprietário da coisa móvel, produto do crime anterior.

Caso o autor do *crime anterior* seja **inimputável** (menoridade penal, alienação mental), ou **isento de pena** (incidência de escusas absolutórias), isso não terá qualquer interferência na caracterização da receptação, isso de acordo com o disposto no **Art. 180, § 4º do CP**, que afirma: "*a receptação é punível, ainda que desconhecido ou isento de pena o autor do crime de que proveio a coisa*".

Percebe-se que o termo "crime", utilizado aqui, está em sentido lato, ou seja, se refere à conduta típica e ilícita realizadas por determinado agente, mas que, pela falta de culpabilidade do agente, não poderá tecnicamente ser chamado de crime (sentido estrito).

Na verdade, o autor do *crime* anterior não precisa sequer ser conhecido, bastando a certeza de que o bem é produto de uma ação criminosa, para se caracterizar a receptação, sendo que, também **não** afasta a receptação a *extinção da punibilidade* (**Art. 107 CP**) do autor do crime, do qual proveio o objeto material receptado.

2.24.1.2 Tipo subjetivo

A *receptação*, diferentemente da maioria dos crimes patrimoniais, **admite a forma culposa**, prevista no § 3º **do artigo 180**, porém o tipo fundamental é *doloso* e consiste na vontade consciente de praticar uma das condutas tipificadas sobre coisa, produto de crime anterior, desde que o agente efetivamente conheça sua origem criminosa.

A **receptação culposa (art. 180, § 3º, do CP)** ocorre em face de coisa que, por sua natureza ou pela desproporção entre o valor e o preço, ou pela condição de quem oferece, deve presumir-se obtida por meio criminoso.

Além do **dolo**, o **tipo subjetivo** exige que o crime seja praticado "em proveito próprio ou alheio", mas não em favor do próprio autor do crime anterior, ou seja, exige-se o *animus lucrandi* (**elemento subjetivo especial**), sendo esta a principal diferença entre a *receptação* e o crime de *favorecimento real* (**Art. 349 CP**), já que neste a conduta típica visa favorecer **apenas o próprio autor do crime precedente**.

Em suma, podemos diferenciar a **Receptação X favorecimento real (Art. 349 CP)** da seguinte forma:

- No crime de **favorecimento real**, o agente visa apenas beneficiar, ajudar, exclusivamente o *autor do crime anterior*, tornando seguro o proveito deste crime, e **não** há a intenção de obter vantagem para a si próprio ou a outrem (3º diverso do autor do fato), como necessariamente deve ocorrer na *receptação*.

2.24.1.3 Consumação e Tentativa

A **consumação** ocorre, na *receptação própria*, com a tradição da coisa (aquisição ou recebimento) ou com a efetiva ocultação, condução ou transporte do produto de crime (**crime material**).

Percebe-se que nos dois primeiros verbos, o *crime é instantâneo* e nas três condutas subsequentes trata-se de *crime permanente*, cuja consumação se prolonga por certo tempo, sendo que, a **tentativa** é plenamente possível, pois todas as condutas podem ser fracionadas e interrompidas por motivos alheios à vontade do agente (**crime plurissubsistente**).

Podemos ressaltar alguns pontos específicos a respeito do crime de **receptação** que podem gerar dúvidas, evitando, assim, equívocos a respeito da tipificação de certas condutas, são eles:

a) Se a infração anterior for uma *contravenção penal* **não** haverá crime de receptação.

b) O crime anterior **não** precisa estar previsto no título dos crimes contra o patrimônio, para que se caracterize a receptação do bem.

c) Não há receptação de *bem imóvel* (**STF**).

d) É admissível a *receptação de receptação*, ou seja, o sujeito recebe um bem que sabe ter sido receptado, como produto de um crime anterior, por quem lhe passou este bem. (**Receptação em cadeia**).

2.24.1.4 Receptação imprópria (Art. 180, 2ª parte CP)

2.24.1.4.1 Tipo objetivo

Configura crime a conduta de *influir* para que terceiro de boa-fé a adquira, receba ou oculte, sendo que, a aquisição, o recebimento ou a ocultação da coisa pelo terceiro de boa-fé é **fato atípico**, porém, caso o terceiro esteja de *má-fé*, este será punido pelo crime de **receptação própria** e o influenciador responderá como seu *partícipe*.

2.24.1.4.2 Consumação e tentativa

A **consumação** na receptação imprópria ocorre com o ato de *influenciar*, ainda que o terceiro de boa-fé não receba a coisa ou a oculte, sendo, portanto, um **crime formal** e, nesta modalidade, a doutrina majoritária nega a possibilidade de **tentativa**, pois considera a conduta inflacionável (**crime unissubsitente**).

2.24.1.5 Receptação qualificada (Art. 180, § 1º, do CP)

A forma **qualificada** de receptação, punida com pena de *reclusão de 3 a 8 anos e multa*, ocorre em face de coisa que o agente *deve saber ser produto de crime* no exercício de atividade comercial ou industrial.

A **receptação qualificada**, diferentemente da forma simples do crime, prevê que haverá crime quando o sujeito ativo "*deve saber*" da origem criminosa do bem, ou seja, não se exige a certeza sobre a procedência ilícita da coisa para caracterizar a receptação qualificada, bastando que o agente atue com **dolo eventual**, assumindo o risco de obter um bem ilícito, produto de crime, para que possa responder pela receptação qualificada.

Neste caso, trata-se de **crime próprio**, e o **sujeito ativo** deve ser alguém ligado às atividades de *comerciante* ou *industrial* (ou seja, deve se tratar de empresário) além disso, que o crime seja praticado no desempenho destas atividades comerciais ou industriais.

De acordo com o **Art. 180, § 2º, do CP** equipara-se à *atividade comercial* o comércio irregular ou clandestino, inclusive o exercido em residência, desde que possuam habitualidade e a intenção de lucro.

2.24.2 Perdão judicial e receptação privilegiada (Art. 180, § 5º, do CP)

Aplica-se o **perdão judicial**, como *causa de extinção da punibilidade*, somente na *receptação culposa*, se o criminoso for primário e outras circunstâncias demonstrem uma menor reprovabilidade a sua conduta, podendo então o juiz deixar de aplicar a pena no caso concreto.

Já na *receptação dolosa* não cabe o **perdão judicial**, porém, esta admite a aplicação do disposto no **§ 2º do Art. 155 do CP** (forma privilegiada do furto) para que haja uma redução da pena, de *um a dois terços* e a substituição da *reclusão* pela *detenção*, ou a aplicação somente da pena de *multa*.

2.24.3 Receptação "qualificada" (Art. 180, § 6º, do CP)

Na verdade, trata-se de uma causa de aumento de pena, que será aplicada em *dobro*, tanto para a *receptação própria* quanto na *imprópria* (**Art. 180 *caput* CP**) se a coisa receptada for bem do patrimônio da União, Estado, Distrito Federal, Município, autarquia, fundação pública, empresa pública, empresa concessionária de serviços públicos ou sociedade de economia mista. Porém, a doutrina majoritária entende que este dispositivo **não tem incidência** sobre os **parágrafos 1º (receptação qualificada)** e **3º (receptação culposa)** do **Art. 180 CP.**

2.24.4 Receptação de animais (Art. 180-A do CP)

2.24.4.1 Tipo objetivo

Este "novo" dispositivo penal considera como crime a conduta de "*adquirir, receber, transportar, conduzir, ocultar, ter em depósito ou vender, com a finalidade de produção ou de comercialização, semovente domesticável de produção, ainda que abatido ou dividido em partes, que deve saber ser produto de crime*".

O **Art. 180-A do CP**, criado pela **Lei 13.330/2016**, estabelece como crime de **receptação qualificada** a conduta específica de quem receptar os *animais* definidos como "semovente domesticável de produção", seja este semovente receptado vivo ("em pé") ou abatido, ou mesmo abatido e seccionado em partes.

2.24.4.2 Tipo subjetivo

Para a caracterização desta nova forma de receptação **não** basta a realização dolosa das condutas previstas, exige-se a presença do *elemento subjetivo especial*, qual seja, a especial finalidade de "produção ou comercialização" no que tange ao animal receptado.

Também merece destaque o **elemento subjetivo** do tipo presente na expressão "que deve saber ser produto de crime", não se exigindo que o agente saiba efetivamente da origem criminosa do gado, mas que apenas "devesse saber", neste caso, o legislador aceitou tanto o *dolo direto* quanto o *dolo eventual*, para que haja esta modalidade de receptação.

Comparativamente às demais modalidades de receptação qualificada o **Art. 180-A do CP** é mais amplo, pois **não** prevê especificamente a necessidade de que a conduta se dê no exercício da atividade comercial ou industrial, exigindo apenas a finalidade de produção ou comercialização, que pode ser esporádica ou mesmo amadora.

Disposições gerais (Imunidades Penais – Escusas Absolutórias)

As imunidades absolutas, também chamadas de **escusas absolutórias**, são *causas pessoais de isenção da pena*, definidas exclusivamente por critérios de política criminal, visando preservar a relação familiar no que tange a algumas condutas típicas relacionadas ao patrimônio, assim como o **Código Penal** também faz, especificamente, na conduta prevista no *Art. 348, § 2º, do CP (Favorecimento pessoal)*.

3.1 ESCUSAS ABSOLUTÓRIAS (IMUNIDADE PENAL ABSOLUTA – ART. 181 DO CP)

De acordo com o **Art. 181 CP** estará <u>isento de pena</u> quem cometer qualquer dos crimes previstos neste título (*Título II – Crimes contra o patrimônio*), em prejuízo de:

A) **Cônjuge:** é a pessoa casada, seja pelo casamento civil ou no religioso com efeitos civis.

Logo, depois do divórcio, não há mais como aplicar a escusa, pois ocorre a dissolução do vínculo conjugal.

Quanto à *união estável*, aplica-se também a **escusa absolutória** durante a relação, isto em face de uma analogia *in bonam partem* à relação conjugal formal, expressamente prevista.

B) **Ascendente e Descendente:** trata-se do parentesco em linha reta (pais, filhos, avós, netos etc.).

Sendo que, a partir da *Constituição Federal*, que estabeleceu a igualdade entre os filhos naturais e adotivos (**Art. 227, § 6º CF**), **não há** razão para se diferenciar qualquer espécie de vínculo como legítimo ou ilegítimo, natural ou civil, para limitar a aplicação desta escusa absolutória.

Quanto à **natureza jurídica** das **escusas** absolutórias embora haja muita divergência na doutrina, prevalece o entendimento de que se trata de *causa pessoal de exclusão da punibilidade e de afastamento da responsabilidade penal*.

A *escusa absolutória* é instituto de *caráter pessoal* e, portanto, *incomunicável* aos demais *participantes* (coautores ou partícipes) do crime, portanto, só se aplica ao próprio agente que preencha as condições pessoais para estar isento de pena.

Além disso, há algumas outras restrições a possibilidade de aplicação da escusa absolutória, previstas no **Art. 183 do CP**, que analisaremos mais adiante.

3.2 CONDIÇÃO DE PROCEDIBILIDADE (IMUNIDADE RELATIVA – ART. 182 DO CP)

As hipóteses previstas no **Art. 182 do CP** não isentam o agente de pena, mas, apenas estabelecem uma **condição de procedibilidade**, qual seja, a representação do ofendido, para a propositura da ação penal pelo Ministério Público nos crimes contra o patrimônio (não violentos), sendo que, isto ocorre em face de certas relações específicas entre o autor do fato e a vítima do crime patrimonial perpetrado.

Sendo assim, a **ação penal** será **pública condicionada à representação**, se qualquer dos crimes previstos nesse título (*crimes patrimoniais*), respeitadas as restrições impostas pelo *Art. 183 do CP* (que estudaremos a seguir), for cometido em prejuízo de certas pessoas, são elas:

– **Cônjuge judicialmente separado**: O *desquite* não mais existe no direito civil e, portanto, o dispositivo se restringe à *separação judicial*, não abrangendo a *separação apenas de fato*, hipótese de imunidade absoluta.

– **Irmão**: Importante lembrar que de acordo com o *Art. 227, § 6º, da CF* é irrelevante a distinção entre irmãos legítimos e ilegítimos.

– **Tio ou sobrinho, com quem o agente** *coabita*: Neste caso **não** é necessário que o crime ocorra no local de coabitação, sendo que, coabitar significa morar conjuntamente, e isto não alcança a relação de hospitalidade transitória.

3.3 EXCLUSÃO DAS IMUNIDADES (ART. 183 DO CP)

As imunidades penais *absolutas e relativas* anteriormente mencionadas **não** serão aplicadas nas seguintes hipóteses:

I – se o crime é de roubo ou de extorsão, ou quando haja emprego de grave ameaça ou violência à pessoa;

II – ao estranho que participa do crime;

III – se o crime é praticado contra pessoa com idade igual ou superior a 60 anos.

Na primeira restrição não importa se o *roubo é próprio ou impróprio*, ou mesmo se a *extorsão é direta* ou *indireta*, porém, embora haja divergência, acreditamos que nada impede a aplicação das escusas quando o agente pratica o *roubo* ou a *extorsão* por meio de *outros modos de redução da capacidade de resistência* (Ex: usando drogas – violência imprópria), já que, em seguida, este inciso se refere genericamente e expressamente aos empregos de "violência ou grave ameaça à pessoa" que não integram estas demais formas de roubo e extorsão.

Quanto ao estranho que comete o crime em *coautoria* ou *participação* com o agente beneficiado pelas escusas, este **não** pode ser também beneficiado por elas, e responderá normalmente pelo fato, já que as **escusas absolutórias** se fundamentam nos laços familiares *personalíssimos* entre autor e vítima, sendo, portanto, **incomunicáveis**.

Por fim, a última restrição às escusas se baseia na maior proteção que deve ser dada aos idosos, tendo sido incluída no *Código Penal* pelo **Estatuto do Idoso (Lei nº 10.741/03)**. Logo, independentemente da relação de parentesco, ou matrimonial, com o autor, se a vítima possuir idade **igual ou superior a 60 anos**, o sujeito ativo responderá normalmente pelo crime patrimonial praticado contra ela.

Dos crimes contra a propriedade imaterial

O **Título III da Parte Especial** dispõe sobre os crimes contra a propriedade imaterial, sendo que a **Lei nº 9.279/96** <u>revogou</u> as disposições do Código Penal (**Arts. 187 a 196**) quanto aos *crimes contra o privilégio de invenção*, os *crimes contra as marcas de indústria e comércio*, os *crimes de concorrência desleal*.

A **Lei nº 9.279/96** passou também a estabelecer os *crimes contra a propriedade industrial*, os *crimes contra os desenhos industriais*, os *crimes contra as patentes*, os *crimes contra as marcas*, os *crimes cometidos por meio de marca, título de estabelecimento e sinal de propaganda*; os *crimes de concorrência desleal*, e os *crimes contra as indicações geográficas*, e como dissemos **revogou expressamente** os **Art. 187 até Art. 196 do CP**.

O **Código Penal** trata, ainda, apenas de um único *crime contra a propriedade intelectual* (**Art. 184 CP**), que é o delito de *violação de direito autoral* e os que lhe são conexos, sendo que, a **Lei nº 10.695/2003** alterou a redação do **Art. 184 CP** (violação de direitos autorais) e do **Art. 186 CP**, revogando ainda o **Art. 185 CP**.

4.1 DOS CRIMES CONTRA A PROPRIEDADE INTELECTUAL

4.1.1 Violação de Direito Autoral (Art. 184 CP)

4.1.1.1 Tipo objetivo

Este tipo penal tutela os interesses econômicos e morais do autor sobre sua obra, ou seja, seus direitos autorais, que recebem não só a proteção do direito criminal, mas também da Constituição Federal, como direito individual (**Art. 5º Inc. XXVII**).

Trata-se de **crime comum**, que pode ser praticado por qualquer pessoa, porém, o **sujeito passivo** é o criador, o autor da obra violada, ou seus herdeiros (direitos autorais são transmissíveis com a morte), bem como terceiros para quem o autor ou seus sucessores tenham realizado cessão de direitos (Art. 49 Lei nº 9.610/98).

O tipo penal prevê a conduta de *"violar direitos de autor e os que lhe são conexos"*, e isso abrange o **interesse econômico e moral** que são reconhecidos em lei ao autor de qualquer obra intelectual nacional ou estrangeira.

Pode-se dizer que os **direitos autorais** são violados por meio de *publicação*, *alteração* ou *reprodução abusiva* (contrafação), incluindo-se nesta o excedente do contratado, bem como a tradução não consentida e o famoso plágio.

4.1.1.2 Consumação e tentativa

A **consumação** ocorre com a efetiva publicação, alteração ou reprodução abusiva da obra (**crime material**) e **tentativa** é plenamente admitida, pois a conduta típica é *pluris-subsistente*.

4.1.2 Violação de direito autoral pela reprodução lucrativa da obra (Art. 184 § 1º CP)

Se a violação consistir em reprodução total ou parcial, com *intuito de lucro direto ou indireto* (**especial fim de agir**), por qualquer meio ou processo, de obra intelectual, interpretação, execução ou fonograma, sem autorização expressa do autor, do artista intérprete ou executante, do produtor, conforme o caso, ou de quem os represente (**§ 1º**), considera-se o **crime qualificado**, e a pena será de *2 a 4 anos de reclusão além da multa*.

O tipo penal também prevê, em seu **parágrafo 2º**, *a negociação não autorizada de obra intelectual*, forma qualificada deste crime, recebendo a <u>mesma pena</u> do **parágrafo 1º**, quem, com o *intuito de lucro direto ou indireto*, distribui, vende, expõe à venda, aluga, introduz no País, adquire, oculta, tem em depósito, original ou cópia de obra intelectual ou fonograma reproduzido com violação do direito de autor, do direito de artista intérprete ou executante ou do direito do produtor de fonograma, ou, ainda, aluga original ou cópia de obra intelectual ou fonograma, sem a expressa autorização dos titulares dos direitos ou de quem os represente.

Já o **parágrafo 3º** deste tipo estabelece pena de *reclusão, de 2 (dois) a 4 (quatro) anos, e multa*, se a violação consistir no oferecimento ao público, mediante cabo, fibra ótica, satélite, ondas ou qualquer outro sistema que permita ao usuário realizar a seleção da obra, ou produção para recebê-la, em um tempo e lugar previamente determinados por quem formula a demanda, com intuito de lucro, direto ou indireto, sem autorização expressa, conforme o caso, do autor, do artista intérprete ou executante, do produtor de fonograma, ou de quem os represente.

Neste caso, considera-se o **crime formal** e a **consumação** ocorre apenas com a publicidade do oferecimento, mesmo que ninguém venha a se beneficiar pela oferta, já a **tentativa** é admissível, bastando que, apesar de formulada a oferta, esta não chegue ao conhecimento público (*crime plurissubsistente*).

Por fim, de acordo com o **parágrafo 4º** deste dispositivo, os **§§ 1º, 2º e 3º** <u>não se aplicam</u> quando se tratar de *exceção* ou *limitação* ao direito de autor, ou os que lhe são conexos (Lei nº 9.610/98), nem à cópia de obra intelectual ou fonograma, em um só exemplar, para uso privado do copista, sem intuito de lucro direto ou indireto.

4.1.3 Ação penal (Art. 186 CP)

Neste crime (Art. 184 CP) a ação penal poderá ocorrer das seguintes formas (**Art. 186 do CP**):

I – **Ação penal privada**, mediante queixa, nos crimes previstos no <u>*caput* do Art. 184 CP</u>.

II – **Ação penal pública incondicionada** (regra geral), nos crimes previstos nos <u>§§ 1º e 2º do Art. 184 CP</u>.

III – **Ação penal pública incondicionada** (regra geral), nos crimes cometidos em desfavor de entidades de direito público, autarquia, empresa pública, sociedade de economia mista ou fundação instituída pelo Poder Público;

IV – **Ação penal pública condicionada à representação**, nos crimes previstos no <u>§ 3º do Art. 184 CP.</u>

DOS CRIMES CONTRA A ORGANIZAÇÃO DO TRABALHO

Os crimes contra a organização do trabalho se encontram inscritos nos **artigos 197 a 207 do CP**, porém, existem crimes contra a organização do trabalho que não estão definidos neste título (Ex: redução à condição análoga à de escravo (Art. 149 do CP).

De acordo com o **Art. 109 da CF**, compete aos *juízes federais* processar e julgar os crimes contra a organização do trabalho (**inciso VI**), entretanto, de acordo com o **STF** e **STJ**, para que o crime seja da **competência da Justiça federal** deverá ofender o sistema de órgãos e instituições que preservam, coletivamente, os direitos dos trabalhadores, e se a *lesão é individualizada*, caracteriza-se a **competência da justiça estadual**.

5.1 ATENTADO CONTRA A LIBERDADE DE TRABALHO (ART. 197 DO CP)

O **bem jurídico** tutelado por este crime é a *liberdade trabalhista*, ou seja, a livre escolha de qualquer trabalho, profissão, arte, ofício ou indústria, desde que lícitos, que um indivíduo deseje exercer, bem como o direito de trabalhar, ou não, em certos dias ou em determinados períodos.

5.1.1 Tipo objetivo

São condutas típicas deste crime, expressamente previstas na lei:

1ª) Constranger alguém, mediante violência ou grave ameaça, a exercer ou não exercer arte, ofício, profissão ou indústria.

Aqui o crime se **consuma** no momento em que alguém exerce ou deixa de exercer, ofício, profissão ou indústria, e a **pena** prevista é de *1 mês a 1 ano de detenção*, ou *multa* (além da pena correspondente a violência).

2ª) Constranger alguém, mediante violência ou grave ameaça, a trabalhar ou não trabalhar durante certo período ou em determinados dias.

Aqui o crime se **consuma** no momento em que alguém trabalha ou deixa de trabalhar em certo período ou em determinados dias, e a **pena** prevista também é de *1 mês a 1 ano de detenção*, ou *multa* (além da pena correspondente a violência)

3ª) Constranger alguém, mediante violência ou grave ameaça, a abrir ou fechar o seu estabelecimento de trabalho.

Neste caso, o **sujeito passivo** é o proprietário do estabelecimento de trabalho, a **pena** será de *3 meses a 1 ano de detenção*, ou *multa* (além da pena correspondente a violência) e o crime se **consuma** com a abertura ou o fechamento do estabelecimento de trabalho.

4ª) Constranger alguém, mediante violência ou grave ameaça, a participar de parede.

Aqui o dispositivo de refere ao *direito de greve* ("parede") – Lei 7.783/89-, e o grevista deve induzir o seu colega a participar da greve, e a pena será de *3 meses a 1 ano de detenção*, ou *multa* (além da pena correspondente a violência)

5ª) Constranger alguém, mediante violência ou grave ameaça, a participar de paralisação de atividade econômica.

O **sujeito passivo** é o proprietário do estabelecimento de trabalho e ocorrerá a consumação com a efetiva paralisação da atividade econômica (crime material), e a pena também será de *3 meses a 1 ano de detenção*, ou *multa* (além da pena correspondente a violência)

5.2 ATENTADO CONTRA A LIBERDADE DE CONTRATO DE TRABALHO E BOICOTAGEM VIOLENTA (ART. 198 DO CP)

Nestes crimes tutela-se a *liberdade de contratar livremente*, bem como a normalidade das *relações de trabalho*, sendo que, trata-se de **crime comum** em que qualquer pessoa pode ser o **sujeito ativo** (empregado, empregador ou terceiro), não se exigindo nenhuma qualidade especial do agente.

Já o **sujeito passivo** é apenas quem sofre a coação, ou então quem sofre a coação e quem sofre a boicotagem (*2ª parte*), que são pessoas diferentes.

5.2.1 Tipo objetivo e subjetivo

Configura este crime a conduta de *constranger alguém, mediante violência ou grave ameaça, a celebrar contrato de trabalho*, sendo que, curiosamente a lei não previu como crime a *conduta de impedir*, mediante violência ou grave ameaça, que se celebre um contrato de trabalho, razão pela qual, aqui, está conduta será considerada **atípica**, podendo apenas ser enquadrada de forma genérica no crime de **constrangimento ilegal** (Art. 146 CP).

Desta forma, a conduta dolosa de constrangimento deve se dar com o seguinte fim específico, **elemento subjetivo especial** (*especial fim de agir*):

(a) celebrar contrato de trabalho.

(b) não fornecer a outrem matéria-prima, ou produto industrial ou agrícola (espécie de boicotagem violenta).

(c) não adquirir de outrem matéria-prima, ou produto agrícola ou industrial (espécie de boicotagem violenta).

5.2.2 Consumação e tentativa

O crime se **consuma** com a assinatura do contrato de trabalho (**1ª parte**) – **crime material** – ou simplesmente com a omissão da pessoa coagida (**2ª e 3ª parte**) – **crime formal** – sendo que, a **tentativa** é, via de regra, admissível (*crime plurissubsistente*).

5.3 ATENTADO CONTRA A LIBERDADE DE ASSOCIAÇÃO (ART. 199 DO CP)

Neste tipo penal o **bem jurídico** tutelado é a *liberdade de associação*, sendo considerado crime o *constrangimento*, mediante violência ou grave ameaça, para que a vítima participe de sindicado, ou associação sindical <u>determinada.</u>

Trata-se de **crime comum** e qualquer pessoa pode praticar a conduta típica, ainda que não seja ligada ao sindicato ou associação, porém, caso o **sujeito ativo** seja *funcionário público*, de acordo com algumas características, pode estar configurado o crime de *abuso de autoridade*.

Não se configura o crime se o constrangimento visar que a vítima participe ou não de sindicato ou de associação profissional *indeterminados* e, neste caso, poderá se aplicar, de forma genérica, somente o crime de **constrangimento ilegal** (Art. 146 CP).

5.3.1 Consumação e tentativa

A **consumação** se dá quando a vítima adota a postura exigida pelo agente (*crime material*) participando ou se associando a determinado sindicato, logo, a **tentativa** é plenamente possível (*crime é plurissubsistente*).

5.4 PARALISAÇÃO DE TRABALHO, SEGUIDA DE VIOLÊNCIA OU PERTURBAÇÃO DA ORDEM (ART. 200 DO CP)

5.4.1 Tipo objetivo

O tipo penal prevê como crime a conduta de *participar de suspensão ou abandono coletivo de trabalho, praticando violência contra pessoa ou contra coisa.*

De acordo com o **parágrafo único** deste dispositivo o abandono coletivo do trabalho exige-se o concurso de, no *mínimo*, três empregados, já na suspensão coletiva de trabalho causada pelos empregadores, como não há previsão expressa quanto ao número de agentes, exige-se somente o concurso de mais de uma pessoa.

Quanto ao *abandono coletivo de trabalho* podem cometer este crime somente os empregados que participam do movimento (**crime próprio**), praticando atos violentos, ou concorrendo para eles, sendo que, aqueles que ingressam na greve sem atuação violenta ou sem ao menos estimular tais atos não podem ser responsabilizados criminalmente.

Já o **sujeito passivo** será a pessoa que sofrer o ato de violência ou tiver seus bens atingidos.

5.4.2 Consumação e Tentativa

A **consumação** ocorre com a efetiva prática da violência durante a *greve* (abandono coletivo) ou "*lockout*" (greve patronal), tratando-se, portanto, de *crime material* e, por isso, admite-se plenamente a **tentativa** (*crime plurissubsistente*).

5.5 PARALISAÇÃO DE TRABALHO DE INTERESSE COLETIVO (ART. 201 DO CP)

5.5.1 Tipo objetivo

O tipo penal prevê como crime, punido com *pena de 6 meses a 2 anos de detenção, e multa*, a conduta de *"participar de suspensão ou abandono coletivo de trabalho, provocando a interrupção de obra pública ou serviço de interesse coletivo"*.

Trata-se de **crime comum** que poderá ser praticado por qualquer pessoa, sendo que, tanto o empregado quanto o empregador podem praticar o crime, enquanto não há um **sujeito passivo** determinado, mas sim a coletividade, gerando o que a doutrina costuma chamar de *"crime vago"*.

5.5.2 Consumação e tentativa

A **consumação** ocorre com a interrupção da obra ou do serviço (**crime material**) e a **tentativa**, é plenamente admitida (**crime plurissubsistente**).

Por fim, é importante lembrar que esse crime deve ser interpretado de acordo com o **Art. 9º da CF**, que estabelece que *lei ordinária* definirá os serviços ou atividades essenciais e disporá sobre o atendimento das necessidades inadiáveis da comunidade, e infelizmente esta norma ainda permanece sem regulamentação.

5.6 INVASÃO DE ESTABELECIMENTO INDUSTRIAL, COMERCIAL OU AGRÍCOLA. SABOTAGEM (ART. 202 DO CP)

5.6.1 Tipo objetivo e subjetivo

Neste crime o **bem jurídico** protegido é a *organização do trabalho*, de forma direta, mas também são tutelados indiretamente a *liberdade individual*, o *patrimônio* e a *economia nacional*.

O tipo penal prevê as seguintes condutas distintas:

(a) invadir estabelecimento industrial, comercial ou agrícola;

(b) ocupar os mesmos estabelecimentos;

(c) danificar o estabelecimento ou as coisas nele existentes;

(d) dispor das coisas existentes no estabelecimento.

Além do **dolo**, em todas essas condutas existe o *especial fim de agir* (**elemento subjetivo especial**) que é "*o intuito de impedir ou embaraçar o curso normal do trabalho*", sendo que, nas letras *c* e *d* ocorre o que se chama de *sabotagem*.

5.6.2 Consumação e Tentativa

A **consumação** ocorre com a efetiva invasão ou ocupação, ou quando os bens são danificados ou se ocorre qualquer negócio caracterizador da disposição, independentemente de se obter o especial fim visado, que é impedir ou embaraçar o trabalho (**crime formal**), sendo que, a **tentativa** é plenamente possível, já que todas as condutas podem ser fracionadas (*crime plurissubsistente*).

5.7 FRUSTRAÇÃO DE DIREITO ASSEGURADO POR LEI TRABALHISTA (ART. 203 DO CP)

5.7.1 Tipo Objetivo

Esse tipo penal considera como crime, punido com *pena de detenção de 1 a 2 anos*, e *multa* (além da pena correspondente a violência) a conduta de *frustrar, mediante fraude ou violência, direito assegurado pela legislação do trabalho*.

O **Art. 203 § 1º CP** prevê a mesma pena para quem:

I – Obriga ou coage alguém a usar mercadorias de determinado estabelecimento, para impossibilitar o desligamento do serviço em virtude de dívida;

II – Impede que alguém de se desligar de serviços de qualquer natureza, mediante coação ou por meio da retenção de seus documentos pessoais ou contratuais.

Enquanto o **parágrafo 2º**, do mesmo artigo, estabelece que a pena é aumentada de *1/6 (um sexto) a 1/3 (um terço)* se a vítima é menor de 18 (dezoito) anos, idosa, gestante, indígena ou portadora de deficiência física ou mental.

Trata-se de **norma penal em branco**, já que as condutas recaem sobre direitos assegurados pela legislação trabalhista, que <u>não</u> estão delimitados no Código Penal, e o crime só ocorre se a frustração é violenta ou fraudulenta, <u>não</u> se impondo nenhuma punição criminal em face de mero descumprimento das normas trabalhistas.

5.7.2 Consumação e Tentativa

Este crime se **consuma** no momento em que o direito trabalhista é frustrado através da prática das condutas previstas no tipo, independentemente do empregador conseguir qualquer fim visado através da frustração dos direitos (**crime material**).

Já na segunda modalidade do crime (**§ 1º**), a **consumação** se dá no momento em que o trabalhador é coagido a usar as mercadorias ou é impedido de se desligar do serviço, sendo, via de regra, admissível se falar em **tentativa** quando as condutas forem fracionáveis (*crime plurissubsistente*).

5.8 FRUSTRAÇÃO DE LEI SOBRE A NACIONALIZAÇÃO DO TRABALHO (ART. 204 DO CP)

5.8.1 Tipo objetivo

Considera-se crime, com pena de *detenção de 1 mês a um ano*, e *multa* (além da pena correspondente a violência), a conduta daquele que *frustrar, mediante fraude ou violência, obrigação legal relativa à nacionalização do trabalho*, sendo que o bem jurídico tutelado é o interesse do Estado na nacionalização do trabalho, e a proteção das regras do mercado de trabalho nacional.

Importante lembrar que para haver crime a conduta deve ser praticada *mediante fraude ou violência a pessoa* e, tratando-se de **norma penal em branco**, este crime dependente das regras previstas na legislação trabalhista para se especificar quais as obrigações relativas à nacionalização do trabalho (proteção da mão de obra nacional).

5.8.2 Consumação e tentativa

O crime se **consuma** com a efetiva frustração do direito do trabalhador (**crime material**) e a **tentativa** é plenamente admitida já que as condutas podem, via de regra, ser fracionadas (*crime plurissubsistente*).

5.9   EXERCÍCIO DE ATIVIDADE COM INFRAÇÃO DE DECISÃO ADMINISTRATIVA (ART. 205 DO CP)

5.9.1   Tipo objetivo

Esse tipo penal prevê como crime, punido com *pena de 3 meses a 2 anos de detenção,* ou *multa*, a conduta de *exercer atividade, de que está impedido por decisão administrativa.*

O **sujeito ativo** é a pessoa que está impedida, por decisão administrativa, de exercer atividade (**crime próprio**), se tratando de uma espécie de *desobediência "qualificada"*, prevista separadamente, e o **sujeito passivo** será o *Estado.*

Seu objeto é especificamente relacionado aos *crimes contra a organização do trabalho,* e não dos crimes contra a administração pública de uma forma geral, porém, se a decisão for judicial, e não só administrativa, a conduta poderá configurar o crime do **Art. 359 do CP (Desobediência a decisão judicial).**

5.9.2   Consumação e tentativa

A **consumação** se dá quando há o efetivo exercício da atividade proibida pelo agente (**crime material**), sendo que, embora haja divergência, não se exige a prática habitual, admitindo-se, então, a **tentativa** (*crime plurissubsistente*).

5.10 ALICIAMENTO PARA O FIM DE EMIGRAÇÃO (ART. 206 DO CP) E ALICIAMENTO DE TRABALHADORES DE UM LOCAL PARA OUTRO DO TERRITÓRIO NACIONAL (ART. 207 DO CP)

5.10.1 Tipo objetivo

Considera-se como crime, punido com *pena de detenção de 1 a 3 anos, e multa, a conduta de "recrutar trabalhadores, mediante fraude, com o fim de levá-los para território estrangeiro"* (**Art. 206 CP**).

A conduta de *aliciar trabalhadores, com o fim de levá-los de uma para outra localidade do território nacional, bem como recrutar trabalhadores fora da localidade de execução do trabalho, dentro do território nacional, mediante fraude ou cobrança de qualquer quantia do trabalhador, ou, ainda, não assegurar condições do seu retorno ao local de origem*, prevista no **Art. 207 CP** será punida com *pena de 1 a 3 anos de detenção, e multa*.

Nestes crimes o **bem jurídico** tutelado é a *permanência de trabalhadores no país*, e ainda o *interesse público* em manter mão de obra ativa no País (Art. 206 CP) ou em impedir a *migração injustificada* de mão de obra dentro do território nacional (Art. 207 CP), evitando, assim, se prejudicar a economia nacional.

Para que haja crime, nesses dois tipos é preciso que o agente atue com emprego de *fraude*, enganando os trabalhadores quanto a realidade do trabalho a ser exercido no exterior (Art. 206 CP) ou em outra localidade no território nacional (Art. 207 CP).

No que tange ao crime previsto no **Art. 207 CP** o **parágrafo 1º** o tipo prevê duas condutas equiparadas ao tipo penal fundamental, quais sejam, o *recrutamento* de trabalhadores fora da localidade de execução do trabalho, mas dentro do território nacional, mediante fraude ou cobrança de qualquer quantia, e a conduta de *não assegurar condições* de retorno ao seu local de origem.

5.10.2 Consumação e tentativa

A **consumação** ocorre com o simples recrutamento, ainda que não haja a transposição de fronteiras (Art. 206 CP), ou de limites territoriais entre Estados da Federação (Art. 207 CP) pelos trabalhadores, tratando-se, portanto, de **crime formal** que se consuma com o simples aliciamento, independentemente da obtenção do resultado (emigração – saída), sendo a **tentativa** plenamente possível (*crime plurissubsistente*).

Por fim, importante lembrar que o **parágrafo 2º do Art. 207 do CP**, prevê uma *causa de aumento de pena* de 1/6 a 1/3 se a vítima é menor de 18 anos, idosa, gestante, indígena ou portadora de deficiência física ou mental.

DOS CRIMES
CONTRA O SENTIMENTO RELIGIOSO E
CONTRA O RESPEITO AOS MORTOS

Neste título são tutelados a *liberdade de crença e culto*, bens jurídicos fundados em direitos individuais constitucionais, o *respeito* pela dor familiar em face da morte de um ente querido, a memória dos mortos e a dignidade familiar, e não somente "sentimentos" como o nome do primeiro capítulo deste título pode fazer parecer.

6.1 DOS CRIMES CONTRA O SENTIMENTO RELIGIOSO

6.1.1 Ultraje a culto e impedimento ou perturbação de ato a ele relativo (Art. 208 CP)

6.1.1.1 Tipo objetivo

Neste tipo penal são consideradas como crime, com *pena detenção de 1 mês a 1 ano*, ou *multa*, além da pena correspondente a violência (caso isto ocorra), as seguintes condutas:

a) escarnecer de alguém publicamente, por motivo de crença ou função religiosa:

Aqui o tipo visa evitar que alguém zombe, ridicularize, faça pouco de alguém (pessoa determinada) publicamente, em razão da sua crença ou religião.

De acordo com a maioria da doutrina não é necessária a presença do ofendido e o crime se **consuma** com o escárnio, o simples ato de deboche, independentemente da obtenção do fim visado pelo autor (humilhação).

b) impedir ou perturbar cerimônia ou prática de culto religioso:

Impedir significa obstar o início ou o prosseguimento do culto religioso, enquanto *perturbar* é tumultuar, sendo que, a tipificação desta conduta se baseia na inviolabilidade da liberdade de consciência e de crença, e do seu livre exercício (**CF, art. 5º, VI**).

A **consumação** se dá com o efetivo impedimento ou perturbação da prática ou culto religioso (**crime material**).

c) vilipendiar publicamente ato ou objeto de culto religioso:

Vilipendiar significa menosprezar, ultrajar, desprezar, e isto pode ser praticado por quaisquer formas, seja por escrito, por símbolos, gestos, palavras etc., exigindo-se a *publicidade do ato*, e aqui a **consumação** se dá com a simples manifestação de desprezo, com o ultraje público.

A **tentativa** é possível em todas as condutas tipificadas, já que, via de regra, todas as condutas podem ser fracionadas (**crime plurissubsistente**).

Por fim, todas as condutas narradas terão suas penas aumentadas de *1/3* se houver emprego de *violência* na situação concreta, caracterizando-se assim uma **causa especial de aumento de pena**, sendo que, esse aumento não impede que as consequências desta violência sejam punidas autonomamente, em concurso com este crime.

6.2 DOS CRIMES CONTRA O RESPEITO AOS MORTOS

6.2.1 Impedimento ou perturbação de cerimônia funerária (art. 209 do CP)

6.2.1.1 Tipo objetivo

Considera-se crime, punido com pena de *detenção de 1 mês a 1 ano*, ou *multa*, além da pena correspondente a violência (caso isto ocorra) o que ainda gera aumento de *1/3* da pena deste crime, a conduta de *impedir ou perturbar enterro ou cerimônia funerária* atingindo assim o respeito aos mortos e o respeito pela dor familiar.

Trata-se de **crime comum** e o **sujeito ativo** pode ser qualquer pessoa, não se exigindo qualidades especiais do sujeito ativo, já o **sujeito passivo**, será a família e os amigos do morto, e todos que possuem algum sentimento de respeito para com a cerimônia fúnebre, mas também, de forma difusa, a coletividade, atingida em seus costumes e valores sociais (**crime vago**).

A nova **Lei 14.532/23** <u>não</u> revogou o referido crime de "Impedimento ou Perturbação de Cerimônia Funerária", e o **Art. 209 CP** continuará sendo aplicado para os casos de impedimentos ou perturbações de cerimônias funerárias que <u>não</u> tenham a conotação ou natureza de uma "manifestação ou prática religiosa".

Porém, importante ressaltar, no que tange às cerimônias funerárias que se caracterizem como "manifestações ou práticas religiosas" (católicas, evangélicas, espíritas, umbandistas, judaicas etc.), que a propósito são maioria, em face da previsão legal específica, trazida pela Lei 14.532/23, que criou o **artigo 20, § 2º-B da Lei 7.716/89**, prevalecerá a aplicação deste dispositivo, pela *regra da especialidade*, afastando-se o artigo 209 do Código Penal.

De acordo com o **Art. 209, parágrafo único do CP** se o crime for praticado mediante violência física, a pena será aumentada de *1/3*, além de o agente responder pelas lesões decorrentes da violência (**Ex:** lesão corporal), tratando-se, portanto, de causa especial de aumento de pena.

6.2.1.2 Consumação e Tentativa

Trata-se de **crime material** e a **consumação** ocorre quando o agente consegue efetivamente impedir o enterro ou a cerimônia, ou ainda quando a sua conduta efetivamente consegue atrapalhar a cerimônia e incomodar os presentes (perturbação).

A **tentativa** é plenamente *admissível* quando o agente inicie a conduta, mas não consiga efetivamente impedir ou perturbar o enterro ou cerimônia (**crime plurissubsistente**).

6.3 VIOLAÇÃO DE SEPULTURA (ART. 210 DO CP)

6.3.1 Tipo objetivo

Considera-se como crime, punido com pena de *reclusão de 1 a 3 anos*, e *multa*, *violar, abrir, destruir, devassar ou profanar sepultura ou urna funerária*, sendo que, embora o objeto material da conduta seja a sepultura ou a urna funerária, o **bem jurídico** tutelado é *liberdade de crença e culto*, o *respeito aos mortos* e até mesmo a *saúde pública*.

Este crime só poderá ocorrer se houver exposição do conteúdo da sepultura, razão pela qual é necessária a existência do cadáver na sepultura, caso contrário a conduta será *atípica* em face do **crime impossível (Art. 17 CP)**, pois não há lesão do *bem jurídico tutelado* (respeito aos mortos) se a sepultura estiver vazia, podendo, porém, haver outro crime (Ex: Dano – Art. 163 CP).

Trata-se de *crime comum*, que pode ser praticado por qualquer pessoa, e o **sujeito passivo** é a coletividade (*crime vago*), mais especificamente os amigos e familiares do morto, sendo que, este não figura como vítima, pois pessoa morta não é considerada titular de direitos.

Na hipótese de o agente violar a sepultura com o *fim específico de subtrair bens* que foram enterrados junto com o morto, há 3 entendimentos:

- Responde pela **violação de sepultura** em *concurso material* com o **crime de furto.**

- Responde apenas pelo **furto** (*qualificado por rompimento de obstáculo*), pois a **violação** ficaria *absorvida* como **crime-meio** (*consunção*).

- Responde apenas pela **violação de sepultura**, já que os objetos deixados na sepultura não podem ser classificados como *patrimônio alheio* (*res derelicta*) e o *furto* seria **atípico.**

6.3.2 Consumação e tentativa

A **consumação** ocorre com a efetiva violação ou profanação da sepultura ou urna funerária (**crime material**), e a **tentativa** é plenamente admissível, já que a conduta é *plurissubsistente*.

Lembrando que, como dissemos, caso o agente profane uma sepultura que esteja vazia **não** responderá pela *tentativa* deste crime, por se tratar de **crime impossível**, e o fato será **atípico** por impropriedade do objeto a ser atingido, podendo somente responder por outros crimes (**p. ex: Dano – Art. 163 CP**).

6.4 DESTRUIÇÃO, SUBTRAÇÃO OU OCULTAÇÃO DE CADÁVER (ART. 211 DO CP)

6.4.1 Tipo objetivo

Considera-se crime, punido com *pena de 1 a 3 anos de reclusão*, e *multa*, a conduta de *destruir, subtrair ou ocultar cadáver ou parte dele*, sendo que, qualquer pessoa pode praticar este crime (**crime comum**), enquanto o **sujeito passivo** será a coletividade (**crime vago**), especialmente a família e os amigos do morto.

A conduta de *ocultação* deve ocorrer <u>antes que o cadáver seja sepultado</u>, e caso seja praticada após o sepultamento, poderá ser enquadrada nas condutas de *destruição ou subtração do cadáver*, já a *subtração* pode vir a ser tipificada como crime de *furto* em hipótese em que o cadáver tenha valor patrimonial (Ex: corpo destinado a pesquisa em um laboratório, ou múmia em um museu).

Muito se questionou quanto aos limites deste crime no que tange a doação de órgãos e tecidos após a morte declarada, sendo que, isto está expressamente previsto e autorizado, quando para fins de pesquisa e também para transplante ou tratamentos médicos (Lei nº 9.434/97).

6.4.2 Consumação e tentativa

Este crime se **consuma** com a efetiva destruição, mesmo que parcial, do corpo ou, no caso de *subtração*, com o apossamento do corpo ou de partes deste, ou ainda, com o efetivo desaparecimento ou ocultação do cadáver (**crime material**), sendo a **tentativa** plenamente possível (*crime plurissubsistente*).

6.5 VILIPÊNDIO A CADÁVER (ART. 212 DO CP)

6.5.1 Tipo objetivo e subjetivo

Considera-se como crime, punido com *pena de detenção de 1 a 3 anos*, e *multa*, a conduta de *vilipendiar cadáver ou suas cinzas*, sendo que, vilipendiar significa desprezar, tratar como vil ou insignificante (Ex: abandonar o corpo em uma lata de lixo; cuspir no cadáver, prática de necrofilia, ou seja, atos sexuais com o cadáver).

A maioria da doutrina exige, além do **dolo**, a finalidade específica de ultrajar, desrespeitar memória do defunto e da dignidade de sua família (**elemento subjetivo especial do tipo**), o que pode limitar em alguns casos a tipificação de certas condutas, como a própria necrofilia, consideradas *atípicas* se praticadas sem este especial fim de agir.

6.5.2 Consumação e tentativa

A **consumação** ocorre com a simples prática do ato ultrajante (**crime formal**) e a **tentativa** é *possível*, quando a conduta for fracionável (*crime plurissubsistente*), e impossível quando a conduta não puder ser fracionada, ou seja, quando for *unissubsistente* (Ex: vilipêndio feito verbalmente).

Dos crimes
CONTRA A DIGNIDADE SEXUAL

No que tange aos crimes contra a dignidade sexual, nosso **Código Penal** sofreu uma grande modificação em seu **Título VI**, que prevê estes crimes de natureza sexual, antes sob a denominação de *crimes contra os costumes*, e agora chamados de *crimes contra a dignidade social*.

Esta mudança foi realizada através da **Lei 12.015, de 07 de agosto de 2009**, que na busca de atender aos anseios de nossa sociedade, para enrijecer o tratamento desta espécie de crime, acabou gerando mais problemas do que soluções, além de, em muitos pontos, ter gerado exatamente o efeito contrário do pretendido inicialmente pelo legislador que era de dar um tratamento mais rigoroso a estes crimes.

Muitas alterações foram feitas, com destaque para a extinção da antiga figura típica do atentado violento ao pudor (Art. 214 do CP), que foi englobado pela figura típica do estupro (Art. 213 do CP), para as alterações no âmbito da ação penal inerente aos crimes sexuais, para a extinção do conceito de *presunção de violência* (Art. 224 do CP), e ainda, para a total modificação de certos tipos penais, como ocorreu com a *Corrupção de menores* (Art. 218 do CP) e a criação de novas figuras típicas como o *Estupro de vulnerável* (Art. 217-A – do CP).

Como dissemos, a ideia inicial do legislador era a de endurecer o tratamento, ampliar o alcance e aumentar as punições para estas espécies de crime, entretanto, devido à falta de precisão técnica e de cuidado ao legislar, em muitas hipóteses "o tiro saiu pela culatra", e principalmente em face das repercussões destas mudanças, produto de certos institutos da parte geral do Direito Penal, como o *concurso de agentes* e o *concurso de crimes*, algumas das alterações acabaram gerando efeitos extremamente benéficos.

Mais recentemente, foram publicadas as **Leis 13.718/18 e 13.772/18,** que também apresentaram diversas modificações nos *crimes contra a dignidade sexual*.

A **Lei 13.718/18** apresentou a seguinte ementa: "*Tipifica os crimes de importunação sexual e de divulgação de cena de estupro; altera para pública incondicionada a natureza da ação penal dos crimes contra a dignidade sexual; estabelece causas de aumento de pena para esses crimes; cria causa de aumento de pena referente ao estupro coletivo e corretivo; e revoga dispositivo do Decreto-Lei nº 3.688, de 3 de outubro de 1941 (Lei das Contravenções Penais)."*

Em suma, esta nova lei apresentou as seguintes modificações no Código Penal:

a) Criou o **Art. 215-A** que tipifica o *crime de importunação sexual.*

b) Criou o **Art. 218-C** que tipifica a *divulgação* de *cena de estupro* e de *estupro de vulnerável*, e ainda de cena, ou imagem, de sexo ou pornografia sem autorização dos envolvidos.

c) Inseriu o **§ 5º no Art. 217-A (estupro de vulnerável)** prevendo expressamente na lei que o *consentimento e a previa experiência sexual* do vulnerável (Ex: menor de 14 anos) são *irrelevantes* para a caracterização do crime de estupro.

d) Inseriu o **inciso IV no Art. 226** criando uma causa de *aumento de pena de um terço a dois terços* para hipóteses de estupro coletivo e estupro corretivo (Ex: para reprimir ou corrigir orientação sexual).

e) Os artigos 225 e 234-A do CP tiveram sua redação modificada, sendo que o **Art. 225 do CP**, passou a prever que a *ação penal* nos *crimes contra a dignidade sexual* será sempre **pública incondicionada**, e o **Art. 234-A do CP** teve suas causas de aumento de pena alteradas e ampliadas.

Já a **Lei 13.772/18,** que também trouxe novidades na seara dos crimes sexuais, basicamente produziu as seguintes alterações na nossa legislação:

1) Alterou a **Lei nº 11.340**, de 7 de agosto de 2006 (**Art. 7º, inciso II** – Lei Maria da Penha), para reconhecer que a violação da intimidade da mulher também configura violência doméstica e familiar.

2) Alterou o Código Penal, para criar o crime de "registro não autorizado de conteúdo com cena de nudez ou ato sexual ou libidinoso de caráter íntimo e privado" (**Art. 216 – B CP**).

Quanto a alteração na *Lei Maria da Penha*, a principal razão da mudança é o fato de que a mulher muitas vezes é alvo de violação de sua intimidade, através da exposição dos famosos "nudes" e de vídeos de conteúdo íntimo (cenas de relação sexual ou de cunho sexual) que depois do término do relacionamento vêm a ser divulgados através da internet, expondo, assim, a sua intimidade, gerando constrangimentos e danos irreparáveis perante a família e a própria sociedade.

Dessa forma, através da nova Lei o legislador ampliou o alcance da tutela da lei penal em prol da vítima de violência doméstica, e ainda criou um novo crime para tutelar especificamente a *intimidade e privacidade sexual*, não só de mulheres, mas de todas as pessoas, inserindo o **Art. 216-B** no *Código Penal*, que estudaremos mais adiante.

Quanto a **Lei 12.015/09**, inegavelmente a alteração que mais chamou a atenção foi a que extinguiu o tipo penal do *atentado violento ao pudor* (**Art. 214 do CP**), inserindo as condutas nele previstas no crime de *estupro* (**Art. 213 do CP**), que passou a ter a seguinte redação:

Art. 213. *Constranger alguém, mediante violência ou grave ameaça, a ter conjunção carnal ou a praticar ou permitir que com ele se pratique outro ato libidinoso:*

Pena – reclusão, de 6 (seis) a 10 (dez) anos.

§ 1º Se da conduta resulta lesão corporal de natureza grave ou se a vítima é menor de 18 (dezoito) ou maior de 14 (catorze) anos:

Pena – reclusão, de 8 (oito) a 12 (doze) anos.

§ 2º Se da conduta resulta morte:

Pena – reclusão, de 12 (doze) a 30 (trinta) anos

Percebe-se que a primeira consequência desta mudança, que curiosamente não alterou a pena do crime, foi transformar o crime de estupro, antes considerado um **crime próprio**, em **crime comum**.

O antigo tipo penal do *estupro* previa que a vítima do constrangimento deveria ser mulher e que a conduta pretendida deveria ser a de *ter conjunção carnal*, ou seja, penetração do pênis na vagina, fazendo assim com que o *sujeito ativo* do crime fosse, portanto, necessariamente um *homem*.

A doutrina nacional afirmava inclusive que o estupro deveria ser considerado como um **crime bi-próprio**, já que o tipo exigia características específicas tanto do *sujeito ativo* (homem) quanto do *sujeito passivo* (mulher), algo que com a nova estrutura típica deixou de existir, pois, agora não mais se exige que a vítima seja mulher, e o estupro passou a englobar não só a conjunção carnal como também qualquer ato libidinoso, produtos de violência ou grave ameaça, tornando-se, como foi dito, um **crime comum**.

No que tange ao crime de *atentado violento ao pudor* (Art. 214 do CP) percebemos que houve o que se chama de *abolitio criminis formal*, ou seja, não mais existe esta figura típica, que foi revogada, embora sua estrutura, sua conduta e suas consequências tenham passado para o interior de outro tipo penal (**princípio da continuidade normativa típica**).

Esta situação é semelhante à que ocorreu com o crime de *rapto* (Art. 219 do CP) que também foi abolido, revogado, mas apenas formalmente, pois sua conduta passou a fazer parte do crime de *sequestro ou cárcere privado* (Art. 148 do CP).

A *abolitio criminis formal* não possui os efeitos da *abolitio criminis material*, ou plena, produto da retirada de um crime de nosso ordenamento, efeitos estes previstos no **Art. 2º do Código Penal**, quais sejam, *retroatividade benéfica* e afastamento de todos os efeitos penais do fato.

Na *abolitio criminis* **formal** a conduta prevista no tipo revogado fica inteiramente inserida em outro dispositivo legal e, portanto, não há que se falar em efeitos retroativos benéficos e nem em afastamento das consequências penais da prática anterior do fato.

O mais curioso a respeito desta mudança é que, infelizmente, o legislador desperdiçou a oportunidade de corrigir um dos principais problemas inerentes ao crime de *estupro* e ao *atentado violento ao pudor* que é, por um lado, a demasiada abrangência do conceito de atos libidinosos, e por outro, a restritiva definição de conjunção carnal, alvo de inúmeras críticas da doutrina nacional.

Ocorre que, na visão restritiva do termo conjunção carnal, adotada anteriormente em nosso ordenamento para tipificar o *estupro* (Art. 213 do CP), esta só se caracterizaria com a penetração do pênis na vagina, deixando para o crime de *atentado violento ao pudor* (Art. 214 do CP) todos os demais atos libidinosos, o que proporcionava uma abrangência demasiada a este crime, que abrangia desde um beijo lascivo forçado até a cópula anal ou oral.

O ideal seria que, com a reforma, todas as formas de coito tivessem passado a caracterizar o tipo de *estupro*, que poderia inclusive ter tido a sua pena aumentada, enquanto o atentado violento ao pudor poderia ter permanecido como um crime autônomo, com uma pena menor, prevendo outros atos libidinosos menos graves.

Como dissemos, infelizmente nosso legislador não aproveitou a chance e, com a Lei 12.015/09, percorreu o caminho inverso e manteve todos os atos libidinosos, inclusive a copula vaginal (*conjunção carnal*), dentro de um único tipo (Art. 213 – Estupro) e punidos com a mesma *pena* (6 a 10 anos), não solucionando os antigos e graves problemas de proporcionalidade, produto do conceito amplo de *"atos libidinosos"*.

Entretanto, os principais problemas desta alteração sofrida pelo tipo penal do **Art. 213 CP**, que <u>absorveu</u> o crime de *atentado violento ao pudor* (Art. 214 do CP), acabaram por ocorrer no plano do **concurso de crimes**, e na própria natureza do novo dispositivo criado, gerando efeitos contrários aos aparentemente pretendidos pelo legislador com a referida Lei.

Ocorre que uma das discussões mais famosas, tanto em doutrina quanto em jurisprudência, a respeito dos crimes de *estupro* e *atentado violento ao pudor* se referia a possibilidade de se aplicar as regras do *crime continuado* (Art. 71 do CP) para a hipótese destes crimes serem praticados em concurso, ou se deveria prevalecer a adoção do *concurso material* (Art. 69 do CP)

A dúvida era produto de uma antiga divergência quanto ao conceito de *"crime de mesma espécie"*, requisito necessário para se reconhecer o crime continuado entre duas infrações, já que, para uma corrente doutrinária, ao exigir *crimes de mesma espécie* para que haja crime continuado a Lei se refere exclusivamente a crimes que estejam no <u>mesmo tipo penal</u>, ou seja, no mesmo artigo da Lei, e portanto estupro e atentado violento ao pudor, antes da mudança da lei, não poderiam ser assim considerados por estarem previstos em tipos penais distintos (Art. 213 e 214 do CP).

Com isso, o primeiro posicionamento, inclusive *majoritário* na doutrina e jurisprudência até então, entendia que caso um agente praticasse *estupro* (conjunção carnal) com a vítima, e posteriormente realizasse um *atentado violento ao pudor* (outro ato libidinoso, p.ex. sexo anal), seja com a mesma vítima, ou com vítimas diferentes, independentemente das circunstâncias (tempo lugar e modo de execução) dos fatos serem semelhantes, deveria ser aplicada a regra do **concurso material** (Art. 69 do CP), ou seja, <u>somar as penas</u> de cada um dos crimes.

Porém, já havia entendimento em sentido contrário, defendendo que o conceito de *crime de mesma espécie* se refere a crimes com o mesmo *bem jurídico tutelado*, o que possibilitava se falar na aplicação do **crime continuado** para a prática de estupro (Art. 213 do CP) e atentado violento ao pudor (Art. 214 do CP), quando fossem realizados em <u>circunstâncias de tempo lugar e modo de execução semelhantes</u>, algo inegavelmente *mais benéfico* para o autor dos fatos, e que, de forma inexplicável, <u>não</u> tinha preponderância na jurisprudência pátria.

Com a revogação do crime autônomo de *atentado violento ao pudor* (Art. 214 do CP) e sua absorção pelo crime de *estupro* (Art. 213 do CP) toda esta discussão se tornou inócua, já que, estando as condutas de *estupro* (conjunção carnal) e *atentado ao pudor* (atos libidinosos diversos) incluídas no mesmo dispositivo penal (Art. 213 do CP), não há como deixar de se considerar que haverá *crimes de mesma espécie* entre elas, e consequentemente, terá que ser aplicado o *crime continuado* (Art. 71 do CP) quando os dois ou mais atos sexuais ocorrerem em circunstâncias semelhantes.

Em suma, hoje a posição mais severa, que era majoritária, de se aplicar a somatória de penas para o *estupro* e *atentado violento ao pudor* não mais subsiste, sendo obrigatório (embora ainda haja breve divergência), caso se entenda que houve concurso de crimes, aceitar a aplicação do **crime continuado** quando estas condutas preencherem os demais requisitos do **Art. 71 do CP** (circunstâncias de tempo lugar e modo de execução seme-lhantes), já que, inegavelmente, após a alteração promovida pela **Lei 12.015/09**, estas con-dutas que passaram a compor o mesmo tipo penal, configuram, obviamente, *crimes de mesma espécie* (mesmo artigo de Lei).

Curioso perceber que a consequência desta alteração nos tipos incriminadores aca-bou gerando <u>efeitos benéficos</u> para o condenado, o que, e além de não atender aos anseios da mudança da Lei, que em tese veio para enrijecer o tratamento destes crimes, ainda deverá ter **efeitos retroativos**, alcançando todos os fatos anteriores e impondo, a todos os acusados e condenados pela prática destes crimes em concurso, uma nova dosimetria da pena com base nas regras de *exasperação* do **crime continuado** (Art. 71 do CP).

Na esteira destes problemas ligados ao concurso de crimes outra consequência inusi-tada acabou por surgir, produto ainda das mudanças propostas pela **Lei 12.015/09**, ainda mais benéfica para os autores destes crimes.

Anteriormente, quando um indivíduo, após constranger uma vítima, com ela praticava conjunção carnal e em sequência, se aproveitando de circunstâncias de tempo, lugar e modo de execução, praticava outra modalidade de coito (anal ou oral), ou vice-versa, considerava--se que haveria dois crimes distintos praticados, impondo assim a aplicação do concurso de crimes, que como vimos, majoritariamente, era o **concurso material** (Art. 69 do CP).

Não se considerava cabível falar em se aplicar a **regra da consunção**, pois a conjun-ção carnal e o estupro só absorveriam atos libidinosos menos graves (p.ex. beijos, toques, apalpação) que fossem passagem, meio, para sua realização, mas jamais as outras espécies de coito, consideradas condutas autônomas e que configuravam outro crime (atentado violento ao pudor).

Porém, com a inclusão dos *atos libidinosos* no crime de **estupro**, toda a estrutura típi-ca mudou, dando origem a dois posicionamentos a respeito da espécie de tipo criado pela **Lei 12.015/09** e suas consequências nas hipóteses de coitos sucessivos praticados contra determinada vítima, em uma mesma situação fática.

Para um primeiro entendimento, dominante na nossa doutrina e jurisprudência atual, o **Art. 213 do CP** passou a ser um tipo penal chamado de **Tipo Misto Alternativo**, ou **delito de ação múltipla**, no qual as condutas previstas no tipo quando *praticadas su-cessivamente* em um mesmo contexto <u>configuram um só crime</u>, não havendo que se falar em concurso de crimes.

É o que ocorre, por exemplo, no crime de *tráfico de drogas* (Art. 33 da Lei 11.343/06) quando o agente realiza várias condutas previstas no tipo (Ex: transportar e vender) dentro de um mesmo contexto, respondendo apenas por um *único crime* de tráfico.

Esta posição, que tem forte apoio da doutrina nacional (neste sentido: *R. Greco e G. Nucci*), acabou por convalidar uma consequência extremamente benéfica para os agentes que praticam violências sexuais, qual seja, responder por um só crime quando praticarem violências sexuais distintas (coito vaginal e coito anal) contra a mesma vítima, sendo que, a única solução para amenizar o problema será utilizar a dosimetria concreta da pena, para punir de forma mais severa essas situações.

Entretanto, há também o <u>entendimento minoritário</u> de que o novo dispositivo legal do **Art. 213 do CP** configuraria o que se chama de **Tipo Misto Cumulativo**, ou seja, ao praticar sucessivamente, em um mesmo contexto, duas ou mais condutas previstas no tipo, o agente responderia por dois crimes em concurso o que, embora possa parecer mais de acordo com os objetivos do legislador ao editar a **Lei 12.015/09**, quais sejam enrijecer o tratamento e as punições para crimes sexuais, é algo tecnicamente inaceitável, pois a regra geral é a *alternatividade* das condutas típicas (**tipos mistos alternativos**), salvo quando a lei expressamente afirmar o contrário.

Na prática podemos ver que, antes da mudança promovida pela **Lei 12.015/09**, aquele que sucessivamente e em um mesmo contexto, mediante constrangimento, praticasse conjunção carnal e sexo anal com a vítima, responderia por *dois crimes distintos* (Art. 213 e Art. 214 do CP), e ainda, na maioria das vezes, através do **concurso material** (Art. 69 do CP – soma de penas), de acordo com a mencionada posição que era majoritária no *STF*.

Porém, agora, esta prática sucessiva da conjunção carnal e do sexo anal, tecnicamente deverá configurar um <u>único crime</u>, não havendo como falar em *concurso de crimes*, ou na pior das hipóteses se aplicar o **crime continuado** (Art. 71 CP), algo que não era, de forma alguma, o desejado pelo legislador ao modificar o Código Penal.

Uma vez vistas as principais consequências e mudanças promovidas pelas duas alterações legislativas operadas nos *crimes sexuais* (**Lei 12.015/09 e Lei 13.718/18**), podemos começar a organizar e estudar as características básicas relacionadas a cada um dos tipos penais relacionados à tutela da dignidade sexual, previstos no Código Penal.

7.1 ESTUPRO (ART. 213 DO CP)

7.1.1 Tipo Objetivo

Configura este crime, de *natureza hedionda* (**Art. 1º Inc. V – Lei 8072/90**), a conduta de *constranger alguém, mediante violência ou grave ameaça a ter conjunção carnal, ou a praticar ou permitir que com ele se pratique outro ato libidinoso*, punindo este fato com **pena de 6 a 10 anos de reclusão.**

Como dissemos, o **Art. 214 CP** (atentado violento ao pudor) foi revogado pela **Lei nº 12015/09** e todas as suas condutas passaram a compor o **Art. 213 CP** (Estupro), havendo assim uma *abolitio criminis* **formal,** ou seja, uma continuidade normativa típica em relação às condutas anteriormente previstas no crime de atentado violento ao pudor.

7.1.2 Sujeito Ativo e Passivo

O estupro passou a ser **crime comum,** antes da alteração sofrida era um clássico exemplo de *crime próprio* (bi-próprio), que só podia ser praticado por homem contra mulher, e agora além de poder ser praticado por qualquer pessoa, qualquer pessoa também pode ser **sujeito passivo** deste crime.

7.1.3 Consumação e Tentativa

A **consumação** do estupro se dava apenas com a *conjunção carnal*, ou seja, introdução do pênis na vagina, mesmo que a introdução fosse parcial (antes da mudança da Lei) e agora, com a mudança legislativa, a consumação do estupro passou a se dar com a simples *prática de quaisquer atos libidinosos* forçados, ou seja, para que haja a **consumação** do estupro basta a prática de qualquer ato libidinoso (cópula vaginal, anal, oral etc.) mediante a violência ou grave ameaça.

O estupro é crime de natureza *material*, pois para se consumar exige a concreta violação da liberdade sexual através da efetiva realização de quaisquer atos de natureza sexual com a vítima.

A **tentativa** é plenamente possível, porém, atualmente é de difícil caracterização em face da reunião dos demais atos libidinosos no tipo do Estupro, previsto no **Art. 213 do CP**, já que a penetração vaginal, ou mesmo qualquer outro tipo de coito (anal ou oral), não é necessária para que o crime se consume, bastando para isso a prática de qualquer ato libidinoso com a vítima. (Ex: tocar nas partes íntimas).

7.1.4 Formas qualificadas (Art. 213 §§ 1º e 2º do CP)

De acordo com o **Art. 213 § 1º do CP**, pune-se com *pena de reclusão de 8 a 12 anos*, o estupro que resulta em *lesão corporal de natureza grave*, ou ainda se a *vítima é menor de 18 (dezoito) ou maior de 14 (catorze) anos*, independente de sofrer qualquer tipo de lesão, já o **Art. 213 § 2º do CP** estabelece *pena de reclusão de 12 a 30 anos*, se a conduta de estupro resultar em *morte* (culposa) da vítima.

Essas **formas qualificadas** do estupro são modalidades *preterdolosas* do crime, ou seja, há dolo em relação ao estupro e culpa em relação à morte ou lesão grave causadas, sendo que, se na conduta de estupro houver também dolo de matar a vítima, pode se falar em concurso material entre o crime de estupro (simples) e o homicídio doloso praticado.

As **formas qualificadas do estupro**, também foram objeto de modificação da **Lei 12.015/09**, já que o **Art. 223 do CP** foi revogado e as formas preterdolosas, que resultem em lesão corporal grave e morte, passaram a compor os referidos **parágrafos 1º e 2º** do próprio **Art. 213 do CP**.

Também causa estranheza o fato de que a pena para o resultado lesão grave resultante da violência sexual tenha permanecido idêntica (8 a 12 anos), e somente a pena para o crime que resultar em morte tenha sido aumentada, passando de *12 a 25 anos* para *12 a 30 anos* de *reclusão*.

Além disso, foi criada uma nova forma qualificada para o crime de estupro, qual seja, quando a *vítima é menor de 18 e maior de 14 anos*, impondo-se, para estes casos, a mesma pena do *estupro preterdoloso* com resultado lesão corporal grave (**Art. 213 § 1º CP – 8 a 12 anos**).

Quanto a esta criação da **forma qualificada** pela *idade da vítima*, não podemos deixar de ressaltar a questionável (des)proporcionalidade em se equiparar as penas de um *estupro qualificado por violência real*, que resulte em lesão grave para a vítima, às penas de um *estupro comum*, com violência ou apenas grave ameaça, mas sem gerar qualquer lesão, "apenas" porque foi praticado contra *vítima entre 14 e 18 anos*.

Além de evidentemente serem condutas com gravidades diferentes, há ainda o problema de que a pena estabelecida para o estupro do menor de 14 anos, chamado de *estupro do vulnerável* (**Art. 217-A do CP**), foi estabelecida em *8 a 15 anos*, e isto, mesmo que a conduta tenha sido praticada *sem violência ou grave ameaça*, já que esta modalidade de estupro, que analisaremos em seguida, acabou englobando as hipóteses antes tratadas como "violência presumida" (revogado **Art. 224 do CP**).

O problema que acabamos de ressaltar é que as situações de "presunção de violência", caracterizadoras hoje de certas formas do *estupro de vulnerável* (quando a vítima menor de 14 anos concorda com a relação sexual), irão gerar uma **pena maior** (pena de 8 a 15 anos) do que a conduta praticada mediante violência real ou ameaça contra vítima entre 14 e 18 anos (pena de 8 a 12 anos).

Então, se **por exemplo** um agente praticar *estupro mediante violência física, ou grave ameaça*, contra uma vítima de 15 anos, responderá pelo **Art. 213 § 1º**, e receberá uma *pena de 8 a 12 anos*, enquanto se um agente praticar um ato sexual com uma pessoa de 13 anos e 6 meses de idade, que voluntariamente queira e consinta com a relação, receberá uma *pena de 8 a 15 anos*, o que evidentemente é algo bastante desproporcional.

Esta estranha situação é resultado da revogação do Art. 224 que previa a *presunção de violência* para condutas praticadas com pessoas menores de 14 anos, e remetia a conduta para o *caput* do **Art. 213 ou 214 do CP**, equiparando a pena deste fato (com violência presumida) contra menor de 14 anos, às sanções do estupro simples (com violência ou grave ameaça) de pessoa maior de 14 anos, algo que nos parecia *mais adequado e proporcional*.

Infelizmente, a **revogação do Art. 224 do CP**, que previa as hipóteses de *violência presumida*, gerou ainda um inegável *retrocesso* em nosso ordenamento pois, no plano da norma, acabou com a discussão, que estava cada vez mais viva em nossa doutrina e jurisprudência, sobre a *natureza da presunção de violência* (*absoluta ou relativa*) para <u>vítimas menores de 14 anos</u>, já que estabeleceu um tipo autônomo (**Art. 217-A do CP**), que independe de se considerar presumida ou não a violência, bastando a prática de ato sexual com estas pessoas para que haja crime.

Convalidando a extinção da polêmica a respeito da natureza absoluta ou relativa da presunção de violência, e no que tange a irrelevância do consentimento da vítima, menor de 14 anos, para caracterização do crime de estupro de vulnerável, o STJ editou a súmula 593 com o seguinte texto:

> *"O crime de estupro de vulnerável configura-se com a conjunção carnal ou prática de ato libidinoso com menor de 14 anos, sendo irrelevante o eventual consentimento da vítima para a prática do ato, experiência sexual anterior ou existência de relacionamento amoroso com o agente."*

Para concluir a análise crítica a respeito das novas formas qualificadas do estupro, não podemos deixar de ressaltar o <u>vergonhoso erro material</u> presente no **§ 1º do Art. 213**, que afirmou ser o estupro qualificado quando a vítima for " menor de 18 <u>**ou**</u> maior de 14 anos " (grifo nosso), quando na verdade deveria ter dito "menor de 18 <u>**e**</u> maior de 14 anos".

Se fizéssemos uma interpretação *exclusivamente literal* do disposto na Lei chegaríamos ao absurdo de que, em face da nova disposição, "o estupro simples teria deixado de existir", e todas as formas de estupro seriam qualificadas e com pena de 8 a 12 anos, já que <u>todas as pessoas</u>, necessariamente, <u>**ou**</u> são menores de 18, <u>**ou**</u> são maiores de 14 anos. É inadmissível que, após passar por tantas revisões e comissões, o texto de Lei tenha sido aprovado com esta imperdoável falha gramatical.

Por fim, importante lembrar que o **crime de estupro**, mesmo na sua forma *simples*, e também na sua forma *qualificada* é **<u>crime hediondo</u>** (vide **Lei 8072/90**).

7.2 VIOLAÇÃO SEXUAL MEDIANTE FRAUDE (ART. 215 DO CP)

7.2.1 Considerações gerais

A **Lei 12.015/09** revogou o **Art. 216 do CP**, que previa o crime de *atentado ao pudor mediante fraude*, e a exemplo do que fez com os crimes de estupro e atentado violento ao pudor, integrou as condutas nele previstas ao tipo do **Art. 215 do CP**. Com isso modificou-se também o nome deste crime, que era "posse sexual mediante fraude" para "violação sexual mediante fraude", devido à maior abrangência que lhe foi conferida com a alteração da Lei.

Não é a primeira vez que o crime do *Art. 215 do CP* sofre alterações, não podemos deixar de lembrar a retirada do termo *"mulher honesta"*, que antes integrava este dispositivo para qualificar as vítimas específicas desta infração, e que devido à evolução da sociedade e de seus conceitos deixou de integrar este e outros crimes, passando a não fazer mais parte de nossa legislação.

Com a nova redação dada ao *Art. 215 do CP* este crime passou a englobar não só a conduta de ter *conjunção carnal mediante fraude*, como também a prática de qualquer *ato libidinoso por fraude*, ou outro meio que impeça ou dificulte a manifestação de vontade da vítima.

7.2.2 Tipo Objetivo

A nova estrutura do tipo objetivo do crime de *violação sexual mediante fraude* foi prevista da seguinte forma:

> *"**Art. 215 CP** – Ter conjunção carnal ou praticar outro ato libidinoso com alguém, mediante fraude ou outro meio que impeça ou dificulte a livre manifestação de vontade da vítima:*
>
> ***Pena** – reclusão, de 2 (dois) a 6 (seis) anos.*
>
> ***Parágrafo único**. Se o crime é cometido com o fim de obter vantagem econômica, aplica-se também multa."*

Este tipo estabelece como crime a conduta daquele que praticar conjunção carnal, ou outro ato libidinoso, com alguém, *mediante fraude ou outro meio que impeça ou dificulte a livre manifestação de vontade da vítima*.

Fraude é qualquer meio capaz de ludibriar, enganar a vítima a respeito do ato que está sendo realizado, ou quanto ao agente que está praticando a conduta, sendo que, este crime também pode ocorrer através de outro meio que impeça ou dificulte a manifestação de vontade da vítima, por exemplo, no escuro assumindo o lugar do marido ou esposa da vítima.

Devido às mudanças da lei, surgiram algumas divergências sobre a classificação deste crime quanto a quem pode cometê-lo (**sujeito ativo**), sendo que, para parte da doutrina, *na sua primeira parte* trata-se de um **crime próprio**, pois somente *homem* poderia através da fraude "ter conjunção carnal com alguém", enquanto na sua *segunda parte*, por não haver limitações para realizar "atos libidinosos", o **Art. 215** seria **crime comum**.

Data vênia, não podemos concordar com este entendimento, pois não nos parece razoável pressupor que o verbo "ter" obrigatoriamente implique em ser exclusivamente um homem atuando contra uma mulher, pois na nossa visão, nada impede que uma mulher, mediante fraude "tenha" conjunção carnal com um homem e, portanto, seja **sujeito ativo** do crime em tela. (p.ex. se a irmã gêmea da esposa de um homem o ilude para ter com ele conjunção carnal)

Desta forma, não coadunamos com a ideia de que na sua primeira parte o crime de violação sexual mediante fraude seja um **crime próprio**, mesmo por que, neste crime o legislador não determinou que o **sujeito passivo** a sofrer a conjunção carnal deve ser a *mulher*, como ocorria na antiga redação do crime de posse sexual mediante fraude ("Ter conjunção carnal com mulher") e também no crime de estupro antes da mudança ("constranger mulher..."), por isso nos parece que, mesmo na sua *primeira parte*, ao se referir a conduta de "ter conjunção carnal" o crime do **Art. 215 do CP** é um **crime comum**.

Outro posicionamento com o qual não concordamos é o de que, com a revogação do **Art. 216 CP**, que previa a conduta de "*submeter-se a prática de ato libidinoso*", e a não inclusão desta conduta no novo texto do **Art. 215 CP,** este crime agora não mais englobaria as hipóteses em que o agente leve a vítima a praticar nele atos libidinosos (p.ex. sexo oral, receber masturbação), pois o tipo só menciona a conduta de "praticar" atos libidinosos.

Não nos parece razoável ser tão formalista e interpretar o texto do novo tipo penal de forma tão literal e estrita, pois evidentemente a conduta de "*praticar*" no que tange a atos sexuais não pode se resumir à *conduta ativa*, a fazer algo em outrem, mas também engloba a situação daquele que recebe, de *forma passiva*, o ato libidinoso. Portanto, logicamente nestes casos o agente também está "praticando", no sentido de estar realizando, atos sexuais (p. ex: comete crime aquele que por fraude ilude uma mulher para que ela lhe pratique sexo oral), podendo ser enquadrado no crime.

Ressalte-se que não estamos falando em uso de *analogia in malam partem*, que não é cabível em Direito Penal, mas apenas uma interpretação racional e razoável da norma penal, mesmo porque, se não fosse assim diversos atos sexuais obtidos mediante fraudes (p. ex receber masturbação ou sexo oral) ficariam impunes.

Devemos tomar cuidado ainda com um problema que surgiu a partir desta nova redação do **Art. 215 do CP**, pois ao incluir neste crime as hipóteses em que o autor realiza o ato libidinoso através de "outro meio que impeça ou dificulte a livre manifestação de vontade da vítima", o legislador aproximou muito esta conduta de certas hipóteses de "*estupro de vulnerável*" (**Art. 217-A do CP**), que estudaremos adiante, e que inclui a semelhante situação em que a vítima "por qualquer outra causa, não pode oferecer resistência", o que poderá gerar muitas confusões e divergências quanto a tipificação da conduta praticada.

A solução, embora imprecisa, é que caso a vítima tenha afastada totalmente a sua capacidade de manifestar suas vontades e de oferecer resistência (p.ex. vítima totalmente drogada), deve-se tipificar a conduta como **Estupro de vulnerável (Art. 217-A § 1º do CP)**, enquanto se a vítima, embora com sua *vontade viciada*, iludida, ainda possuir discernimento e alguma capacidade para resistir ao ato haverá **violação sexual mediante fraude** (Art. 215 do CP -parte final-).

Quanto à **fraude**, prevista na *primeira parte do Art. 215 CP* não há confusões, pois esta deve ser *usada para que a vítima consinta com o ato sexual*, enquanto se mediante fraude a vítima for colocada em estado de vulnerabilidade para depois se realizar o ato sexual, haverá o crime de **estupro de vulnerável** (Art. 217-A CP)

7.2.3 Consumação e Tentativa

A **consumação** se dá com a efetiva prática da conjunção carnal, ou realização do ato libidinoso com a vítima (**crime material**), e a **tentativa** será plenamente possível, uma vez que iniciada a fraude com este fim específico, o ato sexual não chegue a ser praticado (crime plurissubsistente).

7.2.4 Penas

Resta ainda observar que a **pena** prevista para este novo crime passou a ser de *2 a 6 anos de reclusão*, e isso significa que o legislador dobrou os valores mínimo e máximo anteriormente previstos no **Art. 215 CP** (pena de 1 a 3 anos), um aumento que, por mais que o intuito fosse de endurecer o tratamento dos crimes sexuais, nos parece bastante exagerado, ainda mais por que as penas do **Art. 216 CP**, cujas condutas foram integradas ao novo *Art. 215 CP*, eram ainda menores (pena de 1 a 2 anos), o que ressalta o exagero.

E por fim, não podemos deixar de ressaltar a curiosa previsão do **parágrafo único do Art. 215**, que determinou a imposição <u>cumulativa</u> da pena de **multa** para condutas realizadas com *fim de obter vantagem econômica*, algo que é no mínimo estranho já que as condutas de praticar ato sexual mediante fraude raramente estarão ligadas a fins econômicos, sendo esta previsão claramente supérflua.

7.3 IMPORTUNAÇÃO SEXUAL (ART. 215-A CP)

A **Lei 13.718/18** acrescentou em nosso ordenamento jurídico o crime de **importunação sexual**, prevendo esta nova conduta criminosa no **Art. 215-A CP**, da seguinte forma:

> *"Praticar contra alguém e sem a sua anuência ato libidinoso com o objetivo de satisfazer a própria lascívia ou a de terceiro.*
> ***Pena:** reclusão de um a cinco anos, se o ato não constitui crime mais grave."*

Ao instituir o **Art. 215-A do CP**, a **Lei 13.718/18** revogou a contravenção penal do **Art. 61 do Decreto-lei 3.688/41 (Importunação ofensiva ao pudor)**, não havendo, porém, uma *abolitio criminis* da referida contravenção, pois o *Art. 61 da LCP* foi apenas formalmente revogado (***abolitio criminis* formal**) e seu conteúdo migrou integralmente para o novo crime de *importunação sexual* (**princípio da continuidade normativo-típica**).

7.3.1 Tipo Objetivo

A conduta típica prevista consiste em *praticar*, ou seja, fazer, realizar, ato libidinoso, com *propósito de satisfazer a própria lascívia, ou de terceiros*, sendo assim, o tipo penal exige que o ato libidinoso seja praticado diretamente em relação a alguém (contra alguém), devendo se dirigir a uma **pessoa específica**, alvo desta conduta de autossatisfação (Ex: sujeito que se masturba em frente a alguém na rua, ou encostado em alguém em um transporte público), evitando, assim, que haja confusão com o crime de *ato obsceno* (Art. 233 CP) em que os atos considerados obscenos *não se dirigem* a um **sujeito passivo específico** (Ex: se masturbar ou andar sem roupa em praça pública).

O Art. 215-A do CP prevê em seu preceito secundário que só se aplicam as penas da *importunação sexual* se a conduta não caracteriza crime mais grave (subsidiariedade expressa), tratando-se de **crime subsidiário**, chamado por *Nelson Hungria* de "soldado de reserva" que, por isso, só será aplicado se a conduta não se encaixar em outro tipo penal mais grave (p. ex. Estupro – Art. 213 CP).

Trata-se de **crime comum**, já que o tipo penal não exige qualquer qualidade especial do **sujeito ativo**, porém, importante lembrar que a conduta de *praticar, na presença de alguém menor de quatorze anos, ou induzi-lo a presenciar, conjunção carnal ou outro ato libidinoso, a fim de satisfazer lascívia própria ou de outrem*, caracteriza o crime mais específico previsto no **Art. 218-A do CP**.

7.3.2 Tipo subjetivo

O elemento subjetivo é somente o *dolo*, ou seja, *vontade consciente de praticar o ato libidinoso contra alguém* especificamente, porém, o tipo penal traz ainda um **elemento subjetivo especial**, qual seja, *o fim de satisfazer a própria lascívia ou a de terceiro* (especial fim de agir).

Caso esse **especial fim de agir** não consiga ser demonstrado, poderá ocorrer a atipicidade dessa conduta no que tange ao **Art. 215-A CP**, podendo se tipificar o fato de outra forma (Ex: Injúria real – Art. 140 § 3º CP), como em hipóteses de clara intenção de humilhar ou de desmoralizar alguém, mas sem qualquer intenção de luxúria ou de satisfação de lascívia (ex: esfregar o pênis, ou até mesmo ejacular, em alguém para provocar e humilhar pelo fato de estar usando a camisa de um time de futebol adversário).

7.3.3 Consumação e Tentativa

Este crime se **consuma** com a efetiva *prática do ato libidinoso*, não havendo a necessidade de se demonstrar a efetiva satisfação da lascívia por parte do autor (**crime formal**).

A **tentativa** é possível se a conduta for fracionável e o agente der início a ação direcionada à vítima, mas efetivamente não conseguir realizar o ato libidinoso, porém, será de difícil caracterização prática, pois, normalmente, quando o agente iniciar a prática da conduta contra a vítima já haverá execução do ato libidinoso, ocorrendo, assim, a consumação.

7.4   ASSÉDIO SEXUAL (ART. 216-A DO CP)

7.4.1   Considerações gerais

O crime de *assédio sexual* praticamente não foi alterado pela **Lei 12.015/09**, e sua estrutura permaneceu a mesma, exceto pela previsão do *parágrafo segundo* que determina um *aumento de pena* de *1/3* para as hipóteses de a conduta ser praticada contra *vítima menor de 18 anos.*

Cabe ressaltar a falta de técnica do legislador já que, embora o *parágrafo único* proposto pela **Lei 12.015/09** tenha sido <u>vetado</u>, e não havendo qualquer previsão de um *parágrafo primeiro* para este crime, estranhamente o legislador manteve a numeração deste aumento de pena como *parágrafo segundo.*

Este crime, que possui pequena aplicação prática, já que sua conduta pode se enquadrar em diversos outros crimes, como o próprio *estupro mediante grave ameaça,* ou mesmo o crime de *constrangimento ilegal* (Art. 146 CP).

7.4.2   Tipo objetivo

O **tipo penal objetivo** prevê a conduta do agente que, necessariamente ocupando a posição de superioridade hierárquica em relação a vítima (**crime próprio**), constranja alguém com o *fim de obter conjunção carnal,* ou mesmo *outra vantagem sexual* caracterizada através da prática de qualquer outro ato libidinoso não desejado pela vítima.

De acordo com o texto de lei:

*"**Art. 216-A CP** – Constranger alguém com o intuito de obter vantagem ou favorecimento sexual, prevalecendo-se o agente da sua condição de superior hierárquico ou ascendência inerentes ao exercício de emprego, cargo ou função."*

***Pena** – detenção, de 1 (um) a 2 (dois) anos.*

***Parágrafo único.** (VETADO)*

§ 2º A pena é aumentada em até um terço se a vítima é menor de 18 (dezoito) anos."

A ideia deste crime inicialmente é proteger a *relação de trabalho* e a *dignidade sexual dos funcionários* em face do assédio que possa ocorrer por parte de seus superiores, que venham a fazer uso da sua posição para constranger e compelir subordinados a realização de atos sexuais.

Deve-se atentar para o fato de que a *ameaça* utilizada como meio para o constrangimento deve se *referir a relação de trabalho ou emprego,* por exemplo, demissão, redução salarial ou rebaixamento de cargo, do contrário, qualquer *outra ameaça feita,* mesmo havendo relação de subordinação ou hierarquia, poderá gerar **crime de estupro** (Art. 213 CP).

O **sujeito passivo** poderá ser tanto o homem quanto a mulher, desde que seja subordinado ao **sujeito ativo**, que também poderá ser pessoa de qualquer sexo desde que superior hierárquico da vítima (crime próprio), sendo que, de acordo com o **Art. 216-A § 2º do CP,** se a vítima é *menor de 18 (dezoito) anos* aumenta-se a pena de até *1/3.*

7.4.3   Tipo subjetivo

Percebe-se também que além do **dolo** de constrangimento há também o **especial fim de agir** de *obter a vantagem ou o favorecimento sexual*, o que faz desse crime um **delito de intensão**, ou seja, é preciso que se demostre, na conduta do autor, a *vontade direcionada para o fim libidinoso*.

O crime de *assédio sexual* é muito específico e, portanto, não pode abranger situações que não estejam especificamente descritas na norma, sob pena de utilizarmos a *analogia in malam partem*, ou seja, para incriminar, algo inadmissível no direito penal moderno.

Desta forma, **não** é possível tipificar como crime de *assédio sexual*, nos termos do **Art. 216-A do CP**, condutas como do professor(a) que assedia aluna(o) com propostas sexuais sob pena de reprovação, ou mesmo de líderes espirituais (padres, pastores etc.) que busquem vantagem sexuais de seus seguidores através de ameaças relacionadas ao culto ou religião.

Também <u>não</u> caracteriza este crime a conduta do funcionário de nível equivalente, ou mesmo inferior, que assedie seu colega de trabalho, assim como devemos analisar com cuidado as situações concretas que possam caracterizar apenas uma mera *"paquera"*, ou convites sem conotação de ameaça, feitos no ambiente de trabalho, algo natural nas relações humanas, e que não irão caracterizar crime.

7.4.4   Consumação e Tentativa

Trata-se de **crime formal**, já que, para que haja a **consumação** basta o constrangimento por parte da vítima, em face da realização da conduta pelo autor (superior hierárquico) com o fim de obter vantagem sexual, isto independe da produção concreta de resultados (obtenção da vantagem ou do favorecimento sexual desejados).

Já a **tentativa**, embora bastante rara, é possível, pois, a conduta de *constrangimento* pode ser fracionada, quando iniciados os atos pelo autor e estes não cheguem a produzir constrangimento na vítima, ou ainda quando esta é feita por escrito.

7.5 REGISTRO NÃO AUTORIZADO DA INTIMIDADE SEXUAL (ART. 216-B DO CP)

A **Lei 13.772/18** introduziu no Código Penal um novo crime, previsto no **Art. 216-B**, que tutela a dignidade sexual (**Título VI** – Dos Crimes Contra a Dignidade Sexual) e especificamente a exposição não autorizada da intimidade sexual (Capítulo I-A – Da Exposição da Intimidade Sexual), ou seja, o direito individual de cada um dispor da sua própria *intimidade sexual.*

> **Art. 216-B** – *Produzir, fotografar, filmar ou registrar, por qualquer meio, conteúdo com cena de nudez ou ato sexual ou libidinoso de caráter íntimo e privado sem autorização dos participantes:*
>
> **Pena** – *detenção, de 6 (seis) meses a 1 (um) ano, e multa.*
>
> **Parágrafo único.** *Na mesma pena incorre quem realiza montagem em fotografia, vídeo, áudio ou qualquer outro registro com o fim de incluir pessoa em cena de nudez ou ato sexual ou libidinoso de caráter íntimo.*

Tipo objetivo:

Este tipo penal prevê como crime punido com **pena de 6 meses a 1 ano, e multa,** as seguintes condutas:

1) Produzir (gerar, pôr em prática, realizar)

2) Fotografar (registrar imagem de alguém através de fotografia)

3) Filmar (capturar imagem de alguém por meio de dispositivo de vídeo)

4) Registrar (armazenar, catalogar), por qualquer meio (p. ex. celulares, câmeras, computadores etc.), conteúdo com cena de sexo, nudez, situações sexuais de caráter íntimo e privado, sem autorização dos participantes

Perceba-se que a presença do **elemento normativo** do tipo penal "sem autorização dos participantes", faz com que o eventual consentimento dos participantes com o registro das imagens, ou cenas de sexo por terceiros, caracteriza **consentimento do ofendido** que, neste caso, será uma *causa de exclusão da própria tipicidade* da conduta.

Outro ponto importante é que este crime pode ser classificado como um **Tipo misto alternativo** já que os diversos verbos núcleos do tipo (produzir, fotografar, filmar e registrar), se forem praticados no mesmo contexto fático, penal (p. ex. filmar e fotografar) caracterizarão um único crime, não havendo que se falar em concurso de crimes.

Porém, nada impede que haja **concurso de crimes** quando o agente, em contextos fáticos distintos, realiza duas ou mais condutas previstas no tipo penal (p. ex. filmar uma cena de sexo sem autorização dos participantes, em outro momento distinto fotografar atos libidinosos destas mesmas vítimas).

Também será plenamente possível o **concurso de crimes** entre o crime do **Art. 216-B do CP** e o crime previsto no **Art. 218 -C do CP** quando, após registrar a imagem ou cena de sexo, o agente vem a *divulgá-la* sem o consentimento da vítima.

Trata-se de **crime comum**, que pode ser praticado por qualquer pessoa, enquanto o **sujeito passivo** também poderá ser qualquer pessoa, desde que maior de idade, pois, caso a vítima seja criança ou adolescente, pela regra da especialidade, será aplicado o crime do **Art. 241-C do ECA.**

Embora a nova lei utilize a expressão *participantes* – no plural – entendemos que isso **não afasta** a incidência do tipo penal em questão se houver o registro não autorizado de situação envolvendo apenas uma **única pessoa,** em momento de nudez e intimidade.

Importante lembrar que se aplica a este crime do **Art. 216-B CP**, as **causas de aumento** previstas no **Art. 226 do CP**, da seguinte forma:

A pena é *aumentada*:

I – de quarta parte, se o crime é cometido com o concurso de 2 (duas) ou mais pessoas;

II – de metade, se o agente é ascendente, padrasto ou madrasta, tio, irmão, cônjuge, companheiro, tutor, curador, preceptor ou empregador da vítima ou por qualquer outro título tiver autoridade sobre ela.

Também se aplica a este crime a **causa de aumento de pena** prevista no **Inc. IV do Art. 234-A do CP**, que determina que se aumente a pena de *1/3 (um terço) a 2/3 (dois terços) ... se a vítima é idosa ou pessoa com deficiência.*

O **parágrafo único do Art. 216-B CP**, determina que "*na mesma pena incorre quem realiza montagem em fotografia, vídeo, áudio ou qualquer outro registro com o fim de incluir pessoa em cena de nudez ou ato sexual ou libidinoso de caráter íntimo*", sendo que isto ocorre através de meios tecnológicos que realizam montagens em fotografias e vídeos inserindo o rosto pessoas em imagens ou cenas diversas.

Nesse caso, na verdade a vítima <u>não</u> participou do ato sexual, mas é incluída digitalmente na imagem pelo agente, por meio de uma montagem, como por exemplo, no caso do ex-prefeito de São Paulo, *João Dória Jr.*, que na época das eleições para o governo do Estado, foi vítima de uma montagem realizada em um vídeo erótico, divulgado nas redes sociais via internet, em que seu rosto foi inserido digitalmente numa cena de sexo grupal. Podemos até afirmar que, este polêmico caso, provavelmente foi uma das razões para que o legislador inserisse o *parágrafo único* neste novo tipo penal ("*Lei João Dória*" (?))

Tipo subjetivo

Este crime será praticado exclusivamente através do **dolo** de realizar qualquer das condutas previstas no tipo penal, desde que, sem autorização dos participantes, e não se exige qualquer finalidade especial por parte do agente (especial fim de agir), logo, **não há necessidade** do agente ter o objetivo de obter vantagem financeira, ou de satisfazer a própria lascívia.

Também <u>não</u> há previsão legal de **modalidade culposa.**

Consumação e Tentativa

Este crime se **consuma** com a simples prática de qualquer das condutas descritas no *caput*, ou no parágrafo único, mas por se tratar de **crime plurissubsistente**, já que estas condutas podem ser fracionadas, interrompidas, é plenamente admissível a tentativa (Ex: o agente instala o equipamento e, momentos antes de serem registradas as imagens sexuais íntimas, a vítima descobre o equipamento evitando que isto aconteça).

7.6 ESTUPRO DE VULNERÁVEL (ART. 217-A DO CP)

7.6.1 Considerações gerais

Sabemos que no mundo moderno, muitas vezes uma pessoa *menor de 14 anos*, e com idade próxima a isso, já está consciente e acostumada a práticas sexuais, e por isso, acertadamente algumas decisões vinham considerando a presunção de violência do **Art. 224 do CP** como relativa, para que se pudesse trabalhar estas delicadas situações de sexo consentido, analisando caso a caso para se apurar se seria apropriado, ou não, considerar a prática sexual como crime.

Com a revogação do **Art. 224 do CP** e do conceito de presunção de violência, lamentavelmente se tornou formalmente impossível, em face do **Art. 217-A do CP**, avaliar cada caso individualmente, e todas as condutas que se enquadrem no modelo previsto (menor de 14 anos) deverão ser consideradas típicas como *estupro de vulnerável*, o que, data vênia, nos parece que ter sido um claro retrocesso em nosso ordenamento.

Quanto ao **estupro do vulnerável** (Art. 217-A do CP), além do mencionado problema da revogação da violência presumida, que pôs fim na discussão a respeito de sua *natureza absoluta ou relativa* para vítimas menores de 14 anos, a alteração feita pela nova lei ainda ocasionou uma curiosa consequência, qual seja, *afastar o crime* quando a conduta sem violência for praticada com o menor *no dia de seu aniversário de 14 anos*, algo que antes configurava a violência presumida e crime, em razão do antigo texto legal (Art. 224 do CP).

Explico, anteriormente o **Art. 224 do CP** afirmava: presume-se a violência quando a vítima "não é maior de 14 anos" e, portanto, no dia do aniversário da vítima, em que ela completa 14 anos, pode se considerar que ela ainda *não é maior de 14 anos* pois possui exatamente esta idade, e por isso, a relação sexual podia ser considerada como crime.

Porém, com a nova redação que diz: "*menor de 14 anos*" (**Art. 217-A- do CP**); *no dia do aniversário de 14 anos* a vítima já não é "*menor de 14 anos*", e o ato sexual realizado com ela não mais poderá ser considerado como *estupro de vulnerável*.

Não podemos deixar de lembrar que as demais hipóteses de presunção de violência previstas no revogado **Art. 224 do CP** também passaram a integrar o tipo autônomo do *estupro de vulnerável*, porém destacadas no parágrafo primeiro do **Art. 217-A do CP** que afirma:

> *"Incorre na mesma pena quem pratica as ações descritas no **caput** com alguém que, por enfermidade ou deficiência mental, não tem o necessário discernimento para a prática do ato, ou que, por qualquer outra causa, não pode oferecer resistência".*

Podemos perceber que o novo dispositivo penal, chamado de *estupro de vulnerável*, possui certas características bastante peculiares e, com sua criação, inúmeros questionamentos surgiram em nossa doutrina, sendo que, agora passaremos a organizar a estrutura deste crime, que foi previsto na lei da seguinte forma:

> *"**Art. 217-A**. Ter conjunção carnal ou praticar outro ato libidinoso com menor de 14 (catorze) anos:*
> ***Pena** – reclusão, de 8 (oito) a 15 (quinze) anos.*

§ 1º Incorre na mesma pena quem pratica as ações descritas no caput com alguém que, por enfermidade ou deficiência mental, não tem o necessário discernimento para a prática do ato, ou que, por qualquer outra causa, não pode oferecer resistência.

§ 2º (VETADO)

§ 3º – Se da conduta resulta lesão corporal de natureza grave:

Pena *– reclusão, de 10 (dez) a 20 (vinte) anos.*

§ 4º – Se da conduta resulta morte:

Pena *– reclusão, de 12 (doze) a 30 (trinta) anos."*

7.6.2 Tipo Objetivo

Caracteriza este crime ter *conjunção carnal* ou praticar *outro ato libidinoso* com <u>menor de 14 anos</u>, ou qualquer pessoa que se enquadre no conceito de *vulnerável*, seja este ato realizado *com ou sem violência* ou *grave ameaça.*

A **pena** é de *reclusão de 8 a 15 anos*, o que caracteriza uma certa desproporção, se pensarmos que a conduta *sem violência* praticada contra um vulnerável é punida de forma *mais grave* que condutas violentas contra as demais pessoas, já que a pena do **estupro simples** é de *6 a 10 anos de reclusão.*

7.6.3 Sujeito Ativo e sujeito passivo

Trata-se de **crime comum**, que pode ser praticado por <u>qualquer pessoa</u>, sendo que, de acordo com o *caput* do dispositivo em tela, o **sujeito passivo** será apenas o indivíduo *menor de 14 anos.*

Porém, de acordo com o **Art. 217-A § 1º CP** incorre nas mesmas penas quem praticar as condutas narradas no tipo com pessoa considerada **vulnerável**, ou seja, além dos menores abaixo de 14 anos, também serão *sujeitos passivos* deste crime:

a) Alguém que por enfermidade ou deficiência mental, não tem o necessário discernimento para a prática do ato.

b) Alguém que, por qualquer outra causa, não possa oferecer resistência.

7.6.4 Consumação e Tentativa

A **consumação** se dá com a efetiva prática da *conjunção carnal*, ou de qualquer outro *ato libidinoso*, com a vítima menor de 14 anos, ou com vulnerável, sendo que, a **tentativa** é plenamente admissível em qualquer das modalidades previstas para este crime, já que as condutas típicas são *fracionáveis* (**crime plurissubsistente**)

7.6.5 Formas qualificadas preterdolosas (Art. 217 A § 3º e §4º do CP)

Os problemas inerentes ao novo tipo penal do *estupro de vulnerável* (Art. 217-A do CP) não acabam por aqui, pois inexplicavelmente o legislador previu *formas preterdolosas* específicas para hipóteses em que o vulnerável sofra *lesão corporal grave*, ou *morte*, como consequência da "violência sexual". (**Art. 217-A § 3º e 4º do CP**).

De acordo com o **parágrafo 3º do Art. 217-A do CP** se a conduta sexual realizada resultar em *lesão corporal de natureza grave*, a pena aplicada ao crime do *estupro do vulne-*

rável será de *10 a 20 anos de reclusão* e, de acordo com o **parágrafo 4º do Art. 217-A do CP**, se a conduta de estupro do vulnerável *resultar em morte*, a pena aplicada ao crime será de *12 a 30 anos de reclusão*.

Não podemos esquecer que os **crimes preterdolosos** são na verdade uma espécie de *crime qualificado pelo resultado* em que a conduta do agente é *dolosa* e o resultado mais grave qualificador é *produto de culpa*, portanto, entendemos que não faz sentido se criar uma *forma preterdolosa* específica, com novas penas mínima e máxima, em função da vítima ser vulnerável.

Explico, por ser *culposo*, o *resultado preterdoloso* de lesão grave ou morte, que qualifica esta espécie de crime, caracteriza-se por não ter sido desejado e nem mesmo previsto pelo agente, logo, não faria sentido punir de forma mais severa esses resultados em razão de características da vítima, já que o autor não desejou produzi-los e eles são apenas produto de culpa.

Na verdade, punir uma conduta dolosa praticada contra determinadas vítimas (p. ex vulneráveis) com uma pena mais grave faz todo o sentido, mas estabelecer uma pena mínima e máxima diferentes em face de resultados culposos e, portanto, não desejados, por características da vítima nos parece no mínimo um contrassenso lógico.

Acreditamos que teria sido bem mais razoável se a nova lei tivesse estabelecido um **aumento de pena** com valores previamente determinados (p.ex. 2/3, dobro) que incidissem sobre a nova pena abstrata do **estupro do vulnerável (Art. 217-A do CP)**, pois assim, a *valoração diferenciada* seria referente à *conduta dolosa* realizada contra o vulnerável, e o aumento de pena seria apenas em função do *resultado mais grave produzido a título de culpa*, partindo assim da mesma pena abstratamente prevista para este crime.

Por fim, a **Lei 13.718/18** inseriu o **§ 5º art. 217-A do Código Penal**, estabelecendo que:

"As penas previstas no caput e nos §§ 1º, 3º e 4º deste artigo aplicam-se independentemente do consentimento da vítima ou do fato de ela ter mantido relações sexuais anteriormente ao crime".

Como vimos, o **Art. 217-A do CP** prevê como crime de estupro a conduta do agente que tem *conjunção carnal ou pratica outro ato libidinoso com vítima menor de quatorze anos* (*caput*) e ainda quando a *vítima for portadora de enfermidade ou deficiência mental incapaz de discernimento para a prática do ato*, ou que, por qualquer outra causa, *não tenha condições de oferecer resistência* (**Art. 217-A § 1º do CP**).

O problema é que com a edição do *estatuto da pessoa com deficiência* **Lei nº 13.146/15**, passou a se reconhecer que a deficiência não afeta a plena capacidade civil da pessoa, inclusive para *exercer direitos sexuais e reprodutivos* (Art. 6º Inc. II).

Com a inclusão do **§ 5º no Art. 217-A do CP,** surge um conflito entre o *Estatuto da Pessoa com Deficiência* e o próprio *Código Penal*, pois a nova previsão legal ao estabelecer que se caracteriza o crime de *estupro de vulnerável* independentemente do <u>consentimento da vítima</u>, não permite a apuração da enfermidade ou a deficiência mental, no que tange a falta de discernimento para consentir com o ato sexual, contrariando, assim, o referido estatuto.

A nova disposição do **parágrafo 5º do Art. 217-A do CP** contraria o próprio § 1º do mesmo artigo, pois este impõe que o doente mental não possua capacidade de compreender a natureza dos atos por ele consentidos e a capacidade de consentimento, nestes casos, deve afastar o crime.

Diante disso, será melhor interpretar restritivamente a nova previsão do **Art. 217-A § 5º CP**, aplicando-a somente ao disposto no *caput* **do art. 217-A**, ou seja, os menores de quatorze anos.

No caso dos deficientes, deve-se compatibilizar a nova regra, que veda o consentimento da vítima, com o estatuto da pessoa deficiente, para permitir que haja liberdade de escolha no que tange aos atos sexuais por parte de pessoas deficientes, que possuam capacidade de autodeterminação, afastando-se a incidência do crime de *estupro de vulnerável* nestas hipóteses.

7.6.6   Pena e natureza hedionda do crime (Lei 8.072/90)

O crime de **Estupro de Vulnerável** é considerado como **hediondo** tanto na sua *forma simples* (**Art. 217-A CP**) quanto na sua *forma qualificada* (**Art. 217-A – § 3º e 4º CP**), e em face das alterações sofridas pelo código penal através da *Lei 12.015/09*, muitos problemas surgiram no que tange a proporcionalidade das penas e a aplicação das regras previstas na *Lei de crimes hediondos* para o crime de estupro de vulnerável.

O novo tipo penal do *estupro de vulnerável*, devido à imprecisão técnica do texto legal, englobou tanto as hipóteses de conduta *sem violência ou grave ameaça*, anteriormente ligadas à presunção de violência (**Art. 224 do CP**), quanto situações em que a *vítima menor de 14 anos* sofre *ameaça ou violência*, com isso, devido a esta demasiada abrangência, como dissemos, há problemas de proporcionalidade em certas hipóteses concretas.

Perceba-se que, como já dissemos, manter relação sexual com um *vulnerável* (p. ex. vítima de 13 anos) *sem qualquer violência ou grave ameaça*, praticando o ato com o consentimento da vítima, é punido com pena maior (**pena de 8 a 15 anos**) do que a conduta de quem através de *violência real ou grave ameaça*, obriga, compele uma *vítima maior de 18 anos* a ter a relação sexual (**pena de 6 a 10 anos**).

A **pena** do *estupro do vulnerável*, mesmo sem violência, ainda é maior também do que a da *conduta violenta* contra vítima que tem *entre 14 e 18 anos*, ou mesmo se a conduta de estupro resultar em *lesões corporais graves* (**§ 1º – pena 8 a 12 anos**), algo que no mínimo parece desproporcional se compararmos algumas situações concretas.

O problema é, mais uma vez, produto da **revogação formal** do conceito de **presunção de violência** (Art. 224 do CP), que igualava a gravidade da conduta sem violência ou ameaça, praticada contra certas vítimas vulneráveis, às condutas violentas praticadas contra outras vítimas "comuns" (Art. 213 do CP).

Antes da mudança proposta pela nova Lei, se houvesse violência ou grave ameaça contra estas vítimas específicas mais indefesas, hoje chamadas de *vulneráveis*, e antes previstas no **Art. 224 do CP**, aí sim se aplicava um **aumento de pena**, previsto no **Art. 9º da Lei 8072/90**, punindo de forma mais grave os crimes *violentos* contra estas vítimas.

Com a criação do **estupro do vulnerável**, e consequente <u>revogação</u> do mencionado dispositivo que previa a *presunção de violência*, unificando dentro de um mesmo tipo as condutas sexuais, *com e sem violência*, praticadas contra os chamados *vulneráveis*, ficamos diante de uma evidente desproporção de penas entre o *estupro de vulnerável* (Art. 217-A do CP) *sem violência* e o *estupro simples,* e mesmo o <u>qualificado,</u> *com violência* (Art. 213 *caput* e § 1º do CP).

Sem dúvida alguma um dos maiores problemas trazidos pela **revogação** do **Art. 224 do CP** (presunção de violência) quanto aos crimes sexuais foi a repercussão que esta mudança acabou surtindo na **Lei dos crimes hediondos (Lei 8.072/90)**, mais especificamente em seu **Art. 9º**, que prevê um *aumento de metade da pena* para alguns crimes hediondos (p. ex. Art. 157 § 3º, Art. 159, *caput,* e Art. 213, §§ 1º e 2º, do CP), quando praticados contra certas vítimas que possuam as características previstas no <u>revogado</u> Art. 224 do CP.

O problema é que a referência legal (Art. 224 do CP) para que se opere o *aumento de pena* aos *crimes hediondos* foi <u>revogada</u>, então, surgem as seguintes indagações:

a) Como promover o aumento previsto na **Lei 8072/90** se o dispositivo legal que determina as hipóteses de aumento já não existe mais?

b) Por se tratar de uma alteração mais benéfica, esta não deveria retroagir?

Estas questões são bastante delicadas, e nos parece que o problema passou despercebido pelo legislador quando este **revogou** o **Art. 224 do CP** e criou o tipo penal autônomo do *estupro do vulnerável* (Art. 217-A do CP), pois obviamente não foi o seu objetivo afastar o aumento de pena de ½, previsto na Lei 8072/90, para as vítimas englobadas nas antigas hipóteses de presunção de violência.

Inegavelmente, as condutas hediondas previstas, quando praticadas contra estas pessoas mais vulneráveis merecem mesmo um tratamento mais severo e uma pena maior, entretanto, não podemos fechar os olhos para a técnica legislativa, a interpretação das normas e para a própria Legalidade.

Evidentemente, com a **revogação** do dispositivo do Código Penal (**Art. 224 do CP**), referido na lei especial (**Art. 9º da Lei 8072/90**) para gerar o aumento de pena, este aumento <u>não pode</u> mais continuar a ser aplicado, principalmente porque o texto da Lei 8072/90 faz alusão direta ao **Art. 224** do CP para determinar o referido aumento da pena.

Embora a *inaplicabilidade* do **Art. 9º da Lei 8072/90** seja a consequência mais técnica e majoritária em função da revogação do **Art. 224 do CP**, há entendimento, <u>minoritário</u> e divergente, defendendo a ideia de que, como as hipóteses narradas no **Art. 224 do CP** passaram a integrar o dispositivo legal do **Art. 217-A do CP**, seria plenamente possível continuar aplicando o aumento de pena para as hipóteses antes previstas no Art. 224 CP, porque agora estão presentes no **Art. 217-A do CP**.

Não podemos concordar com este segundo posicionamento, por mais que seja uma forma de tentar manter o objetivo repressivo da nova lei, pois, além de ser absolutamente *atécnico*, esbarra ainda em um problema, qual seja, que o **Art. 224 do CP** era uma *norma não incriminadora de remissão* para adequação típica, e que, portanto, podia servir de referência para todos os crimes hediondos listados no **Art. 9º da Lei 8072/90**, não só para o *Art. 217-A do CP.*

Porém, após a **revogação** do **Art. 224 do CP**, o legislador transportou suas hipóteses apenas para o *Art. 217-A do CP*, uma *norma incriminadora*, que delimita um *tipo autônomo específico*, impossibilitando assim que, por analogia (*in malam partem*), se adeque a aplicação do **Art. 9º da Lei 8.072/90** para este crime exclusivamente, já que este dispositivo se referia a inúmeros crimes e não só ao estupro de vulnerável.

A questão fica ainda mais complexa quando pensamos nos efeitos desta malfadada revogação, pois, indiscutivelmente, esta parte da **Lei 12.015/09** trata-se de uma **norma mais benéfica** e, portanto, em função do princípio da legalidade se impõe a **retroatividade benéfica** para que ela alcance todos os fatos anteriores já realizados.

É isso mesmo, por mais estranho e improvável que possa parecer, em razão da **revogação do Art. 224 do CP** não é mais possível se aplicar o aumento de pena do **Art.9º da Lei 8.072/90** para qualquer dos crimes listados, sendo que, esta impossibilidade irá gerar efeitos retroativos fazendo com que todos os inquéritos, processos e mesmo condenações em curso se adéquem a esta nova situação, afastando-se o aumento de pena de ½ das decisões e também das penas transitadas em julgado e em execução.

7.7   CORRUPÇÃO DE MENORES (ARTS. 218 E 218-A DO CP)

7.7.1   Considerações gerais

No que tange ao crime de corrupção de menores houve talvez a mais radical modificação promovida pela *Lei 12.015/09*, pois a nova redação do **Art. 218 do CP** alterou completamente este crime, praticamente transformando-o em outra infração penal absolutamente diversa da antiga corrupção de menores, prevista no mesmo artigo e que, na forma anterior, deixou de existir como crime.

O antigo texto do Código Penal se referia ao crime de corrupção de menores dizendo:

"Corromper ou facilitar a corrupção de pessoa maior de 14 (catorze) e menor de 18 (dezoito) anos, com ela praticando ato de libidinagem, ou induzindo-a a praticá-lo ou presenciá-lo". Pena: 1 a 4 anos de reclusão.

Enquanto a nova redação dada pela **Lei 12.015/09** passou a definir este crime da seguinte forma:

"Induzir alguém menor de 14 (catorze) anos a satisfazer a lascívia de outrem" Pena: reclusão, de 2 (dois) a 5 (cinco) anos.

Percebe-se claramente que são condutas absolutamente diferentes e que na verdade o que mudou foi o conceito do que é *corromper menor* para a legislação penal, tendo sido mantido apenas o nome do crime, embora a nova conduta sequer se assemelhe a anteriormente prevista no **Art. 218 do CP**.

No fundo inexplicavelmente nosso legislador passou a prever no **Art. 218 do CP** uma forma específica de *lenocínio*, ou seja, *induzir alguém a satisfazer a lascívia de outrem*, crime que já possui previsão no **Art. 227 do CP**, porém, aqui a previsão se refere a *vítimas menores de 14 anos de idade*.

Embora soe estranho continuar chamando de *corrupção de menores* um crime que na verdade é de *lenocínio*, e perceba-se a falta de técnica legislativa ao se colocar esta conduta destacada dentro de um tipo autônomo (Art. 218 do CP), ao invés da solução mais óbvia e correta que seria inserir um *parágrafo* no **Art. 227 do CP**, que já prevê a conduta de *lenocínio*, estes não foram os maiores problemas desta infeliz alteração.

O ponto central do problema inerente ao novo crime de **corrupção de menores** está no fato de que as antigas condutas previstas no **Art. 218 do CP** deixaram de possuir previsão legal, e com isso deixaram de ser crime, o que além de não condizer com a proposta ideológica da nova *Lei 12.015/09*, por constituir uma alteração mais benéfica, deverá surtir **efeitos retroativos** alcançando todos os fatos praticados anteriormente (**Princípio da retroatividade benéfica – Art. 2º do CP**).

Na prática, atualmente o agente que tenha relação sexual com uma pessoa *menor de 18 anos e maior de 14 anos*, desde que com o consentimento desta, *não comete crime algum*, independentemente da maturidade sexual, experiência ou inocência da vítima, já que, isto <u>não</u> mais configura qualquer *figura típica* em nossa legislação.

A nova redação do **Art. 218 do CP** que, com o nome de *corrupção de menores* na verdade trata de uma forma específica de *lenocínio* gerou ainda uma divergência em nossa doutrina, qual seja:

– Como tipificar a conduta de quem induzir uma *vítima menor de 14 anos* a satisfazer a lascívia de outrem, se este menor vier efetivamente a praticar ato libidinoso, ou mesmo conjunção carnal, com o terceiro envolvido?

Há dois posicionamentos em nossa doutrina, um primeiro afirmando que se deve afastar a aplicação do novo **Art. 218 do CP** para tipificar a conduta como participação em crime de **estupro de vulnerável** (**Art. 217-A do CP**), de acordo com a teoria monista (Art. 29 do CP) adotada por nosso ordenamento (*Rogerio Greco*).

Enquanto, em um outro entendimento (*Guilherme Nucci*), afirma-se que a nova redação do **Art. 218 do CP** criou uma exceção pluralística em nossa legislação, afastando-se a imputação do **estupro de vulnerável** (**Art. 217-A do CP**) ao *partícipe* que induziu o menor a praticar os atos sexuais, devendo este responder apenas como autor do novo crime de **corrupção de menores** (Art. 218 do CP).

Embora o primeiro entendimento nos pareça mais acertado, devemos lembrar que ao induzir o menor de 14 anos a satisfazer a lascívia de outrem, e ocorrendo a prática de ato libidinoso, ou conjunção carnal do terceiro com este menor, tecnicamente o agente **não** poderá ser visto como *partícipe* do crime de **estupro de vulnerável** (**Art. 217-A**) por induzimento, pois sua conduta de *induzir* não incidiu sobre o *autor do crime,* mas sim *sobre a própria vítima* do crime, ou seja, o menor.

Logo, concordamos com a imputação da participação em estupro de vulnerável (**Art. 217-A CP**), caso ocorra o ato sexual de terceiro com o menor, porém, entendemos que esta participação no estupro será através da modalidade de **auxílio** (cumplicidade), e não por induzimento, por parte daquele que induziu *o menor* (vítima) a realizar os atos sexuais com o terceiro.

Não custa lembrar que, por mais estranho que possa parecer, se o terceiro apenas satisfizer sua lascívia observando o *menor de 14 anos* que foi induzido pelo autor do novo crime do **Art. 218 do CP**, mas com ele não chegar a praticar diretamente quaisquer atos libidinosos, sua conduta poderá será *atípica*, não respondendo criminalmente por nada (p. ex: assistir o menor tirar a roupa e depois se masturbar), ou dependendo da situação ser enquadrada no **Art. 218-A do CP** que trataremos a seguir.

A **Lei 12.015/09** apresentou ainda outros dois crimes ligados ao **Art. 218 CP**, sendo que o primeiro deles é o crime de **satisfação de lascívia mediante presença de criança ou adolescente** (**Art. 218-A do CP**), que visa punir as condutas de praticar, *na presença de menor de 14 anos*, ou induzi-lo a presenciar, atos libidinosos ou conjunção carnal.

Esta previsão legal que, corretamente pretende proteger o menor de 14 anos, na sua inocência e pureza, de presenciar atos de libido, os quais ele ainda não tem maturidade para entender, apresentou um grave erro técnico que infelizmente irá dificultar e muitas vezes até impedir sua aplicação, o que com certeza passou desapercebido pelo legislador.

O problema é que ao final do **Art. 218-A do CP**, foi acrescentado um **elemento subjetivo especial** (especial fim de agir), que passou a ser necessário para a configuração deste crime, qual seja, "*a fim de satisfazer a lascívia própria ou de outrem*", o que além de ser de difícil comprovação prática, gerou a curiosa situação de que não configuraria crime a prática de ato sexual na frente de menor de 14 anos, se não ficar demonstrado que os agentes pretendiam com isso satisfazer a sua própria libido, a sua lascívia.

Ora, se a ideia era proteger o menor de 14 anos na sua inocência e moral, evitando que ele fosse exposto a presenciar práticas sexuais, <u>não</u> há qualquer lógica em se exigir o *fim específico de satisfação de libido* por parte dos agentes envolvidos, para que se configure o crime.

Fica evidente que a ausência deste *especial fim* não interferia em nada na *lesividade* da conduta sexual praticada na frente do menor, e principalmente por que, a exigência deste **elemento subjetivo especial** praticamente torna impossível a imputação do crime, por ser de improvável, rara e difícil comprovação no caso concreto.

7.7.2 Tipo objetivo (art. 218 do CP)

Em suma, configura o crime de **corrupção de menores (Art. 218 do CP)** a conduta de *induzir alguém menor de 14 (catorze) anos a satisfazer a lascívia de outrem*, o que como dissemos fez com que este crime acabasse virando uma espécie de *lenocínio,* que já possui previsão expressa no **Art. 227 do CP.**

Não mais se caracteriza a *corrupção de menor* pela prática de ato libidinoso que atente apenas contra a sua moral ou bons costumes, logo a simples prática de ato sexual com pessoa *menor de 18 anos* e *maior de 14 anos não configura crime*, fato este que agora a princípio será **atípico**.

7.7.3 Consumação e tentativa

A **consumação** ocorre com a prática de qualquer ato de natureza sexual pelo menor, tendo este sido induzido por terceiros (**crime material**) e, portanto, a **tentativa** é plenamente possível se após o induzimento o menor <u>não</u> chega a praticar qualquer ato de natureza sexual.

7.7.4 Tipo objetivo (art. 218-A do CP)

Configura o crime de satisfação de lascívia mediante presença de criança ou adolescente (**Art. 218-A do CP**) a conduta de *praticar, na presença de menor de 14 anos, conjunção carnal ou outro ato libidinoso, a fim de satisfazer lascívia própria ou de outrem*, ou ainda, *induzir o menor de 14 anos*, a *presenciar conjunção carnal ou outro ato libidinoso*, a fim de satisfazer lascívia própria ou de outrem.

7.7.5 Tipo subjetivo

Este crime (**Art. 218-A do CP**) se dá somente através do **dolo** de praticar o ato ou induzir o menor a presenciá-lo, sendo necessário também o *especial fim de agir* de satisfazer a sua própria lascívia, ou a de outrem (**elemento subjetivo especial**).

Como dissemos, a presença deste *elemento subjetivo especial* praticamente impossibilitou a aplicação deste crime, já que dificilmente esta conduta será realizada com este fim específico, e se for, é muito difícil de se provar a presença deste referido fim na conduta do autor.

7.7.6 Consumação e tentativa

A **consumação** ocorre com a prática de conjunção carnal ou qualquer outro ato de natureza sexual na presença do menor, ou ainda quando ocorre o induzimento e o menor assista ato sexual realizado por terceiros (**crime material**) e, portanto, a **tentativa** é plenamente possível se após o induzimento o menor não chega a assistir qualquer ato de natureza sexual, ou mesmo se antes de se iniciar a prática sexual na presença do menor os agentes são impedidos de prosseguir por motivos alheios a sua vontade (*crime plurissubsistente*).

7.8 FAVORECIMENTO DA PROSTITUIÇÃO OU EXPLORAÇÃO SEXUAL DE CRIANÇA OU ADOLESCENTE OU DE VULNERÁVEL (ART. 218-B DO CP)

7.8.1 Tipo objetivo

O **tipo penal objetivo** do **Art. 218-B do CP** prevê como crime as condutas de:

"submeter, induzir ou atrair à prostituição ou outra forma de exploração sexual alguém menor de 18 anos ou que, por enfermidade ou deficiência mental, não tem o necessário discernimento para a prática do ato, facilitá-la, impedir ou dificultar que a abandone."

O **Art. 218-B do CP** recebeu o nome de **favorecimento a prostituição ou outra forma de exploração sexual de menores de 18 anos e vulneráveis,** e mais uma vez percebe-se a desnecessidade da previsão de condutas em um tipo autônomo, já que bastaria inserir um parágrafo no crime de *favorecimento à prostituição,* previsto no **Art. 228 do CP,** para se trabalhar de forma mais rigorosa com as hipóteses da vítima do favorecimento ser pessoa *menor de 18 anos ou considerada como vulnerável.*

A desnecessidade de um tipo autônomo para esta conduta fica ainda mais evidente pela alteração também promovida no **Art. 228 do CP** que ampliou o alcance da conduta de *favorecimento a prostituição* e incluiu o termo *"ou outra forma de exploração sexual"* dando <u>abrangência idêntica</u> a este crime e ao crime do **Art. 218-B do CP,** com a única diferença de que neste as vítimas são especificamente os *menores de 18 anos e os chamados vulneráveis.*

Com a inclusão das *"outras formas de exploração sexual",* tanto no crime de favorecimento praticado contra *menores de 18 anos e vulneráveis* (**Art. 218-B do CP**) quanto no crime de **favorecimento comum a prostituição** (**Art. 228 do CP**), passaram a ser punidas quaisquer condutas de exploração sexual, mesmo que não impliquem necessariamente em prostituição e prática de atos sexuais, como a dança erótica (*striptease*), fotos e filmes pornográficos etc., algo que evidentemente gera graves problemas práticos na sua aplicação.

Embora no crime de favorecimento relacionado ao *menor de 18 anos e ao vulnerável* a nova previsão das *"outras formas de exploração sexual"* seja positiva, ampliando a proteção destas vítimas específicas, porém, no que tange ao crime de **favorecimento comum** (**Art. 228 do CP**) esta mesma ampliação poderá gerar certas consequências bastante indesejáveis.

Vejamos, de acordo com a nova redação do **Art. 228 do CP** (**favorecimento comum a prostituição**), por exemplo, aquele que induzir, atrair, ou mesmo atuar facilitando para que alguém passasse a dançar numa casa de *striptease,* ou mesmo para que virasse atriz pornográfica, vivendo da exploração sexual de seu próprio corpo, estará assim cometendo um crime.

Evidentemente, a mudança é válida no que tange à *vítima menor de 18 anos ou vulnerável* (**Art. 218-B do CP**) mas bastante descabida no favorecimento contra *vítima comum,* mesmo por que esta consequência, embora possível de ser tirada da nova redação do referido **Art. 228 do CP,** é claramente absurda.

Ainda na esteira das mudanças operadas neste dispositivo foi acrescentada a conduta de *"dificultar"* que a vítima abandone a prostituição ou a exploração sexual, ou seja, agora basta atrapalhar, criar obstáculos para que alguém se afaste da atividade exercida e o crime estará configurado, ampliando assim a abrangência e o alcance deste tipo penal.

No **parágrafo 2º do Art. 218-B do CP** há uma extensão da aplicação das penas previstas neste crime, também para as seguintes hipóteses:

I – quem pratica a conjunção carnal ou outro ato libidinoso com alguém *menor de 18 anos e maior de 14 anos* na situação descrita <u>no *caput*</u> deste artigo.

II – o proprietário, o gerente ou o responsável pelo local em que se verifiquem as práticas referidas <u>no *caput*</u> deste artigo.

Por fim, ainda há a previsão, nas hipóteses do **inciso II** supracitado, de cassação da licença de localização e funcionamento do referido estabelecimento, sendo este um efeito automático da condenação pelo crime do *Art. 218-B do CP* (**Art. 218-B § 3º do CP**).

7.8.2 Consumação e Tentativa

A **consumação** ocorre quando a vítima dá início as atividades ligadas a prostituição, sendo explorada, mesmo sem ainda ter tido relação sexual, devido à prática pelo sujeito ativo das condutas de submeter, atrair ou induzir a vítima (*menor de 18 anos ou vulnerável*).

Na conduta de *"facilitação"* a **consumação** ocorre quando a vítima realizar alguma conduta inerente à prostituição facilitada pelo agente, e no que tange as condutas de *"dificultar"* e *"impedir"* a consumação pressupõe que a vítima tenha buscado se afastar das atividades, e ocorre no momento em que o agente atua de qualquer forma para evitar que isto ocorra.

Embora haja divergência quanto a algumas formas de condutas, a **tentativa** é plenamente possível quando as condutas típicas realizadas sejam fracionáveis (crime plurissubsistente).

7.9 DIVULGAÇÃO DE CENA DE ESTUPRO, DE ESTUPRO DE VULNERÁVEL, DE CENA OU IMAGEM DE SEXO OU PORNOGRAFIA. (ART. 218-C DO CP)

7.9.1 Tipo objetivo

A **Lei 13.718/18** trouxe mais uma novidade ao criar o **Art. 218-C do Código Penal** visando punir a conduta de quem promove a divulgação de cena de sexo, nudez ou pornografia sem o consentimento dos envolvidos, bem como daquele que divulga ou publica cenas reais de estupro ou de estupro de vulnerável.

De acordo com o novo texto legal, configura crime, punido com *pena de reclusão de 1 a 5 anos*, se o fato não configurar crime mais grave:

> *"Oferecer, trocar, disponibilizar, transmitir, vender ou expor à venda, distribuir, publicar ou divulgar, por qualquer meio –, inclusive por meio de comunicação de massa ou sistema de informática ou telemática –, fotografia, vídeo ou outro registro audiovisual que contenha cena de estupro ou estupro de vulnerável ou que faça apologia ou induza a sua prática, ou, sem o consentimento da vítima, cena de sexo, nudez ou pornografia".*

Há ainda dois parágrafos no **Art. 218-C do CP**, o **§ 1º** estabelecendo um aumento de pena de *1/3 a 2/3* se o crime for praticado por agente que mantenha ou tenha mantido relação íntima de afeto com a vítima, ou ainda quando a conduta for realizada com o fim de vingança ou humilhação (especial fim de agir).

Já o **parágrafo 2º do Art. 218-C do CP** traz uma **causa excludente da ilicitude** para situações em que o fato seja praticado através de publicações de natureza jornalística, científica, cultural ou acadêmica, desde que sejam adotados recursos que impossibilitem a identificação das pessoas.

Trata-se a princípio de **crime comum**, já que este tipo penal pode ser cometido por *qualquer pessoa*, não se exigindo também qualquer qualidade especial do **sujeito passivo** que pode ser homem ou mulher, porém, caso a vítima seja pessoa menor de dezoito anos, na maioria das hipóteses, a conduta deverá ser enquadrada nos *Art. 241 e Art. 241-A do ECA*.

Embora a matéria possa gerar divergências, acreditamos que no que tange a parte final deste tipo penal, que se refere a conduta de divulgar *"sem o consentimento da vítima, cena de sexo, nudez ou pornografia"*, deve-se considerar que se trata de um **crime próprio**, que só pode ser praticado pelo destinatário primário das imagens, ou seja, alguém que possua alguma *relação pessoal*, que não seja íntima, com a vítima, (caso seja *íntima* a relação aplica-se o § 1º), ou mesmo uma *relação direta* com o envio originário da imagem, ou seja, ser o *destinatário primário* da imagem que, sem consentimento da vítima, a divulga a terceiros.

Explico, há duas principais razões para esse entendimento:

A) o § 1º do Art. 218-C do CP estabelece uma *relação íntima* com a vítima como causa de aumento de pena, tornando mais grave a conduta prevista no *caput*, demonstrando que a relação de intimidade (Ex: namorados, amantes, amigos íntimos, familiares etc.) com a vítima torna a conduta mais reprovável e que, por isso, o crime deve ter sua pena aumenta.

Sendo assim, nos parece que o *caput* previu a pena abstrata básica para as hipóteses de **ausência de intimidade**, mas havendo algum tipo de relação entre os *sujeitos ativo* e *passivo* do crime, mesmo que esta relação seja superficial (apenas se conhecem), ou momentânea e relacionada somente ao **envio e recebimento direto** da imagem.

B) Caso se entendesse que a *parte final* o *caput* não exige qualquer tipo de relação do *sujeito ativo* com a vítima, ou com o próprio envio direto da imagem pela vítima, e que se trata, portanto, de um *crime comum,* teríamos um hiato de conduta sem punição específica mais severa, qual seja, a do *sujeito que recebeu diretamente a imagem* e a divulgou, publicou, ou aquele que atua tendo algum tipo de relação **não** *íntima* com a vítima (Ex: colega de trabalho ou faculdade, vizinhos, *conhecidos virtuais* por rede social etc.).

Não faz sentido punir da mesma forma, através do *caput*, o sujeito que, conhecendo a vítima ou tendo recebido a imagem diretamente dela, trai sua confiança e, tendo *dolo direto* de ofender sua dignidade pessoal, publica ou divulga esta imagem, e a *pessoa comum*, que apenas passa a imagem a diante sem ter qualquer ideia de quem é a vítima, de que estado ou país ela é, de onde veio a imagem, se houve ou não autorização prévia da suposta vítima, e até mesmo se a filmagem é profissional e foi feita por atores remunerados etc.

Em suma, nos parece que o legislador quis punir, tanto no *caput* quanto na forma circunstanciada do *parágrafo 1º*, somente a conduta realizada por quem possua *alguma espécie de relação pessoal e direta* com a vítima, ou por ser o destinatário originário da imagem, quer esta relação seja **íntima** (**Art. 218-C § 1º CP**), ou uma relação transitória, superficial, **sem intimidade** (**Art. 218-C** *caput* **CP**)

Por fim, resta uma última crítica à nova previsão legal do **Art. 218-C do CP**, no que tange a primeira parte do novo tipo penal, que se refere a divulgação de cena de estupro, nos parece que o **bem jurídico tutelado** não é a *dignidade sexual*, mas sim a *paz pública*, e este dispositivo poderia estar enquadrado mais especificamente como uma forma de **incitação ou apologia ao crime** (**Arts. 286 e 287 CP**), já que a *dignidade sexual* da vítima já foi tutelada pelo próprio crime de estupro em si. Logo, a conduta de divulgar as imagens do ato criminoso nos parece que deveria ter sido enquadrada como uma forma específica de *incitação ou apologia à violência sexual praticada.*

Quanto a parte final do **Art. 218-C do CP**, que se refere a divulgação de imagens ou cenas de sexo sem o consentimento da vítima, nos parece que essa conduta mereceria um tipo penal autônomo, mais detalhado e claro, também fora do capítulo dos *crimes contra a dignidade sexual*, e que poderia ser incluído como uma modalidade específica de crime contra a honra, uma forma de *difamação qualificada*, ou mesmo inaugurar um *novo título* no código penal, com a tutela de um *novo bem jurídico*, qual seja, a **intimidade pessoal**.

7.10 AS AÇÕES PENAIS NOS CRIMES SEXUAIS (ART. 225 DO CP)

A **Lei 12.015/09** modificou o antigo regramento das *ações penais nos crimes sexuais*, algo que afetou todos os crimes previstos no **Título VI do Código Penal**, embora esta alteração inegavelmente tenha atingido principalmente o crime de *estupro* (**Art. 213 do CP**), gerando algumas divergências na nossa doutrina.

Agora a **Lei 13.718/18** altera novamente a natureza da ação penal nos crimes sexuais, tornando-a **ação penal pública incondicionada** para todas as hipóteses.

Na verdade, essa modalidade de ação penal é a *regra geral* prevista no código penal e aplicada a todos os crimes, exceto quando a lei expressamente dispuser em sentido contrário, logo, bastaria que o *Art. 225 do CP* tivesse sido revogado que o efeito seria o mesmo.

Anteriormente, de acordo com o *Art. 225 CP*, que se encontrava no *Capítulo IV do Código Penal*, a regra geral era que as ações penais seriam *privadas* para todos os crimes contra os costumes previstos nos capítulos anteriores, ou seja, nos *capítulos I, II e III do Título VI do Código*, havendo apenas algumas exceções expressamente previstas na Lei.

As exceções eram para as hipóteses em que a vítima ou seus pais não pudessem prover as despesas do processo (Art. 225 Inc. I do CP), quando então a ação seria *pública condicionada à representação*, e ainda quando o crime fosse cometido com abuso do pátrio poder (poder familiar), ou na qualidade de padrasto, tutor ou curador da vítima, nestes casos, sendo *pública incondicionada* (Art. 225 Inc. II do CP).

Com base na própria previsão do **Art. 225 do CP**, que delimitava *ação privada* para crimes previstos nos capítulos anteriores a ele, a doutrina entendia que os crimes contra costumes qualificados pelo resultado, essencialmente o estupro e o atentado violento ao pudor, presentes no **Art. 223 do CP**, por estarem previstos no mesmo capítulo que o *Art. 225 do CP* deveriam seguir a *regra geral* do Código Penal, qual seja, ser de **ação penal pública incondicionada**.

Por fim, com base na jurisprudência sumulada pelo STF (**Súm. 608**) no crime de *estupro simples* (Art. 213 do CP), praticado <u>com violência real</u> (física, concreta), a ação deveria ser **pública incondicionada**, entendimento que, embora contrário à determinação legal do **Art. 225 do CP**, vinha sendo largamente aplicado, estendendo-se inclusive ao revogado crime de atentado violento ao pudor (Art. 214 do CP).

Diante desta grande confusão o legislador resolveu organizar o tema e redefiniu, no próprio **Art. 225 CP**, as ações penais para todos os crimes sexuais, determinando que estas passariam a ser, em regra, **públicas condicionadas a representação**, salvo em uma <u>única exceção</u>, quando a *vítima for menor de 18 anos ou considerada vulnerável* (**Art. 225 § único do CP**) em que a ação será **pública incondicionada**.

Em resumo, como regra geral, a partir da mudança promovida pela *Lei 12.015/09*, agora *modificada* pela **Lei 13.718/18**, as ações penais para todos os *crimes sexuais* passaram a ser **públicas condicionadas a representação**, ressalvadas as hipóteses de *vítimas menores de 18 anos ou vulneráveis*, em que as ações seriam **públicas incondicionadas**.

Entretanto, a determinação legal da *Lei 12.015/09* gerou uma grande controvérsia em nossa doutrina a respeito da aplicabilidade, ou não, da **súmula 608 do STF**, que define a ação como pública incondicionada, para qualquer crime de estupro praticado com violência real.

Quanto a esta questão havia dois posicionamentos, um primeiro afirmando que a *súmula*, por ter como objeto uma forma específica do crime de estupro, *deveria permanecer sendo aplicada*, para que então a ação seja **pública incondicionada** nas hipóteses de **violência real**. Com este entendimento, apenas nos estupros praticados mediante grave ameaça é que a ação penal dependeria de representação.

Por outro lado, em face da *Lei 12.015/09*, que é posterior ao entendimento sumulado, havia posicionamento afirmando que a **súmula 608** do **STF** não poderia mais ser aplicada, já que o legislador determinou expressamente que a ação penal nos crimes sexuais deveria por regra ser **pública condicionada a representação**.

Além disso, a nova Lei expressamente determinou quando a regra geral deveria ser *excepcionada* para que a ação fosse **pública incondicionada** (vítima menor de 18 anos ou vulnerável), e por opção, não incluiu nesta exceção as hipóteses de violência real previstas na **súmula 608 do STF**.

Em que pesasse a respeitável opinião em contrário de parte da doutrina nacional, não admitíamos que a *súmula 608 do STF* permanecesse em vigor após a edição da *Lei 12015/09*, pois o legislador, conhecedor do entendimento do Supremo Tribunal Federal, optou por determinar que as ações para crimes sexuais, inclusive do estupro com violência real, fossem **públicas condicionadas a representação**, dando um novo regramento a estes crimes, e optando por excepcionar apenas as hipóteses de vítimas menores de 18 anos ou vulneráveis.

Caso se mantivesse a aplicação da súmula, além de ir contra a nova vontade expressa do legislador, geraríamos uma estranha situação em que a *regra geral* determinada pela lei (*ação pública condicionada*) acabaria sendo exceção, e a *exceção* (*ação pública incondicionada*), prevista em lei apenas para vítimas menores de 18 anos e vulneráveis, acabaria sendo a regra para as ações penais nos crimes sexuais, algo absolutamente inadmissível e sem qualquer razoabilidade.

Ora, se nas bases da Lei 12.015/09 mantivéssemos a aplicação da **súmula 608 do STF** apenas o crime de *estupro simples mediante grave ameaça* seguiria a regra legal expressa, e teria **ação penal condicionada à representação**, enquanto todas as outras hipóteses deste crime como; estupro qualificado (lesão ou morte), estupro com violência real contra qualquer vítima, todos os estupros contra pessoa menor de 18 anos (com violência real ou mesmo com grave ameaça) e ainda qualquer forma de estupro contra vulnerável (ainda que sem violência ou ameaça), teriam *ação penal pública incondicionada*, algo que claramente não refletia o objetivo e a vontade desta Lei.

Em suma, embora ainda houvesse alguma controvérsia a respeito da aplicabilidade ou não da **súmula 608** do **STF**, no que tange à natureza das ações penais nos crimes sexuais, e com base na anterior redação do *Art. 225 do CP*, apresentada pela Lei 12.015/09, podíamos estabelecer as seguintes características, agora revogadas pela *Lei 13.718/18*:

a) A natureza da *ação penal nos crimes sexuais* mudou pela primeira vez e deixou de ser, via de regra, *ação penal privada,* passando assim a ser:

– *Ação penal pública condicionada à representação*. (Regra geral)

– *Ação penal pública incondicionada* somente se a vítima é menor de 18 (dezoito) anos ou pessoa vulnerável.

Entretanto, com a nova previsão trazida pela **Lei 13.718/18**, que alterou o **Art. 225 do CP**, <u>todos</u> os *crimes contra a dignidade sexual* passaram a seguir a regra geral do Código Penal e passaram a ser de **ação penal pública incondicionada**, afastando-se todas as discussões anteriores, inclusive sobre a aplicabilidade, ou não, da agora inócua *sumula 608 do STF*.

7.11 CAUSAS DE AUMENTO DE PENA (ART. 226 DO CP)

Além das duas hipóteses já previstas nos incisos I e II do Art. 226 do CP para aumento da pena nos crimes sexuais, a **Lei 13.718/18** acrescentou o **inciso IV** (*o inciso III* foi revogado pela Lei 11.106/05), que determina um aumento de pena de *1/3 a 2/3* da pena para as formas coletiva e corretiva de estupro.

O **estupro coletivo** ocorre através do concurso de dois ou mais agentes para a prática do ato sexual não consentido e a modalidade chamada de estupro corretivo ocorre quando o agente atua com o propósito de controlar, modificar ou reprimir o comportamento social ou sexual da vítima.

Percebe-se que o **estupro coletivo** praticamente se refere a mesma conduta anteriormente como causa de aumento de pena, qual seja, o estupro em concurso de pessoas (inciso I), possuindo apenas um valor superior de aumento da pena, o que poderia gerar problemas de aplicação em face das duas normas preverem a mesma situação.

Porém, como **inciso I** prevê o *concurso de pessoas* com uma causa de aumento aplicável a todos os crimes contra a *dignidade sexual* e o **inciso IV** se refere expressamente aos *crimes de estupro*, pode-se chegar à conclusão de que se o crime for de *estupro*, realizado por 2 ou mais agentes, aumenta-se a pena de um a dois terços de acordo com o **inciso IV**; e para os *demais crimes sexuais* realizados em concurso de agentes, aplica-se o aumento de pena de um quarto, de acordo com o **inciso I do Art. 226 do CP**.

De acordo com nova previsão do **Art. 226 do CP** a pena dos crimes sexuais, previstos nos artigos anteriores, será aumentada se estes forem cometidos:

a) em concurso de 2 (duas) ou mais pessoas, aumentando-se a pena da quarta parte (*1/4*). (**Inciso I**)

b) será aumentada de metade (*1/2*), se o agente é ascendente, padrasto ou madrasta, tio, irmão, cônjuge, companheiro, tutor, curador, preceptor ou empregador da vítima, ou por qualquer outro título tem autoridade sobre ela. (**Inciso II**)

c) aumenta a pena de *1/3 a 2/3* nas formas coletiva e corretiva de *estupro*. (**Inciso IV**)

Resta ainda lembrar que a *Lei 13.718/18* alterou também os **incisos III e IV do art. 234-A do Código Penal**, e a pena dos *crimes sexuais* é aumentada de *1/2 a 2/3* se do crime resultar *gravidez*, e será aumentada de *1/3 a 2/3*, se o agente transmitir à vítima doença sexualmente transmissível, de que sabe ou deveria saber ser portador, ou se a vítima é idosa ou deficiente, sendo que *idoso* é quem possui 60 anos ou mais (*Lei 10.741/03*) e o conceito de *pessoa portadora de deficiência* é dado pela *Lei nº 13.146/15*.

7.12 DO LENOCÍNIO E DO TRÁFICO DE PESSOA PARA FIM DE PROSTITUIÇÃO OU OUTRA FORMA DE EXPLORAÇÃO SEXUAL

7.12.1 Mediação para servir a lascívia de outrem (Art. 227 do CP)

7.12.1.1 Tipo objetivo

O **Art. 227 do CP** trata do chamado crime de **Lenocínio,** e este tipo penal prevê a conduta de *induzir alguém a satisfazer a lascívia de outrem*, ou seja, levar alguém a satisfazer a lascívia de outrem, sendo que, o **sujeito ativo** deste crime, que poderá ser qualquer pessoa (**crime comum**), será chamado de *proxeneta*.

7.12.1.2 Consumação e Tentativa

A **consumação** do lenocínio se dá com a efetiva prática do ato de satisfazer a lascívia alheia, ou seja, com a realização do ato de natureza sexual por parte do agente que é levado a esta prática, tratando-se, portanto, de um **crime material**.

Desta forma, a **tentativa** é plenamente possível quando a vítima, após ser induzida a prática do ato sexual com terceiro, não chega a realizá-lo por motivos alheios à vontade do autor do crime.

7.12.1.3 Elemento subjetivo

O **elemento subjetivo** é o *dolo específico* de levar outrem a realizar atos de natureza sexual para satisfazer a lascívia de terceiros, **não** havendo a previsão de *modalidade culposa* para este crime.

Percebe-se que o crime ocorre em face do agente interceder e induzir uma pessoa a satisfazer a lascívia de outrem e, portanto, o terceiro, beneficiado pelo ato sexual e que tem sua lascívia satisfeita, não comete este crime, podendo, no entanto, vir a responder por outro crime como por exemplo o estupro de vulnerável (**Art. 217-A CP**).

7.12.1.4 Formas qualificadas

O **Art. 227 § 1º CP** prevê a forma qualificada do lenocínio estipulando uma pena de **2 a 5 anos de reclusão** se a vítima é maior de 14 (catorze) e menor de 18 (dezoito) anos, ou se o agente é seu ascendente, descendente, cônjuge ou companheiro, irmão, tutor ou curador ou pessoa a quem esteja confiada para fins de educação, de tratamento ou de guarda.

Já o **Art. 227 § 2º CP,** que também prevê uma forma qualificada deste crime, estabelece uma pena **2 a 8 anos de reclusão**, se o crime for cometido com emprego de violência, grave ameaça ou fraude, além da pena correspondente à violência.

Há ainda o que se chama de *lenocínio mercenário* previsto no **Art. 227 § 3º CP** que estabelece a aplicação **cumulativa da pena de multa** se o crime for cometido com o *fim de lucro*.

Como vimos anteriormente, devido à alteração legislativa promovida pela *Lei 12.015/09*, quando a pessoa induzida a satisfazer a lascívia de outrem for *menor de 14 anos*, o agente responderá pelo delito do **Art. 218-A do CP**.

7.12.2 FAVORECIMENTO DA PROSTITUIÇÃO OU OUTRA FORMA DE EXPLORAÇÃO SEXUAL (ART. 228 DO CP)

7.12.2.1 Tipo objetivo

Embora a conduta de prostituir-se não configure crime em nosso ordenamento, sendo reconhecidamente *atípica*, considera-se como crime favorecer de diversas formas a prostituição, ou mesmo outras formas de exploração sexual.

Desta forma o **tipo objetivo** do **Art. 228 do CP** prevê como crime as seguintes condutas relacionadas a estas práticas, punindo-as com pena de reclusão de 2 a 5 anos e multa:

a) *induzir* alguém à prostituição ou outra forma de exploração sexual;

b) *atrair* alguém à prostituição ou outra forma de exploração sexual;

c) *facilitar* alguém a se prostituir ou a se entregar a outra forma de exploração sexual

d) *impedir* alguém a abandonar a prostituição ou outra forma de exploração sexual;

e) *dificultar* alguém a abandonar a prostituição ou outra forma de exploração sexual.

Trata-se de **crime comum**, que pode ser praticado por qualquer pessoa, possuindo, porém, uma <u>forma qualificada</u> quando o sujeito ativo for específico, ou seja, se o agente é *ascendente, padrasto, madrasta, irmão, enteado, cônjuge, companheiro, tutor ou curador, preceptor ou empregador da vítima*, ou se assumiu, por lei ou outra forma, *obrigação de cuidado, proteção ou vigilância*. (**Art. 228 § 1º – Forma Qualificada** – *Pena 3 a 8 anos*)

Há ainda outra **forma qualificada** quando o crime for cometido com *emprego de violência, grave ameaça ou fraude* (aplica-se também a pena correspondente a violência), de acordo com a expressa previsão legal do **Art. 228 § 2º CP**, que prevê uma **pena 4 a 10 anos de reclusão** para o fato, tendo ainda o **Art. 228 § 3 º CP** estipulado a aplicação da pena de **multa**, se o crime for cometido com o *fim de lucro*.

7.12.2.2 Consumação e Tentativa

A **consumação** deste crime é diferente em cada verbo praticado pelo autor e, portanto, nas condutas de *induzir* ou *atrair*, a consumação ocorre quando a vítima efetivamente dá início à atividade de prostituição mesmo sem ter praticado ainda qualquer ato de natureza sexual.

Já na conduta de *facilitação* o crime se **consuma** com a prática de atos que de qualquer forma tenham concorrido para que a vítima realizasse a atividade de prostituição, ou fosse explorada sexualmente.

Na conduta de *impedir o abandono*, basta que o agente de qualquer forma atue para impedir que a vítima deixe de realizar tal atividade, também havendo a **consumação** do crime quando se demonstrar que o agente *dificultou a saída* da vítima do meio de vida relacionado à prostituição ou exploração sexual.

Em diversas dessas condutas a **tentativa** é admissível, já que as condutas previstas no tipo, em regra, podem ser fracionadas (*plurissubsistentes*), embora em algumas hipóteses a tentativa seja de difícil caracterização prática.

7.12.3 Casa de Prostituição (Art. 229 do CP)

7.12.3.1 Aspectos gerais

As alterações sofridas por este conhecido e polêmico **crime habitual** foram muito mais de natureza formal do que material ou prática, já que se substituiu o ultrapassado termo "casa de prostituição" por "estabelecimento em que ocorra exploração sexual", afastando também o impreciso e problemático termo "lugar destinado a encontros para fim libidinoso".

Com esta alteração foi solucionada a antiga discussão a respeito do enquadramento, ou não, dos famosos *motéis* na conduta proibida por este Tipo penal (**Art. 229 do CP**), pois, ao pé da letra e em sentido formal, estes estabelecimentos, chamados de motéis, que fornecem pequenos períodos de hospedagem para encontros amorosos, e que estão espalhados por todo nosso país, configuravam os "lugares destinados a encontros para fim libidinoso", previstos objetivamente na antiga redação do **Art. 229 do CP**, e somente por uma evidente tolerância, e da evidente aceitação social, sua manutenção não gerava crime.

Porém, por outro lado, com a alteração dos termos para "*estabelecimento em que ocorra exploração sexual*" abre-se também espaço para a alegação de que os conhecidos prostíbulos, termas, casas de massagem etc., não mais possam ser vistos como violadores deste tipo penal, já que, em sua maioria, nada mais são do que boates e bares em que homens e mulheres ao frequentar optam, livremente, por cobrar para ter relações sexuais com outras pessoas, não havendo por parte das casas, em sentido estrito, real *exploração sexual*.

Esta alegação já era feita comumente como meio de defesa de certos estabelecimentos que, embora fossem legítimas *casas de prostituição*, afirmavam não ser locais especificamente destinados a isso, e muito menos locais destinados para "encontros para fins libidinosos", mas apenas para diversão.

Além disso, o termo "*local para encontros com fim libidinoso*", modernamente já não se adequava à nossa realidade social, pois, de certa forma, pode se referir assim a qualquer casa noturna, ou bar, frequentado por pessoas jovens e solteiras (ou não) a procura de parceiros sexuais.

Em resumo, a *nova redação* do **Art. 229 do CP** se por um lado adequou os termos legais à nossa realidade moderna, abriu mais espaço para a matéria de defesa destes estabelecimentos, tão comuns em nossa sociedade. Nos parece que o ideal era que, diante da verdadeira tolerância e *adequação social* destas condutas, o tipo penal "casa de prostituição" tivesse sido abolido de nossa legislação, deixando como crime apenas as condutas diretas de exploração da prostituição alheia, como o rufianismo. (p.ex. **Art. 230 do CP**)

7.12.3.2 Tipo objetivo

O crime de *Casa de Prostituição* (Art. 229 CP) caracteriza-se através da conduta de manter, por conta própria ou de terceiros, estabelecimento em que ocorra exploração sexual, haja, ou não, intuito de lucro ou mediação direta do proprietário ou gerente.

Importante lembrar que a **pessoa** que está sendo **explorada sexualmente** (ex.: prostituta) <u>não comete crime</u>, bem como **não** comete este crime o **frequentador** destes estabelecimentos.

7.12.3.3 Consumação e Tentativa

Este crime se consuma apenas com a *habitualidade* na manutenção do estabelecimento ou local destinado a prostituição (**crime habitual**), sendo também um **crime permanente** já que o seu momento de **consumação** se prolonga pelo tempo.

A **tentativa** <u>não</u> é admitida pela maioria da doutrina e jurisprudência em face da *natureza habitual* deste crime e, portanto, ou o estabelecimento já funciona como casa de prostituição e o crime está consumado, ou o fato de utilização esporádica de certo local para este fim será considerado *atípico*.

7.12.4 Rufianismo (Art. 230 do CP)

7.12.4.1 Tipo objetivo

O rufianismo, que também é um **crime habitual**, se caracteriza pela conduta de alguém *tirar proveito da prostituição alheia, ou fazer-se sustentar por ela*, sofreu poucas modificações com a **Lei 12.015/09**, mantendo-se toda a estrutura do tipo básico bem como a pena para ele prevista.

Na sua forma qualificada (**Art. 230 § 1º do CP**) foram feitas as mesmas modificações ocorridas na forma qualificada do crime de favorecimento da prostituição (**Art. 228 § 1º do CP**) acrescentando-se alguns *sujeitos ativos* específicos para qualificar a conduta.

No que tange à forma qualificada por violência ou grave ameaça (**Art. 230 § 2º do CP**), foi incluída a conduta realizada por *meio de fraude, ou outro meio que impossibilite ou dificulte a defesa da vítima*, e embora a pena privativa de liberdade tenha sido mantida, a *pena de multa* foi afastada destas hipóteses.

Não concordamos com esta equiparação abstrata feita pelo legislador, já que a conduta de rufianismo praticada com violência ou grave ameaça a vítima é evidentemente *mais grave* do que aquela operada por meio de fraude, ou outros meios, não violentos, que dificultem a resistência da vítima. Assim, como também não vemos razão para o legislador ter excluído a *pena de multa*, antes existente, para a forma qualificada do rufianismo.

De toda forma, em resumo, o crime de **Rufianismo** se caracteriza simplesmente pela conduta de *tirar proveito da prostituição alheia, participando diretamente de seus lucros ou fazendo-se sustentar, no todo ou em parte, por quem a exerça*.

7.12.4.2 Consumação e Tentativa

A **consumação** se dá com o efetivo aproveitamento por parte de alguém da prostituição alheia de forma duradoura habitual, por isso a **tentativa** é de difícil caracterização, e não é aceita pela maioria da doutrina, em face da *habitualidade* exigida.

7.12.4.3 Forma qualificada (Art. 230 § 1º CP)

Considera-se qualificado o crime, de acordo com o **Art. 230 § 1º CP**, se a **vítima é menor de 18 (dezoito) e maior de 14 (catorze) anos**, ou o crime for cometido por ascendente, padrasto, madrasta, irmão, enteado, cônjuge, companheiro, tutor ou curador, preceptor ou empregador da vítima, ou ainda por quem assumiu, por lei ou outra forma, obrigação de cuidado, proteção ou vigilância.

Além disso, nos termos do **Art. 230 § 2º CP**, também se considera o crime como qualificado, e com uma pena ainda maior, se for cometido *mediante violência, grave ameaça, fraude ou outro meio que impeça ou dificulte a manifestação de vontade da vítima* (sem prejuízo da pena correspondente à violência).

Por fim, não se deve confundir a figura do *rufião*, **sujeito ativo** deste crime, que é o conhecido *cafetão*, ou seja, aquele que se mantém, se sustenta através da exploração da atividade sexual de prostituição alheia, com o ***proxeneta***, que simplesmente funciona como mediador, com fim de lucro ou não, para a satisfação da lascívia de outrem, e que incide no crime do **Art. 227 CP**.

7.12.5 Promoção de migração ilegal (Art. 232-A CP)

A **Lei 13.445/17 revogou** o *Estatuto do Estrangeiro* e instituiu a *Lei de Migração* acrescentando no Código Penal o **Art. 232-A**, que tipifica o crime de *promoção de migração ilegal.*

O novo crime de *promoção de migração ilegal* não possui qualquer conotação sexual específica e não se confunde, com antigo crime de tráfico de pessoas para exploração sexual, previsto nos revogados Art. 231 e 231-A do CP, pois tipifica a conduta de *viabilizar a entrada no território brasileiro de estrangeiros que não cumpram os requisitos legais estabelecidos pela Lei de Migração* e, por isso, não nos parece adequado que esteja previsto no título relativo aos *crimes contra a dignidade sexual.*

7.12.5.1 Tipo objetivo

O tipo penal prevê como crime a conduta de *promover*, por qualquer meio, com o *fim de obter vantagem econômica*, a entrada ilegal de estrangeiro em território nacional ou de brasileiro em país estrangeiro, punindo este fato com pena de reclusão de **2 (dois) a 5 (cinco) anos**, e **multa**.

A conduta de *promover* a entrada ilegal do estrangeiro engloba aquele que transporta o sujeito para o território nacional, quem agencia a vinda do estrangeiro para o país, quem o recebe no momento da entrada ilegal ou ainda quem de qualquer forma pratica ato com o objetivo de tornar possível a entrada do estrangeiro de forma ilícita e ilegal, seja ela qual for.

Considera-se como *estrangeiro* qualquer pessoa que não se enquadre na definição de brasileiro nato ou naturalizado, conforme o Art. 12 da Constituição Federal, o conceito de *território nacional* para fins de aplicação deste tipo penal se encontra no **Art. 5º do Código Penal**, que define a *regra da territorialidade* para efeitos de aplicação da **lei penal no espaço**, porém, deve-se considerar apenas os *limites territoriais físicos* (fronteiras) e não as suas extensões (navios e aeronaves) para a caracterização deste crime.

O **Art. 232-A § 1º CP** prevê como forma equiparada ao *caput*, a conduta de *promover, por qualquer meio, com o fim de obter vantagem econômica, a saída de estrangeiro do território nacional para ingressar ilegalmente em país estrangeiro.*

O **§ 2º do Art. 232-A CP** prevê uma causa de aumento de pena de **1/6** (um sexto) a **1/3** (um terço) se o crime for cometido com *violência*, ou ainda se a vítima é submetida a *condição desumana ou degradante.*

Por fim, o **§ 3º** estabelece que a pena prevista para o crime será aplicada *sem prejuízo das correspondentes às infrações conexas*, ou seja, expressamente se determina que outros crimes que eventualmente sejam cometidos, no mesmo contexto em que ocorrer a promoção de migração ilegal, deverão ser punidos em *concurso.*

7.12.5.2 Tipo subjetivo

O elemento subjetivo geral é o **dolo**, vontade livre e consciente de promover a entrada ilegal de estrangeiro em território nacional ou de brasileiro em país estrangeiro, bem como a saída de estrangeiro do território nacional para ingressar ilegalmente em país estrangeiro, porém, este tipo possui como elemento **subjetivo específico** (*especial fim de* *agir*) que o sujeito deve atuar com o *fim de obter vantagem econômica*, sem o qual a simples conduta de promover a entrada ou saída ilegal será considerada *atípica*.

7.12.5.3 Consumação e Tentativa

Este crime se consuma com a efetiva entrada ilegal do estrangeiro no território nacional, ou com a entrada ilegal do brasileiro em outro país, ou ainda, na forma equiparada, prevista no **Art. 232-A § 1º CP,** a **consumação** se dá com a mera saída do estrangeiro do território brasileiro, desde que com o *especial fim de agir* de obter a vantagem econômica.

A **tentativa** é plenamente possível nas hipóteses em que o agente realiza as medidas necessárias para a entrada ou a saída ilegal do estrangeiro, mas não consegue obter seu propósito, por circunstâncias alheias à sua vontade (**crime plurissubsistente**).

7.13 ATO OBSCENO (ART. 233 DO CP)

7.13.1 Tipo objetivo

O crime de **ato obsceno** visa punir as condutas referentes a prática de atos considerados obscenos, o que significa aqueles que se referem à exposição da sexualidade e que são considerados ofensivos ao pudor público (ex: expor as partes íntimas, urinar na rua, fazer sexo em local público).

Para que se caracterize este crime será preciso que a realização do referido ato obsceno ocorra:

1º) em lugar público;

2º) em lugar aberto ao público;

3º) em lugar exposto ao público (lugar privado mas que pode ser facilmente visto pelo público).

Trata-se de **crime comum**, que poderá ser realizado por qualquer pessoa e seu objeto material é o *pudor público*, conceito que admite interpretações que deverão se fundamentar no senso de moralidade comum, razoabilidade, podendo, desta forma, gerar controvérsias a respeito de sua caracterização.

Este crime somente possui previsão de *modalidade dolosa* e, portanto, não há que se falar em crime quando o *ato de natureza obscena* decorre de uma falta de cuidado por parte do agente (**culpa**), o que muitas vezes poderá gerar *atipicidade* destas condutas.

7.13.2 Consumação e Tentativa

Para que haja **consumação** deste crime, será preciso simplesmente que ocorra a efetiva prática do ato por parte do agente (**crime formal**), desde que este se encontre em uma das situações narradas acima e, portanto, a **tentativa** é possível, mas de difícil caracterização prática.

7.14 ESCRITO OU OBJETO OBSCENO (ART. 234 DO CP)

7.14.1 Tipo objetivo

O **tipo penal objetivo** deste crime prevê as condutas de *fazer, importar, exportar, adquirir ou ter sob sua guarda, para fim de comércio, de distribuição ou de exposição pública, escrito, desenho, pintura, estampa ou qualquer objeto obsceno*, e ainda, de acordo com a previsão do **parágrafo único** do mesmo artigo, <u>incorre na mesma pena</u> quem:

I – vende, distribui ou expõe à venda ou ao público qualquer dos objetos referidos neste artigo;

II – realiza, em lugar público ou acessível ao público, representação teatral, ou exibição cinematográfica de caráter obsceno, ou qualquer outro espetáculo, que tenha o mesmo caráter;

III – realiza, em lugar público ou acessível ao público, ou pelo rádio, audição ou recitação de caráter obsceno.

Percebe-se que as condutas narradas neste dispositivo penal não mais se adequam a nossa realidade social e cultural e, portanto, *não mais deveriam ser consideradas como crime*, já que com a evolução dos conceitos morais não há qualquer razão para esta previsão legal ser mantida em nosso Código Penal (**princípio da adequação social da conduta**).

Além do mais, existe ainda previsão específica no **ECA** para a realização de atividades de conotação sexual, e de divulgação de materiais de cunho pornográfico envolvendo crianças e adolescentes (vide Art. 240, 241, 241-A, 241-B, 241-C, 241-D – Lei 8069/90).

7.14.2 Consumação e Tentativa

O crime do **Art. 234 do CP** é comum e, portanto, pode ser praticado por qualquer pessoa, não havendo previsão de *modalidade culposa* para a conduta prevista, e sua **consumação** se dá com simples prática de qualquer das condutas narradas no Tipo, não sendo necessário que se produza qualquer resultado naturalístico produto destes atos (**crime formal**).

Já a **tentativa** é admissível, pois as condutas, em regra, podem ser fracionadas. (crime plurissubsistente)

7.15 DISPOSIÇÕES GERAIS

7.15.1 Causas de aumento de pena nos crimes sexuais (Art. 234-A do CP)

De acordo com o **Art. 234-A CP** nos crimes previstos neste Título a pena é aumentada de **1/2 a 2/3**, se do crime resultar gravidez, e de **1/3 a 2/3**, se o agente transmite à vítima doença sexualmente transmissível de que sabe ou deveria saber ser portador, ou ainda se a vítima é idosa ou pessoa com deficiência. (Lei 13.718/18)

Também não andou bem o legislador ao estipular, no **Art. 234-A do CP**, novas causas de aumento de pena para os crimes previstos no *Título VI*, ou seja, para todos os crimes contra a dignidade sexual, pois, mais uma vez, ao querer dar excessiva abrangência a um dispositivo acabou gerando contradições na sua aplicação em face das inegáveis diferenças nos crimes sexuais, alcançados por estes novos aumentos.

Por mais que seja inegável que um *crime sexual* do qual resulte gravidez seja algo bem mais traumático para a vítima, considerar que esta gravidez deva aumentar a pena do crime praticado é uma grave falha técnica, e por alguns motivos não podemos concordar com parte da doutrina nacional que considera legítima esta nova causa de aumento de pena estabelecida.

Primeiro pelo fato de que o fundamento, para se punir mais ou menos uma determinada conduta, está ligado diretamente à lesão ao bem jurídico tutelado pela norma, bem como a maior reprovabilidade da conduta do agente, seguindo o clássico binômio do *desvalor da ação* e *desvalor do resultado*, e o aumento de metade da pena em razão da gravidez **não** se adéqua a nenhuma destas razões.

Obviamente que a gravidez não se insere na esfera de proteção das normas que delimitam os *crimes sexuais*, nem mesmo do estupro, que têm como objetivo tutelar e garantir a dignidade e a liberdade sexual, e além disso, não seria sequer viável se ponderar que uma gravidez, por mais que seja indesejada, possa ser considerada como uma **lesão a bem jurídico**, para que venha a gerar maior punição ao autor da conduta contra a dignidade sexual.

Algo que modernamente é amplamente majoritário na doutrina, nas bases da própria **teoria da imputação objetiva do resultado**, através principalmente da ótica de *Günther Jakobs*, é que danos reflexos (se é que gravidez pode ser considerada como dano) e traumas psicológicos, salvo exceções muito específicas (**p.ex.** no crime tortura), não podem ser atribuídos ao autor de determinado tipo penal, por estarem **fora da esfera de proteção da norma**, quando não tiverem ligação com o bem jurídico por ela tutelado.

Não podemos deixar que nosso sentimento pessoal, e que uma análise pragmática das repercussões futuras, bem como traumas psicológicos, interfira nos fundamentos dogmáticos e técnicos para que se reprove abstratamente determinada conduta típica. No caso da gravidez, **não** há como dizer que a geração de um feto possa ser considerada como uma *lesão mais grave*, capaz de aumentar a reprovação da conduta realizada pelo agente, **não** há maior *desvalor da ação* e nem do fato que justifique o aumento da pena.

Devemos lembrar ainda, que além da ausência de fundamentos técnicos para se aumentar a pena em razão da gravidez, nem todos os crimes previstos no mencionado *título VI* terão qualquer vinculação formal direta com este resultado, o que nos levará a certas situações curiosas que irão suscitar muitas dúvidas.

Perceba-se que o legislador não restringiu a hipótese da gravidez ao estupro, ou crimes em que o agente pratique atos sexuais diretamente com a vítima, por isso, como o **Art. 234-A** se refere a **todos** os crimes contra a dignidade sexual, certas condutas que podem ter como consequência apenas indireta a gravidez da vítima, pelo menos em tese, poderiam acabar tendo sua pena também aumentada em face da descabida abrangência desta previsão legal.

Vejamos, se *por exemplo*, determinado agente induzir ou atrair alguém à prostituição, incidindo no crime do **Art. 228 do CP**, e esta vítima acabar engravidando ao se prostituir, de acordo com a previsão formal do **Art. 234-A do CP** a pena deste crime (Art. 228 do CP) poderá ser aumentada em razão da gravidez, algo que por razões óbvias, é **absolutamente inadmissível e inaceitável**, embora *cabível* diante da interpretação do atual texto de lei.

Outro contrassenso é que existe a possibilidade do aborto autorizado para o crime de estupro (**Art. 128 do CP**), e por mais que seja traumático para a vítima, poderá afastar a gravidez que estaria sendo utilizada para aumentar a pena do crime sexual praticado, abrindo assim espaço para duas indagações sob a ótica da razoabilidade e da isonomia:

– Nestes casos de *aborto autorizado* deve-se manter ou afastar a causa de aumento de pena relativa à gravidez?

– E ainda, se o aumento da pena se refere a qualquer crime sexual que resulte em gravidez, então por que só se autorizar o aborto quando a gravidez resultar do estupro?

Evidentemente esta distinção não se justifica, nos restando, portanto, três soluções; ou passa a se autorizar o *aborto* para todas as hipóteses de gravidez oriundas de qualquer crime contra a dignidade sexual, ou se restringe o aumento de pena do **Art. 234-A** também *somente ao crime de estupro* (**Art. 213**), ou ainda, como preferimos, se *afasta definitivamente* esta descabida causa de aumento de pena oriunda da gravidez.

Por fim e pelas razões técnicas acima expostas, não podemos concordar com o entendimento de parte da doutrina nacional de que, a realização do aborto autorizado, quando a gravidez resulta de estupro, justifique a maior punição da conduta do agente, por atingir não só a mulher, mas também a vida do feto. Como dissemos, a morte do feto, produto de um aborto autorizado pela lei, não está, e nem deve ser tutelada pelo delito de estupro, para justificar uma maior punição deste fato.

Quanto à outra causa de aumento de pena prevista, referente à *transmissão de doença sexualmente transmissível de que o agente sabe, ou deve saber, ser portador* há alguns problemas, primeiro em relação ao alcance desta expressão utilizada (sabe ou deve saber), e segundo, em razão da necessidade ou não deste aumento de pena, pelo fato de as condutas de transmissão de moléstia venérea, ou grave, ainda serem punidas como crimes autônomos, previstos nos **Art. 130 e 131 do CP**.

Há dois entendimentos na doutrina a respeito do alcance dos termos "*sabe ou deve saber*", presentes na causa de aumento de pena do **Art. 234-A do CP** e também no tipo penal do **Art. 130 do CP**, e a mesma discussão, que existe para este *crime de perigo*, se estende à referida causa de aumento de pena aplicada aos crimes sexuais.

O primeiro posicionamento, mais abrangente, afirma que esta previsão *engloba tanto as hipóteses de dolo (direto e eventual) quanto de culpa*, ou seja, quando o agente sabia ou deveria saber estar contaminado (**dolo direto ou eventual**), ou *mesmo quando não sabendo*, não teve o devido cuidado para perceber ser portador da doença (**culpa**).

Já para o segundo entendimento, mais restritivo, e com o qual concordamos, o termo *"sabe ou deve saber"* se refere <u>exclusivamente ao dolo</u>, *direto ou eventual* de perigo de contágio da moléstia, através da prática do ato sexual, fazendo com que só se aplique o aumento de pena quando o agente praticar o crime sexual *sabendo estar contaminado*, ou prevendo a chance de estar, e por isso *assumindo o risco de contaminar a vítima*.

Desta forma, **não** se deve aplicar a causa de aumento quando o contágio da moléstia não tiver sido pelo menos previsto pelo agente, e só tiver ocorrido em razão de uma *negligência* do autor a respeito de sua prévia condição de saúde.

De uma forma geral, não nos parece ser necessária a previsão, nos *crimes sexuais*, desta causa de aumento de pena para o contágio de moléstia sexualmente transmissível, pois como sabemos, o Código Penal já prevê em dois dispositivos autônomos (**Art. 130 e Art. 131 do CP**) *crimes de perigo*, que englobam, não só o efetivo contágio, mas também a simples exposição da vítima ao perigo de contaminação de moléstia venérea ou grave.

Com a criação da causa de aumento de pena do **Art. 234-A do CP**, e <u>havendo o efetivo contágio</u>, *afastou-se a possibilidade* de se aplicar, em concurso com o crime de estupro, as condutas previstas nos **Arts. 130 e 131 do CP**, algo que na maioria das vezes seria muito mais gravoso do que o simples aumento de pena (1/6) previsto no atual **Art. 234-A do CP** e, portanto, a aplicação desta *causa de aumento*, acabará de certa forma muitas vezes beneficiando os autores de crimes sexuais.

Por fim, importante lembrar que a **Lei 13.718/18** também inseriu no **Art. 234-B do CP** que os crimes previstos neste **título VI** do CP correrão em segredo de justiça, obviamente para se preservar a *privacidade* e a *dignidade pessoal* das vítimas.

DOS CRIMES CONTRA A FAMÍLIA

8.1 DOS CRIMES CONTRA O CASAMENTO

8.1.1 Bigamia (Art. 235 do CP)

8.1.1.1 Tipo objetivo

Caracteriza-se o crime previsto neste tipo penal, punido com pena de *reclusão de 2 a 6 anos*, quando a *pessoa casada contrair novo casamento*, gerando assim a chamada *Bigamia*, sendo que, em face da proibição de analogia *in malam partem*, **não** se admite este crime para hipóteses de *união estável*.

Trata-se de **crime próprio**, que não pode ser praticado por qualquer pessoa, já que o *sujeito ativo* necessariamente será *pessoa casada* que contrair novo matrimônio.

Este crime também possui uma característica bastante peculiar, qual seja, sua realização *exige que 2 agentes* concorram para a realização do ato (a pessoa casada e seu "novo" cônjuge), gerando assim um crime classificado pela doutrina como **crime bilateral ou de concurso necessário**, ou ainda de **delito de encontro**.

No **Art. 235 § 1º CP** está prevista, também como crime, a conduta da pessoa solteira ou divorciada que contrai casamento com pessoa casada, desde que conheça essa circunstância, ou seja, a situação de *pessoa casada*, do outro com quem realiza o matrimônio.

De acordo com a previsão legal, quando a *pessoa não casada* **não tiver conhecimento** de que o outro cônjuge é casado **não cometerá crime**, bem como, se o primeiro casamento tiver sido anulado por qualquer motivo (que não a própria bigamia) considera-se que também não haverá crime na realização do novo casamento. (*Fato atípico*)

Importante lembrar que, de acordo com a maioria da doutrina, o *crime de bigamia* (**crime-fim**) absorve o *crime de falso* (**crime-meio**) praticado exclusivamente para possibilitar a bigamia, através da **regra da consunção**, logo a *falsidade ideológica* (Art. 299 CP) de quem se declara solteiro, sendo casado, será absorvida, e este fato não será punido.

8.1.1.2 Consumação e Tentativa

A **consumação** deste crime se dá quando o segundo casamento é declarado como perfeito e concluído e, portanto, embora haja divergência na doutrina, considera-se possível a **tentativa**, quando já iniciada a cerimônia do segundo casamento esta não ocorrer, por motivos alheios à vontade do agente.

8.1.1.3   Causas de exclusão da tipicidade (Art. 235 § 2º do CP)

O **Art. 235 § 2º do CP** prevê que há duas hipóteses em que o crime de *bigamia* deixa de existir, havendo assim **exclusão da tipicidade** do fato, são elas:

a) se anulado por qualquer motivo o *primeiro* casamento, ou mesmo que seja posteriormente declarado nulo, já que esta declaração de nulidade produz efeitos retroativos (*ex tunc*).

b) se o *segundo* casamento for anulado por qualquer motivo que não seja a própria bigamia.

8.1.2 Induzimento a erro essencial e ocultação de impedimento (art. 236 do CP)

8.1.2.1 Tipo objetivo

Este tipo prevê como crime, punido com *pena de detenção de 6 meses a 2 anos*, a conduta de *contrair casamento, induzindo em erro essencial o outro contraente, ou ocultando-lhe impedimento, que não seja casamento anterior*, sendo que, tanto a conduta de *induzir* a erro, quanto a conduta de *ocultação,* deverão ser praticadas por via de uma *ação*, já que a doutrina considera que a forma *omissiva* de ocultação, (p.ex. por via do silêncio) **não** gera este crime.

Para se interpretar e aplicar este tipo penal é preciso analisar as hipóteses de erro essencial que estão previstas no *Código Civil (Art. 1.557 CC)*, bem como as de impedimento para o matrimônio (*Art. 1521 CC*), tratando-se, portanto, de uma norma penal em branco homogênea.

Se um, ou mesmo os dois contraentes, tiver conhecimento de impedimento que cause *nulidade absoluta* do casamento, e ainda assim consentirem com o matrimônio, responderão pelo crime mais específico de *Conhecimento prévio de impedimento* (**Art. 237 CP**), de acordo com o **princípio da especialidade**.

8.1.2.2 Consumação e Tentativa

A **consumação** se dá com a efetivação do casamento (válido) induzindo o cônjuge a erro, ou ocultando algum impedimento (**crime material**), sendo que, a **tentativa** é plenamente admissível (*crime plurissubsistente*)

8.1.2.3 Ação Penal

Por fim, a **ação penal** neste crime é **privada** e, portanto, sua propositura depende do oferecimento de *queixa* pelo contraente enganado, feita através de seu advogado.

Entretanto, devemos lembrar que há uma **condição de procedibilidade para a propositura desta ação,** qual seja, para que a ação penal seja iniciada será preciso haver, no âmbito cível, o trânsito em julgado da sentença que, por motivo de erro ou impedimento, tenha anulado o casamento, sendo esta sentença o marco inicial para a contagem do *prazo prescricional* neste crime. (**Causa impeditiva – Art. 116 Inc. I CP**)

8.1.3 Conhecimento prévio de impedimento (Art. 237 do CP)

8.1.3.1 Tipo objetivo

Este **tipo objetivo** prevê como crime, punido com pena de detenção de 3 meses a 1 ano, o ato de *contrair casamento, conhecendo a existência de impedimento que lhe cause a nulidade absoluta*, ou seja, para que se configure o crime basta a **omissão** do agente, em informar o impedimento, deixando que o casamento aconteça, sendo que, se ambos os contraentes tiverem conhecimento do impedimento, haverá *coautoria* entre eles.

Perceba-se que aqui, diferentemente do crime anterior, não há qualquer delimitação específica para a natureza da ação penal e, portanto, deve-se seguir a regra geral, **ação penal pública incondicionada.**

8.1.3.2 Consumação e Tentativa

O crime se **consuma** com a efetiva realização do matrimônio havendo um impedimento, ou seja, do conhecimento de um dos nubentes e, embora haja divergência, considera-se possível a **tentativa**, já que a conduta de *contrair* o matrimônio pode ser fracionada. **(Crime plurissubsistente)**

8.1.4 Simulação de autoridade para celebração de casamento (Art. 238 do CP)

8.1.4.1 Tipo objetivo

O **tipo objetivo** previsto neste dispositivo pune, com pena de *detenção de 1 a 3 anos,* se o fato não configurar crime mais grave (*crime subsidiário*), a conduta de *atribuir-se falsamente autoridade para celebração de casamento* e, portanto, o crime ocorre independentemente da efetiva realização do ato.

Por ser **crime subsidiário**, chamado por parte da doutrina de "*soldado de reserva*" (Nélson Hungria), a conduta típica prevista só será punida se o fato não constituir elemento de crime mais grave, como, por exemplo, um *estelionato* (**Art. 171 CP**).

Pode-se considerar que este crime é uma forma mais específica, especial, do delito de *usurpação de função pública*, previsto no **Art. 328 do CP**, que também pode ser realizado por qualquer pessoa, inclusive por um funcionário público (**crime comum**), prevalecendo, porém, sobre ele, nas hipóteses em que a conduta for relacionada a um casamento (**princípio da especialidade**).

8.1.4.2 Consumação e Tentativa

A **consumação** ocorre quando o agente se atribui autoridade, que não possui, para celebrar casamento, independentemente de obter qualquer fim específico, ou qualquer resultado concreto (**crime de mera conduta),** porém, a conduta prevista é fracionável, sendo, portanto, possível a **tentativa.**

8.1.5   Simulação de casamento (Art. 239 do CP)

8.1.5.1   Tipo objetivo

Configura este crime, punido com *detenção de 1 a 3 anos* (se o fato não constitui elemento de crime mais grave) a conduta de *simular casamento mediante engano de outra pessoa*, sendo que, neste crime o que ocorre é que o casamento não irá se realizar legalmente, tratando-se apenas de uma farsa.

Assim como no delito anterior, trata-se de um **crime subsidiário**, chamado de *"soldado de reserva"* (*Nélson Hungria*), e que só será punido se o fato não constituir elemento de crime mais grave (p. ex Estelionato).

O **sujeito ativo** deste crime, via de regra, será um dos nubentes, porém, nada impede que seja realizado por qualquer outra pessoa (**crime comum**) envolvida na realização da simulação do casamento.

8.1.5.2   Consumação e Tentativa

Para sua **consumação** será necessário que a ação praticada tenha sido capaz de ludibriar alguém, ocorrendo efetivamente a celebração da cerimônia fraudulenta, admitindo-se assim a **tentativa** se a cerimônia for interrompida por motivos alheios à vontade do agente (**crime plurissubsistente**).

8.2   DOS CRIMES CONTRA O ESTADO DE FILIAÇÃO

8.2.1   Registro de nascimento inexistente (Art. 241 do CP)

8.2.1.1   Tipo objetivo

Este tipo prevê como crime, punido com pena de *reclusão de 2 a 6 anos*, a conduta de *promover no registro civil a inscrição de nascimento inexistente*, visando assim preservar o **bem jurídico** *"estado de filiação"*, e ainda a *"fé pública"*, sendo que, isto ocorre quando se atribui e registra o nascimento que não aconteceu, quando se declara vivo feto que nasceu morto e ainda quando se promove o registro se a mulher grávida ainda não deu à luz.

Importante lembrar que este crime possui previsão específica para o início de contagem do prazo prescricional (**prescrição da pretensão punitiva**), qual seja, <u>a data em que o fato se tornar conhecido publicamente</u> (**Art.111, IV CP**).

8.2.1.2   Consumação e Tentativa

A **consumação** se dá com a efetiva inscrição do nascimento inexistente no registro civil, e por isso a **tentativa** é plenamente admissível, sendo que, de acordo com a maioria da doutrina o *crime de falsidade* (**crime-meio**) será absorvido por este crime (**crime-fim**), nas bases da regra da *consunção*.

8.2.2 Parto suposto. Supressão ou alteração de direito inerente ao estado civil de recém-nascido (Art. 242 do CP)

8.2.2.1 Tipo objetivo

Este *tipo objetivo* se divide em **4 formas de realização** da conduta criminosa, punidas com pena de *reclusão de dois a seis anos*, cada uma com algumas características peculiares que analisaremos a seguir:

1ª) Dar parto alheio como próprio (parto suposto – adoção à brasileira):

Ocorre quando a agente assume a maternidade de filho alheio, porém, o inverso, dar parto próprio como alheio, não configura este crime (fato atípico).

O **sujeito ativo** será somente a mulher, que não é a mãe (crime próprio).

Já a **consumação** ocorre quando a mulher age de forma a assumir a maternidade, e por isso admite-se plenamente a **tentativa**.

2ª) Registro de filho alheio "adoção à brasileira" (criada pela Lei nº 6.898, de 1981)

Neste caso ocorre o crime quando o agente registra filho de outrem como se fosse próprio, sendo que, pelo *princípio da especialidade* não se aplica o crime de falsidade ideológica (Art. 299 CP), que fica absorvido.

A **consumação** ocorre com o efetivo registro feito por quem não é o verdadeiro ascendente e, portanto, a **tentativa** é plenamente admitida (**crime plurissubsistente**).

Aqui a *prescrição da pretensão punitiva* também começará a correr apenas <u>na data em que o fato se tornar conhecido</u>. (**Art. 111 Inc. IV CP**)

3ª) Ocultar recém-nascido, suprimindo ou alterando direito inerente ao estado civil:

Caracteriza-se o crime pela conduta de *ocultar* (fisicamente) o recém-nascido, e não por esconder seu nascimento, sendo que, esta ocultação deverá ser uma forma do agente conseguir a supressão de certos direitos relativos ao estado de filiação da vítima (**p. ex.** Herança).

A **consumação** se dá com a efetiva supressão ou alteração do estado de filiação, sendo, portanto, plenamente possível a **tentativa** quando após ocultar o recém-nascido, o agente não consegue suprimir direito inerente ao estado civil.

4ª) Substituição de recém-nascido, suprimindo ou alterando direito inerente ao estado civil:

Aqui o tipo penal pune a famosa <u>troca de recém-nascidos</u>, porém, **não** se exige que ocorra a inscrição da criança em registro civil.

A **consumação** ocorre com a efetiva supressão ou alteração do estado de filiação, portanto, plenamente possível a **tentativa** quando após ocultar o recém-nascido, o agente não consegue suprimir direito inerente ao estado civil.

Por fim, em todas as condutas acima (ocultar, substituir e suprimir) exige-se que além do **dolo**, o agente possua o **elemento subjetivo especial**, ou seja, a intenção específica de suprimir ou alterar direito inerente ao estado civil.

O **Art. 242 parágrafo único do CP** prevê, principalmente para a modalidade chamada de "*adoção a brasileira*", mas também para as demais condutas previstas, que se o crime for praticado por motivo de *reconhecida nobreza*, a pena será menor (*detenção de 1 a 2 anos*), ou ainda, que o juiz poderá deixar de aplicar a pena (**perdão judicial**).

8.2.3 Sonegação de estado de filiação (Art. 243 do CP)

8.2.3.1 Tipo objetivo

Caracteriza-se este crime, punido com pena de *reclusão, de um a cinco anos, e multa,* quando o agente *deixar em asilo de expostos ou outra instituição de assistência filho próprio ou alheio, ocultando-lhe a filiação ou atribuindo-lhe outra.*

Exige-se ainda que a conduta dolosa seja praticada com o fim específico de prejudicar direito inerente ao estado civil de outrem (**elemento subjetivo especial ou especial fim de agir**).

Este crime tem previsão mais específica em relação aos crimes dos **Arts. 133 e 134 do CP**, pois além do simples abandono, tutela-se também a ocultação ou alteração da verdadeira filiação, e ainda, exige-se o *fim específico* de prejudicar direito inerente ao estado civil, devendo assim prevalecer sobre aqueles (**princípio da especialidade**).

8.2.3.2 Consumação e Tentativa

A **consumação** se dá no momento em que a criança é abandonada *resultando na ocultação, ou alteração, do seu estado civil* e, portanto, a **tentativa** é plenamente possível, se o agente é interrompido no momento em que vai realizar este abandono com o fim específico de prejudicar direito inerente ao estado civil.

8.3 DOS CRIMES CONTRA A ASSISTÊNCIA FAMILIAR

8.3.1 Abandono material (Art. 244 do CP)

Este tipo objetivo prevê como crime diversas condutas, todas punidas com *pena de detenção de 1 (um) a 4 (quatro) anos, e multa de uma a dez vezes o maior salário mínimo vigente no País,* sendo que, para a sua caracterização, em qualquer das formas previstas, o sujeito ativo deverá ter agido de forma injustificada (*sem justa causa*), e com a possibilidade de agir de forma diferente.

– São elas:

1ª) Deixar, *sem justa causa*, de prover à subsistência do cônjuge ou de filho menor de dezoito anos ou inapto para o trabalho, ou de ascendente inválido ou maior de 60 (sessenta) anos, não lhes proporcionando os recursos necessários.

Trata-se de *conduta omissiva,* ou seja, é um **crime omissivo próprio**, porém, que só pode ser praticado por certas pessoas expressamente narradas no tipo, sendo, por isso, também um **crime próprio.**

2ª) Faltar ao pagamento de pensão alimentícia judicialmente acordada, fixada ou majorada.

Trata-se de *conduta omissiva,* ou seja, é um **crime omissivo próprio**, porém que também só pode ser praticado por certas pessoas, sendo, por isso, também um **crime próprio.**

3ª) Deixar, *sem justa causa*, de socorrer ascendente ou descendente gravemente enfermo.

Trata-se de *conduta omissiva* (**crime omissivo próprio**), que também só pode ser praticado por certas pessoas (**crime próprio**)

4ª) Frustrar ou elidir, de qualquer modo, inclusive por abandono injustificado de emprego ou função, o pagamento de pensão alimentícia judicialmente acordada, fixada ou majorada (**crime comissivo**).

O crime do **Art. 244 do CP** é exemplo de **tipo misto cumulativo**, ou seja, algumas condutas, se praticadas sucessivamente e na mesma situação, poderão gerar *concurso de crimes*, diferentemente da regra geral que determina os crimes como **tipos mistos alternativos**, nos quais a prática sucessiva de condutas, diante de uma mesma circunstância fática, gera *crime único*.

8.3.1.1 Consumação e Tentativa

A **consumação**, no que tange à conduta de abandono se dá no momento em que o agente deixa de prover a subsistência do sujeito passivo, quando era possível fazê-lo, sendo, portanto, *crime de natureza permanente*, já que a consumação se protrai pelo tempo, perdurando por toda esta omissão.

Já nas condutas referentes ao *não pagamento da pensão alimentícia* se **consuma** com a recusa do agente, ou seja, com sua mera omissão do pagamento na data acertada.

Em face da *natureza omissiva e unissubsistente* da maioria das condutas previstas (**crime omissivo próprio**) a doutrina dominante, em geral, não admite a **tentativa** para este crime.

8.3.2 Entrega de filho menor a pessoa inidônea (Art. 245 do CP)

8.3.2.1 Tipo objetivo

Este crime pune com *pena de detenção de 1 (um) a 2 (dois) anos*, a conduta de *entregar o filho menor de 18 (dezoito) anos a pessoa em cuja companhia saiba, ou deva saber, que o menor fica moral ou materialmente em perigo (caput)*.

O **sujeito ativo** deste crime é específico, ou seja, somente o pai ou a mãe (**crime próprio**) poderão cometê-lo, sendo que, o **sujeito passivo** também vem delimitado especificamente na lei, qual seja, apenas menores de 18 anos (*crime bi-próprio*).

O **Art. 245 § 1º do CP** determina que, se o agente pratica o delito para obter lucro, ou se o menor é enviado para o exterior, o crime é *qualificado*, e por isso sua pena será maior (**reclusão 1 a 4 anos**).

E ainda o **Art. 245 § 2º do CP** afirma que, também responde pelo crime com *pena de 1 (um) a 4 (quatro) anos de reclusão*, quem, <u>embora excluído o perigo moral ou material</u>, auxilia na efetivação de ato destinado ao envio de menor para o exterior, com o fim de obter lucro (**ex.**: reserva de hotel, aquisição de passagens).

8.3.2.2 Consumação e Tentativa

Trata-se de **crime de perigo concreto** e, portanto, se **consuma** com a efetiva exposição a perigo da vítima (perigo concreto) em face da entrega do menor a pessoa inidônea, embora haja na doutrina quem considere que este perigo estaria presumido pelo texto de lei (perigo abstrato) devido à inidoneidade comprovada da pessoa e, neste caso, o crime se consumaria com simples entrega.

A **tentativa** é possível já que a conduta de entregar é fracionável (*crime plurissubsistente*).

8.3.3 Abandono intelectual (Art. 246 do CP)

8.3.3.1 Tipo objetivo

O crime de abandono intelectual, punido com *pena de detenção de quinze dias a um mês, ou multa,* ocorre quando o agente *deixar, sem justa causa, de prover à instrução primária de filho em idade escolar* e, portanto, trata-se de **crime omissivo próprio**, porém, com sujeitos ativos específicos, quais sejam os pais (**crime próprio**).

O termo *sem justa causa* se refere à ausência de uma causa de justificação para a conduta praticada e, para maioria da doutrina, por estar inserido no próprio Tipo, se houver uma *justa causa* para a omissão do agente (p. ex a escola fica longe do local onde o agente reside não havendo transporte público) deve-se afastar a própria tipicidade da conduta praticada.

8.3.3.2 Consumação e Tentativa

Por se tratar de um **crime omissivo próprio**, e também de **mera conduta**, sua **consumação** ocorre quando o menor em idade escolar fica sem a devida instrução por um tempo relevante, devido à omissão do responsável, não havendo qualquer resultado naturalístico exigido, sendo assim, a **tentativa** é inviável neste crime (**crime unissubsistente**).

8.3.4 Abandono Moral (Art. 247 do CP)

8.3.4.1 Tipo Objetivo

Este tipo prevê como crime, punido com *pena de detenção de um a três meses, ou multa*, a conduta de *permitir alguém que menor de dezoito anos, sujeito a seu poder ou confiado à sua guarda ou vigilância*:

A) frequente casa de jogo ou mal-afamada, ou conviva com pessoa viciosa ou de má vida;

B) frequente espetáculo capaz de pervertê-lo ou de ofender-lhe o pudor, ou participe de representação de igual natureza;

C) resida ou trabalhe em casa de prostituição;

D) mendigue ou sirva a mendigo para excitar a comiseração pública.

Percebe-se que o **sujeito ativo** é específico (**crime próprio**), e a realização deste crime está restrita somente a certas pessoas que tenham a guarda, poder ou vigilância sob o menor, mas <u>não necessariamente os pais</u>, podendo ser realizado tanto por *ação* quanto por *omissão*.

8.3.4.2 Consumação e Tentativa

A **consumação** poderá se dar de duas formas, com a *prática,* pelo menor, de uma das condutas narradas no tipo quando a autorização do responsável tiver sido <u>anterior ao fato</u>, ou ainda, com a *anuência do responsável*, ou quando este posteriormente toma conhecimento da atividade e nada faz para impedi-la.

A **tentativa** é <u>cabível</u>, porém de difícil caracterização na primeira hipótese, e <u>inadmissível</u> na segunda forma de ocorrência do fato, havendo divergência na doutrina quanto se tratar de um *crime de perigo abstrato*, ou de *perigo concreto* (**majoritária**).

8.4   DOS CRIMES CONTRA O PÁTRIO PODER, TUTELA OU CURATELA

8.4.1   Induzimento a fuga, entrega arbitrária ou sonegação de incapazes (Art. 248 do CP)

8.4.1.1   Tipo objetivo

Este tipo prevê *pena de detenção, de 1 mês a 1 ano, ou multa*, e se divide em <u>três formas</u> de realização da conduta punível:

1) Induzir menor de dezoito anos, ou interdito, a fugir do lugar em que se acha por determinação de quem sobre ele exerce autoridade, em virtude de lei ou de ordem judicial;

Se **consuma** com a efetiva fuga do incapaz, caracterizando assim, para a maioria da doutrina, um **crime material** que, portanto, admite plenamente a **tentativa**.

2) Confiar a outrem sem ordem do pai, do tutor ou do curador algum menor de dezoito anos ou interdito.

A **consumação** ocorre com a efetiva entrega do menor ao terceiro sem a autorização de seu responsável, sendo possível a **tentativa** em razão da natureza *plurissubsistente* da conduta.

3) Deixar, *sem justa causa*, de entregar menor de 18 anos, ou interdito, a quem legitimamente o reclame.

Esta última forma caracteriza um **crime omissivo próprio** que se **consuma** com a simples recusa de entregar o menor e, portanto, <u>não admite</u> a forma **tentada (crime unissubsistente)**.

Por fim, importante lembrar que, o desconhecimento a respeito da idade, ou condição do menor irá gerar *erro de tipo*, que afastará o *dolo*, sendo que, como <u>não há previsão de modalidade culposa</u>, mesmo que este erro seja considerado evitável o fato será **atípico**.

8.4.2 Subtração de incapazes (Art. 249 CP)

8.4.2.1 Tipo objetivo

Este tipo prevê como crime, punido com pena de detenção de 2 meses a 2 anos, se o fato não constitui elemento de outro crime, a conduta de *subtrair menor de dezoito anos ou interdito ao poder de quem o tem sob sua guarda em virtude de lei ou de ordem judicial*.

Trata-se de **crime subsidiário**, que só incidirá se o fato praticado não constituir elemento de outro crime (Ex: Sequestro – Art. 148 CP), havendo inclusive a expressa previsão, no preceito secundário (que estabelece a pena), desta limitação.

O **sujeito ativo** não é especificado, portanto, pode ser praticado por qualquer pessoa (**crime comum**), inclusive pai, mãe, ou tutor do menor, ou curador do interdito, quando este esteja destituído ou privado do pátrio poder, tutela, curatela ou guarda (**Art. 249 § 1º CP**).

Admite-se o **perdão judicial** havendo a restituição do menor, ou do interdito, sem que este tenha sofrido maus-tratos ou quaisquer privações, e, portanto, nestes casos, o juiz poderá deixar de aplicar pena (**Art. 249 par 2º CP**).

8.4.2.2 Consumação e Tentativa

Este **crime é formal** e tem natureza *instantânea*, por isso se **consuma** com o simples ato de subtração do menor, com a sua retirada da esfera de proteção de seus responsáveis, já que não há posterior privação da liberdade da vítima, embora haja divergência (minoritária) afirmando se tratar de *crime permanente*.

Em razão da natureza **plurissubsistente** da conduta, ou seja, pelo fato desta poder ser fracionada, é plenamente possível a **tentativa**.

DOS CRIMES CONTRA A INCOLUMIDADE PÚBLICA

9.1 DOS CRIMES DE PERIGO COMUM

9.1.1 Incêndio (Art. 250 do CP)

9.1.1.1 Tipo objetivo

Neste **crime de perigo comum** pune-se com *pena de reclusão, de 3 a 6 anos, e multa* a conduta daquele que *expõe a perigo a vida, a integridade física ou o patrimônio de outrem, através de incêndio* (fogo de razoáveis proporções), podendo esta conduta ser realizada através de uma ação, ou mesmo de uma omissão, de qualquer pessoa (**crime comum**).

O **Art. 250 § 2º CP** prevê a **modalidade culposa** do crime de incêndio, ou seja, quando este for produto de uma *falta de cuidado* por parte do agente, punindo o fato com uma pena menos rigorosa (detenção de 6 meses a 2 anos).

9.1.1.2 Consumação e Tentativa

A **consumação** se dá no momento em que o fogo se propala e coloca em risco, em concreta situação de perigo, o patrimônio, a vida ou integridade física de terceiros, sendo plenamente possível a **tentativa** quando o incêndio não chegar a se iniciar por motivos alheios a vontade do autor.

9.1.1.3 Causa de aumento de pena (Art. 250 § 1º CP) e forma qualificada (Art. 258 CP)

O **Art. 250 § 1º CP** prevê uma causa de aumento de pena *(1/3)* para as seguintes hipóteses:

1) se o crime for cometido com intuito de obter vantagem pecuniária em proveito próprio ou alheio;

2) se o incêndio for praticado em certos locais, como:

a) em casa habitada ou destinada a habitação;

b) em edifício público ou destinado a uso público ou a obra de assistência social ou de cultura;

c) em embarcação, aeronave, comboio ou veículo de transporte coletivo;

d) em estação ferroviária ou aeródromo;

e) em estaleiro, fábrica ou oficina;

f) em depósito de explosivo, combustível ou inflamável;

g) em poço petrolífero ou galeria de mineração;

h) em lavoura, pastagem, mata ou floresta.

De acordo com as regras adotadas para dosimetria da pena (**Art. 68 parágrafo único do CP**), havendo a incidência de várias destas causas de aumento o juiz poderá aplicar o aumento de 1/3 apenas uma única vez, já que se trata de *causa de aumento* presente na *parte especial* (aquelas presentes na parte geral são sempre obrigatórias e cumulativas).

Há ainda a previsão da **forma qualificada** do crime de incêndio pelo resultado morte, ou lesão corporal grave, seja na *modalidade preterdolosa* (dolo + culpa), ou não (culpa + culpa), e também dos demais crimes de perigo comum que serão analisadas em seguida, sendo que estas formas qualificadas se encontram no **Art. 258 CP**.

9.1.1.4 *Legislação específica: Crimes Ambientais – Lei n° 9.605/98*

O **Art. 41 da Lei 9.605/98** prevê como crime a conduta de *provocar incêndio em mata ou floresta*, punindo este fato com *pena de reclusão, de dois a quatro anos, e multa*.

Diferentemente da regra geral do Código Penal, nestes casos <u>não se exige</u> que o incêndio cause *perigo a vida*, integridade física ou patrimônio de outrem, bastando o **perigo concreto** de dano ao *meio ambiente*.

9.1.2   Explosão (Art. 251 do CP)

9.1.2.1   Tipo Objetivo

O **tipo penal** do crime de explosão prevê *pena de reclusão, de 3 a 6 anos, e multa* para a conduta de *expor a perigo a vida, a integridade física ou o patrimônio de outrem, mediante explosão, arremesso ou simples colocação de engenho de dinamite ou de substância de efeitos análogos.*

Percebe-se que diante da sua natureza **(crime de perigo)**, **não** é necessário que ocorra a explosão no que tange às duas últimas formas de realização, e muito menos que ocorra qualquer *dano concreto* oriundo da explosão em si.

A **modalidade culposa** do crime vem prevista no **Art. 251 § 3º do CP** e possui penas diferentes para a explosão culposa, produto de falta de cuidado, diferenciando também a sanção, na explosão culposa, se esta é com dinamite (*6 meses a 2 anos*), dos demais casos (*3 meses a 1 ano*).

9.1.2.2   Consumação e Tentativa

Trata-se de **crime de perigo concreto**, já que não precisa gerar qualquer dano à integridade física, vida ou patrimônio de outrem, bastando para sua **consumação** que a conduta coloque terceiros em perigo, sendo que, a **tentativa** é plenamente cabível pois as condutas narradas podem, em regra, ser fracionadas *(crime plurissubsistente).*

9.1.2.3   Forma privilegiada e causa de aumento de pena (Art. 251 §§ 1º e 2º do CP)

O **Art. 251 § 1º do CP** prevê a **forma privilegiada** do crime, ou seja, uma espécie de *"qualificadora ao inverso"*, já que prevê penas mínima e máxima menores que as previstas para a forma simples (*pena de 3 a 6 anos*), sendo que, isto ocorre se a substância utilizada **não** é dinamite ou explosivo de efeitos análogos (*pena de 1 a 4 anos*).

Já o **Art. 251 § 2º do CP** estabelece especificamente uma **causa de aumento de pena** (3ª fase da dosimetria da pena), que aumenta a pena de *1/3*, se ocorrer qualquer das hipóteses previstas no **Art. 250 § 1º, I e II, do CP**

9.1.2.4   Legislação específica

Há previsão de condutas semelhantes, porém mais específicas, em *legislação especial*:

– **Art. 2º (Lei nº 10.300/01):**

Configura crime o emprego, o desenvolvimento, a fabricação, a comercialização, a importação, a exportação, a aquisição, a estocagem, a retenção ou a transferência, direta ou indiretamente, de minas terrestres antipessoal no território nacional.

Pena: *4 a 6 anos de reclusão e multa.*

– **Art. 35 (Lei nº 9.605/98):**

Pescar mediante a utilização de: I – explosivos ou substâncias que, em contato com a água, produzam efeito semelhante.

Pena: *1 a 5 anos de reclusão.*

– Art. 16, parágrafo único, III (Lei nº 10.826/03):

Possuir, deter, fabricar ou empregar artefato explosivo ou incendiário, sem autorização ou em desacordo com determinação legal ou regulamentar. Pena: *3 a 6 anos de reclusão e multa.*

9.1.3   Uso de gás tóxico ou asfixiante (Art. 252 do CP)

9.1.3.1   Tipo objetivo

Configura o crime, punido com pena de *reclusão, de 1 a 4 anos, e multa* a conduta de *expor a perigo a vida, a integridade física ou o patrimônio de outrem, usando de gás tóxico ou asfixiante,* podendo, este crime, ser realizado por qualquer pessoa (**crime comum**).

O **Art. 252 parágrafo único CP** prevê a **modalidade culposa**, punida com uma *pena de detenção 3 meses a 1 ano,* quando a exposição a perigo em face do gás tóxico seja produto de *falta de cuidado* do agente.

9.1.3.2   Consumação e Tentativa

Sua **consumação** se dá com a simples exposição a perigo da vida, do patrimônio ou da integridade física de outrem, sem necessidade de haver qualquer tipo de dano efetivo (**crime de perigo concreto**), sendo a **tentativa** perfeitamente admissível, já que as condutas narradas podem, em regra, ser fracionadas (*crime plurissubsistente*).

9.1.3.3   Legislação específica

Há previsão em lei específica referente aos crimes ambientais (**Art. 54 – Lei 9605/98**) de conduta semelhante, que derrogou em parte o artigo em questão, porém, no que tange à exposição de perigo ao patrimônio de terceiros pelo gás tóxico, como **não** há previsão nesta *lei especial*, permanece sendo aplicada a regra geral do **Art. 252 CP**.

9.1.4 Fabrico, fornecimento, aquisição posse ou transporte de explosivos ou gás tóxico, ou asfixiante (Art. 253 do CP)

9.1.4.1 Tipo objetivo

Este tipo penal prevê como crime, punido com *pena de detenção, de 6 meses a 2 anos, e multa* a conduta de *fabricar, fornecer, adquirir, possuir ou transportar, sem licença da autoridade, substância ou engenho explosivo, gás tóxico ou asfixiante, ou material destinado à sua fabricação.*

Percebe-se que algumas condutas, que caracterizariam meros atos preparatórios para outros crimes (**p. ex: Art. 252 CP**), e que via de regra seriam impuníveis, foram criminalizados, com expressa previsão legal neste tipo, por escolha do legislador.

9.1.4.2 Consumação e Tentativa

Trata-se de **crime de perigo abstrato**, pois não se exige a exposição concreta de perigo para que haja crime, logo, a sua **consumação** se dá com a simples prática das condutas de fabrico, fornecimento, aquisição ou transporte do gás, ou de materiais destinados à sua fabricação, sendo a **tentativa** de difícil configuração.

9.1.5   Inundação (Art. 254 do CP)

9.1.5.1   Tipo Objetivo

O **Art. 254 CP** considera como crime, punido com *pena de reclusão, de 3 a 6 anos, e multa*, a conduta de *causar inundação, expondo a perigo a vida, a integridade física ou o patrimônio de outrem*, sendo, portanto, **crime comum** que pode ser praticado por qualquer pessoa.

Há previsão de **modalidade culposa** punida com *pena de detenção de 6 meses a 2 anos*, porém esta, estranhamente, vem prevista no preceito secundário do próprio tipo doloso, e não em um parágrafo específico como manda a técnica legislativa.

9.1.5.2   Consumação e Tentativa

Também é **crime de perigo concreto**, pois não exige qualquer dano oriundo da inundação causada para que haja a **consumação**, mas apenas o perigo, que deve ser demonstrado concretamente, já que o tipo prevê perigo para vida integridade física ou patrimônio.

A **tentativa** é plenamente admissível, porém, muitas vezes esta irá caracterizar o crime de *Perigo de Inundação* (**Art. 255 CP**), sendo que, a única forma de diferenciar as hipóteses será a análise do *dolo do agente*, que na tentativa do **Art. 254 CP** será de causar efetivamente a inundação e esta só não ocorrer por motivos alheios à vontade do agente.

9.1.6 Perigo de inundação (Art. 255 do CP)

9.1.6.1 Tipo objetivo

Este **tipo penal** prevê como crime, punido com *pena reclusão, de 1 a 3 anos, e multa*, a conduta de *remover, destruir ou inutilizar, em prédio próprio ou alheio, obstáculo natural ou obra destinada a impedir inundação, expondo a perigo a vida, a integridade física ou o patrimônio de outrem*.

Trata-se também de um **crime de perigo concreto**, porém, a diferença para o crime anterior é que, neste tipo, o perigo não precisa ser oriundo de uma inundação causada, mas apenas da conduta referente ao obstáculo ou obra que a impede, não havendo a necessidade de qualquer fim específico por parte do agente.

9.1.6.2 Consumação e Tentativa

Como se trata de um **crime de mera conduta**, sua **consumação** se dá com a prática de um dos atos previstos no tipo que irão gerar o perigo comum, sendo inadmissível a **tentativa**, pois a conduta não pode ser fracionada, logo, ou o crime estará consumado ou o fato será atípico (*crime unissubsistente*).

Como já dissemos, para diferenciar este crime da mera tentativa do crime anterior (Art. 254 CP) devemos analisar o **dolo** do agente, que neste crime **não** será de causar a inundação, e nem mesmo de assumir o risco de produzi-la (*dolo eventual*), mas tão somente de realizar uma das condutas típicas narradas no próprio **Art. 255 CP**, sem qualquer fim específico para a conduta.

9.1.7 Desabamento ou desmoronamento (Art. 256 do CP)

9.1.7.1 Tipo objetivo

Este tipo penal delimita que configura crime punido com *pena de reclusão, de um a quatro anos, e multa*, a conduta de *causar desabamento ou desmoronamento*, expondo a perigo a vida, a integridade física ou o patrimônio de outrem (**crime de perigo concreto**).

O **Art. 256 parágrafo único do CP** prevê a **modalidade culposa**, punida com *pena de 6 meses a 1 ano*, quando o desabamento ou desmoronamento for produto apenas de uma conduta descuidada por parte do agente

9.1.7.2 Consumação e Tentativa

Para que ocorra a sua **consumação** é preciso causar um desabamento ou desmoronamento, porém, por ser **crime de perigo**, não é necessário qualquer dano à vida, integridade física, ou patrimônio de outrem, apenas que haja exposição destes bens a um **perigo concreto** através do evento causado.

A **tentativa** é plenamente cabível já que a conduta a ser realizada pode ser fracionada (*crime plurisubsistente*), podendo ser interrompida por motivos alheios à vontade do autor.

9.1.8 Subtração, ocultação ou inutilização de material de salvamento (Art. 257 do CP)

9.1.8.1 Tipo objetivo

Configura-se este crime, punido com *pena de reclusão, de 2 a 5 anos, e multa*, a conduta de *subtrair, ocultar ou inutilizar, por ocasião de incêndio, inundação, naufrágio, ou outro desastre ou calamidade, aparelho, material ou qualquer meio destinado a serviço de combate ao perigo, de socorro ou salvamento; ou impedir ou dificultar serviço de tal natureza.*

9.1.8.2 Consumação e Tentativa

Trata-se, lamentavelmente, mais uma vez, de um **crime de perigo abstrato**, pois o tipo penal não menciona que as condutas proibidas devem expor a perigo qualquer bem jurídico específico e de forma concreta, o que fere princípios basilares do direito penal moderno, bastando, para que haja a **consumação,** a simples prática das condutas narradas no tipo (**crime de mera conduta**), mesmo sem oferecer qualquer *perigo concreto* a qualquer bem jurídico, se <u>presumindo</u> assim o perigo oriundo delas.

A **tentativa**, em face da natureza *plurissubsistente* das condutas previstas no tipo, é plenamente <u>admissível</u> e, não havendo qualquer exigência específica no tipo quanto a *sujeitos ativos*, trata-se de **crime comum**, que pode ser praticado por qualquer pessoa.

9.1.9   Formas qualificadas dos crimes de perigo comum (Art. 258 CP)

De acordo com o **Art. 258 do CP:**

Se do **crime doloso** de perigo comum resulta lesão corporal de natureza grave, a pena privativa de liberdade é *aumentada de metade*; se resulta morte, é aplicada em *dobro*.

No caso de **crime culposo**, se do fato resulta lesão corporal, a pena *aumenta-se de metade*; se resulta morte, aplica-se a pena cominada <u>ao homicídio culposo</u>, *aumentada de um terço.*

O **Art. 258 do CP** prevê as **formas qualificadas** dos *crimes de perigo comum*, sendo que, estas podem possuir a natureza preterdolosa (dolo + culpa), ou serem simplesmente crimes culposos qualificados por um determinado resultado culposo mais grave (culpa + culpa), mas todas elas terão penas maiores que nas formas comuns destes crimes.

Desta forma, em resumo, **qualificam-se** os *crimes de perigo* da seguinte forma:

a) Se dos **crimes dolosos** de perigo comum resulta lesão corporal de natureza grave, a pena será *aumentada de metade.*

b) Se dos **crimes dolosos** de perigo comum resulta morte, será *aplicada em dobro.*

c) Se o crime de perigo comum for **culposo (p.ex. Art. 250 § 2º CP)**, e do fato resultar lesão corporal culposa (não precisa ser grave), aumenta-se a *pena de metade*, mas se resulta morte, aplica-se a pena do <u>crime de homicídio culposo</u>, *aumentada de um terço.*

9.1.10 Difusão de doença ou praga (Art. 259 do CP)

9.1.10.1 Tipo objetivo

A lei de **crimes ambientais (Lei 9.605/98 – Art. 61)** passou a regular integralmente esta conduta, portanto, este artigo do CP está <u>revogado</u>, não só pela especialidade, mas também pelo fato de que o novo tipo penal é ainda mais abrangente que o previsto no **Art. 259 do CP,** que prevê como crime, punido com *pena de reclusão, de 2 a 5 anos, e multa,* a conduta de *difundir doença ou praga que possa causar dano a floresta, plantação ou animais de utilidade econômica.*

O **Art. 259 parágrafo único do CP** prevê a *modalidade culposa* com pena de 1 a 6 meses de detenção ou multa, quando a difusão for produto de uma conduta descuidada.

9.1.10.2 Consumação e Tentativa

Sua **consumação** se dá com a simples difusão da doença ou praga capaz de gerar dano, sendo **crime de perigo concreto** e, portanto, basta que o agente exponha floresta, plantação ou animais, a perigo para o crime estar consumado, independente de causar qualquer dano concreto e, como as condutas são fracionáveis, a **tentativa** é plenamente cabível (*crime plurissubsistente*).

9.2 DOS CRIMES CONTRA A SEGURANÇA DOS MEIOS DE COMUNICAÇÃO, TRANSPORTE E OUTROS SERVIÇOS PÚBLICOS

9.2.1 Perigo de desastre ferroviário (Art. 260 do CP)

9.2.1.1 Tipo objetivo

O tipo penal do *Art. 260 do CP* prevê como crime, punido com *pena de reclusão, de dois a cinco anos e multa*, a conduta de impedir ou perturbar serviço de estrada de ferro, nas seguintes hipóteses:

1) destruindo, danificando ou desarranjando, total ou parcialmente, linha férrea, material rodante ou de tração, obra-de-arte ou instalação;

2) colocando obstáculo na linha;

3) transmitindo falso aviso acerca do movimento dos veículos ou interrompendo ou embaraçando o funcionamento de telégrafo, telefone ou radiotelegrafia;

4) praticando outro ato que possa resultar desastre.

Para caracterização deste crime considera-se *estrada de ferro* qualquer via de comunicação em que circulem veículos de tração mecânica, em trilhos ou por meio de cabo aéreo. (**Art. 260 § 3º CP**)

O **Art. 260 § 2º CP** prevê a **modalidade culposa** deste fato, que somente será punida se efetivamente ocorrer o desastre, cuja pena será de *detenção de 6 meses a 2 anos*.

9.2.1.2 Consumação e Tentativa

Este crime se **consuma** no momento em que se instaura efetivamente o perigo do desastre ferroviário (**crime de perigo concreto**), independentemente de sua real ocorrência, sendo que, a **tentativa** é plenamente admissível se, embora o agente tenha atuado, o perigo não se concretizou.

9.2.1.3 Forma qualificada (Art. 260 § 1º CP)

No **Art. 260 § 1º CP** está prevista a forma qualificada deste crime quando o resultado previsto ocorre, ou seja, quando do fato resulta desastre, independente das suas consequências para terceiros, fazendo com que a pena passe a ser de **reclusão de 4 a 12 anos e multa**, sendo que, as consequências do desastre poderão ser punidas separadamente em *concurso formal perfeito ou imperfeito* (p. ex. Homicídio/lesão corporal).

9.2.2 Atentado contra a segurança de transporte marítimo, fluvial ou aéreo (Art. 261 do CP)

9.2.2.1 Tipo Objetivo

Configura-se este crime, punido com *pena de reclusão, de 2 a 5 anos*, com a conduta de *expor a perigo embarcação ou aeronave, própria ou alheia, ou praticar qualquer ato tendente a impedir ou dificultar navegação marítima, fluvial ou aérea.*

A **modalidade culposa**, cuja *pena é de 6 meses a 2 anos*, está prevista no **Art. 261 § 3º do CP** e decorre da falta de cuidado por parte do agente que possa ter gerado perigo a segurança do transporte, o que, evidentemente, é de difícil configuração prática.

9.2.2.2 Consumação e Tentativa

Na *primeira parte* é crime de **perigo concreto**, e se **consuma** com a efetivação do perigo para a embarcação ou aeronave através de qualquer conduta praticada pelo agente, independentemente de se produzir qualquer resultado concreto de dano ou lesão.

Já na *segunda parte* o tipo é de **perigo abstrato,** e nestes casos não é preciso sequer se configurar qualquer *perigo real* pelas condutas narradas (impedir ou dificultar) para que o crime esteja **consumado**, bastando realizá-las.

A **tentativa** é plenamente admitida, embora haja divergência quanto à primeira parte do tipo (expor a perigo), se a conduta do agente for interrompida por motivos alheios a sua vontade.

9.2.2.3 Forma qualificada

O **Art. 261 § 1º CP** prevê a **forma qualificada** se do fato resulta naufrágio, submersão ou encalhe de embarcação ou a queda ou destruição de aeronave, estabelecendo uma *pena de 4 a 12 anos de reclusão.*

De acordo com o **Art. 261 § 2º CP** aplica-se *cumulativamente* a pena de **multa**, se o agente pratica o crime com intuito de obter vantagem econômica, para si ou para outrem (*especial fim de agir*).

9.2.3 Atentado contra a segurança de outro meio de transporte (Art. 262 do CP)

9.2.3.1 Tipo objetivo

Configura crime, punido com *pena de detenção de 1 a 2 anos, expor a perigo outro meio de transporte público (diverso dos previstos nos dois artigos anteriores), impedir ou dificultar-lhe o funcionamento.*

Já o **Art. 262 § 2º CP** estabelece a **forma culposa** deste crime, que será punida somente se ocorrer o desastre oriundo da <u>criação culposa do perigo</u>, sendo a pena, nestes casos, de *detenção de 3 meses a 1 ano.*

9.2.3.2 Consumação e Tentativa

Trata-se também de um **crime de perigo concreto** na primeira parte, pois pressupõe para a **consumação** que haja a real exposição a perigo do meio de transporte, e de **perigo abstrato** na segunda parte pela conduta de dificultar-lhe o funcionamento, que se consuma com a *mera conduta* de impedir ou dificultar, independentemente de haver qualquer *perigo real* para terceiros, portanto, a maioria da doutrina considera a **tentativa** possível nessas duas condutas, e de <u>difícil configuração</u> na primeira conduta de *expor a perigo.*

9.2.3.3 Forma qualificada (Art. 261 § 1º CP)

O **Art. 262 § 1º CP** prevê como **forma qualificada** deste crime se do fato resulta desastre, ou seja, se da situação de perigo criada decorre, **culposamente,** um <u>dano concreto</u>, tratando-se assim de modalidade preterdolosas, cuja pena é de *2 a 5 anos de reclusão.*

Havendo **dolo** também quanto ao resultado (dano) produzido, responderá pelo *crime de perigo* na forma simples em **concurso formal imperfeito** com os demais crimes produzidos.

9.2.3.4 Forma qualificada dos crimes contra a segurança dos meios de comunicação e transporte e outros serviços públicos (Art. 263 do CP)

De acordo com o **Art. 263 do CP** se qualquer dos crimes previstos nos **Arts. 260 a 262 CP**, no caso de desastre ou sinistro, resulta lesão corporal ou morte, aplica-se o disposto no **Art. 258 CP**, ou seja, sendo o *crime doloso* que <u>resulte lesão grave</u>, aumenta-se a pena de *metade*, se <u>resulta morte</u> a pena será aplicada em *dobro.*

Na hipótese destes crimes de perigo serem **culposos**, e resultarem em *lesão corporal*, a pena também será **aumentada de metade**, mas se resultarem em *morte*, aplica-se a pena do <u>homicídio culposo</u> *(Art. 121, § 3ºCP)* aumentada de *1/3.*

9.2.4 Arremesso de projétil (Art. 264 do CP)

9.2.4.1 Tipo objetivo

Este **tipo penal** prevê como crime, punido com pena de *detenção, de 1 a 6 meses, arremessar projétil contra veículo* em movimento, destinado ao *transporte público* por terra, por água ou pelo ar e, portanto, o **bem jurídico** tutelado será a **incolumidade pública**.

9.2.4.2 Consumação e Tentativa

Trata-se de **crime comum**, que pode ser praticado por qualquer pessoa e sua **consumação** se dá com a simples prática da conduta descrita no tipo, já que não há sequer a previsão de qualquer resultado naturalístico (**crime de mera conduta**). Para a maioria da doutrina, a **tentativa** é inviável já que a conduta típica não pode ser fracionada (**crime unissubsistente**).

9.2.4.3 Forma qualificada (Art. 264 parágrafo único CP)

O **Art. 264 parágrafo único CP** prevê a **forma qualificada** quando do fato resulta (*culposamente*) lesão corporal e, neste caso, a pena será de *detenção de 6 meses a 2 anos*. Porém, se do arremesso **doloso** resulta *culposamente* a morte (**crime preterdoloso**), a pena será a do homicídio culposo (*Art. 121, § 3º CP*) aumentada de um *1/3*.

9.2.5 Atentado contra a segurança de serviço de utilidade pública (Art. 265 do CP)

9.2.5.1 Tipo objetivo

Configura crime *atentar contra a segurança ou o funcionamento de serviço de água, luz, força ou calor, ou qualquer outro de utilidade pública*, sendo que, a pena será de *1 a 5 anos de reclusão e multa*, e pelo tipo não fazer qualquer exigência quanto ao **sujeito ativo**, trata-se de **crime comum** podendo ser realizado por qualquer pessoa.

Não podemos esquecer que se o atentado decorre de prática de incêndio ou explosão que resulte de perigo comum, haverá *absorção* deste crime pelos crimes previstos nos **Arts. 250 e 251 do CP** que preveem a mesma conduta de forma mais específica (**regra da especialidade**).

9.2.5.2 Consumação e Tentativa

Trata-se do chamado "**crime de atentado**", ou seja, o legislador previu como crime a simples conduta de atentar contra o bem jurídico, logo, não admite **tentativa,** pois, com base neste tipo, o simples ato de *"tentar atentar"* contra a segurança ou o funcionamento já caracteriza a **consumação** do crime (há posição divergente afirmando que a conduta de *"tentar atentar"* seria **atípica**).

9.2.5.3 Causa de aumento de pena (Art. 265 parágrafo único CP)

O **Art. 265 parágrafo único** estabelece uma *causa de aumento de pena de 1/3 (um terço) até a metade*, se o dano ocorrer em virtude de subtração de material essencial ao funcionamento dos serviços, já que esta conduta é considerada mais reprovável, em razão da relevância do material subtraído.

9.2.6 Interrupção ou perturbação de serviço telegráfico, telefônico, informático, telemático ou de informação de utilidade pública (Art. 266 do CP)

9.2.6.1 Tipo objetivo

Neste **tipo penal** está prevista a conduta de *interromper ou perturbar serviço telegráfico, radiotelegráfico ou telefônico, impedir ou dificultar-lhe o restabelecimento*, punida com pena de *detenção de 1 a 3 anos e multa*.

Este crime pode ser realizado de diversas formas, seja atentando-se contra o próprio serviço em si, as instalações dos aparelhos, impedindo os funcionários de realizar o serviço etc.

O **Art. 266 § 1º CP** prevê que se aplica a mesma pena, prevista no *caput* do dispositivo, para quem *interrompe serviço telemático ou de informação de utilidade pública, ou impede ou dificulta-lhe o reestabelecimento*.

9.2.6.2 Consumação e Tentativa

A **consumação** deste crime se dá quando efetivamente se interrompam os serviços especificados no tipo (**crime material**), admitindo assim a **tentativa**, embora haja divergência na doutrina afirmando ser necessário para que ocorra a consumação apenas a mera realização das condutas narradas no tipo (**crime de mera conduta**), algo que não faz muito sentido em razão das condutas previstas no tipo.

9.2.6.3 Causa de aumento de pena

O **Art. 266 § 2º CP** determina uma **causa de aumento de pena** em que se aplicam as penas em dobro, se o crime for cometido por ocasião de *calamidade pública*, sendo que, isto ocorre evidentemente em razão da maior importância do funcionamento destes serviços em situação de calamidade.

9.3   DOS CRIMES CONTRA A SAÚDE PÚBLICA

9.3.1   Epidemia (Art. 267 do CP)

9.3.1.1   Tipo objetivo

Este tipo penal prevê como crime, punido com pena de *reclusão de 10 a 15 anos*, todo aquele que *causar epidemia, mediante a propagação de germes patogênicos*, tratando-se, portanto, de **crime comum** que pode ser praticado por qualquer pessoa.

Epidemia, **elemento objetivo** deste tipo, se caracteriza pela contaminação por determinada doença de um número indeterminado de pessoas em uma determinada região, podendo este número aumentar de forma descontrolada e de forma rápida.

Esta propagação de germes patogênicos (capazes de produzir moléstias infecciosas) pode se dar de diversas formas, seja pelo ar, pela água, pela comida, ou seja, qualquer forma capaz de atingir um número indeterminado de pessoas.

Caso o **dolo** seja de *contágio específico* de uma ou algumas pessoas determinadas, poderá haver o crime de *perigo de moléstia grave* (Art. 131 CP), ou *perigo de moléstia venérea* (Art. 130 CP).

Já o **Art. 267 § 2º CP** prevê a **modalidade culposa** do crime de epidemia que será punida com pena de *detenção de 1 a 2 anos* e, se a epidemia culposa resultar a morte de alguém, a pena será de *2 a 4 anos*.

9.3.1.2   Consumação e Tentativa

A **consumação** ocorre quando efetivamente acontece a contaminação de um número indeterminado de pessoas, trata-se, portanto, de um **crime material e de perigo concreto** à *saúde pública*, sendo plenamente admitida a **tentativa** quando o agente atua com este fim (dolo de produzir epidemia), mas não consegue gerar a contaminação de certo número de pessoas.

9.3.1.3   Causa de aumento de pena (Art. 267 § 1º CP)

O **Art. 267 § 1º CP** estabelece uma **causa de aumento de pena** se do fato *resulta morte*, determinando assim que a pena seja aplicada em dobro, sendo que, neste caso (epidemia com resultado morte), o **crime é hediondo.**

9.3.2 Infração de medida sanitária preventiva (Art. 268 do CP)

9.3.2.1 Tipo objetivo

Este **tipo** penal estabelece como crime, punido com pena de *detenção de 1 mês a 1 ano, e multa,* a conduta de *infringir determinação do poder público, destinada a impedir introdução ou propagação de doença contagiosa,* sendo, portanto, uma **norma penal em branco** já que necessita de um complemento para que possa ser interpretada e aplicada, complemento este, estabelecendo quais as determinações do poder público que irão gerar crime se forem infringidas.

9.3.2.2 Consumação e Tentativa

A **consumação,** por se tratar de **crime formal**, não exige a produção do resultado (introdução ou propagação de doença contagiosa), bastando para isso a prática da conduta prevista no tipo, pois, para a maioria da doutrina nacional, este é um **crime de perigo abstrato**, *não* sendo necessário que se demonstre a efetiva criação do perigo para a incolumidade pública, porém, a **tentativa** é considerada cabível (há divergência), em face da sua natureza fracionável (*crime plurissubsistente*).

9.3.2.3 Causa de aumento de pena (Art. 268 parágrafo único CP)

O **Art. 268 parágrafo único** estabelece uma **causa de aumento de pena** em que esta será aumentada de *1/3*, se o agente é funcionário da saúde pública ou exerce a profissão de médico, farmacêutico, dentista ou enfermeiro, já que, estes agentes devem zelar pela saúde pública, tornando assim sua conduta mais reprovável.

Importante lembrar que, de acordo com o **Art. 285 do CP**, aplica-se também a este crime o disposto no **Art. 258 do CP**, aumentando sua pena se a conduta resulta em lesão corporal grave ou morte, porém, a aplicação se restringe apenas à primeira parte do **Art. 258 do CP** (*forma dolosa*), pois **não** há previsão de *modalidade culposa* do crime de infração de medida sanitária.

9.3.3 Omissão de notificação de doença (Art. 269 do CP)

9.3.3.1 Tipo objetivo

De acordo com este tipo penal configura crime, punido com pena de *detenção de 6 meses a 2 anos, e multa, deixar,* o médico, *de denunciar à autoridade pública doença cuja notificação é compulsória,* sendo que, a **incolumidade pública** é o **bem jurídico** tutelado por esta norma.

Trata-se de **crime próprio,** que só pode ser praticado por *médico,* além disso, é também um crime **omissivo próprio,** já que a lei prevê apenas uma *conduta omissiva,* de não fazer (por parte do médico), em relação à notificação de doença.

Este tipo caracteriza-se, ainda, por ser uma *lei penal em branco,* uma vez que necessita de um complemento para que seu conteúdo seja interpretado e aplicado (v.g. quais as *doenças de notificação compulsória*).

O *SINAN* (Sistema de Informação de Agravos de Notificação) deve receber as informações de casos de doenças, que constam da lista nacional de doenças de notificação compulsória, não se exigindo, para que haja crime, que o médico tenha tido contato direto com o doente, mas tão somente que tome conhecimento da doença e deixe de informá-la.

De acordo com o **Art. 285 do CP,** também se aplica a este crime o disposto no **Art. 258 do CP,** aumentando-se a pena se da omissão resulta *lesão corporal grave ou morte,* porém, mas somente no que tange à primeira parte do **Art. 258 CP** (*forma dolosa*), pois não há *modalidade culposa* prevista para este crime.

9.3.3.2 Consumação e Tentativa

A **consumação** se dá quando o médico toma ciência da existência da doença de notificação compulsória e deixa de reportá-la a autoridade sanitária competente, não sendo cabível se falar em **tentativa,** pois trata-se de um crime **omissivo próprio** e, portanto, de *natureza unissubsistente.*

9.3.4 Envenenamento de água potável ou de substância alimentícia ou medicinal (Art. 270 do CP)

9.3.4.1 Tipo objetivo

Este **tipo penal** prevê como crime, punido com *pena de 10 a 15 anos de reclusão*, a conduta de *envenenar água potável, de uso comum ou particular, ou substância alimentícia ou medicinal destinada a consumo*, portanto, trata-se de um **crime comum**, que pode ser praticado por qualquer pessoa.

Há entendimento divergente na doutrina de que, a primeira parte do caput do **Art. 270 CP** (envenenamento de água) e seu parágrafo primeiro estariam **revogados**, pelo disposto nos **Arts. 54 e 56 da Lei 9605/98** (Crimes Ambientais).

O **Art. 270 § 2º CP** prevê expressamente a **modalidade culposa** deste crime punida com pena de *6 meses a 2 anos de detenção*.

Já o **Art. 270 § 1º** estabelece que está sujeito à mesma pena do *caput* (*reclusão de 10 a 15 anos*) quem entrega a consumo, ou tem em depósito, para o fim de ser distribuída, a água ou a substância envenenada.

A incriminação destas condutas pelo **Art. 270 § 1º CP** pode ser vista como um exemplo de *ato preparatório* que passou a ser *punível* por expressa previsão legal, passando assim a configurar ato executório de um crime autônomo, portanto, trata-se de um *crime de perigo abstrato e de mera conduta*.

Também se aplica aqui, de acordo com o **Art. 285 do CP**, o disposto no *Art. 258 do CP*, aumentando-se a pena deste crime se a conduta resultar em *lesão corporal grave ou morte*, tanto para a *modalidade dolosa*, quanto para a *forma culposa* deste crime.

9.3.4.2 Consumação e Tentativa

A **consumação** deste crime, para a maioria da doutrina, ocorre quando efetivamente acontece o envenenamento da água, substância alimentícia ou medicinal, sendo, portanto, um *crime de perigo abstrato*, embora haja divergência afirmando que a consumação só se daria quando, após o envenenamento, surge concretamente a situação de perigo para a incolumidade pública (**crime de perigo concreto**).

Porém, em ambas as posições, é considerada plenamente admissível a **tentativa**, já que a conduta típica é fracionável (crime plurissubsistente).

9.3.5 Corrupção ou poluição de água potável (Art. 271 do CP)

9.3.5.1 Tipo objetivo

Este tipo penal considera como crime, punido com *pena de 2 a 5 anos de reclusão, corromper ou poluir água potável, de uso comum ou particular, tornando-a imprópria para consumo ou nociva à saúde*, logo, este crime poderá ser praticado por qualquer pessoa (**crime comum**).

Corromper significa alterar, tornar imprópria para consumo, diferentemente de envenenar, que caracteriza crime mais grave previsto no artigo anterior (**Art. 270 CP**), e através da corrupção ou poluição torna-se a água imprópria para o consumo.

O **Art. 271 parágrafo único** estabelece que na **modalidade culposa** o agente responderá pelo fato com *pena de 2 meses a 1 ano de detenção*, isso se pela falta de observância do dever de cuidado o agente corromper ou gerar a poluição da água, criando assim uma situação de perigo.

Aqui, de acordo com o **Art. 285 do CP**, também se aplica ao crime o disposto no **Art. 258 do CP**, aumentando-se a pena deste crime se a conduta resultar em *lesão corporal grave ou morte*, tanto para sua *modalidade dolosa*, quanto para sua *forma culposa*.

9.3.5.2 Consumação e Tentativa

A **consumação** se dá com a conduta de corromper ou poluir, de forma que torne a água imprópria para o consumo, porém, sem haver a necessidade de gerar **dano concreto** a ninguém, sendo, portanto, **crime de perigo concreto**, embora haja divergência afirmando se tratar de *crime de perigo abstrato*, em que o tipo presume o perigo desta conduta.

A **tentativa** é plenamente admissível, independentemente da posição adotada a respeito da consumação, ocorrendo se o agente não conseguir corromper ou poluir a água, por motivos alheios a sua vontade.

9.3.6 Falsificação, corrupção, adulteração ou alteração de substância ou produtos alimentícios (Art. 272 do CP)

9.3.6.1 Tipo objetivo

Este **tipo penal** prevê como crime a conduta de *corromper, adulterar, falsificar ou alterar substância ou produto alimentício destinado a consumo tornando-o nociva à saúde ou reduzindo-lhe o valor nutritivo*, punindo-a com uma pena de 4 a 8 anos de reclusão, e multa.

O **Art. 272 § 1º-A do CP** estabelece que incorre nas mesmas penas aquele que fabrica, vende, expõe à venda, importa, tem em depósito para vender ou, de qualquer forma, distribui ou entrega a consumo a substância alimentícia ou o produto falsificado, corrompido ou adulterado.

Nas bases também do **Art. 272 § 1º CP** aplica-se a mesma sanção para quem pratica as condutas previstas neste tipo em relação a bebidas, com ou sem teor alcoólico.

Já o **Art. 272 § 2º CP** prevê expressamente a *modalidade culposa* do crime, punida com pena de detenção de 1 a 2 anos e multa.

De acordo com o **Art. 285 do CP**, aplica-se a este crime o disposto no **Art. 258 do CP**, aumentando-se a pena deste crime se resultar *lesão corporal grave ou morte*, tanto para a sua modalidade <u>dolosa</u>, quanto para sua forma <u>culposa</u>.

9.3.6.2 Consumação e Tentativa

Para que ocorra sua **consumação** o produto deve se tornar efetivamente nocivo à saúde ou ter reduzido seu valor nutritivo (**perigo concreto**), embora haja divergência na doutrina afirmando se tratar de *crime de perigo abstrato*.

A **tentativa** é plenamente admitida (na 1ª corrente – perigo concreto) quando, embora o agente pratique uma das condutas narradas no tipo, não chegue a tornar a substância nociva ou a reduzir seu valor nutritivo, ou seja, quando não chegue a oferecer perigo concreto.

9.3.7 Falsificação, corrupção, adulteração ou alteração de produto destinado a fins terapêuticos ou medicinais (Art. 273 do CP)

9.3.7.1 Tipo objetivo

Este tipo penal considera como crime *falsificar, corromper, adulterar ou alterar produto destinado a fins terapêuticos ou medicinais*, e sendo esta conduta considerada gravíssima, trata-se de **crime hediondo** punido com pena de *reclusão, de 10 (dez) a 15 (quinze) anos, e multa*.

No **Art. 273 § 1º do CP** há a previsão de que incorre nas mesmas penas quem importa, vende, expõe à venda, tem em depósito para vender ou, de qualquer forma, distribui ou entrega a consumo o produto falsificado, corrompido, adulterado ou alterado.

De acordo ainda com o **Art. 273 § 1º-A do CP** incluem-se entre os produtos a que se refere este artigo os *medicamentos, as matérias-primas, os insumos farmacêuticos, os cosméticos, os saneantes e os de uso em diagnóstico*.

Percebe-se que há uma evidente desproporcionalidade nesta equiparação, já que a gravidade desta conduta é muito menor do que a prevista no *caput*, sendo que, esta desproporção se acentua ainda mais em face do fato de que esta forma também entrou no rol dos *crimes hediondos.*

O **Art. 273 § 1º-B** determina que, também está sujeito às mesmas penas do *Art. 273 CP* quem *importa, vende, expõe à venda, tem em depósito para vender ou, de qualquer forma, distribui ou entrega a consumo o produto*:

1) sem registro, quando exigível, no órgão de vigilância sanitária competente;

2) em desacordo com a fórmula constante do registro previsto no inciso anterior;

3) sem as características de identidade e qualidade admitidas para a sua comercialização;

4) com redução de seu valor terapêutico ou de sua atividade;

5) de procedência ignorada;

6) adquiridos de estabelecimento sem licença da autoridade sanitária competente.

Finalmente no **Art. 273 § 2º do CP** está prevista a *modalidade culposa* deste crime, punida com uma *pena de detenção de 1 a 3 anos*, e multa, sendo que, evidentemente a *forma culposa* não é considerada como **crime hediondo.**

Importante lembrar que, de acordo com o **Art. 285 do CP**, aplica-se também a este crime o disposto no **Art. 258 do CP**, aumentando-se a pena deste crime se resulta em *lesão corporal grave ou morte*, tanto para a sua *modalidade dolosa*, quanto para sua *forma culposa*.

9.3.7.2 Consumação e Tentativa

A **consumação** se dá, de acordo com a maioria da doutrina, com simples prática de qualquer das condutas narradas no tipo, independentemente do produto ser colocado à disposição para consumo (**perigo abstrato**), embora haja posição divergente afirmando ser preciso uma criação concreta de perigo para terceiros.

A **tentativa** é possível, pois as condutas narradas no tipo são **plurissubsistentes**, e podem ser fracionadas, interrompidas, por motivos alheios à vontade do agente.

9.3.8 Emprego de processo proibido ou de substância não permitida (Art. 274 do CP)

9.3.8.1 Tipo objetivo

Neste *tipo objetivo* estão previstas como crime a conduta de *empregar, no fabrico de produto destinado a consumo,* revestimento, gaseificação artificial, matéria corante, substância aromática, antisséptica, conservadora ou qualquer outra não expressamente permitida pela legislação sanitária, punida com *pena de 1 a 5 anos de reclusão, e multa.*

9.3.8.2 Consumação e Tentativa

Trata-se de **crime de mera conduta** e de **perigo abstrato**, já que o tipo penal não prevê qualquer *perigo real e concreto* como necessário para que haja a **consumação**, bastando para isso a simples prática das condutas narradas, sendo que, a **tentativa** é possível, pois as condutas típicas são *plurissubsistentes*, e podem ser fracionadas.

Aqui, também de acordo com o **Art. 285 do CP**, aplica-se ao crime o disposto no **Art. 258 do CP**, aumentando-se a pena deste crime se da conduta resulta *lesão corporal grave ou morte*, porém, este aumento só se aplica à primeira parte do **Art. 258 CP** (*forma dolosa*), pois não há *modalidade culposa* do crime.

9.3.9 Invólucro ou recipiente com falsa indicação (Art. 275 do CP)

9.3.9.1 Tipo objetivo

Este *tipo objetivo* prevê como crime, punido com pena de *reclusão, de 1 (um) a 5 (cinco) anos, e multa,* a conduta de *inculcar (indicar), em invólucro ou recipiente de produtos alimentícios, terapêuticos ou medicinais,* a existência de substância que não se encontra em seu conteúdo ou que nele existe em quantidade menor que a mencionada.

Trata-se de **crime comum**, que pode ser praticado por qualquer pessoa, embora seja mais comum sua realização por quem fabrica ou comercializa produtos alimentícios, terapêuticos etc.

Também é **crime de perigo abstrato**, pois não requer que o ato de inculcar dê origem a qualquer perigo efetivo à vida ou integridade física de outrem e, por isso, sua pena de *reclusão de 1 a 5 anos*, e multa, parece demasiadamente alta.

Aqui, também de acordo com o **Art. 285 do CP**, aplica-se ao crime o disposto no **Art. 258 do CP**, aumentando-se a sua pena se a conduta resulta em *lesão corporal grave ou morte*, porém, só há o aumento no que tange à primeira parte do **Art. 258 CP** (*forma dolosa*), pois **não** há *modalidade culposa* do crime.

9.3.9.2 Consumação e Tentativa

A **consumação** deste crime se dá com a mera indicação falsa, mesmo que o produto seja colocado normalmente para o consumo, admitindo-se a **tentativa,** pois a conduta pode ser fracionada (*crime plurissubsistente*).

9.3.10 Produto ou substância nas condições dos dois artigos anteriores (Art. 276 do CP)

9.3.10.1 Tipo objetivo

Neste **tipo penal** estão previstas como crime as condutas de *vender, expor à venda, ter em depósito para vender ou, de qualquer forma, entregar a consumo produto nas condições dos Arts. 274 e 275 CP,* punindo-se este fato com pena de *reclusão de 1 a 5 anos e multa.*

Percebe-se a falta de técnica legislativa já que esta conduta poderia compor um parágrafo dos tipos remetidos acima, ao invés de constituir um artigo autônomo, e sequer possuir pena autônoma.

De acordo com o **Art. 285 do CP**, aplica-se o disposto no **Art. 258 do CP**, aumentando-se a pena deste crime se a conduta resulta em *lesão corporal grave ou morte*, porém, isso só no que tange à primeira parte do **Art. 258 CP** (*forma dolosa*), pois **não** há *modalidade culposa* do crime.

9.3.10.2 Consumação e Tentativa

A **consumação** se dá com a mera prática das condutas descritas no tipo (**crime de mera conduta**), e a **tentativa**, embora possível, é de difícil ocorrência, pois, a mera conduta de possuir em depósito já consuma o crime.

Além disso, na forma de conduta "ter em depósito" se exige **o elemento subjetivo especial**, qual seja, o <u>fim específico de venda</u>, para caracterizar o crime, o que dificulta ainda mais se falar em tentativa.

9.3.11 Substância destinada a falsificação (Art. 277 do CP)

9.3.11.1 Tipo objetivo

De acordo com este tipo penal configura crime *vender, expor à venda, ter em depósito ou ceder substância destinada à falsificação de produtos alimentícios, terapêuticos ou medicinais*, punindo-se este fato com *pena de reclusão de 1 a 5 anos e multa.*

Trata-se de mais um tipo de **perigo abstrato**, já que se pune o ato de vender, ter em depósito etc. produtos que poderão vir a ser usados para a falsificação, ou seja, pune-se a conduta relacionada a produtos que poderão caracterizar mero *ato preparatório* para realização de outro crime (**Art. 273 CP**), gerando assim mais uma **exceção**, em que um ato preparatório passa a ser punido como crime autônomo.

De acordo com o **Art. 285 do CP**, aplica-se o disposto no **Art. 258 do CP**, aumentando-se a pena deste crime se resulta em *lesão corporal grave ou morte*, porém, só no que tange à primeira parte do **Art. 258 CP** (*forma dolosa*), pois <u>não há</u> **modalidade culposa** do crime.

9.3.11.2 Consumação e Tentativa

Sendo crime de **perigo abstrato** e de **mera conduta** este crime se *consuma* com o simples ato de vender, expor a venda ou ter em depósito, não sendo necessário qualquer dano, ou perigo concreto de dano, oriundo desses atos, desta forma a **tentativa,** embora admissível, é muito rara, pois, a simples conduta de ter em depósito já caracteriza o crime.

9.3.12 Outras substâncias nocivas à saúde pública (Art. 278 do CP)

9.3.12.1 Tipo objetivo

Este **tipo penal** prevê como crime as condutas de *fabricar, vender, expor à venda, ter em depósito para vender ou, de qualquer forma, entregar a consumo* coisa ou substância nociva à saúde, ainda que não destinada à alimentação ou a fim medicinal, estabelecendo assim uma *pena de 1 a 3 anos de detenção, e multa.*

Também se trata de um **crime comum** (qualquer pessoa pode cometer) e de **perigo abstrato**, pois se presume o perigo em relação a essas condutas previstas no tipo, embora haja divergência afirmando se tratar de *crime de perigo concreto*, além disso é um **crime subsidiário** em relação aos crimes anteriores, e só será aplicado se não for possível se enquadrar a conduta do agente em outo crime mais grave.

No **Art. 278 parágrafo único** está prevista a **modalidade culposa** do crime, punida com *pena de 2 meses a 1 ano de detenção.*

Importante lembrar que de acordo com o **Art. 285 do CP**, aplica-se a este crime o disposto no **Art. 258 do CP**, aumentando-se a pena se a conduta resulta em *lesão corporal grave ou morte*, tanto para a sua *modalidade dolosa*, quanto para sua *forma culposa.*

9.3.12.2 Consumação e Tentativa

A **consumação** se dá com a mera prática das condutas narradas no tipo, embora haja posição defendendo a necessidade de se demonstrar a efetiva criação do risco criado pelo agente (*perigo concreto*), e a **tentativa,** embora possível, raramente ocorrerá, pois, a mera conduta de ter em depósito já configura o crime.

9.3.13 Medicamento em desacordo com receita médica (Art. 280 do CP)

9.3.13.1 Tipo objetivo

Configura este crime a conduta de *fornecer substância medicinal em desacordo com receita médica*, sendo que, este tipo poderá ser praticado por qualquer pessoa (**crime comum**), embora seja mais frequente sua prática pelo farmacêutico, ou mesmo por funcionários de drogarias.

Esta conduta pode configurar *crime mais grave* de acordo com o dolo do agente, afastando-se assim o tipo penal do **Art. 280 do CP**. (p.ex. Homicídio, lesão corporal)

O **Art. 280 parágrafo único do CP** prevê a **modalidade culposa** do crime com *pena de 2 meses a 1 ano de detenção* e, de acordo com o **Art. 285 do CP**, aplica-se a este crime o disposto no **Art. 258 do CP**, aumentando-se a pena se a conduta resulta em *lesão corporal grave ou morte*, tanto para a sua *modalidade dolosa*, quanto para sua forma *culposa*.

9.3.13.2 Consumação e Tentativa

A **consumação** se dá com a simples prática deste ato, sem que seja preciso ocorrer qualquer resultado (**crime de mera conduta**), ou seja com a efetiva entrega do medicamento independentemente do uso pelo consumidor, e por isso a **tentativa** é perfeitamente possível.

9.3.14 Exercício ilegal da medicina, arte dentária ou farmacêutica (Art. 282 do CP)

9.3.14.1 Tipo objetivo

Este **tipo penal** prevê como crime a conduta de *exercer, ainda que a título gratuito, a profissão de médico, dentista ou farmacêutico, sem autorização legal ou excedendo-lhe os limites*, punindo o fato com uma *pena de detenção de 6 meses a 2 anos.*

Este crime, no que tange ao **sujeito ativo**, possui duas naturezas, quanto à *primeira parte* do tipo (exercer ilegalmente a profissão) será **crime comum**, pois pode ser praticado por qualquer pessoa, já na sua *segunda parte* (exceder os limites) é **crime próprio,** que só poderá ser praticado por médico, dentista ou farmacêutico.

O **Art. 282 parágrafo único do CP** determina que se o crime for praticado com *o fim de lucro* (especial fim de agir) aplica-se também a *pena de multa.*

De acordo com o **Art. 285 do CP**, aplica-se o disposto no **Art. 258 do CP**, aumentando-se a pena deste crime se a conduta resultar em lesão corporal grave ou morte, porém, só no que tange à primeira parte do **Art. 258 CP** (*forma dolosa*), pois **não** há modalidade *culposa* do crime.

9.3.14.2 Consumação e Tentativa

Trata-se de **crime habitual**, em que a **consumação** pressupõe a realização de vários atos reiteradamente, e de forma habitual, sendo que, a prática isolada de um ou outro ato não configura crime.

Por sua natureza habitual, a **tentativa**, para a maioria da doutrina nacional, <u>não é admitida</u>, já que, ou o agente atua reiteradas vezes e o crime se consuma, ou não haverá crime na prática isolada de condutas.

Há posicionamento divergente afirmando que a *habitualidade* se demonstra no **plano subjetivo** do agente (ânimo, intenção de agir habitualmente), não havendo a necessidade de repetição objetiva de atos para que se caracterize essa habitualidade e o crime se consume, desta forma admitir-se-ia a **tentativa** para este e também para os demais crimes habituais, entendimento este minoritário no Brasil.

9.3.15   Charlatanismo (Art. 283 do CP)

9.3.15.1 Tipo objetivo

Este **tipo penal** define como crime, punido com *pena de 3 meses a 1 ano de detenção, e multa*, a conduta de *inculcar (indicar, apontar) ou anunciar cura por meio secreto ou infalível*, conhecida conduta realizada pelo chamado charlatão, que pode ser qualquer pessoa (**crime comum**).

De acordo com o **Art. 285 do CP**, aplica-se o disposto no **Art. 258 do CP**, aumentando-se a pena deste crime se a conduta resultar em lesão corporal grave ou morte, porém, só no que tange à primeira parte do **Art. 258 CP** (*forma dolosa*), pois **não** há modalidade *culposa* do crime.

9.3.15.2 Consumação e Tentativa

Trata-se de um **crime de mera conduta**, já que, para que ocorra a **consumação** não há a necessidade do agente sequer praticar qualquer ato referente à cura, ou gerar qualquer resultado lesivo concreto, bastando a indicação ou o anúncio do meio infalível para se considerar o crime consumado.

É considerado pela maioria da doutrina como **crime de perigo abstrato** (presumido), e a **tentativa** só será admitida fundamentalmente na modalidade de realização por escrito, pois, neste caso, a conduta pode vir a ser fracionada e interrompida (**crime plurissubsistente**).

9.3.16 Curandeirismo (Art. 284 do CP)

9.3.16.1 Tipo objetivo

Este **tipo penal** descreve condutas bastante simples, e se restringe a prever como crime apenas o ato de exercer o curandeirismo, estabelecendo para isso uma *pena de 6 meses a 2 anos de detenção.*

O *curandeirismo*, elemento objetivo central deste tipo penal, se refere a meios místicos, sobrenaturais, mágicos, espirituais etc., que poderão ser realizados das seguintes formas:

1) prescrevendo, ministrando ou aplicando, habitualmente, qualquer substância;

2) usando gestos, palavras ou qualquer outro meio;

3) fazendo diagnósticos.

O **Art. 284 parágrafo único** do CP determina que, se o crime for praticado mediante remuneração, o agente fica também sujeito à pena de **multa**.

De acordo com o **Art. 285 do CP**, aplica-se o disposto no **Art. 258 do CP**, aumentando-se a pena deste crime se a conduta resultar em lesão corporal grave ou morte, porém, só no que tange à primeira parte do **Art. 258 CP** (*forma dolosa*), pois **não** há modalidade *culposa* do crime.

9.3.16.2 Consumação e Tentativa

A **consumação** deste crime se dá com a reiteração dos atos acima referidos, pois se trata de um **crime habitual**, o que se percebe no uso do gerúndio pelo legislador ao definir as condutas criminosas, logo, a prática isolada e eventual destas condutas não configura crime, sendo, portanto, inadmissível a **tentativa**.

9.3.17 Forma qualificada nos crimes contra a saúde pública (Art. 285 do CP)

De acordo com o previsto neste tipo aplica-se o disposto no **Art. 258 CP** (forma qualificada se resulta lesão grave ou morte) aos crimes contra a saúde pública, salvo quanto ao definido no **Art. 267 CP** (epidemia), já que, este crime tem sua forma qualificada prevista especificamente (**Art. 267 §§ 1º e 2º CP**).

Esta **forma majorada** poderá aumentar a pena dos crimes contra a saúde pública que resultem em **lesão ou morte** quando cometidos na sua *forma dolosa*, mas também, quando praticados através de *culpa,* desde que haja expressa previsão de forma culposa para o fato.

Dos crimes contra a paz pública

10.1 INCITAÇÃO AO CRIME (ART. 286 DO CP)

10.1.1 Tipo objetivo

Este tipo penal prevê como crime, punido com pena de *detenção de 3 a 6 meses, ou multa*, a conduta de *induzir ou instigar, em local público ou acessível ao público, a prática de crime*.

O ato de **incitar** pode ser por meio de palavra, escrito, gestos etc., porém, a incitação deve ser dirigida a uma, ou a determinadas pessoas, não configurando crime o ato genérico e sem destinação específica, logo, o dolo deve ser específico de incitar a prática de determinado crime.

Além disso, outras pessoas, além do incitado, devem tomar conhecimento do fato, caso contrário a conduta configura mera participação em crime de outrem, e a incitação de uma *contravenção* **não** configura este crime (*figura atípica*).

10.1.2 Consumação e Tentativa

A **consumação** se dá com a simples prática da conduta de incitar, não sendo preciso que o agente realize quaisquer dos atos incitados (**crime formal**), e a **tentativa** será admitida fundamentalmente na forma escrita, em que pode ser fracionada e interrompida (*crime plurissubsistente*).

10.2 APOLOGIA DE CRIME OU CRIMINOSO (ART. 287 DO CP)

10.2.1 Tipo objetivo

Este **tipo penal** prevê como crime, punido com *pena de detenção de 3 a 6 meses, ou multa*, a conduta de *fazer, publicamente, apologia de fato criminoso ou de autor de crime.*

A mera *manifestação de opinião* a respeito de determinado tema, ou fato, **não configura crime**, diante do direito de liberdade de expressão previsto na Constituição Federal (por exemplo: Marcha da Maconha – STF – não configurou crime).

A conduta típica prevista consiste em elogiar ou enaltecer, em local público ou acessível ao público, sendo que, é preciso demonstrar o dolo do agente de elogiar a *prática de crime determinado*, um fato concreto, enaltecer a prática do crime:

a) fato criminoso: fato concreto previsto em algum tipo penal como crime. Se o fato é previsto como contravenção ou crime culposo, não configura crime.

b) autor de crime: trata-se de autor de um crime praticado antes da apologia. A defesa (elogio) não deve se referir aos atributos do autor, mas sim à *sua conduta criminosa*.

10.2.2 Consumação e Tentativa

A **consumação** ocorre com simples realização das condutas previstas no tipo, já que não há qualquer resultado concreto sequer previsto (crime de mera conduta), sendo que, a **tentativa** é de difícil configuração, pois a maioria da doutrina considera que a conduta típica é infracionável, *unissubsistente*.

10.3 ASSOCIAÇÃO CRIMINOSA (ART. 288 DO CP)

Trata-se do antigo crime de "quadrilha ou bando" – alterado pela **Lei 12.850/2013** – em que o atual tipo penal prevê como crime, punido com pena de *reclusão de 1 a 3 anos*, a conduta de *associarem-se* **3 ou mais pessoas**, para o fim específico de <u>cometer crimes</u>.

De acordo com a atual redação basta o concurso de *pelo menos 3 pessoas* (**delito de concurso necessário ou plurissubjetivo**), não é necessário que eles se conheçam, sendo que, os inimputáveis (Arts. 26 e 27 CP) são computados normalmente para a configuração do número de integrantes.

Deve haver a ainda a presença do **dolo** de associação e do **especial fim de agir** (*fim de praticar 2 ou mais crimes),* logo, não com figura o crime se for para cometer *contravenções penais* ou *crimes culposos*, e também **não caracteriza** este crime a associação para o cometimento de apenas <u>um único delito.</u>

Por fim, a associação não pode ser *momentânea*, sendo necessário apenas que haja estabilidade e a permanência de vínculo, por certo tempo, entre aos autores do crime, sendo importante lembrar que, este crime é **crime permanente**, admitindo-se a *prisão em flagrante* a qualquer tempo, enquanto a associação estiver formada.

Caso a reunião de vários agentes configure *causa de aumento de pena* para os crimes realizados (p. ex Roubo qualificado – **Art. 157 § 2º inc. II CP**), há divergência na doutrina, sendo que parte de nossos autores entende ser possível se falar em *concurso de crimes* entre a forma majorada e o crime do **Art. 288 CP**, enquanto outra parte da doutrina afirma que esta cumulação seria *bis in idem*, e, portanto, inviável.

Na hipótese da *associação* ser especificamente destinada para a prática de **tráfico de drogas** incide o tipo específico previsto no **Art. 35 da Lei 11.343/2006 (Lei de Drogas).**

10.3.1 Consumação e tentativa

A **consumação** independe da efetiva realização do fim visado pela associação (prática de crimes), logo trata-se de um **crime formal**, sendo que, se ocorrer a prática de algum dos crimes visados pela associação, os agentes responderão por esse crime em *concurso* com a associação.

Para a maioria da doutrina a **tentativa** não é admissível, em face da natureza *unissubsistente* da conduta de associação, que não pode ser fracionada.

10.3.2 Causa de aumento de pena (Art. 288, parágrafo único, do CP)

De acordo com este dispositivo, aumenta-se a pena da associação criminosa de **até 1/2** nas seguintes hipóteses:

– Se a associação criminosa é *armada*.

– Se a associação tem a participação de *crianças ou adolescentes*.

10.3.3 Forma qualificada de Associação criminosa (Art. 8º da Lei 8.072/1990)

De acordo com o **Art. 8º da Lei 8.072/1990** qualifica-se a associação criminosa se os crimes visados pelos agentes forem hediondos, prática da tortura, tráfico ilícito de entorpecentes e drogas afins ou terrorismo e, nestes casos, a **pena** da associação será de 3 a 6 anos de reclusão.

O **parágrafo único do Art. 8º da Lei 8.072/1990** determina que o participante, e o associado, que denunciar à autoridade o grupo criminoso, possibilitando seu desmantelamento, terá a sua pena reduzida de *um a dois terços*. (**Delação Premiada**)

10.4 CONSTITUIÇÃO DE MILÍCIA PRIVADA (ART. 288-A CP)

10.4.1 Tipo objetivo

A **Lei nº 12.720/2012**, inseriu o **Art. 288-A** ao **Código Penal**, criando o crime de constituição de milícia privada, punindo com *pena de reclusão de 4 a 8 anos*, a conduta de *constituir, organizar, integrar, manter ou custear organização paramilitar, milícia particular, grupo ou esquadrão com a finalidade de praticar qualquer dos crimes previstos no Código Penal.*

Embora a conduta típica estipule que a **milícia privada** seja formada com a finalidade de praticar qualquer dos *crimes previstos no Código Penal*, naturalmente deve-se vincular esta conduta típica à prática de certos crimes específicos que digam respeito às atividades normalmente praticadas pelas milícias como o crime de *homicídio, lesão corporal, extorsão, sequestros, ameaças* etc.

Trata-se também de um crime de *concurso necessário* (**crime plurissubjetivo**), ou seja, integrado necessariamente por 2 ou mais agentes, já que nele os agentes se auxiliam, mutuamente, com o objetivo de produzirem o mesmo resultado.

Porém a lei não determinou o *número mínimo* de integrantes para se caracterizar a **milícia**, sendo que, a maioria da doutrina entende que seguindo a previsão do crime de **associação criminosa**, do *caput* do **Art. 288 CP**, aqui também se *exige a presença de 3 ou mais pessoas*.

Importante lembrar que este crime é modalidade de **crime permanente**, admitindo-se, portanto, a prisão em flagrante a qualquer tempo, enquanto a milícia estiver formada.

Resta salientar que, na mesma alteração legislativa foi inserido o **§ 6º do artigo 121 CP**, determinando que a pena será aumentada de *1/3 a 1/2* se o crime de **homicídio doloso** for praticado por *milícia privada*, sob o pretexto de prestação de serviço de segurança, ou grupo de extermínio.

Também foi inserido o **§ 7º ao Art. 129 CP** (**lesão corporal**), para se aumentar a pena da lesão corporal de *1/3*, se ocorrer qualquer das hipóteses dos **parágrafos 4º e 6º do Art. 121 CP**, ou seja, haverá incidência desta causa de aumento na *lesão corporal dolosa* realizada por *milícia privada*, sob o pretexto de prestação de serviço de segurança, ou grupo de extermínio.

10.4.2 Consumação e Tentativa

Trata-se de **crime formal** que, portanto, se consuma com a simples prática dos verbos previstos no tipo, não sendo necessário que qualquer dos crimes chegue a ser realizado.

A **tentativa não** é admitida, pois considera-se a conduta de associação *unissubsistente*, logo, ou houve a efetiva constituição da milícia privada e o crime se consumou, ou o fato é *atípico*.

DOS CRIMES CONTRA A FÉ PÚBLICA

11.1 DA MOEDA FALSA

11.1.1 Moeda falsa (Art. 289 do CP)

11.1.1.1 Tipo objetivo

Este tipo penal considera como crime, punido com pena de *reclusão de 3 a 12 anos e multa*, a conduta de *falsificar, fabricando-a ou alterando-a, moeda metálica ou papel-moeda de curso legal no país ou no estrangeiro*, sendo que, na conduta de falsificação por alteração, a moeda ou papel já existe e é verdadeira, mas o agente aumenta o seu valor adulterando suas características originais.

Nas mesmas penas incorre quem, por conta própria ou alheia, importa exporta, adquire, vende troca, cede empresta, guarda ou introduz na circulação, moeda falsa (**Art. 289 § 1º do CP**), sendo que, o **Art. 289 § 4º do CP** estabelece que também incorre nas mesmas penas do *caput* (*3 a 12 anos de reclusão e multa*) quem desvia e faz circular moeda cuja circulação não estava ainda autorizada.

Importante lembrar que a doutrina e a jurisprudência dominantes consideram que a falsificação grosseira configura **Crime Impossível** (**Art. 17 CP**), por *ineficácia absoluta do meio* utilizado, e o fato será considerado **atípico**.

Já a utilização de papel-moeda grosseiramente falsificado para obtenção de vantagem indevida irá configurar **crime de estelionato** (**Súmula 73 do STJ**), sendo também majoritário o entendimento (**STF/STJ**) de que não incide o **princípio da insignificância** no crime de falsificação de moeda em relação ao valor do prejuízo ou da falsificação realizada.

Como se trata de um *crime contra a fé pública*, é indiferente o quanto de lesão patrimonial será produzida, logo, mesmo que uma única moeda seja falsificada haverá o crime do **Art. 289 do CP**, não cabendo o argumento de insignificância da lesão nestes casos.

11.1.1.2 Consumação e Tentativa

A **consumação** deste crime se dá com a efetiva produção ou alteração da moeda (**crime material**), logo a **tentativa** é plenamente possível se o agente inicia a conduta de falsificar a moeda mas, por motivos alheios a sua vontade, não obtém o resultado pretendido, ou seja, não chega a produzir ou a adulterar pelo menos uma moeda (*crime plurissubsistente*).

11.1.1.3 Forma privilegiada (Art. 289 § 2º do CP)

Trata-se de **forma privilegiada** estrito senso, já que prevê uma *nova pena mínima* e uma *nova pena máxima* menores, para a conduta daquele que receber de boa-fé, como verdadeira, moeda falsa ou alterada, e a restituir à circulação, depois de conhecer a falsidade, qual seja, **pena** de *6 meses a 2 anos de detenção e multa.*

11.1.1.4 Forma qualificada (Art. 289 § 3º do CP)

Esta forma qualificada se refere à hipótese de o **sujeito ativo** do crime ser *funcionário público ou diretor, gerente, ou fiscal de banco de emissão* que fabrica, emite ou autoriza a fabricação ou emissão de moeda com título ou peso inferior ao determinado em lei ou de papel-moeda em quantidade superior à autorizada, neste caso, a pena será de *3 a 15 anos de reclusão e multa.*

11.1.2 Crimes assimilados ao de moeda falsa (Art. 290 do CP)

11.1.2.1 Tipo objetivo

Este tipo penal prevê como crime, punido com *pena de 2 a 8 anos de reclusão e mul-ta*, as seguintes condutas, que são consideradas semelhantes à conduta de falsificação de moeda, porém, de *menor gravidade*:

1. Formar cédula, nota ou bilhete representativo de moeda com fragmentos de cédu-las, notas ou bilhetes verdadeiros.

2. Suprimir, em nota, cédula ou bilhete recolhidos, para o *fim de restituí-los à circula-ção*, sinal indicativo de sua inutilização, sendo que, neste caso, exige-se a presença do **especial fim de agir** (*fim de restituição*).

3. Restituir à circulação cédula, nota ou bilhete em tais condições, ou já recolhidos para o fim de inutilização.

11.1.2.2 Consumação e tentativa

A **consumação** deste crime se dá com a simples prática das condutas narradas no tipo penal, sendo que, na conduta de "suprimir" não é preciso que se obtenha o resultado pretendido (restituir a circulação), tratando-se, portanto, de **crime formal**.

A **tentativa** é possível se, por motivos alheios à vontade do agente, as condutas não se completam, já que estas, em regra, são *fracionáveis* (*crime plurissubsistente*).

11.1.2.3 Forma Qualificada (Art. 290, parágrafo único, do CP)

Trata-se de uma **qualificadora** relacionada a determinado **sujeito ativo**, pois de acordo com o **Art. 290, parágrafo único, do CP** se o crime for cometido por *funcionário que trabalha na repartição* onde o dinheiro se achava recolhido, ou nela tem fácil ingresso, em razão do cargo, aumenta-se *somente o máximo abstrato* de pena para 12 anos, manten-do-se a multa cumulativa.

Trata-se de *modalidade anômala de qualificação*, pois, estranhamente, o artigo prevê apenas que a **pena máxima** será aumentada de *8 anos para 12 anos*, **sem alterar a pena mínima** abstrata da forma simples (*2 anos*).

11.1.3 Petrechos para falsificação de moeda (Art. 291 do CP)

11.1.3.1 Tipo objetivo

Este tipo penal prevê como crime, punido com *pena de reclusão de 2 a 8 anos e multa*, a conduta de *fabricar, adquirir, fornecer, a título oneroso ou gratuito, possuir ou guardar maquinismo, aparelho, instrumento ou qualquer objeto especialmente destinado à falsificação de moeda.*

Trata-se de exemplo de crime em que o legislador resolveu tipificar autonomamente uma conduta que caracterizaria *mera preparação* (*ato preparatório*) *impunível* para outro crime (**Art. 289 do CP**), mas que por expressa previsão legal passou a constituir um <u>crime autônomo</u>.

Embora haja divergência na doutrina, a maioria entende que este crime (**Art. 291 CP**) será **absorvido** (*crime meio*) quando for realizado como forma para a realização do *crime de falsificação de moeda* do **Art. 289 CP** (*crime fim*), aplicando-se, neste caso, a **regra da consunção.**

11.1.3.2 Consumação e Tentativa

Para que este crime se **consume** basta que o agente possua adquira, fabrique etc. esses equipamentos, não sendo preciso sequer iniciar a falsificação, ou que chegue a produzir uma única moeda falsa (**crime formal**), sendo que, a **tentativa** é possível em certas hipóteses, já que algumas condutas podem ser fracionadas (crime plurissubsistente).

11.1.4 Emissão de título ao portador sem permissão legal (Art. 292 do CP)

11.1.4.1 Tipo objetivo

Configura crime, punido com *pena de detenção, de 1 a 6 meses, ou multa*, a conduta de *emitir (colocar em circulação) sem permissão legal, nota, bilhete, ficha, vale ou título que contenha promessa de pagamento em dinheiro ao portador, ou a que falte indicação do nome da pessoa a quem deva ser pago*, tratando-se, portanto, de **crime comum,** contra a fé pública, que pode ser praticado por qualquer pessoa.

11.1.4.2 Consumação e Tentativa

A **consumação** ocorre com a mera prática das condutas descritas na lei (**crime de mera conduta**), ou seja, quando o agente coloca em circulação os objetos previstos no tipo, não havendo previsão, e necessidade, de qualquer resultado concreto lesivo, e a **tentativa** é possível, pois as condutas podem ser fracionadas e interrompidas (*plurissubsistentes*).

Este crime também pode vir a ser *crime meio para outro crime* e, portanto, nestes casos, de acordo com a maioria da doutrina, será absorvido pelo *crime fim*, de acordo com o **princípio da consunção** (ex: Estelionato – Art. 171 CP) não gerando *concurso de crimes*.

11.1.4.3 Forma privilegiada (Art. 292 parágrafo único do CP)

O **Art. 292 parágrafo único do CP** estabelece como **forma privilegiada** a conduta de quem *recebe ou utiliza* como dinheiro qualquer dos documentos referidos neste artigo, punida com pena de *detenção, de 15 dias a 3 meses, ou multa*, e sua consumação se dá também com a simples prática das condutas de receber ou utilizar (**crime de mera conduta**).

11.2 DA FALSIDADE DE TÍTULOS E OUTROS PAPÉIS PÚBLICOS

11.2.1 Falsificação de papéis públicos (Art. 293 do CP)

11.2.1.1 Tipo objetivo

Este **tipo objetivo** prevê uma *pena de 2 a 8 anos de reclusão e multa* para a conduta de falsificar, fabricando ou alterando:

1) selo destinado a controle tributário, papel selado ou qualquer papel de emissão legal destinado à arrecadação de tributo;

2) papel de crédito público que não seja moeda de curso legal;

3) vale postal;

4) cautela de penhor, caderneta de depósito de caixa econômica ou de outro estabelecimento mantido por entidade de direito público;

5) talão, recibo, guia, alvará ou qualquer outro documento relativo a arrecadação de rendas públicas ou a depósito ou caução por que o poder público seja responsável;

6) bilhete, passe ou conhecimento de empresa de transporte administrada pela União, por Estado ou por Município.

Importante lembrar que a falsificação ou alteração <u>grosseira</u> não caracteriza crime, gerando **Crime Impossível (Art. 17 CP)** e consequentemente o fato será **atípico**.

O **Art. 293 § 1º do CP** determina que incorre na mesma pena quem:

1) usa, guarda, possui ou detém qualquer dos papéis falsificados a que se refere este artigo;

2) importa, exporta, adquire, vende, troca, cede, empresta, guarda, fornece ou restitui à circulação selo falsificado destinado a controle tributário;

3) importa, exporta, adquire, vende, expõe à venda, mantém em depósito, guarda, troca, cede, empresta, fornece, porta ou, de qualquer forma, utiliza em proveito próprio ou alheio, no exercício de atividade comercial ou industrial, produto ou mercadoria:

a) em que tenha sido aplicado selo que se destine a controle tributário, falsificado;

b) sem selo oficial, nos casos em que a legislação tributária determina a obrigatoriedade de sua aplicação.

Já o **Art. 293 § 2º** estabelece pena de *reclusão de 1 a 4 anos e multa*, para as condutas de suprimir em qualquer desses papéis, quando legítimos, carimbo ou sinal indicativo de sua inutilização, mas exige que isto seja feito *com o fim de torná-los novamente utilizáveis*, sendo, portanto, importante ressaltar que, neste parágrafo, se exige o **elemento subjetivo especial**, ou seja, um especial fim de agir do autor (utilizar novamente).

O **Art. 293 § 3º CP** determina que incorre na *mesma pena* aquele que, mesmo sem ter realizado a supressão, utilizar qualquer dos papéis referidos, ou seja, pune-se a conduta de quem usa os referidos papéis alterados mencionados no parágrafo anterior.

Finalmente o **Art. 293 § 5º CP** equipara à atividade comercial, para fins do *inciso III do § 1º deste artigo*, qualquer forma de comércio clandestino ou irregular, inclusive o exercido em vias, praças e outros logradouros públicos e em residências.

11.2.1.2 Consumação e Tentativa

A **consumação** deste crime ocorre quando acontece a falsificação, independentemente de ser gerado qualquer dano concreto inerente às condutas previstas (**crime formal**), sendo que, a **tentativa** é possível, porém, devido ao grande número de condutas típicas narradas, em algumas não poderá ocorrer devido à sua natureza unissubsistente (Ex: no uso de papéis).

11.2.1.3 Forma privilegiada (Art. 293 § 4° CP)

O **Art. 293 § 4° CP** estabelece a forma privilegiada, punindo com pena de *6 meses a 2 anos ou multa* quem usa ou restitui à circulação, embora recibo (recebido) de boa-fé, qualquer dos papéis falsificados ou alterados, a que se referem **este artigo e o seu § 2°**, depois de <u>conhecer</u> a falsidade ou alteração (**dolo direto e específico**).

11.2.2   Petrechos de falsificação (Art. 294 do CP)

11.2.2.1 Tipo objetivo

Este **tipo penal**, que se parece muito com o previsto no **Art. 291 do CP,** determina como crime, punido com *pena de reclusão de 1 a 3 anos e multa,* a conduta de *fabricar, adquirir, fornecer, possuir ou guardar objeto especialmente destinado à falsificação de qualquer dos papéis referidos no artigo anterior* (**Art. 293 do CP).**

Trata-se de mais uma hipótese excepcional de mero *ato preparatório* que passou a ser *punível* por expressa previsão legal, assim como ocorre com o **Art. 291 do CP** em relação ao **Art. 289 CP.**

Há a previsão de **forma majorada** no **Art. 295 do CP** que estabelece como causa de aumento de pena a hipótese de o agente, que é funcionário público, cometer o crime prevalecendo-se do cargo, determinando assim um *aumento de pena no valor de 1/6.*

11.2.2.2 Consumação e Tentativa

A **consumação** ocorre com a simples realização das condutas narradas no tipo independentemente de qualquer resultado concreto (**crime de mera conduta**), sendo que, na conduta de *possuir,* este crime tem natureza *permanente* e a consumação se protrai pelo tempo.

A **tentativa** é possível, pois as condutas podem ser facionadas, interrompidas (*plurissubsistentes*).

11.3 DA FALSIDADE DOCUMENTAL

11.3.1 Falsificação do selo ou sinal público (Art. 296 do CP)

11.3.1.1 Tipo objetivo

Este **tipo penal,** que pode ser realizado por qualquer pessoa (**crime comum**), prevê como crime, punido com pena de *reclusão de 2 a 6 anos e multa,* as condutas de *falsificar, fabricando ou alterando*:

1) selo público destinado a autenticar atos oficiais da União, de Estado ou de Município;

2) selo ou sinal atribuído por lei a entidade de direito público, ou a autoridade, ou sinal público de tabelião.

O **Art. 296 § 1º do CP** determina que, incorre na *mesma pena* quem:

1) faz uso do selo ou sinal falsificado;

2) utiliza indevidamente o selo ou sinal verdadeiro em prejuízo de outrem ou em proveito próprio ou alheio;

3) altera, falsifica ou faz uso indevido de marcas, logotipos, siglas ou quaisquer outros símbolos utilizados ou identificadores de órgãos ou entidades da Administração Pública.

Já o **Art. 296 § 2º do CP** estabelece que se o agente é **funcionário público**, e comete o crime <u>prevalecendo-se do cargo</u>, aumenta-se a pena da sexta parte. (+1/6)

11.3.1.2 Consumação e Tentativa

A **consumação** deste crime ocorre quando dentro destas hipóteses previstas no tipo o agente falsifica selo ou sinal público, fabricando ou alterando-o, desta forma, a **tentativa** é plenamente possível, devido à natureza *plurissubsistente* das condutas que podem ser interrompidas, fracionadas, por motivos alheios a vontade do agente.

No que tange ao **Art. 296 § 1º CP** a **consumação** ocorre com a *simples prática* das condutas previstas neste parágrafo (**crime de mera conduta**), sendo que, a **tentativa** será admitida somente em certas condutas como falsificar, alterar (*plurissubsistentes*) e inadmissível em outras como, fazer uso, utilizar (*unissubsistentes*).

11.3.2 Falsificação de documento público (Art. 297 do CP) e falsificação de documento particular (Art. 298 do CP)

11.3.2.1 Tipos objetivos

O **tipo penal** previsto no **Art. 297 do CP,** prevê como crime, punido com pena de *reclusão de 2 a 6 anos e multa,* a conduta de *falsificar, no todo ou em parte,* **documento público***, ou alterar documento público verdadeiro.*

Já o **Art. 298 do CP** prevê como crime, punido com pena de *reclusão de 1 a 5 anos e multa,* a conduta de *falsificar, no todo ou em parte,* **documento particular** *ou alterar documento particular verdadeiro.*

Em ambos os tipos a falsificação pode ser *total,* quando ocorre a confecção integral de documento inexistente, ou seja, o agente cria concretamente um documento que não existia; ou *parcial,* se ocorre a alteração, modificação de parte de um documento verdadeiro.

Já a alteração de um documento, *público ou privado,* ocorre com a modificação das letras ou números existentes nele, ou ainda com a substituição de fotografia ou imagem que o componha.

11.3.2.2 Elementos caracterizadores de um documento (público ou privado)

1) Forma escrita: para que um documento seja assim considerado deve ser algo escrito, de tal forma que pinturas, imagens, gravações, desenhos, composições musicais não caracterizam documentos, mas poderão ser objeto material de outro crime (ex.: Crime de dano – Art. 163 CP).

2) Autor determinado: todo documento deve ter a identificação de seu autor; logo, um escrito anônimo não deve ser considerado documento, sendo que essa identificação pode ser pelo nome, assinatura ou até mesmo pelo pseudônimo do agente.

3) Conteúdo: não há documento sem conteúdo, isto é, um documento deve ter ao menos uma declaração de vontade ou conter a exposição de certos fatos.

4) Relevância jurídica: um documento deve ter a possibilidade de ser utilizado para gerar efeitos jurídicos, embora não seja preciso que o agente efetivamente o utilize.

11.3.2.3 Espécies de documentos

A) Documento público:

É aquele elaborado por funcionário público competente no exercício de suas atribuições, e com a observância das devidas formalidades legais.

O **Art. 297, § 2º, do CP** prevê como **documentos públicos por equiparação** aqueles que são emanados por entidade paraestatal, o título ao portador ou transmissível por endosso, as ações de sociedade comercial, os livros mercantis e o testamento particular.

Importante lembrar que qualquer *particular* pode falsificar documento público, já que o tipo penal **não** exige que a falsificação seja praticada por *funcionário público* (**crime comum**), porém, de acordo com o **Art. 297, § 1º, do CP** se o agente é <u>funcionário público</u>, e comete o crime prevalecendo-se do cargo, *aumenta-se a pena de 1/6.*

O **Art. 297, § 3º, do CP** estabelece que responde pelas mesmas penas quem *insere* ou *faz inserir*:

1. na folha de pagamento ou em documento destinado a fazer prova perante a previdência social, *informações* de pessoa que não possua a qualidade de segurado obrigatório;

2. na Carteira de Trabalho e Previdência Social do empregado ou em documento que deva produzir efeito perante a previdência social, *declaração falsa* ou diversa da que deveria ter sido escrita;

3. em documento contábil ou em qualquer outro documento relacionado com as obrigações da empresa perante a previdência social, *declaração falsa* ou diversa da que deveria ter constado.

Por fim, o **Art. 297, § 4º, do CP** estabelece que *incorre nas mesmas penas* quem omite, nos documentos mencionados no *§ 3º*, nome do segurado e seus dados pessoais, a remuneração, a vigência do contrato de trabalho ou da prestação de serviços.

B) Documento particular (Art. 298 do CP):

Como a lei não define o conceito de documento particular, devemos estabelecê-lo por exclusão, logo, será **documento particular** todo aquele que *não for público* propriamente dito, nem por equiparação legal.

Não há *especial fim de agir* previsto neste tipo (**Art. 298 CP**), logo, não se exige a intenção específica de usar o documento nem de causar prejuízo para que haja o crime, porém, é importante lembrar que, caso a falsificação seja com o *fim específico de cometimento de crimes eleitorais*, devem ser observados os tipos específicos de falso, previstos no *Código Eleitoral* (**regra da especialidade**).

11.3.2.4 Consumação e Tentativa

A **consumação** de ambos os crimes ocorre quando o agente realiza a falsificação, não se exigindo qualquer resultado concreto, ou mesmo o próprio uso do documento **(crime de mera conduta e crime de perigo),** mesmo assim, a **tentativa** é admissível para a maioria da doutrina, já que a conduta de *falsificação* pode ser fracionada (**crime pluris-subsistente**).

Se a *falsificação for grosseira*, não haverá crime e o fato será *atípico* (crime impossível – Art. 17 CP), mas nada impede que o agente responda por outros crimes que sejam oriundos do uso deste documento falsificado para obter vantagens (Ex: estelionato –Art. 171 CP).

Entretanto, se a falsificação **não** for grosseira, havendo o *crime de falsidade*, e este documento falso for utilizado pelo agente para obter a vantagem, entende-se que o crime de **falsificação de documento** (público ou privado), *crime-meio*, será <u>absorvido</u>, e o agente só responderá pelo *crime-fim* de **estelionato** (**Súm. 17 do STJ**: "Quando o falso se exaure no estelionato, sem mais potencialidade lesiva, é por este absorvido").

11.3.3 Falsidade ideológica (Art. 299 do CP)

11.3.3.1 Tipo objetivo

Este tipo penal estabelece como crime a conduta de *omitir em documento público ou particular, declaração que dele devia constar* (**crime omissivo próprio**), de *inserir ou fazer inserir* (por terceiros) *declaração falsa ou diversa da que devia ser escrita, com o fim de prejudicar direito* (**especial fim de agir**), e ainda, *criar obrigação ou alterar a verdade sobre fato juridicamente relevante*, punindo estes fatos com *pena de reclusão de 1 a 5 anos e multa* se o **documento** é **público**, e de *reclusão de 1 a 3 anos e multa*, se o **documento é particular**.

Podemos destacar como principais diferenças entre a **falsidade material** e **ideológica**, as seguintes:

A) Falsidade ideológica:

O documento <u>não possui vício em sua forma</u>, ou seja, é formalmente perfeito (não envolve a forma do documento), porém, seu **conteúdo é falso**, de modo que a falsidade somente será provada pela apuração dos fatos narrados no documento.

B) Falsidade material:

O documento <u>possui vício em sua forma</u> (rasuras, introdução de novos dizeres, supressão de palavras), ou seja, é *formalmente falso*, independentemente do seu conteúdo ser verdadeiro ou não.

11.3.3.2 Consumação e Tentativa

A **consumação** ocorre com a simples conduta de falsificar, independentemente de se produzir qualquer resultado concreto, porém, é preciso que o falso possua potencialidade de gerar o dano objetivado pelo agente (**crime formal**).

A **tentativa** é plenamente possível nas condutas de *inserir* e *fazer inserir*, já que, estas são fracionáveis, porém, <u>não é possível</u> na forma *omitir* (**omissivo próprio**) pois esta conduta omissiva não pode ser fracionada.

O crime de falsidade ideológica, também se enquadra na **súmula 17 do STJ**, logo, se o documento for utilizado pelo agente para obter vantagem indevida, entende-se que, o *crime-meio* (falsidade) será <u>absorvido</u>, e o agente só responderá pelo *crime-fim* de **estelionato**. (Súm. 17 do STJ: "Quando o falso se exaure no estelionato, sem mais potencialidade lesiva, é por este absorvido")

11.3.3.3 Causa de aumento de pena (Art. 299 parágrafo único do CP)

De acordo com o **Art. 299, parágrafo único, do CP** aumenta-se a pena de 1/6 se o *funcionário público* é quem comete o crime prevalecendo-se do cargo, ou ainda, se a falsificação ou alteração é de *assentamento de registro civil*.

11.3.4 Falso reconhecimento de firma ou letra (Art. 300 do CP)

11.3.4.1 Tipo objetivo

De acordo com este **tipo penal** considera-se como crime a conduta de *reconhecer, como verdadeira, no exercício de função pública, firma ou letra que o não seja*, punindo-se o fato com *pena de reclusão de 1 a 5 anos e multa* se o **documento é público**, e de *1 a 3 anos de reclusão e multa*, se o **documento é privado**.

Trata-se de **crime próprio**, uma vez que o *sujeito ativo* deve ser o *funcionário público*, porém, somente certos funcionários públicos, com competência específica para reconhecer assinaturas, poderão ser sujeitos ativos deste crime.

11.3.4.2 Consumação e Tentativa

A **consumação** se dá com a *mera conduta* de reconhecer a firma, não havendo sequer a previsão de qualquer resultado concreto lesivo (*crime de mera conduta*), quanto à **tentativa** há divergência, havendo opinião *majoritária* favorável à sua ocorrência, por reconhecer que a conduta de reconhecimento é **plurissubsistente** e pode ser fracionada, e posicionamento contrário (minoritário) afirmando não ser possível falar em tentativa por se defender a natureza *unissubsistente* da conduta.

11.3.5   Certidão ou atestado ideologicamente falso (Art. 301 do CP)

11.3.5.1 Tipo objetivo

Este tipo penal prevê como crime a conduta de *atestar ou certificar falsamente, em razão de função pública, fato ou circunstância que habilite alguém a obter cargo público, isenção de ônus ou de serviço de caráter público, ou qualquer outra vantagem*, estabelecendo para isso uma **pena** de *detenção de 2 meses a 1 ano*.

Trata-se de **crime próprio** que só poderá ser praticado por quem ocupar função pública que lhe permita atestar ou certificar fatos que habilitem alguém a obter cargo público, desde que atue em razão desta função, gerando assim uma **modalidade específica** de *falsidade ideológica* (Art. 299 do CP).

11.3.5.2 Consumação e Tentativa

A **consumação** se dá com a simples prática do ato de certificar ou atestar, **não** sendo preciso se produzir o resultado previsto, qual seja, a obtenção do cargo público, ou a isenção de ônus ou serviço (**crime formal**), e a **tentativa** é plenamente possível, pois a conduta de atestar ou certificar é **plurissubsistente** e pode ser fracionada.

11.3.5.3 Falsidade material de atestado ou certidão (Art. 301, § 1º, do CP)

Cria-se no *parágrafo primeiro* deste artigo verdadeiramente um novo tipo penal, que prevê a conduta de *falsificar*, no todo ou em parte, atestado ou certidão, ou *alterar* o teor de certidão ou de atestado verdadeiro, para prova de fato ou circunstância que habilite alguém a obter cargo público, isenção de ônus ou de serviço de caráter público, ou qualquer outra vantagem (**especial fim de agir**).

A **pena** prevista para esta modalidade de falsidade é de *3 meses a 2 anos de detenção*, sendo que, de acordo com o **Art. 301 § 2º do CP** aplica-se também a pena de <u>multa</u>, se o crime for praticado com o fim de lucro.

O **sujeito ativo** deste crime previsto no **Art. 301 § 1º do CP** é qualquer pessoa (**crime comum**), diferentemente do que está previsto no **caput do Art. 301 do CP**, que exige uma qualidade especial do sujeito ativo funcionário público (**crime próprio**).

11.3.5.4 Consumação e Tentativa

A **consumação** se dá com a mera falsificação ou alteração, independentemente do uso posterior do atestado ou certidão, sendo, portanto, **crime formal**, cuja **tentativa** é plenamente cabível, já que estas condutas são *plurissubsistentes* e podem ser fracionadas.

11.3.6 Falsidade de atestado médico (Art. 302 do CP)

11.3.6.1 Tipo objetivo

Este **tipo penal** prevê como crime uma conduta bastante conhecida e comum na prática, qual seja, *dar, o médico, no exercício da sua profissão, atestado falso*, punindo esta conduta com *pena de detenção de 1 mês a 1 ano.*

Evidentemente o **sujeito ativo** deve ser apenas o médico no exercício de sua profissão, tratando-se de **crime próprio,** não sendo possível incluir o dentista, o farmacêutico, o veterinário ou qualquer outro funcionário da área de saúde.

Já o **sujeito passivo** primário será o *Estado,* pois este crime tutela a *fé pública* nos atestados médicos emitidos.

O **elemento subjetivo** deste tipo é o *dolo direto e específico*, direcionado a atestar algo que <u>sabe</u> ser falso, não havendo necessidade de qualquer fim específico por parte do médico. Logo, **não** haverá crime na hipótese do médico se equivocar no diagnóstico e atestar algo que não seja verdade, já que **não** há previsão de *modalidade culposa.*

11.3.6.2 Consumação e Tentativa

A **consumação** ocorre quando o médico fornece o atestado falso, independentemente de o agente utilizar-se do atestado, ou de se produzir qualquer resultado concreto oriundo deste (*crime de mera conduta*), sendo que, a **tentativa** é cabível, pois a conduta de atestar é **plurissubsistente**, porém de difícil ocorrência na prática.

11.3.7 Reprodução ou adulteração de selo ou peça filatélica (Art. 303 CP)

11.3.7.1 Tipo objetivo

O **art. 303 do CP** foi **revogado tacitamente** pelo **Art. 39 da Lei nº 6.538/78** no que tange a sua pena, sendo que esta lei manteve a redação da conduta prevista anteriormente no **Art. 303 CP** que prevê como crime a conduta de *reproduzir ou alterar selo ou peça filatélica de valor para coleção,* <u>salvo</u> quando a reprodução ou a alteração estiver visivelmente anotada na face ou no verso do selo ou peça, punindo-se o fato com *pena de até 2 anos de detenção,* e pagamento de *3 a 10 dias-multa.*

Não há previsão de crime para a conduta de ter consigo, guardar ou mesmo possuir selo ou peça filatélica falsos, que não tenham sido reproduzidos ou alterados pelo próprio agente, logo estas condutas serão **atípicas**.

11.3.7.2 Consumação e Tentativa

A **consumação** ocorre quando o agente reproduz ou altera o selo ou peça filatélica de valor para coleção, ou quando se faz uso destes objetos para fins de comércio através de venda ou troca, sendo que a **tentativa** é plenamente admitida, pois as condutas são pluris-subsistentes e podem ser fracionadas.

11.3.8 Uso de documento falso (Art. 304 do CP)

11.3.8.1 Tipo objetivo

Este **tipo penal** prevê como crime, punido com a mesma pena do crime de falsificação ou alteração referente, a conduta de *fazer uso de qualquer dos papéis falsificados ou alterados a que se referem os Arts. 297 a 302 do CP.*

Trata-se de um exemplo do que se chama de **crime remetido**, ou seja, aquele em que o tipo se reporta a outros delitos, que por isso passam a integrá-lo, já que o pressuposto fundamental do crime de uso é a existência de um *crime de falso anterior*, quanto a algum documento.

A conduta de *fazer uso* significa apresentar o documento falso como se fosse verdadeiro, através do uso efetivo do documento quando este sai da esfera de disponibilidade do agente, com a possibilidade de outras pessoas tomarem conhecimento e da produção de efeitos.

Importante ressaltar que em uma situação prática, caso um indivíduo sofra busca pessoal pela polícia, e seja surpreendido portando carteira de identidade falsa, *não haverá* crime de uso de documento falso, pois não houve nenhuma ação concreta de uso por parte do sujeito ativo, podendo haver outro crime, como o de falsidade documental.

11.3.8.2 Consumação e Tentativa

Trata-se de um **crime formal**, por isso se **consuma** com o primeiro ato de utilização do documento, independentemente de se obter a vantagem visada, logo, a **tentativa** é inadmissível, pois não há como fracionar a conduta de uso (conduta *unissubsistente*).

Assim como ocorre nas falsificações, aqui também não haverá crime se o documento tiver sido grosseiramente falsificado (**crime impossível**), já que, neste caso, seu uso é *absolutamente inútil e ineficaz.*

Em caso de falsificação de documento e uso *pelo próprio autor do falso*, há dois posicionamentos:

A) responde apenas pelo **crime de falso**, sendo o uso do documento mero exaurimento, *pos factum* impunível (**posição majoritária**).

B) responde apenas pelo **crime de uso**, sendo o falso *crime-meio* para a prática do crime de uso, e por isso, absorvido, segundo **princípio da consunção** (**posição minoritária**).

11.3.9 Supressão de documento (Art. 305 do CP)

11.3.9.1 Tipo objetivo

Este **tipo penal** considera como crime as condutas de *destruir, suprimir ou ocultar,* em benefício próprio ou de outrem, ou em prejuízo alheio, *documento público ou particular verdadeiro,* de que não podia dispor, punindo-se o fato com *pena de 2 a 6 anos de reclusão e multa,* se o **documento é público,** e de *1 a 5 anos e multa* se o **documento é particular,** sendo, portanto, um **crime comum,** que pode ser praticado por qualquer pessoa.

Importante frisar que somente ocorrerá o crime se o documento for <u>insubstituível</u>, não havendo crime se, por exemplo, a destruição for de uma certidão de casamento, ou carteira de identidade, pois, estas podem ser obtidas novamente.

A conduta do advogado que inutiliza, ou não devolve voluntariamente, os autos de um processo, **não** gera este crime, mas caracteriza o crime previsto no **Art. 356 CP:** *"Inutilizar, total ou parcialmente, ou deixar de restituir autos, documento ou objeto de valor probatório, que recebeu na qualidade de advogado ou procurador".*

11.3.9.2 Consumação e Tentativa

A **consumação** ocorre quando o agente realiza qualquer das condutas previstas no tipo, independentemente de obter qualquer vantagem ou benefício para si ou para outrem, ou gerar qualquer prejuízo para terceiros, com o fato (**crime formal**), sendo que, a **tentativa** é plenamente cabível, pois as condutas típicas são *plurissubsistentes,* podendo ser fracionadas e interrompidas.

11.3.10 Falsificação do sinal empregado no contraste de metal precioso ou na fiscalização alfandegária, ou para outros fins (Art. 306 do CP)

11.3.10.1 Tipo objetivo

Este tipo penal prevê como crime as condutas de *falsificar, fabricando ou alterando, marca ou sinal empregado pelo poder público no contraste de metal precioso ou na fiscalização alfandegária, ou usar marca ou sinal dessa natureza, falsificado por outrem*, estabelecendo uma *pena de reclusão de 2 a 6 anos e multa.*

A conduta típica pode ser de fabricar um novo sinal ou alterar sinal verdadeiro existente, além disso, também se pune o simples uso (***crime de mera conduta***) de sinal falsificado por outrem.

O **Art. 306 parágrafo único** prevê que constitui crime se a marca ou sinal falsificado é o que usa a autoridade pública (federal, estadual ou municipal) para o fim de fiscalização sanitária, ou para autenticar ou encerrar determinados objetos, ou comprovar o cumprimento de formalidade legal.

Neste caso há uma *exceção* à regra do Código Penal, pois, este tipo, em seu preceito secundário determina que a *pena será de 1 a 3 anos*, mas que poderá ser de *reclusão* **ou** *detenção*, cabendo ao juiz decidir qual será aplicada, além da pena de *multa* prevista cumulativamente

11.3.10.2 Consumação e Tentativa

A **consumação** se dá com a mera falsificação, ou seja, com a fabricação ou alteração da marca ou sinal empregado pelo poder público e, na segunda parte do tipo, se dá com o efetivo uso de marca ou sinal falsificado por terceiros.

A **tentativa** é possível por se tratar de **crime plurissubsistente**, e as condutas poderem ser fracionadas, interrompidas, porém, na conduta de *usar*, dificilmente será possível se falar em tentativa.

11.3.11 Falsa identidade (Art. 307 do CP)

11.3.11.1 Tipo objetivo

Este tipo penal considera como crime a conduta de *atribuir-se* ou *atribuir a terceiro falsa identidade para obter vantagem, em proveito próprio ou alheio, ou para causar dano a outrem,* desde que o fato não constitua elemento de crime mais grave, punindo-se o fato com *pena de detenção de 3 meses a 1 ano ou multa.*

Trata-se de *crime subsidiário,* que só será aplicado caso não haja previsão de crime mais grave punível (p.ex. estelionato).

Caracteriza-se o crime quando o agente imputa a si mesmo uma falsa identidade, assumindo personalidade alheia, de pessoa existente ou fictícia, por isso, deve se demostrar o *dolo de assumir a identidade* de outrem e, além disso, preencher o **elemento subjetivo especial**, especial fim de agir, de *obter vantagem,* em proveito próprio ou alheio, ou *para causar dano* a outrem.

11.3.11.2 Consumação e Tentativa

A **consumação** ocorre com a simples conduta de imputar a si próprio ou a terceiro a falsa identidade, não exigindo a produção de qualquer resultado, prejuízo ou lesão a terceiros, sendo que, admite-se a **tentativa** quando a forma de realizar a conduta for *plurissubsistente,* e puder ser interrompida. (p.ex. por escrito)

Não haverá crime na conduta de quem *silenciar* ao ser confundido com terceiro lhe sendo atribuída identidade alheia, já que, se exige uma conduta positiva de atribuição por parte do próprio agente.

11.3.12 Uso de documento de identidade alheia (art. 308 do CP)

11.3.12.1 Tipo objetivo

Este **tipo penal** prevê como crime as condutas de *usar, como próprio, passaporte, título de eleitor, caderneta de reservista ou qualquer documento de identidade alheia ou ceder a outrem, para que dele se utilize, documento dessa natureza, próprio ou de terceiro.*

Também é **crime subsidiário**, que só incide se o fato não constituir elemento de crime mais grave, e sua pena será de 4 meses a 2 anos de detenção e multa (se o fato não constitui elemento de crime mais grave), podendo ser praticado por qualquer pessoa (**crime comum**).

11.3.12.2 Consumação e Tentativa

A **consumação** ocorre somente quando há a efetiva utilização do documento e, nesta hipótese, não se admite a **tentativa,** pois trata-se de conduta **unissubsistente**. Já no que tange à segunda parte, a **consumação** se dá quando ocorre a transmissão do documento e, neste caso, como a conduta pode ser fracionada admite-se falar em **tentativa.**

11.3.13   Fraude de lei sobre estrangeiro (Arts. 309 e 310 do CP)

11.3.13.1   Tipo Objetivo (Art. 309 do CP)

Este **tipo penal (Art. 309 CP)** prevê como crime a conduta de *usar o estrangeiro, para entrar ou permanecer no território nacional, nome que não é seu*, punindo o fato com pena de *detenção de 1 a 3 anos e multa*.

Trata-se de **crime próprio** já que só pode ser *praticado por estrangeiro*, embora seja plenamente possível a participação de cidadão brasileiro, sendo que, o **sujeito passivo** deste crime é o *Estado*, que controla a imigração no país.

11.3.13.2   Consumação e Tentativa

A **consumação** se dá no momento em que o nome é usado, independentemente de o agente obter o resultado pretendido, qual seja, a entrada ou permanência no território nacional (**crime formal**).

A **tentativa** é inviável já que a conduta é *unissubsistente* e não pode ser fracionada, pois, no primeiro ato de utilização do nome pelo agente o crime estará consumado.

O **Art. 309 parágrafo único** determina que também caracteriza crime *atribuir* a estrangeiro falsa qualidade para promover-lhe a entrada em território nacional, sendo que, neste caso, trata-se de **crime comum**, pois poderá ser realizado por qualquer pessoa.

11.3.13.3   Tipo objetivo (Art. 310 do CP)

Já no **tipo penal** do **Art. 310 do CP** está prevista como crime a conduta de *prestar-se a figurar como proprietário ou possuidor de ação, título ou valor pertencente a estrangeiro, nos casos em que a este é vedada por lei a propriedade ou a posse de tais bens*, punindo-se esta conduta com pena de *detenção de 6 meses a 3 anos, e multa*.

11.3.13.4   Consumação e Tentativa

A **consumação** se dá no momento em que o agente passa a figurar como proprietário da ação, título ou valor, sendo que, como se trata de **crime permanente**, o momento de consumação se prolonga pelo tempo mantendo-se o crime em estado de consumação enquanto o agente figurar como proprietário ou possuidor dos bens do estrangeiro, sendo assim, a **tentativa** é plenamente possível, pois a conduta é plurissubsistente.

11.3.14 Adulteração de sinal identificador de veículo automotor (Art. 311 do CP - Lei 14.562/23)

11.3.14.1 Tipo objetivo

Neste **tipo penal** está prevista como crime a conduta de *adulterar* ou *remarcar número de chassi, monobloco motor, placa de identificação, ou qualquer sinal identificador de veículo automotor, elétrico, hibrido, de reboque, de semirreboque, ou de suas combinações bem como de seus componentes ou equipamentos*, **sem autorização do órgão competente**. punindo-se o fato com uma *pena de 3 a 6 anos de reclusão e multa*, que foi alterada pela **Lei 14.562/23**, incluindo no texto deste artigo o que se encontra em negrito, ampliando e tornando este tipo penal mais completo e específico.

O tipo objetivo **não previa** a conduta de *ocultar*, logo, não incidia neste crime aquele que *ocultasse* placa de identificação de veículo, quando passasse pela cancela de pedágio, com o fim de não pagar a tarifa, porém, com a alteração promovida pela **Lei 14.562/23**, esta conduta, dentre outras, passou a ser criminalizada no **inciso II do novo parágrafo 2º deste artigo, que previu várias novas formas de condutas criminosas, também nos incisos I e III.**

O **Art. 311 § 1º CP** prevê que o agente que comete o crime no exercício da função pública, ou em razão dela, terá sua pena aumentada de *1/3*, gerando assim uma **causa de aumento de pena**.

O **Art. 311 § 3º CP** trouxe a **forma qualificada** do crime com **pena** de reclusão de 4 a 8 anos, e multa, para a prática das novas condutas criminosas previstas **nos incisos II e III do parágrafo 2º** quando o agente estiver no *exercício de atividade comercial ou industrial*, enquanto o novo **parágrafo 4º** equipara a *atividade comercial* qualquer forma de comércio irregular ou clandestino, inclusive exercido em residência.

11.3.14.2 Consumação e Tentativa

A **consumação** se dá com a simples adulteração, remarcação do número ou sinal ou com a realização das diversas condutas previstas no tipo objetivo (**crime de mera conduta**) não havendo qualquer resultado previsto ou pretendido, e a **tentativa** é admissível, pois as algumas condutas são *plurissubsistentes* e podem ser fracionadas.

11.4 FRAUDES EM CERTAMES DE INTERESSE PÚBLICO

11.4.1 Fraudes em certames de interesse público (Art. 311-A do CP)

11.4.1.1 Tipo objetivo

Trata-se de inovação trazida pela **Lei 12.550/2011,** que passou a considerar como crime a conduta de *utilizar ou divulgar, indevidamente, com o fim de beneficiar a si ou a outrem, ou de comprometer a credibilidade do certame,* conteúdo sigiloso de:

a) concurso público;

b) avaliação ou exame públicos;

c) processo seletivo para ingresso no ensino superior;

d) exame ou processo seletivo previstos em lei.

Este crime poderá ser praticado por *qualquer pessoa,* tratando-se, portanto, de **crime comum,** pois o tipo penal não faz qualquer restrição no que tange a quem poderá praticar as condutas, porém é preciso que o agente atue com o **especial fim de agir** de comprometer a credibilidade do certame, ou não haverá crime.

O **Art. 311-A § 1º do CP** prevê que nas <u>mesmas penas</u> incorre quem *permite ou facilita, por qualquer meio, o acesso de pessoas não autorizadas às informações mencionadas no caput,* tratando-se, portanto, de uma **norma de equiparação.**

Já o **Art. 311 § 2º CP** estabelece a **forma qualificada,** punida com pena de *2 a 6 anos de reclusão e multa,* quando, da ação ou omissão, resulta dano à *administração pública,* sendo que, o **Art. 311 A § 3º CP** estabelece ainda que, se o fato é cometido por **funcionário público,** *aumenta-se a pena de 1/3.*

11.4.1.2 Consumação e Tentativa

A **consumação** ocorre quando o agente divulga ou utiliza o conteúdo sigiloso, com o **especial fim de agir** de se beneficiar, ou a terceiros, sendo que, por isso, não há necessidade de se obter qualquer resultado concreto a partir desta conduta (**crime formal**).

A **tentativa** é plenamente possível já que as condutas narradas podem facilmente ser fracionadas e interrompidas, caracterizando assim um **crime plurissubsistente.**

DOS CRIMES CONTRA A ADMINISTRAÇÃO PÚBLICA

12.1 DOS CRIMES PRATICADOS POR FUNCIONÁRIO PÚBLICO CONTRA A ADMINISTRAÇÃO EM GERAL

12.1.1 Peculato (Art. 312 do CP)

12.1.1.1 Tipo objetivo

Este **tipo penal** considera como crime, punido com pena de *reclusão de 2 a 12 anos e multa*, a conduta de *apropriar-se o funcionário público de dinheiro, valor ou qualquer outro bem móvel, público ou particular, de que tem a posse em razão do cargo, ou desviá-lo, em proveito próprio ou alheio.*

O **sujeito ativo** será apenas o **funcionário público** que praticar as condutas típicas atuando em *razão do seu cargo ou da função pública* que exerce, logo, trata-se de um **crime próprio**, sendo que, o **peculato de uso**, assim como ocorre no crime de furto, <u>não</u> configura o crime (fato atípico) pela ausência do *animus* de apropriação (**elemento subjetivo específico**).

Há algumas <u>espécies de peculato</u> previstas no *Art. 312 do CP*, que podem ser separadas da seguinte forma:

– **Peculato-apropriação (Art. 312 *caput* do CP):** funcionário público *apropria-se* de dinheiro, valor ou qualquer outro bem móvel, público ou particular, de que tem a posse em razão do cargo; trata-se, na verdade, de um delito de *apropriação indébita* (Art. 168 do CP), mas com o *sujeito ativo específico*.

– **Peculato-desvio (Art. 312 *caput*, parte final, do CP):** funcionário público *desvia* dinheiro, valor ou qualquer outro bem móvel, público ou particular, de que tem a posse em razão do cargo, em proveito próprio ou alheio; porém, se o desvio for *em favor da própria administração*, ocorre o *crime de emprego irregular de verbas públicas* (Art. 315 do CP).

– **Peculato-furto (Art. 312, § 1º, do CP – peculato impróprio):** o funcionário *subtrai* ou concorre para subtração de dinheiro, valor ou bem; nessa modalidade, o *funcionário* **não** tem a posse e se vale da facilidade que lhe proporciona sua qualidade de funcionário para realizar a conduta, que se assemelha ao crime de **furto**, sendo, porém, necessário o *nexo causal* entre a facilidade *em face do cargo público* e o crime.

– **Peculato culposo (Art. 312, § 2º, do CP):** funcionário concorre *culposamente* para o crime de outrem. Para existir, este crime <u>depende da existência de outro crime</u>, realizado por terceiro, e sua pena será de 3 meses a 1 ano de detenção. Por exemplo: o furto de um bem público que estava sob a guarda do funcionário. Como depende de outra prática criminosa, o *peculato culposo* é chamado de **crime parasitário**.

Há ainda algumas consequências especificamente previstas para a hipótese de ocorrer a **reparação do dano** no **peculato culposo (Art. 312, § 3º, do CP):**

– Se precede à sentença irrecorrível, *extingue a punibilidade;*

– Se é posterior à sentença irrecorrível, *reduz a pena* de metade (*1/2*);

– Sendo *doloso* o peculato, a reparação do dano poderá gerar *arrependimento posterior*, que diminui a pena de *1/3 a 2/3*, desde que seja feita até o recebimento da denúncia (Art. 16 do CP).

12.1.1.2 Consumação e Tentativa

Trata-se de **crime material** que se **consuma** com a efetiva apropriação do bem, ou com o desvio, gerando prejuízo concreto para a vítima, ou para a administração pública, sendo a **tentativa** plenamente possível já que as condutas são *plurissubsistentes* e podem ser fracionadas.

12.1.2 Peculato mediante erro de outrem (Art. 313 do CP)

12.1.2.1 Tipo objetivo

De acordo com esse **tipo penal** ocorre crime quando o funcionário público se *apropriar de dinheiro ou qualquer utilidade que, no exercício do cargo, recebeu por erro de outrem*, sendo punido com pena de *reclusão de 1 a 4 anos e multa*.

Para que se caracterize esta espécie de peculato o funcionário público deve receber os valores *por erro espontâneo de outrem*, ou seja, não induz a pessoa a erro, pois, se o funcionário induzir o terceiro a erro, responderá pelo **crime de estelionato (Art. 171 do CP)**.

O **tipo subjetivo** neste crime exige que o *dolo de se apropriar* seja <u>posterior ao recebimento</u> do bem ou valor pelo funcionário, mediante o erro de terceiro.

12.1.2.2 Consumação e Tentativa

A **consumação** ocorre quando o agente efetivamente consegue se apropriar do dinheiro ou utilidade que tenha recebido, no exercício da sua função, por erro de outrem, sendo a **tentativa** plenamente cabível já que a conduta típica pode ser fracionada (**crime plurissubsistente**).

12.1.3 Inserção de dados falsos em sistema de informações (Art. 313-A do CP)

12.1.3.1 Tipo objetivo

Este *tipo penal* prevê diversas condutas como crime, punidas também com pena de *2 a 12 anos de reclusão e multa*, são elas:

a) *inserir* dados falsos nos sistemas informatizados ou bancos de dados da administração pública;

b) *facilitar a inserção* de dados falsos nos sistemas informatizados ou bancos de dados da administração pública;

c) *alterar* indevidamente dados corretos nos sistemas informatizados ou bancos de dados da administração pública;

d) *excluir* indevidamente dados corretos nos sistemas informatizados ou bancos de dados da administração pública.

O **sujeito ativo** será bastante específico, qual seja, apenas o *funcionário* que esteja *autorizado a inserir dados* nos sistemas informatizados ou bancos de dados, tratando-se, portanto, de um **crime próprio**, além disso este crime é considerado um **tipo misto alternativo**, e por isso configurará apenas um *único delito* quando ocorrer a prática de mais de uma das condutas previstas no tipo, realizadas pelo autor no mesmo contexto fático.

12.1.3.2 Tipo subjetivo

O **tipo subjetivo** será o dolo de realização destas condutas típicas (**elemento subjetivo geral**), todas necessariamente agregadas ao **elemento subjetivo especial do tipo**, qual seja, atuar "*com o fim de obter vantagem indevida para si ou para outrem, ou para causar dano*".

12.1.3.3 Consumação e Tentativa

A **consumação** se dá com a inserção de dados falsos, ou com a alteração ou exclusão de dados corretos, sendo dispensável se obter a vantagem indevida ou o dano (**crime formal**), e a **tentativa** é possível, pois algumas condutas previstas no tipo são *plurissubsistentes* e podem ser fracionadas.

12.1.4 Modificação ou alteração não autorizada de sistema de informações (Art. 313-B do CP)

12.1.4.1 Tipo objetivo

Configura este crime, punido com pena de *3 meses a 2 anos de detenção e multa*, a conduta de *modificar ou alterar, o funcionário, sistema de informações ou programa de informática sem autorização ou solicitação de autoridade competente.*

De acordo com a **causa de aumento** prevista no **Art. 313-B, parágrafo único, do CP,** aumenta-se a pena de *1/3 a 1/2* se da modificação ou alteração resulta dano para a administração pública ou para terceiros.

12.1.4.2 Consumação e Tentativa

A **consumação** se dá com a simples prática das condutas previstas no tipo, não havendo qualquer fim específico desejado, e nenhum resultado concreto sequer previsto (**crime de mera conduta**), sendo que a **tentativa** é possível, por se tratar de condutas fracionáveis (**crime plurissubsistente**), mas será de difícil ocorrência na prática.

12.1.5 Extravio, sonegação ou inutilização de livro ou documento (art. 314 do CP)

12.1.5.1 Tipo Objetivo

Constitui este crime, punido com pena de *reclusão de 1 a 4 anos*, se o fato não constitui crime mais grave, a conduta de *extraviar livro oficial ou qualquer documento, de que tem a guarda em razão do cargo; sonegá-lo ou inutilizá-lo, total ou parcialmente.*

O **sujeito ativo** será somente o **funcionário público** que possui a guarda do livro oficial ou documento, tratando-se, portanto, de um **crime próprio**, em que o objeto material do crime é o livro oficial ou qualquer outra espécie de documento, público ou particular, sendo um crime doloso em que **não** é prevista a *modalidade culposa*.

O **Art. 314 CP** é considerado um **crime subsidiário**, que dependendo das circunstâncias pode ser afastado para se configurar e punir um outro crime mais grave (Ex.: Art. 305 do CP).

Por fim, se o agente não for funcionário público, esta conduta pode configurar o crime de *subtração ou inutilização de documento*, previsto no **Art. 337 CP**, e o advogado ou procurador que realize estes atos poderá então responder pelo crime previsto no **Art. 356 do CP**.

12.1.5.2 Consumação e Tentativa

A **consumação** se dá com a simples prática da conduta, independente de efetivo prejuízo à administração pública (**crime formal**), e a **tentativa** é possível na conduta de *extravio*, porém, na conduta omissiva de *sonegar* (deixar de apresentar) **não** se admite a *tentativa*.

12.1.6 Emprego irregular de verbas ou rendas públicas (Art. 315 do CP)

12.1.6.1 Tipo objetivo

Comete este crime, punido com pena de *detenção de 1 a 3 meses ou multa*, o **funcionário público** que *dá às verbas ou rendas públicas aplicação diversa da estabelecida em lei*, tendo, portanto, como **sujeito ativo** somente o *funcionário público específico* (**crime próprio**) que possui competência para dar aplicação às verbas ou rendas públicas. (**Atenção:** se o sujeito ativo for prefeito, aplica-se o *DL nº 201/67*)

12.1.6.2 Consumação e Tentativa

A **consumação** se dá com a efetiva aplicação da verba ou renda pública em finalidade diversa da estabelecida em lei, independentemente da intenção do agente ter sido de produzir resultado mais vantajoso para a administração pública, sendo que, a **tentativa** é possível pois a conduta pode ser fracionada.

A diferença deste crime para o crime de **peculato-desvio** (**Art. 312 CP**) é que nesse o agente visa benefício próprio ou de terceiros (terceiro que não seja a própria Administração Pública), porém, se o desvio da verba é em favor da própria Administração, mas *diversa da estabelecida em lei*, aí sim ocorrerá o crime do **Art. 315 do CP**.

12.1.7 Concussão (Art. 316, *caput*, do CP)

12.1.7.1 Tipo objetivo

Configura este crime, punido com pena de *2 a 8 anos de reclusão e multa, exigir vantagem indevida, para si ou para outrem, direta ou indiretamente em razão da função, ainda que fora dela, ou antes de assumi-la*; sendo que, esse crime só se caracteriza quando há ameaça de represálias, explícitas ou implícitas, por parte do funcionário público, incutindo algum temor, medo à vítima.

12.1.7.2 Tipo subjetivo

O **tipo subjetivo** requer, além do *dolo* de exigir a vantagem, também o preenchimento do **elemento subjetivo especial** do tipo, qual seja, que esta vantagem seja *"para si ou para outrem"* (*especial fim de agir*).

12.1.7.3 Consumação e Tentativa

A **consumação** ocorre com a simples exigência da vantagem, não havendo a necessidade de produzir o resultado material (**crime formal**) e, portanto, o recebimento da vantagem indevida é *mero exaurimento* neste crime, porém, a **tentativa** plenamente é admissível, embora de difícil configuração prática, pois a conduta de exigência é *fracionável* (p. ex.: por escrito).

12.1.7.4 Nova pena para o crime de Concussão

O crime de *concussão*, previsto no **Art. 316 do CP**, possuía pena de *reclusão de 2 a 8 anos e multa*, porém, com a alteração promovida pela **Lei 13.964/2019**, a pena deste crime passou a ser de **reclusão de 2 a 12 anos e multa**, sendo que, por se tratar de uma alteração mais gravosa, estes novos parâmetros de pena só serão aplicados aos crimes de *concussão* cuja conduta tenha sido praticada após o início de *vigência* da nova lei, em face do **princípio da irretroatividade** (**Art. 2º CP**).

> **"Art. 316 CP** – Exigir, para si ou para outrem, direta ou indiretamente, ainda que fora da função ou antes de assumi-la, mas em razão dela, vantagem indevida:
>
> **Pena** – reclusão, de 2 (dois) a 12 (doze) anos, e multa."

12.1.8 Excesso de exação (Art. 316, § 1º, do CP)

12.1.8.1 Tipo objetivo

O **parágrafo primeiro** deste tipo penal considera como crime, punido com *pena de 3 a 8 anos de reclusão e multa*, as seguintes condutas, consideradas como excesso de exação:

A) exigir tributo ou contribuição social que sabe ou deveria saber indevido;

B) empregar na cobrança do tributo, embora devido, meio vexatório ou gravoso, que a lei não autoriza.

12.1.8.2 Consumação e Tentativa

A **consumação** ocorre com a simples prática das condutas de *exigir* ou de *empregar* indevidamente pelo agente, independente do recebimento do tributo (**crime formal**), sendo que, a **tentativa** será admitida quando a conduta puder ser fracionada (plurissubsistente), **por exemplo**: exigir por escrito.

12.1.8.3 Forma qualificada (Art. 316, § 2º CP)

A **forma qualificada** ocorre com o *desvio em proveito próprio* da vantagem indevida recebida, ou seja, após a prática do crime previsto no **§ 1º** (**excesso de exação**) quando o agente obtém a vantagem indevida, logo, o *exaurimento* funciona como <u>qualificadora</u>, pois, é preciso que o funcionário receba a vantagem para poder desviar o que recebeu.

Em suma, neste crime o *funcionário* recebe indevidamente valores para recolher aos cofres públicos, mas não recolhe, e desvia *em proveito próprio ou de terceiros*.

12.1.9 Corrupção passiva (Art. 317 do CP)

12.1.9.1 Tipo objetivo

Configura crime, punido com pena de *2 a 12 anos de reclusão e multa*, a conduta de *solicitar ou receber, para si ou para outrem, direta ou indiretamente, ainda que fora da função, ou antes de assumi-la, mas em razão dela, vantagem indevida, ou aceita promessa de tal vantagem.*

a) Solicitar: significa pedir.

A iniciativa é do funcionário, mas este atua sem ameaças, sendo que, o particular que ceder e der a vantagem indevida não pratica crime.

b) Receber: significa efetivamente obter a vantagem.

Neste caso a iniciativa será do particular (*extraneus*) que "oferece para ..." e assim o funcionário responde pelo **Art. 317 CP**, enquanto o <u>particular</u> responde pelo crime de **corrupção ativa (Art. 333 do CP)**.

c) Aceitar promessa: significa concordar em receber.

Aqui a iniciativa também é do particular que *oferece a vantagem* por livre e espontânea vontade. O funcionário responde pelo **Art. 317 do CP** e o particular, pelo **Art. 333 do CP** (*prometer vantagem para...*).

Além dessas hipóteses acima, é importante lembrar que pode haver ainda o crime de **corrupção ativa (Art. 333 CP)** sem que o funcionário público responda por *corrupção passiva*, bastando para isso que o funcionário *não aceite* a promessa feita pelo particular.

12.1.9.2 Consumação e Tentativa

A **consumação** deste crime se dá independentemente de o funcionário retardar ou deixar de praticar qualquer ato de ofício ou o praticar infringindo dever funcional (**crime formal**), e pode ocorrer das seguintes formas, nas condutas típicas abaixo:

a) solicitar: no momento em que a solicitação chega ao terceiro;

b) receber: com o efetivo recebimento da vantagem;

c) aceitar promessa: consuma-se com a simples aceitação pelo funcionário.

A **tentativa** é plenamente cabível em diversas formas, pois as condutas típicas previstas em regra podem ser fracionadas (**crime plurissubsistente**), de acordo com as hipóteses abaixo:

a) solicitar: admite-se se o meio utilizado for o escrito;

b) receber: a tentativa é <u>inadmissível;</u>

c) aceitar promessa: admite-se também quando por escrito.

12.1.9.3 Causa de aumento (Art. 317, § 1º, do CP)

De acordo com a **causa de aumento prevista no Art. 317, § 1º, do CP,** aumenta-se a pena de *1/3* se o funcionário efetivamente retardar ou deixar de praticar ato de ofício, ou infringir dever funcional, em consequência da vantagem ou promessa feita por terceiro.

Percebe-se mais uma vez que, neste caso, o *exaurimento* do crime, que é formal, gera a sua *forma majorada*.

12.1.9.4 Forma privilegiada (Art. 317, § 2º, do CP)

A pena será de *3 meses a 1 ano ou multa,* se o funcionário apenas deixa de praticar ou retarda o ato de ofício, *cedendo a pedido ou influência de outrem,* neste caso, o agente **não** visa receber nenhuma vantagem, mas apenas atender a pedidos.

12.1.10 Facilitação de contrabando ou descaminho (Art. 318 do CP)

12.1.10.1 Tipo objetivo

De acordo com este tipo penal configura crime, punido com pena de *reclusão de 3 a 8 anos e multa* a conduta do funcionário público que *facilitar, com infração de dever funcional, a prática de contrabando ou descaminho. (***Arts. 334 e 334-A do CP***)

O **sujeito ativo** será somente o funcionário público, que possui como atribuição o dever de evitar o contrabando ou descaminho (**crime próprio**), sendo que a diferença fundamental entre as duas condutas típicas a serem facilitadas será:

– **Contrabando:** importar ou exportar mercadoria proibida, **ilícita**.

– **Descaminho:** iludir, no todo ou em parte, o pagamento de direito ou imposto devido pela entrada, pela saída ou pelo consumo de mercadoria, **lícita**, permitida.

12.1.10.2 Consumação e Tentativa

A **consumação** deste crime independe da efetiva ocorrência do contrabando ou descaminho (**crime formal**), e a **tentativa** não é possível, via de regra, pois a conduta de *facilitar* é **unissubsistente** e não pode ser fracionada, sendo que, quem vier a praticar o contrabando ou descaminho facilitado responde pelos crimes previstos nos **Arts. 334-A e 334 do CP**, respectivamente.

12.1.11 Prevaricação (Arts. 319 e 319-A do CP)

12.1.11.1 Prevaricação comum (Art. 319 do CP)

12.1.11.1.1 Tipo objetivo

Este tipo penal prevê como crime a conduta de *retardar* ou *deixar de praticar* ato de ofício, ou *praticá-lo* contra disposição expressa de lei, para satisfazer interesse ou sentimento pessoal, punindo este fato com pena de *detenção de 3 meses a 1 ano e multa.*

A **prevaricação** possui *natureza híbrida*, já que o tipo penal é formado por condutas *comissivas* (retardar e praticar) e outra *omissiva* (deixar de praticar) caracterizando-se, neste último caso, como crime **omissivo próprio.**

12.1.11.1.2 Tipo subjetivo

O **tipo subjetivo** é formado, além do dolo, pelo **elemento subjetivo especial**, exigindo-se, portanto, que o agente atue com o fim específico de *satisfazer seu interesse ou sentimento pessoal* (**especial fim de agir**).

12.1.11.1.3 Consumação e Tentativa

A **consumação** ocorre quando o funcionário retarda, omite ou pratica o ato ilegal (**crime formal**), enquanto a **tentativa** será <u>admitida</u> nas *condutas comissivas* de "praticar ou retardar ato ilegal", sendo <u>inadmissível</u> na conduta *omissiva* de "deixar de praticar" e também em certas hipóteses de "retardar" quando isto ocorrer por *omissão.*

12.1.11.2   Prevaricação penitenciária (Art. 319-A do CP)

12.1.11.2.1 Tipo objetivo

Neste tipo penal foi prevista modalidade especial de prevaricação através da conduta de *deixar o diretor de penitenciária e/ou agente público de cumprir seu dever de vedar ao preso o acesso a aparelho telefônico, rádio ou similar, que permita a comunicação com outros presos ou com ambiente externo*, punindo-se este fato com pena de *detenção de 3 meses a 1 ano e multa*.

O **sujeito ativo** neste caso também será específico, na verdade bem específico, qual seja, somente poderá cometer este crime o *diretor de penitenciária e/ou agente público responsável* (**crime próprio**).

12.1.11.2.2 Consumação e tentativa

A **consumação** se dá com a efetiva entrada do aparelho no estabelecimento funcional (**crime material**), sendo que, a **tentativa** é plenamente possível por se tratar de conduta fracionável.

Importante lembrar que o **elemento subjetivo específico**, *especial fim de agir* de satisfação de interesse pessoal, só é exigido para a consumação da *prevaricação comum* (**Art. 319 do CP**), mas **não** será necessário para esta conduta de *prevaricação na forma específica* (**Art. 319-A, CP**).

12.1.12   Condescendência criminosa (Art. 320 do CP)

12.1.12.1   Tipo objetivo

Este *tipo penal* prevê como crime de condescendência criminosa, punido com pena de *detenção de 15 dias a 1 mês, ou multa*, as seguintes condutas:

a) o funcionário que, por indulgência, deixa de responsabilizar subordinado que cometeu infração no exercício do cargo;

b) o funcionário que, por indulgência, não leva o fato ao conhecimento da autoridade competente, quando lhe falte competência para responsabilizar o infrator.

O **sujeito ativo** é somente o **funcionário público** com *superioridade hierárquica* sobre o funcionário infrator e a conduta deve ser cometida no exercício do cargo, pois, se ocorrer fora de sua atribuição o superior não responderá por este delito.

12.1.12.2   Consumação e Tentativa

Este crime se **consuma** com a simples omissão do funcionário, superior hierárquico, que por indulgência deixa de responsabilizar o subordinado que cometeu alguma infração no exercício de seu cargo, ou quando não leva o fato ao conhecimento da autoridade competente para fazê-lo, sendo que, a **tentativa** é inadmissível em face da natureza *unissubsistente* da conduta *omissiva* (**crime omissivo próprio**).

12.1.13   Advocacia administrativa (Art. 321 do CP)

12.1.13.1   Tipo objetivo

Este **tipo penal** pune com pena de *detenção de 1 a 3 meses ou multa*, o funcionário público que *patrocina, direta ou indiretamente, interesse privado (alheio) perante a administração pública, valendo-se da qualidade de funcionário,* mesmo se o interesse alheio for legítimo, sendo que, no caso de <u>interesse ilegítimo</u> incidirá a **qualificadora** prevista no **parágrafo único**, que prevê pena de *3 meses a 1 ano além de multa.*

Patrocinar significa defender, facilitar, pleitear, apadrinhar, sendo que esta conduta pode se dar por meio de pedidos, petições, através de acompanhamento de processos etc.

Importante lembrar que, pela **regra da especialidade**, se o patrocínio for perante a *administração fazendária* aplica-se o **Art. 3º, III, da Lei nº 8.137/90.**

12.1.13.2   Consumação e Tentativa

Este crime se **consuma** com a prática da mera conduta de patrocínio (**crime de mera conduta**), sendo dispensável, portanto, a obtenção de alguma vantagem, algo que sequer está previsto no tipo, porém, a **tentativa** é possível, em face da *natureza plurissubsistente* da conduta de "patrocinar", embora de difícil ocorrência na prática.

12.1.14   Violência arbitrária (Art. 322 do CP)

12.1.14.1   Tipo objetivo

Este tipo penal determina como crime, punido com pena de *detenção de 6 meses a 3 anos*, além da pena correspondente à violência, quando o funcionário público *praticar violência, no exercício de função ou a pretexto de exercê-la.*

A **violência** (*vis absoluta ou corporalis*) abrange as vias de fato, lesão corporal e até mesmo o homicídio, sendo que, esta violência deve ser *ilegítima*, pois, caso a violência empregada para a prática do ato for *legítima* e inerente ao exercício da função pública (autorizada – estrito cumprimento de dever legal), não haverá crime.

A violência deve ser praticada no *exercício da função* ou a pretexto de exercê-la, isto é, deve haver **nexo causal** entre a violência e a função pública, embora esta violência seja *ilegítima* na situação concreta.

Embora haja alguma divergência, o **STF** já se posicionou afirmando que o **Art. 322 do Código Penal não** foi revogado pelo agora já revogado *Art. 3º, alínea i da Lei n. 4.898/65* (antiga Lei de Abuso de Autoridade), embora, muitas vezes as condutas praticadas fossem previstas de forma praticamente idênticas.

12.1.14.2   Consumação e Tentativa

A **consumação** deste crime ocorre quando o agente pratica qualquer ato de violência de *forma abusiva*, no exercício da sua função ou sob o pretexto de exercê-la, logo, como a conduta pode ser fracionada, a **tentativa** é plenamente possível.

12.1.15 Abandono de função (Art. 323 do CP)

12.1.15.1 Tipo objetivo

De acordo com o *tipo penal* o *funcionário público* comete este crime quando *abandona cargo público, fora dos casos permitidos em lei,* punindo-se este fato com pena de *detenção de 15 dias a 1 mês, ou multa.*

Percebe-se que o *nomen juris* deste crime está incorreto, pois a conduta proibida se refere a *cargo público* e não à *função*, conforme previsto no tipo objetivo, havendo ainda duas **formas qualificadas**, uma se ocorrer <u>algum dano</u> (**Art. 323 §1º CP**), punida com pena de *3 meses a 1 ano e multa*, e outra se o abandono ocorrer em <u>lugar compreendido na faixa de fronteira</u> (**Art. 323 §2º CP**), punida com pena de *detenção de 1 a 3 anos e multa.*

12.1.15.2 Consumação e Tentativa

A **consumação** ocorre com o simples abandono por um tempo juridicamente relevante, independentemente da ocorrência de qualquer resultado concreto (**crime formal**), embora se entenda que a conduta de abandono deverá *ser capaz de expor a perigo de dano* o serviço público (**crime de perigo concreto**).

A **tentativa** é impossível, pois a conduta típica de "abandonar" **não** pode ser fracionada (**crime unissubsistente**).

12.1.16 Exercício funcional ilegalmente antecipado ou prolongado (Art. 324 do CP)

12.1.16.1 Tipo objetivo

O *tipo penal* prevê duas modalidades de conduta neste crime, punidas com pena de *detenção de 15 dias a 1 mês, ou multa*:

a) entrar no exercício de função pública antes de satisfeitas as exigências legais;

b) continuar a exercer função pública, sem autorização, depois de saber oficialmente que foi exonerado, removido, substituído ou suspenso.

Nesta segunda modalidade (continuar a exercer), não basta a publicação no *Diário Oficial* da exoneração, remoção, substituição ou suspensão, pois o agente deve realmente ficar e estar ciente do ato (publicidade) para que se configure seu dolo e o crime.

12.1.16.2 Consumação e Tentativa

Para a maioria da doutrina este crime se **consuma** somente quando o agente entra no *exercício da função pública* e pratica o primeiro ato *indevido* antes de satisfazer as exigências legais, *ou quando pratica ato indevido após ser removido, exonerado, substituído ou suspenso*, sendo, portanto, a **tentativa** possível, devido à natureza *plurissubsistente* das condutas, porém, esta é de difícil ocorrência prática.

12.1.17 Violação de sigilo funcional (Art. 325 do CP)

12.1.17.1 Tipo objetivo

Configura-se este crime, punido com pena de *detenção, de 6 meses a 2 anos ou multa,* se o fato <u>não</u> constitui crime mais grave, quando o funcionário público *revelar fato de que tem ciência em razão do cargo e que deva permanecer em segredo, ou facilita-lhe a revelação.*

Importante lembrar que o agente deve ter recebido a informação sigilosa em razão de seu cargo, e que se trata de mais um **crime subsidiário**, que só incide se o fato *não constituir algum outro crime mais grave.*

De acordo com o **Art. 325 § 1º CP** também comete o crime, punindo-se a conduta com as mesmas penas, quem:

- *Permite ou facilita*, mediante atribuição, fornecimento e empréstimo de senha ou qualquer outra forma, o acesso de pessoas não autorizadas a sistemas de informações ou banco de dados da Administração Pública;

- *Se utiliza*, indevidamente, do acesso restrito.

12.1.17.2 Consumação e Tentativa

Este crime se **consuma** com a simples prática das condutas previstas no tipo, independentemente de se produzir qualquer dano à Administração Pública ou a outrem (**crime de mera conduta**), sendo que a **tentativa**, via de regra, é admitida já que, algumas condutas (Ex: facilitar, utilizar) podem ser fracionadas.

No *caput* a maioria da doutrina exige para a **consumação** a necessidade de se demonstrar a probabilidade concreta da conduta gerar dano, mas, se este dano efetivamente ocorrer, o crime torna-se **qualificado,** e será punido com *pena de reclusão de 2 a 6 anos e multa* (**Art. 325 § 2º CP**).

12.1.18 Violação do sigilo de proposta de concorrência (Art. 326 do CP)

12.1.18.1 Tipo objetivo

O **Art. 326 do CP** foi **revogado** e está definido atualmente no **Art. 337-J CP (Lei 14.133/21)** segundo o qual constitui crime *devassar o sigilo de proposta apresentada em procedimento licitatório, ou proporcionar a terceiro o ensejo de devassá-lo.*

O **sujeito ativo** era o *funcionário que exerce atribuições* relacionadas com o procedimento licitatório, e a conduta de *devassar* se caracteriza por tomar conhecimento do conteúdo da proposta.

Assim, este crime se **consumava** no momento em que *funcionário* tem acesso ao conteúdo (na modalidade *devassar*), independente de transmitir a terceiro, ou no momento em que o terceiro passa a conhecer o conteúdo (na modalidade *proporcionar*), sendo a **tentativa** possível, mas de difícil caracterização prática.

12.1.19   Conceito de Funcionário Público (Art. 327 do CP)

O conceito de *funcionário público* apresentado no **Art. 327 CP** é um complemento normativo a <u>todos</u> os tipos penais incriminadores que vimos anteriormente (**normas penais em branco**) e a todas as normas penais que se utilizam da expressão "funcionário público".

> **- Art. 327 CP** – *Considera-se funcionário público, para os efeitos penais, quem, embora transitoriamente ou sem remuneração, exerce cargo, emprego ou função pública.*
>
> *§ 1º – Equipara-se a funcionário público quem exerce cargo, emprego ou função em entidade paraestatal, e quem trabalha para empresa prestadora de serviço contratada ou conveniada para a execução de atividade típica da Administração Pública. (Incluído pela Lei nº 9.983, de 2000)*
>
> *§ 2º – A pena será aumentada da terça parte quando os autores dos crimes previstos neste Capítulo forem ocupantes de cargos em comissão ou de função de direção ou assessoramento de órgão da administração direta, sociedade de economia mista, empresa pública ou fundação instituída pelo poder público.*

Este tipo penal *não incriminador*, possui *natureza explicativa* e se desdobra basicamente em dois conceitos:

a) *Funcionário público* em **sentido próprio ou típico:**

Aquele que exerce cargo, emprego ou função pública, ainda que transitoriamente e sem remuneração. Em suma, exercerá *cargo* o estatutário, *emprego* o celetista e *função pública* o que está no exercício de um dever para com a administração pública, como o jurado ou mesário, por exemplo.

b) *Funcionário público* em **sentido impróprio ou atípico:**

Aquele que exerce cargo, emprego ou função em entidades *paraestatais, empresas prestadoras de serviço* contratada ou conveniada.

Por fim, o **Art. 327 § 2º CP** traz uma **causa de aumento de pena** de *1/3* que atinge inclusive *prefeitos, governadores* e o próprio *presidente da república* (STF), quando o agente exercer cargo em comissão, ou função de direção ou assessoramento em:

a) Órgão da administração direta;

b) Empresa pública;

c) Sociedade de economia mista;

d) Fundação instituída pelo poder público.

12.2 DOS CRIMES PRATICADOS POR PARTICULAR CONTRA A ADMINISTRAÇÃO EM GERAL

12.2.1 Usurpação de função pública (Art. 328 do CP)

12.2.1.1 Tipo objetivo

Este tipo penal considera como crime, punido com pena de *detenção de 3 meses a 2 anos e multa*, a conduta de *usurpar o exercício de função pública,* ou seja, **assumir função pública de forma indevida**.

O **sujeito ativo** pode ser *qualquer pessoa*, inclusive o próprio funcionário (quando assumir função que não lhe compete), tratando-se, portanto, de um **crime comum**, e o **tipo subjetivo** é composto apenas pelo **dolo**, intenção, vontade de atuar de forma indevida, não sendo necessário qualquer *especial fim* como, por exemplo, o fim de auferir vantagem.

12.2.1.2 Consumação e Tentativa

A **consumação** ocorre quando o agente realizar pelo menos um ato relativo à função que foi usurpada e, por isso, a **tentativa** é plenamente admissível ocorrendo quando o agente tentar realizar algum ato, usurpando a função, e por motivos alheios a sua vontade não conseguir.

12.2.1.3 Forma qualificada (Art. 328, parágrafo único, do CP)

De acordo com o parágrafo único do **Art. 328 CP**, se o agente vier a auferir vantagem através da usurpação da função pública a pena será de *reclusão de 2 a 5 anos, e multa*.

12.2.2   Resistência (Art. 329 do CP)

12.2.2.1 Tipo objetivo

Este **tipo penal** prevê como crime, punido com pena de *detenção de 2 meses a 2 anos*, a conduta de *opor-se à execução de ato legal, mediante violência ou ameaça a funcionário* (público) *competente para executá-lo ou a quem lhe esteja prestando auxílio.*

Importante lembrar que a simples ofensa verbal pode caracterizar o crime de *desacato* (**Art. 331 do CP**), e a resistência meramente *passiva*, sem violência ou ameaça, **não** é crime, sendo que, se o sujeito resiste a *ato ilegal* também não haverá crime de resistência (**fato atípico**).

12.2.2.2 Consumação e Tentativa

A **consumação** ocorre com a simples prática da violência ou ameaça, independentemente de o agente efetivamente conseguir impedir a execução do ato legal (crime formal), sendo que, a **tentativa** é admitida, já que a conduta de se opor pode ser fracionada, porém será de difícil configuração prática.

12.2.2.3 Forma qualificada (Art. 329, § 1°, do CP)

Qualifica-se o crime, punindo o fato com pena de *reclusão de 1 a 3 anos*, se o ato, *em razão da resistência*, não chega a ser executado pelo funcionário público.

12.2.3 Desobediência (Art. 330 do CP)

12.2.3.1 Tipo objetivo

O tipo penal considera crime, punido com pena de *detenção de 15 dias a 6 meses*, a conduta de *desobedecer a ordem legal de funcionário público* (no exercício da função).

Este crime possui **natureza híbrida**, podendo ser um *crime omissivo próprio*, praticado pela <u>inércia</u> do agente ao não cumprir uma determinação que lhe foi dada pelo funcionário público, ou seja, se caracteriza pela não atuação do particular, ou ainda ser um *crime comissivo*, praticado por uma *ação* do particular em desacordo com aquilo que lhe foi determinado, sendo que, isto dependerá da natureza da ordem dada pelo funcionário no exercício da função.

O **sujeito ativo** poderá ser qualquer pessoa, inclusive um outro funcionário público, tratando-se de um **crime comum**, porém, a *simples fuga* de um agente, desde que sem violência, **não** é considerada *desobediência*, por se tratar de livre manifestação do instinto de liberdade.

12.2.3.2 Consumação e Tentativa

A **consumação** ocorre no momento em que o agente não cumpre a ordem, independentemente de se produzir qualquer resultado concreto (**crime de mera conduta**) e, para a maioria da doutrina, a **tentativa** será admitida em certos casos, mas somente na forma *comissiva*, quando o agente tenta indevidamente atuar após receber uma ordem de não fazer, embora seja bastante complicada sua configuração na prática.

12.2.4 Desacato (Art. 331 do CP)

12.2.4.1 Tipo objetivo

Este **tipo penal** prevê como crime, punido com pena de *detenção de 6 meses a 2 anos ou multa*, a conduta de *desacatar* (humilhar, ofender) *funcionário público no exercício da função ou em razão dela* (ainda que fora do exercício).

O **sujeito ativo** poderá ser qualquer pessoa, inclusive outro funcionário público, e o **tipo subjetivo** será o dolo, a intenção de desacatar, com o *especial fim* de ofender funcionário público, logo, o simples praguejar, esbravejar **não** configura crime (**fato atípico**).

12.2.4.2 Consumação e Tentativa

A **consumação** ocorre com a simples prática da ofensa, independentemente do funcionário público se sentir ofendido (**crime formal**), sendo importante lembrar que, para que haja o *desacato* o funcionário deve estar presente para ouvir a ofensa, caso contrário, poderá ocorrer o **crime de injúria** (Art. 140 CP) com **aumento de pena** referente à ofensa se em razão da *condição de funcionário público* (Art. 141 CP)

Importante lembrar que, caso o agente **não saiba** que o indivíduo é funcionário público, ou se a ofensa tiver *motivação exclusivamente pessoal* e for *desvinculada da condição de funcionário público*, a conduta, mesmo realizada na presença do funcionário público, poderá configurar **crime de injúria** (Art. 140 CP), mas não de *desacato*, que pressupõe *vínculo com a função pública*.

A maioria da doutrina considera que a **tentativa** é possível, salvo se o **desacato** for praticado *oralmente*, pois nesse caso o crime será considerado *unissubsistente*, já que este ato de desacatar será infracionável e incompatível com a tentativa.

12.2.5 Tráfico de influência (Art. 332 do CP)

12.2.5.1 Tipo objetivo

Este tipo penal prevê como crime, punido com pena de *reclusão de 2 a 5 anos e multa*, a conduta de *solicitar, exigir, cobrar ou obter, para si ou para outrem, vantagem ou promessa de vantagem, a pretexto de influir em ato praticado por funcionário público no exercício da função.*

De acordo com o parágrafo único do **Art. 332 do CP** a **pena** será <u>aumentada de metade</u>, se o agente alegar ou insinuar que a vantagem é também *destinada ao funcionário público que sofre a influência*. Isto ocorre pelo fato de, neste caso, a probabilidade de se obter sucesso no tráfico de influência ser maior.

12.2.5.2 Consumação e Tentativa

A **consumação** em geral ocorre com a simples conduta, que pode ser realizada por qualquer pessoa (**crime comum**), de solicitar, exigir, cobrar uma vantagem ou promessa de vantagem, independentemente de ocorrer qualquer resultado concreto (**crime formal**), ou seja, independentemente do funcionário chegar a ceder a essa influência.

Já na conduta de *obter* a **consumação** se dá apenas com a *efetiva obtenção da vantagem* pretendida (**crime material**), sendo que a **tentativa** é considerada possível *em todas as condutas previstas* (**crime plurissubsistente**).

12.2.6 Corrupção ativa (Art. 333 do CP)

12.2.6.1 Tipo objetivo

Este *tipo penal* prevê como crime, punido com pena de *reclusão de 2 a 12 anos e multa, a conduta de oferecer ou prometer vantagem indevida a funcionário público, para determiná-lo a praticar, omitir ou retardar ato de ofício.*

A iniciativa de oferecer ou prometer vantagem deve ser do particular, ou seja, *qualquer pessoa pode realizar este crime* (**crime comum**), enquanto o ato a ser praticado, omitido ou retardado, deve ser da *competência do funcionário público.*

A **vantagem indevida** (ilícita) pode ser *patrimonial, moral* ou qualquer outra forma de vantagem, sendo que, se o funcionário público receber ou aceitar a promessa ou vantagem, praticará o crime de **corrupção passiva (Art. 317 CP)**.

12.2.6.2 Tipo subjetivo

O **tipo subjetivo** será o *dolo*, intenção de oferecer ou prometer vantagem que sabe indevida, além do **especial fim de agir** de determinar a prática, omissão ou o retardamento de ato de ofício inerente a uma função pública.

12.2.6.3 Consumação e Tentativa

A **consumação** se dá com a simples oferta ou promessa de vantagem, *independentemente do funcionário público aceitar a oferta ou promessa*, ou chegar a realizar algo em desacordo com sua função pública (**crime formal**), sendo que, a **tentativa** é admitida, principalmente na forma escrita, porém, de difícil configuração prática.

12.2.6.4 Causa de aumento de pena (Art. 333, parágrafo único, CP)

De acordo com o **parágrafo único do Art. 333 CP**, se em razão da vantagem ou promessa, o funcionário retarda ou omite ato de ofício, ou o pratica infringindo dever funcional a **pena será aumentada de 1/3**.

12.3 CONTRABANDO E DESCAMINHO (ARTS. 334-A E 334 DO CP)

12.3.1 Tipo objetivo

A **Lei 13008/14** alterou o **Código Penal** no que tange a estes dois crimes, porém, nada mudou quanto ao conteúdo proibido dos tipos penais, já que **Contrabando** continuou sendo a "importação ou exportação de mercadoria proibida", enquanto o **Descaminho** permaneceu como a conduta de "tentar não pagar imposto" pela entrada, saída ou consumo de mercadoria lícita no território nacional.

Em suma:

– **Contrabando**: importar ou exportar *mercadoria proibida, ilícita*.

– **Descaminho:** iludir, no todo ou em parte, o pagamento de direito ou imposto devido pela entrada ou saída no território nacional, ou pelo consumo de *mercadoria lícita,* cujo pagamento do tributo foi iludido.

Contudo, houve a separação destes crimes em dois tipos penais distintos e independentes, já que, antes, ambos se encontravam previstos no tipo penal do **Art. 334 do CP**.

Com a referida separação a pena do crime de **Descaminho** ficou definida como *1 a 4 anos de reclusão* (**Art. 334 CP**), enquanto a pena do crime de **Contrabando**, considerado mais grave, passou a ser de *2 a 5 anos de reclusão*.

Através desta alteração ocorreu a chamada **continuidade normativa típica** pela qual um crime passa apenas a ser tratado em outro tipo penal, sem que haja supressão de qualquer conduta antes proibida, porém, como vimos, enquanto a **pena** do descaminho *permaneceu* a mesma (1 a 4 anos de reclusão), a pena do contrabando foi *aumentada* para 2 a 5 anos de reclusão.

Esse aumento na quantidade da pena produziu certas consequências evidentemente prejudiciais para os réus, e, com base no **princípio da irretroatividade**, seus efeitos serão *irretroativos*, só se aplicando para fatos praticados após esta Lei.

Podemos resumir os *efeitos* da alteração de pena no crime de contrabando em:

• **Não** caberá mais *suspensão condicional do processo* já que, agora, a pena mínima abstrata é maior que 1 ano.

• O *prazo prescricional* passou de 08 para 12 anos, de acordo com o *Art. 109, III do CP*, já que a pena máxima, abstratamente prevista, passou a ser de 5 anos.

De acordo com posicionamento do *STF* e do *STJ*, aplica-se o **princípio da insignificância** no **crime de descaminho** se o valor sonegado não ultrapassa o valor de *R$ 20.000,00* (vinte mil reais), sendo que, estas posições se fundamentam no *Art. 20 da Lei 10.522/2002*, que estabelece o valor mínimo necessário de lesão tributária para que haja uma *execução fiscal* de cobrança pelo Estado.

Importante lembrar que o *STF*, via de regra, **não** reconhece a aplicação do **princípio da insignificância** para o crime de **contrabando**, diante da origem ou aspecto ilícito do produto, objeto deste crime.

De acordo com o **parágrafo 2º dos Arts. 334 e 334-A CP**, equipara-se às *atividades comerciais,* para os efeitos destes artigos, qualquer forma de *comércio irregular* ou *clandestino* de mercadorias estrangeiras, inclusive o exercido em residências.

12.3.2 Consumação e Tentativa

Se a conduta for realizada <u>na alfândega</u> o crime se **consuma** no momento em que a mercadoria ilícita (contrabando), ou lícita sem recolhimento do tributo (descaminho), passar despercebida pela fiscalização, portanto, se não chegar a ocorrer a liberação da mercadoria, haverá a **tentativa**.

Caso a conduta ocorra em <u>local diverso da alfândega</u>, a **consumação** ocorre no momento em que a mercadoria entra ou sai do território nacional e, neste caso, a **tentativa** ocorrerá quando, por motivos alheios à vontade do agente, esta mercadoria não chegar a entrar ou sair do território.

12.3.3 Figuras especiais do Descaminho (Art. 334, § 1º, do CP)

São consideradas *modalidades especiais* de crime de **descaminho** as seguintes condutas:

a) prática de navegação de cabotagem, fora dos casos permitidos em lei;

b) prática de fato assimilado, em lei especial, a descaminho;

c) quem vende, expõe à venda, mantém em depósito ou, de qualquer forma, utiliza em proveito próprio ou alheio, no exercício de atividade comercial ou industrial, mercadoria de procedência estrangeira que introduziu clandestinamente no país ou importou fraudulentamente ou que sabe ser produto de introdução clandestina no território nacional ou de importação fraudulenta por parte de outrem;

d) quem adquire, recebe ou oculta, em proveito próprio ou alheio, no exercício de atividade comercial ou industrial, mercadoria de procedência estrangeira, desacompanhada de documentação legal, ou acompanhada de documentos que sabe serem falsos.

12.3.4 Figuras especiais do Contrabando (Art. 334-A, § 1º, do CP)

São consideradas *modalidades especiais* de crime de **contrabando** as seguintes condutas, incorrendo também na mesma pena:

a) praticar fato assimilado, em lei especial, a contrabando;

b) quem importa ou exporta clandestinamente mercadoria que dependa de registro, análise ou autorização de órgão público competente;

c) quem reinsere no território nacional mercadoria brasileira destinada à exportação;

d) quem vende, expõe à venda, mantém em depósito ou, de qualquer forma, utiliza em proveito próprio ou alheio, no exercício de atividade comercial ou industrial, mercadoria proibida pela lei brasileira;

e) quem adquire, recebe ou oculta, em proveito próprio ou alheio, no exercício de atividade comercial ou industrial, mercadoria proibida pela lei brasileira.

12.3.5 Forma qualificada do Descaminho e do contrabando (art. 334, § 3º – Art. 334-A § 3º CP)

Tanto no crime de **Descaminho**, quanto no **Contrabando**, se as condutas forem praticadas em transporte aéreo, <u>marítimo ou fluvial</u> (inserido pela nova lei), aplica-se a **pena em dobro**.

12.4 IMPEDIMENTO, PERTURBAÇÃO OU FRAUDE DE CONCORRÊNCIA (ART. 335 DO CP)

12.4.1 Tipo objetivo

Neste tipo penal, configura-se como crime, punido com pena de *detenção de 6 meses a 2 anos*, ou multa, além da pena correspondente à violência, a conduta de *impedir, perturbar ou fraudar concorrência pública ou venda em hasta pública, promovida pela administração federal, estadual ou municipal, ou por entidade paraestatal; afastar ou procurar afastar concorrente ou licitante, por meio de violência, grave ameaça, fraude ou oferecimento de vantagem.*

De acordo com o **parágrafo único do Art. 335 CP** cometerá também este crime, incorrendo na mesma pena, quem se abstiver de concorrer ou licitar, em razão da vantagem oferecida (**crime omissivo próprio**).

12.4.2 Consumação e Tentativa

A **consumação** ocorre com a simples prática das condutas narradas, independentemente de se produzir qualquer resultado concreto ou prejuízo (**crime de mera conduta**), sendo que, a **tentativa** é plenamente *possível*, pois as condutas narradas são *plurissubsistentes*, exceto na *conduta omissiva* de se **abster**, prevista no **parágrafo único**, em que a **tentativa** é *impossível*.

12.5 INUTILIZAÇÃO DE EDITAL OU DE SINAL (ART. 336 DO CP)

12.5.1 Tipo objetivo

Este tipo objetivo pune, com pena de detenção de 1 mês a 1 ano, ou multa, a conduta de *rasgar ou, de qualquer forma, inutilizar ou conspurcar* (corromper) *edital afixado por ordem de funcionário público, violar ou inutilizar selo ou sinal empregado, por determinação legal ou por ordem de funcionário público, para identificar ou cerrar qualquer objeto.*

12.5.2 Consumação e Tentativa

A **consumação** se dá com a concreta produção dos resultados lesivos previstos no tipo (**crime material**) a partir da realização das condutas narradas, sendo que, a **tentativa** é plenamente possível quando o agente inicia a realização da conduta e não consegue danificar, inutilizar ou corromper o edital ou sinal público.

12.6 SUBTRAÇÃO OU INUTILIZAÇÃO DE LIVRO OU DOCUMENTO (ART. 337 DO CP)

12.6.1 Tipo objetivo

Este tipo penal prevê como crime, punido com pena de *reclusão de 2 a 5 anos*, se o fato não constitui crime mais grave, a conduta de quem *subtrai, ou inutiliza, total ou parcialmente, livro oficial, processo ou documento confiado à custódia de funcionário, em razão de ofício, ou de particular em serviço público.*

Trata-se de **crime subsidiário**, já que só será aplicada a pena se o fato não constituir outro crime mais grave, sendo também um **crime comum**, que pode ser realizado por *qualquer pessoa.*

12.6.2 Consumação e Tentativa

A **consumação** se dá com a subtração ou inutilização do livro, processo ou documento **(crime material)** e a **tentativa** é totalmente possível já que as condutas são fracionáveis **(crime plurissubsistente).**

12.7 SONEGAÇÃO DE CONTRIBUIÇÃO PREVIDENCIÁRIA (ART. 337-A DO CP)

12.7.1 Tipo objetivo

Este tipo penal prevê como crime, punido com *pena de 2 a 5 anos de reclusão e multa*, as condutas de *suprimir ou reduzir contribuição social previdenciária e qualquer acessório, mediante as seguintes condutas:*

I – *omitir* de folha de pagamento da empresa ou de documento de informações previsto pela legislação previdenciária segurados empregado, empresário, trabalhador avulso ou trabalhador autônomo ou a este equiparado que lhe prestem serviços;

II – *deixar* de lançar mensalmente nos títulos próprios da contabilidade da empresa as quantias descontadas dos segurados ou as devidas pelo empregador ou pelo tomador de serviços;

III- *omitir*, total ou parcialmente, receitas ou lucros auferidos, remunerações pagas ou creditadas e demais fatos geradores de contribuições sociais previdenciárias.

De acordo com o **parágrafo 1º do Art. 337-A CP** independentemente de pagamento, será **extinta a punibilidade** se o agente, espontaneamente, declarar e confessar as contribuições, importâncias ou valores, e prestar as informações devidas à previdência social, na forma definida em lei ou regulamento, <u>antes do início da ação fiscal.</u>

Importante lembrar que, por se tratar de um crime de **natureza tributária**, o pagamento **integral do tributo** poderá ser realizado a *qualquer tempo*, mesmo após o trânsito em julgado condenatório, e será *causa de extinção da punibilidade* (**Lei 10.684/83 – Art. 9º § 2º**).

De acordo com o **parágrafo 2º do Art. 337-A CP**, também será facultado ao juiz <u>deixar de aplicar a pena ou aplicar somente a de multa</u> se o agente for *primário e de bons antecedentes*, desde que o valor das contribuições devidas, inclusive acessórios, seja igual ou inferior àquele estabelecido pela previdência social, administrativamente, como sendo o mínimo para o ajuizamento de suas execuções fiscais.

Porém, esta previsão está superada pois o **STF** já estabeleceu que lesões tributárias de até **20 mil reais** irão gerar a aplicação do **princípio da insignificância** como causa de **atipicidade do fato**.

De acordo com o **parágrafo 3º do Art. 337-A do CP** se o empregador não é pessoa jurídica e sua folha de pagamento mensal não ultrapassa *R$ 1.510,00* (um mil, quinhentos e dez reais), o juiz poderá *reduzir a pena de um terço até a metade ou aplicar apenas a de multa*, sendo que, este valor será reajustado nas mesmas datas e nos mesmos índices do reajuste dos benefícios da previdência social.

12.7.2 Consumação e Tentativa

Este crime se **consuma** com a supressão ou redução da referida contribuição previdenciária e seus acessórios, sendo que, a **tentativa** não é admitida pela natureza infracionável das condutas que podem caracterizar este fato típico (**crime unissubsistente**).

DOS CRIMES PRATICADOS POR PARTICULAR CONTRA A ADMINISTRAÇÃO PÚBLICA ESTRANGEIRA

O **Capítulo II-A do CP e seus artigos** foram incluídos **pela Lei nº 10.467 de 11/06/2002**, buscando dar efetividade ao **Decreto nº 3.678**, de 30 de novembro de 2000, que promulga a *Convenção sobre o Combate da Corrupção de Funcionários Públicos Estrangeiros em Transações Comerciais Internacionais*, de dezembro de 1997.

O **Art. 337-D**, *lei penal não incriminadora explicativa*, considera **funcionário público estrangeiro**, para os efeitos penais, todo aquele que, ainda que transitoriamente ou sem remuneração, exerce cargo, emprego ou função pública em entidades estatais ou em representações diplomáticas de país estrangeiro.

Equipara ainda a **funcionário público estrangeiro** quem exerce cargo, emprego ou função em empresas controladas, diretamente ou indiretamente, pelo Poder Público de país estrangeiro ou em organizações públicas internacionais.

13.1 CORRUPÇÃO ATIVA EM TRANSAÇÃO COMERCIAL INTERNACIONAL (ART. 337-B DO CP)

13.1.1 Tipo objetivo

Este tipo penal prevê como crime, punido com pena de **reclusão de 1 a 8 anos e multa**, a conduta de *prometer, oferecer ou dar, direta ou indiretamente, vantagem indevida a funcionário público estrangeiro, ou a terceira pessoa, para determiná-lo a praticar, omitir ou retardar ato de ofício relacionado à transação comercial internacional.*

Trata-se de **crime comum**, podendo ser praticado por *qualquer pessoa*, sendo que, o **sujeito passivo** é a *Administração Pública estrangeira.*

O **parágrafo único do Art. 337-B do CP** prevê aumento de pena de *1/3* se, em razão da vantagem ou promessa, o funcionário público *retardar ou omitir* o ato de ofício infringindo dever funcional.

13.1.2 Tipo subjetivo

Além do **dolo**, para se configurar o delito o agente deve visar que o *funcionário público estrangeiro*, que tenha atribuição específica para o ato, pratique, omita ou retarde ato de ofício relacionado à transação comercial internacional (**elemento subjetivo especial do tipo**) e, portanto, este crime não ocorre em face de qualquer ato de ofício, exigindo-se o **especial fim de agir** para se configurar o delito.

13.1.3 Consumação e Tentativa

A **consumação** se dá com a simples prática das condutas narradas no tipo, independentemente do *funcionário público* chegar a praticar omitir ou retardar o ato de ofício (**crime formal**), sendo que, a **tentativa** é possível, principalmente na *forma escrita*, pois, as condutas podem ser fracionadas e interrompidas antes que o funcionário público tome conhecimento da promessa ou oferta.

13.2 TRÁFICO DE INFLUÊNCIA EM TRANSAÇÃO COMERCIAL INTERNACIONAL (ART. 337-C DO CP)

13.2.1 Tipo objetivo

Este tipo penal prevê como crime, punido com *pena de 2 a 5 anos e multa*, a conduta de *solicitar, exigir, cobrar ou obter, para si ou para outrem, direta ou indiretamente, vantagem ou promessa de vantagem a pretexto de influir em ato praticado por funcionário público estrangeiro no exercício de suas funções, relacionado a transação comercial internacional.*

Na verdade, apenas se trata de um *tipo penal especial* em relação ao **tráfico de influência comum (Art. 332 CP)**, sendo que, também pode ser praticado por qualquer pessoa (**crime comum**) mas a conduta se destina a influir em ato de <u>funcionário público estrangeiro</u>.

De acordo com o **parágrafo único do Art. 337-C do CP** a **pena** será *aumentada* de 1/2, se o agente alega ou insinua que a vantagem é também destinada ao funcionário estrangeiro que será alvo da influência.

13.2.2 Consumação e Tentativa

A **consumação** se dá com a simples prática das condutas narradas no tipo, independentemente do agente chegar a atuar para influir em ato de *funcionário estrangeiro* (**crime formal**), sendo que, a **tentativa** é possível, principalmente na forma escrita, pois, as condutas podem ser fracionadas e interrompidas antes que a vítima tome conhecimento da solicitação ou exigência.

Dos Novos Crimes em Licitações e Contratos Administrativos – Lei 14.133/2021

A **Lei 14.133, de 1º de abril de 2021**, a Nova Lei de Licitações e Contratos Administrativos, inseriu um novo Capítulo ao Código Penal, o Capítulo II-B "Dos Crimes em Licitações e Contratos Administrativos", que foi inserido no Título XI da Parte Especial – Dos Crimes Contra a Administração Pública.

Já podemos tirar uma primeira importante conclusão, qual seja, com a inclusão desta nova lista de crimes em licitações e contratos administrativos, dentre os praticados contra a Administração Pública (Título XI da Parte Especial do CP) no Código Penal, não há mais controvérsias quanto à aplicação do artigo 33, § 4º, do CP a estes crimes, nos quais **a progressão de regime** de cumprimento de pena fica **condicionada à reparação do dano causado**, ou **à devolução do produto do ilícito praticado**.

Além disso, importante lembrar que **a regra específica** <u>sobre a perda do cargo público</u>, como efeito da condenação, nessa modalidade de crime, foi **revogada** (art. 83 da Lei 8.666/93), aplicando-se, agora, as normas gerais do Código Penal a respeito dos efeitos penais de uma condenação (art. 92, inciso I).

14.1 CONTRATAÇÃO DIRETA ILEGAL (ART. 337-E CP)

O novo tipo penal, previsto no Art. 337-E do CP, estabelece como crime:

"Admitir, possibilitar ou dar causa à contratação direta fora das hipóteses previstas em lei:
Pena – reclusão, de 4 (quatro) a 8 (oito) anos, e multa."

A conduta típica de "Admitir" é sinônimo de aceitar, consentir, permitir, e "possibilitar" é tornar possível, facilitar algo, já a conduta de "dar causa " é dar origem, provocar a contratação direta pela administração pública, fora das hipóteses excepcionais previstas em lei, por isso, trata-se evidentemente de uma **lei penal em branco**, cujo complemento necessário se encontra em outro dispositivo legal ou outra lei, sendo que, por expressa previsão legal, por dois anos contados a partir da data de publicação da **Lei 14.133/2021**, a Administração pública poderá optar por licitar, ou contratar diretamente, de acordo com esta Lei ou de acordo com a **Lei 8.666/1993** (Lei de Licitações e Contratos Administrativos), a **Lei 10.520/2002** e a **Lei 12.462/2011** (Regime Diferenciado de Contratações Públicas).

A **pena** prevista para esta conduta, que antes era de detenção de 3 a 5 anos, além da multa, passou a ser de reclusão, de 4 a 8 anos, e multa, e por se tratar de pena mais severa a nova lei, só será aplicada aos crimes praticados após o seu início vigência (**princípio de irretroatividade**).

No que tange ao **sujeito ativo** a lei anterior, previa que somente o funcionário com atribuição específica poderia realizar uma das condutas previstas e, portanto, tratava-se de *crime de mão própria*, porém, com as novas condutas típicas de "possibilitar" ou "dar causa", o crime passou a ser *comum*, podendo ser praticado por qualquer agente, exceto no que tange ao verbo "admitir" que se vincula à ideia de somente de determinados funcionários responsáveis poderem ser sujeitos ativos deste crime (**crime próprio**).

Quanto a sua **consumação** este novo tipo penal, no que tange as condutas de "admitir" e "possibilitar" se consuma com a mera autorização de contratação direta (**crime formal**), enquanto na conduta de "dar causa " se consuma, embora haja divergências, apenas com a efetiva realização da contratação direta (crime material), tratando-se de crime exclusivamente doloso, sem previsão de *modalidade culposa*, e nada impede, em certas hipóteses, a **tentativa** (**crime plurissubsistente**).

14.2 FRUSTRAÇÃO DO CARÁTER COMPETITIVO DE LICITAÇÃO (ART. 337-F CP)

O novo tipo penal, previsto no Art. 337-F do CP, estabelece como crime:

"Frustrar ou fraudar, com o intuito de obter para si ou para outrem vantagem decorrente da adjudicação do objeto da licitação, o caráter competitivo do processo licitatório:

Pena – reclusão, de 4 (quatro) anos a 8 (oito) anos, e multa."

A conduta típica de *"frustrar"* significa impedir, atrapalhar, enquanto a conduta de *"fraudar"* significar enganar e ludibriar o aspecto competitivo de um processo licitatório, impedindo a ocorrência de um procedimento licitatório que encontre a proposta mais vantajosa para a Administração Pública, com base nas regras estabelecidas para o caso concreto.

Trata-se de crime exclusivamente doloso, havendo ainda a expressa necessidade de se preencher o **elemento subjetivo especial** do tipo, qual seja a finalidade específica de *obter para si ou para outrem vantagem decorrente da adjudicação do objeto da licitação*, tratando-se ainda de **crime é formal**, já que não é necessário que o sujeito ativo obtenha a efetiva vantagem visada, para si ou para outrem, sendo suficiente para a consumação que o sujeito tenha atuado com este especial fim de agir.

No que tange as **penas** estabelecidas pela nova lei para este tipo, a pena que era de detenção, de 2 a 4 anos, e multa, passou a ser de 4 a 8 anos de reclusão, e multa, logo, a sanção tornou-se mais grave em relação a previsão anterior, por isso, este tipo só poderá ser aplicado para as condutas praticadas após o início de vigência desta nova lei (**Princípio da Irretroatividade**).

A **consumação** ocorrerá com a efetiva fraude ou frustração do caráter competitivo do processo licitatório, porém, enquanto à obtenção de vantagem será mero *exaurimento* do crime (**crime formal**), admitindo-se a **tentativa**, pelo ato de fraudar se tratar de conduta *plurissubsistente*.

14.3 PATROCÍNIO DE CONTRATAÇÃO INDEVIDA (ART. 337- G CP)

O novo tipo penal, previsto no Art. 337-G do CP, estabelece como crime:

"Patrocinar, direta ou indiretamente, interesse privado perante a Administração Pública, dando causa à instauração de licitação ou à celebração de contrato cuja invalidação vier a ser decretada pelo Poder Judiciário:

Pena – reclusão, de 6 (seis) meses a 3 (três) anos, e multa."

Inicialmente podemos afirmar que este novo tipo penal nada mais é do que uma **modalidade específica** do **crime de advocacia administrativa**, previsto no Art. 321 do CP, já que o novo tipo do artigo 337-G, que substituiu o artigo 91 da Lei 8.666/93, prevê modalidade especial desta conduta aplicável somente se o patrocínio de interesses privados, seja direto ou indireto, por parte do sujeito ativo se destinar especificamente à instauração de licitação ou à celebração de contrato cuja invalidação venha a ser decretada judicialmente.

A conduta típica de **"patrocinar"** significa favorecer, auxiliar, representar, ou seja, o agente defender interesse privado, mas valendo-se de sua qualidade de funcionário público, ou de suas funções, inerentes ao seu cargo, sendo que, por expressa previsão legal, o patrocínio pode ser **direto**, ou seja, realizado pelo próprio funcionário público, ou **indireto**, através de um intermediário, independentemente deste interesse ser legítimo ou ilegítimo.

Para que ocorra a consumação deste crime é necessário, que o patrocínio efetivamente dê causa à instauração de uma licitação ou à celebração de um contrato, exigindo-se, portanto, a produção de um resultado naturalístico (**crime material**), e ainda se tratando de crime é próprio, já que se exige a qualidade de funcionário público do sujeito ativo.

14.4 MODIFICAÇÃO OU PAGAMENTO IRREGULAR EM CONTRATO ADMINISTRATIVO (ART. 337-H CP)

O novo tipo penal, previsto no Art. 337-H do CP, estabelece como crime:

"Admitir, possibilitar ou dar causa a qualquer modificação ou vantagem, inclusive prorrogação contratual, em favor do contratado, durante a execução dos contratos celebrados com a Administração Pública, sem autorização em lei, no edital da licitação ou nos respectivos instrumentos contratuais, ou, ainda, pagar fatura com preterição da ordem cronológica de sua exigibilidade:"

Pena – reclusão, de 4 (quatro) anos a 8 (oito) anos, e multa.

O tipo penal prevê inicialmente como crime a **modificação irregular de contrato administrativo**, através das condutas de "admitir" que significa aceitar, permitir, "possibilitar" que nada mais é que tornar possível, facilitar e, por fim, de "dar causa", ou seja, dar origem à essa modificação ou vantagem, inclusive através de prorrogação contratual, em favor do contratado, durante a execução de contratos celebrados com a Administração Pública.

Além da situação narrada acima, também é previsto como crime, na parte final do dispositivo, o **pagamento irregular de contrato administrativo**, ou seja, entregar a quantia devida, pagar fatura com preterição da ordem cronológica de sua exigibilidade, favorecendo determinado contratado pela Administração, violando assim a impessoalidade.

Aqui, também estamos diante de uma *norma penal em branco*, já que, durante dois anos a partir da Lei 14.133/2021, pode ser complementada pela Lei 8.666/93 ou pela própria Lei 14.133/2021 (Art. 141) no que tange às regras sobre a ordem cronológica de pagamento pela Administração, sendo que, para a maioria da doutrina, essas condutas trazidas pelo novo tipo se consumam com a efetiva obtenção da modificação ou vantagem. (**Crime Material**)

Neste novo tipo penal a **pena** que era de detenção de 2 a 4 anos, se tornou de reclusão de 4 a 8 anos, além da multa, e mais uma vez sua aplicação será irretroativa.

Por fim, quanto aos sujeitos ativos, os verbos "possibilitar" e "dar causa a" na figura típica de **modificação irregular**, o crime poderá ser praticado por qualquer pessoa (**crime comum**), porém, a conduta típica de *"admitir"* se refere especificamente ao funcionário público que tem o poder de admitir a modificação contratual (**crime próprio**), o mesmo podendo se dizer quanto à figura típica de **pagamento irregular de fatura**.

14.5 PERTURBAÇÃO DE PROCESSO LICITATÓRIO (ART. 337- I CP)

O novo tipo penal, previsto no Art. 337-I do CP, estabelece como crime:

"Impedir, perturbar ou fraudar a realização de qualquer ato de processo licitatório:
Pena – detenção, de 6 (seis) meses a 3 (três) anos, e multa."

A conduta típica de "impedir" significa obstruir, evitar, enquanto, "perturbar" é sinônimo de atrapalhar., e a conduta de "fraudar" se dá através do emprego de artifício ou meio fraudulento para enganar, tudo isso inerente a realização de qualquer ato de processo de licitação, o que pode ser realizado por qualquer pessoa (**crime comum**), inclusive o funcionário público.

Para que o crime se consume é preciso o efetivo impedimento, perturbação ou fraude e, por isso, trata-se de **crime material**, que somente se completa com a ocorrência de um desses resultados.

No que tange as **penas** este novo tipo penal manteve a pena como de detenção, porém, o limite máximo passou de 2 anos de detenção para 3 anos de detenção, sem fazer alterações no limite mínimo de pena (6 meses) e pena de multa, logo, só será aplicada a nova pena do artigo 337-I às condutas praticadas após a entrada em vigor desta nova Lei (**princípio da irretroatividade**).

14.6 VIOLAÇÃO DE SIGILO EM LICITAÇÃO (ART. 337-J CP)

O novo tipo penal, previsto no Art. 337-J do CP, estabelece como crime:

"Devassar o sigilo de proposta apresentada em processo licitatório ou proporcionar a terceiro o ensejo de devassá-lo:

Pena – detenção, de 2 (dois) anos a 3 (três) anos, e multa."

Este novo tipo penal prevê as condutas de "devassar" que significa tornar conhecido, público, e ainda a conduta de "proporcionar", ou seja, dar a oportunidade, propiciar a quebra de sigilo de processo de licitação, ou viabilizar que um terceiro o faça, sendo que, esta conduta pode ser praticada por qualquer pessoa, inclusive por funcionário público, tratando-se de **crime comum**.

O novo tipo penal manteve a **pena** na modalidade de detenção, bem como manteve o mesmos valores, mínimos e máximos, de pena privativa de liberdade (2 a 3 anos), além da multa.

Trata-se de **crime material** no que tange a conduta de *devassar*, por exigir, para sua consumação, a efetiva quebra do sigilo do processo licitatório, sendo, porém, **crime formal** quanto a conduta de proporcionar a terceiro o ensejo de devassar a licitação pois, neste caso, não parece se exigir o efetivo conhecimento do conteúdo sigiloso por terceiro, para que o crime se consume.

14.7 AFASTAMENTO DE LICITANTE (ART. 337-K CP)

O novo tipo penal, previsto no Art. 337-K do CP, estabelece como crime:

"Afastar ou tentar afastar licitante por meio de violência, grave ameaça, fraude ou oferecimento de vantagem de qualquer tipo:

Pena – reclusão, de 3 (três) anos a 5 (cinco) anos, e multa, além da pena correspondente à violência."

Parágrafo único. Incorre na mesma pena quem se abstém ou desiste de licitar em razão de vantagem oferecida.

Inicialmente, importante ressaltar que, este novo tipo penal possui duas condutas típicas previstas, equiparando a forma tentada à forma consumada do crime (**delito de atentado**), sendo que, a conduta de *"afastar"*, ou seja, impedir a participação de licitante, e a conduta de *"tentar afastar o licitante"*, são punias com a mesma pena, não havendo como se falar em *tentativa,* e podem ocorrer pelos seguintes meios:

A) Violência: da força física, chamada de *vis absoluta;*

B) Grave ameaça: é a imposição de temor na vítima, chamada de *vis relativa;*

C) Fraude: é o meio ardiloso, enganoso, capaz de afastar o licitante, por levá-lo a erro;

D) Oferecimento de vantagem de qualquer tipo: é o conhecido suborno com a promessa de qualquer forma de vantagem (econômica, profissional, sexual etc.) para que o agente deixe de participar da licitação.

No **parágrafo único** há a previsão de uma **modalidade equiparada**, que determina a punição de quem se abstém ou desiste de licitar, em razão da **vantagem oferecida**, logo, o sujeito que acabe aceitando a vantagem para se afastar da licitação, será punido com as mesmas penas impostas a quem lhe ofereceu essa vantagem. Obviamente que na hipótese do particular ter sofrido violência ou grave ameaça ou, ainda, ter sido induzido a erro pela fraude do autor, será vítima, e não poderá ser punido por nada.

A **pena** deste novo crime se tornou mais severa (**princípio da irretroatividade**), passando de detenção para reclusão com seus limites aumentados passando de 2 a 4 anos, para 3 a 5 anos, além da pena de multa, e ainda, em caso de violência, a pena correspondente a esta também será aplicada.

14.8 FRAUDE EM LICITAÇÃO OU CONTRATO ADMINISTRATIVO (ART. 337-L CP)

O novo tipo penal, previsto no Art. 337-L do CP, estabelece como crime:

"Fraudar, em prejuízo da Administração Pública, licitação ou contrato dela decorrente, mediante:

I – entrega de mercadoria ou prestação de serviços com qualidade ou em quantidade diversas das previstas no edital ou nos instrumentos contratuais;

II – fornecimento, como verdadeira ou perfeita, de mercadoria falsificada, deteriorada, inservível para consumo ou com prazo de validade vencido;

III – entrega de uma mercadoria por outra;

IV – alteração da substância, qualidade ou quantidade da mercadoria ou do serviço fornecido;

V – qualquer meio fraudulento que torne injustamente mais onerosa para a Administração Pública a proposta ou a execução do contrato:

Pena – reclusão, de 4 (quatro) anos a 8 (oito) anos, e multa."

Neste tipo penal a conduta de fraudar, enganar, ludibriar, irá ocorrer em prejuízo da Administração Pública, licitação ou contrato dela decorrente, sendo que está deverá acontecer, de **forma vinculada**, mediante uma das seguintes condutas:

A) entrega de mercadoria ou prestação de serviços com qualidade ou em quantidades diversas das previstas no edital ou nos instrumentos contratuais;

B) fornecimento, como verdadeira ou perfeita, de mercadoria falsificada, deteriorada, inservível para consumo ou com prazo de validade vencido;

C) entrega de uma mercadoria por outra;

D) alteração da substância, qualidade ou quantidade da mercadoria ou do serviço fornecido;

E) qualquer meio fraudulento que torne injustamente mais onerosa para a Administração Pública a proposta ou a execução do contrato:

A **pena** deste novo tipo penal sofreu alteração, passando de *detenção* de *3 a 6 anos* para *reclusão* de *4 a 8 anos*, mantida a previsão cumulativa da pena de multa.

Trata-se de **crime é comum**, que pode ser praticado por qualquer pessoa, que se consuma com a efetiva fraude em prejuízo da Administração (**crime material**), admitindo, portanto, normalmente, a forma tentada.

14.9 CONTRATAÇÃO INIDÔNEA (ART. 337-M CP)

O novo tipo penal, previsto no Art. 337-M do CP, estabelece como crime:

"Admitir à licitação empresa ou profissional declarado inidôneo:

Pena – reclusão, de 1 (um) ano a 3 (três) anos, e multa.

§ 1º Celebrar contrato com empresa ou profissional declarado inidôneo:

Pena – reclusão, de 3 (três) anos a 6 (seis) anos, e multa.

§ 2º Incide na mesma pena do caput deste artigo aquele que, declarado inidôneo, venha a participar de licitação e, na mesma pena do § 1º deste artigo, aquele que, declarado inidôneo, venha a contratar com a Administração Pública."

O tipo penal objetivo incrimina a conduta de **admitir à licitação** empresa ou profissional declarado inidôneo, sendo que, "admitir" significa permitir, consentir na participação de uma pessoa, seja física ou jurídica, inidônea em processo licitatório, o que evidentemente atenta contra a probidade administrativa e a confiança no próprio processo de licitação.

Como a referida admissão à licitação deve ser realizada por funcionário público competente para decidir quem pode, ou não, participar da licitação, trata-se de **crime próprio** de funcionário público.

No parágrafo segundo está prevista forma equiparada à figura do *caput* pela conduta do particular que, mesmo declarado inidôneo, *acabe efetivamente participando da licitação*, e o **parágrafo primeiro** prevê a **forma qualificada do delito (pena de reclusão de 3 a 6 anos)** para a conduta de efetiva <u>celebração de contrato</u> com empresa ou profissional declarado inidôneo, sendo ainda equiparada a forma qualificada a conduta daquele que, declarado inidôneo, venha estabelecer o contrato com a administração pública.

A **pena** deste novo crime passou de *detenção, de 6 meses a 2 anos e multa*, para reclusão de 1 a 3 anos para a forma simples e *reclusão de 3 a 6 anos* para a forma qualificada, em ambos os casos cumulada a multa e, sendo as novas penas mais gravosas, só serão aplicadas para crimes praticados após a *Lei 14.133/2021* ter entrado em vigor (**princípio da irretroatividade**).

14.10 IMPEDIMENTO INDEVIDO (ART. 337-N CP)

O novo tipo penal, previsto no Art. 337-N do CP, estabelece como crime:

"Obstar, impedir ou dificultar injustamente a inscrição de qualquer interessado nos registros cadastrais ou promover indevidamente a alteração, a suspensão ou o cancelamento de registro do inscrito:
Pena – reclusão, de 6 (seis) meses a 2 (dois) anos, e multa."

O **tipo penal objetivo** deste novo crime prevê as condutas de "obstar", ou seja, se opor, "impedir" ou "dificultar" injustamente a inscrição de qualquer interessado nos registros cadastrais, exigindo-se, para a tipificação da conduta, o preenchimento do elemento normativo "injustamente", sendo que, se o obstáculo ou dificuldade imposta, possuir autorização legal, a conduta será atípica.

Os limites mínimo e máximo de pena foram mantidos como já vinham previstos na Lei 8666/93 (6 meses a 2 anos), porém, a previsão da pena privativa de liberdade foi alterada de detenção para reclusão, sendo mantida a pena de multa cumulativa.

Quanto a **consumação,** nas modalidades de *"obstar"* e *"impedir"*, como se faz necessário que a inscrição não ocorra para o crime se consumar trata-se de **crime é material**, bem como na conduta de *"promover"*, o crime também é **material**, pois só se consuma com a efetiva alteração, suspensão ou cancelamento do registro. Porém, na conduta de "dificultar", por não é necessária a produção deste ou qualquer outro resultado, trata-se de **crime de mera conduta**.

14.11 OMISSÃO GRAVE DE DADO OU DE INFORMAÇÃO POR PROJETISTA (ART. 337-O CP)

O novo tipo penal, previsto no Art. 337-O do CP, estabelece como crime:

"Omitir, modificar ou entregar à Administração Pública levantamento cadastral ou condição de contorno em relevante dissonância com a realidade, em frustração ao caráter competitivo da licitação ou em detrimento da seleção da proposta mais vantajosa para a Administração Pública, em contratação para a elaboração de projeto básico, projeto executivo ou anteprojeto, em diálogo competitivo ou em procedimento de manifestação de interesse:

Pena – reclusão, de 6 (seis) meses a 3 (três) anos, e multa.

§ 1º Consideram-se condição de contorno as informações e os levantamentos suficientes e necessários para a definição da solução de projeto e dos respectivos preços pelo licitante, incluídos sondagens, topografia, estudos de demanda, condições ambientais e demais elementos ambientais impactantes, considerados requisitos mínimos ou obrigatórios em normas técnicas que orientam a elaboração de projetos.

§ 2º Se o crime é praticado com o fim de obter benefício, direto ou indireto, próprio ou de outrem, aplica-se em dobro a pena prevista no caput deste artigo."

Inicialmente, importante ressaltar que, este tipo penal não era previsto na antiga Lei de Licitações e Contratos Administrativos, e possui como condutas típicas: "omitir" (deixar de fazer); "modificar" (alterar) e "entregar" (fornecer) à Administração pública **levantamento cadastral ou condição de contorno,** nas seguintes condições:

A) em relevante dissonância com a realidade

B) em frustração ao caráter competitivo da licitação

C) em detrimento da seleção da proposta mais vantajosa para a Administração Pública

Sendo que, essas condutas, para a configuração do delito, devem ocorrer em situação de contratação para a elaboração de projeto básico, projeto executivo ou anteprojeto; diálogo competitivo ou procedimento de manifestação de interesse.

O **levantamento** é a pesquisa ou investigação para coleta de dados, envolvendo informações cadastrais, e a citada **condição de contorno** é definida pelo parágrafo primeiro como sendo *as informações e os levantamentos suficientes e necessários para a definição da solução de projeto e dos respectivos preços pelo licitante, incluídos sondagens, topografia, estudos de demanda, condições ambientais e demais elementos ambientais impactantes, considerados requisitos mínimos ou obrigatórios em normas técnicas que orientam a elaboração de projetos.*

O **parágrafo segundo** prevê modalidade do crime com a pena majorada (causa de aumento de pena) quando o crime for praticado *com o fim de obter benefício, direto ou indireto, próprio ou de outrem*, aplicando-se assim a pena do *caput* em dobro.

Por fim, já que não se exige a produção concreta de qualquer dano ou prejuízo à administração pública, trata-se de **crime formal** que se consuma com a simples prática de qualquer das condutas formalmente previstas no tipo, admitindo-se, via de regra, a tentativa, exceto na modalidade de "omitir", que por ser conduta omissiva não pode ser fracionada.

14.12 REGRAS ESPECÍFICAS SOBRE AS PENAS DE MULTA (ART. 337-P CP)

O artigo 337-P do CP veio para estabelecer **regras específicas** a respeito da aplicação da **pena de multa,** para todos os crimes previstos no novo Capítulo II-B do Código Penal, que passou a tratar dos crimes em licitações e contratos administrativos.

De acordo com o referido dispositivo legal as penas de multa cominadas aos crimes previstos neste capítulo serão calculadas de acordo com as regras gerais previstas no *Código Penal*, porém, não podendo ser inferiores a 2% (dois por cento) do valor do contrato licitado ou celebrado com contratação direta. Logo, a pena de multa seguirá normalmente as regras do sistema de Dias-multa (Art. 49 CP) adotado em nosso Código Penal, porém, possuindo um patamar mínimo de valor, qual seja, 2% (dois por cento) do valor do contrato licitado ou celebrado com contratação direta.

Por fim, importante ressaltar que as **penas de multa** aplicadas a estes crimes deverão ser destinadas ao *Fundo Penitenciário*, conforme a regra geral presente no artigo 49 do Código Penal, devido à revogação *da Lei 8.666/93*, que determinava que o valor da multa, nestas espécies de crimes, seria destinado à Fazenda Pública.

Dos crimes contra a administração da justiça

15.1 REINGRESSO DE ESTRANGEIRO EXPULSO (ART. 338 DO CP)

15.1.1 Tipo penal

Este *tipo penal* prevê como crime, punido com pena de *reclusão de 1 a 4 anos*, a conduta de *reingressar no território nacional o estrangeiro que dele foi expulso*, sendo que, além da pena de reclusão imposta, <u>nada impede que haja nova expulsão após o cumprimento da pena</u>.

Trata-se de **crime próprio** que só pode ser praticado por estrangeiro e que tenha sido formalmente expulso do território nacional.

15.1.2 Consumação e Tentativa

A **consumação** ocorre quando o estrangeiro, que havia sido expulso, efetivamente entra no território nacional (**crime de mera conduta**), sendo que a **tentativa** é possível, embora haja divergência doutrinária, já que, a conduta de reingressar é fracionável e o agente, ao atuar, pode ser impedido de entrar no território nacional.

15.2 DENUNCIAÇÃO CALUNIOSA (ART. 339 DO CP)

O crime de *denunciação caluniosa* foi objeto de duas mudanças legislativas recentes, com a aprovação do crime de denunciação caluniosa eleitoral, introduzido no *Código Eleitoral* pela Lei 13.834, de 4 de junho de 2019 e através da Lei 14.110, de 18 de dezembro de 2020, que alterou o *artigo 339 do Código Penal*, que trata do crime de denunciação caluniosa.

Com o advento da **Lei 14.110/2020**, somente o *caput* do artigo 339 do Código Penal sofreu alterações, que resultou em certa ampliação das condutas incriminadas, ficando o crime de denunciação caluniosa previsto da seguinte forma:

> *Art. 339 Dar causa à instauração de inquérito policial, de procedimento investigatório criminal, de processo judicial, de processo administrativo disciplinar, de inquérito civil ou de ação de improbidade administrativa contra alguém, imputando-lhe crime, infração ético-disciplinar ou ato ímprobo de que o sabe inocente:*
>
> *Pena – reclusão, de dois a oito anos, e multa.*
>
> *§ 1º – A pena é aumentada de sexta parte, se o agente se serve de anonimato ou de nome suposto.*
>
> *§ 2º A pena é diminuída de metade, se a imputação é de prática de contravenção.*

15.2.1 Tipo objetivo

Este tipo penal prevê como crime, punido com pena de *reclusão de 2 a 8 anos e multa*, a conduta de *dar causa à instauração de* **inquérito policial**, *de* **procedimento investigatório criminal**, *de processo judicial, de* **processo administrativo disciplinar**, *de inquérito civil ou de ação de improbidade administrativa contra alguém, imputando-lhe crime, infração ético- -disciplinar ou ato ímprobo de que o sabe inocente.*

Em suma foram feitas alterações em alguns termos presentes no tipo penal, de modo a abarcar condutas antes não previstas que, porém, por serem mais abrangentes, serão consideradas *novatio legis in pejus* e por isso irretroativas.

Logo, é fundamental que o agente saiba que a vítima é inocente e tenha o **dolo específico** de fazer uma denunciação falsa.

O **sujeito ativo** pode ser qualquer pessoa (**crime comum**), porém, o **sujeito passivo**, embora também possa ser qualquer um, deve ser *pessoa determinada* contra quem será instaurado o inquérito ou processo, sendo que se a imputação falsa for de uma contravenção, haverá crime, mas a pena será reduzida de *1/2* (**Art. 339, § 2º CP**).

Além da referida *causa de diminuição de pena* (Art. 339 § 2º do CP) se a imputação é de *prática de contravenção*, o **parágrafo 1º do Art. 339 CP** prevê uma **causa de aumento de pena** de *1/6*, se ao atuar o agente *se serve de anonimato ou de nome suposto*.

15.2.2 Consumação e Tentativa

Para que haja a **consumação** é preciso que haja a efetiva instauração "*de inquérito policial, de procedimento investigatório criminal*, de processo judicial, *de processo administrativo disciplinar*, de inquérito civil ou de ação de improbidade administrativa contra alguém"* (crime material), sendo que, neste crime, a falsidade poderá recair sobre *autoria* (o crime existiu, mas é imputado a pessoa inocente) ou sobre a existência da própria *infração* (um fato que não ocorreu).

Importante destacar que, atualmente, exige-se a efetiva instauração do inquérito ou do procedimento investigatório para que se configure o crime, enquanto antes da mudança legislativa, bastava qualquer diligência investigatória para a sua consumação. Além disso, hoje exige-se que se acuse alguém que se saiba ser inocente de ter praticado crime, infração ético-disciplinar ou ato ímprobo, enquanto, antes da mudança, a lei só mencionava expressamente *"crime"*, mas não citava "infração ético disciplinar" que não configure crime.

Já a **tentativa** é admissível, quando o agente atua, mas, por motivos alheios a sua vontade, não consegue dar causa ao inquérito policial, ao procedimento investigatório, processo judicial, à ação administrativa etc. pois trata-se de conduta fracionável (**crime plurissubsistente**), além de se tratar de *crime material* que exige a efetiva produção desses resultados para se consumar.

Importante lembrar que o crime de **denunciação caluniosa** não se confunde com o **crime de calúnia** (Art. 138 CP), pois, embora em ambos os crimes haja imputação falsa de crime, na *denunciação caluniosa* o agente vai além, uma vez que dá causa à instauração de inquérito policial, procedimento investigatório criminal, de processo judicial, instauração de processo administrativo disciplinar, inquérito civil ou ação de improbidade administrativa, lesionando assim o bem jurídico "Administração da Justiça".

Já na **calúnia**, que é *crime contra a honra objetiva*, há apenas ofensa à imagem do agente perante a sociedade, através da atribuição falsa de um crime, sendo que, em hipótese de conflito aparente de normas a *calúnia* será <u>absorvida</u> (**crime-meio**) pela *denunciação caluniosa* (**princípio da consunção**).

15.3 COMUNICAÇÃO FALSA DE CRIME OU DE CONTRAVENÇÃO (ART. 340 DO CP)

15.3.1 Tipo objetivo

Este tipo penal prevê como crime, punido com pena de *detenção de 1 a 6 meses ou multa*, a conduta de *provocar a ação de autoridade, comunicando-lhe a ocorrência de crime ou de contravenção que sabe não se ter verificado.*

É fundamental ressaltar a <u>diferença</u> existente entre este crime de **comunicação falsa de crime ou contravenção** e o crime de **denunciação caluniosa** (Art. 339 CP), já que na *comunicação falsa de crime ou contravenção*, o comunicado é fictício e genérico a respeito de um fato, não havendo imputação de autoria a uma pessoa determinada, enquanto na *denunciação caluniosa* ocorre uma <u>imputação específica</u> de um crime a um terceiro específico, que se sabe inocente, dando causa a instauração de inquérito ou processo judicial.

15.3.2 Consumação e Tentativa

A **consumação** ocorre no momento em que a autoridade começa a agir, para apurar e investigar o fato, sendo que, autoridade pública pode ser judicial, policial ou administrativa, sendo que, a **tentativa** é possível, mas de difícil configuração prática, acontecendo quando o agente atua visando provocar a atuação da autoridade pública, mas, por motivos alheios a sua vontade, isto não ocorre.

Importante lembrar que é possível, através do **arrependimento eficaz (Art. 15 CP)**, se <u>afastar a tipicidade</u> do fato se o agente, após a comunicação falsa, mas antes da ação da autoridade, assumir a falsidade de sua comunicação evitando assim que a autoridade pública chegue a atuar.

15.4 AUTOACUSAÇÃO FALSA (ART. 341 DO CP)

15.4.1 Tipo objetivo

Este tipo penal prevê como crime, punido com pena de *detenção de 3 meses a 2 anos ou multa*, a conduta de *acusar-se, perante a autoridade, de crime inexistente ou praticado por outrem.*

Neste crime o <u>próprio agente</u> assume a autoria, coautoria ou participação em *crime inexistente ou praticado por outrem*, diferentemente do crime de **denunciação caluniosa** (Art. 339 do CP), em que o agente acusa *um terceiro inocente*, porém, importante lembrar que, em face da ausência de previsão legal, **não** haverá crime de **autoacusação falsa** se o agente se atribuir falsamente a *prática de contravenção.*

15.4.2 Consumação e Tentativa

A **consumação** ocorre no momento em que o agente pratica a conduta e a autoridade toma conhecimento da autoacusação falsa (**crime de mera conduta**), sendo que, a **tentativa** é possível nas hipóteses em que a conduta típica vier a ser *plurissubsistente* e puder ser fracionada (Ex: por escrito).

15.5 FALSO TESTEMUNHO OU FALSA PERÍCIA (ART. 342 DO CP)

15.5.1 Tipo objetivo

Este tipo penal prevê como crime, punido com pena de *reclusão de 2 a 4 anos e multa*, a conduta de *fazer afirmação falsa, ou negar ou calar a verdade como testemunha, perito, contador, tradutor ou intérprete em processo judicial, ou administrativo, inquérito policial, ou em juízo arbitral.*

Podemos definir as *condutas típicas* previstas da seguinte forma:

a) fazer afirmação falsa: o agente faz declaração diferente daquilo que sabe.

b) negar a verdade: o agente nega ter presenciado fato de que teve conhecimento (Ex: testemunha presenciou o fato, mas afirma não ter visto nada).

c) calar a verdade: o agente se recusa a responder pergunta ou oculta fatos que sabe.

Para a caracterização da falsidade do testemunho há *duas teorias*, uma de **natureza objetiva**, em que para que ocorra a falsidade basta que o relato seja diverso dos fatos ocorridos, e outra **subjetiva** (**majoritária**) em que a falsidade se vincula ao *elemento subjetivo* (dolo) e só ocorre quando <u>há contradição</u> entre o fato efetivamente presenciado pela testemunha e aquilo que ela relatou ou omitiu falsamente.

De acordo com a **teoria subjetiva** (**majoritária**) mesmo que não seja verdadeiro aquilo que a testemunha afirmar, não significa que necessariamente o agente esteja cometendo o crime de falso testemunho, pois, se o fato for *algo que o agente acredita ser verdade*, <u>afasta-se o dolo</u> de fazer afirmação falsa e sua conduta será **atípica**.

Importante lembrar que, para que haja crime, a falsidade esta deve se referir a *fato juridicamente relevante*, ou seja, a fato que possa interferir na decisão da autoridade pública, entretanto, para que haja o crime, basta a mera possibilidade de interferir, *independentemente da ocorrência de qualquer resultado concreto* (**crime formal**).

Quanto à necessidade do *compromisso* para que se caracterize o crime há duas posições:

(a) a testemunha, independentemente do compromisso, <u>pode cometer</u> o crime, simplesmente por não ter cumprido o dever de afirmar a verdade (**majoritária**);

(b) se a testemunha não estiver compromissada, **não** cometerá crime (**minoritária**).

15.5.2 Consumação e Tentativa

A **consumação** se dá com o encerramento do depoimento, já que o agente pode retificar sua declaração até o final do depoimento, já na conduta de *falsa perícia*, a **consumação** ocorre com a entrega do laudo falso, e na conduta *realizada pelo contador*, a **consumação** ocorre com a entrega dos cálculos adulterados ou errados.

A **tentativa** é possível somente quando a conduta típica for realizada de forma *plurissubsistente* e puder ser fracionada (ex.: testemunho ser prestado por escrito).

Embora haja posicionamento divergente, o próprio **STF** já decidiu que, quanto ao **concurso de agentes**, em face da *teoria do domínio do fato*, é <u>possível</u> tanto a *coautoria* quanto a *participação* neste crime, mesmo se tratando classicamente de um **crime de mão**

própria, classificação em que boa parte da doutrina tradicional **não** aceita a existência da *coautoria*.

De acordo com o **Art. 342 § 1º do CP** as **penas aumentam-se** de um *sexto a um terço* se o crime é praticado mediante suborno, se cometido com o fim de obter prova destinada a produzir efeito em processo penal ou em processo civil em que seja parte uma entidade da administração pública direta ou indireta.

Admite-se ainda a **retratação do agente (Art. 342, § 2º, do CP)** e o ato deixa de ser punível (*extinção da punibilidade*) se, <u>antes da sentença</u>, no processo em que ocorreu o ilícito, o agente se retrata do que afirmou ou declara a verdade.

15.6 CORRUPÇÃO ATIVA DE TESTEMUNHA, PERITO, CONTADOR, TRADUTOR OU INTÉRPRETE (ART. 343 CP)

15.6.1 Tipo objetivo

Este tipo penal prevê como crime, punido com pena de *reclusão de 3 a 4 anos e multa*, a conduta de *dar, oferecer ou prometer dinheiro ou qualquer outra vantagem a testemunha, perito, contador, tradutor ou intérprete, para fazer afirmação falsa, negar ou calar a verdade em depoimento, perícia, cálculos, tradução ou interpretação.*

De acordo com esta previsão legal o agente que *dá, oferece* ou *promete* vantagem para perito, contador, tradutor ou intérprete, pratica o crime do **Art. 343 do CP**, enquanto a testemunha, perito, contador, tradutor ou intérprete (não oficiais), que **recebe** ou **aceita** promessa de vantagem responderá pelo crime de **falso testemunho** com a *pena aumentada* (Art. 342 § 1º CP).

15.6.2 Consumação e Tentativa

Trata-se de **crime formal**, cuja **consumação** ocorre no momento em que o agente dá, oferece ou promete vantagem, independentemente de qualquer resultado concreto, sendo que, a **tentativa** será possível quando a conduta for *plurissubsistente* e puder ser fracionada (Ex: por escrito).

De acordo com o **parágrafo único** deste artigo as penas também se aumentam de *1/6 a 1/3*, se o crime for cometido com o *fim de obter prova* destinada a produzir efeito em processo penal, ou em processo civil, em que for parte entidade da *administração pública direta ou indireta.*

15.7 COAÇÃO NO CURSO DO PROCESSO (ART. 344 DO CP)

15.7.1 Tipo objetivo

Este tipo penal prevê como crime, punido com **pena** de *reclusão, de 1 a 4 anos e multa*, além da pena correspondente à violência, a conduta de *usar de violência ou grave ameaça, com o fim de favorecer interesse próprio ou alheio, contra autoridade, parte, ou qualquer outra pessoa que funciona ou é chamada a intervir em processo judicial, policial ou administrativo, ou em juízo arbitral*.

Trata-se de **crime comum**, que pode ser praticado por *qualquer pessoa*, porém, o **sujeito passivo**, vítima da ameaça ou da violência, deverá ser o *Delegado de Polícia, Promotor de Justiça, Juiz* ou mesmo *as partes* (autor ou réu) envolvidas no processo.

15.7.2 Consumação e Tentativa

A **consumação** se dá no momento do emprego da violência ou grave ameaça, com o fim específico (**especial fim de agir**) de favorecimento próprio ou de terceiros, *independentemente da obtenção deste fim visado* pelo agente (**crime formal**), sendo que, a **tentativa** é possível, porém de difícil ocorrência prática, quando se tratar de conduta fracionável, *plurissubsistente*, ocorrendo principalmente quando realizada na forma escrita no que tange a ameaça.

15.7.3 Causa de Aumento de Pena

A **Lei 14.245/2022** inseriu o **parágrafo único** ao **Art. 344 do CP**, estabelecendo uma causa especial de aumento de pena de *1/3 até a metade se o processo envolver crime contra a dignidade sexual*.

15.8 EXERCÍCIO ARBITRÁRIO DAS PRÓPRIAS RAZÕES (ART. 345 DO CP)

15.8.1 Tipo objetivo

Este tipo penal prevê como crime, punido com pena de *detenção de 15 dias a 1 mês ou multa*, além da pena correspondente à violência, a conduta de *fazer justiça pelas próprias mãos, para satisfazer pretensão, embora legítima, salvo quando a lei o permite*.

O *fundamento* desse crime é o fato de que compete ao Estado a solução dos conflitos de interesses, e as pessoas não estão autorizadas a <u>fazer justiça pelas próprias mãos</u>, salvo em algumas hipóteses.

Somente haverá este crime quando a **pretensão for legítima**, ou seja, quando estiver amparada pelo direito, podendo ser de natureza real, pessoal, de família etc. (Ex.: o locador invade a casa do locatário inadimplente e lhe retira à força, em vez de ajuizar a devida ação de despejo).

Esse crime poderá ser executado por meio de *violência, ameaça, fraude, subtração*, dentre outras, e, de acordo com expressa previsão legal, ocorrendo *violência* o agente *responderá também pelas penas correspondentes a ela*.

Podemos usar como exemplo a seguinte hipótese:

– "**A**" encontra o devedor "**B**" que está lhe devendo dinheiro, então agride o devedor para retirar a quantia em dinheiro da sua carteira. "A" responderá por *exercício arbitrário das próprias razões* e pelas lesões corporais praticadas.

15.8.2 Consumação e Tentativa

A **consumação** se dá somente com o emprego da violência, independente da satisfação, pelo agente, da pretensão por ele visada, sendo assim, a maioria da doutrina considera este crime como sendo de natureza **formal**, pois se consuma com a realização da *conduta independentemente da produção do resultado*, ou seja, da satisfação da pretensão.

A **tentativa** será de difícil ocorrência, pois a conduta é considerada *unissubsistente* e não pode ser fracionada.

15.8.3 Ação penal (Art. 345, parágrafo único CP)

A **ação penal** será **privada** se *não há emprego de violência*, sendo que, nas demais hipóteses, ou seja, se há emprego de violência, a ação penal será **pública incondicionada** (regra geral).

15.9 EXERCÍCIO ARBITRÁRIO DAS PRÓPRIAS RAZÕES II (ART. 346 DO CP)

15.9.1 Tipo objetivo

Este tipo penal prevê apenas uma *outra forma* de **exercício arbitrário das próprias razões,** realizada através das condutas de *tirar, suprimir, destruir ou danificar coisa própria, que se acha em poder de terceiro por determinação judicial ou convenção,* sendo punido com pena de *detenção de 6 meses a 2 anos, e multa.*

Trata-se de **crime próprio** pois o **sujeito ativo** será *somente o proprietário da coisa* que se tirou, suprimiu, destruiu ou danificou, quando se achava em poder de outrem, já o **sujeito passivo** é o Estado e a pessoa que se achava na posse do objeto material do tipo (coisa móvel ou imóvel sob responsabilidade de outrem).

15.9.2 Consumação e Tentativa

A **consumação** se dá com o efetivo dano ou supressão da coisa (**crime material**) e, por isso, a **tentativa** é plenamente possível, quando o resultado pretendido na conduta não vier a se realizar por motivos alheios a vontade do agente.

15.10 FRAUDE PROCESSUAL (ART. 347 DO CP)

15.10.1 Tipo objetivo

Este tipo penal prevê como crime, punido com **pena** de *detenção de 3 meses a 2 anos e multa*, a conduta de *inovar artificiosamente, na pendência de processo civil ou administrativo, o estado de lugar, de coisa ou de pessoa, com o fim de induzir a erro o juiz ou o perito.*

A *inovação artificiosa* consiste em modificar, alterar substituir determinada situação referente ao estado de lugar de coisa ou de pessoa, sendo que, é importante lembrar que, de acordo com o **parágrafo único** deste artigo, caso a inovação se destine a produzir efeito em processo penal, ainda que não iniciado, as *penas aplicam-se em <u>dobro.</u>*

15.10.2 Consumação e Tentativa

A **consumação** ocorre com a simples prática da conduta de inovar, independentemente de se produzir o resultado previsto no tipo (induzir a erro), tratando-se, portanto, de **crime formal**, sendo a **tentativa** possível pois a conduta de inovar é considerada *plurissubsistente* e pode ser fracionada, interrompida.

Existe previsão específica, que irá prevalecer (**regra da especialidade**), desta conduta quando for praticada no trânsito (**Art. 312 do CTB**), através da qual constitui crime inovar artificiosamente, <u>em caso de acidente automobilístico com vítima</u>, na pendência do respectivo procedimento policial preparatório, inquérito policial ou processo penal, o estado de lugar, de coisa ou de pessoa, a fim de induzir a erro o agente policial, o perito, ou juiz.

15.11 FAVORECIMENTO PESSOAL (ART. 348 DO CP)

15.11.1 Tipo objetivo

Este *tipo penal* prevê como crime, punido com **pena** de *detenção de 1 a 6 meses e multa*, a conduta de *auxiliar autor de crime a subtrair-se à ação de autoridade pública.*

Para que ocorra o favorecimento, o auxílio deve ocorrer após a consumação do crime anterior, logo, o agente não pode ter sido coautor ou partícipe do crime praticado pelo terceiro (Ex.: após a prática do crime, o agente recorre a um amigo que lhe dá abrigo por 3 dias até que a polícia pare de procurá-lo pela região).

Sendo assim, se o auxílio for *anterior ou concomitante* ao crime o acusado responderá como partícipe ou mesmo coautor do crime praticado.

Importante lembrar que, por ausência de previsão expressa no tipo, **não** ocorre o crime de **favorecimento pessoal** se a conduta se referir a autor de uma *contravenção penal*, assim como **não** há o favorecimento se no fato anterior houve uma causa de *exclusão da culpabilidade* ou *excludente de ilicitude* (**Art. 23 do CP**).

Embora haja divergência parte da doutrina afirma que também <u>não haverá o crime</u> de **favorecimento real** se tiver havido uma *causa de extinção da punibilidade* (**Art. 107 CP**), ou *escusa absolutória* (**Art. 181 do CP**), no crime anteriormente realizado pelo favorecido.

15.11.2 Consumação e Tentativa

A **consumação** ocorre no momento da prestação do auxílio, no ato da ocultação, independentemente da produção de qualquer resultado posterior, ou seja, do sucesso, ou não, da ocultação do agente (**crime formal**), e o crime estará consumado mesmo que o agente seja encontrado.

A **tentativa** é possível já que a conduta pode ser fracionada e interrompida, por motivos alheios à vontade do agente, e o autor não chegar a ser ocultado.

15.11.3 Forma privilegiada (Art. 348 § 1º CP)

Se o crime praticado pelo favorecido era *menos grave*, ou seja, punido com pena que não seja de reclusão (por exemplo: detenção/multa), a pena do **favorecimento pessoal** será de *detenção de 15 dias a 3 meses e multa*.

15.11.4 Isenção de pena (Art. 348 § 2º CP)

O **§ 2º do art. 348 CP** prevê uma **causa pessoal de isenção de pena** se quem presta o auxílio é *ascendente, descendente, cônjuge ou irmão do criminoso*, logo, trata-se de uma **escusa absolutória,** que isenta o agente de pena e, por possuir caráter pessoal, personalíssimo, não se comunica a outros participantes (coautores ou partícipes) do favorecimento.

15.12 FAVORECIMENTO REAL (ARTS. 349 E 349-A DO CP)

15.12.1 Tipo objetivo

Este tipo penal prevê como crime, punido com pena de *detenção de 1 a 6 meses, e multa*, a conduta de *prestar a criminoso, fora dos casos de coautoria ou de receptação, auxílio destinado a tornar seguro o proveito do crime*.

Neste crime o auxílio também deve ocorrer *após a consumação* do delito anterior, já que o agente **não** pode ter sido coautor ou partícipe do crime realizado pelo favorecido.

A diferença entre as duas espécies de favorecimento previstas no Código Penal é que no **Favorecimento real** o sujeito visa tornar seguro o **proveito do crime**, enquanto no **favorecimento pessoal** o sujeito visa tornar seguro o **autor** de um *crime antecedente*.

No que tange às diferenças entre o **favorecimento real** e o crime de *receptação, é que* na **receptação** (**Art. 180 do CP**), o agente visa proveito próprio ou de terceiros (terceiro que **não seja autor** do crime anterior) e, portanto, ao receptar o produto de crime pretende uma vantagem econômica *para si ou para outrem*, enquanto no *favorecimento real*, o **único** beneficiado é o próprio autor do *crime* antecedente.

15.12.2 Consumação e Tentativa

A **consumação** ocorre com o efetivo auxílio prestado, independentemente de qualquer outro resultado concreto, ou mesmo do sucesso do favorecimento (**crime formal**), sendo que, a **tentativa** é possível em certos casos em que se fracione a conduta, sendo, porém, de difícil configuração prática.

15.13 FAVORECIMENTO ESPECÍFICO (ART. 349-A DO CP)

15.13.1 Tipo objetivo

Este *tipo penal* prevê como crime, punido com **pena** de *detenção de 3 meses a 1 ano*, a conduta de *ingressar, promover, intermediar, auxiliar ou facilitar a entrada de aparelho telefônico de comunicação móvel, de rádio ou similar, sem autorização legal, em estabelecimento prisional.*

Trata-se de **crime comum**, praticado por qualquer pessoa, porém, de acordo com a **regra da especialidade**, se o **sujeito ativo** do favorecimento for o *diretor de penitenciária e/ou agente público* que deixa de cumprir seu dever de vedar ao preso o acesso a aparelho telefônico, de rádio ou similar, que permita a comunicação com outros presos ou com o ambiente externo, este responde pelo crime do **Art. 319-A do CP**, modalidade específica de *prevaricação*.

15.13.2 Consumação e Tentativa

A **consumação** ocorre com a efetiva entrada do aparelho proibido no estabelecimento prisional (**crime material**), sendo que, a **tentativa** é plenamente possível, se o agente atua, mas, por motivos alheios a sua vontade, a entrada do aparelho não chega a ocorrer.

15.14 EXERCÍCIO ARBITRÁRIO OU ABUSO DE PODER (ART. 350 DO CP)

15.14.1 Tipo objetivo

Este *tipo penal* prevê como crime, punido com pena de *detenção de 1 mês a 1 ano* a conduta daquele que *ordenar ou executar medida privativa de liberdade individual, sem as formalidades legais ou com abuso de poder.*

Trata-se de **crime próprio**, que só pode ser praticado por **funcionário público**, sendo que, existe forte posicionamento doutrinário afirmando ter havido a **revogação tácita** do **Art. 350 CP,** pela agora também revogada *Lei de Abuso de autoridade* (Lei nº 4.898/65).

15.14.2 Consumação e Tentativa

A **consumação** ocorre quando o funcionário público *ordenar* a medida (**crime formal**) ou, na conduta de executar, quando efetivamente a medida for realizada (**crime material**), sendo que, a **tentativa** é admitida em ambas as condutas, porém, na primeira (ordenar) somente quando esta for fracionável, via de regra quando for realizada *por escrito.*

De acordo com o **parágrafo único** deste artigo responde também pelo crime, incorrendo nas mesmas penas, o *funcionário* que:

I – ilegalmente recebe e recolhe alguém a prisão, ou a estabelecimento destinado a execução de pena privativa de liberdade ou de medida de segurança.

II – prolonga a execução de pena ou de medida de segurança, deixando de expedir em tempo oportuno ou de executar imediatamente a ordem de liberdade;

III – submete pessoa que está sob sua guarda ou custódia a vexame ou a constrangimento não autorizado em lei.

IV – efetua, com abuso de poder, qualquer diligência.

15.15 FUGA DE PESSOA PRESA OU SUBMETIDA A MEDIDA DE SEGURANÇA (ART. 351 DO CP)

15.15.1 Tipo objetivo

Este tipo penal prevê como crime, punido com pena *detenção, de 6 meses a 2 anos* a conduta de *promover ou facilitar a fuga de pessoa legalmente presa ou submetida a medida de segurança detentiva.*

O conceito de **fuga** se refere à escapada ou o rápido afastamento do local onde o agente estiver detido, e esta fuga pode se concretizar ainda que não seja definitiva, porém, importante lembrar que, para que haja este crime a <u>prisão deve ser legal,</u> legítima.

Importante lembrar que, incide a <u>circunstância qualificadora</u> (**Art. 351 § 1º CP**), e a pena será de *reclusão de 2 a 6 anos*, se o crime é praticado a *mão armada*, ou por *mais de uma pessoa*, ou *mediante arrombamento*, e caso haja emprego de *violência* contra pessoa, aplica-se também a pena correspondente à violência.

Com base no **Art. 351 § 3º do CP** a pena será de *reclusão de 1 a 4 anos*, se o crime for praticado por pessoa sob cuja custódia ou guarda está o preso ou o internado, e nesta hipótese, em caso de <u>culpa do funcionário</u> incumbido da custódia ou guarda, aplica-se a *pena de detenção, de 3 (três) meses a 1 (um) ano, ou multa* (**§ 4º**).

15.15.2 Consumação e Tentativa

A **consumação** ocorre quando *acontece a fuga* que foi facilitada ou promovida pelo agente, logo, a **tentativa** é plenamente possível quando o sujeito ativo pratica as condutas típicas, mas, por motivos alheios a sua vontade, a fuga não chega a ocorrer (**crime material**).

15.16 EVASÃO MEDIANTE VIOLÊNCIA CONTRA A PESSOA (ART. 352 DO CP)

15.16.1 Tipo objetivo

Este *tipo penal* prevê como crime, punido com **pena** de *detenção, de 3 meses a 1 ano*, além da pena correspondente à violência, a conduta do preso ou o indivíduo submetido a medida de segurança detentiva que *evadir-se ou que tentar evadir-se, usando de violência contra a pessoa*.

Importante lembrar que, se o agente foge ou tenta fugir, *sem utilizar-se de violência contra a pessoa*, não comete este delito, e o fato será **atípico**.

Trata-se de **crime próprio** pois o **sujeito ativo** será somente pessoa presa ou submetida a medida detentiva (internação).

15.16.2 Consumação e Tentativa

A **consumação** ocorre com a efetiva evasão mediante o emprego de violência contra pessoa, sendo que, a **tentativa não** é admitida já que o próprio tipo penal equipara a forma tentada de evasão à consumação da fuga, sendo chamado, portanto, de **crime de atentado** (consumação e tentativa são punidas da mesma forma).

15.17 ARREBATAMENTO DE PRESO (ART. 353 DO CP)

15.17.1 Tipo objetivo

Este tipo penal prevê como crime, punido com **pena** de *reclusão, de 1 a 4 anos*, além da pena correspondente à violência, a conduta de *arrebatar* (tirar com violência) *preso, a fim de maltratá-lo, do poder de quem o tenha sob custódia ou guarda*, sendo que, conforme expressa previsão o agente responde também pela violência praticada.

Como o crime prevê a conduta de arrebatar o preso, logo o *objetivo do agente* **não** é a fuga do preso, mas sim de *tirá-lo da custodia legal* e legítima em que se encontra *para maltratá-lo* (**especial fim de agir**), sendo indiferente para a ocorrência do crime que o preso esteja em estabelecimento penitenciário ou não.

Trata-se, portanto, de **crime comum**, que pode ser cometido por *qualquer pessoa*, inclusive o funcionário público (Ex.: pessoa que acaba de ser presa em flagrante, sendo arrebatada por populares com o fim de praticarem lesão corporal).

15.17.2 Tipo subjetivo

Este crime só é punido a título de **dolo**, vontade livre de arrebatar pessoa (preso) que está sob custódia ou guarda de outrem, porém, exige-se um **elemento subjetivo especial**, *especial fim de agir*, contido na expressão *"a fim de"*, qual seja, o fim específico de *realizar maus-tratos* no referido preso.

15.17.3 Consumação e Tentativa

A **consumação** ocorre quando o *efetivo arrebatamento* é realizado, ou seja, quando o preso é retirado da esfera de domínio da autoridade pública, mesmo que os maus tratos não cheguem a ser realizados (**crime formal**), sendo que, como a conduta de arrebatar é *plurissubsistente*, e pode ser fracionada, interrompida, nada impede a **tentativa**.

15.18   MOTIM DE PRESOS (ART. 354 DO CP)

15.18.1   Tipo objetivo

Este *tipo penal* prevê como crime, punido com **pena** de *detenção, de 6 (seis) meses a 2 (dois) anos*, além da pena correspondente à violência, a conduta de *amotinarem-se presos, perturbando a ordem ou disciplina da prisão*, ou seja, a conhecida rebelião de presos que integrem o sistema penitenciário nacional.

Não havendo qualquer *finalidade específica* exigida pelo tipo, para que haja crime não importa se os presos estão agindo para o fim de reivindicações justas ou não, vingança, fuga ou pressão sobre funcionários do presídio.

Trata-se de **crime de concurso necessário**, ou seja, requer a participação de 2 ou mais agentes em conjunto, porém, há entendimento doutrinário afirmando que o mínimo necessário de agentes deve ser de **3 (três)**, além de também ser um **crime próprio**, já que só pode ser realizado por "presos".

15.18.2   Consumação e Tentativa

Trata-se de **crime material** e, portanto, a **consumação** ocorre com a efetiva perturbação da ordem ou da disciplina da prisão em face do motim, logo, a **tentativa** é plenamente possível quando, iniciado *motim*, isto não ocorre por motivos alheios a vontade do agente.

15.19 PATROCÍNIO INFIEL (ART. 355 DO CP)

15.19.1 Tipo objetivo

Este tipo penal prevê como crime, punido com **pena** de detenção, de *6 (seis) meses a 3 (três) anos, e multa,* a conduta de *trair, na qualidade de advogado ou procurador, o dever profissional, prejudicando interesse cujo patrocínio, em juízo, lhe é confiado,* ou seja, este crime consiste na traição do dever profissional de advogado, prejudicando o interesse que alguém lhe confiou a defesa de uma causa em juízo.

Desta forma podemos definir <u>3 requisitos</u> para que haja crime:

1. concretização de prejuízo de interesse material ou moral, que irá gerar a consumação.

2. existência de mandato, que torne o agente representante legal da vítima, independente de remuneração;

3. existência de uma causa judicial relacionada a situação.

O **sujeito ativo** deste crime será somente o *advogado,* ou mesmo estagiário, que estejam com inscrição regular junto à OAB e representem legalmente a vítima (**crime próprio**).

15.19.2 Consumação e Tentativa

A **consumação** ocorre com a ocorrência de efetivo prejuízo quanto aos interesses do cliente (**crime material**), logo, a **tentativa** será plenamente possível, quando, por motivos alheios à vontade do procurador, não chegar a ocorrer real prejuízo para o representado.

15.20 PATROCÍNIO SIMULTÂNEO OU TERGIVERSAÇÃO (ART. 355, PARÁGRAFO ÚNICO, DO CP)

O **parágrafo único do Art. 355 CP** pune, com as *mesmas penas* do *caput* do dispositivo, a conduta do advogado ou procurador judicial que defende na mesma causa, <u>simultânea ou sucessivamente</u>, *duas ou mais partes contrárias*.

São considerados como crime:

1. **Patrocínio simultâneo**: defende na mesma causa, <u>simultaneamente,</u> ou seja, ao mesmo tempo, *partes contrárias*, não sendo preciso que isto ocorra no mesmo processo, uma vez que o tipo penal fala "na mesma causa" (**ex:** ações conexas).

2. **Patrocínio sucessivo**: defende na mesma causa, <u>sucessivamente,</u> *partes contrárias*, ou seja, depois de defender um, "muda de lado" e passa a defender outro (**Tergiversação**).

15.20.1 Consumação e Tentativa

A **consumação** ocorre com a *simples conduta de patrocinar* de forma infiel, independentemente de qualquer prejuízo material para a vítima (**crime formal**), sendo que, a **tentativa** é possível, mas de difícil ocorrência na prática.

15.21 SONEGAÇÃO DE PAPEL OU OBJETO DE VALOR PROBATÓRIO (ART. 356 DO CP)

15.21.1 Tipo objetivo

Este *tipo penal* prevê como crime, punido com **pena** de *detenção, de 6 meses a 3 anos e multa*, a conduta de *inutilizar, total ou parcialmente, ou deixar de restituir autos, documento ou objeto de valor probatório, que recebeu na qualidade de advogado ou procurador*, tendo, portanto, como **objeto** de tutela a **administração da justiça**.

Trata-se de **crime próprio** já que somente pode ser cometido por **advogado** (inscrito na OAB), mesmo advogando em causa própria, ou procurador judicial, já o **sujeito passivo** em primeiro lugar é o *Estado* e, secundariamente, a pessoa (física ou jurídica) a quem a conduta vier a gerar dano.

Inutilizar é deixar o documento ou o papel imprestável, destruindo, rasurando etc., e isto pode se dar de forma total ou parcial, enquanto a conduta de *não restituir* significa reter ilegitimamente, não devolver, sonegar, sendo que, este tipo penal exige que o sujeito, na qualidade de advogado ou procurador judicial, tenha recebido em confiança o objeto material de funcionário da justiça ou terceiro particular, antes ou durante o curso de um processo.

15.21.2 Consumação e Tentativa

A **consumação** ocorre no momento em que ocorre a *efetiva inutilização*, ou seja, quando os autos, documento ou objeto de valor probatório perdem esse valor probatório total ou parcial (**crime material**), e na conduta de *sonegação de autos*, a **consumação** ocorre quando o sujeito, regularmente intimado, nega-se a devolvê-los (**crime omissivo próprio e de mera conduta**).

A **tentativa** é plenamente <u>possível</u> nas formas *comissivas*, que podem ser fracionadas, porém, na *conduta omissiva* (unissubsistente) de sonegação a tentativa é <u>impossível.</u>

15.22 EXPLORAÇÃO DE PRESTÍGIO (ART. 357 DO CP)

15.22.1 Tipo objetivo

Este *tipo penal* prevê como crime, punido com **pena** de *reclusão, de 1 a 5 anos e multa*, a conduta de *solicitar ou receber dinheiro ou qualquer outra utilidade, a pretexto de influir em juiz, jurado, órgão do Ministério Público, funcionário de justiça, perito, tradutor, intérprete ou testemunha*, protegendo, portanto, o prestígio da **administração da justiça.**

A *solicitação* ou o *recebimento* de dinheiro, ou de qualquer outra utilidade, deve ter por fundamento a desculpa, o pretexto de influenciar as pessoas mencionadas na figura típica, trata-se, na verdade, de uma <u>modalidade específica de fraude</u>, uma *mentira*.

De acordo com o **parágrafo único** deste tipo as **penas aumentam-se de 1/3**, se o agente *alega ou insinua que o dinheiro ou utilidade também se destina a qualquer das pessoas referidas neste artigo (juiz, jurado, órgão do Ministério Público, funcionário de justiça, perito, tradutor, intérprete ou testemunha).*

Na primeira conduta, de *alegar*, o agente deve, na solicitação, deixar claro que o dinheiro ou a utilidade se destinam àquelas pessoas específicas que seriam influenciadas, já na *insinuação* o agente deve apenas dar a entender o destino da vantagem.

15.22.2 Consumação e Tentativa

A **consumação** ocorre com a simples solicitação (**crime formal**) ou com o efetivo recebimento (**crime material**), sendo que, na solicitação haverá crime ainda que a vítima não a aceite.

Já a **tentativa** <u>não será possível</u> na *solicitação verbal* (**unissubsistente**), porém, <u>é possível</u> a **tentativa** na forma feita *por escrito* (**conduta plurissubsistente**), já na conduta de *recebimento*, é plenamente admissível a *tentativa*, já que esta pode ser interrompida antes que este se concretize.

15.23 VIOLÊNCIA OU FRAUDE NA ARREMATAÇÃO JUDICIAL (ART. 358 DO CP)

15.23.1 Tipo objetivo

Este tipo penal prevê como crime, punido com **pena** de *detenção, de 2 meses a 1 ano ou multa*, além da pena correspondente à violência, a conduta de *impedir, perturbar ou fraudar arrematação judicial, afastar ou procurar afastar concorrente ou licitante, por meio de violência, grave ameaça, fraude ou oferecimento de vantagem*, logo, tutela-se a **administração da justiça** no que tange às arrematações judiciais.

O **tipo objetivo** do **Art. 358 CP** se refere apenas à arrematação judicial de *natureza particular*, já que, se tratando de licitação promovida pela Administração Pública (federal, estadual ou municipal), pela *regra da especialidade*, aplicam-se os crimes específicos inseridos no *Código Penal* pela **Lei 14.133/21**.

De acordo com expressa previsão legal, ocorrendo *violência física* que resulte em *lesão corporal* (leve, grave ou gravíssima) ou *morte*, o sujeito responde pelos dois crimes em **concurso material**, quais sejam, pelo **Art. 358** e pelo **Art. 129 CP**, de acordo com a lesão produto da violência.

15.23.2 Consumação e Tentativa

A **consumação** ocorre com a efetiva *produção do resultado*, ou seja, com o impedimento, perturbação, ou fraude na arrematação judicial, ou ainda com o efetivo afastamento de concorrente ou litigante (**crime material**), porém, na conduta de *procurar afastar* a consumação independe da produção do resultado (**crime formal**).

A **tentativa** é plenamente possível, porém, na conduta de *procurar afastar* é inadmissível, já que esta não pode ser fracionada (**unissubsistente**).

15.24 DESOBEDIÊNCIA A DECISÃO JUDICIAL SOBRE PERDA OU SUSPENSÃO DE DIREITO (ART. 359 DO CP)

15.24.1 Tipo objetivo

Este tipo penal prevê como crime, punido com **pena** de *detenção, de 3 meses a 2 anos ou multa*, a conduta de *exercer função, atividade, direito, autoridade ou múnus, de que foi suspenso ou privado por decisão judicial*, logo este tipo visa proteger a decisão da justiça contra alguém que foi privado por decisão judicial de exercer um direito, função ou atividade.

Trata-se de **crime próprio**, que só pode ser cometido por quem foi suspenso ou privado, por decisão judicial, de exercer função, atividade, direito, autoridade ou múnus, e o **sujeito passivo** será o próprio Estado, titular da *administração da justiça*.

Na verdade, este tipo penal visa punir a conduta do *funcionário público* que passa a desempenhar uma atividade, direito, função etc. que foi suspenso ou privado de executar, devido a uma decisão judicial ou como um dos *efeitos específicos* da condenação criminal previstos no **Art. 92 do CP** (ex: perda de cargo ou função).

15.24.2 Consumação e Tentativa

A **consumação** ocorre quando o funcionário público, desobedecendo uma decisão judicial, passa a realizar a atividade ou a exercer a função etc. de que estava suspenso ou privado do exercício, logo, a **tentativa** é plenamente admissível (**conduta plurissubsistente**).

DOS CRIMES
CONTRA AS FINANÇAS PÚBLICAS

16.1 CONTRATAÇÃO DE OPERAÇÃO DE CRÉDITO (ART. 359-A DO CP)

16.1.1 Tipo objetivo

Este *tipo penal* prevê como crime, punido com **pena** de *reclusão, de 1 a 2 anos* a conduta de *ordenar, autorizar ou realizar operação de crédito, interno ou externo, sem prévia autorização legislativa*, tutelando assim a **probidade da administração** no que diz respeito às operações realizadas no âmbito das finanças públicas do Estado, ou seja, trata-se das famosas *"pedaladas fiscais"* com operações de crédito não autorizadas.

De acordo com o **parágrafo único** deste tipo penal incide na mesma pena quem ordena, autoriza ou realiza operação de crédito, interno ou externo:

I – com inobservância de limite, condição ou montante estabelecido em lei ou em resolução do Senado Federal;

II – quando o montante da dívida consolidada ultrapassa o limite máximo autorizado por lei.

Na **primeira hipótese** o agente público tem a autorização legislativa para contratação de operação de crédito, mas exorbita os poderes nela inseridos e, na segunda hipótese, o crime ocorre quando a contratação de operação de crédito é realizada em desrespeito ao limite máximo do valor, previamente autorizado por lei.

Trata-se de **crime próprio**, somente praticado por *funcionário público*, e ainda exigindo uma *condição especial* inerente a certos funcionários públicos, qual seja, que de acordo com sua função *possa autorizar ou realizar operações de crédito*.

Importante lembrar que, a prática das *várias condutas típicas* (ordenar, autorizar e realizar), ocorridas *sucessivamente* em uma mesma situação, como por exemplo, quando o administrador toma a atitude, determina que se realize operação de crédito (sem anterior autorização legislativa) e esta é realizada, configura um **crime único (Tipo misto alternativo)**.

O crime só ocorre quando a conduta for realizada *"sem prévia autorização legislativa"*, e caso haja esta autorização o fato será *atípico*, porém, se o *agente* tem a autorização legislativa prévia, mas *ultrapassa os limites* nela previstos, responderá pelo crime previsto no **parágrafo único, inciso I, do Art. 359-A do CP**.

16.1.2 Consumação e tentativa

A **consumação** ocorre com a ordem, *autorização ou realização* da operação de crédito (**crime de mera conduta**), e não se exige a ocorrência de qualquer resultado naturalístico, bastando ser emitida a ordem ou autorização para contratação de operação de crédito, sem a anterior autorização legislativa.

A **tentativa não** é possível nas modalidades de "ordenar" e "autorizar", em face da impossibilidade da conduta ser fracionada, já que a conduta se exterioriza por intermédio de atos administrativos, logo, ou o ato administrativo de ordem foi praticado e o crime está consumado ou, por faltarem requisitos legais para sua validade, o fato será *atípico*, porém, na conduta de *realizar*, a **tentativa** é *admitida*, já que esta conduta pode ser fracionada.

16.2 INSCRIÇÃO DE DESPESAS NÃO EMPENHADAS EM RESTOS A PAGAR (ART. 359-B DO CP)

16.2.1 Tipo objetivo

Este tipo penal prevê como crime punido com **pena** *detenção, de* 6 meses a 2 anos a conduta de *ordenar ou autorizar a inscrição em restos a pagar, de despesa que não tenha sido previamente empenhada ou que exceda limite estabelecido em lei*, logo, tutela-se a **probidade administrativa** e a estrita regularidade da **Administração Pública**, particularmente em relação às operações realizadas no âmbito das finanças públicas da União, Estados, Distrito Federal e Municípios

Trata de **crime próprio**, pois o **sujeito ativo** só poderá ser o *funcionário público* que possuir atribuição legal para praticar as condutas, incriminadas, quais sejam, ordenar ou autorizar inscrição em restos a pagar irregularmente, ou seja, sem estar devidamente empenhados ou exceder os limites legalmente autorizados.

As condutas tipificadas são *ordenar* e *autorizar*, e respectivamente significam, mandar, determinar a inscrição em restos a pagar de despesas que não tenham sido previamente empenhadas ou que excedam o limite legal, enquanto *autorizar* significa permitir, aprovar, conceder autorização para a prática do ato.

O termo "restos a pagar" significa *despesas empenhadas, mas não pagas até o dia 31 de dezembro*, ou seja, pagamentos que em geral devem ser efetuados *até o último dia do ano financeiro*, sob pena de caírem em exercício findo ou encerrado, desta forma, há duas formas de realizar as condutas:

1 – despesa não empenhada previamente;

2 – despesa que exceda o limite estabelecido em lei.

16.2.2 Consumação e tentativa

A **consumação** ocorre quando a ordem ou autorização for executada, ou seja, quando se opera efetivamente a inscrição de despesa em restos a pagar, logo, a **tentativa** é plenamente possível, embora de difícil comprovação na prática (**crime plurissubsistente**).

16.3 ASSUNÇÃO DE OBRIGAÇÃO NO ÚLTIMO ANO DO MANDATO OU LEGISLATURA (ART. 359-C DO CP)

16.3.1 Tipo objetivo

Este *tipo penal* prevê como crime, punido com **pena** de *reclusão, de 1 a 4 anos* a conduta de *ordenar ou autorizar a assunção de obrigação, nos 2 (dois) últimos quadrimestres do último ano do mandato ou legislatura, cuja despesa não possa ser paga no mesmo exercício financeiro ou, caso reste parcela a ser paga no exercício seguinte, que não tenha contrapartida suficiente de disponibilidade de caixa*, logo tutela-se a **regularidade e o equilíbrio das contas públicas** em relação à sucessão de administradores titulares de mandato eletivo.

Trata-se de **crime próprio,** pois só pode ser praticado por *titular de mandato* com atribuição para assumir obrigação em nome do ente público que representa, podendo ocorrer substituição da pessoa inicialmente competente para assumir a obrigação, logo, pode ser autor do crime a pessoa que está apenas *temporariamente* no cargo (ex: o Vice--Presidente).

Neste crime se pune a conduta de *assumir ilegalmente obrigação*, por meio de duas espécies de ato administrativo: *ordem* e *autorização*, sendo que, na primeira hipótese, a iniciativa é do autor, que emite a ordem para criar o vínculo obrigacional, e na segunda, a iniciativa é de outra pessoa e o autor concorda, e emite a autorização imprescindível para gerar a obrigação.

Perceba-se que este tipo penal prevê como crime o fato da assunção de obrigação apenas "nos últimos quadrimestres do último ano do mandato ou legislatura" em face da **objetividade jurídica** do crime, que é a *tutela do equilíbrio das contas públicas em relação à rotatividade dos administradores públicos, titulares de mandato.*

16.3.2 Consumação e Tentativa

A **consumação** ocorre *com a simples ordem ou autorização* de indevida assunção de obrigação, dentro do período previsto no tipo, logo o ato pode ser anterior aos dois últimos quadrimestres do último ano do mandato ou legislatura, desde que a obrigação faça referência a esse prazo, portanto, a **tentativa** é inadmissível, já que, a conduta ocorre por meio de ato administrativo, logo, ou o ato foi emitido, praticado, e o crime se consumou, ou o fato será **atípico** (*crime unissubsistente*).

16.4 ORDENAÇÃO DE DESPESA NÃO AUTORIZADA (ART. 359-D DO CP)

16.4.1 Tipo objetivo

Este tipo penal prevê como crime, punido com pena de *reclusão de 1 a 4 anos* a conduta de *ordenar despesa não autorizada por lei*, logo, tutela-se a probidade e a normal regularidade financeira do Estado quanto à transparência das contas públicas.

Trata-se de **crime próprio**, que somente poderá ser praticado por *funcionários públicos* legalmente investidos da atribuição de gerar despesa pública, por isso o **sujeito passivo** será especificamente a *entidade pública* a que pertence o autor da ordem.

De acordo com este tipo o *gestor das finanças públicas*, mesmo competente, não pode ordenar despesa senão de acordo com autorização da *Lei Orçamentária*, sendo que, o autor deste crime **não** é beneficiado com a criação de despesa, e nem sempre a *Administração Pública* será prejudicada com a ordem, haverá crime mesmo que a conduta não gere consequências danosas ao Poder Público.

16.4.2 Consumação e Tentativa

A **consumação** ocorre quando é *emitido o ato administrativo* de ordem (ex.: decreto do Presidente da República) mesmo que não se produza qualquer resultado concreto, ou que a ordem seja posteriormente revogada, anulada (**crime de mera conduta**), logo como a conduta se dá através de um *único ato administrativo*, não se admite a **tentativa**, pois, ou o agente emite a ordem e o crime está consumado, ou o fato será *atípico*.

16.5 PRESTAÇÃO DE GARANTIA GRACIOSA (ART. 359-E DO CP)

16.5.1 Tipo objetivo

Este tipo penal prevê como crime, punido com pena de *detenção, de 3 meses a 1 ano*, a conduta de *prestar garantia em operação de crédito sem que tenha sido constituída contragarantia em valor igual ou superior ao valor da garantia prestada, na forma da lei,* tutelando-se, portanto, a probidade da gestão fiscal do Estado.

Trata-se de **crime próprio** já que o **sujeito ativo** será somente *agente público* competente para prestar garantia em operação de crédito, seguindo a mesma linha dos tipos anteriores, inseridos no Código Penal pela **Lei n. 10.028/2000**.

O *funcionário público* responsável pela concessão de garantia comete o crime se prestar a garantia sem prevenção de possíveis riscos que a operação de crédito pode trazer, já que se considera essencial a *contragarantia* de valores para regular gestão fiscal do Estado.

16.5.2 Consumação e Tentativa

A **consumação** ocorre quando o agente público *concede a garantia* em operação de crédito sem constituir a contragarantia, logo como a conduta se dá através de um <u>único ato administrativo</u>, não se admite a **tentativa**, ou o agente presta a garantia e o crime está consumado, ou o fato será *atípico*.

16.6 NÃO CANCELAMENTO DE RESTOS A PAGAR (ART. 359-F DO CP)

16.6.1 Tipo objetivo

Este *tipo penal* prevê como crime, punido com pena de *detenção, de 6 meses a 2 anos* a conduta de *deixar de ordenar, de autorizar ou de promover o cancelamento do montante de restos a pagar inscrito em valor superior ao permitido em lei, sendo que a* tutela penal incide sobre as finanças públicas.

O **sujeito ativo** deste crime são os chefes do Poder Executivo da União, dos Estados, do Distrito Federal e dos Municípios, os dirigentes das casas legislativas (Senado Federal, Câmara dos Deputados, Assembleia Legislativas e Câmaras dos Vereadores), os presidentes dos Tribunais de Contas, os Presidentes dos tribunais e os chefes do Ministério Público da União e dos Estados, quando no exercício de funções administrativas, e os dirigentes de fundos, autarquias, fundações e empresas estatais dependentes (**crime próprio**).

A conduta típica prevista é a de *deixar de ordenar, autorizar, ou promover,* reunidas ao cancelamento do montante de restos a pagar inscrito em valor superior permitido por lei, tratando-se de um crime **omissivo próprio**, em que se pune a *não realização da ação* que o autor pode realizar e não realiza.

16.6.2 Consumação e Tentativa

A **consumação** ocorre com a *simples omissão* da ordem ou do comando de agir destinada ao administrador, para que haja cancelamento do montante de restos a pagar, logo, por se tratar de conduta *omissiva* e *unissubsistente* (**crime omissivo próprio**) **não** cabe a **tentativa**.

16.7 AUMENTO DE DESPESA TOTAL COM PESSOAL NO ÚLTIMO ANO DO MANDATO OU LEGISLATURA (ART. 359-G DO CP)

16.7.1 Tipo objetivo

Este *tipo penal* prevê como crime, punido com pena de *reclusão de 1 a 4 anos* a conduta de *ordenar, autorizar ou executar ato que acarrete aumento de despesa total com pessoal, nos cento e oitenta (180) dias anteriores ao final do mandato ou legislatura*, tutelando-se o **patrimônio público**, que sofrerá lesão com o aumento de despesa total com pessoal nos seis meses anteriores ao final do mandato ou legislatura.

Configura-se o crime quando os gastos ordenados, autorizados ou executados com pessoal, no período de *seis meses* que antecedem o final do mandato ou da legislatura, acarretarem *aumento de despesa com pessoal*.

Trata-se de **crime próprio**, já que o **sujeito ativo** deste crime será apenas o *funcionário público* com competência para aumentar as despesas com pessoal, podendo ser do Legislativo, Executivo ou Judiciário, exigindo-se que o agente tenha poderes para ordenar, autorizar ou executar qualquer ato que acarrete aumento de despesa total com pessoal.

16.7.2 Consumação e Tentativa

A **consumação** ocorre com o efetivo aumento da despesa total com o pessoal no prazo referido (**crime material**) e, por isso, a **tentativa** é plenamente possível na modalidade de *executar*, se o resultado de aumento da despesa não se produz por motivos alheios à vontade do agente, sendo, portanto, também possível, mas de difícil ocorrência, nas condutas de *ordenar* e de *autorizar*.

16.8 OFERTA PÚBLICA OU COLOCAÇÃO DE TÍTULOS NO MERCADO (ART. 359-H DO CP)

16.8.1 Tipo objetivo

Este *tipo penal* prevê como crime, punido com pena de *reclusão de 1 a 4 anos* a conduta de *ordenar, autorizar ou promover oferta pública ou a colocação no mercado financeiro de títulos da dívida pública sem que tenham sido criados por lei ou sem que estejam registrados em sistema centralizado de liquidação e de custódia*, responsabilizando criminalmente o agente público, que colocar no mercado, título da dívida pública sem que tenham sido criados por lei, ou sem que estejam registrados em sistema centralizado de liquidação e de custódia.

Os *títulos da dívida pública* são as obrigações financeiras emitidas pelo Estado, exigíveis e resgatáveis em seu vencimento, de acordo com os déficits do orçamento, a realização de operações de crédito por antecipação de receita, e mecanismos para a reestruturação da dívida pública.

Trata-se de **crime próprio** que somente pode ser praticado por *funcionário público* que seja responsável por ordenar, autorizar ou promover as condutas descritas no tipo, e o **sujeito passivo** é o ente da Federação prejudicado (União, o Distrito Federal, os Estados e os Municípios).

16.8.2 Consumação e Tentativa

A **consumação** ocorre com efetiva ordem, autorização ou promoção da oferta pública ou dos títulos, havendo *concreto perigo de dano* ao controle da dívida pública, independentemente da ocorrência de qualquer resultado concreto (**crime formal**), logo a **tentativa** é possível, mas de difícil configuração prática.

Título xii – Dos crimes contra o estado democrático de direito (lei 14.197/2021)

A nova **Lei nº 14.197, de 2021**, publicada em 02 de setembro de 2021 que teve prazo 90 dias para entrar em vigor, inseriu seis novos capítulos no código penal, cinco deles destinados à previsão de novos crimes em espécie, e um voltado para as suas disposições gerais, **revogando** assim a antiga *Lei de Segurança Nacional* **(Lei 7.710/83).**

Sendo assim, surgiram dez novos crimes no nosso Código Penal, com os seguintes nomes:

I – Atentado à soberania;

II – Atentado à integridade nacional

III – Espionagem;

IV – Abolição violenta do Estado Democrático de Direito;

V – Golpe de Estado;

VI – Interrupção do processo eleitoral;

VII – Comunicação enganosa em massa;

VIII – Violência política;

IX – Sabotagem;

X – Atentado a direito de manifestação.

17.1 CAPÍTULO I – DOS CRIMES CONTRA A SOBERANIA NACIONAL

17.1.1 CRIME DE ATENTADO À SOBERANIA

Neste capítulo foram criados três novos tipos penais, primeiro o crime de **atentado à soberania, previsto no art. 359-I**, que traz em seu tipo objetivo a conduta de *negociar com governo ou grupo estrangeiro, ou seus agentes, com o fim de provocar atos típicos de guerra contra o País ou invadi-lo*, prevendo no seu preceito secundário a pena de 3 (três) a 8 (oito) anos de reclusão.

Este crime entra na conhecida classificação dos *"crimes de atentado"*, quais sejam os que preveem em seu tipo objetivo, como condutas puníveis, os ajustes, preparações, excepcionando a regra da impunibilidade de atos preparatórios, além de prever que mesmo os *atos de tentativa de provocar conflitos serão considerados já como o próprio crime consumado*, antecipando assim o momento consumativo, o que consequentemente impede se falar em *modalidade tentada* neste crime.

O termo soberania, mencionada no novo tipo penal, em palavras simples, significa independência e autonomia plena do nosso Estado para decidir sobre seus próprios rumos, sem admitir interferência de qualquer país estrangeiro, nos termos do **artigo 4º da Constituição Federal**.

Com base na pena prevista abstratamente, reclusão de 3 (três) a 8 (oito) anos, haverá possibilidade de conversão da pena privativa de liberdade em restritiva de direitos, nos termos só **Art. 44 do CP**, mas somente quando a condenação estabelecer pena concerta se até 04 anos, e claro, se as condutas previstas no tipo objetivo forem praticadas sem violência ou grave ameaça a pessoa.

Existe ainda a previsão de uma causa de aumento de pena de metade até o dobro, se vier a ser *declarada guerra em decorrência das condutas previstas no caput deste artigo* (**Art. 359 I par. 1º CP**), além disso, o tipo prevê também forma qualificada para este crime na hipótese em que o agente *participa de operação bélica com o fim de submeter o território nacional, ou parte dele, ao domínio ou à soberania de outro país*, estando prevista, neste caso, pena de 4 (quatro) a 12 (doze) anos de reclusão. (**Art. 359 I par. 2º CP**)

17.1.2 ATENTADO À INTEGRIDADE NACIONAL

O segundo crime previsto neste capítulo (**Art. 359-J CP**), estabelece o crime de **atentado à integridade nacional**, punido com pena de *2 (dois) a 6 (seis) anos* de *reclusão*, além da pena correspondente à violência, traz a conduta típica de *praticar violência ou grave ameaça com a finalidade de desmembrar parte do território nacional para constituir país independente.*

De acordo com o **tipo penal objetivo** a conduta deve ser praticada com violência ou grave ameaça a pessoa, e o dolo deve ser de realizar ato violento especificamente voltado a desmembrar parte do território nacional para constituir país independente, caracterizando assim um especial fim de agir (**delito de intenção**) bastante complicado e difícil de ocorrer e de se demonstrar.

Trata-se de **crime formal** já que a consumação ocorrerá, independentemente de se obter o resultado desejado (desmembramento do território), com a simples prática da conduta de violência ou grave ameaça, que possua o especial fim de agir de desmembrar parte do território nacional para constituir país independente.

17.1.3 ESPIONAGEM

O último crime apresentado neste novo capítulo do nosso código penal é o chamado **crime de espionagem,** que está previsto no **Art. 359-K do CP**, com pena de *3 (três) a 12 (doze) anos* de *reclusão.*

O **tipo penal objetivo** estabelece como crime ato de *entregar a governo estrangeiro, a seus agentes, ou a organização criminosa estrangeira, em desacordo com determinação legal ou regulamentar, documento ou informação classificados como secretos ou ultrassecretos nos termos da lei, cuja revelação possa colocar em perigo a preservação da ordem constitucional ou a soberania nacional.*

Importante lembrar que há previsão de diversas condutas semelhantes a este novo crime de espionagem, previstas no *Código Penal Militar* (Art. 143 a 146 do CPM) que, sendo mais específicas, permanecem em vigor.

O novo crime de espionagem, agora previsto no nosso *Código Penal*, consiste em entregar a governo estrangeiro, ou a seus agentes, bem como a organização criminosa estrangeira, documentos ou informações especificamente classificadas como secretas ou ultrassecretas nos termos da lei, cuja revelação possa vir a colocar em perigo a ordem constitucional ou a soberania nacional.

Trata-se, evidentemente, de uma lei penal em branco, que exige um complemento para ser interpretada e aplicada, sendo ainda da *espécie homogênea* já que os complementos necessários são oriundos de leis (estrito senso), ou seja, da mesma esfera legislativa que a lei penal que previu o crime (p.ex: a Lei nº 12.527, de 18 de novembro de 2011, que dispõe sobre o acesso a informações)

O **parágrafo 1º do Art. 359 J do CP** prevê que *incorre na mesma pena quem presta auxílio a espião, conhecendo essa circunstância, para subtraí-lo à ação da autoridade pública*, enquanto o **parágrafo 2º** do mesmo artigo estabelece a **forma qualificada** do crime, com pena será de reclusão de 6 (seis) a 15 (quinze) anos, *se o documento, dado ou informação é transmitido ou revelado com violação do dever de sigilo,*.

Já o **parágrafo 3º** praticamente prevê um novo tipo penal autônomo com pena de detenção, de 1 (um) a 4 (quatro) anos, caracterizado pelo ato de *facilitar a prática de qualquer dos crimes previstos neste artigo mediante atribuição, fornecimento e empréstimo de senha, ou de qualquer outra forma de acesso de pessoas não autorizadas a sistemas de informações.*

Por fim, há expressa previsão legal no **parágrafo 4º** deste artigo de que *não constitui crime a comunicação, a entrega ou a publicação de informações ou de documentos com o fim de expor a prática de crime ou a violação de direitos humanos,* podendo caracterizar assim uma **causa de exclusão da ilicitude**, por *exercício regular de direito*.

17.2 CAPÍTULO II – DOS CRIMES CONTRA AS INSTITUIÇÕES DEMOCRÁTICAS

17.2.1 ABOLIÇÃO VIOLENTA DO ESTADO DEMOCRÁTICO DE DIREITO

Neste capítulo II foram criados dois novos tipos penais, sendo que o primeiro foi o crime de **abolição violenta do Estado Democrático de Direito** previsto no **Art. 359-L do CP**, estabelecendo pena de *reclusão, de 4 (quatro) a 8 (oito) anos*, além da pena correspondente à violência, para a conduta *tentar, com emprego de violência ou grave ameaça, abolir o Estado Democrático de Direito, impedindo ou restringindo o exercício dos poderes constitucionais.*

Trata-se de mais um clássico **crime de atentado**, já que o crime se caracteriza, e consuma, pela simples conduta de <u>tentar</u> *com emprego de violência ou grave ameaça abolir o Estado Democrático de Direito*, impedindo ou restringindo o exercício dos poderes constitucionais, não sendo compatível com a forma tentada.

Desta forma, independentemente de se obter o resultado desejado (abolir o Estado democrático de Direito) o crime já estará **consumado** através da *mera tentativa*, realizada nos termos estabelecidos neste tipo penal, desde que de alguma forma se impeça ou restrinja o exercício dos poderes constitucionais.

17.2.2 GOLPE DE ESTADO

O segundo tipo penal trazido pelo **capítulo II**, e previsto no **Art. 359-M do CP** com pena de *4 (quatro) a 12 (doze) anos* de *reclusão*, além da pena correspondente à violência, foi denominado como crime de **Golpe de Estado** e, em seu tipo objetivo, estabelece a conhecida conduta de *tentar depor, por meio de violência ou grave ameaça, o governo legitimamente constituído,.*

Trata-se de mais um clássico **crime de atentado**, já que o crime se caracteriza, e consuma, por qualquer simples conduta de <u>tentar</u> *depor, por meio de violência ou grave ameaça, o governo legitimamente constituído*, ou seja, o crime estará consumado com o simples ato de buscar alcançar o poder de forma ilegítima e violenta, mesmo que o resultado pretendido não seja alcançado.

17.3 CAPÍTULO III – DOS CRIMES CONTRA O FUNCIONAMENTO DAS INSTITUIÇÕES DEMOCRÁTICAS NO PROCESSO ELEITORAL

17.3.1 INTERRUPÇÃO DO PROCESSO ELEITORAL

No capítulo III do título XII, a nova Lei 14.197/2021 inseriu três novos tipos penais (um deles vetado), sendo o primeiro deles o delito de **interrupção do processo eleitoral**, previsto no **Art. 359-N do CP,** com pena de *3 (três) a 6 (seis) anos* de *reclusão* e *multa*, que estabelece como crime a conduta de *impedir ou perturbar a eleição ou a aferição de seu resultado, mediante violação indevida de mecanismos de segurança do sistema eletrônico de votação estabelecido pela Justiça Eleitoral.*

O **tipo penal objetivo** prevê duas condutas distintas, a primeira de impedir a eleição, ou seja, a eleição sequer se realiza, e a segunda de perturbar a eleição, ou a aferição de seu resultado, em que a eleição se realiza, mas ocorre a perturbação do pleito ou de sua apuração mediante violação indevida de mecanismos de segurança do sistema eletrônico de votação estabelecido pela Justiça Eleitoral.

Trata-se de **crime material** que exige a concreta obtenção dos resultados previstos, objetos do dolo do agente (impedir a eleição ou perturbá-la), sendo plenamente cabível a forma tentada.

17.3.2 COMUNICAÇÃO ENGANOSA DE MASSA

O novo **Art. 359-O do CP**, chamado de **comunicação enganosa de massa** foi **VETADO** e previa como crime, com pena de *1 (um) a 5 (cinco) anos* de *reclusão*, e *multa*, a conduta *de promover ou financiar, pessoalmente ou por interposta pessoa, mediante uso de expediente não fornecido diretamente pelo provedor de aplicação de mensagem privado, campanha ou iniciativa para disseminar fatos que sabe inverídicos capazes de comprometer o processo eleitoral.*

Por enquanto, em favor da segurança jurídica e devido ao veto, esta conduta, muito semelhante a comumente denominada *Fake News eleitoral*, permanece **atípica**.

17.3.3 VIOLÊNCIA POLÍTICA

O **Art. 359-P do CP** prevê o chamado **crime de violência política**, punido com pena de *3 (três) a 6 (seis) anos* de *reclusão* e *multa*, além da pena correspondente à violência, através da conduta de *restringir, impedir ou dificultar, com emprego de violência física, sexual ou psicológica, o exercício de direitos políticos a qualquer pessoa em razão de seu sexo, raça, cor, etnia, religião ou procedência nacional.*

Trata-se de **crime material** em que se exige a concreta obtenção dos resultados de restringir, impedir ou mesmo dificultar o exercício de direitos políticos, para que haja a **consumação**, sendo, portanto, plenamente cabível a tentativa.

Porém, o crime só se configura se as condutas forem realizadas por meio de qualquer forma de violência real, ou mesmo ameaça (violência psicológica), e ainda se ficar demostrado que as razoes específicas da conduta foram o sexo, raça, cor, etnia, religião ou procedência nacional da vítima.

17.4 CAPÍTULO IV – DOS CRIMES CONTRA O FUNCIONAMENTO DOS SERVIÇOS ESSENCIAIS

17.4.1 SABOTAGEM

O presente capítulo previu apenas o **crime de sabotagem**, no **Art. 359-R do CP**, com pena de *2 (dois) a 8 (oito) anos* de *reclusão*, cuja conduta típica consiste em *destruir ou inutilizar meios de comunicação ao público, estabelecimentos, instalações ou serviços destinados à defesa nacional, com o fim de abolir o Estado Democrático de Direito*.

Trata-se de **crime material** que tutela o funcionamento de serviços essenciais de comunicação, instalações e serviços destinados à defesa nacional, punindo de forma específica aquele que destruir ou inutilizar meios de comunicação ao público, estabelecimentos, instalações ou serviços destinados à defesa nacional, desde que isto seja feito com preenchimento do **elemento subjetivo especial**, ou *especial fim de agir*, de abolir o Estado Democrático de Direito. (**delito de intenção**).

17.5 CAPÍTULO V – DOS CRIMES CONTRA A CIDADANIA

17.5.1 ATENTADO A DIREITO DE MANIFESTAÇÃO

O presente **capítulo V**, dos *crimes contra a cidadania*, trazia o **crime de atentado a direito de manifestação**, previsto no **Art. 359-S do CP** que foi **VETADO**, com pena de *1 (um) a 4 (quatro) anos* de *reclusão*, prevendo a conduta de *impedir, mediante violência ou grave ameaça, o livre e pacífico exercício de manifestação de partidos políticos, de movimentos sociais, de sindicatos, de órgãos de classe ou de demais grupos políticos, associativos, étnicos, raciais, culturais ou religiosos.*

Havia ainda a previsão das formas qualificadas, quando a conduta resultasse em lesão corporal grave, com pena de *2 (dois) a 8 (oito) anos* de *reclusão*, ou se resultasse em morte, com pena de *4 (quatro) a 12 (doze) anos* de *reclusão*.

17.6   CAPÍTULO VI – DISPOSIÇÕES COMUNS

Por fim, dentre as inovações trazidas pela **Lei 14.197/2021**, resta falar do **Art. 359-T do CP**, que traz a *disposição comum* de que **não constitui crime** previsto neste Título a *manifestação crítica aos poderes constitucionais nem a atividade jornalística ou a reivindicação de direitos e garantias constitucionais por meio de passeatas, de reuniões, de greves, de aglomerações ou de qualquer outra forma de manifestação política com propósitos sociais*, reiterando a preservação da liberdade de expressão, reunião, e livre manifestação, direitos constitucionalmente estabelecidos

Importante lembrar que, esta mesma Lei alterou alguns dispositivos do nosso *Código Penal* no que tange aos *crimes contra honra* e aos *crimes contra a paz pública*.

A nova lei, mais especificamente, alterou o **Art.141, II do CP**, que previa que, as penas aumentam-se de um terço, se qualquer dos crimes contra a honra for cometido contra funcionário público, em razão de suas funções, inserindo que este aumento se aplica também quando o **crime contra a honra** for praticado *contra os Presidentes do Senado Federal, da Câmara dos Deputados ou do Supremo Tribunal Federal*.

Este acréscimo é notadamente desnecessário, salvo se o entendimento dominante vier a ser de que nestes casos incidirá o aumento de pena independentemente da ofensa ser em razão de suas funções, algo que em primeira vista nos parece bastante descabido.

Finalmente, quanto aos *crimes contra a paz pública*, foi incluído no tipo penal de **Incitação ao crime (Art. 286 CP)** o **parágrafo único**, prevendo que, *incorre na mesma pena quem incita, publicamente, a animosidade entre as Forças Armadas ou entre estas e os poderes constitucionais, as instituições civis ou a sociedade*.

SÚMULAS DO STF E STJ EM MATÉRIA PENAL COMENTADAS

SÚMULAS DO SUPREMO TRIBUNAL FEDERAL EM MATÉRIA PENAL

145. Não há crime, quando a preparação do flagrante pela polícia torna impossível a sua consumação.

Comentário:

Trata-se do chamado flagrante preparado, quando a autoridade policial monta uma situação, prepara um cenário para que o agente atue e seja preso em flagrante.

É também chamado de delito de ensaio por obra do agente provocador, já que a situação fática se assemelha a um ensaio teatral, em que a autoridade policial se disfarça de vítima, por exemplo, para efetuar a prisão.

O flagrante preparado é considerado hipótese de crime impossível (Art. 17 CP), pois o crime na verdade jamais irá se consumar, em face da impropriedade absoluta do objeto a ser lesionado, portanto, o fato será considerado atípico e a prisão em flagrante inválida.

146. A prescrição da ação penal regula-se pela pena concretizada na sentença, quando não há recurso da acusação.

Comentário:

Trata-se da chamada prescrição retroativa (Art. 110 par. 1º CP), em que a partir da sentença condenatória com trânsito em julgado para a acusação deve-se considerar a pena concreta aplicada na sentença, nas bases do Art. 109 CP, para delimitar o prazo prescricional que será utilizado na recontagem dos lapsos interruptivos do processo retroativamente.

Importante lembrar que a prescrição retroativa, que é prescrição da pretensão punitiva, mas delimitada pela pena concreta definitiva, seu marco inicial é a sentença condenatória com trânsito em julgado para a acusação e seu marco final é o recebimento da denúncia.

147. A prescrição de crime falimentar começa a correr da data em que deveria estar encerrada a falência, ou do trânsito em julgado da sentença que a encerrar ou que julgar cumprida a concordata.

Comentário:

Trata-se de uma exceção à regra que determina o início de contagem dos prazos prescricionais na data da consumação do crime, ou do último ato executório nas hipóteses de tentativa (Art. 111 CP).

Para os crimes falimentares, o início da contagem do prazo prescricional vincula-se a conclusão do procedimento falimentar, porém, com o advento da nova Lei de Falência

(Lei n. 11.101 de 09 de fevereiro de 2005) a prescrição passou a ser regulada no seu artigo 182, que dispõe reger-se a prescrição pelas normas do Código Penal, e começando a correr no dia da decretação da falência, da concessão da recuperação judicial ou da homologação do plano de recuperação extrajudicial.

Sendo assim, o entendimento sumulado foi modificado e agora o prazo prescricional não começa mais a ser contado a partir do encerramento da falência, ou da data em que deveria estar encerrada, mas sim da sua efetiva decretação judicial.

246. Comprovado não ter havido fraude, não se configura o crime de emissão de cheque sem fundos.

Comentário:

O crime de emissão de cheque sem provisão de fundos está tipificado como modalidade específica de estelionato, previsto no Art. 171 par. 2º Inc. VI do CP e, portanto, trata-se de crime material, cuja consumação depende da efetiva comprovação da lesão patrimonial inerente a fraude.

Para se configurar o delito de estelionato deve ficar demonstrado o efetivo dolo de fraude ao patrimônio alheio no ato da emissão do cheque, e por isso, a simples ausência de fundos para o pagamento de um cheque não será suficiente para configuração do crime.

Logo, de acordo com a súmula, e não houver o efetivo dolo de fraude no ato de emissão do cheque, não haverá crime.

Dessa forma, a súmula também afasta a ocorrência de crime quando há uma emissão de cheque "pré-datado" e o sacador deposita o cheque antes da data acordada e estabelecida no cheque, pois, neste caso, a ausência de fundos antes da data prefixada não demonstra dolo de fraude.

422. A absolvição criminal não prejudica a medida de segurança, quando couber, ainda que importe privação da liberdade.

Comentário:

As medidas de segurança são modalidade de sanção penal aplicável ao inimputáveis por doença mental ou desenvolvimento mental incompleto (Art. 26 CP), sendo que, seu fundamento é a periculosidade do agente em face da prática de um fato típico (Art. 96 CP).

Dessa forma, de acordo com o entendimento sumulado, mesmo havendo a absolvição do inimputável, se durante o processo ficar demonstrada sua periculosidade, devido a prática do fato, que indique a necessidade de uma internação em hospital psiquiátrico, ou um tratamento ambulatorial, a medida de segurança poderá ser determinada pelo juízo competente.

497. Quando se tratar de crime continuado, a prescrição regula-se pela pena imposta na sentença, não se computando o acréscimo decorrente da continuação.

Comentário:

O instituto do crime continuado (Art. 71 CP), modalidade de concurso de crimes, determina a aplicação da pena de um só crime, qual seja o mais grave, aumentada de 1/6 a 2/3, ou até o triplo (crime continuado específico – Art. 71 par. único CP).

Porém, no que tange a delimitação do prazo prescricional com base na pena concretamente aplicada, deve-se considerar a pena concreta de cada crime realizado separadamente, sem se computar o acréscimo referente a continuidade delitiva.

Também é importante lembrar que, quanto a prescrição em hipóteses de concurso de crimes, o Art. 119 do CP determina que a prescrição incidirá separadamente em cada um dos crimes praticados, não se aplicando as regras referentes ao concurso de crimes ocorrido, convalidando, assim, o entendimento da referida súmula.

499. Não obsta à concessão do *sursis*, condenação anterior à pena de multa.

Comentário:

O *Sursis* penal é a suspenção condicional da pena concretamente aplicada, previsto nos Arts. 77 e seguintes do CP.

Dentre os requisitos necessários para a concessão do *sursis* está a ausência de condenação anterior transitada em julgado por crime doloso, ou seja, que o agente não seja reincidente em crime doloso.

Porém, de acordo com o entendimento sumulado, se o agente tiver sido condenado anteriormente por uma pena de multa apenas, esta reincidência não impede a concessão do *sursis*.

554. O pagamento de cheque emitido sem provisão de fundos, após o recebimento da denúncia, não obsta ao prosseguimento da ação penal.

Comentário:

O crime de emissão de cheque sem provisão de fundos está tipificado como modalidade específica de estelionato, previsto no Art. 171 par. 2º Inc. VI do CP e, portanto, trata-se de crime material, cuja consumação depende da efetiva comprovação da lesão patrimonial inerente a fraude.

De acordo com o entendimento sumulado, o pagamento do prejuízo resultante da emissão do cheque sem provisão de fundos, realizado após o início do processo penal (recebimento da denúncia), não impede o prosseguimento da ação penal e eventual condenação do réu pelo crime de estelionato.

Porém, a doutrina majoritária entende que, *contrario senso*, se o pagamento da dívida inerente ao cheque sem fundos emitido for feito até o referido recebimento da denúncia, deve-se que considerar extinta a punibilidade do fato, não havendo razão (falta de justa causa) para que seja movida a ação penal pelo crime de estelionato.

Há entendimento divergente afirmando que, mesmo feito antes do recebimento da denúncia, o pagamento da dívida não impede o início e prosseguimento do processo, e deve constituir apenas hipótese de arrependimento posterior (Art. 16 CP), para diminuir a pena de 1/6 a 2/3.

592. Nos crimes falimentares, aplicam-se as causas interruptivas da prescrição, previstas no Código Penal.

Comentário:

Com o advento da nova Lei de Falência (Lei n. 11.101 de 09 de fevereiro de 2005), a prescrição passou a ser regulada no seu artigo 182, que dispõe reger-se a prescrição pelas normas do Código Penal, começando a correr no dia da decretação da falência, da concessão da recuperação judicial ou da homologação do plano de recuperação extra-judicial.

Dessa forma, o prazo prescricional depende da pena *in abstrato* fixada ao crime pela tipificação penal, enquanto a prescrição retroativa depende da pena fixada pelo juiz ao caso concreto, sempre tendo em vista o Art. 109 do Código Penal que fixa os prazos pres-cricionais para cada crime.

Importante lembrar que, como dissemos, o início do prazo prescricional não é a data da consumação do crime, mas sim a data da decretação da falência, devendo ser observa-das as causas de interrupção, previstas no artigo 117 do Código Penal.

604. A prescrição pela pena em concreto é somente da pretensão executória da pena privativa de liberdade.

Comentário:

Esta súmula se refere à prescrição da pretensão executória, prevista no Art. 110 *caput* do CP, que é delimitada pela pena concreta definitiva, após o trânsito em julgado da sen-tença condenatória, nas bases do Art. 109 do CP.

Trata-se da prescrição da pena definitivamente aplicada, para que o estado inicie sua execução, porém, atualmente, pode-se afirmar que o disposto nesta súmula deve ser mi-tigado, já que há também duas modalidades de prescrição da pretensão punitiva que são regidas pela pena em concreto, quais sejam, a prescrição superveniente, subsequente ou intercorrente, e a prescrição retroativa (Art. 110 par.1º do CP).

605. Não se admite continuidade delitiva nos crimes contra a vida.

Comentário:

O instituto do crime continuado (Art. 71 CP), modalidade de concurso de crimes, determina a aplicação da pena de um só crime, qual seja o mais grave, aumentada de 1/6 a 2/3, ou até o triplo (crime continuado específico – Art. 71 par. único CP).

Esta súmula vedava a aplicação das regras do crime continuado para hipóteses de crimes contra a vida, principalmente o homicídio e, por considerar esta espécie de crime extremamente grave, impunha a aplicação das regras do concurso material (Art. 69 CP), ou seja, a soma das penas, para estas hipóteses (ex: *serial killer*, chacina etc.).

Porém, com o advento da modalidade específica de crime continuado, inserida pos-teriormente na Lei, pelo parágrafo único do Art. 71 do CP, que prevê a possibilidade de se aumentar a pena de até o triplo de acordo com certos requisitos específicos (violência ou grave ameaça e pluralidade de vítimas), a jurisprudência do próprio STF, STJ, bem como a maioria da doutrina nacional passou a admitir plenamente a aplicação das regras do crime continuado (específico) para crimes contra a vida.

Logo, esta súmula restou tacitamente revogada, não possuindo mais aplicação.

608. No crime de estupro, praticado mediante violência real, a ação penal é pública incondicionada.

Comentário:

Esta súmula solucionava grande divergência doutrinária a respeito da natureza da ação penal no crime de estupro (Art. 213 CP), quando este fosse praticado mediante violência real, determinando que, ao contrário da regra prevista em lei (ação penal privada) para o crime de estupro simples, no caso de violência real, a ação deveria ser pública incondicionada.

Porém, com o advento da Lei 12.015/09, o estupro passou a ter novo regramento no que tange a sua ação penal, que passou a ser púbica condicionada a representação para todas as hipóteses, salvo quando a vítima for menor de 18 anos ou considerada vulnerável, em que a ação será pública incondicionada. (Art. 225 CP).

Posteriormente, com o advento da **Lei 13.718/18** a ação penal nos crimes sexuais foi definitivamente estabelecida como pública incondicionada para todas.

Sendo assim, a maioria da doutrina e da jurisprudência entende que esta súmula perdeu aplicação, e foi revogada pelo novo texto de Lei.

610. Há crime de latrocínio, quando o homicídio se consuma, ainda que não realize o agente a subtração de bens da vítima.

Comentário:

Esta importante súmula solucionou grande divergência doutrinária a respeito do crime de latrocínio e sua consumação, determinando que, em face da sua natureza complexa, o que irá reger o momento consumativo será o crime contra a vida (homicídio), independente do crime patrimonial (roubo) se consumar ou não.

Dessa forma, quando o agente, com dolo de subtração de bens, mata a vítima, seja dolosa ou culposamente, considera-se o que o crime de latrocínio está consumado, mesmo que não consiga realizar a subtração patrimonial pretendida inicialmente.

Contrario senso, deve-se considerar que, quando o agente subtrai o bem, mas a vítima sobrevive à conduta dolosa ou culposa de matar, haverá tentativa de latrocínio.

698. Não se estende aos demais crimes hediondos a admissibilidade de progressão no regime de execução da pena aplicada ao crime de tortura.

Comentário:

Esta súmula impedia o uso da analogia para estender aos demais crimes hediondos a progressão de regime de cumprimento de pena aplicável ao crime de tortura (Lei 9.455/97).

Porém, esta súmula encontra-se superada, e foi tacitamente revogada, a partir da declaração de inconstitucionalidade do regime integralmente fechado para crimes hediondos (Lei 8.072/90), e com o advento da Lei 11.464/07, que prevê regime inicialmente fechado (hoje também rejeitado pelo STF) e parâmetros específicos de progressão de regime para crimes hediondos (2/5 e 3/5 para reincidentes).

711. A lei penal mais grave aplica-se ao crime continuado ou ao crime permanente, se a sua vigência é anterior à cessação da continuidade ou da permanência.

Comentário:

Esta súmula visa delimitar a aplicação de uma lei penal mais severa a fatos realizados anteriormente, quando esta lei surgir no curso de uma continuidade delitiva (Art. 71 CP), ou mesmo durante o período de permanência, em crimes considerados permanentes (ex: Art. 148 e 288 CP).

O STF entendeu que a aplicação da lei penal mais severa a um fato já praticado não viola o princípio da irretroatividade de lei incriminadora (Art. 2º CP), desde que esta Lei tenha surgido quando o crime se encontre em estado de permanência (ex: enquanto a vítima de um sequestro encontra-se com a liberdade privada), ou entre a prática de crimes realizados em continuidade delitiva – Art. 71 CP – (ex: depois de um primeiro furto que tenha sido repedido outras vezes em circunstâncias de tempo, lugar e modo de execução semelhantes).

715. A pena unificada para atender ao limite de 30 (trinta) anos de cumprimento, determinado pelo art. 75 do Código Penal, não é considerada para a concessão de outros benefícios, como o livramento condicional ou regime mais favorável de execução.

Comentário:

Esta súmula resolveu uma grande divergência doutrinária e jurisprudencial ao definir que, embora o máximo de cumprimento de pena previsto no Art. 75 do CP seja de 30 anos, os valores totais de uma condenação que superem este limite máximo serão considerados para efeito de concessão dos benefícios da progressão de regime e do livramento condicional.

Logo, os percentuais de 1/6 (progressão), 2/5 e 3/5 (progressão em crimes hediondos) e de 1/3, ½ ou 2/3 (livramento condicional) devem incidir sobre o total de pena aplicada, ainda que este valor supere o limite máximo de cumprimento de pena que é de 30 anos, mesmo que em certas hipóteses isso inviabilize a concessão do benefício.

716. Admite-se a progressão de regime de cumprimento da pena ou a aplicação imediata de regime menos severo nela determinada, antes do trânsito em julgado da sentença condenatória.

Comentário:

Através desta súmula o STF afirmou que, após a sentença condenatória recorrível, houver motivo para a prisão cautelar do réu ou querelado, e, sendo a prisão mantida ou decretada, terá o preso provisório direito aos benefícios previstos na Lei de Execuções Penais (Lei n. 7.210/84), como por exemplo, a progressão de regime prisional.

Logo, todo réu preso, após a sentença condenatória recorrível, tem direito a benefícios típicos da execução penal, ainda que se trate de prisão de caráter provisório ou cautelar, pois se estes benefícios são cabíveis ao condenado com sentença transitada em julgado, não há razão para não serem aplicados à presos provisórios que ainda possuem a seu lado a presunção de inocência *lato senso* (ou presunção de não culpabilidade).

717. Não impede a progressão de regime de execução da pena, fixada em sentença não transitada em julgado, o fato de o réu se encontrar em prisão especial.

Comentário:

Esta súmula basicamente reafirma o disposto na súmula anterior (sum. 716 STF) permitindo a progressão de regime para o preso provisório, mesmo que este esse encontre em prisão especial.

A prisão especial consiste no recolhimento, de certos indiciados ou réus (*preso especial*), em local distinto da prisão comum de preferência em estabelecimento específico para este fim, ou caso não haja, que o recolhimento seja feito em cela distinta no estabelecimento prisional destinado a presos comuns e, além disso, deverá haver também a separação do preso especial não condenado no momento de seu transporte (Art. 295 CPP).

Não faria sentido admitir os benefícios de execução da pena para presos provisórios comuns e negá-los a presos provisórios sujeitos ao regime, mais benéfico, de prisão especial, o que faz esta súmula, de certa forma, bastante supérflua.

718. A opinião do julgador sobre a gravidade em abstrato do crime não constitui motivação idônea para a imposição de regime mais severo do que o permitido segundo a pena aplicada.

Comentário:

Atualmente, é muito comum nas decisões judiciais que, com fundamento apenas na gravidade do crime, restringem direitos processuais como a liberdade provisória, e até mesmo definem o início de cumprimento de pena em regime penitenciário mais gravoso.

Através desta súmula o STF confirmou o entendimento de que a gravidade do crime já é levada em conta pelo legislador quando da fixação dos parâmetros de pena em cada tipo penal, com seus limites mínimo e máximo abstratamente estabelecidos de acordo com o bem jurídico tutelado e gravidade de sua lesão.

Logo, se o julgador a exasperar, o tratamento do agente no que tange ao seu regime inicial de cumprimento de pena, com base unicamente na gravidade da infração penal realizada, haverá *"bis in idem"*, e foi por isso que a súmula 718 do STF vedou expressamente essa possibilidade.

719. A imposição do regime de cumprimento mais severo do que a pena aplicada permitir exige motivação idônea.

Comentário:

As regras de fixação de regime inicial de cumprimento de pena estão no art. 33 do Código Penal, e a determinação do regime inicial de cumprimento da pena deve observar também os critérios previstos no Art. 59 do CP (culpabilidade, aos antecedentes, à conduta social, à personalidade do agente, aos motivos, às circunstâncias e consequências do crime, bem como ao comportamento da vítima).

Esta súmula se refere à possibilidade de o juiz fixar regime inicial de cumprimento de pena mais severo do que o previsto no código penal para a pena aplicada, excepcionando, assim, as regras previstas na Lei, sendo que para isso, o juiz justifique esta medida excepcional expressamente e através de motivação idônea relacionada ao autor do fato, e não simplesmente com base em suas convicções pessoais, ou pela simples gravidade em abstrato do crime.

720. O art. 309 do Código de Trânsito Brasileiro, que reclama decorra do fato perigo de dano, derrogou o art. 32 da Lei das Contravenções Penais no tocante à direção sem habilitação em vias terrestres.

Comentário:

O Código de Trânsito Brasileiro no Art. 309 passou a definir a figura típica da direção de veículo automotor sem a devida habilitação como crime de perigo concreto (exige a demonstração de que foi gerado um perigo a alguém), sendo que antigamente a mesma conduta adequava-se à contravenção penal do Art. 32 da LCP, e se configurava como uma infração de perigo abstrato, ou seja, bastava que um veículo em via terrestre fosse conduzido por alguém sem habilitação, independente de dano ou perigo para alguém, para se tipificar a conduta.

A súmula afirma que a partir do Art. 309 do CTB, que prevê a expressão *"gerando perigo de dano"*, se passou a tratar esta infração como um crime de perigo concreto, elevando a tutela penal de uma simples contravenção para transformá-la em crime, e revogando tacitamente do Art. 32 da LCP.

SÚMULAS VINCULANTES DO SUPREMO TRIBUNAL FEDERAL EM MATÉRIA PENAL

9. O disposto no artigo 127 da Lei n. 7.210/84 (Lei de Execução Penal) foi recebido pela ordem constitucional vigente, e não se lhe aplica o limite temporal previsto no *caput* do artigo 58.

Comentário:

De acordo com este entendimento sumulado, havendo falta grave durante a execução da pena, o juiz poderia, como forma de sanção, retirar do condenado até todo o tempo remido pelo trabalho prisional.

A súmula ressalta que não se aplica o limite temporal de 30 dias para sanções, em face de faltas graves (Art. 58 da LEP), no que tange a perda de tempo remido pelo trabalho prisional.

Porém, com as mudanças sofridas pela LEP (Art. 126 e 127) esta súmula perdeu muito da sua utilidade, já que o legislador estabeleceu, no Art. 127 da LEP, que a perda do tempo remido, devido a prática de falta grave, se limita a até 1/3 deste tempo, e atualmente não é mais possível a perda de todo o tempo conquistado com o trabalho prisional, como admitia anteriormente esta súmula.

24. Não se tipifica crime material contra a ordem tributária, previsto no art. 1.º, incisos I a IV, da Lei 8.137/1990, antes do lançamento definitivo do tributo.

Comentário:

Esta súmula determina que, para se iniciar um processo criminal em razão de um crime tributário, será preciso se esgotar totalmente a esfera administrativa de lançamento do tributo.

Logo, o juiz não poderá receber a denúncia e começar o processo se houver qualquer discussão em aberto no plano administrativo no que tange a apuração, delimitação e lançamento do tributo devido, e neste caso, o fato ainda será considerado atípico.

26. Para efeito de progressão de regime no cumprimento de pena por crime hediondo, ou equiparado, o juízo da execução observará a inconstitucionalidade do art. 2º da Lei 8.072, de 25 de julho de 1990, sem prejuízo de avaliar se o condenado preenche, ou não, os requisitos objetivos e subjetivos do benefício, podendo determinar, para tal fim, de modo fundamentado, a realização de exame criminológico.

Comentário:

Esta súmula convalida o entendimento consolidado pelo STF de que o regime integralmente fechado, anteriormente previsto para crimes hediondos, é inconstitucional e inadmissível por violar o princípio da individualização das penas.

Porém, determina que o exame criminológico para avaliar se o condenado pode ou não progredir de regime, embora não seja mais obrigatório, é plenamente admissível, se for considerado necessário pelo juízo de execução, devendo seu pedido ser devidamente fundamentado.

56. A falta de estabelecimento penal adequado não autoriza a manutenção do condenado em regime prisional mais gravoso, devendo-se observar, nessa hipótese, os parâmetros fixados no RE 641.320/RS.

Comentário:

Após o julgamento do referido RE641.320/RS interposto contra acórdão do TJ/RS, o STF sumulou o entendimento de que ao se condenar o réu à pena privativa de liberdade, é direito do condenado, na falta de vagas adequadas ao regime que lhe for atribuído na sentença, cumprir a pena em prisão domiciliar, utilizando-se, para isso, o monitoramento eletrônico do condenado.

Esta súmula convalidou o entendimento de que a manutenção do condenado em regime mais gravoso do que o indicado caracteriza-se como "excesso de execução", violando seus direitos fundamentais.

Em regra, a prisão domiciliar somente pode ser deferida nas hipóteses previstas no Art. 117 da lei de execuções penais (7.210/84), porém, o STF passou a entender que, havendo déficit de vagas no regime de pena indicado com base na condenação, deverão ser determinadas as seguintes medidas alternativas:

– A saída antecipada do sentenciado do regime com falta de vagas.

– A liberdade eletronicamente monitorada do sentenciado que vier a sair antecipadamente para o regime aberto ou que seja colocado em prisão domiciliar.

– Conversão da pena privativa de liberdade aplicada em pena restritiva de direito.

Importante lembrar que, de acordo com o entendimento do STF que deu origem a essa súmula, para que os condenados sejam beneficiados com a saída antecipada, prisão domiciliar, ou mesmo com as penas restritivas de direitos, deverão ser avaliados também requisitos subjetivos como bom comportamento etc.

SÚMULAS DO SUPERIOR TRIBUNAL DE JUSTIÇA EM MATÉRIA PENAL

17. Quando o falso se exaure no estelionato, sem mais potencialidade lesiva, é por este absorvido.

Comentário:

Esta súmula afirma a aplicação da regra da consunção, para que o crime-meio de falsificação seja absorvido pelo crime-fim de estelionato, ou seja, se qualquer falsificação, seja ela ideológica, documental etc., for utilizada exclusivamente como meio para que se obtenha uma posterior vantagem indevida através de um estelionato, este crime de falso será absorvido, não será punível, não haverá concurso de crimes, e o agente responderá somente pelo estelionato (Art. 171 CP) praticado.

18. A sentença concessiva do perdão judicial é declaratória da extinção da punibilidade, não subsistindo qualquer efeito condenatório.

Comentário:

O perdão judicial, causa de extinção da punibilidade, previsto no Art. 107 Inc. IX do CP, será concedido somente quando expressamente previsto em lei para determinados crimes, e sua concessão não implica em condenação ou absolvição, mas sim numa declaração de extinção da punibilidade do fato praticado.

Dessa forma, sua concessão não gera quaisquer efeitos condenatórios penais, primários ou secundários, no réu que, portanto, sequer perde sua primariedade, mas não impede os efeitos cíveis da prática do fato.

24. Aplica-se ao crime de estelionato, em que figure como vítima entidade autárquica da Previdência Social, a qualificadora do § 3º do art. 171 do Código Penal.

Comentário:

Esta súmula veio apenas para incluir as autarquias da previdência social no rol das entidades que, quando vítimas de um estelionato, geram aumento de pena de 1/3 para o autor do crime, assim como ocorre quando a vítima do estelionato for entidade de direito público ou instituto de economia popular, de assistência social ou beneficência.

De forma atécnica a súmula se referiu a "qualificadora" do parágrafo 3º quando este, na verdade, se trata de uma causa especial de aumento de pena.

40. Para obtenção dos benefícios de saída temporária e trabalho externo, considera-se o tempo de cumprimento da pena no regime fechado.

Comentário:

Há quem entenda que esta súmula viola disposições expressas da própria LEP, pois a saída temporária está disciplinada no capítulo que diz respeito ao regime semiaberto, que afirma: "Os condenados que cumprem pena em regime semiaberto poderão obter autorização para saída temporária do estabelecimento..."

Além disso o art. 123 da LEP também afirma que: "A autorização será concedida por ato motivado do juiz da execução, ouvidos o Ministério Público e a administração penitenciária, e dependerá da satisfação dos seguintes requisitos: (...) II – cumprimento mínimo de um sexto da pena, se o condenado for primário, e de um quarto se reincidente..."

Logo, de acordo com a LEP, correto seria que para que o condenado tivesse direito à saída temporária, se tivesse ele ingressado no regime semiaberto, cumprisse um sexto da pena se primário ou um quarto se reincidente, e se tivesse ele ingressado no semiaberto, através de progressão de regime, após cumprir parte da pena no fechado, deveria se exigir que ele cumprisse, no semiaberto, 1/6 do restante da pena se primário ou um quarto se reincidente para ter direito a saída temporária.

Porém, de acordo com o entendimento sumulado, o tempo que o preso cumpriu no regime anterior (fechado), deverá ser considerado para que este, agora no regime semiaberto, faça jus a saída temporária.

74. Para efeitos penais, o reconhecimento da menoridade do réu requer prova por documento hábil.

Comentário:

A menoridade penal, prevista no Art. 27 CP, é causa de inimputabilidade que afasta o crime e a pena, fazendo que o menor responda através do ECA (Lei 8.069/90) pelo ato infracional realizado (fato típico), recebendo medida de socioeducativa, como sanção pela sua prática (Art. 112 da lei 8.069/1990).

Para a comprovação da menoridade do autor na data da prática do fato, deve-se apresentar documento válido e hábil para isso, independentemente de sua espécie, para que assim este agente responda pelo fato praticado com menor.

96. O crime de extorsão consuma-se independentemente da obtenção da vantagem indevida.

Comentário:

Esta súmula convalidou o entendimento dominante na doutrina e jurisprudência de que o crime de extorsão (Art. 158 CP) possui natureza formal, ou seja, se consuma com a completa prática da conduta descrita no tipo (exigir a vantagem), independentemente da produção do resultado concretamente previsto (obter a vantagem indevida).

Há ainda entendimento minoritário de que se trata de crime material e, portanto, que a extorsão exigiria a obtenção da vantagem para o crime se consumar, porém esta posição não possui adoção atualmente.

174. No crime de roubo, a intimidação feita com arma de brinquedo autoriza o aumento da pena.

Comentário:

• Súmula cancelada pela Terceira Seção, na sessão de 24.10.2001 (DJU de 06.11.2001 em vigor desde a publicação).

Devido ao cancelamento desta súmula, é pacífico o entendimento que o uso de arme de brinquedo, ou desmuniciada, não irá gerar o aumento de pena previsto no crime de roubo (Art. 157 par. 2º Inc. I CP), e a conduta deverá ser tipificada como roubo simples.

Esse entendimento faz com que se exija perícia, direta ou indireta, que comprove a eficácia e capacidade lesiva da arma utilizada, e na sua ausência também deverá ser afastada a aplicação da causa de aumento, em face do princípio do *in dubio pro reo*.

220. A reincidência não influi no prazo da prescrição da pretensão punitiva.

Comentário:

Esta súmula visa definir que a causa de aumento do prazo prescricional em 1/3, para hipóteses em que o réu seja reincidente (Arts. 63 e 634 CP), só se aplique para a modalidade de prescrição que se refere a pretensão executória da pena (Art. 110 *caput* CP), ou seja, a prescrição da execução da pena que começa a ser contada a partir do trânsito em julgado da sentença condenatória.

Logo, com base nesta súmula, não será cabível este aumento de pena para qualquer outra espécie de prescrição, ou seja, não será aplicável para as espécies de prescrição da pretensão punitiva (Art. 109 CP).

241. A reincidência penal não pode ser considerada como circunstância agravante e, simultaneamente, como circunstância judicial.

Comentário:

Trata-se de matéria referente à dosimetria concreta da pena privativa de liberdade, nas bases do sistema trifásico adotado em nosso ordenamento (Art. 68 CP).

De acordo com o entendimento sumulado, uma condenação transitada em julgado por determinado fato não pode ser utilizada duas vezes para aumentar a pena do condenado, uma como circunstância judicial (antecedentes) e outra como agravante (reincidência) sob pena de se incidir em *bis in idem*.

Logo, neste caso, estando preenchidos os requisitos da reincidência (Arts. 63/64 CP), esta deve prevalecer para que a pena seja agravada na 2ª fase da dosimetria da pena (Art. 61 Inc. I CP), e a pena base não sofrerá qualquer aumento em relação a este fato (Art. 59 CP).

269. É admissível a adoção do regime prisional semiaberto aos reincidentes condenados a pena igual ou inferior a 4 (quatro) anos se favoráveis as circunstâncias judiciais.

Comentário:

Esta súmula, inerente a execução das penas privativas de liberdade, veio para mitigar as regras referentes ao regime inicial de cumprimento de pena para réus reincidentes, permitindo a aplicação de um regime menos rigoroso do que o previsto em lei, para determinadas hipóteses.

De acordo com o Art. 33 par. 2º CP, os condenados reincidentes deverão iniciar o cumprimento da pena privativa de liberdade em regime fechado, independentemente do valor de pena aplicado na condenação.

Já os condenados, não reincidentes, a uma pena concreta de até 4 anos, devem iniciar o cumprimento desta pena em regime aberto. (Art. 33 par. 2º "c" CP)

Entretanto, esta súmula possibilita que o juiz, de acordo com o caso concreto, possa estabelecer o regime inicial semiaberto para o condenado reincidente, que tenha sido condenado a uma pena de até 4 anos, mitigando, assim, a regra do regime inicial fechado para reincidentes, se a pena ficar até este valor.

341. A frequência a curso de ensino formal é causa de remição de parte do tempo de execução da pena sob regime fechado ou semiaberto.

Comentário:

De acordo com o entendimento aqui sumulado o estudo, e não só o trabalho, possibilita a remição da pena, ou seja, o abatimento do tempo de pena em razão deste trabalho ou estudo.

Porém, esta súmula perdeu completamente sua relevância a partir das alterações sofridas pela LEP (Art. 126) que passou a prever formal e expressamente que o estudo, de forma ampla, será causa de remição da pena, e ainda estabeleceu regras específicas para o abatimento da pena em razão do estudo (para cada 12 horas de estudo, cumpridas em no mínimo 3 dias, se abate 1 dia da pena).

415. O período de suspensão do prazo prescricional é regulado pelo máximo da pena cominada.

Comentário:

De acordo com o Art. 366 do CPP, se o acusado for citado por edital, e não comparecer ou não constituir advogado, ficarão suspensos o processo e o curso do prazo prescricional, porém, este dispositivo não indica por quanto tempo o prazo prescricional poderá ficar suspenso.

O entendimento sumulado, adotado pela doutrina e jurisprudência, foi de que o prazo prescricional deve ficar suspenso pelo prazo equivalente à prescrição da pretensão punitiva, ou seja, levando-se em conta o máximo da pena abstratamente prevista, de acordo com a tabela do Art. 109 do CP.

Atenção, pois a Súmula 415 impõe que contagem da prescrição fique suspensa apenas pelo prazo da prescrição em abstrato – considerados os valores definidos no Art. 109 CP – e não pelo valor da pena máxima cominada ao delito, e muito menos sem prazo máximo definido de suspensão.

Toda suspensão de prazo prescricional deve ter sempre termo final definido (ainda que não exato), condicionado ao implemento de certa condição, e foi isso que fez a Súmula 415 do STJ.

438. É inadmissível a extinção da punibilidade pela prescrição da pretensão punitiva com fundamento em pena hipotética, independentemente da existência ou sorte do processo penal.

Comentário:

Esta súmula resolveu a conhecida divergência doutrinária e jurisprudencial a respeito da possibilidade de se aplicar a famosa prescrição em perspectiva, ou prescrição pela pena ideal, impedindo, assim, a utilização desta modalidade supralegal de prescrição.

De acordo com parte da doutrina, seria possível que o juiz declarasse a prescrição antecipada de um crime, com base na projeção do valor de pena concreta possível de ser aplicada ao final do processo, diante dos fatos ocorridos, com base no intervalo de tempo já existente desde a consumação do crime (início de contagem do prescricional) e o dado momento em que a denúncia seria recebida (primeira interrupção do prazo prescricional).

Essa prescrição antecipada e em perspectiva se fundamentava na futura prescrição retroativa, que iria ocorrer quando o processo chegasse ao fim, devido ao decurso de tempo já transcorrido entre a data do fato e a data em que a denúncia estaria sendo recebida.

Sendo assim, por falta de justa causa para prosseguimento da ação penal, e falta de interesse processual, já que todo o processo restaria inútil ao seu término, pela prescrição retroativa, poderia ser declarada a prescrição antecipadamente, pela pena em perspectiva, projetada.

Entretanto, a partir deste entendimento, o STJ sepultou a possibilidade de se declarar um crime prescrito antecipadamente, e afastou definitivamente o instituto da prescrição virtual, ou pela pena ideal.

439. Admite-se o exame criminológico pelas peculiaridades do caso, desde que em decisão motivada.

Comentário:

Após a alteração sofrida pelo Art. 112 da LEP em 2003, não há mais previsão expressa na lei sobre a exigência do exame criminológico para concessão de benefícios da execução da pena como progressão de regime ou livramento condicional, bastando para isso que, além dos requisitos temporais o bom comportamento carcerário seja comprovado pelo diretor do estabelecimento prisional.

Sendo assim, a referida Súmula 439 do STJ afirma que, o exame criminológico, embora não mais exigido como requisito, pode ser admitido de acordo com cada caso concreto, podendo ser requerido pelo juiz da execução através de decisão motivada.

Logo, de acordo com esta súmula, o exame criminológico continua não sendo requisito ou regra, mas sim exceção e, ao ser requerido, deverá ser devidamente fundamentado pelo magistrado.

440. Fixada a pena-base no mínimo legal, é vedado o estabelecimento de regime prisional mais gravoso do que o cabível em razão da sanção imposta, com base apenas na gravidade abstrata do delito.

Comentário:

De acordo com esta súmula não é possível a imposição do regime inicial fechado com base apenas na gravidade em abstrato do crime, pois o legislador ao prever abstratamente o delito e sua pena já a considerou, e utilizar deste argumento para estabelecer um regime mais severo de cumprimento de pena seria *bis in idem*.

Dessa forma, é inadmissível a determinação de regime mais severo de pena com base na gravidade em abstrato do crime, pois isto também irá ferir o princípio constitucional da individualização das penas (Art. 5º Inc. XLVI), através do qual o juiz deve levar em conta, para fixar o regime inicial de cumprimento de pena, critérios como a quantidade de pena concretamente aplicada, se se trata de condenado reincidente ou primário, bem como avaliar as circunstâncias judiciais do Art. 59 CP.

441. A falta grave não interrompe o prazo para obtenção de livramento condicional.

Comentário:

O livramento condicional pode ser definido como a possibilidade do condenado ser liberado sob certas condições, depois de cumprir efetivamente parte da sua pena, de acordo com requisitos previstos expressamente no Art. 83 do Código Penal.

A doutrina e jurisprudência reconhecem que o livramento condicional é direito subjetivo do condenado, desde que preenchidos todos os requisitos legais previstos no Código penal e, dessa forma, em face da total ausência de previsão legal, essa súmula determinou que a prática de falta disciplinar de natureza grave não pode interromper a contagem de tempo (lapso temporal) para concessão de livramento condicional.

Importante ressaltar que a falta grave pode interromper a contagem de prazo para a progressão de regime, com base no Art. 118 Inc. I e 127 da LEP, e no entendimento sumulado também pelo próprio STJ na súmula 534.

442. É inadmissível aplicar, no furto qualificado, pelo concurso de agentes, a majorante do roubo.

Comentário:

Os tipos penais referentes aos crimes de furto (Art. 155 CP) e roubo (Art. 157 CP) possuem tratamento diferenciado no que tange aos limites mínimo e máximo de penas-base, evidentemente em razão da diferença na gravidade das condutas, mas, por opção, o legislador também resolveu estabelecer diferentes parâmetros de aumento das penas, para uma mesma hipótese, qual seja, quando esses crimes forem praticados por dois ou mais agentes em concurso de pessoas.

Sendo assim, a mesma majorante (concurso de pessoas) foi valorada de forma distinta para o crime de furto e para o crime de roubo.

No roubo (Art. 157 par. 2º II CP) a causa de aumento de pena determina um aumento de 1/3 a ½, enquanto no furto (Art. 155 par. 4º Inc. IV CP) a mesma hipótese foi prevista como qualificadora aumentando as penas (mínima e máxima) no dobro.

Percebe-se evidente desproporcionalidade nesta diferenciação e em face do princípio constitucional da proporcionalidade, parte da doutrina e jurisprudência defende que deveria se aplicar ao furto o mesmo *quantum* de aumento de pena estabelecido para o roubo (1/3 até 1/2) quando praticado em concurso de pessoas.

Porém, como há norma legal que estabelece expressamente o *quantum* de pena referente à prática do crime de furto qualificado, assim como foi previsto na lei o aumento de pena para o roubo praticado nas mesmas circunstâncias (em concurso de pessoas), entendeu o STJ, através dessa súmula, que deve ser observado o princípio da legalidade, não sendo cabível se utilizar da analogia para aplicar os parâmetros de aumento de pena da majorante do roubo no crime de furto qualificado pelo concurso de agentes.

443. O aumento na terceira fase de aplicação da pena no crime de roubo circunstanciado exige fundamentação concreta, não sendo suficiente para a sua exasperação a mera indicação do número de majorantes.

Comentário:

Esta súmula busca reduzir ao máximo o subjetivismo do magistrado no momento da aplicação da pena, fundamentalmente na 3ª fase da dosimetria da pena.

No que tange ao roubo circunstanciado, qual seja, aquele praticado nas condições previstas no Art. 157 par. 2º CP, em que a pena é aumentada de um terço até metade, se entendeu que não será motivo suficiente para aumentar a pena de valores maiores que o mínimo previsto na majorante (1/3), apenas o fato do réu incidir em mais de uma das hipóteses previstas no mencionado dispositivo legal.

Sendo assim, a fração de aumento de pena a ser considerada pelo juiz na 3ª fase da dosimetria da pena deverá ser devidamente fundamentada para que este aumento possa ser maior que um 1/3.

De acordo com o entendimento sumulado o aumento de pena, acima do patamar mínimo, não pode se fundamentado apenas pela ocorrência de duas ou mais majorantes, previstas no Art. 157 par. 2º CP, e este aumento, superior ao mínimo previsto, deverá ser motivado em outros fatos concretos e circunstâncias que justifiquem um maior grau de reprimenda.

444. É vedada a utilização de inquéritos policiais e ações penais em curso para agravar a pena-base.

Comentário:

Esta súmula convalidou o entendimento dominante na doutrina de que, em face do princípio da presunção de inocência, inquéritos policiais, ou mesmo ações penais em curso, não podem ser considerados como maus antecedentes ou má conduta social para elevar a pena-base, na 1ª fase da dosimetria da pena.

Na verdade, há duas correntes sobre o assunto, a primeira, que considera como antecedente qualquer envolvimento do agente com algum inquérito ou ação penal em curso, podendo, assim, fundamentar o aumento da pena-base de acordo com o Art. 59 CP, e que fere o referido princípio da presunção de inocência, algo claramente inconstitucional.

E uma segunda corrente, dominante, que considera como maus antecedentes apenas as condenações transitadas em julgado anteriores à sentença condenatória do novo crime e que não configurem reincidência.

Tendo sido, essa segunda corrente, adotada e aqui sumulada pelo STJ.

471. Os condenados por crimes hediondos ou assemelhados cometidos antes da vigência da Lei 11.464/2007 sujeitam-se ao disposto no art. 112 da Lei 7.210/1984 (Lei de Execução Penal) para a progressão de regime prisional.

Comentário:

A Lei 8.072/90, em sua redação original, proibia a progressão de regime de cumprimento da pena privativa de liberdade para os crimes, porém, a partir do julgamento do HC 82.959/SP, o STF mudou o posicionamento que vinha adotando, declarando inconstitucional o dispositivo do § 1º do art. 2º, da Lei de Crimes Hediondos, por violar o princípio da individualização das penas (Art. 5º, XLVI CF), que exige análise de cada situação concreta para se aplicar e executar as sanções penais.

Sendo assim, os crimes hediondos passaram a ter progressão regime de pena de acordo com a regra geral prevista na Lei de Execução Penal (Art. 112), qual seja, com o cumprimento de pelo menos um sexto da pena no regime em que se encontre para fazer jus ao benefício.

Com o surgimento da Lei 11.464/07, houve modificação no texto da Lei de Crimes Hediondos, e a progressão de regime de cumprimento da pena privativa de liberdade para crimes hediondos, passou a exigir que réu cumprisse pelo menos 2/5 da pena (primário), e 3/5 da pena, se reincidente.

Com isso surgiu divergência doutrinária e jurisprudencial quanto a qual lei penal seria aplicável para os crimes hediondos praticados antes da entrada em vigor da nova lei (Lei 11.464/07), a regra geral da LEP, ou a específica mais severa.

Com esta súmula o STJ se posicionou no sentido de que, crimes hediondos praticados antes de 29 de março de 2007 – momento em que a Lei 11.464/07 entrou vigor – terão sua progressão de regime com base no disposto no Art. 112 da LEP (1/6) e, que somente os crimes hediondos praticados a partir desta data, após a Lei 11.464/07, terão sua progressão de regime regida pelos novos parâmetros, específicos e mais rigorosos (2/5 e 3/5), em face do princípio da irretroatividade da lei penal mais severa.

491. É inadmissível a chamada progressão *per saltum* de regime prisional.

Comentário:

A progressão de regime para penas privativas de liberdade está prevista no Art. 112 da Lei de Execução Penal, estabelecendo que, ao progredir, o preso deve passar do regime mais rigoroso para o regime imediatamente menos rigoroso.

Logo, o condenado que esteja em regime fechado, deverá passar para o semiaberto, e em seguida, ao aberto, desde que, no entanto, cumpra os requisitos legais como a prova do cumprimento de pelo menos 1/6 da pena, e que tenha tido bom comportamento carcerário, comprovado pelo diretor do estabelecimento.

A progressão de regime "por salto" nada mais é do que a possibilidade do preso que estiver cumprindo pena no regime fechado ser transferido diretamente para o regime aberto, sem passar pelo regime semiaberto, desde que tenha cumprido tempo suficiente para isso.

Esta súmula com base a aplicação do princípio da legalidade, e de acordo com o previsto no Art. 112 da LEP, vedou a possibilidade da progressão "*per saltum*", exigindo assim que, para chegar ao regime aberto, o condenado, que esteja em regime fechado, obrigatoriamente passe pelo regime semiaberto.

493. É inadmissível a fixação de pena substitutiva (art. 44 do CP) como condição especial ao regime aberto.

Comentário:

De acordo com este entendimento sumulado, o STJ vedou a aplicação das penas substitutivas (restritivas de direitos), previstas no Art. 44 do CP, como condição para a concessão do regime aberto de cumprimento de pena privativa de liberdade.

O principal fundamento deste entendimento é o fato de não haver norma legal disciplinando o que são "condições especiais", que podem ser estabelecidas pelo magistrado para concessão do regime aberto (Art. 115 da LEP) entendendo assim que essas "condições especiais" não podem se confundir com as penas restritivas de direito previstas no Art. 44 do CP.

Dessa forma, a súmula estabelece ser impossível a imposição de prestação de serviços à comunidade, como condição para a concessão do regime aberto de cumprimento de pena privativa de liberdade, pois se estaria aplicando duas penas (a privativa de liberdade em regime aberto e a pena restritiva de direitos), o que não é admissível em nosso ordenamento e violaria o princípio do *ne bis in idem*.

A súmula, em suma, afirma que as penas restritivas de direito, como a prestação de serviços à comunidade, são penas autônomas, de caráter substitutivo à privativa de liberdade (da qual o regime aberto é uma espécie), e jamais poderão ser com elas cumuladas.

500. A configuração do crime do art. 244-B do ECA independe da prova da efetiva corrupção do menor, por se tratar de delito formal.

Comentário:

Esta súmula confirmou entendimento que já era dominante na doutrina e jurisprudência de que o crime de corrupção de menores é um crime formal, logo, para a caracterização do delito é suficiente a comprovação da participação do inimputável em qualquer ato criminoso, na companhia de maior de 18 anos, independentemente do menor ser primário ou não (ter cumprido medida socioeducativa).

Sendo assim, não é preciso que se demonstre que houve uma efetiva corrupção da personalidade e formação de caráter do menor, pois a simples participação do menor no ato ilícito realizado por maior de idade será suficiente para a consumação do crime previsto no Art. 244-B do ECA (Lei 8.069/90).

501. É cabível a aplicação retroativa da Lei n. 11.343/2006, desde que o resultado da incidência das suas disposições, na íntegra, seja mais favorável ao réu do que o advindo da aplicação da Lei n. 6.368/1976, sendo vedada a combinação de leis.

Comentário:

A antiga lei de drogas (Lei 6.638/76), definia uma pena de 3 a 15 anos de reclusão para o crime de tráfico de drogas, não havendo previsão de qualquer causa de diminuição da pena.

A partir da nova lei de drogas (Lei 11.343/06), o crime de tráfico passou a ter uma pena maior, estabelecida em 5 a 15 anos de reclusão, porém, essa nova lei criou uma causa de diminuição de pena de um sexto a dois terços, para hipóteses em que o réu seja primário, tenha bons antecedentes, não se dedique a atividades criminosas e não integre organização criminosa (tráfico privilegiado).

Dessa forma, em relação ao mesmo crime de tráfico de drogas, a lei nova se tornou mais gravosa em um aspecto (pena estabelecida) e mais benéfica em outro (previsão da causa de diminuição).

Sendo assim, essa súmula pacificou o entendimento de que o magistrado não pode mesclar o dispositivo mais favorável da lei nova (diminuição da pena) com a pena aplicada na lei antiga (3 a 15 anos) para fatos praticados antes da nova lei, pois, ao fazer isso, o julgador estaria criando uma terceira norma.

O STJ entendeu que a nova lei pode retroagir se for para beneficiar o criminoso que tenha cometido o crime de tráfico antes dela, mas essa retroatividade só pode ocorrer para a nova lei ser aplicada na íntegra ao fato.

Em suma, a partir do entendimento sumulado, se um indivíduo foi condenado com base pena mínima da lei antiga, que é de 3 anos (na lei nova é de 5 anos), este não poderá ser beneficiado pela causa de diminuição de pena prevista no dispositivo da lei nova para o crime de tráfico (Art. 33 par.4º Lei 11.343/06).

502. Presentes a materialidade e a autoria, afigura-se típica, em relação ao crime previsto no art. 184, § 2º, do CP, a conduta de expor à venda CDs e DVDs piratas.

Comentário:

O princípio da adequação social da conduta, embora muito controvertido na doutrina e jurisprudência pátria, impõe que se afaste a tipicidade penal de determinadas condutas que sejam, ou tenham se tornado, socialmente aceitas e toleradas.

Porém, de acordo com o entendimento sumulado, ainda que a pirataria de obras artísticas, fonográficas, de vídeo etc. seja amplamente praticada em todos os setores da nossa sociedade, não se deve admitir a aplicação do princípio da adequação social aos casos envolvendo esse tipo de comércio, devendo-se tipificar essas condutas de acordo com o Art. 184 par. 2º do CP e punir o fato.

511. É possível o reconhecimento do privilégio previsto no § 2º do art. 155 do CP nos casos de crime de furto qualificado, se estiverem presentes a primariedade do agente, o pequeno valor da coisa e a qualificadora for de ordem objetiva.

Comentário:

Esta súmula veio para consolidar o entendimento dominante na doutrina e jurisprudência de que nada impede que se aplique a causa de diminuição referente ao furto privilegiado (Art. 155 par. 2º CP) a uma hipótese de furto qualificado (Art. 155 par. 4º CP), embora haja na doutrina entendimento defendendo essa impossibilidade devido à topografia dos parágrafos que descrevem respectivamente o privilégio (§ 2º) e as qualificadoras (§ 4º.), ou seja, a forma privilegiada se encontra prevista antes da qualificada, e por isso não poderia ser aplicada a ela.

Em suma, passou a ser possível estender ao furto qualificado o privilégio do § 2º do Art. 155, originalmente cabível apenas ao furto simples, autorizando ao Juiz substituir a pena de reclusão pela de detenção, diminuí-la de um a dois terços, ou aplicar somente a pena de multa, no caso de o réu ser primário e sendo de pequeno valor a coisa furtada.

Através dessa súmula o STJ exigiu, ainda, que a qualificadora seja de ordem objetiva para que seja possível aplicar a ela a diminuição de pena da forma privilegiada e, sendo assim, nos casos dos incisos I, III e IV do Art. 155 par. 4º CP nada impede a aplicação do privilégio.

Com relação ao inciso II do Art. 155 par. 4º do CP, a maioria da doutrina vem entendendo que só é possível aplicar a forma privilegiada nos casos de "escalada ou destreza", por serem inegavelmente de ordem objetiva, e que com relação ao abuso de confiança ou fraude, não seria possível a aplicação do privilégio, por serem vistos como de caráter subjetivo, embora haja opinião divergente afirmando que todas as qualificadoras do furto seriam objetivas e por isso compatíveis com a forma privilegiada.

512. A aplicação da causa de diminuição de pena prevista no art. 33, § 4º, da Lei n. 11.343/2006 não afasta a hediondez do crime de tráfico de drogas.

Comentário:

Esta súmula foi CANCELADA, e atualmente o STF e o STJ consideram que o tráfico privilegiado não possui natureza hedionda.

513. A *abolitio criminis* temporária prevista na Lei n. 10.826/2003 aplica-se ao crime de posse de arma de fogo de uso permitido com numeração, marca ou qualquer outro sinal de identificação raspado, suprimido ou adulterado, praticado somente até 23/10/2005.

Comentário:

Esta súmula veio para definir a partir de qual data passa a ser considerado como crime a posse de arma de uso permitido com identificação raspada na Lei 10.826/2003 (Estatuto de Desarmamento).

O referido estatuto fixou prazo de 180 dias, a partir da data de sua publicação, para o registro dessas armas, e este prazo foi prorrogados inúmeras vezes por leis posteriores.

Sendo assim, com essa súmula ficou definitivamente definido o prazo final da *abolitio criminis* temporária, prevista no estatuto do desarmamento, para o crime de posse de armas sem identificação e sem registro, passando a ser crime a posse de arma de fogo de uso permitido com numeração, marca ou qualquer outro sinal de identificação raspado, suprimido ou adulterado, praticada após 23 de outubro de 2005, termo final da prorrogação dos prazos previstos em Lei (Arts. 30 e 32 da Lei 10.826/2003).

520. O benefício de saída temporária no âmbito da execução penal é ato jurisdicional insuscetível de delegação à autoridade administrativa do estabelecimento prisional.

Comentário:

Esta súmula confirmou o entendimento já dominante na doutrina e jurisprudência de que autorização das saídas temporárias é ato jurisdicional e, portanto, deve ser concedido e fundamentado pelo Juízo de Execução, respeitados os requisitos subjetivos e objetivos para sua concessão, de acordo com o Art. 124 da LEP.

Sendo assim, de acordo com esta súmula não é possível que o administrador (diretor) do presídio decida e fiscalize por sua própria conta as diversas saídas temporárias, já que essa decisão é atribuição exclusiva do magistrado das execuções penais, e está sujeita fiscalização do MP.

522. A conduta de atribuir-se falsa identidade perante autoridade policial é típica, ainda que em situação de alegada autodefesa.

Comentário:

O ponto central desta súmula foi determinar que o princípio constitucional da autodefesa não se aplica ao sujeito que se atribuir falsa identidade perante autoridade policial, mesmo que se encontre em situação de autodefesa.

O entendimento sumulado afirma que comete crime de falsa identidade (art. 307 do CP) aquele que, diante da autoridade policial, identifica-se com nome falso, ainda que faça isso para se proteger.

A partir dessa súmula o STJ pacificou o entendimento de que o de uso de documento falso (Art. 304 CP), e a atribuição de falsa identidade (Art. 307 CP), ainda que utilizados para fins de autodefesa, por exemplo, para a ocultação de antecedentes ou com o fim de livrar-se de uma prisão, devem ser punidos como crime, e tal conduta não caracteriza o exercício do direito de autodefesa previsto no Art. 5º Inc. LXIII da CF/88.

Em suma, esta súmula determinou que o acusado tem o direito de permanecer calado (Art. 5º LXIII CF/88), mas isso não lhe dá o direito de mentir a respeito de sua identidade perante a autoridade policial, o que irá caracterizar o crime de uso de documento falso (Art. 304 CP), ou de falsa identidade (Art. 307 CP).

526. O reconhecimento de falta grave decorrente do cometimento de fato definido como crime doloso no cumprimento da pena prescinde do trânsito em julgado de sentença penal condenatória no processo penal instaurado para apuração do fato.

Comentário:

Esta súmula solucionou a controvérsia relativa a se o reconhecimento da falta grave, pela prática de um fato definido com crime doloso durante a execução da pena, depende do trânsito em julgado condenatório do processo referente a este fato (Art.52 Inc. I da LEP).

De acordo com o entendimento sumulado as sanções decorrentes de falta grave são medidas de caráter administrativo que, se tiverem que esperar a conclusão de uma ação penal com trânsito em julgado, perderiam sua eficácia e utilidade.

Além disso, no que tange a prática de fato definido como crime doloso caracterizando falta grave, em momento algum a LEP exige o trânsito em julgado da condenação criminal, e por isso, nada impede que o detento seja punido administrativamente com a sanção disciplinar em face desta falta grave, mesmo sem ter sido condenado judicialmente em definitivo pela prática do crime doloso (Art. 52 LEP).

A súmula se fundamenta no mencionado argumento de que caso fosse necessário aguardar a condenação do réu com trânsito em julgado para se caracterizar o fato como falta grave, a previsão do Art. 52 da LEP seria inútil, e ainda que, como o procedimento administrativo de apuração e punição das faltas graves deve respeitar a ampla defesa e o contraditório, não há que se falar em violações de princípios constitucionais ou prejuízo ao apenado.

Entretanto, parte da doutrina permanece entendendo que essa súmula está em desacordo e viola os princípios constitucionais do devido processo legal e da presunção de inocência, além de afetar a segurança jurídica em nosso ordenamento.

527. O tempo de duração da medida de segurança não deve ultrapassar o limite máximo da pena abstratamente cominada ao delito praticado.

Comentário:

Esta súmula veio para solucionar a polêmica referente ao fato do Código Penal e da Lei de Execuções Penais não estabelecerem prazo máximo para cumprimento das medidas de segurança, e admitirem que estas sejam renovadas enquanto ficar demonstrada a periculosidade do agente inimputável (Art. 97, § 1°, do CP e Art. 175 e seguintes da LEP), permitindo, assim, que as medidas de segurança possam perdurar por período indeterminado, inclusive por tempo superior à pena de um imputável ou ao máximo de cumprimento de pena previsto no CP (Art. 75 CP – 30 anos).

Nesta súmula o STJ utilizou os princípios da isonomia, proporcionalidade e razoabilidade, para entender que a duração máxima da medida de segurança não deva ultrapassar o limite máximo da pena abstratamente cominada ao delito praticado pelo inimputável, pois, não seria razoável haver possibilidade de se sancionar de forma mais severa um infrator inimputável do que um imputável.

Dessa forma, a partir dessa súmula, o STJ pacificou sua posição de que o prazo de cumprimento da medida de segurança não pode ser ilimitado, mesmo não havendo limites expressos na Lei, pois a medida de segurança é uma espécie de sanção penal e, de acordo com a Constituição Federal, são vedadas quaisquer sanções de caráter perpétuo em nosso ordenamento (Art. 5º XLVII CF).

534. A prática de falta grave interrompe a contagem do prazo para a progressão de regime de cumprimento de pena, o qual se reinicia a partir do cometimento dessa infração.

Comentário:

De acordo com a Lei de Execução Penal, certas situações configuram falta grave do condenado que esteja cumprindo pena privativa de liberdade (Art. 50 da LEP – Lei 7.210/84), além disso também configura falta grave a prática de fato definido como crime doloso durante o cumprimento da pena (Art. 52 LEP).

Esta súmula estabeleceu o entendimento de que, quando o condenado comete falta grave deverá haver a interrupção da contagem do tempo para a concessão de progressão de regime prisional, ou seja, a contagem do prazo (via de regra 1/6) para a progressão será zerada e deverá ser reiniciada.

Em suma, o cometimento de falta grave pelo condenado implica o reinício da contagem do prazo para obter o benefício da progressão de regime prisional, porém, não se pode entender este entendimento, relativo à falta grave cometida no cumprimento da pena, no que tange ao prazo para concessão do livramento condicional, que não será afetado e continuará a correr normalmente.

535. A prática de falta grave não interrompe o prazo para fim de comutação de pena ou indulto.

Comentário:

Esta súmula praticamente complementa a súmula anterior e afirma que o cometimento de falta grave, que interrompe a contagem de prazo para progressão de regime prisional, não afeta a contagem de prazo para que o agente faça jus a um indulto, salvo se isto for expressamente previsto no decreto presidencial, conforme os demais requisitos expressos no decreto que concede esta causa de extinção da punibilidade, prevista no Art. 107 do CP.

Comutação da pena é sinônimo de indulto parcial, ou seja, ocorre quando decreto presidencial ao em vez de extinguir a punibilidade e os efeitos executórios da condenação, decide apenas diminuir a pena imposta ou substitui-la por outra mais branda e, de acordo com o entendimento sumulado, este também não será afetado pelo cometimento de uma falta grave.

542. A ação penal relativa ao crime de lesão corporal resultante de violência doméstica contra a mulher é pública incondicionada.

Comentário:

A regra em nosso CP é que todas as ações são públicas incondicionadas, salvo expressa previsão em contrário, porém, a Lei dos Juizados Especiais Criminais (Lei 9.099/95) determina que os crimes de lesões corporais leves e de lesões corporais culposas são de ação penal pública condicionada a representação. (Art. 88 Lei 9.099/95).

A súmula pacificou o entendimento que já era dominante na doutrina e na jurisprudência de que qualquer lesão corporal, mesmo a leve ou a culposa, praticada contra mulher no âmbito das relações domésticas é crime de ação penal pública incondicionada, e o Ministério Público pode dar início à ação penal sem necessidade de qualquer manifestação (representação) da vítima.

O fundamento desse entendimento sumulado está no fato de que o Art. 88 da Lei 9.099/95 não se aplica para as lesões corporais praticadas contra a mulher no âmbito de violência doméstica, já que, por expressa previsão legal, não são aplicados os institutos da Lei 9.099/95 aos crimes de violência doméstica e familiar contra a mulher (Art. 41 – Lei Maria da Penha – Lei 11.340/2006).

545. Quando a confissão for utilizada para a formação do convencimento do julgador, o réu fará jus à atenuante prevista no art. 65, III, *d*, do Código Penal.

Comentário:

Esta súmula se refere à confissão espontânea, circunstância atenuante de pena, prevista no Art. 65, III, "d", do CP, e que por isso será utilizada para reduzir a pena do condenado, na 2ª fase da dosimetria da pena privativa de liberdade.

A Confissão pode ser ainda: parcial quando o réu confessar apenas parte dos fatos narrados na denúncia, qualificada quando o réu admitir a prática do fato, porém, alegar em sua defesa algo que excluiria o crime ou o isentaria de pena (ex: uma excludente de ilicitude), ou pode ser ainda retratada posteriormente a ser feita, quando o acusado confessa a prática do crime e, posteriormente, se retrata, negando a autoria do fato.

A orientação sumulada pelo STJ é que não importa se a confissão é parcial ou total, qualificada ou mesmo se há retratação posterior, pois em todos os casos se for utilizada como fundamento para a condenação, deverá incidir a circunstância atenuante (Art. 65, III, "d" CP) para diminuir a pena do condenado.

Em suma, com base nesta súmula se o juiz utilizou a confissão como fundamento para condenar o réu, deverá aplicar a atenuante de pena da confissão espontânea (Art. 65, inciso III, alínea "d" CP), independentemente da espécie e forma de confissão ocorrida.

562. É possível a remição de parte do tempo de execução da pena quando o condenado, em regime fechado ou semiaberto, desempenha atividade laborativa, ainda que extramuros.

Comentário:

A remição da pena (abatimento de parte da pena) pelo trabalho é admitida ao condenado que esteja em regime fechado ou semiaberto, quer realize este trabalho dentro (intramuros) ou fora (extramuros) da unidade prisional.

Importante lembrar que, o condenado que cumpre pena em regime aberto não possui direito à remição pelo trabalho, embora nada impeça a remição pelo estudo (Arts. 126 127 LEP).

Esta súmula reforça o entendimento de que a LEP, ao determinar as regras a respeito da remição pelo trabalho, não restringiu esse benefício apenas para o trabalho interno (intramuros), sendo indiferente, para fazer jus ao benefício, se o trabalho é exercido dentro ou fora do estabelecimento penitenciário.

567. Sistema de vigilância realizado por monitoramento eletrônico ou por existência de segurança no interior de estabelecimento comercial, por si só, não torna impossível a configuração do crime de furto.

Comentário:

Esta súmula veio apenas para consolidar o entendimento dominante na doutrina, e na própria jurisprudência, de que os sistemas de segurança existentes em estabelecimentos comerciais não fazem com que a conduta de tentar subtrair bens de seu interior configure crime impossível (Art. 17 CP).

Na verdade, a razão desse posicionamento, agora sumulado, se dá pelo fato de que o crime impossível exige que, por impropriedade absoluta do objeto a ser atingido ou por ineficácia absoluta do meio, seja impossível de se chegar a consumação do crime pretendido, sendo que, embora os referidos sistemas de segurança dificultem a subtração patrimonial, não a tornam impossível de ocorrer.

Dessa forma, afasta-se o crime impossível, e o fato praticado nesses estabelecimentos pode ser punido normalmente como tentativa de furto (Art. 155 CP c/c Art. 14 II CP).

574. Para a configuração do delito de violação de direito autoral e a comprovação de sua materialidade, é suficiente a perícia realizada por amostragem do produto apreendido, nos aspectos externos do material, e é desnecessária a identificação dos titulares dos direitos autorais violados ou daqueles que os representem.

Comentário:

Esta súmula confirmou o entendimento dominante tanto do STF como do STJ de que é típica, formal e materialmente, a conduta de expor à venda CDs e DVDs falsificados.

O delito previsto no art. 184, § 2º, do CP é de natureza formal e não é necessária, para a sua consumação, a ocorrência de qualquer resultado naturalístico, sendo, por isso, desnecessária a identificação dos titulares dos direitos autorais violados para a configuração do crime.

De acordo com esta súmula é dispensável a formalidade para a constatação da materialidade do crime de violação de direito autoral, bastando a simples análise de características externas dos objetos apreendidos para configurar a falsidade e a ocorrência do tipo previsto no Art. 184, § 2º, do CP.

Dessa forma, entende-se ser dispensável a identificação individualizada dos titulares dos direitos autorais violados ou de quem os represente, já que a violação de direito autoral extrapola a individualidade do titular do direito, ofendendo o próprio Estado e a coletividade.

575. Constitui crime a conduta de permitir, confiar ou entregar a direção de veículo automotor a pessoa que não seja habilitada, ou que se encontre em qualquer das situações previstas no art. 310 do CTB, independentemente da ocorrência de lesão ou de perigo de dano concreto na condução do veículo.

Comentário:

De acordo com o STJ, o delito previsto no Art. 310 do CP é um crime de *perigo abstrato*, sendo assim, não se exige a ocorrência de lesão ou de perigo concreto de dano pela prática da conduta de quem permite, confia ou entrega a direção de veículo automotor a pessoa não habilitada, com habilitação cassada ou com o direito de dirigir suspenso, ou ainda a quem, por seu estado de saúde, física ou mental, ou por embriaguez, não esteja em condições de conduzi-lo com segurança.

Esta súmula aponta que o Art. 310 do CTB, determina um dever de garantia ao possuidor de veículo automotor, ou seja, um dever de não permitir, confiar ou entregar a direção de um automóvel a determinadas pessoas, indicadas no tipo penal, com ou sem habilitação, com problemas psíquicos ou físicos, ou embriagadas, independentemente da condução por estas pessoas gerar qualquer perigo concreto ou danos a terceiros, presumindo-se, assim, o perigo inerente a este ato.

582. Consuma-se o crime de roubo com a inversão da posse do bem mediante emprego de violência ou grave ameaça, ainda que por breve tempo e em seguida à perseguição imediata ao agente e recuperação da coisa roubada, sendo prescindível a posse mansa e pacífica ou desvigiada.

Comentário:

Esta súmula confirmou o entendimento há muito dominante no STJ e STF a respeito do momento de consumação do crime de roubo, bem como do crime de furto, adotando, assim, a teoria da *ablatio* (ou *apprehensio*) pela qual esses crimes se consumam no momento em que há a mera inversão da posse do bem, mesmo que isso ocorra por um breve momento, ou mesmo que o titular recupere o bem em seguida.

Dessa forma, afasta-se a jurisprudência, definitivamente, do antigo posicionamento de que seria necessário que o autor tivesse a *posse mansa e tranquila* (Teoria da *Ablatio*) do bem subtraído, para que ocorresse a consumação do roubo ou do furto.

587. Para a incidência da majorante prevista no art. 40, V, da Lei 11.343/2006, é desnecessária a efetiva transposição de fronteiras entre estados da Federação, sendo suficiente a demonstração inequívoca da intenção de realizar o tráfico interestadual.

Comentário:

O Art. 40 Inc. V, da Lei 11.343/2006 prevê uma causa de aumento de pena de 1/6 a 2/3 quando na conduta de tráfico de drogas (Art. 33 Lei 11.343/2006) for caracterizado que o transporte da droga era entre Estados da Federação ou entre estes e o Distrito Federal.

De acordo com o entendimento sumulado, para incidir esta causa de aumento de pena, basta que se demonstre o especial fim de agir do autor do fato, ou seja, basta que se comprove sua intenção em transportar a droga através de fronteiras entre estados da federação, não sendo necessário que isto efetivamente chegue a ocorrer.

588. A prática de crime ou contravenção penal contra a mulher com violência ou grave ameaça no ambiente doméstico impossibilita a substituição da pena privativa de liberdade por restritiva de direitos.

Comentário:

Embora o Art. 44 do CP vede a conversão da pena privativa de liberdade em restritiva de direitos em crimes com violência ou grave ameaça a pessoa, a doutrina e a jurisprudência dominantes afirmam que se a conduta for uma infração penal de menor potencial ofensivo, a pena privativa de liberdade poderá ser substituída por restritiva de direitos mesmo que tenha sido cometida com violência ou grave ameaça.

Trata-se de exceção ao inciso I do art. 44 do CP com base na Lei 9.099/95 que previu diversas medidas despenalizadoras (exs: transação penal e composição civil) para as infrações penais de menor potencial ofensivo, incluindo aquelas praticadas com violência ou ameaça.

Porém, com base no Art. 17 da Lei 11.340/2006, é vedada a aplicação, nos casos de violência doméstica e familiar contra a mulher, de penas de cesta básica ou outras de prestação pecuniária, bem como a substituição de pena que implique o pagamento isolado de multa, no que tange a possibilidade de conversão da pena em restritiva de direitos, para crimes da lei 9.099/95, nestas hipóteses de violência doméstica gerava controvérsia.

Dessa forma, com essa súmula, o STJ pacificou o entendimento de que não cabe a substituição da pena privativa de liberdade por restritiva de direitos nos crimes, ou contravenções penais, cometidos contra a mulher, com violência ou grave ameaça, no âmbito das relações domésticas, logo, além das sanções previstas no art. 17, são proibidas quaisquer penas restritivas para os condenados por violência doméstica e familiar contra a mulher.

589. É inaplicável o princípio da insignificância nos crimes ou contravenções penais praticadas contra a mulher no âmbito das relações domésticas.

Comentário:

De acordo com esta súmula não se aplica o princípio da insignificância nos crimes, ou contravenções penais, praticados contra a mulher no âmbito das relações domésticas, ou seja, crimes praticados com violência contra a mulher, devido à sua grande ofensividade e periculosidade social, além do alto grau de reprovabilidade do autor, são incompatíveis com o referido princípio.

Curioso é que o STJ e o STF já não admitem, como regra, a aplicação do princípio da insignificância a qualquer crime praticado com violência ou grave ameaça a pessoas, e essa súmula veio apenas para reforçar, de forma expressa, devido à grande relevância do tema, a inadmissibilidade de aplicação da insignificância, também em crimes e contravenções praticados com violência ou grave ameaça contra a mulher, no âmbito das relações domésticas.

593. O crime de estupro de vulnerável configura-se com a conjunção carnal ou prática de ato libidinoso com menor de 14 anos, sendo irrelevante eventual consentimento da vítima para a prática do ato, sua experiência sexual anterior ou existência de relacionamento amoroso com o agente.

Comentário:

Esta súmula apenas veio para convalidar, e confirmar, o entendimento já dominante na doutrina, e jurisprudência, a respeito do crime de estupro de vulnerável no que tange a indisponibilidade, por parte do menor de 14 anos, quanto às relações sexuais.

Desde a mudança promovida pela **Lei 12.015/09**, que instituiu o crime de estupro de vulnerável (**Art. 217-A CP**), o entendimento amplamente dominante é pela absoluta irrelevância da opinião, ou consentimento, do menor de 14 anos quanto a realização do ato sexual, para configuração do crime em questão.

Havia divergência anteriormente a esta lei quanto a natureza da presunção de violência para atos sexuais praticados com menores de 14 anos, prevista no Art. 224 do CP, se esta seria relativa ou absoluta e, portanto, se deveria ser levado em conta o consentimento do menor quanto ao ato sexual para caracterização do crime de estupro.

Porém, com a nova lei, que **revogou o Art. 224 do CP**, e criou o crime autônomo de estupro de vulnerável, essa divergência acabou, e atualmente é absolutamente dominante o entendimento ora sumulado, de que o consentimento do menor quanto ao ato sexual não afasta a tipificação do crime de estupro de vulnerável (**Art. 217-A CP**)

599. O princípio da insignificância é inaplicável aos crimes contra a Administração Pública.

Comentário:

De acordo com o entendimento sumulado, não é possível se aplicar o princípio da insignificância aos crimes contra a Administração Pública, mesmo que o valor da lesão seja considerado ínfimo, insignificante.

De acordo com o STJ, os crimes contra a Administração Pública têm como objetivo tutelar não só o aspecto patrimonial, mas também, e principalmente, a moral administrativa.

Sendo assim, mesmo que o valor do prejuízo seja insignificante economicamente, de acordo com esta súmula deverá haver a intervenção penal punindo o fato como crime,

Porém, esta súmula irá gerar muita polêmica já que a jurisprudência do próprio STJ e do STF é pacífica quanto a aplicar o **princípio da insignificância** ao *crime de descaminho* (Art. 334 do CP), que é um *crime contra a Administração Pública*, e que possui natureza tributária.

Além disso, de acordo com **STF**, nada impede a aplicação do **princípio da insignificância** em *crimes contra a Administração Pública*, devendo ser feita a análise do caso concreto para se verificar a possibilidade, ou não, de aplicação do referido princípio.

600. Para a configuração da violência doméstica e familiar prevista no artigo 5º da Lei 11.340/2006 (Lei Maria da Penha) não se exige a coabitação entre autor e vítima.

Comentário:

De acordo com o referido **Art. 5º da Lei 11.340/06** configura *violência doméstica e familiar contra a mulher* qualquer ação ou omissão baseada no gênero que lhe cause morte, lesão, sofrimento físico, sexual ou psicológico e dano moral ou patrimonial.

Além disso, são requisitos necessários para aplicação do disposto nesta lei que a vítima seja pessoa do *sexo feminino*, independentemente da sua idade ou orientação sexual, desde que a violência praticada se refira a uma relação íntima de afeto, motivação de gênero ou situação de vulnerabilidade da vítima, não havendo, porém, restrições quanto ao *sujeito ativo* que pode ser qualquer pessoa, do sexo masculino ou feminino.

Esta súmula apenas convalida a interpretação jurisprudencial, que já era dominante, inerente ao disposto no **Art. 5º Inc. III da Lei 11340/06,** afirmando que há violência doméstica em qualquer relação íntima de afeto, na qual o agressor conviva ou tenha convivido com a ofendida, independentemente de coabitação.

Sendo assim, nada impede que haja violência doméstica, e aplicação da referida Lei, mesmo que agressor e vítima não morem juntos, ou seja, não coabitem.

605. A superveniência da maioridade penal não interfere na apuração de ato infracional nem na aplicabilidade de medida socioeducativa em curso, inclusive na liberdade assistida, enquanto não atingida a idade de 21 anos.

Comentário:

A medida socioeducativa é a sanção aplicada ao *menor de 18 anos*, considerado como inimputável (**Art. 27 CP**), que pratique uma conduta típica e ilícita, tratada como ato infracional pelo Estatuto da criança e do adolescente (ECA).

De acordo com esta súmula, a **medida socioeducativa** poderá ser aplicada também ao indivíduo maior de 18 anos, desde que o ato infracional tenha sido realizado quando ele ainda era menor de idade (18 anos).

Conclui-se, portanto, que mesmo o agente completando a maioridade penal durante o processo, referente a prática do ato infracional realizado enquanto este ainda era menor, nada impede que se aplique ao fato uma medida socioeducativa.

Além disso, a súmula também convalida o entendimento de que, caso o adolescente complete 18 anos durante o cumprimento de uma medida socioeducativa, isso não faz com que esta deva ser interrompida, e sua execução continuará normalmente até o final de seu prazo, ou até que o agente complete os 21 anos.

606. Não se aplica o princípio da insignificância a casos de transmissão clandestina de sinal de internet via radiofrequência, que caracteriza o fato típico previsto no art. 183 da Lei 9.472/1997.

Comentário:

Esta súmula se refere a chamada "internet via rádio" que, de acordo com a maioria da doutrina e jurisprudência, deve ser considerada como serviço de telecomunicação.

De acordo com entendimento pacificado no STJ, a transmissão clandestina de sinal de internet, via radiofrequência, configura o crime do *Art. 183 da Lei 9.472/97*, tratando-se de crime de perigo abstrato, ou seja, para a sua consumação basta que se desenvolva, clandestinamente, atividades de telecomunicações, independentemente haver prejuízo concreto para o sistema de telecomunicações.

Sendo assim, conclui-se que não é possível a aplicação do **princípio da insignificância,** em face de inexpressiva lesão do bem jurídico tutelado, para referido crime do Art. 183 da Lei 9.472/97, pois a simples instalação de estação clandestina de radiofrequência já oferece perigo, comprometendo a segurança e a regularidade do sistema de telecomunicações do país.

607. A majorante do tráfico transnacional de drogas (Art. 40, I, da Lei 11.343/2006) configura-se com a prova da destinação internacional das drogas, ainda que não consumada a transposição de fronteiras.

Comentário:

De acordo com esta súmula, a incidência da causa especial de aumento de pena do **Art. 40 Inc. I da Lei11343/06** não exige que ocorra a efetiva transposição das fronteiras nacionais, bastando, para a configuração da majorante, que haja a comprovação de que a substância tinha como destino ou origem um outro País.

O objetivo dessa causa de aumento de pena é punir com maior rigor o tráfico direcionado a transpor as fronteiras do País, não se exigindo, portanto, o efetivo transporte da droga para o exterior, bastando que se demonstre esse especial fim de agir na conduta praticada.

Esta súmula se assemelha a já comentada **súmula 587-STJ**, que prevê a mesma característica no que tange ao aumento de pena inerente ao tráfico interestadual (**Art. 40, V, da Lei 11.343/06**), sendo também desnecessária a efetiva transposição de fronteiras entre os estados da federação para que incida a majorante.

630. A incidência da atenuante da confissão espontânea no crime de tráfico ilícito de entorpecentes exige o reconhecimento da traficância pelo acusado, não bastando a mera admissão da posse ou propriedade para uso próprio.

Comentário:

A confissão espontânea, atenuante das penas prevista **art. 65, III, d, do CP** dispõe a pena será atenuada quando o agente confessa espontaneamente, perante a autoridade, a autoria do crime.

Já na chamada confissão qualificada, o agente confessa admitindo a autoria do fato, mas alega a existência de uma excludente de ilicitude ou culpabilidade que afastam o crime praticado, sendo que, para o STJ mesmo a confissão parcial ou qualificada deve ser considerada para atenuar a pena desde que tenha sido utilizada pelo juiz na condenação (**súmula nº 545, STJ**).

Com esta nova súmula o **STJ**, firmou-se o entendimento de que, para ser utilizada, a confissão deve ser relativa ao *fato típico* atribuído ao agente, pois caso se trate de confissão com restrições que visem modificar a imputação típica, não incidirá a atenuante, logo, se no tráfico o acusado confessar a posse da droga mas negar a traficância não deve incidir a atenuante da pena.

631. "O indulto extingue os efeitos primários da condenação (pretensão executória), mas não atinge os efeitos secundários, penais ou extrapenais".

Comentários:

O indulto, causa extinção da punibilidade prevista no **Art. 107 do CP**, é concedido pelo Presidente da República, via decreto presidencial (art. 84, XII, CF/88 – ato administrativo), podendo ser TOTAL, quando extingue totalmente a pena, ou PARCIAL quando concede apenas diminuição da pena ou sua comutação, incondicionado, quando a lei não impõe requisitos para ser concedido, ou ainda condicionado, quando a lei impõe algum requisito para sua concessão (ex: reparação do Dano)

A nossa doutrina, de forma unânime, determina que o **indulto** atinge somente os efeitos primários penais da condenação, afetando somente a execução da pena e, pelo fato de que o crime e a condenação permanecem existindo, seus efeitos secundários (penais e extrapenais) permanecem intactos (ex: maus antecedentes e a reincidência, a revogação do sursis e do livramento condicional etc.), bem como permanecem também os efeitos genéricos e específicos da condenação (Art. 91 e 92 do CP)

Por não haver qualquer controvérsia sobre a extensão dos efeitos do indulto, nos parece que o **STJ** editou uma súmula desnecessária, já que a jurisprudência e a doutrina são, desde sempre, uníssonos ao afirmar que somente os efeitos primários da condenação são alcançados pelo indulto.

636. A folha de antecedentes criminais é documento suficiente a comprovar os maus antecedentes e a reincidência.

Comentários:

De acordo com este entendimento sumulado pelo **STJ**, a comprovação dos maus antecedentes, ou a comprovação da reincidência, poderá ser feita apenas com a juntada da folha de antecedentes criminais do réu, sendo este o documento hábil e suficiente para comprovação da sua existência, portanto, não sendo obrigatória a apresentação de certidão cartorária para este fim.

643. A execução da pena restritiva de direitos depende do trânsito em julgado da condenação.

Comentários:

De acordo com esta súmula não é possível executar provisoriamente a condenação, mesmo em relação a penas restritivas de direito, enquanto se aguarda o julgamento de recurso especial (STJ) ou extraordinário (STF), não sendo possível que o réu, condenado em sentença de 2ª instância, seja obrigado a iniciar o cumprimento da pena restritiva de direitos.

Este entendimento vai ao encontro do conhecido princípio da **presunção de inocência**, ou **presunção de não culpabilidade**, previsto no **Art. 5º Inc. LVII da CF**, pelo qual *"ninguém será considerado culpado até o trânsito em julgado de sentença penal condenatória"*, e já possuía inclusive expressa previsão legal no **Art. 147 da LEP**: *"Transitada em julgado a sentença que aplicou a pena restritiva de direitos, o Juiz da execução, de ofício ou a requerimento do Ministério Público, promoverá a execução, podendo, para tanto, requisitar, quando necessário, a colaboração de entidades públicas ou solicitá-la a particulares."*

645. O crime de fraude à licitação é formal, e sua consumação prescinde da comprovação do prejuízo ou da obtenção de vantagem

Comentários:

O **Art. 90 da Lei 8.666/93** que tipificava o crime de *frustrar ou fraudar, mediante ajuste, combinação ou qualquer outro expediente, o caráter competitivo do procedimento licitatório, com o intuito de obter, para si ou para outrem, vantagem decorrente da adjudicação do objeto da licitação*, foi alterado pela **nova Lei de Licitações** que transferiu a previsão desta figura típica para o novo **Art. 337-F do CP,** passando assim a possuir a seguinte redação: *"Frustrar ou fraudar, com o intuito de obter para si ou para outrem vantagem decorrente da adjudicação do objeto da licitação, o caráter competitivo do processo licitatório".*

Desta forma, e de acordo com o entendimento sumulado, consuma-se o referido crime com a efetiva prática de qualquer conduta voltada a frustrar ou fraudar o caráter competitivo de um processo licitatório, logo, não se exigindo a concreta obtenção da vantagem decorrente da adjudicação, ou que se demonstre qualquer prejuízo à administração pública. (**Crime Formal)**

659. A fração de aumento em razão da prática de crime continuado deve ser fixada de acordo com o número de delitos cometidos, aplicando-se 1/6 pela prática de duas infrações, 1/5 para três, 1/4 para quatro, 1/3 para cinco, 1/2 para seis e 2/3 para sete ou mais infrações.

Comentários:

O *crime continuado*, modalidade de concurso de crimes prevista no **Art. 71 do CP**, é considerado como uma ficção jurídica, pois considera-se como um só crime, para efeitos de aplicação da pena, hipóteses em que o agente realiza dois ou mais crimes, de mesma espécie (mesmo artigo de Lei), através de várias condutas, todos em circunstancias de tempo, lugar e modo de execução semelhantes (ex: "arrastão" para furtos, *serial Killer* etc.).

Sendo assim, em situações de *crime continuado* o agente será condenado pelos vários crimes que cometeu, mas receberá a pena de um só crime (o mais grave) aumentada de 1/3 a 2/3, conforme previsto na lei.

O critério definido pela doutrina e pela jurisprudência para o aumento de pena no *crime continuado* é vinculado *ao número de crimes praticados*, porém, não havia previsão objetiva em face do número de crimes para cada fração de aumento a ser aplicada.

A nova súmula veio para consolidar o entendimento já dominante no STJ e estabeleceu objetivamente os aumentos de pena, em hipóteses de crime continuado, da seguinte forma: 2 crimes – aumenta 1/6, 3 crimes – aumenta 1/5, 4 crimes – aumenta ¼, 5 crimes – aumenta 1/3, 6 crimes – aumenta ½, 7 ou mais – aumenta 2/3.

REFERÊNCIAS BIBLIOGRÁFICAS

BATISTA, Nilo. *Introdução crítica ao Direito Penal Brasileiro*. 5. ed. Rio de Janeiro: Ed. Revan, 1999.

BITENCOURT, Cezar Roberto. *Erro de tipo e erro de proibição*. 2. ed. São Paulo: Ed Saraiva, 2000.

_____. *Manual de Direito Penal*. 7. ed. São Paulo: Ed. Saraiva, 2002. vol. 1.

BRUNO, Aníbal. *Direito Penal*. 3. ed. Rio de Janeiro: Ed. Forense, 1967.

CAPEZ, Fernando. *Curso de Direito Penal*. 8. ed. Saraiva.

CIRINO DOS SANTOS, Juarez. *A moderna teoria do fato punível*. Rio de Janeiro: Ed. Freitas Bastos, 2000.

_____. *Direito Penal* – Parte Geral. Rio de Janeiro. Ed. Lumen Juris, 2006.

CONDE, Francisco Muñoz. *Teoria geral do delito*. Trad. Juarez Tavares e Luiz Regis Prado. Porto Alegre: Ed. Sergio Antonio Fabris, 1988.

COSTA JR., Paulo José da. *Direito Penal* – Curso completo. 8. ed. São Paulo: Saraiva, 2000.

DOTTI, René Ariel. *Curso de Direito Penal* – Parte geral. 2. reimp. Rio de Janeiro: Ed. Forense, 2002.

_____. *Direito Penal* – Parte geral. São Paulo: Saraiva, 1999. vol. 1.

GARCIA, Basileu. *Instituições de Direito* Penal. 4. ed. São Paulo: Ed. Max Limonad, 1973. tomo 1. vol. 1.

GRECO, Rogério. *Curso de Direito Penal*. Rio de Janeiro: Impetus, 2006.

HUNGRIA, Nelson. *Comentários ao Código Penal*. 3. ed. rev. e atual. Rio de Janeiro: Ed. Revista Forense, 1955.

JAKOBS, Günther. *Derecho Penal* – Parte general: Fundamentos y teoría de la imputación. Madri: Ed. Marcial Pons, 1997.

JESCHECK, Hans-Heinrich. *Tratado de derecho penal* – Parte general. Trad. e acréscimos por S. Mir Puig e F. Muñoz Conde. Barcelona: Ed. Bosh, 1981. vol. 1 e 2.

JESUS, Damásio E. de. *Direito Penal*. São Paulo: Saraiva, 2010.

LISZT, Franz Von. *Tratado de Direito Penal*. Trad. José Higino Duarte Pereira. Atualização e notas Ricardo Rodrigues Gama. Campinas: Ed. Russel, 2003.tomos 1 e 2.

MARQUES, José Frederico. *Tratado de Direito Penal*. Edição atualizada, Campinas: Ed. Bookseller, 1997.

MASSON, Cleber. *Direito Penal Esquematizado* – Parte Especial. 2. ed. GEN – Metodo.

MAURACH, Reinhart. *Tratado de Derecho Penal*. Trad. Juan Córdoba Roda. Barcelona: Ed. Ariel, 1962. vol. 1 e 2.

MESTIERI, João. *Teoria Elementar do Direito criminal* – Parte geral. Rio de Janeiro: Ed. Do Autor, 1990.

MEZGER, Edmund. *Tratado de Derecho Penal*. Trad. José Arturo Rodriguez Muñoz. Madri: Ed. Revista de Derecho Privado, 1935. tomos 1 e 2.

MIRABETE, Julio Fabbrini. *Manual de Direito Penal*. –São Paulo: Atlas, 2009.

NORONHA, Edgard Magalhães. *Direito Penal* – Introdução e parte geral. 36. ed. São Paulo: Ed. Saraiva, 2001. vol. 1.

PIERANGELI, José Henrique & ZAFFARONI, Eugenio Raúl. *Manual de Direito Penal Brasileiro* – Parte geral. 2. ed. São Paulo: Ed. RT, 1999.

PRADO, Luiz Regis. *Curso de Direito Penal*. São Paulo: Ed. RT, 2011.

PUIG, Santiago Mir. *Derecho Penal* – Parte general. 5. ed. Barcelona: Ed. Reppertor, 1998.

REALE JR., Miguel. *Instituições de Direito Penal*. Rio de Janeiro: Forense, 2009.

RODRIGUES, Cristiano. *Direito Penal por meio de Questões* – Parte Geral e Especial – Ed. GEN-Metodo, 2010.

_____. *Temas Controvertidos de Direito Penal*. 2. ed. GEN-Metodo, 2010.

_____. *Teorias da Culpabilidade e Teoria do Erro*. 3. ed. Rio de Janeiro: GEN-Forense, 2010.

ROXIN, Claus. *Derecho Penal* – Parte general. *Fundamentos. La estructura de la teoria del delito*. Trad. e notas Diego Manuel Luzón Pena e outros. Madri: Ed. Civitas, 2000. tomo 1.

SALIM, Alexandre e AZEVEDO, Marcelo Andre de Azevedo. *Direito Penal*: parte geral. Salvador: Juspodivm. 9ª. ed., 2019.

TAVARES, Juarez. *As controvérsias em torno dos crimes omissivos*. Rio de Janeiro: Instituto Latino-Americano de Cooperação Penal, 1996.

_____. *Direito Penal da Negligência (uma contribuição à teoria do crime culposo)*. São Paulo: Ed. RT, 1985.

_____. *Teorias do Delito (variações e tendências)*. São Paulo: Ed. Revista dos Tribunais, 1980.

_____. *Teoria do Injusto Penal*. 2. ed. rev. e ampl. Belo Horizonte: Ed. Del Rey, 2002.

TOLEDO, Francisco de Assis. *Princípios básicos de Direito Penal*. 5. ed. 8. reimp. São Paulo: Ed. Saraiva, 2000.

WELZEL, Hans. *Derecho Penal* – Parte general. Trad. Carlos Fontán Balestra. Buenos Aires: Ed. De Palma, 1956.

_____. *O novo sistema jurídico-penal (uma introdução à doutrina da ação finalista)*. Trad. e notas Luiz Regis Prado. São Paulo: Ed. RT, 2001.

WESSELS, Johannes. *Direito Penal* – Parte geral. Trad. Juarez Tavares. Porto Alegre: Ed Sergio A. Fabris, 1976.

ANOTAÇÕES